HANDBÜCHER FÜR DIE ANWALTSPRAXIS

HANDBÜCHER FÜR DIE ANWALTSPRAXIS

HERAUSGEGEBEN VON

THOMAS GEISER
Dr. iur., Fürsprech und Notar,
ordentlicher Professor an der Universität St. Gallen,
Ersatzrichter am Bundesgericht

PETER MÜNCH
Dr. iur., Advokat,
wissenschaftlicher Mitarbeiter am Bundesgericht

HELBING & LICHTENHAHN
BASEL - GENF - MÜNCHEN

Thomas Geiser/Peter Münch (Hrsg.), Handbücher für die Anwaltspraxis

KONZEPT DER REIHE

Anwältinnen und Anwälte helfen, Recht durchzusetzen, Recht zu verwirklichen. Das ist eine hohe, aber schwierige Aufgabe, die zudem zusehends schwieriger wird. Mit steigender Komplexität unserer Gesellschaft wird das Recht differenzierter, seine Durchsetzung komplizierter. Mehr und mehr Prozesse erfordern Spezialwissen. Dieses Wissen aber lässt sich oft nicht ohne weiteres fristgerecht beschaffen, erst recht nicht unter den Bedingungen chronischer Zeitnot und chronischer Arbeitsüberlastung. Hier setzen die HANDBÜCHER FÜR DIE ANWALTSPRAXIS an. Sie wollen Anwältinnen und Anwälten erleichtern, sich in *praktisch bedeutsamen Spezialgebieten* zurechtzufinden, im Rechtsstreit die ausschlaggebenden Gesichtspunkte zu erkennen, das richtige Vorgehen zu wählen, die Rechtsschriften wirkungsvoll abzufassen. Ausgangspunkt ist die Anwaltsperspektive, Ziel die Brauchbarkeit in der Anwaltspraxis. Das bedeutet:

- dass *praxisrelevante Information in praxisgerecht aufbereiteter Form* dargeboten wird, die Aussagen aber zugleich *auf wissenschaftlicher Grundlage* beruhen und dank voll ausgebautem wissenschaftlichem Apparat überprüfbar sind;
- dass das *Schwergewicht* nicht auf den dogmatischen Hintergrund, sondern auf die *praktisch wichtigen Fragen* gelegt wird;
- dass auf *«Fundstellen» praxisrelevanter Zusatzinformation* in Judikatur und Literatur hingewiesen wird;
- dass auf *Fallstricke und Problembereiche*, die besonderer Vorsicht rufen, aufmerksam gemacht wird;
- dass der Fallbezogenheit der Fragestellungen, mit denen Anwältinnen und Anwälte konfrontiert sind, und dem daraus entspringenden Bedürfnis nach *konkreten Anhaltspunkten in Fallbeispielen und Präjudizien* Rechnung getragen wird;
- dass die *Gliederung* der Texte nicht einem dogmatischen Schema, sondern dem *Arbeitsablauf in der Anwaltspraxis* folgt.

VIERTER BAND

Beraten und Prozessieren in Bausachen

PETER MÜNCH / PETER KARLEN / THOMAS GEISER (Hrsg.)

HELBING & LICHTENHAHN
BASEL - GENF - MÜNCHEN

Die Deutsche Bibliothek – CIP-Einheitsaufnahme

Beraten und Prozessieren in Bausachen / Peter Münch ... (Hrsg.) –
Basel ; Genf ; München : Helbing und Lichtenhahn, 1998

(Handbücher für die Anwaltspraxis ; Bd. 4)
ISBN 3-7190-1742-7

Zitiervorschlag: Briner, in: Münch/Karlen/Geiser,
Beraten und Prozessieren in Bausachen, Rz. 2.21

ISBN-3-7190-1742-7
Bestellnummer 21 01742

Printed in Germany

Beraten und Prozessieren in Bausachen

Erster Teil
Grundlagen

Zweiter Teil
Vom Baulanderwerb zum Bauprojekt

Dritter Teil
Vom Bauprojekt zur Baubewilligung

Vierter Teil
Von der Baubewilligung zur Bauausführung

Fünfter Teil
Risiken des Bauens

Sechster Teil
Besondere Bauvorhaben

VORWORT

Bauen ist nicht nur in technischer, sondern auch in rechtlicher Hinsicht ein hochkomplexer Vorgang. Zahllose öffentlich- und privatrechtliche Regelungen auf Bundes-, Kantons- und Gemeindeebene schränken die Baubeteiligten einerseits in ihrer Handlungsfreiheit ein und eröffnen ihnen anderseits eine Vielfalt rechtlicher Gestaltungsmöglichkeiten. Das rechtliche Umfeld des Bauens wird geprägt durch eine hohe Regelungsdichte, die gegenseitige Durchdringung unterschiedlicher Normenkomplexe, eine nicht leicht überblickbare Vielzahl unterschiedlicher Rechtsquellen, eine ausgedehnte Rechtsprechung und eine reichhaltige juristische Spezialliteratur. Entsprechend hoch sind die Anforderungen, welche die beratende Begleitung von Bauvorhaben und die Ausfechtung von Baustreitigkeiten an das Wissen und Können der Anwaltschaft stellen.

Das Handbuch BERATEN UND PROZESSIEREN in BAUSACHEN macht es sich zur Aufgabe, Anwältinnen und Anwälten auf praxisgerechte Art und Weise Zugang zur vielgestaltigen Welt des Baurechts zu verschaffen. Der *erste Teil* liefert die wesentlichen Schlüssel zum Verständnis des Raumplanungs- und Baurechts (§ 1), des Umweltrechts in seinen baurelevanten Aspekten (§ 2), des Bauvertragsrechts (§ 3) und der zahlreichen Fachnormen, die das Bauwesen in der Praxis entscheidend prägen (§ 4). Der *zweite Teil* führt die Leserschaft vom Erwerb des Baulands (§ 5) über dessen Parzellierung und Erschliessung (§ 6) zum Bauprojekt, das bestimmten öffentlichrechtlichen Anforderungen zu genügen hat (§ 7) und das regelmässig im Rahmen eines Architektur- oder Bauingenieurvertrags entsteht (§ 8). Für das weitere Schicksal des Bauprojekts ist der Ausgang des Bewilligungsverfahrens (§ 9) und allfälliger sich daran anschliessender Rechtsmittelverfahren (§ 10) entscheidend – davon handelt der *dritte Teil*. Gegenstand des *vierten Teils* sind die Rechtsfragen, die sich im Zusammenhang mit der Realisierung des bewilligten Bauvorhabens stellen: Organisation und Finanzierung der Bauausführung (§ 11), Gestaltung und Abwicklung von Bauwerkverträgen (§ 12), Bauhandwerkerpfandrecht (§ 13). Der *fünfte Teil* ist den Risiken des Bauens gewidmet, die unter Umständen unliebsame rechtliche «Nachspiele» auslösen (Baumängel, Bauimmissionen und Bauunfälle, §§ 14–17), gegen deren Folgen sich die Baubeteiligten aber auch versichern können (§ 18).

Schliesslich gehen die Beiträge des *sechsten Teils* auf die Besonderheiten ein, die es bei der rechtlichen Begleitung von öffentlichen Bauvorhaben (§ 19), von Grossbauten (§ 20) und von Infrastrukturbauten (§ 21) zu beachten gilt.

Das nun vorliegende Handbuch ist übrigens ebenfalls aus einer «Grossbaustelle» hervorgegangen. Seine Vollendung war nur dank des Fachwissens und dank eines überaus grossen Arbeitseinsatzes aller Mitbeteiligten möglich. Wir danken den Autorinnen und Autoren herzlich für ihre Beiträge, Herrn Rechtsanwalt Michael Kull für die fachgerechte Erarbeitung des Sachregisters, Frau Inge Hochreutener und Frau Therese Gygax für die kompetente verlagsseitige Betreuung des Werks und Herrn Udo Breger für das sorgfältige Lektorat.

DIE HERAUSGEBER

Inhaltsverzeichnis

Erster Teil
Grundlagen

Zweiter Teil
Vom Baulanderwerb zum Bauprojekt

Dritter Teil
Vom Bauprojekt zur Baubewilligung

Vierter Teil
Von der Baubewilligung zur Bauausführung

Fünfter Teil

Risiken des Bauens

Abkürzungsverzeichnis

a.A.	anderer Ansicht
a.a.O.	am angegebenen Ort
ABGB	Allgemeines Bürgerliches Gesetzbuch für Österreich vom 1. Juni 1811
Abs.	Absatz/Absätze
a.E.	am Ende
AG	Aargau bzw. Aktiengesellschaft
AGB	Allgemeine Geschäftsbedingungen
AGE	Appellationsgerichtsentscheide (Basel-Stadt)
AGSchV	Allgemeine Gewässerschutzverordnung vom 19. Juni 1972, SR 814.201
AGVE	Aargauische Gerichts- und Verwaltungsentscheide, Aarau
AI	Appenzell Innerrhoden
AJP	Aktuelle Juristische Praxis, Publikationsorgan der Schweizerischen Richtervereinigung, St. Gallen
allg.	allgemein
AltlV	Verordnung über Belastungen des Bodens (Altlasten-Verordnung) vom 26. August 1998, SR 814.680
a.M.	anderer Meinung
Amtl.Bull.	Amtliches Bulletin der Bundesversammlung
AnGG	Bundesgesetz über die Anschlussgeleise vom 5. Oktober 1990, SR 742.141.5
AnGV	Verordnung über die Anschlussgeleise vom 26. Februar 1992, SR 742.141.51
Anm.	Anmerkung
AppGer	Appellationsgericht
AppHof	Appellationshof
AR	Appenzell Ausserrhoden
ARA	Abwasserreinigungsanlage
ArchR	Das Architektenrecht, herausgegeben von Peter Gauch und Pierre Tercier, 3. Aufl., Freiburg 1995
ArG	Bundesgesetz über die Arbeit in Industrie, Gewerbe und Handel (Arbeitsgesetz) vom 13. März 1964, SR 822.11
ARGE	Arbeitsgemeinschaft
ArGV	Verordnungen zum ArG, SR 822.111–822.114
Art.	Artikel

AS	Amtliche Sammlung der Bundesgesetze und Verordnungen (Eidgenössische Gesetzessammlung)
ASA	Archiv für Schweizerisches Abgaberecht
ATCF	Extraits des principaux arrêts du Tribunal cantonal (et des décisions du Conseil d'Etat) du Canton de Fribourg
Aufl.	Auflage
AVB	Allgemeine Versicherungsbedingungen
AZ	Ausnützungsziffer
BauG	Baugesetz
BauV	Bauverordnung
BAV	Bundesamt für Verkehr
BAZL	Bundesamt für Zivilluftfahrt
BB EGP	Bundesbeschluss über das Plangenehmigungsverfahren für Eisenbahn-Grossprojekte vom 21. Juni 1991, SR 742.100.1
BBl	Bundesblatt der Schweizerischen Eidgenossenschaft
Bd.	Band
BE	Bern
betr.	betreffend
BEW	Bundesamt für Energiewirtschaft, seit 1. Januar 1998: Bundesamt für Energie (BFE)
BewG	Bundesgesetz vom 16. Dezember 1983 über den Erwerb von Grundstücken durch Personen im Ausland, SR 211.412.41
BewV	Verordnung vom 1. Oktober 1984 über den Erwerb von Grundstücken durch Personen im Ausland, SR 211.412.411
BEZ	Baurechtsentscheide Kanton Zürich, herausgegeben vom Verein Zürcherischer Gemeinderatsschreiber und Verwaltungsbeamter, Wädenswil
BFE	Bundesamt für Energie
BG	Bundesgesetz
BGBB	Bundesgesetz über das bäuerliche Bodenrecht vom 4. Oktober 1991, SR 211.412.11
BGB	(Deutsches) Bürgerliches Gesetzbuch vom 18. August 1896
BGBM	Bundesgesetz über den Binnenmarkt (Binnenmarktgesetz) vom 6. Oktober 1995, SR 943.02
BGE	Bundesgerichtsentscheid/Entscheidungen des Schweizerischen Bundesgerichts, Amtliche Sammlung
BGer	Bundesgericht
BGF	Bundesgesetz über die Fischerei vom 21. Juni 1991, SR 923.0, bzw. Bruttogeschossfläche

BJM	Basler Juristische Mitteilungen, Organ für Gesetzgebung und Rechtspflege der Kantone Basel-Stadt und Basel-Landschaft, Basel
BK	Berner Kommentar
BL	Basel-Land
BLN	Bundesinventar der Landschaften und Naturdenkmäler von nationaler Bedeutung
BLVGE	Basellandschaftliche Verwaltungsgerichtsentscheide
BMG	Bundesgesetz über die baulichen Massnahmen im Zivilschutz (Schutzbautengesetz) vom 4. Oktober 1963, SR 520.2
BMZ	Baumassenziffer
BoeB	Bundesgesetz über das öffentliche Beschaffungswesen (Beschaffungsgesetz) vom 16. Dezember 1994, SR 172.056.1
BR	Baurecht/Droit de la construction (Zeitschrift, herausgegeben vom Seminar für Schweizerisches Baurecht, Freiburg)
BRT	Baurechtstagung, Universität Freiburg
BS	Basel-Stadt
BUWAL	Bundesamt für Umwelt, Wald und Landschaft
BV	Bundesverfassung der Schweizerischen Eidgenossenschaft vom 29. Mai 1874, SR 101
BVG	Bundesgesetz über die berufliche Alters-, Hinterlassenen- und Invalidenvorsorge vom 25. Juni 1982, SR 831.40
BVV 2	Verordnung vom 18. April 1984 über die berufliche Alters-, Hinterlassenen- und Invalidenvorsorge, SR 831.441.1
BVR	Bernische Verwaltungsrechtsprechung
bzw.	beziehungsweise
CEN	Europäisches Komitee für Normung (vgl. Rz. 4.13)
CENELEC	Europäisches Komitee für die elektrotechnische Normung (vgl. Rz. 4.13)
CRB	Schweizerische Zentralstelle für Baurationalisierung (vgl. Rz. 4.4)
D.	Digesten
DBG	Bundesgesetz über die direkte Bundessteuer vom 14. Dezember 1990, SR 642.11
ders.	derselbe
dies.	dieselbe, dieselben
d.h.	das heisst
Diss.	Dissertation
E.	Erwägung
EBG	Eisenbahngesetz vom 20. Dezember 1957, SR 742.101

EBV	Verordnung über Bau und Betrieb der Eisenbahnen (Eisenbahnverordnung) vom 23. November 1983, SR 742.141.1
EDI	Eidgenössisches Departement des Innern
EG	Europäische Gemeinschaft
EG RPG	Einführungsgesetz zum RPG
EGV	Vertrag zur Gründung der Europäischen Gemeinschaft in der Fassung vom 7. Februar 1992; Entscheidungen der Gerichts- und Verwaltungsbehörden des Kantons Schwyz
EGW	Einwohnergleichwert
EG ZGB	Einführungsgesetz zum ZGB
Einl.	Einleitung
EJPD	Eidgenössisches Justiz- und Polizeidepartement
ElG	Bundesgesetz betreffend die elektrischen Schwach- und Starkstromanlagen vom 24. Juni 1902, SR 734.0
EMPA	Eidgenössische Materialprüfungsanstalt
EMRK	Konvention zum Schutze der Menschenrechte und Grundfreiheiten (Europäische Menschenrechtskonvention) vom 4. November 1950, SR 0.101
EN	Europäische Norm (vgl. Rz. 4.18)
ENB	Bundesbeschluss für eine sparsame und rationelle Energienutzung (Energienutzungsbeschluss) vom 14. Dezember 1990, SR 730.0
EntG	Bundesgesetz über die Enteignung vom 20. Juni 1930, SR 711
ENV	Verordnung über eine sparsame und rationelle Energienutzung (Energienutzungsverordnung), SR 730.01
et al.	et alii
etc.	et cetera
ETH	Eidgenössische Technische Hochschule
ETSI	Europäisches Institut für die Normung im Telekommunikationswesen (vgl. Rz. 4.13)
EVN	Europäische Vornorm (vgl. Rz. 4.18)
EU	Europäische Union
EUV	Vertrag über die Europäische Union vom 7. Februar 1992
evtl.	eventuell
f.	folgende
FDV	Verordnung über Fernmeldedienste vom 25. März 1992, SR 784.101.1
ff.	fortfolgende
FFF	Fruchtfolgeflächen
FFZ	Freiflächenziffer

FHG	Bundesgesetz über den eidgenössischen Finanzhaushalt (Finanzhaushaltgesetz) vom 6. Oktober 1989, SR 611.0
FMG	Fernmeldegesetz vom 21. Juni 1991, SR 748.10
Fn.	Fussnote
FR	Freiburg
Fr.	Schweizer Franken
FS	Festschrift
FZR	Freiburger Zeitschrift für Rechtsprechung
GATT	General Agreement on Tariffs and Trade (Allgemeines Zoll- und Handelsabkommen), SR 0.632.21
GAV	Gesamtarbeitsvertrag
GBV	Verordnung betreffend das Grundbuch vom 22. Februar 1910, SR 211.432.1
GE	Genf
GEP	Genereller Entwässerungsplan
GKP	Generelles Kanalisationsprojekt
gl.M.	gleicher Meinung
GOG	Gerichtsorganisationsgesetz
GR	Graubünden
GSchG	Bundesgesetz über den Schutz der Gewässer (Gewässerschutzgesetz) vom 24. Januar 1991, SR 814.20
GU	Generalunternehmer
GVP SG	St. Gallische Gerichts- und Verwaltungspraxis
GVP ZG	Gerichts- und Verwaltungspraxis des Kantons Zug
Hrsg./hrsg.	Herausgeber/herausgegeben
insbes.	insbesondere
IPRG	Bundesgesetz über das internationale Privatrecht vom 18. Dezember 1987, SR 291
i.S.	in Sachen
ISO	International Organization for Standardization (vgl. Rz. 4.23)
IVoeB	Interkantonale Vereinbarung über das öffentliche Beschaffungswesen vom 25. November 1994, SR 172.056.4
JAAC	Jurisprudence des autorités administratives de la Confédération
JAR	Jahrbuch des Schweizerischen Arbeitsrechts, Bern
JdT	Journal des Tribunaux
JSG	Bundesgesetz über die Jagd und den Schutz wildlebender Säugetiere und Vögel (Jagdgesetz) vom 20. Juni 1986, SR 922.0

JSV	Verordnung über die Jagd und den Schutz wildlebender Säugetiere und Vögel (Jagdverordnung) vom 29. Februar 1988, SR 922.01
JU	Jura
Kap.	Kapitel
KassGer	Kassationsgericht
KAV	Verordnung vom 18. Dezember 1995 über die Anteile der Kantone an die Abgeltungen und Finanzhilfen im Regionalverkehr, SR 742.101.2
KG	Bundesgesetz über Kartelle und andere Wettbewerbsbeschränkungen (Kartellgesetz) vom 6. Oktober 1995, SR 251
KGer	Kantonsgericht
KGSchG	Kantonales Gewässerschutzgesetz
KKG	Bundesgesetz über den Konsumkredit vom 8. Oktober 1993, SR 221.214.1
KommSIA	Kommentar zur SIA-Norm 118, herausgegeben von Peter Gauch
KPG	Kantonale Planungsgruppe Bern (Herausgeberin eines Bulletins)
KV	Kantonsverfassung
KVA	Kehrichtverbrennungsanlage
LES	Lärmempfindlichkeitsstufe
LeV	Verordnung über elektrische Leitungen (Leitungsverordnung) vom 30. März 1994, SR 734.31
LFG	Bundesgesetz über die Luftfahrt (Luftfahrtgesetz) vom 21. Dezember 1948, SR 748.0
LGVE	Luzerner Gerichts- und Verwaltungsentscheide, Luzern
lit.	litera
LM 95	Leistungsmodell 95 (vgl. Rz. 4.28)
LMV	Lebensmittelverordnung vom 1. März 1995, SR 817.02
LRV	Luftreinhalte-Verordnung vom 16. Dezember 1985, SR 814.318.142.1
LSV	Lärmschutz-Verordnung vom 15. Dezember 1986, SR 814.41
LU	Luzern
LugÜ	Übereinkommen über die gerichtliche Zuständigkeit und die Vollstreckung gerichtlicher Entscheidungen in Zivil- und Handelssachen (Lugano-Übereinkommen) vom 16. September 1988, SR 0.275.11
LwG	Bundesgesetz über die Förderung der Landwirtschaft und die Erhaltung des Bauernstandes (Landwirtschaftsgesetz) vom 3. Oktober 1951, SR 910.1
MG	Bundesgesetz über die Armee und die Militärverwaltung (Militärgesetz) vom 3. Februar 1995, SR 510.10
MW	Mega-Watt
N	Note(n)

NAD	Nationale Anwendungsdokumente (vgl. Rz. 4.48)
NBO	Normalbauordnung
NBRD	Normalbaureglement
NE	Neuenburg
NEAT	Neue Eisenbahn-Alpentransversale
NGF	Nettogeschossfläche
NHG	Bundesgesetz über den Natur- und Heimatschutz vom 1. Juli 1966, SR 451
NHV	Verordnung über den Natur- und Heimatschutz vom 16. Januar 1991, SR 451.1
NIV	Verordnung über elektrische Niederspannungsinstallationen (Niederspannungs-Installationsverordnung) vom 6. September 1989, SR 734.27
NJW	Neue Juristische Wochenschrift, München
NPK	Normpositionenkataloge (vgl. Rz. 4.4)
NR	Nationalrat
Nr.	Nummer(n)
NSG	Bundesgesetz über die Nationalstrassen vom 8. März 1960, SR 725.11
NSV	Verordnung über die Nationalstrassen vom 18. Dezember 1995, SR 725.111
NW	Nidwalden
öBA-Zone	Zone für öffentliche Bauten und Anlagen
OG	Bundesgesetz über die Organisation der Bundesrechtspflege vom 16. Dezember 1943, SR 173.110
OGer	Obergericht
OHG	Bundesgesetz über die Hilfe an Opfer von Straftaten (Opferhilfegesetz) vom 4. Oktober 1991, SR 312.5
OR	Bundesgesetz betreffend die Ergänzung des Schweizerischen Zivilgesetzbuches (Fünfter Teil: Obligationenrecht) vom 30. März 1911, SR 220
ORL	Institut für Orts-, Regional- und Landesplanung an der Eidgenössischen Technischen Hochschule Zürich
OW	Obwalden
PG	Postgesetz vom 30. April 1997, SR 783.0
PlVV	Verordnung über die Planvorlagen von Eisenbahnbauten vom 23. Dezember 1932, SR 742.142.1
Pra	Die Praxis, Basel
PrHG	Bundesgesetz über die Produktehaftpflicht (Produktehaftpflichtgesetz) vom 18. Juni 1993, SR 221.112.944

PVG	Praxis des Verwaltungsgerichts des Kantons Graubünden
RB	Rechenschaftsbericht
RBG	Raumplanungs- und Baugesetz
RDAF	Revue de Droit Administratif et de Droit Fiscal, Lausanne
recht	Recht, Zeitschrift für Juristische Ausbildung und Praxis, Bern
RJJ	Revue jurassienne de Jurisprudence, Pruntrut
RJN	Revue de jurisprudence neuchâteloise, Neuenburg
RLG	Bundesgesetz über Rohrleitungsanlagen zur Beförderung flüssiger und gasförmiger Brenn- und Treibstoffe (Rohrleitungsgesetz) vom 4. Oktober 1963, SR 746.1
RLV	Rohrleitungsverordnung vom 11. September 1968, SR 746.11
RPG	Bundesgesetz über die Raumplanung (Raumplanungsgesetz) vom 22. Juni 1979, SR 700
RPV	Verordnung über die Raumplanung vom 2. Oktober 1989, SR 700.1
RTVG	Bundesgesetz über Radio und Fernsehen vom 21. Juni 1991, SR 784.40
Rz.	Randziffer(n)
s.	siehe
SBBG	Bundesgesetz über die Schweizerischen Bundesbahnen vom 23. Juni 1944, SR 742.31
SBI	Schweizerische Bauindustrie
SBV	Schweizerischer Baumeisterverband
SBVR	Schweizerisches Bundesverwaltungsrecht
SchKG	Bundesgesetz über Schuldbetreibung und Konkurs (Schuldbetreibungs- und Konkursgesetz) vom 11. April 1889, SR 281.1
SchlT	Schlusstitel
SJ	La Semaine judiciaire, revue de jurisprudence, Genf
SG	St. Gallen
SH	Schaffhausen
SIA	Schweizerischer Ingenieur- und Architektenverein (vgl. Rz. 4.3)
SJZ	Schweizerische Juristen-Zeitung, Zürich
SMI	Schweizerische Mitteilungen über Immaterialgüterrecht, Zürich (seit 1997: sic!)
SN EN	Europäische Norm, übernommen als Schweizer Norm
SNV	Schweizerische Normen-Vereinigung (vgl. Rz. 4.6)
SOG	Solothurnische Gerichtspraxis, Solothurn
SPR	Schweizerisches Privatrecht, Basel
SR	Systematische Sammlung des Bundesrechts

StE	Der Steuerentscheid, Sammlung aktueller steuerrechtlicher Entscheidungen
StenBull	Stenographisches Bulletin der Bundesversammlung
StFV	Verordnung über den Schutz vor Störfällen (Störfallverordnung) vom 27. Februar 1991, SR 814.012
StGB	Schweizerisches Strafgesetzbuch vom 21. Dezember 1937, SR 311.0
StHG	Bundesgesetz über die Harmonisierung der direkten Steuern der Kantone und Gemeinden (Steuerharmonisierungsgesetz) vom 14. Dezember 1990, SR 642.14
StoV	Verordnung über umweltgefährdende Stoffe (Stoffverordnung) vom 9. Juni 1986, SR 814.013
StR	Steuerrevue
StrG	Strassengesetz
SuG	Bundesgesetz über Finanzhilfen und Abgeltungen (Subventionsgesetz) vom 5. Oktober 1990, SR 616.1
SUVA	Schweizerische Unfallversicherungsanstalt
SVA	Entscheidungen Schweizerischer Gerichte in privaten Versicherungsstreitigkeiten, Bern
SVG	Strassenverkehrsgesetz vom 19. Dezember 1958, SR 741.01
SVZ	Schweizerische Versicherungs-Zeitschrift, Bern
SWITEC	Schweizerisches Informationszentrum für technische Regeln (vgl. Rz. 4.7)
SZ	Schwyz
SZIER	Schweizerische Zeitschrift für internationales und europäisches Recht
SZR	Sonderziehungsrecht (vgl. Rz. 19.8)
TG	Thurgau
TI	Tessin
TTV	Verordnung über die Anlagen für das Lagern und Umschlagen wassergefährdender Flüssigkeiten (Technische Tankvorschriften) vom 21. Juni 1990, SR 814.226.211
TU	Totalunternehmer
TVA	Technische Verordnung über Abfälle vom 10. Dezember 1990, SR 814.015
TZG	Treibstoffzollgesetz vom 22. März 1985, SR 725.116.2
URG	Bundesgesetz über das Urheberrecht und verwandte Schutzrechte (Urheberrechtsgesetz) vom 9. Oktober 1992, SR 231.1
URP	Umweltrecht in der Praxis (Zeitschrift, herausgegeben von der Vereinigung für Umweltrecht, Zürich)

USG	Bundesgesetz über den Umweltschutz (Umweltschutzgesetz) vom 7. Oktober 1983, SR 814.01
usw.	und so weiter
UVEK	Eidgenössisches Departement für Umwelt, Verkehr, Energie und Kommunikation
UVG	Bundesgesetz über die Unfallversicherung (Unfallversicherungsgesetz) vom 20. März 1981, SR 832.20
UVP	Umweltverträglichkeitsprüfung
UVPV	Verordnung über die Umweltverträglichkeitsprüfung vom 19. Oktober 1988, SR 814.011
UVV	Verordnung vom 20. Dezember 1982 über die Unfallversicherung, SR 832.202
UWG	Bundesgesetz gegen den unlauteren Wettbewerb vom 19. Dezember 1986, SR 241
ÜZ	Überbauungsziffer
V	Verordnung
VAG	Bundesgesetz betreffend die Aufsicht über die privaten Versicherungseinrichtungen (Versicherungsaufsichtsgesetz) vom 23. Juni 1978, SR 961.01
VBBo	Verordnung über Belastungen des Bodens vom 1. Juli 1998, SR 814.12
VD	Waadt/Vaud
VEAB	Verordung über elektrische Anlagen von Bahnen vom 5. Dezember 1994, SR 734.42
VEB	Verwaltungsentscheide der Bundesbehörden, Bern (bis 1964/65, seither: VPB)
vgl.	vergleiche
VIL	Verordnung über die Infrastruktur der Luftfahrt vom 23. November 1994, SR 748.131.1
VISOS	Verordnung über das Bundesinventar der schützenswerten Ortsbilder der Schweiz vom 9. September 1981, SR 451.12
VKKP	Veröffentlichungen der Kartellkommission und des Preisüberwachers
VLP	Schweizerische Vereinigung für Landesplanung
VOB	(Deutsche) Verdingungsordnung für Bauleistungen (vgl. Rz. 3.76)
VoeB	Verordnung über das öffentliche Beschaffungswesen vom 11. Dezember 1995, SR 172.056.11
VPB	Verwaltungspraxis der Bundesbehörden, Bern (bis 1965: VEB)
VPS	Verordnung über das Plangenehmigungsverfahren für Starkstromanlagen vom 26. Juni 1991, SR 734.25
VRG	Verwaltungsrechtspflegegesetz

VRoeB	Vergaberichtlinien über das öffentliche Beschaffungswesen vom 1. Dezember 1995 (vgl. BR 1997, 122)
VS	Wallis
VSS	Vereinigung Schweizerischer Strassenfachleute (vgl. Rz. 4.3)
VST	Vereinigung Schweizerischer Tiefbauunternehmungen
VTS	Verordnung über technische Anforderungen an Strassenfahrzeuge vom 19. Juni 1995, SR 741.41
VU	Virtuelle Unternehmung(en)
VUR	Vereinigung für Umweltrecht
VVG	Bundesgesetz über den Versicherungsvertrag (Versicherungsvertragsgesetz) vom 2. April 1908, SR 221.229
VVGE OW	Verwaltungs- und Verwaltungsgerichtsentscheide des Kantons Obwalden
VWF	Verordnung über den Schutz der Gewässer vor wassergefährdenden Flüssigkeiten vom 28. September 1981, SR 814.226.21
VwGer	Verwaltungsgericht
VwVG	Bundesgesetz über das Verwaltungsverfahren (Verwaltungsverfahrensgesetz) vom 20. Dezember 1968, SR 172.021
VZ	Volumenziffer
VZG	Verordnung des Bundesgerichts über die Zwangsverwertung von Grundstücken vom 23. April 1920, SR 281.42
WaG	Bundesgesetz über den Wald (Waldgesetz) vom 4. Oktober 1991, SR 921.0
WaV	Verordnung über den Wald (Waldverordnung) vom 30. November 1992, SR 921.01
WBG	Bundesgesetz über den Wasserbau vom 21. Juni 1991, SR 721.100
WEG	Wohnbau- und Eigentumsförderungsgesetz vom 4. Oktober 1974, SR 843
WEFV	Verordnung über die Wohneigentumsförderung mit Mitteln der beruflichen Vorsorge vom 3. Oktober 1994, SR 831.411
WIR	Wirtschaftsring–Genossenschaft
WRG	Bundesgesetz über die Nutzbarmachung der Wasserkräfte vom 22. Dezember 1912, SR 721.80
WTO	World Trade Organization (Welthandelsorganisation), vgl. SR 0.632.20
WWG	Wasserwirtschaftsgesetz
z.B.	zum Beispiel
ZBGR	Zeitschrift für Beurkundungs- und Grundbuchrecht

ZBJV	Zeitschrift des bernischen Juristenvereins, Organ für Rechtspflege und Gesetzgebung des Bundes sowie der Kantone Bern, Luzern und Solothurn, Bern
ZBl	Schweizerisches Zentralblatt für Staats- und Verwaltungsrecht, Zürich
ZG	Kanton Zug bzw. Zollgesetz vom 1. Oktober 1925, SR 631.0
ZGB	Schweizerisches Zivilgesetzbuch vom 10. Dezember 1907, SR 210
Ziff.	Ziffer(n)
ZivGer	Zivilgericht
ZH	Zürich
ZK	Zürcher Kommentar
ZNK	Zentrale Normenkommission des SIA (vgl. Rz. 4.50)
ZPO	Zivilprozessordnung
ZSR	Zeitschrift für Schweizerisches Recht, Basel
ZR	Blätter für Zürcherische Rechtsprechung, Zürich
ZStrR	Schweizerische Zeitschrift für Strafrecht, Bern
ZV	Zimmerverlesen; Verordnung zum Zollgesetz vom 10. Juli 1926, SR 631.01
ZWR	Zeitschrift für Walliser Rechtsprechung, Sitten

Verzeichnis der zitierten Literatur

ADAM-ALLENSPACH PATRIZIA, Sanierung bestehender ortsfester Anlagen nach dem Umweltschutzgesetz, Diss. Freiburg 1997.

AEMISEGGER HEINZ, Aktuelle Fragen des Lärmschutzrechts in der Rechtsprechung des Bundesgerichts, URP 1994, 441 ff.

– Zu den bundesrechtlichen Rechtsmitteln im Raumplanungs- und Umweltschutzrecht, in: Verfassungsrechtsprechung und Verwaltungsrechtsprechung, Zürich 1992, 113 ff.

– Leitfaden zum Raumplanungsgesetz, VLP-Schriftenfolge Nr. 25, Bern 1980.

AKADEMIE FÜR RAUMFORSCHUNG UND LANDESPLANUNG, Handwörterbuch der Raumordnung, Hannover 1995.

– Methoden und Instrumente räumlicher Planung, Hannover 1998.

ASSINI NICOLA, Codice dell'urbanistica e dell'edilizia, 2. Aufl., Mailand 1996.

ASSINI NICOLA/MANTINI PIERLUIGI, Manuale di diritto urbanistico, 2. Aufl., Mailand 1997.

AUBY JEAN-BERNARD/PERINET-MARQUET HUGUES, Droit de l'urbanisme et de la construction, 4. Aufl., Paris 1995.

AUGUSTIN VINZENS, Das Ende der Wasserrechtskonzession, Diss. Freiburg 1983.

BANDLI CHRISTOPH, Bauen ausserhalb der Bauzone (Art. 24 RPG), Diss. Bern 1984.

BARRELET DENIS/EGLOFF WILLI, Das neue Urheberrecht, Bern 1994.

BATTIS ULRICH/KRAUTZBERGER MICHAEL/ LÖHR ROLF-PETER, Baugesetzbuch, BauGB, 5. Aufl., München 1996.

BAUMANN DANIEL, Der Baukredit, 2. Aufl., Zürich 1997.

BÄUMLIN RICHARD, Privatrechtlicher und öffentlich-rechtlicher Immissionsschutz, in: Rechtliche Probleme des Bauens - Berner Tage für die juristische Praxis 1968, Bern 1969, 107 ff.

BEELER URS, Die widerrechtliche Baute, Diss. Zürich 1984.

BENDEL FELIX, Probleme des Gewässerschutzes in der Schweiz, Bern 1970.

BENDER BERND/SPARWASSER REINHARD/ENGEL RÜDIGER, Grundzüge des öffentlichen Umweltschutzrechts, 3. Aufl., Heidelberg 1995.

BIELENBERG WALTER/ERBGUTH WILFRIED/RUNKEL PETER, Raumordnungs- und Landesplanungsrecht des Bundes und der Länder, Kommentar und systematische Sammlung der Rechts- und Verwaltungsvorschriften, Bielefeld, Stand 1997.

BIRNIE PATRICIA W./BOYLE ALAN E., International Environmental Law, 1992.

BLUMENSTEIN ERNST/LOCHER PETER, System des Steuerrechts, 5. Aufl., Zürich 1995.

BLUMER PETER J., Abgaben für Erschliessungsanlagen nach dem Thurgauer Recht, Diss. Zürich 1989.

BOCK CHRISTIAN, Das WTO-Übereinkommen über das öffentliche Beschaffungswesen und seine Umsetzung ins schweizerische Submissionsrecht, AJP 1995, 712 ff.

– Das europäische Vergaberecht für Bauaufträge, Basel 1993.

– (Hrsg.), Schweizerische Rechtserlasse, Öffentliches Beschaffungsrecht, Submissionsrecht Basel, 1996.

BÖSCH PETER, Der Nachbarstreit und dessen Beilegung, Mediation - ein neuer Weg, SJZ 94/1998, 77 ff., 105 ff.

BOSE JAVA RITA, Der Schutz des Grundwassers vor nachteiligen Auswirkungen nach dem Recht des Bundes und des Kantons Zürich, Diss. Zürich 1996.

BOVAY BENOÎT, Le permis de construire en droit vaudois, 2. Aufl., Lausanne 1988.

BRAUN ELISABETH, Abfallverminderung durch Kooperation von Staat und Wirtschaft, Diss. Basel 1998.

BREUER RÜDIGER, Umweltschutzrecht, in: Besonderes Verwaltungsrecht, herausgegeben von Eberhard Schmidt-Assmann, 10. Aufl., Berlin/New York 1995, 433 ff.

BRIDEL LAURENT, Manuel d'aménagement du territoire pour la Suisse romande, Genf 1995.

BROHM WINFRIED, Öffentliches Baurecht, München 1997.

BRÜCKNER CHRISTIAN, Der Umfang des Formzwangs beim Grundstückkauf, ZBGR 75 (1994), 1 ff.

BRUNNER ANDREAS, Technische Normen in Rechtsetzung und Rechtsanwendung, Basel 1991.

– Die technischen Baunormen, BRT 1993, Bd. II.

BRUNNER HANS-ULRICH, Die Anwendung deliktsrechtlicher Regeln auf die Vertragshaftung, Diss. Freiburg 1991.

BRUNNER URSULA, Altlasten und Auskunftspflicht nach Art. 46 USG, URP 1997, 5 ff.

– Zulassungsbeschränkungen für neue Anlagen bei Überschreitung von Luftimmissionsgrenzwerten? URP 1990, 212 ff.

BUCHER ANDREAS, Natürliche Personen und Persönlichkeitsschutz, 2. Aufl., Basel/Frankfurt a.M. 1995.

BÜHLER THEODOR, Technische Normen, technische Vorschriften und Konformitätsnachweis nach EG-Recht, Zürich 1993.

– Zürcher Kommentar, Bd. V/2d: Der Werkvertrag, Zürich 1998.

CAVIN PIERRE, Kauf, Tausch und Schenkung, in: Schweizerisches Privatrecht, Bd. VII/I, Basel 1977, 1 ff.

CERUTTI ROMEO, Der Untervertrag, Diss. Freiburg 1990.

CHABLAIS ALAIN, Protection de l'environnement et droit cantonal des constructions, Diss. Freiburg 1996.

CHOLEWA WERNER/DYONG HARTMUT/VON DER HEIDE HANS-JÜRGEN/ARENZ WILLI, Raumordnung in Bund und Ländern, Stuttgart/Berlin/Köln, Stand 1996.

CLERC EVELYNE, L'ouverture des marchés publics: Effectivité et protection juridique, Diss. Fribourg 1997.

COLOMBO GUIDO/PAGANO FORTUNATO/ROSSETTI MARIO, Manuale di urbanistica, 12. Aufl., Mailand 1996.

COTTIER THOMAS/WAGNER MANFRED, Das neue Bundesgesetz über den Binnenmarkt (BGBM), AJP 1995, 1587 ff.

DAETWYLER MAX A., Altlasten heute – Situation und Rechtslage, URP 1993, 266 ff.

DAVID LUCAS, Die Baukunst im Urheberrecht, in: FS 100 Jahre URG, Bern 1983, 263 ff.

DERENDINGER PETER, Die Nicht- und die nichtrichtige Erfüllung des einfachen Auftrages, Diss. Freiburg 1988, 2. Aufl., Freiburg 1990.

DESAX MARCUS, Haftung für erlaubte Eingriffe, in: Arbeiten aus dem juristischen Seminar der Universität Freiburg, Schweiz, Bd. 46, Diss. Freiburg 1977.

DESSEMONTET FRANÇOIS, Le droit d'auteur des architectes, BRT 1995, Bd. II, 24 ff.
– Les contrats de service, ZSR 1987 II, 93 ff.

DICKE DETLEV, Die Abbruchverfügung, BR 1981, 23 ff.

DILGER PETER, Raumplanungsrecht der Schweiz, Handbuch für die Baurechts- und Verwaltungspraxis, Zürich 1982.

EGLI ANTON, Der General- und der Totalunternehmer, BRT 1981, Bd. II, 65 ff.
– Probleme von und mit Baukonsortien, in: BRT 1989, Bd. II, 27 ff.

EIDG. JUSTIZ- UND POLIZEIDEPARTEMENT/BUNDESAMT FÜR RAUMPLANUNG, Erläuterungen zum Bundesgesetz über die Raumplanung, Bern 1981.

ENDER THOMAS, Die Verantwortlichkeit des Bauherrn für unvermeidbare übermässige Bauimmissionen, Diss. Freiburg 1995.

EPINEY ASTRID, Umweltrecht in der Europäischen Union, Köln/Berlin/Bonn 1997.

EPINEY ASTRID/SCHEYLI MARTIN, Le concept de développement durable en droit international public, SZIER 1997, 247 ff.

ERNST WERNER/ZINKAHN WILLY/BIELENBERG WALTER/KRAUTZBERGER MICHAEL, Baugesetzbuch, Kommentar, München, Stand 1997.

ERRASS CHRISTOPH, Katastrophenschutz, Diss. Freiburg 1998.

ESCHMANN STEPHAN, Der Gestaltungsplan nach zürcherischem Recht, Diss. Zürich 1985.

ETTLER PETER, Zur Rechtswegwahl im Immissionsschutzrecht, URP 1997, 292 ff.

FAHRLÄNDER LUDWIG, Die Auswirkungen des BG über den Umweltschutz auf die Rechtsprechung zur Enteignung des Nachbarrechts wegen Lärmimmissionen, BR 1985, 3 ff.

FALCONE PIETRO, Codice dell'urbanistica e dell'edilizia annotato con la giurisprudenza, 2. Aufl., 2 Bde., Turin 1994.

FAVRE ANNE-CHRISTINE, Quelques questions soulevées par l'application de l'OPB, RDAF 1992, 289 ff.

FAVRE-BULLE XAVIER, L'évolution du droit des contrats de prestation de service, ZSR 1991 I, 350 ff.

FELLMANN WALTER, Berner Kommentar, Bd. VI/2/4: Der einfache Auftrag, Bern 1992.
– Die Haftung des Architekten und des Ingenieurs für Werkmängel, in: Koller (Hrsg.), Haftung für Werkmängel, St. Gallen 1998, 77 ff.
– Grundfragen im Recht der einfachen Gesellschaft, ZBJV 1997, 285 ff.

FISCHER PETER, Fernmelderecht, Basel/Frankfurt a.M. 1997.

FISCHER THOMAS, Steuerratgeber für Hauseigentümer, Zürich 1997.

FISCHER ULRICH, Die Bewilligung von Atomanlagen nach schweizerischem Recht, Energieforum Schweiz, Bern 1980.

FLÜCKIGER ALEXANDRE, Le régime juridique des plans: L'exemple du plan des déchets, Diss. Lausanne 1996.

FRANCO MARILENA, Il diritto dell'ambiente, 1990.

FRENZ WALTER, Europäisches Umweltrecht, München 1997.

FRITZSCHE CHRISTOPH/BÖSCH PETER, Zürcher Planungs- und Baurecht, Wädenswil 1992.

FRÖHLER LUDWIG/OBERNDORFER PETER, Österreichisches Raumordnungsrecht, 2 Bde., Linz 1975/1986.

FROMAGEAU JÉRÔME/GUTTINGER PHILIPPE, Droit de l'environnement, 1993.

FUHRER STEPHAN, Unternehmerrisiko und Betriebshaftpflichtversicherung, in: SVZ 1991, 2 ff.

GADIENT ULRICH, Der Heimfall im Wasserrecht des Bundes und der Kantone, Diss. Bern 1958.

GADOLA ATTILIO R., Rechtsschutz und andere Formen der Überwachung der Vorschriften über das öffentliche Beschaffungswesen, AJP 1996, 972 ff.

GALLI PETER, Die Submission der öffentlichen Hand im Bauwesen, Diss. Zürich 1981.

GALLI PETER/LEHMANN DANIEL/RECHSTEINER PETER, Das öffentliche Beschaffungswesen der Schweiz, Zürich 1996.

GAUCH PETER, Der Werkvertrag, 4. Aufl., Zürich 1996.
- Das öffentliche Beschaffungsrecht der Schweiz. Ein Beitrag zum neuen Vergaberecht, recht 1997, 165 ff.
- Vergabeverfahren und Vergabegrundsätze nach dem neuen Vergaberecht des Bundes, Baurecht 1996, 99 ff.
- Das neue Beschaffungsgesetz des Bundes – Bundesgesetz über das öffentliche Beschaffungswesen vom 16. Dezember 1994, ZSR 1995 I, 314 ff.
- Die Baukoordinierungsrichtlinie der EG, BR 1991, 3 ff.
- Kommentar zur SIA-Norm 118 Art. 157–190, Zürich 1991.
- (Hrsg.), Kommentar zur SIA-Norm 118, Art. 38–156, bearbeitet von PETER GAUCH, DURI PRADER, ANTON EGLI und RAINER SCHUMACHER, Zürich 1992.
- Art. 404 OR, Sein Inhalt, seine Rechtfertigung und die Frage seines zwingenden Charakters, recht 1992, 9 ff.
- Die praktische Gestaltung der Bauverträge, BRT 1993, Bd. I, 1 ff.
- Überschreitung des Kostenvoranschlages – Notizen zur Vertragshaftung des Architekten (oder Ingenieurs), BR 1989, 79 ff.
- Die Haftung des Architekten für die Überschreitung seines Kostenvoranschlages, in: FS Heiermann, Wiesbaden und Berlin 1995.
- Die Vergütung von Bauleistungen, BRT 1987, Bd. I, 1 ff.

– Die Rechtsprechung, BR 1989, 96.
– Ein Bauwerk – mehrere Unternehmer, ZBJV 1982, 65 ff.
– Probleme von und mit Subunternehmern – Ein Beitrag zum privaten Baurecht, in: FS Arthur Meier-Hayoz, Bern 1982, 151 ff.
– Von der revidierten SIA-Norm 118, Gedächtnisschrift Peter Jäggi, Freiburg 1977, 203 ff.
– Der Totalunternehmervertrag – von seiner Rechtsnatur und dem Rücktritt des Bestellers, BR 1989, 39 ff.
– Der Rücktritt des Bestellers vom Werkvertrag, in: FS Horst Locher, Düsseldorf 1990, 35 ff.
– Deliktshaftung der Baubeteiligten, in: BRT 1989, 3 ff.
– Unternehmer- und Architektenklauseln beim Grundstückkauf, BRT 1983.
– Vom Formzwang des Grundstückkaufes und seinem Umfang – Ausdehnung auf eine «Architektenverpflichtung» des Käufers und auf konnexe Werkverträge?, BR 1986, 80 ff.

GAUCH PETER/SCHLUEP WALTER R., Schweizerisches Obligationenrecht, Allgemeiner Teil, 6. Aufl., Zürich 1995.

GAUCH PETER/TERCIER PIERRE (Hrsg.), Das Architektenrecht/Le droit de l'architecte, 3. Aufl., Freiburg 1995.

GAUDERON PHILIPPE, L'approbation de plans en matière ferroviaire, RDAF 1986, 341 ff.

GAUTSCHI GEORG, Berner Kommentar, Bd. VI/2/3: Der Werkvertrag, Bern 1967.

GEHRER LEO R., Die Verhandlung und Gestaltung von Bauverträgen, in: Alfred Koller (Hrsg.), Bau- und Bauprozessrecht: Ausgewählte Fragen, St. Gallen 1996.
– Vom Recht des Unternehmers, den Werkvertrag aufzulösen, in: Mélanges Assista, Genf 1989, 167 ff.

GEISER K./ABBÜHL J.J./BÜHLMANN F., Einführung und Kommentar zum Bundesgesetz über die Nutzbarmachung der Wasserkräfte, Zürich 1921.

GEISER THOMAS/MÜNCH PETER (Hrsg.), Prozessieren vor Bundesgericht, 2. Aufl., Basel/ Frankfurt a.M. 1998.

GEISSELER ROBERT, Fragen der zivilrechtlichen Haftung für Bauunfälle, BR 1986, 27 ff.

GEUDER HENRIETTA, Österreichisches öffentliches Baurecht und Raumordnungsrecht, Wien 1996.

GIGER HANS, Berner Kommentar, Bd. VI/2/1/3: Der Grundstückkauf, Bern 1997.
– Lärmbekämpfung als kategorischer und gesetzlicher Imperativ, in: FS Hans Giger, Bern 1994, 909 ff.

GILLI JEAN-PAUL/CHARLES HUBERT/DE LANVERSIN JACQUES, Les grands arrêts du droit de l'urbanisme, 4. Aufl., Paris 1996.

GLAVAS KRESO, Das Verhältnis von privatem und öffentlichem Nachbarrecht (insbesondere Immissionsrechtsschutz im Planungs-und Baubewilligungsverfahren), Freiburger Diss. Zürich 1984.

GMÜR PHILIPP, Die Vergütung des Beauftragten, Ein Beitrag zum Recht des einfachen Auftrages, Diss. Freiburg 1994.

GOOD-WEINBERGER CHARLOTTE, Die Ausnahmebewilligung im Baurecht, insbesondere nach § 220 des zürcherischen Planungs- und Baugesetzes, Diss. Zürich 1990.

GROSS CHRISTOPHE, Die Haftpflichtversicherung, Zürich 1993.

GUHL THEO/KOLLER ALFRED/DRUEY JEAN NICOLAS, Das schweizerische Obligationenrecht, 8. Aufl., Zürich 1991.

GULDIMANN WERNER, Luftrecht, Zürich 1995.

GUNTER PIERRE-YVES, Les infrastructures, in: Neues Fernmelderecht, Zürich 1998, 51 ff.

GUY-ECABERT CHRISTINE/ZEN-RUFFINEN PIEMARCO, Le droit du propriétaire d'équiper lui-même son terrain selon le nouvel aliéna 3 de l'article 19 LAT, BR 1996, 35 ff.

HAAB ROBERT/SCHERRER WERNER/SIMONIUS AUGUST/ZOBL DIETER, Zürcher Kommentar, Bd. IV: Das Sachenrecht, Erste Abteilung: Das Eigentum, Art. 641–729, Zürich 1977.

HAAG EUGEN, Die Bauwesenversicherung, Diss. St. Gallen, Winterthur 1971.

HAAS ADRIAN, Staats- und verwaltungsrechtliche Probleme bei der Regelung des Parkierens von Motorfahrzeugen auf öffentlichem und privatem Grund, insbesondere im Kanton Bern, Diss. Bern 1994.

HAEFLIGER ARTHUR, Die Europäische Menschenrechtskonvention und die Schweiz, Bern 1993.

HÄFELIN ULRICH/HALLER WALTER, Schweizerisches Bundesstaatsrecht, 4. Aufl., Zürich 1998.

HÄFELIN ULRICH/MÜLLER GEORG, Grundriss des Allgemeinen Verwaltungsrechts, 2. Aufl., Zürich 1993; 3. Aufl., Zürich 1998.

HALLER WALTER/KARLEN PETER, Raumplanungs- und Baurecht nach dem Recht des Bundes und des Kantons Zürich, 2. Aufl., Zürich 1992.

HÄNER ISABELLE, Vorsorgliche Massnahmen im Verwaltungsverfahren und Verwaltungsprozess, ZSR 1997 II, 253 ff.

HÄNNI PETER/SCHMID JÖRG, Bauimmissionen – ein Problem des öffentlichen und privaten Rechts, BRT 1997, Freiburg 1997, 52 ff.

HAUSER EDWIN, Die Bindung des Bundes an das kantonale Recht, Zürich 1962.

HAUSER HEINZ/MÜLLER-SCHNEGG HEINZ, Öffentliches Beschaffungswesen, Bern 1995.

HÄUSSLER INGRID/HÜRLIMANN ROLAND/MEYER-MARSILIUS HANS JOACHIM, Öffentliche Bauaufträge in der Schweiz: Einfluss des EU-Rechts, Zürich 1997.

HEER PETER, Die raumplanungsrechtliche Erfassung von Bauten und Anlagen im Nichtbaugebiet, Diss. Zürich 1996.

– Lärmschutz bei der Ausscheidung und Erschliessung von Bauzonen (Art. 24 USG), URP 1992, 573 ff.

HEINIGER THOMAS, Der Ausnahmeentscheid, Untersuchungen zu Ausnahmeermächtigung und Ausnahmebewilligung, Diss. Zürich 1985.

HELBLING CARL, Personalvorsorge und BVG, 5. Aufl., Bern und Stuttgart 1990.

HEPPERLE ERWIN, Bauversicherungen, in: Lendi/Nef/Trümpy (Hrsg.), Das private Baurecht der Schweiz, Zürich 1994.

– Bodenschutzrelevante Normen im Grundeigentumsrecht, Diss. Zürich 1988.

HEPPERLE ERWIN/LENDI MARTIN, Leben Raum Umwelt, Zürich 1993.

HERDENER HANS-RUDOLF, Die rechtliche Behandlung der Trolleybus-Unternehmungen, Zürich 1950.

HERMANN GUIDO, Kurzkommentar zum st. gallischen Strassengesetz vom 12. Juni 1988, St. Gallen 1989.

HERZOG RUTH, Art. 6 EMRK und kantonale Verwaltungsrechtspflege, Diss. Bern 1995.

HESS HEINZ/WEIBEL HEINRICH, Das Enteignungsrecht des Bundes, 2 Bde., Bern 1986.

HESS MARKUS, Immobilien-Leasing in der Schweiz, Zürich 1989.

HESS PETER, Die rechtliche Behandlung der Rohrleitungen zur Beförderung von flüssigen und gasförmigen Brenn- und Treibstoffen, Zürich 1969.

HESS URS, Der Architekten- und Ingenieurvertrag, Dietikon 1986.

– Bauhaftpflicht, Dietikon 1994.

HINDERLING HANS, Der Besitz, in: Schweizerisches Privatrecht, Bd. V/1, Basel/Stuttgart 1977, 403 ff.

HOFSTETTER JOSEF, Le mandat et la gestion d'affaires, Traité de droit privé suisse, vol. VII/II,1, Freiburg 1994.

– Der Auftrag und die Geschäftsführung ohne Auftrag, in: SPR VII/2, Basel 1979, 1 ff.

HÖHN ERNST/WEBER ROLF H., Planung und Gestaltung von Rechtsgeschäften, Zürich 1986.

HONSELL HEINRICH, Schweizerisches Obligationenrecht, Besonderer Teil, 4. Aufl., Bern 1997.

HONSELL HEINRICH/VOGT NEDIM PETER/GEISER THOMAS (Hrsg.), (Basler) Kommentar zum Schweizerischen Privatrecht, Schweizerisches Zivilgesetzbuch I, Art. 1–359 ZGB, Basel/Frankfurt a.M. 1996.

HONSELL HEINRICH/VOGT NEDIM PETER/GEISER THOMAS (Hrsg.), (Basler) Kommentar zum Schweizerischen Privatrecht, Schweizerisches Zivilgesetzbuch II, Art. 457–977 ZGB, Art. 1–61 SchlT ZGB, Basel/Frankfurt a.M. 1998.

HONSELL HEINRICH/VOGT NEDIM PETER/WIEGAND WOLFGANG (Hrsg.), (Basler) Kommentar zum Schweizerischen Privatrecht, Obligationenrecht I, Art. 1–529 OR, 2. Aufl., Basel/Frankfurt a.M. 1996.

HOPPE WERNER/ MARTIN BECKMANN, Umweltrecht, München 1989.

HOPPE WERNER/GROTEFELS SUSAN, Öffentliches Baurecht, München 1995.

HUBER FELIX, Die Ausnützungsziffer, Diss. Zürich 1986.

HÜRLIMANN ROLAND, Unternehmervarianten, Risiken und Problembereiche, BR 1996, 3 ff.

– Subcontracting in Switzerland, The International Construction Law Review, London 1991, 151 ff.

– Dispute Resolution and Conflict Management in Construction, Swiss Report, Fenn/O'Shea/Davies (Hrsg.), London, New York, 1998, 727 ff.

HÜRLIMANN ROLAND/HANDSCHIN LUKAS, VU-Dokumentation Recht, in: Virtuelle Unternehmungen in der Bauwirtschaft, VU-Handbuch: Kompetenzen vernetzen, Schweizerische Bauwirtschaftskonferenz, Zürich 1998.

IMBODEN MAX/RHINOW RENÉ: Schweizerische Verwaltungsrechtsprechung, 5. Aufl., 2 Bde., Basel/Stuttgart 1976.

ISLER PETER R., in: (Basler) Kommentar zum Schweizerischen Privatrecht, ZGB II, Basel 1998.

JAAG TOBIAS, Der Massnahmenplan gemäss Art. 31 der Luftreinhalte-Verordnung, URP 1990, 132 ff.

JAAG TOBIAS/MÜLLER GEORG/SALADIN PETER/ZIMMERLI ULRICH, Ausgewählte Gebiete des Bundesverwaltungsrechts, 2. Aufl., Basel/Frankfurt a.M. 1997.

JACOBS RETO, Lastengleichheit – ein sinnvolles Prinzip bei der Anordnung verschärfter Emissionsbegrenzungen?, URP 1994, 341 ff.

JÄGGI PETER/GAUCH PETER, Zürcher Kommentar, Bd. V/1b: Art. 18 OR, Zürich 1980.

JAISSLE STEFAN M., Der dynamische Waldbegriff und die Raumplanung, Diss. Zürich 1994.

JANSEN LUC, Les zones de protection des eaux souterraines: des mesures d'aménagement du territoire dans le droit de l'environnement, ZBl 1995, 341 ff.

JEANPRÊTRE CORINNE, La responsabilité contractuelle du directeur des travaux de construction, Diss. Neuchâtel, Bern 1996.

JEGOUZO YVES, Urbanisme, Paris 1995.

JENNI HANS-PETER, Vor lauter Bäumen den Wald doch noch sehen: Ein Wegweiser durch die neue Waldgesetzgebung, Schriftenreihe Umwelt des BUWAL Nr. 210, 1993.

KÄLIN JEAN-PIERRE, Das Eisenbahn-Baupolizeirecht, Diss. Zürich 1977.

KÄLIN WALTER, Das Verfahren der staatsrechtlichen Beschwerde, 2. Aufl., Bern 1994.

KAPPELER RUDOLF, Die Ausnützungsziffer – Versuch einer Bilanz, ZBl 1989, 49 ff.

KARLEN PETER, Raumplanung und Umweltschutz, Zur Harmonisierung zweier komplexer Staatsaufgaben, ZBl 1998, 145 ff.

– Neue Entwicklungen in der Nutzungsplanung im Spiegel der Rechtsprechung des Bundesgerichts, AJP 1997, 243 ff.

– Verwaltungsgerichtsbeschwerde gegen Raumpläne, recht 1997, 125 ff.

– Planungspflicht und Grenzen der Planung, ZBJV 1994, 117 ff.

KELLER ALFRED, Haftpflicht im Privatrecht, Bd. I, 5. Aufl., Bern 1993.

KELLER MAX/SIEHR KURT, Kaufrecht, 3. Aufl., Zürich 1995.

KELLER PETER M., Rechtliche Aspekte der neuen Waldgesetzgebung, AJP 1993, 144 ff.

KELLER PETER M./ZUFFEREY JEAN-BAPTISTE/FAHRLÄNDER KARL LUDWIG (Hrsg.), Kommentar NHG, Kommentar zum Bundesgesetz über den Natur- und Heimatschutz, Zürich 1997.

KISS ALEXANDRE CHARLES, Droit international de l'environnement, 1992.

KISS ALEXANDRE CHARLES/SHELTON DINAH, Traité de droit européen de l'environnement, 1995.

KLÄUSLI BRUNO, Bundesstaats- und verwaltungsrechtliche Aspekte der Nationalstrassengesetzgebung, Diss. Zürich 1970.

KLEY-STRULLER ANDREAS, Der richterliche Rechtsschutz gegen die öffentliche Verwaltung, Zürich 1995.

KLOEPFER MICHAEL, Umweltrecht, 2. Aufl., München 1998.

KLOEPFER MICHAEL/MAST EKKEHART, Das Umweltrecht des Auslandes, Berlin 1995.

KNAPP BLAISE (et al.), Perspektiven des Raumplanungs- und Bodenrechts, Basel 1990.
– La fin des concessions hydrauliques, ZSR 1982 I, 121 ff.

KOCH RICHARD A., Das Strassenrecht des Kantons Zürich, Zürich 1997.

KOECHLIN DOMINIK, Das Vorsorgeprinzip im Umweltschutzgesetz, Diss. Bern 1989.

KOLLER ALFRED (Hrsg.), Aktuelle Probleme des privaten und öffentlichen Baurechts, St. Gallen 1994
– (Hrsg.), Bau- und Bauprozessrecht: Ausgewählte Fragen, St.Gallen 1996.
– (Hrsg.), Der Grundstückkauf, St. Gallen 1989.
– Begriff und Rechtsgrundlagen des Grundstückkaufs, in: Alfred Koller (Hrsg.), Der Grundstückkauf, St. Gallen 1989, 39 ff.
– Das Nachbesserungsrecht im Werkvertrag, 2. Aufl., Zürich 1995.
– Verjährung von Versicherungsansprüchen, in: Alfred Koller (Hrsg.), Haftpflicht- und Versicherungsrechtstagung 1993, St. Gallen 1993, 1 ff.

KOLLER BEAT, Baulandschaft und Steuer, in: Lendi Martin/Nef Urs Ch.,/Trümpy Daniel (Hrsg.), Das private Baurecht der Schweiz, Zürich 1994, 307 ff.

KOLLER JO, Der «Untergang des Werks» nach Art. 376 OR, Diss. Freiburg, Winterthur 1983.

KÖLZ ALFRED/HÄNER ISABELLE, Verwaltungsverfahren und Verwaltungsrechtspflege des Bundes, Zürich 1993.

KÖLZ-OTT MONIKA, Die Anwendbarkeit der bundesrechtlichen Lärmschutzvorschriften auf menschlichen Alltagslärm und verwandte Lärmarten, URP 1993, 377 ff.

Kommentar zum Umweltschutzgesetz, herausgegeben von der Vereinigung für Umweltrecht, 1. Aufl. 1985–97 (11 Lieferungen), 2. Aufl. (1. Lieferung 1998).

KUHN MORITZ, Grundzüge des Schweizerischen Privatversicherungsrechts, Zürich 1998.

KUHN ROLF, Versicherungsvertrag: Probleme der Vertragsgestaltung, in: Koller Alfred (Hrsg.), Haftpflicht- und Versicherungsrechtstagung 1993, St. Gallen 1993.

KÜMIN KARL, Öffentlichrechtliche Probleme des Gewässerschutzes in der Schweiz, Zürich 1973.

KÜTTEL PETER, Das Strassenrecht des Kantons St. Gallen, St. Gallen 1969.

KUTTLER ALFRED, Festsetzung und Änderung von Nutzungsplänen, in: FS Ulrich Häfelin, Zürich 1989, 485 ff.

– Fragen des Rechtsschutzes gemäss dem Bundesgesetz über die Raumplanung, ZBl 1982, 329 ff.

LAIM HERMANN, in: (Basler) Kommentar zum Schweizerischen Privatrecht, ZGB II, Basel 1998.

LEBRETON JEAN-PIERRE, Droit de l'urbanisme, Paris 1993.

LEIGGENER ERWIN, Die Vergebung von öffentlichen Aufträgen des Gemeinwesens als Problem des Rechtsstaates, Diss. Freiburg, Zürich 1976.

LEIMBACHER JÖRG, Bundesinventare, Schriftenfolge der Schweizerischen Vereinigung für Landesplanung Nr. 60, Bern 1993.

LENDI MARTIN, Planungsrecht und Eigentum, ZSR 1976 II, 1 ff.

– Grundriss einer Theorie der Raumplanung – Einleitung in die raumplanerische Problematik, 3. Aufl., Zürich 1996.

– Die Ordnung des Bauens nach schweizerischem Recht, in: Martin Lendi, Subtilitäten des Rechts, Zürich 1996, 99 ff.

– Politisch, sachlich und ethisch indizierte Raumplanung, Wien 1998.

LENDI MARTIN/ELSASSER HANS, Raumplanung in der Schweiz, 3. Aufl., Zürich 1991.

LENDI MARTIN/NEF URS/TRÜMPY DANIEL (Hrsg.), Das private Baurecht der Schweiz, Zürich 1994.

LEUENBERGER CHRISTOPH, Abschluss des Grundstückkaufvertrages, in: Alfred Koller (Hrsg.), Der Grundstückkauf, St. Gallen 1989, 52 ff.

– Dienstleistungsverträge, ZSR 106/1987 II, 1 ff.

LEUTENEGGER PAUL B., Das formelle Baurecht der Schweiz, 2. Aufl., Zürich 1978.

LINDENMANN CHRISTIAN, Beiträge und Gebühren für die Erschliessung nach zürcherischem Planungs- und Baurecht, Diss. Freiburg, 1989.

LIVER PETER, Das Eigentum, in: Schweizerisches Privatrecht, Bd. V/1, Basel/Stuttgart 1977, 1 ff.

– Privates und öffentliches Recht, in: Rechtliche Probleme des Bauens, Berner Tage für die juristische Praxis 1968, Bern 1969.

– Zürcher Kommentar, Bd. IV/2a/1: Die Grunddienstbarkeiten, Zürich 1980.

LORETAN THEO, Bau- und Nutzungsbeschränkungen aufgrund von umweltrechtlichen Vorschriften im Bereich Luftreinhaltung, URP 1998, 406 ff.

LUDWIG PETER, Die Baulanderschliessung nach bernischem Recht, BVR 1982, 411 ff.

– Erste Erfahrungen mit dem Baugesetz des Kantons Bern, ZBJV 1987, 409 ff.

LUTZ MARTIN, Das Urheberrecht des Architekten, BRT 1995, Bd. II, 24 ff.

MÄDER CHRISTIAN, Das Baubewilligungsverfahren, Diss. Zürich 1991.

MANTINI PIERLUIGI, Codice dell'edilizia, Mailand 1997.

MARANTELLI-SONANINI VERA, Erschliessung von Bauland, Diss. Bern 1997.

MARTI JEAN-LUC, Distances, coefficients et volumétrie des constructions en droit vaudois, Diss. Lausanne 1988.

MATILE JACQUES (et al.), Droit vaudois de la construction, 2. Aufl., Lausanne 1994.

MAURER ALFRED, Schweizerisches Privatversicherungsrecht, 3. Aufl., Bern 1995.

MAURER HANS, Naturschutz in der Landwirtschaft als Gegenstand des Bundesrechts, Diss. Zürich 1995.

MEIER-HAYOZ ARTHUR, Berner Kommentar zum schweizerischen Privatrecht, Bd. IV: Sachenrecht, Bern 1974/1975/1981.

MEIER-HAYOZ/FORSTMOSER, Grundriss des Schweizerischen Gesellschaftsrechts, 5. Aufl., Zürich 1984.

MEISSER URS, Der Nutzungstransport, Diss. Zürich 1987.

MENGOLI GIAN CARLO, Manuale di diritto urbanistico, 4. Aufl., Mailand 1997.

MÉROT STÉPHANE, Les sources et les eaux souterraines, Diss. Lausanne 1996.

MERZ HANS, Obligationenrecht, Allg. Teil, SPR VI/1, Basel/Frankfurt a.M. 1984.

METZ MARKUS/SCHMID GERHARD, Rechtsgrundlagen des öffentlichen Beschaffungswesens, ZBl 1998, 49 ff.

MEYLAN JACQUES-HENRI, Le recours de droit public du voisin contre un plan d'affectation, in: Juridiction constitutionnelle et juridiction administrative, 1992, 279 ff.

MICHEL NICOLAS, Droit public de la construction, Freiburg 1996.

MICHEL NICOLAS/ZÄCH ROGER (Hrsg.), Submissionswesen im Binnenmarkt Schweiz, Zürich 1998.

MODERNE FRANCK/CHARLES HUBERT, Code de l'urbanisme, 9. Aufl., Paris 1996.

MODERNE FRANCK/DUBOIS PHILIPPE, Code de la construction et de l'habitation, 8. Aufl., Paris 1996.

MOOR PIERRE, Les voies de droit fédérales dans l'aménagement du territoire, in: François Zürcher (Hrsg.), L'aménagement du territoire en droit fédéral et cantonal, Lausanne 1990, 163 ff.

MORAND CHARLES-ALBERT (Hrsg.), La pesée globale des intérêts – Droit de l'environnement et de l'aménagement du territoire, Basel/Frankfurt a.M. 1996.

MOSIMANN RUDOLF, Der Generalunternehmervertrag im Baugewerbe, Diss. Zürich 1972.

MÜHLEBACH URS/GEISSMANN HANSPETER, Kommentar zum Bundesgesetz über den Erwerb von Grundstücken durch Personen im Ausland, Brugg/Baden 1986.

MÜLLER H., Die Arbeitsgemeinschaft, Zürich 1981.

MÜLLER JÖRG PAUL/SCHMID HANS G., Die Beschränkung der Wasserkraftnutzung im Interesse des Landschaftsschutzes, Gutachten, Bern 1990.

MÜLLER OTTO HEINRICH, Haftpflichtversicherung, Zürich 1985.

MÜLLER PETER/ROSENSTOCK PETER/WIPFLI PETER/ZUPPINGER WERNER, Kommentar zum Zürcher Planungs- und Baugesetz vom 7. September 1975, 1. Lieferung, Zürich 1985.

MÜLLER THOMAS, Die erleichterte Ausnahmebewilligung, Diss. Zürich 1991.

NEFF MARKUS, Die Auswirkungen der Lärmschutz-Verordnung auf die Nutzungsplanung, Diss. Zürich 1994.

NICKLISCH HANNES, Rechtsfragen des Subunternehmervertrages bei Bau- und Anlageprojekten im In- und Auslandgeschäft, NJW 1985, 2366 ff.

NIGG HANS, Die Haftung mehrerer für einen Baumangel, in: Koller (Hrsg.), Haftung für Werkmängel, St. Gallen 1998, 121 ff.

OFTINGER KARL, Lärmbekämpfung als Aufgabe des Rechts, Zürich 1956.

OFTINGER KARL/STARK EMIL, Schweizerisches Haftpflichtrecht, Allg. Teil, Bd. I, 5. Aufl., Zürich 1995.

– Schweizerisches Haftpflichtrecht, Besonderer Teil, Bd. II/1, 4. Aufl., Zürich 1987.

PEDRAZZINI MARIO M., Neuere Entwicklungen im Urheberrecht des Architekten, BR 1993, 3 ff.

– Der Werkvertrag, in: Schweizerisches Privatrecht, Bd. VII/1, Basel/Stuttgart 1977, 497 ff.

PEDRAZZINI MARIO M./OBERHOLZER NIKLAUS, Grundriss des Personenrechts, 4. Aufl., Bern 1993.

PERNTHALER PETER, Raumordnung und Verfassung, 4 Bde., Wien 1975 ff.

PERNTHALER PETER/PRANTL BARBARA, Raumordnung in der europäischen Integration, Wien 1994.

PETITPIERRE-SAUVAIN ANNE, Le principe pollueur–payeur, ZSR 1989 II, 429 ff.

PIOTET DENIS, A propos de deux questions touchant aux immissions excessives inévitables causées au voisinage, JdT 1989, 151 ff.

PIOTET PAUL, Dienstbarkeiten und Grundlasten, in: Schweizerisches Privatrecht, Bd. V/I, Basel 1977, 519 ff.

PISTOR BÉATRICE/SCHUMACHER JOST, Wirtschaftliche Realisierarbeit der Projekte des Architekten, BR 1998, 64 ff.

POLEDNA TOMAS, Staatliche Bewilligungen und Konzessionen, Bern 1994.

PRIEUR MICHEL, Droit de l'environnement, 3. Aufl., Paris 1996.

RASCHAUER BERNHARD, Umweltschutzrecht, 2. Aufl. 1988.

RASELLI NICCOLÒ, Berührungspunkte des privaten und öffentlichen Immissionsschutzes, URP 1997, 271 ff.

RAUSCH HERIBERT, Die Umweltschutzgesetzgebung, Zürich 1977.

– Panorama des Umweltrechts, herausgegeben vom Bundesamt für Umwelt, Wald und Landschaft, 2. Aufl., Bern 1994.

– Schweizerisches Atomenergierecht, Zürich 1980.

REBER HANS, Rechtshandbuch für Bauunternehmer, Bauherr, Architekt und Bauingenieur, 4. Aufl., Zürich 1983.

RECHSTEINER ALFRED, Die Kompetenzverteilung im Nationalstrassenbau, Zürich 1970.

RECHSTEINER PETER, Eurocodes – einige Überlegungen aus rechtlicher Sicht zur heutigen Situation, in: Schweizer Ingenieur und Architekt, 19. April 1993, 282 ff.

REHBINDER MANFRED, Schweizerisches Urheberrecht, 2. Aufl., Bern 1996.

– URG-Urheberrechtsgesetz (kommentiert), Zürich 1993.

REICH MARKUS, Das Instrument der Planungszone unter besonderer Berücksichtigung des basellandschaftlichen Rechts, Diss. Basel 1996 (Maschinenschrift).

REITTER RENÉ, Les contributions d'équipement plus particulièrement en droit neuchâtelois, Diss. Neuenburg 1986.

REY HEINZ, Die Grundlagen des Sachenrechts und das Eigentum, Grundriss des Schweizerischen Sachenrechts, Bd. I, Bern 1991.

RHINOW RENÉ A./KRÄHENMANN BEAT, Schweizerische Verwaltungsrechtsprechung, Ergänzungsbd., Basel/Frankfurt a.M. 1990.

RHINOW RENÉ/KOLLER HEINRICH/KISS CHRISTINA, Öffentliches Prozessrecht und Justizverfassungsrecht des Bundes, Basel/Frankfurt a.M. 1996.

RICHNER CHRISTIAN, Die Versicherungen der Bauunternehmung, Zürich 1986.

RIEMER HANS MICHAEL, Die beschränkten dinglichen Rechte, Bern 1986.

RIKLIN FRANZ, Strafrechtliche Risiken beim Bauen, in: BRT 1987, Bd. 2, Freiburg 1987.

– Zur strafrechtlichen Verantwortlichkeit des Architekten, in: Gauch/Tercier, Das Architektenrecht, 3. Aufl., Freiburg 1995.

RIVA ENRICO, Hauptfragen der materiellen Enteignung, Bern 1990.

ROMI RAPHAËL, Droit et administration de l'environnement, 2. Aufl., Paris 1997.

ROUILLER CLAUDE, La protection juridique en matière d'aménagement du territoire par la combinaison des art. 6 par. 1 CEDH, 22 LAT et 98a OJ: complémentarité ou plénitude?, SJZ 1994, 21 ff.

RUCH ALEXANDER, Das Recht in der Raumordnung, Basel/Frankfurt a.M. 1997.

– Aus der Rekurspraxis zum baselstädtischen Raumplanungs- und Baurecht, BJM 1990, 1 ff.

– Bau- und Raumplanungsrecht, in: Handbuch des Staats- und Verwaltungsrechts des Kantons Basel-Stadt, Basel 1984, 549 ff.

RUF PETER, Der Umfang des Formzwangs beim Grundstückkauf, ZGBR 78 (1997), 361 ff.

RÜST PAUL, Die Bank als Baubeteiligte, in: BRT 1991, Bd. II, 1 ff.

SALADIN PETER, Schutz vor nicht-ionisierenden Strahlen nach schweizerischem Recht, URP 1992, 489 ff.

SALMI SERGIO, Diritto dell'ambiente, 2. Aufl. 1989.

SALVIA FILIPPO/TERESI FRANCESCO, Diritto urbanistico, 5. Aufl., Padua 1992.

SCHAUB RUDOLF, Der Engineeringvertrag, Berner Diss., Zürich 1979.

SCHAUMANN CLAUDIA, Rechtsprechung zum Architektenrecht, 2. Aufl., Freiburg 1989.

SCHERRER ERWIN, Nebenunternehmer beim Bauen, Diss. Freiburg 1994.

SCHLEINIGER RETO, Das Verursacherprinzip bei der Siedlungsabfallentsorgung, Diss. Zürich 1992.

SCHLEUTERMANN MARKUS, Baurechtliche Antennenverbote und Informationsfreiheit, unter besonderer Berücksichtigung des zürcherischen Rechts, Diss. Zürich 1986.

SCHLICHTER OTTO/STICH RUDOLF (Hrsg.), Berliner Kommentar zum Baugesetzbuch, 2. Aufl., Köln/Berlin/Bonn/München 1995.

SCHLUEP WALTER, Innominatverträge, in: Schweizerisches Privatrecht VII/Bd. 2, Basel/ Stuttgart 1979, 763 ff.

SCHMID HANS GAUDENZ, Landschaftsverträgliche Wasserkraftnutzung: Bundesrechtliche Anforderungen und ihre Durchsetzung gegenüber den Kantonen, Diss. Bern 1997.

SCHMID HANS HEINRICH, Immissionen: Ausmass und Abwehr insbesondere nach ZGB 28 und 684, Diss. Zürich 1969.

SCHMID-TSCHIRREN CHRISTINA MARIA, Die negativen Immissionen im schweizerischen Privatrecht, Diss. Bern 1997.

SCHMIDT REINER/MÜLLER HELMUT, Einführung in das Umweltrecht, 4. Aufl., München 1995.

SCHNEEBERGER THOMAS, Der Einfluss des Entgelts auf die rechtliche Stellung des Beauftragten im Bereich der Verschuldenshaftung, der Substitutenhaftung und der jederzeitigen Beendigung des Auftrages im schweizerischen Obligationenrecht verglichen mit dem römischen Recht und dem BGB, Diss. Bern 1992.

SCHNEWLIN BLISS, Zur Rechtsnatur des Bauvertrages, insbesondere des Generalunternehmervertrages, ZBGR 1980, 365 ff.

SCHNYDER BERNHARD, Das private Nachbarrecht: Der Bauherr und sein Nachbar – Vom Projekt bis zur Vollendung der Baute, BRT 1985, 26 ff.

– Vertragserfüllung und deren Sicherung in sachenrechtlicher Sicht, in: Alfred Koller (Hrsg.), Der Grundstückkauf, St. Gallen 1989, 159 ff.

SCHNYDER BERNHARD/ENDER THOMAS, Über die Haftung des Grundeigentümers für Verhalten ausserhalb seines Grundstücks, BR 1995, 33 ff.

SCHÖBI FELIX, Privilegierung des bauenden Grundeigentümers?, recht 1989, 138 ff.

SCHRÖFL THOMAS, Handkommentar zum Umweltschutzrecht, 2. Aufl. 1992, Ergänzungsbd. 1994.

SCHUMACHER RAINER, Beweisprobleme im Bauprozess, in: FS Kurt Eichenberger, Aarau 1990, 157 ff.

– Der Staat als Auftraggeber, in: BRT 1991, Bd. I , 47 ff.

– Bauen mit einem Generalunternehmer, in: BR 1983, 43 ff.

– Das Risiko beim Bauen, ausgewählte Risiken, in: BRT 1983, 47 ff.

– Bauen – konventionell oder mit Generalunternehmer, in: SIA-Dokumentation Nr. 71, Zürich 1983.

– Die Veräusserung geplanter und unvollendeter Neubauten, in: BRT 1989, 39 ff.

– Das Bauhandwerkerpfandrecht, 2. Aufl., Zürich 1982.

– Die Haftung des Architekten aus Vertrag, in: Gauch/Tercier (Hrsg.), Das Architektenrecht, 3. Aufl., Freiburg 1995, 113 ff.

– Die Vergütung im Bauwerkvertrag, Freiburg 1998.

– Die Haftung des Architekten für seine Kosteninformationen, recht 1994, 126 ff.

– Die Haftung des Grundstückverkäufers, in: Alfred Koller (Hrsg.), Der Grundstückkauf, St. Gallen 1989, 203 ff.

– Vertragsgestaltung für grosse Infrastrukturbauten: Sicht eines Praktikers, BR 1997, 3 ff.

– Der Anwalt als Vertragsgestalter, in: Schweizerisches Anwaltsrecht, in: FS 100 Jahre Schweizerischer Anwaltsverband, Bern 1998, 413 ff.

SCHÜRMANN LEO/HÄNNI PETER, Planungs-, Bau- und besonderes Umweltschutzrecht, 3. Aufl., Bern 1995.

SCHWANDER WERNER, Die Haftpflichtversicherung des Architekten, in: Gauch/Tercier (Hrsg.), Das Architektenrecht, 3. Aufl., Freiburg 1995 537 ff.

SCOLARI ADELIO, Commentario, I. Legge cantonale di applicazione della Legge federale sulla pianificazione del territorio, II. Legge edilizia cantonale, III. Legge di applicazione e complemento del codice civile svizzero (rapporti di vicinato, art. 102–171a), Bellinzona 1997.

– Commentario della Legge edilizia del Canton Ticino, Neudruck, Lugano 1991.

SEILER HANSJÖRG, Das Recht der nuklearen Entsorgung in der Schweiz, Diss. Bern 1986.

SIEBER ROMAN, Die bauliche Verdichtung aus rechtlicher Sicht, Diss. Freiburg 1996.

SIMONIUS PASCAL/SUTTER THOMAS, Schweizerisches Immobiliarsachenrecht, 2 Bde., Basel/Frankfurt a.M. 1990/1995.

SOANINI VERA, Das neue Waldgesetz und die Raumplanung, BR 1992, 83 ff.

SOMMER MONIKA, Nachbarrecht, Zürich 1995.

SPAHN JÜRG, Die Bindung des Bundes an das kantonale und kommunale Baupolizeirecht sowie an die eidgenössischen Vorschriften im Bereich der Raumpanung, Bern 1977.

SPIESS HANS RUDOLF, Technische Normen, in: Lendi Martin et al. (Hrsg.), Das private Baurecht der Schweiz, Zürich 1994.

SPIRO KARL, Die Haftung für Erfüllungsgehilfen, Bern 1984.

SPÜHLER KARL, Der Rechtsschutz von Privaten und Gemeinden im Planungsrecht, ZBl 1989, 97 ff.

STAEHELIN BERNHARD, Erschliessungsbeiträge, Diss. Basel 1979.

STARK EMIL W., Berner Kommentar, Bd. IV/3/1: Der Besitz, Bern 1984.

– Das Wesen der Haftpflicht des Grundeigentümers nach Art. 679 ZGB, Zürcher Habilitationsschrift, Zürich 1952.

– Privatrechtliche Unterlassungsansprüche gegen Kernkraftwerke, SJZ 71/1975, 217 ff.

STEINAUER PAUL-HENRI, La mise à contribution du fonds voisin lors de travaux de construction, BR 1990, 31 ff.

– Le droit au soleil, Mensch und Umwelt, in: FS der rechts-, wirtschafts- und sozialwissenschaftlichen Fakultät der Universität Freiburg zum Schweizerischen Juristentag 1980, Fribourg 1980, 243 ff.
– Les droits réels, Bd. I, 3. Aufl., Bern 1997.
– Les droits réels, Bd. II, 2. Aufl., Bern 1994.

STEINAUER PAUL-HENRI/KNAPP BLAISE, Le maître de l'ouvrage et ses voisins - du projet à la fin du chantier, Baurechtstagung 1985, Freiburg 1985, 33 ff.

STEINER MARTIN, Steuerliche Folgen beim Grundstückkauf, in: Alfred Koller (Hrsg.), Der Grundstückkauf, St. Gallen 1989, 395 ff.

STIERLI BRUNO, Die Architektenvollmacht, Diss. Freiburg 1988.

STOFFEL WALTER A., Wettbewerbsrecht und staatliche Wirtschaftstätigkeit, Freiburg 1994.

STRÜTT ADRIAN, Nationalstrassenrecht und Umweltschutzrecht, Diss. Zürich 1994.

STUTZ HANS W./CUMMINS MARK, Die Sanierung von Altlasten, 1996.

TAUSKY ROBERT, Die allgemein anerkannten Regeln der Baukunde, in: Koller Alfred (Hrsg.), Bau- und Bauprozessrecht, Ausgewählte Fragen, St. Gallen 1996.
– Die Rechtsnatur der Verträge über die Planung von Bauwerken, Diss. Zürich 1991.

TERCIER PIERRE, La protection contre des nuisances liées à des travaux de construction, BR 1987, 82 ff.
– Travaux de construction et garantie du bailleur, BR 1986, 58 ff.
– Travaux de construction et Protection contre les nuisances, Mensch und Umwelt, in: FS der rechts-, wirtschafts- und sozialwissenschaftlichen Fakultät der Universität Freiburg zum Schweizerischen Juristentag 1980, Freiburg 1980, 281 ff.
– Les contrats spéciaux, 2. Aufl., Zürich 1995.
– La loi, les normes et leurs compléments, BR 1983, 63 ff.

TRÖSCH ANDREAS, Das neue Abfallrecht, URP 1996, 467 ff.

TRÜEB HANS RUDOLF, Rechtsschutz gegen Luftverunreinigung und Lärm, Diss. Zürich 1990.

TSCHANNEN PIERRE, Bau- und Nutzungsbeschränkungen aufgrund von umweltrechtlichen Vorschriften: Zusammenspiel von Umweltrecht und Raumplanung, URP 1998, 486 ff.

TUOR PETER/SCHNYDER BERNHARD/SCHMID JÖRG, Das Schweizerische Zivilgesetzbuch, 11. Aufl., Zürich 1995.

UNKART RALF, Rechtssätze zur Raumordnung und Raumplanung, Rechtsprechung der Gerichtshöfe öffentlichen Rechts, 2. Aufl., Wien 1994.

VALLENDER KLAUS A., Grundzüge des Kausalabgabenrechts, Gebühren – Vorzugslasten – Ersatzabgaben, 1976.
– Ziele und Instrumente des schweizerischen Umweltrechts, in: FS Mario M. Pedrazzini, Bern 1990, 197 ff.

VALLENDER KLAUS A./MOREL RETO, Umweltrecht, Bern 1997.

VAN WIJNKOOP JÜRG, Beiträge, Abwasser- und Kehrichtgebühren im Kanton Bern, Diss. Bern, 1973.

VIEWEG KLAUS/RÖTHEL ANNE, Konvergenz öffentlich-rechtlichen und privatrechtlichen Immissionsschutzes?, Deutsches Verwaltungsblatt 111/1996, 1171 ff.

VILLIGER MARK E., Handbuch der Europäischen Menschenrechtskonvention (EMRK), Zürich 1993.

VIRET BERNARD, Privatversicherungsrecht, 2. Aufl., Zürich 1989.

VOGEL DANIEL, Pflicht zur räumlichen Planung von Abfalldeponien gemäss Art. 31 Abs. 4 USG unter besonderer Berücksichtigung des Zürcher Rechts, Diss. Zürich 1990.

VOGEL OSKAR, Grundriss des Zivilprozessrechts, 5. Aufl., Bern 1997.

VON ARX PETER, Der Ästhetikparagraph (§ 238) im zürcherischen Planungs- und Baugesetz, Diss. Zürich 1983.

VON BÜREN ROLAND/COTTIER THOMAS (Hrsg.), Die neue schweizerische Wettbewerbsordnung im internationalen Umfeld, Bern 1997.

VON BÜREN ROLAND/DAVID LUCAS (Hrsg.), Schweizerisches Immaterialgüter- und Wettbewerbsrecht, Bd. II/1, Urheberrecht und verwandte Schutzrechte, Basel 1995.

VON STEIGER WERNER, Gesellschaftsrecht, in: Schweizerisches Privatrecht Bd. VII/1, Basel/Stuttgart 1976, 211 ff.

VON TUHR ANDREAS/PETER HANS/ESCHER ARNOLD, Allgemeiner Teil des Schweizerischen Obligationenrecht, 2 Bde., Zürich 1974/1979.

WAGNER BEATRICE, Das Verursacherprinzip im schweizerischen Umweltschutzrecht, ZSR 1989 II, 321 ff.

WALDIS ALOYS, Das Nachbarrecht, 4. Aufl., Zürich 1953.

WALDMANN BERNHARD, Der Schutz von Mooren und Moorlandschaften, Diss. Freiburg, 1997.

WALKER URS, Rechtsprechung zur Luftreinhalteverordnung – Eine Zwischenbilanz, in: Raum und Umwelt – Juni 1994, herausgegeben von der Schweizerischen Vereinigung für Landesplanung, 1995, 15 ff.

– Änderung von lärmigen Anlagen – Errichtung oder Sanierung?, URP 1994, 432 ff.

WEBER ROLF H., in: (Basler) Kommentar zum Schweizerischen Privatrecht, OR I, 2. Aufl. Basel 1996.

WELTERT HANS MARTIN, Die Organisationsformen in der schweizerischen Elektrizitätsversorgung, Zürich 1989.

WENGER CHRISTOPH, Die neue Altlasten-Verordnung, URP 1997, 721 ff.

WERRO FRANZ, Le mandat et ses effets, Freiburg 1993.

– La definition des biens de la personalité: une prérogative du juge, in: FS Pierre Tercier, Freiburg 1993, 15 ff.

– La responsabilité de l'architecte pour le dépassement du devis et la réparation du dommage né de la confiance déçue, BR 1993, 96 ff.

WERRO FRANZ/ZUFFEREY JEAN-BAPTISTE, Les immissions de la construction, Journées du droit de la construction 1997, Freiburg 1997, 57 ff.

WIDMER PIERRE, Privatrecht und Umweltschutz in der Schweiz, Verhandlungen des Neunten Österreichischen Juristentages, II/4, Abteilung Zivilrecht, Wien 1985.

WIEGAND WOLFGANG/BRUNNER CHRISTIAN, Vom Umfang des Formzwanges und damit zusammenhängenden Fragen des Grundstückkaufvertrages, recht 1993, 1 ff.

WIESTNER HEIDI, Bau- und Nutzungsbeschränkungen aufgrund von Vorschriften des Altlasten- und Bodenschutzrechts, URP 1998, 442 ff.

WISSMANN KURT, Verwandte Verträge (Vorvertrag, Vorkaufsvertrag, Vertrag auf Begründung eines Kaufrechts bzw. Rückkaufrechts), in: Alfred Koller (Hrsg.), Der Grundstückkauf, St. Gallen 1989, 472 ff.

WOLF ROBERT, Elektrosmog: Zur Rechtslage bei Erstellung und Betrieb von ortsfesten Anlagen, URP 1996, 102 ff.

– Führt übermässige Luftverschmutzung zu Baubeschränkungen und Auszonungen?, URP 1991, 69 ff.

WOLF ROBERT/KULL ERICH, Das revidierte Planungs- und Baugesetz (PBG) des Kantons Zürich, Bern 1992.

ZÄCH CHRISTOPH, Das neue Bodenschutzrecht, URP 1996, 497 ff.

ZAUGG ALDO, Die Detailerschliessung nach bernischem Recht, BVR 1976, 417 ff.

– Kommentar zum Baugesetz des Kantons Bern vom 9. Juni 1985, 2. Aufl., Bern 1995.

ZAUGG OTTO, Technische Versicherungen, Bern 1977.

ZEHNDER HANNES, Die Haftung des Architekten für die Überschreitung seines Kostenvoranschlages, Diss. Freiburg 1993.

– Gedanken zur Mehrpersonenhaftung im Baurecht, BR 1998, 3 ff.

ZELTNER URS, Die Mitwirkung des Bauherrn bei der Erstellung des Bauwerks, Diss. Freiburg 1993.

ZEMP MANFRED, Kommentar zum Baugesetz des Kantons St. Gallen vom 6. Juni 1972 (Art. 49–92), St. Gallen 1980.

ZIMMERLI ULRICH, Der Grundsatz der Verhältnismässigkeit im öffentlichen Recht, ZSR 1978 II, 1 ff.

– Wiederherstellung des gesetzmässigen Zustandes: Abbruchbefehl, BR 1983, 69 ff.

ZIMMERLI ULRICH/KÄLIN WALTER/KIENER REGINA, Grundlagen des öffentlichen Verfahrensrechts, Bern 1997.

ZIMMERLI ULRICH/SCHEIDEGGER STEPHAN (Hrsg.), Verbesserung der Koordination der Entscheidverfahren für bodenbezogene Grossprojekte, Verwaltungskontrolle des Bundesrates, Bern 1993.

ZIMMERLIN ERICH, Baugesetz des Kantons Aargau vom 2. Februar 1971, Kommentar, 2. Aufl., Aarau 1985.

ZINDEL GAUDENZ G./PULVER URS, in: (Basler) Kommentar zum Schweizerischen Privatrecht, OR I, 2. Aufl., Basel/Frankfurt a.M. 1996.

ZOBL DIETER, Das Bauhandwerkerpfandrecht de lege lata und de lege ferenda, ZSR 101 (1982) II, 1 ff.

– Berner Kommentar, Bd. IV/2/5/1: Das Fahrnispfand, Systematischer Teil und Art. 884–887 ZGB, Bern 1982.

– Der Baukreditvertrag, BR 1987, 3 ff.

ZUFFEREY JEAN-BAPTISTE, Les valeurs limites du droit de l'environnement, BR 1994, 35 ff.

ZURBRÜGG HENRI, Aspects juridiques du régime des eaux en Suisse, ZSR 1965 II, 201 ff.

ZÜRCHER ALEXANDER, Die vorsorgliche Emissionsbegrenzung nach dem Umweltschutzgesetz, Basler Diss., Zürich 1996.

ZÜRCHER FRANÇOIS (Hrsg.), L'aménagement du territoire en droit fédéral et cantonal, Lausanne 1990.

Erster Teil

GRUNDLAGEN

§ 1 Raumplanungs- und Baurecht

MARTIN LENDI*

I. Ordnung des Bauens und der Bauten – eine Übersicht

Die rechtliche Ordnung des Bauens und der Bauten sowie ihrer Nutzung ist vielfältig und in weite Bereiche der Rechtsordnung hinein verstrickt. Der Grund liegt in der *gesellschaftlichen, wirtschaftlichen, räumlichen und umweltbezogenen Relevanz des baulichen Geschehens*, wobei in aller Regel neben privaten auch öffentliche Interessen berührt werden. Sowohl die privaten als auch die öffentlichen Interessen sind alles andere als homogen. Sie konkurrenzieren sich gegeneinander und untereinander. 1.1

Die *rechtliche Regelung des Bauens ist breitgefächert und vielschichtig*. Sie berührt die verfassungsrechtliche Ordnung der Eigentumsgarantie (Art. 22ter BV) und der Wirtschaftsfreiheit (Art. 31 ff. BV) genauso wie die öffentlichrechtliche Baugesetzgebung und das private Baurecht im Sinne des Sachenrechts (Eigentum, beschränkte dingliche Rechte, Nachbarrecht, Grundbuchrecht) sowie des Auftrags- und Werkvertragsrechts. Dazu kommen Vorschriften über den Grundstückerwerb, den Umweltschutz, den Gewässerschutz, den Natur- und Heimatschutz, den Denkmalschutz, den Verkehr, die Telekommunikation und die öffentliche Eigentums- und Wohnbauförderung sowie über die öffentlichen Bauten und das Vergabewesen. Es gehören aber auch Allgemeine Geschäftsbedingungen und Technische Normen dazu, wie sie vom SIA und andern Organisationen aufbereitet werden. 1.2

Die *Bauwirtschaft ist privatwirtschaftlich organisiert* (Art. 31 ff. BV). Sie erbringt ihre Leistungen, auch gegenüber öffentlichen Auftraggebern, nach Privatrecht. Im Vordergrund stehen die verfassungsrechtliche Ordnung der Handels- und Gewerbefreiheit, das Organisationsrecht der Unternehmungen der Baubranche nach Massgabe des Unternehmens- 1.3

* Die ersten Entwürfe zu diesem Text stammen von lic. iur. THOMAS KAPPELER. Ich danke ihm dafür. Die Endfassung durchgesehen haben die aktuellen Mitarbeiter meiner Professur, Dr. ERWIN HEPPERLE, lic. iur. CHRISTIAN WEBER, lic. iur. ROGER FÖHN sowie Frau E. M. DELLA CASA-KAUFMANN.

und Gesellschaftsrechts sowie das Vertragsrecht nach Obligationenrecht. Hier dominieren der Werkvertrag und der Auftrag, begleitet vom Kaufvertrag. Die volkswirtschaftliche Bedeutung der Bauwirtschaft ist erheblich. Sie wird insbesondere auch unter konjunktur- und strukturpolitischen Gesichtspunkten beachtet.

1.4 *Das private Baurecht*, soweit es sich auf das Grundeigentum, die beschränkten dinglichen Rechte und das Nachbarrecht bezieht, ist im schweizerischen Zivilgesetzbuch und seinen Nebenerlassen geregelt. Im Besonderen gilt dies für das Grundbuch (Art. 952 ff. ZGB). Dieses weist die privatrechtlichen Beschränkungen des Grundeigentums aus, nicht aber die öffentlichrechtlichen. Es genügt deshalb im Zusammenhang mit der Errichtung und der Nutzung von Bauten nicht, Einsicht entweder in das Grundbuch oder in die öffentlichrechtlichen Erlasse und Pläne zu nehmen. Es bedarf immer beider Schritte. Neu ist mit Sorgfalt zu prüfen, ob auf dem Baugrundstück Altlasten auszumachen sind, die einer vorgängigen Bodensanierung rufen. Zum privaten Baurecht zählt insbesondere auch das Auftrags- und Werkvertragsrecht, soweit es auf das Bauen angewandt wird. Auch dürfen die Vorwirkungen des Mietrechts und des Abgabenrechts nicht ausser Acht gelassen werden.

1.5 Gegenstand des *öffentlichen Baurechts* sind alle öffentlichrechtlichen Normen, die sich auf das Bauen und die Bauten sowie deren Nutzung und die Auswirkungen beziehen. Sie spiegeln die berührten öffentlichen Interessen, wobei es sich vorweg um polizeiliche Belange der Gefahrenabwehr (Sicherheit, Hygiene etc.) handelt. Dazu kommen Aspekte der (Normal)Regelbauweise (Stockwerkzahl, Höhe, Breite, Tiefe, Abstände zu Nachbargrundstücken und zu Strassen) sowie der gestalterisch-ästhetischen Einordnung und der Voraussetzungen der erforderlichen und hinreichenden Erschliessung. Neben den materiellen Vorschriften umfasst das öffentliche Baurecht auch formelle. In dessen Mittelpunkt stehen die Vorschriften über die Bewilligungstatbestände und das Bewilligungsverfahren.

1.6 Das öffentliche Baurecht kann nicht vom *Raumplanungsrecht*[1] getrennt werden. Dieses befasst sich ordnend mit dem Lebensraum nach struktu-

1 Im Vordergrund steht das BG über die Raumplanung (RPG) vom 22. Juni 1979 (SR 700).

rellen (Siedlungs-, Landschafts-, Transport- und Versorgungsstruktur) und funktionellen (Wohnen, Arbeiten, Sich-Erholen etc.) Gesichtspunkten, schützt die Lebensvoraussetzungen und schafft günstige Voraussetzungen für die Entfaltung des persönlichen und politischen, wirtschaftlichen sowie gesellschaftlichen Lebens. Die Steuerung und Lenkung erfolgt durch Rechtssätze und Pläne. Zum Raumplanungsrecht im weiten Sinn zählen nach einer erweiterten Gliederung – sub specie der Raumplanung – das nominale, das unter dem Titel der Raumplanung erlassen wird, sowie das funktionale, das durch seine Anwendung räumliche Wirkung zeitigt (Infrastrukturrecht, Umweltrecht usw.). Nach einer neuen Terminologie geht es insgesamt um das Recht des Lebensraumes.

Raumplanungs- und Baurecht sind funktional aufeinander bezogen. Sie 1.7
werden deshalb – auf kantonaler und kommunaler Ebene – in der Regel als Raumplanungs- und Baugesetzgebung zusammengefasst. Das öffentliche Raumplanungs- und Baurecht regelt in seiner Gesamtheit die öffentlichrechtlichen polizeilichen und raumbezogenen Anforderungen an das Bauen und an Bauten. Das öffentliche Bau- und Raumplanungsrecht ist von den Vorschriften über die Errichtung von Bauten und Anlagen des öffentlichen Gemeinwesens zu unterscheiden. Allerdings ist die öffentliche Hand an die Einhaltung der Bau- und Planungsvorschriften soweit gebunden, als nicht der verfolgte, gesetzlich festgelegte Zweck durch diese Vorschriften vereitelt würde.

Das öffentliche Bau- und Raumplanungsrecht ist *eng verknüpft mit dem* 1.8
Bodenrecht[2]. Dies geht nicht nur aus dem Raumplanungsrecht, insbesondere dem Nutzungsplanungsrecht, hervor, sondern auch aus dem Zivilgesetzbuch, dem Umweltrecht, dem Natur- und Heimatschutzrecht, dem Waldrecht usw. Weitere Rechtsgebiete können nicht minder erheblich sein. Im Besonderen ist auf die Gesetzgebung über Steuern, Vorzugslasten und Gebühren wie auch über den Grundstückserwerb durch Personen im Ausland und über das bäuerliche Bodenrecht zu verweisen[3].

---

2 Das Bodenrecht ist einer Vielzahl von Rechtsvorschriften zuzuordnen. Im Kern kreist es um privatrechtliche und öffentlichrechtliche Verfügungs- und Nutzungsbeschränkungen der verfassungsrechtlich gewährleisteten Eigentumsgarantie (Art. 22ter BV).

3 BG über den Erwerb von Grundstücken durch Personen im Ausland (BewG) vom 16. Dezember 1983 (SR 211.412.41); BG über das bäuerliche Bodenrecht (BGBB) vom 4. Oktober 1991 (SR 211.412.11).

1.9 Im *Verhältnis Bau- und Planungsrecht zum Umweltrecht*[4] ist beachtenswert, dass sich die Umweltverträglichkeitsprüfung nicht auf Raumpläne erstreckt und kein Planungsverfahren darstellt. Sie vermag weder die Raumplanung noch planerische Aspekte des Umweltschutzes zu ersetzen. Auf der andern Seite stellt das Umweltrecht Anforderungen an die Raumplanung, so an die Bauzonen, an die Errichtung ortsfester Anlagen und an die Standortplanung von Deponien und anderen Entsorgungsanlagen. Mit der Errichtung von Bauten und Anlagen in vorbelasteten Gebieten befasst sich ausserdem der Massnahmenplan Luftreinhaltung. Die herkömmlichen kantonalen planungsrechtlichen Vorschriften über die Immissionen sind weitgehend durch das eidgenössische Umweltschutzrecht abgelöst, soweit dieses Regelungen enthält und das kantonale Recht nicht planungs-baurechtsspezifisch strengere Vorschriften kennt[5].

1.10 Privates und öffentlichrechtliches Baurecht finden sich auf *eidgenössischer, kantonaler und kommunaler Ebene*. Im Besonderen liegt die Bau- und Raumplanungsgesetzgebung in wesentlichen Teilen in der Kompetenz der Kantone, während das private Baurecht und das Umweltrecht zum Bundesrecht zählen. Das zivile Prozessrecht ist Teil des kantonalen Rechts, während das Verwaltungsprozessrecht teils kantonales, teils Bundesrecht darstellt.

1.11 Bei der *Fortentwicklung des Raumplanungs- und Baurechts* sind räumlich-ökologische Aspekte verstärkt zu beachten. Die Bautätigkeit kann nicht davon ausgehen, jederzeit und überall Freiflächen in Anspruch nehmen zu können; sie wird sich vermehrt auf unbenutzte Flächen innerhalb des Siedlungsgebietes und auf bestehende Bauten konzentrieren müssen. Damit können Umnutzungen und ein verdichtetes Bauen verbunden sein. Sie setzen eine Anpassung bzw. eine planerisch differenzierte Anwendung der Bauvorschriften voraus, zumal diese (noch) zu ausgeprägt vom «Neubau auf der grünen Wiese» ausgehen und insbesondere das Umbauen und Umnutzen bestehender Bauten weitgehend ausblenden. Sodann steht das Bau- und Planungsrecht vor der Herausforderung einer Vereinfachung und Flexibilisierung seines Instrumentariums

---

4 Dieses wird durch das BG über den Umweltschutz (USG) vom 7. Oktober 1983 (SR 804.01) geprägt.

5 BGE 117 Ib 128; 121 I 341 E. 4; 121 II 91 E. 3d und e.

ohne Preisgabe des Schutzniveaus. Dabei kann in gewissen Bereichen auch eine Deregulierung in Betracht gezogen werden, was aber voraussetzt, dass die am Bauen beteiligten Personen (Bauherr/in, Architekt/in, Bauunternehmer/in) bereit und fähig sind, Verantwortung zu übernehmen. Bedeutsame Ansätze in diese Richtung sind bereits heute vorhanden. So verzichtet der Staat darauf, die technischen Standards, denen Bauten genügen müssen, im Detail zu regeln, weil diese Aufgabe weitgehend von den SIA-Normen übernommen wird, einem privaten Regelwerk ohne Rechtsverbindlichkeit, aber nicht ohne Rechtswirkung. Sie spiegeln «Regeln der Baukunst». Die Wissenschaft ist sodann auf der Suche nach Formen der kooperativen Planung und marktwirtschaftlichen Instrumenten der Steuerung der räumlichen Entwicklung.

Das Raumplanungs- und Baurecht steht im *Kontext des Rechts des Lebensraumes*. Dieses erfasst neben dem Raumplanungs- das Umwelt-, das Natur- und Heimatschutz-, das Wald-, das Gewässerschutz-, vor allem aber auch das Infrastrukturrecht[6]. Da der Lebensraum gegeben ist und letztlich eine Lebenseinheit in Vielfalt bildet, muss auch das vielfältige Recht als Einheit verstanden werden. Der Einheit des Lebensraumes steht die Einheit der Rechtsordnung gegenüber[7]. Daraus folgt die Notwendigkeit der materiell und formell koordinierten Rechtsanwendung in allen Belangen des Rechts des Lebensraumes[8]. 1.12

6 Zum Recht des Lebensraumes können neben den bereits zitierten RPG und USG exemplarisch folgende Gesetze der Bundesebene gezählt werden: BG über den Natur- und Heimatschutz (NHG) vom 1. Juli 1966 (SR 451); BG über den Schutz der Gewässer (GSchG) vom 24. Januar 1991 (SR 814.20); BG über den Wald (WaG) vom 4. Oktober 1991 (SR 921.0); Eisenbahngesetz (EBG) vom 20. Dezember 1957 (SR 742.101); BG über die Nationalstrassen (NSG) vom 8. März 1960 (SR 725.11).

7 BGE 117 Ib 30.

8 BGE 121 II 76 E. 1d und 79 f. E. 3; 122 II 87 E. 6d mit Hinweisen Leading case BGE 116 Ib 50 E. 4, 56 ff. Siehe sodann Rz. 1.55 ff.

II. Aufbau und Merkmale der geltenden Ordnung

1. Verfassungsrechtlicher Rahmen der Raumplanung und des Bauens

1.13 Die *Kompetenzaufteilung* zwischen Bund und Kantonen im Bereich des Raumplanungs- und Baurechts fällt differenziert aus. Der Bund verfügt unter dem Titel der Raumplanung nach Art. 22^{quater} BV nicht über eine umfassende, sondern über eine Grundsatzgesetzgebungskompetenz. Er kann deshalb lediglich Grundsätze für eine durch die Kantone zu schaffende Raumplanung aufstellen. Das öffentliche Baurecht wird in der Bundesverfassung nicht angesprochen und fällt daher gemäss Art. 3 BV in den Zuständigkeitsbereich der Kantone, soweit es nicht a maiore minus in einer Bundessachkompetenz eingeschlossen ist. Das private Baurecht dagegen, welches insbesondere die sachenrechtlichen Aspekte der Grundstücksnutzung sowie das Bauvertragsrecht umfasst, ist ein Teil des Privatrechts, zu dessen Regelung nach Art. 64 BV der Bund zuständig ist. In weiteren Rechtsgebieten, welche für das Bauen und die Raumplanung relevant sind, wie etwa das Umweltschutzrecht, das Energierecht, das Natur- und Heimatschutzrecht und die Wohnbauförderung, besteht ebenfalls eine zum Teil differenzierte Aufgabenteilung zwischen Bund und Kantonen, weshalb in den meisten der genannten Rechtsgebiete sowohl Bundesrecht wie kantonales Recht zu beachten sind.

1.14 Auf Verfassungsstufe sind für das Raumplanungs- und Baurecht neben den Berührungspunkten zu andern öffentlichen Aufgaben namentlich die *Grundrechte* von Bedeutung. Ein besonders enger Bezug besteht zur Eigentumsgarantie (Art. 22ter BV), weil die gesetzliche Ordnung des Bauens den Einzelnen in seiner Eigentumsnutzung – Baufreiheit – einschränkt. Die betreffenden raumplanungs- und baurechtlichen Anordnungen müssen daher die Erfordernisse erfüllen, denen Freiheitsbeschränkungen seitens des Staates zu genügen haben: sie bedürfen einer gesetzlichen Grundlage, müssen durch ein öffentliches Interesse gerechtfertigt und verhältnismässig sein[9]. Schwerwiegende Eingriffe in die Eigentumsrechte wie etwa Nutzungszonen, welche ein Bauverbot zur

9 BGE 119 Ia 415 mit Hinweisen.

Folge haben, müssen zudem in einem Gesetz im formellen Sinn verankert sein, während für die übrigen Beschränkungen ein solches im materiellen Sinne genügt[10]. Schranken hinsichtlich der hoheitlichen Ordnung des Bauens ergeben sich ferner aus der Handels- und Gewerbefreiheit, da mit diesem Freiheitsrecht nur Planungsmassnahmen vereinbar sind, die raumplanerisch bedingt sind und im Zielbereich von Art. 22^{quater} BV liegen, nicht aber solche, die wirtschaftspolitisch motiviert sind und eine Steuerung des Wettbewerbs bezwecken (Art. 31 BV)[11]. Die Rechtsgleichheit hat nach der Rechtsprechung des Bundesgerichts für das Planungsrecht nur eine abgeschwächte Bedeutung. Aus ihr kann daher kein Anspruch abgeleitet werden, dass Parzellen, welche hinsichtlich Lage und Art vergleichbar sind, planungsrechtlich gleich behandelt werden. Um vor Art. 4 BV standzuhalten, dürfen Planungen keinesfalls ohne sachliche Begründungen entworfen und festgelegt werden; sie müssen durch ausgewiesene planerische Gründe gerechtfertigt sein[12].

Im Bereich der Raumplanung verfügt der Bund gemäss Art. 22^{quater} BV 1.15
neben der Grundsatzgesetzgebungskompetenz über eine *Koordinations-, Förderungs- und Kooperationskompetenz und -pflicht*. Er hat die Bestrebungen der Kantone zu fördern und zu koordinieren und mit ihnen zusammenzuarbeiten (Art. 22^{quater} Abs. 2 BV). Zudem hat er in Erfüllung seiner raumwirksamen Aufgaben die Erfordernisse der Landes-, Regional- und Ortsplanung zu berücksichtigen (vgl. Art. 22^{quater} Abs. 3 BV).

Der *Begriff der Raumplanung* wird auf Verfassungsebene nicht definiert. 1.16
Art. 22^{quater} BV nennt zwei Ziele, auf die hin die Raumplanung auszurichten ist: sie hat der zweckmässigen Nutzung des Bodens und der geordneten Besiedlung des Landes zu dienen. Nach dem Entwurf für eine nachgeführte Bundesverfassung hat sie zudem für eine haushälterische Bodennutzung zu sorgen, was explizit im Verfassungstext zum Ausdruck gebracht werden soll. Aus der Entstehungsgeschichte des Art. 22^{quater} BV – es ging unter anderem um die Einführung der Landwirtschaftszone und gleichzeitig um die Einbindung der Bodennutzungsplanung in die ganz-

10 Vgl. BGE 119 Ia 366 mit Hinweisen.

11 Vgl. BGE 102 Ia 116; 110 Ia 174 sowie Urteil des Bundesgerichts vom 29. August 1992, in: ZBl 1993, 425.

12 BGE 115 Ia 389 f. mit Hinweisen; 121 I 249.

heitliche räumliche Planung – tritt deutlich hervor, dass der Trennung von Siedlungs- und Nichtsiedlungsgebiet, dem Schutz der Lebensvoraussetzungen und der räumlich-funktionalen Ordnung des Lebensraumes zentrale Bedeutung zukommen soll. Ausserdem sollen günstige Voraussetzungen für das wirtschaftliche und soziale Leben im Raum geschaffen werden[13]. Der Begriff «Raumplanung» – der Bundesrat sprach von «Zonenplanung» – weist sodann auf den Lebensraum und die Vielfalt der auf ihn einwirkenden Faktoren hin. Die räumliche Planung erfasst nicht nur Teilräume und einzelne Aspekte menschlichen Verhaltens, sondern den ganzen Raum und alle in ihm sich stossenden und bedrängenden Aktivitäten. Ihren Kerngegenstand bilden die Lebensvoraussetzungen und das sich entfaltende und gestaltende (politische, wirtschaftliche und soziale) Leben in Raum und Zeit. Die Raumplanung schliesst also Landschafts-, Siedlungs-, Transport- samt versorgungsstrukturelle Elemente ein und nimmt ökologische sowie sozioökonomische Zielsetzungen mit. Sie erfasst insbesondere auch bodenrechtliche Aussagen, aber nur soweit sie unmittelbar raumrelevant sind.

2. Regelung des Raumplanungsrechts auf Bundesebene

a) *Entstehungsgeschichte des Bundesgesetzes über die Raumplanung (RPG)*

1.17 Der *Verfassungsartikel 22^quater^* über die Raumplanung wurde – zusammen mit dem Art. 22ter über die Eigentumsgarantie, die bisher als ungeschriebenes verfassungsmässiges Recht betrachtet worden war – in der Volksabstimmung vom 14. September 1969 angenommen. Die bundesrätliche Vorlage hatte sich auf die verfassungsrechtliche Neuordnung des Bodenrechts konzentriert, während das Parlament den Auftrag über die

13 Zur Entstehungsgeschichte und den zentralen Grundanliegen der Raumplanung siehe vor allem die Botschaft des Bundesrates an die Bundesversammlung über die Ergänzung der Bundesverfassung durch die Art. 22ter und 22^quater^ vom 15. August 1967 (BBl 1967 II 133 ff.) sowie zum Bundesgesetz über die Raumplanung vom 31. Mai 1972 (BBl 1972 I 1432 ff.). Nicht minder wichtig ist die bundesrätliche Botschaft zu einem Bundesgesetz über die Raumplanung vom 27. Februar 1978 (BBl 1978 I 1006 ff.). – Neu soll das Prinzip der Nachhaltigkeit in die Verfassung aufgenommen werden, was gerade für das Verständnis des Raumplanungsartikels von Bedeutung sein wird. Vgl. dazu Art. 58 Abs. 1 E-BV.

bodennutzungsrechtliche Zonenplanung hinaus auf die räumliche Planung, auf die Raumplanung, ausdehnte, um den ganzen Raum mit all seinen Problemen erfassen zu können. Dementsprechend wurde als Zielsetzung neben der zweckmässigen Nutzung des Bodens die geordnete Besiedlung des Landes ausdrücklich erwähnt[14].

Als erste Umsetzungsmassnahme des Raumplanungsartikels Art. 22quater BV wurde am 17. März 1972 *der Bundesbeschluss über dringliche Massnahmen auf dem Gebiete der Raumplanung (BMR)* erlassen[15]. Dieser wies die Kantone an, ohne Verzug die Gebiete zu bezeichnen, deren Besiedelung und Überbauung aus Gründen des Landschaftsschutzes, zur Erhaltung ausreichender Erholungsräume oder zum Schutz vor Naturgewalten vorläufig einzuschränken oder zu verhindern sind. Rechtswirkung der festgelegten Schutzgebiete war, dass Bauten und Anlagen in diesen Gebieten nur noch bewilligt werden durften, wenn dies dem Planungszweck nicht entgegenstand[16]. Die Geltungsdauer des Bundesbeschlusses wurde zweimal verlängert[17]. 1.18

Die Gesetzgebung liess auf sich warten. Die *Vorlage für ein Bundesgesetz über die Raumplanung vom 4. Oktober 1974*[18] wurde in der Volksabstimmung vom 13. Juni 1976 abgelehnt. Am 22. Juni 1979 verabschiedete das Parlament das heute geltende Bundesgesetz über die Raumplanung. Es konnte auf den 1. Januar 1980 ohne Referendumsabstimmung in Kraft gesetzt werden. Es löste gleichzeitig den Bundesbeschluss über dringliche Massnahmen auf dem Gebiet der Raumplanung ab[19]. 1.19

Das *geltende Bundesgesetz über die Raumplanung von 1979* betont – im Vergleich mit dem abgelehnten von 1974 – den Prozesscharakter der Planung wesentlich stärker, verkürzt aber das bodenrechtliche Instrumentarium. Die offene und flexible Planung spiegelt sich im neu gestalteten Instrument des (konzeptionellen und programmatischen) Richt- 1.20

---

14 Siehe Botschaft zum BG über die Raumplanung vom 31. Mai 1972 (BBl 1972 I 1432 ff.).
15 AS 1972 644.
16 Vgl. Art. 4 BMR.
17 AS 1975 1076, 1977 169.
18 Zur Referendumsvorlage siehe BBl 1974 II 816 ff.
19 Siehe Rz. 1.18.

plans und in den ausdrücklich hervorgehobenen materiellen Planungsgrundsätzen. Im bodenrechtlichen Teil wurde auf die durchnormierte bundesrechtliche Regelung der Abschöpfung von planungsbedingten Mehrwerten und auf die Zonenexpropriation gegen die Baulandhortung verzichtet. Unverändert festgehalten wurde am Prinzip der Trennung von Siedlungs- und Nichtsiedlungsgebiet. Weder dem einen noch dem andern Gesetz gelang es, den besonderen Anforderungen der Stadtplanung und des urbanen Baurechts gerecht zu werden.

b) Geltendes Gesetz

aa) Charakter und Revisionen

1.21 Weil Art. 22^{quater} BV dem Bund im Bereich der Raumplanung lediglich eine Grundsatzgesetzgebungskompetenz einräumt, beschränkt sich das RPG auf die Regelung einiger wichtiger *raumplanerischer Grundlinien und Grundelemente.* Dennoch ist es nicht nur für Planungsbehörden verbindlich, sondern wendet sich beispielsweise mit Art. 22 und 24 auch an die Allgemeinheit. Es enthält in Teilen durchgreifende Regelungen. Als Grundsatzgesetz ist das RPG knapp gehalten und umfasst lediglich 39 Artikel.

1.22 Das RPG befasst sich als Planungsgesetz mit den *Zielen* (Grundsätzen), *Trägern, Instrumenten, Massnahmen* und *Verfahren* der räumlichen Planung. Es begnügt sich dabei mit der Erwähnung all jener Vorkehrungen, die bundesrechtlich erforderlich sind. Dabei verzichtet es auf ein geschlossenes Plansystem. Von seiner Struktur her ist es als eher formelles Gesetz konzipiert, erfährt aber über die Ziele und Planungsgrundsätze, die Gegenüberstellung von Bau- und Landwirtschaftszone und über die Regelung des Bauens ausserhalb der Bauzonen, die Anforderungen an die Erschliessung sowie die Hinweise auf Ausgleich und Entschädigung eine erhebliche materielle Ausrichtung (Art. 1 und 3, 15 und 16, 22/16 und 24, 19, 5 RPG). Auf ein geschlossenes gesetzliches Leitbild, beispielsweise im Sinne der nachhaltigen räumlichen Entwicklung, verzichtet das Gesetz. Die bodenrechtlichen Aspekte konzentrieren sich auf die Zulässigkeit nutzungsrechtlicher Eigentumsbeschränkungen (Zonen, Baulinien, Strassenlinien etc.), die Ausscheidung von Bau- und Nichtbaugebiet (Siedlungs-, Nichtsiedlungsgebiet) aufgrund von Legaldefinitionen der Bauzonen und der Landwirtschaftszone samt restriktiver Definition der Bauzonen und dem damit verbundenen Erschliessungserfordernis (Art. 14, 15, 16, 19 RPG). Im formellen Bereich forciert das RPG den Staat (Bund, Kantone und Gemeinden, allenfalls Regionen und Quartiere) als Planungsträger. Es kennt Formen der Planungspartizipation, erwähnt aber – explizit – keine der kooperativen, vertraglichen Planung. Diese gewinnen innerhalb des geltenden Raumplanungsrechts dennoch zunehmend an Bedeutung.

Das RPG wurde bisher zweimal *revidiert*. Eine erste Änderung bezog sich auf Art. 28 über die Bundesbeiträge an Richtpläne und hatte eine Anpassung dieser Bestimmung an das Subventionsgesetz[20] zum Gegenstand. Sie traten zusammen auf den 1. April 1991 in Kraft. Von der zweiten Revision waren die Art. 19, 25 und 33 betroffen und neu wurde Art. 25a ins RPG aufgenommen. Inhalt der Revision war die Präzisierung der Pflicht des Gemeinwesens zur zeitgerechten Erschliessung der Bauzonen (Art. 19 Abs. 2 RPG), die Einräumung des Rechts der Grundeigentümer zur Privaterschliessung (Art. 19 Abs. 3 RPG) sowie Vorkehrungen zur Vereinfachung, Beschleunigung und Koordination der Bewilligungsverfahren für Bauten und Anlagen (Art. 25a, 33 Abs. 4 RPG). Die neuen Bestimmungen wurden auf den 1. Januar 1997 in Kraft gesetzt, diejenigen des Art. 19 bereits auf den 1. April 1996[21]. Die parlamentarischen Beratungen für eine dritte Teilrevision, welche sich auf das Bauen ausserhalb der Bauzonen bezieht, sind am 20. März 1998 abgeschlossen worden[22]. Sowohl für zonenkonforme Nutzungen als auch für nichtzonenkonforme in der Landwirtschaftszone sollen definierte Erleichterungen gewährt werden, ohne den Grundsatz der Trennung von Siedlungs- und Nichtsiedlungsgebiet aufzugeben. 1.23

bb) Planungsziele

Das RPG beginnt in Art. 1 mit einem Katalog *materieller Zielsetzungen*, welche die Anliegen des Verfassungsartikels näher ausführen. Die Zielsetzungen werden durch die in Art. 3 festgehaltenen Planungsgrundsätze konkretisiert. Die Planungsziele und -grundsätze sind nicht konfliktfrei. 1.24

---

20 BG über Finanzhilfen und Abgeltungen (SuG) vom 5. Oktober 1990 (SR 616.1).

21 AS 1996 965.

22 Zur Referendumsvorlage siehe BBl 1998 II 1455.

Sie sind deshalb bei ihrer Anwendung untereinander und gegeneinander abzuwägen. Auf der andern Seite sind sie als (finale) Rechtssätze anzuwenden und justiziabel.

1.25 *Inhaltlich* geht es bei den Zielen und Planungsgrundsätzen um die haushälterische Bodennutzung, den Schutz der natürlichen Lebensgrundlagen und der Landschaft sowie um den Einbezug der raumbezogenen Bedürfnisse der Bevölkerung und der Wirtschaft. Zentrale Vorgaben betreffen dabei die Trennung von Siedlungs- und Nichtsiedlungsgebiet sowie die Siedlungsstruktur der konzentrierten Dezentralisation. Hinter der Raumplanungsgesetzgebung steht sodann das übergeordnete Ziel des Abbaus räumlicher Disparitäten. Im Verbund mit dem Umweltrecht wird voraussichtlich das Ziel der «nachhaltigen räumlichen Entwicklung» stärker betont werden. Aufgabe der Raumplanung ist überdies die Bestimmung sachgerechter Standorte für öffentliche oder im öffentlichen Interesse liegende Bauten und Anlagen. Manche der genannten Zielsetzungen liegen nicht in der alleinigen Verantwortung der Raumplanung. Sie sind zum Teil auch Gegenstand anderer Rechtsgebiete wie etwa des Umweltschutz-, Gewässerschutz-, Natur- und Heimatschutzrechts, des Wald- und Landwirtschaftsrechts sowie des Verkehrsrechts. Die Raumplanung muss daher mit diesen anderen Fachbereichen koordiniert werden. Dabei kommt ihr – als Querschnittsplanung – die besondere Aufgabe zu, die verschiedenen raumwirksamen Tätigkeiten im Rahmen einer auf die erwünschte Entwicklung des Landes ausgerichteten gesamträumlichen Ordnungsvorstellung aufeinander abzustimmen[23].

1.26 Da es sich bei den Planungsgrundsätzen um Rechtssätze handelt, sind diese für jedermann verbindlich. Sie sind auch in der Rechtsprechung zu beachten[24]. *Adressaten* der Planungsziele und -grundsätze sind in erster Linie die planenden Behörden des Bundes, der Kantone und der Gemeinden. Diese haben sie bei der räumlichen Planung zu beachten, darüber hinaus auch bei ihren übrigen raumwirksamen Tätigkeiten (vgl. Art. 2 RPG).

---

23 Vgl. Art. 1 Abs. 1 RPG im Verbund mit Art. 6 ff. und Art. 13 RPG.

24 BGE 112 Ia 67 E. 4.

cc) Ausgleich für planungsbedingte Vor- und Nachteile

Nach Art. 5 RPG hat das kantonale Recht einen angemessenen Ausgleich vorzusehen für erhebliche Vor- und Nachteile, die durch Planungen entstehen, welche auf dem RPG beruhen. Diesem Gesetzgebungsauftrag sind bisher erst die Kantone Basel-Stadt[25] und Neuenburg[26] gefolgt. 1.27

dd) Planungsinstrumente und Planungsträger

Die beiden Hauptinstrumente der Raumplanung, welche das RPG vorsieht, sind der Richtplan und der Nutzungsplan. Der *Richtplan* dient dazu, die räumliche Entwicklung zu steuern und die raumwirksamen Vorhaben darauf abzustimmen. Er enthält einen konzeptionellen und einen programmatischen Teil. Der Erstere zeigt die raumstrukturellen und raumfunktionalen Zusammenhänge auf. Der Letztere kündigt an, mit welchen Massnahmen und in welcher zeitlichen Folge der Staat seine Vorgaben umsetzen will (Art. 8 RPG). Verbindlich ist dieser Plan lediglich für die Behörden (Art. 9 Abs. 1 RPG). Die Richtplanung ist die hauptsächlichste raumplanerische Aufgabe der Kantone, wobei der kantonale Richtplan und seine Abänderungen der Genehmigung des Bundesrates bedürfen. Ein genehmigter Richtplan wird für den Bund und die Nachbarkantone verbindlich (Art. 11 RPG). Die Kantone können das Planungsinstrument «Richtplan» auch auf regionaler oder kommunaler Ebene vorsehen. 1.28

Der *Nutzungsplan* regelt die zulässige Nutzung nach Art, Umfang, Intensität und Lage (vgl. Art. 14 Abs. 1 RPG). Er ist für jedermann verbindlich (Art. 21 Abs. 1 RPG) und muss seine Anordnungen in Bestimmtheit, d.h. parzellenscharf, treffen. Der Nutzungsplan ist ein Oberbegriff für den Zonenplan (Rahmennutzungsplan, Flächennutzungsplan) und für Sondernutzungspläne (Baulinien-, Quartier-, Gestaltungs- und Überbauungspläne usw.). Als Flächennutzungsplan sieht der Nutzungsplan Zonen vor, als deren wichtigste das RPG die Bau-, Landwirtschafts- und Schutzzonen näher umschreibt (Art. 15–17 RPG). Das RPG überlässt die Organisation der Nutzungsplanung und die Detaillierung der Unterarten des 1.29

---

25 Vgl. §§ 8a und 8b (baselstädtisches) Hochbautengesetz vom 11. Mai 1939 (Totalrevision im Gang).

26 Vgl. Art. 33 ff. (Neuenburger) Loi cantonale sur l'aménagement du territoire vom 2. Oktober 1991.

Nutzungsplans den Kantonen (vgl. Art. 25 Abs. 1 RPG), welche diese Aufgabe teilweise den Gemeinden übertragen. Es verlangt aber, dass die Nutzungspläne und ihre Anpassungen der Genehmigung durch eine kantonale Behörde unterliegen, welche sie insbesondere auf ihre Übereinstimmung mit dem kantonalen Richtplan zu überprüfen hat (Art. 26 RPG)[27].

1.30 Dem Bund stehen zur Erfüllung seiner planerischen Aufgaben die *Instrumente des Konzepts und des Sachplans* zur Verfügung (vgl. Art. 13 RPG). Diese sind von den Kantonen und Gemeinden bei der Richt- wie auch der Nutzungsplanung zu berücksichtigen (Art. 6 Abs. 4 RPG; Art. 26 Abs. 1 RPV). Rechtlicher Gehalt und Verbindlichkeit der Bundeskonzepte und -sachpläne sind nicht in allgemeiner Art und Weise festgelegt, sondern bestimmen sich nach der massgebenden Bundesgesetzgebung im betreffenden Sachbereich.

1.31 Beim Landschaftskonzept Schweiz (LKS) und beim Nationalen Sportanlagenkonzept (NASAK) handelt es sich um Bundeskonzepte im Sinne von Art. 13 RPG. Als Bundessachpläne seien der Sachplan Fruchtfolgeflächen (FFF) sowie der Sachplan AlpTransit erwähnt. Ebenso können die «Grundzüge der Raumordnung Schweiz»[28] als Bundessachplan verstanden werden. Das Bundesamt für Raumplanung gibt im Übrigen eine periodisch nachgeführte Übersicht über die raumwirksamen Tätigkeiten des Bundes heraus[29]. Zweck dieser Publikation ist die bundesinterne Koordination der raumwirksamen Tätigkeiten sowie die Information der Kantone, damit diese in die Lage versetzt werden, ihre Planungen mit denjenigen des Bundes abzustimmen.

1.32 Das Plansystem der Sach-, Richt- und Nutzungspläne darf nicht im Sinne der Normstufung gelesen werden. Es wird beherrscht vom sogenannten Gegenstromprinzip (Planung von unten *und* Planung von oben) sowie vom Gebot der Planabstimmung (keine Derogation, sondern inhaltliche Synchronisation).

---

27 Zu den Differenzierungen des Planungsinstruments Nutzungsplan auf kantonaler Ebene siehe unten Rz. 1.42.

28 Siehe dazu den bundesrätlichen Bericht über die Grundzüge der Raumordnung Schweiz (BBl 1996 III 556–626).

29 Vgl. Eidgenössisches Justiz- und Polizeidepartement/Bundesamt für Raumplanung (Hrsg.): Übersicht über die raumwirksamen Tätigkeiten des Bundes 1994, Nachführung 1997, Bern 1996.

ee) Massnahmen der Raumplanung

Massnahmen des RPG sind vorweg diejenigen Vorkehrungen, welche dieses Gesetz vorsieht, um die Realisierung der in den Richt- und Nutzungsplänen zum Ausdruck gebrachten Planungsabsichten zu fördern und zu sichern. Im Besonderen zu erwähnen ist das Erfordernis einer *behördlichen Bewilligung für die Errichtung und Änderung von Bauten und Anlagen* mit den Bewilligungsvoraussetzungen der Zonenkonformität und der Erschliessung (Art. 22 RPG)[30]. Damit wird die bauliche Entwicklung als einer der bedeutsamsten räumlichen Prozesse in die raumplanerischen Vorgaben eingebunden. Aus dem Erschliessungserfordernis erwachsen dem Gemeinwesen raumplanerische Pflichten, nämlich die Pflicht zur *Erschliessungsplanung sowie zur Erschliessung von Bauzonen*; die Erschliessung kann indes unter bestimmten Voraussetzungen von den Grundeigentümern selbst an die Hand genommen werden (vgl. Art. 19 RPG)[31]. Weitere Massnahmen gehen aus dem Infrastruktur-, Umweltrecht usw. hervor. Sie sind in der Regel unmittelbar oder mittelbar raumwirksam. Die Errichtung und das Leistungsangebot eines S-Bahn-Systems wie auch ein konkreter Massnahmenplan «Luftreinhaltung» können so besehen als Massnahmen der Raumplanung im weiteren Sinne angesprochen werden. 1.33

Auch bei der in Art. 20 RPG angesprochenen *Landumlegung* handelt es sich um eine Massnahme der Raumplanung. Sie kann von Amtes wegen angeordnet werden und dient der Verwirklichung einer für die vorgesehene Bodennutzung zweckmässigen Parzellarordnung[32]. 1.34

Als Massnahme zur vorsorglichen Sicherung von Neuplanungen oder Planänderungen dient die *Planungszone*. Ihre Anordnung hat zur Folge, dass im betreffenden Gebiet Bauvorhaben, welche die angestrebte, künftige Nutzungsordnung negativ beeinflussen könnten, nicht realisiert werden dürfen. Planungszonen dürfen für längstens fünf Jahre festgesetzt werden, wobei das kantonale Recht eine Verlängerung vorsehen kann (Art. 27 RPG). 1.35

---

30 Siehe dazu unten Rz. 1.48 ff.

31 Für die Erschliessung von Land für den Wohnungsbau siehe auch Art. 3 ff. Wohnbau- und Eigentumsförderungsgesetz (WEG) vom 4. Oktober 1974 (SR 843).

32 Siehe dazu im Einzelnen unten Rz. 6.38 ff.

ff) Rechtsschutz

1.36 Das RPG kennt besondere Rechtsschutzvorschriften, und zwar für das Nutzungsplanungsverfahren sowie das kantonale und eidgenössische *Rechtsmittelverfahren* in Planungssachen (Art. 33 f. RPG)[33].

c) Raumplanungsrecht auf der Verordnungsstufe

1.37 Die zentrale Verordnung zum RPG ist die *Verordnung über die Raumplanung (RPV) vom 2. Oktober 1989* (SR 700.1), welche wichtige Bestimmungen des RPG näher ausführt. Insbesondere enthält sie eine Umschreibung des Begriffs der raumwirksamen Tätigkeiten, Regelungen für die kantonale Richtplanung, Bestimmungen über die Ausscheidung von Fruchtfolgeflächen und über die Erstellung von Übersichten über den Stand der Erschliessung sowie Vorschriften über die Erhaltung bestehender Bausubstanz ausserhalb der Bauzonen. Eine wichtige Funktion erfüllt die Verordnung über die raumordnungspolitische Koordination der Bundesaufgaben vom 22. Oktober 1997[34]. Darnach sind Bundesaufgaben, die raumordnungspolitisch relevant sind, aufeinander abzustimmen. Sie setzt den Rat für Raumordnung und die Raumordnungskonferenz des Bundes ein.

3. Weitere raumplanungs- und baurechtlich relevante Gesetzgebungen auf Bundesebene

1.38 *Raumwirksames Recht* findet sich auf Bundesebene nicht nur im RPG, sondern auch in vielen anderen Erlassen. Die einzelnen gesetzlichen Regelungen verfolgen dabei *unterschiedliche Zwecke*. Beim Nationalstrassen-[35] und Eisenbahnbau[36] geht es um den Ausbau und die Erhaltung öffentlicher Infrastrukturen sowie um ein entsprechendes Verkehrsleistungsangebot, während bei anderen raumrelevanten Bundesgesetzen, wie etwa dem Bundesgesetz über den Umweltschutz[37], dem Bundesge-

---

33 Für Einzelheiten siehe unten Rz. 10.1 ff.

34 SR 172.016; AS 1997 II 2395.

35 Bundesgesetz über die Nationalstrassen vom 8. März 1960 (SR 725.11).

36 Eisenbahngesetz vom 20. Dezember 1957 (SR 742.101).

37 SR 814.01.

setz über den Schutz der Gewässer[38] und dem Bundesgesetz über den Natur- und Heimatschutz[39], der Aspekt des Schutzes des Lebensraums vor übermässigen Einwirkungen und Eingriffen im Vordergrund steht. Das Bundesgesetz über den Wald[40] verbindet den Schutz- und Nutzungsaspekt unter dem Gesichtspunkt der Nachhaltigkeit. Kommen mehrere dieser Gesetze gleichzeitig zur Anwendung, so wirft dies Fragen der *materiellen und formellen Koordination* auf[41]. Aufgrund von Art. 22quater Abs. 3 BV sind raumwirksame Massnahmen und Anlagen des Bundes in die Richt- und Nutzungsplanung der Kantone und Gemeinden einzubinden.

Für das Bauen relevante Regelungen finden sich auch im *Bundesprivatrecht*. Bedeutsam ist vor allem die sachenrechtliche Umschreibung des Eigentumsbegriffs und des Eigentumsinhalts (Art. 641 ff. ZGB). Nach Art. 684 ZGB ist der Grundeigentümer verpflichtet, sich bei der Ausübung seines Eigentums aller übermässigen Einwirkung auf das Eigentum des Nachbarn zu enthalten. Ferner hat er dem Nachbarn unter den Voraussetzungen von Art. 691–696 ZGB Durchleitungs- oder Wegrechte einzuräumen. Neben Nutzungsbeschränkungen enthält das ZGB auch Verfügungsbeschränkungen[42], welche ergänzt werden durch Beschränkungen aufgrund des Bundesgesetzes über das bäuerliche Bodenrecht[43] sowie des Bundesgesetzes über den Erwerb von Grundstücken durch Personen im Ausland[44]. Das Grundbuch als Hilfsmittel zur Offenlegung der privatrechtlichen Rechtsverhältnisse an Grundstücken ist in den Art. 942 ff. ZGB geregelt. 1.39

38 SR 814.20.
39 SR 451.
40 SR 921.0.
41 Siehe dazu unten Rz. 1.55 ff. Auf Bundesebene wird zurzeit ein Bundesgesetz über die Koordination und die Vereinfachung der Entscheidverfahren vorbereitet, welches zur Erleichterung der formellen Koordination beitragen soll (vgl. Eidgenössisches Verkehrs- und Energiewirtschaftsdepartement, Erläuternder Bericht zum Vernehmlassungsentwurf Koordination und Vereinfachung der Entscheidverfahren, Bern 1996).
42 Vgl. beispielsweise die in Art. 681 ff. ZGB geregelten gesetzlichen Vorkaufsrechte.
43 SR 211.412.11.
44 SR 211.412.41.

4. Kantonales und kommunales Raumplanungs- und Baurecht

1.40 Gemäss der Kompetenzordnung im Bereich des Raumplanungs- und Baurechts haben die Kantone einerseits in dem durch das RPG gesetzten Rahmen die Aufgabe der Raumplanung und anderseits die Kompetenz im Bereich des Baurechts wahrzunehmen[45]. Die meisten Kantone haben diese Rechtsmaterien in einem einheitlichen Erlass zusammengefasst, dem *kantonalen Planungs- und Baugesetz*.

1.41 *Übersicht* über die kantonale Gesetzgebung zum Planungs- und Baurecht:

Zürich	Gesetz über die Raumplanung und das öffentliche Baurecht (Planungs- und Baugesetz) vom 7. September 1975
Bern	Baugesetz vom 9. Juni 1985
Luzern	Planungs- und Baugesetz vom 7. März 1989
Uri	Baugesetz des Kantons Uri vom 10. Mai 1970
Schwyz	Planungs- und Baugesetz vom 14. Mai 1987
Obwalden	Baugesetz vom 12. Juni 1994
Nidwalden	Gesetz über die Raumplanung und das öffentliche Baurecht vom 24. April 1988
Glarus	Raumplanungs- und Baugesetz vom 1. Mai 1988
Zug	Baugesetz für den Kanton Zug vom 18. Mai 1967 (Totalrevision in Gang)
Freiburg	Raumplanungs- und Baugesetz vom 9. Mai 1983
Solothurn	Planungs- und Baugesetz vom 3. Dezember 1978
Basel-Stadt	Hochbautengesetz vom 11. Mai 1939 (Totalrevision im Gang)
Basel-Landschaft	Raumplanungs- und Baugesetz vom 8. Januar 1998
Schaffhausen	Gesetz über die Raumplanung und das öffentliche Baurecht im Kanton Schaffhausen vom 28. Oktober 1997
Appenzell-A.Rh.	Gesetz über die Einführung des Bundesgesetzes über die Raumplanung vom 28. April 1985
Appenzell-I.Rh.	Baugesetz vom 28. April 1985
St. Gallen	Gesetz über die Raumplanung und das öffentliche Baurecht vom 6. Juni 1972
Graubünden	Raumplanungsgesetz für den Kanton Graubünden vom 20. Mai 1973

45 Vgl. oben Rz. 1.13.

Aargau	Gesetz über Raumplanung, Umweltschutz und Bauwesen (Baugesetz) vom 19. Januar 1993
Thurgau	Planungs- und Baugesetz vom 16. August 1995
Tessin	Legge cantonale di applicazione della legge federale sulla pianificazione del territorio vom 23. Mai 1990; Legge edilizia cantonale vom 13. März 1991
Waadt	Loi sur l'aménagement du territoire et les constructions vom 4. Dezember 1985
Wallis	Gesetz vom 23. Januar 1987 zur Ausführung des Bundesgesetzes über die Raumplanung; Baugesetz vom 8. Februar 1996
Neuenburg	Loi cantonale sur l'aménagement du territoire vom 2. Oktober 1991; Loi sur les constructions vom 25. März 1996
Genf	Loi d'application de la loi fédérale sur l'aménagement du territoire vom 4. Juni 1987; Loi sur les démolitions, transformations et rénovations de maisons d'habitation vom 26. Juni 1983; Loi sur les constructions et les installations diverses vom 14. April 1988
Jura	Loi sur les constructions et l'aménagement du territoire vom 25. Juni 1987

Im *planungsrechtlichen Teil* der kantonalen Planungs- und Baugesetzgebung werden die im RPG vorgezeichneten Planungsinstrumente näher ausgeführt und die erforderlichen organisatorischen und verfahrensmässigen Bestimmungen aufgestellt. Einige Kantone, wie etwa Zürich, sehen dabei den Richtplan nicht nur für die kantonale, sondern auch für die regionale und kommunale Ebene vor[46]. Weitere Regelungen betreffen die Ausdifferenzierung der bundesrechtlich vorgegebenen Zonenarten sowie des nutzungsplanerischen Instrumentariums in Zonenpläne (grundeigentümerverbindliche Flächennutzungspläne, Rahmennutzungspläne) und Sondernutzungspläne. Zonenpläne stellen für ein grösseres Gebiet, z.B. für dasjenige einer Gemeinde, eine nach Lage, Art, Umfang und Intensität differenzierte Nutzungsordnung für das Planbezugsgebiet auf. In der Regel werden mit den einzelnen Unterarten der Bauzonen von der (Normal)Regelbauweise abweichende Sonderbauvorschriften verbunden. Die wichtigsten Zonenarten sind: Landwirtschafts-, Wohn- (mit Unterarten), Industrie-, Gewerbe-, Grün-, Freihaltezonen sowie Zonen 1.42

46 Vgl. §§ 18 ff. des (Zürcher) Gesetzes über die Raumplanung und das öffentliche Baurecht (Planungs- und Baugesetz) vom 7. September 1975.

für öffentliche Bauten und Anlagen. Sondernutzungspläne beziehen sich entweder auf einen Teilraum, für den sie detaillierte bauliche und andere nutzungsrechtliche Anordnungen treffen, welche teilweise von der Rahmennutzungsordnung abweichen können, oder sie beziehen sich lediglich auf einen bestimmten Sachaspekt der Nutzungsordnung wie etwa die Erschliessung. Entsprechend ihrer mannigfaltigen Funktionen werden die Sondernutzungpläne unterschiedlich bezeichnet, wobei auch kantonale Abweichungen auszumachen sind (Gestaltungsplan, Überbauungsplan, Quartierplan, Erschliessungsplan, Baulinienplan, Wohnanteilplan, Sonderbauvorschriften usw.). Im Übrigen kennt das kantonale Planungsrecht ergänzend zur bundesrechtlichen Planungszone weitere Instrumente der Plansicherung wie etwa die zeitlich befristete Bausperre.

1.43 Im *baurechtlichen Teil* der kantonalen Planungs- und Baugesetze sind die vielfältigen Anforderungen festgelegt, denen Bauten (und das Bauen) zu genügen haben. Auch wird hier das Baubewilligungsverfahren geregelt. Die materiellen Vorschriften beziehen sich namentlich auf die Baureife und Erschliessung des Baugrundstücks, auf die Gestaltung von Bauten und Anlagen, auf die einzuhaltende Ausnützung (Ausnützungs-, Überbauungs-, Freiflächen-, Baumassenziffern usw.), die Abstände (Grenz-, Gebäude-, Strassen-, Gewässer-, Waldabstand usw.), die Grösse der Bauten (Geschosszahl, Bauhöhe, -länge, -tiefe usw.) und die Überbauungsarten (offene und geschlossene Überbauung, Zulässigkeit von Hochhäusern usw.). Ferner sind Bestimmungen enthalten über die baustatische Sicherheit und den Brandschutz sowie über die Pflicht zur Herrichtung von Spiel- und Ruheflächen und zur Erstellung von Abstellplätzen für Fahrzeuge. Die kantonalen Baugesetze sehen die Möglichkeit von Ausnahmebewilligungen vor, mit welchen beim Vorliegen besonderer Verhältnisse von der Einhaltung gewisser Bauvorschriften dispensiert werden kann. Ausnahmebewilligungen werden in der Regel nur verbunden mit Bedingungen oder Auflagen erteilt.

1.44 Das *kantonale Privatrecht* hat seine Bedeutung für das Bauen weitgehend verloren. Die in den kantonalen Einführungsgesetzen zum ZGB enthaltenen Bestimmungen, beispielsweise zu den Grenz- und Gebäudeabständen, welche auf Art. 686 ZGB beruhten, wurden zum grössten Teil durch öffentlichrechtliche Bauvorschriften der kantonalen Planungs- und Baugesetze abgelöst.

Das *kommunale Raumplanungs- und Baurecht* ist in einem als Bauordnung oder -reglement bezeichneten Erlass enthalten, welcher in der Regel mit einem Zonenplan verbunden ist. Für die einzelnen Zonenarten können abweichend von der (Normal)Regelbauweise Sonderbauvorschriften gelten. Ergänzend dazu können Sondernutzungspläne nach Massgabe der kantonalen Gesetzgebung oder auch kommunale Vorschriften etwa über die Pflicht zur Erstellung von Abstellplätzen für Fahrzeuge hinzutreten. Der Grad der Autonomie, der den Gemeinden bei der Erfüllung raumplanerischer Aufgaben zukommt, bestimmt sich nach kantonalem Recht[47]. Eine Mindestgarantie ergibt sich dabei aus Art. 2 Abs. 3 RPG, welcher vorschreibt, dass den mit Planungsaufgaben betrauten Behörden, zu denen nach Abs. 1 der Bestimmung auch die Gemeinden gehören, der zur Erfüllung ihrer Aufgaben nötige Ermessensspielraum zu belassen ist. 1.45

5. Internationales Raumplanungs- und Baurecht

Auf internationaler Ebene gewinnen raumplanerische Fragen zunehmend an Bedeutung. Von besonderem Interesse sind für die Schweiz – als Mitgliedstaat – die Aktivitäten des *Europarates*. Seit dem Jahre 1971 nimmt er sich des Themas der grenzüberschreitenden Planung der europäischen Raumordnung an. Im Jahre 1983 einigte sich die Europäische Raumordnungsministerkonferenz auf die *Europäische Raumordnungscharta,* ein Orientierungsrahmen für die Raumordnungspolitik der im Europarat vertretenen Länder. Die Schweiz wirkt zudem in der UNO-Wirtschaftskommission für Europa (ECE) und deren Committee on Housing, Building and Planning (CHBP) sowie der Organization for Economic Cooperation and Development (OECD) mit, welche nationalen und internationalen Instanzen Empfehlungen unter anderem auch zu Fragen der räumlichen Entwicklung unterbreiten. Eine verbindliche Grundlage für eine gemeinsame raumbezogene Politik haben die europäischen Alpenstaaten in Kooperation mit der EU mit dem *Übereinkommen zum Schutz der Alpen vom 7. November 1991 (Alpenkonvention)* vereinbart, wobei vorgesehen ist, die Intentionen der Rahmenkonvention 1.46

47 Siehe dazu BGE 119 Ia 294 f. mit Hinweisen.

durch verschiedene Zusatzprotokolle zu festigen und weiterzuentwickeln[48].

1.47 Aufgrund der engen räumlichen und wirtschaftlichen Verflechtung ist für die Schweiz die Entwicklung der Raumplanung (und des Bauwesens) innerhalb der *Europäischen Union* (EU/EG) von grosser Bedeutung. Der EG steht zwar keine ausdrückliche Raumplanungskompetenz zu, dennoch hat sie Anlass zu verstärkten raumplanerischen Bemühungen, da sie ihre verschiedenen raumwirksamen Politiken miteinander koordinieren muss[49]. Die Vorarbeiten zu einem «Europäischen Raumentwicklungskonzept» sind eingeleitet. Raumrelevant sind insbesondere die Titel des EG-Vertrages über Umwelt, Verkehr, Transeuropäische Netze, Landwirtschaft etc. Der Binnenmarkt als solcher wirkt sich besonders tiefgreifend auf die räumliche Entwicklung aus. Die vier Freiheiten des Personen-, Waren-, Kapital- und Dienstleistungsverkehrs zeitigen denn auch räumliche Wirkung. Sie betreffen unter anderem den Baumarkt. Dementsprechend sind Richtlinien insbesondere auch in den Bereichen Vergabe öffentlicher Bauaufträge, technisches Normierungswesen und Produktehaftpflicht ergangen[50]. Mangels raumplanungsrechtlicher Kompetenz werden in der EU/EG wichtige raumplanerische Vorgaben unter dem Titel des Umweltschutzes behandelt. Von den in den bilateralen Verhandlungen Schweiz–EU ausgehandelten Verträgen sind mindestens jene über den Land- und den Luftverkehr sowie über den Personenverkehr mittelbar raumrelevant. Jener über das Beschaffungswesen betrifft auch die Bauwirtschaft.

---

48 Vgl. bundesrätliche Botschaft zum Übereinkommen zum Schutz der Alpen (Alpenkonvention) und zu verschiedenen Zusatzprotokollen (BBl 1997 IV 657 ff.).

49 Siehe dazu die Berichte «Europa 2000, Perspektiven der künftigen Raumordnung der Gemeinschaft» und «Europa 2000+ – Europäische Zusammenarbeit bei der Raumentwicklung» der Europäischen Kommission aus den Jahren 1991 bzw. 1995. 1997 hat die Kommission zudem die Arbeiten an einem europäischen Raumentwicklungskonzept aufgenommen. Der erste offizielle Entwurf datiert vom Juni 1997. Für die Raumplanung zuständige Minister der Mitgliedstaaten der Europäischen Union: Europäisches Raumentwicklungskonzept, Erster offizieller Entwurf, Noordwijk 1997.

50 Siehe dazu ANTON HENNINGER, Euro-Bau, Rechtsquellen zum europäischen Baurecht, Zürich 1994.

III. Zentrale Rechtsfragen beim Bauen

1. Rechtliche Anforderungen an Bauten und Anlagen

a) Zweck und Anwendungsbereich des raumplanungsrechtlichen Bewilligungserfordernisses für Bauten und Anlagen

Zweck des von Art. 22 RPG verlangten *Bewilligungsverfahrens*[51] ist die vorgängige behördliche Klärung, ob ein projektierter Bau hinsichtlich seiner räumlichen Folgen der im Nutzungsplan ausgedrückten räumlichen Ordnungsvorstellung entspricht sowie der einschlägigen Gesetzgebung genügt[52]. Das Bewilligungserfordernis erstreckt sich dabei sowohl auf die *Erstellung als auch die Änderung von Bauten und Anlagen*[53], und zwar unabhängig davon, ob diese innerhalb oder ausserhalb von Bauzonen geplant sind. Das bundesrechtliche Bewilligungserfordernis bezieht sich dagegen nicht auf die blosse Erneuerung und den Abbruch von Bauten und Anlagen, was hingegen für die kantonalrechtlichen zutrifft. 1.48

Die Bewilligungstatbestände für bauliche Vorhaben sind in der Regel nicht abschliessend aufgezählt. Es geht um bleibende oder vorübergehende *Bauten und Anlagen*, die erhebliche Auswirkungen zeitigen. Die Frage, ob Bauten und Anlagen einer Bewilligung bedürfen, ist dabei nicht allein vom Baukörper her zu beurteilen, sondern auch vom umgebenden Raum, weil das Bauprojekt zusätzlich im Hinblick auf seine Auswirkungen auf die planerische Nutzungsordnung, die Erschliessung, die Umwelt oder das Landschafts- bzw. Ortsbild geprüft werden muss[54]. Neben eigentlichen baulichen Vorkehrungen unterliegen dem Baubewilligungsverfahren auch Vorhaben wie Geländeveränderungen oder Nutzungsänderungen, da auch sie räumliche Folgen aufweisen können, welche eine vorgängige baupolizeiliche bzw. raumplanerische Kontrolle gebieten[55]. 1.49

Besonderheiten gelten für *Bauten mit erheblicher und für solche mit geringfügiger Raumwirksamkeit*. Im ersten Fall kann das Bauvorhaben 1.50

51 Siehe dazu im Einzelnen unten Rz. 9.4 ff.
52 Vgl. BGE 123 II 259.
53 Vgl. Art. 22 Abs. 1 RPG.
54 Vgl. BGE 123 II 259 mit Hinweisen.
55 Vgl. BGE 114 Ib 314; 119 Ib 226 f.

nicht allein aufgrund eines Baubewilligungsverfahrens zugelassen werden[56]. Es bedarf in der Regel einer besonderen räumlichen Planung. Bei Bauvorhaben mit geringfügiger Raumwirksamkeit wie etwa dem Erstellen von Kleinstbauten oder der Vornahme geringfügiger Änderungen an bestehenden Bauten lohnt sich der Aufwand eines ordentlichen Baubewilligungsverfahrens in der Regel nicht. Die Kantone unterstellen daher solche Vorhaben einem vereinfachten Verfahren oder sehen sogar gänzlich von einer präventiven Kontrolle ab; auch in diesen Fällen sind jedoch die materiellen Anforderungen des RPG und der anderen einschlägigen Gesetzgebungen einzuhalten. Besonderheiten gelten ferner für *öffentliche Bauvorhaben*. Diese unterstehen zwar dem Bewilligungserfordernis nach Art. 22 RPG, häufig sind hier jedoch sowohl auf Bundesebene wie auch auf kantonaler Ebene Spezialgesetze massgebend, welche das ordentliche Bewilligungsverfahren ganz oder teilweise verdrängen[57].

b) Überblick über die Bewilligungsvoraussetzungen

1.51 Art. 22 RPG stellt an die Errichtung und Änderung von Bauten und Anlagen zwei *raumplanungsrechtliche Erfordernisse*, dasjenige der Zonenkonformität und dasjenige der hinreichenden Erschliessung; daneben haben Bauten und Anlagen aber auch *allen übrigen Voraussetzungen des Bundesrechts, kantonalen und kommunalen Rechts* zu genügen, um bewilligt werden zu können (Vgl. Art. 22 Abs. 3 RPG)[58].

aa) Erfordernis der Zonenkonformität

1.52 Mit der raumplanungsrechtlichen Bewilligungsvoraussetzung der Zonenkonformität soll sichergestellt werden, dass *Bauvorhaben dem Zweck der Nutzungszone entsprechen*, in welcher sie vorgesehen sind (Art. 22 Abs. 2 lit. a RPG). Neben den bundesrechtlichen Zonenvorschriften, die den Zonenzweck, namentlich der Bauzone, lediglich in den Grundzügen

---

56 Siehe dazu unten Rz. 1.60 ff.

57 Als Beispiele seien das Bundesgesetz über die Nationalstrassen (NSG) vom 8. März 1960 (SR 725.11), das Eisenbahngesetz (EBG) vom 20. Dezember 1957 (SR 742.101), das Bundesgesetz über die Armee und die Militärverwaltung (Militärgesetz, MG) vom 3. Februar 1995 (SR 510.10) sowie die kantonalen Strassengesetze erwähnt.

58 Siehe dazu im Einzelnen unten Rz. 7.23 ff.

bestimmen (vgl. Art. 15–17 RPG)[59], sind für die Beurteilung der Zonenkonformität eines Vorhabens zusätzlich die jeweils massgebenden kantonalen und kommunalen Nutzungsvorschriften zu berücksichtigen, wobei aber die bundesrechtlichen Legaldefinitionen zu beachten bleiben.

Vom Erfordernis der Zonenkonformität kann unter gewissen Voraussetzungen abgesehen werden. Bei Vorhaben ausserhalb der Bauzonen, die im eigentlichen Nichtsiedlungsgebiet gelegen sind, bestimmen sich diese nach Art. 24 RPG sowie allenfalls nach Art. 24 RPV[60]. Innerhalb des Siedlungsgebietes sind die Zulässigkeitsvoraussetzungen für nichtzonenkonformes Bauen durch das kantonale Recht festgelegt (vgl. Art. 23 RPG)[61]. 1.53

bb) Erfordernis der hinreichenden Erschliessung

Die nach Art. 22 Abs. 2 lit. b RPG erforderliche *Erschliessung*[62] ist für das Land, auf welchem ein Bauvorhaben geplant wird, gegeben, wenn eine für die vorgesehene Nutzung hinreichende Zufahrt besteht und die erforderlichen Wasser-, Energie- und Abwasserleitungen so nahe heranführen, dass ein Anschluss ohne erheblichen Aufwand möglich ist (vgl. Art. 19 RPG). Im Einzelnen unterscheiden sich die Anforderungen an die Erschliessung je nach der vorgesehenen Nutzung[63]. Das Erschliessungserfordernis gilt für die Errichtung und Änderung sämtlicher Bauten und Anlagen; ein Dispens ist weder für Bauvorhaben innerhalb noch ausserhalb der Bauzonen zulässig. Es ist im Übrigen nur erfüllt, wenn auch die Erschliessungsbauwerke *ihrerseits* die für sie geltenden rechtlichen Anforderungen erfüllen. Ist die zu überbauende Parzelle beispielsweise nur über eine Strasse zugänglich, in deren Bereich der Planungswert bezüglich Lärmimmissionen bereits erreicht ist, so fehlt es an einer rechtsge- 1.54

59 Vgl. Referendumsvorlage zum revidierten RPG, Änderung vom 20. März 1978 (BBl 1998 II 1455).

60 Zu den neu vorgesehenen Differenzierungen siehe Art. 24a-24d RPG der Referendumsvorlage zum revidierten RPG (BBl 1998 II 1455).

61 BGE 116 Ib 378 f.

62 Siehe dazu auch unten Rz. 6.20 ff.

63 BGE 117 Ib 314.

nügenden Erschliessung[64], wobei das Umweltrecht bei überwiegendem öffentlichem Interesse an der Anlage Erleichterungen vorsieht.

c) Koordinierte Rechtsanwendung

1.55 Bei der Errichtung oder Änderung einer Baute oder Anlage sind in der Regel Vorschriften verschiedener Gesetzgebungen gleichzeitig anwendbar. Zur Vermeidung inkohärenter und widersprüchlicher Entscheide muss die Anwendung dieser Vorschriften – soweit zwischen ihnen ein enger Sachzusammenhang besteht – *inhaltlich abgestimmt* erfolgen[65]. Gute Voraussetzungen für eine materiell koordinierte Rechtsanwendung bestehen, wenn für die Bewilligung des Bauvorhabens eine einzige (erste) Instanz zuständig ist. Sind hiefür jedoch Verfügungen mehrerer Behörden erforderlich, so soll die Rechtsanwendung auch formell koordiniert werden. In solchen Fällen ist daher eine Behörde zu bezeichnen, die für eine ausreichende Koordination der Rechtsanwendung sorgt; zudem muss eine einheitliche Rechtsmittelinstanz gegeben sein[66].

1.56 Nach der bundesgerichtlichen Rechtsprechung werden vom Koordinationsgebot fakultative Verfahren (insbesondere Subventionsgesuche), die der Gesuchsteller zusammen mit dem Baubewilligungsverfahren einleitet oder aufgrund der massgebenden Vorschriften einleiten muss, ebenfalls erfasst[67]. Zu koordinieren sind ferner die Bewilligungen für mehrere Bauten oder Anlagen, wenn diese miteinander sachlich zusammenhängen (sogenannte Gruppenvorhaben), denn nur so ist die gebotene Gesamtabwägung aller betroffenen Interessen gewährleistet[68].

1.57 Die materiell koordinierte Rechtsanwendung setzt eine differenzierte Klärung des *Verhältnisses zwischen verschiedenen Normen des vielverzweigten und ineinander greifenden Rechts des Lebensraumes* voraus, insbesondere zwischen Raumplanungs- und Umweltrecht. So stellt sich etwa die Frage, inwiefern örtlich überschrittene Grenzwerte der Luftrein-

---

64 BGE 118 Ib 73; 119 Ib 488. Siehe auch Art. 25 Abs. 2 und 3 USG.

65 BGE 116 Ib 56 f.; 120 Ib 409 f. mit Hinweisen. Siehe auch Rz. 9.84 f.

66 Siehe dazu Art. 25a und Art. 33 Abs. 4 RPG.

67 BGE 117 Ib 48 f.

68 BGE 119 Ib 178 f.: Fall der Erstellung einer provisorischen Fahrbahn sowie einer Kieswerkanlage, die sachlich zusammengehören.

halteverordnung rechtliche Folgen für die Zulässigkeit des zonenkonformen Bauens im betreffenden Gebiet zeitigen.

Für überlastete Gebiete hat das Bundesgericht von einem allgemeinen Bauverbot abgesehen und verweist für deren Sanierung auf die Massnahmenplanung nach Art. 44a USG. Dadurch wird gewährleistet, dass die betreffenden Umweltbelastungen, die meistens durch eine Vielzahl verschiedenartiger Quellen verursacht werden, unter Wahrung der Lastengleichheit reduziert werden[69]. Werden die Umweltbelastungen jedoch vor allem durch eine einzelne geplante Anlage verursacht (z.B. durch ein Einkaufszentrum oder ein grosses Parkhaus), so kann es sich nach der bundesgerichtlichen Rechtsprechung rechtfertigen, die Plangenehmigung bzw. die Baubewilligung aufzuschieben, wenn sonst die Verwirklichung eines in Ausarbeitung begriffenen Massnahmenplans gefährdet wird[70]. 1.58

Hinsichtlich des Verhältnisses zwischen *Zonenordnungsrecht und städtebaulich-ästhetischen Schutzvorschriften* hat das Bundesgericht entschieden, dass die Anwendung der letzteren nicht dazu führen darf, dass generell, d.h. z.B. für ein ganzes Baugeviert oder Quartier die geltende Zonenordnung ausser Kraft gesetzt wird. Ist z.B. in einem konkreten Gebiet gemäss Bau- und Zonenordnung eine bestimmte Geschosszahl zulässig, so geht es nicht an, generell ein Geschoss weniger zu bewilligen mit der Begründung, nur dadurch könne der fraglichen Schutzvorschrift Genüge getan werden[71]. 1.59

d) Besondere raumplanungsrechtliche Anforderungen an Bauten und Anlagen mit erheblicher Raumwirksamkeit

Bauvorhaben wie z.B. Abbau- und Deponieanlagen, Golfplätze und andere grössere Sport- und Freizeitanlagen sowie grössere Parkplätze und Bootshäfen werfen aufgrund ihres Ausmasses, ihrer Nutzungsart oder -intensität oder wegen des durch sie verursachten Verkehrsaufkommens besondere *Probleme der räumlichen Integration* auf. Sie können daher vielfach weder von einem ordentlichen noch von einem Ausnahmebewilligungsverfahren sachgerecht erfasst werden. Diese sind nicht mit dem notwendigen Instrumentarium ausgestattet, um die erforderlichen raumplanerischen Abklärungen zu treffen; sie vermögen auch nicht den Anforderungen des RPG bezüglich demokratischer Beteiligung (Art. 4 RPG) und Rechtsschutz (Art. 33 f. RPG) zu genügen. Die Zulassung raumwirksamer Vorhaben setzt deshalb nach bundesgerichtlicher Rechtsprechung die *Durchführung eines nutzungsplanerischen Verfah-* 1.60

69 BGE 118 Ib 33–36 und 119 Ib 486 f.
70 Vgl. BGE 123 II 347. Siehe auch Rz. 20.48 ff.
71 BGE 115 Ia 377 mit Hinweisen.

rens voraus, wobei sich die jeweilige Erforderlichkeit eines solchen Verfahrens nach den Planungsgrundsätzen und -zielen (Art. 1 und Art. 3 RPG), dem kantonalen Richtplan sowie der Bedeutung des Projekts im Licht der im RPG festgelegten Verfahrensordnung bezüglich demokratischer Beteiligung und Rechtsschutz in Planungssachen bestimmt[72].

1.61 Im Planungsverfahren ist eine *umfassende Ermittlung, Beurteilung und Abwägung der in Frage stehenden raum- und umweltrelevanten Interessen und Gesichtspunkte* vorzunehmen, wobei auch Alternativstandorte zu prüfen sind und das Bauvorhaben in seinem Bezug zur gesamten Nutzungsplanung der Standortgemeinde beurteilt werden muss[73]. Bei Vorhaben ausserhalb der Bauzone ist sicherzustellen, dass Art. 24 RPG nicht umgangen wird; das Planungsverfahren hat mindestens den Anforderungen dieser Bestimmung zu genügen[74].

2. Entschädigungsansprüche aufgrund von Planungsmassnahmen

a) Entschädigungsansprüche wegen materieller Enteignung

aa) Begriff der materiellen Enteignung

1.62 Mit dem Begriff der materiellen Enteignung wird – in Abgrenzung zur formellen Enteignung – der zweite der in Art. 22ter Abs. 3 BV aufgeführten Entschädigungstatbestände bezeichnet, wonach der Staat als Ausfluss der in der Eigentumsgarantie enthaltenen *Wertgarantie* auch dann volle Entschädigung zu leisten hat, wenn seine (an sich rechtmässigen) Anordnungen zu Eigentumsbeschränkungen führen, die in ihren Auswirkungen denjenigen einer formellen Enteignung gleichkommen. Auf Gesetzesstufe wird der Begriff der materiellen Enteignung nicht näher ausgeführt[75], dagegen hat das Bundesgericht hierzu eine reichhaltige und bedeutungsvolle Praxis entwickelt.

1.63 Nach dieser Praxis liegt eine *materielle Enteignung* vor, wenn dem Eigentümer der bisherige oder ein voraussehbarer künftiger Gebrauch einer Sache untersagt oder in einer Weise eingeschränkt wird, die besonders schwer wiegt, weil der betroffenen Person eine wesentliche aus dem Eigentum fliessende Befugnis entzogen wird. Geht der Eingriff

---

72 BGE 114 Ib 315; 120 Ib 212 mit Hinweisen. Siehe auch Rz. 9.5, 20.14 und 20.27 f.

73 Vgl. BGE 123 II 93–95 mit Hinweisen.

74 Vgl. BGE 116 Ib 55; 119 Ib 440 f. mit Hinweisen.

75 Vgl. Art. 5 Abs. 2 RPG, der, ohne zu definieren, im Wesentlichen den Wortlaut von Art. 22ter Abs. 3 BV übernimmt.

weniger weit, so wird gleichwohl eine materielle Enteignung angenommen, falls einzelne Personen so betroffen werden, dass ihr Opfer gegenüber der Allgemeinheit unzumutbar erschiene und es mit der Rechtsgleichheit nicht vereinbar wäre, wenn hiefür keine Entschädigung geleistet würde (sogenanntes Sonderopfer). In beiden Fällen ist die Möglichkeit einer künftigen besseren Nutzung der Sache (z.B. Überbaubarkeit einer Parzelle) nur zu berücksichtigen, wenn im massgebenden Zeitpunkt anzunehmen war, sie lasse sich mit hoher Wahrscheinlichkeit in naher Zukunft verwirklichen. Ob dies der Fall ist, muss anhand einer Würdigung aller rechtlichen und tatsächlichen Gegebenheiten beurteilt werden, wobei in erster Linie auf die rechtliche Ausgangslage abzustellen ist[76].

bb) Fall der Nichteinzonung

Bei der sogenannten Nichteinzonung handelt es sich um eine nutzungsplanerische Anordnung, welche sich für den Grundeigentümer oft wie eine Auszonung ausnimmt, aber – gemessen an den Anforderungen des RPG – keine solche ist. Das resultierende Bauverbot bzw. die entsprechende Baubeschränkung wirft die Frage auf, ob eine materielle Enteignung gegeben sei. Das Bundesgericht hat die Kriterien der materiellen Enteignung für diesen Planungsfall näher bestimmt. 1.64

Der Tatbestand der Nichteinzonung wird wie folgt umschrieben: Eine Nichteinzonung, die erfahrungsgemäss in der Regel nicht entschädigungspflichtig ist, liegt vor, *wenn Land bei der erstmaligen Schaffung einer raumplanerischen Grundordnung* (d.h. bei der Festsetzung des ersten Rahmennutzungsplans), welche den heute geltenden verfassungsrechtlichen und gesetzlichen Anforderungen entspricht, einer *Nichtbauzone zugewiesen* wird[77]. Ob die in Frage stehenden Flächen nach dem früher geltenden, der Novellierung des Raumplanungs-/Bodenrechts nicht entsprechenden Recht überbaut werden konnten, spielt dabei keine Rolle[78]. Als Nichteinzonung gilt daher auch eine Nutzungsbeschränkung, die sich im Zuge des Wechsels von einer Bau- und Zonenordnung aus der Zeit vor dem Inkrafttreten des Raumplanungsgesetzes zu einer auf diesem Gesetz beruhenden Ordnung einstellt[79]. Zudem muss auch einer Bau- und Zonenordnung, die in zeitlicher Hinsicht unter der Herrschaft des RPG in Kraft getreten ist, die Qualifikation als raumplanerische 1.65

76 BGE 91 I 338 f.; 119 Ib 128 mit Hinweisen; 122 II 458; 123 II 487.
77 BGE 109 Ib 17; 114 Ib 303 mit Hinweisen; 122 II 329 f. mit Hinweisen.
78 BGE 114 Ib 303 mit Hinweisen; 122 II 330 f. mit Hinweisen.
79 BGE 122 II 332; 123 II 488.

Grundordnung abgesprochen werden, wenn sie materiell nicht auf die bundesrechtlichen Planungsgrundsätze ausgerichtet ist. Wird ein solcher Plan revidiert und wird dabei Land neu einer Nichtbauzone zugewiesen, so ist dieser Planungsakt entschädigungsrechtlich ebenfalls als Nichteinzonung zu beurteilen[80].

1.66 Ob eine Nichteinzonung eine *materielle Enteignung* darstellt und damit zu entschädigen ist, beurteilt sich vor allem danach, ob der Eigentümer am massgebenden Stichtag seine Liegenschaft aus eigener Kraft in naher Zukunft sehr wahrscheinlich hätte überbauen können[81]. Hierfür ist im Besonderen zu untersuchen, ob das fragliche Land überbaubar oder groberschlossen ist, ob es von einem gewässerschutzrechtskonformen generellen Kanalisationsprojekt (GKP) erfasst wird, ob der Eigentümer für die Erschliessung und Überbauung seines Landes bereits erhebliche Kosten aufgewendet hat oder ob es sich dabei um weitgehend überbautes Gebiet im Sinne von Art. 15 lit. a RPG handelt.

cc) Fall der Auszonung

1.67 Eine *Auszonung* liegt vor, wenn eine Parzelle, die entsprechend den Grundsätzen des geltenden Raumplanungsgesetzes (förmlich) einer Bauzone zugewiesen worden war, planungsrechtlich mit einem Bauverbot belegt wird[82]. Die Frage der staatlichen Entschädigungspflicht entscheidet sich anhand der erwähnten Kriterien der materiellen Enteignung. Die bundesgerichtliche Rechtsprechung zur Auszonung wird sich vertiefen, da in Zukunft vermehrt Situationen zu beurteilen sein werden, bei welchen es um die Revision einer RPG-konformen planerischen Grundordnung geht. Demgegenüber wird der «übergangsrechtliche» Fall der Nichteinzonung an Bedeutung verlieren.

1.68 *Bundesrechtskonforme Nutzungspläne* erhöhen aus verschiedenen Gründen die Vorhersehbarkeit der künftigen zulässigen Nutzung eines bestimmten Grundstücks. So können solche Pläne erst revidiert werden, wenn sich die Verhältnisse erheblich geändert haben (Art. 21 Abs. 2 RPG), weshalb ihnen und ihren Inhalten eine gewisse Beständigkeit

80 Vgl. BGE 122 II 332.

81 Siehe dazu und zum Folgenden BGE 122 II 457–460 mit Hinweisen.

82 BGE 122 II 330.

zukommt. Sodann kann angenommen werden, dass in der Regel eine erneute Nutzungsplanung im Ergebnis nicht zu einem wesentlich anderen Nutzungsplan als dem bisherigen führen wird, da eine solche Revision von einem bundesrechtskonformen Nutzungsplan ausgeht und ebenfalls nach den vom RPG vorgegebenen Grundsätzen zu erfolgen hat. Bundesrechtskonforme Nutzungspläne engen somit das Spektrum der voraussehbaren zulässigen Nutzungen eines bestimmten Grundstücks ein und bestärken das Vertrauen der Rechtsadressaten in eine einmal vorgenommene Zonenzuweisung. Wird bei der Revision eines solchen Plans von der bisherigen bzw. vorhersehbaren Zonierung abgewichen und kommt es dabei zum Entzug einer wesentlichen aus dem Eigentum fliessenden Befugnis, so stellt sich die Frage der materiellen Enteignung in besonders evidenter Weise. Bei Auszonungen, die Land betreffen, das bereits überbaubar ist, kann der Tatbestand gegeben sein, wonach der Grundeigentümer sein in der Bauzone gelegenes Grundstück in naher Zukunft aus eigener Kraft sehr wahrscheinlich hätte überbauen können, womit eine der zentralen Voraussetzungen der materiellen Enteignung erfüllt wäre.

b) *Entschädigungsansprüche bei Vertrauensschäden*

Die Frage der staatlichen Entschädigungspflicht stellt sich bei Planungen 1.69
nicht nur in den Fällen der Nichteinzonung und der Auszonung, sondern auch beim Vorliegen *besonderer Umstände*, die es aus Gründen des Vertrauensschutzes geboten hätten, dass eine bestimmte Liegenschaft einer Bauzone zugewiesen bleibt oder zugewiesen wird. In solchen Situationen haben die Grundeigentümer möglicherweise bereits Projektierungsaufwendungen getroffen, die nutzlos würden, falls diese besonderen Umstände bei der betreffenden Planung nicht berücksichtigt werden. Für den sogenannten Vertrauensschaden, der dem Grundeigentümer erwachsen kann, bejaht das Bundesgericht eine staatliche Entschädigungspflicht in eher seltenen Fällen, so etwa, wenn gerade die Einreichung des Baugesuchs Anlass zur Änderung der Bau- und Zonenordnung gibt, die Baubehörden auf diese Weise die Ausführung des betreffenden Vorhabens verhindern wollen und diese Absicht der Baubehörden für den Grundeigentümer nicht voraussehbar gewesen ist[83]. Ebenso können Er-

83 Siehe dazu und zum Folgenden BGE 119 Ib 237–239 mit Hinweisen.

satzansprüche bestehen, wenn dem Bauwilligen vor Einreichung des Baugesuchs Zusicherungen auf den Fortbestand der geltenden Bauvorschriften gegeben wurden, worauf dieser im Vertrauen darauf Projektierungskosten aufgewendet hat. Die Bindungswirkung der Zusicherungen entfällt, wenn sich die Rechtslage zwischen dem Zeitpunkt der Auskunftserteilung und dem Zeitpunkt der Verwirklichung des massgeblichen Sachverhalts ändert. Ändern die geltenden Bauvorschriften zum Nachteil eines Bauwilligen, ohne dass behördliche Zusicherungen vorliegen, so führt dies in aller Regel nicht zu einer staatlichen Entschädigungspflicht, selbst dann nicht, wenn der Bauwillige bereits ein dem seinerzeit geltenden Recht entsprechendes Baugesuch eingereicht hat.

1.70 Zur Geltendmachung von Entschädigungsansprüchen wegen Vertrauensschäden, die auf Planungen nach dem RPG zurückzuführen sind, steht auf Bundesebene wie bei materiellen Enteignungen das Rechtsmittel der Verwaltungsgerichtsbeschwerde zur Verfügung (Art. 34 in Verbindung mit Art. 5 RPG)[84].

3. Anforderungen an den Rechtsschutz gegenüber Raumplänen aufgrund von Art. 6 Ziff. 1 EMRK

1.71 Art. 6 Ziff. 1 EMRK verlangt, dass ein Rechtsträger gegenüber staatlichen Anordnungen, welche seine zivilrechtlichen Ansprüche («civil rights/droits et obligations de caractère civil») betreffen, die Möglichkeit der Überprüfung durch einen *unabhängigen Richter* haben muss. Der Begriff der «zivilrechtlichen» Ansprüche wird nicht technisch verstanden; vielmehr besteht die genannte Rechtsschutzgarantie insbesondere auch gegenüber staatlichem Handeln, das erhebliche Auswirkungen auf die Ausübung von Eigentumsrechten hat[85]. Art. 6 Ziff. 1 EMRK spielt daher für den Rechtsschutz in Planungssachen eine Rolle. Seine Anforderungen an den kantonalen Rechtsschutz gehen zum Teil weiter als diejenigen von Art. 33 RPG[86].

84 BGE 117 Ib 500.

85 BGE 119 Ia 329 mit Hinweisen.

86 Siehe dazu im Einzelnen unten Rz. 10.5 ff.

IV. Literatur und Judikatur

1. Gesamtdarstellungen

Werke zum Raumplanungs- und Baurecht des Bundes und der Kantone 1.72

EIDGENÖSSISCHES JUSTIZ- UND POLIZEIDEPARTEMENT/BUNDESAMT FÜR RAUMPLANUNG, Erläuterungen zum Bundesgesetz über die Raumplanung, Bern 1981; *FRITZSCHE CHRISTOPH/BÖSCH PETER, Zürcher Planungs- und Baurecht, Wädenswil 1992; HALLER WALTER/KARLEN PETER, Raumplanungs- und Baurecht, 2. Aufl., Zürich 1992; HEPPERLE ERWIN/LENDI, MARTIN, Leben Raum Umwelt, Zürich 1993; LENDI MARTIN, Politisch, sachlich und ethisch indizierte Raumplanung, Wien 1998; *MATILE JACQUES (et al.), Droit vaudois de la construction, 2. Aufl., Lausanne 1994; MICHEL NICOLAS, Droit public de la construction, Freiburg 1996; *MÜLLER PETER (et al.), Kommentar zum Zürcher Planungs- und Baugesetz vom 7. September 1975, §§ 123–202, Zürich 1985; RUCH ALEXANDER, Das Recht in der Raumordnung, Basel/Frankfurt a.M. 1997; SCHÜRMANN LEO/HÄNNI PETER, Planungs-, Bau- und besonderes Umweltschutzrecht, 3. Aufl., Bern 1995; *SCOLARI ADELIO, Commentario, I. Legge cantonale di applicazione della Legge federale sulla pianificazione del territorio, II. Legge edilizia cantonale, III. Legge di applicazione e complemento del codice civile svizzero (rapporti di vicinato, art. 102–171a), Bellinzona 1997; VALLENDER KLAUS/MORELL RETO, Umweltrecht, Bern 1997; *ZAUGG ALDO, Kommentar zum Baugesetz des Kantons Bern vom 9. Juni 1985, 2. Aufl., Bern 1995; *ZIMMERLIN ERICH, Baugesetz des Kantons Aargau, Kommentar, 2. Aufl., Aarau 1985; ZÜRCHER FRANÇOIS (Hrsg.), L'aménagement du territoire en droit fédéral et cantonal, Lausanne 1990.

Werke zu den kantonalen Planungs- und Baugesetzen sind oben mit * bezeichnet. 1.73

2. Ausgewählte Spezialliteratur

BRIDEL LAURENT, Manuel d'aménagement du territoire pour la Suisse romande, Genf 1995; BUNDESAMT FÜR RAUMPLANUNG, Vademecum, Bern 1998; JAGMETTI RICCARDO, Kommentar BV, Art. 22^{quater}, in: Aubert/Eichenberger/Müller/Rhinow/Schindler (Hrsg.), Kommentar zur Bundesverfassung der Schweizerischen Eidgenossenschaft vom 29. Mai 1874, Basel/Zürich/Bern 1988; Planungspflicht und Grenzen der Planung, Zeitschrift des Bernischen Juristenvereins (ZBJV), 130. Jg., 1994, 117 ff.; KARLEN PETER, Neue Entwicklungen in der Nutzungsplanung im Spiegel der Rechtsprechung des Bundesgerichts, in: Aktuelle Juristische Praxis (AJP), 6. Jg., 1997, 243 ff.; *ders.*, Raumplanung und Umweltschutz, ZBl 1998, 145 ff.; KELLER PETER M./ZUFFEREY JEAN-BAPTISTE/FAHRLÄNDER KARL LUDWIG (Hrsg.), Kommentar NHG, Kommentar zum Bundesgesetz über den Natur- und Heimatschutz, Zürich 1997; KNAPP BLAISE (et al.), Perspektiven des Raumplanungs- und Bodenrechts, Basel 1990; KOLLER ALFRED (Hrsg.), Bau- und Bauprozessrecht: Ausgewählte Fragen, St.Gallen 1996; KUTTLER 1.74

ALFRED, Festsetzung und Änderung von Nutzungsplänen, in: Haller Walter (et al.): FS für Ulrich Häfelin zum 65. Geburtstag, Zürich 1989, 485 ff.; LENDI MARTIN, Planungsrecht und Eigentum, in: Zeitschrift für Schweizerisches Recht (ZSR), 95. Jg., 1976, 2. Halbbd., 1 ff.; *ders.,* Grundriss einer Theorie der Raumplanung – Einleitung in die raumplanerische Problematik, 3. Aufl., Zürich 1996; *ders.,* Die Ordnung des Bauens nach schweizerischem Recht, in: idem: Subtilitäten des Rechts, Zürich 1996, 99 ff.; LENDI MARTIN/ELSASSER HANS, Raumplanung in der Schweiz, eine Einführung, 3. Aufl., Zürich 1991; MORAND CHARLES-ALBERT (Hrsg.), La pesée globale des intérêts – Droit de l'environnement et de l'aménagement du territoire, Basel/Frankfurt a.M. 1996; RIVA ENRICO, Hauptfragen der materiellen Enteignung, Bern 1990; SCHWEIZERISCHE VEREINIGUNG FÜR LANDESPLANUNG (Hrsg.), Das revidierte Planungs- und Baugesetz (PBG) des Kantons Zürich, Bern 1992; *ders.,* Planungen und materielle Enteignung, Bern 1995; *ders.,* Begriffe zur Raumplanung, ein Nachschlagewerk für die Praxis, Bern 1996.

3. Ausländische Literatur

a) Deutschland

1.75 AKADEMIE FÜR RAUMFORSCHUNG UND LANDESPLANUNG, Handwörterbuch der Raumordnung, Hannover 1995; *dies.,* Methoden und Instrumente räumlicher Planung, Hannover 1998; BATTIS ULRICH/ KRAUTZBERGER MICHAEL/ LÖHR ROLF-PETER, Baugesetzbuch, BauGB, 5. Aufl., München 1996; BIELENBERG WALTER/ERBGUTH WILFRIED/RUNKEL PETER, Raumordnungs- und Landesplanungsrecht des Bundes und der Länder, Kommentar und systematische Sammlung der Rechts- und Verwaltungsvorschriften, Bielefeld, Stand 1997; BROHM WINFRIED, Öffentliches Baurecht, München 1997; CHOLEWA WERNER/DYONG HARTMUT/VON DER HEIDE HANS-JÜRGEN/ARENZ WILLI, Raumordnung in Bund und Ländern, Stuttgart/Berlin/Köln, Stand 1996; ERNST WERNER/ZINKAHN WILLY/BIELENBERG WALTER/KRAUTZBERGER MICHAEL, Baugesetzbuch, Kommentar, München, Stand 1997; HOPPE WERNER/GROTEFELS SUSAN, Öffentliches Baurecht, München 1995; SCHLICHTER OTTO/STICH RUDOLF (Hrsg.), Berliner Kommentar zum Baugesetzbuch, 2. Aufl., Köln/Berlin/Bonn/München 1995.

b) Österreich

1.76 FRÖHLER LUDWIG/OBERNDORFER PETER, Österreichisches Raumordnungsrecht, 2 Bde., Linz 1975/1986; GEUDER HENRIETTA, Österreichisches öffentliches Baurecht und Raumordnungsrecht, Wien 1996; PERNTHALER PETER, Raumordnung und Verfassung, 2 Bde., Wien 1975 ff; PERNTHALER PETER/PRANTL BARBARA, Raumordnung in der europäischen Integration, Wien 1994; UNKART RALF, Rechtssätze zur Raumordnung und Raumplanung, Rechtsprechung der Gerichtshöfe öffentlichen Rechts, 2. Aufl., Wien 1994.

c) Italien

ASSINI NICOLA, Codice dell'urbanistica e dell'edilizia, 2. Aufl., Mailand 1996; ASSINI NICOLA/MANTINI PIERLUIGI, Manuale di diritto urbanistico, 2. Aufl., Mailand 1997; COLOMBO GUIDO/PAGANO FORTUNATO/ROSSETTI MARIO, Manuale di urbanistica, 12. Aufl., Mailand 1996; FALCONE PIETRO, Codice dell'urbanistica e dell'edilizia annotato con la giurisprudenza, 2. Aufl., 2 Bde., Turin 1994; MANTINI PIERLUIGI, Codice dell'edilizia, Mailand 1997; MENGOLI GIAN CARLO, Manuale di diritto urbanistico, 4. Aufl., Mailand 1997; SALVIA FILIPPO/TERESI FRANCESCO, Diritto urbanistico, 5. Aufl., Padua 1992. 1.77

d) Frankreich

AUBY JEAN-BERNARD/PERINET-MARQUET HUGUES, Droit de l'urbanisme et de la construction, 4. Aufl., Paris 1995; GILLI JEAN-PAUL/CHARLES HUBERT/de LANVERSIN JACQUES, Les grands arrêts du droit de l'urbanisme, 4. Aufl. Paris 1996; JEGOUZO YVES, Urbanisme, Paris 1995; LEBRETON JEAN-PIERRE, Droit de l'urbanisme, Paris 1993; MINISTÈRE DE L'ENVIRONNEMENT/DIRECTION DE LA NATURE ET DES PAYSAGES, Environnement et urbanisme, textes de référence, jurisprudence, commentaires, Paris 1996; MODERNE FRANCK/CHARLES HUBERT, Code de l'urbanisme, 9. Aufl., Paris 1996; MODERNE FRANCK/DUBOIS PHILIPPE, Code de la construction et de l'habitation, 8. Aufl., Paris 1996. 1.78

4. Judikatur

BERNISCHE VERWALTUNGSRECHTSPRECHUNG (BVR), Bern 1903 ff.; BUNDESAMT FÜR RAUMPLANUNG (Hrsg.), Informationshefte, Bern 1980 ff.; ENTSCHEIDUNGEN DES SCHWEIZERISCHEN BUNDESGERICHTS (BGE), Amtliche Sammlung, Lausanne 1875 ff.; REVUE DE DROIT ADMINISTRATIF ET DE DROIT FISCAL (RDAF), Lausanne 1945 ff.; SCHWEIZERISCHES ZENTRALBLATT FÜR STAATS- UND VERWALTUNGSRECHT (ZBl), Zürich 1900 ff.; SEMINAR FÜR SCHWEIZERISCHES BAURECHT, BAURECHT (BR), Freiburg 1979 ff.; VEREIN ZÜRCHERISCHER GEMEINDERATSSCHREIBER UND VERWALTUNGSBEAMTER (Hrsg.), Baurechtsentscheide Kanton Zürich (BEZ), Entscheide von Verwaltungsgericht, Regierungsrat, Baurekurskommissionen, Wädenswil 1981 ff.; VEREINIGUNG FÜR UMWELTRECHT (Hrsg.), Umweltrecht in der Praxis (URP), Zürich 1986 ff. 1.79

§ 2 Umweltrecht

PETER KARLEN

I. Funktion und Bedeutung

Der *Umweltschutz* ist in den letzten Jahrzehnten zu einer allgemein anerkannten, dringlichen Aufgabe geworden. Seinen hohen Stellenwert unterstreichen jährliche Ausgaben von rund 6 Milliarden Franken[1]. Trotz respektabler Erfolge in einzelnen Bereichen liegen die Umweltbelastung und der Verbrauch an nicht erneuerbaren Ressourcen immer noch über dem langfristig als tragbar erachteten Niveau[2]. 2.1

Zum Schutz der Umwelt bedient sich die Politik in grossem Umfang *rechtlicher Instrumente*. Um den Einzelnen zu einem umweltgerechten Verhalten zu veranlassen, kommt der Einsatz privat-, straf- oder verwaltungsrechtlicher Regelungen in Betracht. Das schweizerische Recht konzentriert sich zur Zeit auf die *direkte* Verhaltenssteuerung mit den Mitteln des Verwaltungsrechts (Gebote, Verbote, Bewilligungspflichten). Die *indirekte* Lenkung durch finanzielle Anreize (Umweltabgaben, Steuervergünstigungen) oder privatrechtliche Regelungen (Umwelthaftung, Branchenvereinbarungen, Öko-Audit) spielt demgegenüber noch eine geringe Rolle[3]. 2.2

Die weitgefassten Schutzziele erschweren die Herausbildung eines in sich geschlossenen *Umweltrechts*. Als Recht des Umweltschutzes und – in einem weiteren Sinne – der Umweltbelange überhaupt umfasst es nicht einen genau abgegrenzten Normenkomplex. Vielmehr sind ihm alle Vorschriften zuzurechnen, die dem Schutz der Umwelt dienen. Den 2.3

---

1 Es handelt sich dabei um die gesamten Aufwendungen der öffentlichen Hand und der Privaten in der Schweiz. Vgl. Umwelt in der Schweiz 1997 – Daten, Fakten, Perspektiven, herausgegeben vom Bundesamt für Statistik/Bundesamt für Umwelt, Wald und Landschaft, 1997, 295.

2 Vgl. Umwelt in der Schweiz 1997 (Fn. 1), 327 f.

3 Die 1995 erfolgte Revision des Umweltschutzgesetzes hat das Instrumentarium immerhin in dieser Hinsicht erweitert. Vgl. auch Rz. 2.36 f.

Kernbereich bildet das *Umweltschutzrecht (Umweltrecht im engeren Sinne),* das im Umweltschutzgesetz des Bundes (USG) und den dazugehörigen Ausführungsverordnungen enthalten ist. Dazu treten die in Spezialgesetzen geordneten Materien (Natur- und Gewässerschutz, Waldrecht und Strahlenschutz), die zusammen mit dem genannten Kernbereich das *Umweltrecht im weiteren Sinne* darstellen. Schliesslich zählen alle umweltrelevanten Normen in anderen Rechtsgebieten ebenfalls zum Umweltrecht. Sie werden als *integriertes Umweltrecht* bezeichnet[4].

2.4 Der *Einfluss des Umweltrechts auf die Bautätigkeit* hat in den letzten Jahren ständig zugenommen[5]. Die zu beachtenden Vorschriften sind stark zersplittert und werden im Folgenden im Rahmen der jeweiligen baurechtlichen Themenkreise näher erörtert. Die nachstehende Darstellung bezweckt, die Grundlinien aufzuzeigen und dadurch die Übersicht und das Verständnis für die Zusammenhänge zwischen den einzelnen Bestimmungen zu erleichtern.

II. Aufbau und Merkmale der geltenden Ordnung

2.5 Das Umweltrecht gliedert sich in das übergeordnete Umweltverfassungsrecht (Rz. 2.6 ff.) und das dessen Vorgaben konkretisierende Gesetzes- und Verordnungsrecht (Rz. 2.10 ff.). Letzteres ist in der Schweiz zur Hauptsache *Bundesrecht.* Es findet sich teils im Umweltschutzgesetz (Rz. 2.10 ff.) und teils in Spezialgesetzen (Rz. 2.15 ff.). Dazu treten

---

4 Die Belange des Umweltschutzes werden in diesen Fällen beim Vollzug anderer Sachaufgaben – etwa der Raumplanung, der Landwirtschaft, der Ordnung des Strassen- oder Schienenverkehrs oder der Energieversorgung – berücksichtigt und sind in diesem Sinne in andere Rechtsgebiete integriert. Der Begriff des integrierten Umweltschutzes wird vor allem in der deutschen Doktrin verwendet; vgl. BREUER (Rz. 2.85), Rz. 48 ff. Er ist zu unterscheiden von dem neuerdings im EU-Recht postulierten *integrativen Umweltschutz,* der eine gesamthafte Beurteilung der Umweltbelastungen einzelner Anlagen verlangt; vgl. UDO DI FABIO, Integratives Umweltrecht, NJW 1998, 329 ff.

5 Vgl. dazu näher PETER KARLEN, Neues Umweltrecht und seine Auswirkungen auf das Bauen, BR 1998, 39 ff.

ergänzende und ausführende *kantonale Regelungen* (Rz. 2.20 ff.) sowie vereinzelt *internationale Übereinkommen* (Rz. 2.23 ff.)[6].

1. Umweltverfassungsrecht

2.6 Die Belange der Umwelt und des Umweltschutzes haben in der Bundesverfassung *keine systematische Durchformung* erfahren[7]. Deren hauptsächliche Aspekte werden vielmehr durch mehrere Verfassungsbestimmungen recht unterschiedlicher Tragweite geregelt.

2.7 Das verfassungsrechtliche Kernstück bildet der *sogenannte Umweltschutzartikel (Art. 24^{septies} BV),* der «den Schutz des Menschen und seiner natürlichen Umwelt gegen schädliche oder lästige Einwirkungen» zur Aufgabe des Bundes erklärt[8]. Diese Norm begründet für den Bereich des Umweltschutzes nicht nur eine *Bundeskompetenz*[9], sondern erteilt dem Bund zugleich einen *Gesetzgebungsauftrag* und erhebt den Umweltschutz zum *Staatsziel*[10]. Hingegen garantiert sie dem Einzelnen kein einklagbares «Grundrecht auf Umweltschutz»[11]. Art. 24^{septies} BV erfasst alle *natürlichen* Aspekte der Umwelt, also namentlich Wasser, Luft, Boden, Tiere und Pflanzen, klammert aber deren kulturelle (Gebäude, Denkmäler usw.) und soziale Aspekte (Wohnverhältnisse, Arbeitsbedingungen usw.) aus[12].

---

6 Eine Zusammenstellung der Erlasse des Umweltrechts des Bundes findet sich bei PETER KARLEN, Raumplanungsrecht und Umweltrecht des Bundes. Textausgabe (erscheint demnächst).

7 Etwas kohärenter erscheint nun die Ordnung in Art. 58 ff. der von den Eidgenössischen Räten beschlossenen Vorlage für eine neue Bundesverfassung.

8 Vgl. zur Entstehungsgeschichte THOMAS FLEINER, in: Kommentar zur Bundesverfassung der Schweizerischen Eidgenossenschaft vom 29. Mai 1874, herausgegeben von Jean-François Aubert et al., Lieferung 1988, Art. 24^{septies} BV, Rz. 1 ff.

9 Es handelt sich um Kompetenz, die sich auf die Rechtsetzung und zumindest teilweise auf den Vollzug erstreckt (Abs. 2), der aber lediglich eine nachträglich derogatorische Wirkung zukommt; vgl. auch Rz. 2.20 ff.

10 In Art. 2 Abs. 3 der neuen, vom Parlament verabschiedeten Bundesverfassung wird die dauerhafte Erhaltung der natürlichen Lebensgrundlagen sogar als Staatszweck bezeichnet.

11 HANS-ULRICH MÜLLER-STAHEL/HERIBERT RAUSCH, Der Umweltschutzartikel der Bundesverfassung, ZSR 1975 I 55 ff. (mit Hinweisen auf die Entstehungsgeschichte).

12 FLEINER (Fn. 8), Rz. 18.

2.8 Zahlreiche *weitere umweltrechtliche Verfassungsbestimmungen* konkretisieren und ergänzen den allgemein gehaltenen Umweltschutzartikel. So regelt die Bundesverfassung gesondert die Walderhaltung (Art. 24), den Gewässerschutz (Art. 24bis), den Natur- und Heimatschutz (Art. 24^{sexies}), den Schutz vor Missbräuchen der Fortpflanzungs- und Gentechnologie (Art. 24^{novies}) sowie den Tier-, Jagd- und Vogelschutz (Art. 25 und 25bis BV). Ferner weist sie dem Bund in den Bereichen der Raumplanung sowie des Energie- und Verkehrswesens Aufgaben zu, die in weiten Teilen Umweltbelange berühren. Schliesslich ergeben sich aus den verfassungsmässigen Individualrechten Orientierungspunkte und Schranken für die nähere Ausgestaltung des Umweltschutzes[13].

2.9 Angesichts der weitreichenden Kompetenzen des Bundes bleibt für *kantonales Umweltverfassungsrecht* nur wenig Raum. In neueren Kantonsverfassungen hat der Umweltschutz jedoch regelmässig in Ziel- und Programmnormen eine besondere Verankerung gefunden[14]. – Ausserdem wird neuerdings erwogen, einzelnen *völkerrechtlichen Grundsätzen* im Bereich des Umweltschutzes einen verfassungsrechtlichen Charakter zuzumessen[15].

2. Umweltschutzrecht des Bundes

2.10 Der wichtigste und zugleich grösste Teil des Umweltrechts findet sich im *Umweltschutzgesetz des Bundes*[16]. Es enthält einerseits Elemente eines Allgemeinen Teils des Umweltrechts (Rz. 2.11) und ordnet anderseits zwar nicht alle, aber doch einige zentrale Teilgebiete des Umweltschutzes (Rz. 2.12). Die gesetzlichen Bestimmungen werden durch ein sehr umfangreiches Verordnungsrecht ergänzt (Rz. 2.13 f.). Das Umweltschutzgesetz ist 1995 einer grösseren Teilrevision unterzogen worden[17], die auf Verordnungsstufe ebenfalls zahlreiche Neuerungen und Anpassungen ausgelöst hat.

---

13 Vgl. Pierre Louis Manfrini, Protection de l'environnement et libertés individuelles, RDAF 1989, 321 ff.

14 Vgl. dazu näher Helene Keller, Umwelt und Verfassung. Eine Darstellung des kantonalen Umweltverfassungsrechts, Diss. Zürich 1993.

15 Vgl. Vallender/Morell (Rz. 2.73), Rz. 78; vgl. auch Fn. 48.

16 Vgl. zur Entstehung und zu den Leitlinien des Umweltschutzgesetzes Peter Saladin, Schweizerisches Umweltschutzrecht – eine Übersicht, recht 1989, 1 ff.

17 Vgl. dazu die Botschaft des Bundesrates vom 7. Juni 1993 zu einer Änderung des Bundesgesetzes über den Umweltschutz (USG), BBl 1993 III 1445 ff.

a) *Allgemeine Grundsätze des Umweltrechts*

Dem geltenden Umweltrecht liegen zwar kein bestimmtes Konzept und nur wenige übergeordnete Prinzipien zugrunde. Doch gibt es verschiedene Fragen, die in mehreren Gebieten eine Rolle spielen und für die das Umweltschutzgesetz gemeinsame Regeln aufstellt. So enthält es *Begriffsbestimmungen* der Arten von Umweltbelastungen und der sie verursachenden Anlagen (Art. 7 USG), formuliert *allgemeine Ziele und Grundsätze* umweltrechtlichen Handelns (Art. 1 ff. USG) und trifft verschiedene *generelle Anordnungen über Instrumente, Organisation, Verfahren, Rechtsschutz* sowie neuerdings die *Haftpflicht* (Art. 36 ff. USG). Ferner strebt Art. 4 USG eine *Angleichung der Standards* über den Bereich des Umweltschutzgesetzes hinaus an. Der Gesetzgeber hat im Rahmen der 1995 beschlossenen Revision einzelne allgemeine Regelungen des Umweltschutzgesetzes auch in der umweltrechtlichen Spezialgesetzgebung verankert[18]. Im Interesse eines ganzheitlichen Umweltschutzes und der Vereinfachung des Vollzugs erscheint eine weitergehende Harmonisierung des Umweltrechts wünschbar, sie ist aber kurzfristig kaum zu erreichen[19]. 2.11

b) *Einzelbereiche des Umweltschutzrechts*

Das Umweltschutzgesetz folgt bei der Umschreibung der Schutzgegenstände verschiedenen, sich teilweise überschneidenden Gesichtspunkten. Bis zur Revision von 1995 stand der *Immissionsschutz* (Schutz vor Luftverunreinigungen, Lärm, Erschütterungen und nicht ionisierenden Strahlen)[20] stark im Vordergrund (Art. 11 ff. USG). Seither nehmen das *Stoff-, Abfall- und Bodenschutzrecht* (Art. 26, 30 ff. und 33 ff. USG) einen grösseren Raum ein. Zudem wurden neue Bestimmungen über *umweltgefährdende Organismen* (Art. 29a ff. USG), über die *Altlastensanierung* (Art. 32c ff. USG) und in beschränktem Umfang über *Lenkungsabgaben* (Art. 35a ff. USG) erlassen. 2.12

---

18 Dies gilt namentlich für die Pflicht zur Information und Beratung gemäss Art. 6 USG; vgl. BBl 1993 III 1452.

19 Bisher ist die Kodifizierung und Schaffung eines Allgemeinen Teils des Umweltrechts vor allem in Deutschland diskutiert worden; vgl. BREUER (Rz. 2.85), Rz. 55 f.

20 Siehe dazu näher Rz. 2.38 ff.

c) *Ausführendes Verordnungsrecht*

2.13 Der Umsetzung des Umweltschutzgesetzes dient ein weitverzweigtes Verordnungsrecht. Es zeichnet sich nicht nur durch einen ausserordentlichen Umfang, sondern auch durch hohe Technizität, Detailliertheit und ständigen Wandel aus. Die Übersicht wird immerhin durch eine einheitliche Methodik der Erlasse erleichtert. Zu den einzelnen Gebieten bestehen meist eine *Haupt-* und eine oder mehrere *Nebenverordnungen.* Ausserdem gliedern sich die Verordnungen regelmässig in einen Textteil und Anhänge, in denen sich die detaillierten technischen Normen finden.

2.14 Zur *ersten Orientierung über das Verordnungsrecht* sind nachstehend dessen *Haupterlasse* aufgeführt:
- Verordnung über die Umweltverträglichkeitsprüfung vom 19. Oktober 1988 (UVPV; SR 814.011);
- Verordnung über den Schutz vor Störfällen vom 27. Februar 1991 (StFV; SR 814.012);
- Verordnung über umweltgefährdende Stoffe vom 9. Juni 1986 (StoV; SR 814.013);
- Technische Verordnung über Abfälle vom 10. Dezember 1990 (TVA; SR 814.015);
- Verordnung über die Sanierung von belasteten Standorten vom 26. August 1998 (Altlasten-Verordnung, AltlV; SR 814.680);
- Verordnung über Belastungen des Bodens vom 1. Juli 1998 (VBBo; SR 814.12);
- Luftreinhalte-Verordnung vom 16. Dezember 1985 (LRV; SR 814.318.142.1);
- Lärmschutz-Verordnung vom 15. Dezember 1986 (LSV; SR 814.41).

3. Spezialgesetzliches Umweltrecht des Bundes

2.15 Die umweltrechtlichen Materien, die der Bund aufgrund besonderer Kompetenzbestimmungen bereits vor der Schaffung des Umweltschutzgesetzes geregelt hatte, fanden nicht in diesen Erlass Eingang, sondern behielten ihre *spezialgesetzliche Grundlage* und damit auch gewisse Eigenheiten bis heute bei. Dies trifft zu für den Natur- (Rz. 2.16) und den Gewässerschutz (Rz. 2.17), die Walderhaltung (Rz. 2.18) sowie den beim Bauen nicht weiter interessierenden Schutz vor ionisierenden Strahlen.

a) *Naturschutzrecht*

2.16 Die Belange des Naturschutzes sind vielschichtig und rechtlich nicht einheitlich geregelt[21]. Immerhin werden nach mehrfachen Revisionen nun wesentliche Teile vom *eidgenössischen Natur- und Heimatschutzgesetz (NHG)*[22] erfasst. Dieser Erlass widmet sich vor allem dem *Biotop-*

und dem *Artenschutz* einheimischer Tier- und Pflanzenarten, dem *Landschaftsschutz* dagegen nur bei der Erfüllung von Bundesaufgaben und mit Bezug auf Moorlandschaften von besonderer Schönheit und von nationaler Bedeutung[23]. Der Bewahrung der Artenvielfalt und der natürlichen Lebensräume dienen flankierend ebenfalls das *Jagdgesetz (JSG)*[24] und das *Fischereigesetz (BGF)*[25] des Bundes. Neben der Erhaltung der Arten bildet auch der Schutz der Tiere vor Leiden und Schäden durch unsachgerechte Haltung und Tierversuche Gegenstand der Bundesgesetzgebung[26].

b) Gewässerschutzrecht

Die Regelung des Gewässerschutzes steht im Schnittpunkt des Wasser- und des Umweltrechts. Das neue, 1991 erlassene *eidgenössische Gewässerschutzgesetz (GSchG)*[27] befasst sich nicht mehr nur mit der Reinhaltung der Gewässer, sondern ebenfalls mit der Sicherung angemessener Restwassermengen sowie mit der Verhinderung weiterer nachteiliger Einwirkungen auf die Gewässer[28]. 2.17

c) Waldrecht

In der Schweiz geniesst der Wald schon seit langem einen besonderen Schutz. Da das Waldrecht ökologische Ziele in den Vordergrund stellt, rechtfertigt es sich, es ebenfalls zum Umweltrecht zu zählen. Das *eidgenössische Waldgesetz (WaG)*[29] strebt nicht nur die flächenmässige Wald- 2.18

---

21 Das geltende Recht kennt keinen präzisen Begriff des Naturschutzes. In der Regel wird dazu der Tier- und Pflanzenschutz (Biotop- und Artenschutz) sowie der Landschaftsschutz gezählt; vgl. JOSEPH ROHRER, in: Kommentar NHG (Rz. 2.81), 1. Kapitel, Rz. 7 ff.

22 Bundesgesetz über den Natur- und Heimatschutz vom 1. Juli 1966 (SR 451).

23 Siehe dazu näher Rz. 2.55 ff.

24 Bundesgesetz über die Jagd und den Schutz wildlebender Säugetiere und Vögel vom 20. Juni 1986 (SR 922.0).

25 Bundesgesetz über die Fischerei vom 21. Juni 1991 (SR 923.0).

26 Massgebend sind das Tierschutzgesetz vom 9. März 1978 (TSchG; SR 455) und das Bundesgesetz über die Landwirtschaft vom 29. April 1998 (LWG; SR 910.1) sowie die dazugehörigen Verordnungen.

27 Bundesgesetz über den Schutz der Gewässer vom 24. Januar 1991 (SR 814.20).

28 Siehe dazu näher Rz. 2.58 f.

29 Bundesgesetz über den Wald vom 4. Oktober 1991 (SR 921.0).

erhaltung an, sondern bemüht sich durch Sicherstellung einer umweltgerechten Pflege und Nutzung vermehrt auch um einen qualitativen Schutz des Waldes[30].

4. Integriertes Umweltrecht des Bundes

2.19 Das Bundesrecht kennt ausserhalb der erwähnten spezifisch umweltrechtlichen Erlasse zahlreiche Vorschriften, die ebenfalls Zielen des Umweltschutzes dienen. Solche in andere Rechtsgebiete integrierte Umweltschutzbestimmungen finden sich im *Raumplanungs-, Verkehrs- und Energierecht,* vereinzelt aber auch im *Privat- und Strafrecht*[31].

5. Kantonales Umweltrecht

2.20 Die Funktionen des kantonalen Umweltrechts sind zwar beschränkt, aber keineswegs unbedeutend. Es dient einerseits dem *Vollzug des Bundesrechts,* enthält aber anderseits dort, wo der Bund seine Kompetenz nicht ausgeschöpft hat oder wo Teile des Umweltschutzes in der kantonalen Hoheit verblieben sind, auch *eigenständige, das Bundesrecht ergänzende Normen*[32]. Das Umweltrecht der Kantone ist zersplittert und findet sich in einer Vielzahl von Erlassen. Diese orientieren sich meist an der vom Bundesrecht vorgegebenen Gliederung des Stoffes[33].

2.21 *Kantonale Ausführungsvorschriften* sind nicht nur im Umweltschutzgesetz, sondern auch in anderen Bundesgesetzen vorgesehen. Im Vordergrund steht der Erlass organisations- und verfahrensrechtlicher Bestimmungen, beispielsweise über die Durchführung der Umweltverträglichkeitsprüfung[34]. Daneben steht den Kantonen vereinzelt auch die nä-

30 Siehe dazu näher Rz. 2.60 ff.

31 Eine Übersicht über die in anderen Rechtsbereichen enthaltenen umweltrelevanten Vorschriften des Bundes bieten VALLENDER/MORELL (Rz. 2.73), Rz. 47 f. und 57 ff.

32 Vgl. zu den vom Bundesrecht gesetzten Grenzen des kantonalen Umweltrechts Art. 65 USG; BGE 121 I 341 ff. E. 2; PETER SALADIN, Zur Aufgabenteilung zwischen Bund und Kantonen im Umweltschutzrecht, in: FS für Dietrich Schindler zum 65. Geburtstag, 1989, 759 ff.; *ders.,* Kantonales Umweltschutzrecht im Netz des Bundesrechts, URP 1993, 1 ff.

33 Die Vereinigung für Umweltrecht stellt im Internet ein nützliches Hilfsmittel zum Auffinden des kantonalen Rechts zur Verfügung (Adresse: www. VVR-ADE/44.htm).

34 Vgl. Art. 37 USG.

here Konkretisierung bundesrechtlicher Vorgaben zu, etwa bei der Umschreibung des Waldbegriffs oder bei der Einschränkung der Zugänglichkeit des Waldes für die Allgemeinheit[35].

Für *eigenständiges kantonales Umweltrecht* besteht im Bereich der vom Umweltschutzgesetz geregelten Materien gemäss Art. 65 USG nur wenig Raum. Zulässig sind beispielsweise Regelungen zur kurzfristigen Bekämpfung hoher Smog-Belastungen[36]. Dagegen liegt der *Landschaftsschutz* – soweit nicht Moorlandschaften von besonderer Schönheit und von nationaler Bedeutung betroffen sind – grundsätzlich in der Kompetenz der Kantone[37]. Ferner kommt auf kantonaler Ebene – namentlich im Bereich der Raumplanung – dem integrierten Umweltschutzrecht eine wichtige Funktion zu. 2.22

6. Internationales Umweltrecht

Die Notwendigkeit, Umweltprobleme vermehrt global anzugehen, steigert die Bedeutung des *internationalen Rechts*[38]. Angelpunkt des weltweiten Umweltschutzes bildet das Prinzip der nachhaltigen Entwicklung (sustainable development, développement durable)[39], das in mehreren im Rahmen der Vereinten Nationen («Erdgipfel von Rio» und Folgekonferenzen) verabschiedeten Übereinkommen und Absichtserklärungen konkretisiert wird. Neben diesen mulitilateralen Abkommen gewinnt das Umweltrecht in der Europäischen Union an Gewicht[40]. Schliesslich spielt der grenzüberschreitende Umweltschutz – im kleinräumigen Umfeld entlang der Staatsgrenzen – vermehrt eine Rolle[41]. 2.23

Die Zahl der *von der Schweiz ratifizierten umweltrechtlichen Übereinkommen* vergrössert sich ständig. Ihre Auswirkungen waren bisher ge- 2.24

35 Vgl. Art. 2 Abs. 4 und Art. 14 Abs. 2 WaG; vgl. dazu auch Rz. 2.62.

36 BGE 121 I 341 ff. E. 4–14.

37 Vgl. Art. 24^{sexies} Abs. 1 BV. Zur Bedeutung der Bundesinventars der Landschaften und Naturdenkmäler für den kantonalen Landschaftsschutz siehe LEIMBACHER (Rz. 2.81), 20 ff.

38 Gegenwärtig existieren rund 170 internationale Umweltübereinkommen; vgl. Umwelt in der Schweiz 1997 (Fn. 1), 327.

39 Siehe dazu näher Rz. 2.28 f.

40 Vgl. dazu die in Rz. 2.89 angeführten Werke.

41 Vgl. dazu HANSJÖRG PETER, Umweltschutz am Hochrhein. Rechtsfragen grenzüberschreitender Umweltbelastungen zwischen Deutschland und der Schweiz, 1987.

ring, da das nationale Recht deren Anforderungen meist ohne weiteres erfüllte und Anpassungen kaum notwendig waren. Mit dem weiteren Ausbau des internationalen Rechts dürfte sich dessen Einfluss jedoch vergrössern[42].

2.25 In der Schweiz stehen zur Zeit internationale Abkommen insbesondere zum Klimaschutz und zur Luftreinhaltung, zum Verkehr mit umweltgefährdenden Stoffen und Abfällen, zum Arten- und Biotopschutz sowie zum Gewässerschutz in Kraft[43]. Ihre Tragweite ist sehr unterschiedlich. Zu den wichtigsten neueren Abkommen zählen namentlich:

- das Übereinkommen der Vereinten Nationen über die Biologische Vielfalt vom 5. Mai 1992 (Biodiversitätskonvention; SR 0.451.43);
- das Übereinkommen der Vereinten Nationen über Klimaänderungen vom 9. Mai 1992 (Klimakonvention; SR 0.814.01);
- das Basler Übereinkommen über die Kontrolle der grenzüberschreitenden Verbringung gefährlicher Abfälle und ihrer Entsorgung vom 22. März 1989 (Basler Übereinkommen; SR 0.814.05);
- das Übereinkommen zum Schutz und zur Nutzung grenzüberschreitender Wasserläufe und internationaler Seen vom 17. März 1992 (SR 0.814.20);
- das Übereinkommen über die Umweltverträglichkeitsprüfung im grenzüberschreitenden Rahmen vom 25. Februar 1991.

III. Zentrale Fragenkreise beim Bauen

2.26 In fast allen Bereichen des Umweltrechts stösst man auf Vorschriften, die sich in irgendeiner Weise auf das Bauen auswirken. In der Praxis kommt jedoch einzelnen Gebieten sowie einer Reihe von allgemeinen Prinzipien eine vorrangige Bedeutung zu. Sie werden im Folgenden in ihren *Grundlinien* dargestellt.

---

42 Vgl. zu den künftigen Perspektiven die Studie: Schweizerische Umweltpolitik im internationalen Kontext, herausgegeben von Maren Jochimsen/Gebhard Kirchgässner, 1995.

43 Eine – allerdings nicht mehr den neuesten Stand wiedergebende – Liste der Übereinkommen findet sich bei VALLENDER/MORELL (Rz. 2.73), Rz. 20 ff.

1. Allgemeine Prinzipien des Umweltrechts

Als Antworten auf typische, in den verschiedenen Bereichen des Umweltrechts wiederkehrende Fragestellungen bilden die *allgemeinen Prinzipien des Umweltrechts* eine Klammer zwischen dessen vielfältigen Einzelmaterien. Entsprechend ihrer überdachenden Funktion besitzen sie grossenteils Verfassungsrang[44]. Daneben finden sie zunehmend auch eine Verankerung im internationalen Recht[45]. Die allgemeinen Grundsätze richten sich in erster Linie an den Gesetzgeber und dienen ferner als Auslegungshilfe bei der Konkretisierung unbestimmter Normen. Hingegen begründen sie keine unmittelbaren Rechtspflichten. Noch keine völlige Einheitlichkeit besteht zur Zeit bezüglich der Umschreibung und der Abgrenzung der einzelnen Prinzipien. Sie fügen sich jedenfalls nicht zu einem geschlossenen und widerspruchslosen System zusammen[46]. 2.27

a) Nachhaltigkeitsprinzip

Der Grundsatz der Nachhaltigkeit übernimmt die Funktion eines *umweltrechtlichen Generalprinzips:* Er verlangt, die natürliche Umwelt den künftigen Generationen dauerhaft zu erhalten[47]. Das Nachhaltigkeitsprinzip verdeutlicht im Grunde nur den Auftrag des Umweltschutzes und findet daher seine Rechtsgrundlage bereits in den entsprechenden Verfassungsartikeln[48]. Vom Nachhaltigkeitsprinzip ist das weitergefasste 2.28

---

44 In der neuen Bundesverfassung sollen das Nachhaltigkeits-, Vorsorge- und Verursacherprinzip ausdrücklich verankert werden; vgl. BBl 1997 I 127 f. und 247.

45 Dies gilt namentlich mit Bezug auf das Recht der Europäischen Union; vgl. Art. 130r Abs. 2 des Vertrags zur Gründung der Europäischen Gemeinschaft in der Fassung vom 7. Februar 1992 (EGV).

46 Die umweltrechtlichen Prinzipien sind im Vergleich zu den Planungsgrundsätzen von Art. 3 des Bundesgesetzes über die Raumplanung vom 22. Juni 1979 (RPG; SR 700) vielschichtiger und offener; vgl. HEPPERLE/LENDI (Rz. 2.74), 38.

47 Diese Forderung beruht auf zwei Elementen: einerseits auf dem Bewusstsein der Endlichkeit der natürlichen Ressourcen und anderseits auf dem Willen, diese Lebensgrundlagen künftigen Generationen zu erhalten.

48 In neueren Verfassungen und auch in internationalen Verträgen wird es jedoch meist noch besonders erwähnt; vgl. etwa Art. 31 der Verfassung des Kantons Bern vom 6. Juni 1993; Art. 2 Abs. 3 der neuen Bundesverfassung; Art. 2 EGV und Art. B des Vertrags über die Europäische Union vom 7. Februar 1992 (EUV) in der Fassung vom 2. Oktober 1997. Nach EPINEY/SCHEYLI (Rz. 2.78), 264 ff., zählt das Nachhaltigkeitsprinzip auch zum völkerrechtlichen Gewohnheitsrecht.

Konzept der nachhaltigen Entwicklung zu unterscheiden. Es schliesst neben den natürlichen die sozialen und ökonomischen Lebensgrundlagen ein und strebt eine Entwicklung an, die alle drei Bereiche langfristig in Einklang bringt[49].

2.29 Der Umsetzung des Nachhaltigkeitsprinzips dienen mehr oder weniger direkt alle Bestimmungen des Umweltrechts. In einzelnen Vorschriften kommt der Grundsatz besonders deutlich zum Ausdruck, so z.B. in Art. 33 USG (langfristige Erhaltung der Bodenfruchtbarkeit), Art. 20 Abs. 1 WaG (dauernde und uneingeschränkte Erhaltung der Funktionen des Waldes) und Art. 3 BGF (nachhaltige Nutzung der Fisch- und Krebsbestände).

b) Vorsorgeprinzip

2.30 Leitidee des Vorsorgeprinzips ist der *präventive, vorausschauende Umweltschutz:* Umweltbelastungen sind frühzeitig zu bekämpfen und auch dann so weit möglich zu vermeiden, wenn sie die kritische Schwelle der Schädlichkeit oder Lästigkeit nicht erreichen. Es soll eine Sicherheitsmarge geschaffen werden, die Ungewissheiten über längerfristige Wirkungen von Umweltbelastungen Rechnung trägt[50]. Die Pflicht zur Vorsorge ist auf Gesetzesstufe an mehreren Orten verankert[51], ergibt sich aber weitgehend bereits aus den Verfassungsgrundsätzen der Nachhaltigkeit und der Verhältnismässigkeit[52].

2.31 Das geltende Recht verwirklicht den Vorsorgegrundsatz in unterschiedlichen Formen. Beim Immissionsschutz richtet sich die zu treffende Vorsorge nach den technischen und betrieblichen Möglichkeiten sowie nach der wirtschaftlichen Tragbarkeit (Art. 11 Abs. 2 USG)[53]. Das Abfallrecht folgt einer quantitativen Betrachtungsweise und verlangt, die Menge der Abfälle möglichst gering zu halten (Art. 31 Abs. 1 USG). Im Gewässerschutz richtet sich die gebotene Vorsorge auch nach qualitativen Kriterien, indem überhaupt alle nachteiligen Einwirkungen auf die Gewässer zu vermeiden sind (Art. 3 GSchG). Ganz der Vorsorge sind die Vorschriften über den Katastrophenschutz verpflichtet, die für

---

49 Vgl. dazu näher EPINEY/SCHEYLI (Rz. 2.78), 248 ff. – Von diesem weiten Verständnis geht auch die Strategie «Nachhaltige Entwicklung in der Schweiz» des Bundesrates vom 9. April 1997, BBl 1997 III 1045 ff., aus.

50 BGE 124 II 232 E. 8a.

51 Vgl. Art. 1 Abs. 2 USG sowie die Hinweise in Rz. 2.31.

52 In der neuen Bundesverfassung soll das Vorsorgeprinzip in Art. 59 Abs. 2 ausdrücklich genannt werden. In der Europäischen Union hat es seit dem Vertrag von Maastricht eine Grundlage in Art. 130r Abs. 2 EGV.

53 Vgl. dazu aus der neuesten Rechtsprechung BGE 124 II 232 ff. E. 8.

Anlagen mit einem besonderen Gefahrenpotential gelten (Art. 10 USG). Daneben hat das Vorsorgeprinzip auch Eingang in das im weiteren Sinne umweltrelevante Recht gefunden, so insbesondere in das Raumplanungsrecht (vgl. Art. 1 und 3 RPG).

c) *Verursacherprinzip*

Mit der *Finanzierung der Umweltschutzmassnahmen* befasst sich das Verursacherprinzip: Wer Umweltbelastungen hervorruft, soll die Kosten für deren Begrenzung und Beseitigung tragen[54]. Die Regel bildet einen Anreiz zu umweltfreundlichem Verhalten und wird daher oft als logische Ergänzung zum Vorsorgeprinzip bezeichnet[55]. Das Verursacherprinzip gilt bisher als allgemeiner Grundsatz des Gesetzesrechts[56], doch soll ihm inskünftig Verfassungsrang zukommen[57]. Bei seiner praktischen Umsetzung besteht ein grosser Spielraum, da die angestrebte Internalisierung externer Kosten oft auf die Schwierigkeit stösst, entstandene Aufwendungen einzelnen Rechtssubjekten zuzuordnen, und da für die Durchführung verschiedene Wege (Erhebung von Abgaben, Verhaltensvorschriften, Haftungsbestimmungen und Zertifikatslösungen) in Betracht fallen. 2.32

Dem Verursacherprinzip wird in jüngster Zeit namentlich mit Mitteln des *Abgaberechts* vermehrt zum Durchbruch verholfen. Für die Kehrichtabfuhr und die Abwasserbeseitigung sind nach der seit dem 1. November 1997 geltenden Regelung verursachergerechte Gebühren und Beiträge zu erheben[58]. Ferner sind die Kosten von Ersatzvornahmen dem Verursacher zu überbinden[59]. Für nicht zu beseitigende Umwelteingriffe sieht das Bundesrecht teilweise die Bezahlung von Ersatzabgaben vor[60]. Daneben dienen zur Verwirk- 2.33

---

54 Vgl. Art. 2 USG. Im Gegensatz zum deutschen (vgl. BREUER [Rz. 2.85], 12 ff.) und europäischen Recht (vgl. FRENZ [Rz. 2.89], Rz. 162) wird in der Schweiz das Verursacherprinzip als reine Kostenzurechnungsregel und nicht auch als Grundsatz für die Auferlegung von Verhaltensvorschriften interpretiert; vgl. WAGNER (Rz. 2.78), 333 ff.

55 KOECHLIN (Rz. 2.78), 49 f. – Bei genauerer Betrachtung erscheint der Zusammenhang indessen vielschichtiger; vgl. PETITPIERRE-SAUVAIN (Rz. 2.78), 457 ff.

56 Art. 2 USG; Art. 3a GSchG, Art. 4 des Strahlenschutzgesetzes vom 22. März 1991 (StSG; SR 814.50). Das Verursacherprinzip gilt auch im Recht der EU; vgl. Art. 130r Abs. 2 EGV.

57 Vgl. Art. 59 Abs. 2 der von den eidgenössischen Räten verabschiedeten neuen Bundesverfassung.

58 Art. 32a USG und Art. 60a GSchG. Die Einführung des Verursacherprinzips war in diesem Bereich auch finanzpolitisch motiviert (vgl. BBl 1996 IV 1217 ff.).

59 Art. 59 USG; Art. 54 GSchG. Nach BGE 122 II 31 E. 4b müssen diese Bestimmungen im Lichte des Verursacherprinzips ausgelegt werden.

60 Vgl. Art. 8 WaG.

lichung des Verursacherprinzips auch *direkte Verhaltensvorschriften* wie die Pflicht zur Einhaltung von Grenzwerten oder zur Sanierung, wenn – was die Regel bildet – vorgesehen ist, dass die Kosten zu deren Einhaltung dem Anlagebetreiber anfallen[61].

d) Koordinationsprinzip

2.34 Der *Harmonisierung der verschiedenen Umweltbelange* dienen zwei zusammengehörige Prinzipien: In materieller Hinsicht sollen Umweltbelastungen gesamthaft beurteilt und Konflikte zwischen einzelnen Schutzanliegen durch eine Abwägung zum Ausgleich gebracht werden *(materielles Koordinationsprinzip)*[62]. Um diese gesamthafte Sicht zu ermöglichen, müssen in Fällen, in denen gleichzeitig mehrere umweltrelevante Verfahren durchzuführen sind, diese aufeinander abgestimmt werden *(formelles Koordinationsprinzip)*[63]. Die Pflicht zu einem alle Umweltaspekte einbeziehenden, ganzheitlichen und verfahrensmässig koordinierten Vorgehen ergibt sich in einigen Fällen aus dem Gesetzesrecht, doch wird ihr von der bundesgerichtlichen Rechtsprechung eine allgemeine Bedeutung und ein verfassungsrechtlicher Charakter beigemessen[64]. In seiner praktischen Tragweite erscheint das Koordinationsprinzip sehr unbestimmt, da sich die Harmonisierung der sehr unterschiedlichen umweltrelevanten Anliegen kaum in abstrakter Weise näher regeln lässt[65].

2.35 Die *materiell koordinierte* Beurteilung der Umweltbelange stellt das geltende Recht über das Erfordernis umfassender Interessenabwägungen sicher, so etwa bei der Gewährung von Erleichterungen im Lärmschutzrecht (Art. 25 Abs. 2 und 3 USG), beim Biotopschutz (Art. 18 Abs. 1ter NHG), bei der Erteilung von Rodungsbewilligungen (Art. 5 WaG) oder von raumplanungsrechtlichen Ausnahmebewilligungen (Art. 24 RPG)[66]. – Die *Koordi-*

---

61 Das geltende Recht kennt allerdings – namentlich bei Sanierungen – auch Ausnahmen vom Verursacherprinzip. Vgl. BGE 120 Ib 82 E. 3a.

62 Das Erfordernis der ganzheitlichen Beurteilung der Umweltaspekte bei Anlagen entspricht der in der EU neuerdings erhobenen Forderung eines sogenannten integrativen Umweltschutzes; vgl. Fn. 4.

63 Vgl. BGE 116 Ib 56 ff. E. 4. Siehe dazu näher Rz. 9.84 ff.

64 Vgl. insbes. BGE 117 Ib 39 f. E. 3e.

65 Vgl. KARLEN (Rz. 2.78), 152 f.

66 Eng verwandt mit dem Erfordernis der materiellen Koordination ist der in Art. 8 USG verankerte Grundsatz, dass Einwirkungen auf die Umwelt sowohl einzeln als auch gesamthaft und nach ihrem Zusammenwirken zu beurteilen sind (oft auch als Prinzip der ganzheitlichen Betrachtungsweise bezeichnet); vgl. VALLENDER/MORELL (Rz. 2.73), Rz. 17. Diese Regel ist vor allem beim Immissionsschutz von Bedeutung.

nation der Verfahren sehen Art. 5 und 21 f. UVPV bei Projekten vor, die einer Umweltverträglichkeitsprüfung unterliegen, und Art. 25a und 33 Abs. 4 RPG neu nun bei allen Baubewilligungen. Ausserdem soll inskünftig im Bereich der bundesrechtlichen Plangenehmigungsverfahren die Koordination verbessert werden[67].

e) Kooperationsprinzip

Im Blickfeld des Kooperationsprinzips steht der *Vollzug des Umweltschutzes:* Staatliche Stellen sollen bei der Umsetzung der umweltrechtlichen Ziele mit den gesellschaftlichen Kräften, insbesondere der Wirtschaft zusammenarbeiten[68]. Dieser Grundsatz widerspiegelt, dass der Auftrag des Umweltschutzes weiter reicht als die Handlungsmöglichkeiten eines freiheitlichen Rechtsstaats, die öffentliche Hand also bei dessen Wahrnehmung der Unterstützung des privaten Sektors bedarf. Bei der Ausgestaltung der Zusammenarbeit zwischen Behörden und Privaten besteht ein grosser Spielraum. 2.36

Das geltende Recht fördert die Kooperation zwischen Staat und Privaten durch eine Reihe von Mitteln. Dazu zählen die Information und Beratung der Öffentlichkeit in Umweltangelegenheiten (Art. 6 USG; Art. 25 NHG; Art. 50 GSchG; Art. 22a BGF; Art. 34 WaG), die Anhörung der interessierten Kreise (Art. 39 Abs. 3 USG), die Förderung von Branchenvereinbarungen und – soweit möglich – deren Übernahme in das staatliche Ausführungsrecht (Art. 41a Abs. 2 und 3 USG; Art. 12 Abs. 2 VBBo) sowie die Einführung von Umweltzeichen (Ökolabel) und Umweltmanagementsystemen (Öko-Audit; Art. 43a USG[69]). 2.37

2. Immissionsschutz

Den Vorschriften über den Immissionsschutz kommt beim Bauen eine herausragende Bedeutung zu. Ihr Gegenstand sind Luftverunreinigungen, Lärm, Erschütterungen und nicht ionisierende Strahlen[70]. Das Ge- 2.38

---

67 Vgl. Botschaft zu einem Bundesgesetz über die Koordination und Vereinfachung der Plangenehmigungsverfahren vom 25. Februar 1998, BBl 1998 2591 ff.

68 Vgl. Art. 41a Abs. 1 USG; Art. 12 Abs. 1 VBBo.

69 In der Schweiz fehlen dazu zur Zeit noch Ausführungsvorschriften. Wegweisend ist in diesem Bereich das EU-Recht mit der sogenannten EMAS-Richtlinie (Eco-Management and Audit Scheme) und der sogenannten Eco-Label-Verordnung. Vgl. zu diesen Erlassen und ihrer Bedeutung für die Schweiz: Öko-Audit und die Schweiz, herausgegeben von Astrid Epiney, 1997; OLAF KIENER, Kennzeichnung von Bioprodukten. Rechtliche Grundlagen in der EU und der Schweiz, 1998.

70 Dies sind beispielsweise Licht-, Laser-, Ultraviolett- und Infrarotstrahlen sowie Radar- und Mikrowellen, ferner auch elektrische und elektromagnetische Felder; vgl.

setz bezeichnet diese Einwirkungen (Immissionen im weiteren Sinn) allerdings nur am Ort ihres Eintreffens als *Immissionen*, bei ihrem Austritt aus einer Anlage dagegen als *Emissionen* (Art. 7 Abs. 2 USG). Die Immissionsbekämpfung erfolgt grundsätzlich nach einem einheitlichen Konzept (Rz. 2.39 ff.), das für die einzelnen Arten von Einwirkungen in den Details jedoch in unterschiedlicher Weise konkretisiert wird (Rz. 2.45 ff.).

a) Konzept des Immissionsschutzes

2.39 Das geltende Recht geht die Begrenzung der Immissionen aus einer *belastungsbezogenen* Perspektive an. Es sind alle Einwirkungen auf ein solches Mass zu reduzieren, dass sie weder schädlich noch lästig erscheinen (Art. 1 und 13 USG). Zur Bestimmung der zulässigen Belastungen dienen Grenzwerte (Art. 13, 19 und 23 USG), die in physikalischen und chemischen Masseinheiten festgelegt sind und dem Immissionsschutz einen *technischen* Anstrich verleihen. Das damit genau definierte Ziel der Immissionsbekämpfung lässt sich nicht in kurzer Frist erreichen. Es wird vielmehr ein *längerfristiger,* dafür aber *nachhaltiger Schutz* angestrebt[71].

2.40 Die rechtliche Ordnung des Immissionsschutzes erfordert zahlreiche Differenzierungen und erscheint notwendigerweise *kompliziert*[72]. Das Umweltschutzgesetz legt zunächst die *Hauptstrukturen* fest und nimmt anschliessend auf dieser Grundlage die nötigen *Verfeinerungen* vor. Als zentrale Instrumente sieht es einesteils die Emissions- und Immissionsbegrenzungen (Rz. 2.41 f.) vor und unterscheidet andernteils zwischen anlagebezogenen und sonstigen Regelungen (Rz. 2.43 f.).

2.41 Im Interesse eines frühzeitigen und möglichst wirksamen Schutzes vor unerwünschten Belastungen setzt Art. 11 Abs. 1 USG den Akzent auf die *Begrenzung der Emissionen:* Luftverunreinigungen, Lärm, Erschütterun-

---

BGE 117 Ib 32 E. 4a. Auf *ionisierende* Strahlen (Röntgenstrahlen und Strahlen radioaktiver Stoffe) findet dagegen nicht das Umweltschutz-, sondern das Strahlenschutzgesetz Anwendung; Art. 3 Abs. 2 USG.

71 Vgl. mit Bezug auf die Luftreinhaltung BGE 121 I 342 E. 4b.

72 So gilt es zu berücksichtigen, dass die Schädlichkeit oder Lästigkeit einer Einwirkung von ihrem Ort, ihrem Zeitpunkt, ihrer Dauer und ihrer Art abhängt. Ausserdem gibt es zu deren Begrenzung oft verschiedene Möglichkeiten, deren Zweckmässigkeit nur mit Blick auf die konkreten Umstände zu beurteilen ist.

gen und nicht ionisierende Strahlen sind grundsätzlich bei der *Quelle* zu bekämpfen. Das Mass der erforderlichen Begrenzung legt das Gesetz in differenzierter Weise fest:

- Unabhängig von der bestehenden Umweltbelastung (also auch bei Einhaltung der Grenzwerte) sind Emissionen so weit zu begrenzen, als dies technisch und betrieblich möglich sowie wirtschaftlich tragbar ist (*vorsorgliche Emissionsbegrenzung;* Art. 11 Abs. 2 USG).
- Steht eine Überschreitung der Immissionsgrenzwerte fest oder ist sie zu erwarten, sind weiterreichende Massnahmen anzuordnen (*verschärfte Emissionsbegrenzung;* Art. 11 Abs. 3 in Verbindung mit Art. 13 USG).
- Zur Vermeidung unerwünschter Härten können in gewissen Fällen[73] *Erleichterungen* gewährt werden (Art. 17 sowie 25 Abs. 2 und 3 USG).

Ergänzend zur Bekämpfung der Emissionen sieht das Gesetz zum Teil auch eine *Begrenzung der Immissionen* vor, also eine Reduktion der Belastungen am Ort ihres Eintreffens. Dies ist bezüglich der Bekämpfung des Lärms der Fall bei der Erstellung von neuen Gebäuden, die dem längeren Aufenthalt von Personen dienen (Art. 22 USG). Dagegen kommt im Bereich der Luftreinhaltung aus praktischen Gründen eine Begrenzung der Immissionen nicht in Frage[74]. 2.42

Die mehrgliedrige Ordnung der Emissions- und Immissionsbegrenzung bezieht sich in erster Linie auf den *anlagebezogenen Immissionsschutz*. Die dargestellten Regeln gelten grundsätzlich für Bauten, Verkehrswege und andere ortsfeste Einrichtungen sowie bei Terrainveränderungen (Art. 7 Abs. 7 in Verbindung mit Art. 11 ff. USG). Allerdings nimmt das Gesetz im Interesse des Bestandesschutzes zusätzliche Differenzierungen vor: 2.43

- Bei *Neuanlagen* finden die Emissions- und Immissionsbegrenzungen vollumfänglich Anwendung.
- Für *Altanlagen* bestehen besondere *Sanierungsvorschriften,* die bei der Emissionsbegrenzung Erleichterungen zulassen (Art. 16 und 17 USG). Immissionsbegrenzungen entfallen.

---

73 Vgl. Rz. 2.43 und 2.48 f.

74 Im Gegensatz zum Lärm lassen sich Luftbelastungen am Ort ihres Einwirkens kaum wirksam bekämpfen.

- Bei der *Änderung von Altanlagen* sind je nach deren Umfang die Regeln für Alt- oder Neuanlagen massgeblich.

2.44 Für den *nicht anlagebezogenen Immissionsschutz* genügen einfachere Regeln. Geräte, Maschinen, Fahrzeuge, aber auch Brenn- und Treibstoffe müssen zur Emissionsbegrenzung technische Normen einhalten (*produktebezogener* Immissionsschutz)[75]. Ferner werden an die Raumplanung gewisse immissionsschutzrechtliche Anforderungen gestellt (*planungsbezogener* Immissionsschutz)[76]. Schliesslich kennt das geltende Recht zur Immissionsbekämpfung allgemeine Verhaltensvorschriften, so namentlich bezüglich der Abfallverbrennung im Freien[77] (*allgemein handlungsbezogener* Immissionsschutz).

b) Luftreinhaltung

2.45 Für den Bereich der Lufthygiene wird das dargestellte allgemeine Konzept nur in wenigen Punkten näher konkretisiert. Die Luftreinhalte-Verordnung enthält zunächst umfangreiche Listen von *Grenzwerten für die vorsorgliche Emissionsbegrenzung* bei stationären Anlagen und Fahrzeugen[78]. Ferner legt sie für einzelne Schadstoffe *Immissionsgrenzwerte*[79] fest, bei deren Überschreitung verschärfte Emissionsbegrenzungen zu treffen sind. Verursachen mehrere Quellen eine übermässige Luftbelastung, hat die erforderliche Reduktion der Emissionen koordiniert aufgrund eines *Massnahmenplans* zu erfolgen[80]. Für *Baustellen* werden die gebotenen Emissionsbegrenzungen in besonderen Richtlinien umschrieben[81].

---

75 Art. 7 Abs. 7 USG stellt Geräte, Maschinen und Fahrzeuge insoweit den Anlagen gleich. Art. 12 Abs. 1 lit. e USG sieht Emissionsbegrenzungen für Brenn- und Treibstoffe vor.

76 Art. 23 f. USG; Art. 3 Abs. 3 lit. b und Abs. 4 lit. c RPG. Vgl. auch Rz. 2.50.

77 Art. 30c Abs. 2 USG und Art. 26a LRV.

78 Vgl. für stationäre Anlagen Art. 3 und 7 LRV sowie die Anhänge 1–4 der LRV, für Fahrzeuge Art. 17 LRV sowie die speziellen Verordnungen über die Abgasemissionen einzelner Fahrzeugtypen (publiziert in SR 741.435.1–4, 747.201.3 und 748.215.3).

79 Anhang 7 der LRV.

80 Art. 44a USG; Art. 31 ff. LRV. Vgl. zur Funktion des Massnahmenplans als Koordinationsinstrument BGE 118 Ib 34 f. E. 5d.

81 Ziff. 88 des Anhangs 2 der LRV verlangt neben der Verwendung emissionsarmer Maschinen und Geräte auch geeignete Betriebsabläufe, um die Luftverschmutzung möglichst gering zu halten. Zur Konkretisierung dieser Anforderung dienen Richtlinien des Bundesamts für Umwelt, Wald und Landschaft.

In der Praxis bietet vor allem die *Emissionsbegrenzung in übermässig belasteten Gebieten* Probleme. Die Rechtsprechung des Bundesgerichts geht davon aus, dass sich die verschärften Anordnungen gleichermassen für Alt- und Neuanlagen nach dem Massnahmenplan zu richten haben und lehnt insbesondere Baubeschränkungen ohne vorgängige Anpassung der Nutzungsplanung grundsätzlich ab[82]. Allerdings werden in einzelnen Fällen in Abweichung von dieser Regel bei Neuanlagen doch gewisse Emissionsbegrenzungen – namentlich Parkplatzreduktionen – unabhängig vom Massnahmenplan bzw. einer Nutzungsplanungsänderung verlangt[83]. 2.46

c) *Lärmschutz*

Der Gesetzgeber hat den Lärmschutz konzeptionell stärker entwickelt als die Luftreinhaltung. Als Massstab für die Bestimmung der zulässigen Lärmbelastungen dienen wie im Bereich der Lufthygiene Grenzwerte, die indessen feiner abgestuft werden. Neben den die Schwelle der Schädlich- oder Lästigkeit bezeichnenden *Immissionsgrenzwerten* kennt das Gesetz strengere – d.h. tiefer angesetzte – *Planungswerte* und weniger strenge – d.h. darüberliegende – *Alarmwerte*[84]. In allen drei Fällen werden die Grenzwerte für jede Lärmart (Strassenverkehrs-, Eisenbahn-, Industrie- und Gewerbe-, Schiesslärm und verschiedene Arten von Fluglärm) sowie für Tag und Nacht je gesondert festgelegt. Hinzu kommt eine weitere Unterteilung nach Empfindlichkeitsstufen, um örtlich verschiedenen Ruhebedürfnissen Rechnung zu tragen[85]. Der Erlass von Grenzwerten erscheint indessen mangels gesicherter Erkenntnisse nicht für alle Lärmarten möglich[86]. Wo sie fehlen, muss die zulässige Lärmbelastung im Einzelfall aufgrund der jeweiligen Verhältnisse ermittelt werden (Art. 40 Abs. 3 LSV). 2.47

Der *anlagebezogene Lärmschutz* bildet ein fein verästeltes System, dessen Grundstrukturen aus der nachstehenden Übersicht hervorgehen: 2.48

---

82 Vgl. BGE 119 Ib 489 E. 7a.

83 Vgl. BGE 124 II 279 f. E. 4a. – Siehe zur nicht sehr kohärenten Praxis des Bundesgerichts in diesem Punkt KARLEN (Rz. 2.78), 167 f. sowie LORETAN (Rz. 2.79), 419 f., der fordert, in Belastungsgebieten bei Neuanlagen immer auch einzelfallweise verschärfte Emissionsbegrenzungen anzuordnen. Vgl. auch Rz. 20.48 ff.

84 Art. 15, 19 und 23 USG.

85 Art. 2 Abs. 5 und 43 f. LSV sowie die Anhänge 3–8 der LSV.

86 Dies gilt etwa für den Lärm von Kinderspielplätzen oder einer Restaurant-Terrasse; vgl. BGE 123 II 333 f.; 123 II 83 f.

Massnahmen / Anlagentyp			**Neuanlagen** bzw. Änderung von Neuanlagen	**Wesentliche Änderung von Altanlagen**[87]	**Altanlagen** bzw. unwesentliche Änderung von Altanlagen
Emissions-begrenzung	vorsorgliche		Einhaltung der **Planungswerte**[88] (Art. 25 Abs. 1 USG; Art. 7 Abs. 1 lit. b LSV)	Begrenzung **im Rahmen der Vorsorge** (Art. 8 Abs. 1 und 13 Abs. 2 lit. a LSV)	
	verschärfte		weitere Begrenzung **im Rahmen der Vorsorge** (Art. 11 Abs. 2 USG; Art. 7 Abs. 1 lit. a LSV)	Einhaltung der **Immissionsgrenzwerte** der gesamten Anlage (Art. 8 Abs. 2 LSV)	Einhaltung der **Immissionsgrenzwerte** (Art. 13 Abs. 2 lit. b LSV)
	Erleich-terungen	1. Stufe[89]	Einhaltung der **Immissionsgrenzwerte** (Art. 25 Abs. 2 USG; Art. 7 Abs. 2 LSV)	Einhaltung der Immissionsgrenz- oder der Alarmwerte?	Einhaltung der Alarmwerte (Art. 17 USG; Art. 14 LSV)
		2. Stufe[90]	**Keine Grenzwerte** massgeblich; Kompensation durch Schallschutzmassnahmen auf Kosten des Anlageinhabers oder Eigentümers (Art. 20 und 25 Abs. 3 USG; siehe unten)		
Immissions-begrenzung für Gebäude mit lärmemp-findlichen Räumen	in lärmbelasteten Gebieten		Einhaltung der **Immissionsgrenzwerte** (Art. 22 USG; Art. 31 Abs. 1 LSV)		–
	Erleichterungen (1. Stufe)[89]		**Keine Grenzwerte** massgeblich; Kompensation durch Schallschutzmassnahmen auf Kosten des Eigentümers (Art. 31 Abs. 2 und 32 Abs. 2 LSV; siehe unten)		–
Schallschutz für Gebäude mit lärmemp-findlichen Räumen	gegen Aussen- und Innenlärm		**nach anerkannten Regeln der Baukunde** (SIA-Norm 181) (Art. 21 USG; Art. 32 Abs. 1 LSV)		–
	gegen Aussen-lärm	auf Kosten des Eigen-tümers	**Erhöhte Schalldämmung der Aussenbauteile** bei Erleichterungen (Art. 32 Abs. 2 LSV; siehe oben)		Einbau von **Schallschutzfenstern** oder ähnliche Mass-nahmen bei Erleichterungen (Art. 20 und 25 Abs. 3 USG; Art. 10, 11, 15 und 16 LSV; siehe oben)
		auf Kosten des Anla-geinhabers	–		

87 Wesentliche Änderungen von Altanlagen sind zu unterscheiden von *unwesentlichen* Änderungen (sie bleiben unbeachtlich; BGE 115 Ib 454 f. E. 4b), von *vollständigen* Änderungen (sie sind wie Neuanlagen zu behandeln; BGE 123 II 329; 121 II 399 f. E. 10b) und schliesslich von *sämtlichen Änderungen neuer Anlagen* (sie gelten als Neuanlagen; vgl. Art. 8 Abs. 4 LSV sowie zum massgeblichen Zeitpunkt BGE 123 II 330 ff. E. 4c/cc).

Die genauen Erfordernisse des Lärmschutzes ergeben sich aus umfangreichen *Detailregelungen,* bei deren Anwendung die zuständigen Behörden teilweise über beachtliche Ermessensspielräume verfügen. Ergänzend zur vorstehenden Übersicht ist noch auf folgende Punkte hinzuweisen: 2.49

- Als *Mittel zur Einhaltung der vorgeschriebenen Grenzwerte* kommen technische, bauliche und betriebliche Massnahmen in Betracht. Emissionen werden durch Verringerung der Lärmerzeugung oder durch Verhinderung der Lärmausbreitung (Schallschutz, Lärmschutzwände) begrenzt, Immissionen vor allem durch bauliche (Lärmschutzwälle) und gestalterische Vorkehrungen (Anordnung der lärmempfindlichen Räume)[91]. Dagegen bewirken der Einbau von Schallschutzfenstern und andere sogenannte passive Schallschutzmassnahmen lediglich eine Reduktion des Innenlärms bei geschlossenem Fenster, aber nicht eine solche der Immissionen[92].
- *Erleichterungen bei der Sanierung von Altanlagen* können nicht nur von der Einhaltung der Immissionsgrenzwerte (Art. 17 Abs. 2 USG) entbinden, sondern auch Verlängerungen der Sanierungsfristen zum Gegenstand haben[93].

Beim *nicht anlagebezogenen Lärmschutz* sind vor allem die Vorschriften über die Emissionsbegrenzungen bei *Fahrzeugen, Geräten und Maschinen* von Bedeutung[94]. Die Anforderungen an den Bauvorgang umschreiben besondere Richtlinien über die Begrenzung des Baulärms (sogenannte Baulärm-Richtlinien)[95]. Der Hervorhebung bedürfen 2.50

---

88 Die Unterscheidung zwischen *vorsorglichen* und *verschärften Emissionsbegrenzungen* spielt bei Neuanlagen keine Rolle. Es gilt hier die Sondernorm von Art. 25 USG, wonach neue Anlagen – vorbehältlich der Gewährung von Erleichterungen – die Planungswerte einhalten müssen. Allerdings schliesst diese Regel die Anordnung zusätzlicher vorsorglicher Emissionsbegrenzungen nicht aus; vgl. BGE vom 9. Oktober 1996 in: URP 1997, 37 E. 3b.

89 Sie gilt für Anlagen, an denen ein überwiegendes öffentliches, namentlich auch raumplanerisches Interesse besteht, und bei denen die Einhaltung der Planungs- bzw. Immissionsgrenzwerte eine unverhältnismässige Belastung zur Folge hätte (Art. 25 Abs. 2 USG; ähnlich Art. 17 USG und Art. 31 Abs. 2 LSV).

90 Sie findet Anwendung bei der Errichtung von Strassen, Flughäfen, Eisenbahnanlagen oder anderen öffentlichen oder konzessionierten Anlagen (Art. 20 und 25 Abs. 3 USG).

91 Bei Sanierungen ist in erster Linie die Lärmerzeugung zu verringern und erst, soweit dies nicht möglich ist, die Lärmausbreitung zu begrenzen; Art. 13 Abs. 3 LSV.

92 Vgl. BGE 122 II 39 f. E. 5c.

93 Die erforderlichen Sanierungen müssen jedoch bis im Jahre 2002 abgeschlossen sein (Art. 17 Abs. 2 in Verbindung mit Art. 50 LSV). Der Lärmschutz wird somit erst in diesem Zeitpunkt seine volle Wirkung entfalten.

94 Vgl. Art. 3 ff. LSV sowie Rz. 7.115.

95 Sie werden gemäss Art. 6 LSV vom Bundesamt für Umwelt, Wald und Landschaft erlassen, liegen aber zur Zeit erst im Entwurf vor.

ebenfalls die *planungsbezogenen Lärmschutznormen* von Art. 24 USG (Einhaltung der Planungswerte bei der Ausscheidung neuer Bauzonen) und von Art. 43 f. LSV (Zuordnung der Lärmempfindlichkeitsstufen zu den Nutzungszonen)[96].

d) Erschütterungsschutz

2.51 Die Konkretisierung des Erschütterungsschutzes bietet Schwierigkeiten. Bisher fehlen in diesem Bereich Ausführungsbestimmungen und Grenzwertfestsetzungen. Die Emissionen sind daher *einzelfallweise* direkt gestützt auf das Umweltschutzgesetz zu begrenzen (Art. 12 Abs. 2 USG). Die Praxis greift dabei auf Richtlinien privater Normenwerke bzw. im Bereich des Eisenbahnbaus auf die vom Bundesamt für Verkehr verabschiedete Weisung Nr. 4 zu den Themen Lärmschutz und Erschütterungen vom 25. Februar 1992 zurück[97].

e) Schutz vor nicht ionisierenden Strahlen

2.52 Ebensowenig wie zum Erschütterungsschutz liegen zur Zeit Ausführungsbestimmungen zur Begrenzung nicht ionisierender Strahlen vor[98]. Auch in diesem Bereich sind die erforderlichen Massnahmen *im Einzelfall* festzulegen. Nicht ionisierende Strahlen gehen namentlich von elektrischen Geräten, Stromleitungen und Sendeanlagen aus (sogenannter Elektrosmog). Die Rechtsprechung zieht zur Beurteilung dieser Belastungen die Richtlinien der Internationalen Strahlenschutzvereinigung heran[99].

3. Bodenschutz

2.53 Das Anliegen, die Bodenfruchtbarkeit langfristig zu erhalten, hat mit der 1995 erfolgten Revision des Umweltschutzgesetzes an Gewicht gewonnen. So sind Massnahmen nicht mehr nur gegen chemische und biologische, sondern neu auch gegen physikalische Bodenbelastungen (Verdich-

96 Vgl. dazu im Einzelnen NEFF (Rz. 2.79), 123 ff.; KARLEN (Rz. 2.78), 160 ff.

97 Vgl. BGE 121 II 406 ff. E. 15.

98 Eine Verordnung zum Schutz vor nicht ionisierenden Strahlen ist in Vorbereitung; vgl. Umwelt in der Schweiz 1997 (Fn. 1), 187.

99 BGE 124 II 230 f. E. 7b; 117 Ib 32 f. E. 4b.

tung und Erosion) vorgesehen[100]. Der Schutz erfolgt anhand eines *mehrgliedrigen Konzepts,* das auf drei Arten von Grenzwerten (Richt-, Prüf- und Sanierungswerten) aufbaut[101].

Die *Auswirkungen des Bodenschutzes auf die Bautätigkeit* sind eher gering: So finden dessen Bestimmungen auf bereits versiegelte Böden keine Anwendung (Art. 7 Abs. 4bis USG), und zudem gilt die bauliche Nutzung nicht als physikalische Bodenbelastung (Art. 33 Abs. 2 USG). Hingegen wird zur Begrenzung von physikalischen Bodenbelastungen der Einsatz schwerer Baumaschinen gewissen Beschränkungen unterworfen[102]. Beim Aushub von Erde muss deren Fruchtbarkeit erhalten werden[102a]. Ferner sind beim Auftreten übermässiger Bodenbelastungen allenfalls auch die Emissionsbegrenzungen bei Bauten und Anlagen zu verschärfen und soweit erforderlich Nutzungsbeschränkungen anzuordnen (Art. 34 Abs. 1 und 2 USG). 2.54

4. Naturschutz

Konflikte zwischen der Bautätigkeit und Anliegen des Naturschutzes sind häufiger geworden. Der Grund liegt in den vermehrten Nutzungsbeschränkungen, die sich aus der *Zunahme von Schutzobjekten* und den *strengeren Schutzmassnahmen* ergeben. 2.55

Das Naturschutzrecht weist eine weitverzweigte und vielfältige Gestalt auf. Der beim Bauen hauptsächlich interessierende *Biotop- und Landschaftsschutz* ist nach folgenden Grundsätzen konzipiert: 2.56

- Die *Zuständigkeit* von Bund, Kantonen und Gemeinden richtet sich nach der nationalen, regionalen oder lokalen Bedeutung des fraglichen Schutzobjekts[103]. Beim Landschaftsschutz wird von dieser Regel allerdings teilweise abgewichen, da der Bund hier nur über eine beschränkte Kompetenz verfügt[104].

---

100 Art. 33 USG und Art. 6 ff. VBBo.

101 Art. 5 und 8 ff. VBBo.

102 Art. 6 VBBo. Zur Konkretisierung dieser Bestimmung ist der Erlass von Richtlinien vorgesehen; vgl. ZÄCH (Rz. 2.80), 505.

102a Art. 7 VBBo.

103 Vgl. Art. 18a und 18b NHG sowie im Kanton Zürich § 211 des Gesetzes über die Raumplanung und das öffentliche Baurecht vom 7. September 1975 (PBG; LS 700.1).

104 Vgl. Rz. 2.16 und 2.22 sowie im Einzelnen JEAN-BAPTISTE ZUFFEREY, Kommentar NHG (Rz. 2.81), 2. Kapitel, Rz. 36 ff.

- Die Umsetzung des Naturschutzes erfolgt meist in *planungs- und baurechtlichen Verfahren.* Der zunächst stattfindenden Inventarisierung der Schutzobjekte kommt häufig noch keine Verbindlichkeit für die Grundeigentümer zu. Diese Wirkung hat erst die in einem zweiten Schritt festzusetzende Planungsmassnahme oder Unterschutzstellung[105].
- Die *inhaltliche Reichweite* des Naturschutzes bestimmt sich aufgrund einer Interessenabwägung. Naturschutzanliegen kommt dabei kein prinzipieller Vorrang vor anderen Interessen zu[106].

2.57 Auf *Bundesebene* haben die Naturschutzmassnahmen inzwischen einen beachtlichen Umfang angenommen. Zur Zeit liegen *Bundesinventare* vor von
- den Landschaften und Naturdenkmälern (BLN) mit 152 Objekten,
- den schützenswerten Ortsbildern (ISOS) mit 1041 Objekten,
- den Auengebieten mit 169 Objekten,
- den Hoch- und Übergangsmooren mit 514 Objekten,
- den Flachmooren mit 1092 Objekten und
- den Moorlandschaften mit 88 Objekten[107].

Die Anliegen des Landschaftsschutzes konkretisiert das vom Bundesrat anfangs 1998 verabschiedete *Landschaftskonzept Schweiz (LKS).*

5. Gewässerschutz

2.58 Die Anforderungen des Gewässerschutzes an das Bauen haben sich in der jüngsten Zeit laufend verschärft und sind wegen ihrer Detailliertheit nicht immer einfach zu überblicken. Die gesetzliche Ordnung verfolgt *mehrere Ziele.* Sie dient dem Schutz der Gesundheit von Menschen, Tieren und Pflanzen, der Sicherstellung der Wasserversorgung sowie der

105 Vgl. BGE 118 Ib 489 f. E. 3c sowie Rz. 7.24 f. Eine unmittelbare Wirksamkeit misst die Rechtsprechung dagegen der Verfassungsbestimmung über den Moorschutz zu; BGE 118 Ib 15 E. 2e; vgl. auch WALDMANN (Rz. 2.81), 70 ff.

106 Art. 3, 18 Abs. 1ter und Art. 22 Abs. 2 NHG. Ein besonderes Gewicht kann, gestützt auf den Verfassungsauftrag von Art. 24^{sexies} Abs. 5 BV, allerdings der Schutz der Moore und Moorlandschaften von besonderer Schönheit und von nationaler Bedeutung beanspruchen. Vgl. BGE 123 II 251 E. 3a, wo sogar ein absoluter Schutz in Bezug auf Veränderungen angenommen wird. Diese Verabsolutierung erscheint problematisch; vgl. KARLEN (Rz. 2.78), 155 f.

107 Vgl. Umwelt in der Schweiz 1997 (Fn. 1), 318, mit Hinweisen auf weitere, in Vorbereitung befindliche Bundesinventare über historische Verkehrswege (IVS) und Amphibienlaichgebiete.

Erhaltung der Gewässer als Lebensräume von Tieren und Pflanzen, Fischereigründe, Landschaftselemente und Erholungsgebiete (Art. 1 GSchG).

Die *Durchführung des Gewässerschutzes* gliedert sich in *drei Bereiche.* Der wichtigste und umfangreichste widmet sich der Reinhaltung der Gewässer *(qualitativer Gewässerschutz).* Das Gesetz untersagt grundsätzlich das Einleiten, Einbringen und Versickernlassen von Stoffen, die Wasser verunreinigen können (Art. 6 GSchG). Zentrales Instrument zur Umsetzung dieses Gebots bildet die Anschlusspflicht an die öffentliche Kanalisation für alle Neu- und Umbauten[108]. Der Anschluss ist Erschliessungsvoraussetzung und damit Erfordernis für die Erteilung der Baubewilligung[109]. Die Sicherstellung einer guten Wasserqualität erfolgt daneben auch mit planerischen Mitteln, die das Bauen in gefährdeten Bereichen einschränken[110]. Ausserdem bestehen zu diesem Zweck strenge Vorschriften über den Umgang mit wassergefährdenden Flüssigkeiten (Art. 22 ff. GSchG und dazugehörige Ausführungsverordnungen). Nur bei besonderen Bauvorhaben bedeutungsvoll sind die beiden anderen Teile des Gewässerschutzes, die Sicherung angemessener Restwassermengen *(quantitativer Gewässerschutz;* Art. 29 ff. GSchG) und der *übrige Gewässerschutz* (Verhinderung anderer nachteiliger Einwirkungen auf Gewässer, etwa durch Verbauungen, Korrektionen, Eindolung und ähnliche Eingriffe; Art. 37 ff. GSchG sowie Rz. 7.36 ff.). 2.59

6. Walderhaltung

Das Waldareal bleibt der Bautätigkeit grundsätzlich entzogen. Das geltende Recht bezweckt die Erhaltung des Bestands des Waldes *(quantitative Walderhaltung)* und den Schutz seiner Funktionen *(qualitative Walderhaltung).* Zu den letzteren zählen der Schutz vor Naturgefahren 2.60

---

108 Art. 11 ff. GSchG und Art. 15 der Allgemeinen Gewässerschutzverordnung vom 19. Juni 1972 (AGSchV; SR 814.201). Siehe auch Rz. 7.32. – Heute wird bereits das Abwasser von 94% der Bevölkerung einer Kläranlage zugeführt; vgl. Umwelt in der Schweiz 1997 (Fn. 1), 57.

109 Art. 17 GSchG. Siehe dazu näher Rz. 6.25 f.

110 Art. 19 ff. GSchG sieht die Ausscheidung von Gewässerschutzbereichen, Grundwasserschutzzonen und Grundwasserschutzarealen vor. Siehe zu deren Wirkungen im Einzelnen JANSEN (Rz. 2.82), 347 ff.

(Schutzfunktion), der Dienst als Lebensraum für Tiere und Pflanzen und Erholungsraum für die Menschen (Wohlfahrtsfunktion) sowie die Holzproduktion (Nutzfunktion)[111].

2.61 Zur Erreichung dieser Ziele klammert das Bundesrecht den Wald grundsätzlich von der kantonalen Nutzungsplanung aus und unterwirft ihn einem besonderen Regime[112]. So bestimmt sich die *räumliche Ausdehnung des Waldgebiets* nicht nach planerischen Erwägungen, sondern allein nach besonderen, naturwissenschaftlich geprägten Kriterien (Rz. 2.62)[113]. Zudem zeichnet das Bundesrecht die *erlaubten Waldnutzungen* weitgehend vor, indem es die Zulässigkeit von Rodungen abschliessend regelt (Rz. 2.63) und Vorschriften über die Bewirtschaftung (Art. 20 ff. WaG), das Betreten und Befahren (Art. 14 f. WaG) und andere nachteilige Nutzungen aufstellt (Art. 16 WaG). Die Kantone haben lediglich die Möglichkeit, diese Grundordnung weiter zu konkretisieren (z.B. durch Ausscheidung von Zonen unterschiedlicher Bewirtschaftungsformen oder von Waldreservaten)[114].

2.62 Der *Waldbegriff* des schweizerischen Rechts vereinigt mehrere Elemente: Eine Fläche gilt dann als Wald, wenn Waldbäume oder -sträucher vorhanden sind (*Art* der Bestokkung)[115], ihr Bestand eine gewisse Fläche, Breite und ein bestimmtes Alter aufweist (*Grösse und Alter* der Bestockung)[116] und sie Waldfunktionen erfüllen können (*Wirkung* der Bestockung)[117]. Dieser Umschreibung wohnt eine *dynamische Komponente* inne, da sie zu einer Ausdehnung der geschützten Waldfläche führt, wenn das Wachstum neuer Bestockungen nicht rechtzeitig verhindert wird. Allerdings schränkt Art. 13 WaG diese Folge im Bereich der Bauzonen ein: Hier werden im Interesse der Rechtssicherheit die

111 Art. 1 und 20 WaG.

112 Art. 18 Abs. 3 RPG.

113 BGE 124 II 89 E. 3e; 122 II 279 E. 2b.

114 Dabei können sie auch die Mittel der Nutzungsplanung verwenden; JAISSLE (Rz. 2.83), 229 ff.

115 Vgl. Art. 2 Abs. 1 (Grundsatz) und Abs. 3 (Einschränkungen) WaG. Aus der neuesten Praxis vgl. BGE 124 II 171 ff. E. 7 und 8 (Begriff des Waldbaums); 124 II 87 f. E. 3c (beschränkte Bedeutung der Bodenverhältnisse) und 90 ff. E. 4 (Begriff der Grünanlage).

116 Vgl. Art. 2 Abs. 4 WaG; Art. 1 WaV und das ausführende kantonale Recht. Diese quantitativen Kriterien haben jedoch nicht das gleiche Gewicht wie die qualitativen und müssen in gewissen Fällen hinter den Letzteren zurücktreten; BGE 124 II 170 E. 2c; 122 II 80 f. E. 3b/bb.

117 Art. 2 Abs. 1 WaG; BGE 124 II 88 f. E. 3d.

Waldgrenzen im Zonenplan verbindlich festgelegt[118], so dass neue Bestockungen ausserhalb dieser Grenzen nicht mehr als Wald gelten[119].

Das grundsätzliche *Rodungsverbot* setzt der baulichen Nutzung des Waldes enge Grenzen. Eine *Rodungsbewilligung* kann nur ausnahmsweise für standortgebundene Werke erteilt werden, für deren Verwirklichung wichtige Gründe bestehen, die das Interesse der Walderhaltung überwiegen[120]. Nicht als Rodung gilt nach Art. 4 lit. a WaV die Beanspruchung von Waldboden für forstliche Bauten und Anlagen (z.B. einen Forstwerkhof[121]) sowie für nichtforstliche Kleinbauten und Anlagen (z.B. eine Feuerstelle). 2.63

7. Abfallentsorgung, insbesondere Altlastensanierung

Der Wandel, den das Abfallrecht zur Zeit durchläuft, berührt die Bautätigkeit in zentralen Punkten. Die *Anforderungen an die Beseitigung der Abfälle* sind seit der Revision des Umweltschutzgesetzes von 1995 noch strenger als früher (Rz. 2.65 f.). Besondere Aktualität kommt der Pflicht zur *Sanierung von Altlasten* zu (Rz. 2.67 ff.). 2.64

a) Anforderungen an die Abfallentsorgung

Ein *weiter Abfallbegriff* [122] und eine *strenge Prioritätenordnung* kennzeichnen das neue Entsorgungsrecht. Nach der Letzteren gelten für den Umgang mit Abfällen folgende Grundsätze: In erster Linie sind Abfälle soweit möglich zu *vermeiden* (Art. 30 Abs. 1 USG). Soweit dies nicht gelingt, müssen sie – wiederum soweit möglich – *verwertet* werden (Art. 30 Abs. 2 USG), z.B. durch Wiederverwendung von Glasflaschen oder durch Recycling von Aludosen. Kommt auch dies nicht in Betracht, 2.65

---

118 Die Eintragung im Zonenplan erfolgt aufgrund eines vorgängig durchgeführten *Waldfeststellungsverfahrens* durch die Forstbehörden; vgl. Art. 10 Abs. 2 und Art. 13 Abs. 1 WaG.

119 Siehe zur damit verwirklichten beschränkten Abstimmung des Waldrechts und der Nutzungsplanung PETER KARLEN, Neue Entwicklungen in der Nutzungsplanung im Spiegel der Rechtsprechung des Bundesgerichts, AJP 1997, 252 f.

120 Das Werk muss ferner die Voraussetzungen der Raumplanung sachlich erfüllen und darf nicht zu einer erheblichen Gefährdung der Umwelt führen; vgl. Art. 5 WaG und aus der neueren Rechtsprechung insbes. BGE 119 Ib 397 ff.

121 Doch ist auch eine solche Baute nur bei Beachtung strenger Anforderungen zulässig; vgl. BGE 123 II 502 ff. E. 2 und 3.

122 Art. 7 Abs. 6 USG; BGE 123 II 362 ff. E. 3 und 4 (Textilien und Schuhe, die zum Recycling in einen Container geworfen werden, gelten als Abfall).

so sind die brennbaren Abfälle in einer dazu geeigneten Anlage zu *verbrennen* (Art. 30c USG). Erst als letzte Möglichkeit ist die *Ablagerung* der Abfälle vorgesehen. Diese darf dabei nur auf für die jeweilige Abfallart bestimmten Deponien (Inertstoff-, Reststoff- oder Reaktordeponien) geschehen[123]. Eine kantonale Abfallplanung dient der Bereitstellung der erforderlichen Anlagen und Deponien[124]. Ergänzt wird die Ordnung durch den Grundsatz, dass die Abfälle soweit möglich und sinnvoll *im Inland* beseitigt werden müssen (Art. 30 Abs. 3 USG). Als Anreiz zur Abfallvermeidung sind die Kosten der Abfallentsorgung vollumfänglich den *Verursachern* zu überbinden[125].

2.66 Die Durchführung dieser Grundsätze beeinflusst das Bauen in verschiedener Hinsicht: Für die Erstellung von *Abfallanlagen* gelten besondere planerische, technische und organisatorische Vorschriften[126]. Für *alle neuen Bauten* muss die Entsorgung gemäss der genannten Prioritätenordnung der Abfälle gewährleistet sein[127]. Ferner bestehen besondere Vorschriften für die *Entsorgung von Bauabfällen*[128].

b) Altlastensanierung

2.67 Die Ablagerung von Abfällen kann auch bei Einhaltung der Vorschriften später einmal zu Gefährdungen oder Schädigungen der Umwelt führen. Die Sanierung solcher mit Abfällen belasteter Standorte (Altlastensanierung)[129] wirft eine Reihe komplexer Rechtsfragen auf, die im Umweltschutzgesetz und in der Altlasten-Verordnung nur teilweise näher geregelt werden[130].

---

123 Art. 30e USG und Art. 21 ff. TVA.

124 Art. 31 USG und Art. 17 TVA; vgl. dazu auch BGE 121 II 433 ff. E. 6b sowie FLÜCKIGER (Rz. 2.84), 175 ff.

125 Art. 32a USG, wo nur von den Siedlungsabfällen die Rede ist, da die Entsorgung der übrigen Abfälle ohnehin den jeweiligen Inhabern obliegt und damit auf ihre Kosten erfolgt (Art. 31c USG).

126 Art. 30e, 30h und 31 USG; Art. 16 ff. TVA. Vgl. Rz. 21.141 ff.

127 Vgl. Rz. 6.32, 7.104.

128 Art. 9 (Abfalltrennung auf der Baustelle) und 11 sowie 32 Abs. 2 lit. f. TVA (Priorität der Verbrennung von Bauabfällen vor deren Ablagerung auf Deponien). Siehe auch Rz. 7.116.

129 Sie wird – in Gegenüberstellung zur umweltrechtlichen Vorsorge – auch als Nachsorge bezeichnet.

130 Art. 32c ff. USG und Art. 1 ff. AltlV. Vgl. auch Rz. 7.111 ff.

Eine erste Schwierigkeit betrifft die *Ermittlung der sanierungsbedürftigen Standorte.* Sie erfolgt in zwei Schritten und findet ihren Niederschlag in einer gegenüber der Alltagssprache verfeinerten Terminologie. Am Anfang steht die Bestimmung der Orte, die aufgrund von Ablagerungen (Deponien), Betrieben oder Unfällen mit Abfällen belastet sind. Diese sogenannten *belasteteten Standorte*[131] haben die Kantone in einem Kataster zu erfassen[132]. Nur jene Standorte, die sich aufgrund der anschliessenden Voruntersuchung als sanierungsbedürftig erweisen, stellen *Altlasten* dar[133]. Nach Schätzungen ist in der Schweiz zur Zeit mit 3000 bis 4000 Altlasten zu rechnen[134]. 2.68

Auch die *Durchführung der Sanierung* umfasst regelmässig mehrere Schritte. Gestützt auf eine Detailuntersuchung ist ein *Sanierungsprojekt* auszuarbeiten[135]. Auf dessen Grundlage befindet die zuständige Behörde über die abschliessenden Ziele der Sanierung sowie die durchzuführenden Massnahmen und trifft – soweit erforderlich – eine Verfügung über die Kostenverteilung[136]. Ob eine Pflicht zur Altlastensanierung besteht, wird grundsätzlich unabhängig von einem Bauprojekt geprüft. Umgekehrt dürfen aber *Baubewilligungen an belasteten Standorten* nicht ohne 2.69

---

131 Art. 2 Abs. 1 AltlV. Bodenbelastungen, die nicht auf Abfälle, sondern auf die vorschriftskonforme Verwendung umweltgefährdender Stoffe zurückgehen (z.B. Einsatz von Dünger in der Landwirtschaft), fallen nicht in den Bereich der Altlasten-Verordnung; vgl. WENGER (Rz. 2.84), 728.

132 Art. 5 AltlV. Die Aufnahme eines Grundstücks in den diesen Kataster besagt nichts über das Bestehen und den Umfang einer Sanierungspflicht aus. Umgekehrt kann aus der Nichtaufnahme eines Grundstücks in den Kataster nicht zwingend abgeleitet werden, dass sich darauf keine Altlasten befinden.

133 Art. 2 Abs. 3 AltlV. Der Feststellung des Sanierungsbedarfs dienen sogenannte *Konzentrationswerte;* neben sanierungsbedürftigen Altlasten kennt das neue Recht – als mindere Form – auch bloss überwachungsbedürftige belastete Standorte; vgl. Art. 8 ff. AltlV.

134 Umwelt in der Schweiz 1997 (Fn. 1), 153.

135 Vgl. Art. 14 ff., 17 AltlV.

136 Art. 18 AltlV, Art. 32d Abs. 3 USG. – In der Schweiz sollen für die Sanierung der Altlasten in den nächsten 25–30 Jahren rund 5 Milliarden Franken (!) benötigt werden; Umwelt in der Schweiz 1997 (Fn. 1), 153. Die Finanzierung der Sanierung obliegt in erster Linie dem Verursacher der Altlasten, unter gewissen Umständen auch dem Inhaber des Standorts (Art. 32d Abs. 1 USG). In vielen Fällen wird für die Kosten jedoch das Gemeinwesen aufkommen müssen, das dafür von den Deponiebetreibern und Abfallexporteuren besondere Abgaben erheben kann (Art. 32e USG).

vorgängige Klärung der Altlastenproblematik erteilt werden. Eine gleichzeitige Sanierung zusammen mit der Verwirklichung des Bauvorhabens ist indessen nur erforderlich, wenn Letzteres eine spätere Sanierung wesentlich erschwert[137].

8. Verfahrensfragen

2.70 Die umfangreichen Umweltvorschriften führen tendenziell zu komplizierten und länger dauernden Verfahren und damit nicht selten zur Verteuerung von Bauprojekten. Gleichwohl wird der Rechtsschutz – namentlich von den Gegnern eines Vorhabens – oft als ungenügend empfunden. Beides hängt damit zusammen, dass sich der Vollzug des Umweltrechts weitgehend nach der *allgemeinen Verfahrensordnung* richtet und diese nicht immer die wünschbare Effizienz und Flexibilität ermöglicht. Immerhin bestehen für umweltrechtliche Verfahren verschiedene Sonderregeln. Dazu zählen die Vorschriften über die Umweltverträglichkeitsprüfung[138], die Verfahrenskoordination[139], das Beschwerderecht von Umweltschutzorganisationen, Bundesbehörden, Kantonen und Gemeinden[140] und über einige weitere, in Spezialgesetzen geregelte Punkte[141]. Daneben hat sich zu einzelnen allgemeinen Verfahrensfragen wie der Legitimation, Kognition und Umschreibung des Streitgegenstands teilweise eine spezifische Praxis bei der Behandlung umweltrechtlicher Sachverhalte herausgebildet[142].

2.71 Besondere Bedeutung kommt der Verfahrensgestaltung bei *komplexen Projekten* zu. Die erforderliche gesamtheitliche Beurteilung der Umweltbelange verlangt hier zwar eine – oft zeitaufwendige – Koordination der verschiedenen zu durchlaufenden Verfahren. Doch erlaubt es die Rechtsprechung, durch eine entsprechende Aufteilung eines Projekts das Verfahren zu gliedern. So lässt sie unter gewissen Voraussetzungen einerseits *Projektetappierungen* (Unterteilung in mehrere Teilstücke)[143] und anderseits die Verweisung

137 Art. 3 lit. b AltlV. Vgl. auch BGE 121 II 415 E. 17c/aa.
138 Vgl. Rz. 9.77 ff.
139 Vgl. Rz. 2.34 ff., 9.84 ff. und 10.28 f.
140 Vgl. Rz. 10.75 ff. und 10.96 f.
141 Vgl. z.B. die Begutachtungspflicht gemäss Art. 7 NHG.
142 Vgl. Rz. 10.41 ff.
143 BGE 121 II 388 ff. E. 4 und 5 (betreffend Abschnittsbildung bei einer Neubaustrecke der BAHN 2000).

untergeordneter Punkte in *nachlaufende Bewilligungsverfahren*[144] zu. Wichtig erscheint es ferner, mögliche *Alternativstandorte* für ein Vorhaben frühzeitig zu prüfen und die rechtlich gebotenen Evaluationen vorzunehmen[145].

IV. Literatur und Judikatur

Zu den meisten Fragen des Umweltrechts besteht heute eine reichhaltige Literatur, und zu vielen Belangen liegen auch höchstrichterliche Entscheide vor. Allerdings fällt wegen der raschen Rechtsentwicklung die Orientierung oft nicht leicht. Ergänzend zur nachstehenden – notwendigerweise unvollständigen – Übersicht ist daher die Konsultation der fortlaufenden Informationen des Bundesamts für Umwelt, Wald und Landschaft (BUWAL)[146] oder der Vereinigung für Umweltrecht (VUR)[147] zu empfehlen. 2.72

1. Gesamtdarstellungen

Lehrbuch zum gesamten Umweltrecht 2.73

VALLENDER KLAUS A./MORELL RETO, Umweltrecht, 1997.

Lehrbücher zum Verwaltungs-, Planungs- und Baurecht, die das Umweltrecht mitbehandeln 2.74

JAAG TOBIAS/MÜLLER GEORG/SALADIN PETER/ZIMMERLI ULRICH, Ausgewählte Gebiete des Bundesverwaltungsrechts, 2. Aufl. 1997; HEPPERLE ERWIN/LENDI MARTIN, Leben, Raum, Umwelt. Recht und Rechtspraxis, 1993; MICHEL NICOLAS, Droit public de la construction, 1996; SCHÜRMANN LEO/HÄNNI PETER, Planungs-, Bau- und besonderes Umweltschutzrecht, 3. Aufl. 1995.

Kommentierung des Umweltschutzgesetzes des Bundes 2.75

Kommentar zum Umweltschutzgesetz, herausgegeben von der Vereinigung für Umweltrecht, 1. Aufl. 1985–97 (11 Lieferungen), 2. Aufl. (1. Lieferung 1998).

---

144 BGE 124 II 159; 121 II 393 f. E. 6c.
145 Vgl. Rz. 21.11.
146 Internetadresse: www.admin.ch/buwal.
147 Internetadresse: www.VUR-ADE.ch.

2.76 *Textausgabe zum Umweltrecht des Bundes*

PETER KARLEN, Raumplanungsrecht und Umweltrecht des Bundes. Textausgabe (erscheint demnächst).

2.77 *Übrige gesamthafte Darstellungen*

MÜLLER HANS-ULRICH, Einführung in das Umweltschutzgesetz, 1992 (Separatdruck aus dem in Rz. 2.75 zitierten Kommentar zum Umweltschutzgesetz); RAUSCH HERIBERT, Die Umweltschutzgesetzgebung, 1977; *ders.*, Panorama des Umweltrechts, herausgegeben vom Bundesamt für Umwelt, Wald und Landschaft, 2. Aufl. 1994; Schweizerisches Umweltschutzrecht, herausgegeben von Hans-Ulrich Müller-Stahel, 1973 (teilweise veraltet).

2. Ausgewählte Spezialliteratur zu den für das Bauen bedeutsamen Fragenkreisen

2.78 *Allgemeine Prinzipien des Umweltrechts*

EPINEY ASTRID/SCHEYLI MARTIN, Le concept de développement durable en droit international public, SZIER 1997, 247 ff.; ERRASS CHRISTOPH, Katastrophenschutz, Diss. Freiburg 1998; KARLEN PETER, Raumplanung und Umweltschutz. Zur Harmonisierung zweier komplexer Staatsaufgaben, ZBl 1998, 145 ff.; KOECHLIN DOMINIK, Das Vorsorgeprinzip im Umweltschutzgesetz, Diss. Bern 1989; PETITPIERRE-SAUVAIN ANNE, Le principe pollueur–payeur, ZSR 1989 II 429 ff.; La pesée globale des intérêts, herausgegeben von Charles-Albert Morand, 1996; TSCHANNEN PIERRE, Bau- und Nutzungsbeschränkungen aufgrund von umweltrechtlichen Vorschriften: Zusammenspiel von Umweltrecht und Raumplanung, URP 1998, 486 ff.; VALLENDER KLAUS A., Ziele und Instrumente des schweizerischen Umweltrechts, in: FS zum 65. Geburtstag von Mario M. Pedrazzini, 1990, 197 ff.; WAGNER BEATRICE, Das Verursacherprinzip im schweizerischen Umweltschutzrecht, ZSR 1989 II 321 ff.

2.79 *Immissionsschutz*

ADAM-ALLENSPACH PATRIZIA, Sanierung bestehender ortsfester Anlagen nach dem Umweltschutzgesetz, Diss. Freiburg 1997; AEMISEGGER HEINZ, Aktuelle Fragen des Lärmschutzrechts in der Rechtsprechung des Bundesgerichts, URP 1994, 441 ff.; FAVRE ANNE-CHRISTINE, Quelques questions soulevées par l'application de l'OPB, RDAF 1992, 289 ff.; HEER PETER, Lärmschutz bei der Ausscheidung und Erschliessung von Bauzonen (Art. 24 USG), URP 1992, 573 ff.; JAAG TOBIAS, Der Massnahmenplan gemäss Art. 31 der Luftreinhalte-Verordnung, URP 1990, 132 ff.; JACOBS RETO, Lastengleichheit – ein sinnvolles Prinzip bei der Anordnung verschärfter Emissionsbegrenzungen?, URP 1994, 341 ff.; KÖLZ-OTT MONIKA, Die Anwendbarkeit der bundesrechtlichen Lärmschutzvorschriften auf menschlichen Alltagslärm und verwandte Lärmarten, URP 1993, 377 ff.; LORETAN THEO, Bau- und Nutzungsbeschränkungen aufgrund von umweltrechtlichen Vorschriften im Bereich Luftreinhaltung, URP 1998, 406 ff.; NEFF MARKUS, Die Auswirkungen der Lärmschutz-Verordnung auf die Nutzungsplanung, Diss. Zürich 1994; SALADIN PETER, Schutz vor nicht-ionisierenden Strahlen nach schweizerischem Recht, URP 1992, 489 ff.; WALKER URS, Rechtsprechung zur Luftreinhalteverordnung – Eine Zwischenbilanz, in: Raum und Umwelt – Juni 1994, herausgegeben von der Schweizerische Vereinigung für Landesplanung, 1995, 15 ff.; *ders.,* Änderung von lärmigen Anlagen – Errichtung oder Sanierung?, URP 1994, 432 ff.; WOLF ROBERT, Elektrosmog: Zur Rechtslage bei Erstellung und Betrieb von ortsfesten Anlagen, URP 1996, 102 ff.; *ders.,* Führt übermässige Luftverschmutzung zu Baubeschränkungen und Auszonungen?, URP 1991, 69 ff.; ZÜRCHER ALEXANDER, Die vorsorgliche Emissionsbegrenzung nach dem Umweltschutzgesetz, Diss. Basel 1995.

Bodenschutz 2.80

HEPPERLE ERWIN, Bodenschutzrelevante Normen im Grundeigentumsrecht, Diss. Zürich 1988; WIESTNER HEIDI, Bau- und Nutzungsbeschränkungen aufgrund von Vorschriften des Altlasten- und Bodenschutzrechts, URP 1998, 442 ff.; ZÄCH CHRISTOPH, Das neue Bodenschutzrecht, URP 1996, 497 ff.

Naturschutz 2.81

Kommentar NHG, herausgegeben von Peter M. Keller et al., 1997; LEIMBACHER JÖRG, Bundesinventare, Schriftenfolge der Schweizerischen Vereinigung für Landesplanung Nr. 60, 1993; MAURER HANS, Naturschutz in der Landwirtschaft als Gegenstand des Bundesrechts, Diss. Zürich 1995; WALDMANN BERNHARD, Der Schutz von Mooren und Moorlandschaften, Diss. Freiburg 1997.

Gewässerschutz 2.82

BOSE JAVA RITA, Der Schutz des Grundwassers vor nachteiligen Auswirkungen nach dem Recht des Bundes und des Kantons Zürich, Diss. Zürich 1996; JANSEN LUC, Les zones de protection des eaux souterraines: des mesures d'aménagement du territoire dans le droit de l'environnement, ZBl 1995, 341 ff.; MÉROT STÉPHANE, Les sources et les eaux souterraines, Diss. Lausanne 1996; SCHMID HANS GAUDENZ, Landschaftsverträgliche Wasserkraftnutzung: Bundesrechtliche Anforderungen und ihre Durchsetzung gegenüber den Kantonen, Diss. Bern 1997.

Waldrecht 2.83

JAISSLE STEFAN M., Der dynamische Waldbegriff und die Raumplanung, Diss. Zürich 1994; JENNI HANS-PETER, Vor lauter Bäumen den Wald doch noch sehen: Ein Wegweiser durch die neue Waldgesetzgebung, Schriftenreihe Umwelt des BUWAL Nr. 210, 1993; KELLER PETER M., Rechtliche Aspekte der neuen Waldgesetzgebung, AJP 1993, 144 ff.; SOANINI VERA, Das neue Waldgesetz und die Raumplanung, BR 1992, 83 ff.

Abfallentsorgung und Altlastensanierung 2.84

Altlasten – die aktuelle Rechtslage, Beiträge der Tagung der Vereinigung für Umweltrecht vom 14. November 1997, URP 1997, 721 ff.; BRAUN ELISABETH, Abfallverminderung durch Kooperation von Staat und Wirtschaft, Diss. Basel 1998; BRUNNER URSULA,

Altlasten und Auskunftspflicht nach Art. 46 USG, URP 1997, 5 ff.; DAETWYLER MAX A., Altlasten heute – Situation und Rechtslage, URP 1993, 266 ff.; FLÜCKIGER ALEXANDRE, Le régime juridique des plans: L'exemple du plan des déchets, Diss. Lausanne 1996; SCHLEINIGER RETO, Das Verursacherprinzip bei der Siedlungsabfallentsorgung, Diss. Zürich 1992; STUTZ HANS W./CUMMINS MARK, Die Sanierung von Altlasten, 1996; TRÖSCH ANDREAS, Das neue Abfallrecht, URP 1996, 467 ff.; VOGEL DANIEL, Pflicht zur räumlichen Planung von Abfalldeponien gemäss Art. 31 Abs. 4 USG unter besonderer Berücksichtigung des Zürcher Rechts, Diss. Zürich 1990; WENGER CHRISTOPH, Die neue Altlasten-Verordnung, URP 1997, 721 ff..

3. Ausländische Literatur

2.85 *Deutschland*

BENDER BERND/SPARWASSER REINHARD/ENGEL RÜDIGER, Grundzüge des öffentlichen Umweltschutzrechts, 3. Aufl. 1995; BREUER RÜDIGER, Umweltschutzrecht, in: Besonderes Verwaltungsrecht, herausgegeben von Eberhard Schmidt-Assmann, 10. Aufl. 1995, 433 ff.; HOPPE WERNER/ MARTIN BECKMANN, Umweltrecht, 1989; KLOEPFER MICHAEL, Umweltrecht, 2. Aufl. 1998; SCHMIDT REINER/MÜLLER HELMUT, Einführung in das Umweltrecht, 4. Aufl. 1995.

2.86 *Österreich*

RASCHAUER BERNHARD, Umweltschutzrecht, 2. Aufl. 1988; SCHRÖFL THOMAS, Handkommentar zum Umweltschutzrecht, 2. Aufl. 1992, Ergänzungsbd. 1994.

2.87 *Frankreich*

FROMAGEAU JÉRÔME/GUTTINGER PHILIPPE, Droit de l'environnement, 1993; PRIEUR MICHEL, Droit de l'environnement, 3. Aufl. 1996; ROMI RAPHAËL, Droit et administration de l'environnement, 2. Aufl. 1997.

2.88 *Italien*

FRANCO MARILENA, Il diritto dell'ambiente, 1990; SALMI SERGIO, Diritto dell'ambiente, 2. Aufl. 1989.

2.89 *Europäische Union*

EPINEY ASTRID, Umweltrecht in der Europäischen Union, 1997; FRENZ WALTER, Europäisches Umweltrecht, 1997; KISS ALEXANDRE CHARLES/SHELTON DINAH, Traité de droit européen de l'environnement, 1995.

2.90 *Völkerrecht und Rechtsvergleichung*

BIRNIE PATRICIA W./BOYLE ALAN E., International Environmental Law, 1992; KISS ALEXANDRE CHARLES, Droit international de l'environnement, 1992; KLOEPFER MICHAEL/MAST EKKEHART, Das Umweltrecht des Auslandes, 1995.

4. Judikatur

Den umfassendsten Einblick in die umweltrechtliche Rechtsprechung in der Schweiz vermittelt die ganz auf dieses Gebiet spezialisierte Zeitschrift *Umwelt in der Praxis (URP),* hrsg. von der Vereinigung für Umweltrecht. Sie publiziert – zum Teil gekürzt – alle wichtigen Entscheide eidgenössischer und kantonaler Organe. 2.91

Daneben veröffentlichen die nachstehenden Organe ebenfalls regelmässig Entscheide zum Umweltrecht: 2.92

- Entscheidungen des Schweizerischen Bundesgerichts (BGE);
- Praxis des Bundesgerichts (Pra);
- Verwaltungspraxis der Bundesbehörden (VPB);
- Zentralblatt für Staats- und Verwaltungsrecht (ZBl);
- Baurecht – Droit de la construction (BR);
- Revue de droit administratif et de droit fiscal (RDAF).

Umweltrechtliche Entscheide finden sich ausserdem in den Publikationsorganen der kantonalen Rechtsprechung (Blätter für Zürcherische Rechtsprechung, Bernische Verwaltungsrechtsprechung usw.) und in den Rechenschaftsberichten der kantonalen Instanzen.

§ 3 Auftrags- und Werkvertragsrecht

PETER MÜNCH/THOMAS SCHNEEBERGER

Literaturauswahl: BÜHLER THEODOR, Zürcher Kommentar, Bd. V/2d, Zürich 1998; DERENDINGER PETER, Die Nicht- und die nichtrichtige Erfüllung des einfachen Auftrages, Diss. Freiburg 1988, 2. Aufl. Freiburg 1990; DESSEMONTET FRANÇOIS, Les contrats de service, ZSR 106/1987 II 93 ff.; FAVRE-BULLE XAVIER, L'évolution du droit des contrats de prestation de service, ZSR 110/1991 I 350 ff.; FELLMANN WALTER, Berner Kommentar, Bd. VI/2/4: Der einfache Auftrag, Bern 1992; GAUCH PETER, Der Werkvertrag, 4. Aufl., Zürich 1996 (*zitiert:* GAUCH, Werkvertrag); *ders.*, Kommentar zur SIA-Norm 118, Art. 157–190, Zürich 1991 (*zitiert:* GAUCH, KommSIA 118); *ders.*, Art. 404 OR Sein Inhalt, seine Rechtfertigung und die Frage seines zwingenden Charakters, recht 10/1992, 9 ff. (*zitiert:* GAUCH, Art. 404 OR); *ders.*, Die praktische Gestaltung der Bauverträge, Baurechtstagung 1993/Tagungsunterlage 1 (*zitiert:* GAUCH, Gestaltung); GAUTSCHI GEORG, in: Berner Kommentar, Bd. VI/2/3, Bern 1967; GEHRER LEO R., Vom Recht des Unternehmers, den Werkvertrag aufzulösen, in: Mélanges Assista, Genf 1989, 167 ff.; GMÜR PHILIPP, Die Vergütung des Beauftragten, Ein Beitrag zum Recht des einfachen Auftrages, Diss. Freiburg 1994; HOFSTETTER JOSEF, Der Auftrag und die Geschäftsführung ohne Auftrag, in: SPR VII/2, Basel 1979, 1 ff. (*zitiert:* HOFSTETTER, SPR VII/2); *ders.*, Le mandat et la gestion d'affaires, Traité de droit privé suisse, vol. VII/II,1, Fribourg 1994 (*zitiert:* HOFSTETTER); HONSELL HEINRICH, Schweizerisches Obligationenrecht, Besonderer Teil, 4. Aufl., Bern 1997; KOLLER, ALFRED, Das Nachbesserungsrecht im Werkvertrag, 2. Aufl., Zürich 1995; LENDI MARTIN/NEF URS CHR./TRÜMPY DANIEL (Hrsg.), Das private Baurecht der Schweiz, Zürich 1994; LEUENBERGER CHRISTOPH, Dienstleistungsverträge, ZSR 106/1987 II 1 ff.; SCHNEEBERGER THOMAS, Der Einfluss des Entgelts auf die rechtliche Stellung des Beauftragten im Bereich der Verschuldenshaftung, der Substitutenhaftung und der jederzeitigen Beendigung des Auftrages im schweizerischen Obligationenrecht verglichen mit dem römischen Recht und dem BGB, Diss. Bern 1992; SCHUMACHER RAINER, Die Haftung des Architekten aus Vertrag, in: Gauch/Tercier (Hrsg.), Das Architektenrecht, 3. Aufl., Freiburg 1995 (*zitiert:* SCHUMACHER, Haftung); *ders.*, Die Vergütung im Bauwerkvertrag, Freiburg 1998 (*zitiert:* SCHUMACHER, Vergütung); TERCIER PIERRE, Les contrats spéciaux, 2. Aufl., Zürich 1995 (*zitiert:* TERCIER, contrats); *ders.*, La loi, les normes et leurs compléments, BR 1983, 63 ff. (*zitiert:* TERCIER, BR 1983); WEBER ROLF H., in: Kommentar zum Schweizerischen Privatrecht, OR I, 2. Aufl. Basel 1996; WERRO FRANZ, Le mandat et ses effets, Une étude sur le contrat d'activité indépendante selon le Code suisse des obligations, Analyse critique et comparative, Fribourg 1993; ZINDEL GAUDENZ G./PULVER URS, in: Kommentar zum Schweizerischen Privatrecht, Obligationenrecht I, 2. Aufl., Basel/Frankfurt a.M. 1996.

I. Funktion und Bedeutung

3.1 Zentraler Bestandteil des privaten Baurechts ist das *Bauvertragsrecht*. Dieses wiederum kreist im Wesentlichen um den Auftrag und um den Werkvertrag. Verträge beider Typen treten in der Baubranche massenweise und in den verschiedensten Spielarten auf[1]. Im Tätigkeitsbereich der Architekten und der Bauingenieure herrscht der Auftrag vor. Die Tätigkeit der Bauunternehmer und der Bauhandwerker wickelt sich in aller Regel im Rahmen von Werkverträgen ab. Sowohl das Auftragsrecht als auch das Werkvertragsrecht haben sich zu anspruchsvollen Spezialrechtsgebieten mit weitverzweigter, in ihren Feinheiten nur noch schwer überblickbarer Dogmatik entwickelt. Im Folgenden geht es darum, die wesentlichen Orientierungspunkte herauszuarbeiten und den Blick für die Problembereiche zu schärfen.

II. Merkmale der gesetzlichen Regelung

1. Auftragsrecht des OR – eine ursprünglich auf Gefälligkeitsgeschäfte zugeschnittene Regelung als Grundlage des modernen Dienstleistungsvertrags

3.2 Das schweizerische Auftragsrecht enthält zahlreiche Bestimmungen, deren Inhalt relativ direkt römischrechtlichen Quellenstellen entnommen ist. Im heutigen Rechtsleben kommt allerdings dem Auftrag eine andere und ungleich grössere Bedeutung zu, als sie das mandatum bei den Römern hatte. Das bringt es mit sich, dass ursprünglich römische Rechtsregeln sich heute vielfach in einen ganz anderen Zusammenhang hineingestellt finden. *Manches Problem des geltenden Rechts hat hier seine Wurzel.*

3.3 Zur Blütezeit des *römischen Rechts* war der Auftrag ein *streng unentgeltlicher Vertrag*. Er trug den Charakter einer gefälligkeits- und ehrenhalber

---

1 Eine Übersicht über die wichtigsten Verträge der Baupraxis findet sich bei GAUCH, Gestaltung, 4 ff.

übernommenen Mühewaltung[2]. So konnte der Jurist Paulus sagen: «mandatum nisi gratuitum nullum est: nam originem ex officio et amicitia trahit ...» (Es gibt keinen anderen als den unentgeltlichen Auftrag; denn er beruht auf Gefälligkeit und Freundschaft ...)[3]. An der Unentgeltlichkeit des Auftrags vermochte die Usanz, dem Beauftragten ein Honorar zu geben, zunächst nichts zu ändern[4]. Ein klageweise durchsetzbarer Honoraranspruch blieb zunächst ausgeschlossen. Er hätte sich mit den sittlichen Anschauungen der standesbewussten Oberschicht, innerhalb welcher sich der Auftrag entwickelt hatte[5], schlecht vereinbaren lassen.

Die römischen Quellen berichten vor allem von (kurzlebigen) Rechtshandlungsaufträgen. Entgegen einer verbreiteten Meinung, wonach der Auftrag in Rom der Arbeitsvertrag der freien Berufe gewesen sein soll, nehmen Tathandlungsaufträge, von den Prozessführungsaufträgen abgesehen, in den Quellen einen verschwindend kleinen Raum ein[6]. Es kann nicht ausgeschlossen werden, dass Leistungen von Ärzten und von anderen Anbietern höherwertiger Dienste gar nicht nach Auftragsrecht beurteilt wurden. Möglicherweise diente dem Schutz der Gläubiger dieser Leistungen daher auch nicht die Klage aus Auftrag (actio mandati), sondern eine auf den Einzelfall zugeschnittene «actio in factum». Mit dieser Klage konnte der Beauftragte in späterer Zeit auch ein versprochenes Honorar einklagen[7].

Der strengen Unentgeltlichkeit des Auftrags entsprach, dass die römischen Juristen dem Beauftragten das *Recht* einräumten, *den Auftrag jederzeit zu kündigen*[8]. Bezeichnend ist, dass dieses – wohl nie als zwingend erachtete – jederzeitige Beendigungsrecht eingeschränkt wurde, als in späterer Zeit ein versprochenes Honorar klagbar wurde[9]. Aus der Unentgeltlichkeit des Auftrags heraus ist auch die vom klassischen 3.4

---

2 Das anfänglich einzig auf sittlicher Pflicht beruhende mandatum wurde verglichen mit anderen Konsensualkontrakten überhaupt erst relativ spät zu einem rechtsverbindlichen Vertragstypus (SCHNEEBERGER, 6 ff. und 46 ff.).

3 D. 17,1,1,4.

4 FELLMANN, N 363 zu Art. 394 OR; SCHEEBERGER, 28 ff.

5 SCHNEEBERGER, 10 ff.

6 A.a.O., 16 ff.

7 A.a.O., 33 ff. und 46 ff.

8 A.a.O., 75 f. – In Deutschland wird das jederzeitige Beendigungsrecht des Beauftragten noch heute mit der Unentgeltlichkeit des Auftrags begründet (SEILER, in: Münchner Kommentar zum BGB, 2. Aufl., München 1986, N 1 zu § 671; SORGEL/MÜHL, Komm. BGB, Stuttgart 1980, N 1 zu § 671).

9 SCHNEEBERGER, 38 f. und 77.

römischen Recht herausgebildete *Haftungsordnung*[10] zu verstehen: Der – gefälligkeits- und ehrenhalber tätige – Beauftragte soll nur haften, wenn der Auftraggeber ihm eine Sorgfaltspflichtverletzung nachzuweisen vermag[11]. Und der Beauftragte untersteht auch nicht der Erfüllungsgehilfenhaftung, wie sie die römischen Juristen im Bereich des Werkvertrages entwickelt hatten, sondern er hat nur für die sorgfältige Auswahl und Instruktion seiner Substituten einzustehen[12].

3.5 Das *schweizerische Obligationenrecht* hat sowohl das jederzeitige Beendigungsrecht[13] als auch die Haftungsordnung[14] im Wesentlichen aus dem römischen Recht übernommen. Hingegen hat es – im Gegensatz zum deutschen Bürgerlichen Gesetzbuch[15] – nicht an der Unentgeltlichkeit des Auftrags festgehalten, sondern gegenteils seine Entgeltlichkeit begünstigt[16] – und ihm damit eine ungeahnte kommerzielle Verbreitung ermöglicht[17]. Eine weitere wesentliche Abweichung von der römischrechtlichen Tradition besteht darin, dass der schweizerische Gesetzgeber in Art. 394 Abs. 2 OR[18] alle Verträge auf Arbeitsleistung, die keiner besonderen Vertragsart des Gesetzes unterstellt werden können, dem Auftragsrecht unterworfen und damit zugleich den – in Rom sozial höher geachteten[19] – Auftrag auf die gleiche Stufe gestellt hat wie die übrigen Verträge auf Arbeitsleistung.

Ob sich mit der Zulassung des entgeltlichen Auftrags nicht auch eine Anpassung der Haftungs- und der Beendigungsordnung aufgedrängt hätte, prüfte der schweizerische

---

10 A.a.O., 50 ff. (Ausweitung der Haftung von Vorsatz auf Fahrlässigkeit parallel zur Zunahme der Honorierung) und 63 ff. (Ansätze zu einer Verschuldensvermutung zu Lasten des Beauftragten; die restlichen Haftungsvoraussetzungen gehörten wohl zum Beweisthema des Auftraggebers).

11 Zu beachten ist in diesem Zusammenhang auch, dass zu römischer Zeit der fachliche Vorsprung des Beauftragten im Allgemeinen kleiner war als heute.

12 Vgl. Ulp. D. 17,1,8,3 mit Art. 399 Abs. 2 und 3 OR sowie Gai. D. 19,2,25,7 mit Art. 101 Abs. 1 OR; dazu ferner auch THOMAS SCHNEEBERGER, recht 5/1987, 116 ff.

13 Dazu unten Rz. 3.58 ff.

14 Dazu unten Rz. 3.37 ff.

15 § 662 BGB.

16 Vgl. unten Rz. 3.24.

17 FELLMANN, N 104 f., 144, 152 der Vorbemerkungen zu Art. 394 ff. OR; WEBER, N 2 der Vorbemerkungen zu Art. 394–406 OR, N 35 zu Art. 394 OR.

18 Zur Tragweite dieser Bestimmung unten Rz. 3.17.

19 SCHNEEBERGER, 11 ff.

Gesetzgeber bedauerlicherweise nicht. Ein Vorbild hätte in dieser Beziehung das um die Mitte des 19. Jahrhunderts erlassene Privatrechtliche Gesetzbuch des Kantons Zürich sein können, das – als einzige neuzeitliche Kodifikation – den entgeltlichen und den unentgeltlichen Auftrag gesondert regelte und sowohl das Substitutenhaftungsprivileg als auch das jederzeitige Beendigungsrecht nur dem unentgeltlich tätigen Beauftragten zugestand[20].

Es kann nicht verwundern, dass die weitgehend dem römischen Recht entstammende Regelung in ihrer auf Gefälligkeitsgeschäfte zugeschnittenen Ausgestaltung nicht in jeder Hinsicht in die *Rechtswirklichkeit der modernen Dienstleistungsverträge* hineinpasst. So fragt sich, ob es heute, wo der Auftraggeber den Beauftragten regelmässig wegen seiner besonderen Fachkenntnisse beizieht und ihn für seine Tätigkeit voll entschädigt, noch gerechtfertigt ist, wenn im Falle der Schlechterfüllung der Auftraggeber den vollen Nachweis dafür erbringen muss, dass der Beauftragte den Auftrag nicht den Regeln und dem Standard des Faches entsprechend ausgeführt hat[21]. Zweifeln unterliegt beim entgeltlichen Auftrag auch die Berechtigung des Substitutenhaftungsprivilegs[22]. Schliesslich stellt sich die Frage, wieweit die jederzeitige Auflösbarkeit des Auftrags den Verhältnissen des modernen Dienstleistungsgeschäfts noch angemessen ist[23]. 3.6

2. Werkvertragsrecht des OR – eine von «soft law» überlagerte Regelung

Das OR widmet dem Werkvertrag 17 Artikel. Das ist angesichts der herausragenden – und weiter wachsenden[24] – Bedeutung, die diesem 3.7

20 A.a.O., 102 ff.

21 Das Bundesgericht trägt hier den heutigen Verhältnissen insofern Rechnung, als es dem Auftraggeber dort zu Hilfe kommt, wo sich der Verstoss gegen die Berufsregeln fast nicht beweisen lässt (vgl. BGE 120 II 248); dazu näher unten Rz. 3.43.

22 Das Bundesgericht hat denn das Substitutenhaftungsprivileg beim entgeltlichen Auftrag auch eingeschränkt (BGE 112 II 253 f. E. 2a und b; diesen ankündigend BGE 107 II 244 f. E. 5b).

23 Hier lehnt es das Bundesgericht – im Gegensatz zu seiner Praxis zu Art. 404 Abs. 2 OR (BGE 61 II 98 E. 3; 48 II 490 ff. E. 3) – ab, zwischen dem entgeltlichen und dem unentgeltlichen Autrag zu differenzieren (BGE 115 II 467 E. 2a/bb). – Vgl. auch unten Rz. 3.58 ff.

24 Die aktuelle Tendenz, sich benötigte Leistungen auf dem Wege des «out-sourcing»

Vertragstypus im heutigen Wirtschaftsleben zukommt, eine *äusserst knappe Regelung*. Das Gesetz beschränkt sich darauf, einige «grosse Nägel» einzuschlagen. Seine Bestimmungen sind einfach und in ihrer Gesamtheit leicht überblickbar. Die Regelung bleibt geschmeidig, offen und anpassungsfähig. Nur wenige Vorschriften sind zwingend ausgestaltet. Dank der geringen Regelungsdichte und der weitgehend dispositiven Natur der gesetzlichen Regelung[25] bleibt weiter Raum für die Freiheit der Vertragsparteien.

3.8 Auf der anderen Seite machen sich in der Vertragspraxis *Regelungsdefizite* bemerkbar. Die allgemeinen Begriffe und Regeln, mit denen das Gesetz arbeitet, bleiben in hohem Masse konkretisierungsbedürftig. Zahlreiche – und zum Teil grundlegende – Fragen, die sich bei der Beurteilung von Werkverträgen stellen, lässt das Gesetz unbeantwortet, und beunruhigend viele solche Fragen sind in Rechtsprechung und Lehre bis heute kontrovers[26]. Hinzu kommt, dass sich die gesetzliche Regelung – was angesichts ihres ehrwürdigen Alters[27] nicht erstaunt – in einigen Punkten überlebt hat[28].

---

zu beschaffen, um teure eigene Leistungskapazitäten abbauen zu können, lässt den Werkvertrag (und übrigens auch den Auftrag) gegenüber dem Arbeitsvertrag zusehends an Terrain gewinnen.

25 In beider Hinsicht steht das Werkvertragsrecht (wie auch das Auftragsrecht) im Gegensatz zum stark «durchreglementierten» Recht des Arbeitsvertrags. Die grösseren Freiräume dürften zu den «Terraingewinnen» des Werkvertrags (und des Auftrags) gegenüber dem Arbeitsvertrag (vgl. die vorangehende Fussnote) mit beitragen.

26 Zu den Mängeln der geltenden Regelung anschaulich Tercier, BR 1983, 64.

27 Das geltende Werkvertragsrecht stammt im Wesentlichen aus dem alten Obligationenrecht von 1881; bei der Revision von 1911 wurden lediglich einige kleine Retouchen angebracht.

28 Die Frage, ob eine Gesetzesrevision fällig sei, steht seit längerer Zeit im Raum. Im Jahre 1979 betraute das Bundesamt für Justiz Professor Peter Gauch mit einer entsprechenden Abklärung. Die von diesem durchgeführte Umfrage bei den interessierten Kreisen ergab jedoch keine eindeutige Tendenz für eine Revision des Werkvertragsrechts (siehe dazu Peter Gauch, Revision des Werkvertragsrechts? Ein Beitrag aus der Schweiz, in: FS Hermann Korbion, Düsseldorf 1986, 99 ff.; *ders.*, Revision des Werkvertragsrechts?, Baurechtstagung 1983, Freiburg 1983, Bd. II, 84 ff.; Pierre Tercier, Révision du contrat d'entreprise?, Journée du droit de la construction 1983, Freiburg 1983, Bd. II, 47 ff.).

All dies lässt in der Vertragspraxis Bedürfnisse nach zusätzlichen Regelungen entstehen. Es kann daher nicht verwundern, dass beim Abschluss von Werkverträgen überaus häufig auf *Allgemeine Vertragsbedingungen* zurückgegriffen wird, die das dispositive Gesetzesrecht ergänzen und zum Teil auch modifizieren. Das gilt namentlich für den Abschluss von Bauverträgen. Hier haben vor allem die vom Schweizerischen Ingenieur- und Architektenverein herausgegebenen «Allgemeinen Bedingungen für Bauarbeiten», die unter der Kurzbezeichnung SIA-Norm 118 bekannt sind, einen beherrschenden Einfluss erlangt. Dieses Normenwerk wird in sehr vielen Bauwerkverträgen als Vertragsbestandteil erklärt. Häufig treten neben die SIA-Norm 118 allerdings noch – ebenfalls als Allgemeine Vertragsbedingungen formulierte –«Ergänzungen und Abänderungen», wie sie namentlich von marktmächtigen Bauherren, aber auch von Handwerks-Organisationen verwendet werden. Die ausserordentlich verbreitete Verwendung Allgemeiner Vertragsbedingungen hat dazu geführt, dass das Gesetz im Bereich des Bauwerkvertrags seine «Leitfunktion» heute zu einem guten Teil an von Verbänden, Organisationen oder bedeutenden Bauherren geschaffenes «soft law» abgetreten hat[29]. 3.9

Die *SIA-Norm 118*[30] zeichnet sich durch ihre hohe Regelungsdichte aus. 3.10
Sie bringt in vielen Punkten, die im Gesetz nicht oder ungenügend geregelt sind, die notwendigen Klarstellungen. In verschiedenen Fragen weicht sie vom dispositiven Gesetzesrecht ab. Insgesamt bietet die SIA-Norm 118 eine gut durchdachte, zweckmässige und – abgesehen von einigen wenigen Klauseln mit unternehmerfreundlicher Schlagseite – auch ausgewogene Regelung. Das Normenwerk scheint sich denn auch sowohl bei Unternehmern wie bei Bauherren einer recht hohen Akzeptanz zu erfreuen[31].

---

29 In der Gerichtspraxis scheinen Streitigkeiten um die Auslegung und Anwendung der gesetzlichen Vorschriften allerdings nach wie vor im Vordergrund zu stehen (vgl. den entsprechenden Hinweis bei GAUCH, Gestaltung, 8 Fn. 20).

30 Vgl. dazu auch unten Rz. 4.30 und 4.33 ff.

31 Vgl. GEHRER, Die Verhandlung und Gestaltung von Bauverträgen, in: Bau- und Bauprozessrecht: Ausgewählte Fragen, herausgegeben von Alfred Koller, St. Gallen 1996, 94 f.; GAUCH, Gestaltung, 8; SCHUMACHER, Die Akzeptanz der SIA-Norm 118, Baurechtstagung 1987/Tagungsunterlage VI, 93 ff.

3.11 Die verschiedenen *«Ergänzungen und Abänderungen» zur SIA-Norm 118*, die in der Vertragspraxis Verwendung finden, bieten ein weniger erfreuliches Bild. Sie sind meist nicht auf Ausgewogenheit bedacht, sondern – mehr oder weniger ausgeprägt – darauf angelegt, dem «Recht des Stärkeren» zum Durchbruch zu verhelfen. Zudem lässt oft auch die Regelungsqualität zu wünschen übrig. Häufig werden einzelne Regeln der SIA-Norm 118 abgeändert, ohne dass man sich um die Auswirkungen der Änderungen auf das Gesamtsystem kümmern würde[32]. Werden auf diese Weise unbedacht einzelne Stücke aus dem grösseren Ganzen herausgebrochen, so kann es leicht geschehen, dass höchst unerwünschte Ergebnisse herauskommen. Unstimmige, widersprüchliche und unzweckmässige Regelungen sind vorprogrammiert. Im Umgang mit allgemeinen Vertragsbedingungen, welche die SIA-Norm 118 ergänzen und abändern, ist daher besondere Vorsicht geboten[33].

III. Zentrale Rechtsfragen

1. Auftrag, Werkvertrag oder Innominatkontrakt? – Heikle Abgrenzungen mit weitreichenden Folgen

a) Abgrenzungskriterien

3.12 Dem Auftrag und dem Werkvertrag ist gemeinsam, dass ihr charakteristischer Leistungsinhalt eine Arbeitsleistung ist, mit der ein bestimmtes Ziel angestrebt wird. Sowohl der Beauftragte als auch der Unternehmer verpflichten sich, eine zielgerichtete Tätigkeit zu entfalten. Der grundlegende Unterschied zwischen den beiden Vertragsarten liegt nun aber darin, dass der Unternehmer einen bestimmten *Arbeitserfolg*, der Beauftragte dagegen bloss ein *sorgfältiges Tätigwerden* verspricht[34]. Nach

32 GAUCH, Gestaltung, 9.

33 Vgl. zum Ganzen auch TERCIER, BR 1983, 67 f. – Zur Koordination verschiedener Vertragsbestandteile unten Rz. 12.32 und 12.46 ff.

34 FELLMANN, N 91 ff. zu Art. 394 OR; WEBER, N 28 ff. zu Art. 394 OR; GAUCH, Werkvertrag, 6 f. Rz. 19. – Allerdings kann auch im Rahmen von Auftragsverhältnissen ein Erfolg in Aussicht gestellt werden. Insbesondere ist es auch möglich, den Honoraranspruch des Beauftragten von der Erreichung eines bestimmten Erfolges abhängig zu machen (Erfolgshonorar).

einer bekannten Kurzformel schuldet der Beauftragte ein Wirken, der Unternehmer ein Werk[35].

Ob ein Auftrag oder ein Werkvertrag vorliegt, hängt daher zunächst davon ab, ob die versprochene Arbeitsleistung als Werk aufzufassen ist. Der *Werkbegriff* war lange Zeit kontrovers, und er bleibt es zum Teil bis heute. Der Streit drehte und dreht sich um die Frage, ob und wieweit neben körperlichen auch geistige Arbeitsergebnisse Werke im Sinne der Art. 363 ff. OR darstellen können. Das Bundesgericht ging in seiner älteren Rechtsprechung von der Zulässigkeit des Geist-Werkvertrags aus[36]. Im Jahre 1972 nahm es eine Praxisänderung vor und entschied im Anschluss an GAUTSCHI[37], ein unkörperliches «Werk» könne nicht Gegenstand eines Werkvertrags sein[38]. Die damit eingeleitete Praxis stiess auf scharfe Kritik[39]. Im Jahre 1982 hat das Bundesgericht seine Rechtsprechung erneut geändert und den Geist-Werkvertrag wiederum zugelassen[40]. Daran hat es seither festgehalten[41]. In der Lehre hat sich die grundsätzliche Zulässigkeit des Geist-Werkvertrags inzwischen ebenfalls durchgesetzt[42]. Einige Autoren fordern allerdings immer noch, dass das Werk wenigstens eine «gewisse Körperlichkeit» erlange; das ist namentlich auch die Auffassung GAUCHS[43]. Das Bundesgericht lehnt diese Einschränkung jedoch ab[44]. Unabdingbare Voraussetzung für das Vorliegen eines Werkvertrags ist demgegenüber, dass sich der in Aus- 3.13

---

35 So bereits OTTO VON GIERKE, Deutsches Privatrecht, Bd. III, München/Leipzig 1917, 591 f.

36 Vgl. BGE 83 II 529; 70 II 218; 63 II 179.

37 Berner Kommentar, Vorbemerkung zu Art. 363–379 OR, N 1 und 4, sowie N 63 zu Art. 394 OR.

38 BGE 98 II 310 ff. E. 3; bestätigt in SJ 100 (1978), 392.

39 Siehe insbes. JÄGGI, in SJZ 1973, 301 ff.; GAUCH, Der Unternehmer im Werkvertrag, 2. Aufl., Zürich 1977, 17 ff.; SCHLUEP, SPR VII/2, 903 ff.; zustimmend dagegen GAUTSCHI, in SJZ 1974, 21 ff.; HOFSTETTER, SPR VII/2, 21.

40 BGE 109 II 37 f. E. 3b.

41 BGE 112 II 46 E. 1a/aa.

42 Die radikale Ansicht GAUTSCHIS, wonach nur körperliche Werke unter den Werkbegriff der Art. 363 ff. OR fallen, wird heute kaum mehr vertreten; vgl. allerdings die Vorbehalte gegenüber der weiten Zulassung des Geist-Werkvertrages bei GUHL/MERZ/KOLLER, 478.

43 GAUCH, Werkvertrag, 13 f. Rz. 43 f.; ebenso TERCIER, contrats, 409 Rz. 3309.

44 BGE 109 II 38; 70 II 218; 59 II 263.

sicht gestellte Erfolg seiner Natur nach überhaupt vertraglich versprechen lässt. Kein verbindlich versprechbarer Erfolg ist beispielsweise die mit dem Beizug eines Arztes angestrebte Heilung oder der mit dem Beizug eines Anwalts angestrebte Prozessgewinn[45].

3.14 Auftrag und Werkvertrag unterscheiden sich auch darin, dass beim Werkvertrag die *Entgeltlichkeit* der Arbeitsleistung zu den Essentialia gehört (vgl. Art. 363 OR), während der Auftrag zwar ebenfalls entgeltlich sein kann, aber es nicht zwingend zu sein braucht (Art. 394 Abs. 3 OR). Wird die unentgeltliche Erbringung einer Arbeitsleistung versprochen, kommt daher eine Qualifikation des Vertragsverhältnisses als Werkvertrag zum vornherein nicht in Betracht. Vielmehr ist entweder ein Auftrag oder ein Innominatkontrakt anzunehmen.

3.15 Der Beauftragte wie der Unternehmer erledigen ihre Arbeiten *organisatorisch selbständig*. Darin liegt das entscheidende Kriterium für die Abgrenzung gegenüber dem Arbeitsvertrag (vgl. Art. 321d OR). Bei – hinreichend ausgeprägter – hierarchischer Unterordnung des zur Arbeitsleistung Verpflichteten liegt weder ein Auftrag noch ein Werkvertrag, sondern ein Arbeitsvertrag vor[46].

b) Praktische Bedeutung der Abgrenzung zwischen Auftrag und Werkvertrag

3.16 Die Frage, ob einem Vertrag der Charakter eines Auftrags oder aber eines Werkvertrags zukommt, ist nicht etwa bloss von akademischem Interesse. Die Zuordnung zum einen oder zum andern der beiden Vertragstypen hat erhebliche praktische Konsequenzen, und zwar namentlich auf drei Ebenen:

- Der – entgeltlich tätige – Beauftragte behält den *Honoraranspruch* auch dann, wenn das angestrebte Ziel trotz sorgfältiger Arbeit unerreicht bleibt[47]. Der Unternehmer kann dagegen einen *Werklohn* nur

45 GAUCH, Werkvertrag, 13 f. Rz. 43 f.

46 Vgl. dazu im Einzelnen TERCIER, 411 f. Rz. 3325 ff. und 482 f. Rz. 3943 ff.; BÜHLER, N 148 f. zu Art. 363 OR; ZINDEL/PULVER, N 11 vor Art. 363 OR; WEBER, N 25 ff. zu Art. 394 OR.

47 FELLMANN, N 97 ff. zu Art. 394 OR; WEBER, N 6 ff. und 28 ff. zu Art. 394 OR; DERENDINGER, 22 ff. Rz. 44 ff. – Zur Honorarkürzung bei *unsorgfältiger* Auftragsausführung unten Rz. 3.45.

beanspruchen, wenn er den versprochenen Arbeitserfolg erreicht und sein Werk abliefern kann (vgl. Art. 372 Abs. 1 OR). Gelingt die Herstellung des Werks trotz aller Anstrengung und aller Sorgfalt nicht, geht der Unternehmer grundsätzlich leer aus[48]. Ebenso verliert er grundsätzlich den Werklohnanspruch, wenn das Werk vor der Ablieferung durch Zufall untergeht (Art. 376 OR).

- Unterschiedlich geregelt ist weiter die *Haftung bei Schlechterfüllung*. Anknüpfungspunkt ist beim Auftrag die versprochene Tätigkeit, beim Werkvertrag der versprochene Arbeitserfolg. Der Beauftragte haftet für Verletzungen seiner Pflicht, bei der Ausführung des Auftrags die gebotene Sorgfalt anzuwenden[49]; der Unternehmer hat dagegen für Mängel des von ihm hergestellten Werks einzustehen[50].
- Schliesslich bestehen markante Unterschiede in Bezug auf die *Vertragsbeendigung*. Den Auftrag kann jede Vertragspartei jederzeit vorzeitig beendigen[51], wobei sie der anderen Vertragspartei allerdings zu Schadenersatz verpflichtet ist, wenn sie den Widerruf oder die Kündigung zur Unzeit ausspricht[52] (Art. 404 OR). Beim Werkvertrag sieht das Gesetz ein Rücktrittsrecht nur für den Besteller vor, und es verlangt von diesem zudem die Vergütung der bereits geleisteten Arbeit und die volle Schadloshaltung des Unternehmers[53] (Art. 377 OR).

c) *Tragweite von Art. 394 Abs. 2 OR – Wieweit bleibt Raum für Innominatkontrakte?*

Nach Art. 394 Abs. 2 OR stehen Verträge auf Arbeitsleistung, die keiner besonderen gesetzlichen Vertragsart unterstellt sind, unter den Vorschriften über den Auftrag. In dieser Bestimmung erblickte namentlich GAUTSCHI eine abschliessende Regelung[54]. Er zog daraus den Schluss, in der Schweiz bestehe im Bereich der Verträge auf Arbeitsleistung ein 3.17

48 Vgl. aber immerhin auch Art. 379 Abs. 2 OR.
49 Unten Rz. 3.37 ff.
50 Unten Rz. 3.46 ff.
51 Unten Rz. 3.58 ff.
52 Unten Rz. 3.62 f.
53 Unten Rz. 3.65 und 3.67.
54 Berner Kommentar, N 1 vor Art. 363 OR.

numerus clausus[55]. Das Bundesgericht ist dieser Auffassung, die den Auftrag zum «Auffangtatbestand» und zum «Sammelbecken» aller gesetzlich nicht besonders geregelten Dienstleistungsverträge werden liess, in einigen Entscheiden gefolgt[56]. Später ist es allerdings wieder davon abgerückt und hat insbesondere gemischte Verträge zugelassen; als gemischten Vertrag, der sowohl werkvertragliche als auch auftragliche Elemente aufweist, fasst das Bundesgericht namentlich den Gesamt-Architekturvertrag auf[57]. Die Lehre bejaht überwiegend auch die Zulässigkeit von Arbeitsleistungsverträgen sui generis[58].

2. Was der Vertragsschluss mit sich bringt – Übersicht über die Pflichten der Vertragsparteien

a) *Auftrag*

aa) *Pflichten des Beauftragten*

3.18 Die *Hauptleistungspflicht* des Beauftragten besteht darin, die Dienstleistung nach bestem Wissen und Gewissen gemäss Vertrag (Pflichtenheft, etc.) im Interesse des Auftraggebers oder eines von diesem bestimmten Dritten zu erbringen (Art. 394 Abs. 1 OR); er ist zur Tätigkeit verpflichtet, bis das Ziel erreicht ist oder sich dessen Verwirklichung als nicht mehr möglich erweist[59]. Inhalt und Umfang seiner Pflicht, tätig zu werden, legt zunächst der Vertrag fest; bei Fehlen einer präzisen Vereinbarung ergeben sie sich aus der Natur des Geschäfts (Art. 396 Abs. 1 OR). Nach Art. 398 Abs. 3 OR hat der Beauftragte den Auftrag in der Regel

---

55 A.a.O., N 56 zu Art. 394 OR, N 66a und b, 83a, 84a und b zu Art. 395 OR sowie N 12a zu Art. 404 OR.

56 Siehe insbes. BGE 104 II 110 f. und 106 II 159; anders noch 83 II 529 f.

57 Vgl. BGE 109 II 466; 112 II 46; 114 II 55 f. E. 2b; 115 II 108 ff.; 118 II 162 E. 3a. – Siehe auch unten Rz. 8.5.

58 FELLMANN, N 141 ff. vor Art. 394 OR und N 293 ff. zu Art. 394 OR; WEBER, N 23 zu Art. 394 OR; FAVRE-BULLE, 371; LEUENBERGER, 46 ff.; DESSEMONTET, 121 ff.; BÜHLER, N 154 ff. zu Art. 363 OR. – Einem früheren obiter dictum (BGE 112 II 46 E. 1a/aa) folgend hat das Bundesgericht in einem unveröffentlichten Urteil vom 19. Februar 1997 (Nr. 4C.327/1996, E. 2a) gleich entschieden.

59 WEBER, N 2 ff. zu Art. 394 OR; FELLMANN, N 94 ff., 105 ff. und 234 ff. zu Art. 394 OR; DERENDINGER, 37 f. Rz. 84.

persönlich auszuführen. Mit der Ausführungsobligation hängen weitere Pflichten des Beauftragten zusammen:

- Die *Sorgfaltspflicht* des Beauftragten wird im Gesetz nur angesprochen (Art. 398 Abs. 1 und 2 OR). Sie soll die Qualität der Dienstleistung des Beauftragten absichern und auferlegt diesem im Wesentlichen eine Verhaltenspflicht. Der Beauftragte soll den Auftrag in fachlicher Hinsicht kompetent erfüllen, ohne aber den Erfolg seiner Bemühungen garantieren zu müssen[60]. Die Sorgfaltspflicht steht gewissermassen am Eingang zur vertraglichen Haftung des Beauftragten[61]. 3.19

- Aus dem Auftrag fliesst weiter die *Treuepflicht* (Art. 398 Abs. 2 OR), die den Beauftragten verpflichtet, die Interessen des Auftraggebers nach besten Kräften wahrzunehmen und alles zu unterlassen, was jenen schaden könnte[62]. Treuepflichten können auch aus Berufsregeln und Standesrechten hervorgehen, denen der Beauftragte untersteht[63]. 3.20

- Weiter ist der Beauftragte verpflichtet, den Auftraggeber über Risiken und Folgen seiner Tätigkeit vor und während der Ausführung des Auftrags *aufzuklären*, wobei die Grenzen zur *Beratungspflicht* fliessend sind[64]. Er hat den Auftraggeber zudem über alle relevanten Umstände zu *informieren*[65]. 3.21

Zu den *Nebenleistungspflichten* gehören verschiedene mit dem Auftrag zusammenhängende, dem Interesse des Auftraggebers dienende Aufgaben: Der Beauftragte hat dem Auftraggeber Rechenschaft über die Ausführung des Auftrages abzulegen und diesem herauszugeben, was ihm infolge der Geschäftsführung zugekommen ist (Art. 400 Abs. 1 OR)[66]. Unter dieser Kategorie können auch die Diskretions- und Geheimhal- 3.22

60 FELLMANN, N 94, 97 und 254 ff. zu Art. 394 OR und N 16 ff. zu Art. 398 OR. Vgl. auch oben Rz. 3.12.

61 Unten Rz. 3.67 ff.

62 FELLMANN, N 251 ff., 267 und 269 zu Art. 394 OR.

63 A.a.O., N 177 ff. zu Art. 398 OR.

64 A.a.O., N 144 ff. zu Art. 398 OR; WEBER, N 9 und 26 zu Art. 398 OR. – Zur Aufklärungs- und Beratungspflicht des Architekten unten Rz. 8.26.

65 FELLMANN, N 171 ff. zu Art. 398 OR.

66 A.a.O., N 262 ff. zu Art. 394 OR; DERENDINGER, 37 Rz. 83.

tungspflichten sowie verschiedene Obhuts- und Schutzpflichten des Beauftragten erwähnt werden, sofern sie selbständig einklagbar sind[67].

3.23 Weiter ergeben sich je nach den Umständen aus der allgemeinen Verpflichtung des Beauftragten zur Treue besondere *Nebenpflichten*, beispielsweise die Pflicht, den Auftraggeber ungefragt über Vorkommnisse zu benachrichtigen, die aus dessen Sicht Anlass zu Umdispositionen bieten könnten[68], oder die Pflicht des mit der Bauleitung beauftragten Architekten, sich von den offerierenden Unternehmern keine «Architektenrabatte» für die Vergebung der Bauarbeiten bezahlen zu lassen[69]. Die Liste solcher Nebenpflichten liesse sich beliebig verlängern[70]. Sie zeichnen sich alle dadurch aus, dass sich zwar ihre Erfüllung nicht klageweise durchsetzen lässt, ihre Verletzung aber Schadenersatzpflichten auslösen kann[71].

bb) Pflichten des Auftraggebers

3.24 Den Beauftragten zu *honorieren*, ist die einzige und zudem nicht zwingende *Hauptleistungspflicht* des Auftraggebers. Denn nach Art. 394 Abs. 3 OR ist eine Vergütung zu leisten, wenn sie «verabredet oder üblich ist». Damit hat der Gesetzgeber eine Vermutung weder für noch gegen die Entgeltlichkeit des Auftrags geschaffen, diese aber stark begünstigt[72]. Das Honorar besteht meistens in einer Geldleistung[73], kann aber auch als Sach- oder Dienstleistung vereinbart werden[74]. Die Parteien können sich nicht nur über die Entgeltlichkeit des Auftrages an sich, sondern auch über Art und Umfang der Honorierung einigen, namentlich ein Pauschal-, Prozent-, Erfolgs- oder ein von Tarifen abhängiges Honorar vereinbaren; Kombinationen einzelner Honorierungsarten sind ebenfalls möglich.

---

67 FELLMANN, N 266 zu Art. 394 OR und N 40 ff. und 133 ff. zu Art. 398 OR; WEBER zählt sie zu den Treuepflichten (N 11 f. zu Art. 398 OR).

68 DERENDINGER, 66 Rz. 153. – Vgl. auch unten Rz. 8.28 und 8.34.

69 A.a.O., 67 Rz. 154. – Zu weiteren Nebenpflichten des Architekten unten Rz. 8.29 ff.

70 Weitere Beispiele, a.a.O., 66 f.

71 Vgl. FELLMANN, N 270 zu Art. 394 OR; zum Ganzen ferner a.a.O., N 23 ff. zu Art. 398 OR sowie WEBER, N 25 ff. zu Art. 398 OR.

72 FELLMANN, N 274, 366 und 388 zu Art. 394 OR; WEBER, N 35 f. zu Art. 394 OR; SCHNEEBERGER, 114 f.

73 GMÜR, 57 Rz. 155.

74 BGE 94 II 268 E. 3b; FELLMANN, N 392 ff. zu Art. 394 OR; GMÜR, 58 ff. Rz. 157 ff.

Im Sinne von Art. 394 Abs. 3 OR vermag die *Übung* einen Honoraranspruch zu begründen, wenn die Entgeltlichkeit als Verkehrssitte bei einer Mehrheit aller am betreffenden Geschäftszweig beteiligten Kreise auf Zustimmung stösst[75]. Umstritten ist, ob sich die Üblichkeit nur auf die Begründung des Entgeltsanspruchs an sich bezieht, oder ob mit ihrer Hilfe auch die Höhe der Vergütung bemessen werden kann[76]. Ist ein Honorar bloss dem Grundsatz nach vereinbart, seine *Bemessung* aber offen gelassen worden, so kann der Richter im Streitfall in analoger Anwendung von Art. 414 OR auf behördlich genehmigte Berufstarife[77] (oder allenfalls auf Verkehrsübungen) abstellen[78]. Sind keine behördlich genehmigten Tarife anwendbar (und keine bestimmten Verkehrsübungen nachweisbar), so ist das Honorar nach den Umständen des Einzelfalles zu bemessen, namentlich nach der Art und Dauer des Auftrags, der übernommenen Verantwortung sowie der beruflichen Stellung des Beauftragten[79]. Die *Beweislast* für die Vereinbarung der Entgeltlichkeit, für die sie begründende Übung und für den Umfang des Honorars trägt nach Art. 8 ZGB grundsätzlich der Beauftragte[80].

Nebenleistungspflichten sind zwei zu erwähnen. Der Auftraggeber hat den Beauftragten von in Ausführung des Auftrages im Interesse des Auftraggebers übernommenen Verbindlichkeiten zu befreien und die Auslagen des Beauftragten zu übernehmen (Art. 402 Abs. 1 OR). Ferner hat er dem Beauftragten den aus dem Auftrag erwachsenen Schaden zu ersetzen, soweit er nicht zu beweisen vermag, dass dieser ohne sein Verschulden entstanden ist (Art. 402 Abs. 2 OR)[81]. 3.25

Als weitere *Nebenpflicht* obliegt dem Auftraggeber, den Beauftragten im Rahmen der Zumutbarkeit vor Schaden zu bewahren; zudem muss er ihm die zur Ausführung des Auftrages erforderlichen Sachmittel in brauchbarem Zustand übergeben. Daneben treffen ihn unter Umständen Mitwirkungspflichten[82]. 3.26

---

75 FELLMANN, N 374 ff. zu Art. 394 OR.

76 A.a.O., N 396 f. zu Art. 394 OR. – Das Bundesgericht hat die Frage in BGE 117 II 283 f. E. 4a und b offen gelassen.

77 Von aus solchen Tarifen übernommenen Ansätzen darf in gewissen Schranken vermutet werden, dass sie angemessen sind (FELLMANN, N 417 und 419 zu Art. 394 OR; WEBER, N 38 zu Art. 394 OR).

78 Dazu eingehend FELLMANN, a.a.O., N 395 ff. zu Art. 394 OR.

79 BGE 117 II 283 ff. E. 4; vgl. auch FELLMANN, N 460 ff. zu Art. 394 OR.

80 A.a.O., N 372, 423 ff. und 439 f. zu Art. 394 OR; GMÜR, 85 f. Rz 241 ff.

81 FELLMANN, N 275 f. zu Art. 394 OR und N 11 ff., 85 ff. und 135 ff. zu Art. 402 OR; WEBER, N 3 ff., 8 f. und 11 ff. zu Art. 402 OR.

82 FELLMANN, N 277 ff. zu Art. 394 OR.

cc) Weisung und Abmahnung

3.27 Dem Auftraggeber steht ein Weisungsrecht zu. Erhält der Beauftragte eine unzweckmässige Weisung, hat er dem Auftraggeber wegen seiner Fachkenntnisse darüber Mitteilung zu machen (Abmahnung) und, wenn sich die Ausführung des Auftrags aufschieben lässt, die Stellungnahme des Auftraggebers abzuwarten (vgl. Art. 397 OR). Beharrt der Auftraggeber auf der Weisung, muss der Beauftragte sie befolgen, sofern er es nicht vorzieht, sich ihr durch Kündigung des Auftrags zu entziehen[83]. Für Schäden, die infolge der Weisung entstehen, haftet der Beauftragte nicht, wenn er abgemahnt hat.

Zu beachten ist, dass Weisungen im Einzelfall über blosse Anordnungen zur Art und Weise der Erfüllung des Vertrages hinausgehen können. Wird mit ihnen der Vertragsgegenstand ausgeweitet, liegt darin eine Offerte zur Ergänzung des Vertrags, die der Beauftragte nicht anzunehmen braucht[84].

b) Werkvertrag

aa) Pflichten des Unternehmers

3.28 Die *Hauptpflicht* des Unternehmers besteht darin, das Werk vertragsgemäss herzustellen und dem Besteller rechtzeitig in mängelfreiem Zustand abzuliefern. Sie lässt sich in die folgenden drei Einzelpflichten aufgliedern:

3.29 – Die Pflicht zur vertragsgemässen[85] *Herstellung des Werks* (Art. 363 Abs. 1 OR): Sie bildet den Kern des Werkvertrags. Dass der Unternehmer nicht – wie der Beauftragte – bloss eine Tätigkeit, sondern einen Arbeitserfolg schuldet[86], bedeutet insbesondere auch, dass er bis zur

83 BGE 108 II 198 E. 2a; Fellmann, N 13, 33 ff., 54 ff., 101 ff., 116 und 134 ff. zu Art. 397 OR; Weber, N 4 und 7 ff. zu Art. 397 OR; Schumacher, Haftung, 144 f. Rz. 449 f. und 150 ff. Rz. 470 ff.

84 Fellmann, N 21 ff., 51 ff. und 77 ff. zu Art. 397 OR; Weber, N 5 zu Art. 397 OR.

85 Lässt sich während der Ausführung «bestimmt voraussehen», dass der Unternehmer das Werk mangelhaft oder sonstwie vertragswidrig erstellt, so hat der Besteller das Recht, ihm eine angemessene Frist zur Abhilfe anzusetzen und ihm für den Unterlassungsfall die Ersatzvornahme auf seine Gefahr und Kosten anzudrohen (Art. 366 Abs. 2 OR). Dazu näher Gauch, Werkvertrag, 246 ff. Rz. 868 ff.

86 Oben Rz. 3.12.

Übergabe die Gefahr des zufälligen Untergangs des Werks trägt[87] (Art. 376 Abs. 1 OR). Nach Art. 364 Abs. 2 OR ist der Unternehmer, sofern nichts anderes vereinbart ist, grundsätzlich verpflichtet, das Werk persönlich auszuführen oder unter seiner persönlichen Leitung ausführen zu lassen, es sei denn, es komme nach der Natur des Geschäfts auf persönliche Eigenschaften des Unternehmers nicht an[88]. Vertragswidrige Verzögerung der Herstellung durch den Unternehmer gibt dem Besteller das Recht, nach Art. 366 Abs. 1 OR vom Vertrag zurückzutreten[89]. Sobald das Werk vollendet ist, fällt jedoch sowohl dieses Rücktrittsrecht als auch jenes gemäss Art. 377 OR[90] dahin.

- Die Pflicht zur rechtzeitigen *Ablieferung des Werks*: Sie ist im Gesetz 3.30
zwar nicht ausdrücklich statuiert, wird aber stillschweigend vorausgesetzt, indem an die Ablieferung[91] eine ganze Reihe von Rechtsfolgen geknüpft wird (vgl. Art. 367 Abs. 1, Art. 371 Abs. 1 in Verbindung mit Art. 210 Abs. 1, Art. 371 Abs. 2, Art. 372, Art. 376 Abs. 1 OR). Die Ablieferung setzt die Vollendung, nicht jedoch die Mängelfreiheit des Werks voraus[92]. Bei Bauwerken geschieht sie in der Regel dadurch, dass der Unternehmer dem Besteller die Vollendung des Werks – ausdrücklich oder durch konkludentes Verhalten – mitteilt, worauf dieser das Werk – wiederum ausdrücklich oder stillschweigend – entgegennimmt[93]. Der Ablieferungstermin bestimmt sich nach der

87 Im Gesetz ausdrücklich vorbehalten bleibt dabei allerdings der Fall, dass sich der Besteller im Annahmeverzug befindet. Der Verlust des Werkstoffes trifft im Übrigen diejenige Partei, die ihn geliefert hat (Art. 376 Abs. 2 OR).

88 Vgl. dazu im Einzelnen GAUCH, Werkvertrag, 175 ff. Rz. 608 ff.

89 Vgl. dazu auch unten Rz. 3.66.

90 Dazu im Einzelnen unten Rz. 3.65.

91 Die Terminologie ist allerdings uneinheitlich. Das Gesetz nennt den Vorgang teils – vom Unternehmer aus betrachtet –«Ablieferung» oder «Lieferung» (Art. 366 Abs. 1, 367 Abs. 1 und Art. 372 OR), teils – vom Besteller aus betrachtet – «Abnahme» (Art. 371 Abs. 2 OR), teils – neutral – «Übergabe» (Art. 376 Abs. 1 OR). Auch in der Vertragspraxis begegnet man zum Teil einer gefährlichen Begriffsverwirrung, die zuweilen auch zu Verwechslungen der Abnahme mit der Genehmigung führen (vgl. GAUCH, Werkvertrag, 32 Rz. 107).

92 GAUCH, Werkvertrag, 29 ff. Rz. 101 ff., insbes. 106.

93 BGE 89 II 409 E. a; GAUCH, Werkvertrag, 27 Rz. 92 f.; vgl. auch BGE 115 II 449; 113 II 267 E. b. – Die *Abnahme* ist *streng von der Genehmigung zu unterscheiden*. Siehe dazu DANIEL TRÜMPY, Abnahme und Genehmigung von Bauwerken, in:

Vereinbarung der Parteien[94]. Ist er im Vertrag nicht klar festgelegt, so ist er durch Auslegung zu ermitteln. Liefert der Unternehmer das Werk nicht termingerecht ab, stehen dem Besteller die Behelfe der Art. 102 ff. OR zu; bis zur Vollendung des Werks ist er im Weiteren zum Vorgehen nach Art. 366 Abs. 1 OR berechtigt[95].

3.31 – Die Pflicht zur *Gewährleistung* für Mängel[96] (Art. 367 ff. OR): Sie ist Ausfluss der Erfolgshaftung des Unternehmers. Hat der Unternehmer – wie dies bei Bauwerkverträgen regelmässig der Fall ist – nicht nur eine bestimmte Arbeit, sondern auch die nötigen Materiallieferungen übernommen, so umfasst die werkvertragliche Gewährleistungspflicht auch Mängel des gelieferten und bei der Werkherstellung verwendeten Materials (vgl. Art. 365 Abs. 1 OR).

3.32 Hinzu treten die *Nebenpflichten*. Art. 364 Abs. 1 OR verpflichtet den Unternehmer allgemein zur Sorgfalt. Daraus leitet sich ein bunter Strauss von Pflichten ab, insbesondere:

- die Pflicht zur *Abmahnung* unzweckmässiger Weisungen[97] (Art. 376 Abs. 3 OR);
- die Pflicht, mit vom Besteller geliefertem Werkstoff sorgfältig umzugehen, über dessen Verwendung Rechenschaft abzulegen und einen allfälligen Rest zurückzugeben (Art. 365 Abs. 2 OR);
- die Pflicht zur Prüfung des angewiesenen Baugrundes und Materials (Art. 365 Abs. 3 OR);
- die Pflicht zur Anzeige von Mängeln, die sich bei der Ausführung des Werks abzeichnen;
- die Pflicht zur Beachtung baupolizeilicher Vorschriften;
- die Pflicht, alle Massnahmen zu treffen, um den Bauherrn, andere am Bau Beteiligte und Dritte vor Gefahren zu schützen.

Lendi/Nef/Trümpy, Das private Baurecht der Schweiz, Zürich 1994, 103 ff.; GAUCH, Werkvertrag, 29 Rz. 99 f. sowie 32 Rz. 107.

94 In den Art. 157 – 164 SIA-Norm 118 sind detaillierte Vertragsbestimmungen über Ablieferung und Abnahme vorformuliert; vgl. dazu GAUCH, Werkvertrag, 684 ff. Rz. 2592 ff.

95 Dazu unten Rz. 3.66.

96 Dazu näher unten Rz. 3.46 ff. sowie 15.1 ff.

97 Vgl. zu dieser in der Praxis äusserst wichtigen Pflicht unten Rz. 15.93 und 15.102 ff.

Den Parteien steht es frei, weitere Nebenpflichten vertraglich zu vereinbaren, sei es durch individuelle Abrede, sei es durch Übernahme von Allgemeinen Vertragsbedingungen. Solche *vertraglichen Nebenpflichten* sind häufig anzutreffen. Zu erwähnen sind insbesondere Pflichten zum Abschluss von Versicherungen, wie sie beispielsweise Art. 26 Abs. 1 SIA-Norm 118 vorsieht. 3.33

bb) Pflichten und Obliegenheiten des Bestellers

Die *Hauptpflicht* des Bestellers ist die *Zahlung des Werklohnes*. Die Höhe des Werklohnes richtet sich in erster Linie nach dem Vertrag[98] (Art. 373 OR). Der Besteller hat den vereinbarten Preis auch dann voll zu bezahlen, wenn die Herstellung des Werks weniger aufwendig ist als ursprünglich angenommen (Art. 373 Abs. 3 OR). Umgekehrt bleibt auch der Unternehmer grundsätzlich an die Preisabrede gebunden; ist sein Aufwand grösser als erwartet, so berechtigt ihn dies in der Regel[99] nicht dazu, eine Erhöhung des Werklohnes zu verlangen (Art. 373 Abs. 1 OR), sofern die Mehrkosten nicht auf Bestellungsänderungen oder sonst auf das Verhalten des Bestellers zurückzuführen sind. Eine Ausnahme gilt weiter für den Fall, dass «ausserordentliche Umstände, die nicht vorausgesehen werden konnten oder die nach den von beiden Beteiligten angenommenen Voraussetzungen ausgeschlossen waren, die Fertigstellung hindern oder übermässig erschweren». Diesfalls kann gemäss Art. 373 Abs. 2 OR «der Richter nach seinem Ermessen eine Erhöhung des Preises oder die Auflösung des Vertrages[100] bewilligen»; nach der Parallelbestimmung in der SIA-Norm 118 hat der Unternehmer «Anspruch auf eine zusätzliche Vergütung» (Art. 59 Abs. 1). 3.34

98 Zu den verschiedenen Möglichkeiten der Preisvereinbarung unten Rz. 12.77 ff. – Fehlt eine Preisvereinbarung der Parteien, ist der Werklohn nach Massgabe des Wertes der Arbeit und der Aufwendungen des Unternehmers festzusetzen (Art. 374 OR).

99 Die vertraglichen Preisregelungen behalten allerdings oft selbst für bestimmte Fälle Mehrvergütungen vor. Solche vertraglichen Preisänderungsvorbehalte finden sich insbes. auch in der SIA-Norm 118 vorformuliert: Art. 39 Abs. 3, Art. 40 Abs. 3, Art. 42 Abs. 3, Art. 58 Abs. 2, Art. 59 und 60, Art. 64 ff. – Vgl. dazu auch die Übersicht über die Ursachen von Mehraufwand bei SCHUMACHER, Vergütung, 99 ff. Rz. 332 ff.; zur Höhe der Mehrvergütung ebenda, 208 ff. Rz. 640 ff.

100 Dazu unten Rz. 3.67.

Bei diesem Ausnahmetatbestand handelt es sich um einen besonders geregelten Anwendungsfall der «clausula rebus sic stantibus»[101]. Es besteht dazu reichhaltige Judikatur und Literatur[102]. Die Voraussetzungen einer auf Art. 373 Abs. 2 OR bzw. Art. 59 Abs. 1 SIA-Norm 118 gestützten ermessensweisen Preiserhöhung werden im Allgemeinen mit Recht eng umschrieben[103].

3.35 Der Werklohnanspruch wird nach der gesetzlichen Grundregel mit der Ablieferung des mangelfreien und vertragsgemässen Werks fällig (Art. 372 Abs. 1 OR). Häufig werden allerdings Teilzahlungen vereinbart, sei es als separate Vergütungen für verschiedene Teillieferungen (Art. 372 Abs. 2 OR), sei es als periodisch oder bei Abschluss bestimmter Ausführungsphasen zu leistende Anzahlungen[104]. Bezahlt der Besteller von Bauleistungen den Werklohn nicht, hat er damit zu rechnen, dass der Unternehmer das Baugrundstück mit einem Bauhandwerkerpfandrecht belegen lässt[105].

3.36 Zahlreich sind bei Bauwerkverträgen in der Regel die *Obliegenheiten*, die der Besteller zu beachten hat. Der Besteller hat in verschiedenster Hinsicht an der Vertragsabwicklung mitzuwirken. So hat er insbesondere das zur Ablieferung angebotene Werk entgegenzunehmen, das abgelieferte Werk zu prüfen und allfällige Mängel zu rügen. Weiter kann ihm obliegen, Baubewilligungen einzuholen, Material zu liefern, Benützungsrechte für Bauzufahrten und Durchleitungen zu beschaffen usw. Solche Mitwirkungshandlungen des Bestellers kann der Unternehmer zwar nicht erzwingen; er hat insoweit keinen Erfüllungsanspruch. Aus ihrer Unterlassung erwachsen dem Besteller jedoch bestimmte Rechtsnachteile: Verweigert er die Annahme des vollendeten Werks, gerät er in Annahmeverzug; unterlässt er die Prüfung des abgelieferten Werks und die Rüge von Mängeln, verliert er seine Mängelrechte; unterbleiben

---

101 BÜHLER, N 20 f. zu Art. 373 OR.

102 Siehe aus der Literatur etwa GAUCH, Werkvertrag, 291 ff. Rz. 1044 ff.; BÜHLER, N 19 ff. zu Art. 373 OR; ZINDEL/PULVER, N 14 ff. zu Art. 373 OR; RETO ERDIN, Unvorhergesehenes beim Werkvertrag mit Festpreis, Zur Tragweite von Art. 373 Abs. 2 OR, St. Galler Dissertation, Bern/Stuttgart/Wien 1997.

103 Vgl. GAUCH, Werkvertrag, 293 ff. Rz. 1049 ff.; BÜHLER, N 22 ff. zu Art. 373 OR; ZINDEL/PULVER, N 14 ff. zu Art. 373 OR.

104 Zum komplexen *Abrechnungssystem der SIA-Norm 118* SCHUMACHER, Vergütung, 66 ff. Rz. 218 ff. (vgl. dort auch die graphische Darstellung auf Seite 65).

105 Dazu unten § 13.

andere Mitwirkungshandlungen, kann dies dazu führen, dass der Besteller Bauverzögerungen oder Qualitätseinbussen hinnehmen muss.

3. Tücken der Haftungsregelung

a) *Sorgfaltshaftung des Beauftragten – Wo liegt die Grenze zwischen Sorgfalt und «Pfusch»?*

Für die Juristen beginnt es bekanntlich dann interessant zu werden, wenn die Dinge schief laufen. Was gilt, wenn die Art und Weise, wie der Beauftragte den Auftrag ausgeführt hat, Anlass zu Beanstandungen gibt? Das Gesetz regelt die Haftung des Beauftragten für getreue und sorgfältige Auftragsausführung in *Art. 398 Abs. 1 und 2 OR* äusserst knapp[106]. Die gesetzliche Regelung wirft mehr Fragen auf, als sie beantwortet[107]. Selbst wenn zusätzlich die allgemeinen Regeln der Art. 97 ff. OR herangezogen werden, bleiben Fragen, deren Beantwortung heikel ist und einen in hohem Grade geschärften juristischen Verstand erfordert. 3.37

Klarheit besteht immerhin insoweit, als die Sorgfaltshaftung zunächst an *vier Voraussetzungen* geknüpft ist: 3.38

- Der Auftraggeber muss – erstens – einen *Schaden* erlitten haben[108]. Fehlt es daran, so ist zwar ein Anspruch auf Schadenersatz ausgeschlossen, doch kommt allenfalls immerhin noch eine Kürzung des Honorars in Betracht[109].

---

106 Art. 398 Abs. 1 OR beschränkt sich auf einen – in mehrerer Hinsicht unglücklichen (FELLMANN, N 480 zu Art. 398 OR; DERENDINGER, 115 f. Rz. 262 ff.; WEBER, N 22 zu Art. 398 OR; SCHUMACHER, Haftung, 139 Rz. 436; SCHNEEBERGER, 159) und in seiner Tragweite umstrittenen (vgl. die folgende Fussnote) – Verweis auf die Regeln über die Haftung der Arbeitnehmer im Arbeitsverhältnis. Abs. 2 enthält ebenfalls nicht mehr Substanz: Er wiederholt lediglich den Grundsatz, dass den Beauftragten eine Sorgfaltshaftung trifft (HOFSTETTER, 110).

107 Umstritten ist namentlich auch, ob sich der Verweis von Art. 398 Abs. 1 OR nur auf Art. 321e OR oder – wie ein Teil der Lehre annimmt (Nachweise bei SCHNEEBERGER, 159 Fn. 49) – auch auf Art. 321a Abs. 1 OR bezieht.

108 Zum Begriff und zu den Erscheinungsformen des Schadens FELLMANN, N 333 ff. zu Art. 398 OR, und DERENDINGER, 92 ff. Rz. 214 ff.

109 Dazu unten Rz. 3.45.

- Zweitens muss der Beauftragte den *Vertrag verletzt*, mithin diejenige Sorgfalt missachtet haben, zu der er vertraglich verpflichtet gewesen wäre[110].
- Drittens muss die vertragswidrige Handlung oder Unterlassung des Beauftragten für den Schaden des Auftraggebers *adäquat kausal* gewesen sein[111].
- Schliesslich muss – viertens – den Beauftragten ein *Verschulden* treffen[112], wobei dieses nach Art. 97 Abs. 1 OR allerdings vermutet wird.

3.39 Insbesondere im Zusammenhang mit der Vertragsverletzung und dem Verschulden ergeben sich in der Praxis häufig Beweisschwierigkeiten[113]. Der Satz, wonach ein Gramm Beweis mehr wiegt als ein Kilogramm Rechtswissenschaft, bewahrheitet sich hier regelmässig. Umso grössere Bedeutung kommt der *Verteilung der Beweislast* zu: Die ersten drei Haftungsvoraussetzungen – Schaden, Vertragsverletzung, Kausalität – hat nach Art. 8 ZGB der Auftraggeber zu beweisen. Für die vierte Haftungsvoraussetzung bewirkt die Verschuldensvermutung von Art. 97 Abs. 1 OR hingegen eine Umkehr der Beweislast: Hier hat der Beauftragte zu beweisen, dass ihm «keinerlei Verschulden zur Last falle» (Exkulpationsbeweis).

3.40 Diese Grundsätze mögen auf den ersten Blick selbstverständlich, klar und unproblematisch erscheinen. Doch der Schein trügt. Für die Anwendung der Regelung ist unerlässlich, dass die Vertragsverletzung im Einzelfall exakt vom Verschulden abgegrenzt wird. Diese Abgrenzung bereitet aber in der Praxis immer wieder erhebliche Schwierigkeiten. Der Grund dafür liegt nicht zuletzt in der *Zweideutigkeit des Begriffs der Sorgfalt*. Nach einer geläufigen Formel ist «Sorgfalt Können und Unsorgfalt Kunstfehler». Die Faustregel hilft allerdings nicht weiter. Denn sowohl der Begriff der Sorgfalt als auch jener des Kunstfehlers verwischen die Grenze

---

110 Vgl. im Einzelnen unten Rz. 3.42 f.

111 Dazu näher FELLMANN, N 457 ff. zu Art. 398 OR; DERENDINGER, 100 f. Rz. 229 ff.

112 Vgl. im Einzelnen unten Rz. 3.44.

113 Beim Schaden besteht, falls er sich ziffernmässig nicht nachweisen lässt, die Möglichkeit einer richterlichen Schätzung (Art. 42 Abs. 2 in Verbindung mit Art. 99 Abs. 3 OR). Der Kausalzusammenhang braucht nicht mit wissenschaftlicher Genauigkeit nachgewiesen werden; es genügt eine überwiegende Wahrscheinlichkeit (FELLMANN, N 461 zu Art. 398 OR).

zwischen Vertragsverletzung und Verschulden. Die vertraglich geschuldete Sorgfalt ist einerseits der entscheidende Anknüpfungspunkt für die Beurteilung der Frage, ob der Beauftragte den Vertrag verletzt hat. Anderseits ist die Sorgfalt aber auch untrennbar mit der Definition des Verschuldens in der Form der Fahrlässigkeit verbunden: Fahrlässig handelt, wer die nach den Umständen gebotene Sorgfalt ausser Acht lässt[114]. Entsprechendes gilt für den Begriff des Kunstfehlers, soweit darin ein dem Beauftragten zum Vorwurf gereichender (sic) Verstoss gegen die anerkannten Regeln des Berufsstandes gesehen wird[115].

In der Praxis ist streng darauf zu achten, sich von den beschriebenen begrifflichen Unschärfen nicht dazu verleiten zu lassen, Gesichtspunkte der Vertragsverletzung mit solchen des Verschuldens zu vermischen. Beides ist vielmehr scharf auseinanderzuhalten. In einem ersten Schritt ist zu prüfen, welche Leistungsqualität der Beauftragte nach Massgabe des konkreten Vertrags und nach den Umständen des Einzelfalls schuldete; entspricht die Leistung nicht den ermittelten Anforderungen, hat der Beauftragte den Vertrag verletzt. Erst in zweiter Linie und im Rahmen der Prüfung des Verschuldens stellt sich die Frage, ob dem Beauftragten aufgrund einer moralischen Wertung ein Vorwurf daraus gemacht werden kann, dass er die Leistung nicht der erforderlichen Qualität entsprechend erbracht hat. Nur in diesem zweiten Punkt hilft dem Auftraggeber die Verschuldensvermutung gemäss Art. 97 Abs. 1 OR. 3.41

Welches *Mass an Sorgfalt* der Beauftragte nach dem Vertrag schuldet, ist ausgehend von den Umständen des Einzelfalls aufgrund einer objektivierten Beurteilung zu bestimmen. Nach der bundesgerichtlichen Rechtsprechung ist der Beauftragte zu derjenigen Sorgfalt verpflichtet, die «ein gewissenhafter Beauftragter in der gleichen Lage bei der Besorgung der ihm übertragenen Geschäfte anzuwenden pflegt»[116]. Nicht ausschlaggebend ist, ob der Beauftragte das anvisierte Ziel erreicht oder nicht, trifft ihn doch – im Gegensatz zum Unternehmer im Werkvertrag – keine Erfolgshaftung[117]. Der Beauftragte muss vorkehren, was der 3.42

114 FELLMANN, N 19 ff., 352 und 383 zu Art. 398 OR; DERENDINGER, 111 f. Rz. 253 f.; SCHNEEBERGER, 152 f. – Vgl. auch § 276 Abs. 1 Satz 2 BGB.

115 SCHNEEBERGER, 151 f., mit zahlreichen Hinweisen.

116 BGE 115 II 64 E. 3a; vgl. auch 117 II 566 f. E. 2a.

117 Oben Rz. 3.12.

Erreichung des gesteckten Ziels dient, und vermeiden, was ihr abträglich ist[118]. Erhöhte Erwartungen an die Sorgfalt dürfen dabei an Beauftragte gestellt werden, die – was in der Bauwirtschaft praktisch immer der Fall ist – berufsmässig, gegen Entgelt tätig sind. Besonders hohe Anforderungen gelten für Spezialisten, wozu Baufachleute regelmässig zu rechnen sind. Massgebend sind die berufsspezifischen Verhaltensregeln[119]. Entspricht die Dienstleistung nicht der fachlichen Qualität, die der Auftraggeber objektiv erwarten durfte, so liegt eine Vertragsverletzung vor[120].

Hinzuweisen ist in diesem Zusammenhang auf drei *besondere Erscheinungsformen von Vertragsverletzungen:*

- mangelnde oder irreführende Aufklärung über Risiken und Konsequenzen der Auftragsausführung und über vom Auftraggeber zu treffende Vorsichtsmassregeln[121];
- mangelnde oder falsche Beratung[122];
- Übernahme des Auftrags trotz Fehlens der nötigen Fachkenntnisse[123].

3.43 Der Auftraggeber, der dem Beauftragten eine Vertragsverletzung nachweisen will, befindet sich oft in einer ungünstigen Ausgangslage. Er verfügt in der Regel nicht über das nötige Fachwissen, um die Tätigkeit des Beauftragten im Einzelnen beurteilen zu können, und ist daher auf den Beizug von Sachverständigen angewiesen. Die Beweisführung mit Sachverständigen-Gutachten ist aufwendig. Von der Höhe der «*Beweis-Hürde*» her nähert sich der dem Auftraggeber obliegende Beweis der Vertragsverletzung oft demjenigen des Verschuldens[124]. Hat es der Auf-

118 BGE 120 II 250 E. 2c; 115 II 64 f. E. 3a.

119 BGE 117 II 566 E. 2a; 115 II 64 E. 3a.

120 Siehe zum Ganzen auch FELLMANN, N 17 f., 21, 341 ff., 355 ff., 473 und 498 f. zu Art. 398 OR; WEBER, N 24 zu Art. 398 OR; DERENDINGER, 104 ff. Rz. 237 ff.

121 BGE 124 III 126 f., E. 3a; 119 II 335 E. 5a, 458 f. E. 2; 116 II 521 f. E. 3b; FELLMANN, N 144 ff. und 392 zu Art. 398 OR; WEBER, N 9 und 26 zu Art. 398 OR; DERENDINGER, 57 ff. Rz. 131 und 133.

122 Die Beratungspflicht ist von der Aufklärungspflicht nicht scharf abgrenzbar. – BGE 124 III 162 f. E. 3a; 119 II 336 E. 7a; 115 II 65 E. 3a; 111 II 74 f. E. 3d; FELLMANN, N 167 zu Art. 398 OR; DERENDINGER, 57 f. Rz. 131.

123 BGE 124 III 164 E. 3b; 113 II 431 E. 2; 93 II 324 E. 2e/bb; FELLMANN, N 358, 474 und 496 zu Art. 398 OR; DERENDINGER, 127 ff. Rz. 282 ff.; WEBER, N 28 zu Art. 398 OR. – Zum Fall, dass der Beauftragte einen überforderten Dritten einsetzt: FELLMANN, N 167 zu Art. 398 OR; DERENDINGER, 138 Rz. 308.

124 So EUGEN BUCHER, Besonderer Teil des Obligationenrechts, 3. Aufl., Zürich 1988, 231.

traggeber mit grossem Aufwand einmal geschafft, dem Beauftragten die Vertragsverletzung nachzuweisen, vermag dieser die ihn treffende Verschuldensvermutung nur noch selten umzustossen[125].

Vor diesem Hintergrund braucht nicht zu verwundern, dass sich in der Rechtsprechung gewisse Tendenzen zeigen, dem Auftraggeber mit tatsächlichen Vermutungen oder mit reduzierten Beweisanforderungen zu Hilfe zu eilen[126]. Je grösser der fachliche Vorsprung des Beauftragten ist, desto problematischer erscheint es, dem Auftraggeber die ganze Beweislast für die Vertragsverletzung uneingeschränkt aufzubürden. Auch die Lehre weist deshalb auf die Notwendigkeit von *Beweiserleichterungen* hin[127]. Es rechtfertigt sich insbesondere, dem geschädigten Auftraggeber dadurch entgegenzukommen, dass, sobald eine Vertragsverletzung aufgrund der Umstände nach der Lebenserfahrung höchstwahrscheinlich vorliegt, der Beweis dafür als erbracht erachtet wird, sofern es dem Beauftragten nicht gelingt, seinerseits die sorgfältige Auftragsausführung nachzuweisen oder zumindest ernsthafte Zweifel an der Wahrscheinlichkeit einer Sorgfaltswidrigkeit wachzuhalten (Anscheins- oder Wahrscheinlichkeitsbeweis). Das bedeutet zwar keine Umkehr der Beweislast, sondern bloss, dass das Prozessverhalten des Beweisgegners in die Beweiswürdigung miteinbezogen wird. Im praktischen Ergebnis lässt sich auf diese Weise aber doch erreichen, dass auch der Beauftragte sich gezwungen sieht, an der Beweisführung mitzuwirken. Sind die Beweisschwierigkeiten des Auftraggebers darauf zurückzuführen, dass der Beauftragte den Ablauf der Auftragsausführung – in Verletzung seiner Rechenschaftspflicht (Art. 400 Abs. 1 OR) – ungenügend dokumentiert hat, so kann sich im Übrigen auch eine eigentliche Umkehr der Beweislast rechtfertigen[128].

Absichtliche Schadensverursachung dürfte in der Bauvertrags-Praxis eher selten sein. Beim *Verschulden* steht daher die Fahrlässigkeit im Vordergrund. Es gilt ein objektivierter Fahrlässigkeitsmassstab: Fahrlässiges Verhalten ist dem Beauftragten vorzuwerfen, wenn er die in der gegebenen Situation objektiv gebotene Sorgfalt missachtet hat[129]. Dabei genügt jede, auch eine bloss leichte Fahrlässigkeit, um die Haftung auszulösen[130]. Gelingt es dem Beauftragten jedoch nachzuweisen, dass 3.44

125 FELLMANN, N 445 f. zu Art. 398 OR; weitere Hinweise auf in diese Richtung zielende Meinungsäusserungen bei SCHNEEBERGER, 153 f. Fn. 20 f.

126 BGE 120 II 251 f. E. 2c. Grundsätzlich zustimmende Rechtsprechungsberichte: VOGEL, ZBJV 132 (1996), 141 f., WIEGAND, ebenda, 330 ff. und HAUSHEER, ebenda, 392.

127 SCHUMACHER, Haftung, 137 f. Rz. 432 ff.; FELLMANN, N 448 ff. zu Art. 398 OR; SCHNEEBERGER, 246 f., mit weiteren Hinweisen in Fn. 79 ff.

128 FELLMANN, N 452 ff. zu Art. 398 OR, unter Hinweis auf die deutsche Lehre und Rechtsprechung.

129 A.a.O., N 353, 465 f. und 469 ff. zu Art. 398 OR; DERENDINGER, 117 ff. Rz. 266 ff.

130 Für leichte Fahrlässigkeit kann die Haftung allerdings vertraglich wegbedungen

sein Verschulden nur gering ist, so fällt dies bei der Bemessung des Schadenersatzes als Reduktionsgrund ins Gewicht (Art. 43 Abs. 1 in Verbindung mit Art. 99 Abs. 3 OR).

3.45 Unsorgfältige Auftragsausführung zieht für den Beauftragten einerseits die Pflicht zum Ersatz des Schadens nach sich, den er dem Auftraggeber zugefügt hat[131]. Anderseits hat der Beauftragte in der Regel aber auch eine Kürzung oder gar den Verlust seiner Honorarforderung hinzunehmen, denn er hat nach dem in Art. 82 OR verankerten Grundsatz nur insoweit Anspruch auf das Honorar, als er seine eigene Vertragsleistung vertragsgemäss erbracht hat[132]. Die Voraussetzungen des Schadenersatzanspruchs und der Honorarkürzung sind je getrennt zu prüfen[133]. Der *Schadenersatzanspruch* zielt auf die Ausgleichung von Vermögenseinbussen; er ist nur gegeben, wenn dem Auftraggeber aus der Vertragsverletzung des Beauftragten ein Schaden entstanden ist. Die *Kürzung (oder Streichung) des Honorars* soll hingegen die Störung des Leistungsgleichgewichts beheben, die sich daraus ergibt, dass die vertragsgemässe Auftragsausführung teilweise (oder ganz) ausgeblieben ist; sie setzt voraus, dass die Vertragsleistung des Beauftragten wegen der Sorgfaltspflichtverletzung als minderwertig erscheint. In der Praxis empfiehlt es sich, in einem ersten Schritt zu prüfen, wieweit wegen Minderwertigkeit der Auftragsausführung das Honorar zu kürzen oder zu streichen ist, und sodann in einem zweiten Schritt zu untersuchen, wieweit der Auftraggeber nicht nur eine mangelhafte Dienstleistung erhalten, sondern darüber hinaus infolge der Vertragsverletzung des Beauftragten auch einen Schaden erlitten hat, für den er Ersatz beanspruchen kann.

---

werden (vgl. Art. 100 OR).

131 Der Schadenersatzanspruch aus Art. 97 Abs. 1 OR verjährt nach zehn Jahren (BGE 111 II 172).

132 So überzeugend Tercier, contrats, 503 Rz. 4119. Über die dogmatische Abstützung der Honorarkürzung besteht allerdings keine Einigkeit (vgl. BGE 110 II 379 E. 2 und die Hinweise in der folgenden Fussnote).

133 Im Einzelnen ist das Verhältnis zwischen Schadenersatzanspruch und Honorarkürzung allerdings umstritten; siehe dazu Gmür, 156 Rz. 484 und 177 Rz. 538; Werro, 360 ff. Rz. 1069 ff.; Schumacher, 197 f. Rz. 608 f.; Weber, N 43 zu Art. 394 OR; Derendinger, 206 ff. Rz. 443 ff., und Fellmann, N 526 ff. zu Art. 394 OR; vgl. ferner auch BGE 117 II 567 E. 2a.

Das *Mass der Honorarkürzung* ist nach richterlichem Ermessen festzusetzen. Auszugehen ist vom Gewicht, das der Sorgfaltspflichtverletzung im Gesamtrahmen des konkreten Vertragsverhältnisses zukommt. Fehler und Versäumnisse bei der Auftragsausführung, die den Sinn des erteilten Auftrags insgesamt in Frage stellen, lassen den Honoraranspruch des Beauftragten vollständig entfallen[134]. Bei Unsorgfältigkeiten, die im Hinblick auf das vom Auftraggeber angestrebte Ziel als weniger schwerwiegend erscheinen, kommt dagegen lediglich eine Kürzung des Honorars in Betracht[135]. Vermag die Tätigkeit des Beauftragten trotz mangelnder Sorgfalt letztlich doch zu bewirken, dass der Auftraggeber sein Ziel im Wesentlichen erreicht, bleibt dieser zur Zahlung des ganzen Honorars verpflichtet und kann einzig Ersatz für allfälligen Schaden beanspruchen[136]. So ist namentlich zu entscheiden, wenn sich die Auftragsausführung aufgrund des Fehlers des Beauftragten lediglich verzögert hat, es sei denn, die Leistung des Beauftragten werde durch die Verzögerung für den Auftraggeber unbrauchbar[137]. Neben der Sorgfaltspflichtverletzung sind für die Bemessung der Honorarkürzung – in analoger Anwendung von Art. 43 und 44 OR – gegebenenfalls auch weitere Umstände zu berücksichtigen, etwa ein bloss geringes Verschulden des Beauftragten oder ein Mitverschulden des Auftraggebers[138].

b) *Mängelhaftung des Unternehmers – eine strenge, aber mitunter schwer durchsetzbare Haftung*

Da der Unternehmer einen Arbeitserfolg schuldet, erscheint als richtig, ihn für alles einstehen zu lassen, was diesen Arbeitserfolg beeinträchtigt. Das Gesetz sieht deshalb in Art. 367 ff. OR eine strenge Haftung des Unternehmers für Mängel des von ihm hergestellten Werks vor. Diese Mängelhaftung zeichnet sich durch die folgenden *Grundmerkmale* aus: 3.46

- *Anknüpfungspunkt* der Haftung ist die *Mangelhaftigkeit des Werks:* Ob und wieweit der Unternehmer haftet, hängt davon ab, ob und wieweit das Werk Mängel aufweist. Dem Begriff des Mangels kommt deshalb im Hinblick auf die genauere Bestimmung des Umfangs der Haftung eine zentrale Bedeutung zu. Rechtsprechung und Lehre fassen ihn weit: 3.47

134 BGE 110 II 379 E. 2; vgl. auch 117 II 567 E. 2a; 108 II 198 E. 2a; 87 II 293 E. 4c.

135 Vgl. Werro, 362 f. Rz. 1074.

136 Werro, 362 Rz. 1072; vgl. auch Derendinger, 206 f. Rz. 446 und 210 Rz. 451 ff.; Gmür, 158 Rz. 488 f. – Anders verhält es sich allerdings, wenn die Zielerreichung gar nicht mehr der Tätigkeit des Beauftragten, sondern anderen Ursachen oder dem blossen Zufall zu verdanken ist (Gmür, 159 Rz. 491; Werro, 361 f. Rz. 1071).

137 Gmür, 148 Rz. 463 und 153 Rz. 475; Fellmann, N 509 f. zu Art. 394 OR.

138 Brunner, Die Anwendung deliktsrechtlicher Regeln auf die Vertragshaftung, Diss. Freiburg 1991, 181 f. Rz. 450 ff.; Gmür, 162 ff. Rz. 501 f.

Als Mangel gilt jeder vertragswidrige Zustand des Werks, jedes Fehlen einer zugesicherten oder vorausgesetzten Eigenschaft[139].

3.48 – Die Haftung ist *verschuldensunabhängig*[140]: Der Unternehmer haftet für Mängel auch dann, wenn ihn an ihrer Entstehung keinerlei Verschulden trifft; er hat keine Exkulpationsmöglichkeit, wie sie Art. 97 Abs. 1 OR für die allgemeine vertragliche Haftung gewährt. Umgekehrt kann allerdings ein Selbstverschulden des Bestellers die Haftung des Unternehmers eingrenzen oder gar ausschliessen[141].

3.49 – Bei Mangelhaftigkeit des Werks hat der Besteller grundsätzlich die Wahl zwischen *drei Mängelrechten*[142]: Er kann entweder vom Vertrag zurücktreten[143] (*Wandelung*[144], Art. 368 Abs. 1 OR) oder einen dem Minderwert des Werks entsprechenden Abzug am Werklohn vornehmen (*Minderung*[145], Art. 368 Abs. 2 OR) oder verlangen, dass der Unternehmer das Werk unentgeltlich verbessere (*Nachbesserung*[146], Art. 368 Abs. 2 OR).

Wandelung setzt allerdings voraus, dass dem Besteller die Annahme des Werks «billigerweise nicht zugemutet werden kann», was insbesondere dann der Fall ist, wenn das Werk für ihn unbrauchbar ist[147] (Art. 368 Abs. 1 OR). Für Bauwerkverträge bedeutsam ist, dass Art. 368 Abs. 3 OR die Wandelung bei Werken ausschliesst, die auf dem Grund und Boden des Bestellers errichtet worden sind und ihrer Natur nach nur mit unverhältnismässigen Nachteilen entfernt werden können[148]. Den *Nachbesserungsanspruch* stellt das Gesetz unter die Voraussetzung, dass dem Unternehmer keine

---

139 Siehe im Einzelnen unten Rz. 15.4 ff. – Vgl. auch die Begriffsumschreibung in Art. 166 f. SIA-Norm 118.

140 So ausdrücklich Art. 165 Abs. 2 SIA-Norm 118.

141 Dazu unten Rz. 15.92 ff.; ferner überblicksartig ANTON EGLI, Die Haftung des Unternehmers für Mängel seines Werkes, in: Lendi/Nef/Trümpy, Das private Baurecht der Schweiz, Zürich 1994, 93 ff.; eingehend GAUCH, Werkvertrag, 509 ff. Rz. 1912 ff.; siehe auch GAUCH, KommSIA 118, N 13 ff. zu Art. 166.

142 Zu den Vor- und Nachteilen der verschiedenen Mängelrechte unten Rz. 15.70 ff.

143 Bei Verschulden des Unternehmers kann er dabei auch Ersatz des Schadens verlangen, der ihm aus dem Dahinfallen des Vertrags erwächst (Ersatz des negativen Vertragsinteresses, Art. 368 Abs. 1 OR).

144 Dazu näher unten Rz. 15.48 ff.

145 Dazu näher unten Rz. 15.52 ff.

146 Dazu näher unten Rz. 15.59 ff.

147 Dazu im Einzelnen GAUCH, Werkvertrag, 429 ff. Rz. 1556 ff.

148 A.a.O., 433 Rz. 1573 ff.

übermässigen Kosten entstehen (Art. 368 Abs. 2 OR). Übermässigkeit ist allerdings nicht bereits dann anzunehmen, wenn die Nachbesserung – was häufig zutrifft – dem Unternehmer erheblichen Aufwand verursacht; er kann die Nachbesserung vielmehr nur verweigern, wenn ihre Kosten in einem Missverhältnis zum Nutzen stehen, den sie dem Besteller bringt[149]. Nach der *SIA-Norm 118* hat der Besteller zunächst einzig das Recht, Nachbesserung zu verlangen[150] (Art. 190 Abs. 1). Erst nach Ablauf der dafür angesetzten Frist – oder bei ausdrücklicher Weigerung des Unternehmers, die Nachbesserung vorzunehmen (Art. 190 Abs. 2) – kann der Besteller nach seiner Wahl entweder auf der Nachbesserung beharren[151] (Art. 190 Abs. 1 Ziff. 1) oder Minderung geltend machen (Art. 190 Abs. 1 Ziff. 2) oder den Vertrag durch Wandelung «ex tunc» auflösen[152] (Art. 190 Abs. 1 Ziff. 3).

- Von der Mängelgewährleistung zu unterscheiden ist die *Haftung für Mangelfolgeschäden*[153]: Für solche nicht im Mangel selbst bestehende, sondern darüber hinausgehende, *infolge* des Mangels eingetretene Schäden haftet der Unternehmer nicht nach Art. 367 ff. OR, sondern nach den allgemeinen Grundsätzen der Vertragshaftung (Art. 97 ff. OR). Es steht ihm deshalb die Möglichkeit offen, sich nach Art. 97 Abs. 1 OR zu exkulpieren[154]. 3.50

Dass das Gesetz den Unternehmer für Mängel unabhängig von seinem Verschulden einstehen lässt und dem Besteller weitreichende Mängelrechte in die Hand gibt, darf nicht darüber hinwegtäuschen, dass die *Durchsetzung* von Ansprüchen aus Mängelhaftung in der Praxis mit vielfältigen Schwierigkeiten verbunden ist. Die Bemühungen, den Ansprüchen des Bestellers zum Durchbruch zu verhelfen, können namentlich aus den folgenden Gründen scheitern: 3.51

149 Unten Rz. 15.58.

150 Dem Unternehmer kann somit die Möglichkeit, den Mangel durch Nachbesserung zu beheben, nicht genommen werden. Siehe dazu auch unten Rz. 15.73 ff.

151 Der Nachbesserungsanspruch bleibt dabei allerdings an die Voraussetzungen von Art. 368 Abs. 2 OR geknüpft.

152 Auch hier müssen die gesetzlichen Voraussetzungen (Art. 368 Abs. 1 und 3 OR), auf die die SIA-Norm 118 verweist, gegeben sein.

153 Siehe dazu auch unten Rz. 15.66 ff. – Ausführlich Duri Pally, Mangelfolgeschaden im Werkvertragsrecht, Begriff und Verhältnis zu den allgemeinen Nichterfüllungsfolgen, St. Galler Dissertation, Bamberg 1996.

154 So ausdrücklich Art. 171 Abs. 2 SIA-Norm 118; vgl. auch Art. 368 Abs. 1 und 2 OR, je am Ende.

3.52 – *Verspätete Mängelrüge:* Nach der gesetzlichen Regelung obliegt dem Besteller, das abgelieferte Werk, «sobald es nach dem üblichen Geschäftsgange tunlich ist»[155], zu prüfen und dem Unternehmer dabei entdeckte Mängel unverzüglich anzuzeigen[156] (Art. 367 Abs. 1 OR). Die SIA-Norm 118 lässt ihm dagegen immerhin zwei Jahre Zeit zur Erhebung von Mängelrügen[157] (Art. 173 Abs. 1 in Verbindung mit Art. 172; vgl. aber auch Art. 173 Abs. 2). Kommt der Besteller seiner Rügeobliegenheit nicht rechtzeitig nach, gilt das Werk als genehmigt, mit der Folge, dass er die Rechte aus offenen Mängeln, die bei ordnungsgemässer Prüfung erkennbar gewesen wären, verwirkt; anders verhält es sich nur, wenn der Unternehmer die Mängel absichtlich verschwiegen hat[158] (Art. 370 Abs. 1 und 2 OR; Art. 178 sowie 179 Abs. 3 und 4 SIA-Norm 118). Hinsichtlich versteckter Mängel, die erst später zu Tage treten, tritt die Verwirkung ein, wenn der Besteller sie nicht sofort nach der Entdeckung rügt[159] (Art. 370 Abs. 3 OR; Art. 179 Abs. 1 und 2 SIA-Norm 118).

3.53 – *Verjährung:* Ansprüche aus Mängeln von unbeweglichen Bauwerken verjähren nach Art. 371 Abs. 2 OR in fünf Jahren nach der Abnahme[160]. Für bewegliche Bauwerke[161] reduziert sich die Verjährungsfrist auf ein Jahr (Art. 371 Abs. 1 in Verbindung mit Art. 210 Abs. 1 OR). Nach der SIA-Norm 118 gilt eine einheitliche Verjährungsfrist von fünf Jahren (Art. 180 Abs. 1). Was erst nach Ablauf dieser Fristen zum Vorschein kommt, kann der Besteller nicht mehr geltend machen. Ebensowenig kann er Ansprüche aus vorher entdeckten Mängeln durchsetzen, für die er die Verjährung nicht rechtzeitig unterbrochen hat[162].

---

155 Dazu unten Rz. 15.135. – Die SIA-Norm 118 gesteht dem Besteller eine Prüfungs- und Rügefrist von zwei Jahren zu (Art. 173 Abs. 1 SIA-Norm 118; siehe aber auch Abs. 2 dieser Bestimmung).

156 Zu den Anforderungen an diese Anzeige unten Rz. 15.143.

157 Vgl. unten Rz. 15.148.

158 Zum Ganzen näher unten Rz. 15.135 ff.

159 Dazu näher unten Rz. 15.138 ff.

160 Dazu näher unten Rz. 15.119 ff.

161 Beispiele unten Rz. 15.124.

162 Zur Verjährungsunterbrechung unten Rz. 15.166 ff.

– *Unterlassene Beweissicherung:* Das Fortschreiten des Baus bringt es mit sich, dass das Fundament von Erdreich zugedeckt wird, das Mauerwerk hinter dem Verputz verschwindet, die Fussbodenheizung unter das Parkett zu liegen kommt, kurz: zahlreiche Bauteile schon bald nach ihrer Fertigstellung nicht mehr sichtbar und nicht mehr zugänglich sind. Werden die Beweise nicht rechtzeitig gesichert, lassen sich Mängel an solchen Bauteilen später kaum mehr beweisen[163]. 3.54

– *Unmöglichkeit der Ermittlung des Verantwortlichen:* Die Bauwirtschaft ist heute in hohem Masse arbeitsteilig organisiert. Am gleichen Bau wirken regelmässig zahlreiche Baufachleute und Bauunternehmer mit. Zeigt sich ein Mangel, so ist oft schwer zu eruieren, wer die Ursache dafür gesetzt hat[164]. Löst sich beispielsweise ein Plattenbelag von einer teils in Beton, teils in Backstein erstellten Wand, so fragt sich, ob dies darauf zurückzuführen ist, dass sich das Mauerwerk zufolge «Schwindens» des Beton verzogen hat oder ob ein Mangel im Gips- oder im Plattenbelag vorliegt. Hat hier der Architekt falsch geplant, das Baugeschäft unsachgemäss gemauert, der Gipser schlecht gegipst oder der Plattenleger nicht gut geklebt? – In rechtlichen Auseinandersetzungen schiebt jeweils gerne jeder Beteiligte den «Schwarzen Peter» dem andern zu. 3.55

– *Unerschwinglichkeit des Beweises:* Für den Laien ist es in der Regel schwierig, Bauleistungen sachgerecht zu beurteilen. Worauf ein festgestellter Mangel genau zurückzuführen ist, lässt sich häufig nur beantworten, wenn ein Fachmann als Experte beigezogen wird. Expertisen sind jedoch teuer[165]. Lohnt sich der Aufwand? – Der Besteller steht hier nicht selten vor einem schwierigen Entscheid. 3.56

– *Hohes Prozessrisiko:* Angesichts der oft prekären Beweislage und der komplexen Rechtsbeziehungen zwischen den Baubeteiligten sind Prozesse um Baumängel regelmässig mit verschiedensten Unwägbarkeiten verbunden. Bausachen gelten nicht von ungefähr als «Sausachen». Mancher Besteller wird von einer gerichtlichen Geltendmachung seiner Mängelrechte absehen, weil er das damit verbundene Risiko scheut. 3.57

163 Siehe zur Beweissicherung unten Rz. 15.164 f.
164 Vgl. auch unten Rz. 15.173 ff.
165 Zu dieser Problematik und zu möglichen Auswegen auch unten Rz. 15.177 ff.

4. Vorzeitige Vertragsbeendigung

a) Zwingende jederzeitige Widerrufbarkeit des Auftrags – ein umstrittenes, aber vom Bundesgericht hartnäckig verteidigtes Dogma

3.58 *Art. 404 OR* ist eine ebenso zentrale wie umstrittene Bestimmung. Nach ihrem ersten Absatz kann der Auftrag «von jedem Teile jederzeit widerrufen oder gekündigt werden». Abs. 2 verpflichtet denjenigen, der von diesem Auflösungsrecht «zur Unzeit» Gebrauch macht, zum Ersatz des Schadens, den er dem Vertragspartner damit zufügt. Der Widerruf oder die Kündigung beendet den Vertrag «ex nunc»; dass in Art. 404 Abs. 2 OR von «zurücktreten» die Rede ist, stellt einen terminologischen Missgriff des Gesetzgebers dar[166].

Das Recht zur jederzeitigen Vertragsbeendigung steht im heutigen schweizerischen Recht in gleicher Weise dem Auftraggeber wie dem Beauftragten zu. Der parallele Gebrauch der unterschiedlichen Verben «widerrufen» und «kündigen» zeugt allerdings noch davon, dass ursprünglich keine paritätische Ordnung bestand. Im römischen Recht konnte der Auftraggeber nur so lange jederzeit wiederrufen (revocare), als der Beauftragte noch nicht mit der Ausführung des Auftrags begonnen hatte[167]. Der Beauftragte konnte dagegen zwar ohne zeitliche Begrenzung kündigen (renuntiare); die Kündigung galt jedoch als unzeitig und löste eine entsprechende Schadenersatzpflicht aus, sobald der Auftraggeber seine Angelegenheit nicht mehr selbst besorgen konnte und nicht mehr genügend Zeit hatte, einen Dritten mit ihrer Besorgung zu betrauen[168]. Im geltenden schweizerischen Recht ist einerseits die zeitliche Begrenzung des Widerrufsrechts des Auftraggebers entfallen. Anderseits ist die – ursprünglich auf die Kündigung des Beauftragten zugeschnittene – Schadenersatzpflicht bei unzeitiger Vertragsauflösung auch auf den Widerruf des Auftraggebers ausgedehnt worden. Verlagert hat sich im Übrigen auch die praktische Bedeutung des jederzeitigen Beendigungsrechts: Während es in Rom vor allem der Beauftragte war, der das Mandat vorzeitig beenden wollte, geht heute die vorzeitige Vertragsbeendigung in aller Regel vom Auftraggeber aus, der sich auf diese Weise seiner Pflicht entledigen kann, dem Beauftragten das vereinbarte Honorar zu bezahlen[169]. Das spiegelt sich eindrücklich in der amtlich publizierten bundesgerichtlichen Rechtsprechung: Dort finden sich ausschliesslich Fälle, in denen der Auftraggeber den Auftrag

---

166 FELLMANN, N 17 zu Art. 404 OR.

167 Paul. D. 17,1,15, Iul. D. 17,1,30, Iul. D. 46,3,34,3; dazu SCHNEEBERGER, 74 f.

168 MelaPaul. D. 17,1,22,11, Gai. D. 17,1,27,2; dazu SCHNEEBERGER, 75 f. – Die Unzeit wird noch heute ähnlich definiert: FELLMANN, N 59 f. zu Art. 404 OR; vgl. ferner auch § 671 Abs. 2 BGB.

169 HOFSTETTER, SPR VII/2, 54 f.; GAUTSCHI, Berner Kommentar, Bd. VI/2/4: Der einfache Auftrag, 3. Aufl. 1971, N 15d zu Art. 404 OR; SCHNEEBERGER, 203 f. und 253.

widerrief, wobei es häufig um Verträge über die Projektierung von Bauten und (Gross-)Überbauungen ging[170].

Das *Bundesgericht* vertritt in konstanter Praxis die Auffassung, das Recht, den Auftrag zu widerrufen oder zu kündigen, sei *zwingend* und dürfe vertraglich weder wegbedungen noch beschränkt werden. Es versagt deshalb Abreden, die eine bestimmte feste Vertragsdauer oder bestimmte Kündigungsfristen vorsehen, die Gültigkeit. Als ungültig erachtet es auch die Vereinbarung einer Konventionalstrafe für den Fall, dass der Vertrag vorzeitig aufgelöst wird. Diese Rechtsprechung begründet das Bundesgericht namentlich damit, dass der Beauftragte regelmässig eine ausgesprochene Vertrauensstellung einnehme, es aber keinen Sinn habe, den Vertrag noch aufrechterhalten zu wollen, wenn das Vertrauensverhältnis zwischen den Parteien zerstört sei[171]. Eine Differenzierung zwischen verschiedenen Arten von Aufträgen, insbesondere zwischen typischen und atypischen Aufträgen, lehnt das Gericht mit der Begründung ab, das Gesetz unterstelle alle Auftragsverhältnisse einem einheitlichen Beendigungssystem, weshalb der klare Gesetzeswortlaut Unterscheidungen nicht zulasse, zumal auch taugliche Unterscheidungskriterien fehlen würden[172]. Schliesslich führt es ins Feld, dass eine Abwendung von seiner konstanten Praxis «mit dem Gebot der Rechtssicherheit nicht zu vereinbaren» wäre[173]. 3.59

Der Ansicht des Bundesgerichts war schon ein (kleinerer) Teil der älteren Lehre entgegengetreten[174]. In neuerer Zeit haben die *kritischen Stimmen* zugenommen[175]. Die Rechtsprechung wird mitunter mit harten Worten kommentiert. So findet sich die Aussage, der Glaube an das uneingeschränkte Widerrufsrecht des Mandanten sei offenbar so stark, dass 3.60

---

170 BGE 110 II 382 ff. E. 3; 109 II 467 ff. E. 4; 104 II 319 E. 5; SJ 100/1978, 385 ff.; BGE 115 II 465 ff. E. 2; 106 II 158 ff. E. 2 und 103 II 130 f. E. 1 betrafen nicht das private Baurecht.

171 BGE 115 II 466 E. a; 104 II 115 f. E. 4.

172 BGE 115 II 466 ff. E. 2a/aa-dd; dazu kritisch GAUCH, Art. 404 OR, 16 lit. b und 21 lit. a; ERNST A. KRAMER, Teleologische Reduktion, in: Symposium zum 70. Geburtstag von A. Meier-Hayoz, Basel 1993, 69; FELLMANN N 118 zu Art. 404 OR.

173 BGE 115 II 467 E. bb.

174 Nachweise bei SCHNEEBERGER, 192 Fn. 20 und 194 Fn. 25–27.

175 Siehe insbes. GAUCH, Art. 404 OR; FELLMANN, N 134 ff. vor Art. 394 OR und N 104 ff. zu Art. 404 OR; HONSELL, 293 f.; BÜHLER, N 48 ff. zu Art. 377 OR.

«allerhand Verdrehungen in Kauf genommen» würden, um «das Dogma intakt zu halten»[176]. Ein Rechtsprechungsbericht äussert sich gar dahin, der zwingende Charakter von Art. 404 OR erweise sich «erneut als heilige Kuh», die «ohne Zweckrationalität verehrt» werde[177]. Im Übrigen wird insbesondere beanstandet, der Standpunkt des Bundesgerichts bedeute einen zu weit gehenden Eingriff in die Privatautonomie, für den die innere Rechtfertigung fehle[178].

3.61 Von der Welle der Kritik, die ihm entgegenschlägt, hat sich das Bundesgericht bisher allerdings nicht beeindrucken lassen. Seit BGE 115 II 464 hat es seine Haltung in verschiedenen unveröffentlichten Urteilen erneut bekräftigt[179]. Die Rechtsprechung kann als *zementiert* gelten. Das Bundesgericht wird in näherer Zukunft kaum leichthin umschwenken, zumal seine Praxis bei einem Teil der Lehre weiterhin Unterstützung findet[180] und nicht von der Hand zu weisen ist, dass sie der Rechtssicherheit dient[181]. Allerdings ist nicht zu übersehen, dass die Rechtsprechung zu einer gewissen «Flucht aus dem Auftragsrecht» führt: Man weicht der Anwendung des zwingenden jederzeitigen Beendigungsrechts offenbar vermehrt dadurch aus, dass man den zu beurteilenden Vertrag nach Möglichkeit nicht als Auftrag, sondern als Innominatkontrakt qualifiziert[182].

---

176 Bruno von Büren, Schweizerisches Obligationenrecht, Besonderer Teil, Zürich 1972, 141.

177 Rolf Bär, ZBJV 121 (1985), 226.

178 Gauch, Art. 404 OR, 17 Ziff. 10 und 20 f. Ziff. 13 und 15; Fellmann, N 130, 142 und 155 der Vorbemerkungen zu Art. 394 ff. OR und N 119 und 152 zu Art. 404 OR; Schneeberger, 194 mit Fn. 27, 233 und 256. Der bundesgerichtlichen Praxis wird weiter entgegengehalten, ein auf Dauer geschlossener Auftrag könnte – analog zu anderen gesetzlichen Bestimmungen (Art. 337 und 418r OR; vgl. Art. 257d, 266g und 297 OR) – aus wichtigem Grund ohnehin vorzeitig aufgelöst werden. Schliesslich vermöge auch der Hinweis auf das Vertrauensverhältnis zwischen den Vertragsparteien das zwingende Beendigungsrecht nicht zu rechtfertigen, weil gewerbliche Dienstleistungsverträge nur selten auf Vertrauen beruhen würden (Fellmann, N 142 ff. vor Art. 394 OR, N 90, 93, 96 und 134 ff. zu Art. 404 OR; Gauch, Art. 404 OR, 19 mit Fn. 69 f.; Schneeberger, 113 f., 190, 193 f., 233 f., 239 f. und 259 ff. mit weiteren Hinweisen).

179 Vgl. ZBJV 133 (1997), 333 f.

180 Siehe insbes. Hofstetter, 61 ff.

181 Weber, N 9 zu Art. 404 OR.

Die praktische Tragweite der jederzeitigen Widerrufbarkeit wird jedoch seit jeher vor allem auch dadurch eingeschränkt, dass der Widerrufende stets Gefahr läuft, wegen unzeitiger Vertragsauflösung zu Schadenersatz verpflichtet zu werden. Zur hemmenden Wirkung dieses Unsicherheitsfaktors trägt bei, dass die Gerichtspraxis eine solche Schadenersatzpflicht häufig bejaht[183]. Das hängt möglicherweise damit zusammen, dass das vom römischen Recht für die Kündigung des Beauftragten geschaffene Kriterium der «*Unzeit*» im Zusammenhang mit dem Widerruf des Auftraggebers konturenarm ist. Seine haftungsbegrenzende Funktion ist hier jedenfalls eher gering. Für den am Verdienst interessierten Beauftragten, der im Hinblick auf die Auftragsausführung regelmässig mehr oder weniger weitgehende Dispositionen trifft, bedeutet der Widerruf fast immer einen harten Schlag. 3.62

In jüngerer Zeit hatte das Bundesgericht vor allem Fälle des Widerrufs von Architekturaufträgen für Überbauungen mit in zweistellige Millionenbeträge gehenden Bausummen zu beurteilen[184]. Bis heute hat es sich zur Frage, welche Voraussetzungen in zeitlicher Hinsicht gegeben sein müssen, damit ein Widerruf als unzeitig bezeichnet werden darf, nicht geäussert. Es stellt andere Umstände ins Zentrum und billigt dem Beauftragten Schadenersatz zu, wenn er einen besonderen Nachteil erlitten hat[185], wenn er nutzlos gewordene Dispositionen getroffen[186], wenn er wegen des widerrufenen Auftrags andere Mandate nicht angenommen hatte oder nicht annehmen konnte[187] und wenn er dem Auftraggeber auch keinen sachlich vertretbaren Grund geboten hat, den Auftrag zu widerrufen[188].

Die Ermittlung der *Schadenshöhe* kann in komplexen Fällen schwierig sein. Daher ist zu begrüssen, dass das Bundesgericht den Parteien nicht verwehrt, im Vertrag für den Fall der unzeitigen Beendigung den geschuldeten Schadenersatz zu pauschalieren, sofern dies nicht auf die Vereinbarung einer das Beendigungsrecht einschränkenden, eigentlichen Kon- 3.63

---

182 FELLMANN, N 145 vor Art. 394 OR; WEBER, N 10 zu Art. 404 OR. – Siehe auch oben Rz. 3.17.

183 In der amtlich publizierten bundesgerichtlichen Rechtsprechung ist BGE 106 II 160 f. E. 2c der einzige Fall, wo Schadenersatz verweigert wurde.

184 BGE 110 II 384 f. E. 3c; 109 II 470 E. 4d.

185 BGE 110 II 386 E. 4b; 109 II 469 f. E. 4d; 106 II 160 E. 2c.

186 BGE 110 II 383 E. 3b; 109 II 469 E. 4d; 106 II 160 E. 2c.

187 BGE 109 II 470 E. 4d; 106 II 160 f. E. 2 c e contrario.

188 BGE 110 II 383 E. 3b; 109 II 469 E. 4c; 104 II 320 f. E. 5b; vgl. auch BGE 109 II 233 E. 3c.

ventionalstrafe hinausläuft[189]. Überrissene Ansätze unterliegen der richterlichen Herabsetzung[190]. In der Baupraxis wird häufig ein prozentualer Zuschlag auf das Honorar für bisher geleistete Dienste als Schadenersatz vereinbart.

b) Vorzeitige Beendigung des Werkvertrags – Wegweiser durch die Vielfalt der Auflösungstatbestände

3.64 Der Werkvertrag ist zwar – in aller Regel – kein eigentliches Dauerschuldverhältnis. Die Vertragsabwicklung erstreckt sich aber häufig über längere Zeitabschnitte. Bevor es zur Vollendung des Werks und zu seiner Ablieferung an den Besteller kommt, kann sich manch Unvorhergesehenes ereignen. Daraus mag sich erklären, dass sich in der Praxis immer wieder die Frage erhebt, ob – und, wenn ja, mit welchen Folgen – sich der Vertrag vorzeitig beenden lässt. Die Konstellationen können dabei sehr unterschiedlich sein, was sich darin widerspiegelt, dass sowohl das Gesetz als auch die SIA-Norm 118 eine ganze Reihe verschiedener Auflösungsvorschriften enthalten[191].

aa) Auflösung durch den Besteller

3.65 Nach *Art. 377 OR* – den die SIA-Norm 118 in Art. 184 Abs. 1 wiederholt – steht dem Besteller, solange das Werk nicht vollendet ist, die Möglichkeit offen, jederzeit vom Vertrag «zurückzutreten», genauer: den Vertrag *jederzeit zu kündigen*[192], ohne dass er dafür Gründe anzuführen brauchte.

---

189 BGE 110 II 380 ff.; 109 II 470 E. 4d; 109 II 467 f.; SJ 100/1978, 392 E. 3 und BGE 104 II 319 ff. E. 5. – Vgl. auch unten Rz. 8.88.

190 In BGE 104 II 319 ff. E. 5 hat das Bundesgericht die vereinbarte Schadenersatzpauschale von 35% Zuschlag auf das Honorar für die bereits geleisteten Dienste in analoger Anwendung von Art. 163 OR auf 15% reduziert. In BGE 110 II 380 ff. hat es einen Honorarzuschlag von 15 % geschützt.

191 Vgl. dazu allgemein auch EVELINE TRÜMPY-JÄGER, Vorzeitige Beendigung von Bauwerkverträgen, in: Lendi/Nef/Trümpy, Das private Baurecht der Schweiz, Zürich 1994, 137 ff. – Die SIA-Norm 118 regelt die vorzeitige Vertragsbeendigung in den Art. 183 ff.

192 Entgegen der gesetzlichen Terminologie (die auch in der SIA-Norm 118 übernommen wird) handelt es sich nicht um ein Rücktritts-, sondern um ein Kündigungsrecht: Der «Rücktritt» nach Art. 377 OR beendet den Vertrag «ex nunc», er hebt ihn nicht «ex tunc» auf (BGE 117 II 276 E. 4a; GAUCH, Werkvertrag, 153 Rz. 528; BÜHLER, N 28 zu Art. 377 OR; ZINDEL/PULVER, N 11 zu Art. 377 OR).

Dieses Kündigungsrecht ist allerdings mit der Pflicht zu *voller Schadloshaltung des Unternehmers* verknüpft: Der Besteller hat dem Unternehmer sowohl die bereits geleistete Arbeit zu vergüten, als auch den entgangenen Gewinn zu ersetzen (positives Vertragsinteresse)[193]. Gibt der Unternehmer dem Besteller schuldhaft Anlass zum «Rücktritt», trifft ihn mithin ein *Mitverschulden* an der vorzeitigen Vertragsbeendigung, so ist die Schadenersatzpflicht des Bestellers – in analoger Anwendung von Art. 44 Abs. 1 OR – zu ermässigen oder ganz entfallen zu lassen[194]. Das rechtfertigt sich insbesondere, wenn der Unternehmer einen *wichtigen Grund* gesetzt hat, der die Weiterführung des Vertrags für den Besteller unzumutbar macht[195].

Sobald das Werk vollendet ist, fällt das Kündigungsrecht dahin. Ansonsten kann es jederzeit geltend gemacht werden, insbesondere auch, bevor der Unternehmer überhaupt mit der Werkausführung begonnen hat[196], oder kurz vor der Vollendung des Werks[197].

Neben dem allgemeinen Kündigungsrecht gemäss Art. 377 OR stellt das Gesetz dem Besteller für bestimmte Situationen *besondere Auflösungsrechte* zur Verfügung, namentlich die folgenden: 3.66

- Befindet sich der Unternehmer *mit der Ablieferung des Werks im Verzug*, kann der Besteller nach Art. 102 ff. OR vorgehen und gegebenenfalls gemäss Art. 107 Abs. 2 OR vom Vertrag zurücktreten. Der Rücktritt wirkt grundsätzlich «ex tunc» (Art. 109 OR). Nach der Recht-

193 Nach dem Gesetzeswortlaut ist die Vergütung für die bereits geleistete Arbeit mit dem Bruttogewinn zu addieren, den der Unternehmer bei Aufrechterhaltung des Vertrags erzielt hätte (*Additionsmethode*). Ein Teil der Lehre will demgegenüber auch eine Schadensberechnung nach der – für den Unternehmer beweismässig in der Regel günstigeren – *Abzugsmethode* zulassen: Diese Berechnungsweise nimmt den vereinbarten Werklohn zum Ausgangspunkt und zieht davon ab, was der Unternehmer infolge der Vertragsbeendigung erspart oder anderweitig verdient oder zu verdienen absichtlich unterlassen hat (BÜHLER, N 39 f. zu Art. 377 OR; GAUTSCHI, N 15d zu Art. 377 OR; HONSELL, 254 f.). Nach BGE 96 II 197 soll im Einzelfall aufgrund der Umstände bestimmt werden, welche Methode anzuwenden ist. Die SIA-Norm 118 sieht die Abzugsmethode vor (Art. 184 Abs. 2; dazu GAUCH, Komm. SIA-Norm 118, N 11 zu Art. 184).

194 BÜHLER, N 42 zu Art. 377 OR. Die Rechtsprechung ist allerdings schwankend: vgl. BGE 69 II 144; 96 II 199; 117 II 277.

195 ZINDEL/PULVER, N 18 zu Art. 377 OR; GAUCH, Werkvertrag, 163 ff. Rz. 567 ff.

196 BGE 117 II 276 E. 4a.

197 BGE 98 II 116.

sprechung kann der Besteller den Vertrag jedoch auch bloss «ex nunc» auflösen und das Werk, soweit es ausgeführt ist, gegen Vergütung der bereits geleisteten Arbeit beanspruchen[198].

- Zeichnet sich schon vor Eintritt des Ablieferungstermins eine *Termingefährdung* ab, weil der Unternehmer das Werk nicht rechtzeitig beginnt, dessen Ausführung vertragswidrig verzögert oder damit ohne Zutun des Bestellers so stark in Rückstand gerät, dass mit einer rechtzeitigen Vollendung nicht mehr gerechnet werden kann[199], so kann der Besteller nach Art. 366 Abs. 1 OR vom Vertrag zurücktreten[200]. Die Rechtsfolgen des Rücktritts richten sich grundsätzlich wiederum nach Art. 109 OR, wobei die Rechtsprechung dem Besteller auch hier die Möglichkeit zugesteht, den Vertrag statt «ex tunc» bloss «ex nunc» aufzulösen[201].
- Zeichnet sich im Laufe der Vertragsabwicklung ab, dass es – ohne Verschulden des Bestellers – zu einer *unverhältnismässigen Überschreitung des ungefähren Kostenansatzes (des Kostenvoranschlags)* kommen wird[202], so kann der Besteller
  - bei Fahrnisbauten nach Art. 375 Abs. 1 OR vom Vertrag zurücktreten[203];

198 BGE 116 II 452 E. a/aa. Siehe auch GAUCH, Werkvertrag, 195 f. Rz. 685 ff.

199 Vgl. zu diesen Voraussetzungen im Einzelnen GAUCH, Werkvertrag, 190 f. Rz. 669 ff.; ZINDEL/PULVER, N 8 ff. zu Art. 366 OR; BÜHLER, N 15 ff. zu Art. 366 OR.

200 Es handelt sich um eine besondere Verzugsregel, auf welche die Art. 102 ff. OR analog anwendbar bleiben. Der Rücktritt setzt deshalb in der Regel voraus, dass der Besteller den Unternehmer gemahnt, ihm eine angemessene Nachfrist angesetzt hat und nach deren Ablauf unverzüglich(!) den Rücktritt erklärt (BGE 115 II 55 E. 2a; 98 II 115 E. 2; GAUCH, Werkvertrag, 191 f. Rz. 675; BÜHLER, N 7 ff. zu Art. 366 OR).

201 BGE 116 II 452 E. a/aa. – Misslingt dem Besteller der Beweis, dass die Voraussetzungen von Art. 366 Abs. 1 OR gegeben sind, so gilt sein Rücktritt als Kündigung nach Art. 377 OR, trifft den Besteller mithin die Pflicht zu voller Schadloshaltung des Unternehmers. Ein Vorgehen nach Art. 366 Abs. 1 OR ist daher mit erheblichen Risiken verbunden (GAUCH, Werkvertrag, 196 f. Rz. 690).

202 Sobald die Überschreitung absehbar ist, hat sie der Unternehmer dem Besteller anzuzeigen (ZINDEL/PULVER, N 35 zu Art. 375 OR).

203 Der Unternehmer kann allerdings die Vertragsauflösung abwenden, indem er Verzicht auf Forderungen erklärt, welche die Toleranzgrenze übersteigen (GAUCH, Werkvertrag, 282 f. Rz. 1006; BÜHLER, N 46 zu Art. 375 OR).

- bei mit dem Boden fest verbundenen Bauten[204] nach Art. 375 Abs. 2 OR eine «angemessene Herabsetzung»[205] des Werklohnes verlangen oder den Vertrag gegen «billigen Ersatz der bereits geleisteten Arbeit»[206] kündigen[207].

- Ist der *Unternehmer zahlungsunfähig* geworden, so kann der Besteller geschuldete Anzahlungen an den Werklohn solange zurückhalten, bis ihm die Gegenleistung sichergestellt wird (Art. 83 Abs. 1 OR), und bei Ausbleiben der Sicherstellung vom Vertrag zurücktreten (Art. 83 Abs. 2 OR).

bb) Auflösung durch den Unternehmer

Im Unterschied zum Besteller[208] hat der Unternehmer *kein allgemeines Recht zur jederzeitigen Vertragsbeendigung gegen Schadloshaltung des Vertragspartners*. Es gibt jedoch eine Reihe *besonderer Situationen*, in denen auch der Unternehmer berechtigt ist, den Vertrag vorzeitig aufzulösen: 3.67

- Im Falle des *Schuldnerverzugs des Bestellers* – Ausbleiben geschuldeter Anzahlungen an den Werklohn – greifen die Verzugsregeln der Art. 102 ff. OR. Der Rücktritt des Unternehmers nach Art. 107 Abs. 2 OR führt an sich zur Aufhebung des Vertrags «ex tunc» und zu seiner Rückabwicklung nach Art. 109 OR. Diese Rechtsfolge ist jedoch unangemessen, wenn sich das Werk bereits in der Herstellung befindet. Diesfalls rechtfertigt es sich deshalb, dem Unternehmer die Vertragsbeendigung «ex nunc» zu gestatten[209]. Nach Art. 190 Abs. 2 SIA-Norm 118 steht dem Besteller kein Rücktritts-, sondern ein Kündi-

---

204 Seinem Wortlaut nach erfasst Art. 375 Abs. 2 OR nur Bauten auf dem «Grund und Boden des Bestellers»; bei Bauten auf Grundstücken Dritter findet er jedoch analoge Anwendung (GAUCH, Werkvertrag, 279 Rz. 993; BÜHLER, N 34 zu Art. 375 OR; ZINDEL/PULVER, N 25 zu Art. 375 OR).

205 Dazu GAUCH, Werkvertrag, 275 f. Rz. 979 ff.

206 Dazu ZINDEL/PULVER, N 28 zu Art. 375 OR.

207 Der Wortlaut des Gesetzes, das von Rücktritt statt von Kündigung spricht, ist (wie in Art. 377 OR) auch hier ungenau. – Der Unternehmer kann die Kündigung abwenden, wenn er erklärt, auf die Toleranzgrenze übersteigende Forderungen zu verzichten (GAUCH, Werkvertrag, 282 f. Rz. 1006; BÜHLER, N 46 zu Art. 375 OR).

208 Oben Rz. 3.65.

209 GAUCH, Werkvertrag, 355 Rz. 1275; GEHRER, FS Assista, 175 f.

gungsrecht zu, dessen Ausübung den Vertrag stets nur «ex nunc» beendet[210] und dem Unternehmer – bei Verschulden des Bestellers – zudem einen Anspruch auf Schadenersatz in der Höhe seines Erfüllungsinteresses verleiht[211].

- Im Falle des *Gläubigerverzugs des Bestellers* – Unterlassen der notwendigen Mitwirkung[212] – erlaubt Art. 95 OR dem Unternehmer, «nach den Bestimmungen über den Verzug des Schuldners vom Vertrage zurückzutreten»[213].
- Im Falle *unvorhergesehener ausserordentlicher Umstände*, welche die Fertigstellung des Werks hindern oder übermässig erschweren, kann sich der Unternehmer auf Art. 373 Abs. 2 OR berufen, wonach der Richter «eine Erhöhung des Preises oder die Auflösung des Vertrages bewilligen» kann[214].
- Im Falle der *Zahlungsunfähigkeit des Bestellers* kann der Unternehmer nach Art. 83 OR vorgehen.

cc) Erlöschen von Gesetzes wegen

3.68 Ohne dass es einer Auflösungserklärung bedarf, erlischt der Vertrag,

- wenn das Werk vor der Ablieferung *untergeht* (Art. 376 OR; vgl. auch Art. 187–189 SIA-Norm 118);
- wenn die Vollendung des Werks aus Verschulden des Bestellers (Art. 378 Abs. 2 OR) oder infolge eines bei ihm eingetretenen Zufalls (Art. 378 Abs. 1 OR) *unmöglich* wird (vgl. auch Art. 185 SIA-Norm 118[215]);
- wenn er mit Rücksicht auf die persönlichen Eigenschaften des Unternehmers geschlossen worden ist und dieser *stirbt* oder «ohne seine Schuld»[216] zur Vollendung des Werks *unfähig wird* (Art. 379 OR; vgl. auch Art. 186 SIA-Norm 118).

---

210 GAUCH, KommSIA 118, N 20 zu Art. 190.

211 A.a.O., N 24 zu Art. 190.

212 Zur-Verfügung-Stellen von Plänen, Einholen von Baubewilligungen, Sicherstellung der Zugänglichkeit der Baustelle usw. (siehe auch oben Rz. 3.36).

213 Dazu näher GAUCH, Werkvertrag, 374 f. Rz. 1342 f.

214 Vgl. oben Rz. 3.34.

215 Die dort aufgestellten Bestimmungen entsprechen sachlich der gesetzlichen Regelung (GAUCH, KommSIA 118, N 1 zu Art. 185).

216 Bei Verschulden des Unternehmers erlischt der Vertrag zwar ebenfalls, doch kommt

IV. Literatur[217]

1. Gesamtdarstellungen und Kommentierungen

a) Zum Auftragsrecht

Die aktuellste systematische *Gesamtdarstellung* des Auftragsrechts ist jene von JOSEF HOFSTETTER im «Traité de droit privé suisse»[218]. Einen konzisen Überblick auf wenig Raum bietet PIERRE TERCIER, «Les contrats spéciaux»[219]. Für eine rasche Orientierung eignet sich das «Schweizerische Obligationenrecht, Besonderer Teil» von HEINRICH HONSELL[220]. 3.69

Eine ausserordentlich umfassende, auch auf Einzelfragen eingehende Darstellung hat das Auftragsrecht im «Berner Kommentar» erfahren: Die breit angelegte *Kommentierung* von WALTER FELLMANN[221] hat dort jene von GEORG GAUTSCHI abgelöst, die lange Zeit einen erheblichen Einfluss auf die Praxis ausgeübt hatte, inzwischen aber in vielen Punkten überholt ist. Der graue «Basler Kommentar» enthält eine auf den neuesten Stand gebrachte Kommentierung aus der Feder von ROLF H. WEBER[222]. 3.70

b) Zum Werkvertragsrecht

Die *umfassendste aktuelle Gesamtdarstellung* des Werkvertragsrechts bietet der 1996 in vierter Auflage erschienene «Werkvertrag» von PETER GAUCH[223]. Dieses Buch hat sowohl die neuere Lehre als auch die Rechtsprechung entscheidend beeinflusst. Es nimmt heute eine dominierende Stellung ein. 3.71

---

die Rechtsfolge von Art. 379 Abs. 2 OR nicht zur Anwendung (BGE 103 II 59; GAUCH, Werkvertrag, 214 Rz. 757; BÜHLER, N 7 zu Art. 379 OR).

217 Vgl. auch die Literaturauswahl am Anfang dieses Beitrags sowie die Literaturangaben zu den §§ 8, 11 und 12.

218 Bd. VII/2/1, 2. Aufl., Fribourg 1994.

219 2. Aufl., Zürich 1995, 477 ff. Rz. 3005 ff.

220 4. Aufl., Bern 1997, 276 ff.

221 Bd. VI/2/4, Bern 1992.

222 Bd. « Obligationenrecht I», 2. Aufl., Basel/Frankfurt a.M. 1996.

223 Zürich, Schulthess Polygraphischer Verlag.

3.72 Ergänzend lohnt es sich, die neuesten *Kommentierungen* zu konsultieren: diejenige von GAUDENZ G. ZINDEL und URS PULVER im grauen «Basler Kommentar»[224] sowie diejenige von THEODOR BÜHLER im «Zürcher Kommentar»[225]. Die aus dem Jahre 1967 stammende Kommentierung von GEORG GAUTSCHI im «Berner Kommentar»[226] ist dagegen mit Vorsicht heranzuziehen; sie ist heute in zahlreichen Fragen überholt.

Zur SIA-Norm 118 liegt eine von PETER GAUCH herausgegebene und mitverfasste (allerdings noch nicht ganz abgeschlossene) Kommentierung vor[227].

3.74 Unter den *überblicksartigen Darstellungen* ist jene von PIERRE TERCIER in «Les contrats spéciaux»[228] an Klarheit und Prägnanz kaum zu übertreffen. Eine sehr knappe Darstellung, in der zum Teil von GAUCH abweichende Standpunkte vertreten werden, findet sich bei HEINRICH HONSELL, «Schweizerisches Obligationenrecht, Besonderer Teil»[229].

2. Monographien und Beiträge zur Vertragshaftung des Architekten und des Bauunternehmers

3.75 Die vertragliche *Haftung des Architekten* ist im Beitrag von RAINER SCHUMACHER in «Das Architektenrecht»[230] umfassend abgehandelt. Allgemein zur Haftung aus Auftrag ist weiter die hervorstechende Dissertation von PETER DERENDINGER[231] zu erwähnen. Im Bereich der *Mängelhaftung des Bauunternehmers* nimmt sich eine Monographie von ALFRED KOLLER des in der Praxis wichtigen Themas «Das Nachbesserungsrecht im Werkvertrag» an[232]. Interessant ist ferner die Dissertation von ANNETTE LENZLINGER GADIENT, «Mängel- und Sicherungsrechte

224 Bd. « Obligationenrecht I», 2. Aufl., Basel/Frankfurt a.M. 1996.

225 Bd. V/2d, Zürich 1998.

226 Bd. VI/2/3, Bern 1967.

227 PETER GAUCH, Kommentar zur SIA-Norm 118, Art. 157–190, Zürich 1991; *ders.*, Kommentar zur SIA-Norm 118, Art. 38–157, bearbeitet von Peter Gauch, Duri Prader, Anton Egli und Rainer Schumacher, Zürich 1992.

228 2. Aufl., Zürich 1995, 403 ff. Rz. 3259 ff.

229 4. Aufl., Bern 1997, 246 ff.

230 Herausgegeben von Gauch/Tercier, 3. Aufl., Freiburg 1995, 113 ff.

231 Die Nicht- und die nichtrichtige Erfüllung des einfachen Auftrags, 2. Aufl., Freiburg 1990.

232 2. Aufl., Zürich 1995.

des Bauherrn im Werkvertrag: ein Vergleich zwischen dem Schweizerischen Obligationenrecht und der Norm 118 (1977/1991) des Schweizerischen Ingenieur- und Architektenvereins»[233]. Einen Überblick über die werkvertragliche Mängelhaftung vermittelt der Beitrag von ANTON EGLI im Handbuch «Das private Baurecht der Schweiz»[234].

Im weiteren sei auf § 15 des vorliegenden Handbuchs und auf die dortige Literaturauswahl verwiesen.

3. Ausländische Literatur

a) Deutschland

Umfassende *Gesamtdarstellungen des deutschen Bauvertragsrechts*[235] bieten HORST LOCHER, «Das private Baurecht»[236], und KLAUS VYGEN, «Bauvertragsrecht nach VOB und BGB»[237]. Durch seine Praxisnähe zeichnet sich das «Handbuch des privaten Baurechts» von NILS KLEINE-MÖLLER, HEINRICH MERL und WINFRIED OELMEIER aus[238], das – auf rund 1600 Seiten – ebenfalls das gesamte Bauvertragsrecht abdeckt und nebst praktischen Hinweisen für die prozessuale Durchsetzung vertraglicher Ansprüche zahlreiche Formulierungshilfen für die Vertragsgestaltung bietet. Als grundlegendes Arbeitsmittel für den prozessführenden Anwalt liegt sodann das Handbuch «Der Bauprozess» von ULRICH WERNER und WALTER PASTOR bereits in neunter Auflage vor[239]. 3.76

Das deutsche Pendant zur SIA-Norm 118 bildet die *Verdingungsordnung für Bauleistungen (VOB)*. Ihr kommt in der Vertragspraxis überragende Bedeutung zu. Sie ist mehrfach kommentiert worden. Siehe insbesondere: WOLFGANG HEIERMANN/RICHARD RIEDL/MARTIN RUSAN, Handkommentar zur VOB, Teile A und B, 8. Aufl., Wiesbaden 1997, und HEINZ INGENSTAU/HERMANN KORBION, VOB-Kommentar: Teile A und B, 13. Aufl., Düsseldorf 1996.

---

233 Zürcher Studien zum Privatrecht 110, Zürich 1994.

234 Herausgegeben von Martin Lendi/Urs Chr. Nef/Daniel Trümpy, Zürich 1994, 85 ff.

235 Wer zunächst bloss eine erste Orientierung sucht, konsultiere den Beitrag von WOLFGANG HEIERMANN, Das Bauvertragsrecht der Bundesrepublik Deutschland, in: Lendi/Nef/Trümpy, Das private Baurecht der Schweiz, Zürich 1994, 331 ff.

236 6. Aufl., München 1996.

237 3. Aufl., Wiesbaden 1997.

238 2. Aufl., München 1997.

239 Düsseldorf 1998.

Zur *Haftung des Bauunternehmers, des Architekten und des Ingenieurs:* GISBERT KAISER, Das Mängelhaftungsrecht in Baupraxis und Bauprozess, 7. Aufl., Heidelberg 1992; WALTHER BINDHARDT/WALTER JAGENBURG, Die Haftung des Architekten, 9. Aufl., Düsseldorf 1990.

b) Frankreich

3.77 Einen breiten *Überblick über das öffentliche und private Baurecht* gibt das kürzlich neu aufgelegte Werk von JEAN-BERNARD AUBY und HUGUES PÉRINET-MARQUET, «Droit de l'urbanisme et de la construction»[240]. Etwas kürzer gefasst ist die Darstellung von GEORGES LIET-VEAUX und ANDRÉE THUILLIER[241].

Zur *Haftung der Baubeteiligten:* ALBERT CASTON, La responsabilité des constructeurs, 2 Bde., 3. Aufl., Paris 1989; BERNARD BOUBLI, La responsabilité et l'assurance des architectes, entrepreneurs et autres constructeurs, Paris 1991; JEAN-PIERRE KARILA, Les responsabilités des constructeurs (Encyclopédie Delmas pour la vie des affaires), 2. Aufl., Paris 1991.

c) Österreich

3.78 Eine *Übersicht über das österreichische Bauvertragsrecht* vermittelt MANFRED STRAUBE, Das private Baurecht in Österreich, in: Das private Baurecht der Schweiz[242], 343 ff. Im Übrigen bietet der Kommentar RUMMEL zum ABGB[243] den besten Einstieg und die breiteste Auswahl an weiterführenden Hinweisen: vgl. in dessen erstem Band die Kommentierung von RUMMEL/STRASSER zu den §§ 1002–1033 (Bevollmächtigungsvertrag) und jene von RUMMEL/KREICI zu den §§ 1165–1171 (Werkvertrag).

Mit der *Haftung der Baubeteiligten* befasst sich eine neuere Dissertation: ULRIKE SCHWARZ, Haftungsfragen aus dem Bauvertragsrecht, Wien 1994. Siehe weiter auch die im österreichischen Schrifttum stark beachtete Dissertation von IRENE KURSCHEL, Die Gewährleistung beim Werkvertrag, Wien 1989.

---

240 5. Aufl., Paris 1998.

241 Le droit de la construction, 10. Aufl., Paris 1991.

242 Herausgegeben von Martin Lendi/ Urs Chr. Nef/Daniel Trümpy, Zürich 1994.

243 Bd. I, 2. Aufl., Wien 1990.

d) Internationale Bauverträge

Es sei auf den soeben erschienenen, äusserst nützlichen «Guide pratique» von ROGER PHILIPPE BUDIN aufmerksam gemacht[244]. 3.79

244 Guide pratique de l'exécution des contrats internationaux de construction, Berne/Paris/Bruxelles 1998.

§ 4 Fachnormen

HANS BRINER

Literaturauswahl: BRUNNER ANDREAS, Technische Normen in Rechtsetzung und Rechtsanwendung, Basel 1991 (*zitiert:* BRUNNER, Technische Normen); *ders.,* Die technischen Baunormen, in: Seminar für Schweizerisches Baurecht, Baurechtstagung Freiburg 1993, Tagungsunterlagen Bd. II (*zitiert:* Baunormen); BÜHLER THEODOR, Technische Normen, technische Vorschriften und Konformitätsnachweis nach EG-Recht, Zürich 1993; GAUCH PETER, Der Werkvertrag, 4. Aufl., Zürich 1996 (*zitiert:* GAUCH, Werkvertrag); *ders.,* Die Baukoordinierungsrichtlinie der EG, BR 1991, 3 ff. (*zitiert:* GAUCH, BR 1991); *ders.,* Kommentar zur SIA-Norm 118 Art. 157–190, Zürich 1991 (*zitiert:* GAUCH, KommSIA 118); GAUCH PETER/PRADER DURI/EGLI ANTON/SCHUMACHER RAINER, in: Gauch Peter (Hrsg.); *Kommentar zur SIA-Norm 118 Art. 38–156, Zürich 1992 (zitiert:* GAUCH/ Bearbeiter, KommSIA 118); HESS URS, Der Architekten- und Ingenieurvertrag, Kommentar zu den rechtlichen Bestimmungen der Ordnungen SIA 102, 103 und 108 für Leistungen und Honorare der Architekten und Ingenieure, Dietikon 1986; RECHSTEINER PETER, Eurocodes – einige Überlegungen aus rechtlicher Sicht zur heutigen Situation, in: Schweizer Ingenieur und Architekt, 19. April 1993, 282 ff.; SCHUMACHER RAINER, Die Haftung des Architekten aus Vertrag, in: Gauch Peter/Tercier Pierre (Hrsg.), Das Architektenrecht, 3. Aufl., Zürich 1995 (*zitiert:* SCHUMACHER, Haftung); SPIESS HANS RUDOLF, Technische Normen, in: Lendi Martin et al. (Hrsg.), Das private Baurecht der Schweiz, Zürich 1994; TAUSKY ROBERT, Die allgemein anerkannten Regeln der Baukunde, in: Koller Alfred (Hrsg.), Bau- und Bauprozessrecht, Ausgewählte Fragen, St. Gallen 1996.

I. Funktion und Bedeutung

Neben der staatlichen Gesetzgebung existieren gerade im Bauwesen diverse *bedeutende Regelwerke privater Fachverbände.* Teilen dieser Regelwerke kommt die Bedeutung von *Allgemeinen Vertragsbedingungen* zu. In der Hauptsache enthalten die Regelwerke der privaten Fachverbände jedoch technische Bestimmungen, die zu grossen Teilen geschriebene anerkannte Regeln der Baukunde darstellen. Die anerkannten Regeln der Baukunde spielen sowohl im Obligationenrecht als auch im Strafrecht eine wesentliche Rolle als *Anknüpfungsbegriff.* 4.1

Das umfangreichste und komplexeste der schweizerischen Fachnormenwerke ist dasjenige des *Schweizerischen Ingenieur- und Architektenvereins.* Es erfährt gegenwärtig mit der *Übernahme von europäischen Vor-* 4.2

normen und Normen grössere Änderungen mit differenzierten Übergangsregelungen.

II. Organisation des Fachnormenwesens

1. Schweizerisches Fachnormenwesen

a) Fachverbände

4.3 Das schweizerische Fachnormenwesen wird zu grossen Teilen von privaten Fachverbänden getragen. Im Bauwesen sind dies zur Hauptsache der *Schweizerische Ingenieur- und Architektenverein (SIA)*[1] sowie die *Vereinigung Schweizerischer Strassenfachleute (VSS)*[2]. Daneben existieren in diversen Bausparten separate Fachverbände, die eigene Normen und/oder Richtlinien erarbeiten und herausgeben, so z.B. der Verband Schweizerischer Ziegel- und Steinfabrikanten, die Schweizerische Zentralstelle für Fenster und Fassadenbau, der Schweizerische Spenglermeister- und Installateurverband, der Schweizerische Verein des Gas- und Wasserfaches, der Verband Schweizerischer Abwasserfachleute und etliche andere. Viele Normen und Richtlinien entstehen in Zusammenarbeit mehrerer Verbände, zuweilen auch unter Mitwirkung von staatlichen Institutionen, wie beispielsweise der Eidgenössischen Materialprüfungsanstalt (EMPA).

4.4 Zu einer dauernden und institutionalisierten Zusammenarbeit haben sich der SIA, der VSS und die *Schweizerische Zentralstelle für Baurationalisierung (CRB)*[3] gefunden. Das wichtigste Produkt dieser Institution bilden die *Normpositionenkataloge (NPK)*. Die NPK sind systematische, nach Bauteilen und Arbeitsgattungen gegliederte Sammlungen von normierten Leistungsbeschreibungen, welche als Grundlage für die Leistungsverzeichnisse individueller Bauwerkverträge verwendet werden können.

---

1 Adresse: Generalsekretariat SIA, Selnaustr. 16, Postfach, 8039 Zürich, Tel. 01/283 15 15. Für Bestellungen von Normen und anderen Dokumenten Tel. 061/467 85 74, Fax 061/467 85 76 (Schwabe & Co. AG, Verlagsauslieferung).

2 Adresse: Seefeldstr. 9, 8008 Zürich, Tel. 01/251 69 14, Fax 01/252 31 30.

3 Adresse: Zentralstr. 153, Postfach, 8040 Zürich, Tel. 01/272 54 44, Fax 01/272 54 45.

Bestimmte Fachverbände oder Fachstellen geben Normen für besondere Anforderungen an Bauten heraus. Als Beispiel sei die Schweizer Fachstelle für behindertengerechtes Bauen[4] angeführt. 4.5

b) Schweizerische Normen-Vereinigung

Die wichtigeren normenschaffenden Fachverbände sind in der *Schweizerischen Normen-Vereinigung (SNV)* zusammengeschlossen. Neben dem SIA und der VSS, welche das Bauwesen und das Strassenwesen vertreten, gehören der Schweizerischen Normen-Vereinigung gegenwärtig an: die Vereinigung Schweizerischer Maschinen-Industrieller (SMV), die Organisation Normes de l'Industrie Horlogère Suisse (NIHS), der Schweizerische Elektrotechnische Verein (SEV) sowie die Pro Telecom (PTC). Die SNV selber betreut den interdisziplinären Normenbereich sowie die Normen betreffend Prüfung und Zertifizierung. 4.6

Die Schweizerische Normen-Vereinigung betreibt eine Informations- und Dokumentationsstelle für schweizerische und ausländische technische Regeln *(Schweizerisches Informationszentrum für technische Regeln, SWITEC)*[5]. Das SWITEC erteilt Auskünfte über bestehende und geplante technische Regeln sowie über Prüf- und Zertifizierungssysteme. 4.7

c) Technische Bestimmungen in der Gesetzgebung

Neben den Normen der privaten Fachverbände enthält auch die Gesetzgebung viele technische Bestimmungen[6]. Umfangreiche technische Bauvorschriften finden sich vor allem in den *Erlassen des Bundes* betreffend die öffentlichen Werke, die Energie und den Verkehr (SR 7) sowie die Arbeitssicherheit[7] und den Umwelt- und Gewässerschutz (SR 814). Auf *kantonaler Ebene* bestehen technische Bauvorschriften insbesondere in 4.8

---

4 Adresse: Neugasse 136, 8005 Zürich, Tel. 01/456 45 45, Fax 01/456 45 66.

5 Adresse der SNV und des SWITEC: Mühlebachstr. 54, 8008 Zürich, Tel. 01/254 54 54, Fax 01/254 54 74.

6 Zur gleichzeitigen Geltung von gesetzlichen Vorschriften und privaten technischen Fachnormen (bzw. anerkannten Regeln der Baukunde) im selben Bereich vgl. unten Rz. 4.60.

7 Herausgegeben von der Schweizerischen Unfallversicherungsanstalt SUVA, Sektion Administration, Postfach, 6002 Luzern, Tel. 041/419 51 11, Fax 041/419 58 28.

den Bereichen der Baupolizei, der Feuerpolizei und der Erschliessung. Die feuerpolizeilichen Vorschriften sind heute in der Schweiz auf der Grundlage der Normvorschriften der Vereinigung kantonaler Feuerversicherungen (VKF) weitgehend vereinheitlicht.

4.9 In Gebieten, in denen verbindliche Regelungen als notwendig erachtet werden, obwohl bereits private Fachnormen existieren, kommt es häufig vor, dass die Gesetzgebung auf diese privaten Fachnormen verweist. Diese Praxis ist unter den Gesichtspunkten der Übersichtlichkeit, der Einheitlichkeit und der zeitgleichen Anpassung von öffentlichrechtlichen und privaten Fachnormen an technische Entwicklungen sehr zu begrüssen[8].

2. Europäisches Fachnormenwesen

a) Rolle der Europäischen Union

4.10 Die *Rechtsetzung der Europäischen Union (EU)* befasst sich sowohl mit der Schaffung als auch mit der Anwendung von technischen Normen. Dabei verfolgt sie den Zweck, den Baumarkt zu liberalisieren und insbesondere die Wettbewerbsschranken bei öffentlichen Bauaufträgen abzubauen[9]. Dabei sind die nachfolgend erwähntenen Erlasse von zentraler Bedeutung.

4.11 Gemäss der *Baukoordinierungsrichtlinie* von 1972/1989 sollen sich die Ausschreibungen öffentlicher Aufträge EU-weit nach denselben technischen Spezifikationen richten.

4.12 Unter den Begriff der technischen Spezifikationen fallen:
- *Technische Vorschriften:* Das sind technische Spezifikationen, welche nach dem öffentlichen Recht eines Staates (z.B. Brandschutz) oder nach der Übung (z.B. anerkannte Regeln der Baukunde im Bereich der Sicherheit) in einem Staat verbindlich sind.
- *Normen:* Das sind technische Spezifikationen, die von einer anerkannten Normenorganisation herausgegeben werden, deren Einhaltung jedoch nicht zwingend vorgeschrieben ist.

---

8 Vgl. unten Rz. 4.75 ff.

9 Zum Ganzen BÜHLER, 17 ff., und BRUNNER, Baunormen, 29 ff.

- *Technische Zulassungen:* Das sind Definitionen von Verfahren und Kennwerten zur Feststellung der Erfüllung von technischen Kriterien von Produkten zur Erlangung von europäischen Zulassungen.

Im Jahr 1985 erliess der EG-Rat die Entschliessung (Richtlinie) «über eine neue Konzeption auf dem Gebiet der technischen Harmonisierung und der Normung» *(«Neue Konzeption»/«New Approach»)*, welche die Erarbeitung von technischen Spezifikation dem CEN (Europäisches Komitee für Normung), dem CENELEC (Europäisches Komitee für die elektrotechnische Normung) sowie dem ETSI (Europäisches Institut für die Normung im Telekommunikationswesen) übertrug. 4.13

Gemäss der «Neuen Konzeption» beschränkt sich die Harmonisierung der Rechtsvorschriften zur Gewährleistung eines freien Warenverkehrs auf die grundlegenden Sicherheitsanforderungen. Die Einhaltung der Normen bleibt freiwillig, doch wer nicht nach ihnen produziert, trägt die Beweislast für die Übereinstimmung seiner Erzeugnisse mit den grundlegenden Anforderungen der Richtlinie. Andererseits wird vermutet, dass die Normen mit den grundlegenden Anforderungen der Richtlinie übereinstimmen. Die Beweislast trägt, wer etwas anderes behauptet. 4.14

Die *Bauproduktrichtlinie* von 1989 definiert und regelt sechs Kategorien von wesentlichen Anforderungen an die Bauwerke: mechanische Festigkeit und Standsicherheit; Brandschutz; Hygiene, Gesundheit und Umweltschutz; Nutzungssicherheit; Schallschutz; Energieeinsparung und Wärmeschutz. 4.15

b) *Einbindung der Schweiz in das europäische Fachnormenwesen*

Die Schweiz ist auf zwei Arten mit dem europäischen Normenschaffen verbunden. Zum einen ist die Schweiz als *EFTA-Mitglied* Teilhaberin an den Rahmenverträgen der EFTA mit CEN, CENELEC und ETSI, welche am 26. Oktober 1992 in Genf unterzeichnet wurden. Die Verträge regeln grundlegende Verpflichtungen bezüglich Arbeitsorganisation und gegenseitige Information im Normenschaffen sowie die Beteiligung der EFTA an den Kosten von CEN, CENELEC und ETSI. Zum anderen ist die Schweizerische Normen-Vereinigung[10] *Mitglied beim CEN*. Auf der Mitgliedschaft der Schweizerischen Normen-Vereinigung beim CEN 4.16

10 Dachverband und Vertreterin der schweizerischen normenschaffenden Organisationen; vgl. oben Rz. 4.6 f.

beruht die Verpflichtung der normschaffenden Organisationen in der Schweiz, die Europäischen Normen zu übernehmen.

c) *Europäisches Normenwerk*

4.17 Normen, die der Umsetzung der «Neuen Konzeption»[11] dienen, schaffen CEN, CENELEC und ETSI aufgrund von *Mandaten* seitens der EU und der EFTA. Die Mehrzahl der europäischen Normungsvorhaben werden jedoch *ohne Mandate* initiiert. Das thematische Schwergewicht der europäischen Normung liegt, anders als in der Schweiz[12], bei den Produkte- und Prüfnormen.

4.18 Die abschliessenden Dokumente des CEN, des CENELEC und des ETSI werden grösstenteils als *Europäische Normen (EN)* bezeichnet. Europäische Normen, die grössere Neuerungen mit sich bringen, können in erster Generation als sogenannte *Europäische Vornormen (EVN)* herausgegeben werden. Diese Vornormen erfordern noch nicht den Rückzug von nationalen Normen. Sie sollen in den Mitgliederländern auf ihre Tauglichkeit hin geprüft werden, womit auch der Umstieg auf die einige Jahre später erscheinenden Europäischen Normen vorbereitet wird[13].

4.19 In Bereichen, in denen eine Europäische Norm in Vorbereitung ist, dürfen keine nationalen Normen mehr herausgegeben werden (sogenannte Stillhalteverpflichtung). Anstelle von Normen können jedoch im Sinne eines nationalen Beitrages zur Ausarbeitung der Europäischen Norm weiterhin nationale Normentwürfe veröffentlicht werden.

4.20 Im Bereich des konstruktiven Ingenieurbaus werden die Europäischen Normen und Vornormen in neun Gruppen, genannt *Eurocodes*[14]., zusammengefasst. Diese Gruppierung bleibt jedoch ohne Wirkung in Bezug auf die rechtliche Bedeutung der betreffenden Normen und Vornormen.

4.21 Die genehmigten Europäischen Normen werden nicht durch eine europäische Institution herausgegeben. Die nationalen Mitgliedorganisationen sind verpflichtet, sie in die nationalen Normenwerke zu *übernehmen*

---

11 Vgl. oben Rz. 4.13.

12 Vgl. unten Rz. 4.44.

13 Die nationalen Mitgliederorganisationen des CEN sind gehalten, die Europäischen Vornormen für die Anwender entsprechender Normen verfügbar zu machen.

14 Zu den Eurocodes ausführlich RECHSTEINER.

und gleichzeitig vorbestehende widersprechende nationale Normen *zurückzuziehen oder anzupassen.*

Die Übernahme geschieht in der Schweiz auf drei verschiedene Arten: 4.22
- Publikation als SN EN (Europäische Norm, übernommen als Schweizer Norm) in einem der nationalen Normenwerke;
- Übernahme durch ein Anerkennungsblatt, das notwendige Ergänzungen wie z.B. ein nationales Vorwort oder die Mitteilung über den Rückzug oder Teilrückzug von nationalen Normen enthält;
- Ankündigung in der SWITEC-Infomation, dem Anzeiger für technische Regeln der Schweizerischen Normen-Vereinigung.

Die erste Art der Übernahme kommt bei hinreichendem Anwendungsbedarf zum Zug. Bei der zweiten und der dritten Art der Übernahme kann häufig auf eine Veröffentlichung in einem der Nachbarländer der Schweiz zurückgegriffen werden.

3. Internationales Fachnormenwesen

Das internationale Normenwesen wird von *drei parallelen Organisationen* getragen. Die wichtigste ist die International Organization for Standardization (ISO). Im Bereich der Elektrotechnik fungiert die International Electrotechnical Commission (IEC) und im Bereich der Telekommunikation die International Telecommunication Union (ITU) mittels ihrer Unterorganisation Telecommunication Standardization Sector (ITU-T). Die Schweizerische Normenvereinigung ist Mitglied dieser drei Organisationen. Es besteht eine institutionalisierte Zusammenarbeit mit den europäischen Schwesterorganisationen CEN, CENELEC und ETSI[15], beruhend auf der Wiener Vereinbarung über die technische Zusammenarbeit zwischen ISO und CEN vom Juni 1991. 4.23

III. Normenwerk des Schweizerischen Ingenieur- und Architektenvereins (SIA)

Das Normenwerk des Schweizerischen Ingenieur- und Architektenvereins (SIA) bildet das *wichtigste, umfangreichste und auch komplexeste* der privaten schweizerischen Fachnormenwerke im Bauwesen. Es recht- 4.24

15 Vgl. oben Rz. 4.13.

fertigt sich daher, diesem Normenwerk eine separate Beschreibung zu widmen.

4.25 Das SIA-Normenwerk ist *historisch gewachsen*. Die Erarbeitung und ständige Erneuerung erfolgte und erfolgt dezentral in ehrenamtlich tätigen Kommissionen, die eigens für jedes Dokument mit Fachleuten des betreffenden Themas besetzt werden. Die Genehmigung und Verabschiedung der geschaffenen oder überarbeiteten Dokumente geschieht auf Antrag der Zentralen Normenkommission durch die Delegiertenversammlung des SIA. Diese Kompetenzordnung, die auf den demokratischen vereinsrechtlichen Strukturen des SIA basiert, mag dazu beigetragen haben, dass trotz der hohen fachlichen Qualität des Normenwerks dessen systematische Ordnung heute einige Unvollkommenheiten aufweist. Dem ist bei der Anwendung des SIA-Normenwerks Rechnung zu tragen.

1. Struktur des SIA-Normenwerks

a) Allgemeine Vertragsbedingungen

aa) Planungs- und Bauleitungsverträge

4.26 An vorderster Stelle in der Numerierung des SIA-Normenwerks, beginnend mit der Ordnungszahl 102, rangieren die *Allgemeinen Vertragsbedingungen* für Planerleistungen. Die wichtigsten sind die folgenden:
- SIA 102: Ordnung für Leistungen und Honorare der Architekten;
- SIA 103: Ordnung für Leistungen und Honorare der Bauingenieure;
- SIA 108: Ordnung für Leistungen und Honorare der Maschinen- und Elektroingenieure sowie der Fachingenieure für Gebäudeinstallationen.

4.27 Diese im Jahre 1984 veröffentlichten Ordnungen[16] wurden parallel erarbeitet. Sie enthalten im jeweiligen Art. 1, «Allgemeines und Grundlagen», gleichlautende vertragliche Nebenbestimmungen und regeln in den

16 Gegenwärtig werden die Ordnungen für Leistungen und Honorare revidiert. Die Veröffentlichung der neuen Fassungen wird ca. Ende 1999 erfolgen.

übrigen Artikeln die Leistungen und Honorare der jeweiligen Planungsfachleute. Für die *Bemessung der Honorare* kann zwischen *mehreren Varianten* gewählt werden. Im Vordergrund stehen dabei die Honorierungen nach Zeitaufwand (Zeittarif) und nach der Höhe der involvierten Baukosten (Kostentarif). Bei der Definition der Leistungen wird grundlegend unterschieden zwischen Grundleistungen und Zusatzleistungen. Erstere sind im jeweiligen nach Kostentarif ermittelten Honorar inbegriffen, letztere nicht.

Im Bestreben, die starre Zuweisung der in den Ordnungen 102, 103 und 108 beschriebenen Leistungen auf die jeweiligen Planungsfachleute flexibel zu machen, die Honorare der Planungsfachleute von den Baukosten abzukoppeln und auch anderen Entwicklungen in deren Tätigkeit und Zusammenarbeit Rechnung zu tragen, erarbeitete der SIA das sogenannte *Leistungsmodell 95*. Es liegt gegenwärtig in einer vorläufigen Form zur verlängerten Vernehmlassung vor. Die Verabschiedung der definitiven Version ist für den Sommer 1999 geplant. Teil 1 dieses Dokuments beschreibt die Gliederung der Projektphasen und standardmässige Leistungsmodule zur wahlweisen Verwendung und Zuordnung zu den einzelnen Leistungsträgern. Teil 2 enthält einen Kommentar zur Kalkulation und Honorargestaltung. Das Leistungsmodell 95 definiert im Gegensatz zu den Ordnungen 102, 103 und 108 auch Leistungen der Architekten und Ingenieure während der strategischen Planung vor Projektbeginn und über den Abschluss der Bauausführung hinaus während des Betriebs und des Abbruchs von Bauten. 4.28

Abgestimmt auf die Ordnungen 102, 103 und 108 sowie auf das Leistungsmodell 95 stellt der SIA auch *Standard-Formularverträge* zur Verfügung. Neben den Formularen für Verträge zwischen den einzelnen Planern und dem Auftraggeber existieren, basierend auf dem Leistungsmodell 95, auch solche für Planergemeinschaften (Vertrag mit dem Auftraggeber sowie Gesellschaftsvertrag), einzelne Planer und Subplaner bzw. Planer als Unterakkordanten. 4.29

bb) Bauwerkverträge

Zur Regelung von Bauwerkverträgen steht die *SIA-Norm 118, Allgemeine Bedingungen für Bauarbeiten*, zur Verfügung. Dieses im schweizerischen Baufach weitherum respektierte Dokument wurde bereits 1977 4.30

veröffentlicht, bildet aber auch heute noch die am häufigsten verwendete Grundlage für die Allgemeinen Vertragsbedingungen von Verträgen über physische Bauleistungen[17].

4.31 Auch für Bau-Werkverträge stellt der SIA diverse, auf die SIA-Norm 118 abgestimmte *Standard-Formularverträge* zur Verfügung.

cc) Sparten- und arbeitsgattungsspezifische Ergänzungen

4.32 Die meisten Dokumente mit hauptsächlich technischen Bestimmungen[18] enthalten *ergänzende Regeln*, die ihrer Natur nach *Allgemeine Vertragsbestimmungen* darstellen. Diese Bestimmungen sollen in Ergänzung oder Abänderung der Ordnungen 102, 103, 108 und der Norm 118 spezifische Regelungsbedürfnisse für die von den jeweiligen Dokumenten behandelten Bausparten und Arbeitsgattungen abdecken. Regeln mit der Natur von Allgemeinen Vertragsbedingungen finden sich nach der Standardgliederung der Dokumente mit hauptsächlich technischen Bestimmungen vor allem in den Kapiteln 5 (Aufgaben der beteiligten Fachleute) und 7 (Bestimmungen über Leistung, Lieferung und Ausmass). Gewisse Dokumente, die nach ihrer Ordnungszahl im SIA-Normenwerk den Dokumenten mit hauptsächlich technischen Bestimmungen zuzuordnen wären, enthalten sogar ausschliesslich und erklärtermassen Allgemeine Vertragsbestimmungen in Ergänzung zur SIA-Norm 118, so z.B. die SIA-Norm 235 («Dachdeckerarbeiten: Geneigte Dächer und bekleidete Aussenwände, Leistung und Ausmass»).

---

17 Die Ausgabe 1977/1991 der SIA-Norm 118 enthält vereinzelte Texterläuterungen; Kommentar dazu von GAUCH, in: BR 1992, 46 ff. Betreffend die Dauer der Solidarbürgschaft als Sicherheit für den Bauherrn bezüglich Mängelbehebungen nach der Werkabnahme vgl. zusätzlich unten Rz. 15.171 – Zu den häufig vorkommenden «Ergänzungen und Abänderungen» zur SIA-Norm 118 in der Vertragspraxis vgl. oben Rz. 3.11.

18 Vgl. unten Rz. 4.44 ff.

b) *Hinweise zur Anwendung der Allgemeinen Vertragsbedingungen*

aa) *Differenzen zwischen den SIA-Ordnungen 102/103/108 und des Leistungsmodells 95 einerseits und der SIA-Norm 118 andererseits*

Zwischen den Ordnungen 102, 103 und 108 über die Leistungen und Honorare der Architekten und der Ingenieure bzw. dem Leistungsmodell 95 (LM 95) und der SIA-Norm 118, Allgemeine Bedingungen für Bauarbeiten, sind drei Differenzen erwähnenswert. 4.33

Die erste Differenz betrifft die *Befugnis der Architekten und Ingenieure zur Vertretung des Bauherrn gegenüber dem Unternehmer.* Gemäss Ziff. 1.4.3 der Ordnungen 102, 103 und 108 und der Ziff. 7 des Planervertrages zum LM 95 (SIA V 1012/1) sind die Vertretungsbefugnisse vertraglich zu regeln; im Zweifelsfalle hat der Architekt bzw. Ingenieur die Weisungen des Auftraggebers (Bauherrn) einzuholen. Demgegenüber bestimmt Art. 33 Abs. 2 der SIA-Norm 118, dass die vom Bauherrn eingesetzte Bauleitung den Bauherrn gegenüber dem Unternehmer (vollumfänglich) vertritt. Alle Willensäusserungen der Bauleitung, die das Werk betreffen, sind für den Bauherrn rechtsverbindlich und die Bauleitung nimmt Mitteilungen und Willensäusserungen der Bauleitung für den Bauherrn rechtsverbindlich entgegen. Diese Regel wird durch Art. 154 Abs. 3 SIA-Norm 118 für die Anerkennung der Schlussabrechnung des Unternehmers seitens des Bauherrn eigens bestätigt. Will der Bauherr die Befugnis seines Architekten und seiner Ingenieure zu seiner Vertretung gegenüber den Unternehmern beschränken, darf er es also nicht unterlassen, diese Beschränkung den Unternehmern mitzuteilen, falls die SIA-Norm 118 Bestandteil der Bau-Werkverträge bildet. 4.34

Dazu ist anzumerken, dass das Bundesgericht auf Art. 154 Abs. 3 SIA-Norm 118 die Ungewöhnlichkeitsregel als teilweise anwendbar erklärt hat (BGE 109 II 452). «Schwache und unerfahrene» Bauherren müssen die Anerkennung der Schlussabrechnung des Unternehmers durch einen von ihnen beauftragten Architekten nicht gegen sich gelten lassen. 4.35

Die zweite Differenz betrifft die *Rügepflicht des Bauherrn bei Mängeln.* Gemäss Art. 172 SIA-Norm 118 ist der Bauherr von der durch Art. 370 Abs. 3 auferlegten Pflicht, nach der Abnahme des Bauwerks festgestellte Mängel gegenüber dem Unternehmer sofort zu rügen, während der sogenannten Garantiefrist (zwei Jahre nach der Abnahme des Werks) befreit. 4.36

Dagegen bestimmt Ziff. 1.8.2 der Ordnungen 102, 103 und 108 ohne entsprechende Einschränkung, dass Mängel unverzüglich zu rügen seien. Allerdings ist diese Bestimmung meines Erachtens nur als Ordnungsvorschrift zu verstehen, deren Verletzung nicht die Verwirkung der Ansprüche des Bauherrn nach sich zieht![19].

4.37 Die dritte Differenz betrifft die *Verjährung der Haftungsansprüche des Bauherrn bei Mängeln beweglicher Bauwerke.* Zu den beweglichen Bauwerken gehören insbesondere Fahrnisbauten sowie Lehr- und Baugerüste, soweit bei diesen geplant ist, sie nach der Bauausführung wieder zu entfernen. Art. 180 SIA-Norm 118 statuiert eine Verjährungsfrist für Mängel von generell fünf Jahren seit der Abnahme, unabhängig davon, ob es sich um bewegliche oder um unbewegliche Bauwerke handelt. Demgegenüber übernimmt Ziff. 1.8.2 der Ordnungen 102, 103 und 108 die Regel von Art. 371 Abs. 2 OR, wonach die Verjährung der Mängelhaftung des Unternehmers, des Architekten und des Ingenieurs nur bei unbeweglichen Bauwerken nach fünf Jahren eintritt.

4.38 Gemäss Ziff. 1.8.1 der Ordnungen 102, 103 und 108 tritt in allen übrigen Fällen die Verjährung nach zehn Jahren ein. Nach grammatikalischer und logischer Auslegung der Ziff. 1.8.1 und 1.8.2 der Ordnungen 102, 103 und 108 muss diese Regel auch für die Verjährung der Ansprüche des Bauherrn gegenüber dem Architekten und dem Ingenieur für Mängel beweglicher Bauwerke gelten. Der Planervertrag zum LM 95 (SIA V 1012/1) enthält in Ziff. 21 dieselbe Regelung wie die Ziff. 1.8.1 der Ordnungen 102, 103 und 108, ergänzt diese jedoch durch Ziff. 21.2, wonach sich bei beweglichen Werken die Verjährungsfrist nach Massgabe des OR bemisst.

bb) Allgemeine Vertragsbedingungen im SIA-Normenwerk kein Ausdruck der Übung

4.39 Das Bundesgericht anerkennt die vom SIA herausgegebenen Normen, welchen die Bedeutung von *Allgemeinen Vertragsbedingungen* zukommt, *nicht als regelbildende Übung.* Die Normen gelten nur dann, wenn sie von den Parteien ausdrücklich vereinbart worden sind. Dies gilt sowohl für Dokumente, die gesamthaft als vollständige allgemeine Vertragsbedingungen für Architekten-, Ingenieur- oder Werkverträge konzipiert sind (z.B. SIA-Norm 118, Allgemeine Bedingungen für Bauarbei-

19 Vgl. unten Rz. 15.151.

ten[20]), als auch für einzelne Bestimmungen mit der Bedeutung von Allgemeinen Vertragsbedingungen in Dokumenten mit hauptsächlich technischem Inhalt[21].

cc) Rangfolge der Vertragsbestandteile in Bauwerkverträgen

Die SIA-Norm 118 enthält in Art. 21 eine Rangfolge der Vertragsbestandteile, welche bei Fehlen einer anderweitigen Festlegung in einem höherrangigen Dokument eines Bauwerkvertrages darüber entscheidet, welche Bestimmung gilt, wenn sich zwei oder mehrere Bestimmungen in verschiedenen Vertragsbestandteilen widersprechen. Die SIA-Norm 118 räumt sich selber gegenüber allen übrigen Normen des SIA und allen Normen anderer Fachverbände den *Vorrang* ein. Diese Bestimmung ist jedoch in vielen Fällen *unzweckmässig*, da damit sämtliche arbeitsgattungsspezifischen Allgemeinen Vertragsbedingungen in den übrigen Dokumenten des SIA nur soweit durchdringen, als sie mit den Bestimmungen der SIA-Norm 118 nicht in Widerspruch stehen, obwohl ihr Zweck vielfach auch darin besteht, unpassende Bestimmungen dieser Norm ausser Kraft zu setzen. 4.40

Die SIA-Norm 198, Untertagebau, enthält in Ziff. 0 24 die Bestimmung, dass diese Norm im Falle von Widersprüchen zur SIA-Norm 118 den Vorrang besitze. Diese Bestimmung schafft jedoch nur eine Pattsituation mit der gegenteiligen Bestimmung von Art. 21 Ziff. 5 lit. b SIA-Norm 118 oder «unterliegt» gar den normalerweise erstrangigen SIA-Formular-Werkverträgen (SIA 1023 etc.), welche die Rangfolge von Art. 21 SIA-Norm 118 wiedergeben, und kann daher ihren Zweck nicht erreichen. 4.41

Es ist daher zu empfehlen, in Bauwerkverträgen die optimale Rangfolge der Dokumente des SIA-Normenwerks und der Normen anderer Fachverbände vor allem in Bezug auf die Stellung gegenüber der SIA-Norm 118 eigens zu ermitteln und in der Vertragsurkunde festzuhalten. 4.42

dd) Allgemeine Vertragsbedingungen in den Normpositionskatalogen des CRB

Die Normpositionskataloge (NPK) der Schweizerischen Zentralstelle für Baurationalisierung (Centre pour la rationalisation dans le bâtiment, CRB) enthalten bei den Haupt- 4.43

---

20 BGE 107 II 178.

21 BGE 118 II 295. In diesem Urteil ging es um einen Streit bezüglich der Anwendbarkeit der Regeln der SIA-Norm 243, verputzte Aussenwärmedämmung, zur Ermittlung des Ausmasses der erbrachten Leistungen.

gruppen der Leistungspositionen sogenannte «Vorbemerkungen». Diese stellen ihrer Natur nach Allgemeine Vertragsbedingungen dar und werden im Normalfall mit den Ausdrucken der auf EDV erstellten Leistungsverzeichnisse auf der Basis der NPK in die Werkverträge übernommen. Die «Vorbemerkungen» enthalten häufig Verweisungen auf SIA-Normen oder wiederholen wichtige Aussagen aus diesen. Revisionen solcher «Vorbemerkungen» sind gegenüber Revisionen der zitierten SIA-Normen unvermeidlicherweise immer ca. ein bis zwei Jahre in Verzug. Damit können zwischen den «Vorbemerkungen» in den NPK und den zititerten Normen immer wieder Differenzen entstehen. Da den Leistungsbeschreibungen in Verträgen gegenüber Fachnormen regelmässig eine vorrangige Geltung eingeräumt wird, erhalten damit zumeist auch die älteren «Vorbemerkungen» der NPK Vorrang gegenüber neueren Normen.

c) *Technische Bestimmungen*

4.44 Die ca. 140 Dokumente mit hauptsächlich technischen Bestimmungen, beginnend mit der Ordnungszahl 160, bilden die grosse Masse des SIA-Normenwerks. Es können etwa folgende hauptsächlichen Regelungsbereiche unterschieden werden:
- ingenieurmässige Bemessung und Konstruktion von tragenden Bauteilen;
- allgemeine physikalische Anforderungen an Bauten (Schallschutz, Wärmedämmung, Energieverbrauch, Sicherheitselemente);
- Planung und Ausführung von Tiefbauten (ohne Strassen) und Untertagebauten;
- Planung und Ausführung von Arbeiten an Hochbauten.

4.45 Die meisten Dokumente mit hauptsächlich technischen Bestimmungen werden als Normen bezeichnet. Daneben enthält das SIA-Normenwerk aber auch einige Dokumente mit der Bezeichnung «Empfehlung» oder «Richtlinie»[22].

4.46 Infolge der Stillhalteverpflichtung[23] der dem CEN angeschlossenen nationalen Normungsorganisationen auf einem bestimmten technischen Gebiet während der Erarbeitung einer entsprechenden europäischen Norm darf der SIA einzelne von ihm geschaffene Dokumente nicht mehr als Norm veröffentlichen. Der SIA veröffentlicht diese Dokumente trotzdem und mit dem gleichen Erscheinungsbild wie Normen, bezeichnet sie aber als «*Normentwürfe in verlängerter Vernehmlassung*» bzw. «Empfehlungen in verlängerter Vernehmlassung»[24].

---

22 Zur Frage der Geltung von Empfehlungen und Richtlinien als anerkannte Regeln der Baukunde vgl. unten Rz. 4.62.

23 Vgl. oben Rz. 4.19.

24 Zur Geltung von Normentwürfen und Empfehlungen in verlängerter Vernehmlassung als anerkannte Regeln der Baukunde vgl. unten Rz. 4.64.

Bis Frühjahr 1998 gehörten zu den ca. 140 Dokumenten mit technischen Bestimmungen bereits ca. 20 *europäische Vornormen* und zwei *europäische Normen.* 4.47

Eine Besonderheit stellen die sogenannten *Nationalen Anwendungsdokumente (NAD)*[25] zu den Europäischen Normen für den konstruktiven Ingenieurbau (Eurocodes) dar. Gemäss dem Basisdokument SIA 460.000, Ziff. 0 2, bezwecken die NAD die Herstellung der Verbindung zwischen dem vom SIA als Europäische Vornormen herausgegebenen Eurocodes für den konstruktiven Ingenieurbau und den geltenden Tragwerksnormen des SIA. Die NAD sollen bis zum Inkrafttreten der entsprechenden Eurocodes die Voraussetzungen für die vorläufige Anwendung der europäischen Vornormen schaffen, die der nationalen Normung vorbehaltenen Regelungsbereiche festlegen, einzelne Regelungen der europäischen Vornormen, welche im Widerspruch zu den Normen des SIA stehen, klarstellen und die Möglichkeiten der ergänzenden Anwendung der SIA-Normen während der vorläufigen Anwendung der europäischen Vornormen aufzeigen. 4.48

d) Regelung von administrativen und rechtlichen Verfahren

Integriert in die Numerierung des SIA-Normenwerks existieren diverse Dokumente, die administrative und rechtliche Verfahren in mittelbarem Zusammenhang mit Planung und Ausführung von Bauwerken regeln: 4.49

- SIA 117: Norm für die Ausschreibung und Vergebung von Arbeiten und Lieferungen bei Bauarbeiten (Submissionsverfahren);
- SIA 150: Richtlinie für das Verfahren vor einem Schiedsgericht;
- SIA 152: Ordnung für Architekturwettbewerbe;
- SIA 153: Ordnung für Bauingenieurwettbewerbe;
- SIA 155: Richtlinien für die Ausarbeitung von Gutachten.

2. Publikationen des SIA ausserhalb des SIA-Normenwerks

a) Merkblätter

Im Jahre 1989 beschloss die Zentrale Normenkomission des SIA (ZNK), neben dem SIA-Normenwerk eine unabhängige Publikationsreihe mit sogenannten Merkblättern zu führen. Sie sollten den «Stellenwert einer Dokumentationsreihe» erhalten, *ohne Bearbeitungs- und Genehmigungsverfahren* nach dem bestehenden Reglement für das SIA-Normenwerk. Ein Ingress auf der zweiten Umschlagseite der Merkblätter sagt 4.50

25 Zur Frage der Geltung von Nationalen Anwendungsdokumenten als anerkannte Regeln der Baukunde vgl. unten Rz. 4.64.

ausdrücklich, dass ihr Inhalt die Ansichten der vom SIA beauftragten Fachleute wiedergebe, und dass sie nur eine beschränkte Zeit gültig seien.

4.51 Der Beweggrund für die Schaffung von Merkblättern lag aus der Sicht der Antragsteller an die ZNK darin, dass auf verschiedenen Gebieten des Bauwesens, besonders auf den Gebieten der Erhaltung und Sanierung, eine rasche technische Entwicklung im Gange war. In der Praxis sei das Bedürfnis nach gewissen technischen Hilfen und aktuellen Orientierungen entstanden.

4.52 Die Zahl der Merkblätter ist mit ca. zehn bis Frühjahr 1998 noch bescheiden geblieben. Behandelt werden nur wenige und sehr unterschiedliche Themen: Aussenwärmedämmung/Sanierputze, Verankerung von Bauwerken, Potentialmessung an Stahlbetonbauten, Qualitätsmanagement und elektronische Datenverarbeitung.

b) SIA-Dokumentationen

4.53 Die Dokumentationen des SIA, bis Frühjahr 1998 ca. achtzig an der Zahl, sind Schriften mit Beiträgen zumeist mehrerer Autoren *zu aktuellen Entwicklungen und Neuerungen* auf einem spezifischen Fachgebiet des Bauwesens. Häufig werden die Referate von Tagungen, die der SIA zur Einführung einer neuen Publikation eines Dokumentes aus dem Normenwerk durchführt, in einer Dokumentation veröffentlicht. Wie die Merkblätter geben die Aussagen in Dokumentationen die Ansichten der betreffenden Autoren wieder und unterliegen keiner Genehmigung von Organen des SIA.

c) ISO-Normen zu Qualitätsmanagement und Qualitätssicherung

4.54 Die ISO-Normen der Serie 9000 betreffend Qualitätsmanagement und Qualitätssicherung sowie die ISO-Norm 8402 mit Begriffsdefinitionen zur Qualitätssicherung werden, soweit sie für das Bauwesen relevant sind, auch vom SIA herausgegeben.

3. Strukturbereinigung im SIA-Normenwerk infolge der Übernahme Europäischer Normen

4.55 Mit der Übernahme von Europäischen Normen müssen nationale Normen im betreffenden Regelungsbereich zurückgezogen oder angepasst werden, wobei es praktisch ausnahmslos um technische Bestimmungen geht. Der SIA nimmt die anrollende Welle der Übernahme von Europäischen Normen zum Anlass, die Struktur des Normenwerks in der Weise anzupassen, dass die arbeitsgattungsspezifischen *Allgemeinen Vertragsbedingungen*, welche heute in den Dokumenten mit hauptsächlich technischen Bestimmungen enthalten sind, in *separaten Dokumenten* zusammengefasst werden. Damit können eine systematische Trennung von Allgemeinen Vertragsbedingungen und technischen Bestimmungen im Normenwerk sowie mehr Einheitlichkeit der arbeitsgattungsspezifischen Allgemeinen Vertragsbedingungen erreicht werden.

IV. Geltung der technischen Fachnormen

1. Technische Fachnormen und anerkannte Regeln der Baukunde

a) Anerkannte Regeln der Baukunde

Als anerkannte Regeln der Baukunde zu bezeichnen sind diejenigen *technischen Regeln des Baufachs*, welche *von der Wissenschaft als richtig erkannt worden sind, feststehen und sich nach Ansicht einer klaren Mehrheit der betroffenen Baufachleute in der Praxis bewährt haben*[26]. Die anerkannten Regeln der Baukunde bilden einen generellen Massstab für das Wissen und das Können sowie für die Sorgfalt[27], welche Auftraggeber im Bauwesen bzw. Besteller von Bauleistungen bei den von ihnen unter Vertrag genommenen Baufachleuten voraussetzen dürfen. Die Verletzung einer anerkannten Regel der Baukunde durch einen Baufachmann kann eine Haftpflicht auslösen, sei es, dass damit im Rahmen einer verschuldensabhängigen Haftung die Verletzung einer objektivierten Sorgfaltspflicht festzustellen ist[28] oder dass im Rahmen einer kausalen Haftung für Mängel angesichts der Abweichung von den anerkannten Regeln der Baukunde vom Besteller vorausgesetzte Eigenschaften des betroffenen Werks nicht gegeben sind. 4.56

26 Zum Begriff der anerkannten Regeln der Baukunde vgl. GAUCH, Werkvertrag, Rz. 842 ff. mit Hinweisen; BRUNNER, Technische Normen, 138 f. und TAUSKY, 182 ff.

27 GAUCH, Werkvertrag, Rz. 840 ff.; SCHUMACHER, Haftung, Rz. 488 ff. und Rz. 5.40.

28 Dazu differenzierend BRUNNER, Technische Normen, 167 ff.

4.57 Zu beachten ist, dass Baufachleute, die Planungs- und Projektierungsleistungen erbringen, diejenigen anerkannten Regeln der Baukunde, welche ausschliesslich der Bauausführung zuzuordnen sind, *nicht oder zumindest nicht genau kennen müssen*. Dasselbe gilt für bauausführende Unternehmer in Bezug auf anerkannte Regeln der Baukunde, welche auschliesslich der Planung und Projektierung zuzuordnen sind. Keine Gültigkeit hat diese Aussage, soweit der Unternehmer, insbesondere der Totalunternehmer, auch Planungsleistungen erbringt.

4.58 Die Gefährdung von Leib und Leben durch Verletzung der anerkannten Regeln der Baukunde bildet ausserdem Gegenstand des *Straftatbestandes von Art. 229 StGB*[29]. Schliesslich können die anerkannten Regeln der Baukunde im Sinne einer Übung auch als Kriterium zur Bejahung oder Verneinung des Vorliegens einer Fahrlässigkeit im Hinblick auf andere Straftatbestände massgeblich werden.

4.59 Die anerkannten Regeln der Baukunde können *geschrieben oder ungeschrieben* sein. Der Unterschied wirkt sich in Bezug auf die *Beweislast* aus. Bei ungeschriebenen anerkannten Regeln der Baukunde gilt die Beweisregel von Art. 8 ZGB; wer aus einer ungeschriebenen anerkannten Regel der Baukunde einen Anspruch ableitet, hat ihr Vorhandensein zu beweisen. Bei geschriebenen anerkannten Regeln der Baukunde, insbesondere bei technischen Fachnormen, welche von einer Mehrzahl führender Fachleute des betreffenden Gebiets ausgearbeitet und von einer anerkannten normenschaffenden Organisation autorisiert und herausgegeben worden sind, ist hingegen zu vermuten, dass sie anerkannte Regeln der Baukunde darstellen[30]. Die Beweislast trägt, wer dies bestreitet.

4.60 Wichtig ist die Feststellung, dass *anerkannte Regeln der Baukunde unabhängig von abweichenden gesetzlichen Vorschriften Geltung besitzen*[31]. So schreibt beispielsweise die SIA-Norm 358, Geländer und Brüstungen, Ausgabe 1996, unter der Ziff. 3 13 vor, dass die normale Höhe eines Schutzelementes mindestens 1.0 m betrage. Demgegenüber schreiben viele baupolizeiliche Vorschriften eine minimale Höhe von nur 0.9 m fest. Wird nun ein Geländer in Einklang mit einer baupolizeilichen Vorschrift mit 0.9 m Höhe ausgebildet und kommt es zu einem Unfall,

29 RIKLIN FRANZ, Zum Straftatbestand des Art. 229 StGB, in: BR 1985, 44 ff.; ausführlich TAUSKY, 191 ff.; BRUNNER, Technische Normen, 136 ff.

30 Vgl. unten Rz. 4.64 ff.

31 BRUNNER, 151 f.

so kann sich der Geschädigte zur Begründung von Haftungsansprüchen trotz dieser Vorschrift darauf berufen, die verantwortlichen Baufachleute hätten eine anerkannte Regel der Baukunde verletzt. Ebenfalls können die Baubeteiligten strafrechtlich zur Verantwortung gezogen werden[32].

b) Technische Fachnormen als Ausdruck von anerkannten Regeln der Baukunde

Im Allgemeinen gelten technische Fachnormen als Ausdruck der anerkannten Regeln der Baukunde auf ihrem Fachgebiet. Dies gilt jedoch nur unter einer Anzahl *einschränkender Bedingungen*, die sich vor allem auf die allgemeine Anerkennung als Regel der Baukunde beziehen: 4.61

- Die technische Fachnorm muss von einer Mehrzahl führender Fachleute auf dem betreffenden Gebiet gemeinsam ausgearbeitet[33] sowie von einer anerkannten normenschaffenden Organisation autorisiert und herausgegeben worden sein[34].
- Die technische Fachnorm darf nicht zu neu sein. Sie muss, um als anerkannte Regel gelten zu können, in der Praxis eingeführt sein. Die formelle Genehmigung der Norm durch die zuständigen Organe der herausgebenden Organisation und die Herausgabe allein genügen nicht.
- Die Norm darf nicht veraltet sein; d.h. sie darf von dem in der Praxis generell herrschenden technischen Stand nicht überholt worden sein.
- Die Norm muss von der Praxis des betreffenden Gebiets mit klarer Mehrheit akzeptiert worden sein[35]. Es kann auch vorkommen, dass lediglich gewisse Teile oder einzelne Aussagen in einer Norm von der Praxis nicht akzeptiert werden. Diesfalls gelten spezifisch diese Teile oder Aussagen nicht als anerkannte Regeln der Baukunde.

---

32 Vgl. oben Rz. 4.58.

33 GAUCH, Rz. 850.

34 Nicht als Fachnormen gelten Publikationen mit Beiträgen, die ausschliesslich die Auffassungen der Verfasser wiedergeben, und die von der betreffenden normenschaffenden Organisation ohne Autorisierung herausgegeben werden. Dazu gehören insbes. die sogenannten Dokumentationen des SIA (vgl. oben Rz. 4.53).

35 Vgl. oben Rz. 4.56.

4.62 Empfehlungen und zum Teil auch Richtlinien im SIA-Normenwerk wird zuweilen die Geltung als anerkannte Regeln der Baukunde aberkannt[36]. Als Begründung wird etwa ins Feld geführt, dass die Empfehlungen des SIA nur ein vereinfachtes Genehmigungsverfahren ohne externes Genehmigungsverfahren durchlaufen. Meines Erachtens darf die Bezeichnung eines Dokumentes als «Norm» oder die Durchführung eines Vernehmlassungsverfahrens in breiten Kreisen von Fachleuten und/oder Anwendern nicht als notwendige Bedingung für die Vermutung der Geltung des Dokumentes als anerkannte Regel der Baukunde betrachtet werden; als massgeblich muss die Aufnahme in der gesamten Praxis nach Veröffentlichung betrachtet werden[37].

4.63 Als bedeutsam in diesem Zusammenhang erscheint auch eine Äusserung des Bundesgerichts in einem unveröffentlichten Entscheid vom 19. Juni 1984[38]. In diesem Entscheid erklärte das Bundesgericht in Bezug auf die damals im SIA-Normenwerk enthaltene Empfehlung SIA 358, Geländer, Brüstungen und Handläufe: «Entscheidend ist vorliegend, dass eine SIA-Empfehlung über das Ausmass solcher Geländeröffnungen missachtet worden ist. (...) Solche Empfehlungen eines Fachverbandes gelten (...) als Ausdruck der üblicherweise zu beachtenden Sorgfalt (...).» Es ist allerdings nicht völlig sicher, ob das Bundesgericht diesen Satz in bewusster Unterscheidung von «Empfehlungen» und «Normen» formulierte[39].

4.64 Die *Vermutung*, dass ein Dokument mit technischen Bestimmungen als anerkannte Regel der Baukunde zu betrachten ist, *entfällt*, wenn die herausgebende Organisation im Dokument diese Geltung ausdrücklich verneint oder anderweitige Einschränkungen der Geltung formuliert, die mit der notwendigen Autorität einer anerkannten Regel der Baukunde nicht verträglich sind. So weist z.B. der SIA in den nationalen Vorworten

---

36 So TAUSKY, 21 f. Genau genommen kann es sich nicht um die Frage handeln, ob ein Dokument mit technischen Bestimmungen als anerkannte Regel der Baukunde gilt oder nicht, sondern nur um die Frage, ob die Geltung als anerkannte Regel der Baukunde zu vermuten ist oder nicht. – Das Wesen sowie das Verfahren zur Ausarbeitung und zum Erlass von Normen, Empfehlungen und Richtlinien ist im internen SIA-Reglement R 35 von 1981 festgelegt. Die Ausführungen zum Wesen von Normen, Richtlinien und Empfehlungen wiedergegeben bei TAUSKY, 209. Das Reglement R 35 wird voraussichtlich Ende 1998 durch eine überarbeitete Fassung abgelöst, welche anstelle der Herausgabe von Richtlinien und Empfehlungen die Herausgabe von Vornormen mit beschränkter Geltungsdauer vorsieht (vgl. unten Rz. 4.66.).

37 Anderer Auffassung TAUSKY, a.a.O.

38 I.S. W. und B. J. c. P. und S.&G. Architekten AG.

39 Bemerkungen zu diesem Entscheid und zur Stellung von SIA-Empfehlungen bei RECHSTEINER, 284.

zu Europäischen Vornormen[40] darauf hin, dass die Europäischen Vornormen die nationalen Normen noch nicht ersetzen und dass in der Schweiz nach wie vor die bestehenden SIA-Normen die geeigneten Grundlagen für die Tätigkeiten der Baufachleute bilden. Demzufolge können auch die Nationalen Anwendungsdokumente[41] zu Europäischen Vornormen nicht als anerkannte Regeln der Baukunde betrachtet werden. SIA-Normentwürfe und Empfehlungen in verlängerter Vernehmlassung[42] erfüllen jedoch einwandfrei die Bedingungen der Vermutung der Geltung als anerkannte Regeln der Baukunde.

Nicht zu vermuten ist die Geltung als anerkannte Regeln der Baukunde bei den SIA-Merkblättern. Diese werden zwar von der Zentralen Normenkommission des SIA zur Publikation freigegeben, doch sind sie nur als Orientierungshilfen konzipiert, bei denen erklärtermassen zu Gunsten einer raschen Verfügbarkeit auf die Erreichung eines breit abgestützten Konsens' in Fachkreisen verzichtet wird[43]. 4.65

Falls der SIA dazu übergeht, in Anpassung an das europäische Normenwerk eigene Vornormen mit beschränkter Gültigkeitsdauer zu publizieren, wird es richtig sein, die Geltung als anerkannte Regeln der Baukunde ebenfalls nicht zu vermuten. 4.66

Die Geltung als anerkannte Regel der Baukunde ist ferner nicht zu vermuten bei Normen, die einem speziellen Zweck dienen, sofern die Erfüllung dieses Zwecks durch das Bauwerk zwischen Bauherr und Baufachmann nicht vertraglich vereinbart wurde[44]. 4.67

c) *Zulässigkeit der Abweichung von anerkannten Regeln der Baukunde und von technischen Normen*

Wie bereits erwähnt, gelten die anerkannten Regeln der Baukunde als genereller Massstab für das Wissen und das Können sowie für die Sorgfalt, welche Auftraggeber im Bauwesen bzw. Besteller von Bauleistungen bei den von ihnen unter Vertrag genommenen Baufachleuten voraussetzen dürfen[45]. Damit werden die Baufachleute aber nicht zwin- 4.68

40 Vgl. oben Rz. 4.18; RECHSTEINER, a.a.O.
41 Vgl. oben Rz. 4.48.
42 Vgl. oben Rz. 4.46.
43 Entscheid der Zentralen Normenkommission des SIA vom 12.9.1989, SIA-internes Dokument A 6202.
44 Zum Beispiel Normen über behindertengerechtes Bauen, vgl. oben Rz. 4.5.
45 Vgl. oben Rz. 4.56.

gend auf diejenigen wissenschaftlichen und technischen Lösungen eingeschränkt, die diesen Regeln genau entsprechen. Es steht den Baufachleuten grundsätzlich *frei*, auch (mindestens) *gleichwertige alternative Lösungen*, die sich häufig aufgrund der laufenden Entwicklung der Technik und von neuen Produkten ergeben oder gar aufdrängen, zur Anwendung zu bringen.

4.69 In Bezug auf Sicherheitsfragen und die Haftpflicht gegenüber potentiellen Geschädigten bedeutet Gleichwertigkeit, dass dasselbe Sicherheitsniveau gegeben sein muss wie bei einer Lösung, die genau den anerkannten Regeln der Baukunde entspricht.

4.70 In Bezug auf die vertraglichen Verpflichtungen gegenüber dem Bauherrn bedeutet Gleichwertigkeit, dass das Leistungsergebnis zu einem Bauwerk mit (mindestens) derselben Wertqualität und derselben Gebrauchstauglichkeit führt wie bei der genauen Einhaltung der anerkannten Regeln der Baukunde[46]. Daneben muss die alternative Lösung natürlich auch den vereinbarten und vorausgesetzten Eigenschaften des Bauwerks entsprechen[47].

2. Technische Fachnormen und Stand der Technik

a) Stand der Technik

4.71 Als Stand der Technik zu bezeichnen sind die – zumeist neuen – optimalen Lösungen für Aufgaben des Baufachs, welche von der Wissenschaft als richtig erkannt worden sind und feststehen. Diese Lösungen brauchen im Gegensatz zu den anerkannten Regeln der Baukunde jedoch *(noch) nicht breite Zustimmung und Anwendung in der Praxis gefunden* zu haben.

b) Technische Fachnormen als Ausdruck des Standes der Technik

4.72 Grundsätzlich sollten technische Fachnormen bei Beendigung ihrer Bearbeitung dem jeweils aktuellen Stand der Technik auf dem betreffenden Gebiet entsprechen[48]. Die Übereinstimmung von technischer Fachnorm und Stand der Technik ist zu vermuten[49]. Infolge der laufenden Entwick-

46 GAUCH, Werkvertrag, Rz. 1409 ff. und 1413 ff.

47 Vgl. unten Rz. 15.5 ff.

48 BRUNNER, Technische Normen, 161.

49 A.a.O.

lung der Technik und von neuen Produkten können Stand der Technik und technische Fachnormen nach ihrem Erscheinen jedoch relativ rasch wieder auseinanderklaffen, weswegen im Europäischen Normenwerk und wahrscheinlich auch bald im SIA-Normenwerk auf technischen Gebieten, die einer raschen Entwicklung unterliegen, anstelle von Normen systematisch sogenannte *Vornormen mit beschränkter Gültigkeitsdauer und ohne Anspruch auf Geltung als anerkannte Regeln der Baukunde* veröffentlicht werden[50].

c) *Zulässigkeit der Abweichung vom Stand der Technik*

Im Regelfall darf der Bauherr nicht mehr voraussetzen, als dass die von ihm unter Vertrag genommenen Baufachleute die anerkannten Regeln der Baukunde befolgen. Soweit der jeweilige Stand der Technik (noch) nicht klarerweise mehrheitlich in der Baupraxis Eingang gefunden hat und damit zu anerkannten Regeln der Baukunde geworden ist, darf der Bauherr seine Anwendung nicht als selbstverständlich voraussetzen. *Anspruch* auf Anwendung des aktuellen Standes der Technik hat der Bauherr dann, wenn die Rezeption des Standes der Technik in der Baupraxis praktisch verzugslos erfolgt bzw. erfolgt ist oder wenn die Anwendung des Standes der Technik vertraglich vereinbart wurde[51]. 4.73

Eine *spezielle Situation* in Bezug auf Abweichungen vom jeweils aktuellen Stand der Technik besteht im Bereich der *Produktehaftpflicht*. Grundsätzlich ist auch der Hersteller eines Produktes nicht zur Einhaltung des Standes der Technik verpflichtet; Art. 4 Abs. 1 PrHG definiert die Fehlerhaftigkeit eines Produktes, welche eine Haftung auslösen kann, ohne Bezugnahme auf den Stand der Technik als fehlende Sicherheit, «die man unter Berücksichtigung aller Umstände zu erwarten berechtigt ist». Allerdings kann sich der Hersteller eines Produktes von einer Haftung unter anderem dann befreien, wenn er nachweist, dass der Fehler seines Produktes «nach dem Stand der Wissenschaft und der Technik im Zeitpunkt, in dem das Produkt in Verkehr gebracht wurde, nicht erkannt werden konnte» (Art. 5 Abs. 1 lit. e PrHG). Mit anderen Worten: wenn 4.74

---

50 Vgl. oben Rz. 4.66.

51 Vgl. GAUCH, Werkvertrag, Rz. 848; SPIESS, 222; abweichend BRUNNER, Technische Normen, 161 f.

ein Produkt nach dem Stand der Technik (inklusive Wissenschaft) als fehlerhaft erkannt werden kann, wird dem Hersteller im Schadenfall die Erbringung eines sehr aussichtsreichen Entlastungsbeweises verunmöglicht.

3. Technische Fachnormen als subsidiäres Recht kraft Verweisung

4.75 Technische Fachnormen können kraft Verweisung durch die Gesetzgebung auch Geltung als *subsidiäres Recht* erlangen[52]. Es können verschiedene Formen der Verweisung unterschieden werden:

4.76 *Direkte und indirekte Verweisung.* Bei der direkten Verweisung erklärt eine gesetzliche Bestimmung eine konkrete technische Fachnorm oder einzelne darin enthaltene Bestimmungen als massgeblich. Bei der indirekten Verweisung ist durch Auslegung zu ermitteln, ob und welche technischen Fachnormen als massgeblich zu betrachten sind.[53] Als Beispiel für eine indirekte Verweisung kann Art. 229 StGB gelten, der die Gefährdung von Leib und Leben von Mitmenschen durch die Verletzung der anerkannten Regeln der Baukunde unter Strafe stellt[54]. Es ist eine Unzahl von Verstössen gegen technische Fachnormen denkbar, mit denen die Tatbestände von Art. 229 Abs. 1 oder 2 StGB erfüllt werden können.

4.77 *Gleitende und starre Verweisung.* Die gleitende Verweisung verweist ausdrücklich oder sinngemäss auf die jeweils aktuelle Fassung einer technischen Fachnorm, die starre Verweisung auf eine bestimmte Ausgabe derselben. Die gleitende Verweisung ist vom praktischen Standpunkt aus vorzuziehen, denn sie hilft Regelungslücken zu vermeiden, wenn die Gesetzgebung die Erneuerung einer technischen Fachnorm nicht rasch nachvollzieht. Sie ist jedoch aus verfassungsrechtlicher Sicht problematisch.[55]

4.78 *Verweisung durch Generalklausel bzw. durch unbestimmten Gesetzesbegriff.* Die Rechtsnorm erwähnt keine bestimmte Fachnorm, doch verweist sie indirekt auf solche, z.B. mittels eines Begriffs wie «anerkannte Regeln der Baukunde» oder «Stand der Technik»[56].

---

52 Zum Ganzen BRUNNER, Technische Normen, 86 ff.. Interessant insbes. die Auseinandersetzung mit dem «Carbura-Fall» betreffend die Kollision zwischen einer Vorschrift in einer Verordnung und einer Vorschrift in einer Fachnorm, auf die dieselbe Verordnung mittelbar verweist (a.a.O., 114 ff., bezüglich BGE 107 Ib 125 ff.).

53 Ausführlich BRUNNER, Technische Normen, 90.

54 Vgl. oben Rz. 4.58.

55 Ausführlich BRUNNER, Technische Normen, 91.

56 Ausführlich BRUNNER, Baunormen, 27 f.; zu den erwähnten Begriffen vgl. oben Rz.4.56 ff. und 4.71 ff.

4. Technische Fachnormen als Vertragsbestandteile

Technische Fachnormen können auch durch *Übernahme in einen Vertrag* individuelle Geltung zwischen den beteiligten Parteien erlangen. 4.79

Zweiter Teil

VOM BAULANDERWERB ZUM BAUPROJEKT

§ 5 Erwerb und Finanzierung des Baugrundstücks

CHRISTOPH NERTZ

Literaturauswahl: BRÜCKNER CHRISTIAN, Der Umfang des Formzwangs beim Grundstückkauf, ZBGR 75 (1994), 1 ff.; CAVIN PIERRE, Kauf, Tausch und Schenkung, in: Schweizerisches Privatrecht, Bd. VII/I, Basel 1977; FISCHER THOMAS, Steuerratgeber für Hauseigentümer, Zürich 1997; GAUCH PETER, Unternehmer- und Architektenklauseln beim Grundstückkauf, Tagungsunterlagen zur Baurechtstagung, Freiburg 1983 (*zitiert:* GAUCH, Baurechtstagung 1983); *ders.,* Vom Formzwang des Grundstückkaufes und seinem Umfang – Ausdehnung auf eine «Architektenverpflichtung» des Käufers und auf konnexe Werkverträge?, BR 1986, 80 ff. (*zitiert:* GAUCH, BR 1986); GIGER HANS, Berner Kommentar, Grundstückkauf, Bern 1997; GUHL THEO/MERZ HANS/KOLLER ALFRED/ KUMMER MAX/DRUEY JEAN NICOLAS, Das Schweizerische Obligationenrecht, 8. Aufl., Zürich 1991; HESS URS, Basler Kommentar, OR I, Basel 1996; HONSELL HEINRICH, Basler Kommentar, OR I, Basel 1996; *ders.,* Schweizerisches Obligationenrecht, Besonderer Teil, 4. Aufl., Bern 1997 (*zitiert:* HONSELL, OR BT); ISLER PETER R., Basler Kommentar, ZGB II, Basel 1998; KELLER MAX/SIEHR KURT, Kaufrecht, 3. Aufl., Zürich 1995; KOLLER ALFRED (Hrsg.), Der Grundstückkauf, St. Gallen 1989; *ders.,* Begriff und Rechtsgrundlagen des Grundstückkaufs, in: Alfred Koller (Hrsg.), Der Grundstückkauf, St. Gallen 1989, 39 ff. (*zitiert:* KOLLER, Grundstückkauf); KOLLER BEAT, Baulandschaft und Steuer, in: Lendi Martin/Nef Urs Ch./Trümpy Daniel (Hrsg.), Das private Baurecht der Schweiz, Zürich 1994; LAIM HERMANN, Basler Kommentar, ZGB II, Basel 1998; LEUENBERGER CHRISTOPH, Abschluss des Grundstückkaufvertrages, in: Alfred Koller (Hrsg.), Der Grundstückkauf, St. Gallen 1989, 52 ff. (*zitiert:* LEUENBERGER, Grundstückkauf); MÜHLEBACH URS/GEISSMANN HANSPETER, Kommentar zum Bundesgesetz über den Erwerb von Grundstücken durch Personen im Ausland, Brugg/Baden 1986; PIOTET PAUL, Dienstbarkeiten und Grundlasten, in: Schweizerisches Privatrecht, Bd. V/I, Basel 1977; REY HEINZ, Die Grundlagen des Sachenrechts und das Eigentum, Bd. I, Bern 1991; RIEMER HANS MICHAEL, Die beschränkten dinglichen Rechte, Bd. II, Bern 1986; RUF PETER, Der Umfang des Formzwangs beim Grundstückkauf, ZGBR 78 (1997), 361 ff.; RÜST PAUL, Die Bank als Baubeteiligte, Tagungsunterlagen zur Baurechtstagung, Freiburg 1991; SCHNYDER BERNHARD, Vertragserfüllung und deren Sicherung in sachenrechtlicher Sicht, in: Alfred Koller (Hrsg.), Der Grundstückkauf, St. Gallen 1989, 159 ff.; SCHUMACHER RAINER, Die Haftung des Grundstückverkäufers, in: Alfred Koller (Hrsg.), Der Grundstückkauf, St. Gallen 1989, 203 ff. (zitiert: SCHUMACHER, Grundstückkauf); SIMONIUS PASCAL/SUTTER THOMAS, Schweizerisches Immobiliarsachenrecht, Bd. II, Die beschränkten dinglichen Rechte, Basel 1990; STEINER MARTIN, Steuerliche Folgen beim Grundstückkauf, in: Alfred Koller (Hrsg.), Der Grundstückkauf, St. Gallen 1989, 395 ff.; TUOR PETER/SCHNYDER BERNHARD/SCHMID JÖRG, Das Schweizerische Zivilgesetzbuch, 11. Aufl., Zürich 1995; WIEGAND WOLFGANG/BRUNNER CHRISTIAN, Vom Umfang des Formzwanges und damit zusammenhängenden Fragen des Grundstückkaufvertrages, recht 1993, 1 ff.; WISSMANN KURT, Verwandte Verträge (Vorvertrag, Vorkaufsvertrag,

Vertrag auf Begründung eines Kaufrechts bzw. Rückkaufrechts), in: Alfred Koller (Hrsg.), Der Grundstückkauf, St. Gallen 1989, 472 ff.

I. Problemübersicht

5.1 Wer ein Baugrundstück erwirbt, beabsichtigt regelmässig, darauf selber zu bauen oder bauen zu lassen, sei es als Anleger, sei es zur vollständigen oder teilweisen Selbstnutzung, sei es, um das Grundstück nach erfolgter Überbauung weiterzuverkaufen[1]. Beim Erwerb von Baugrundstücken und dessen Finanzierung stellen sich *zahlreiche rechtliche, wirtschaftliche und tatsächliche Probleme*, mit denen sich der Bauwillige sinnvollerweise schon vor dem Erwerb beschäftigt, beispielsweise:

- Wie sind die Nutzungsmöglichkeiten, und wie kann sich der Erwerber darüber klar werden?
- Wie kann der Erwerber sicherstellen, dass er innert nützlicher Frist das gewünschte Bauvorhaben realisieren kann?
- Welche Zusicherungen kann und will der Verkäufer über Eigenschaften des Grundstücks und über die Nutzungsmöglichkeiten geben?
- Ist der Erwerb im Baurecht vorteilhaft gegenüber dem Erwerb zu Eigentum?
- Wer finanziert den Erwerb des Baulandes, und zu welchen Bedingungen?
- Wie überbrückt man die teure ertragslose Phase zwischen dem Erwerb des Landes und dem Beginn der beabsichtigten Nutzung?

5.2 Die bauliche Tätigkeit setzt ein *Baugrundstück* voraus. Der Bauwillige muss die Berechtigung erlangen, auf einem Grundstück bauen zu dürfen. Die Berechtigung ergibt sich einerseits aus der privatrechtlichen Einwilligung des Landeigentümers. Am einfachsten ist es, wenn der Bauwillige das Grundstück kauft, also selber dessen Eigentümer wird. Anderseits bedarf der Bau einer oder mehrerer behördlicher Bewilligungen, wovon die Baubewilligung die bekannteste ist. Nachfolgend wird nur der privat-

1 Aufgrund der gebremsten, teilweise rückläufigen Entwicklung der Bodenpreise in den letzten Jahren ist der Erwerb eines Grundstücks zum Zwecke des späteren Weiterverkaufs (insbes. Bodenspekulation) etwas ausser Mode gekommen und wird hier nicht besonders berücksichtigt.

rechtliche Aspekt das Thema sein. Dabei soll der Blickwinkel hauptsächlich jener des Erwerbers sein, und zwar des Erwerbers, der anschliessend an den Erwerb auf eigenes Risiko und eigene Verantwortung bauen lassen will.

Für das Nachfolgende wird mit «*Baugrundstück*» (oder Baulandgrundstück) unbebautes Land bezeichnet, das aufgrund öffentlichrechtlicher Vorschriften (namentlich zonenrechtlichen) der privaten Baunutzung zugänglich ist[2]. Nur der Vollständigkeit halber zu erwähnen ist der Erwerb eines Grundstücks, auf dem bereits ein Gebäude besteht, welches aber zwecks Neuüberbauung abgebrochen werden soll[3]. Wenn nachstehend vom «*Erwerb*» die Rede ist, so ist dabei der rechtsgeschäftliche und entgeltliche Erwerb (zu Eigentum oder zu einem beschränkten dinglichen Recht) gemeint, nicht der Erwerb durch Schenkung, Erbgang, Erbteilung oder ähnliches[4].

II. Voraussetzungen des Erwerbs

1. Person des Erwerbers

a) Rechtsfähigkeit und -form des Erwerbers

Grundstücke können, was in der hiesigen Rechtsordnung als selbstverständlich erscheint, sowohl durch natürliche wie auch durch juristische Personen erworben werden[5]. Diese können alleine handeln oder sich zu Gemeinschaften aller Art verbinden. Der *gemeinschaftliche Erwerb* erfolgt sehr oft in Form einer einfachen Gesellschaft oder – gegebenenfalls – einer ehelichen Gemeinschaft. Diese Gemeinschaften können zwar mangels Rechtsfähigkeit selber nicht Eigentümer werden, sondern bloss 5.3

2 Zum Begriff des Baulandes siehe auch Art. 218 OR, dazu GIGER, N 17 zu Art. 218 OR.

3 Auch dieses ist ein Baugrundstück, jedoch stellen sich zusätzliche Fragen, deren eingehende Beantwortung an dieser Stelle nicht erfolgen kann.

4 Weitere Erwerbsarten sind etwa: Güterrechtliche Auseinandersetzung, Vereinbarung der Gütergemeinschaft, Zuschlag bei Zwangsversteigerung, Urteil inklusive richterlicher Genehmigung einer Ehescheidungskonvention, Fusion etc.

5 Ebenso auch durch das Gemeinwesen, Personenverbindungen ohne juristische Persönlichkeit etc.

die daran beteiligten Personen in ihrer gemeinschaftlichen Verbindung[6]. Gleichwohl kommt die Verbindung im Grundbuch zum Ausdruck[7].

5.4 Die einfachen Gesellschafter werden von Gesetzes wegen, abweichende vertragliche Regelung vorbehalten, Eigentümer *zu gesamter Hand*[8]; ebenso Ehegatten, die unter dem Güterstand der Gütergemeinschaft leben, oder die eben – was häufig vorkommt[9] – zum Zweck des Grundstückserwerbs eine einfache Gesellschaft bilden[10]. Gemeinschaftliches Eigentum kann auch gebildet werden, indem mehrere Personen (auch Ehegatten) ein Grundstück zu *Miteigentum* erwerben, also ohne «jede weiterreichende persönliche Unterlage»[11]. Welche gemeinschaftliche Form – falls der Bedarf dazu besteht – richtig ist, hängt im Einzelfall von den Bedürfnissen der Beteiligten und ihrer internen Verbindung ab. Zulässig ist es auch, ausschliesslich zum Zweck des Grundstückserwerbs[12] eine juristische Person als Erwerberin und künftige Eigentümerin zu schaffen. Dieser Weg kann insbesondere sinnvoll sein, wenn die Zweckerreichung mit besonderen Risiken verbunden ist.

b) Erwerbsbeschränkungen

5.5 Der Erwerb nichtlandwirtschaftlicher Grundstücke[13] unterliegt nur *wenigen gesetzlichen Restriktionen*[14]. Mit den nachstehenden Ausnahmen spielt es grundsätzlich keine Rolle, wer wann zu welchem Zweck ein Grundstück erwirbt.

---

6 GUHL/KUMMER/DRUEY, 594; REY, N 980.

7 Art. 31 Abs. 2 lit. c GBV.

8 MEIER-HAYOZ/FORSTMOSER, Grundriss des schweizerischen Gesellschaftsrechts, 7. Aufl., Bern 1993, 197 f.

9 Auch für Ehegatten, die in Gütertrennung leben.

10 REY, N 994 ff.

11 TUOR/SCHNYDER/SCHMID, 672, § 89, I b; REY, N 627 ff. Im Grundbuch werden dann, anders als bei der Gesamthand, die jeweiligen Quoten der Beteiligten eingetragen (Art. 33 Abs. 1 GBV).

12 Allenfalls auch, um das Grundstück zu überbauen.

13 Vgl. dazu das BG über das bäuerliche Bodenrecht vom 4. Okt. 1991 (SR 211.412.11).

14 Ausser den allgemeinen persönlichen Voraussetzungen nach ZGB Art. 11 ff. Das Gegenstück zu den Erwerbsbeschränkungen bilden die zahlreicheren Verfügungsbeschränkungen. Dazu im Einzelnen REY, N 1209 ff.

Von erheblicher praktischer Bedeutung sind die *ausländerrechtlichen Erwerbsbeschränkungen* gemäss Bundesgesetz über den Erwerb von Grundstücken durch Personen im Ausland (sogenannte Lex Friedrich)[15]. Dieses unterstellt den Erwerb von Grundstücken durch Personen, die nicht das Recht haben, sich in der Schweiz niederzulassen[16], bzw. – bei juristischen Personen – ihren Sitz im Ausland haben, grundsätzlich der Bewilligungspflicht (Art. 5 BewG). Ein Erwerb durch Personen im Ausland liegt gemäss geltender gesetzlicher Vorschrift beispielsweise auch vor, wenn zwar eine in der Schweiz ansässige Gesellschaft erwirbt, in dieser aber Personen im Ausland eine «beherrschende Stellung innehaben» (Art. 5 BewG), ebenso, wenn zwar ein Schweizer erwirbt, die Finanzierung aber schwergewichtig durch ausländische Mittel erfolgt. Letzteres ist je nach Höhe des Fremdkapitalanteils auch gegeben, wenn etwa die kreditgebende Bank oder Versicherungsgesellschaft ausländisch beherrscht ist[17]. 5.6

Rechtsgeschäfte über den Erwerb eines Grundstücks, für den der Erwerber einer Lex Friedrich-Bewilligung bedarf, bleiben ohne rechtskräftige Bewilligung unwirksam (Art. 26 Abs. 1 BewG)[18]. Sie werden sogar nichtig, wenn sie vollzogen werden, ohne dass um die Bewilligung nachgesucht wird oder bevor diese in Kraft tritt (Art. 26 Abs. 2 BewG)[19]. Daher muss der Erwerber, dessen Bewilligungspflicht nicht ohne weiteres auszuschliessen ist, sinnvollerweise vor, spätestens aber nach Abschluss des Rechtsgeschäftes um die Bewilligung oder die Feststellung nachsuchen, dass er keiner Bewilligung bedarf (Art. 17 BewG)[20]. Die Bewilligungspflicht – das kann auch die Pflicht sein, deren Nichtbestehen feststellen zu lassen – äussert sich also schon beim Vertragsabschluss, spätestens bei der Eintragung ins Grundbuch. 5.7

---

15 BewG (SR 211.412.41) und dazu gehörende BewV (SR 211.412.411).

16 In der Schweiz niedergelassene Ausländer können grundsätzlich unbeschränkt Grundeigentum erwerben. Die frühere Einschränkung für Grundstücke in der Nähe einer wichtigen militärischen Anlage (ehemals Art. 5 Abs. 2 BewG) ist seit dem 1. Oktober 1997 ausser Kraft.

17 Siehe unten Rz. 5.105.

18 MÜHLEBACH/GEISSMANN, N 1 ff. zu Art. 26 BewG.

19 MÜHLEBACH/GEISSMANN, N 1 ff. zu Art. 26 BewG.

20 MÜHLEBACH/GEISSMANN, N 4 zu Art. 17 BewG.

5.8 Die Lex Friedrich-Gesetzgebung befindet sich seit ihrer Einführung im Jahre 1961 in einem steten Wandel. In Folge der zwangsläufigen Öffnung der Schweiz im europäischen Zusammenhang und in der Erkenntnis, dass ausländische Investitionen in schweizerisches Grundeigentum wirtschaftlich vorteilhaft sind, dürfte die Tendenz – das Einverständnis des Souveräns vorausgesetzt – in Richtung einer Liberalisierung gehen, möglicherweise auch bis zu einer vollständigen Aufgabe der Restriktionen. Auf die Einzelheiten der Gesetzgebung kann hier deshalb nicht eingegangen werden[21].

5.9 Erwerbsbeschänkungen enthalten auch die bundesrechtlichen *Anlagerichtlinien für Pensionskassen* (Art. 71 BVG[22]; Art. 54 BVV 2[23]). Deren Verletzung hindert aber weder den Vertragsschluss noch den Eintrag ins Grundbuch.

2. Auswahl des Grundstücks

5.10 Die Suche und die Auswahl des Baugrundstücks hängt von den *Bedürfnissen des Erwerbers* ab (Nutzung als Wohnhaus für Ein- oder Mehrfamilienzwecke, Industrieanlage, Gewerbehaus, Ladengeschäft, etc.; Errichtung als Fertighaus oder Individualbaute etc.) und davon, ob sich diese auf dem betreffenden Grundstück in rechtlicher, tatsächlicher und finanzieller Hinsicht realisieren lassen. Die eigenen Bedürfnisse mag der bauwillige Erwerber kennen. Für die Beurteilung der Realisierbarkeit greift er sinnvollerweise auf die Mithilfe von Fachkräften (Architekten, Bauunternehmer, Baubehörden, Juristen, Bank), um unangenehme Überraschungen nach Möglichkeit auszuschliessen. Die rechtzeitige und umfassende Abklärung insbesondere der rechtlichen und tatsächlichen Gegebenheiten ist eindringlich zu empfehlen. Sie ist weitgehend möglich und allfälligen Zusicherungen des Veräusserers klar vorzuziehen.

---

21 Immerhin sei an die jüngsten Änderungen erinnert, wonach unter anderem der Erwerb des Betriebsstätte-Grundstücks und der Hauptwohnung am Wohnsitz von der Bewilligungspflicht befreit wurde. Vgl. zum Ganzen die Wegleitung des Bundesamtes für Justiz für die Grundbuchämter vom 24. Oktober 1997.

22 SR 831.40.

23 SR 831.441.1. Dazu auch unten Rz. 11.109.

a) Rechtliche Gegebenheiten des Baugrundstücks

Die rechtlichen Gegebenheiten des Baugrundstücks lassen sich unterscheiden in privatrechtliche und öffentlichrechtliche, aber auch – nicht deckungsgleich – in solche, die aus dem Grundbuch ersichtlich sind, und solche, die anderweitig erfragt werden müssen[24]. 5.11

Das Grundbuch gibt – vorwiegend – Auskunft über *privatrechtliche Beschränkungen* des Erwerbs oder der Bebauungsmöglichkeiten, insbesondere über 5.12

- Dienstbarkeiten, wie Wegrechte, Gewerbsbeschränkungen, gewisse nachbarrechtliche Beschränkungen. Der Beizug der wörtlichen Fassungen der Dienstbarkeiten und der respektiven Pläne ist unumgänglich;
- Vormerkungen, wie Vorkaufsrechte, Pacht- oder Mietverträge etc.;
- bereits bestehende Pfandrechte. Das Grundbuch kennt freilich nur den Betrag, für den das Pfand (als Sicherheit) errichtet wurde. Wie hoch die Schuld tatsächlich ist, lässt sich dem Grundbuch nicht entnehmen.

Öffentlichrechtliche Beschränkungen sind aus dem Grundbuch nur teilweise ersichtlich, insbesondere Verfügungsbeschränkungen. Andere ähnliche Beschränkungen sind im Grundbuch aber nicht eingetragen, wie z.B. allfällige öffentliche Grundpfänder oder Grundlasten[25]. 5.13

Zu den meisten öffentlichrechtlichen *Baubeschränkungen und -vorschriften* sagt das Grundbuch nichts. Diese sind anderweitig in Erfahrung zu bringen[26]. Im Vordergrund stehen Bau- und Nutzungsvorschriften aller Art, insbesondere solche, die sich aus der Zonenzugehörigkeit ergeben, Vorschriften über Baulinien, Gebäudeabstand und -höhe, Gestaltung, Nutzung, Bauweise (freistehende Einfamilienhäuser, Villen, etc.)[27]. Insbesondere bei Hanglagen ist allenfalls abzuklären, ob vorgän- 5.14

---

24 Vgl. BGE vom 20. Februar 1997, in: ZBGR 79 (1998), 52 f.; oben Rz. 1.4.

25 Riemer, § 18 N 39. Vgl. oben Rz. 1.5.

26 Die irrtümliche Annahme des Erwerbers, er werde die Baubewilligung trotz mangelhafter Erschliessung erhalten, stellt keinen beachtlichen Grundlagenirrtum dar (BGE 95 II 410 f.).

27 Es empfiehlt sich, sich auch über bevorstehende oder beabsichtigte Änderungen der Gesetzgebung und Zonenordnung zu erkundigen. Vgl. unten Rz. 7.10 ff., 7.44 ff., 7.57 ff.

gige Abgrabungen oder Aufschüttungen das Terrain in einer rechtlich relevanten Weise veränderten, welche die geplante Nutzung beeinträchtigen können[28].

5.15 Abklärungen in ganz anderer Richtung sind zusätzlich erforderlich, wenn eine zum *Abbruch* bestimmte Liegenschaft erworben wird. Bestehende Mietverhältnisse könnten bei der raschen Realisierung des Abbruch- und Neubauvorhabens einen Strich durch die Rechnung ziehen. In gewissen Kantonen unterliegt überdies der Abbruch von Wohnliegenschaften einer besonderen Bewilligungspflicht, deren Voraussetzungen vor dem Erwerb gründlich zu prüfen sind.

b) Tatsächliche Gegebenheiten

5.16 Zu den tatsächlichen Gegebenheiten zählt zunächst, ob der *Preis* und allfällige weitere Leistungen des Erwerbers in einem sinnvollen Verhältnis zum angestrebten *Nutzen* stehen. Dafür sind neben den rechtlichen die weiteren tatsächlichen Gegebenheiten rechtzeitig in die Prüfung miteinzubeziehen, insbesondere hinsichtlich der Frage, ob die Lage, Form und Erschliessung des Grundstücks die Realisierung des Geplanten in tatsächlicher Hinsicht ermöglichen. Hiefür kommt es darauf an, ob sich die Baute der Lage anpassen kann oder ob, wie bei einem Fertighaus, die Terrainverhältnisse noch stärker zu beachten sind.

5.17 Augenmerk gehört aber auch den *nachbarlichen Verhältnissen*, und zwar in verschiedener Hinsicht: Wie ist die Nachbarschaft genutzt? Welche Pläne bestehen für die Nachbarschaft? Ist von Seiten der Nachbarschaft mit erheblichem Widerstand zu rechnen? Sind deswegen die Nachbarn rechtzeitig in die Planung miteinzubeziehen? Die Nachbarn müssen aber nicht nur ein Ärgernis darstellen, sondern können auch hilfreich sein. Sie können Auskunft darüber geben, ob allenfalls schon früher eine Überbauung geplant war und – gegebenenfalls – weshalb diese nicht zustande kam.

5.18 Weiter ist besondere Aufmerksamkeit geboten, wenn der Veräusserer wünscht oder verlangt, dass er oder ein bestimmter Dritter als Architekt, Unternehmer oder Darlehensgeber bei der Realisierung der Baute oder bei der Finanzierung mitwirkt. Darauf ist zurückzukommen[29].

---

28 Stichwort: Definition des gewachsenen Terrains. Vgl. unten Rz. 7.87.

29 Unten Rz. 5.49.

Erst in jüngerer Zeit ein Thema, aber mit stark steigender Bedeutung, sind die sogenannten *Altlasten*, die auf dem (vorgängig bereits in irgendeiner Weise genutzten) Grundstück verborgen sein können[30]. Steigend ist die Tendenz der Problematik, da die Bauherren und die kreditgebenden Banken sensibler, die Umweltschutzvorschriften strenger werden und immer weniger Land vorhanden ist, das keine Geschichte hat. Auch hier lohnt es sich, rechtzeitig Erkundigungen vorzunehmen[31]. 5.19

III. Wahl der Erwerbsform

Um eine Baute erstellen zu können und zu dürfen, bedarf es logischerweise eines Baugrundstücks. Es muss sich dabei freilich nicht um das Grundstück des Bauenden handeln; der Grundeigentümer braucht damit bloss (aber immerhin) einverstanden zu sein. Ob man das Gebäude auf dem eigenen oder einem fremden Grundstück erstellt, hängt vom Willen der Beteiligten ab. In aller Regel lässt sich der Bauwillige aber ein *grundbuchlich gesichertes Recht* einräumen, um auf einem bestimmten Landstück bauen zu können. Zwingend ist das nicht, aber naheliegend, da andernfalls Bauten auf einem fremden Grundstück als Folge des Akzessionsprinzips[32] Bestandteil des Grundstücks werden, auf dem sie stehen, somit ins Eigentum des Grundeigentümers fallen. Diese Folge will regelmässig weder der Bauende noch der Grundeigentümer. Sie kann nur auf zwei Arten ausgeschlossen werden: entweder der Bauende erwirbt das Baugrundstück zu Eigentum, oder er lässt sich zu Lasten der Eigentumsparzelle eine Dienstbarkeit, meistens in Form eines Baurechts, einräumen. 5.20

30 Weiterführende Literatur: Altlasten – die aktuelle Rechtslage, Beiträge der Tagung für Umweltrecht vom 14. November1997, URP 1997, 721 ff. – Vgl. ferner auch oben Rz. 2.67 ff. und 2.84, unten Rz. 7.111 ff.

31 Die neue Altlastenverordnung des Bundes legt die Basis zur Erfassung der Altlasten in einem speziellen Kataster.

32 «Superficies solo cedit», Art. 642 und 667 ZGB.

1. Eigentum am Boden oder Baurecht

5.21 Im Vordergrund und praktisch am verbreitetsten ist der Erwerb des Baugrundstücks zu Eigentum. Mit dem Eigentum gehen bekanntlich alle Rechte und Pflichten, die mit der Sache, hier dem Grundstück, verbunden sind, über[33]. Im Gegensatz zu den beschränkten dinglichen Rechten (im vorliegenden Zusammenhang namentlich das Baurecht) kann das Eigentum somit als unbeschränktes dingliches Recht bezeichnet werden. Unbeschränkt ist das Recht freilich höchstens in dinglicher Hinsicht. Im Übrigen unterliegt das Eigentum bekanntlich zahlreichen privat- und öffentlichrechtlichen Schranken und ist somit keineswegs unbeschränkt.

5.22 Ob das Grundstück zu Eigentum oder im Baurecht erworben wird, kann meistens nicht frei gewünscht werden. In aller Regel hängt der Entscheid vom Willen derjenigen Partei ab, die die stärkere Position hat, aber auch von den wirtschaftlichen Gegebenheiten.

5.23 Eigentum und Baurecht ist gemeinsam, dass das Engagement des Erwerbers meist *auf lange Dauer angelegt* ist. Das ist manchem Bauwilligen schon zum Verhängnis geworden, wenn sich die geplante Baute (z.B. wegen Einsprachen und Rekursen aus der Nachbarschaft) nicht in der vorgesehen Zeit realisieren oder (z.B. wegen veränderter Marktverhältnisse) nicht der vorgesehenen Nutzung zuführen lässt. Gemeinsam ist beiden Varianten auch, dass ein erheblicher Geldbedarf besteht, und zwar auch für die Entschädigung des Landwertes[34]. Im Übrigen aber bestehen grosse Unterschiede, die sich weniger im praktischen Alltag zeigen als in rechtlicher und finanzieller Hinsicht. Darauf wird zurückgekommen[35].

5.24 Ohne schon an dieser Stelle auf alle Einzelheiten einzugehen, sei übersichtshalber auf Folgendes hingewiesen:

- Wer Eigentum erwirbt, macht die Entwicklung der Landpreise mit. Steigen die Preise, kann der Eigentümer allenfalls gewinnbringend veräussern. Muss er verkaufen, bekommt er allfällige Marktschwächen zu spüren. Demgegenüber hängt es beim Baurecht von der konkreten Ausgestaltung des Baurechtsvertrages ab, ob der Baurechtsnehmer durch Landpreissteigerungen belastet wird oder nicht. Da das Baurecht

33 Gewisse Rechte und Pflichten, vor allem Lasten wie Grundpfandrechte, können aber vorgängig oder gleichzeitig abgelöst werden.

34 Im einen Fall in Form des Kaufpreises, im andern als Baurechtszins.

35 Unten Rz. 5.79 ff.

regelmässig veräusserlich ist, bekommt aber auch der veräusserungswillige Bauberechtigte die Stärken und Schwächen des Marktes zu spüren.

- Wer ein Grundstück im Baurecht erwirbt, bleibt mit dem Veräusserer (also dem Bodeneigentümer) zwangsläufig während der ganzen Dauer des Baurechts verbunden.
- Wer Baurecht erwirbt, kauft das Land nicht. Das könnte als finanzieller Vorteil erscheinen. In der Tat ist der Vorteil je nach Ausgestaltung des Baurechtsvertrages eher bescheiden.

2. Grundstück oder Anteile an einer Immobiliengesellschaft

Wenn der Veräusserer eine juristische Person ist, deren einziges Aktivum 5.25
die Liegenschaft ist (z.B. sogenannte Immobilien-AG), braucht der Erwerber nicht das Grundstück selbst zu kaufen, sondern kann die Gesellschaftsanteile erwerben. Grundbuchlich erfolgt keine Änderung, wirtschaftlich aber sehr wohl[36]. Bemerkenswert ist, dass dieser Vorgang (am ausgeprägtesten, wenn alle Aktien einer Gesellschaft, die nichts als eine einzige Liegenschaft besitzt, veräussert werden) zivilrechtlich als Fahrniskauf betrachtet wird, also insbesondere nicht den Formvorschriften des Grundstückkaufs untersteht[37]. In öffentlichrechtlicher Hinsicht (Steuern, Lex Friedrich) wird dasselbe Geschäft einem (direkten) Grundstückkauf aber gleichgestellt[38].

36 Das wirtschaftliche Eigentum kann auch über die blosse (vollständige oder überwiegende) Finanzierung eines Grundstücks erfolgen, das formell im Eigentum eines andern steht. Derartige Tatbestände werden beispielsweise vom BewG erfasst (dazu unten Rz. 5.105).

37 HESS, N 1 zu Art. 216 OR.

38 GUHL/MERZ/KOLLER, 314. Man könnte sich daher zu Recht fragen, ob nicht auch beim Verkauf der Anteile einer Immobiliengesellschaft die Vorschriften über den Grundstückkauf (Form, Gewährleistung) zur Anwendung gelangen sollten (vgl. GIGER, N 13 zu 221). Der Vertragswille ist ja klarerweise auf die Handänderung ausgerichtet. Und die Gründe, die beim Grundstückkauf für das Erfordernis der öffentlichen Beurkundung angeführt werden, liessen sich grösstenteils auch hier bejahen. Gleichwohl besteht für eine solche Auffassung im Privatrecht keine gesetzliche Grundlage, und mangels Grundbucheintrag bedarf es auch nicht eines grundbuchtauglichen Rechtsgrundes.

3. Direkter oder aufgeschobener/bedingter Erwerb

5.26 Lediglich der Vorbereitung eines späteren (allenfalls auch bloss möglichen) Erwerbs dienen der Vorvertrag sowie das Kaufsrecht und das Vorkaufs- oder Rückkaufsrecht. Auf den Vorvertrag wird weiter unten zurückgekommen.

IV. Kauf

1. Merkmale des Kaufvertrags über ein Baulandgrundstück

5.27 Der *Kauf* ist der nicht der einzige[39], aber der klassische rechtsgeschäftliche Weg, um Eigentum an einem Grundstück zu erwerben. Der *Kaufvertrag* ist das obligatorische Mittel, um das Ziel des Eigentumsübergangs zu erreichen; obligatorisch in zweierlei Hinsicht:

- Im Sinne von «zwingend»: Ohne gültigen Kaufvertrag (causa) gibt es keinen Eintrag des Käufers im Grundbuch[40]. Der Eigentumserwerb ist somit kausal[41].
- Im Gegensatz zu «dinglich»: Der Abschluss des Kaufvertrags ist bloss obligatorische Verpflichtung und hat nach schweizerischem Recht keine dingliche Wirkung, sondern ist blosses Verpflichtungsgeschäft[42]. Die respektiven Verfügungen schliessen daran an[43].

5.28 Der Kaufvertrag über ein Baulandgrundstück[44] weicht in rechtlicher Hinsicht nicht wesentlich ab vom «normalen» Grundstückkauf. *Besonderheiten* können sich unter anderem deshalb ergeben, weil

- das Grundstück zuerst noch parzelliert oder mutiert werden muss;

---

39 Andere Wege sind etwa: Schenkung, Erbgang, Tausch, Fusion, etc. (LAIM, N 12 ff. zu Art. 656 ZGB; REY, N 1341 ff.).

40 SCHNYDER, 163.

41 HONSELL, OR BT, 154; LAIM, N 4 zu Art. 656 ZGB.

42 REY, N 1326 ff., 1476.

43 Unten Rz. 5.51 f.

44 Im vorliegenden Zusammenhang ein unbebautes Stück Land, das in einer Bauzone liegt, oder ein Grundstück in derselben Zone mit einem Abbruchobjekt; zum Erwerb des Baurechtsgrundstücks siehe unten Rz. 5.70 ff.

- der Käufer Gewissheit haben will, dass sein Bauvorhaben tatsächlich realisiert werden kann;
- das Grundstück eine Geschichte (Altlasten) hat oder mit einer Abbruchbaute (vermietet oder leer) versehen ist;
- der Verkäufer sich selbst oder einen Dritten als Unternehmer oder Architekt, als Financier oder als spätere Liegenschaftsverwaltung einbringen will.

Die essentiellen Pflichten und Rechte der Vertragsparteien sind grund- 5.29
sätzlich so einfach wie bei jedem Kaufvertrag: Leistung der Kaufpreiszahlung durch den Käufer einerseits, Verschaffung des Eigentums am Kaufobjekt, hier mittels Grundbucheintrag, durch den Verkäufer anderseits. Die *Interessen der Parteien* beschränken sich aber oft nicht auf die Erfüllung dieser Leistungen.

Den *Verkäufer* interessiert im Allgemeinen nur die Höhe und die Zahlung des Preises sowie die Kosten- und Steuerfolgen. Eine Gewährleistung oder Zusicherung von Eigenschaften will der Verkäufer im Allgemeinen nicht übernehmen. Er will mit dem Grundstück nicht verbunden bleiben (sonst würde er die Vergabe im Baurecht wohl vorziehen), wünscht vielleicht aber, dass er (oder ein von ihm benannter Dritter) beim Bau des Gebäudes als Architekt oder Unternehmer zum Einsatz kommt.

Der *Käufer* interessiert sich natürlich gleichfalls für den Preis, aber ebenso dafür, ob das, was er bauen will, tatsächlich gebaut werden kann, also etwa die erforderlichen behördlichen Bewilligungen erlangt werden können. Auch will er sichergehen, dass das Grundstück erschlossen und nicht mit sanierungpflichtigen Altlasten im Boden belastet ist. Am liebsten lässt er sich das vom Verkäufer garantieren.

Die von den essentiellen Leistungen und üblichen Nebenleistungen abweichenden Interessen schlagen sich oftmals im Kaufvertrag oder allfälligen Nebenvereinbarungen nieder. Darauf ist zurückzukommen[45].

2. Gesetzliche Grundlagen

Das Bundesprivatrecht regelt den Grundstückkauf zwar explizit (Art. 216 5.30
bis 221 OR)[46], äussert sich aber nicht weiter zu dessen Inhalt. Im Wesentlichen wird auf den Fahrniskauf verwiesen (Art. 221 OR). Es ist also grundsätzlich von diesem, aber auch vom allgemeinen Vertragsrecht auszugehen. Die meisten Bestimmungen des Fahrniskaufs finden auf den

45 Unten Rz. 5.41 ff.

46 KOLLER, Grundstückkauf, 42 ff.

Grundstückkauf nicht bloss – wie sich Art. 221 OR ausdrückt – «entsprechende», sondern unmittelbare Anwendung[47]. Entsprechend, also angepasst, ist die Anwendung dort, wo wesensgemäss Unterschiede zwischen dem Fahrnis- und dem Grundstückkauf gegeben sind[48]. Diese liegen hauptsächlich darin, dass der Eigentumserwerb beim Fahrniskauf mit der Übergabe des Besitzes, beim Grundstückkauf aber mit dem Grundbucheintrag erfolgt[49].

3. Formbedürftigkeit

5.31 Nach Art. 216 Abs. 1 OR bedürfen Kaufverträge, die ein Grundstück zum Gegenstand haben, zu ihrer Gültigkeit der *öffentlichen Beurkundung* (Art. 216 Abs. 1 OR)[50]. Der Formzwang beeinflusst die Vertragsgestaltung. Die Form zwingt vor allem zur Vollständigkeit des Inhalts[51]. Ob etwas fehlt oder mündlich oder separat schriftlich (z.B. in einfach schriftlichem Vorvertrag) geregelt ist, ist somit nicht bloss eine Beweisfrage[52]. Die Form sollte auch Gewähr bieten für eine vollständige und klare Formulierung des Konsenses.

Der Kaufvertrag kommt erst mit der rechtsgültigen Unterzeichnung des öffentlich beurkundeten Vertrags zustande, nicht schon mit dem Konsens der Parteien. Im Gegensatz zum allgemeinen Vertragsrecht bestimmt sich der Vertragsschluss also nicht durch das System von Offerte und Akzept[53].

Die Notwendigkeit, den Begriff und den Umfang der öffentlichen Beurkundung bestimmt das Bundesrecht[54]. Wie die öffentliche Beurkundung vorgenommen wird,

---

47 CAVIN, 128.

48 GUHL/MERZ/KOLLER, 314 ff.

49 Im Einzelnen CAVIN, 128.

50 Allgemein Art. 657 Abs. 1 ZGB.

51 GIGER, zu Art. 216 OR; HESS, N 1 zu Art. 216 OR; HONSELL, OR BT, 145.

52 Das soll indessen nicht bedeuten, dass Abmachungen oder Zusicherungen, die sich nicht in der öffentlichen Urkunde finden, unbeachtlich seien. Vielmehr ist dies eine Frage des Umfangs der Beurkundungspflicht.

53 Vgl. LEUENBERGER, Grundstückkauf, 53.

54 BRÜCKNER, 2; GIGER, N 15 zu Art. 216 OR; WIEGEND/BRUNNER, 3; GUHL/MERZ/KOLLER, 117.

regelt das kantonale Recht (Art. 55 SchlT ZGB)[55]. Die Kantone dürfen das Ziel des Bundesrechts nicht durch ungebührliche Erleichterungen oder Erschwerungen unterminieren[56].

Gegenstand zahlreicher Gerichtsentscheide und eingehender Erörterungen in der Literatur ist der *Umfang der Pflicht zur öffentlichen Beurkundung*. Nach der Rechtsprechung des Bundesgerichts und nach herrschender Lehre fallen sowohl die objektiv als auch die subjektiv wesentlichen Vertragspunkte unter die Formvorschriften des Grundstückkaufvertrags. Allerdings folgt daraus nicht, dass sich der Formzwang auf sämtliche Punkte erstreckt, die für den Abschluss des in Frage stehenden Vertrags wesentlich sind. Im subjektiv wesentlichen Bereich ist er auf diejenigen Vertragspunkte einzuschränken, die ihrer Natur nach ein Element des betreffenden Vertragstyps bilden. Verpflichtungen, die für den Grundstückkaufvertrag artfremd sind, bedürfen daher keiner Aufnahme in die öffentliche Urkunde, sofern das Versprochene nicht als zusätzliche Gegenleistung einer Partei in das kaufrechtliche Austauschverhältnis einfliesst[57]. Welche subjektiv wesentlichen Vertragspunkte formbedürftig sind, ist jedoch umstritten[58]. Darauf ist, wo nötig, beim Inhalt des Vertrages zurückzukommen. Im Übrigen wird für die Einzelheiten auf die umfangreiche Spezialliteratur verwiesen[59]. 5.32

4. Essentialia

a) *Parteibezeichnungen*

Der Vertrag muss zweifelsfrei darüber Auskunft geben, *wer kauft und wer verkauft*. Die Urkundsperson muss sich vergewissern, dass die erklä- 5.33

55 BGE 106 II 147.

56 Vgl. LEUENBERGER, Grundstückkauf, 67; BGE 106 II 150. Örtliche Zuständigkeit: Obschon der Kaufvertrag von Bundesrechts wegen wo auch immer abgeschlossen werden kann, regeln die kantonalen Rechte regelmässig auch die örtliche Zuständigkeit der Beurkundung, was im Allgemeinen der Ort der Lage des Grundstücks ist. Nach Auffassung des Bundesgerichts verstösst dies nicht gegen das Bundesrecht (REY, N 1359).

57 BGE vom 20. Februar 1997, in: ZBGR 79 (1998), 51; vgl. auch BRÜCKNER, 6; REY, N 1377; BGE 113 II 404 ff.

58 WIEGAND/BRUNNER, 1.

59 Siehe Literaturauswahl.

renden Personen auch tatsächlich jene sind, die sich verpflichten wollen. Wo sich die Parteien vertreten lassen, sind die zweifelsfreie Bevollmächtigung zu prüfen und das Vertretungsverhältnis sowie die Personalien der Vertreter in die Urkunde aufzunehmen[60].

b) Rechtsgrund

5.34 Der Grundbucheintrag setzt einen gültigen Rechtsgrund voraus. Rechtsgrund für die Eigentumsübertragung ist der öffentlich beurkundete Kaufvertrag. Daher muss der Vertrag den gemeinsamen Vertragswillen der Parteien enthalten, also zweifelsfrei zum Ausdruck bringen, welchen Vorgang die Parteien tatsächlich zu bewirken beabsichtigen[61]; hier also den *Eigentumsübergang eines bestimmten Grundstücks durch Kauf/Verkauf*[62]. Auf die Vertragsbezeichnung (Titel) kommt es, wie im allgemeinen Vertragsrecht, grundsätzlich aber nicht an (Art. 18 OR).

Die klare Darstellung des Vertragswillens ist beim Standardkauf im Allgemeinen kein Problem. Sobald aber andere Elemente (Schenkung, Werkvertrag, Auftrag, aufschiebende Bedingungen) hinzutreten, kann die Vertragsbezeichnung Fragen aufwerfen. Der Titel soll zwar nicht dazu dienen, den Vertragsinhalt zusammenzufassen. Gleichwohl ist hier Aufmerksamkeit am Platz[63].Wesentlich ist für den guten Vertrag, dass er den Willen der Parteien unmissverständlich zum Ausdruck bringt und keine Fragen offen lässt.

5.35 Die Verpflichtung des Verkäufers besteht wie ausgeführt darin, dem Käufer das grundbuchliche Eigentum zu verschaffen. Sehr oft ermächtigen die Vertragsschliessenden den Notar, den Vertrag beim Grundbuchamt anzumelden, wenn die Voraussetzungen (Vornahme der Gegenleistung des Käufers) gegeben sind.

---

60 BGE 112 II 332; Brückner, 6, Fn. 13; Leuenberger, Grundstückkauf, 74; Wiegand/Brunner, 6.

61 BGE 86 II 231 f.

62 Leuenberger, Grundstückkauf, 78; Brückner, 6.

63 Kann auch zum Ausdruck bringen, ob die Parteien und die Urkundsperson den Vorgang in rechtlicher und wirtschaftlicher Hinsicht begriffen haben (vgl. dazu auch Ruf, 370 f.).

c) *Bezeichnung des Kaufobjektes*

Gegenstand des Kaufvertrags muss nicht zwingend ein als solches im Grundbuch eingetragenes Grundstück[64] sein. Es können auch mehrere Grundstücke zugleich oder Teile (Abschnitte) eines Grundstücks oder mehrerer Grundstücke sein. Aus dem Vertrag muss aber zweifelsfrei hervorgehen, was das Kaufobjekt ist. Dessen Beschreibung hat so genau als möglich zu erfolgen. Das ist problemlos, wenn eine einzige und vollständige, im Grundbuch eingetragene Parzelle verkauft wird. Der genauen Beschreibung kommt grösseres Gewicht zu, wenn Teile eines Grundstücks, die noch nicht als eigene Parzellen ausgeschieden sind, den Gegenstand des Vertrags bilden. Das Kaufobjekt muss aber auch hier bestimmt oder – ausnahmsweise – wenigstens bestimmbar sein[65]. Zur Spezifikation dürfen keine weiteren Willenserklärungen der Parteien mehr notwendig sein[66]. Soweit das Kaufobjekt nicht genügend bestimmt ist, droht die Nichtigkeit des Kaufvertrags[67]. Werden bloss Teile eines Grundstücks verkauft, so erscheinen diese sinnvollerweise in einer Planskizze, die aber Bestandteil der öffentlichen Urkunde sein muss[68]. 5.36

Wie weit die Beschreibung des Kaufobjektes im Einzelnen zu gehen hat, ist immer wieder Gegenstand von Gerichtsentscheiden. Das Bundesgericht hat kürzlich festgehalten, dass die Beschreibung auf verschiedene Weise geschehen könne. Das Bundesgericht erachtete es nicht als Formmangel, wenn die im Grundbuch eingetragenen Lasten, also Dienstbarkeiten, Pfandrechte, Anmerkungen und Vormerkungen im Kaufvertrag nicht genannt sind[69].

d) *Kaufpreis*

Allein die Übertragung eines Grundstücks macht den Kaufvertrag nicht aus. Erst das Versprechen der Leistung eines Kaufpreises macht den Vertrag zum Kaufvertrag. 5.37

---

64 Zum Grundstücksbegriff siehe Art. 655 ZGB.

65 BGE 106 II 148; 103 II 112.

66 ZBGR 79 (1998), 107; LEUENBERGER, Grundstückkauf, 76.

67 Beispiele: BGE 95 II 42 f. («circa 800–1000 m^2»); Handelsgericht Zürich, in: ZR 96 (1997), 104 ff., und in: ZBGR 79 (1998), 106 ff.

68 Vgl. BGE 106 II 146 ff.; LEUENBERGER, Grundstückkauf, 76 f.

69 BGE vom 20. Februar 1997, in: ZBGR 79 (1998), 52 f., mit Kommentierung; dazu auch RUF, 375.

5.38 Die *Höhe des Kaufpreises*. Der Kaufpreis muss bestimmt oder mindestens zweifelsfrei bestimmbar sein[70]. Der vollständigen Bezeichnung des Kaufpreises, unter Einschluss allfälliger, bereits geleisteter Anzahlungen[71] und allfälliger weiterer geldwerter Gegenleistungen kommt eine besondere, sehr zentrale Bedeutung zu[72]. BRÜCKNER spricht von einer «qualifizierten Deklarationspflicht» des Preises und bringt damit zum Ausdruck, dass die genaue Angabe der vollständigen Gegenleistung des Käufers mehr als eine von verschiedenen Vertragsbestimmungen ist[73]. Vor allem zur Vermeidung unerwünschter Steuerfolgen wird die Gegenleistung des Käufers recht häufig zu gering oder sonstwie unvollständig bezeichnet und ausserhalb des Vertrags oder unter einem anderen Titel eine zusätzliche Leistung versprochen[74]. Dem unrichtig verurkundeten Vertrag droht die Nichtigkeit[75]. Auch wenn diese Folge selten eintritt (meistens bleibt der Mangel für Aussenstehende unbemerkt), kann der seriöse Berater Schwarz- oder andere verdeckte Zahlungen nicht empfehlen[76].

5.39 Enthält der Kaufpreis nicht nur den Ausgleich für das Grundstück, sondern auch noch für weitere Leistungen, z.B. Mobiliar, Arbeits- oder Dienstleistungen, so ist der gesamte Preis zu beurkunden und wenigstens stichwortartig anzugeben, welche Leistungen umfasst sind[77]. Der vollständige Kaufpreis kann nicht in verschiedene Urkunden aufgeteilt werden[78].

---

70 BRÜCKNER, 16 f.

71 LEUENBERGER, Grundstückkauf, 77 ff.; BRÜCKNER, 7.

72 WIEGAND/BRUNNER, 6 ff.

73 BRÜCKNER, 4 ff.

74 Beispiel aus der Praxis: Der Verkäufer gewährt dem Käufer zur Finanzierung des Grundstücks eine Festhypothek mit einem Hypothekarzinssatz von 18%!

75 HESS, N 10 ff. zu Art. 216 OR; HONSELL, OR BT, 121 f.

76 Die Initiative geht meistens vom Verkäufer aus und dient regelmässig der «Steueroptimierung».

77 BRÜCKNER, 16; WIEGAND/BRUNNER, 7. Bei solchen Kombinationen ist vorab zu prüfen, ob sich die Handänderungssteuer dann nicht auf den ganzen Vertragspreis bezieht!

78 BRÜCKNER, 17.

Die *Zahlung*. Der Vertrag regelt sinnvollerweise, wie, wann und wohin[79] der Kaufpreis zu zahlen ist. Selbstverständlich kann der Kaufpreis (ganz oder teilweise) auch durch Verrechnung getilgt werden oder durch Übernahme der bestehenden Grundpfandschulden. Die Art der Tilgung muss sich aber aus dem Kaufvertrag ergeben[80]. Allerdings kann nicht verlangt werden, dass die genaue Höhe der Grundpfandschuld, wenn diese übernommen wird, im Vertrag enthalten ist[81], da die genaue Höhe im Zeitpunkt des Vertragsabschlusses oftmals noch gar nicht bekannt ist. Hinsichtlich des *Zahlungstermins* ist die Regelung sinnvoll, wonach die Zahlung Zug um Zug gegen Eintragung im Grundbuch erfolgt (vgl. Art. 213 OR)[82]. Diesfalls erfolgt die Zahlung am besten via Urkundsperson oder Treuhandstelle oder unter Überwachung durch die Urkundsperson. 5.40

5. Ergänzende Abmachungen

Der Kaufvertrag beschränkt sich selten auf die Essentialia. Meistens besteht die Notwendigkeit oder das Bedürfnis, aber auch die Übung, darüber hinaus – innerhalb oder ausserhalb der Vertragsurkunde – weitere Abmachungen zu treffen. Diese lassen sich inhaltlich unterscheiden in Sachverhalte[83], 5.41

- die ihrer Natur nach *unmittelbar den Inhalt des Grundstückkaufvertrages betreffen*, z.B. Regelungen über den Übergang von Nutzen und Gefahr (Art. 220 und 185 OR)[84], über die Fertigung des Vertrages im Grundbuch (also den Zeitpunkt der Eigentumsübertragung), über die Gewährleistung, über die Aufteilung der Kosten und Steuern, allfällige Konventionalstrafen und Reugelder[85], das Schicksal allfälliger Grundpfandschulden und weiterer Lasten[86], aber auch etwa Zusicherungen des Verkäufers über Eigenschaften des Kaufobjektes und Garantie-

79 Die Zahlstelle des Verkäufers wird oftmals auch erst nach Abschluss des Vertrages benannt.

80 Honsell, OR BT, 148.

81 So Wiegand/Brunner, 7.

82 Giger, N 129 zu Art. 221 OR.

83 Dazu Brückner, 6, 9; Wiegand/Brunner, 2 ff.; Keller/Siehr, 8 ff.

84 Honsell, zu Art. 220 OR.

85 Brückner, 24; Leuenberger, Grundstückkauf, 79 f.

86 Grundsätzlich geht das Eigentum unbelastet über (Keller/Siehr, 1). Häufig werden vertraglich aber die Übernahme oder Ablösung der Grundpfandrechte geregelt, was in die öffentliche Urkunde aufzunehmen ist (vgl. Brückner, 21/22); Leuenberger, Grundstückkauf, 81.

übernahmen, Bedingungen und eine allfällige Parzellierung oder Mutation;
- die *für den Grundstückkauf artfremd sind*, die also den kaufvertragsrechtlichen Inhalt zwar nicht berühren, aber oft entweder auf das Motiv oder den Bestand des Kaufvertrags oder auf den Preis einen Einfluss haben, z.B. mit dem Grundstück verbundene Aufträge oder Werkverträge sowie Architekten- oder Unternehmerklauseln. Derartige kaufvertragsfremde Abmachungen bereiten in vielerlei Hinsicht Probleme (Form und Verbindlichkeit, Kosten und Steuern, Gewährleistung).

a) Eigenschaftszusicherungen und Garantieübernahmen[87]

5.42 Häufig begleitet der Verkäufer den Verkauf mit Zusicherungen über Eigenschaften des Grundstücks. Diese beziehen sich auf die Existenz oder das Fehlen bestimmter körperlicher, rechtlicher oder wirtschaftlicher Eigenschaften des Grundstücks. Was eine gewährleistungsrechtliche Zusicherung im Sinne von Art. 197 OR ist, kann schwierig zu beurteilen sein. Es ist zu unterscheiden zwischen reklamehaften Anpreisungen[88], verbindlichen Zusicherungen und echten Garantieversprechen[89].

5.43 Beim unbebauten Grundstück[90] kommen vor allem Zusicherungen hinsichtlich der Qualität und Eignung des Baugrunds, der Erschliessung (Zufahrt, Wasser, Strom, Kanalisation, Fernwärme, Kabelnetz etc.) sowie der baugesetzlichen Überbaubarkeit in Frage. Zusicherungsfähig sind aber von vornherein nur gegenwärtige, nicht künftige Eigenschaften[91].

87 Dazu KELLER/SIEHR, 74 ff., 134.

88 HONSELL, N 16 zu Art. 197 OR; SCHUMACHER, Grundstückkauf, 253.

89 HONSELL, N 14 ff. zu Art. 197 OR.

90 Wenn Bauarbeiten schon im Gang oder gar abgeschlossen sind, will der Käufer Gewährleistungsansprüche auch direkt gegen den Unternehmer geltend machen können. Vgl. dazu GAUCH PETER, Die Abtretung der werkvertraglichen Mängelrechte, BR 1984/2, 23.

91 GIGER, N 65 zu Art. 221 OR; jedenfalls soweit es sich nicht um Eigenschaften handelt, die zu erreichen sich der Verkäufer verpflichtet (z.B. Räumung des Grundstücks).

Fraglich ist, in welcher *Form* die Zusicherungen erfolgen müssen, um verbindlich zu wirken. Gegenstand der Zusicherungen sind oftmals (jedenfalls) subjektiv wesentliche Eigenschaften der Sache, die eine conditio sine qua non für den Vertragsschluss darstellen und nicht selten auch die Höhe des Preises beeinflussen. Als solche würden sie der Beurkundungspflicht unterliegen. Das hätte jedoch zur Konsequenz, dass ausserhalb der Urkunde abgegebene Zusicherungen unverbindlich wären, was meistens zu Lasten des Käufers ginge. Diese Folge will die Rechtsprechung vermeiden und erachtet Zusicherungen daher auch als verbindlich, wenn sie nicht Eingang in die Urkunde fanden[92]. Der Verkäufer ist daher gut beraten, mit lobenden Aussagen über das Grundstück zurückhaltend zu sein, in welcher Form diese auch immer erfolgen. Umgekehrt lässt sich der weise Käufer werbehafte Aussagen am besten als Zusicherungen geben, um deren Ernsthaftigkeit auf die Probe zu stellen. 5.44

Problematisch ist auch die *Abgrenzung zwischen Zusicherungen und selbständigen Garantien*. Diese ist nach Auffassung des Bundesgerichts danach vorzunehmen, ob der Verkäufer eine gegenwärtige bestehende Eigenschaft der Kaufsache (Zusicherung) oder einen zukünftigen Erfolg verspricht, der über die vertragsgemässe Beschaffenheit der Kaufsache hinausgeht (Garantie)[93]. Als Garantie könnte man ein Versprechen ansehen, dass die Baubewilligung erhältlich ist[94], dass ein Grundstück innert einer bestimmten Frist erschlossen wird, oder dass das Nachbargrundstück überbaut oder gerade nicht überbaut wird[95]. 5.45

b) *Bedingungen*

Der Kaufvertrag kann mit einer Bedingung versehen werden, was sich explizit aus Art. 217 OR ergibt[96]. Denkbar ist etwa ein Kaufvertrag unter 5.46

---

92 Dazu BRÜCKNER, 8 Fn. 19; WIEGAND/BRUNNER, 8 f.; GIGER, N 57 zu Art. 221 OR; HONSELL, OR BT, 149; BGE 73 II 220 f.

93 BGE 122 III 428 (auch in: ZBGR 79 [1998], 119 ff.); dazu Anm. in: BR 4/97, 138.

94 So etwa in BGE 122 III 426 ff.

95 Vgl. dazu GIGER, N 53 f., 65 zu Art. 221 OR.

96 Nicht unter Art. 217 OR fallen sogenannte Rechtsbedingungen, etwa das Vorliegen einer Erwerbsbewilligung nach dem BG über den Erwerb von Grundstücken durch Personen im Ausland (HONSELL, N 2 zu Art. 217 OR).

der Bedingung, dass die Baubewilligung erteilt werde[97]. Die Vereinbarung von Bedingungen ist öffentlich zu beurkunden[98].

5.47 Art. 217 OR äussert sich lediglich zu *Suspensivbedingungen* und hält dazu fest, dass die Eintragung ins Grundbuch nur erfolgen kann, wenn die Bedingung erfüllt ist. Darüber, ob und inwieweit es zulässig ist, den Kaufvertrag mit einer *Resolutivbedingung* zu versehen, gehen die Lehrmeinungen auseinander. Während HONSELL der Auffassung ist, Resolutivbedingungen seien beim Grundstückkauf gänzlich ausgeschlossen, ist GIGER der Ansicht, solche Bedingungen könnten nur nicht ins Grundbuch eingetragen, mit bloss obligatorischer Wirkung aber durchaus vereinbart werden[99].

c) *Parzellierung des Grundstücks oder dessen Mutation*

5.48 Gelegentlich weist das Grundstück im Zeitpunkt des Vertragsabschlusses noch nicht die endgültige Form auf. Es muss entweder als Teil eines grösseren Grundstücks erst noch parzelliert werden, oder es müssen mit Nachbargrundstücken noch Mutationen vorgenommen werden. Die Parzellierung kann im Allgemeinen durch den Verkäufer selbst vorgenommen werden, während die Grundstücksmutationen die zustimmende Mitwirkung des Nachbarn voraussetzen. Im Interesse des Käufers geschehen diese Veränderungen schon vor Vertragsunterzeichnung. Ist dies aus zeitlichen Gründen nicht möglich, sind die Vorgänge im Kaufvertrag mit ausreichender Genauigkeit zu beschreiben und mittels einer Planskizze darzustellen. Ebenso sind die Pflichten der Parteien entsprechend zu definieren. Soweit diese Änderungen Grundlage für den Vollzug des Vertrags sind, gehören sie in die öffentliche Urkunde[100].

---

97 Vgl. BGE 95 II 410 f.; GIGER, N 11 zu Art. 217 OR. Diese Bedingung ist jedoch nicht ganz so einfach, wie sie für den Käufer verlockend sein mag. Ob die Baubewilligung erhältlich ist, hängt entscheidend von den Einzelheiten des Projekts ab. Der Verkäufer müsste folglich vorab mindestens prüfen können, ob das Baubegehren ein grundsätzlich zulässiges Projekt zum Inhalt hat oder Ausnahmebestimmungen in Anspruch nehmen muss.

98 GIGER, N 6 zu Art. 217 OR; a.M. LEUENBERGER, Grundstückkauf, 253.

99 HONSELL, N 2 zu Art. 217 OR; GIGER, N 14 f. zu Art. 217 OR.

100 Vgl. auch BGE 113 II 405. Ferner unten Rz. 6.33 ff.

d) *Kaufvertragsfremde Zusatzabmachungen, insbesondere gemischte Verträge und konnexe Verträge*[101]

Es kann das Bedürfnis oder der Wunsch der Parteien bestehen, über die kaufvertragsrelevanten Abmachungen hinaus weitere, nicht kaufrechtliche Vereinbarungen zu treffen oder den Kaufvertrag mit anderen Verträgen zu kombinieren. Bekannt sind insbesondere Architekten- oder Unternehmerbindungsklauseln[102], wonach sich der Käufer verpflichtet, für die Überbauung seines Grundstücks den Verkäufer oder einen von diesem bestimmten Dritten als Architekten oder Bauunternehmer beizuziehen, sowie gemischte Kauf- und Werkverträge[103]. Gelegentlich findet sich auch die Abmachung, dass der Verkäufer später mit der Vermietung oder Verwaltung der erstellten Bauten beauftragt wird. 5.49

Solche Abmachungen sind grundsätzlich zulässig[104]. In der Literatur und Rechtsprechung geben sie aber viel zu reden[105]. Dies hauptsächlich wegen der einzuhaltenden Formvorschriften. Vorab ist aber jeweils zu prüfen, ob derartige Abmachungen sachlich gerechtfertigt und wirtschaftlich und steuerlich[106] überhaupt sinnvoll sind. Meistens entspringen sie dem Wunsch des Verkäufers, der in den Jahren des knappen Immobilienangebots im Allgemeinen die stärkere Position hatte. Mit der konjunkturellen Abkühlung wurde jedoch die Position der Käufer verbessert, und die Verknüpfung verschiedener Verträge – früher vom Käufer meist contre coeur akzeptiert – dürfte seltener werden.

Fraglich ist, ob diese weiteren Abmachungen ebenfalls der *Form der öffentlichen Beurkundung* unterliegen[107]. Wie erwähnt, ist der Umfang der Beurkundungspflicht umstritten. Aufgrund der Auffassung, dass nur jene Vereinbarungen beurkundet werden müssen, die das Verhältnis von Leistung und Gegenleistung des Kaufvertrags bestimmen[108], wird die Meinung vertreten, Architekten- oder Unternehmerklauseln seien nicht 5.50

101 GIGER, N 275 ff. zu Art. 216 OR; BRÜCKNER, 10 ff., 22 ff.; KOLLER, Grundstückkauf, 46 f.

102 Dazu eingehend GAUCH, BRT 1993/I, 5; ferner unten Rz. 8.19 ff.

103 KOLLER, Grundstückkauf, 46 f.

104 vgl. BGE 107 II 215; WIEGAND/BRUNNER, 4.

105 WIEGAND/BRUNNER, 4; BGE 113 II 404 f.

106 Das basel-städtische Handänderungssteuergesetz enthält etwa folgende Regelung: «Sofern ein Werkvertrag mit dem Erwerbsvertrag derart verbunden ist, dass dieser ohne jenen nicht geschlossen worden wäre, so unterliegt auch der Werklohn der Handänderungssteuer» (HäSTG BS § 7 Abs. 2).

107 GIGER, N 275 ff. zu Art. 221 OR; GAUCH, BR 1986, 80 ff.

108 BGE 113 II 404.

öffentlich zu beurkunden[109], jedenfalls, wenn Leistung und Gegenleistung dieser parallelen Verträge getrennt ausgewiesen seien[110]. Nach bundesgerichtlicher Auffassung entscheidend ist «die Einheit des Vertrages, welche sich allein nach dem Vertragsinhalt beurteilt und äussere Umstände und Abhängigkeiten unberücksichtigt lässt. Sie wird nicht dadurch begründet, dass das eine Geschäft für den Abschluss des anderen kausal gewesen ist oder beide gleichzeitig vereinbart worden sind»[111]. Die Einzelheiten können hier nicht diskutiert werden. Immerhin ist zu bedenken, dass diese Zusatzvereinbarungen meistens nicht dem freien Wunsch beider Parteien entsprechen. Es ist folglich sehr wohl denkbar – und äusserlich nicht erkennbar – , dass die Zusatzabmachung auf die Kaufpreisgestaltung Einfluss hatte[112].

6. Abwicklung des Kaufvertrags

a) Vornahme der Vertragsleistungen

5.51 Zu einem Zeitpunkt, der regelmässig vertraglich stipuliert ist, erbringen die Vertragsparteien ihre Leistungen. Der *Verkäufer* sorgt dafür, dass der Käufer im Grundbuch als Eigentümer eingetragen wird, indem er das Grundbuchamt zu den hiefür erforderlichen Eintragungen ermächtigt (Art. 963 Abs. 1 OR)[113]. Die Grundbuchanmeldung entspricht dem Verfügungsgeschäft beim normalen Kaufvertrag[114]. Die Eintragung selbst erfolgt durch das Grundbuchamt, beim bedingten Kauf erst nach Eintritt der Bedingung (Art. 217 Abs. 1 OR)[115]. Der *Käufer* zahlt den Kaufpreis, sei es durch Überweisung, Barzahlung, Verrechnung, sei es an den Verkäufer, sei es – bei der Verpflichtung zur Ablösung bestehender Grundpfandschulden – an dessen Grundpfandgläubiger, sei es an die

---

109 HESS, N 6 f. zu Art. 216 OR; GAUCH, BR 1986, 82; BGE 97 II 215 f.; vgl. aber auch HONSELL, OR BT, 148 f.

110 RUF, 372.

111 BGE 113 II 405.

112 Vgl. RUF, 365 f.

113 HONSELL, OR BT, 153; SCHNYDER, 163; die Ermächtigung wird oft in den Kaufvertrag aufgenommen, so dass die Grundbuchanmeldung durch den Notar erfolgen kann; zum Eigentumsübergang siehe Art. 972 ZGB; HONSELL, OR BT, 153 f.

114 SCHNYDER, 165.

115 HONSELL, OR BT, 154.

vertraglich stipulierte Treuhandstelle. Von Gesetzes wegen und auch üblicherweise vertraglich werden die Leistungen Zug um Zug erbracht. Allerdings trägt das Grundbuch den Erwerber bekanntlich ein, ohne zu prüfen, ob der Kaufpreis bezahlt ist. Voraussetzungen für den Grundbucheintrag sind bloss der gültige Rechtsgrund und die Anmeldung[116]. Daher besteht das Risiko, dass der Käufer im Grundbuch eingetragen wird, ohne die Kaufpreiszahlung geleistet zu haben. Geschützt wird der Verkäufer durch das Recht, zur Sicherstellung des Kaufpreises ein Grundpfand eintragen zu lassen (Art. 837 f. ZGB).

b) *Besondere Eintragungsvoraussetzungen*

Der Grundbucheintrag unterliegt darüber hinaus verschiedenen, namentlich öffentlichrechtlichen Voraussetzungen. Zu denken ist insbesondere an behördliche Zustimmungen (z.B. nach Art. 172 DBG) oder Bescheinigungen über bezahlte Handänderungssteuern. Eventuell bedarf der Verkauf der Zustimmung einer Behörde (aufgrund von Spezialgesetzen) oder einer Drittperson[117]. 5.52

7. Kosten und Steuern

a) *Beurkundungs- und Grundbuchgebühren*

Der Kaufvertrag verursacht die Kosten der öffentlichen Beurkundung. Diese richten sich nach kantonalen Tarifen und sind, je nach Kanton, unterschiedlich hoch[118]. Dazu kommen Grundbuchgebühren, die ebenfalls kantonal geregelt sind[119]. 5.53

b) *Steuern*

Auch wenn das Erfordernis der öffentlichen Beurkundung nicht aus fiskalischen Gründen besteht, so eröffnet die notwendige Publizität des Grundstückverkehrs dem Fiskus willkommene Gelegenheit, Verände- 5.54

---

116 HONSELL, OR BT, 153 f.; SCHNYDER, 163 ff.

117 Die Zustimmung durch den Ehegatten nach Art. 169 ZGB ist beim Baulandkauf nicht denkbar.

118 Im Kanton Basel-Stadt machen sie beispielsweise 2.5 Promille des Kaufpreises aus.

119 Vgl. KOLLER BEAT, 309.

rungen im Zusammenhang mit Grundstücken zu besteuern. Bei den Grundstücksübertragungen geht kein Vorgang am Fiskus vorbei[120]. Eigentumsübertragungen an Grundstücken haben verschiedene unmittelbare und mittelbare Steuerfolgen[121]. Zwar erhebt der Bund keine Sondersteuern auf Grundstücksübertragungen[122], aber regelmässig die Kantone, allenfalls die Gemeinden. Anwendbar ist regelmässig das Recht des Gemeinwesens, in dessen Gebiet das Grundstück liegt.

5.55 Alle Kantone kennen eine *Grundstückgewinnsteuer*, welche – wie der Name sagt – den Grundstücksgewinn, also die Differenz zwischen dem Verkaufserlös und den Anlagekosten zum Gegenstand hat[123]. Diese belastet regelmässig den Veräusserer, weshalb sich der Käufer dafür nicht interessieren mag. Es gibt aber Kantone, die dem Gemeinwesen das Recht verschaffen, sich aufgrund eines gesetzlichen Pfandrechts am (verkauften!) Grundstück zu befriedigen. Dann hat der Käufer sehr wohl ein Interesse und muss idealerweise dafür sorgen, dass der Kaufpreis dem Verkäufer erst ausgehändigt wird, wenn die Steuer bezahlt oder sichergestellt ist[124].

5.56 Die meisten Kantone erheben überdies eine *Handänderungssteuer*, im Einzelnen aber nach recht unterschiedlichen Systemen[125]. In der Regel bemisst sich diese als bestimmter Prozentsatz des Kaufpreises. In der Regel wird der Erwerber belastet; gelegentlich ist aber auch die hälftige Aufteilung von Gesetzes wegen vorgesehen[126]. Vielerorts wird der Erwerb von Grundstücken zum Zwecke des Selbstbewohnens privilegiert. Ob das auch für Bauland gilt, das zwecks Bebauung eines Eigenheims erworben wird, ist von Kanton zu Kanton unterschiedlich[127]. Die Höhe

---

120 In steuerlicher Hinsicht ergeben sich Besonderheiten, wenn der Kaufvertrag mit anderen Elementen vermischt ist, namentlich mit Architektur-, Generalunternehmer- oder Werkvertrag. Dazu im Einzelnen KOLLER BEAT, 311 f.

121 Vgl. dazu im Einzelnen STEINER, 397.

122 STEINER, 422; KOLLER BEAT, 310.

123 STEINER, 400; KOLLER BEAT, 309 f.

124 RIEMER, § 18 N 39.

125 Vgl. KOLLER BEAT, 309.

126 STEINER, 425 ff.

127 Zum Beispiel im Kanton Basel-Stadt nicht privilegiert, im Kanton Basel-Landschaft privilegiert.

und die Fälligkeit der Handänderungssteuer lässt sich vor dem Abschluss des Vertrags meist abklären.

c) Verteilung der Kosten und Steuern

Die Verteilung der Kosten (Notariat, Grundbuch) und Steuern (Handänderungssteuer) unter den Parteien wird sinnvollerweise und in aller Regel im Vertrag festgelegt. Dabei richtet man sich meist nach einer lokalen Usanz (z.B. Halbieren der Kosten). Wird auf eine Regelung verzichtet, springt das Gesetz ein: die Notariatskosten gehen zu Lasten des Käufers (Art. 188 OR). Dasselbe gilt auch für Grundbuchkosten[128]. Auch die Steuerfolgen sind meistens vertraglich geregelt. Die Grundstückgewinnsteuer ist hingegen regelmässig vom Verkäufer zu tragen und wird vertraglich kaum je abweichend verteilt. 5.57

8. Gewährleistung

Mängel sind beim unbebauten Grundstück seltener als beim Erwerb eines Grundstücks mit Baute[129]. Gewährleistungsfragen können sich hier vor allem stellen, wenn[130]: 5.58

- die Grösse des Grundstücks nicht stimmt;
- die Kanalisations- oder Strassenerschliessung nicht vorhanden ist;
- rechtliche oder tatsächliche Gründe die geplante Nutzung behindern, namentlich durch Baustopp oder -verbot, Zonenvorschriften, ungeeigneten Baugrund (Rutschhang), Verweigerung der Baubewilligung;
- im Boden Altlasten vorhanden sind, die entsorgt werden müssen;
- zugesicherte Eigenschaften nicht vorhanden sind.

a) Gesetzliche Regelung

Zur Gewährleistung für Mängel des gekauften Grundstücks enthält Art. 219 OR eine eigene Regelung. Diese ist allerdings keineswegs umfassend, sondern äussert sich nur zur Haftung bei Mindermass und zur Verjährung. Im Übrigen gelten, qua Verweisung in Art. 221 OR, die 5.59

128 KELLER/SIEHR, 23.
129 Vgl. auch GIGER, zu Art. 221 OR, N 76, 78.
130 SCHUMACHER, Grundstückkauf, 244.

Regeln über den Fahrniskauf sowie, auch ohne explizite Verweisung, jene des allgemeinen Teils des Obligationenrechts. Enthält der Kaufvertrag – was selten ist – keine Regelung der Gewährleistung oder ist diese unvollständig oder – wie noch zu zeigen ist – unverbindlich, so richtet sich die Gewährleistung also insbesondere nach den Bestimmungen von Art. 41 ff., 97 ff., 192 ff. und vor allem 197 ff. OR[131].

5.60 Probleme im Zusammenhang mit der *Rechtsgewährleistung* (Art. 192 ff. OR)[132] sind als Folge der Öffentlichkeit und Registerwirkung des Grundbuchs und der Sorgfalt des Notars praktisch selten[133]. Um Risiken gering zu halten, ist für den Kauf von einem möglichst aktuellen Grundbuchauszug auszugehen und, wenn sich der Abschluss des Kaufvertrags in die Länge zieht, vor Vertragsabschluss durch Rückfrage beim Grundbuchamt zu verifizieren, dass sich zwischenzeitlich nichts geändert hat[134]. Im Übrigen richten sich die Rechtsfolgen nach jenen des Fahrniskaufs[135].

5.61 Anders als beim Fahrniskauf betrachtet das Gesetz den Fall, dass die Kaufsache quantitativ ungenügend ist (Mindermass), als *Sachgewährleistungs*tatbestand (Art. 219 OR)[136]. Der praktische Anwendungsbereich von Art. 219 OR ist indes gering. Abs. 1 ist nur anwendbar, wo kein Grundbuch existiert[137], oder wo das Grundstück durch Parzellierung erst geschaffen werden muss[138]. Wo das Grundbuch besteht, können sich die Parteien auf die amtliche Vermessung im Allgemeinen verlassen. Sollte diese mit dem tatsächlichen Ausmass nicht übereinstimmen, so haftet der Verkäufer nach Abs. 2 nur, wenn er die Gewährleistung ausdrücklich übernommen hat[139].

---

131 Zu den konkurrierenden Rechtsbehelfen, insbes. auch zum Grundlagenirrtum, siehe HONSELL, N 7 f. zu Art. 219 OR.

132 SCHUMACHER, Grundstückkauf, 230 ff.

133 HONSELL, OR BT, 156 f.; KELLER/SIEHR, 51. Immerhin ist zu beachten, dass es Handänderungen gibt, die ihre Wirkung auch ohne Eintrag im Grundbuch entfalten, namentlich beim Erbgang und der Vereinbarung der ehelichen Gütergemeinschaft.

134 Entscheidend sind die angemeldeten Änderungen, ob diese im Grundbuch schon eingetragen sind oder nicht; Art. 972 ZGB.

135 GIGER, N 42 und 45 zu Art. 221 OR. Zur Verjährung: GIGER, N 90 zu Art. 219 OR, N 43 zu Art. 221 OR; vgl. dazu auch KELLER/SIEHR, 48 ff.

136 KELLER/SIEHR, 122 ff.; HONSELL, N 1 zu Art. 219 OR.

137 HONSELL, N 2 zu Art. 219 OR; GIGER, N 33 ff. zu Art. 219 OR.

138 HONSELL, N 3 zu Art. 219 OR.

139 HONSELL, N 4 ff. zu Art. 219 OR.

Von grösserer praktischer Bedeutung sind Mängel, welche die Bebauung des Grundstücks verunmöglichen, verzögern oder beeinträchtigen. Ob der Verkäufer hiefür Gewähr leisten muss, beurteilt sich – bei Fehlen einer vertraglichen Regelung – nach den allgemeinen Bestimmungen über die Sachgewährleistung beim Kauf. Art. 197 OR lautet wie folgt: «Der Verkäufer haftet dem Käufer sowohl für die zugesicherten Eigenschaften als auch dafür, dass die Sache nicht körperliche oder rechtliche Mängel habe, die ihren Wert oder ihre Tauglichkeit zu dem vorausgesetzten Gebrauche aufheben oder erheblich mindern. Er haftet auch, wenn er die Mängel nicht kannte[140].» 5.62

Im Allgemeinen ist der Käufer in der Lage, vor Vertragsabschluss zu prüfen, ob und wie sich das Grundstück zur Realisierung seines Bauprojektes eignet. Insbesondere kann er sich Kenntnis über die Zonen- und Abstandsvorschriften und die Erschliessungsverhältnisse verschaffen. Eine Gewährleistung für derartige Mängel kommt nur in Betracht, wenn der Verkäufer entsprechende Zusicherungen verbindlich abgegeben hat[141]. Diesfalls kann der Verkäufer dem Käufer nicht entgegenhalten, er hätte den Mangel «bei Anwendung gewöhnlicher Aufmerksamkeit kennen sollen» (Art. 200 Abs. 2 OR)[142]. Weit schwieriger ist es für den Käufer, Eigenschaften und Gegebenheiten zu überprüfen, die sich nicht aus öffentlich zugänglichen Registern, Plänen und Reglementen ergeben, also z.B. Mängel des Baugrunds, ökologische Altlasten[143]. 5.63

Nach Art. 219 Abs. 3 OR verjähren die Gewährleistungsansprüche für Mängel eines Gebäudes mit Ablauf von fünf Jahren nach Erwerb des Eigentums. Nach Auffassung eines Teils der Lehre und des Bundesgerichts bezieht sich diese Regelung über den Wortlaut hinaus auf alle Mängel des Grundstücks[144], also auch auf solche nicht überbauter Grund- 5.64

140 Mängelrüge: Art. 201 ff. OR; Rechtsfolgen: Art. 205 ff. OR. Zum Ganzen: SCHUMACHER, Grundstückkauf, 250 ff.; GIGER, zu Art. 221 OR; KELLER/SIEHR, 71 ff.; zu den Zusicherungen siehe oben Rz. 5.42 ff.

141 Selbst dann kann (und sollte) der Käufer diese in der Regel auf ihre Richtigkeit überprüfen.

142 GUHL/MERZ/KOLLER, 355.

143 Zum gemischten Grundstücks- und Werkvertrag siehe SCHUMACHER, Grundstückkauf, 244 ff.

144 HONSELL, N 10 zu Art. 219 OR.

stücke[145]. Andere Literaturstimmen wollen diese Bestimmung auf den (an sich klaren) Wortlaut des Gesetzes beschränkt wissen[146].

b) Vertragliche Regelungen

5.65 In aller Regel enthalten Kaufverträge einen pauschal formulierten Gewährleistungsausschluss des Verkäufers (*Wegbedingungs- und Freizeichnungsklausel*), sehr oft mit einem expliziten Hinweis, dass dies nur im Rahmen des Zulässigen gelte, oder dass die Parteien «über die Bedeutung dieser Bestimmung orientiert» worden seien[147]. Sehr oft verlieren die Parteien darüber ausserhalb der Urkunde kein Wort, und die Vertragsbestimmung entstammt der Idee der Urkundsperson[148]. Die Tragweite und Rechtswirksamkeit solcher Freizeichnungsklauseln sind umstritten und bilden immer wieder Anlass für gerichtliche Auseinandersetzungen[149]. Die Rechtsprechung will solche Klauseln von Fall zu Fall nach Treu und Glauben und den konkreten Umständen auslegen, wobei aber ein Mangel nicht mehr unter die Ausschlussklausel fällt, wenn er gänzlich ausserhalb dessen liegt, womit ein Käufer vernünftigerweise rechnen musste[150]. Nicht einfach ist es folglich, eine Formulierung zu finden, die auch im gerichtlichen Streitfall Bestand hat[151]. Für solche ist in jedem Fall die öffentliche Beurkundung zu verlangen[152].

---

145 BGE 104 II 270.

146 GIGER, zu Art. 221 OR; KELLER/SIEHR, 125.

147 BGE 107 II 162.

148 HONSELL, OR BT, 123.

149 Ausführlich SCHUMACHER, Grundstückkauf, 296 ff.

150 BGE 107 II 164. Ob auch hier der Sozialschutzgedanke spielen soll, darf bezweifelt werden; ebenso, ob man in diesem Bild den Käufer tatsächlich als die schwächere Vertragspartei (GIGER, N 10 zu Art. 219 OR) ansehen will. Zum einen ist der normale Grundstückkaufvertrag inhaltlich auch für einen unerfahrenen Rechtsteilnehmer leicht verständlich (anders als etwa Werkverträge nach SIA etc.). Zum anderen gerät niemand in eine Notlage, so dass er unter Druck ein Grundstück kaufen muss. Es darf erwartet werden, dass jemand, der ein Grundstück kauft, sich das gut überlegt und sich fachkundig beraten lässt. Dass ein Verkäufer beispielsweise keine Haftung für die Überbaubarkeit übernehmen will, ist gut verständlich.

151 WIEGAND/BRUNNER, 9 ff.

152 WIEGAND/BRUNNER, 10.

9. Exkurs: Vorvertrag

Einen Vorvertrag wünscht der Käufer etwa zu schliessen, um sich ein Stück Land zu reservieren, dessen Bebauungsmöglichkeiten er noch nicht eingehend prüfte oder wo die Finanzierung noch nicht geklärt ist. Dieses Ziel lässt sich mit dem Vorvertrag allerdings nicht erreichen, und zwar aus Gründen, die im Wesen des Vorvertrags liegen. Nicht ohne Grund ist der Vorvertrag eine strittige Erscheinung, obschon er zweifelsfrei zulässig ist (Art. 22 und 216 Abs. 2 OR). 5.66

Um verbindlich zu sein, muss der Vorvertrag über einen Grundstückkauf öffentlich beurkundet sein (Art. 216 Abs. 2 OR). Ist er es nicht, was nicht selten der Fall ist, kommt ihm keine Verbindlichkeit zu. Es handelt sich diesfalls um eine blosse Absichtserklärung ohne rechtliche Durchsetzungsmöglichkeit. Daran vermag auch die Vereinbarung einer Konventionalstrafe (oft als Verfall einer Anzahlung) nichts zu ändern[153]. Selbst wenn der Vertrag den Formvorschriften genügt, ist dessen direkte Durchsetzbarkeit ungewiss. Während ein Teil der Lehre die Ansicht vertritt, bei Verweigerung des Abschlusses des Hauptvertrags durch den Verkäufer könne direkt auf Übertragung des Eigentums geklagt werden[154], folgen das Bundesgericht und andere Lehrmeinungen der Auffassung, es könne bloss der Abschluss des Hauptvertrags klageweise durchgesetzt werden[155]. 5.67

Der formell korrekte Vorvertrag ist auch aus andern Gründen umstritten. Ein Problem etwa ist jenes der erforderlichen Konkretisierung des Inhalts. Auch im Vorvertrag muss das Grundstück schon bestimmt oder zweifelsfrei bestimmbar sein, soll der Vertrag nicht nichtig sein[156]. Auch der Preis muss feststehen. Wenn aber der Vertragsinhalt schon genügend konkretisiert ist – was er eben sein muss, um durchsetzbar zu sein –, wird tatsächlich bereits der definitive, eventuell bedingte, Kaufvertrag geschlossen[157]. 5.68

Berechtigte Anwendungsfälle eines Vorvertrages sind daher sehr selten. Meistens lässt sich mit Bedingungen das Ziel zuverlässiger erreichen[158]. 5.69

153 Daher können auch die Konventionalstrafen nicht gefordert bzw. die Anzahlung vom Käufer zurückverlangt werden; es sei denn, es sei eine Entschädigung für Planungsarbeiten geschuldet.

154 GUHL/MERZ/KOLLER, 102.

155 BGE 97 II 48 ff.; WISSMANN, 479 ff.

156 Beispiel in BGE 95 II 42 f.: Ein Vorvertrag über «ca. 800 bis 1000 m^2» wurde mangels hinreichender Bezeichnung des Kaufobjektes als nichtig erklärt.

157 GUHL/MERZ/KOLLER, 101.

158 Vgl. zum Ganzen GIGER, N 30 ff. zu Art. 216 OR.

V. Baurecht

1. Merkmale und Erscheinungsformen

5.70 Die Übernahme im Baurecht ist neben dem Kauf (zu Eigentum) wohl die häufigste Form, Land zum Zwecke der Bebauung zu erwerben. Es wird hauptsächlich an unbebautem Bauland bestellt, oft auch für neu zu erstellende Gesamtüberbauungen, seltener an bestehenden älteren oder einzelnen Wohnliegenschaften. Boden, der im Eigentum der öffentlichen Hand steht, wird meistens nur im Baurecht abgegeben. Auch viele private Eigentümer, beispielsweise Stiftungen, entlassen ihre Bodengrundstücke ungern oder gar nicht aus dem Eigentum[159].

5.71 Das Baurecht ist das (zwingend) befristete Recht des Bauberechtigten (Baurechtsnehmers), auf (oder unter) fremdem Boden eine Baute[160] zu errichten oder beizubehalten (Art. 779 und 675 ZGB), und zwar so, dass das Bauwerk entgegen dem allgemeinen Akzessionsprinzip (Art. 667 und 642 ZGB)[161] nicht dem Grundeigentümer gehört[162], sondern im Eigentum des bauenden Nicht-Landeigentümers steht. Der Baurechtsnehmer hat dann ein (unbeschränktes, aber befristetes) dingliches Recht an der Baute (Eigentum) und ein beschränktes dingliches Recht am Boden[163].

5.72 Die Baurechtsdienstbarkeit tritt in verschiedenen Erscheinungsformen auf[164]. Das ZGB unterscheidet dauernde und selbständige Baurechte von solchen, denen mindestens eine dieser Eigenschaften fehlt.

- *«Selbständig»* im Sinne von Art. 779 Abs. 3 und 779a ZGB heisst, dass das Baurecht weder zugunsten eines herrschenden Grundstücks[165]

159 Vgl. ISLER, N 4 zu Art. 779 ZGB.

160 Haus, Leitung, Strasse, Mauer etc.

161 PIOTET, 594.

162 Unter Vorbehalt des Heimfalls.

163 ISLER, N 5 zu Art. 779 ZGB.

164 Etwas ganz anderes ist das Überbaurecht: eine Grunddienstbarkeit, wobei auf dem belasteten Grundstück keine eigenständige Baute steht (SIMONIUS/SUTTER, § 4 N 8). Und trotz der terminologischen Analogie ist wiederum das Unterbaurecht etwas ganz anderes und keineswegs das Gegenteil des Überbaurechts.

165 Daher ist die Baurechtsdienstbarkeit, anders als das Überbaurecht, jedenfalls aus der Sicht des Berechtigten, keine Grunddienstbarkeit.

noch zugunsten einer bestimmten Person errichtet ist (Art. 7 Abs. 2 Ziff. 1 GBV)[166].

- *«Dauernd»* bedeutet, dass das Baurecht für mindestens 30 (Art. 7 Abs. 2 Ziff. 2 GBV) und höchstens 100 Jahre vereinbart ist (Art. 779 lit. l ZGB)[167].

Nur, wenn das Baurecht in diesem Sinne selbständig und dauernd angelegt ist, gilt es als Grundstück im sachenrechtlichen Sinne (Art. 655 Abs. 2 Ziff. 2 ZGB) und kann es als eigenes Grundstück in das Grundbuch aufgenommen werden (Art. 779 Abs. 3 ZGB). Die Ausgestaltung als eigenes Grundstück ist zwar nicht zwingend[168], aber regelmässig das Ziel der Parteien. Diesfalls verschafft die Baurechtsdienstbarkeit dem Bauberechtigten im Aussenverhältnis eine Stellung, die mit jenem eines Eigentümers praktisch identisch ist[169]. Insbesondere kann das dergestalt verselbständigte Recht übertragen, vererbt und belehnt werden[170]. 5.73

Die nachstehende Darstellung geht nur vom selbständigen und dauernden, auch grundbuchlich verselbständigten Baurecht aus. Nur dieses ist für die Erstellung auf Dauer angelegter privater Bauten tauglich[171].

2. Merkmale des selbständigen und dauernden Baurechts

Die Baurechtsdienstbarkeit wird regelmässig, aber nicht zwingend, *entgeltlich* eingeräumt[172]. Das Entgelt besteht in aller Regel in einer periodischen Zahlung. Mit dem ZGB wird diese als Baurechtszins bezeichnet, obwohl sie keinen Zinscharakter haben muss[173]. Für den 5.74

166 Tuor/Schnyer/Schmid, 796.

167 Simonius/Sutter, § 4 N 11 f.

168 Simonius/Sutter, § 4 N 22.

169 Riemer, § 10 N 24.

170 Gleichwohl ist und bleibt die Baurechtsdienstbarkeit ein beschränktes dingliches Recht. Gemäss dem Grundsatz der Alterspriorität (Art. 972 ZGB) gehen andere Dienstbarkeiten, die schon vor der Begründung des Baurechts eingetragen waren, der Baurechtsdienstbarkeit im Rang vor (Tuor/Schnyder/Schmid, 771 ff.). Übertragbar ist auch das selbständige, nicht mit einem eigenen Grundbuchblatt ausgestattete Baurecht (Simonius/Sutter, § 4 N 51).

171 Isler, N 27 zu Art. 779 ZGB.

172 Isler, N 3 zu Art. 779a ZGB.

173 Vgl. BGE 101 Ib 335.

Baurechtszins hat der Eigentümer einen gesetzlichen Anspruch auf Eintragung eines Pfandrechts (Art. 779i und k ZGB)[174].

5.75 Das selbständige Baurecht ist grundsätzlich *veräusserlich,* kann also auf einen neuen Bauberechtigten übertragen werden[175]. Bodeneigentümer und Baurechtsnehmer haben von Gesetzes wegen ein gegenseitiges Vorkaufsrecht (Art. 682 Abs. 2 ZGB)[176].

5.76 Die Baurechtsdienstbarkeit ist zwingend *befristet.* Die Befristung kann 100 Jahre nicht übersteigen, wobei aber schon vor Ablauf eine Verlängerung vereinbart werden kann (Art. 779l ZGB)[177].

5.77 Nach Ablauf der Dauer fällt das Baurecht dahin[178]. Das Gebäude wird – als Folge des Akzessionsprinzips, das nun wieder zum Tragen kommt – Bestandteil des Bodens. Man bezeichnet diesen Vorgang als *Heimfall.* Der Bodeneigentümer schuldet hiefür grundsätzlich eine Entschädigung (Art. 779d ZGB). Die gesetzliche Regelung ist jedoch dispositiv, kann also wegbedungen werden, wenn dies im Grundbuch vorgemerkt ist (Art. 779e ZGB). Der Heimfall kann ausnahmsweise auch vorzeitig erfolgen (Art. 779f bis 779h ZGB)[179].

5.78 Das Baurecht kann als Grundstück wie jedes andere *mit Pfandrechten belastet* werden[180]. Eine Besonderheit liegt freilich darin, dass der Pfandgegenstand, die Baurechtsdienstbarkeit, befristet ist, in einem bestimmten Zeitpunkt also durch Untergang wertlos wird. Der Gläubiger wird deshalb darauf achten – und den Schuldner entspechend vertraglich zwingen –, die Pfandschulden bis zum Ende des Baurechts vollständig abzutragen. Erschwerend für die Pfandbelastung wirkt sich auch aus, dass der Eigentümer wie ausgeführt einen Anspruch auf Eintragung eines Pfandrechts zur Sicherung des Baurechtszinses hat.

---

174 TUOR/SCHNYDER/SCHMID, 799.

175 Die Form entspricht derjenigen der Übertragung anderer Grundstücke (SIMONIUS/SUTTER, 143).

176 PIOTET, 600.

177 Nicht eben präzise formuliert; TUOR/SCHNYDER, 722; ISLER, zu Art. 779l ZGB

178 PIOTET, 594.

179 Vgl. dazu ISLER, zu Art. 779f, g, h ZGB.

180 RIEMER, § 10 N 24. Zu den Problemen siehe RÜST, 14 f.

3. Vor- und Nachteile gegenüber dem Kauf

Die Begründung eines Baurechts statt der Handänderung von Grund und Boden entstammt meistens dem Bedürfnis des Bodeneigentümers. Sie entspricht aber oft auch dem Wunsch des Bauwilligen bzw. der zwangsläufigen Notwendigkeit, wenn der Eigentümer das Land nicht verkaufen will. 5.79

Die *Vorteile* des Baurechts für den *Eigentümer* sind hauptsächlich folgende: 5.80
- Er erhält einen regelmässigen und gesicherten Ertrag, ohne zusätzlichen Kapitalbedarf, ohne Arbeit, und ohne das Risiko des eigenen Bauens eingehen zu müssen.
- Er macht die Wertsteigerung des Landes mit, die vorerst bloss eine buchmässige ist, aber über den Baurechtszins sich auch schon während des Vertrags äussern kann.
- Er kann Einfluss nehmen auf die Art der Bebauung und der Nutzung[181].
- Er behält das Grundeigentum für eine spätere eigene Nutzung oder die Nutzung durch Nachkommen.

Die *Nachteile* des Baurechts für den *Eigentümer* sind hauptsächlich folgende: 5.81
- Die eigene Nutzungsmöglichkeit des Landes entfällt für die ganze Dauer des Baurechts, auch bei Eigenbedarf.
- Er erhält nur den regelmässigen Ertrag, nicht aber einen re-investierbaren Kaufpreis.
- Land, das mit einer Baurechtsdienstbarkeit belastet ist, ist schwerer verkäuflich als unbelastetes Land.
- Der Eigentümer muss im Heimfall eine Entschädigung für etwas zahlen, dessen Wert er im Zeitpunkt des Vertragsschlusses noch nicht beurteilen kann.

Die *Vorteile* des Baurechts für den *Baurechtsnehmer* sind hauptsächlich folgende: 5.82
- Der Erwerb des Baurechts alleine ist günstiger als der Erwerb des Landes zu Eigentum. Der Baurechtsnehmer muss folglich weniger Geld in die Hand nehmen. Es werden ihm weniger Mittel für das an sich unproduktive Gut Land blockiert. Allerdings bleibt ihm die Baurechtszinspflicht während der ganzen Dauer erhalten. Der Baurechtsnehmer kann die Baurechtsbelastung nicht «amortisieren».
- Die laufende Belastung erscheint wegen des günstigeren Erwerbspreises geringer. Ob das Baurecht finanziell leichter tragbar ist, bedarf der konkreten Prüfung im Einzelfall. Wenn beispielsweise der Baurechtszins einfach dem Hypothekarzins auf Basis des Landwerts entspricht[182], dann ist es wohl einerlei, ob man den Zins an die Bank oder

181 Zum Beispiel will die öffentliche Hand eine bestimmte Art der Bebauung durchsetzen. Oder ein Unternehmen gibt Land ab, will dieses aber nicht für einen Konkurrenzbetrieb zur Verfügung stellen. Oder jemand stellt eigenes Land in der Nachbarschaft einem anderen zur Verfügung, will aber Gewissheit haben, dass ihn das Gebäude nicht stören kann.

182 Isler, N 16 ff. zu Art. 779a ZGB.

an den Eigentümer leistet. Diesfalls ist die finanzielle Erleichterung auf den – für den Erwerb des Bodens – fehlenden Eigenkapitalbedarf beschränkt.
- Oft bleibt dem Bauwilligen gar keine andere Wahl als das Baurecht, wenn er sein Gebäude an einer bestimmten Stelle errichten will. Einen Vorteil stellt dies nicht dar, aber eine faktische Notwendigkeit.

5.83 Die *Nachteile* des Baurechts für den *Baurechtsnehmer* sind hauptsächlich folgende:
- Er partizipiert nicht an Landpreissteigerung, sondern wird im Gegenteil oftmals davon belastet. Somit kann sich nicht nur der (Baurechts-)Zinssatz verändern, sondern auch die Summe, auf der dieser geschuldet ist.
- Falls keine Heimfallentschädigung geschuldet ist, müssen die Bauten und Anlagen innert der Vertragszeit abgeschrieben werden.
- Die Pflicht zur Amortisation des Fremdkapitals kann den Baurechtsnehmer auch bei langer Vertragsdauer erheblich belasten.
- Nicht wenige Personen empfinden es psychologisch als Nachteil, dass sie nicht Eigentümer von Grund und Boden sind, sondern «nur» Baurechtsnehmer.

4. Baurechtsvertrag

5.84 Die Errichtung des Baurechts geschieht durch zweiseitigen Vertrag (Art. 779 ff. ZGB)[183], nicht bloss durch (einseitige) Erklärung des Eigentümers. Auf den Vertrag als Grundgeschäft folgt der grundbuchliche Vollzug.

5.85 Baurechtsverträge sind im Allgemeinen komplexer und umfangreicher als Kaufverträge. Aus rechtlichen Gründen müsste dies nicht so sein. Aber der Eigentümer hat sehr oft das Bedürfnis, die Einzelheiten genau zu regeln, insbesondere *Einfluss auf die Art der Nutzung* zu nehmen. Der Gesetzgeber hat dies erkannt. In Art. 779b ZGB spricht das Gesetz selber von Lage, Gestalt, Ausdehnung, Zweck der Bauten und Nutzung der nicht überbauten Flächen als Regelungsinhalten[184].

5.86 Von der Errichtung eines Baurechts zu unterscheiden ist der Erwerb eines bereits bestehenden Baurechts, der im Grunde nichts anderes als ein normaler Grundstückserwerb ist[185]. Dabei ist zu beachten, dass der Grundbucheintrag selbst nur unvollständig Auskunft gibt über die Modalitäten des Baurechts, in das der Erwerber «einsteigt». Daher

183 Vgl. allgemein zu Grunddienstbarkeiten Art. 732 ZGB. Anders nur bei den Eigentümerdienstbarkeiten: RIEMER, § 11 N 7.

184 Zur Wirkung derartiger Abreden siehe ISLER, N 4 ff. zu Art. 779a ZGB.

185 Das gilt grundsätzlich auch in Bezug auf die Kosten- und Steuerfolgen.

sind unbedingt die Grundbuchbelege zu konsultieren[186]. Nachfolgend soll es ausschliesslich um die Neubegründung eines Baurechts gehen.

Der Vertrag über die Begründung eines selbständigen und dauernden Baurechts bedarf zu seiner Gültigkeit der *öffentlichen Beurkundung* (Art. 779a ZGB). Die öffentliche Beurkundung ist auch vorgeschrieben für Vereinbarungen über die Heimfallentschädigung und über die allfällige Wiederherstellung des ursprünglichen Zustandes nach Untergang des Baurechts, sofern diese im Grundbuch vorgemerkt werden sollen (Art. 71b GBV). 5.87

5. Vertragsinhalte

a) Parteien

Nicht anders als beim Kaufvertrag sind auch hier die Parteien genau zu bezeichnen. Allerdings kann auch ein sogenanntes Eigentümerbaurecht errichtet werden, wenn der Grundeigentümer (vorerst) zu seinen Gunsten und Lasten ein Baurecht errichtet. Dies geschieht meistens in der Absicht, das Baurechtsgrundstück anschliessend zu veräussern[187]. 5.88

b) Inhalt und Umfang des Baurechts

Das Baurecht besteht regelmässig an einer bestimmten Fläche einer Eigentumsparzelle[188]. Daher gehören sowohl der Beschrieb der Eigentumsparzelle als auch jener der Baurechtsfläche in die Urkunde[189]. In der Regel enthält der Vertrag auch gleich den Antrag an das Grundbuchamt, das Baurecht als Grundstück mit eigenem Blatt ins Grundbuch aufzunehmen. 5.89

---

186 Simonius/Sutter, § 4 N 18. Zur Übertragung überhaupt Simonius/Sutter, § 4 N 51 ff.

187 Dazu Isler, N 22 zu Art. 779 ZGB.

188 Es muss sich daher bei privatem Gebrauch um Bauland im öffentlichrechtlichen Sinne handeln, allenfalls um Land, das demnächst einer derartigen Zone zugewiesen wird.

189 Beschränkt sich das Baurecht auf Teile der Eigentumsparzelle, so ist letztere gleichwohl als Ganzes belastet: Simonius/ Sutter, § 4–2; Isler, N 32 zu Art. 779 ZGB.

5.90 In aller Regel äussert sich der Baurechtsvertrag dazu, was wo wann und wie gebaut werden kann bzw. muss. Oft ist der Baurechtsnehmer verpflichtet, innert einer bestimmten Frist das Bauvorhaben zu realisieren. Wie ausgeführt, sieht der Eigentümer meistens auch bestimmte Bau- und Nutzungsvorschriften vor, z. B. über die Art und den Ort der Bauten. Meistens muss der Baurechtsnehmer seine Pläne alsdann vor deren Realisierung vom Eigentümer genehmigen lassen[190]. Derartige Vorschriften sind im Rahmen der allgemeinen Rechtsgrundsätze zulässig.

5.91 Die vertraglichen Bestimmungen über Inhalt und Umfang des Baurechts sind im Allgemeinen auch für Erwerber des Baurechts verbindlich, sind also dinglich (Art. 779b ZGB)[191]. Allzu einschränkende Bedingungen (Beispiel: Nutzung nur zur Fabrikation von Bettwaren) stellen im Fall der Weiterveräusserung ein fast unüberwindbares Hindernis dar, wenn der Eigentümer der Änderung der Nutzung nicht zustimmt. Der Baurechtsnehmer sollte daher darauf achten, durch den Vertrag nicht übermässig eingeschränkt zu werden.

c) Gegenleistung des Baurechtsnehmers

5.92 Das Gesetz regelt nicht, wie sich das *Entgelt* der Benutzung des Baurechts bemisst, bezeichnet dieses aber als «Baurechtszins». Ein periodischer Baurechtszins ist denn auch die Regel, aber nicht zwingend[192]. Dieser wird in der Regel als Prozentsatz des – allenfalls reduzierten – Landwertes berechnet, sei es in fixer Höhe, sei es z.B. in Anlehnung an den Hypothekarzinssatz[193]. Zur Regelung des Entgelts gehört auch der Rhythmus der Zahlungen (vierteljährlich oder ähnliches). Ob die Vertragsbestimmungen über den Baurechtszins der öffentlichen Beurkundung bedürfen, ist umstritten, wohl aber zu bejahen[194].

---

190 Daher ist die Anknüpfung des Baurechtsvertrags an die Bedingung, dass die Baubewilligung erteilt werde, anders als beim Kaufvertrag hier eher sinnvoll.

191 Die Grenzziehung zu den unverbindlichen, bloss obligatorischen Bestimmungen kann heikel sein. Vgl. dazu PIOTET, 596; SIMONIUS/SUTTER, 132; ISLER, N 4 ff. zu Art. 779a ZGB.

192 Denkbar wären beispielsweise auch Einmalzahlung oder gleichbleibende Akontozahlungen eines Gesamtbetrages.

193 Vgl. im Einzelnen ISLER, N 16 ff. zu Art. 779a ZGB.

194 ISLER, N 38 zu Art. 779a ZGB.

Wegen der Langfristigkeit des Baurechtsvertrages wird regelmässig ein Mechanismus zur *Anpassung* des Entgelts vorgesehen[195]. Auch hier ist die Vertragsfreiheit unbegrenzt. Möglich ist z.B. die Anpassung an die Entwicklung der Teuerung oder des Hypothekarzinssatzes[196]. Um auch der Landpreissteigerung gerecht zu werden, wird teilweise empfohlen, den Landwert (falls dieser die Basis zur Ermittlung des Baurechtszinses bildet) regelmässig, z.B. alle 10 Jahre, neu schätzen zu lassen[197]. 5.93

d) Vertragsdauer

Die Parteien können die Vertragsdauer innerhalb der gesetzlichen Schranken frei wählen. Regelmässig äussert sich der Vertrag auch zur Heimfallentschädigung und regelt Fälle des vorzeitigen Heimfalls. Für letzteres stellt das Gesetz in Art. 779f bis 779h ZGB zwingende Schranken auf[198]. 5.94

e) Lasten

Eine gesetzliche Regelung ist nicht vorgesehen. In der Regel werden Lasten, die von den Bauten herrühren, dem Baurechtsnehmer, und solche, die den Boden belasten, dem Eigentümer überbunden[199]. 5.95

f) Übertragung Baurecht

Dem Wesen des selbständigen Baurechts entspricht es, dass dieses übertragbar und vererblich ist. Ein vertraglicher Ausschluss der Übertragbarkeit würde daher dem Grundsatz, dass das selbständige Baurecht nicht ausschliesslich zugunsten einer bestimmten Person (Art. 7 Abs. 2 Ziff. 1 GBV) errichtet ist, widersprechen[200]. Hingegen sehen Baurechtsverträge 5.96

195 ISLER, N 16 ff. Zu Art. 779a ZGB.
196 Kritisch dazu OTTIKER MORITZ, Neue Trends im Hypothekargeschäft und Vertragsgestaltung, in: Der Treuhandexperte VI/1997, 278 ff., der als Massstab die «Durchschnittsrendite Schweizerischer Bundesobligationen» für sinnvoller und zeitgemässer erachtet.
197 NAEGELI WOLFGANG/WENGER HEINZ, Der Liegenschaftenschätzer, Zürich 1997, 177.
198 PIOTET, 603.
199 PIOTET, 600.
200 ISLER, N 23 zu Art. 779 ZGB.

sehr oft vor, dass der Eigentümer der Übertragung des Baurechts auf einen Dritten zustimmen muss[201]. Das ist zwar insofern verständlich, als die Vertragsparteien (anders als beim Kauf) miteinander verbunden bleiben und der Eigentümer ein schützenswertes Interesse hat, mitbestimmen zu können, wer sein Land wie nutzt. Jedoch darf der Eigentümer die Zustimmung nur bei Vorliegen wichtiger Gründe verweigern[202].

5.97 Das gegenseitige gesetzliche Vorkaufsrecht gemäss Art. 682 Abs. 2 ZGB ist dispositiver Natur und wird vertraglich nicht selten ausgeschlossen[203].

g) Grundpfandschulden

5.98 Die Baurechtsverträge, nicht bloss die Kreditverträge mit den Banken (siehe oben) bestimmen regelmässig, dass Grundpfandschulden, die auf dem Baurecht lasten, bis zu dessen Ablauf zurückbezahlt und die Titel im Grundbuch gelöscht sein müssen.

6. Gewährleistung

5.99 Zu unterscheiden ist zwischen der Gewährleistung des Eigentümers für eine vorbestandene Baute und jener für das Grundstück als Bauplatz[204]. Letzteres entspricht weitgehend der Regelung des ordentlichen Baulandgrundstückkaufs.

VI. Finanzierung des Erwerbs

1. Planung der Finanzierung

5.100 Wer Bauland erwirbt, um selber zu bauen, muss in finanzieller Hinsicht noch besser planen, als wer ein bereits erstelltes Gebäude kauft. Dies einerseits, weil die Höhe der Kosten, vor allem der Baukosten, im voraus

201 Ebenso der Begründung eines Unterbaurechts, also eines Baurechts am Baurecht, falls dies vertraglich nicht prinzipiell untersagt ist.

202 ISLER, N 28 f. zu Art. 779 ZGB.

203 RIEMER, § 13 N 26.

204 Vgl. SIMONIUS/SUTTER, § 4 N 31.

meistens nicht mit Sicherheit bekannt sind. Zweitens, weil die Mittel nicht alle schon im Zeitpunkt des Erwerbs des Grundstücks zur Verfügung stehen müssen. Im Zeitpunkt des Landerwerbs muss – je nach vertraglicher Absprache – der Landkaufpreis bezahlt werden. Die Finanzierung der Errichtung der Baute folgt dann nach, meistens in Etappen. Daher ist bei der Finanzierung zu unterscheiden zwischen dem *Kaufpreis für den Landerwerb* einerseits und den *Kosten für die Errichtung der Baute* anderseits[205]. Umgekehrt braucht man drittens aber bereits erhebliche Mittel, bevor die Nutzung beginnen kann.

In aller Regel kann oder will der bauende Erwerber nicht alle Mittel selber 5.101
aufbringen (Eigenmittel), sondern finanziert auch mit Krediten, namentlich Bankkrediten. Die Banken unterscheiden zwischen dem Erwerb des Landes und der Errichtung der Baute. Im ersten Fall ist das Kreditverhältnis meistens auf lange Dauer angelegt und der Kreditbetrag zum voraus fix; für die Errichtung der Baute kommt ein Baukredit[206] zur Anwendung, der vom Wesen her kurzfristiger ist, in der Höhe je nach Baufortschritt variabel und höher verzinst. Entsprechend der in den Bau umgesetzten Wertsteigerung bzw. des dementsprechend nicht mehr benötigten Baukredites wird letzterer dann meistens durch einen normalen Hypothekarkredit abgelöst.

In welchem Verhältnis Eigen- zu Fremdmitteln stehen, ist in rechtlicher Hinsicht grund- 5.102
sätzlich ohne Interesse[207]. Zur Drosselung der Immobilienspekulation gab es noch bis vor kurzem gesetzliche Vorschriften über die maximale Fremdmittel-Belehnung. Derartige gesetzliche Grenzen gibt es heute nicht mehr[208]. Die Höhe der – wie auch immer beschafften – Eigenmittel ist aber für den Fremdkapitalgeber interessant. Aus Erfahrung klüger belehnen Banken heute nicht mehr zu 100%[209], sondern je nach Objekt höchstens zu 80%, bei Bauland sogar oftmals nur bis 50% oder 60% des Wertes. Den Rest muss

205 Die Zinsen auf Kredite, welche für den Landerwerb beansprucht werden, stellen nach bundesgerichtlicher Rechtsprechung Baukosten dar und sind steuerlich nicht abzugsfähig, selbst wenn der Erwerb und die Überbauung unabhängig voneinander finanziert wurde (ASA 65, 750). Zur Finanzierung der Bauausführung siehe unten Rz. 11.107 ff.

206 Für das Nachfolgende wird nur der Erwerb des Baulandes berücksichtigt. Weiterführende Literatur zum Baukredit: EMCH URS/RENZ HUGO/BIRCH FRANZ, Das Schweizerische Bankgeschäft, 1984, 350 ff.; ferner unten Rz. 11.112 ff.

207 Ausser, wenn Fremdmittel aus dem Ausland stammen, siehe sogleich (Rz. 5.105).

208 Mit Ausnahme landwirtschaftlich genutzter Grundstücke.

209 Daher braucht es auch keine Belehnungsgrenze.

der Käufer selber beschaffen. Insbesondere beim Erwerb von Bauland kommt der Finanzierungsplanung daher eine grosse Bedeutung zu.

2. Eigenmittelbeschaffung durch Mittel der beruflichen Vorsorge

5.103 Die Beschaffung der Eigenmittel stellt für viele Erwerber das grösste Problem beim Erwerb eines Grundstücks dar. Viele Privatpersonen haben ihre bedeutendsten Ersparnisse bei den Einrichtungen der beruflichen Vorsorge liegen. Um diese im Interesse der Wohneigentumsförderung[210] zu mobilisieren, hat der Gesetzgeber verschiedene Wege geöffnet, allerdings nur für den Erwerb einer selbstbewohnten Liegenschaft. Diesfalls können der Anspruch auf Vorsorgeleistungen oder der Betrag bis zur Höhe der Freizügigkeitsleistung «für Wohneigentum zum eigenen Bedarf» vorbezogen oder auch bloss verpfändet oder zur Rückzahlung entsprechender Hypothekardarlehen eingesetzt werden (Art. 331d und e OR; Art. 30a–f. BVG; Verordnung über die Wohneigentumsförderung mit Mitteln der beruflichen Vorsorge [WEFV] vom 3. Oktober 1994)[211]. Dieselben Möglichkeiten bestehen auch im Rahmen der steuerlich begünstigten sogenannten Säule 3a[212].

5.104 Klar ist, dass die Mittel der beruflichen Vorsorge (nur) für den Erwerb von Einfamilienhäusern oder Wohnungen im Stockwerkeigentum verwendet werden können (Art. 2 WEFV). Ob der Erwerb zu Eigentum erfolgt oder im Baurecht, spielt keine Rolle (Art. 3 WEFV). Das Gesetz äussert sich aber explizit nicht dazu, ob auch der Erwerb des Baulands selbst (auf dem ein selbstbewohntes Haus errichtet werden soll) dazu

210 Gemäss Art. 34^{sexies} der Bundesverfassung trifft der Bund Massnahmen zur Förderung unter anderem des Erwerbs von Wohnungs- und Hauseigentum. Umgesetzt wurde dies durch das Wohnbau- und Eigentumsförderungsgesetz vom 4. Oktober 1974 (SR 843; die WEFV hat damit ausser einer Ähnlichkeit des Namens nichts zu tun), dort insbes. Art. 47 ff. Aus finanziellen und politischen Gründen ist die staatliche Wohneigentumsförderung aber nie populär geworden. Versuche auf politischer Ebene, daran etwas zu verbessern, sind bis jetzt noch nicht zum Tragen gekommen (vgl. dazu etwa SPOERRY VRENI, Schwieriger Weg zur Wohneigentumsförderung, in: Der Schweizer Treuhänder 12/96, 983 ff.); vgl. ferner unten Rz. 11.138.

211 SR 831.411; FISCHER, 41 ff., 47 ff.; unten Rz. 11.127.

212 FISCHER, 41 ff.

zählt. Aus der Formulierung von Art. 1 WEFV («Erwerb und Erstellung von Wohneigentum») kann man schliessen, dass dies zulässig ist. In der Tat ist die Praxis der verschiedenen Vorsorgeeinrichtungen unterschiedlich und muss sinnvollerweise vorgängig erfragt werden. Einzelne Vorsorgeeinrichtungen lehnen die Baulandfinanzierung nach WEFV generell ab, andere lassen diese zu, wenn ein konkretes Bauprojekt vorhanden ist.

3. Fremdmittelbeschaffung

In rechtlicher Hinsicht ist es grundsätzlich ebenfalls einerlei, wer die 5.105
Fremdmittel zur Verfügung stellt, jedenfalls sofern die Quelle, je nach Art und Umfang der Fremdfinanzierung, nicht ausländisch ist (Art. 1 Abs. 2 lit. b BewV)[213]. In aller Regel beschaffen sich Kreditsuchende die Fremdmittel bei einer Bank, weniger häufig bei Versicherungsgesellschaften und Pensionskassen, oft auch bei Privaten, insbesondere Verwandten.

Die *Modalitäten des Darlehensverhältnisses* sind Gegenstand des Kre- 5.106
ditvertrags. Dieser regelt unter anderem die Darlehenssumme, allfällige Amortisationen, Rückzahungs- und Kündigungsbestimmungen, die Zinspflicht, die Höhe des Zinssatzes und die Sicherheiten.

Die Kreditmodalitäten haben sich im Verlauf der letzten Jahre stark gewandelt, einerseits wegen der Veränderungen auf dem Immobilienmarkt, anderseits wegen der verbesserten Konkurrenz unter den Kreditinstituten. Folge davon ist, dass die Modalitäten von Kreditgeber zu Kreditgeber stark variieren. Der Vergleich der Angebote lohnt sich. Da das Kreditverhältnis in aller Regel auf Dauer angelegt ist, darf dabei der aktuelle Zinssatz nicht überbewertet werden. Ebenso wichtig sind die Laufzeit bei festen Zinssätzen[214], die Wahl und Bewertung der Sicherheiten und das Mass an Professionalität des Kreditgebers.

Die *Bewertung der Sicherheiten* durch den Kreditgeber ist wesentliches 5.107
Element zur Bemessung der Kreditsumme[215]. Der Kreditgeber will Sicherheit, dass seine Forderung (Kapital und Zins) im Falle der Zwangsvollstreckung, auch und gerade in konjunkturell schwachen Zeiten ge-

213 MÜHLEBACH/GEISSMANN, N 70 ff. zu Art. 4 BewG.

214 In Zeiten tiefer Zinsen bevorzugt der Kreditnehmer feste Zinssätze bei möchlichst langer Laufzeit.

215 Zur Bewertung auch RÜST, 13 ff.

deckt ist. Wenn, was regelmässig der Fall ist, Grundpfänder bestellt werden, kommt der Bewertung des Grundstücks erhebliche Bedeutung zu. Bei Bauland ist die Bewertung besonders heikel, da dessen Wert im Grunde nur besteht, wenn und soweit es rasch und sinnvoll bebaut wird. Aus Erfahrung klüger sind die Banken bei der Finanzierung des Baulandkaufs daher im Allgemeinen sehr zurückhaltend. Der Kredit ist schwieriger erhältlich und teurer, wenn der Baulanderwerber kein konkretes Projekt vorzuweisen hat.

4. Sicherheiten[216]

a) *Grundpfandsicherheiten*

5.108 Die Grundpfandrechte gewähren dem Kreditgeber das Recht, das Grundstück (also auch die Baurechtsdienstbarkeit) bei Nichtzahlung der fälligen Darlehensforderung im Rahmen der Zwangsversteigerung verwerten zu lassen und sich aus dem Erlös zu befriedigen (Art. 816 Abs. 1 ZGB)[217]. Das Gesetz kennt drei Arten von Grundpfandrechten (Art. 793 ZGB), nämlich die Grundpfandverschreibung (Art. 824 ff. ZGB), den Schuldbrief (Art. 842 ff. und 854 ff. ZGB) und – ohne praktische Bedeutung – die Gült (Art. 847 ff. und 854 ff. ZGB). Der Schuldbrief ist als Wertpapier ausgestaltet, das entweder den Gläubiger namentlich nennt oder auf den Inhaber ausgestellt ist[218]. Die Banken bevorzugen im Allgemeinen den Schuldbrief gegenüber der Grundpfandverschreibung[219]. Anstelle der Begebung des Schuldbriefes kann dieser auch bloss als Wertpapier verpfändet werden[220].

Im Grundbuch eingetragen wird eine bestimmte Pfandsumme. Das Grundbuch sagt aber nicht zuverlässig, ob die aktuelle Kreditschuld dieser tatsächlich entspricht. Es ist daher zwischen der Forderung selbst und der Sicherheit (Pfandhaft) zu unterscheiden.

---

216 Denkbar ist auch, dass die Sicherheiten – auch Grundpfandsicherheiten – durch Dritte gestellt werden, als Drittpfand (SIMONIUS/SUTTER, 155).

217 SIMONIUS/SUTTER, 155; sogenannte direkte Sicherheit.

218 SIMONIUS/SUTTER, 158.

219 Vgl. EMCH/RENZ/BIRCH, a.a.O. (oben Fn. 206), 303 f.; RÜST, 11 f.

220 Sogenannte indirekte Grundpfandsicherheit; SIMONIUS/SUTTER, 270 ff.; RIEMER, § 17 N 12; RÜST, 11 f., dort auch zur Sicherheitsübereignung. Zur Grundpfandverschreibung: SIMONIUS/SUTTER, 222.

Das Grundpfand wird gemäss Art. 796 Abs. 1 ZGB nur auf Grundstücken errichtet, die ins Grundbuch aufgenommen sind[221]. Eine erst noch zu schaffende Parzelle kann somit nicht belastet werden (Art. 797 Abs. 2 ZGB), jedoch mehrere Grundstücke zugleich (Gesamtpfandrecht, Art. 798 ZGB).

Nach gesetzlicher Bestimmung bedarf der «Vertrag auf Errichtung des Grundpfands» zu seiner Verbindlichkeit der öffentlichen Beurkundung (Art. 799 Abs. 2 ZGB). Dieser *Pfandvertrag* ist vom *Kreditvertrag*, für den keine Formvorschrift besteht, zu unterscheiden, auch wenn letzterer regelmässig die Pfandbestellung ebenfalls beinhaltet[222]. Der öffentlich beurkundete Pfandvertrag ist in erster Linie ein Ausweis für das Grundbuchamt (und im Übrigen in der Regel kein Vertrag, sondern eine einseitige Erklärung des Verpfänders) und enthält oft einen blossen Verweis auf den Kreditvertrag. Der öffentlich beurkundete Pfandvertrag hat neben der Verpfändungsverpflichtung nur diejenigen Daten zu enthalten, die im Grundbuch eingetragen werden (insbesondere Schuldner, Grundstück, Pfandsumme, Zinssatz, Rang), die aber – etwa wie der Zinssatz – meistens nicht den aktuellen Konditionen des Kreditvertrags entsprechen, sondern lediglich den Maximalrahmen abstecken. 5.109

b) Weitere Sicherheiten

Die Darlehensforderung kann selbstverständlich – mit Einwilligung des Gläubigers – auch auf andere Weise als durch Grundpfand gesichert werden, allerdings regelmässig nur als Ergänzung desselben. In Frage kommen namentlich Bürgschaften, Faustpfänder, Forderungsabtretung, Verpfändung von Lebensversicherungen etc. Häufiger werden die Guthaben bei den Einrichtungen der beruflichen Vorsorge und die im Rahmen der sogenannten Säule 3a angesparten Gelder verpfändet[223]. Die Voraussetzungen hiefür sind weitgehend dieselben wie oben geschildert. 5.110

221 EMCH/RENZ/BIRCH, a.a.O. (oben Fn. 206), 303.
222 RIEMER, § 18 N 2.
223 Beides statt eigentlicher Amortisation, daher sogenannte «indirekte» Amortisation.

VII. Alternativen zum Erwerb

5.111 Der Erwerb eines Grundstücks erfordert in der Regel erhebliche Mittel, die jedenfalls teilweise während der Dauer des Eigentums blockiert sind. Überdies können sich die Bedürfnisse des Benutzers, namentlich im gewerblich-industriellen Bereich, rasch ändern. Der kurzfristig notwendige Verkauf eines für die eigenen Bedürfnisse ungeeignet gewordenen Grundstücks hat manchen Eigentümer schon in Probleme versetzt. Durch veränderte Bedürfnisse stehen dann unvermittelt Liegenschaften leer und können zu vernünftigem Preis nicht verkauft werden. Daher liegt der Wunsch nahe, von unerwünschten langfristigen Bindungen frei zu sein. Da das Baurecht im Allgemeinen ebenfalls auf lange Dauer angelegt ist, können sich die Probleme sowohl beim Eigentum wie beim Baurecht ergeben. Ein weiteres Bedürfnis mag dazukommen. Wer bauen will, ist nicht immer sicher, ob er tatsächlich auch innert nützlicher Frist bauen kann. Gesucht sind daher Formen, die relativ kurzfristig wieder abgelöst werden können und während der Nutzungsdauer auch nicht unnötig Mittel blockieren. Diese Möglichkeiten sind allerdings begrenzt und mit erheblichen Nachteilen verbunden. Die Kombination der Sicherheit des Eigentums mit einer kurzfristig auflösbaren Bindung lässt sich wohl auch gar nicht finden. Auf die wesentlichsten Erscheinungen ist nachstehend übersichtsartig einzugehen.

1. Miete und Pacht

5.112 Die Miete oder Pacht von Bauland, um darauf ein Gebäude zu errichten, ist möglich. Wie oben[224] gesehen, führt dies aber zwingend dazu, dass das Gebäude im Eigentum des Bodeneigentümers steht. Der Bauende tätigt also erhebliche Investitionen, ohne die Sicherheit des Eigentums zu haben. Zwar kann der Miet- oder Pachtvertrag im Grundbuch vorgemerkt werden. Dies bewirkt aber *keine Durchbrechung des Akzessionsprinzips*. Probleme stellen sich auch bei der Finanzierung der Baute, insbesondere in Verbindung mit allfälligen Grundpfandsicherheiten. Soll das Grundstück den Gläubigern des Mieters/Pächters als Sicherheit dienen, müsste

224 Oben Rz. 5.20.

der Vermieter/Verpächter sein Eigentum verpfänden. Dazu ist er höchstens bei Vorliegen enger persönlicher Verhältnisse bereit. Schwierigkeiten dürfte der bauende Mieter auch haben, wenn er seine Baute einem allfälligen Nachmieter verkaufen muss.

Dem Wunsch des Bauenden, die Sicherheit des Eigentums mit einer kurzfristig auflösbaren Bindung zu kombinieren, lässt sich wohl am ehesten mit einem Mietvertrag erreichen, der mit einem *Kaufrecht* verbunden ist. Auf diese Weise kann der Benutzer vorerst einmal schauen, ob sich der Bau überhaupt realisieren lässt und gegebenenfalls das Grundstück dann erwerben. Dazu dürfte der Eigentümer aber nur in Ausnahmefällen bereit sein. 5.113

Die Miete oder Pacht von Bauland ist folglich nur in speziellen Ausnahmefällen eine Alternative, insbesondere bei engen persönlichen Verhältnissen zwischen den Parteien, oder wo es sich um eine wirtschaftlich unbedeutende oder nur provisorische Baute handelt. 5.114

2. Leasing

Die Möglichkeit, ein Grundstück in Form des Leasing zu «erwerben», ist in der Schweiz eher jüngeren Datums und keineswegs verbreitet. Beim Immobilien-Leasing erwirbt üblicherweise die Leasinggesellschaft das Grundstück, und zwar nach den Wünschen des Nutzers und künftigen Leasingnehmers (im Falle des sogenannten «sale-and-lease-back» von diesem selbst), und stellt es dem Leasingnehmer entgeltlich und in der Regel langfristig (10 bis 20 Jahre) zur Verfügung[225]. In aller Regel wird blosses Bauland nicht finanziert, jedenfalls wenn kein konkretes Projekt vorliegt. Denkbar ist also, dass die Leasinggesellschaft das Grundstück nach den Wünschen des Leasingnehmers überbauen lässt, oder dass zwar der Leasingnehmer den Bau errichten lässt, dabei aber von der Leasinggesellschaft unterstützt wird. Anwendung findet das Immobilienleasing – jedenfalls in der Schweiz – ausschliesslich im Bereich der gewerblichen Nutzung, nicht aber der Wohnnutzung. Geworben wird dafür etwa mit 5.115

225 SCHLUEP/AMSTUTZ, Basler Kommentar, Einleitung vor Art. 184 ff. OR, N 85, Basel 1996; unten Rz. 11.128.

dem Argument: «Immobilienleasing entlastet die Bilanz, verbessert Ihre Kennzahlen und wahrt die Liquidität für Ihr Kerngeschäft»[226].

5.116 Die rechtlichen Gegebenheiten des Leasings sind, mangels gesetzlicher Ordnung, klärungsbedürftig und, wie auch beim bekannteren Mobilienleasing, in vielerlei Hinsicht heikel. Die vertragsrechtliche Qualifikation des Immobilien-Leasings ist schwierig, setzt sich der Vertrag doch aus miet-, kauf-, auftrags- und darlehensrechtlichen Komponenten zusammen[227]. Dabei ist zu beachten, dass es durchaus der Meinung der Parteien entsprechen kann, dass der Leasingnehmer das Grundstück nach Ablauf des Vertrags zu Eigentum übernehmen kann, was wirtschaftlich nicht selten naheliegen dürfte.

5.117 Die Gestaltungsmöglichkeiten des Immobilien-Leasings sind vielfältig und nicht grundsätzlich unattraktiv. Jedoch bleibt das Leasing auf Spezialfälle beschränkt, etwa auch auf solche im Rahmen von Sanierungen. Die fehlende Popularität zeigt sich auch in der sehr geringen Anzahl schweizerischer Anbieter.

5.118 Was die Form des Leasing-Vertrags anbelangt, so hängt diese von der rechtlichen Qualifikation des Immobilien-Leasings ab. Gewährt der Vertrag dem Leasingnehmer das Recht, das Grundstück nach Ablauf der Leasingdauer zum Restwert zu erwerben, liegt die Qualifikation als Mietvertrag mit aufgeschobenem Kaufrecht nahe, was die Form der öffentlichen Urkunde zwingend macht. Beschränkt sich der Vertrag demgegenüber auf die Elemente der Gebrauchsüberlassung, handelt es sich eher um ein Baurecht, dem aber die Elemente der Selbständigkeit und langen Dauer allenfalls fehlen, weshalb eine Form nicht vorgeschrieben ist.

---

226 Werbebroschüre der CS Leasing.

227 MEIER THOMAS ROLAND, Besteuerung des Immobilienleasinggeschäfts, 2; SCHLUEP/AMSTUTZ, a.a.O. (oben Fn. 225), N 90 ff.

§ 6 Parzellierung und Erschliessung des Baulandes

URS EYMANN

Literaturauswahl: AEMISEGGER HEINZ, Leitfaden zum Raumplanungsgesetz, Schriftenfolge Nr. 25 der VLP, 1980; AESCHLIMANN ARTHUR, Die Praxis zur Erhebung von Grundeigentümerbeiträgen an Erschliessungsanlagen, KPG-Bulletin Bern, Nr. 3/82; BLUMENSTEIN ERNST/LOCHER PETER, System des Steuerrechts, 5. Aufl., 1995; BLUMER PETER J., Abgaben für Erschliessungsanlagen nach dem Thurgauer Recht, Diss. Zürich, 1989; EJPD/BRP, Erläuterungen zum Bundesgesetz über die Raumplanung, 1981; GUY-ECABERT CHRISTINE/ZEN-RUFFINEN PIEMARCO, Le droit du propriétaire d'équiper lui-même son terrain selon le nouvel aliéna 3 de l'article 19 LAT, BR 2/96, 35 ff.; HAAS ADRIAN, Staats- und verwaltungsrechtliche Probleme bei der Regelung des Parkierens von Motorfahrzeugen auf öffentlichem und privatem Grund, insbesondere im Kanton Bern, Diss. Bern, 1994; HÄFELIN ULRICH/MÜLLER GEORG, Grundriss des Allgemeinen Verwaltungsrechts, 2. Aufl., 1993; HALLER WALTER/KARLEN PETER, Raumplanungs- und Baurecht, 2. Aufl., 1992; IMBODEN MAX/RHINOW RENÉ: Schweizerische Verwaltungsrechtsprechung, 5. Aufl., 2 Bde., 1976; KOCH RICHARD A., Das Strassenrecht des Kantons Zürich, 1996; LINDENMANN CHRISTIAN, Beiträge und Gebühren für die Erschliessung nach zürcherischem Planungs- und Baurecht, Diss. Freiburg, 1989; LUDWIG PETER, Die Baulanderschliessung nach bernischem Recht, BVR 1982, 411 ff.; *ders.*, Erste Erfahrungen mit dem Baugesetz des Kantons Bern, ZBJV 123/1987, 409 ff.; MARANTELLI-SONANINI VERA, Erschliessung von Bauland, Diss. Bern, 1997; REITTER RENÉ, Les contributions d'équipement plus particulièrement en droit neuchâtelois, Diss. Neuenburg, 1986; RHINOW RENÉ/KRÄHENMANN BEAT, Schweizerische Verwaltungsrechtsprechung, Ergänzungsbd., 1990; SIEBER ROMAN, Die bauliche Verdichtung aus rechtlicher Sicht, Diss. Freiburg, 1996; SCHÜRMANN LEO/HÄNNI PETER, Planungs-, Bau- und besonderes Umweltschutzrecht, 3. Aufl., 1995; STAEHELIN BERNHARD, Erschliessungsbeiträge, Diss. Basel, 1979; VALLENDER KLAUS A., Grundzüge des Kausalabgabenrechts, Gebühren – Vorzugslasten – Ersatzabgaben, 1976; VAN WIJNKOOP JÜRG, Beiträge, Abwasser- und Kehrichtgebühren im Kanton Bern, Diss. Bern 1973; ZAUGG ALDO, Die Detailerschliessung nach bernischem Recht, BVR 1976, 417 ff.; *ders.*, Kommentar zum Baugesetz des Kantons Bern vom 9. Juni 1985, 2. Aufl. 1995.

I. Problemübersicht

Die *Erschliessung von Bauland* ist ein besonders komplexes Thema, denn 6.1
es wird vorab von den Unterschieden in den Anforderungen, den Finanzierungsvoraussetzungen, den Planungsinstrumenten und in den Bewilligungs- und Enteignungsverfahren der Kantone und Gemeinden domi-

niert. Meist stehen erhebliche finanzielle Interessen auf dem Spiel, ist doch bereits die Herstellung der Erschliessung aufwendig und zudem wird dadurch die Überbaubarkeit und der Wert von Liegenschaften wesentlich beeinflusst. Die Erschliessung bezieht sich immer auf einen konkreten Ort und hängt mit der Grösse und der Art der ausgeschiedenen Bauzone zusammen. Die Erschliessung spielt in vielfältigsten Zusammenhängen eine Rolle und stellt in manchen Prozessen die Kernfrage dar; vorab sind hier folgende Problembereiche zu nennen:

- Herstellung der *Baureife*:
  Um ein Grundstück überbauen zu können, ist eine hinreichende Erschliessung erforderlich. Die jeweiligen kantonalen Rechte umschreiben die Anforderungen im Einzelnen abschliessend. Die hinreichende Erschliessung ist grundsätzlich von der Baugesuchstellerschaft nachzuweisen, sie kann von Nachbarn oder andern Interessierten bestritten werden.
- *Erschliessung* des Baulandes im eigentlichen Sinn:
  Für die Planung und Erstellung von öffentlichen Erschliessungsanlagen sind die Gemeinwesen zuständig; in der Regel handelt es sich um die Gemeinden. Die an die Erschliessungsanlagen zu stellenden Anforderungen bestimmen sich nach der vorgesehenen Funktion der Anlage; diese wiederum wird zur Hauptsache von der zonengemässen Nutzung, zum Teil jedoch auch von regionalen oder sogar kantonalen Bedürfnissen bestimmt. Die Erschliessung zieht in der Regel Erschliessungsabgaben nach sich.
- *Materielle Enteignung*[1]:
  Der Erschliessungsgrad einer Parzelle ist eines der wichtigsten Kriterien bei der Frage, ob eine Auszonung oder unter Umständen auch eine Nichteinzonung einer Parzelle eine entschädigungspflichtige materielle Enteignung darstellt. Im Zentrum steht die retrospektive Frage, ob die Parzelle im enteignungsrechtlich massgebenden Zeitpunkt erschlossen war oder nicht.
- *Lärmschutz*[2]:
  Unerschlossene Bauzonen dürfen gemäss Art. 24 USG und 29 LSV nur erschlossen werden, wenn in ihnen die Planungswerte der entsprechen-

1 Siehe Rz. 1.62 ff.
2 Siehe Rz. 2.47 ff.

den Empfindlichkeitsstufen eingehalten werden können. Die Prüfung der Erschlossenheit einer Parzelle richtet sich dabei grundsätzlich nach den übrigen Anforderungen, welche im Rahmen der Erteilung einer Baubewilligung nach RPG oder WEG an die Erschlossenheit von Bauparzellen zu stellen sind[3].

Unter *Parzellierung von Bauland* wird gemeinhin die Aufteilung eines grösseren, noch unüberbauten Stück Landes in mehrere, der zonenkonformen Bauweise angepasste Bauparzellen verstanden. Meist wird damit erst die Überbaubarkeit von Grundstücken ermöglicht. Gewöhnlich handelt es sich um ein von den Privaten forciertes Verfahren. Ergänzend greifen die Gemeinwesen in die Privatautonomie hinsichtlich der Parzellierung dort ein, wo sich die Privaten über Kauf oder Tausch nicht einigen können, unglückliche Parzellenverhältnisse vorherrschen oder sonst das öffentliche Interesse eine Neuparzellierung verlangt. In diesen Fällen ist das Gemeinwesen – je nach den verschiedenen kantonalen und kommunalen Rechtslagen unterschiedlich weitgehend – berechtigt, eine sogenannte Baulandumlegung zu veranlassen oder sogar durchzuführen. Der Baulandumlegung ist wesentlich, dass diese gegen den Willen eines oder mehrerer Einzelner erfolgen kann. 6.2

II. Begriff und Arten der Erschliessung

1. Grunderschliessung

Unter *Grunderschliessung* wird die Versorgung eines grösseren zusammenhängenden Gebietes mit übergeordneten Anlagen, wie Hauptstrassen, Eisenbahnlinien, Wasserversorgungs- und Elektrizitätswerken, Abwasserreinigungsanlagen etc. verstanden[4]. 6.3

Normalerweise scheitern Bauvorhaben nicht an einer nur teilweise genügenden Grunderschliessung; das Vorhandensein der Grunderschliessung wird gewöhnlich als gegeben vorausgesetzt und ist nicht Gegenstand der Bewilligungsfähigkeit eines einzelnen Bauvorhabens. Fehlt jedoch eine 6.4

3 BGE 117 Ib 314.

4 SCHÜRMANN/HÄNNI, 215; HALLER/KARLEN, Rz. 599.

Grunderschliessungsart gänzlich, wie z.B. eine öffentliche Wasserversorgung, so bleiben grundsätzlich sämtliche Bauzonen unüberbaubar[5].

2. Grob-/Basiserschliessung

6.5 Als Groberschliessung (Basiserschliessung) wird die Versorgung eines zu überbauenden Gebietes mit den *Hauptsträngen* der Erschliessungsanlagen, namentlich Wasser-, Energieversorgungs- und Abwasserleitungen sowie Strassen und Wege, die unmittelbar dem zu erschliessenden Gebiet dienen, bezeichnet[6].

6.6 Es ist eine Auslegungsfrage, welche Erschliessungsanlagen zu der Grund-/Grob- oder der Feinerschliessung gehören. Es sind die jeweiligen Ausgestaltungen des kantonalen Rechts zu beachten. Ein guter Hinweis findet sich gewöhnlich in den bloss behördenverbindlichen *Verkehrsrichtplänen*, soweit sie nach den Regeln des ORL-Institutes der ETH erstellt wurden[7].

6.7 Beispiele von Groberschliessungsanlagen:
- Verbindungsstrassen zwischen Ortsteilen;
- Geschäftsstrassen und Plätze in Ortszentren;
- Quartiersammelstrassen;
- Regional- oder Kantonsstrassen.

3. Fein-/Detailerschliessung

6.8 Als Feinerschliessung bzw. Detailerschliessung gilt der *Anschluss der einzelnen Grundstücke* an die Hauptstränge der Erschliessungsanlagen mit Einschluss von öffentlich zugänglichen Quartierstrassen und Leitungen[8].

---

5 So z.B. in der Gemeinde Zimmerwald (BE), wo infolge fehlender gemeindeeigener Wasserversorgung keine neuen Bauzonen ausgeschieden werden können («Bund» vom 15.4.1998).

6 SCHÜRMANN/HÄNNI, 215; HALLER/KARLEN, Rz. 600.

7 Bei Hauptverkehrsstrassen und Quartiersammelstrassen ist von Grund- bzw. Groberschliessungsanlagen auszugehen.

8 SCHÜRMANN/HÄNNI, 216; HALLER/KARLEN, Rz. 602.

Bei der Feinerschliessung handelt es sich immer um öffentliche Erschliessungsanlagen, welche grundsätzlich im *Gemeingebrauch* stehen. Neben der Abgrenzung zur Groberschliessung ist wichtig die Unterscheidung zur privaten Hauszufahrt bzw. zum privaten Hausanschluss. Als «Faustregel» zur Abgrenzung Detailerschliessung – Hauszufahrt/Hausanschluss gilt: *Wo mehr als ein Grundstück oder ein Gebäude erschlossen wird, liegt nicht mehr eine Hauszufahrt bzw. ein Hausanschluss vor*[9]. Das kantonale Recht kann es zulassen, dass auch zusammengehörige Gebäudegruppen oder in sich geschlossene Arealüberbauungen über eine private Hauszufahrt/Hausanschluss erschlossen werden[10]. 6.9

Beispiele von Feinerschliessungsanlagen: 6.10
- Erschliessung von vier Doppeleinfamilienhäusern[11];
- Sackgasse zu 20 Grundstücken[12];
- Erschliessung eines Grundstückes von 4600 m² für 8–10 Einfamilienhäuser[13].

4. Erschliessungsbegriffe nach WEG

Das WEG befasst sich nur mit Land, das nach den Anforderungen des RPG den Wohnungsbau zulässt (somit vorab Einfamilienhauszonen, Landhauszonen, Wohnzonen, Wohn- und Gewerbezonen). Unterschieden wird die Grob- und die Feinerschliessung, wobei die Grundeigentümer an die Anlagen der Groberschliessung wenigstens 30%, an die Anlagen der Feinerschliessung wenigstens 70% beitragen müssen[14]. 6.11

Das kantonale Recht bzw. das kommunale Recht hat diesen bundesrechtlichen Minimalanforderungen grundsätzlich zu entsprechen[15]. 6.12

---

9 LUDWIG, Baulanderschliessung, 417.
10 So Art. 106 Abs. 3 BauG BE.
11 BVR 1977, 460.
12 BVR 1991, 265.
13 BVR 1995, 81.
14 Art. 1 der Verordnung zum Wohnbau- und Eigentumsförderungsgesetz (SR 843.1).
15 SCHÜRMANN/HÄNNI, 214.

5. Obligatorische und fakultative Arten der Erschliessung

6.13 Gemäss Art. 19 Abs. 1 RPG ist Land erschlossen, wenn die für die betreffende Nutzung hinreichende Zufahrt besteht und die erforderlichen Wasser-, Energie- sowie Abwasserleitungen so nahe heranführen, dass ein Anschluss ohne erheblichen Aufwand möglich ist. Von Bundesrechts wegen sind daher *obligatorische* Anlagen: *Strassen, Wasserversorgung, Abwasseranlagen und die Energieversorgung*. Die kantonalen Rechte können weitere Erschliessungsanlagen als obligatorisch bezeichnen. Im Vordergrund steht der Anschluss an eine Gasversorgung oder an ein Fern-/Nahwärmverteilungsnetz. Die Kantone bzw. die Gemeinden umschreiben die obligatorischen Erschliessungsanforderungen näher.

6. Anschlusszwang an Erschliessungsanlagen

a) Wann besteht eine Anschlusspflicht?

6.14 Die Gemeinwesen sind zwar verpflichtet[16], die nötigen Erschliessungsanlagen für ihre Bauzonen zu erstellen; wobei die Bauzonen auf den Bedarf von 15 Jahren zu dimensionieren sind. Dies löst jedoch grundsätzlich *keine Baupflicht des Grundeigentümers für eigene Erschliessungsanlagen* aus. Wird z.B. eine Strasse an ein noch unüberbautes Grundstück herangebaut und sind darin Wasser- und Abwasserleitungen eingelassen, ist grundsätzlich der Grundeigentümer nicht verpflichtet, einen Hausanschluss für die Strasse zu bauen oder Anschlussleitungen für Wasser und Abwasser in sein Grundstück zu ziehen.

6.15 Eine Anschlusspflicht entsteht erst mit der *Inanspruchnahme der baulichen Nutzung* seines Grundstücks. Für den Fall einer Neuüberbauung muss grundsätzlich eine «hinreichende Erschliessung» im Sinne von Art. 19 Abs. 1 RPG und den jeweiligen kantonalen Ausgestaltungen hergestellt sein. Die Erschliessung muss hinsichtlich *Strasse, Wasser, Abwasser und Energie* nachgewiesen sein. Für Abwasser werden die Anforderungen vom Bundesgesetz über den Schutz der Gewässer vom 24. Januar 1991 (Art. 11 GSchG) bestimmt. In der Regel reicht es aus, wenn die Erschliessungsanlagen bei *Bezug der Bauten* fertiggestellt sind.

---

16 Vgl. unten Rz. 6.68.

Die Erschliessung eines Grundstückes durch das Gemeinwesen hat allerdings in der Regel finanzielle Folgen (Beiträge, Steuerwerte etc.) für die Grundeigentümer.

Welche Art Wasser- und Energieversorgung vorliegen muss, richtet sich nach dem entsprechenden kantonalen und kommunalen Recht; das Bundesrecht schweigt sich hierzu aus[17]. Ein Monopol für Gemeinden, Wasser- und Energieversorgungen betreiben zu dürfen, lässt sich nicht aus dem Bundesrecht herleiten. 6.16

Bei Gas- und Fernwärme können im kantonalen und kommunalen Recht besondere Anschluss- und sogar Bezugspflichten umschrieben sein. Eine kommunalrechtliche Verpflichtung zum Anschluss an die Gasversorgung und zum Bezug von Erdgas für Heizzwecke ist für Neubauten zulässig; für Altbauten dürfen keine wesentlich höheren Mehrkosten entstehen[18]. Die quartierplanmässige Festlegung einer leitungsgebundenen Wärmeversorgung erfordert als gesetzliche Grundlage einen kommunalen Energieplan[19]. 6.17

b) Anschluss an private Anlagen?

Reichen auch private Erschliessungsanlagen aus oder muss immer an die öffentlichen Werke angeschlossen werden? Für die Strassenzufahrt gilt auch ein Anschluss an eine Privatstrasse als genügend, wenn diese mit dem übrigen öffentlichen Strassennetz verbunden ist und sofern dieses für die vorgesehene Baunutzung hinreichend ist[20]. 6.18

Nach kantonalem Recht wird eine private Wasserversorgung in der Regel nur zugelassen, wenn Wasser in ausreichender Menge vorhanden ist, ein genügender Betriebsdruck gewährleistet ist und die Qualität derjenigen des eidgenössischen Lebensmittelbuches entspricht. Ein entsprechender Nachweis ist im Baubewilligungsverfahren zu erbringen[21]. 6.19

17 Erläuterungen EJPD, N 17 zu Art. 19.
18 ZBl 1995, 272 ff.; BR/DC 3/95, Nr. 218.
19 ZBl 1996, 456 ff.
20 BGE 116 Ib 166.
21 Geprüft werden die chemische und bakteriologische Zusammensetzung des Trinkwassers; vgl. die Anforderungen des eidgenössischen Lebensmittelbuches.

III. Anforderungen an die Erschliessung

1. Gesetzliche Grundlagen

6.20 Ein Grundstück gilt gemäss Art. 19 Abs. 1 RPG dann als genügend erschlossen, «wenn die für die betreffende Nutzung hinreichende Zufahrt besteht und die erforderliche Energie-, Wasser- und Abwasserleitungen so nahe heranführen, dass ein Anschluss ohne erheblichen Aufwand möglich ist». Obschon das Wohnbau- und Eigentumsförderungsgesetz als lex spezialis dem RPG vorgeht, enthält es keine weitergehenden Anforderungen an eine genügende Erschliessung[22].

6.21 Die *Konkretisierung* dieser Anforderungen obliegt den Kantonen; diese haben in ganz unterschiedlicher Dichte entsprechende Normen erlassen[23], teils erhalten auch die Gemeinden einen weitgehenden Ermessensspielraum bei der Festlegung der Anforderungen im Einzelnen.

2. Hinreichende Zufahrt

6.22 Unter Zufahrt wird im Allgemeinen die Strassenverbindung zwischen dem Baugrundstück und dem allgemeinen Strassennetz im Gemeingebrauch verstanden[24]. Sie umfasst die Grob- und die Feinerschliessung[25]. Die Zufahrt hat sich nach den *zonengerechten Baumöglichkeiten* jener Flächen zu richten, die sie erschliessen soll[26].

3. Abwasserentsorgung

a) Kanalisationsplanung

6.23 Das Gewässerschutzgesetz verpflichtet die Kantone zu einer generellen Kanalisationsplanung[27]. Im Detail geschieht die Kanalisationsplanung

---

22 MARANTELLI, 42.

23 § 237 Abs. 2 PBG ZH/Zugangsnormalien; Art. 4 ff. BauV BE; § 92 Abs. 4 BauG AG.

24 Art. 6 Abs. 1 BauV BE.

25 BGE 116 Ia 332.

26 BGE 121 I 68 mit weiteren Hinweisen.

27 Art. 10 Abs. 4 GSchG.

jedoch auf Stufe der Gemeinden. Zu diesem Zweck erstellen die Gemeinden einen *generellen Entwässerungsplan* (GEP)[28]. Im generellen Entwässerungsplan werden die Bauzonen sowie die öffentlichen und privaten Sanierungsgebiete behandelt. Der GEP beinhaltet das Leitungsnetz und die Sonderbauwerke, Fremdwasserreduktion, Regenwasserversickerung, Regenwasserbehandlung, Abflusssteuerung, Störfälle und die Finanzplanung. Der GEP ist ein Planungsinstrument mit Richtplancharakter und daher lediglich behördenverbindlich. Für die technischen Einzelheiten des GEP ist die entsprechende Richtlinie des Verbandes schweizerischer Abwasser- und Gewässerschutzfachleute (VSA) massgebend.

b) Planung und Bau der Abwasserentsorgungsanlagen

Die Kantone sind verpflichtet, öffentliche Kanalisationen und zentrale Anlagen zur Reinigung von verschmutztem Abwasser zu erstellen[29]. Die meisten Kantone haben diese Verpflichtung den Gemeinden überbunden[30]. Die Erschliessungspflicht der Gemeinden umfasst die Neuanlage und den Ausbau von Anlagen der Basis- und Detailerschliessung, die Durchsetzung gemeinsamer privater Abwasserentsorgungsanlagen sowie die Veranlassung von Massnahmen in privaten Sanierungsgebieten. Die grundeigentümerverbindliche Festlegung von neuen Abwasseranlagen geschieht in der Regel mit Sondernutzungsplänen, für den Bau ist in der Regel eine Baubewilligung erforderlich. 6.24

c) Anschlusspflicht

Grundsätzlich muss im Bereich öffentlicher Kanalisationen das verschmutzte Abwasser in die Kanalisation eingeleitet werden[31]. Es besteht eine Vorbehandlungspflicht für Abwasser, das den gesetzlichen Anforderungen an die Einleitung in die Kanalisation nicht entspricht[32]. Für Landwirtschaftsbetriebe bestehen Sonderregelungen: Landwirtschafts- 6.25

28 Art. 9 KGSchG BE.

29 Art. 10 Abs. 1 GSchG. Siehe auch Rz. 21.139.

30 Zum Beispiel Art. 6 KGSchG BE.

31 Art. 11 Abs. 1 GSchG.

32 Verordnung über Abwassereinleitungen vom 8. Dezember 1975 (SR 814.225.21).

betriebe in der Bauzone oder im Nahbereich von Kanalisationsleitungen müssen ihre Wohn- und Betriebsgebäude ebenfalls an die öffentliche Kanalisation anschliessen. Davon befreit sind dagegen Landwirtschaftsbetriebe mit erheblichem Rindvieh- und Schweinebestand (über 8 Düngergrossvieheinheiten) in der Landwirtschaftszone, soweit sie über eine ausreichende Lagerkapazität verfügen und die Verwertung des Hofdüngers gesichert ist[33].

6.26 Anschlusspflichtig sind unter anderem auch bestehende Gebäudegruppen ausserhalb der Bauzonen. Auch wenn Abwasser gepumpt werden muss, lässt dies eine Anschlusspflicht nicht als unzweckmässig erscheinen. Für die Prüfung der Zumutbarkeit ergibt sich, dass pro Belastungswert (BW) Fr. 7500.– noch als zumutbar beurteilt werden[34]. Ein Anschluss an die öffentliche Abwasserentsorgung kann mittels Verfügung zwangsweise durchgesetzt werden.

4. Wasserversorgung

a) Planung

6.27 Die Regelung der Wasserversorgung ist Sache der Kantone. Vom Bund werden die Kantone zusätzlich verpflichtet, in Notlagen für die Sicherstellung der Trinkwasserversorgung zu sorgen[35].

6.28 Es sind von den Gemeinden oder den Regionen *generelle Wasserversorgungsplanungen* (WVP) zu erstellen. Die eigentliche Wasserversorgung ist in der Regel eine Gemeindeaufgabe. Je nach kantonalem Recht besteht die Erschliessungspflicht der Wasserversorgung mit Trink-, Brauch- und Löschwasser für die *Bauzonen und geschlossene Siedlungsgebiete ausserhalb der Bauzonen.*

6.29 Die Wasserversorgungen haben auch für den Schutz ihrer Quell- und Grundwasserfassungen zu sorgen; hiefür scheiden sie *grundeigentümerverbindliche Schutzzonen* aus.

---

33 Art. 12 Abs. 4 und Art. 14 GSchG.

34 BVR 1996, 17 ff.

35 Verordnung über die Sicherstellung der Trinkwasserversorgung in Notlagen vom 20. November 1991 (SR 531.32).

b) *Anschlusspflicht*

Die Anschlusspflichtigkeit an öffentliche Wasserversorgungen richtet sich nach dem jeweiligen kantonalen bzw. kommmunalen Recht. Gewöhnlich besteht Anschlusspflicht innerhalb der *Bauzonen sowie für ständig bewohnte Siedlungen* ausserhalb der Bauzonen. Im öffentlichen Versorgungsgebiet müssen in der Regel alle Grundeigentümerinnen und Grundeigentümer Trinkwasser aus der öffentlichen Wasserversorgung beziehen. 6.30

5. Energieversorgung

Von Bundesrechts wegen gehört zur Erschliessung hinsichtlich Energie mindestens ein *Anschluss an das Elektrizitätsnetz*[36], nicht dagegen die Versorgung mit Gas oder Fernwärme[37]. Die Energieversorgung ist keine öffentliche Aufgabe des Bundes; die schweizerische Energiewirtschaft ist besonders vielfältig ausgestaltet[38]. Die Lieferung von nicht leitungsgebundener Energie untersteht dem Privatrecht. Für die Lieferung leitungsgebundener Energie herrscht eine grosse Rechtszersplitterung. Ist der Energieverteiler eine selbständige öffentlichrechtliche Anstalt oder eine unselbständige kommunale oder kantonale Verwaltungsabteilung, so untersteht das Energielieferungsverhältnis immer dann dem öffentlichen Recht, wenn es das Gesetz so bestimmt[39]. Die detaillierten Voraussetzungen und Anforderungen an einen Elektrizitätsanschluss ergeben sich aus den jeweils anwendbaren Gesetzen, Verordnungen und Reglementen. 6.31

6. Abfallentsorgung

Die Entsorgung der Abfälle ist keine eigentliche Erschliessungsanforderung. Die Kantone haben dafür zu sorgen, dass die Abfälle vorschrifts- 6.32

---

36 Siehe Rz. 7.100.

37 Erläuterungen EJPD, N 16 zu Art. 19.

38 FRITZ KILCHENMANN, Rechtsprobleme der Energieversorgung, in: BVR 1991 Sonderheft Nr. 1, 7 f.

39 KILCHENMANN, (Fn. 38), 31.

gemäss verwertet, unschädlich gemacht oder beseitigt werden[40]. Sie erstellen eine Abfallplanung und bestimmen die Standorte der Abfallanlagen in ihrer Richt- und Nutzungsplanung[41]. Die Entsorgung der Siedlungsabfälle ist in der Regel eine öffentliche Aufgabe der Gemeinden, welche entsprechende Reglemente über Art und Weise der Bereitstellung sowie die Finanzierung erlassen können.

IV. Parzellarordnungsverfahren

1. Private Parzellarordnungsverfahren

a) Selbstakt des Privaten

6.33 Jedes im Grundbuch aufgenommene Grundstück hat seine genau bezeichneten Grenzen (Art. 942 ZGB). Über die Liegenschaften ist ein Plan nach den Vorschriften über die amtliche Vermessung aufzuzeichnen; dieser wird als *Grundbuchplan* bezeichnet, welcher vom zuständigen Vermessungsamt bzw. Ingenieurgeometer erstellt wird (Art. 2 GBV)[42]. Jede Eigentümerin und jeder Eigentümer eines Grundstückes hat das Recht, sein Grundstück in kleinere Parzellen aufzuteilen. Hierzu ist eine entsprechende Messurkunde sowie ein neuer Situationsplan durch Vermessungsamt bzw. Ingenieurgeometer zu erstellen, und daraufhin sind neue Grundbuchblätter durch das Grundbuchamt zu eröffnen.

6.34 Die Abparzellierungen als Selbstakt der Privaten unterliegen den unterschiedlichsten öffentlichrechtlichen wie auch privatrechtlichen Beschränkungen. Hier interessierend, sind vor allem folgende Beschränkungen zu erwähnen:

- *Realteilungs- und Zerstückelungsverbot* für landwirtschaftliche Grundstücke aufgrund des Bundesgesetzes über das bäuerliche Bodenrecht vom 4. Oktober 1991 (BGBB). Der Geltungsbereich des BGBB erstreckt sich auch auf Grundstücke mit gemischter Nutzung, die teils in einer Bauzone liegen und teils zu einem landwirtschaftlichen Ge-

---

40 Art. 31 Abs. 1 USG.

41 SCHÜRMANN/HÄNNI, 296.

42 Verordnung betreffend das Grundbuch vom 22. Februar 1910 (SR 211.432.1).

werbe gehören[43]. Das Realteilungs- und Zerstückelungsverbot gilt auch bei Erbteilungen.

- Abparzellierungen von überbauten Grundstücken können zu *Verletzungen von Ausnützungsziffern oder Grenzabständen oder ähnlichem* führen. Im Einzelfall ist immer zu prüfen, ob ein solches Vorgehen überhaupt zulässig ist. Durch Abparzellierung einer baulich maximal ausgenutzten Liegenschaft entsteht eine übernutzte Parzelle. Es ist grundsätzlich unzulässig, den abgetrennten Parzellenteil, welcher mit dem Nachbargrundstück vereint wurde, später nochmals baulich zu nutzen. Dies würde die doppelte Nutzung des gleichen Parzellenteils bedeuten[44].
- Wird durch eine Abparzellierung ein vorher ausreichender Grenzabstand nachträglich ungenügend gemacht, so kann es durchaus sein, dass ein Bauvorhaben auf dem Nachbargrundstück die Summe der normal erforderlichen Grenzabstände einhalten muss[45].

Statt der Bildung von eigenständigen Grundstücken kann der Private auch ein oder mehrere Baurechte auf seinem Grundstück errichten; Baurechte – jedenfalls soweit es sich um selbständige und dauernde Baurechte handelt – werden in baurechtlicher Hinsicht oftmals wie Grundstücke behandelt. 6.35

b) Akte zweier Rechtssubjekte

Die weitaus meisten Veränderungen der gegebenen Parzellarordnung werden durch einvernehmliche Akte zweier oder mehrerer Rechtssubjekte herbeigeführt. Diese bedienen sich der privatrechtlichen Formen, mit welchem *Eigentum* verschafft werden kann (Kauf, Schenkung, Steigerung). Im Hinblick auf die Überbauung von Grundstücken wird oftmals zum Mittel der *Vereinigung und Neuparzellierung* (z.B. von schmalen, für sich genommen unüberbaubaren Grundstücken) gegriffen. Bei einem Tausch bleibt die Parzellarordnung unverändert, indessen wird lediglich die Eigentümerschaft getauscht. 6.36

---

43 Der bernische Notar 1996/Nr. 4, 304 ff.

44 BVR 1991, 290; zum Ganzen: KPG-Bulletin 4/1996, 20.

45 So jedenfalls § 254 PBG Zürich; Ziff. 10.8 Muster-Baureglement BE; SIEBER, 286 ff.

6.37 Auch diese Parzellarordnungsverfahren von zwei oder mehreren Rechtssubjekten unterliegen denselben öffentlichrechtlichen Beschränkungen, wie sie oben angedeutet wurden.

2. Baulandumlegung

a) *Begriff und Funktion*

6.38 Unter Baulandumlegung wird die Umlegung von überbauten und/oder nicht überbauten Grundstücken in der Bauzone verstanden (Vereinigung und Neuparzellierung); nötigenfalls können meist auch Grundstücke ausserhalb der Bauzone einbezogen werden. Baulandumlegungen können durchgeführt werden, wenn öffentliche Interessen dies verlangen. Wesentlich an der Baulandumlegung ist, dass sowohl der Einbezug von Grundstücken, wie auch die Art der Neuparzellierungen *gegen den Willen von einem oder unter Umständen auch mehreren Grundeigentümern* durchgeführt werden können und meist ein *allgemeiner Landabzug* für Erschliessungen und Ausstattungen miteingeschlossen ist. Baulandumlegungen sind regelmässig Instrumente des kantonalen Rechts; sie basieren allgemein auf Art. 20 RPG[46] oder – soweit Wohngebiete betreffend – auf den Art. 7 ff. WEG. Es handelt sich regelmässig um öffentlichrechtliche Verfahren.

6.39 Die Verfahrensschritte einer Baulandumlegung sind in der Regel:
- Einleitungsbeschluss (Einleitung ist nötig bei ungünstigen Grundstücksverhältnissen zwecks Überbauung oder zwecks Erwerb von Strassenland);
- Bestimmung des Umlegungsperimeters (Frage nach der zweckmässigen Abgrenzung der Umlegung);
- Entscheid über Trägerschaft (Gemeinde, Genossenschaft oder andere Personengemeinschaft);
- Bewertung des Altbestandes (nach Flächen oder nach Werten);
- Festlegung der Landabzüge für Erschliessung und Ausstattungen (Verknüpfung mit Gestaltungskonzept);
- Neuzuteilung und Verteilung der Kosten (zweckmässige Anordnung und Form aller Grundstücke).

46 Erläuterungen zum Bundesgesetz über die Raumplanung, EJPD 1981, N 1 ff. zu Art. 20.

Eine Baulandumlegung sollte nicht planlos erfolgen, sondern gestützt auf ein *Nutzungs- und Gestaltungskonzept*[47] oder aufgrund einer verbindlichen *Nutzungsplanung* (Erschliessung und Grundzüge der Überbauung)[48] durchgeführt werden. 6.40

b) Formen für Einleitung und Durchführung

Für die Einleitung und Durchführung von Baulandumlegungen kommen je nach kantonalem Recht die verschiedensten Formen in Betracht: 6.41
- Von Amtes wegen[49] (häufig durch Beschluss der Exekutive einer Gemeinde oder des Kantons);
- Durch Beschluss einer Mehrheit der beteiligten Grundeigentümer (zum Teil wird auch verlangt, dass ihnen mehr als die Hälfte des betroffenen Gebiets gehört);
- Durch Bildung einer Genossenschaft;
- Durch Vereinbarung (Einigkeit aller Beteiligten).

c) Grenzregulierung

Als Grenzregulierung oder Grenzbereinigung wird eine Umlegung verstanden, mit welcher lediglich der *Grenzverlauf zwischen zwei oder auch mehreren Grundstücken verlegt* wird. Die Voraussetzungen für die Durchführung einer Grenzregulierung und das Verfahren sind meist gegenüber einer Baulandumlegung einfacher gehalten. Ein Landabzug für Erschliessungen und Ausstattungen erfolgt nicht. 6.42

47 VLP-Schriftenfolge Nr. 48: Baulandumlegung und Planung.

48 So z.B. die obligatorische Überbauungsordnung für eine Baulandumlegung: Art. 119 Abs. 4 BauG BE.

49 Art. 20 RPG: « ...wenn Nutzungspläne dies erfordern»; BGE 121 I 70.

V. Erschliessungsverfahren

1. Öffentliche Erschliessungsverfahren

a) Allgemeines

6.43 Aufgrund von Art. 19 Abs. 2 RPG sind die Gemeinwesen verpflichtet, ihre Bauzonen zu erschliessen. Seit dem 1. April 1996 haben sich die Gemeinden dabei an die im *Erschliessungsprogramm vorgesehenen Fristen* zu halten. Soweit hier interessierend, liegt demnach die Erschliessungspflicht für Bauzonen bei den Gemeinden. Die Gemeinden haben entweder selber oder durch geeignete private oder gemischtwirtschaftliche Erschliessungsträger die Erschliessung herzustellen.

Im Bereich des Wassers und der Elektrizität kommen häufig besondere Erschliessungsträger (Genossenschaften, Aktiengesellschaften etc.) vor. Damit private Versorgungsträger einseitig hoheitliche Normen über die von den Benützern zu entrichtenden Leistungen erlassen können, sind sie von der Gemeinde dafür ausdrücklich zu ermächtigen (Konzession)[50]. Fehlt eine derartige Konzession, sind die privaten Versorgungsträger nicht dazu berechtigt, ihre Forderungen mittels Verfügungen geltend zu machen.

b) Nutzungsplan- und Baubewilligungsverfahren

6.44 In welchem Verfahren Strassen und die anderen Erschliessungsanlagen bewilligt werden, richtet sich nach dem jeweiligen kantonalen Recht. Die Neuanlage und der Ausbau von Strassen erfordert in der Regel einen *Sondernutzungsplan* (oft auch Strassenplan oder Quartierplan genannt). Für Sondernutzungspläne für Strassenprojekte ausserhalb der Bauzonen ist keine Ausnahmebewilligung nach Art. 24 RPG erforderlich[51].

6.45 Einfache Erschliessungsbauvorhaben – wobei die Voraussetzungen hiefür kantonal aufs Unterschiedlichste geregelt sind – erfordern lediglich die Durchführung eines Baubewilligungsverfahrens. Wo hingegen für den Bau einer Erschliessungsanlage ein *Enteignungstitel* benötigt wird,

50 Pra 1996, Nr. 120 (nicht in BGE-Sammlung).
51 Pra 1992, Nr. 52.

reicht das Baubewilligungsverfahren nicht aus und es muss in der Regel ein Sondernutzungsplanverfahren eingeschlagen werden[52].

Als einfachere Strassenbauvorhaben sind einzustufen:
- geringfügige Erweiterungen der Strassenfläche;
- Korrekturen von Kreuzungen;
- Umgestaltungen innerhalb der Verkehrsfläche (Änderungen der Fahrbahnen, Anlage Radwege etc.);
- kurze Verlängerung eines Strassenstückes.

Der rein unterirdische Leitungsbau kann sogar baubewilligungsfrei erfolgen[53].

Die Kantone stellen unterschiedliche Verfahrenstypen zur Bewilligung von Erschliessungsanlagen zur Verfügung[54]: 6.46
- ZH: Im Quartierplanverfahren[55] (im amtlichen oder privaten Verfahren) können nicht nur die Erschliessungsanlagen, sondern auch gleichzeitig die öffentlichen Ausstattungen geregelt sowie die Grundstücksverhältnisse neu geordnet werden. Kleine Grundstücke des Altbestandes können ausgekauft werden. Die Summe aller Abzüge darf 25% nicht übersteigen. Nach der Genehmigung der Quartierpläne können die Erschliessungsanlagen, die gemeinschaftlichen Ausstattungen und Ausrüstungen gebaut werden.
- BE: Im Überbauungsordnungsverfahren[56] werden die öffentlichen Erschliessungsanlagen sowie die weiteren Elemente der Überbauungen (Art, Lage, Gestaltung von Bauten und Aussenräume) festgelegt. Für Detailerschliessungen ist der Gemeinderat zuständig; die Genehmigung obliegt dem kantonalen Amt für Gemeinden und Raumordnung. Mit der Genehmigung ist gleichzeitig das Enteignungsrecht für die öffentlichen Erschliessungsanlagen erteilt[57]. Der Bau der Erschliessungsanlagen kann anschliessend ohne Durchführung eines Baubewilligungsverfahrens erfolgen.
- AG: Im Erschliessungsplan[58] werden die erforderlichen Erschliessungsanlagen festgelegt; diese können Baulinien, Strassen-, Niveau- und Leitungslinien sowie Sichtzonen enthalten. Mit der Genehmigung ist gleichzeitig das Enteignungsrecht erteilt[59]. Die Bauprojekte sind anschliessend öffentlich aufzulegen.

---

52 BVR 1992, 303.
53 E contrario aus Art. 4 Abs. 1 lit. b BewD BE.
54 Siehe Rz. 7.13 ff.
55 §§ 123 ff. PBG ZH.
56 Art. 88 ff. BauG BE.
57 Art. 128 BauG BE.
58 §§ 16 ff. BauG AG.
59 § 132 BauG AG.

2. Private Erschliessungsverfahren

6.47 Nach der Raumplanungs- und Baugesetzgebung vieler Kantone ist es möglich, privaten Grundeigentümerinnen und Grundeigentümern anstelle der an sich zuständigen Gemeinden die *Planung und Erstellung von Erschliessungsanlagen* zu überbinden[60]. Beim Übertragungsakt handelt es sich in der Regel um einen *öffentlichrechtlichen Vertrag*, d.h. auch die Gemeinden stimmen der Privaterschliessung zu. Zu beachten ist, dass in der Regel nicht nur die Herstellung der Erschliessungsanlagen, sondern auch deren Planung privat erfolgen kann; eine oberinstanzliche Genehmigung oder Bewilligung der Projekte wird jedoch immer vorbehalten. Der Bau öffentlicher Erschliessungsanlagen obliegt normalerweise der *Aufsicht der Gemeinden* und hat nach deren Weisungen und Richtlinien zu erfolgen. Meist sind Garantien für Finanzierung und Mängelfreiheit der Werke zu leisten. Nach Abnahme der privat erstellten Erschliessungsanlagen gehen diese normalerweise zu *Eigentum und Unterhalt* an die Gemeinden über.

6.48 Die private Erstellung öffentlicher Erschliessungsanlagen ist neu, aber auch *gegen den Willen der Gemeinden* möglich: aufgrund von Art. 19 Abs. 3 RPG (Neufassung seit 1. April 1996) ist den Grundeigentümern zu gestatten, ihr Land nach den vom Gemeinwesen genehmigten Plänen selber zu erschliessen oder die Erschliessung durch das Gemeinwesen nach den Bestimmungen des kantonalen Rechts zu bevorschussen, sofern das Gemeinwesen die Bauzone nicht fristgerecht erschliesst[61]. Die Ausgestaltung des *bundesrechtlichen Minimalanspruches* (Zuständigkeit und Verfahren) obliegt den Kantonen.

3. Koordinationspflicht für Erschliessungsverfahren

6.49 Besonders häufig erfordern die Errichtung von Erschliessungsanlagen die Verfügungen mehrerer Behörden, so dass gemäss Art. 25a RPG von Bundesrechts wegen die *Koordinationspflicht*[62] zu beachten ist. Die

60 Art. 109 BauG BE; § 37 BauG AG; § 166 PBG ZH.

61 Vgl. hiezu: MARANTELLI, 160 ff.

62 Vgl. auch: HEER PETER, Die raumplanungsrechtliche Erfassung von Bauten und Anlagen im Nichtbaugebiet, Diss. Zürich, 1996, 87 ff.

Koordinationspflicht gilt in *formeller wie auch materieller Hinsicht,* und zwar sowohl im Planerlass- wie auch im Baubewilligungsverfahren[63].

Ein Koordinationsbedarf besteht insbesondere bei folgenden zusätzlich nötigen Bewilligungen: 6.50

Ausnahmebewilligungen nach Art. 24 RPG, Rodungsbewilligung, fischereirechtliche Bewilligungen etc. Die Rechtmässigkeit von Strassen-Erschliessungsplänen kann zudem häufig nur im Zusammenhang mit der vorgesehenen Strassensignalisation (Fahrverbote, Geschwindigkeitsbeschränkungen, Parkfeldmarkierungen) beurteilt werden; auch die Bewilligung von Signalisationen ist daher zu koordinieren.

4. Kombinierte Erschliessungsverfahren

Die Erschliessungsplanung lässt sich je nach kantonalem Recht oftmals mit anderen Verfahren kombinieren, was eine wesentliche Beschleunigung der Verfahren erlaubt. Anzutreffen ist die Bestimmung, dass in Sondernutzungsplanungen festgelegte Erschliessungsanlagen *kein eigenes Baubewilligungsverfahren* mehr erfordern[64]. Weiter können oft in der Sondernutzungsplanung für Erschliessungsanlagen gleichzeitig auch die angrenzenden *Überbauungen* geregelt werden (bernische Überbauungsordnung, aargauischer Erschliessungs- und Gestaltungsplan). Wohl am weitesten geht der zürcherische Quartierplan, mit welchem gleichzeitig die Erschliessungsanlagen, die gemeinschaftlichen Ausstattungen *und die Baulandumlegung* (mit Landerwerb bzw. Landabzug) in demselben Verfahren geregelt werden kann[65]. 6.51

VI. Erschliessungsabgaben

1. Begriff und Arten der Erschliessungsabgaben

Als *öffentliche Abgaben* gelten alle öffentlichrechtlichen Geldleistungen, die das Gemeinwesen in Kraft seiner Finanzhoheit den Einzelnen in den 6.52

63 BGE 116 Ib 50; Art. 25a Abs. 4 RPG.

64 So im Kanton BE: ZAUGG, Kommentar, N 29 zu Art. 1.

65 MÜLLER/ROSENSTOCK/WIPFLI/ZUPPINGER, Kommentar zum Zürcher PBG, Vorbemerkungen zum 4. Abschnitt.

gesetzlichen Formen vorwiegend zur Deckung des staatlichen Finanzbedarfs auferlegt[66]. Die Abgaben werden weiter unterschieden in *Steuern* und *Kausalabgaben*[67]. Bei den Erschliessungsabgaben handelt es sich um Kausalabgaben, die als besonderen Entstehungsgrund die Benützung einer öffentlichen Erschliessungsanlage oder die Einräumung einer Möglichkeit dazu voraussetzen[68]. Die Kausalabgaben werden ihrerseits unterteilt in *Gebühren, Beiträge* (auch Vorzugslasten genannt) und *Ersatzabgaben*[69].

6.53 Die *Gebühr* wird definiert als das Entgelt für eine bestimmte, vom Pflichtigen veranlasste Amtshandlung (sogenannte *Verwaltungsgebühr*) oder für die Benutzung einer öffentlichen Einrichtung bzw. Anstalt (sogenannte *Benützungsgebühr*) oder das Sondernutzungsrecht an einer öffentlichen Sache (Konzessionsgebühr)[70].

6.54 Als *Beitrag* wird die öffentliche Abgabe bezeichnet, die als Beitrag an eine öffentliche Einrichtung denjenigen Personen auferlegt wird, denen aus der Einrichtung wirtschaftliche *Sondervorteile* erwachsen[71].

6.55 *Ersatzabgaben* sind Geldleistungen, die anstelle einer andern, vom Bürger primär geschuldeten öffentlichrechtlichen Leistung treten[72]. Beispiele: Militärpflichtersatzabgabe, Parkplatzersatzabgabe (für fehlende Parkplätze), Schutzraumersatzabgabe etc.

2. Beiträge

a) Beiträge an Strassen

6.56 Gemäss Art. 19 Abs. 2 zweiter Satz RPG regelt das kantonale Recht die Beiträge der Grundeigentümer an die Erschliessung der Bauzonen durch die Gemeinwesen. Primär handelt es sich hierbei um einen *Gesetzgebungsauftrag*; allerdings ist auch daraus abgeleitet worden, die Gemeinden seien verpflichtet, die Grundeigentümer an den Kosten der Erschlies-

66 HÄFELIN/MÜLLER, 488; BLUMENSTEIN/LOCHER, 1.
67 IMBODEN/RHINOW, Bd. II, 755.
68 BLUMENSTEIN/LOCHER, 2.
69 VALLENDER, 49 ff.
70 IMBODEN/RHINOW, Bd. II, 755.
71 VAN WIJNKOOP, 6.
72 BLUMENSTEIN/LOCHER, 3.

sung zu beteiligen[73]. Bis heute fehlen allerdings Entscheide, die auf ein Obligatorium aufgrund des Bundesrechtes schliessen liessen.

Die Erhebung eines Beitrages an die Erstellung oder den Ausbau von Strassen erfordert – wie alle Kausalabgaben – eine Grundlage in einem *Gesetz im formellen Sinn*[74]. Die Beitragserhebung unterliegt weiter dem *Äquivalenz- und Kostendeckungsprinzip*[75]. 6.57

Das kantonale Recht kennt oftmals ein mehrstufiges Verfahren zur Erhebung von Beiträgen an Strassen. In der Regel wird mit dem Kreditbeschluss zugleich der Kostenbeitragssatz bestimmt. Die effektiven Strassenkosten werden dann mittels Beitragsplan und Perimeterliste – abgestuft nach Massgabe des den Grundeigentümerinnen und Grundeigentümern zukommenden Sondervorteils – auf die einzelnen Grundstükke verteilt. Einzelne Kantone verpflichten die Gemeinden, Erschliessungsbeiträge zu erheben[76]. 6.58

Für die Festsetzung des auf die Grundeigentümerinnen und Grundeigentümer zu überwälzenden *Beitragssatzes* gilt: Je mehr die Strasse Erschliessungscharakter hat, desto höher ist der Beitragssatz, und je grösser die Durchgangsfunktion ist, desto stärker gewichtet das Interesse der Allgemeinheit und desto geringer soll der Beitragssatz ausfallen. In Ausführung der Art. 4 bis 6 WEG hat der Bundesrat festgelegt, dass die Erschliessungsbeiträge der Grundeigentümer von den Kosten für Anlagen der Groberschliessung *mindestens 30% und von den Kosten für die Anlagen der Feinerschliessung mindestens 70%* betragen müssen[77]. Zu beachten ist, dass diese Minimalansätze nur für Bauzonen gelten, die für den Wohnungsbau bestimmt sind. 6.59

Als *Sondervorteil*, der zur Erhebung von Beiträgen berechtigt, gilt nach der Praxis: 6.60

– Anschluss eines Grundstückes an das Erschliessungsnetz;

---

73 Erläuterungen EJPD, N 23/24 zu Art. 19 RPG; BLUMER, 43.

74 BGE 120 Ia 3.

75 BGE 121 I 235; 106 Ia 243.

76 So beispielsweise Kanton AG: § 34 Abs. 2 BauG AG.

77 Art. 1 der Verordnung zum Wohnbau- und Eigentumsförderungsgesetz vom 30. November 1981 (SR 843.1).

– Ausbau der Erschliessung (Verbreiterung einer Strasse, Bau eines Trottoirs, Aufhebung eines Niveauüberganges)[78].

6.61 Beitragsschuldner sind nicht nur die Grundeigentümer direkt anstossender Grundstücke, sondern auch sogenannte *Hinterlieger*, d.h. Eigentümer von Grundstücken, welche erst noch über eine weitere (allenfalls noch zu erstellende) Erschliessungsmassnahme die Anlage unmittelbar selber benützen können[79].

b) *Beiträge an Wasser- und Abwasserleitungen*

6.62 Das kantonale Recht kennt auch die Beiträge an andere Erschliessungsanlagen als Strassen, so für Kanalisations- und Abwasseranlagen sowie Wasser- und Energieleitungen[80]. Es gelten sinngemäss dieselben Grundsätze wie bei den Beiträgen an Strassen.

6.63 Beiträge an Wasser- und Abwasserleitungen sind teils bloss Instrumente zur *Vorfinanzierung*[81], d.h. die Beiträge werden mit den später fälligen einmaligen Anschlussgebühren verrechnet.

3. Gebühren

a) *Einmalige und wiederkehrende Gebühren*

6.64 Die Gebühren für die Benützung eines öffentlichen Werkes oder Dienstes werden praxisgemäss in *einmalige Gebühren* (sogenannte Anschluss- oder Einkaufsgebühren) und *wiederkehrende* (periodische) Gebühren unterteilt[82].

6.65 Besonders die Abgrenzung der einmaligen Kanalisations- und Wasseranschlussgebühren von den Beiträgen ist schwierig[83]. Mit der Anschluss-

78 BVR 1993, 57; BVR 1978, 143; BVR 1979, 155 und BVR 1986, 216.

79 Für Quartierplanrecht ZH: LINDENMANN, 112; Kanton TG: BLUMER, 60; Kanton NE: REITTER, 151; Kanton AG: ZIMMERLIN, N 9b zu § 31.

80 Vgl. z.B. Verordnung betreffend vorläufige Regelung der Erschliessungsfinanzierung vom 23. Februar 1994 (Kanton AG, § 3).

81 Art. 111 Abs. 1 lit. b BauG BE.

82 BLUMENSTEIN/LOCHER, 2; HÄFELIN/MÜLLER, N 2040, 488.

83 BGE 121 I 131; 121 II 141; 112 Ia 263.

gebühr wird auch das Recht auf Benutzung der öffentlichen Anlage abgegolten[84]. Ein Beitrag liegt immer dann vor, wenn das Gemeinwesen dem Grundeigentümer eine Anlage, deren Benützung einem Obligatorium unterliegt, zur Verfügung stellt, der Grundeigentümer jedoch die betreffende Anlage (noch) *nicht benützt*[85]. Die Qualifizierung der Anschlussgebühr als Gebühr oder als Beitrag hat je nach kantonalem Recht die unterschliedlichsten Rechtsfolgen betreffend Schuldner, Pfandrechte, Überwälzungsmöglichkeiten etc.

Die *wiederkehrenden Gebühren* werden erhoben, um die Benutzung der öffentlichen Wasser- und Abwassereinrichtungen zu finanzieren; es handelt sich fraglos um Benützungsgebühren. Oftmals werden heute auch die wiederkehrenden Benützungsgebühren in eine fixe *Grundgebühr* (abgestuft nach einem schematischen Bemessungskriterium) und in *Verbrauchsgebühren* (nach Wasserverbrauch) aufgeteilt. Die Erhebung einer wiederkehrenden Grundgebühr wird mit den hohen fixen Kosten dieser öffentlichen Einrichtungen begründet[86]. Bei den Gebühren gilt grundsätzlich das Äquivalenz- aber auch das Kostendeckungsprinzip[87]. Das Kostendeckungsprinzip wird jedoch insoweit relativiert, als gemäss Rechtsprechung die hoheitlich festgelegten Gebühren nicht nur kostendeckend sein müssen, sondern auch einen *gewissen Ertragsüberschuss* erlauben. Ein Ertragsüberschuss bis 20% des zurechenbaren jährlichen Umsatzes ist dann noch haltbar, wenn das Äquivalenzprinzip nicht verletzt wird[88]. 6.66

b) Bemessungsgrundlagen

Bei den Gebühren darf auf *schematische*, der Durchschnittserfahrung entsprechende *Bemessungsgrundlagen* abgestellt werden[89]. Kanalisations- und Kehrichtgebühren dürfen daher nach dem *Gebäudeversiche-* 6.67

84 MARANTELLI, 107.

85 MARANTELLI, 108 mit weiteren Hinweisen.

86 KPG-Bulletin Bern, 3/1994, 28.

87 BGE 121 I 235; 118 Ia 325.

88 BGE vom 19. Juli 1995 i.S. Kraft Jacob Suchard AG u. Cons. c. EG Bern, E. 4b.

89 RHINOW/KRÄHENMANN, Ergänzungsbd., Nr. 110, B.V; BGE 109 Ia 328; 106 Ia 244; ZBl 1985, 110.

rungswert bemessen werden[90]. Die Anwendung feinerer Kriterien ist jedoch wünschbar[91].

6.68 Das Bundesrecht verlangt neuerdings für Abwassergebühren die Berücksichtigung unter anderem von Art und Menge des erzeugten Abwassers[92]. Das kantonale Recht setzt oft weitere Randbedingungen; die Detailausgestaltung obliegt jedoch den Gemeinden. Der Trend hin zu verursachergerechteren Bemessungsgrundlagen ist unübersehbar[93].

c) Exkurs: Parkplatzbenützungsgebühren

6.69 Parkplatzbenützungsgebühren, die für das *kurzfristige Parkieren* auf entsprechend signalisierten Parkflächen erhoben werden, sind *Kontrollgebühren*. Es geht darum, der Parkraumnot vorwiegend in den Städten und grösseren Ortschaften entgegenzusteuern und den beschränkten Parkraum einer grösseren Zahl wechselnder Benützer zugänglich zu machen. Handelt es sich bei den Parkplatzbenützungsgebühren um Kontrollgebühren, so werden die Anforderungen an die gesetzliche Grundlage herabgesetzt. Ein Gesetz im formellen Sinn ist nicht erforderlich[94]. Dabei gilt in städtischen Zentrumsgebieten eine Parkierungsdauer von mehr als 15–30 Minuten als *gesteigerter Gemeingebrauch*[95]. Eine Gebühr von Fr. 0.50 für ein bis zu 30 Minuten dauerndes Parkieren in der Innenstadt stellt keine Verletzung des Äquivalenzprinzipes dar[96].

VII. Anspruch des Eigentümers auf Erschliessung

1. Erschliessungspflicht des Gemeinwesens

6.70 Aufgrund der Änderung des Bundesgesetzes über die Raumplanung vom 6. Oktober 1995 (in Kraft getreten: 1. April 1996) lautet der Art. 19 Abs. 2 erster Satz und Abs. 3 RPG wie folgt:

---

90 BGE 106 Ia 248.

91 BGE 109 Ia 329.

92 Art. 60a GSchG.

93 Vgl. Art. 81 Abs. 3 KGV BE, wonach die einmaligen Gebühren aufgrund der Belastungswerte, der Schmutzabwasserwerte oder der zonengewichteten Grundstücksfläche erhoben werden müssen. Lediglich bei Wohnbauten kann noch vom amtlichen Wert oder Gebäudeversicherungswert ausgegangen werden.

94 BGE 122 I 289; 112 Ia 45 mit weiteren Hinweisen.

95 BGE 122 I 286.

96 BGE 122 I 289.

2 Bauzonen werden durch das Gemeinwesen innerhalb der im Erschliessungsprogramm vorgesehenen Frist erschlossen. ...

3 Erschliesst das Gemeinwesen Bauzonen nicht fristgerecht, so ist den Grundeigentümern zu gestatten, ihr Land nach den vom Gemeinwesen genehmigten Plänen selber zu erschliessen oder die Erschliessung durch das Gemeinwesen nach den Bestimmungen des kantonalen Rechts zu bevorschussen.

Die wesentlichste Funktion des Erschliessungsprogramms liegt in der *Festlegung von Fristen* zur Erschliessung der Bauzonen. Erschliessungspflichtig sind die Gemeinwesen. Im Normalfall sind damit die Gemeinden gemeint, welche in der Regel die Grösse ihrer Bauzone innerhalb der Grenzen von Art. 15 RPG selber bestimmen. Die Erschliessungspflicht erstreckt sich auf die gesamten Bauzonen, nicht jedoch auf Nichtbaugebiete. 6.71

Die Erschliessungpflicht umfasst die Planung und Herstellung sämtlicher Erschliessungsmassnahmen, die notwendig sind, bis die ganze Bauzone als erschlossen gelten kann[97]. 6.72

2. Erschliessungsprogramm

a) *Rechtsform*

In Frage kommt aus der Sicht des Bundesrechtes ein *behördenverbindlicher Akt der Exekutive*[98] oder eine grundeigentümerverbindliche Form im Rahmen eines *Nutzungsplanverfahrens*[99]. 6.73

Da der Bund selber die Rechtsform und auch das Verfahren für den Erlass des Erschliessungsprogramms nicht regelt, ist dies grundsätzlich *Sache der Kantone*. Diese haben im Minimum zu regeln[100]: 6.74
- die Zuständigkeit zum Beschluss;
- den Rechtsschutz;
- die Rechtsbeständigkeit;
- die Wirkung oder Verbindlichkeit.

---

97 Vgl. Art. 19 Abs. 1 RPG.

98 MARANTELLI, 70.

99 Amt.Bull NR 1995, 1225 (Votum Bundesrat Koller).

100 Dem entsprechen z.B. weitgehend: §§ 33 ff. BauG AG; Art. 106 ff. BauG BE.

b) Bedeutung des Erschliessungsprogrammes

6.75 Mit dem Erschliessungsprogramm werden die Fristen oder Termine zur Planung und Herstellung einer genügenden Erschliessung der Bauzone festgelegt. Die Gemeinwesen binden sich in einer gewissen Hinsicht selber, was auch eine Abstimmung zwischen Finanzlage und Festlegung der Bauzone erlaubt.

6.76 Das Erschliessungsprogramm hat die Anlagen der Grunderschliessung sowie der Grob-, bzw. Basis- und Fein-, bzw. Detailerschliessung zu umfassen. Erst wenn alle diese Erschliessungsanlagen grundsätzlich vorliegen, kann ein Grundstück als baureif bezeichnet werden. Obligatorisch sind zu regeln: Strassen, Wasserversorgung, Abwasseranlagen und die Energieversorgung.

6.77 Das Erschliessungsprogramm hat die *Fristen parzellenscharf und gebietsbezogen* festzulegen. Das Erschliessungsprogramm ist jedoch nicht unabänderlich; es ist wie die Nutzungsplanung veränderten Verhältnissen anzupassen. Je detaillierter es ist, desto eher wird es anzupassen sein.

3. Der Verzug des Gemeinwesens

a) Nachweis der nicht fristgerechten Erschliessung

6.78 Das Gemeinwesen gerät dann in den Verzug, wenn die Fristen des Erschliessungsprogramms unbenutzt abgelaufen sind, die Fristen des Erschliessungsprogramms zwar noch nicht abgelaufen, jedoch als nicht sachgerecht qualifiziert werden oder ein Erschliessungsprogramm nicht vorhanden ist und keine fristgerechte Erschliessung vorliegt.

6.79 Der *Nachweis des Verzugs* des Gemeinwesens ist von den anspruchserhebenden Grundeigentümerinnen und Grundeigentümern zu erbringen.

b) Rechtsanspruch auf Erschliessung?

6.80 Bis heute wurde ein (durchsetzbarer) Anspruch des Grundeigentümers auf Erschliessung seines Landes verneint[101]. Von Bundesrechts wegen *fehlt ein Anspruch auf Ersatzvornahme* im Raumplanungsgesetz[102]. Da-

---

101 BGE vom 16. Juni 1988 (1A. 621/1987); ZBl 1988, 324.
102 MARANTELLI, 122.

raus wird gefolgert, dass die Grundeigentümerinnen und Grundeigentümer keinen echten Anspruch auf Erschliessung haben, d.h. sie können das Gemeinwesen nicht dazu zwingen, die Erschliessungspflicht real zu erfüllen, ohne dafür zusätzliche Leistungen erbringen zu müssen. Gemäss Art. 19 Abs. 3 RPG haben sie jedoch einen (durchsetzbaren) Anspruch auf Selbsterschliessung bzw. Bevorschussung der Erschliessung.

4. Der Anspruch auf Selbsterschliessung

Bei Verzug des Gemeinwesens ist den Grundeigentümern zu gestatten, ihr Land nach den vom Gemeinwesen genehmigten Plänen selber zu erschliessen. Die *Selbsterschliessung* setzt damit vom Gemeinwesen genehmigte Pläne voraus. Dies bedeutet, dass die bau- und planungsrechtlichen Voraussetzungen zur Erstellung der Erschliessungsanlagen vorliegen müssen; ebenso müssen allenfalls nötige Werk- oder Ausführungspläne vom Gemeinwesen genehmigt werden. Bei Verzug des Gemeinwesens müssen die Privaten von der kantonalen Behörde die Erteilung *aller nötigen Anweisungen* verlangen, die erforderlich sind, um das Erfordernis genehmigter Pläne zu erfüllen; ansonsten liefe der Selbsterschliessungsanspruch ins Leere. 6.81

Liegen genehmigte Pläne vor, handelt der Private anstelle des Gemeinwesens und baut die Erschliessungsanlagen. Der Private kann alle Baumassnahmen in Auftrag geben bzw. selber ausführen lassen, welche zur Herstellung der Erschliessungsanlage nötig sind. Die Kosten der Selbsterschliessung sind indessen vom pflichtigen Gemeinwesen zurückzubezahlen; es handelt sich um *gebundene Ausgaben* des Gemeinwesens.

5. Der Anspruch auf Bevorschussung der Erschliessung

Im Unterschied zur Selbsterschliessung verbleibt die *Bauherrschaft beim pflichtigen Gemeinwesen*. Die Grundeigentümerinnen oder Grundeigentümer bevorschussen jedoch die für die Erschliessung nötigen Kosten. Die Rückzahlung der bevorschussten Kosten obliegt dem pflichtigen Gemeinwesen; auch hier sind *gebundene Ausgaben* anzunehmen. 6.82

6. Kantonalrechtliche Ausgestaltungen des Erschliessungsanspruches

6.83 Die Kantone haben einen weiten gesetzgeberischen Ermessensspielraum. Zur Einführung einer *kantonalrechtlichen Ersatzvornahmemöglichkeit* haben sich unter anderem die Kantone Zürich[103], Bern[104] und Aargau[105] entschlossen.

6.84 Im Kanton Zürich sind mit dem Erschliessungsplan die Kosten für die bevorstehende Etappe der Erschliessungsanlagen festzulegen; mit der Festlegung gelten die entsprechenden Ausgaben als bewilligt. Im Kanton Bern wird mit der Ortsplanung gleichzeitig über Detailerschliessungsanlagen und deren Kosten abgestimmt; Kredite für Detailerschliessungsanlagen können in der Folge vom Gemeinderat unabhängig von der Finanzkompetenz ausgelöst werden[106]. Für Basiserschliessungsanlagen bleibt die normale Zuständigkeitsordnung bestehen. Im Kanton Aargau bleibt die Beschlussfassung über die einzelnen Erschliessungskredite dem jeweils finanzkompetenten Organ vorbehalten[107].

6.85 Im Kanton Zürich wird der Erschliessungsplan grundeigentümerverbindlich festgelegt. In den Kantonen Bern und Aargau wird das Erschliessungsprogramm als behördenverbindlicher Akt der Exekutive verstanden.

---

103 § 93 Abs. 2 PBG ZH.
104 Art. 108a Abs. 1 lit. c BauG BE.
105 § 33 Abs. 3 BauG AG.
106 Art. 88 Abs. 3 BauG BE.
107 § 33 Abs. 2 BauG AG.

VIII. Checklisten

1. Wann ist eine Erschliessung hinreichend und damit ein Grundstück baureif?

- Welche Arten von Erschliessungsanlagen müssen für die Baureifmachung eines Grundstücks vorliegen? – Strasse, Wasser, Abwasser und Energie[108].
- Was sind fakultative Anschlüsse? – Gas, Fern- und Nahwärme[109]. Das kantonale Recht kann jedoch auch diese Erschliessungsanlagen als Obligatorien bezeichnen[110].
- Welches sind die Anforderungen an die Erschliessungsanlagen im Einzelnen? – Bundesrechtlich ist «hinreichend nahe» verlangt[111]. Die genauen technischen Bedingungen und Voraussetzungen umschreiben im Detail die Kantone und die Gemeinden[112].
- Wo bestehen Anschlusspflichten? – Für das Abwasser richtet sich die Anschlusspflicht nach dem GSchG[113]. Auch bestehende Bauten können anschlusspflichtig erklärt werden[114]. Beim Wasser wird die Anschlusspflicht vom jeweiligen kantonalen und kommunalen Recht bestimmt[115].

2. Wie werden Parzellen neu geordnet?

- Welchen Beschränkungen unterliegen private Parzellierungen im Bereich des Baurechts? – Realteilungs- und Zerstückelungsverbote, Verbot von Doppelnutzungen, Einhaltung von Grenz- und Gebäudeabständen[116]. Können sich zwei oder mehrere Rechtssubjekte hinsichtlich

108 Rz. 6.5 ff.; unter Energie wird nur Elektrizität verstanden (Rz. 6.31).
109 Rz. 6.13.
110 Rz. 6.17.
111 Rz. 6.20.
112 Rz. 6.21.
113 Rz. 6.25; die Kosten müssen zumutbar sein (Rz. 6.26).
114 Rz. 6.26.
115 Rz. 6.30.
116 Rz. 6.34.

Neuordnung ihrer Grundstücke nicht einigen, muss zum Instrument der Baulandumlegung gegriffen werden[117].

- Was setzt eine Baulandumlegung sinnvollerweise voraus? – Mindestens sollte man wissen, wie das Gebiet erschlossen und wie überbaut werden soll[118].
- Welches sind die Verfahrensschritte einer Baulandumlegung? – Massgebend ist das jeweilige kantonale Recht[119].

3. Wie sehen die verschiedenen Erschliessungsverfahren aus?

- Braucht es immer zuerst eine Nutzungsplanung? – Grundsätzlich wird diese Frage vom jeweiligen kantonalen Recht beantwortet: in der Regel sind Sondernutzungspläne unumgänglich[120]; bloss für gewisse geringfügige Vorhaben reichen Baubewilligungsverfahren aus[121]. Müssen jedoch noch Enteignungstitel beschafft werden, ist der Erlass eines Sondernutzungsplanes (Werkplanes) unerlässlich[122].
- Wann können die Privaten selber Erschliessungsanlagen erstellen? – Die meisten kantonalen Baugesetze lassen dies zu; in der Regel ist ein öffentlichrechtlicher Vertrag abzuschliessen[123].
- Wie kann bei fehlender Erschliessung schneller zur Baubewilligung gelangt werden? – Die Kantone erlauben häufig, die Erschliessungsverfahren mit einer Baubewilligung, mit Baulandumlegung oder der Regelung der eigentlichen Überbauung zu kombinieren[124]. Der Zürcher Quartierplan ist wohl das umfassendste Instrument.

117 Rz. 6.38 ff.
118 Rz. 6.40.
119 Rz. 6.39 ff.
120 Rz. 6.44.
121 Rz. 6.45.
122 Rz. 6.45.
123 Rz. 6.47.
124 Rz. 6.51.

4. Mit welchen Abgaben ist bei der Herstellung von Erschliessungsanlagen zu rechnen?

- Übersicht über die Abgabentypen[125].
- Wann können Beiträge (Vorzugslasten) geschuldet sein? – Den Privaten muss durch die Anlageerstellung ein Sondervorteil zukommen[126]. Die Beitragserhebung unterliegt vorab dem Äquivalenz- und Kostendeckungsprinzip[127]; die meisten Kantone kennen hierzu detailreiche Regelungen.
- Wie wird die Benützung der Erschliessungsanlagen finanziert? – Die Benützungsgebühren sind oft in einmalige und wiederkehrende Gebühren aufgeschlüsselt[128]. Die Bemessungsgrundlagen sind oft schematisch gehalten[129]; möglichst ist jedoch Verursachergerechtigkeit anzustreben.

5. Haben Private einen (durchsetzbaren) Anspruch auf Erschliessung?

- Massgebendes neues Bundesrecht, welches jedoch noch kantonale Ausführungsbestimmungen erfordert[130].
- Welches sind Rechtsform und Bedeutung des Erschliessungsprogramms? – Dieses kann ein bloss behördenverbindlicher Akt darstellen oder in Form eines grundeigentümerverbindlichen Erlasses gekleidet sein[131]. Die Kantone haben dies zu regeln; was zum Teil bereits geschehen ist.
- Wann gerät ein Gemeinwesen in Verzug? – Bei nicht fristgerechter Erschliessung, wenn kein sachgerechtes Erschliessungsprogramm vorliegt oder überhaupt ein solches fehlt[132].

---

125 Rz. 6.52 ff.
126 Rz. 6.60.
127 Rz. 6.57.
128 Rz. 6.64.
129 Rz. 6.67.
130 Rz. 6.70 ff.
131 Rz. 6.74 ff.
132 Rz. 6.78.

- Wie kann der Anspruch auf Erschliessung durchgesetzt werden? – Durch Selbsterschliessung[133] oder durch Bevorschussung[134]. Die detaillierte Ausgestaltung obliegt den Kantonen[135].

---

133 Rz. 6.81.
134 Rz. 6.82.
135 Rz. 6.83 ff.

§ 7 Öffentlichrechtliche Anforderungen an das Bauprojekt

ALEXANDER RUCH

Literaturauswahl: VON ARX PETER, Der Ästhetikparagraph (§ 238) im zürcherischen Planungs- und Baugesetz, Diss. Zürich 1983; BANDLI CHRISTOPH, Bauen ausserhalb der Bauzone (Art. 24 RPG), Bern 1984; BEELER URS, Die widerrechtliche Baute, Diss. Zürich 1984; CHABLAIS ALAIN, Protection de l'environnement et droit cantonal des constructions, Fribourg 1996; ESCHMANN STEPHAN, Der Gestaltungsplan nach zürcherischem Recht, Zürich 1985; GOOD-WEINBERGER CHARLOTTE, Die Ausnahmebewilligung im Baurecht, insbesondere nach § 220 des zürcherischen Planungs- und Baugesetzes, Diss. Zürich 1990; HALLER WALTER/KARLEN PETER, Raumplanungs- und Baurecht, 2. Aufl., Zürich 1992; HEINIGER THOMAS, Der Ausnahmeentscheid, Untersuchungen zu Ausnahmeermächtigung und Ausnahmebewilligung, Diss. Zürich 1985; HUBER FELIX, Die Ausnützungsziffer, Diss. Zürich 1986; KAPPELER RUDOLF, Die Ausnützungsziffer – Versuch einer Bilanz, ZBl 90/1989, 49 ff.; KARLEN PETER, Raumplanung und Umweltschutz. Zur Harmonisierung zweier komplexer Staatsaufgaben, ZBl 99/1998, 145 ff.; *ders.*, Planungspflicht und Grenzen der Planung, ZBJV 1994, 117 ff.; KELLER PETER/ZUFFEREY JEAN-BAPTISTE/FAHRLÄNDER KARL LUDWIG (Hrsg.), Kommentar NHG, Zürich 1997; MARTI JEAN-LUC, Distances, coefficients et volumétrie des constructions en droit vaudois, Diss. Lausanne 1988; MATILE JACQUES/BONNARD ALEXANDRE/BOVAY BENOÎT/PFEIFFER BERNARD/SULLIGER DENIS/WEILL JEAN-CLAUDE/ WYSS JEAN-ALBERT, Droit vaudois de la construction, 2. Aufl., Lausanne 1994; MEISSER URS, Der Nutzungstransport. Ein Instrument zur Redimensionierung der Bauzonen. Eine allgemeine Untersuchung am Beispiel ausgewählter Gemeinden in den Kantonen Graubünden und Basel-Landschaft, Zürich 1987; MICHEL NICOLAS, Droit public de la construction, Fribourg 1996; MÜLLER PETER/ROSENSTOCK PETER/WIPFLI PETER/ZUPPINGER WERNER, Kommentar zum Zürcher Planungs- und Baugesetz vom 7. September 1975, 1. Lieferung, Zürich 1985; MÜLLER THOMAS, Die erleichterte Ausnahmebewilligung, Diss. Zürich 1991; RHINOW RENÉ A./KRÄHENMANN BEAT, Schweizerische Verwaltungsrechtsprechung, Ergänzungsbd., Basel/Frankfurt a.M. 1990; REICH MARKUS, Das Instrument der Planungszone unter besonderer Berücksichtigung des basellandschaftlichen Rechts, Diss. Basel 1996 (Maschinenschrift); RUCH ALEXANDER, Das Recht in der Raumordnung, Basel/Frankfurt a.M. 1997; *ders.*, Aus der Rekurspraxis zum baselstädtischen Raumplanungs- und Baurecht, BJM 1990, 1 ff.; *ders.*, Bau- und Raumplanungsrecht, in: Handbuch des Staats- und Verwaltungsrechts des Kantons Basel-Stadt, Basel 1984, 549 ff.; SCHLEUTERMANN MARKUS, Baurechtliche Antennenverbote und Informationsfreiheit, unter besonderer Berücksichtigung des zürcherischen Rechts, Diss. Zürich 1986; SCHÜRMANN LEO/HÄNNI PETER, Planungs-, Bau- und besonderes Umweltschutzrecht, 3. Aufl., Bern 1995; SCOLARI ADELIO, Commentario della Legge edilizia del Canton Ticino, Neudruck, Lugano 1991; VALLENDER KLAUS A./MORELL RETO, Umweltrecht,

Bern 1997; WOLF ROBERT, Führt übermässige Luftverschmutzung zu Baubeschränkungen und Auszonungen?, URP 1991, 69 ff.; ZAUGG ALDO, Kommentar zum Baugesetz des Kantons Bern vom 9. Juni 1985, 2. Aufl., Bern 1995; ZEMP MANFRED, Kommentar zum Baugesetz des Kantons St. Gallen vom 6. Juni 1972 (Art. 49–92), St. Gallen 1980; ZIMMERLI ULRICH, Der Grundsatz der Verhältnismässigkeit im öffentlichen Recht, ZSR 1978 II 1 ff.; ZIMMERLIN ERICH, Baugesetz des Kantons Aargau vom 2. Februar 1971, Kommentar, 2. Aufl., Aarau 1985; ZÜRCHER FRANÇOIS (Hrsg.), L'aménagement du territoire en droit fédéral et cantonal, Lausanne 1990.

I. Problemübersicht

7.1 Wer Bauten und Anlagen errichten oder abändern will, muss beachten, dass das Projekt materiellen Anforderungen genügt, die *im öffentlichen Recht* verankert sind. Es ist nicht das private Nachbarrecht, das zu Rücksichtnahmen zwingt, sondern es sind die Regelungen, die der Gesetzgeber in einem das Private übersteigenden Interesse erlassen hat. Die Gründe sind vielfältig: Sicherheit für Leib und Leben (Baustatik, Feuerpolizei, Elektrizitätsrecht usw.), Sicherheit für die Gesundheit (sanitarische Vorschriften, Lärmbekämpfung, Lufthygiene usw.), Ästhetik, Ortsbild-, Landschafts- und Naturschutz, Versorgung mit Gütern, Entsorgung von Abfällen, Verkehrssicherheit, Wohnlichkeit von Siedlungen und vieles mehr. Alle diese Belange sind Bestandteile des Baurechts im materiellen und funktionellen Sinn. Sie sind weit verstreut über die Gesetzgebung der verschiedenen Ebenen (Bund, Kanton, Gemeinde) und Stufen (Parlament, Regierung, Departemente, Amtsstellen). Es ist weder möglich noch notwendig, dass Bauherr und Fachleute sie allesamt kennen. Welche Vorschriften angewendet werden müssen, richtet sich nach dem konkret in Aussicht genommenen Projekt, nicht nach einer abstrakten Idee. Dass der Bauherr oder seine Fachperson die Rechtsnormen kennt, die sein Projekt angehen, ist indessen unabdingbar und liegt in seiner Verantwortung; diese kann er grundsätzlich nicht an die (Bau-) Verwaltung abtreten. Im vorliegenden Beitrag können nicht alle Bereiche und auch nicht alle wesentlichen Vorschriften, die zu befolgen ein Bauherr in die Lage kommen könnte, präsentiert werden. Dargestellt werden sollen die wichtigsten Arten und Kategorien, an die zu denken ist.

Stamm der öffentlichrechtlichen Bauvorschriften stellt das *«Baurecht»* im eigentlichen Sinn dar, das Plazierung, Gestaltung, Nutzung und Konstruktion der Gebäude regelt. Es führt uns schon deutlich vor, dass Bundes-, Kantons- und Gemeinderecht massgebend sind: Zahlreiche Bestimmungen des *Bundesgesetzes* über die Raumplanung (RPG) enthalten materielles Baurecht, das in der konkreten Projektierung beachtet werden muss (insbesondere Art. 1 und 3, 19, 22 Abs. 2, 24 RPG), das *kantonale Baurecht* beherbergt je nach der Freiheit, die es den Gemeinden zum Erlass eigener Bauvorschriften einräumt (Gemeindeautonomie), einlässliche Bauvorschriften, und in der Folge füllt das *Gemeindebaurecht* den belassenen Spielraum mit eigenen baurechtlichen Regeln aus. Die Bezeichnungen der primären baurechtlichen *Gesetze* variieren auf kantonaler Ebene von Planungs- und Baugesetz[1], über Raumplanungs- und Baugesetz[2], Baugesetz[3] (häufig nur als Kürzel), Raumplanungsgesetz[4], Einführungsgesetz zum RPG[5] bis zu Hochbautengesetz[6]; auf kommunaler Ebene gebräuchlich sind Baugesetz, Bauordnung, Baureglement. Wie in Rz. 7.1 angedeutet, sind die materiellen Vorschriften nicht allein auf der Stufe des Gesetzes, sondern auch der *Verordnung* zu finden[7]. Auf Verordnungsstufe kann der Inhalt des Gesetzes umfassend thematisiert werden und können bestimmte Normen des Gesetzes präzisiert oder Begriffe definiert werden[8]; oder die Verordnung kann sich auf besondere baurechtliche Institute beschränken[9]. Gelegentlich begegnet man noch den *Normalbauordnungen* (NBO) oder Normalbaureglemen- 7.2

---

1 LU, SZ, SO, TG, ZH.

2 BL, FR, GL, JU, VD.

3 AI, AG, BE, NW, OW, SG, SH, UR, VS, ZG, TI, GE.

4 GR, NE.

5 AR, TI, GE.

6 BS.

7 Zum Beispiel: a): BauV BE vom 6.3.1985; Bauverordnung GL vom 6.6.1989; BauV AI vom 17.3.1986; Bauverordnung AR vom 25.2.1986 (für das Bauen ausserhalb der Bauzonen); Allgemeine Bauverordnung ZH vom 22.6.1977; b): Besondere Bauverordnungen I und II ZH vom 6.5.1981 und 26.8.1981; Strassenabstandsverordnung ZH vom 19.4.1978. Als Verordnung gelten Rechtssätze unterhalb des Gesetzes, für die das Referendum ausgeschlossen ist. Neben den Regierungsverordnungen sind dazu deshalb auch etwa Parlamentsverordnungen (Dekrete) zu zählen.

8 Vgl. Fn. 7, Teil a).

9 Vgl. Fn. 7, Teil b).

ten, die als ergänzendes Recht erlassen werden, wenn dem Gemeindebaurecht eine notwendige Regelung fehlt[10].

7.3 Zum massgebenden Recht gehört schliesslich das oft so genannte *funktionelle* Baurecht, das eigenständige Zwecke verfolgt, aber in weitem Mass ins Bauprojekt Eingang finden muss. Dazu zählen als wichtigste Bereiche: Aus der Umweltschutzgesetzgebung das Lärmschutz-, das Luftreinhalte-, das Störfall-, das Bodenschutz- und das Abfallrecht; das Energierecht, das Strassen- und Bodenordnungsrecht, das Wald-, Landschafts-, Naturschutzrecht, das Heimat- und Denkmalschutzrecht, das Wohnflächenschutz- und Liegenschaftenrecht. – Die Probleme der Bauwilligen gegenüber dem materiellen Baurecht bestehen in erster Linie darin, sich im quantitativ reichen, formell und thematisch weitgestreuten Baurecht zurechtzufinden, die äusseren und inneren Bezüge zu erkennen, die Relevanz für das eigene Projekt auszumachen, die Bedeutung der behördlichen Spielräume zu ermitteln und die Umsetzung zum geplanten Werk zu meistern. Da helfen oft einfache Wege: Die Bauverwaltungen verfügen häufig über Merkblätter, die die anwendbaren Erlasse aufführen; sie sind auch auf dem Kooperationsweg hilfreich in der Ermittlung des massgebenden Rechts. Doch bleibt die Kenntnis der Rechtsvorschriften erste Aufgabe des Bauherrn oder seiner Fachperson.

II. Planungs- und umweltrechtliche Anforderungen

1. Richtplan und Nutzungspläne

7.4 Das Raumplanungsgesetz des Bundes stellt verpflichtend zwei Typen von Planinstrumenten zur Verfügung: Den kantonalen Richtplan (Art. 6–12 RPG) und die Nutzungspläne (Art. 14–27 RPG). Die beiden Planarten haben unterschiedliche Funktionen in der Umsetzung der Raumplanungsziele und -grundsätze (Art. 1 und 3 RPG), die das Bundesgericht für alle Planungsträger – Bund, Kantone, Gemeinden, allenfalls Kreise,

10 Vgl. z.B. Art. 70 BauG BE und Dekret über das Normalbaureglement (NBRD) vom 10.2.1970; ZAUGG, Art. 70 N 26.

Bezirke, Regionen usw. – unmittelbar verbindlich erklärt[11]. Darüber hinaus haben auch die Bewilligungsbehörden, wenn sie bei der Entscheidung im Einzelfall Beurteilungsspielräume besitzen, die Planungsziele und -grundsätze zu beachten. Das bedeutet, dass Bauprojekte insoweit, als das massgebliche Gesetz Spielraum für die Konzipierung lässt (insbesondere bei Ausnahmebewilligungen, siehe unten Rz. 7.126 ff., bei «offenen» Vorschriften[12], beim Erlass von Überbauungsplänen, siehe unten Rz. 7.17, beim Nutzungstransport, siehe unten Rz. 7.65), sich auch an diesen gesetzlichen Zielen und Grundsätzen auszurichten haben. Zu beachten ist, dass einzelne Kantone in ihren Raumplanungs- und Baugesetzen eigenständige, verbindlich anleitende Ziele und Grundsätze aufgenommen haben[13], andere verweisen für die Raumplanung und die Projektierung von Bauten und Anlagen auf die Ziele und Grundsätze des RPG[14].

Das kantonale Recht hat ausser Richt- und Nutzungsplänen weitere Instrumente der Planung, in der Regel von überörtlicher Ausrichtung, eingeführt und verwendet für sie eigene Bezeichnungen. Beispielsweise die *Regionalpläne*, denen häufig Richtliniencharakter zugemessen wird[15], die regionalen Entwicklungskonzepte, regionale Sachpläne[16]. Letztlich erweisen sich alle diese Instrumente entweder als die von Art. 6 RPG geforderten Grundlagen der kantonalen Richtpläne oder als regionale Richtpläne des kantonalen Rechts. 7.5

a) *Richtplan*

Die Kantone sind von Bundesrechts wegen (Art. 6 ff. RPG) verpflichtet, einen *kantonalen* Richtplan zu erlassen, der das gesamte Kantonsgebiet erfasst. Hauptfunktion dieses kantonalen Richtplans ist die Koordination 7.6

---

11 Vgl. BGE 112 Ia 67, Gemeinde Bever GR: Das raumplanerische (Haupt-)Ziel der haushälterischen Bodennutzung (Art. 1 Abs. 1 Satz 1 RPG) muss beim Erlass der Gemeindebauordnung (im konkreten Fall von Regelungen über den Zweitwohnungsbau) beachtet werden.

12 Zum Beispiel die Vorschriften über die Gestaltung der Aussenräume, vgl. Art. 14 BauG BE; über den Umgebungsschutz, vgl. Art. 35 Abs. 2 BauG SH («besondere Sorgfalt»).

13 Vgl. § 3 RBG BL; Art. 2 LALPT TI; Art. 54 BauG BE.

14 Vgl. § 2 PBG LU; § 1 BauG AG.

15 Vgl. Art. 35 ff. BauG SG: Die Regionalpläne sind für die kantonale Planung und die Ortsplanung «wegleitend» (Art. 40 Abs. 1).

16 Vgl. Art. 98 BauG BE.

von raumbedeutsamen Vorhaben innerhalb des Kantons und mit solchen von Nachbarkantonen und des angrenzenden Auslands. Die im RPG enthaltenen Kriterien des kantonalen Richtplans sind Mindeststandards (Art. 8 RPG). Der in den kantonalen Raumplanungs- und Baugesetzen geregelte kantonale Richtplan ist, auch wenn seine Anordnungen über die bundesrechtlichen Minima hinausgehen, als Richtplan «nach RPG» zu betrachten[17].

7.7 Der kantonale Richtplan nach RPG kann in *Teilrichtpläne* aufgeteilt werden[18], z.B. in die Teilrichtpläne Siedlung, Landwirtschaft, Ver- und Entsorgung, Verkehr, öffentliche Bauten und Anlagen[19]. – Der Richtplan nach RPG ist *behördenverbindlich*, also nicht unmittelbar verpflichtend gegenüber den Grundeigentümern (Art. 9 Abs. 1 RPG). Indessen ist nicht ausgeschlossen, dass kantonale Richtpläne nach RPG konkrete Berechtigungen für das weitere Vorgehen ordnen und insoweit sich auch an Grundeigentümer richten[20]; das kann bei Anlagen von regionaler Bedeutung (z.B. Deponien, Materialabbaugebiete) zutreffen, für die das Bundesgericht die Standortfestlegung durch den kantonalen Richtplan verlangt[21].

7.8 Der Richtplan nach RPG ist als Koordinations- und Steuerungsinstrument kein Vornutzungsplan und auch kein «unschärferer» Nutzungsplan. Aber die in ihm enthaltenen Ergebnisse der Planung[22] müssen Eingang in die Nutzungsplanung und die Nutzungspläne finden (sogenannte Stufenordnung der Raumplanung); indessen kann es im Einzelfall zulässig sein, dass die Nutzungsplanung vom Richtplan abweicht[23].

7.9 Das kantonale Recht kann eigenständig weitere Richtplantypen vorsehen[24]. In erster Linie ermächtigen die kantonalen Gesetze die Gemeinden, *kommunale Richtpläne* zu erlas-

---

17 So ausdrücklich die Abschnittsüberschrift vor Art. 103 BauG BE.

18 Vgl. BGE 119 Ia 288, Kanton ZH. Das BauG AG spricht von vornherein nur von den kantonalen Richt*plänen*, § 8 f.

19 Vgl. Art. 6 Abs. 3 RPG.

20 Vgl. BGE 121 II 430, 432, Gemeinde Niederhasli ZH.

21 Vgl. BGE 117 Ia 151, Kanton BL.

22 Vgl. diesen Ausdruck in Art. 5 Abs. 1 Satz 1 RPV. Art. 103 Abs. 3 BauG BE spricht von den «gemeinsam gefällten Entscheiden», die vom Richtplan festgehalten werden.

23 Vgl. BGE 119 Ia 367, Retschwil LU.

24 Keine weiteren Richtpläne kennen die Planungs- und Baugesetze der Kantone AG, TI, SH.

sen[25]. Sodann kennen einzelne kantonale Rechte regionale Richtpläne[26], selten spezielle kantonale Richtpläne ausserhalb des Richtplans nach RPG[27].

b) Nutzungspläne

Nutzungspläne legen unmittelbar und *für jedermann verbindlich* (Art. 21 Abs. 1 RPG) fest, wie ein Grundstück genutzt werden darf bzw. muss. Alle Vorschriften, die dies parzellengenau regeln, gelten als Nutzungspläne. Sie sind rechtliche Grundlage für Entscheidungen von (Bewilligungs-)Behörden im Einzelfall. «Nutzungsplan» ist ein Sammelbegriff und bezeichnet alle rechtlich verbindlichen Anordnungen, die Zweck, Ort und Ausmass der Nutzung von Grundstücken und Arealen unmittelbar festlegen. Der Nutzungsplan besteht im allgemeinen aus *Karte und Text*. Die allgemeinen Vorschriften über die Nutzung (Text) und die Kennzeichnung, wo die Nutzung möglich ist (Karte), sind aufeinander bezogen. «Plan» bedeutet also nicht nur die Karte. Auf diese kann ausnahmsweise verzichtet werden, wenn der örtliche Geltungsbereich hinreichend klar fassbar ist[28]. Gegenstand der Nutzungspläne müssen auch die Lärmempfindlichkeitsstufen sein[29]. Auf alle Nutzungspläne und alle Teile von Nutzungsplänen sind die Regeln über Erlass und Änderung in gleicher Weise anzuwenden. 7.10

Das RPG legt, im Gegensatz zur Vorschrift über den kantonalen Richtplan, nicht fest, welches Gemeinwesen Nutzungspläne erlässt. In der Schweiz seit alters gebräuchlich ist die Zuständigkeit der Gemeinden. Dieses Modell ist in den meisten Kantonen das geltende. Nur in den Kantonen Basel-Stadt und Genf werden die Rahmennutzungspläne der Gemeinden (Rz. 7.12) von kantonalen Behörden erlassen[30]. Auch wo die Gemeinden 7.11

---

25 Vgl. z.B. Art. 57 und 68 BauG BE; Art. 5 BauG SG; § 9 PBG LU; § 14 RBG BL; Art. 44 LCAT NE.

26 Vgl. § 8 PBG LU; Art. 98 Abs. 3 BauG BE; Art. 38 ff. BauG SG; vgl. auch Rz. 7.5.

27 Art. 101 BauG BE: Kantonaler Richtplan der Landwirtschaftsflächen.

28 Vgl. den Beschluss des Regierungsrates des Kantons Zürich über das Schongebiet am Tössstock vom 25. Oktober 1958 (LS 702.435) oder den Beschluss des Regierungsrates des Kantons Zürich über das Vogelschutzgebiet am Greifensee vom 14. August 1958 (LS 702.476).

29 Art. 43/44 LSV. Die Lärmempfindlichkeitsstufen differenzieren die Nutzungszonen nach dem Lärmschutzbedürfnis.

30 § 7 HBG BS; Art. 15 Loi d'application de la loi fédérale sur l'aménagement du territoire GE. – Die Pflicht der Genehmigung kommunaler Nutzungspläne durch eine kantonale Behörde ändert an der Kompetenz der Gemeinden nichts.

Trägerinnen der Nutzungsplanung sind, wird der Kanton in der Regel in den Fällen zum Erlass von Nutzungsplänen zuständig erklärt, wo überkommunale oder kantonale Belange mit der Nutzungsplanung zu ordnen sind[31]. Wenige Kantone sehen keine kantonalen Nutzungspläne vor[32].

7.12 Nutzungspläne werden zunächst in die beiden Kategorien Rahmennutzungspläne und Sondernutzungspläne unterteilt. Der *Rahmennutzungsplan* erfasst das gesamte Gebiet einer Gemeinde und versieht es lückenlos mit flächen- bzw. gebietsbezogenen Nutzungsregelungen. Er wird als *Zonenplan* bezeichnet, der als Grundnutzungsordnung der Gemeinde gilt[33]. Seine Unterteilung in Bau-, Landwirtschafts- und Schutzzonen ist vom RPG vorgeschrieben (Art. 14 ff. RPG). Von besonderer Bedeutung ist die Gliederung der Bauzone, die im Wesentlichen mit dem Siedlungsgebiet einer Gemeinde übereinstimmt, in verschiedene Zonentypen (siehe unten Rz. 7.47 ff.).

7.13 *Sondernutzungspläne* haben unterschiedliche Funktionen. Einerseits können sie für topographische Einheiten, abgrenzbare Bezirke, Quartiere oder Teile davon die allgemeine Grundordnung des Zonenplans verfeinern, auf besondere Bedürfnisse ausrichten. Andererseits können sie abgesonderte Gegenstände regeln, denen sich der Zonenplan nicht annehmen kann (wie die Erschliessung oder Landumlegung). Innerhalb der erstgenannten Kategorie ist zu unterscheiden zwischen Plänen, die die Grundordnung nur detaillieren, und solchen, die sie modifizieren, von ihr abweichende Regelungen enthalten. Sodann ist zu unterscheiden danach, ob die Sonderordnung subsidiär gilt, der Bauherr sich also – wahlweise – nach der Grundordnung oder der Sonderordnung richten kann, oder ob die Sonderordnung die Grundordnung verbindlich ersetzt. Bezeichnungen und Inhalte sind nicht einheitlich; es ist auf die Eigenheiten des jeweiligen kantonalen Rechts zu achten. In den Rz. 7.15 bis 7.17 werden die Haupttypen vorgestellt.

---

31 Zum Beispiel § 10 BauG AG; Art. 102 BauG BE («kantonale Überbauungsordnungen»); § 12 RBG BL; Art. 5 BauG SH (nur für Zonen für Abfallanlagen); § 17a PBG LU; Art. 44 LALPT TI.

32 SG (vgl. Art. 41–45 BauG).

33 Der Begriff der *baurechtlichen Grundordnung* geht weiter und umfasst ausser der Grundnutzungsordnung des Zonenplans auch die allgemeinen Bauvorschriften; vgl. Art. 69 BauG BE.

Der *Erschliessungsplan*, häufig auch als Baulinienplan bezeichnet[34], legt die Lage und die Ausmessungen von Erschliessungsanlagen fest[35]: Strassen, Wege, Kanalisation, Leitungen der Wasser-, Elektrizitäts-, Gas-, Fernwärmeversorgung. Die Erschliessungspläne können durch Baulinienpläne ergänzt oder gesichert werden. Baulinien begrenzen die Bebaubarkeit der Grundstücke gegen Erschliessungsanlagen[36]. Der Plan der *Landumlegung* gilt ebenfalls als Nutzungsplan im Sinne des RPG. Zu diesen Plänen im Einzelnen oben § 6. 7.14

Der zusammengefassten Realisierung von Landumlegung und Feinerschliessung, also der Herstellung der Baureife von eingezontem Land, dient der *Quartierplan*[37]. Häufig können Plantypen mit umfassenderer Ausrichtung auch nur für Quartierplanzwecke im engen Sinn verwendet werden[38]. Mit der Bildung fein erschlossener Baugrundstücke können indessen je nach dem massgebenden kantonalen Recht Vorschriften über die Ausstattung und Ausrüstung (z.B. mit Spiel- und Parkplätzen sowie technischen Einrichtungen)[39] und über die Bebauung selbst verbunden werden, womit der Quartierplan auch wesentliche Funktionen des Gestaltungsplans erfüllt. Eine andere Lösung besteht darin, dass Quartierplan und Gestaltungsplan getrennt bleiben, aber kombiniert eingesetzt werden[40], unter Anwendung der je eigenen Verfahrensvorschriften[41]. 7.15

Der Ordnung der, in der Regel gegenüber der Grundordnung als besser vorausgesetzten, Überbauung dient in erster Linie der *Gestaltungsplan*[42]. 7.16

---

34 Vgl. z.B. Art. 40 EG zum RPG AR; § 30 PBG LU; Art. 23 BauG OW; Art. 41 BauG NW; Art. 23 lit. a BauG SG; § 35 RBG BL («Bau- und Strassenlinienplan»).

35 Vgl. § 17 Abs. 1 BauG AG.

36 Vgl. §§ 30 und 31 Abs. 1 PBG LU; § 35 RBG BL.

37 Einlässlich geregelt ist das Instrument des Quartierplans im PBG ZH, §§ 123 ff.; vgl. ESCHMANN, 216 ff.; HALLER/KARLEN, Rz. 373 ff. Charakteristisch für den Zürcher Quartierplan ist, dass er von geltenden Plänen und Rechtsvorschriften nicht dispensieren kann, dass diese vielmehr massgebend bleiben.

38 Zum Beispiel der St. Galler Überbauungsplan, vgl. Art. 23 lit. a BauG SG.

39 § 128 PBG ZH.

40 Vgl. Art. 39 RPG GR; Art. 5 Abs. 1 lit. c BauG VS/Art. 11 Baureglement Fiesch.

41 § 129 PBG ZH.

42 Vgl. § 21 BauG AG; § 44 PBG SO; § 24 PBG SZ; Art. 54 LALPT TI («piano particolareggiato»); §§ 83 ff. PBG ZH; ESCHMANN, 54 ff.; Art. 17 BauG SH (Teilfunktion des Quartierplans); Art. 88 BauG BE («Überbauungsordnung», die Über-

Sein Anwendungsgebiet hat begrenzt zu sein, sein Gegenstand sind insbesondere Anzahl, Lage, Dimensionen und Nutzungsarten der Gebäude sowie die Gestaltung der Aussenräume. Sofern über die Erschliessung und über gemeinschaftliche Anlagen der Ausstattung noch nicht, beispielsweise in einem Erschliessungs- oder Quartierplan, entschieden worden ist, können vom Gestaltungsplan auch diese Belange geordnet werden[43]. Im Gestaltungsplan darf von den Vorschriften der Regelbauweise abgewichen werden, häufig nur in bestimmten Bereichen (z.B. über Art und Mass der Nutzung[44] und unter Wahrung der Zonenzwecke[45]). Abweichungen können in der Grundordnung ausgeschlossen werden[46]. Häufig hält die Grundordnung für bestimmte Gebiete oder Fälle die Gestaltungsplanpflicht fest, wobei je nach kantonalem Recht die Grundeigentümer die Pläne ausarbeiten. Die Festlegungen des Gestaltungsplans sind verbindlich; sie treten an die Stelle der ursprünglich geltenden Ordnung. Eine besondere Gestaltungsfunktion erfüllt die Art von Baulinienplan, mit der zur Bildung von Vorgärten oder offenem Hinterland strassenseitige, rückwärtige oder hintere Baulinien festgelegt werden: Sie bestimmen das von Bauten freizuhaltende Gelände[47].

7.17 Einer besonders guten Gestaltung der Überbauung auf begrenzten Arealen (Gesamtüberbauung) und auf ein Projekt ausgerichtet («projektmäs-

---

bauungsplan, Gestaltungsplan und Sonderbauvorschriften des alten BauG von 1970 zusammenfasst; vgl. ZAUGG, Art. 88/89 N 1. Der französische Ausdruck «plan de quartier» gilt als zu eng; vgl. ZAUGG, Art. 88/89 N 2); Art. 35 RPG GR («Genereller Gestaltungsplan»); §§ 37 ff. RBG BL («Quartierplan»); § 32 BauG ZG («Bebauungsplan»). Umfassende Anwendungsmöglichkeit, bis zur weiteren Unterteilung der Bauzonen und Bestimmungen über öffentliche Verkehrsmittel, haben die «Bebauungspläne» der Kantone Luzern, §§ 65 ff. PBG LU, und Nidwalden, Art. 84 ff. BauG NW.

43 Vgl. §§ 72 ff. PBG LU; § 44 PBG SO; § 32 BauG ZG; Art. 22 f. BauG SG («Überbauungsplan» als Kombination von Baulinien- und Überbauungsplan mit Sondervorschriften); Art. 17 BauG SH («Quartierplan»); Art. 43 EG zum RPG AR («Quartierplan»); Art. 32 BauG AI («Quartierplan»).

44 Art. 89 Abs. 3 BauG BE.

45 Vgl. Art. 45 Abs. 2 EG zum RPG AR.

46 So im Kanton Aargau, § 21 Abs. 2 BauG.

47 Vgl. § 18 Abs. 2 BauG AG; ähnlich Art. 12 Abs. 3 BauG SH; § 31 PBG LU; Art. 41 Abs. 1 Ziff. 5 BauG NW; § 96 Abs. 2 lit. a PBG ZH.

sig»[48]) dient der *Überbauungsplan*[49], der von vereinzelten Vorschriften der Regelbauweise abweichen kann[50]. Die Grundeigentümer im betroffenen Gebiet können für bestimmte Vorhaben je nach kantonalem Recht durch eine Anordnung in der Grundordnung oder durch behördlichen Entscheid zur Aufstellung eines Überbauungsplans verpflichtet werden[51]. Wesentlich ist das Ziel der erhöhten qualitativen Anforderungen an Bauten und Umgebungsgestaltung. Die zürcherischen Arealüberbauungen[52] und der Tessiner Quartierplan[53] setzen eine einheitliche Baueingabe voraus. Der Grundeigentümer kann entscheiden, ob er von der Regelbauweise abweichen will oder nicht[54].

Das Wesen des Nutzungsplans ist die *Parzellengenauigkeit*: Die Bauherrschaft muss verlässlich dem Plan entnehmen können, wie das Grundstück baulich und nichtbaulich genutzt werden kann. Sie bedeutet nicht, dass für das Grundstück nur *eine* Zone festgesetzt sein darf; ist es *mehreren Bauzonen* zugewiesen, so regelt das Gesetz, wie die verschiedenen Anteile zu bewerten sind. Eine Lösung ist die Mischrechnung, eine andere die Anwendung der Regeln nur einer der mehreren Zonen auf das ganze Grundstück[55]; die Wahl dieser Lösung kann vom Gesetz auch ins Ermessen der Bewilligungsbehörde gelegt werden[56]. Für die Feststellung, welchen Nutzungsregelungen ein Grundstück unterworfen ist, ist der von der zuständigen Behörde *erlassene Plan* massgebend, nicht die in der Regel verkleinerte Ausgabe, die der Orientierung der Stimmberechtigten dient, dem Planungs- und Baugesetz beigelegt oder im Handel angeboten wird. 7.18

48 Art. 28 Abs. 1 BauG SG; Art. 45 Abs. 2 EG zum RPG AR («bis ins projektmässige Detail»).

49 Häufig wird er Gestaltungsplan genannt, z.B. §§ 72 ff. PBG LU; Art. 28 BauG SG; Art. 45 EG zum RPG AR; Art. 94 BauG NW.

50 Vgl. Art. 28 BauG SG («Gestaltungsplan»).

51 Vgl. z.B. Art. 69 (Hochhäuser) und 69bis Abs. 2 (Einkaufszentren, Freizeit- und Erholungsanlagen) BauG SG.

52 §§ 69 ff. PBG ZH.

53 Art. 56 LALPT TI; über den Quartierplan wird im Baubewilligungsverfahren entschieden.

54 Vgl. HALLER/KARLEN, Rz. 319.

55 Vgl. Art. 12 LCAT NE: Es gelten die Regeln derjenigen Zone, die die grösste Fläche des Grundstücks belegt.

56 Vgl. § 6 HBG BS: Die Bewilligungsbehörde kann die Vorschriften derjenigen Zone anwendbar erklären, die die grössere bauliche Ausnützung zulässt.

Die Originalpläne können auf den Kantons- und Gemeindeverwaltungen eingesehen werden (Art. 4 Abs. 3 RPG).

7.19 Geregelt werden müssen auch die Fälle, da zwei verschiedene Zonen auf der Parzellengrenze oder an Strassen aufeinandertreffen. In der Regel wird ein angemessener *Übergang der Bauweise* verlangt. Das Gleiche gilt für die Art der Nutzung, beispielsweise im Übergang von der Industrie- oder Gewerbezone zur benachbarten Wohnzone: Rücksichtnahme einerseits und erhöhte Duldungspflicht andererseits. Die Regelungen können im Gesetz getroffen sein oder auch nur durch die Praxis begründet werden.

c) Veränderungssperren

7.20 Gegenüber geltenden Nutzungsplänen und -ordnungen können sich die Verhältnisse, namentlich die Vorstellungen über die Entwicklung eines Gebiets, geändert haben, so dass es als unerwünscht erscheint, Projekte zu bewilligen, die dem geltenden Recht entsprechen. Das neue Recht kann aber meistens nicht umgehend in Kraft treten, da planerische Klärungen und das Erlassverfahren Zeit beanspruchen. Damit die Neuplanung ungehindert vorangetrieben werden kann, werden zur Bewahrung der Planungsfreiheit der Behörden Sicherungsinstrumente zur Verfügung gestellt: die *Planungszonen* (Art. 27 RPG)[57] und die *Bausperre*[58]. Sie untersagen eine Veränderung des bestehenden Zustands gemäss geltendem Recht. Die Rechtsnatur der Planungszonen ist umstritten; das Bundesgericht ordnet sie den Nutzungsplänen zu[59], gewisse kantonale Gerichte qualifizieren sie als Verfügungen. Die Bausperre wird als Verfügung erlassen.

7.21 Planungszonen und Bausperren müssen, damit sie ihre Wirkungen umgehend entfalten können, vor dem Erlass nicht öffentlich aufgelegt werden; ein Anspruch Betroffener auf vorgängig eingeräumtes rechtliches

---

57 In kantonalen Rechten z.B. Art. 43 BauG AI; Art. 52 EG zum RPG AR; § 53 RBG BL; § 11b HBG BS; § 29 BauG AG; Art. 17 RBG GL; §§ 81 ff. PBG LU; Art. 23 (kantonal) und 57 (kommunal) LCAT NE; Art. 103 ff. BauG NW; Art. 25 BauG OW; Art. 105 ff. BauG SG; § 346 PBG ZH.

58 Vgl. z.B. § 11a HBG BS; § 30 BauG AG.

59 BGE 105 Ia 108, 109, Stadt Zürich.

Gehör entfällt. Dagegen muss eine gerichtliche Überprüfung möglich sein; sie wird durch Art. 6 Abs. 1 EMRK gefordert[60]. Festgesetzte Planungszonen werden gemäss Art. 33 Abs. 1 RPG öffentlich aufgelegt.

Die Bausperre dient der Verhinderung der Bewilligung konkreter Bauprojekte, für die Baugesuche eingereicht sind, die aber den Planungsvorstellungen widersprechen[61]. Planungszonen dagegen belegen, ohne Rücksicht auf Veränderungsabsichten von Grundeigentümern, das ganze von Änderungen der Nutzungsordnung betroffene Gebiet, unter Umständen das gesamte Gemeindegebiet[62], mit Veränderungssperren. Planungszonen bewirken indessen nicht ein gänzliches Veränderungsverbot wie in der Regel eine Bausperre[63]. Untersagt sind nur Veränderungen, die die im Gang befindliche Nutzungsplanung erschweren könnten (Art. 27 Abs. 1 letzter Satz RPG). Vorhaben, die die vorgesehene planerische Neuordnung nicht zu beeinträchtigen vermögen, sind zu bewilligen. Sie müssen jedoch sowohl das geltende als auch das künftige Recht beachten. Die Bewilligungserteilung beruht nicht auf einer Ausnahmeregelung, es handelt sich also nicht um eine Ausnahmebewilligung; vielmehr besteht Anspruch auf Erteilung der Bewilligung, wenn die vorgesehene neue Ordnung nicht beeinträchtigt werden wird. 7.22

2. Vorschriften im Bereich der natürlichen Umwelt

a) Naturschutz

Unter Naturschutz wird die Erhaltung und Entwicklung[64] von Tieren und Pflanzen sowohl als Einzelgestalten und Arten als auch in ihrem Zusammenleben als Gemeinschaften bis hin zur integralen Verbundenheit als Ökosysteme verstanden. Das Umweltrecht spricht häufig vom Schutz 7.23

60 Vgl. BGE 120 Ia 215, Luzern.

61 Es ist gelegentlich von Zurückstellung, «Sistierung» von Gesuchen die Rede; vgl. § 30 BauG AG.

62 So § 53 RBG BL.

63 Die Bausperre nach § 30 BauG AG ist wie die Planungszone keine blosse Veränderungssperre.

64 «Abwehr und Gestaltung»; JOSEF ROHRER, in (Hrsg.): Keller/Zufferey/Fahrländer, 1. Kapitel Rz. 11.

von «Lebensräumen»[65]. Zur Natur gehören sodann auch unbelebte Komponenten des Raumes, die naturgegeben sind (z.B. Gesteinsuntergrund, Boden, Relief), die Naturkräfte und die ideell erlebte Natur (z.B. Landschaft, Vielfalt, Eigenart, Schönheit)[66]. Massgebliches Gesetz auf Bundesebene ist das Natur- und Heimatschutzgesetz vom 1. Juli 1966 (NHG) mit der Verordnung vom 16. Januar 1991 (NHV). Grundsätzlich ist der Naturschutz Aufgabe der Kantone (Art. 24^{sexies} Abs. 1 BV), doch sind dem Bund in einzelnen Bereichen Gesetzgebungskompetenzen übertragen worden: Schutz von Objekten von nationaler Bedeutung, Tier- und Pflanzenschutz und Moorschutz. Ob durch ein Bauprojekt Naturschutzbelange betroffen werden, ergibt sich nur durch Ermittlungen im Naturschutzrecht des Bundes, des Kantons und der Gemeinde.

7.24 Wichtigstes Instrument des Naturschutzes ist das *Inventar*. Die Inventare des Bundes haben für die Kantone und Gemeinden die Bedeutung von Konzepten (Art. 13 RPG); ihre Ziele und Inhalte müssen durch kantonale und kommunale Massnahmen der Nutzungsplanung aufgenommen und umgesetzt werden. Das NHG des Bundes kennt im Bereich des Naturschutzes das BLN (Bundesinventar der Landschaften und Naturdenkmäler) als Verordnung vom 10. August 1977 (SR 451.11). Seine Grundlage ist Art. 5 NHG, der vor allem vorschreibt, dass die Objekte genau zu umschreiben, die Gründe für die nationale Bedeutung anzugeben, die möglichen Gefahren und der anzustrebende Schutz festzuhalten sind. Die Kantone setzen für den Schutz von Naturobjekten von kantonaler, regionaler oder nur lokaler Bedeutung ebenfalls Inventare ein.

7.25 Zuständig zum Erlass des Inventars und damit auch zur Aufnahme neuer und zur Entlassung bisher national geschützter Objekte ist der Bundesrat. Eine Anfechtung ist ausgeschlossen. Das NHG kennt nur *die Anhörung der Kantone*; ihr Einverständnis ist nicht erforderlich[67]. – In den Kantonen werden Inventare teils auf dem Verordnungsweg, teils durch Verfügung erlassen[68]. In beiden Fällen können die Listen durch Pläne (Karten)

---

65 Vgl. Art. 1 Abs. 1 USG; Art. 1 lit. d NHG; Art. 1 Abs. 1 BGF; Art. 1 Abs. 1 lit. a JSG; Art. 4 Abs. 2 lit. a WBG; Art. 37 Abs. 2 lit. a GSchG.

66 Vgl. ROHRER, in (Hrsg.): Keller/Zufferey/Fahrländer, 1. Kapitel Rz. 4 und 15.

67 JÖRG LEIMBACHER, in (Hrsg.): Keller/Zufferey/Fahrländer, Art. 5 Rz. 23.

68 Vgl. z.B. § 209 PBG ZH.

ergänzt werden. Die Abgrenzung zum Nutzungsplan ist daher nicht immer einfach. Da die Inventare die Bodennutzung regeln, sind sie, auch wenn sie in Verordnungsform gekleidet werden, den Nutzungsplänen analog und auch im Verfahren der Nutzungsplanung zu erlassen. Die Form der Verfügung gewährleistet hinreichend die Mitwirkungsmöglichkeiten der Grundeigentümer und von Betroffenen. Sowohl im Bund als auch in den Kantonen können Unterschutzstellungen durch *Vertrag* vorgenommen werden[69].

Bei Vorhaben, die geschützte Objekte berühren können, sind die Inventare beizuziehen. Häufig gibt die Zuweisung des Areals zu einer Nutzungszone (Schutzzone) bereits Anhaltspunkte für gehobene Aufmerksamkeit. Der Veranlasser des Vorhabens trägt jedenfalls die Verantwortung dafür, dass er geltende Schutzanordnungen beachtet. Schutz oder Schonung von Naturschutzobjekten schliesst in der Regel nicht von vornherein jede Beeinträchtigung aus; es ist eine umfassende Abwägung der sich widerstreitenden Interessen vorzunehmen[70]. 7.26

Im NHG besonders geregelt ist der Schutz der *Ufer*, der Auengebiete mit umfasst[71]. Alle Vorhaben, die Ufervegetation in Anspruch nehmen, brauchen eine besondere naturschutzrechtliche Bewilligung der kantonalen Behörde (Art. 22 Abs. 2 NHG)[72], beispielsweise Bootsstege, Be- und Entwässerungsanlagen[73]; sie müssen standortgebunden sein (zum Begriff der Standortgebundenheit siehe Rz. 7.127). 7.27

Bauvorhaben können auch geschützte *Pflanzen* beschlagen. Bund und Kantone haben generelle Verzeichnisse von Pflanzenarten erlassen, deren Individuen nicht oder nur unter besonderen Auflagen entfernt werden dürfen. Der Bund stützt sich dabei auf das NHG[74], während die Kantone 7.28

69 Vgl. für den Bund schon Art. 24^{sexies} Abs. 3 BV; für die Kantone als Beispiele § 205 lit. d PBG ZH, § 40 Abs. 3 lit. c BauG AG.

70 Vgl. BGE vom 7. März 1994 in ZBl 96/1995, 186 ff.: Schiffsanlegestelle im BLN-Schutzobjekt Nr. 1606 «Vierwaldstättersee mit Kernwald, Bürgenstock und Rigi».

71 Vgl. BGE 113 Ib 340 ff.

72 Vgl. BGE 122 II 284. Es handelt sich um eine Ausnahmebewilligung, BGE 113 Ib 352 E. 6.

73 Vgl. BGE 113 Ib 340 ff., Grundwasserwerk des Wasserverbunds Region Bern AG.

74 Anhang 2 zur NHV.

darin eigenständige Kompetenzen wahrnehmen[75]. Besondere Beachtung ist dem *Baumschutz* zu schenken. Es gibt kantonale Vorschriften, die generell Bäume von einer bestimmten Grösse schützen; andere treffen den Baumschutz mit Hilfe der Nutzungsplanung flächen- bzw. gebietsbezogen[76]. Der Konflikt wird häufig so zu lösen versucht, dass auf den strikt bebaubaren Flächen eines Grundstücks die Baufreiheit Vorrang geniesst, während auf den sekundär (z.B. qua Ausnahmebewilligung) bebaubaren Flächen der Baumschutz vorgeht. Das kantonale Recht und die Rechtspraxis können aber auch im ersten Fall den Anspruch auf Bebauung relativieren.

7.29 Auch der *Tierschutz* kann sich auf Bauvorhaben auswirken. So, wenn sich Standorte seltener Tierarten im Baugebiet befinden. Die Grundlagen sind ebenfalls im eidgenössischen[77] und im kantonalen Recht enthalten. Bauliche Einrichtungen für die Haltung geschützter Tiere benötigen ausser der eigentlichen Baubewilligung eine kantonale Tierschutzbewilligung (Art. 10 JSG; Art. 6 Abs. 1 lit. b JSV).

7.30 Der Schutz der *Moore und Moorlandschaften* hat baurechtliche Vorschriften auf Verfassungsebene entwickelt (Art. 24^{sexies} Abs. 5 BV), die unmittelbar gelten und grundsätzlich keine Interessenabwägung erlauben[78]. Auf Gesetzesebene sind die Begriffe, die Schutzziele und die Gestaltung und Nutzung der Moorlandschaften geregelt (Art. 23b–23d NHG).

b) Schutz der Gewässer

7.31 Das generelle Verbot, die ober- und unterirdischen Gewässer nachteilig zu beeinträchtigen (Art. 3 und 6 GSchG), gilt als direkte Verhaltensregel für alle Tätigkeiten des Menschen, nicht nur, aber auch für den, der bauen und Bauten und Anlagen betreiben will. Die Gesetzgebung des Bundes

75 Vgl. z.B. Verordnung über den Pflanzenschutz des Kantons Zürich vom 3. Dezember 1964.

76 Vgl. z.B. § 76 PBG ZH; § 26 Zonenvorschriften zum HBG BS.

77 Anhang 3 zur NHV.

78 Vgl. BGE 117 Ib 243, 247, Rothenthurm-Biberbrugg SZ. Dass die in Art. 24^{sexies} Abs. 5 BV enthaltenen Vorschriften direkt anwendbar sind, wird bestätigt in BGE 118 Ia 11, 15, Saanen und Zweisimmen BE.

regelt im Wesentlichen folgende Bereiche (siehe im Einzelnen oben Rz. 6.23 ff.):

aa) Abwasser

Abwasser wird vom Gesetz in verschmutztes und unverschmutztes Abwasser unterteilt (Art. 7 GSchG). Letzteres ist versickern zu lassen, so beispielsweise Meteorwasser (Niederschläge), das auf dem Grundstück anfällt. Verschmutztes Abwasser muss durch *Kanalisationen* in zentrale Abwasserreinigungsanlagen (ARA) geleitet werden (Art. 10 GSchG). Die Gewährleistung des Kanalisationsanschlusses ist Voraussetzung der Erteilung von Baubewilligungen für Neu- und Umbauten (Art. 17 GSchG). Wenn Abwasser in qualitativer (Schadstoffe) oder quantitativer Hinsicht von der ARA nicht angenommen werden kann, muss der Betrieb das Abwasser in einer eigenen Anlage behandeln (Art. 12 GSchG)[79]. 7.32

Produktionsverfahren in Gewerbe und Industrie sind im Hinblick auf die Abwasserbeseitigung bereits so einzurichten, dass stoff- und mengenmässig möglichst wenig Abwasser anfällt (Art. 20 Abs. 1 AGSchV). Diese Vorschrift, wiewohl bloss als Ziel formuliert, ist allgemein verbindlich. In Bau- und Betriebsbewilligungen kann sie daher in konkrete Anordnungen umgesetzt werden. 7.33

bb) Baubeschränkungen

Im Interesse der Trinkwasserversorgung werden *Grundwasserschutzzonen* ausgeschieden, in welchen unterschiedliche Baubeschränkungen gelten[80]. 7.34

cc) Tankanlagen

Über Bau, Betrieb, Wartung und Schutzmassnahmen von Tankanlagen und Rohrleitungen enthalten die VWF[81] und die Technischen Tankvor- 7.35

79 Vgl. auch Botschaft des Bundesrates über die Revision des GSchG vom 29. April 1987 = BBl 1987 II 1061, 1115.

80 Art. 19 ff. Verordnung über den Schutz der Gewässer vor wassergefährdenden Flüssigkeiten (VWF) vom 28. September 1981. Diese Verordnung wird auf den 1. Januar 1999 durch die VWF vom 1. Juli 1998 ersetzt (siehe dann Art. 5 ff. VWF).

81 Vgl. die voranstehende Fn.

schriften (TTV) vom 21. Juni 1990 (eine Verordnung des Eidgenössischen Departements des Innern) materielle Regelungen.

dd) Gewässerverbauungen

7.36 *Verbauungen* in und an Gewässern dienen der Fliessregulierung und damit dem Schutz des Menschen und seiner Werke vor Überschwemmungen, Rutschungen, Erosionen. Die Gesetzgebung darüber ist kantonale Sache; das Bundesrecht enthält wenige Bestimmungen im Bundesgesetz über den Wasserbau (WBG) vom 21. Juni 1991.

ee) Stauanlagen

7.37 Stauanlagen, die der *Energieerzeugung* dienen, finden die bundesrechtliche Grundlage im Bundesgesetz über die Nutzbarmachung der Wasserkräfte (WRG) vom 22. Dezember 1916[82], im Bundesgesetz über die Wasserbaupolizei (WBPG) vom 22. Juni 1877 und in technischer Hinsicht in der Talsperrenverordnung vom 9. Juli 1957. Naturschutzrechtliche Vorschriften über Stauanlagen sind im (WRG), aber auch im GSchG enthalten (Art. 43 Abs. 5).

ff) Entnahmen

7.38 *Wasserentnahmen* aus Seen und Flüssen, z.B. zur Versorgung von Betrieben mit Brauchwasser, werden durch das kantonale Recht geregelt. Sie bedürfen in der Regel einer Sondernutzungskonzession (vgl. unten Rz. 7.54 f.). Art. 42 GSchG stellt Voraussetzungen für die Zulässigkeit der Entnahmen auf.

7.39 Für *Materialentnahmen* aus Gewässern schreibt Art. 44 GSchG eine besondere gewässerschutzrechtliche Bewilligung vor. Das GSchG enthält Voraussetzungen der Zulässigkeit der Bewilligungserteilung.

c) Wald

7.40 Das Waldrecht ist in erster Linie Bundesrecht. Massgeblich sind folgende Gesichtspunkte:

- Jede Nutzung von Waldareal, ob mit Bäumen bestockt oder nicht, zu Zwecken, die mit den Funktionen des Waldes (vgl. Rz. 2.18) nicht übereinstimmen, ist unzulässig. Sie kann nur mit einer Ausnahmebewilligung, die an zahlreiche gesetzliche Bedingungen geknüpft ist, gestattet werden (Art. 5 WaG, *Rodungsbewilligung*). Andererseits gelten Bauten, die der Waldbewirtschaftung dienen, als zonenkonform im

82 Das Gesetz soll totalrevidiert werden.

Sinne von Art. 22 Abs. 2 lit. a RPG, sofern sie für die zweckmässige Bewirtschaftung des Waldes am vorgesehenen Standort notwendig und nicht überdimensioniert sind und ausserdem keine überwiegenden öffentlichen Interessen gegen ihre Errichtung sprechen[83]; solche Bauten benötigen keine Ausnahmebewilligung nach Art. 24 RPG.

- Der Bauherr, der im Nahbereich von Wald bauen will, hat auf den kantonalgesetzlich festgelegten *Waldabstand* zu achten. Dieser kann generell im Gesetz als Distanzmass angegeben[84], aber auch als Abstandslinie im Nutzungsplan festgesetzt sein[85]. Jede Unterschreitung des Waldabstands bedarf einer Rodungsbewilligung. 7.41

d) *Landwirtschaft*

Landwirtschaftliche Bauten unterstehen dem allgemeinen Raumordnungs- und Baurecht von Bund, Kantonen und Gemeinden und dem besonderen Landwirtschafts- oder Agrarrecht des Bundes. Bauten, die gemäss Art. 16 RPG der landwirtschaftlichen Nutzung dienen, gelten als zonenkonform, benötigen in der Landwirtschaftszone somit lediglich eine ordentliche Baubewilligung. Wenn und soweit Bauten oder Gebäudeteile indessen nicht dem landwirtschaftlichen Betrieb dienen, nicht betriebsnotwendig sind, können sie nicht als zonenkonform betrachtet und nur mit einer Ausnahmebewilligung nach Art. 24 RPG zugelassen werden (vgl. unten Rz. 7.126 ff.)[86]. Der Begriff des landwirtschaftlichen Gewerbes ergibt sich dabei aus Art. 7 BGBB[87]. 7.42

Eigentliche *agrarrechtliche* Bauvorschriften sind zunächst im Landwirtschaftsrecht enthalten. Als gesondert bewilligungspflichtig werden erklärt beispielsweise der Betrieb von Handelsmühlen (Art. 18 Getreidegesetz), Errichtung und Betrieb von Milchsammelstellen (Art. 8 Milchbeschluss), Errichtung und Verlegung von Milchverkaufsgeschäf- 7.43

83 BGE 123 II 499, 502 f., Reinach AG, Forstwerkhof im Wald. Das Bundesgericht machte «gewisse Parallelen» zur Frage der Zonenkonformität landwirtschaftlicher Bauten und Anlagen in der Landwirtschaftszone aus.

84 Vgl. § 95 lit. e RBG BL (20m).

85 Vgl. § 97 Abs. 1 lit. e RBG BL.

86 Vgl. z.B. BGE 121 II 71, 314; 116 Ib 134; 113 Ib 311, 140; 117 Ib 382; 118 Ib 18.

87 Vgl. BGE 121 II 307, 313.

ten, ausser wenn pasteurisierte, uperisierte oder sterilisierte Milch in Läden abgegeben wird (Art. 21 und 21bis Milchbeschluss), für Stallbauten (Art. 19d LwG). Bei diesen liegt die eigentlich umweltrechtliche Problematik im Verhältnis der Nutzfläche des Betriebs zum Nutztierbestand. Darüber äussern sich das Landwirtschaftsgesetz (Art. 19a lit. a und 19b, Höchstbestandesverordnung vom 13. April 1988) und Art. 14 GSchG, der auf eine ausgeglichene Düngerbilanz abstellt. Aufgrund dieser Vorschriften wird die Grösse der Stallbauten festgelegt[88]. Besonders geregelt sind sodann Lagereinrichtungen für Hofdünger, die auf eine Kapazität von mindestens drei Monaten zu dimensionieren sind (Art. 14 Abs. 3 GSchG). Unter bestimmten Voraussetzungen lässt das Gesetz zu, dass in Landwirtschaftsbetrieben mit erheblichem Rindvieh- und Schweinebestand das häusliche Abwasser zusammen mit der Gülle landwirtschaftlich verwertet wird (Art. 12 Abs. 4 GSchG). Bautechnische Einrichtungsvorschriften für landwirtschaftliche Bauten sind schliesslich in Ziff. 5 von Anhang 2 der Luftreinhalte-Verordnung (LRV) enthalten.

3. Ortsbild- und Denkmalschutz

7.44 Wie der Naturschutz ist auch der Schutz künstlich geschaffener Objekte Sache der Kantone; der Bund hat Kompetenzen, die in grundsätzlich gleicher Weise wie im Bereich des Naturschutzes geregelt sind (Art. 24^{sexies} Abs. 3 BV): Er kann «geschichtliche Stätten und Kulturdenkmäler von nationaler Bedeutung» seinem Schutz unterstellen. Dieser Bereich wird traditionell als Heimatschutz bezeichnet, ein Begriff, der durch «Ortsbildschutz» und «Denkmalschutz» abgelöst worden ist. Grundlage auf Bundesebene ist auch das NHG, in den Kantonen sind es die Baugesetze, Einführungsgesetze zum ZGB oder spezielle Denkmalschutzerlasse.

7.45 Das Instrument des Bundes ist die Verordnung über das Bundesinventar der schützenswerten Ortsbilder der Schweiz (VISOS) vom 9. September 1981. Hinsichtlich Bedeutung und Verfahren ist auf Rz. 7.24 und 7.25 zu verweisen. – In den Kantonen wird der Ortsbildschutz durch die Nutzungsplanung verwirklicht: Es geht um den Schutz von Ensembles,

88 Vgl. BGE 118 Ib 241 ff.

Gesamtwirkungen, alles in allem um Schutz der *äusseren* Gestalt. Dem integralen Objektschutz dagegen dient die Einzelmassnahme (Verfügung, Vertrag), mit der auch das schützenswerte *Innere* konkret umschrieben wird[89]. Mittel des Einzelschutzes ist das Inventar oder Denkmalverzeichnis. Problematisch sind die Fälle, wo ein Objekt, das baulich verändert werden will, nicht im Inventar verzeichnet ist, von Fachinstanzen der öffentlichen Verwaltung im Baubewilligungsverfahren aber als schützenswert eingestuft wird. Die Behörde ist grundsätzlich nicht befugt, das Baubewilligungsverfahren einfach auszusetzen und einen Unterschutzstellungsbeschluss zu erwirken; sie muss sich der formellen, vom Gesetz vorgesehenen Instrumente bedienen, um das Baubewilligungsverfahren zu sistieren, insbesondere eine Bausperre erlassen oder eine Planungszone festsetzen (vgl. Rz. 7.20 ff.)[90]. Besonders bedeutsam kann der *Umgebungsschutz* sein: Das Bauobjekt ist selbst zwar nicht geschützt, die Unterschutzstellung eines benachbarten Objekts wirkt sich aber beschränkend auf seine Gestaltung aus[91] (zur Umgebungsgestaltung siehe auch Rz. 7.84).

4. Vorschriften über die Art der Nutzung

Von spezifisch raumplanungsrechtlichem Gehalt sind die Vorschriften 7.46
über die Art der Nutzung der Grundstücke. Darauf zielt Art. 22 Abs. 2 lit. a RPG, der als die wegleitende raumplanungsrechtliche Bauvorschrift bestimmt, dass eine Baubewilligung nur erteilt wird, wenn die Baute und Anlage dem *Zweck* der Nutzungszone entspricht. Welche Nutzungsarten in den einzelnen Zonen massgebend sind, ergibt sich aus den Planungs- und Baugesetzen der Kantone und Gemeinden. Art. 15 bis 17 RPG, die als Massstäbe für die planerische Zuordnung von Gebieten zu Nutzungszonen gedacht sind, leisten auch Auslegungshilfe bei der Beurteilung der Zonenkonformität. Dabei ist wesentlich, dass die Bauten und Anlagen

89 Vgl. BGE 118 Ia 386; 111 Ib 259.

90 Vgl. BGE vom 23. Juni 1995 = ZBl 97/1996, 366, wo es dem Bundesgericht für die Abweisung des Baugesuchs genügte, dass das Gesetz die Veränderung «schützenswerter Bauten» untersagt und gestützt darauf die Baubewilligungsbehörde die fraglichen Gebäude im Baubewilligungsverfahren als geschützt qualifizierte.

91 Vgl. BGE 109 Ia 185 ff., Umgebung des Schlosses Erlach.

dem Zonenzweck *entsprechen*, nicht bloss nicht widersprechen. Verlangt ist eine positive Übereinstimmung zwischen der Nutzungsart der Baute oder Anlage und dem Zonenzweck. Bei der Prüfung, ob die Baute oder Anlage den weiteren Voraussetzungen, die im Baurecht enthalten sind, genügen, ist dieses Mass der Übereinstimmung (naturgemäss) nicht verlangt. Zur Art der Nutzung werden auch die Emissionen gezählt, namentlich im Bereich des Lärms (siehe oben Rz. 7.10). Jeder Lärm von Bauten und Anlagen, der nach aussen dringt, fällt in den Regelungsbereich der Lärmschutz-Verordnung, während der Innenlärm nur teilweise in der Lärmschutz-Verordnung geregelt ist (siehe unten Rz. 7.96)[92]. Nebenanlagen, die für den Betrieb einer Baute oder Anlage als notwendig erscheinen, sind in jeder Bauzone zulässig; zu denken ist vor allem an Parkplätze[93].

7.47 Die reiche Palette von Zonentypen und ihren Vorschriften, die namentlich im Bereich der Bauzonen unüberschaubar sind, kann hier nicht dargestellt werden. Die wesentlichen Arten sind:

- *Wohnzone*: Unterschieden werden drei Typen: Reine Wohnzonen, die ausschliesslich dem Wohnen reserviert sind; Wohnzonen, in denen auch Gewerbe- und Dienstleistungsbetriebe zugelassen sind, die die Wohnnutzung nicht stören[94]; Wohnzonen, in denen mässig störende Betriebe zulässig sind und die häufig als gemischte Wohn-/Gewerbezone oder als Wohn- und Geschäftszonen bezeichnet werden[95]. Ein als solcher nicht störender Betrieb kann durch die Immissionen, die sein Erschliessungsverkehr verursacht, zu einem (mässig) störenden Betrieb werden. In der Wohnzone ist neben dem (umweltrechtlichen) Immissionsschutz[96] auch ein ortsplanerischer Schutz des Wohnens beabsichtigt: Unabhängig davon, ob Lärm-Immissionsgrenzwerte eingehalten sind, werden häufig Gewerbe, die der «täglichen» Bedarfs-

92 Vgl. BGE 123 II 325, 327 E. 4a/aa, Murten FR, Aussenlärm eines Tea-Rooms.

93 Vgl. PVG (GR) 1996 Nr. 22.

94 Zum Beispiel Arztpraxen, Advokatur- und Architekturbüros; Art. 43 Abs. 1 lit. b LSV (Lärmempfindlichkeitsstufe II); vgl. BGE 120 Ib 461.

95 Art. 43 Abs. 1 lit. c und Anhänge 3–7 LSV; Lärmempfindlichkeitsstufe III.

96 Der mit dem Inkrafttreten des eidgenössischen Umweltschutzrechts Bundessache geworden ist und baurechtliche Immissionsvorschriften der Kantone gegenstandslos gemacht hat; vgl. BGE 116 Ib 175, 179, Yvonand VD.

deckung der Quartierbevölkerung dienen und insofern «quartierüblich» sind, als nicht störend zugelassen: Restaurants[97], Lebensmittelgeschäfte, Schuhmacher, nicht aber beispielsweise Dancings[98] oder Verkaufsstellen für Occasionsautos[99]. Die Quartierüblichkeit ist nicht von Bedeutung, wenn nach dem Zonenrecht mässig störende Betriebe zulässig sind[100]. Was überhaupt als «Wohnen» gelten kann, ist mitunter umstritten, beispielsweise bei Hotels. Quantitativer Schutz des Wohnens wird vor allem durch *Wohnflächenanteilvorschriften* bezweckt[101].

- *Gewerbezonen* werden in der Regel für Gewerbebetriebe bestimmt, die 7.48
  nur mässig stören[102], während *Industriezonen* für stark störende Betriebe reserviert sind[103] oder für Betriebe, die wegen ihrer störenden Einflüsse oder ihren Dimensionen[104] in andern Zonen nicht zulässig sind[105]. Gewisse kantonale Rechte zählen die zulässigen Betriebsarten auf[106]. In Industriezonen wie auch reinen Gewerbezonen sind Wohnungen grundsätzlich unzulässig, häufig mit Ausnahme von Wohnungen für Personal, das an den Betrieb gebunden ist[107].

- *Kernzonen* umfassen häufig die architektonisch und städtebaulich 7.49
  wertvollen Ortsteile, erfüllen insoweit die Funktion von Schutzzonen (vgl. Rz 7.45). In gewissen kantonalen Rechten dienen sie aber auch der Förderung der Entwicklung von Ortskernen, in welchen Neubauten

---

97 Vgl. BR 1984, 77 Nr. 93. Vgl. weitere Beispiele bei MICHEL, N 283 ff.

98 Vgl. BGE 116 Ia 491, Crissier VD.

99 Vgl. BGE 117 Ib 147, Opfikon ZH. Vgl. weitere Beispiele bei MICHEL, N 297 ff.

100 Vgl. ZBl 89/1988, 72: Zulässiger Spielsalon in der Wohnzone.

101 Vgl. z.B. § 49a PBG ZH; Art. 39a ff. Bauordnung der Stadt Zürich vom 12. Juni 1963, vgl. BGE 111 Ia 96; § 11c HBG BS, Verordnung über den Wohnflächenanteil vom 29. Januar 1985, vgl. BGE 115 Ia 380.

102 Art. 43 Abs. 1 lit. c LSV.

103 Art. 43 Abs. 1 lit. d LSV. Nicht zulässig in der Industriezone sind z.B. Sportanlagen, wenn hiefür besondere Zonen vorgesehen sind; vgl. BR 1986, 40 Nr. 41 (siehe auch Rz. 7.50).

104 Vgl. BGE 110 Ia 163, 166, Männedorf ZH, Betonzentrale, die voraussichtlich die Immissionsgrenzwerte der Gewerbezone einhalten wird.

105 Zum Beispiel § 47 PBG LU; § 23 Abs. 2 RBG BL.

106 Zum Beispiel § 56 PBG ZH: Betriebe der Produktion, der Gütergrossverteilung, der Lagerhaltung und des Transports.

107 Vgl. § 47 Abs. 2 PBG LU; § 23 Abs. 5 RBG BL; § 5 Ziff. 2 Abs. 2 HBG BS, Abwartpersonal.

durchaus möglich oder sogar gewollt sind[108]. Diese zweite Funktion können auch eigene *Zentrumszonen* erfüllen[109].

7.50 – In der Zone für *öffentliche Bauten und Anlagen*[110] oder Zone für öffentliche Bauten sind nur Bauten und Anlagen zulässig, die öffentlichen Zwecken dienen[111]. In der Regel ist es einerlei, ob die öffentliche Hand oder ein Privater Bauherr und Betreiber ist. Der Wohnungsbau gilt unter dem in der öBA-Zone zu vertretenden Gesichtspunkt nicht als öffentlicher Zweck[112], ebensowenig Dienstleistungen privater Betriebe. Andererseits kann der Bau von Alterswohnungen wohl darunter fallen[113]. In der Regel gewähren die Vorschriften der öB- bzw. öBA-Zone erhebliche Erleichterungen gegenüber den Vorschriften gewöhnlicher Bauzonen. Häufig werden sie auf ein bestimmtes Projekt hin festgesetzt. Im Allgemeinen gilt, dass die Art der Nutzung, insbesondere auch in Bezug auf die Lärmempfindlichkeit, durch die konkrete Baute bzw. Anlage und ihren Betrieb determiniert wird. Es gibt überdies kantonale Rechte, die in gewöhnlichen Bauzonen Bauten zu öffentlichen Zwecken mittels Ausnahmebewilligung zulassen[114].

7.51 – Zonentypen für *Gebiete ausserhalb der Bauzonen* sind namentlich: Landwirtschaftszone (vgl. Rz. 7.42 und 7.43), Freihaltezonen, Schutzzonen, Abbau- und Deponiezonen, Skiabfahrtszonen.

7.52 – *Eisenbahnareal* steht in erster Linie der Errichtung von Bauten und Anlagen zur Verfügung, die dem Bahnbetrieb dienen (Gleis- und Perronanlagen, Bahnhofs- und Stationsgebäude). Bauten auf Bahna-

---

108 Vgl. SCHÜRMANN/HÄNNI, 139.

109 Vgl. § 22 Abs. 2 RBG BL.

110 In der Regel werden Bauten und Anlagen zu öffentlichen Zwecken in einem Zonentyp – öBA – zusammengefasst. Das kantonale Recht trennt sie gelegentlich in eine öB- und eine öA-Zone.

111 Zum Beispiel Bauten der öffentlichen Verwaltung, Schul- und Spitalbauten, kirchliche Bauten, Friedhöfe, Anlagen der Verkehrs- und Versorgungsbetriebe, Spiel- und Sportanlagen, Park- und Erholungsanlagen. – Für einzelne Anlagearten werden verschiedentlich eigene Zonen vorgesehen, z.B. für Sport- und Freizeitanlagen, vgl. § 26 RBG BL; § 52 PBG LU; Art. 68 BauG NW.

112 So ausdrücklich § 4 Abs. 2 Zonenvorschriften BS.

113 Vgl. § 60 Abs. 2 PBG ZH.

114 Vgl. § 154 a HBG BS.

real werden aber funktional betrachtet: Zulässig sind unter bestimmten Voraussetzungen auch Bauten, die bahnbetriebsfremden Zwecken dienen. Zum Ganzen siehe unten Rz. 21.49 ff und 21.72 f.

Im Siedlungsgebiet kann sich die Frage stellen, ob eine keiner Bauzone zugewiesene Fläche (Strasse, Platz, Grünanlage usw.) als Gebiet ausserhalb der Bauzonen zu qualifizieren ist. Bejahendenfalls ist für zweckfremde bauliche Inanspruchnahme eine Ausnahmebewilligung nach Art. 24 RPG notwendig. Massgeblich ist, ob das fragliche Gebiet der Trennung von Siedlungsbereichen dient oder ob es hinsichtlich seiner Nutzung und Funktion zum Siedlungsgebiet zu zählen ist[115]. 7.53

5. Bauliche Nutzung des öffentlichen Grundes

Bauten müssen auf Grundstücken errichtet werden. Diese stellen Bauland bzw. baulich nutzbares Land dar. Der öffentliche Grund ist der privaten Nutzung aber nicht gänzlich verschlossen. Abgesehen vom Aufstellen von Einrichtungen während des Bauens (siehe Rz. 7.110) können auch dauernde bauliche Vorkehrungen öffentlichen Grund in Anspruch nehmen. Bei Einrichtungen, die zu einem Gebäude gehören, aber beispielsweise strassenseits die Parzellengrenze überragen (Treppen, Storen, Markisen, Balkone usw.), ist zunächst abzuklären, wieweit das kantonale Baurecht sie ordentlich zum Gebäude rechnet und daher ohne besondere Bewilligung für die Inanspruchnahme des öffentlichen Raumes zulässt. Soweit das nicht der Fall ist sowie für alle weitläufigeren Bestandteile von Gebäuden und alle selbständigen Bauten und Anlagen auf öffentlichem Grund, braucht es die spezielle Bewilligung, die in der Regel als *Sondernutzungskonzession* erteilt wird: Erteilung des Rechts für die Inanspruchnahme von öffentlichem Grund durch bauliche Einrichtungen. Weil mit ihr nur dieses Recht erteilt wird, ersetzt sie die Baubewilligung nicht; diese ist nachfolgend notwendig. 7.54

Die Konzession bezweckt den Schutz der Investition, die der Bauherr im öffentlichen Grund vornimmt. Sein Recht steht unter dem Schutz der *Eigentumsgarantie.* Soweit der Konzessionsakt über die Beendigung der Konzession keine Bestimmungen enthält, kann sie nur durch Enteignung mit voller Entschädigung entzogen werden. 7.55

115 Vgl BGE 114 Ib 344 ff., Schaffhausen, Parkhaus unter städtischem Platz bedarf keiner Ausnahmebewilligung nach Art. 24 RPG.

7.56 Als Beispiele kommen – neben den in Rz. 7.54 erwähnten Ausladungen von Gebäuden – vor allem in Betracht: Parkhäuser, Einkaufszentren unter öffentlichem Grund («U-Shops»), Leitungen, Passerellen, Kioske, Bootsstege. Die Inanspruchnahme öffentlichen Grundes durch vorübergehende Einrichtungen (z.B. Auslagen, Werbeträger, Fahnen) wird mit einer Bewilligung für gesteigerten Gemeingebrauch zugelassen[116].

III. Nutzungsmass und Gestaltung

1. Nutzungsmass

7.57 Die baurechtlichen Vorschriften über das Mass der Nutzung geben der planungsrechtlichen Zonenordnung konkreten Inhalt. Insoweit bedeuten sie Konkretisierung des Verfassungsauftrags, für die zweckmässige Nutzung des Bodens und die geordnete Besiedlung des Landes sei Sorge zu tragen. Welche kantonalen Vorschriften diese Funktion erfüllen, ist nicht einerlei. Sie gelten nämlich als «Planungsrecht», als «Text» der Nutzungspläne (vgl. Rz. 7.10) bzw. als Ausführungsbestimmungen des RPG im Sinne von Art. 33 RPG, weshalb bei ihrem Erlass und bei Änderungen die Verfahrensvorschriften des RPG zu beachten sind[117]. Im Folgenden werden die wichtigsten Typen vorgestellt.

a) Dichte der Bebauung

aa) Nutzungsziffern

7.58 Mit Nutzungsziffern wird das Verhältnis zwischen der Grundstücksfläche und dem Mass der Überbauung wiedergegeben. Das Baugesetz legt generell fest, was unter «Fläche» der Bauparzelle zu verstehen ist (welche Flächenteile «anrechenbar» sind) und welches in den einzelnen Zonen der numerische Faktor (die Nutzungsziffer) ist, der mit der Flächenzahl multipliziert werden muss; das Ergebnis stellt das Mass der Überbauung dar, das maximal ausgenützt werden kann. Die Ausnützungsmöglichkeiten im Einzelfall hängen demnach, bei gegebener Nutzungsziffer, von der

116 Zur Unterscheidung zwischen Sondernutzungskonzession und Bewilligung für gesteigerten Gemeingebrauch vgl. Häfelin/Müller, Rz. 1878 und 1893 ff.

117 Vgl. BGE 118 Ib 26, 30 f., Herisau AR.

Grösse des Grundstücks ab. Die Nutzungsziffern dienen der Gewährung gestalterischer Freiheit, der Gleichbehandlung innerhalb der Zonen, der Festlegung eines Höchstnutzungsmasses zur Begrenzung der Siedlungsdichte und der Beschränkung des Bauvolumens[118]. Folgende Arten sind zu erwähnen:

- *Ausnützungsziffer* (AZ): Sie gibt das Verhältnis zwischen anrechenbarer Grundstücksfläche und Nutzfläche der Gebäude wieder. Die AZ ist der Faktor, der mit der Flächenzahl (xm^2) multipliziert werden muss; das Ergebnis stellt das Mass der Überbauung in m^2 dar, das maximal genützt werden kann. Eine AZ von 1,0 bedeutet, dass die gesamte anrechenbare Grundstücksfläche eingeschossig überbaut werden könnte bzw. dass die überbaubare Fläche gleich der anrechenbaren Grundstücksfläche ist. Die AZ gibt nur das Mass der Nutzung an; in welchen Bereichen des Grundstücks die Bauten zu stehen kommen müssen, wird durch andere Vorschriften festgelegt (z.B. Baubereiche, siehe Rz. 7.67, geschlossene Randbebauung, siehe Rz. 7.71). Die Ausnützungsziffern sind im Gemeindebaurecht enthalten. 7.59

- Die Bestimmung der *anrechenbaren Grundstücksfläche* ist in der Regel Sache des kantonalen Gesetzgebers. Im Baugebiet dürfen Grundstücksteile, die ausserhalb der Bauzone liegen (Grünzone, Gewässer, Wald usw.), von Bundesrechts wegen nicht eingerechnet werden[119]; zulässig dagegen ist der Einbezug von Verkehrs- und Erschliessungsflächen, wobei sie indessen von den meisten kantonalen Rechten ausgeschlossen werden[120]. Ob Waldabstandsflächen (vgl. oben Rz. 7.41) bei der Berechnung der AZ einbezogen werden dürfen, hat das kantonale oder kommunale Recht zu entscheiden[121]. Geprüft werden muss auch, ob der Raum zwischen Baulinie und Strassenlinie (Vorgarten) in die Berechnung der massgeblichen Grundstücksfläche einbezogen wird. 7.60

---

118 Zur Funktion siehe BGE 119 Ia 117, Baden AG: Nutzungsziffern treten anstelle von Abstands- und Höhen-/Längenmassen.

119 Vgl. BGE 109 Ia 31, Birsfelden BL, Flussvorland; 110 Ia 93 f., Davos GR, Wald.

120 Vgl. Art. 93 Abs. 3 Bauverordnung BE vom 6. März 1985.

121 Vgl. STEFAN M. JAISSLE, Der dynamische Waldbegriff und die Raumplanung, Zürich 1994, 247. Vgl. Art. 78 Abs. 4 EG zum RPG AR: «Die Waldabstandsfläche soll in der Regel nicht in die Bauzone eingeschlossen werden».

7.61 – Hinsichtlich der realisierbaren Nutzfläche entscheidet sich das kantonale Recht zwischen Brutto- und Nettogeschossfläche oder für Zwischenlösungen. Die BGF umfasst ausser den eigentlichen Flächen von Räumen auch die Grundrissflächen von Wänden (Innen- und Aussenwände), die NGF demgegenüber nur die nutzbaren Bodenflächen, was die Ausnützung erhöht. Zu achten ist auf die Flächen spezieller Gebäudeteile, die in den kantonalen Baurechten besonders behandelt werden: Dach- und Untergeschosse, Wintergärten, Balkone[122].

7.62 – *Überbauungsziffer* (ÜZ). Sie gibt das Verhältnis von oberirdischer Gebäudeumfassung in der Projektion auf den Erdboden und der anrechenbaren Grundstücksfläche wieder. Zu achten ist auf die Regelung von Auskragungen im Luftraum.

7.63 – *Freiflächenziffer* (FFZ). Sie bezeichnet die nicht überbaubaren Flächen des Grundstücks; sie wird in der Regel mit einer Prozentgrösse angegeben[123]. Mit der Freiflächenziffer können qualitative Anforderungen an die Ausgestaltung der Freifläche verbunden sein, z.B. die Pflicht zur Ausgestaltung als Grünfläche[124].

7.64 – *Baumassenziffer* (BMZ), *Volumenziffer* (VZ). Sie gibt das Verhältnis von oberirdisch umbautem Raum und Grundstücksfläche an (z.B. für Industriebauten).

7.65 Als *Nutzungstransport* oder *Nutzungsumlagerung* wird die Konzentration der Nutzung, d.h. der Überbauung auf einen bestimmten Ort des Grundstücks verstanden, der die Freihaltung der übrigen Parzellenteile gewährleistet. Art und Mass der Bebauung bleiben erhalten. Erforderlich ist die gesetzliche Abstützung, wenigstens in einem Sondernutzungsplan oder in einem Landumlegungsunternehmen[125].

---

122 Vgl. z.B die Listen nicht anrechenbarer Flächen in Art. 93 Abs. 2 Bauverordnung BE vom 6. März 1985, Art. 61 Abs. 2 BauG SG. Vgl. auch die übergangsrechtliche Vorschrift in § 50 Abs. 2 Satz 1 BauG AG; Art. 34 BauG SH (Dach- und Untergeschosse bei im Zeitpunkt des Inkrafttretens des BauG bestehenden Gebäuden werden nicht eingerechnet).

123 Vgl. § 12 Ziff. 4 Zonenvorschriften BS: 50%.

124 Vgl. § 12 Ziff. 4 Zonenvorschriften BS: 2/3 der Freifläche sind als Grünfläche oder Garten zu gestalten.

125 Vgl. HALLER/KARLEN, Rz. 660; SCHÜRMANN/HÄNNI, 247.

Nutzungsübertragung ist demgegenüber die Verlagerung der Nutzungsmöglichkeiten von den einen Grundstücken auf andere innerhalb eines abgegrenzten Gebiets. Für dieses bleibt das gesetzlich festgelegte Gesamtmass gewahrt. Die in das Gebiet aufzunehmenden Grundstücke müssen der gleichen Zone zugehören[126]. Privatrechtlich vereinbarte, aber von den Behörden verfügte Nutzungsübertragungen sind öffentlichrechtliche Eigentumsbeschränkungen[127]. 7.66

bb) Baubereiche

Selbständig oder in Ergänzung der Nutzungsziffern legen die Baugesetze die überbaubaren Bereiche der Grundstücke fest. Sie schreiben beispielsweise eine bestimmte Bautiefe, gemessen von der Baulinie aus, vor. Auch die Nutzungspläne, insbesondere die Sondernutzungspläne, können die Baubereiche in der Plankarte konkret ausweisen. 7.67

b) Abstandsvorschriften und Bauweise

Die Baugesetze kennen verschiedene Arten von Abständen: In erster Linie den Grenz- und den Gebäudeabstand. Der Gebäudeabstand ist häufig abhängig von der Wandhöhe der Gebäude, etwa nach der Formel: Gebäudeabstand = Wandhöhe, somit auch: Grenzabstand = 1/2 Wandhöhe. Zu beachten sind überdies Vorschriften über Abstände von Wald (vgl. oben Rz. 7.41), Rebgelände, Gewässern, Verkehrsanlagen, Gemeinde- und Kantonsgrenzen. Kein Abstand ist gegenüber Zonengrenzen, die auf dem Grundstück verlaufen, einzuhalten[128]. Für Gebäude, deren Fassaden eine gesetzlich festgelegte Länge überschreiten, wird in einigen Rechten der Abstand um einen bestimmten Teil der Mehrlänge vergrössert[129]. 7.68

Die Baugesetze erlauben häufig die Abänderung der Grenzabstände durch Vereinbarung unter den beteiligten Nachbarn. Der Gebäudeabstand ist in der Regel einzuhalten. Die Vereinbarung ist Voraussetzung zur Erteilung der Baubewilligung. Ihre Eintragung ins Grundbuch weist 7.69

126 Vgl. BGE 109 Ia 188 ff., Flims GR.
127 Vgl. BGE 121 III 244; sie stehen einer Zwangsverwertung entgegen.
128 Vgl. BGE 119 Ia 121, Baden AG.
129 Sogenannter Mehrlängenzuschlag; vgl. z.B. § 122 Abs. 5 PBG LU.

sie als *Grunddienstbarkeit* (Servitut) aus[130]. Sie behält zwar ihre privatrechtliche Natur, doch führt ihre Verknüpfung mit dem öffentlichen Baurecht dazu, dass jede Veränderung der Mitwirkung und Zustimmung der Baubehörden bedarf[131]. Sie wird indessen zur öffentlichrechtlichen Eigentumsbeschränkung, wenn sie von der Behörde in Verfügungsform auferlegt wird[132].

7.70 Massgebender *Messpunkt* der Abstände ist in der Regel die äussere Gebäudehülle (Fassade). Bei nachträglich angebrachten Fassadenisolationen bleibt der ursprüngliche Messpunkt massgebend[133].

7.71 Als *Bauweise* wird im Allgemeinen das Siedlungskonzept der geschlossenen oder der offenen Bebauung verstanden[134]. Geschlossen ist die Bebauung, wenn die benachbarten Gebäude auch über die Parzellengrenzen hinweg und in der Regel parallel zur Strasse aneinandergebaut werden; die Gebäude werden auf die Grenze gestellt. Sollen alle Gebäude einer Reihe oder eines Strassenzuges die gleiche Bautiefe aufweisen, so erübrigt diese sogenannte Blockrand-, Zeilen- oder Randzonenbauweise die Anwendung von Nutzungsziffern. Diese werden, zur Begrenzung der Baudichte, allenfalls eingesetzt, wenn auf einem hinreichend grossen Grundstück mit Randbebauung zusätzliche Gebäude erstellt werden sollen. Die geschlossene Bauweise ist ein Charakteristikum von Siedlungskernen und städtischen Siedlungen. Auch da kann von den Baugesetzen die offene Bauweise im Interesse besserer Überbauungen und vermehrter Freiflächen erlaubt werden, sei es mittels Ausnahmebewilligung[135] oder über Sondernutzungspläne[136].

c) Dimensionen der Bauten

7.72 Abhängig von der Nutzungszone sind die äusseren Abmessungen der Gebäude in der Horizontalen wie in der Vertikalen:

---

130 Art. 731 Abs. 1 ZGB; vgl. § 158 Abs. 4 HBG BS.

131 Vgl. § 94 Abs. 2 Satz 2 RBG BL.

132 Vgl. BGE 121 III 244.

133 Vgl. § 136 Abs. 8 HBG BS; Art. 98 Bauverordnung BE.

134 Vgl. HALLER/KARLEN, Rz. 670.

135 Vgl. § 12 Ziff. 3 Zonenvorschriften BS.

136 Vgl. namentlich Gestaltungspläne; vgl. § 21 BauG AG.

- *Länge* der Gebäude als Mass der Hauptfassade, die in der Regel parallel zur Strasse steht. 7.73

- *Breite* der Gebäude als Mass der Seitenfassade. 7.74

- *Höhe* der Gebäude mit unterschiedlichen Höhenmassen: Wand- oder Fassadenhöhe (im Schnittpunkt Fassade/Dach), Traufhöhe, Firsthöhe als maximale Höhe des Bauwerks. Der Begriff der Gebäudehöhe wird für die Wandhöhe verwendet[137]. Höhenbeschränkungen sind gemäss Luftfahrtrecht möglich[138]. 7.75

- Die *Geschosszahl* gibt in der Regel die Zahl der zulässigen oberirdischen Vollgeschosse an. Die Bezeichnung der Zone enthält bereits einen Hinweis auf die Geschosszahl (z.B. W3 = Wohnzone mit drei Vollgeschossen). Als Vollgeschoss gilt jedes Geschoss, dessen Fussboden über dem für die Messung der Wandhöhe massgebenden Terrain (vgl. Rz. 7.87) liegt und bis zu den Hauptfassaden reicht. Besondere Regeln gelten für die Zählung der Geschosse bei Gebäuden in Hanglagen. 7.76

Besondere Geschosstypen sind das Sockel-, das Dach- und das Kellergeschoss. Das *Sockelgeschoss* wird häufig als zusätzliches unterstes Vollgeschoss zugelassen, wenn auf eine Wohnnutzung im Dachgeschoss und auf ein sichtbares Kellergeschoss verzichtet wird[139]; das Sockelgeschoss kann für ausgelagerte Einzelräume von Wohnungen, für kleinere Gewerbebetriebe usw. verwendet werden. – Die *Dachgeschosse*, die dadurch definiert werden, dass sie oberhalb der maximalen Wandhöhe bis zur Firsthöhe realisiert werden können, werden teils in die zulässige Geschosszahl eingerechnet[140], teils können sie zusätzlich zur Geschosszahl zu zonenmässigen Zwecken genutzt werden[141]. Dachgeschosse, die lediglich als Stauräume und ähnliches (Estriche) genutzt werden, fallen in der Regel aus der Zählung der zulässigen Geschosse heraus[142]. – *Keller-* 7.77

137 Vgl. § 278 PBG ZH.
138 Flugsicherheitszonen; vgl. Art. 42 Abs. 1 lit. a Luftfahrtgesetz vom 21. Dezember 1948, Fassung vom 17. Dezember 1971.
139 Vgl. § 5 Ziff. 3 Zonenvorschriften BS.
140 Vgl. § 276 PBG ZH.
141 Vgl. § 6 Zonenvorschriften BS.
142 Vgl. § 276 PBG ZH (Fassung vom 1. September 1991: Streichung von Abs. 2).

geschosse zählen dann nicht als Vollgeschosse, wenn sie entweder vollständig unter dem Boden liegen oder nur bis zu einem bestimmten Höchstmass aus dem Boden ragen[143].

7.78 Die *Untergeschosse* sind unter nutzungsplanerischen Gesichtspunkten in der Regel nicht generell begrenzt. Ihre Zahl hängt aber von den Grundwasserverhältnissen ab[144]. Meistens dürfen sie die Fassadenfluchten des oberirdischen Gebäudes überschreiten, so dass, insbesondere für Tiefgaragen, die gesamte Parzellenfläche unterirdisch in Anspruch genommen werden kann.

d) Besondere Nutzungselemente

7.79 Beachtung verdienen Teile von Gebäuden, die über die Hauptfassade und die Dachhaut *hinausragen* und die Nutzung vergrössern, wie Erker, Balkone, Risalite, Aussentreppen, Dachaufbauten und -einschnitte. Sie werden – im Allgemeinen im Verhältnis zur Gebäude- bzw. Fassadenlänge[145] – begrenzt, damit die Hauptfassade als solche ablesbar bleibt. Obwohl solche Bauelemente in hohem Mass die Vergrösserung der Nutzung bezwecken, tragen sie doch auch zur Gestaltung der Gebäude bei. Andere vorragende Bauteile haben ausschliesslich die Bedeutung, das Äussere der Gebäude zu gestalten. Auf sie ist im nächsten Abschnitt einzugehen (Rz. 7.82).

2. Gestaltungsvorschriften

a) Gestaltung der Gebäude

aa) Allgemeine Ästhetikvorschriften

7.80 Neue Bauten und Änderungen an bestehenden Bauten müssen hinsichtlich ihres Äusseren bestimmten gestalterischen Anforderungen genügen. Das gilt sowohl für die Erscheinung eines Gebäudes als solchen als auch für seine Wirkung auf die (gebaute und ungebaute) Umgebung. Der

---

143 Vgl. § 171 Abs. 3 lit. b HBG BS: 1,80 m bzw. 1,20 m, je nach dem, ob das Gebäude an einem mehr als drei Meter breiten Vorgarten steht oder nicht.

144 Vgl. Art. 43 Abs. 4 GSchG.

145 Zum Beispiel: § 292 PBG ZH: Dachaufbauten höchstens 1/3 der Fassadenlänge.

Massstab der Beurteilung wird durch ästhetische Generalklauseln gebildet; sie werden üblicherweise als positive und als negative Generalklauseln formuliert. Besondere Ästhetikvorschriften sind diejenigen des Ortsbild- und Denkmalschutzes (siehe Rz. 7.44 f.).

Negative Ästhetikklauseln[146] enthalten das Verbot der Verunstaltung und das Verbot der Beeinträchtigung; dieses legt an die Gestaltung einen strengeren Massstab an als jenes, das nur das Hässliche und das das Bestehende erheblich Störende ausschliessen will[147]. *Positive Ästhetikklauseln*[148] verlangen, dass Bauten und bauliche Veränderungen so gestaltet werden, dass eine gute oder befriedigende (Gesamt-)Wirkung erreicht wird oder dass sie sich gut in die bestehende Bebauung einfügen. Die unterschiedlichen Arten von Ästhetikklauseln wirken sich in der Praxis nicht sichtbar aus; eine positive Klausel muss nicht zu grösserer Zurückhaltung der Bewilligungsbehörden führen als eine negative. Es bilden sich in den Kantonen und Gemeinden Anschauungen heran, wie eine Ästhetikvorschrift im jeweiligen Kontext umgesetzt werden muss. 7.81

Die Beurteilung aufgrund der Ästhetikklausel ist immer eine konkrete und damit eine örtlichkeitsbezogene: Was am einen Ort stört, kann an einem andern Ort den Anforderungen genügen[149]. Erfasst werden Material, Farbe, Zierelemente (z.B. Markisen, Gesimse, Fenstergitter), Aushängeschilder usw. Beurteilt wird darüber hinaus aber das gesamte Bauprojekt; beispielsweise ist die Zulässigkeit eines Flachdaches oder von abgesenkten Hauseingängen auch eine Frage der Ästhetik[150]. Unzulässig ist es aber, über die Ästhetikvorschriften die durch die Nutzungszonen gewährten Nutzungsmöglichkeiten einzuschränken, so dass im Ergebnis eine Änderung der Grundordnung eintritt[151]. 7.82

146 Vgl. z.B. § 43 V EGZGB BS.
147 Vgl. Ruch, Rekurspraxis, 36.
148 Vgl. z.B. § 238 PBG ZH.
149 Vgl. Ruch, Bau- und Raumplanungsrecht, 573; Haller/Karlen, Rz. 678.
150 Vgl. Ruch, Rekurspraxis, 36 f.
151 Vgl. BGE 115 Ia 363, Ormont-Dessus VD.

bb) Reklamen und Aussenantennen

7.83 Häufig regeln die kantonalen Baugesetze die Zulässigkeit von Reklameeinrichtungen gesondert, unter Umständen sogar mit einer verschärfenden Ästhetiknorm. Insbesondere wird ein Unterschied zwischen Eigen- und Fremdreklame gemacht. Ebenfalls besondere Aufmerksamkeit schenken die Gesetzgeber den Aussenantennen, namentlich den Parabol- und den oft recht eindrücklichen Funkantennen. Der Konflikt zwischen Stadtbildpflege und Informationsfreiheit[152] wird zur Zeit bundesrechtlich von Art. 53 RTVG zu lösen versucht: Das Antennenverbot ist im Interesse des Schutzes «bedeutender Ort- und Landschaftsbilder, von geschichtlichen Stätten oder von Natur- und Kunstdenkmälern» zulässig, doch muss «der Empfang von Programmen, wie er mit durchschnittlichem Antennenaufwand möglich wäre, unter zumutbaren Bedingungen gewährleistet» bleiben.

b) Umgebungsgestaltung

7.84 Zahlreiche Vorschriften befassen sich mit der Gestaltung der Umgebung (des «Aussenraums») eines Bauwerks, so insbesondere über die Ausgestaltung und Herrichtung der Vorgärten und der Freiflächen des Grundstücks, über Bepflanzungen, über Einfriedigungen und dergleichen[153]. Zum Bestandteil des Baugesuchs kann hierfür ein sogenannter *Umgebungsplan* gemacht werden, dessen Realisierung als Auflage in die Baubewilligung aufgenommen werden kann.

c) Würdigung

7.85 Die Gestaltung der Gebäude erheischt in aller Regel, namentlich aber in ästhetisch empfindlichen Gegenden, besondere Sorgfalt. Von erheblicher Bedeutung sind deshalb Kontaktnahmen des Projektanden mit den zuständigen Behörden im Vorfeld der Gesuchseinreichung und die Erwirkung eines Vorentscheids (vgl. Rz. 9.61 ff.), der sich auf die gestalterischen Belange bezieht.

---

152 Vgl. BGE 120 Ib 66 ff.; ZBl 86/1985, 70.
153 Vgl. z.B. § 238 Abs. 3 PBG ZH.

IV. Technische Vorschriften

1. Baugrund und Terrain

Die gesetzlich häufig unausgesprochene Forderung, dass alle Bauten und Anlagen nur auf solidem und unverschmutztem Baugrund erstellt werden dürfen (*qualitative* Bodenstruktur), beruht auf altem Baupolizeirecht, das die Verwendung von Abfallmaterial und Deponien verhindern wollte[154]. Das geltende Recht setzt auf Bundesebene mit der Pflicht der Grundeigentümer zur Sanierung von durch Abfälle belasteten Böden an (Art. 32c USG, sogenannte *Abfallaltlasten*[155]). Die Bodenschutzbestimmungen des USG dagegen finden ausdrücklich (Art. 33 Abs. 2 USG) keine Anwendung auf die bauliche Nutzung; sie bezwecken keine quantitative Erhaltung unversiegelter Flächen und damit keine Beschränkung der Bautätigkeit, sondern die Erhaltung der Fruchtbarkeit des unversiegelten Bodens. Die Ausnahme von der Beschränkung physikalischer Bodenbelastung gilt aber nur für den eigentlichen Standort bewilligter Hoch- und Tiefbauten[156]. 7.86

Das Baugrundstück umfasst ein bestimmtes Terrain (*quantitative* Bodenstruktur), das vor allem als Ausgangspunkt für die Höhenmasse der Bauten massgebend ist. Die Gesetze sprechen häufig vom gewachsenen[157] oder natürlichen Terrain. Als solches gilt ein (nämlich das bestehende) Terrain, das der Bauherr seinem Projekt zugrunde legen darf, ohne dass er allenfalls früher vorhandene, abweichende Terrainmasse ermitteln müsste. Dabei kann auf Angaben abgestellt werden, die bei früheren Projekten in genehmigten Bauplänen festgehalten worden sind[158]. Durch die Regelung des gewachsenen Terrains soll verhindert werden, dass die Höhenkote vorweg künstlich zugunsten eines für ein Projekt besseren Messpunkts verändert wird. 7.87

---

154 Vgl. § 135 HBG BS.

155 Vgl. Botschaft des Bundesrates zu einer Änderung des USG vom 7. Juni 1993 = BBl 1993 II 1492; Altlasten-Verordnung (AltlV) vom 26. August 1998.

156 Vgl. Botschaft des Bundesrates (vorstehende Fn.), 1510.

157 Zum Beispiel § 280 PBG ZH, § 12 Allgemeine Verordnung zum Baugesetz AG, Art. 97 BauV BE.

158 Vgl. LVGE 1993 II Nr. 3, 104 f.

2. Allgemeine Konstruktionsvorschriften

7.88 Basis jedes Bauvorhabens ist die *statische Sicherheit* der Baute: Fundation, Konstruktion und Material müssen gewährleisten, dass keine Personen oder Sachen gefährdet werden. Diese Gewährleistung umfasst sowohl die Sorgfaltspflicht bei der Errichtung der Baute als auch die Pflicht, die Baute fortwährend in einwandfreiem Zustand zu erhalten. Die Gesetze verwenden Generalklauseln: Die Fundation muss sicher sein, die Erstellung fachmännisch erfolgen[159], die Bauten müssen den anerkannten Regeln der Baukunde[160] oder dem Stand der Technik[161] entsprechen usw. In Konkretisierung dieser offenen Bestimmungen werden im Allgemeinen die Normen des Schweizerischen Ingenieur- und Architektenvereins SIA massgeblich erklärt und angewendet[162]. Die *Erdbebensicherheit* ist Gegenstand der Projektprüfung.

7.89 Konstruktionsvorschriften sind ferner solche über die *Feuersicherheit*. Alle Bauteile müssen einen bestimmten Feuerwiderstand aufweisen. Dabei wird in der Regel stillschweigend oder ausdrücklich auf die Vorschriften der Vereinigung Kantonaler Feuerversicherer VKF verwiesen. Die Bauteile (tragende, nicht tragende Wände, Dächer, Türen, Fenster, Treppen usw.) werden in verschiedene Feuerwiderstandsklassen F eingeteilt[163]. Zur Feuersicherheit gehören sodann konzeptionelle Massnahmen, z.B. Brandabschnitte, Abstände (vgl. dazu Rz. 7.68), Fluchtwege, schliesslich auch Betriebsvorschriften, z.B. Vorschriften über *Feuerungskontrollen*[164].

---

159 Vgl. § 186 HBG BS.

160 Vgl. § 239 Abs. 1 PBG ZH.

161 Vgl. § 2 der Besonderen Bauverordnung I ZH.

162 Vgl. Haller/Karlen, Rz. 686.

163 Beispiel: F 90 bedeutet, dass der Bauteil (z.B. eine Türe) während 90 Minuten dem Feuer widerstehen können muss.

164 Art. 45 USG; Art. 13 Abs. 3 LRV: Zweijahresrhythmus, Ausnahmen in Anhang 3 Ziff. 22 LRV.

Die Materialien, einschliesslich der Anstriche, sind so zu wählen, dass die *Gesundheit* der Benützer der Bauten nicht gefährdet wird. Gewisse Materialien dürfen nach ausdrücklicher Vorschrift nicht verwendet werden[165]. 7.90

Die Vorschriften über die *Isolation* der Gebäude dienen einem umfassenden Schutz der Benützer, nicht nur, wie in einzelnen Gesetzen verankert, sektoriellen Anliegen wie etwa dem Energiesparen[166]. Auch Wärmeschutz und Lärmdämpfung[167] gehören zu den Zwecken der Isolierung. Als massgebend gelten die SIA-Normen 180 über Wärmeschutz und 181 über Schallschutz im Hochbau. Nachträglich anzubringende Aussenisolationen werfen Fragen der Verringerung von Gebäudeabständen (vgl. Rz 7.70) und der ästhetischen Gestaltung der Gebäude auf. Geschützte Gebäude ertragen nicht selten nicht einmal eine Auswechslung der Fenster. 7.91

3. Art, Lage und Grösse der Räume

Welche Arten von Räumen zu erstellen sind, hängt vom konkreten Bauprojekt ab. Für Wohnungen verlangen die Gesetze, vielfach ausdrücklich, die Errichtung von bestimmten Räumen, namentlich *Küchen*[168]. Zu prüfen ist, ob Küchen Wohnräumen gleichgestellt werden[169], was die Anwendung der für Wohnräume geltenden Vorschriften, insbesondere über direkten Zugang ins Freie, bedeutet. Über die Verbindung von Küchen mit eigentlichen Wohnräumen bestehen unterschiedliche Vorschriften: Allgemeine Zulässigkeit[170], Zulassung unter Beschränkung der Anzahl Kochstellen, Zulassung nur für Kleinwohnungen usw. Kriterien sind stets solche der Feuersicherheit und der Belüftung (hiezu Rz. 7.95). 7.92

---

165 Zum Beispiel Asbest: Anhang 3.3 StoV; Holzschutzmittel: Anhang 4.4 StoV.
166 Vgl. § 239 Abs. 3 Satz 2 PBG ZH.
167 Vgl. § 191 HBG BS.
168 Vgl. § 140 HBG BS.
169 So im Kanton BS, vgl. § 144 Abs. 2 HBG.
170 Vgl. § 306 PBG ZH.

7.93 Über die *Lage der Räume* im Gebäude enthält Art. 31 LSV (Grundlage in Art. 22 Abs. 2 USG) die Vorschrift, dass in lärmbelasteten Gebieten in Neubauten und bei wesentlichen Änderungen von bestehenden Gebäuden die lärmempfindlichen Räume auf der dem Lärm abgewandten Seite des Gebäudes angeordnet werden müssen, wenn dadurch die Immissionsgrenzwerte der LSV eingehalten werden können. Einzelne Baugesetze verbieten die Ausrichtung der Mehrheit der Wohnräume auf die Nordseite[171]. Verlangt wird auch eine Grundrissgestaltung der Wohnungen so, dass eine Querlüftung möglich ist. Zu beachten sind schliesslich die Vorschriften, die Wohnräume in den Dachgeschossen und in den Sockel- und Kellergeschossen ausschliessen oder beschränken.

7.94 Vorgeschrieben werden *Mindestmasse* der dem dauernden Aufenthalt von Menschen dienenden Räume (Wohn-, Hobby- und Arbeitsräume): Bodenfläche und Raumhöhe. Angeordnet wird ein allgemeines Mindestmass, das für Bautypen mit geringer Personenanzahl, namentlich Einfamilienhäuser, unterschritten werden kann. Normalmass für Bodenflächen sind 8[172] bis 10[173] m^2, für Raumhöhen 2,40[174] bis 2,50 m[175]. Besondere Regelungen gelten für Kern- und Schutzzonen.

4. Immissionsschutzrechtliche Anforderungen

7.95 Primäre Vorschriften des Immissionsschutzes im Gebäude sind solche über die *Belichtung und Belüftung*: Notwendigkeit von sich öffnenden Fenstern, die ins Freie führen, und Mindestgrösse der Fenster, abhängig von der Grösse des dazugehörenden Raumes[176]. Weitgehend ungeregelt ist die Lufthygiene im Bereich schadstoffemittierender *Farbanstriche und Bodenbeläge* (häufig als «Innenluft» bezeichnet).

171 Vgl. § 301 PBG ZH; Ausnahmemöglichkeit für Kern- und Zentrumszonen sowie Hotels und bei speziellen Verhältnissen.

172 § 169 Ziff. 3 HBG BS.

173 § 303 PBG ZH.

174 § 304 PBG ZH.

175 § 169 Ziff. 1 HBG BS.

176 Zum Beispiel wenigstens ein Zehntel der Bodenfläche, § 302 Abs. 2 PBG ZH; § 162 Abs. 1 HBG BS.

Innerer Schallschutz betrifft Treppen, haustechnische Anlagen sowie Trennbauteile zwischen Nutzungseinheiten, z.B. Wohnungen (Innenwände, Decken, Türen). Die allgemeine Vorschrift ist in Art. 32 ff. LSV enthalten. Verlangt wird die Einhaltung der anerkannten Regeln der Baukunde, wobei die Bestimmung selbst ausdrücklich auf die SIA-Norm 181 (vgl. Rz. 7.91) verweist. Diese Anforderungen gelten nicht nur für Neubauten, sondern auch für Umbauten und die Ersetzung der Bauteile und Anlagen (Art. 32 Abs. 3 LSV). 7.96

5. Interne Sicherheit und Komfort

a) Innere Erschliessung

Zugänge zum Gebäude, Gänge und Treppen werden zur inneren Erschliessung zusammengefasst. Vorgeschrieben sind direkte *Fluchtwege* ins Freie, deren Anordnung sich nach Zweck (Anzahl Menschen) und Bauweise des Gebäudes richtet[177]. Vorgeschrieben sind Mindestmasse der Gang- und Treppenbreiten[178], vereinzelt auch ihre Belichtung und Belüftung[179], ferner das Anbringen von Geländern an Treppen. 7.97

b) Arbeitnehmerschutz

Die Errichtung und Änderung von *Bauten* für Industriebetriebe bedürfen gesonderter kantonaler Bewilligungen (Plangenehmigungen, Art. 7 Abs. 1 ArG), die gleichzeitig mit der Baubewilligung oder auch in diese integriert erteilt werden können. Vor Aufnahme des Betriebs ist zudem die Einholung einer eigenständigen Betriebsbewilligung notwendig (Art. 7 Abs. 3 ArG). Der Bundesrat hat von der in Art. 8 ArG erteilten Ermächtigung Gebrauch gemacht und mit der Verordnung 4 zum Arbeitsgesetz (ArGV 4) vom 18. August 1993 (SR 822.114) mehrere Kategorien von nichtindustriellen Betrieben den Vorschriften von Art. 7 ArG unterstellt (Art. 1 Abs. 2 ArGV 4). Diese Verordnung wie auch die ArGV 3 enthalten baurechtliche Vorschriften im eigentlichen Sinn. 7.98

177 Vgl. § 305 Abs. 2 PBG ZH.
178 Vgl. § 305 Abs. 1 PBG ZH (1,20 m); § 88 HBG BS (Treppen 1,10 m).
179 Vgl. § 167 HBG BS.

c) *Behindertengerechtes Bauen*

7.99 Einige kantonale Baurechte enthalten Vorschriften über behindertengerechtes Bauen. Häufig wird unterschieden zwischen Gebäuden mit öffentlicher Zwecksetzung (Gebäude der öffentlichen Verwaltung, Gebäude, deren Betrieb mit staatlichen Beiträgen unterstützt wird), Privatgebäuden mit Publikumsverkehr (Banken, Warenhäuser usw.) und privaten Wohn- und Geschäftshäusern. Für die ersten beiden Typen schreiben die Gesetze eine behindertengerechte Gestaltung und Ausrüstung vor[180], für die dritte Art enthalten sie abgeschwächte Verpflichtungen («angemessen zu berücksichtigen»[181]) oder verzichten auf eine Vorschrift. Die Baubewilligungsbehörden verfügen aber über Merkblätter der Behindertenorganisationen, die als Empfehlungen dienen.

6. Technische Anlagen und Ausstattungen

a) *Energieversorgung und Klimatisierung*

7.100 Die Ausrüstung der Gebäude mit *elektrischen* Versorgungsanlagen (Verteiler, Leitungen) ist unter den Gesichtspunkten der Sicherheit vom Bundesrecht beherrscht[182], die Regelung der Hausinstallationen der Versorgung mit *Gas*, *Fernwärme* und *Wasser* dagegen ist Sache des kantonalen Rechts[183, 184]. In allen Fällen bestimmen aber die Versorgungsbetriebe die Leistungsfähigkeit (Ausbaustandard, Dimension) der Anlagen, die für die Versorgung eines bestimmten Gebäudes zu erstellen sind.

7.101 Bewilligungspflichtig ist die Einrichtung bestimmter *Energie- und Klimageräte*, auch wenn die Geräte selbst typengeprüft sind, z.B. ortsfeste Elektroheizungen, Aussenheizungen, Warmluftvorhänge, Heizungen für offene Schwimmbäder, Klimaanlagen; massgebend ist das Energierecht des Bundes. Das Energiegesetz (EnG) vom 26. Juni 1998 verpflichtet die

---

180 Vgl. § 239 Abs. 4 Satz 1 PBG ZH; Art. 94 LATC VD nimmt nur Einfamilienhäuser aus.

181 § 239 Abs. 4 Satz 2 PBG ZH.

182 Bundesgesetz betreffend die elektrischen Schwach- und Starkstromanlagen (Elektrizitätsgesetz) vom 24. Juni 1902 (SR 734.0), Starkstromverordnung vom 30. März 1994 (SR 734.2), Niederspannungs-Installationsverordnung (NIV) vom 6. September 1989 (SR 734.27), Leitungsverordnung (LeV) vom 30. März 1994 (SR 734.31).

183 Art. 6 Abs. 2 RLV nimmt die Hausinstallationen ausdrücklich von der Geltung des Rohrleitungsgesetzes aus.

184 Verteilanlagen der Trinkwasserversorgung müssen vor ihrer Erstellung, Erweiterung und Änderung der kantonalen Vollzugsbehörde des Lebensmittelrechts (in der Regel das kantonale Labor) gemeldet werden (Art. 276 LMV).

Kantone, Vorschriften über sparsame und rationelle Energienutzung in Gebäuden und insbesondere über die verbrauchsabhängige Heiz- und Warmwasserkostenabrechnung zu erlassen[185]. Frei sollen die Kantone sein, die Installation neuer ortsfester Elektroheizungen der Bewilligungspflicht zu unterstellen. – Sonnenkollektoren verlangen, einerlei ob sie im Boden oder am Gebäude verankert werden, rücksichtsvolle Einpassung. Sie gelten als Erschliessungsanlagen[186], weshalb sie, sollen sie Gebäuden in der Bauzone dienen, grundsätzlich ebenfalls in die Bauzone gehören.

b) Beförderungsanlagen

Aufzüge, Rolltreppen und ähnliche Anlagen unterliegen als elektrizitätstechnische Anlagen der Bundesgesetzgebung. Das kantonale Baurecht schreibt allenfalls eine zweckmässige Anzahl und Einrichtung (Plazierung) solcher Anlagen vor[187]. Der Einbau der Motoren der Aufzüge kann gestalterische Probleme aufwerfen, wenn sie ausserhalb des Daches sichtbar sind (vgl. Rz. 7.79); die Baugesetze enthalten darüber häufig besondere Regelungen, die die Zulässigkeit der Liftaufbauten nicht allein von ästhetischen Wertungen abhängig machen. 7.102

c) Entsorgung

Die Entsorgung der *Abwässer* ist im Allgemeinen Gegenstand eigenständiger Kanalisationsgesetzgebung, die sich an die Regelungen im eidgenössischen Gewässerschutzrecht anschliesst (siehe hierüber oben Rz. 7.32 ff. und 6.25). 7.103

Die Entsorgung der *Abfälle* ist in den Grundsätzen im USG, Art. 30 ff., geregelt. Das Gesetz unterscheidet zwischen Siedlungsabfällen und «übrigen» Abfällen (Art. 31b und 31c USG). Siedlungsabfälle werden von den Kantonen entsorgt, wozu auch die Einsammlung gehört (Art. 7 Abs. 6bis USG). Die Baugesetze schreiben im Hinblick darauf vor, dass 7.104

185 Art. 9 EnG (BBl 1998, 3586); aus kantonalen Rechten z.B. Art. 28–31 der Allgemeinen Energieverordnung (AEV) BE vom 13. Januar 1993.

186 Vgl. BGE vom 3. September 1997 = ZBl 99/1998, 335, Sagogn GR, Ablehnung der Standortgebundenheit einer Kollektoranlage für die Warmwasserbereitung ausserhalb der Bauzone.

187 Vgl. § 296 PBG ZH.

Plätze oder Räume für die Bereitstellung des Kehrichts errichtet werden müssen[188].

d) Abstellplätze und Briefkästen

7.105 Die Fahrzeuge der Bewohner sollen nicht auf dem öffentlichen Grund, sondern auf den Grundstücken abgestellt werden. Die Baugesetze schreiben daher die Erstellung von Abstellplätzen, namentlich für *Motorfahrzeuge*, aber zum Teil auch für *Fahrräder*, vor. Die Kriterien, nach denen sich die Anzahl der Plätze richtet, sind unterschiedlich und oft gegenläufig, indem die einen für mehr, die andern für weniger Plätze sprechen: Art und Belegung des Gebäudes, Beruhigung des Verkehrs, Angebot an öffentlichen Verkehrsmitteln und Gemeinschaftsanlagen, allgemeine örtliche Verhältnisse, Schutz der Wohngebiete vor Verkehrsimmissionen und dergleichen[189]. Die nähere Ausgestaltung der kantonalen Vorschriften ist dem Gemeinderecht überlassen, und die Festlegung der Abstellplätze im Einzelfall ist Sache der Baubehörden. Entfällt im Einzelfall die Pflicht zur Parkplatzerstellung, so hat der Pflichtige eine *Ersatzabgabe* zu leisten. Diese kann sich unter Umständen dann erübrigen, wenn ausserhalb des Grundstücks ein Ersatzparkplatz nachgewiesen werden kann[190]. – Über die Standorte von *Briefkästen* und Zustellanlagen sind Regelungen in der Verordnung des UVEK zur Postverordnung vom 18. März 1998 (SR 783.011), Art. 10 ff., enthalten.

e) Freizeitausstattungen

7.106 Gewisse Baugesetze schreiben die Errichtung von *Kinderspielplätzen*, vor allem bei Mehrfamilienhäusern, und anderer Freizeitflächen in den *Gärten* und im *Hinterland* vor. Die Baubehörden bestimmen in den Bauentscheiden die konkrete Ausstattung.

---

188 Vgl. § 249 PBG ZH.

189 Vgl. § 242 PBG ZH: Abs. 2 in der Fassung vom 1. September 1991 als Ausdruck des gewandelten Verständnisses der Bedeutung der Fahrzeugverwendung in Richtung auf Reduktion der Abstellplätze aus Umweltgründen.

190 Vgl. HALLER/KARLEN, Rz. 693 a.E.

7. Schutzräume

Das Bundesgesetz über die baulichen Massnahmen im Zivilschutz (Schutzbautengesetz, BMG) vom 4. Oktober 1963 (SR 520.2) verpflichtet die privaten Grundeigentümer, in Neubauten und bei wesentlichen Umbauten Schutzräume zu errichten. An die Stelle des Schutzraumbaues kann unter bestimmten Voraussetzungen die Entrichtung einer *Ersatzabgabe* treten. 7.107

8. Verkehrssicherheit

Das kantonale Recht kennt Vorschriften über die Gewährleistung der Verkehrssicherheit[191], einmal durch die *Benützung* der Gebäude, namentlich von Zu- und Wegfahrten. Vorgeschrieben werden können Wendeplätze auf dem Grundstück oder besondere Einrichtungen wie Spiegel oder Signalanlagen. Zu berücksichtigen ist nicht nur der rollende Verkehr auf der Strasse, sondern auch der Fussgängerverkehr auf dem Trottoir. Aber auch die *Bauten* und baulichen Einrichtungen selbst dürfen den Strassenverkehr nicht behindern. Insbesondere Einfriedigungen entlang der Strasse und an Strassenecken dürfen die Übersicht nicht beeinträchtigen, was sowohl für künstliche als auch für pflanzliche Einrichtungen gilt[192]. 7.108

V. Vorschriften für den Bauvorgang

1. Inanspruchnahme von Nachbargrundstücken

Verschiedene kantonale Gesetze enthalten Vorschriften darüber, dass während des Bauvorgangs Nachbargrundstücke in Anspruch genommen, namentlich betreten und vorübergehend benutzt werden dürfen. Vorausgesetzt ist, dass die Bauarbeiten anders nicht oder nur mit unverhältnismässigem Aufwand durchgeführt werden könnten und dass das Eigentum des Nachbarn nicht auf unzumutbare Weise beeinträchtigt wird. Teils 7.109

191 Vgl. § 240 und 241 PBG ZH.
192 Vgl. § 56 HBG BS.

finden sich die Vorschriften in öffentlichrechtlichen Baugesetzen[193], teils in zivilrechtlichen Einführungsgesetzen zum ZGB[194]. Die Inanspruchnahme als solche und der daraus allenfalls erwachsende Schaden sind dem Nachbarn zu ersetzen.

7.110 Zu den Nachbargrundstücken gehört in einem weiten Sinn auch der öffentliche Grund. Muss er für Bauplatzinstallationen in Anspruch genommen werden, so bedarf es einer Bewilligung für gesteigerten Gemeingebrauch (zur Konzession siehe oben Rz 7.54 ff.). Nur vereinzelte Baugesetze enthalten darüber spezielle Vorschriften[195]; sonst ist die allgemeine Ordnung der Inanspruchnahme von öffentlichem Grund massgebend.

2. Sanierung von Altlasten

7.111 Verunreinigtes Erdreich, das beim Aushub für einen Neubau zutagetritt, muss beseitigt werden. Bei dieser Sanierung von *Altlasten*[196] (vgl. auch oben Rz. 7.86) stellen sich Fragen[197]:

7.112 – Ist die Altlast umweltverträglich? Die Sanierungspflicht besteht, wenn schädliche oder lästige Einwirkungen eingetreten oder zu erwarten sind (Art. 32c Abs. 1 USG). Die Sanierungspflicht ist auch in Art. 8 GSchG enthalten.

7.113 – Wer ist sanierungspflichtig? Das massgebende Recht folgt dem *Störerprinzip* (Art. 32d und 59 USG und Art. 54 GSchG bezüglich der Kostentragung: kostenpflichtig ist der Verursacher). Altlasten gelten als Abfälle, weshalb der Inhaber für die Beseitigung besorgt sein muss (Art. 31c USG). Das bedeutet, dass der Grundeigentümer in erster Linie für die Sanierung verantwortlich ist, auch wenn er nicht Verur-

193 Vgl. z.B. § 229 PBG ZH.

194 Vgl. z.B. § 172 EG ZGB BS.

195 Zum Beispiel § 231 PBG ZH.

196 Der Bundesrat hat gestützt auf Art. 32c USG am 26. August 1998 die Altlastenverordnung (AltlV) erlassen; vgl. oben Fn. 155, ferner CHRISTOPH WENGER, Die neue Altlastenverordnung, URP 1997, 721 ff.

197 Vgl. BGE 121 II 413.

sacher der Verunreinigung ist. Er kann sich am Verursacher schadlos halten.

- Wie weit ist eine Altlast zu sanieren? Der Pflichtige ist zunächst von der Behörde aufzufordern, eigene Sanierungsvorschläge zu unterbreiten (Art. 16 Abs. 3 USG). Sodann verfügt die Behörde die erforderlichen Sanierungsmassnahmen. Diese müssen einerseits gewährleisten, dass die Gefahr der Beeinträchtigung wegfällt, andererseits ist gegenüber dem Pflichtigen der Verhältnismässigkeitsgrundsatz zu wahren. 7.114

3. Lärmvorschriften für Baumaschinen und -geräte

Der Betrieb der Baumaschinen und -geräte unterliegt im Hinblick auf den Lärm, den sie verursachen, der Lärmschutz-Verordnung des Bundesrates (Art. 1 Abs. 2 lit. a LSV in Verbindung mit Art. 7 Abs. 7 USG: Geräte und Maschinen gelten als «Anlagen»). Die Lärmemissionen werden nach dem Vorsorgeprinzip begrenzt: so weit, als es technisch und betrieblich möglich sowie wirtschaftlich tragbar ist (Art. 4 Abs. 1 lit. a LSV); Massstab ist aber stets auch, dass die betroffene Bevölkerung in ihrem Wohlbefinden nicht erheblich gestört wird (Art. 4 Abs. 1 lit. b LSV). Baumaschinen unterliegen einer *Typenprüfung*, wobei das UVEK die Arten der prüfpflichtigen Maschinen und die Anforderungen an die Begrenzungen festlegt (Art. 5 LSV). Diese Festlegung steht noch aus, so dass die kantonalen Behörden Art. 4 LSV direkt umzusetzen haben. Art. 6 LSV beauftragt das BUWAL, Richtlinien über bauliche und betriebliche Massnahmen zur Begrenzung des Baulärms zu erlassen. Zur Zeit liegen diese erst in einem Entwurf vor. 7.115

4. Entsorgung von Bauschutt

Vorschriften über die Entsorgung von Bauabfällen sind in der Technischen Verordnung über Abfälle TVA vom 10. Dezember 1990 (SR 814.015) enthalten. Art. 9 schreibt vor, dass zunächst Sonderabfälle (z.B. Isolationsmaterial) nicht mit den übrigen Abfällen vermischt werden dürfen und dass sodann die übrigen Abfälle auf der Baustelle zu trennen sind in: 7.116

- unverschmutztes Aushub- und Abraummaterial; es ist für Rekultivierungen wiederzuverwerten (vgl. TVA Anhang 1 Ziff. 12 Abs. 2);
- Abfälle, die ohne weitere Behandlung auf Inertstoffdeponien (vgl. TVA Anhang 1 Ziff. 1) abgelagert werden dürfen;
- brennbare Abfälle (wie Holz, Papier, Karton, Kunststoffe);
- andere Abfälle.

7.117 Die Baubewilligungsbehörde kann Routen festlegen, die von den Lastwagen in Rücksicht auf Lärm- und Luftbelastungen zu benützen sind (Art. 12 Abs. 1 lit. c USG).

VI. Ausnahmen von den öffentlichrechtlichen Bauvorschriften

1. Funktionen und Arten von Ausnahmen

7.118 Kein Raumplanungs- und kein Baugesetz kommt ohne Ausnahmebestimmungen aus. Die gesetzliche Grundordnung beruht auf Generalisierungen, die nicht jedem Einzelfall Rechnung tragen können. Das ist indessen nur dann von rechtlicher Bedeutung, wenn die Grundordnung zu Ergebnissen führte, die allgemeinen Prinzipien der Rechtsordnung (vor allem der Billigkeit, Gerechtigkeit als Gebot der Rücksichtnahme auf Einzelfallbesonderheiten, der Verhältnismässigkeit) zuwiderlaufen oder dem Zweck des anzuwendenden Gesetzes widersprechen, zu Ergebnissen also, die der Gesetzgeber nicht gewollt haben kann. Die Ausnahmebewilligung erlaubt keine Korrektur der gesetzlichen Ordnung, sondern nur Rücksichtnahme auf Besonderheiten eines Einzelfalls[198].

7.119 Die Ermächtigung der Behörden, von gesetzlichen Vorschriften abzuweichen, benötigt eine *eindeutige gesetzliche Grundlage*[199]. Die Ausnahmemöglichkeit muss nicht ausdrücklich als solche gekennzeichnet sein, es genügt, wenn sie sich aus einer Vorschrift (z.B. aus einer «Kann-Formel») eindeutig ermitteln lässt[200]. Das Verhältnismässigkeitsprinzip für sich allein, ohne dass das Gesetz eine Ausnahme zulässt, rechtfertigt ein Abweichen vom Gesetz nicht[201].

---

198 Vgl. BGE 117 Ia 146 E. 4, Sils i. E.

199 Vgl. Good-Weinberger, 18 f.; Schürmann/Hänni, 269.

200 Vgl. Ruch, Das Recht in der Raumordnung, 177 f.

201 Vgl. Good-Weinberger, 18 f.; Zimmerli, 56 f.

Die Ausnahme muss sich wenigstens am *Zweck des Gesetzes*, von dessen Vorschriften sie abweicht, orientieren; sie darf ihm nicht zuwiderlaufen. Notwendig ist – sowohl für die primäre Beurteilung, ob ein Sonderfall vorliegt, als auch für die sekundäre, mit welchen Massnahmen ihm Rechnung getragen werden kann – eine *umfassende Abwägung* aller erheblichen öffentlichen und privaten Interessen[202]. Wirtschaftliche Schwierigkeiten, die der Bauherr selbst zu vertreten hat, stellen keinen Grund für die Erteilung einer Ausnahmebewilligung dar[203], ebensowenig rein finanzielle (günstigere Lösung, Renditeüberlegungen) oder persönliche Gründe. 7.120

Nach allgemeiner Auffassung besteht auf die Erteilung einer Ausnahmebewilligung *kein Anspruch*[204]. Die Behörde ist aber an das Gleichbehandlungsgebot[205] und das Willkürverbot gebunden, wenn sie den ihr zukommenden Entscheidungsspielraum ausnützt. Eine Ausnahmebewilligung muss vom Gesuchsteller *beantragt* werden (siehe auch unten Rz. 7.122); er muss begründen, weshalb eine Ausnahmesituation vorliegt und dass die von ihm beantragte Lösung mit Rücksicht auf alle in Betracht fallenden Interessen die Massnahme ist, die der besonderen Situation am besten Rechnung trägt (zu dieser Zweiteilung der Fragestellung siehe auch Rz. 7.120). Auch wenn die Behörde das Vorliegen eines Sonderfalls bejaht, kann sie eine vom Gesuch abweichende Lösung verfügen. Sie hat in diesem Fall Gesuchsteller und Einsprecher anzuhören. 7.121

Wenn der Bauwillige nach ordentlichem Recht bauen will, die Behörde im Prüfungsverfahren aber feststellt, dass dies nicht zulässig ist und sie das Gesuch abweisen müsste, dass aber eine Ausnahmemöglichkeit besteht, so hat sie das Gesuch zur Ergänzung zurückzuweisen. Sie kann nicht von sich aus eine Ausnahmebewilligung erteilen; sie ist aber verpflichtet, die Gesuchsteller auf die Möglichkeit hinzuweisen. Das Analoge gilt für das nachträgliche Bewilligungsverfahren (siehe unten Rz. 14.44). 7.122

Ausnahmebewilligungen können mit *Auflagen und Bedingungen* verbunden werden. Diese haben sich ebenfalls am Gesetzeszweck auszurichten, 7.123

202 RHINOW/KRÄHENMANN, 112.

203 BGE 107 Ia 214, Lauterbrunnen BE.

204 Vgl. RHINOW/KRÄHENMANN, 112.

205 Vgl. BGE 112 Ib 54, ausnahmsweise Befreiung von der Kanalisationsanschlusspflicht, SH.

aber auch am spezifischen Inhalt der konkreten Ausnahmelösung (im Einzelnen unten Rz. 9.48 ff.).

7.124 Die Gewährung von Ausnahmen ist nach RPG zulässig gegenüber Zonenvorschriften und Bauvorschriften, nicht aber gegenüber der Erschliessungspflicht (Art. 22 Abs. 2 lit. b RPG, vgl. auch unten Rz. 7.126 am Ende)[206] und gegenüber der in Art. 22 Abs. 1 RPG festgehaltenen Baubewilligungspflicht. Die Ausnahmebewilligung im Baurecht wird in die Baubewilligung integriert; sie ist deshalb durch Beschwerde gegen die Baubewilligung anzufechten, kann dann aber zum eigenständigen Prozessgegenstand gemacht werden.

7.125 Das Raumplanungsgesetz des Bundes führt zwei Grundtypen von baurechtlichen Ausnahmebewilligungen ein: *Ausnahmen innerhalb und Ausnahmen ausserhalb der Bauzonen* (Art. 23 und 24 RPG). Zu den ersteren äussert sich das Gesetz nicht; es belässt ihre Regelung den Kantonen. Für die Ausnahmen ausserhalb der Bauzonen nimmt es nochmals eine Zweiteilung vor: *Erstens* (Art. 24 Abs. 1 RPG): Bauten und Anlagen, die dem Nutzungszweck des betreffenden Nichtbaugebiets widersprechen, sind nicht absolut unzulässig; sie müssen aber strenge Voraussetzungen erfüllen, die das RPG selbst abschliessend aufzählt[207]. Den Kantonen bleibt keinerlei Spielraum eigener Rechtsschöpfung. Es handelt sich um eine eigentliche bundesrechtliche Ausnahmebewilligung. *Zweitens* (Art. 24 Abs. 2 RPG): Bestehende Bauten und Anlagen geniessen von Bundesrechts wegen einen erweiterten, über den unveränderten Bestand hinausgehenden Bestandesschutz, wenn der kantonale Gesetzgeber von der gesetzlichen Ermächtigung Gebrauch macht, diesen Bestandesschutz vorzusehen (siehe Rz. 7.131). Die Kantone sind hierin frei; sie dürfen aber über den vom RPG gezogenen Rahmen nicht hinausgehen. Die in Art. 24 Abs. 2 gewählten Begriffe sind bundesrechtliche Begriffe, können von den Kantonen somit nicht eigenständig interpretiert werden. Dennoch gelten diese Ausnahmen als kantonalrechtlich, weil kantonales

206 Vgl. HALLER/KARLEN, Rz. 715.

207 Dabei handelt es sich nicht um Generalklauseln wie «besondere Härte» oder «Unzweckmässigkeit», sondern lediglich um unbestimmte Gesetzesbegriffe (vgl. Rz. 7.127 f.).

Ausführungsrecht vorausgesetzt wird[208]. – Zum gegenseitigen Verhältnis der beiden Absätze von Art. 24: Zunächst ist zu prüfen, ob kantonales Recht die Ausnahmen nach Abs. 2 zulässt und, bejahendenfalls, ob eine Ausnahme gewährt werden kann. Trifft dies nicht zu, so ist zu prüfen, ob die Voraussetzungen von Abs. 1 vorliegen.

2. Ausnahmebewilligung nach Art. 24 Abs. 1 RPG

Das Raumplanungsgesetz des Bundes befasst sich ausdrücklich mit der 7.126
Frage, ob und unter welchen Voraussetzungen Bauten und Anlagen bewilligt werden können, die dem Zweck der Nutzungszone, in der sie erstellt werden sollen und die sich ausserhalb des Baugebiets befindet, nicht entsprechen. Die erste Frage wird im Grundsatz bejaht; die zweite wird mit zwei raumplanerischen Kriterien verknüpft: Standortgebundenheit und Interessenabwägung. – Der Anwendungsbereich der Ausnahmemöglichkeit erstreckt sich auf die Errichtung und die Zweckänderung von nicht zonenkonformen Bauten und Anlagen ausserhalb von Bauzonen. Mit der Möglichkeit, die Zonenwidrigkeit aufzufangen, ist gleichzeitig festgelegt, dass von der allgemeinen Erschliessungspflicht (Art. 22 Abs. 2 lit. b RPG) in keinem Fall dispensiert werden kann.

Standortgebundenheit[209] (lit. a) bedeutet, dass die Baute oder Anlage 7.127
entweder im Baugebiet zweckgemäss gar nicht erstellt werden kann, sondern auf einen Standort ausserhalb des Baugebiets angewiesen ist (z.B. Bergrestaurant[210], Energiegewinnungs- und -transportanlagen, Fernmeldeanlagen,[211] als *positive* Standortgebundenheit bezeichnet) oder wegen ihrer Auswirkungen sinnvollerweise ausserhalb des Baugebiets plaziert wird (z.B. Schiessanlage[212], Tierheime[213], als *negative* Standortgebundenheit bezeichnet). Der *Zweck* der Baute muss einen

---

208 Vgl. Botschaft des Bundesrates zu einer Teilrevision des RPG vom 22. Mai 1996 = BBl 1996 III 513 ff., 540 und 553.

209 Zum Ganzen, auch mit Beispielen, vgl. HALLER/KARLEN, Rz. 747 ff.

210 Vgl. BGE 117 Ib 266.

211 Vgl. BGE 115 Ib 136, PTT-Richtstrahlantenne Höhronen SZ.

212 Vgl. BGE 112 Ib 49, VS; 114 Ib 130 E. 4c, Bitsch VS.

213 Vgl. BGE vom 5. April 1994 = ZBl 96/1995, 166, Rothrist AG, Tierheim für je 30 Hunde und Katzen.

Standort ausserhalb der Bauzone erfordern. Es ist aber nicht notwendig, dass kein anderer als der gewählte Standort in Betracht fällt (sogenannte bloss relative Standortgebundenheit); auch dieser Gesichtspunkt ist im Grunde genommen in der Interessenabwägung zu berücksichtigen.

7.128 Verlangt ist eine *objektive* Betrachtung der Funktion der Baute oder Anlage. Massgebend sind technische oder betriebliche Gründe. Das spielt vor allem eine Rolle, wenn ein standortbedingtes Objekt erweitert werden soll[214] bzw. wenn zu prüfen ist, ob eine zonenfremde Nutzung durch die primäre, zonenmässige Nutzung bedingt oder gerechtfertigt ist[215]. Ist ein Hobbybetrieb (Landwirtschaft) als solcher zwar zonenkonform, so können sich doch die ihm dienenden Bauten als zonenfremd und zudem als nicht standortgebunden erweisen[216].

Der Standort ausserhalb der Bauzonen muss *erforderlich* sein. Abzustellen ist auf das konkrete Projekt und die örtlichen Verhältnisse[217]. Nicht berücksichtigt werden dürfen erst künftige, in unbestimmter Zukunft allenfalls zu realisierende Zwecke. Aufgrund von lit. a kann indessen nicht verlangt werden, dass der Gesuchsteller ein Bedürfnis an der Realisierung nachweist; solches und andere subjektive Vorstellungen gehören zur Interessengewichtung gemäss lit. b.

---

214 Zum Beispiel: Erweiterung eines Bergrestaurants durch Angestelltenzimmer, BGE 117 Ib 266, Churwalden GR, Alp Stätz, Standortgebundenheit verneint.

215 Zum Beispiel: BGE 121 II 67, ZH, betriebliche Notwendigkeit von Wohnraum (Wohnwagen) für einen Landwirtschaftsbetrieb verneint; gleichzeitig verneinte das Bundesgericht die Standortgebundenheit aus sozialen bzw. sozialtherapeutischen Gründen, da Landwirtschaft klar im Vordergrund stand. Die «positive» Standortgebundenheit kann bejaht werden, wenn die Landwirtschaft in den Dienst der Therapie gestellt wird; vgl. BGE 112 Ib 99, 103, Stallikon ZH. Vgl. auch BGE 121 II 314 ff., Wohnhaus bei einem landwirtschaftlichen Gewerbe, Zusammenfassung der Kriterien. Ferner BGE 116 Ib 228, Schlossrued AG, Stöckli (Wohnraum für Betagte, die ein Leben lang in der Landwirtschaft gearbeitet haben). ZBl 92/1991, 174: Innere Aufstockung. BGE vom 17.6.1994 = ZBl 96/1995, 378 ff., Betriebswohnung für Familienangehörige und Angestellte zu einem Gartenbaubetrieb, Standortgebundenheit bejaht.

216 Vgl. BGE 112 Ib 406, Allschwil BL, Gerätehäuschen. Anders BGE vom 28.3.1994 = ZBl 96/1995, 178 ff., Pferdestall für hobbymässige Pferdehaltung *im Rahmen* eines Landwirtschaftsbetriebs ist standortgebunden.

217 Vgl. BGE 121 II 316 E. 5g, Arni BE, Wohnhaus in der Landwirtschaftszone.

Die *Interessenabwägung* (lit. b) ist vorzunehmen, wenn die Standortgebundenheit bejaht wird. Die Interessenabwägung dient auch der Beantwortung der Frage des «Ob»[218], nicht erst, wenn der Standort als gebunden erachtet wurde, der Frage des «Wie». Aus dem Wortlaut von lit. b («keine überwiegenden Interessen entgegenstehen») leitet das Bundesgericht die Pflicht zu einer *umfassenden* Interessenabwägung ab: Alle öffentlichen und privaten Interessen sind zu ermitteln und zu beurteilen (besonders auf ihre Vereinbarkeit mit der anzustrebenden räumlichen Entwicklung und auf die möglichen Auswirkungen). Der Entscheid ist aufgrund der Interessenabwägung zu begründen (Art. 3 RPV). In der Interessenabwägung sind auch Alternativen (Standort, Gestaltung, Verzicht) zu prüfen, soweit massgebliche Interessen im Spiel sind[219]. 7.129

Die Ausnahmebewilligung wird erst mit der Zustimmung der kantonalen Behörde wirksam, sofern diese nicht selbst zur Erteilung zuständig ist (Art. 25 Abs. 3 RPG). 7.130

3. Erleichterte Ausnahmebewilligung nach Art. 24 Abs. 2 RPG

Gemäss Art. 24 Abs. 2 RPG kann das kantonale Recht gestatten, Bauten und Anlagen zu erneuern, teilweise zu ändern oder wieder aufzubauen, wenn dies mit den wichtigen Anliegen der Raumplanung vereinbar ist. Im Gegensatz zu Abs. 1 ist diese Vorschrift nicht direkt anwendbar; vielmehr muss der *kantonale Gesetzgeber* von der eingeräumten Kompetenz Gebrauch machen und *gestützt* auf Abs. 2 die genannten Massnahmen zulassen. 7.131

Der Konditionalsatz bedeutet, dass, kantonale Vorschrift vorausgesetzt, Bewilligungen nur aufgrund einer umfassenden *Interessen- und Güterabwägung* erteilt werden dürfen; sie entspricht der Interessenabwägung, die in Abs. 1 vorgeschrieben ist (oben Rz. 7.129)[220]. 7.132

---

218 An der Erhaltung kleinerer landwirtschaftlicher Familienbetriebe, insbes. in Abwanderungsgebieten, besteht ein erhebliches öffentliches Interesse; BGE 121 II 316 E. 5 f. (zonenkonforme Wohnnutzung in der Landwirtschaftszone).

219 Vgl. BGE 115 Ib 145, PTT-Betriebe, Höhronen, Feusisberg SZ.

220 Vgl. HALLER/KARLEN, Rz. 811.

7.133 Abs. 2 ist Ausdruck der *Besitzstandsgarantie*: Ein bestehender Zustand ist Ausgangspunkt. Es geht nicht um Standortgebundenheit, doch erfasst die Bestimmung auch standortgebundende Bauten[221]. Die Bauten und Anlagen, die Abs. 2 im Auge hat, sind seinerzeit rechtmässig erstellt worden, nunmehr aber widersprechen sie der Zonenordnung dadurch, dass sie ihrem Zweck entsprechend ausserhalb der Bauzonen, wo sie sich befinden, nicht zugelassen werden könnten. Art. 24 Abs. 2 RPG ordnet die Vorschrift unter die «Ausnahmen» ein; die Revision 1998 behielt diese Ordnung bei (Änderung vom 20. März 1998, Art. 24a: «Kantonalrechtliche Ausnahmen für Bauten und Anlagen ausserhalb der Bauzonen»). Das Baugesetz des Kantons Aargau vom 19. Januar 1993 beispielsweise regelt die Materie ausdrücklich nicht unter dem Titel «Ausnahmen» (§ 67), sondern unter «Besitzstandsgarantie» (§ 70). Damit ist, zu Recht, die Position des Gesuchstellers letztlich nicht durch den fehlenden Anspruch auf Bewilligungserteilung gekennzeichnet (vgl. Rz. 7.121), sondern entspricht derjenigen, die er bei der Anwendung eines unbestimmten Gesetzesbegriffs hat (vgl. Rz. 9.37). Zu den drei Voraussetzungen im Einzelnen:

7.134 Die *Erneuerung* bedeutet Erhaltung des bestehenden Zustands, Angleichung an die Erfordernisse der Zeit, ohne Veränderung des Erscheinungsbildes oder des Zwecks. Diese Vorkehrungen stehen generell schon unter dem Schutz der Eigentumsgarantie, bedürfen deshalb keiner zusätzlichen Regelung.

7.135 *Teilweise Änderung*[222] kann sein, was über die blosse Erneuerung (Rz. 7.134) hinausgeht. Auch Zweckänderungen fallen darunter, sofern sie nur einen Teil des bisherigen Zwecks betreffen. Eine vollständige Zweckänderung unter Beibehaltung des bestehenden Gebäudes ist keine teilweise Änderung, könnte daher nicht nach Abs. 2 bewilligt werden[223]. Die Zweckänderung darf nicht wesentlich neue Nutzungsmöglichkeiten eröffnen[224]. Bauliche Änderungen müssen gegenüber der bestehenden

---

221 Daher ist § 357 Abs. 3 PBG ZH zu eng, der nur weder zonengemässen noch standortgebundenen Bauten die Wohltat von Art. 24 Abs. 2 angedeihen lässt; vgl. HALLER/KARLEN, Rz. 793.

222 Vgl. die Darstellung der Beispiele bei HALLER/KARLEN, Rz. 801 ff.

223 Vgl. BGE 113 Ib 306, Richterswil.

224 Vgl. THOMAS MÜLLER, 125.

Baute von untergeordneter Bedeutung sein; die Identität der Baute muss in den wesentlichen Zügen gewahrt bleiben[225]. Über allem ist eine gesamtheitliche Betrachtung anzustellen; quantitative Überlegungen (in Prozentzahlen z.B.) spielen eine untergeordnete Rolle; auch eine quantitativ unerhebliche Erweiterung des bestehenden Gebäudes kann dessen «Identität» beeinträchtigen[226].

Wiederaufbau ist die Errichtung eines Neubaus anstelle einer beseitigten 7.136
Baute oder Anlage. Der Neubau muss das Erscheinungsbild des Altbaus aufnehmen; Veränderungen sind nur im Rahmen der «teilweisen Änderung» (vgl. Rz. 7.135) zulässig. Der Grund der Beseitigung ist vom Bundesrecht her nicht von Bedeutung; es können Naturgewalten oder willentlicher Abbruch durch den Eigentümer sein. Die Beseitigung der Baute darf indessen nicht so weit zurückliegen, dass von einer Aufgabe der Nutzung bzw. vom Untergang des Bauwerks gesprochen werden muss[227]. Die Beseitigung darf auch nicht aus polizeilichen Gründen gerechtfertigt gewesen sein. Die Identität ist auch in Bezug auf den Standort gefordert[228]. In besonderen Fällen, so, wenn der alte Standort unzweckmässig geworden ist und an der Baute oder Anlage nach wie vor ein erhebliches Interesse besteht, kann ein Wiederaufbau auch bei einer geringfügigen Verlegung des Standorts bejaht werden[229].

4. Ausnahmebewilligungen innerhalb der Bauzonen

Über Ausnahmen für Bauten und Anlagen innerhalb der Bauzonen trifft 7.137
das Raumplanungsgesetz des Bundes keine Regelungen, sondern überlässt die Materie dem kantonalen Recht (Art. 23 RPG). Dieses enthält häufig eine generelle Ausnahmeklausel, die ermöglicht, dass im Einzel-

225 Vgl. BGE 112 Ib 97, Malix.

226 Vgl. THOMAS MÜLLER, 119 f.

227 Vgl. BGE 116 Ib 234, Stöckli, Schlossrued AG; BGE vom 18.8.1992 in: ZBl 94/1993, 76 ff./78 E. 2 d, Bocciabahn im Wald, Uitikon ZH; BGE vom 7.3.1994 = ZBl 96/1995, 188: Erforderlich ist auch das ununterbrochene Interesse an einer Baute oder Anlage.

228 Vgl. BGE 110 Ib 141: Eine Entfernung des neuen vom alten Standort von 35 m führt zur Verweigerung einer Ausnahmebewilligung.

229 Vgl. BGE vom 7.3.1994 = ZBl 96/1995, 188 f., SZ, Nauenanlegestelle.

fall von den jeweils anwendbaren Bau- und Nutzungsvorschriften abgewichen wird[230]. Sodann gibt es punktuelle Dispensnormen, die in bestimmt umschriebenen Bereichen Ausnahmen zulassen, z.B. für die Verminderung des Waldabstands[231], von der Pflicht zur Einfriedigung des Grundstücks gegen den öffentlichen Grund[232], von Begrünungs-, Abstands-, Gestaltungsvorschriften usw. Gerade im Falle von Dispensen von Abstandsvorschriften ist den Interessen der Nachbarn in besonderer Weise Rechnung zu tragen.

7.138 Die Ausnahme von der generellen gesetzlichen Regelung dient grundsätzlich:

- der Milderung einer besonderen *Härte*, die der Grundeigentümer bzw. Bauherr durch die Durchsetzung der gesetzlichen Regelordnung erlitte[233];
- der Verhinderung planerisch oder baulich *unerwünschter Lösungen*[234].

7.139 Eine dritte Kategorie stellen die städtebaulichen Ausnahmebewilligungen dar: Die Bebauung nach der Grundordnung wäre weder unzumutbar noch unzweckmässig, es lassen sich aber bessere Lösungen denken, wenn von der Grundordnung abgewichen wird[235]. Die Besonderheit dieser auf rein öffentliche Interessenwahrung ausgerichteten Gesetzesdispense liegt darin, dass der Bauherr selbst durch die Regelnorm nicht so eingeschränkt wird, dass er davon abweichen möchte. Unter Umständen verliert er durch die Abweichung sogar an Nutzung. Die Ausnahme ist häufig gegen den Willen des Bauherrn durchzusetzen. Die städtebauliche Ausnahmebewilligung rückt daher in die Nähe des Gestaltungsplans.

230 Vgl. z.B. § 220 PBG ZH; § 67 BauG AG.

231 Vgl. § 62 HBG BS.

232 Vgl. § 51 HBG BS.

233 Vgl. BGE 107 Ia 216, Lauterbrunnen BE.

234 Vgl. BGE 99 Ia 138, Bagnes VS.

235 Vgl. das Beispiel bei RUCH, Das Recht in der Raumordnung, 177: § 12 Ziff. 3 Abs. 1 Zonenvorschriften BS.

VII. Checklisten

1. Nutzungsplanerische Grundlagen

- In welcher (Nutzungs-)Zone des Zonenplans der Gemeinde oder des Kantons liegt das Baugrundstück[236]? Welchem (Nutzungs-)Zweck dient das Bauvorhaben[237]?
- Liegt das Baugrundstück gemäss dem Zonenplan in der Bauzone oder ausserhalb der Bauzone[238]? Wenn es ausserhalb der Bauzone liegt: Entspricht das Bauvorhaben der Nichtbauzone[239]?
- Wenn das Bauvorhaben der Nichtbauzone nicht entspricht: Ist im Hinblick auf die Realisierung des Projekts zunächst eine ihm gemässe Zone festzusetzen[240]?
- Wenn keine Nutzungszone festzusetzen ist: Kann eine Ausnahmebewilligung gemäss Art. 24 RPG in Betracht gezogen werden[241]? Für das Folgende wird davon ausgegangen, dass das Projekt zonenkonform ist bzw. sein soll.
- Bestehen ausser dem Zonenplan weitere Planungsgrundlagen, z.B. Sondernutzungspläne, überlagernde Schutzzonen (Landschafts-, Gewässerschutzzonen), Wald[242]?
- Welche Arten der Nutzung können gemäss den Nutzungsplänen auf dem Grundstück realisiert werden[243]?
- Welche Lärmempfindlichkeitsstufe (LES) ist gemäss Zonenplan oder Baugesetz für das Baugrundstück massgebend[244]? Ist noch keine LES festgelegt, so wird sie im Bewilligungsverfahren bestimmt und in die Baubewilligung aufgenommen.
- Besteht für das Grundstück ein Vorbehalt, dass vor der Erteilung einer Baubewilligung ein projektbezogener Überbauungs- oder Gestaltungs-

236 Rz. 7.12, 7.47 ff.
237 Rz. 7.46.
238 Rz. 7.51.
239 Rz. 7.51, 7.40, 7.42.
240 Rz. 1.60.
241 Rz. 7.126 ff.
242 Rz. 7.13, 7.16, 7.26, 7.34, 7.40.
243 Rz. 7.46 ff.
244 Rz. 7.10.

plan erlassen werden muss[245]?

Dieser Vorbehalt kann enthalten sein:

- Im Zonenplan.
- Im Gesetz als Ermächtigung an die Baubehörde, im Einzelfall die Pflicht zum Erlass eines Plans zu begründen.

- Besteht für das Grundstück eine Veränderungssperre (Planungszone, Bausperre)[246]?

2. Nutzungsrechtliche Konzeption des Bauprojekts

- Sind bestehende Objekte auf dem Grundstück in ein Schutz-Inventar eingetragen[247]?

  Es kann sich handeln um:
  - Naturobjekte (Pflanzen, Landschaftselemente, Tiere)[248].
  - Künstliche Objekte (Gebäude, andere Kulturgüter)[249].
- Ist die Umgebung des Baugrundstücks geschützt, so dass sich dieser Schutz auf die Nutzung des Grundstücks auswirkt[250]?
- Wie sind die Grundwasserverhältnisse im Hinblick auf in den Untergrund zu erstellende Bauteile? Gelten Baubeschränkungen bzw. könnten solche von den Behörden verfügt werden[251]?
- Bestehen generelle Höhenbeschränkungen, insbesondere aufgrund von Flugsicherheitszonen[252]?
- Welche Vorschriften bestehen im Hinblick auf das Ausmass der Nutzungsmöglichkeiten auf dem Baugrundstück[253]? Insbesondere: Ist eine Nutzungsziffer, namentlich eine Ausnützungsziffer (AZ), massgebend[254]?

245 Rz. 7.16 f.
246 Rz. 7.20 ff.
247 Rz. 7.26.
248 Rz. 7.28 f.
249 Rz. 7.45.
250 Rz. 7.45.
251 Rz. 7.34, 7.78.
252 Rz. 7.75.
253 Rz. 7.57 ff.
254 Rz. 7.59 ff.

- In welchem örtlichen Bereich des Grundstücks (Baubereich) kann bzw. muss das Projekt realisiert werden[255]? Ist geschlossene oder offene Bebauung vorgeschrieben[256]?
- Sollten gesetzliche Vorschriften nicht eingehalten werden können: sind Ausnahmebewilligungen möglich[257]?

3. Gestaltung des Projekts

- Welche Abstände sind einzuhalten[258]:
  - gegenüber der Strasse, der Eisenbahn, dem Wald, Gewässern?
  - gegenüber benachbarten Grundstücken und Gebäuden auf Nachbarparzellen?
  - gegenüber bestehenden Gebäuden auf dem Baugrundstück?
- Welche Regelungen bestehen für die Grundrissdimensionen (Länge, Breite) des Gebäudes[259]?
- Welche Höhen der Wände, des Gesamtgebäudes (First), welche Dachformen (Satteldach, Flachdach) sind zu beachten (Gebäudeprofil)[260]?
- Wieviele Geschosse können realisiert werden[261]?
- Können Balkone, Risalite, Erker, Aufbauten usw. angebracht werden? Wieweit ist ihr Ausmass begrenzt mit dem Ziel, dass sie nicht in die Messung der Aussenhülle des Gebäudes (Fassade, Dach) einbezogen werden[262]?
- Welche gesetzlichen Vorschriften bestehen in Bezug auf die Architektur, die ästhetische Gestaltung des Gebäudes und seiner einzelnen Teile[263]?
- Bestehen Vorschriften über die Farbgebung[264]?

---

255 Rz. 7.67.
256 Rz. 7.71.
257 Rz. 7.137.
258 Rz. 7.68.
259 Rz. 7.73 f.
260 Rz. 7.75, 7.82, 7.87.
261 Rz. 7.76 ff.
262 Rz. 7.79.
263 Rz. 7.80 ff.
264 Rz. 7.82.

- Sollten gesetzliche Vorschriften nicht eingehalten werden können: Sind Ausnahmebewilligungen möglich[265]?

4. Konstruktion

- Ist der Baugrund so beschaffen, dass das Projekt darauf errichtet werden kann[266]? Bestehen Abfallaltlasten[267]? Ist der Boden genügend stabil? Besteht Rutschgefahr[268]?
- Welche Vorschriften und Regeln bestehen für die eigentliche Konstruktion des Gebäudes und seiner Teile (Statik, Feuersicherheit, Isolation der Bauteile gegen aussen und innen usw.)[269]?
- Sind die baulichen Erfordernisse von Energiesparvorschriften erfüllt[270]?
- Welche Vorschriften bestehen für die sanitarischen Einrichtungen und in Bezug auf die hygienischen Belange (Belüftung, Belichtung)[271]?
- Wie sind die Einrichtungen der inneren Erschliessung (Gänge, Treppen, Fluchtwege) zu konzipieren (Anzahl, Lage, Ausmasse) und zu konstruieren[272]?
- Was ist für die behindertengerechte Benützung des Gebäudes vorzukehren[273]?
- Wie und wo sind die einzelnen Räume anzuordnen? Müssen Wohnräume auf der dem Lärm abgewandten Seite («Lee») plaziert werden[274]?
- Welche Masse (Fläche, Höhe) müssen die Räume aufweisen[275]?
- Was ist bei der Wahl der Materialien für die Auskleidung des Innern des Gebäudes zu beachten[276]?

---

265 Rz. 7.137 ff.
266 Rz. 7.86.
267 Rz. 7.86.
268 Rz. 7.86, 7.88.
269 Rz. 4.44 ff., 4.61 ff., 7.88 ff.
270 Rz. 7.91, 7.101.
271 Rz. 7.95.
272 Rz. 7.97.
273 Rz. 7.99.
274 Rz. 7.92 f.
275 Rz. 7.94.
276 Rz. 7.90, 7.95.

- Welche Vorschriften und Regeln bestehen für die eigentliche technische Ausstattung (Versorgungs- und Entsorgungsleitungen, Aufzüge usw.)[277]?
- Sind Abstellplätze für Fahrzeuge (Motorfahrzeuge, Fahrräder) und für die Abfallsammlung einzurichten[278]?
- Sind Spielplätze zu erstellen[279]?
- Besteht die Pflicht zur Erstellung von Schutzräumen? In welchem Ausmass[280]?
- Sollten gesetzliche Vorschriften nicht eingehalten werden können: sind Ausnahmebewilligungen möglich[281]?

5. Bauvorgang

- Sind mit den Nachbarn Absprachen und Vereinbarungen über die Inanspruchnahme ihrer Grundstücke während des Bauens zu treffen[282]?
- Sind vor der Inangriffnahme der eigentlichen Bauarbeiten Altlasten zu sanieren[283]?
- Wie ist der Bauvorgang zu organisieren? Ist der Unternehmer im Hinblick auf die Wahl der Arbeitsgeräte zu instruieren (Lärmschutz)[284]?
- Sind Anordnungen in Bezug auf Transport und Routen der Transportfahrzeuge zu treffen[285]?

277 Rz. 7.96, 7.100 ff.
278 Rz. 7.104 f.
279 Rz. 7.106.
280 Rz. 7.107.
281 Rz. 7.137 ff.
282 Rz. 7.109.
283 Rz. 7.111 ff.
284 Rz. 7.115.
285 Rz. 7.116 f.

§ 8 Architektur- und Bauingenieurverträge

PATRICK KRAUSKOPF-FORERO/THOMAS SIEGENTHALER*

Literaturauswahl: BARRELET DENIS/EGLOFF WILLI, Das neue Urheberrecht, Bern 1994; BÜHLER THEODOR, Zürcher Kommentar, Bd. V, Teilbd. V 2d, Art. 363–379 OR, Zürich 1998; BRUNNER HANS-ULRICH, Die Anwendung deliktsrechtlicher Regeln auf die Vertragshaftung, Diss. Freiburg 1991; VON BÜREN ROLAND/DAVID LUCAS (Hrsg.), Schweizerisches Immaterialgüter- und Wettbewerbsrecht, Bd. II/1, Urheberrecht und verwandte Schutzrechte, Basel 1995 (*zitiert:* Bearbeiter, Urheberrecht); DAVID LUCAS, Die Baukunst im Urheberrecht, 100 Jahre URG, Bern 1983, 263 ff.; DERENDINGER PETER, Die Nicht- und die nichtrichtige Erfüllung des einfachen Auftrages, Diss. Freiburg 1988; DESSEMONTET FRANÇOIS, Le droit d'auteur des architectes, BRT 1995, Bd. II, 24 ff. (*zitiert:* DESSEMONTET, BRT 1995); FELLMANN WALTER, Die Haftung des Architekten und des Ingenieurs für Werkmängel, in: Koller Alfred (Hrsg.), Haftung für Werkmängel, St. Gallen 1998, 77 ff. (*zitiert:* FELLMANN, Werkmängel); *ders.,* Berner Kommentar, 2. Abt., 4. Teilbd., Art. 394–406 OR, Bern 1992; GAUCH PETER, Der Werkvertrag, 4. Aufl., Zürich 1996; *ders.,* Überschreitung des Kostenvoranschlages – Notizen zur Vertragshaftung des Architekten (oder Ingenieurs), BR 1989, 79 ff. (*zitiert:* GAUCH, BR 1989); *ders.,* Die Haftung des Architekten für die Überschreitung seines Kostenvoranschlages, in: FS Heiermann zum 60. Geburtstag, Wiesbaden und Berlin 1995 (*zitiert:* GAUCH, FS Heiermann); GAUCH PETER/SCHLUEP WALTER, Schweizerisches Obligationenrecht, Allgemeiner Teil, 6. Aufl., Zürich 1995; GAUCH PETER/TERCIER PIERRE (Hrsg.), Das Architektenrecht/Le droit de l'architecte, 3. Aufl., Freiburg 1995 (*zitiert:* Bearbeiter, ArchR); GEISSELER ROBERT, Fragen der zivilrechtlichen Haftung für Bauunfälle, BR 1986, 27 ff.; GMÜR PHILIPPE, Die Vergütung des Beauftragten, Diss. Freiburg 1994; GUHL THEO/KOLLER ALFRED/DRUEY JEAN NICOLAS, Das schweizerische Obligationenrecht, 8. Aufl., Zürich 1991; HESS URS, Der Architekten- und Ingenieurvertrag, Dietikon 1986; *ders.,* Bauhaftpflicht, Dietikon 1994 (*zitiert:* HESS, Bauhaftpflicht); HONSELL HEINRICH, Schweizerisches Obligationenrecht, Besonderer Teil, 4. Aufl., Bern 1997; HONSELL HEINRICH/VOGT NEDIM PETER/WIEGAND WOLFGANG (Hrsg.), Kommentar zum Schweizerischen Privatrecht, Obligationenrecht I, Art. 1–529 OR, 2. Aufl., Basel/Frankfurt a.M. 1996 (*zitiert:* Bearbeiter, Basler Kommentar); JEANPRÊTRE CORINNE, La responsabilité contractuelle du directeur des travaux de construction, Diss. Neuchâtel, Bern 1996; KOLLER ALFRED, Das Nachbesserungsrecht im Werkvertrag, Zürich 1995; LENDI MARTIN/NEF URS/TRÜMPY DANIEL (Hrsg.), Das private Baurecht der Schweiz, Zürich 1994 (*zitiert:* Bearbeiter, Privates Baurecht); LUTZ MARTIN, Das Urheberrecht des Architekten,

* Wir danken allen, die das Manuskript kritisch durchgesehen und wertvolle Hinweise erteilt haben, insbesondere Frau EVELYNE KRAUSKOPF-PÉNEVÈYRE, Herrn Fürsprecher OLIVER ROSSIAN sowie Herrn MARTIN WERNER. Herrn cand.iur. FRÉDÉRIC KRAUSKOPF danken wir für die Mithilfe anlässlich der Abschlussredaktion.

BRT 1995, Bd. II, 24 ff.; NIGG HANS, Die Haftung mehrerer für einen Baumangel, in: Koller Alfred (Hrsg.), Haftung für Werkmängel, St. Gallen 1998, 121 ff.; PEDRAZZINI MARIO, Neuere Entwicklungen im Urheberrecht des Architekten, BR 1993, 3 ff.; PISTOR BÉATRICE/SCHUMACHER JOST, Wirtschaftliche Realisierarbeit der Projekte des Architekten, BR 1998, 64 ff.; REBER HANS, Rechtshandbuch für Bauunternehmer, Bauherr, Architekt und Bauingenieur, 4. Aufl., Zürich 1983; REHBINDER MANFRED, Schweizerisches Urheberrecht, 2. Aufl., Bern 1996; *ders.,* URG-Urheberrechtsgesetz (kommentiert), Zürich 1993 (*zitiert:* REHBINDER, Kommentar); SCHAUB RUDOLF, Der Engineeringvertrag, Diss. Bern, Zürich 1979; SCHAUMANN CLAUDIA, Rechtsprechung zum Architektenrecht, 2. Aufl., Freiburg 1989; SCHERRER ERWIN, Nebenunternehmer beim Bauen, Diss. Freiburg 1994; SCHUMACHER RAINER, Die Vergütung im Bauwerkvertrag, Freiburg 1998 (*zitiert:* SCHUMACHER, Vergütung), *ders.,* Die Haftung des Architekten für seine Kosteninformationen, recht 1994, 126 ff. (*zitiert:* SCHUMACHER, recht 1994); STIERLI BRUNO, Die Architektenvollmacht, Diss. Freiburg 1988; TAUSKY ROBERT, Die Rechtsnatur der Verträge über die Planung von Bauwerken, Diss. Zürich 1991; TERCIER PIERRE, Les contrats spéciaux, 2. Aufl., Zürich 1995; WERRO FRANZ, Le mandat et ses effets, Freiburg 1993; *ders.,* La responsabilité de l'architecte pour le dépassement du devis et la réparation du dommage né de la confiance déçue, BR 1993, 96 ff. (*zitiert:* WERRO, BR 1993); WIEGAND WOLFGANG, Die privatrechtliche Rechtsprechung des Bundesgerichts im Jahre 1996, ZBJV 1998, 197 ff.; ZEHNDER HANNES, Die Haftung des Architekten für die Überschreitung seines Kostenvoranschlages, Diss. Freiburg 1993; *ders.,* Gedanken zur Mehrpersonenhaftung im Baurecht, BR 1998, 3 ff. (*zitiert:* ZEHNDER, BR 1998); ZELTNER URS, Die Mitwirkung des Bauherrn bei der Erstellung des Bauwerks, Diss. Freiburg 1993.

I. Problemübersicht

8.1 Architekten und Bauingenieuren kommt bei der Erstellung von Bauten eine Schlüsselrolle zu. Allerdings bestehen in der Praxis oft Missverständnisse über Natur und Umfang der geschuldeten Architektur- und Ingenieurleistungen. Gerade die Rolle des bauleitenden Architekten als koordinierender und optimierender Projektmanager scheint bisweilen in einem Widerspruch zum eher künstlerisch ausgerichteten Selbstverständnis eines Teils der Architekten zu stehen. Umgekehrt bekunden einmalige (fachunkundige) Bauherren Mühe damit, im Architekten ihren *Berater* und *Vertreter* und nicht eine Art General- oder Totalunternehmer zu sehen. Baustellen sind zudem Orte bautechnischer Probleme und gegensätzlicher ökonomischer Interessen. Sie sind damit schon ihrer Natur nach konfliktträchtig.

8.2 Vor diesem Hintergrund kommt den Architektur- und Ingenieurverträgen eine wichtige Bedeutung bei der *Konfliktvermeidung bzw. -lösung* zu.

Architektur- und Ingenieurverträge existieren zwar in unterschiedlichen Erscheinungsformen (Rz. 8.3 ff.), doch eine gewisse Einheitlichkeit ergibt sich namentlich aus der üblichen Verwendung der Ordnungen des SIA (Rz. 8.11 ff.). Neben einigen Besonderheiten beim Vertragsabschluss (Rz. 8.18 ff.) sind die im Rahmen der Vertragsabwicklung massgebenden Pflichten von Interesse: Dazu gehören die allgemeine Sorgfalts- und Treuepflicht (Rz. 8.25 ff.), die Planung (Rz. 8.33 ff.), die Bauleitung (Rz. 8.39 ff.) und die Honorierungspflicht (Rz. 8.46 ff.). Die Verletzung von Vertragspflichten kann eine Vertragshaftung nach sich ziehen (Rz. 8.67 ff.). Am Schluss jedes Vertragsverhältnisses steht dessen vertragsgemässe Beendigung oder die vorzeitige Vertragsbeendigung (Rz. 8.86 ff.). Urheberrechte kann der Architekt oder der Ingenieur zum Teil auch darüber hinaus geltend machen (Rz. 8.90 ff.).

II. Merkmale, Erscheinungsformen und Qualifikation

1. Architekturvertrag

Im *Architekturvertrag* («Architektenvertrag») verspricht ein selbständi- 8.3
ger (freischaffender)[1] Architekt dem Bauherrn die Erbringung von Architektenleistungen. Der Architekturvertrag kann auch mit einem Totalunternehmer, einem Bauingenieur oder einem weiteren Architekten zustande kommen. Gegenstand des Architekturvertrages sind Beratung, Planung, Koordination und Überwachung im Zusammenhang mit der Projektierung und Erstellung von Bauvorhaben. Mangels Gesetzesnormen bestimmt die Vertragspraxis die möglichen «Architektenleistungen». Ein Abbild dieses weitgefächerten Tätigkeitsgebietes zeigt der umfangreiche Leistungsbeschrieb in Art. 4 SIA-Ordnung 102[2]. Je nach geschuldeter Leistung ist zu unterscheiden:

- Als «*Vollarchitekt*» wird jener Architekt bezeichnet, der sich (in einem 8.4
  «Gesamtvertrag») zur Ausführung sämtlicher Architektenleistungen verpflichtet, die zur Ausführung eines Bauwerkes erforderlich sind. Er

1 Damit entfällt ab ovo die Anwendung der Bestimmungen zum Einzelarbeitsvertrag (Art. 319 ff. OR).

2 Vgl. unten Rz. 8.12.

übernimmt dabei (mindestens) die Projektierung und die Leitung der Bauausführung (vgl. Art. 2.2 SIA-Ordnung 102).

8.5 Nach neuerer bundesgerichtlicher Rechtsprechung ist der *Gesamtvertrag* als ein aus Werkvertrag und Auftrag gemischtes Vertragsverhältnis zu qualifizieren[3]. Bei der Beurteilung von einzelnen Leistungen des Architekten ist eine «Spaltung» der Rechtsfolgen denkbar: So soll sich etwa die Haftung für einen Planungsfehler nach Werkvertragsrecht richten, jene für unsorgfältige Bauaufsicht nach Auftragsrecht. Demgegenüber möchte ein Teil der Lehre (in Übereinstimmung mit der früheren Rechtsprechung des Bundesgerichts[4]) den Gesamtvertrag ungeteilt dem Auftragsrecht unterstellen[5]. Zu vermerken ist, dass das Bundesgericht bis heute keinen Entscheid publiziert hat, in welchem werkvertragliche Regeln auf einen Aspekt des Gesamtvertrages angewandt worden wären – im Gegenteil:

- Obschon die Erstellung eines schriftlichen *Kostenvoranschlages* für sich allein gesehen eine werkvertragliche Leistung ist, wird die Haftung für Kostenüberschreitungen (soweit diese nicht ausschliesslich eine direkte Folge von Planungsfehlern sind) bei einem Gesamtvertrag einheitlich als auftragsrechtliches Problem angegangen[6].
- Der *Gesamtvertrag* wird – wie das reine Auftragsverhältnis – gesamthaft der Auflösungsregel von Art. 404 OR unterstellt[7].

8.6 – Häufig verpflichtet sich der Architekt nur zu *einzelnen Teilleistungen* im Rahmen eines Bauprojektes. Zur rechtlichen Einordnung:

- *Werkvertraglicher Natur* (Art. 363 ff. OR) ist ein Vertrag, der sich auf die Herstellung von Bauplänen beschränkt (Planungsvertrag)[8]. Das Gleiche gilt für die Herstellung

---

3 BGE 118 II 162 E. 3a; 114 II 56 E. 2b; 110 II 382 E. 2; 109 II 466 E. 3d; auch 119 II 249; ZINDEL/PULVER, Basler Kommentar, N 18 zu Art. 363 OR; differenzierend: TRÜMPY, 130 ff.; WERRO, Nr. 223.

4 BGE 98 II 311 E. 3b; 93 II 313 E. 2; 89 II 406 E. 1.

5 Eingehend GAUCH, Nr. 58 ff.; *ders.*, ArchR, Nr. 39; ebenso FELLMANN, Werkmängel, 86; JEANPRÊTRE, 63; SCHUMACHER, ArchR, Anm. 58 zu Nr. 397; TAUSKY, 255 f.; ZEHNDER, Nr. 17 ff.; a.M. BÜHLER, N 171 zu Art. 363 OR, wonach Werkvertragsrecht zur Anwendung kommt, soweit der Architekt die Verwirklichung des von ihm geleiteten Baus massgebend beeinflusst.

6 BGE 119 II 251 E. 3b/aa; BGE vom 22.12.1992 (4C.287/1991), E. 2.

7 BGE 118 II 162 E. 3a; 110 II 382 E. 2; 109 II 466 E. 3d; BGE vom 24.4.1990 (4C.24/1989), E. 2c.

8 BGE 119 II 428 E. 2b, 45 E. 2d; 114 II 56 E. 2b; 110 II 382 E. 2; 109 II 38 E. 3b, 465 E. 3b/c; ZWR 1993, 190 ff. = BR 1994, Nr. 86, 47; ZR 1996, Nr. 27, 85; GAUCH, Nr. 49; *ders.*, ArchR, Nr. 31; FELLMANN, N 180 zu Art. 394 OR; ZINDEL/PULVER, Basler Kommentar, N 17 zu Art. 363 OR; anders BGE 98 II 305 E. 3b; GVP 1986, 81 ff. = BR 1988, Nr. 1, 11; HESS, Bauhaftpflicht, Nr. 581; TAUSKY, 174 ff.; TRÜMPY, 39 f.

eines schriftlichen Kostenvoranschlages sowie für die Ausarbeitung eines Gutachtens[9].
- Nach *Auftragsrecht* (Art. 394 ff. OR) beurteilen sich demgegenüber die Vergabe von Arbeiten, der Bauleitungs- und der Beratungsvertrag[10].

2. Bauingenieurvertrag

Beim *Bauingenieurvertrag* verspricht der Bauingenieur Leistungen, die über weite Strecken denen eines Architekten gleichen: Hierzu gehören Planung, Projektierung, Projekt- und Bauleitung sowie Beratungs- oder Gutachterengineering (vgl. Art. 2.2 SIA-Ordnung 103)[11]. Im Unterschied zum Architekten, dessen (ästhetisch-gestalterische) Tätigkeit sich in der Regel auf den Hochbau bezieht, liegt der (technisch-funktionale) Aufgabenbereich des Ingenieurs schwergewichtig im Tiefbau. 8.7

- Als *Gesamtleiter* verfasst der Ingenieur den Entwurf und leitet die Projektierung und Ausführung des Bauwerks (Art. 2.3 SIA-Ordnung 103).
- Als *Spezialist* übernimmt er unter der Führung des Gesamtleiters die Bearbeitung von Teilen von Bauwerken, wie z.B. der Tragkonstruktion (Art. 2.4 SIA-Ordnung 103).
- Es kommt auch vor, dass der Bauherr einen sogenannten *«Prüfingenieur»* damit beauftragt, die Leistungen des primär mit der Projektierung beauftragten Ingenieurs zu überprüfen[12].

Die *Strukturen* des Ingenieur- und Architekturvertrages sind in tatsächlicher und rechtlicher Hinsicht *ähnlich*. Darum sind auf beide Vertragstypen grundsätzlich dieselben Regeln anzuwenden[13]. Das gilt namentlich auch für die Frage der Qualifikation[14]. 8.8

---

9 BGE 114 II 56 E. 2b; 110 II 382 E. 2; 109 II 465 E. 3c; GAUCH, Nr. 52; *ders.,* ArchR, Nr. 32; HÜRLIMANN, ArchR, Nr. 1434; ZINDEL/PULVER, Basler Kommentar, N 17 zu Art. 363 OR; vgl. aber oben zum Kostenvoranschlag im Rahmen eines Gesamtvertrages Rz. 8.5.

10 BGE 114 II 56 E. 2b; 110 II 382 E. 2; 109 II 465 E. 3c; FELLMANN, N 181 zu Art. 394 OR; GAUCH, Nr. 55; *ders.,* ArchR, Nr. 36; JEANPRÊTRE, 62 f.; TAUSKY, 255; TRÜMPY, 86; ZINDEL/PULVER, Basler Kommentar, N 17 zu Art. 363 OR.

11 Vgl. WERRO, ArchR, Nr. 2183 ff.; vgl. unten Rz. 8.13.

12 Vgl. dazu HESS, Rechtsfragen beim Einsatz von Prüfingenieuren, BR 1995, 3 ff.

13 BRINER, Privates Baurecht, 23; SCHAUB, 72; WERRO, ArchR, Nr. 2175; vgl. FELLMANN, N 366 zu Art. 398 OR.

14 WERRO, ArchR, Nr. 2190 ff.; GAUCH, Nr. 48; HESS, 24; TAUSKY, 115; zur Qualifikation vgl. oben Rz. 8.5 f.

3. Generalplanervertrag

8.9 Beim *Generalplanervertrag* übernimmt ein aus Architekten, Bauingenieuren oder anderen Spezialisten interdisziplinär zusammengesetztes Generalplanerteam spartenübergreifend sämtliche Projektierungs-, Planungs- und Überwachungstätigkeiten für ein Bauvorhaben[15]. In rechtlicher Hinsicht kann die Beziehung des Generalplaners (bzw. des Generalplanerteams) zum Bauherrn grundsätzlich mit derjenigen des Vollarchitekten gleichgesetzt werden[16].

III. Vertragsgestaltung

8.10 Die *Gestaltung* des Architektur-/Ingenieurvertrages ist von eminenter Bedeutung. Die gesetzlichen Bestimmungen des schweizerischen Obligationenrechts, d.h. in erster Linie die Art. 394 ff. OR, erweisen sich oftmals als zu knapp gehalten und sind im Übrigen nicht auf diesen Vertragstyp zugeschnitten.

1. SIA-Normen und SIA-Formularverträge[17]

8.11 Die Vertragspraxis der Baubranche ist stark von den *Normen und Ordnungen des Schweizerischen Ingenieur- und Architekten-Vereins* (SIA) geprägt. Im Bereich der Architektur- und Bauingenieurleistungen wurden die «Ordnung für Leistungen und Honorare der Architekten» (SIA-Ordnung 102, Ausgabe 1984) und die «Ordnung für Leistungen und Honorare der Bauingenieure» (SIA-Ordnung 103, Ausgabe 1984) herausgegeben. Ausserdem gibt der SIA einen Mustervertrag für Gesamtleistungen («Generalplanervertrag», SIA-1015) heraus[18].

---

15 Vgl. BRINER, Privates Baurecht, 23; HESS, Bauhaftpflicht, Nr. 689; TAUSKY, 84. Auf die Arbeitsgemeinschaft (ARGE) von Architekten/Ingenieuren finden (intern) grundsätzlich die Bestimmungen zur einfachen Gesellschaft (Art. 530 ff. OR) Anwendung.

16 HESS, Bauhaftpflicht, Nr. 689; zum Vollarchitekten vgl. oben Rz. 8.4.

17 Vgl. dazu auch oben Rz. 4.26 ff.

18 Zum Generalplanervertrag vgl. auch oben Rz. 8.9 und unten Rz. 8.59.

Die *SIA-Ordnung 102* umschreibt die Rechte und Pflichten bei Aufträgen an Architekten (Art. 1.1). Im Vordergrund stehen die Bestimmungen über die Architekturleistungen und deren Vergütung. Die Leistungen werden dabei in Grund- und Zusatzleistungen gegliedert (Art. 3.2.1). Während die Grundleistungen all jene Leistungen umfassen, die zur ordnungsgemässen Erfüllung eines Auftrages im Allgemeinen erforderlich und ausreichend sind, gelten jene Leistungen, welche zu den Grundleistungen aufgrund der Natur der Aufgabe oder auf Wunsch des Auftraggebers hinzutreten, als Zusatzleistungen (Art. 3.2.2/3)[19]. Im Übrigen enthält Art. 5.2.1 für die Honorierung drei verschiedene Tarife: den Zeit-, den Kosten- und den Volumentarif[20]. 8.12

Die *SIA-Ordnung 103* umschreibt die Rechte und Pflichten der Vertragsparteien bei Aufträgen an Bauingenieure und Fachleute verwandter Berufe (Art. 1.1). Art. 3.2 unterscheidet zwischen Grund- und Zusatzleistungen. Soweit Grundleistungen in Frage stehen, werden diese in Art. 4.1 für den gesamtleitenden Ingenieur und in Art. 4.2 für den Spezialisten umschrieben. Bezüglich der Honorierung enthält die SIA-Ordnung 103 (Art. 5.2) zwei verschiedene Tarife: den Zeit- und den Kostentarif[19]. 8.13

Die *SIA-Norm 118 (Ausgabe 1977/1991)* «Allgemeine Bedingungen für Bauarbeiten» befasst sich zwar (nur) mit dem Bauwerkvertrag, dessen Vertragsparteien der Bauherr und der Unternehmer sind. Sie ist aber auch für den Architekten/Ingenieur bedeutsam, der vom Bauherrn mit der Bauleitung betraut wurde. 8.14

- *Art. 33 Abs. 1 SIA-Norm 118* bestimmt, dass (ohne abweichende Vereinbarung) die Bauleitung den Bauherrn gegenüber dem Unternehmer vertritt[21]. Nimmt die Bauleitung Rechte oder Mitwirkungspflichten – etwa die Koordinierungspflicht (Art. 34 Abs. 3 SIA-Norm 118) oder die Prüfung der Arbeitsrapporte (Art. 47 Abs. 2) – aus dem Bauwerkvertrag wahr, so tut sie dies stellvertretend für den Bauherrn[22].
- *Empfiehlt* der Architekt/Ingenieur dem Bauherrn die SIA-Norm 118 zur Aufnahme in Verträge mit Unternehmern, kann daraus geschlossen werden, dass er in Ergänzung zum (eigenen) Architektur-/Ingenieurvertrag (konkludent) verspricht, die Pflichten der Bauleitung gemäss SIA-Norm 118 als Vertreter des Bauherrn zu erfüllen[23]. Das gilt erst recht, wenn der Bauwerkvertrag vom Architekten/Ingenieur in eigenem Namen mitunterzeichnet wird.

Den SIA-Normen kommt *keine allgemeine Verbindlichkeit* im Sinne eines Gesetzes oder einer Verordnung zu. Ebensowenig kommen sie als regelbildende Übung in Frage[24]. Sie erlangen unter den Vertragsparteien 8.15

---

19 Zur Zusatzleistung vgl. unten Rz. 8.62.

20 Zu den Tarifen vgl. unten Rz. 8.54 ff.

21 Nach SIA-Norm 118 ist die Bauleitung Vertreterin des Bauherrn und nicht Vertragspartei (GAUCH, Nr. 278).

22 Vgl. unten Rz. 8.44 f.

23 SCHUMACHER, ArchR, Nr. 468.

24 BGE 117 II 284 E. 4b; vgl. auch oben Rz. 4.39.

erst Geltung, wenn sie in rechtsgültiger Weise übernommen wurden[25]. Soweit Geltung und Auslegung der SIA-Ordnungen in Frage stehen, gelten die allgemeinen Grundsätze zu den allgemeinen Geschäftsbedingungen (AGB)[26]. Der SIA ist ausserdem auch Herausgeber von Formularverträgen, welche es den Parteien erleichtern, die für den konkreten Vertrag relevanten Punkte zu regeln[27]. Die Formularverträge verweisen jeweils auf die entsprechende SIA-Ordnung.

2. Andere Vertragsinhalte

8.16 *Konkrete Abreden der Parteien* gehen den AGB vor. Den Parteien steht es aufgrund ihrer Vertragsfreiheit zu, von den SIA-Ordnungen abzuweichen, andere AGB einzusetzen oder den SIA-Ordnungen nur insoweit Geltung einzuräumen, als diese die gesetzliche Ordnung vervollständigen[28]. Allerdings ist nicht von der Hand zu weisen, dass die inhaltliche Abänderung der SIA-Ordnungen (welche ein in sich geschlossenes Ganzes darstellen) oder die gleichzeitige Anwendung verschiedener AGB zu widersprüchlichen Vertragsregelungen führen können, so dass in einem ohnehin schon komplexen Rechtsbereich zusätzliches Konfliktpotential entsteht.

8.17 Wenn die Vertragsparteien allfällige Konflikte nicht vor den ordentlichen Gerichten austragen wollen, können sie verabreden, dass ein *Schiedsgericht* alle oder bestimmte Streitigkeiten beurteilen solle. Für das Schiedsgerichtsverfahren gibt der SIA die Richtlinie 150 «Richtlinie für das Verfahren vor einem Schiedsgericht» (Ausgabe 1977) heraus[29].

---

25 BGE 107 II 178 E. 1. Der Umstand allein, dass der Architekt/Ingenieur Mitglied des SIA ist, reicht allerdings nicht für die Anwendung der SIA-Ordnungen.

26 GAUCH, ArchR, Nr. 61 ff. (zur Anwendung dieser Grundsätze auf die SIA-Ordnung 102); ferner TRÜMPY, 6 ff.

27 Formularvertrag Nr. 1002 «Vertrag für Architekturleistungen» und Formularvertrag Nr. 1003 «Vertrag für Bauingenieurleistungen».

28 Vgl. TERCIER, La loi, les normes, leurs compléments, BR 1983, 63 ff.

29 Auf diese Möglichkeit der Vertragsgestaltung weist Art. 1.17.2 SIA-Ordnung 102/103 hin (vgl. INDERKUM HANS-HEINRICH, Zur Schiedsgerichtsbarkeit des SIA, in: «In Sachen Baurecht», Zum 50. Geburtstag von Peter Gauch, Freiburg 1989, 187 ff.). Art. 1.16 SIA-Ordnung 102/103 macht die Parteien zudem auf die Honorarkommission des SIA aufmerksam.

IV. Vertragsabschluss

Für den *Abschluss* des Architektur-/Ingenieurvertrages gelten die allgemeinen gesetzlichen Vorschriften (Art. 1 ff. OR). Im Einzelnen: 8.18

- Den *Inhalt* des konkreten Vertrages bestimmen die Parteien im Rahmen ihrer *Privatautonomie* (Art. 19 f. OR). Er darf allerdings nicht zwingenden Gesetzesbestimmungen zuwiderlaufen. Es ist den Parteien insbesondere untersagt, das jederzeitige Widerrufsrecht des Auftrages (Art. 404 OR) einzuschränken[30].
- Architektur-/Ingenieurverträge sind *nicht formbedürftig*. Sie können schriftlich, mündlich oder durch konkludentes Verhalten der Beteiligten abgeschlossen werden. Geht dem abzuschliessenden Architekturvertrag ein Vorvertrag voran, so ist dieser ebenfalls grundsätzlich formfrei gültig (Art. 22 Abs. 2 OR e contrario)[31].

1. Architektenklausel

In *Architektenklauseln*[32] verpflichtet sich der Käufer eines Grundstücks, dem Verkäufer oder einem Dritten die Ausführung von Architektenleistungen auf dem veräusserten Grundstück zu übertragen. Rechtlich ist eine solche Klausel als Vorvertrag zu qualifizieren (Art. 22 OR) und gültig, sofern die wesentlichen Vertragspunkte wenigstens mittelbar geregelt sind[33]. Verpflichtet sich der Erwerber eines Grundstückes, einen Architekturvertrag (Hauptvertrag) mit einem vertragsfremden Architekten abzuschliessen, ist der Vorvertrag ein Vertrag zugunsten Dritter (Art. 112 OR)[34]. 8.19

Das Gesetz schreibt für den Grundstückkaufvertrag die *öffentliche Beurkundung* (Art. 216 OR) vor. Die Beachtung der Form (welcher alle wesentlichen Vertragspunkte unterliegen, namentlich die Leistungen des Käufers, die dieser als Gegenleistung für den 8.20

30 Zur vorzeitigen Vertragsbeendigung vgl. unten Rz. 8.88.

31 Vgl. aber zu einer allfälligen Formbedürftigkeit der Architektenklausel unten Rz. 8.20.

32 Die Ingenieurklausel «est assimilable à une clause d'architecte» (BGE vom 3.4.1989 [4C.323/1988], E. 1a).

33 BGE 118 II 33 E. 3b; 98 II 307 E. 1; TERCIER, ArchR, Nr. 173 ff.; SPIESS, Privates Baurecht, 80; vgl. GAUCH/SCHLUEP, Nr. 1084.

34 BGE 98 II 307 E. 1; BGE vom 17.1.1995 (4C.197/1994), E. 2/3; GAUCH, Nr. 416 ff.; *ders.,* Unternehmer- und Architektenklauseln beim Grundstückkauf, BRT 1983, 1. Tag, 29; TERCIER, ArchR, Nr. 156 ff.; KRAMER, Berner Kommentar, N 100 ff. zu Art. 22 OR.

Grundstückerwerb zu erbringen verspricht) gilt auch für die Architektenklausel, sofern diese einen Teil der für das Grundstück versprochenen Gegenleistung ausmacht[35]. Es ist jedenfalls empfehlenswert, die Architektenklausel auch dann öffentlich (mit-)beurkunden zu lassen, wenn sie nach Ansicht der Parteien nicht als Teil des Kaufpreises gelten soll.

8.21 Die *Durchsetzung* einer Architektenklausel ist praktisch ausgeschlossen. Nach Art. 404 Abs. 1 OR kann der Käufer nicht nur den bereits abgeschlossenen Auftrag (Hauptvertrag) auflösen, sondern schon von der Abschlusspflicht zurücktreten[36]. Ist der abzuschliessende Vertrag ein Werkvertrag, kann der Käufer/Besteller nach Art. 377 OR – wenn auch gegen volle Schadloshaltung – vom Vertrag zurücktreten[37].

2. Architektur- und Bauingenieurwettbewerb

8.22 Vor dem Vertragsabschluss findet oft ein *Architektur-/Bauingenieurwettbewerb* statt[38]. Rechte und Pflichten der Teilnehmer bestimmen sich nach den Wettbewerbsbedingungen des Veranstalters. Für den Bereich des Beschaffungswesens des Bundes[39] enthält die Verordnung über das öffentliche Beschaffungswesen (VoeB) Bestimmungen betreffend den Planungs- und Gestaltungswettbewerb (vgl. Art. 40 ff. VoeB in Verbindung mit Art. 13 BoeB)[40]. Der SIA hat im Juni 1998 eine daran angepasste Ordnung für Architektur- und Ingenieurwettbewerbe (SIA-Ordnung 142) herausgegeben, welche die bisherigen SIA-Ordnungen 152 und 153 ersetzt[41].

35 GAUCH/SCHLUEP, Nr. 1091; ferner TERCIER, ArchR, Nr. 187; BGE 119 II 138 E. 2a; 101 II 331 E. 3a; 95 II 310 E. 2.

36 Vgl. BGE 98 II 307 E. 2; GAUCH/SCHLUEP, Nr. 1093; GAUCH, Nr. 429; REBER, 255; SPIESS, Privates Baurecht, 80 f.; TERCIER, ArchR, Nr. 195 ff., insbes. Nr. 197. Das Gleiche gilt auch, wenn der Hauptvertrag als gemischter Auftrag zu qualifizieren ist (BGE vom 3.4.1989 [4C.323/1988], E. 1b/c).

37 SPIESS, Privates Baurecht, 80 f.; vgl. KRAMER, Berner Kommentar, N 110 zu Art. 22 OR mit Hinweisen.

38 Ausführlich dazu KOLLER, ArchR, Nr. 205 ff.; *ders.* Fehlerhafte Preisentscheide bei Architekturwettbewerben, in: «In Sachen Baurecht», Freiburg 1989, 101 ff.; ULRICH SIMON, Der Architekturwettbewerb unter besonderer Berücksichtigung fehlerhafter Preisentscheide, Diss. St.Gallen 1994; WALDER ROBERT, Der Architekturwettbewerb nach Ordnung SIA 152, Diss. Freiburg 1976.

39 Vgl. Art. 43 VoeB.

40 Zum Planungs- und Gesamtleistungswettbewerb vgl. im Einzelnen unten Rz. 19.12 ff.

41 Vgl. auch Art. 41 VoeB.

Ideenwettbewerbe beziehen sich auf die Erarbeitung von Lösungsvorschlägen zu allgemein umschriebenen und abgegrenzten Aufgaben[42]. Dagegen dienen *Projektwettbewerbe* und *Gesamtleistungswettbewerbe* dazu, Lösungsvorschläge zu klar umschriebenen Aufgaben zu erarbeiten und die geeigneten Fachleute für die Realisierung zu ermitteln[43]. Im Gesamtleistungswettbewerb wird dabei die Zusammenarbeit von Architekten, Ingenieuren und Unternehmern angestrebt (vgl. Art. 4 Abs. 1 SIA-Ordnung 142). Während der Gewinner eines Ideenwettbewerbs keinen Anspruch auf einen weiteren planerischen Auftrag hat, erhält der Gewinner eines Projektwettbewerbs oder eines Gesamtleistungswettbewerbs den Auftrag, wie er im Wettbewerbsprogramm formuliert ist[44]. 8.23

V. Vertragsabwicklung

Welche *Leistungen* zur vertragsgemässen Erfüllung durch den Architekten/Ingenieur gehören – und damit als honorarberechtigt gelten (Rz. 8.50 ff.) –, bestimmt sich nach dem konkreten Vertrag. Die Leistungspflichten ergeben sich aus dem Leistungsbeschrieb der SIA-Ordnung 102/103, sofern deren Geltung vereinbart ist. Zahlreiche Leistungspflichten beruhen unmittelbar auf dem gesetzlichen Auftrags- oder Werkvertragsrecht. Nebst der allgemeinen Sorgfalts- und Treuepflicht (Rz. 8.25 ff.) trifft den Architekten/Ingenieur die Planungspflicht (Rz. 8.33 ff.) und obliegt ihm die Bauleitung (Rz. 8.39 ff.). Im Gegenzug hat er Anspruch auf ein Honorar (Rz. 8.46 ff.). Schliesslich kann der Architekt/Ingenieur haft- bzw. ersatzpflichtig werden (Rz. 8.66 ff.). 8.24

42 Art. 42 Abs. 1 lit. a VoeB; Art. 3 Abs. 2 SIA-Ordnung 142.
43 Art. 42 Abs. 1 lit. b und Abs. 2 VoeB; Art. 3 Abs. 3, Art. 4 Abs. 1 SIA-Ordnung 142.
44 Art. 27 SIA-Ordnung 142. Nach Art. 55 Abs. 1 lit. b und c VoeB gilt dies nur «in der Regel».

1. Allgemeine Sorgfalts- und Treuepflicht

8.25 Der Architekt/Bauingenieur hat – nach Massgabe von Art. 398 Abs. 2/364 Abs. 1 OR (vgl. Art. 1.4.1 SIA-Ordnung 102/103) – eine *allgemeine Sorgfalts- und Treuepflicht*[45]. Er hat die Interessen des (insbesondere nicht sach-/fachkundigen) Auftraggebers nach bestem Wissen und Können und unter Beachtung des allgemein anerkannten Wissensstandes seines Fachgebietes zu wahren. Es geht namentlich um folgende Pflichten[46]:

8.26 – Der Architekt/Ingenieur hat den Bauherrn über alles zu *informieren*, was für dessen Rechtsstellung und Rechtsausübung von Belang ist[47]. Daneben besteht eine *Aufklärungspflicht:* Informationen sind nicht nur mitzuteilen, sondern auch zu erklären[48]. In Ausübung seiner *Beratungspflicht* (vgl. Art. 3.3.1 SIA-Ordnung 102/103[49]) hat der Architekt/Ingenieur die Bedürfnisse, Vorstellungen und Ideen des Bauherrn zu erfassen, zu analysieren, zu optimieren und schliesslich in Empfehlungen und Vorschläge umzusetzen[50] (er hat dem Bauherrn etwa den Abschluss einer Bauherrenhaftpflichtversicherung nahezulegen[51]). Das Ausmass der Aufklärungs- und Beratungspflicht richtet sich nach den erkennbaren Bedürfnissen des Bauherrn[52].

45 RJN 1991, 54 = BR 1993, Nr. 98, 44. Der Verweis in Art. 364 Abs. 1/398 Abs. 1 OR auf das Arbeitsvertragsrecht (BGE vom 20.3.1990 [C.199/1987], E. VI/a/aa) ist missglückt. An die Sorgfalts- und Treuepflicht eines Architekten/Ingenieurs sind höhere Anforderungen zu stellen als an jene des Arbeitnehmers (SCHUMACHER, ArchR, Nr. 436; FELLMANN, N 480 zu Art. 398 OR mit Hinweisen; BÜHLER, N 39 zu Art. 364 OR).

46 Vgl. die Fallgruppen der Sorgfalts- und Treuepflicht bei SCHUMACHER, ArchR, Nr. 440 ff.

47 SCHUMACHER, recht 1994, 131; *ders.*, ArchR, Nr. 441; vgl. BGE 110 II 372 E. 5a; ferner BRINER, Privates Baurecht, 31; DERENDINGER, Nr. 131 f.; FELLMANN, N 148 zu Art. 398 OR; TERCIER, Nr. 4195.

48 ABRAVANEL, ArchR, Nr. 310; SCHUMACHER, ArchR, Nr. 442; WERRO, Nr. 587/591.

49 Sofern der Ingenieur Beauftragter für das ganze Bauwerk ist.

50 Vgl. BGE 111 II 74 f. E. 3d; SCHUMACHER, ArchR, Nr. 443; BRINER, Privates Baurecht, 31; WERRO, Nr. 588; vgl. auch DERENDINGER, Nr. 132; FELLMANN, N 167 zu Art. 398 OR; TERCIER, Nr. 4041.

51 BGE 111 II 74 f. E. 3d = BR 1986, Nr. 100, 70; zur Bauherrenhaftpflichtversicherung vgl. unten Rz. 18.115 ff.

52 Vgl. SCHUMACHER, ArchR, Nr. 456; vgl. auch BRINER, Privates Baurecht, 31 f.

- Der Architekt/Ingenieur hat unaufgefordert alle unzweckmässigen (selbstverständlich auch gefährlichen) Weisungen *abzumahnen* (vgl. Art. 1.4.4 SIA-Ordnung 102/103)[53]. Er hat den Bauherrn über weisungsbedingte Risiken aufzuklären und ihm abzuraten, an den Weisungen festzuhalten. Die Abmahnung muss klar und deutlich genug sein, um einem Bauherrn die Nachteile seiner Weisung klar zum Bewusstsein zu bringen[54], so dass er in voller Kenntnis der Sachlage und der Konsequenzen entscheiden kann. Sie muss aber keine ausdrückliche Enthaftungserklärung (worin der Architekt seine Verantwortung ausdrücklich ablehnt) enthalten[55]. Hält der Bauherr an seiner Weisung fest, wird der Architekt/Ingenieur grundsätzlich von seiner Haftung befreit (vgl. Art. 369 OR)[56]. 8.27

Weder nach Gesetz noch nach Art. 1.4.4 SIA-Ordnung 102/103 muss schriftlich abgemahnt werden[57]. Aus Gründen der Beweisbarkeit hat ein Architekt/Ingenieur jedoch ein Interesse daran, schriftlich abzumahnen oder mündliche Abmahnungen zumindest in Besprechungsprotokollen festzuhalten.

---

53 SCHUMACHER, ArchR, Nr. 449; BRINER, Privates Baurecht, 32; FELLMANN, N 105 zu Art. 397 OR. Die Abmahnungspflicht des Architekten/Ingenieurs geht also weiter als die des Unternehmers (DERENDINGER, Nr. 131; SCHUMACHER, ArchR, a.a.O.; WERRO, Nr. 588). Vgl. BGE 124 III 162; 115 II 64 E. 3a; 110 II 372 E. 5; 108 II 198 E. 2a; vgl. auch unten Rz. 15.97 ff.

54 FELLMANN, N 114 zu Art. 397 OR; vgl. BGE 95 II 50 E. 3c (zu Art. 369 OR); GAUCH, Nr. 1946.

55 Die Abmahnung muss derart eindeutig sein, dass der verständige Bauherr daraus «schliessen» muss, dass der Architekt die Verantwortung ablehnt (vgl. BGE 116 II 308 E. 2c/bb; FELLMANN, N 114 zu Art. 397 OR; GAUCH, Nr. 1941 und 1946; SCHUMACHER, ArchR, Nr. 450; strenger BGE 95 II 50 E. 3c: «unmissverständlich zum Bewusstsein bringen»).

56 BRINER, Privates Baurecht, 32; DERENDINGER, Nr. 121; FELLMANN, N 115 f. zu Art. 397 OR; SCHUMACHER, ArchR, Nr. 449 (Fn. 161); TERCIER, Nr. 4029; WEBER, Basler Kommentar, N 10 zu Art. 397 OR; vgl. dagegen WERRO (Nr. 588), wonach eine Haftungsbefreiung nur bei Vertragsrücktritt gegeben sei; TAUSKY (Privates Baurecht, 15), wonach Weisungen, welche den Regeln der Baukunde widersprechen, nichtig seien und als «nicht erteilt» gelten.

57 Vgl. SCHUMACHER, ArchR, Nr. 450. Anders für Abmahnungen des Unternehmers gemäss Art. 25 SIA-Norm 118.

8.28 – Der Architekt/Ingenieur ist verpflichtet, Weisungen des Bauherrn – wo erforderlich – *aktiv einzuholen* und dem Bauherrn die zur Weisungserteilung nötigen Auskünfte zu erteilen[58].

Nach Art. 1.4.3 SIA-Ordnung 102/103 muss der Architekt/Ingenieur Weisungen einholen, und zwar im «Zweifelsfall» für «alle rechtsgeschäftlichen Vorkehren» und Anordnungen, die terminlich, qualitativ oder finanziell «wesentlich» sind. Diese Bestimmung wird als zu eng kritisiert: Der Bauherr soll auch Unwesentliches entscheiden können[59]. Trotzdem ist bei Übernahme der SIA-Ordnung 102/103 von der Gültigkeit dieser Bestimmung auszugehen. Was *objektiv* als «wesentliche» Anordnung gelten kann, hängt insbesondere von der Art des Bauwerkes ab. Vom Bauherrn kann erwartet werden, dass er im Dialog mit dem Architekten/Ingenieur diejenigen Bereiche anspricht, welche ihm *subjektiv* besonders wichtig und damit «wesentlich» sind.

8.29 – Der Architekt/Ingenieur ist in Bezug auf die persönlichen und geschäftlichen Verhältnisse des Bauherrn zur Verschwiegenheit verpflichtet[60]. Diese Diskretions- oder *Geheimhaltungspflicht* überdauert die (konsensuelle oder konfliktuelle) Beendigung des Vertragsverhältnisses[61]. Der Architekt/Ingenieur darf weder von Dritten (Unternehmern/Lieferanten) persönliche Vergünstigungen entgegennehmen (z.B. «Architektenrabatte»)[62] noch im Interesse anderer gegen die Interessen der Bauherrschaft handeln (indem er z.B. Handwerker zur Eintragung von Bauhandwerkerpfandrechten ermutigt)[63].

8.30 – Den Architekten/Ingenieur treffen verschiedene *Dokumentationspflichten.* Er hat Abnahmeprüfungen (vgl. Art. 158 Abs. 3 SIA-Norm 118) und Bausitzungen zu protokollieren, das Baujournal zu führen (Art. 4.4.4 SIA-Ordnung 102/Art. 4.1.8 SIA-Ordnung 103) und Änderungen in Bauplänen nachzutragen (Art. 4.4.2 SIA-Ordnung 102/vgl.

---

58 BRINER, Privates Baurecht, 32; SCHUMACHER, ArchR, Nr. 478.

59 SCHUMACHER, ArchR, Nr. 479.

60 ABRAVANEL, ArchR, Nr. 320; SCHUMACHER, ArchR, Nr. 452; vgl. DERENDINGER, Nr. 154; FELLMANN, N 43 zu Art. 398 OR; TERCIER, Nr. 4045; WEBER, Basler Kommentar, N 11 zu Art. 398 OR.

61 BGE 106 II 225 E. 5; vgl. ZR 1983, Nr. 15, 35; DERENDINGER, Nr. 151; FELLMANN, N 77 ff. zu Art. 398 OR; SCHUMACHER, ArchR, Nr. 452; TERCIER, Nr. 4047; WEBER, Basler Kommentar, N 11 zu Art. 398 OR.

62 DERENDINGER, Nr. 154; GAUCH, Nr. 1247; SCHUMACHER, ArchR, Nr. 455; TRÜMPY, 47; vgl. ABRAVANEL, ArchR, Nr. 317.

63 Vgl. SCHUMACHER, ArchR, Nr. 454; vgl. auch DERENDINGER, Nr. 154; FELLMANN, N 25 zu Art. 398 OR; GUHL/MERZ/DRUEY, 496; TERCIER, Nr. 4037.

Art. 4.1.6 SIA-Ordnung 103). Diese Dokumente sind aufzubewahren und dem Bauherrn auf Verlangen herauszugeben[64].

Nach Art. 1.10 SIA-Ordnung 102/103 verbleiben Originalarbeitsunterlagen (Pläne, Skizzen, Berechnungen) im Eigentum des Architekten/Ingenieurs. Sie sind 10 Jahre ab Beendigung des Auftrages aufzubewahren und auf Wunsch dem Bauherrn – gegen Entgeld – in Kopie herauszugeben.

- Der Architekt/Ingenieur muss die *anerkannten Regeln der Baukunde*[65] beachten (vgl. Art. 1.4.1 und 1.6 SIA-Ordnung 102/103)[66]. Dazu muss er sich über die Entwicklung der Bautechnik auf dem laufenden halten[67]. «Anerkannt» sind technische Regeln dann, wenn sie von der Wissenschaft als theoretisch richtig erkannt wurden, feststehen und sich nach einer klaren Mehrheitsmeinung der fachkompetenten Anwender in der Praxis bewährt haben[68]. 8.31

- Soweit der Architekt/Ingenieur Bauleitungsaufgaben wahrnimmt, hat er sich auch um die *Arbeitssicherheit* auf der Baustelle zu kümmern (vgl. Art. 4.4.4 und 7.5.1 Abs. 3 SIA-Ordnung 102/Art. 4.1.8 SIA-Ordnung 103)[69]. 8.32

2. Planung

Der Architekt/Ingenieur hat *abzuklären*, wie sich die Absichten des Bauherrn verwirklichen lassen. Dazu gehört die Ermittlung der örtlichen 8.33

64 DERENDINGER, Nr. 145b; FELLMANN, N 135 zu Art. 400 OR; SCHUMACHER, ArchR, Nr. 518; WEBER, Basler Kommentar, N 12 zu Art. 400 OR; vgl. ZEHNDER, Nr. 105.

65 Vgl. oben Rz. 4.56 ff.

66 BGE 93 II 314 E. 2; ABRAVANEL, ArchR, Nr. 337 und 350; BRINER, Privates Baurecht, 29; FELLMANN, N 369 und 371 zu Art. 398 OR; *ders.*, Werkmängel, 91; SCHUMACHER, ArchR, Nr. 488; SPIESS, Privates Baurecht, 224; TRÜMPY, 47; vgl. BGE 105 II 285 E. 1 (betreffend Chirurg).

67 ABRAVANEL, ArchR, Nr. 350; DERENDINGER, Nr. 239; FELLMANN, N 360 zu Art. 398 OR; *ders.*, Werkmängel, 91; SCHUMACHER, ArchR, Nr. 488; TAUSKY, 65 f.; vgl. auch BGE 66 II 36; 64 II 207 E. 4b.

68 SJ 1986, 612 f.; GAUCH, Nr. 846; vgl. BRINER, Privates Baurecht, 29; BÜHLER, N 21 zu Art. 364 OR; SPIESS, Privates Baurecht, 222.

69 JEANPRÊTRE, 83; GEISSELER, 30; SCHAUB, 201; SCHUMACHER, ArchR, Nr. 493; vgl. auch BGE 95 II 96 ff., wo der haftpflichtige Architekt allerdings als Generalunternehmer tätig war. Vgl. auch BGE 102 II 19 f. E. 1.

Gegebenheiten, insbesondere der Beschaffenheit des Baugrundes, und die Feststellung der rechtlichen Schranken der Überbaubarkeit (vgl. auch Art. 4.1.1 SIA-Ordnung 102/103)[70]. Gestützt auf diese Abklärungen und auf die Weisungen des Bauherrn sowie unter Beachtung der allgemein anerkannten Regeln der Baukunde hat der Architekt/Ingenieur fachgerecht zu *planen* und diese Planung richtig auf Papier oder anderen Datenträgern festzuhalten[71].

8.34 Zur allgemeinen Informationspflicht des Architekten/Ingenieurs gehört die *Aufklärung* des Bauherrn über die *finanziellen Konsequenzen* des Bauvorhabens[72]. Dabei gilt, dass die Kosten um so genauer erfasst werden können, je weiter die Projektierungs- und Bauarbeiten fortschreiten und je mehr konkrete Angaben die Offerte und die Arbeitsvergabe enthalten[73]. Aus den SIA-Ordnungen 102/103 ergibt sich ebenfalls die Pflicht des Architekten/Ingenieurs zur Kostenschätzung und -information[74].

8.35 Der Architekt/Ingenieur hat im Einzelnen Folgendes zu beachten[75]:

- Der *Kostenvoranschlag* ist unter Zugrundelegen der erwarteten Kosten sorgfältig zu erstellen. Dabei kann sich der Architekt/Ingenieur nicht entlastend auf seine mangelnde Erfahrung berufen.
- In verschiedenen Leistungsphasen sind die mutmasslichen Baukosten immer aufs Neue zu erfassen, und die mittlerweile feststehenden Baukosten sind ständig daraufhin zu *überprüfen*, ob sie sich im Rahmen des Voranschlages halten (vgl. Art. 4.4.4 SIA-Ordnung 102/Art. 4.1.7 bzw. 8 SIA-Ordnung 103).

---

70 BGE vom 27.2.1997 (4C.1996), E. 1a (gestützt auf SCHUMACHER, ArchR, Nr. 484/6). Vgl. auch Art. 5 SIA-Norm 118; zu den öffentlichrechtlichen Anforderungen an Bauprojekte vgl. oben Rz. 7.1 ff.

71 SCHUMACHER, ArchR, Nr. 492; vgl. auch DERENDINGER, Nr. 289; WEBER, Basler Kommentar, N 25 zu Art. 398 OR.

72 ABRAVANEL, ArchR, Nr. 311; SCHUMACHER, recht 1994, 130; *ders.*, ArchR, Nr. 745; vgl. BGE 119 II 458 E. 2a; 116 II 521 f. E. 3b.

73 BGE 115 II 463 E. 3c.

74 Art. 4.1.4, 4.2.2, 4.2.5 SIA-Ordnung 102 (Architekt); Art. 3.7 in Verbindung mit Art. 4.1.2, 4.1.4 und 4.1.8 SIA-Ordnung 103 (bauleitender Ingenieur); Art. 4.2.1, 4.2.2 und 4.2.3 SIA-Ordnung 103 (Spezialist).

75 Vgl. BGE vom 22.12.1992 (4C.287/1991), E. 4; 119 II 251 E. 3b; 111 II 74 E. 3d; 108 II 198 f. E. 2b; RJN 1991, 56 = BR 1993, Nr. 98, 44; ABRAVANEL, ArchR, Nr. 312; GAUCH, BR 1989, 82; *ders.*, FS Heiermann, 82; SCHAUB, 194; SCHUMACHER, recht 1994, 130 ff.; *ders.*, ArchR, Nr. 747 ff.; ZEHNDER, Nr. 279 ff.

- Der Architekt/Ingenieur hat den Bauherrn namentlich bei Bestellungsänderungen auf die zu erwartenden Mehrkosten hinzuweisen und über die Auswirkungen eines Vergabeentscheides auf die Kosten aufzuklären (vgl. 1.4.4 SIA-Ordnung 102)[76].
- Die Unternehmens- und Finanzanlageberatung gehört typischerweise nicht zu den Pflichten des Architekten/Ingenieurs. Ohne besondere Vereinbarung (vgl. Art. 4.2.5 SIA-Ordnung 102; ferner Art. 4.1.11.16 SIA-Ordnung 103) beschränkt sich seine Informationspflicht auf die mit der Erstellung des Bauwerks zusammenhängenden Kosten. Es ist Sache des derart informierten Bauherrn abzuschätzen, ob ihm das geplante Bauwerk in wirtschaftlicher oder persönlicher Hinsicht jenen Nutzen bringen wird, den er sich von seiner Investition erhofft. In der Regel gehört es namentlich auch nicht zur Informationspflicht des Architekten/Ingenieurs, die Rentabilität von Bauprojekten zu schätzen (z.B. von Kraftwerken oder Mietwohnungen), zumal eine verlässliche Schätzung meist nur auf der Basis von aufwendigen Marktanalysen und Finanzierungsplänen erfolgen kann[77].

8.36 Der Architekt/Ingenieur hat den Bauherrn auch auf die *Ungenauigkeit* seiner Kosteninformation hinzuweisen[78]. Die Vertragsparteien können vereinbaren, dass der zu erstellende Kostenvoranschlag einen bestimmten Genauigkeitsgrad aufweisen müsse. Aber auch ohne Vorliegen einer solchen Abrede wird in der Praxis von einer Ungenauigkeit ausgegangen, welche für einen Neubau +/–10% beträgt (sogenannte «Toleranzgrenze»)[79]. Es wird als allgemein bekannt vorausgesetzt, dass Kostenvoranschläge als Prognosen wesensgemäss mit Unsicherheitsrisiken behaftet sind. Nach dieser Faustregel ist bei Mehrkosten von bis zu 10% keine Unsorgfalt bei der Erstellung des Kostenvoranschlages zu vermuten[80].

8.37 Die SIA-Ordnung 102 sieht – je nach Projektierungsphase – unterschiedliche Genauigkeitsgrade der Kostenschätzungen vor. In der Vorprojektphase besteht ein Genauigkeits-

76 Zur Haftung für Kosteninformationen vgl. unten Rz. 8.74.

77 Anderer Meinung PISTOR/SCHUMACHER, 66.

78 SCHUMACHER, ArchR, Nr. 748.

79 Vgl. auch unten Rz. 8.79.

80 Vgl. BGE vom 2.2.1994 (4C.167/1993), E. 2a; FELLMANN, N 375 zu Art. 398 OR; GAUCH, BR 1989, 83/90; *ders.*, FS Heiermann, 83 f.; JEANPRÊTRE, 103; ZEHNDER, Nr. 29 ff.; SCHAUB, 177. Nach SCHUMACHER, ArchR, Nr. 760 – an den sich der BGE vom 22.12.1992 (4C.287/1991), E. 5a, anlehnt – hat die «Toleranzgrenze» die Funktion eines doppelten Anscheinsbeweises: «Bei Mehrkosten bis zu 10% ist keine Unsorgfalt des Architekten zu vermuten, während die Überschreitung der Toleranzgrenze von 10% beweist, dass der Architekt seine Pflichten (sorgfältige Kostenerfassung und -kontrolle sowie Kosteninformation) verletzt hat. Der Wahrscheinlichkeitsbeweis bewirkt keine Umkehr der Beweislast. Er kann entkräftet werden.»

grad von 25% (Art. 4.1.4 SIA-Ordnung 102) und in der Projektphase sind es 20% (Art. 4.2.2). Nur beim eigentlichen Kostenvoranschlag ist der (mangels besonderer Vereinbarung) auf 10% festgelegte Genauigkeitsgrad ausdrücklich auch im Kostenvoranschlag zu nennen (Art. 4.2.5 SIA-Ordnung 102)[81]. Da der Architekt vom (unerfahrenen) Bauherrn aber nicht erwarten darf, dass dieser die Genauigkeitsgrade der Kostenschätzungen in der SIA-Ordnung 102 nachliest[82], sollte er den Genauigkeitsgrad mit Vorteil auf der Schätzung selbst vermerken. Art. 3.7 SIA-Ordnung 103, der dieselben Genauigkeitsgrade enthält, schreibt demgegenüber dem Bauingenieur generell vor, den Auftraggeber über Grundlagen und Genauigkeit von Kostenangaben zu informieren.

8.38 Regelmässig gehört es zu den Pflichten des Architekten/Ingenieurs als Gesamtleiter, die *Verträge*[83] mit Unternehmern, Lieferanten und Spezialisten *vorzubereiten* (vgl. Art. 4.3.2 und 4.3.3 SIA-Ordnung 102/ Art. 4.1.5 und 4.1.8 SIA-Ordnung 103). Hierfür hat er Ausschreibungsunterlagen (Vertragsbedingungen, Leistungsverzeichnisse, Baubeschreibungen und Pläne) zu erstellen, Angebote der Unternehmer und Lieferanten zu überprüfen und die Vergabe dem Bauherrn zu beantragen[84].

3. Bauleitung

a) Aufgabenbereich

8.39 Übernimmt der Architekt/Bauingenieur Bauleitungsaufgaben, hat er die *Baustelle zu organisieren*[85]. Dazu gehört die Festlegung und Umsetzung eines bautechnisch und wirtschaftlich sinnvollen Bauprogramms. Die Bauleistungen der Unternehmer und übrigen Baubeteiligten sind in sachlicher (technischer, räumlicher usw.) und zeitlicher Hinsicht zu koordinieren (vgl. Art. 34 Abs. 3 SIA-Norm 118)[86].

---

81 Nach BGE vom 7.7.1988 (4C.86/1988), E. 3c, ist «un tel échelonnement du degré de précision ... en tout point conforme au droit fédéral». Vgl. ferner ZEHNDER, 86 ff.

82 SCHUMACHER, ArchR, Nr. 774.

83 Zur Gestaltung von Bauwerkverträgen vgl. unten Rz. 12.25 ff.

84 Dazu ausführlich SCHAUB, 165 ff.; vgl. FELLMANN, Werkmängel, 92; SCHUMACHER, ArchR, Nr. 496.

85 JEANPRÊTRE, 13; SCHUMACHER, ArchR, Nr. 499.

86 FELLMANN, Werkmängel, 92; SCHUMACHER, ArchR, Nr. 500; SCHAUB, 188 ff. und 207; SCHERRER, 40; TRÜMPY, 94 f.; ZELTNER, 47 ff.

In den Aufgabenbereich des Bauleiters fallen auch *Aufsichts- und Überwachungsfunktionen*[87]. Er hat durch eine allgemeine Überwachung der Unternehmer und durch direkte Kontrollen sicherzustellen, dass das Bauwerk gemäss den Plänen, den Spezifikationen, dem festgelegten Bauprogramm und den besonderen Ausführungsanweisungen erstellt wird[88]. Wenn er dabei Fehler feststellt, hat er diese anzuzeigen und auf eine möglichst umgehende Behebung zu drängen[89]. Erhöhte Anforderungen an Überwachungs- und Kontrollpflichten gelten bei typischen Gefahrenquellen und bei neuen Baumaterialien oder -methoden[90]. Die Pflicht zur Baukontrolle findet aber ihre Grenze am (vorausgesetzten) Fachwissen des Architekten/Ingenieurs[91]: Dieser ist nicht verpflichtet, Spezialisten zu kontrollieren, welche über einen Sachverstand verfügen, dessen Gebrauch er nicht überprüfen kann[92]. Er kann aber gehalten sein, dem Bauherrn die Einschaltung von Sonderfachleuten zu empfehlen. Er hat ausserdem die Leistungserbringung der Unternehmer zu überwachen, namentlich indem er Regierapporte unverzüglich prüft und an der Ermittlung der Ausmasse teilnimmt[93]. Der Architekt/Ingenieur hat ausserdem die Rechnungen der Unternehmer und der übrigen Baubeteiligten zu kontrollieren (vgl. Art. 154 SIA-Norm 118)[94]. 8.40

Einen Katalog der zur Bauleitung gehörenden Grundleistungen des Architekten enthält Art. 4.4 SIA-Ordnung 102. Was die Bauleitungstätigkeit des Ingenieurs angeht, unter-

87 BGE 115 II 42 E. 1a.

88 SCHAUB, 198; SCHUMACHER, ArchR, Nr. 505 ff.; vgl. JEANPRÊTRE, 13 f. und 17 f.; TRÜMPY, 92 f.

89 SCHUMACHER, ArchR, Nr. 505; vgl. FELLMANN, Werkmängel, 94 f.; TRÜMPY, 97 ff. und 147 ff.

90 BGE 122 III 53 (unveröffentlichte E. 2b); vgl. SCHAUB, 201; SCHUMACHER, ArchR, Nr. 506.

91 SCHUMACHER, ArchR, Nr. 506.

92 BGer in BR 1986, Nr. 1, 13; BGE vom 20.3.1990 (C.199/1987), E. VI/a/aa.; vgl. FELLMANN, Werkmängel, 93; JEANPRÊTRE, 18; SCHAUB, 202 f.; SCHUMACHER, ArchR, Nr. 507.

93 SCHAUB, 205 f. und 211 f.; SCHUMACHER, ArchR, Nr. 512; vgl. Art. 47 Abs. 2, Art. 142 SIA-Norm 118.

94 SCHAUB, 192 f. und 212; SCHUMACHER, ArchR, Nr. 513. Zur strafrechtlichen Verantwortlichkeit des Bauleiters bei der Rechnungsprüfung (Falschbeurkundung nach Art. 251 Ziff. 1 StGB) vgl. BGE 119 IV 58 f. E. 2d.

scheidet die SIA-Ordnung 103 zwischen der Oberbauleitung (Art. 4.1.7) und der örtlichen Bauleitung (Art. 4.1.8)[95].

b) *Vertretung des Bauherrn*

8.41 Der (bauleitende) Architekt/Ingenieur tritt den übrigen Baubeteiligten als Vertreter des Bauherrn gegenüber. Bei der Verwirklichung eines Bauvorhabens stellt sich in der Praxis die Frage, ob und inwieweit der (bauleitende) Architekt/Ingenieur ermächtigt ist, durch eigenes rechtsgeschäftliches Handeln gegenüber anderen Baubeteiligten (namentlich Unternehmern) Vertretungs- bzw. Rechtswirkungen für den Bauherrn zu erzeugen. Die *rechtswirksame Vertretung* des Bauherrn durch den Architekten/Ingenieur setzt ein Zweifaches voraus (Art. 32 Abs. 1 OR): Erstens bedarf der Architekt/Ingenieur der Vertretungsmacht, und zweitens muss er in fremdem Namen, d.h. im Namen des Bauherrn handeln. Ob beide Voraussetzungen erfüllt sind, ist grundsätzlich für jede Vertretungshandlung des Architekten/Ingenieurs gesondert zu beurteilen.

8.42 Ob und inwieweit dem Architekten/Ingenieur eine Vertretungsmacht zusteht, beurteilt sich nach der erteilten (internen) *Vollmacht* durch den Bauherrn. Gemäss Art. 396 Abs. 2 OR ist zu vermuten, dass im Auftrag auch die Ermächtigung zu jenen Rechtshandlungen enthalten ist, die zu dessen Ausführung gehören[96]. In welchem Umfang der Architekt/Ingenieur ermächtigt ist, den Bauherrn durch Willenserklärungen gegenüber dem Unternehmer zu verpflichten, hängt deshalb in erster Linie von den Aufgaben ab, die ihm übertragen worden sind. Hierfür ist auf den zum Architekten-/Ingenieurvertrag gehörenden Leistungsbeschrieb zurückzugreifen. Demgegenüber ist der Architekt/Ingenieur in der Regel nicht ermächtigt, rechtsgeschäftlich Erklärungen abzugeben, welche für den Bauherrn erhebliche finanzielle Verpflichtungen begründen oder einen erheblichen Rechtsverlust nach sich ziehen[97]. Hierfür bedarf der Architekt/Ingenieur vielmehr einer Sondervollmacht. Vereinfachend kann

95 Dazu ausführlich SCHAUB, 188 ff.

96 FELLMANN, N 48 zu Art. 396 OR; SCHWAGER, ArchR, Nr. 806; STIERLI, 48; vgl. GAUCH, Nr. 400.

97 BGE 118 II 315 f. E. 2a; 109 II 462 E. 5e; BGE vom 14.9.1995 (4C.153/1995), E. 1c; SCHWAGER, ArchR, Nr. 807/841; STIERLI, 66 f.; a.M. HESS, 77.

festgehalten werden: *Wo das Portemonnaie des Bauherrn anfängt, hört die Vollmacht des Architekten/Ingenieurs auf*[98].

Nichts anderes ergibt sich aus Art. 1.4.3 SIA-Ordnung 102/103[99]: Während Art. 1.4.3 Abs. 1 auf allfällige Regelungen im «Vertrag» verweist, wird der Architekt/Ingenieur nach Abs. 2 verpflichtet, «im Zweifelsfall» für «wesentliche» Anordnungen Weisungen des Bauherrn einzuholen[100]. Nach Abs. 3 erstreckt sich die Vollmacht auf alle Tätigkeiten, «die mit der Auftragserledigung üblicherweise direkt zusammenhängen». Unklar ist, ob mit diesem Verweis auf das Übliche eine Abweichung von Art. 396 Abs. 2 OR gewollt ist[101]. Für die Bestimmung dessen, was *üblicherweise* mit der Auftragserledigung zusammenhängt, sind die Leistungsbeschriebe in Art. 4 SIA-Ordnung 102/103 von Bedeutung. Danach obliegt dem bauleitenden Architekten/Ingenieur zwar die Rechnungskontrolle (Art. 4.4.4 SIA-Ordnung 102/Art. 4.1.8 SIA-Ordnung 103), zur Anerkennung der kontrollierten Unternehmerrechnungen ist er aber nicht ermächtigt[102]. Ebensowenig hat der Architekt/Ingenieur die Vollmacht, Arbeiten und Lieferungen zu vergeben. Dies ist dem Bauherrn vorbehalten (Art. 4.3.4 und Art. 4.4.1 SIA-Ordnung 102/Art. 4.1.5 und 4.2.4 SIA-Ordnung 103)[103]. 8.43

Von der internen Vollmacht zu unterscheiden ist die vom Bauherrn nach aussen kundgegebene Vollmacht. Eine *Vertretungswirkung* tritt ein, wenn ein Dritter, dem gegenüber der Vertreter ohne Vollmacht gehandelt hat, auf die vom Vertretenen nach aussen kundgegebene Vollmacht vertrauen durfte (Art. 33 Abs. 3 OR)[104]. In der Baubranche ist dies namentlich dann der Fall, wenn der Bauherr mit der Übernahme der SIA-Norm 118 dem Unternehmer kundgegeben hat, dass die Bauleitung mit den darin erwähnten oder aus ihr abgeleiteten Vollmachten ausgestattet ist[105]. Auf diese kundgegebene Vollmacht darf sich der Unternehmer berufen, sofern er im Zeitpunkt der Vertreterhandlung Kenntnis von 8.44

---

98 SCHULZE-HAGEN, Vollmacht des Architekten bei der Vergabe, IBR 1992, 368.

99 BGE vom 14.9.1995 (4C.153/1995), E. 1c; SCHWAGER, ArchR, Nr. 813.

100 Nach STIERLI (143 f.) ist der Architekt/Ingenieur im Zweifel nicht bevollmächtigt. Anderer Meinung SCHWAGER, ArchR, Nr. 813; zur Pflicht, Weisungen einzuholen, vgl. oben Rz. 8.28.

101 Zur Auslegung von Art. 1.4.3 SIA-Ordnung 102/103 vgl. SCHWAGER, ArchR, Nr. 816 ff.; HESS, 81 ff.; STIERLI, 134 ff.

102 STIERLI, 170 f.; a.M. HESS, 80, Nr. 55.

103 GAUCH, Nr. 401; HESS, 76, Nr. 41 f.; TRÜMPY, 145; STIERLI, 155.

104 Vgl. GAUCH/SCHLUEP, Nr. 1389 ff.

105 Zum Problem der Vollmachtskundgabe nach der SIA-Norm 118 vgl. ausführlich STIERLI, 204 ff.; SCHWAGER, Nr. 825 ff.; zur Frage der Haftung des Architekten bei Überschreitung der internen Vollmacht TRÜMPY, 106 ff.

der kundgegebenen Vollmacht hatte, gutgläubig war oder nach den Umständen gutgläubig sein durfte (Art. 3 Abs. 2 ZGB)[106].

8.45 In Bezug auf die Stellvertretung ist die SIA-Norm 118 namentlich insofern von Bedeutung, als die damit dem Unternehmer kundgegebene externe Vollmacht weiter reicht als die interne Vollmacht, welche die SIA-Ordnung 102/103 dem Architekten/Ingenieur einräumt[107]. Anzumerken sind folgende Einzelpunkte:

- In Art. 33 Abs. 2 SIA-Norm 118 wird dem Unternehmer kundgegeben, dass die *Bauleitung* den Bauherrn gegenüber dem Unternehmer *vertritt*, sofern der Werkvertrag nicht ausdrücklich etwas anderes bestimmt.
- Da Art. 33 Abs. 2 SIA-Norm sich erst auf die Zeit nach Abschluss des Bauwerkvertrages bezieht, hat die Bauleitung grundsätzlich *keine Kompetenz* zum Abschluss von Bauwerkverträgen[108].
- Die Bauleitung kann dagegen die *Schlussabrechnung* für den Bauherrn verbindlich *anerkennen* (Art. 154 Abs. 3/Art. 155 Abs. 1 SIA-Norm 118). Hat der Bauherr die SIA-Norm global übernommen, kann die Wirksamkeit dieser externen Vollmacht an der Ungewöhnlichkeitsregel scheitern: Ein branchenfremder, «einmaliger» Bauherr muss grundsätzlich nicht damit rechnen, dass in der SIA-Norm 118 eine Vollmacht der Bauleitung zur Anerkennung der Schlussrechnung kundgegeben wird[109].
- Im Übrigen lassen die Art. 33 ff. SIA-Norm 118 nicht erkennen, «dass die Bauleitung auch die Befugnis haben soll, den Bauherrn in finanzieller Hinsicht zu verpflichten»[110]. Der Unternehmer muss in der Regel davon ausgehen, der Bauherr habe sich solche Rechtshandlungen selbst vorbehalten.

4. Honorar

a) Honoraranspruch

8.46 Untersteht der Architekten-/Ingenieurvertrag dem Auftragsrecht, sieht Art. 394 Abs. 3 OR eine *Vergütung* vor, wenn sie verabredet oder üblich ist. Wenn Leistungen nur gegen Entgelt zu erwarten waren, ist von einer stillschweigenden Vergütungsabrede auszugehen. Eine vereinbarte Entgeltlichkeit der Architekten-/Ingenieurleistung ist nach den Umständen

---

106 SOG 1991, Nr. 5, 11 ff. = BR 1993, Nr. 100, 45; SCHWAGER, ArchR, Nr. 836; STIERLI, 201.

107 SCHWAGER, ArchR, Nr. 828; BRINER, Privates Baurecht, 35; TRÜMPY, 107; vgl. TERCIER, Nr. 4196; vgl. auch oben Rz. 4.34.

108 GAUCH, Nr. 402; *ders.,* Die Bauleitung – Ihr Verhältnis zum Bauherrn und Unternehmer, BRT 1985, Bd. I, 21; SCHWAGER, ArchR, Nr. 844.

109 BGE 109 II 459 E. 5c.

110 BGE 109 II 462 E. 5e; a.M. STIERLI, 208.

immer schon dann zu vermuten, wenn diese im Rahmen der Berufsausübung erbracht wurde[111]. Das Gleiche gilt auch dann, wenn Werkvertragsrecht zur Anwendung kommt, obschon keine Art. 394 Abs. 3 OR entsprechende Norm vorliegt[112].

Problematisch ist in der Praxis – mangels ausdrücklicher Honorarabrede 8.47
– der Übergang von unentgeltlichen Akquisitionsbemühungen zum *entgeltlichen Vorprojekt.* Nach dem Vertrauensprinzip ist grundsätzlich von einer konkludenten Vereinbarung der Entgeltlichkeit auszugehen, wenn die Leistungen einen Umfang annehmen, der in Geschäftsbeziehungen normalerweise nicht unentgeltlich erbracht wird[113]. Die Problemanalysen, das Studium von Lösungsmöglichkeiten und das Vorprojekt sind Leistungen, für die der Architekt/Ingenieur typischerweise einen Honoraranspruch hat (vgl. den Leistungsbeschrieb in Art. 4.1 SIA-Ordnung 102/Art. 4.1 und 4.2 SIA-Ordnung 103)[114].

Vom Honorar ist der im Auftragsrecht (Art. 402 Abs. 1 OR) vorgesehene 8.48
Ersatz von *Auslagen und Verwendungen* zu unterscheiden, welche dem Architekten/Ingenieur tatsächlich entstanden sind[115]. Diese hat der Bauherr auch dem unentgeltlich Leistenden grundsätzlich voll zu vergüten. Bei Entgeltlichkeit ist der Auslagen- und Verwendungsersatz in der Regel kumulativ zum Honorar geschuldet. Zu ersetzen sind jene Auslagen, die nach den Umständen objektiv erforderlich waren[116]. Demgegenüber sind Auslagen und Verwendungen dann nicht zu vergüten, wenn sie (gemäss Vereinbarung der Parteien) im pauschalen Honorar inbegriffen sind. Dagegen sind im Werkvertragsrecht die Auslagen des Architekten/Ingenieurs Vergütungsbestandteil[117].

---

111 BGE 120 V 520 E. 4b/bb; 119 II 43 E. 2b; 64 II 12 E. 3; FELLMANN, N 380 zu Art. 394 OR; GAUCH, ArchR, Nr. 15 ff.; GMÜR, 81 f.; TERCIER, Nr. 4202; *ders.,* ArchR, Nr. 118 ff.

112 EGLI, ArchR, Nr. 887; GAUCH, ArchR, Nr. 14 und 20.

113 BGE 119 II 43 E. 2a; TERCIER, ArchR, Nr. 118; REBER, 241.

114 SJZ 1984, 320; BGE 64 II 12 E. 3; TERCIER, ArchR, Nr. 118; REBER, 241.

115 FELLMANN, N 48 zu Art. 402 OR; EGLI, ArchR, Nr. 1083.

116 FELLMANN, N 40 zu Art. 402 OR; EGLI, ArchR, Nr. 1084; TERCIER, Nr. 4103; WEBER, Basler Kommentar, N 6 zu Art. 402 OR.

117 TRÜMPY, 52.

Nach Art. 5.5 SIA-Ordnung 102/103 sind die Auslagen («Nebenkosten») grundsätzlich ebenfalls zusätzlich zu vergüten.

8.49 Der Architekt/Ingenieur hat keinen Anspruch auf das *Bauhandwerkerpfandrecht* als Garantie für seine Honorarforderung. Dies gilt auch, wenn der mit dem Bauherrn abgeschlossene Vertrag ein Werkvertrag ist[118].

b) Bemessung des Honorars

8.50 Oft wird die *Höhe der Vergütung* zum vornherein festgelegt, namentlich durch Übernahme der SIA-Ordnung 102/103 (Rz. 8.54 ff.). Ist der Preis zum voraus entweder gar nicht oder nur ungefähr bestimmt worden, bemisst sich das Honorar nach Gesetz (Rz. 8.51 ff.).

aa) Nach Gesetz

8.51 Beim *werkvertraglichen Architektur-/Ingenieurvertrag* wird das Honorar nach Massgabe des Wertes der Arbeit und der Aufwendungen festgelegt (Art. 374 OR)[119]. Art. 374 OR kommt als dispositives Recht auch dann zur Anwendung, wenn nicht feststeht, ob ein fester Preis vereinbart wurde. Die Beweislast trägt derjenige, der eine von Art. 374 OR abweichende Preisbestimmung geltend macht, weil die Vereinbarung eines Festpreises nicht vermutet wird[120].

8.52 Bei Verträgen, welche dem *Auftragsrecht* unterstehen, bestimmt sich auch die Vergütungshöhe nach einer allfälligen Übung (Art. 394 Abs. 3 OR)[121]. Die SIA-Honorarordnungen gelten nicht als Übung[122]. Daher

---

118 BGE 119 II 427 f. E. 2b, 65 II 1; SCHUMACHER, Das Bauhandwerkerpfandrecht, 2. Aufl., Zürich 1982, Nr. 180 ff.

119 EGLI, ArchR, Nr. 920 und 932.

120 ZWR 1994, 180 ff. = BR 1995, Nr. 122, 39; ZINDEL/PULVER, Basler Kommentar, N 37 zu Art. 373 OR und N 17 zu Art. 374 OR; GAUCH, Nr. 1014.

121 BGE 117 II 283 f. E. 4b; 101 II 111 E. 2; GAUCH, ArchR, Nr. 18; GMÜR, 112 und 119 ff.; TERCIER, Nr. 4122; TRÜMPY, 48; WEBER, Basler Kommentar, N 39 zu Art. 394 OR; WERRO, Nr. 745; a.M. FELLMANN, N 398 zu Art. 394 OR; GUHL/MERZ/DRUEY, 495; offen gelassen in BGE 117 II 283 f. E. 4b.

122 BGE vom 3.10.1996 (4C.472/1995), E. 2c in fine; BGE 118 II 296 E. 2a; 117 II 284 E. 4b; EGLI, ArchR, Nr. 921 ff.; ABRAVANEL, ArchR, Nr. 304; GAUCH, ArchR, Nr. 74; JÄGGI/GAUCH, Zürcher Kommentar, N 403 zu Art. 18 OR; JEANPRÊTRE, 190; TRÜMPY, 49; WERRO, Nr. 746; a.M. REBER, 279 (mit Verweis auf GAUTSCHI, Berner Kommentar, N 77d zu Art. 394 OR).

muss im Streitfall das Honorar durch richterliche Vertragsergänzung festgelegt werden: Es soll den geleisteten Diensten *objektiv angemessen* sein[123].

Problematisch ist die *konkrete Bemessung* des Honorars: Die Tarife der SIA-Honorarordnungen sind die einzigen Richtlinien, welche in der Schweiz eine weite Verbreitung gefunden haben. Die Angemessenheit dieser Tarife ist nicht unbestritten – z.B. versucht der Bund als mächtiger Bauherr, seine «Musterverträge und Rahmentarife des Bundes» anstelle der SIA-Ordnungen durchzusetzen[124]. Trotzdem besteht eine unverkennbare Tendenz der kantonalen Gerichte, auf die SIA-Honorarordnungen abzustellen oder diese zumindest in die Erwägungen einzubeziehen[125]. Wie im Schadenersatzrecht[126] ist die Rechtsanwendung auch bei der richterlichen Festlegung einer Vergütung auf einfache und praktikable Lösungen angewiesen. Dem Sachrichter bleibt in Ermangelung anderer, einigermassen anerkannter und praktikabler Berechnungsmethoden[127] faktisch nichts anderes übrig, als sich an den SIA-Ordnungen und ihren Tarifen zu orientieren und daraus zumindest Anhaltspunkte für die Bemessung zu entnehmen[128]. Im Vordergrund steht dabei der Zeittarif[129] mit seinen Stundenansätzen (Mittelwerten), wobei es sich aber namentlich bei Gesamtverträgen auch rechtfertigen kann, den Kostentarif[130] in die Erwägungen einzubeziehen. 8.53

bb) Nach den SIA-Ordnungen 102 und 103[131]

Nach Art. 5.2.1 SIA-Ordnung 102/103 berechnet sich die Vergütung des Architekten/Ingenieurs entweder nach dem Zeitaufwand (Art. 6; Zeitta- 8.54

---

123 BGE 117 II 284 E. 4b; 101 II 111 E. 2; vgl. 119 III 69 E. 3b; EGLI, ArchR, Nr. 933; FELLMANN, N 411, 420 und 425 zu Art. 394 OR; JEANPRÊTRE, 190; TERCIER, Nr. 4123; WERRO, Nr. 748.

124 Vgl. GAUCH, BR 1996, 117 (Kommentar zu ZR 1996, Nr. 27, 87).

125 ZR 1996, Nr. 27, 87 = BR 1996, Nr. 238, 117; PKG 1994, Nr. 13, 52 f. = BR 1996, Nr. 98, 46 f.; ZWR 1993, 190 ff. = BR 1994, Nr. 86, 47; RJN 1991, 54 ff. = BR 1993, Nr. 98, 44; AB OGer BL 1990, 46 = BR 1992, Nr. 67, 36; ATCF 1987, 21 ff. = BR 1989, Nr. 107, 90.

126 BGE vom 11.2.1998 (4C.82/1996), E. 4d; vgl. Pra 84, 1995, Nr. 172, 555, E. 4b.

127 Ein Behauptungs- und Beweisverfahren über alle von EGLI (ArchR, Nr. 935 ff.) erwähnten Berechnungselemente kann den Erfordernissen einer einfachen und praktikablen Rechtsanwendung kaum gerecht werden.

128 Vgl. in ähnlichem Zusammenhang GAUCH/SCHUMACHER, Kommentar zur SIA-Norm 118, Art. 38–156, Zürich 1992, Anm. 3a zu Art. 101 SIA-Norm 118; vgl. auch SCHUMACHER, Vergütung, Nr. 649.

129 Zum Zeittarif vgl. unten Rz. 8.55.

130 Zum Kostentarif vgl. unten Rz. 8.56.

131 Zur wettbewerbsrechtlichen Zulässigkeit von Verbandstarifen vgl. aber die Bekanntmachung der Schweizerischen Wettbewerbskommission betreffend die Vorausset-

rif) oder nach den Baukosten (Art. 7 f.; Kostentarif). In der Praxis wenig gebräuchlich ist der nur für den Architekturvertrag vorgesehene Volumentarif (Art. 9 SIA-Ordnung 102). Die Parteien können auch die Anwendung verschiedener Tarife vereinbaren[132].

8.55 Bei der Honorarberechnung nach dem *Zeitaufwand* (Art. 6 SIA-Ordnung 102/103) kommt es auf die tatsächlich aufgewendete Zeit an. Ob die tatsächlich aufgewendete Stundenzahl nötig war, beurteilt sich nach einem objektiven («durchschnittlichen») Massstab[133]. Die Stundenansätze bestimmen sich entweder nach Honorarkategorien der ausgeübten Funktion oder nach Gehältern.

- In den SIA-Ordnungen 102/103 werden *Funktionen* vom Chefarchitekten/-ingenieur bis zum Datentypisten aufgereiht und je nach Können, Erfahrung und Ausbildung einer von sieben Honorarkategorien zugeteilt (Art. 6.3.5 SIA-Ordnung 102/Art. 6.3.7 SIA-Ordnung 103). Die den Honoraransätzen entsprechenden Stundenansätze werden jährlich als Gabel- und Mittelwerte vom SIA publiziert (Art. 6.3.3 SIA-Ordnung 102/Art. 6.3.4 SIA-Ordnung 103). Ohne besondere Vereinbarung ist der Mittelwert anzuwenden (Art. 6.3.4 SIA-Ordnung 102/Art. 6.3.5 SIA-Ordnung 103).
- Wenn nach *Gehältern* vergütet wird, sind die anrechenbaren Gehälter der Mitarbeiter und des Betriebsinhabers vorgängig zu vereinbaren (Art. 6.5.3 SIA-Ordnung 102/103). Grundlage bildet die AHV-pflichtige Jahreslohnsumme, mit einem Zuschlag in Prozenten für Gemeinkosten, Risiko und Gewinn, dividiert durch die Präsenzzeit in Stunden (Art. 6.5.1 SIA-Ordnung 102/103). Dieser Zuschlag sowie die Präsenzzeit werden jährlich vom SIA veröffentlicht (vgl. Art. 6.5.2 SIA-Ordnung 102/103).

8.56 Beim *Kostentarif* ist das Honorar abhängig von den honorarberechtigten Baukosten, vom Schwierigkeitsgrad und vom Leistungsanteil. Der tatsächliche Aufwand wird grundsätzlich nicht berücksichtigt. Das Honorar wird nach einer in Art. 8.1 SIA-Ordnung 102/Art. 7.1 SIA-Ordnung 103 festgelegten Formel berechnet.

- *Honorarberechtigte Baukosten* sind die wirklichen Kosten des ausgeführten Bauwerkes gemäss Bauabrechnung (ohne Mehrwertsteuer)[134], nach Abzug von Rabatten und Skonti. Nicht zu den honorarberechtigten Baukosten gehören Honorare von Baupla-

---

zungen für die kartellrechtliche Zulässigkeit von Abreden über die Verwendung von Kalkulationshilfen (BBl 1998, 3937 ff.).

132 Egli, ArchR, Nr. 959.

133 Egli, ArchR, Nr. 974; vgl. Fellmann, N 451 zu Art. 394 OR; Derendinger, Nr. 424 f.

134 Vgl. Art. 5.2 des Formularvertrags Nr. 1002 «Vertrag für Architekturleistungen»; Art. 4.2.2 des Formularvertrages Nr. 1003 «Vertrag für Bauingenieurleistungen».

nern, Kosten für den Erwerb von Grund und Rechten, Finanzierungskosten, öffentliche Gebühren, Versicherungsprämien und Auslagen für Wettbewerbe und Feiern (Art. 8.4 SIA-Ordnung 102/Art. 7.3 SIA-Ordnung 103).

- Die Höhe des Honorars ist auch vom *Schwierigkeitsgrad* der gestellten Aufgabe abhängig. Art. 7.4 SIA-Ordnung 102 enthält einen Katalog von Bauwerksarten, denen je ein Schwierigkeitsgrad zugeordnet ist. Die SIA-Ordnung 103 enthält ebenfalls einen solchen Katalog, der massgebend darauf abstellt, ob der Ingenieur als Gesamtleiter (Art. 7.6) oder als Spezialist (Art. 7.7) tätig ist. In der Regel wird der Schwierigkeitsgrad bei Auftragserteilung vertraglich vereinbart (Art. 7.5.1 Abs. 3 SIA-Ordnung 103; vgl. Art. 7.3.2 SIA-Ordnung 102).
- Der *Leistungsanteil* ergibt sich aus der Gewichtung der einzelnen Leistungen im Verhältnis zur Gesamtleistung: Das Honorar bemisst sich nach der Leistungstabelle und den zugehörigen Prozentwerten in Art. 3.6 SIA-Ordnung 102[135], das Ingenieurhonorar nach den in Art. 7.8 SIA-Ordnung 103 aufgestellten Leistungsanteilen.
- Art. 8.1 SIA-Ordnung 102 enthält (im Unterschied zur SIA-Ordnung 103) einen *Korrekturfaktor* für die Honorarberechnung, mit dem besondere äussere Einflüsse, welche die Erbringung der Grundleistungen erschweren oder vereinfachen, berücksichtigt werden (vgl. Art. 7.5.1 SIA-Ordnung 102). Ohne besondere Vereinbarung gilt ein Faktor 1.0 (Art. 7.5.2 SIA-Ordnung 102)[136].

Bei zahlreichen Bauaufgaben muss der Bauherr von sich aus *Spezialisten* 8.57
(z.B. Fachingenieure, Bauphysiker, Geologen etc.) beiziehen. Die Einzelbeauftragung durch den Auftraggeber hat keine Reduktion des Architekten-/Ingenieurhonorars zu Folge, sofern der Architekt/Ingenieur die ihm obliegenden Grundleistungen erbringt (Art. 7.16.1 SIA-Ordnung 102/Art. 7.12.1 SIA-Ordnung 103).

Wenn der Architekt/Ingenieur selber Leistungen aus dem Aufgabenbereich von Spezialisten tätigt, erhöht sich sein Honorar um das Fachhonorar, das der Bauherr dem Spezialisten bezahlen müsste. Erbringt demgegenüber ein Spezialist Leistungen, die dem Aufgabenbereich des Architekten/Ingenieurs zuzuordnen sind, so wird dessen Honorar entsprechend gekürzt (Art. 7.16.2 SIA-Ordnung 102/Art. 7.12.2 SIA-Ordnung 103)[137].

---

135 Nach Art. 3.1.2 SIA-Ordnung 102 umfasst der Auftrag des Architekten, vorbehältlich anderer Vereinbarungen, alle Teilleistungen, welche die architektonische Gesamtleistung ausmachen (Art. 3.1.1 in Verbindung mit Art. 3.6 SIA-Ordnung 102). Diese Bestimmung führt praktisch zu einer Umkehr der Beweislast bezüglich des Umfangs der vereinbarten Leistungen und ist daher für einen global zustimmenden Bauherrn ungewöhnlich (GAUCH, ArchR, Nr. 59 und 84; EGLI, ArchR, Nr. 1028).

136 Es erfolgt somit im Normalfall keine Korrektur des Honorars. Vgl. EGLI, ArchR, Nr. 1032.

137 EGLI, ArchR, Nr. 1053.

8.58 Es kann ferner ein *Pauschal-* oder ein *Globalhonorar* vereinbart werden. Das Globalhonorar wird (im Unterschied zum Pauschalhonorar) der Teuerung angepasst (vgl. Art. 5.2.2 SIA-Ordnung 102/103)[138]. Dabei wird die Summe der für alle Leistungen zu zahlenden Vergütung zum voraus genau bestimmt, ohne Rücksicht darauf, wie hoch der Arbeitsaufwand bei der Ausführung wirklich ist (Festpreis)[139].

Pauschaliert ist die Vergütung, nicht die Leistung, welche der Architekt/Ingenieur zu erbringen hat. Wenn die Parteien nachträglich vom Vertrag abweichen, so dass der Architekt/Ingenieur zusätzliche oder weniger Leistungen zu erbringen hat, als ursprünglich vereinbart, zieht dies eine entsprechende Anpassung des Honorars nach sich[140]. Um den geschuldeten Leistungsumfang festzulegen und Beweisschwierigkeiten zu vermeiden, sollte ein Pauschalhonorar nur aufgrund eines Leistungsbeschriebes und einer darauf aufbauenden Honorarschätzung erfolgen (Art. 5.2.2 SIA-Ordnung 102/103).

8.59 Einen *neuen Ansatz* verfolgt das «Leistungsmodell 95»[141]: Entsprechend Ziel und Aufgabe wird im einzelnen Vertrag ein individueller Leistungsbeschrieb vereinbart, welcher sich aus Teilleistungen (sogenannten «Leistungsmodulen») zusammensetzt. Die Honorarvereinbarung stellt auf diese Leistungsmodule ab, indem je pro Teilleistung ein Honorar nach Aufwand, ein Pauschal- oder ein Globalhonorar vereinbart wird.

c) Honorarerhöhung

8.60 Wenn der Arbeitsaufwand des Architekten/Ingenieurs grösser ist, als beim Vertragsabschluss vorgesehen, so wirkt sich das beim Zeittarif von selbst honorarerhöhend aus. Dagegen handelt es sich beim Honorar nach dem Kostentarif und beim Pauschalhonorar um *Festpreise*, welche durch den tatsächlichen Arbeitsaufwand grundsätzlich nicht beeinflusst werden[142]. Der Festpreischarakter ist aber nicht absolut: Der Bauherr schuldet immer dann eine volle Mehrvergütung, wenn die Ursache des Mehraufwandes des Architekten/Ingenieurs aus dem Risikobereich des

---

138 Zur Bedeutung des «Globalhonorars» vgl. EGLI, ArchR, Nr. 958; vgl. auch analog Art. 40 SIA-Norm 118.

139 EGLI, ArchR, Nr. 897; FELLMANN, N 441 zu Art. 394 OR; GMÜR, Nr. 167.

140 EGLI, ArchR, Nr. 899; FELLMANN, N 443 zu Art. 394 OR; GMÜR, Nr. 170.

141 Zur Zeit noch als «Arbeitsdokument in verlängerter Vernehmlassung»; vgl. im Einzelnen oben Rz. 4.28; vgl. auch GAUCH, ArchR, Nr. 103; EGLI, ArchR, Nr. 967 ff.

142 Vgl. oben Rz. 8.56 und 8.58.

Bauherrn stammt, wie z.B. bei Vertragsänderungen[143] oder bei Arbeitsunterbrüchen, welche vom Bauherrn zu vertreten sind (vgl. Art. 1.15.1 SIA-Ordnung 102/103). Mangels Vereinbarung ist die Mehrvergütung – in analoger Anwendung des Art. 374 OR – nach Aufwand zu bestimmen[144].

Haben die Parteien für den Fall des Eintritts *ausserordentlicher Umstände* keine Regelung vorgesehen, kann der Richter – in sinngemässer Anwendung von Art. 373 Abs. 2 OR – eine Preisanpassung oder die Vertragsauflösung bewilligen, wenn die fraglichen Umstände die Fertigstellung hindern oder übermässig erschweren und nicht vorausgesehen werden konnten oder nach den von beiden Parteien angenommenen Voraussetzungen ausgeschlossen wurden[145]. 8.61

Die Vergütung von vorgängig zu vereinbarenden (Art. 3.2.3 SIA-Ordnung 102/103) *Zusatzleistungen* richtet sich gemäss SIA-Ordnung 102 – mangels anderer Vereinbarung – nach Zeittarif (Art. 5.3.2)[146]. Als grundsätzlich vergütungspflichtige Zusatzleistungen gelten nach Art. 7.9 SIA-Ordnung 103 die Ausarbeitung von Varianten, sofern sie nicht in den Grundleistungen des Leistungsbeschriebs enthalten sind, sowie die Überarbeitung des Projektes infolge geänderter Grundlagen[147]. Nach Art. 7.12/13 SIA-Ordnung 102 sind Projektvarianten und Änderungsleistungen bei wesentlich abweichenden Grundlagen oder Anforderungen grundsätzlich ebenfalls zusätzlich zu vergüten[148]. Demgegenüber ist das «Erarbeiten einer oder mehrerer Lösungen» im Rahmen der Teilleistung «Studium von Lösungsmöglichkeiten» (Art. 4.1.2 SIA-Ordnung 102) vom Leistungsverzeichnis erfasst. 8.62

d) Honorarminderung

Die unvollständige oder nicht richtige Erfüllung eines Auftrags kann zu einer *Reduktion des Honorars* führen[149]. Der Bauherr muss Teilleistungen nicht vergüten, die nicht oder nicht in vertragskonformer Weise 8.63

143 EGLI, ArchR, Nr. 1076; FELLMANN, N 443 zu Art. 394 OR; vgl. SCHUMACHER, Vergütung, Nr. 567.

144 EGLI, ArchR, Nr. 1078; vgl. SCHUMACHER, Vergütung, Nr. 644 ff.

145 EGLI, ArchR, Nr. 897; FELLMANN, N 445 zu Art. 394 OR; GMÜR, Nr. 173.

146 Die SIA-Ordnung 103 enthält nur eine entsprechende Empfehlung (Art. 6.1).

147 Nach der SIA-Ordnung 103 gehört das Studium von Varianten und deren Weiterbearbeitung zur Teilleistung «Planungsstudie» (Art. 4.1.2) und «Vorprojekt» (Art. 4.1.3). Auch wenn der Ingenieur als Spezialist tätig ist, gehört das Studium von Varianten zur Teilleistung «Vorstudien» (Art. 4.2.1).

148 Vgl. EGLI, ArchR, Nr. 1062.

149 BRUNNER, Nr. 447 und 450 ff.; SCHUMACHER, ArchR, Nr. 606; vgl. WEBER, Basler Kommentar, N 43 zu Art. 394 OR; WERRO, Nr. 1069; vgl. auch oben Rz. 3.45.

erbracht wurden (vgl. auch Art. 1.12 SIA-Ordnung 102/103)[150]. Der Vergütungsanspruch ist auf den Wert der brauchbaren Leistungen zu reduzieren[151]. Dabei steht dem Richter ein weites Ermessen zu[152]. Der Vergütungsanspruch entfällt ganz, wenn die Vertragserfüllung des Beauftragten derart untauglich ist, dass sie einer vollständigen Nichterfüllung gleichkommt[153].

- Gilt der *Kostentarif*, so sind die Honorarprozente für die nicht vertragskonform erbrachten Teilleistungen überhaupt nicht oder nur teilweise geschuldet. Soweit Baukosten einen «Vertrauensschaden» darstellen, können sie auch nicht in die Honorarberechnung einbezogen werden[154].
- Bei der Vergütung nach dem *Zeittarif* erfolgt die Honorarkürzung, indem ein Teil der verrechenbaren Stunden gestrichen wird[155], denn für unnötigen Mehraufwand hat der Beauftragte keinen Honoraranspruch[156].
- *Honorarminderung und Schadenersatz* können grundsätzlich kumuliert werden[157]. Aufgabe des Richters ist es dann, durch Bemessung des Schadenersatzes und allfälliger Honorarminderungen das Gleichgewicht zwischen den Austauschleistungen (Äquivalenzprinzip) wiederherzustellen[158]. Wenn aber der Bauherr vom Architekten/Ingenieur durch die Leistung von Schadenersatz so gestellt wird, wie wenn der Architekt/Ingenieur seinen Auftrag fehlerfrei erfüllt hätte, ist eine Honorarminderung ausgeschlossen[159].

---

150 DERENDINGER, Nr. 447b; vgl. SCHUMACHER, ArchR, Nr. 602 f.

151 DERENDINGER, Nr. 450; FELLMANN, N 540 zu Art. 394 OR; EGLI, ArchR, Nr. 1089; a.M. WERRO (Nr. 1068 ff.), der sich gegen das Kriterium der Brauchbarkeit («utilité du résultat») ausspricht (auch TERCIER, Nr. 4119 f.) und auf die Schwere des Verschuldens abstellen will (ebenso BRUNNER, Nr. 454 f.). GMÜR (Nr. 453 f.) sieht in der sinngemässen Anwendung der allgemeinen Deliktsregel (Art. 43 f. OR) eine «Korrektur» des Kriteriums der Brauchbarkeit.

152 SCHUMACHER, ArchR, Nr. 604; TERCIER, Nr. 4120; GMÜR, Nr. 503; vgl. auch WERRO, Nr. 1074.

153 BGE 110 II 379 E. 2; RJN 1988, 43 = BR 1989, Nr. 106, 90; FELLMANN, N 540 zu Art. 394 OR; SCHUMACHER, ArchR, Nr. 605; TERCIER, Nr. 4119; vgl. BGE 89 II 293.

154 SCHUMACHER, ArchR, Nr. 607.

155 SCHUMACHER, ArchR, Nr. 606.

156 BGE 117 II 285 E. 4c; DERENDINGER, Nr. 424; FELLMANN, N 532 zu Art. 394 OR; GMÜR, Nr. 468.

157 GMÜR, Nr. 533 f.; DERENDINGER, Nr. 443 ff.; SCHUMACHER, ArchR, Nr. 609; vgl. auch TRÜMPY, 138.

158 FELLMANN, N 502 ff. und 533 zu Art. 394 OR; SCHUMACHER, ArchR, Nr. 609.

159 GMÜR, Nr. 436; DERENDINGER, Nr. 446a; FELLMANN, N 504 zu Art. 394 OR; JEANPRÊTRE, 192; SCHUMACHER, ArchR, Nr. 609; WEBER, Basler Kommentar, N 43 zu Art. 394 OR; a.M. ZEHNDER, Nr. 359 f.

Wenn das Vertragsverhältnis zwischen dem Bauherrn und dem Architekten/Ingenieur dem *Werkvertragsrecht* untersteht, kann der Bauherr im Falle mangelhafter Leistung seine Mängelrechte geltend machen, namentlich auch die Minderung[160]. 8.64

e) *Zahlungsmodalitäten*

Soweit keine abweichende Vereinbarung besteht, tritt die *Fälligkeit* des Honorars erst ein, wenn die letzte unter den Auftrag fallende Leistung abgeschlossen ist[161]. Bei Gesamtverträgen entspricht es der Natur des Rechtsverhältnisses (Art. 75 OR), dass die Fälligkeit des Honorars mit Abschluss der Hauptarbeit eintritt[162]. Als Abschluss der Hauptarbeit gilt die Prüfung, Bereinigung und Abgabe der Schlussabrechnung (vgl. Art. 153 f. SIA-Norm 118), selbst wenn möglicherweise noch Garantiearbeiten ausstehen[163]. Der Vergütungsanspruch des Architekten/Ingenieurs verjährt in 10 Jahren[164], auch wenn der Vertrag als Werkvertrag qualifiziert wird[165]. 8.65

- Nach Art. 1.13.1 SIA-Ordnung 102/103 sind alle Rechnungen des Architekten/Ingenieurs innert dreissig Tagen (Verfalltermin; Art. 102 Abs. 2 OR) zu bezahlen[166].
- Bei Gesamtverträgen, auf welche die SIA-Ordnung 102/103 anwendbar ist, stellt sich die Frage, wann das Resthonorar (d.h. Honorar abzüglich Akontozahlungen) *fällig* wird. Das Honorar soll nach Art. 1.12 SIA-Ordnung 102/103 der erbrachten Leistung entsprechen. Die Leitung der Garantiearbeiten zählt zu den Grundleistungen gemäss Leistungsbeschrieb und macht einen Anteil an der Gesamtleistung von 1% gemäss Art. 3.6/4.5.3 SIA-Ordnung 102 bzw. von 2% gemäss Art. 7.8 SIA-Ordnung 103 aus. Trotzdem wird mit Abschluss der Hauptarbeiten das ganze Honorar zur Zahlung fällig,

---

160 EGLI, ArchR, Nr. 1089; GAUCH, Nr. 2738; SCHUMACHER, ArchR, Nr. 611; TRÜMPY, 62 und 137.

161 BRINER, Privates Baurecht, 39; DERENDINGER, Nr. 417; EGLI, ArchR, Nr. 1094 (mit Hinweisen); REBER, 281; WEBER, Basler Kommentar, N 40 zu Art. 394 OR; WERRO, Nr. 768.

162 EGLI, ArchR, Nr. 1097; vgl. aber FELLMANN (N 473 zu Art. 394 OR) und GMÜR (Nr. 270), welche auf den Zeitpunkt der «Abnahme der letzten Unternehmerleistung» abstellen.

163 EGLI, ArchR, Nr. 1097 und 1108.

164 BGE 98 II 186 ff. E. 3; EGLI, ArchR, Nr. 1123; FELLMANN, N 558 zu Art. 394 OR; REBER, 282; TERCIER, Nr. 4127.

165 BÜHLER, N 29 zu Art. 372 OR; EGLI, ArchR, Nr. 1123; GAUCH, Nr. 1284 und 1292; vgl. BGE 98 II 186 ff. E. 3.

166 EGLI, ArchR, Nr. 1119; a.M. HESS, 13, Nr. 4 («kein Verfalltag»).

selbst wenn Dokumentations- und Garantiearbeiten noch ausstehen[167]. Der SIA-Ordnung 102/103 kann unseres Erachtens nicht mit hinreichender Eindeutigkeit entnommen werden, dass zu Ungunsten des Architekten/Ingenieurs vom dispositiven Gesetzesrecht (Art. 75 OR) abgewichen werden soll, wonach das ganze Honorar mit Abschluss der Hauptarbeiten zur Zahlung fällig wird[168]. Der Bauherr seinerseits ist – soweit etwa die Leitung von Nachbesserungsarbeiten aussteht – durch das Rückbehaltungsrecht von Art. 82 OR geschützt.

8.66 Ohne Vereinbarung zwischen den Parteien ist der Bauherr nicht verpflichtet, *Honorarvorschüsse*, Abschlagszahlungen oder sonstige Sicherheiten zu leisten[169]. Allerdings kann ein Beauftragter die Ausführung des Auftrages von einer Vorschussleistung für die Auslagen (Art. 402 OR) abhängig machen[170].

Demgegenüber hat nach Art. 1.13.3 SIA-Ordnung 102/103 der Architekt/Bauingenieur Anspruch auf *Akontozahlungen* von «mindestens 90%» der erbrachten Leistungen[171]. Für die Fälligkeit gilt Art. 1.13.1 SIA-Ordnung 102/103[172]. Nach Art. 1.13.4 SIA-Ordnung 102/103 kann ferner «in besonderen Fällen» Sicherstellung des Honorars oder angemessene Vorauszahlung verlangt werden. Unklar ist, wann ein «besonderer Fall» vorliegt[173].

5. Haftung des Architekten und des Ingenieurs

8.67 Eine Haftung des Architekten/Ingenieurs kann sich aus unerlaubter Handlung (Art. 41 OR) oder aus Vertrag (Art. 97 OR) ergeben. Es gelten die Grundsätze dieser Haftungsarten, auf die hier nicht weiter eingegangen wird. Im Folgenden kommen lediglich Besonderheiten der vertraglichen Haftung des Architekten/Ingenieurs zur Sprache.

---

167 EGLI, ArchR, Nr. 1097 und 1108.

168 So aber EGLI, ArchR, Nr. 1121; HESS, 134 f., Nr. 22.

169 EGLI, ArchR, Nr. 1103; FELLMANN, N 480 zu Art. 394 OR; GAUCH, Nr. 1154; vgl. GMÜR, Nr. 279 ff.; a.M. betreffend den Bauleitungsvertrag TRÜMPY, 88.

170 FELLMANN, N 68 zu Art. 402 OR; WEBER, Basler Kommentar, N 10 zu Art. 402 OR; vgl. WERRO, Nr. 674.

171 Für EGLI (ArchR, Nr. 1118) und HESS (134, Nr. 18) ist die Berechtigung, für mehr als 90% der Leistungen Akontozahlung zu verlangen, «eher ungewöhnlich» bzw. «absolut unüblich»; a.M. TRÜMPY, 51 f.

172 Vgl. oben Rz. 8.65 Abs. 2.

173 Bei einer Globalübernahme erscheint zudem fraglich, ob diese Bestimmung vor der Ungewöhnlichkeitsregel standhält (EGLI, ArchR, Nr. 1120; HESS, 135, Nr. 27).

Nach Art. 1.6 SIA-Ordnung 102/103 hat der Architekt/Ingenieur dem Auftraggeber bei verschuldeter fehlerhafter Auftragserfüllung nur den entstandenen «direkten Schaden» zu ersetzen. Die Klausel ist dahingehend zu verstehen, dass der Architekt/Ingenieur lediglich für adäquat verursachte Folgen seiner Vertragsverletzung haftet. Sie gibt damit nur wieder, was von Gesetzes wegen ohnehin gilt[174]. 8.68

a) Haftung für Mängel

Der Architekt/Ingenieur haftet für *Baumängel*[175], die er im Rahmen eines auftragsrechtlichen Vertragsverhältnisses durch Pflichtverletzungen verursacht. Die Pflichtverletzungen können beispielsweise in mangelhaften Plänen, falschen Weisungen an die Unternehmer oder unsorgfältiger Bauaufsicht bestehen[176]. 8.69

Zum *Schaden* gehören die Kosten der Mängelbeseitigung, die Kosten für die Vorbereitungs- und Wiederherstellungsarbeiten und der Ersatz des Folgeschadens[177]. Wo aber ein Missverhältnis besteht zwischen den Kosten der Nachbesserung und dem daraus entstehenden Vorteil des Bauherrn, besitzt der Bauherr – analog Art. 368 Abs. 3 OR – nur einen Anspruch auf Ersatz des Minderwerts[178]. Sogenannte «Sowieso-Kosten», die der Bauherr auch bei ursprünglich richtiger Planung und Ausführung hätte aufwenden müssen, sind grundsätzlich nicht zu ersetzen.

Der Architekt/Ingenieur haftet auch für einen *reinen Architektenmangel* (oder «Ingenieurmangel»). Ein solcher Mangel besteht in einer körperlichen Beschaffenheit des Bauwerks, die zwar keinen Baumangel oder Begleitschaden darstellt, aber entweder Weisungen widerspricht oder in Widerspruch steht zu Vorstellungen des Bauherrn, dessen Weisungen pflichtwidrig nicht eingeholt wurden[179]. Dem Bauherrn stehen in diesem Fall die gleichen Ansprüche zu wie bei Baumängeln[180]. 8.70

Ein Architektenmangel liegt auch dann vor, wenn eine Weisungsabweichung zu einem wertvolleren Bauwerk führt (z.B. Garagenvorplatz mit Granitplatten statt geteert). Unter-

174 SCHUMACHER, ArchR, Nr. 558; a.M. HESS, 97, Nr. 26 ff. (Haftung nur für Mangel-, nicht für Mangelfolgeschäden); JEANPRÊTRE, 118 f.; ZEHNDER, Nr. 336 ff.

175 Vgl. unten Rz. 15.20 ff.

176 Vgl. SCHUMACHER, ArchR, Nr. 538; TRÜMPY, 68 und 93; vgl. auch unten Rz. 15.29.

177 SCHUMACHER, ArchR, Nr. 541; vgl. TRÜMPY, 70.

178 SCHUMACHER, ArchR, Nr. 542; ebenso: FELLMANN, Werkmängel, 99; TRÜMPY, 69; vgl. analog BGE 111 II 173 f.; GAUCH, Nr. 1749 ff.

179 JEANPRÊTRE, 83 und 115 ff.; SCHUMACHER, ArchR, Nr. 546; TRÜMPY, 96.

180 SCHUMACHER, ArchR, Nr. 549; vgl. auch BRINER, Privates Baurecht, 40; TRÜMPY, 96 f.

bleibt die Herstellung des weisungsgemässen Werkes (Nachbesserung), namentlich weil diese dem Bauherrn keinen Nutzen bringt, stellt sich die Frage der Schadenersatzbemessung: Es besteht ein Mehrwert mit entsprechenden Zusatzkosten für den Bauherrn. Diese vertragswidrig verursachten Zusatzkosten hat der Architekt/Ingenieur zu ersetzen[181]. Dabei ist dem Bauherrn zwar grundsätzlich im Sinne einer Vorteilsausgleichung anzurechnen, was das Bauwerk für ihn persönlich (also subjektiv) mehr wert ist[182]. Der Bauherr seinerseits kann dem aber (ebenfalls im Sinne einer Vorteilsausgleichung) entgegenhalten, dass der fehlbare Architekt/Ingenieur die Kosten der Nachbesserung einspart.

8.71 Wenn *Werkvertragsrecht* auf *Planmängel* anwendbar ist[183], tritt die besondere werkvertragliche Mängelhaftungsordnung (Art. 367 ff. OR) an die Stelle der allgemeinen Haftungsordnung (Art. 97 ff. OR). Liefert der Architekt/Ingenieur einen mangelhaften Plan und führt der Planmangel schliesslich zu einem Mangel am ausgeführten Bauwerk, so handelt es sich beim Mangel des Bauwerks um einen Mangelfolgeschaden (des Planmangels)[184]. Für Mangelfolgeschäden haftet der Architekt/Ingenieur nach Art. 368 OR nur, wenn ihn ein Verschulden oder eine Hilfspersonenhaftung (Art. 101 OR) trifft[185]. Die Wandelungs-, Minderungs- und Nachbesserungsrechte des Bauherrn setzen dagegen kein Verschulden des Architekten/Ingenieurs voraus.

Zur Wahrung seiner Mängelrechte muss der Bauherr die *Prüfungs- und Rügebestimmungen* (Art. 367–370 OR) beachten[186]. Allerdings kann von einem nichtfachmännischen Bauherrn nicht erwartet werden, dass er abgelieferte Pläne auf deren Übereinstimmung mit den anerkannten Regeln der Baukunde und den Bauvorschriften prüft[187]. Dagegen kann er in der Regel kontrollieren, ob die Pläne seinen Ausführungsanweisungen entsprechen[188].

---

181 BGE 122 III 62 E. 2a; JEANPRÊTRE, 115 f.; SCHUMACHER, ArchR, Nr. 549.

182 Zum «subjektiven Mehrwert» vgl. unten Rz. 8.77.

183 Vgl. oben Rz. 8.6.

184 FELLMANN, Werkmängel, 107, 109; SCHUMACHER, ArchR, Nr. 554; vgl. unten Rz. 15.28.

185 FELLMANN, Werkmängel, 110; GAUCH, Nr. 2738; *ders.,* ArchR, Nr. 31 (Fn. 42); SCHUMACHER, ArchR, Nr. 554.

186 SCHUMACHER, ArchR, Nr. 626 ff.; anders aber unten Rz. 15.150.

187 TRÜMPY, 54; BRINER, Privates Baurecht, 33 f.; BÜHLER, N 55 zu Art. 367 OR; FELLMANN, Werkmängel, 113; SCHUMACHER, ArchR, Nr. 627; vgl. SJZ 1987, 368.

188 TRÜMPY, 54; anders BRINER, Privates Baurecht, 34.

b) Haftung für Überschreitung des Kostenvoranschlages

Wird der Kostenvoranschlag überschritten, ist zu unterscheiden, ob die Mehrkosten auf Zusatzkosten (Rz. 8.73) oder auf die Ungenauigkeit des Voranschlages bzw. mangelhafte Kostenüberwachung (Rz. 8.74 ff.) zurückzuführen sind[189]. 8.72

aa) Vertragswidrig verursachte Zusatzkosten

Durch Vertragsverletzungen des Architekten/Ingenieurs können *vermeidbare Mehrkosten* entstehen. Hat der Architekt/Ingenieur diese Zusatzkosten verschuldet (etwa durch unwirtschaftliche oder fehlerhafte Planung, ungünstige Vergaben, unrichtige Weisungen, mangelnde Bauleitung, Missachtung anerkannter Regeln der Baukunde, mangelnde Abklärungen von Bauvorschriften), haftet er dem Bauherrn[190]. Diese Haftung besteht im Übrigen unabhängig davon, ob ein Kostenvoranschlag besteht, dieser eingehalten, überschritten oder unterboten wurde. 8.73

bb) Haftung für Kosteninformation

Die *Haftung für Kosteninformation* wird ausgelöst durch falsche, verspätete oder vertragswidrig unterlassene Kosteninformationen durch den Architekten/Ingenieur. Es liegt eine Schlechterfüllung des Vertrages vor, für die der Architekt/Ingenieur nur bei Verschulden haftet[191]. Zur Klarstellung: Es geht dabei um Kosten, welche *nicht vermieden* werden können, wenn das Bauwerk so ausgeführt wird, wie es geplant ist. Namentlich zwei Fallgruppen sind zu unterscheiden: 8.74

- Erstens kann es zu einer Überschreitung des Kostenvoranschlages kommen, weil der Architekt/Ingenieur die zu erwartenden Baukosten im Kostenvoranschlag zu *tief geschätzt* hat und somit den Bauherrn falsch bzw. ungenau informiert hat.
- Zweitens kann die Überschreitung des Kostenvoranschlags darauf zurückzuführen sein, dass die Bauausführung durch nachträgliche Änderungswünsche des Bauherrn verteuert wird. Soweit es zu nachträglichen Änderungen kommt, kann der Architekt/Bauingenieur nicht auf seiner ursprünglichen Kostenschätzung (Kostenvoranschlag) behaftet werden. Diesfalls haftet der Architekt/Ingenieur nur, wenn er es in

189 BGE 122 III 62 E. 2a; 119 II 251 E. 3b/aa.
190 BGE 122 III 62 E. 2a; GAUCH, FS Heiermann, 82; *ders.*, BR 1989, 79 f.; ZEHNDER, Nr. 149 ff. (mit Beispielen).
191 Vgl. BGE vom 12.2.1998 (4C.82/1996), E. 2.

pflichtwidriger und schuldhafter Weise unterlassen hat, den Bauherrn rechtzeitig und mit hinreichender Genauigkeit über die finanziellen Folgen der nachträglichen Abänderungen zu informieren.

8.75 Die Haftung des Architekten/Ingenieurs richtet sich auf Ersatz des *Vertrauensschadens*, der dem Bauherrn daraus erwächst, dass er im Vertrauen auf die Richtigkeit des Kostenvoranschlages seine Dispositionen getroffen hat[192].

8.76 Die *Schädigung* des Bauherrn besteht darin, dass er bei Kenntnis der Unrichtigkeit des Kostenvoranschlages über seine finanziellen Mittel anders disponiert hätte[193]. Prozessual genügt es, wenn der Bauherr sein hypothetisches alternatives Verhalten glaubhaft macht[194]. Der Vertrauensschaden kann in irgendwelchen Vermögensnachteilen bestehen. Es kann sich z.B. um erhöhte Finanzierungskosten (z.B. höhere Hypothekarzinsen, Zinsverlust auf Eigenkapital), entgangene Subventionen oder um einen ausgebliebenen Mehrwert handeln. Er kann insbesondere auch darin bestehen, dass der Bauherr bei hinreichend genauem Kostenvoranschlag das Bauwerk auf billigere Weise hätte ausführen lassen oder bei rechtzeitiger Kenntnis der zu erwartenden Baukosten verschiedene Einsparungen (z.B. bei Garage, Raumprogramm und Hauskubatur) vorgenommen hätte[195]. Der Bauherr muss sich allerdings anrechnen lassen, dass die teurere Ausführung gegenüber der hypothetischen, billigeren Variante einen Mehrwert zur Folge hat:

8.77 Soweit und sofern den Mehrkosten ein höherer objektiver Wert des Bauwerkes entspricht, handelt es sich um einen aufgedrängten Mehrwert[196]. Diesen *objektiven* Mehrwert muss sich der Bauherr jedoch nicht entgegenhalten lassen[197]. Der Umstand, dass der Kostenvoranschlag die Grundlage für die Willensbildung und Entscheidung des Bauherrn bildete und dass der Bauherr darauf vertrauen durfte, bedeutet aber nicht, dass der Bauherr keinen *subjektiven* Nutzen am aufgedrängten Mehrwert hätte. Im Sinne einer Vorteilsanrechnung

---

192 BGE 119 II 252 E. 3; 122 III 64 E. 2c/aa; BGE vom 11.2.1998 (4C.82/1996), E. 2; RJN 1995, 78 = BR 1996, Nr. 237, 116; GAUCH, FS Heiermann, 83 f.; *ders.*, BR 1989, 81; SCHUMACHER, recht 1994, 134; *ders.*, ArchR, Nr. 762 ff.; WERRO, BR 1993, 96 ff.; ZEHNDER, Nr. 228 ff.; *ders.*, AJP 1996, 1252; kritisch HONSELL, 272; WIEGAND, 211; a.M. HESS, Bauhaftpflicht, 178 f.

193 BGE vom 11.2.1998 (4C.82/1996), E. 2; BGE 122 III 64 E. 2c; GAUCH, BR 1989, 81; SCHUMACHER, ArchR, Nr. 767.

194 BGE vom 11.2.1998 (4C.82/1996), E. 3a; SCHUMACHER, recht 1994, 135; *ders.*, ArchR, Nr. 768; vgl. auch BGE 124 III 165 f.

195 Vgl. GAUCH, FS Heiermann, 86; *ders.*, BR 1989, 81; *ders.*, BR 1994, 49 (Kommentar zu BGE 119 II 249 ff.); SCHUMACHER, ArchR, Nr. 771; ZEHNDER, Nr. 229 ff.

196 BGE 122 III 64 f. E. 2c; GAUCH, BR 1989, 85; SCHUMACHER, recht 1994, 138; *ders.*, ArchR, Nr. 781.

197 So aber JEANPRÊTRE, 112 f.; WERRO, BR 1993, 98; vgl. auch ZEHNDER, AJP 1996, 1253.

muss er sich daher den *subjektiven Mehrwert* anrechnen lassen, den die tatsächlich vollendete Baute gegenüber der günstigeren, hypothetischen Bauausführung aufweist, die der Bauherr im Falle einer inhaltlich richtigen Kosteninformation gewählt hätte[198]. Massgebend kann dabei nur ein Mehrwert sein, der gerade für den betreffenden Bauherrn bei der Verfolgung seines konkreten Verwendungszwecks wirtschaftlich nützlich ist[199]. In einem neueren Entscheid führt das Bundesgericht aus, der subjektive Wert eines Umbaus bestehe im Betrag einer (zusätzlichen) Kostenschätzung, welche zwar bereits erheblich über der vorausgehenden Kostenschätzung lag, aber vom Bauherrn noch widerspruchslos hingenommen wurde[200].

Wenn der Bauherr im Verlaufe der Bauausführung von einer drohenden oder einsetzenden Überschreitung des Kostenvoranschlages Kenntnis erhält und trotzdem nicht deutlich und nachdrücklich auf einer Einhaltung der budgetierten Baukosten (namentlich auf Einsparungen) besteht, so ist diese Gleichgültigkeit ein Faktor, welcher zur Kostenüberschreitung beiträgt (*Selbstverschulden*). Die Schadenersatzpflicht des Architekten/Ingenieurs ist dann nach Art. 44 Abs. 1 OR zu ermässigen[201]. 8.78

Wird die «*Toleranzgrenze*»[202] von 10% überschritten, ist nach allgemeiner Lebenserfahrung zu vermuten, dass eine Vertragsverletzung des Architekten/Ingenieurs vorliegt (Wahrscheinlichkeitsbeweis)[203]. Dieser kann den Gegenbeweis führen[204]. 8.79

c) *Verjährung von Ansprüchen*

Für Ansprüche aus Architektur-/Ingenieurverträgen gilt grundsätzlich die *zehnjährige Verjährungsfrist* des Art. 127 OR (ebenso Art. 1.8.1 SIA-Ordnung 102/103). Nach Art. 130 Abs. 1 OR beginnt die Verjährungsfrist, welche nicht abgeändert werden kann (Art. 129 OR), grundsätzlich mit der Fälligkeit der Forderung. Schadenersatzansprüche aus 8.80

198 BGE 122 III 64 E. 2c; BGE vom 11.2.1998 (4C.82/1996), E. 4c; GAUCH, BR 1989, 85; *ders.,* FS Heiermann, 86 ff.; *ders.,* BR 1994, 49 (Kommentar zu BGE 119 II 249 ff.); SCHUMACHER, recht 1994, 137 f.; *ders.,* ArchR, Nr. 779; *ders.,* BR 1996, 115 f. (Kommentar zu BGE 122 III 61).

199 SCHUMACHER, BR 1996, 116; *ders.,* ArchR, Nr. 779 f.

200 BGE vom 11.2.1998 (4C.82/1996), E. 4d.

201 BGE vom 11.2.1998 (4C.82/1996), E. 5. Zur Kostenüberwachungs- und -informationspflicht oben Rz. 8.34 ff.

202 Vgl. oben Rz. 8.36.

203 SCHUMACHER, ArchR, Nr. 758 und 760; ZEHNDER, Nr. 274; vgl. auch TRÜMPY, 141.

204 SCHUMACHER, ArchR, Nr. 760; ZEHNDER, Nr. 274.

positiver Vertragsverletzung beginnen aber bereits mit der Vertragsverletzung zu verjähren[205].

8.81 Stehen Werkmängel in Frage, kommen die *ausserordentlichen Verjährungsfristen* des Art. 371 OR zur Anwendung[206]. Nach Massgabe von Art. 371 Abs. 2 OR verjähren bei «unbeweglichen Bauwerken» die Ansprüche des Bestellers gegenüber Architekten/Ingenieuren, die zum Zwecke der Erstellung Dienste geleistet haben, mit Ablauf von fünf Jahren (ebenso Art. 1.8.2 SIA-Ordnung 102/103)[207]. Bei Mängeln eines beweglichen Werkes gilt die einjährige Verjährungsfrist – dem Zweckgedanken von Art. 371 Abs. 2 OR folgend – auch gegenüber Architekten/Ingenieuren[208].

- Hat der Architekt/Ingenieur den Mangel *absichtlich verschwiegen*, gilt eine Verjährungsfrist von 10 Jahren (Art. 210 Abs. 3 OR in Verbindung mit Art. 371 Abs. 2 OR)[209].
- Umstritten ist, ob für reine Architektenmängel[210] die fünfjährige (Art. 371 Abs. 2 OR) oder die zehnjährige (Art. 127 OR) Verjährungsfrist gilt[211].

8.82 Die Verjährungsfrist *beginnt* mit der Abnahme des Werkes. Wird der Architekt/Ingenieur vom Bauherrn für Mängel eines Gesamtwerkes verantwortlich gemacht, das von mehreren Nebenunternehmern aufgrund gesonderter Verträge mit dem Bauherrn erstellt worden ist, so beginnt die

205 BGE 106 II 138 E. 2c; 87 II 163 E. 3c; GAUCH/SCHLUEP, Nr. 3446; SCHUMACHER, ArchR, Nr. 642.

206 BGE 102 II 418 E. 3; 115 II 456 (unveröffentlichte E. 1b); GAUCH, Nr. 2301; SCHUMACHER, ArchR, Nr. 640; vgl. BRINER, Privates Baurecht, 41; TERCIER, Nr. 4201; kritisch WERRO, Nr. 926 ff.; *ders.,* ArchR, Nr. 2243.

207 Der Begriff des «unbeweglichen Bauwerks» ist umstritten. Vgl. BGE 120 II 216 E. 3a; BÜHLER, N 39 ff. zu Art. 371 OR; GAUCH, Nr. 2220 ff.; KOLLER, Nr. 413 ff.; TSCHÜTSCHER, Die Verjährung der Mängelrechte bei unbeweglichen Bauwerken, St. Galler Diss., Bern/Stuttgart/Wien 1996, 131 ff.

208 BRINER, Privates Baurecht, Nr. 40; GAUCH, Nr. 2308; JEANPRÊTRE, 93; SCHUMACHER, ArchR, Nr. 645; ZEHNDER, Nr. 323; ZINDEL/PULVER, Basler Kommentar, N 10 zu Art. 371 OR; a.M. HESS, 113 (10 Jahre gemäss Art. 127 OR); zur Verjährung nach den SIA-Ordnungen 102 und 103 vgl. oben Rz. 4.37.

209 BGE 107 II 232 E. 3a; BJM 1993, 300 ff. = BR 1995, Nr. 240, 92; SCHUMACHER, ArchR, Nr. 668 ff.; vgl. GAUCH, Nr. 2275 ff.

210 Zu den reinen Architektenmängeln vgl. oben Rz. 8.70.

211 Vgl. SCHUMACHER, ArchR, Nr. 547 und 657 («10 Jahre»); BRINER, Privates Baurecht, 40 f., sowie TRÜMPY, 96 («5 Jahre»); ebenso unten in Rz. 15.120.

Verjährungsfrist – auch gegenüber dem Architekten/Ingenieur – mit der Abnahme jedes Teilwerkes zu laufen[212].

d) Haftungsaufteilung zwischen Architekten/Ingenieur und Unternehmer

Haben ein Architekt/Ingenieur und ein Unternehmer durch bewusstes Zusammenwirken den Bauherrn geschädigt, haften sie diesem echt solidarisch[213]. Häufiger ist es, dass ein Schaden durch von einander unabhängige Handlungen des Architekten/Ingenieurs einerseits (z.B. infolge eines mangelhaften Plans) und eines anderen Baubeteiligten andererseits (z.B. Verletzung einer Abmahnungspflicht durch den Unternehmer) verursacht wird. Diesfalls besteht eine *unechte Solidarhaftung* (Art. 51 OR) aller Verantwortlichen. In sinngemässer Anwendung der Regel über die Solidarität haftet jeder Schädiger dem Bauherrn für den gesamten Schaden, soweit dieser nicht bereits entschädigt ist[214]. Folgende Einzelfragen der Mehrpersonenhaftung sind herauszugreifen: 8.83

- Wenn ein Haftpflichtiger dem Bauherrn mehr geleistet hat, als es seinem internen Haftungsanteil entspricht, hat er ein *Rückgriffsrecht* gegen die anderen Solidarschuldner[215]. Ob und in welchem Umfang dies zutrifft, bestimmt der Richter nach seinem Ermessen (Art. 50 OR in Verbindung mit Art. 51 OR). Dabei wiegen Planungs- und Ausführungsfehler tendenziell schwerer als Fehler bei Prüfung oder Beaufsichtigung[216].
- Handelt der Architekt/Ingenieur *als Hilfsperson* des Bauherrn (Art. 101 OR), muss sich dieser das fehlerhafte Verhalten seiner Hilfsperson als eigenes Verhalten anrechnen lassen und gegenüber den Unternehmern vertreten[217]. Das kann den Unternehmer

---

212 BGE 115 II 457 E. 2; GAUCH, Nr. 2303; JEANPRÊTRE, 92 f.; SCHUMACHER, ArchR, Nr. 650.

213 BGE 115 II 45 E. 1b; JEANPRÊTRE, 214; SCHUMACHER, ArchR, Nr. 683, mit Hinweisen.

214 BGE 119 II 131 E. 4b; 115 II 45 E. 1b; 93 II 322 E. 2e; BGE vom 14.10.1996 (4C.2/1995), E. 2a; SCHUMACHER, ArchR, Nr. 684; GAUCH, Nr. 2741 ff.; JEANPRÊTRE, 214 f.; KOLLER, Nr. 537 f.; ZEHNDER, BR 1998, 4; ferner GAUCH/SCHLUEP, Nr. 3856; OFTINGER KARL/STARK EMIL W., Schweizerisches Haftpflichtrecht, Allgemeiner Teil, Bd. I, 5. Aufl., Zürich 1995, § 10 N 33.

215 BGE 119 II 131 E. 4b; KOLLER, Nr. 551; GAUCH, Nr. 2748.

216 ZEHNDER, BR 1998, 6; vgl. GAUCH, Nr. 2749.

217 BGE 119 II 130 E. 4a; GAUCH, Nr. 2743; NIGG, 132; vgl. unten Rz. 15.42.

ganz oder teilweise von seiner Mängelhaftung entlasten (analog Art. 369 OR)[218]. Aus diesem Grund kann es für den Bauherrn von Vorteil sein, sich primär an den Architekten/Ingenieur zu halten.

8.84 Nach Art. 1.7 SIA-Ordnung 102/103 haftet der Architekt/Ingenieur nicht für Leistungen von beigezogenen selbständigen Dritten, die im direkten Vertragsverhältnis zum Auftraggeber stehen. Diese Regel beinhaltet keine Wegbedingung der solidarischen Haftung, sondern wiederholt bloss die gesetzliche Regelung[219].

8.85 Sowohl der Bauherr als auch alle (potentiell solidarisch haftbaren) Baubeteiligten sind gut beraten, je selbständig die *Verjährungen* der Schadenersatz- und Regressansprüche gegenüber allen potentiell haftbaren (Mit-)Baubeteiligten zu unterbrechen[220], und zwar aus folgenden Gründen:

- Die mitverantwortlichen Baubeteiligten haften *unecht* solidarisch (Art. 51 OR). Nach herrschender Meinung ist Art. 136 Abs. 1 OR nicht anwendbar, so dass die *Unterbrechung der Verjährung* gegenüber einem Solidarschuldner nicht gegenüber den anderen Mitschuldnern wirkt[221].
- Der rückgriffsberechtigte Solidarschuldner kann nur solange gegen einen Mitschuldner regressieren, als der Anspruch des Bauherren gegen diesen nicht verjährt ist[222]. Umstritten ist, ob der in Anspruch genommene Schuldner gegenüber dem Bauherrn einwenden kann, dieser habe seinen Anspruch gegen einen anderen Mitschuldner schuldhaft verjähren lassen (Art. 149 Abs. 2 OR), und damit die Leistung von Schadenersatz im Umfang der (verjährten) Rückgriffsforderung verweigern darf[223].

---

218 BGE 95 II 54 E. 4c; ferner 119 II 130 E. 4a; 115 II 45 E. 1b; 98 II 103 f. E. 4; GAUCH, Nr. 2743; JEANPRÊTRE, 233; KOLLER, Nr. 519 ff.; NIGG, 133; SCHUMACHER, ArchR, Nr. 693; TRÜMPY, 92; ZEHNDER, BR 1998, 4.

219 BGE vom 14.10.1996 (4C.2/1995), E. 3b, im Anschluss an SCHUMACHER, ArchR, Nr. 711 f.; ferner HESS, 107, Nr. 28; JEANPRÊTRE, 170 und 175; ZEHNDER, BR 1998, 4.

220 SCHUMACHER, ArchR, Nr. 705.

221 BGE 116 II 650 E. 7b; 115 II 48 E. 2a; 112 II 143 E. 4a; 106 II 253 E. 3; 104 II 232 E. 4b; GAUCH, Nr. 2747; vgl. GAUCH/SCHLUEP, Nr. 3847; a.M. HESS, Bauhaftpflicht, Nr. 215; OFTINGER/STARK, zitiert in Fn. 214, § 10 N 14 und 18; ZEHNDER, BR 1998, 5.

222 Nach BGE 115 II 50 (E. 2b) ist das aus Art. 371 Abs. 2 OR zu schliessen; bestätigt in BGE 116 II 650 E. 7b; GAUCH, Nr. 2757.

223 Pro: ZEHNDER, BR 1998, 7; vgl. NIGG, 147; contra: KOLLER, Nr. 558; offen gelassen von SCHUMACHER (ArchR, Nr. 700 ff.) und GAUCH (Nr. 2757), welcher einen «Verjährungsdurchgriff» befürwortet, wenn die Verjährung durch Vereinbarung zwischen dem Regresspflichtigen und dem Bauherrn wirksam verkürzt wurde. Vgl. BGE 115 II 49 f. = BR 1990, 41 f., Nr. 38 und 40; vgl. auch unten Rz. 15.45.

VI. Ordentliche und vorzeitige Vertragsauflösung

1. Ordentliche Vertragsbeendigung

Normalerweise wird ein Architektur-/Ingenieurvertrag *beendet*, wenn beide Vertragsparteien ihre Vertragspflichten erfüllt haben. Zu den geschuldeten Leistungen des Architekten/Ingenieurs im Gesamtvertrag gehört in der Regel auch die Leitung der Garantiearbeiten (nach Fertigstellung des Bauwerkes). 8.86

Zur ordentlichen Vertragserfüllung gehört nach Art. 4.5.3 SIA-Ordnung 102/Art. 4.1.10 SIA-Ordnung 103 namentlich die Feststellung der Mängel und die Leitung der Mängelbehebung durch den Architekten/Ingenieur. Als Zusatzleistungen gelten (erst) die Leistungen nach Ablauf der zweijährigen Garantiefrist[224].

2. Vorzeitige Vertragsbeendigung

Von einer *vorzeitigen Vertragsbeendigung* ist namentlich dann die Rede, wenn der Architektur-/Ingenieurvertrag aufgrund des jederzeitigen Kündigungsrechts (Art. 377/404 OR) aufgelöst wird. Daneben können beide Parteien den Vertrag stets auch aus wichtigem Grund auflösen[225]. Im Übrigen gibt es weitere Ursachen, welche eine vorzeitige Beendigung des Vertrages nach sich ziehen können, etwa die einvernehmliche Aufhebung des Vertrages, der Tod, die Handlungsunfähigkeit und der Konkurs einer Vertragspartei (vgl. Art. 379/405 OR). 8.87

a) *Vertragsauflösung nach Art. 404 OR*

Der *auftragsrechtliche Architektur-/Ingenieurvertrag* kann von beiden Parteien jederzeit durch einseitige Erklärung mit sofortiger Wirkung aufgelöst werden (Art. 404 Abs. 1 OR; vgl. Art. 1.14.1 SIA-Ordnung 102/103[226]). Dieses fristlose Kündigungsrecht ist zwingend[227], kann 8.88

---

224 Zu den Zusatzleistungen vgl. Rz. 8.62.

225 TERCIER, ArchR, Nr. 1320 mit Hinweisen; offen gelassen in BGE 117 II 276 E. 4a.

226 Diese SIA-Ordnungen enthalten eine Art. 404 Abs. 1 OR entsprechende Regelung (vgl. dazu JEANPRÊTRE, 197).

227 BGE 115 II 466 ff. E. 2; 106 II 159 f. E. 2b; 104 II 115 f. E. 4; 103 II 130 E. 1; 98 II 307 E. 2a; 95 I 25 E. 5b; bestätigt in BGE vom 26.3.1997 (4C.443/1996), E. 1a;

mithin weder vertraglich wegbedungen noch durch Vereinbarung einer Konventionalstrafe eingeschränkt werden[228]. Die Ausübung dieses Auflösungsrechts durch den Bauherrn oder den Architekten/Ingenieur hat zur Folge, dass der Honoraranspruch des Architekten/Ingenieurs für bisherige Leistungen fällig wird, derjenige für noch ausstehende Leistungen aber dahinfällt[229]. Der «zurücktretende» Teil ist zum Ersatz des Schadens verpflichtet, den die andere Partei infolge der unzeitigen Auflösung erlitten hat (Art. 404 Abs. 2 OR)[230]. Ein Anspruch auf Ersatz des durch die vorzeitige Vertragsauflösung entgangenen Gewinns besteht indessen nicht[231].

- *Unzeitig* ist der Widerruf des Bauherrn nur, sofern ihm der Architekt/Ingenieur dafür keinen sachlich vertretbaren Grund geliefert hat und die Vertragsauflösung hinsichtlich des Zeitpunktes und der getroffenen Massnahmen für den Architekten/Ingenieur nachteilig ist[232]. Hat demgegenüber der Bauherr einen wichtigen Grund zum Widerruf, entfällt eine Entschädigung nach Art. 404 Abs. 2 OR von vornherein[233].
- Eine Vertragsbestimmung, welche eine (wesentlich) *höhere Entschädigung* als die gemäss Art. 404 Abs. 2 OR vorsieht, ist *nichtig*. Demgegenüber ist die Vereinbarung einer Konventionalstrafe insoweit gültig, als sie nicht über den Rahmen dessen hinausgeht, was gemäss Art. 404 Abs. 2 OR geschuldet ist[234]. Nach Art. 1.14.3

WEBER, Basler Kommentar, N 9 zu Art. 404 OR; a.M. SJZ 1989, 215 f. = BR 1989, Nr. 108, 91; BÜHLER, N 63 zu Art. 377 OR; DESSEMONTET FRANÇOIS, Contrats de service, ZSR 1987 II, 174 ff.; GAUCH PETER, Art. 404 OR – Sein Inhalt, seine Rechtfertigung und die Frage seines zwingenden Charakters, recht 1992, 17 ff.; TERCIER, ArchR, Nr. 1173; vgl. im Einzelnen oben Rz. 3.59 ff.

228 BGer in SJ 1989, 523, E. 1a; BGE 109 II 467 E. 4; 104 II 116 E. 4; BGer in SJ 1978, 392, E. 3.

229 DERENDINGER, Nr. 417 f.; EGLI, ArchR, Nr. 1087; FELLMANN, N 552 zu Art. 394 OR; HONSELL, 294; TERCIER, ArchR, Nr. 1155; vgl. BGE 110 II 386 E. 4.

230 DERENDINGER, Nr. 75; TERCIER, Nr. 4155 und 4157; *ders.*, ArchR, Nr. 1166; vgl. RJN 1991, 54 ff. = BR 1993, Nr. 98, 44; BRINER, Privates Baurecht, 48; HONSELL, 295; WEBER, Basler Kommentar, N 17 zu Art. 404 OR; ferner TRÜMPY, 119 (Ersatz des positiven Vertragsinteresses); TAUSKY, 201 ff. (Ersatz des sogenannten Adaptionsschadens).

231 BGE 110 II 386 E. 4b; 109 II 469 f. E. 4d; TERCIER, Nr. 4157.

232 BGE 110 II 383 E. 3b; 109 II 462 E. 5e; 104 II 320 E. 5b; RJN 1994, 79 = BR 1995, Nr. 241, 92; LEUENBERGER, Dienstleistungsverträge, ZSR 1987 II, 35 ff.; vgl. GUHL/MERZ/DRUEY, 502; JEANPRÊTRE, 199; WEBER, Basler Kommentar, N 16 zu Art. 404 OR; ähnlich TERCIER, ArchR, Nr. 1168.

233 FELLMANN, N 84 ff. zu Art. 404 OR; GMÜR, Nr. 527; TERCIER, Nr. 4156.

234 BGer in SJ 1989, 523 f., E. 1b; BGE 110 II 386 E. 3a; 109 II 468 ff. E. 4b und d; 104 II 116 E. 4; 103 II 130 E. 1; BGE vom 24.4.1990 (4C.24/1989), E. 2d; TERCIER,

SIA-Ordnung 102/103 steht dem Architekten/Ingenieur bei einem unverschuldeten Widerruf zur Unzeit der nachgewiesene Schaden zu, zumindest aber ein Zuschlag von 10% des Honorars für den entzogenen Auftragsteil. Soweit der Zuschlag im konkreten Anwendungsfall dem Schaden nach Art. 404 Abs. 2 OR ungefähr entspricht, ist die Regelung der SIA-Ordnung 102/103 zulässig[235].

b) Vertragsauflösung nach Art. 377 OR

Ist der Architektur-/Ingenieurvertrag ein *Werkvertrag*, kann der Bauherr (Besteller) gegen Vergütung der bereits geleisteten Arbeit und gegen volle Schadloshaltung des Architekten/Ingenieurs jederzeit vom Vertrag zurücktreten (Art. 377 OR)[236]. Dieses Recht steht dem Besteller zu, solange das Werk nicht vollendet ist, mithin auch bereits vor Inangriffnahme der Arbeiten durch den Architekten/Ingenieur[237]. Umstritten ist, ob Art. 377 OR eine zwingende oder dispositive Vorschrift ist[238]. 8.89

Die Pflicht des Bauherrn zur Schadloshaltung des Architekten wird nicht ohne weiteres mit der Rücktrittserklärung *fällig* (Art. 377 OR). Die Ersatzforderung wird erst in dem Zeitpunkt fällig, in welchem bei ordnungsgemässer Vertragsabwicklung die Erfüllung hätte verlangt werden können[239].

ArchR, Nr. 1193; FELLMANN N 77 zu Art. 404 OR; WEBER, Basler Kommentar, N 13 und 18 zu Art. 404 OR; a.M. WERRO, Nr. 358 ff.

235 BGer in SJ 1989, 524, E. 2; BGE vom 20.3.1990 (C.199/1987), E. V/a (bezüglich SIA-Ordnung 102, Ausgabe 1969); vgl. auch BGer in SJ 1978, 392, E. 3; DESSEMONTET, Contrats de service, ZSR 1987 II, 195 f.; GUHL/MERZ/DRUEY, 502; JEANPRÊTRE, 202 f.; LEUENBERGER (Fn. 232), 36 f. und 72; TERCIER, Nr. 4158; *ders.*, ArchR, Nr. 1268; kritisch TAUSKY, 215 ff.; BRINER (Privates Baurecht, 49) und TRÜMPY (120 f.), welche die Gültigkeit von Art. 1.14.3 SIA-Ordnung vorbehaltlos befürworten; ferner WERRO, Nr. 364.

236 Vgl. dazu im Einzelnen oben Rz. 3.64 ff.

237 BGE 117 II 276 E. 4a; BÜHLER, N 22 zu Art. 377 OR; GAUCH, Nr. 389; *ders.*, Der Rücktritt des Bestellers vom Werkvertrag – Gedanken zu Art. 377 des Schweizerischen Obligationenrechts, FS Locher, Düsseldorf 1990, 36.

238 Zu dieser Streitfrage BGE 117 II 277 E. 4b (mit Hinweisen); vgl. auch DESSEMONTET, Contrats de service, ZSR 1987 II, 196 ff.; GAUCH, Nr. 582 ff.; ZINDEL/PULVER, Basler Kommentar, N 20 zu Art. 377 OR.

239 BGE 117 II 278 E. 4.

VII. Urheberrecht

8.90 Der Architekt/Ingenieur hat oft ein Bedürfnis, das Urheberrecht an seiner Leistung rechtlich anerkannt und geschützt zu wissen. Welche Leistungen sind urheberrechtlich geschützt (Rz. 8.92 ff.)? Welche Rechte ergeben sich daraus für den Urheber (Rz. 8.97 ff.)?

8.91 Nebst dem Urheberrecht kann sich der Architekt/Bauingenieur zum Schutze seiner Rechte auch auf den Vertrag mit dem Auftraggeber berufen, falls dieser z.B. einen vertragswidrigen Gebrauch der Pläne macht. Die schöpferische Leistung kann auch über das *Lauterkeitsrecht* geschützt werden, welches namentlich die Verwertung fremder Leistungen (Art. 5 UWG) sanktioniert[240].

1. Urheberrechtlich geschützte Leistung

8.92 Ob ein Urheberrecht des Architekten/Ingenieurs vorliegt, bestimmt allein das am 1. Juli 1993 in Kraft getretene *Gesetz über den Urheberschutz* (URG)[241]. Nach Art. 2 Abs. 1 URG handelt es sich bei urheberrechtlich geschützten Werken[242] um geistige Schöpfungen der Literatur und Kunst, die individuellen Charakter haben. Für den Urheberschutz spielt es keine Rolle, ob der konkrete Architektur-/Ingenieurvertrag dem Auftrags- oder dem Werkvertragsrecht unterstellt wird. Folgende Elemente muss die Leistung enthalten, um in den Genuss des Urheberschutzes zu kommen[243]:

---

240 Zum Verhältnis URG/UWG vgl. CHERPILLOD, Urheberrecht, 26 ff.

241 Bundesgesetz über das Urheberrecht und verwandte Schutzrechte vom 9.10.1992 (SR 231.1). Zum Übergangsrecht vgl. CHERPILLOD IVAN, Le droit transitoire de la nouvelle loi sur le droit d'auteur, in SMI 1994, 11 ff.

242 Der Werkbegriff im alten und neuen Urheberrecht ist identisch (BGer in SMI 1995, 105, E. 3a). Somit kann über weite Strecken auf Rechtsprechung und Doktrin zu altURG vom 7.12.1922 zurückgegriffen werden. Der urheberrechtliche Werkbegriff ist streng vom haftpflicht- und werkvertraglichen Werk abzugrenzen.

243 Ausführlich dazu VON BÜREN, Urheberrecht, 63 ff.; CHERPILLOD/DESSEMONTET, ArchR, Nr. 1327 ff.; SCHNEIDER NICOLE, Urheberrechtlicher Schutz von planmässig festgehaltenen sowie ausgeführten Werken der Baukunst, Diss. Freiburg 1996.

a) *Werk der Kunst*

Zunächst muss ein *Werk der Kunst* vorliegen. Art. 2 Abs. 2 lit. e URG erwähnt Werke der Baukunst ausdrücklich als urheberrechtlich schützbare Schöpfungen. Zu dieser Kategorie gehören typischerweise Werke des Architekten wie etwa Wohnbauten, Bahnhöfe, Fabrikhallen, Kirchen, Theater und Museen, Brückenkonstruktionen oder Kraftwerke. Auch eine Mehrheit von Bauten kann – wenn sie z.B. eine städtebauliche Einheit bildet – urheberrechtlich geschützt sein. Nach Art. 2 Abs. 2 lit. d URG gehören Werke mit technischem Inhalt[244] (Zeichnungen, Pläne, Karten) ebenfalls zur Kategorie urheberrechtlich geschützter Werke. Der Schutz des Urheberrechts besteht *unabhängig* vom Wert oder Zweck des Werkes (Art. 2 Abs. 1 URG). 8.93

b) *Geistige Schöpfung*

Erforderlich ist ein *schöpferischer Akt* eines oder mehrerer (Art. 7 URG)[245] Architekten/Ingenieure. Nur natürliche Personen kommen als Urheber in Frage (Art. 6 URG). Eine Architektur-AG etwa kann Urheberrechte nur derivativ (z.B. durch Abtretung) erwerben (Art. 16 Abs. 1 URG)[246]. Der Schöpfung muss zudem ein menschlicher Wille zugrunde liegen. An Gegenständen, die in der Natur vorgegeben sind (z.B. eine natürliche Parkanlage), ist ein Urheberrecht nicht möglich. Auch quantitativ oder qualitativ «bescheidene» Leistungen können den Schutz des URG beanspruchen, sofern ein gestalterisches Schaffen des menschlichen Geistes zugrunde liegt[247]. Da die Urhebereigenschaft nicht an das Schöpfungsbewusstsein, sondern an den Schöpfungsakt anknüpft, kann auch ein Handlungsunfähiger ein urheberrechtlich schützbares Werk schaffen[248]. 8.94

---

244 Geschützt ist nicht der wissenschaftliche Inhalt, sondern nur die äussere Mitteilungsform der wissenschaftlichen Aussage (BGE 64 II 165 E. 3a in fine).

245 Mehreren Architekten/Ingenieuren steht das Urheberrecht gemeinschaftlich zu. Dies bedeutet unter anderem, dass Urheberrechte grundsätzlich nur mit Zustimmung aller verwendet werden dürfen (Art. 7 Abs. 2 URG).

246 BGE 100 II 169 E. 3a; ferner BGE 74 II 113 ff. E. 4.

247 BGE 120 II 65 (unveröffentlichte E. 6b in JdT 1994 I, 374); vgl. BGE 59 II 405 E. 2; Barrelet/Egloff, N 6 zu Art. 2 URG.

248 BGE 116 II 354 E. 2c.

8.95 Das Werk muss *in sinnlich wahrnehmbarer Form* in einem Werkexemplar konkretisiert sein[249]. Es kann in ausgeführten Werken der Baukunst materialisiert werden, etwa im Städtebau (Plätze, Parkanlagen), im Hoch- und Tiefbau oder in der Innenarchitektur. Es genügt aber bereits, wenn die schöpferische Leistung aufgrund von Bebauungsplänen, Konzepten oder Modellen wahrnehmbar ist. Auch Teile und Entwürfe von Werken können einem selbständigen Urheberrechtsschutz unterstehen (Art. 2 Abs. 4 URG)[250]. Unbeachtlich ist, ob das ganze (vollendete) Werk urheberrechtlich schützbar ist und ob das Bauwerk realisiert wird[251]. Ebensowenig ist Dauerhaftigkeit der sinnlichen Wahrnehmbarkeit erforderlich.

Ideen, Konzepte und Stilrichtungen allein sind dem Urheberrecht nicht zugänglich[252]. Erst die Umsetzung der Idee usw. in ein konkretes Werk kann urheberrechtlich geschützt sein. Eine (blosse) architektonische Idee kann allenfalls über Vertrags- (z.B. Art. 321a OR), Wettbewerbs- (Art. 6 UWG) oder Strafrecht (Art. 162 StGB) geschützt werden. Regeln, Techniken und Verfahren unterstehen nicht dem Urheberrechtsschutz, allenfalls dem Patentschutz[253].

c) *Individuelle Gestaltung*

8.96 Die architektonische Leistung hat ein bestimmtes Mass an *Individualität*[254] zu erfüllen. An dieses sind nicht stets gleich hohe Anforderungen zu stellen[255]. Je mehr der Gestaltungsspielraum des Urhebers eingeschränkt ist (etwa durch öffentlichrechtliche und technische Vorschrif-

---

249 BGE 70 II 59 E. 2; 77 II 380 E. 2; PEDRAZZINI, 3.

250 Sofern das erforderliche Mass an Individualität erreicht ist (SMI 1985, 224, E. I/2).

251 Vgl. VON BÜREN, Urheberrecht, 74 f.

252 BGE 117 II 469 E. 2a; 116 II 354; kritisch CHERPILLOD/DESSEMONTET, ArchR, Nr. 1338.

253 BGE 113 II 308 f. E. 3a.

254 Während die Rechtsprechung Originalität als Synonym für Individualität gebraucht (BGE 100 II 172 E. 7; 120 II 65 [unveröffentlichte E. 6a in JdT 1994 I, 374]), halten wir dafür, dass Originalität begrifflich ein bestimmtes Mass an Individualität voraussetzt (MARBACH, Privates Baurecht, 268).

255 Zur Bestimmung der Individualität bei Werken der Baukunst vgl. BGE 120 II 65 (unveröffentlichte E. 6a in JdT 1994 I, 374); 117 II 468 E. 2a; 113 II 196 E. 2a, 308 E. 3a; CHERPILLOD/DESSEMONTET, ArchR, Nr. 1344 ff.; DAVID, 267 ff.; DESSEMONTET FRANÇOIS, La nouvelle loi fédérale sur le droit d'auteur, Lausanne 1994, 28 ff. (mit Rechtsprechungshinweisen).

ten, Weisungen des Bauherrn), desto kleiner ist der Anteil der urheberrechtlich schützenswerten Leistung. Eine ausgeprägt originelle Leistung ist nicht erforderlich, ein geringer Grad an Individualität genügt[256]. Urheberrechtlich irrelevant sind aber Nachahmungen, Abwandlungen oder Verbindungen bekannter Formen und Linien oder von Elementen des geistigen Gemeingutes[257].

2. Inhalt, Umfang und Schranken des Urheberrechts

Der Urheberschutz *beginnt mit der Schöpfung des Werkes* (Art. 29 Abs. 1 8.97
URG)[258]. Zur Entstehung des Urheberrechts bedarf es keinerlei administrativer Voraussetzungen. Inhalt und Umfang des Urheberrechts bestimmt das Gesetz. Dessen Grundnorm (Art. 9 Abs. 1 URG) gibt dem Urheber *das ausschliessliche Recht am eigenen Werk.* Dieses besteht unabhängig davon, ob der Auftrag/Werkvertrag aufgehoben wurde und wer die Vertragsbeendigung zu vertreten hat. Dem Architekten stehen vermögensrechtliche Befugnisse (Rz. 8.98 ff.) und Urheberpersönlichkeitsrechte zu (Rz. 8.101 ff.)[259].

a) Vermögensrechtliche Befugnisse

Grundlegend für die *vermögensrechtlichen Befugnisse* des Urhebers ist 8.98
sein ausschliessliches Recht zu bestimmen, ob, wann und wo sein Werk verwendet (verwertet) wird (Art. 10 Abs. 1 URG). Es geht namentlich um folgende Befugnisse:

- Das *Veröffentlichungsrecht* (Art. 9 Abs. 2 URG) enthält – nebst einem persönlichkeitsrechtlichen[260] – auch ein vermögensrechtliches Element. Der Urheber bestimmt den Zeitpunkt, in dem z.B. Pläne/Entwürfe in einer Fachzeitschrift oder ein Modell einer grösseren Anzahl von Personen zugänglich gemacht (enthüllt) werden[261].

256 BGE 100 II 172 E. 7 mit Hinweisen.
257 BGE 120 II 65 (unveröffentlichte E. 6a in JdT 1994 I, 374); 117 II 468 E. 2a.
258 Das Urheberrecht des Architekten entsteht auch dann, wenn er sein Werk aufgrund einer arbeitsvertraglichen Pflicht ausgeführt hat (MARBACH, Privates Baurecht, 270).
259 BGE 113 II 311 E. 4a; 96 II 420 E. I/6; DESSEMONTET, zitiert in Fn. 255, 46 ff.
260 Vgl. dazu unten Rz. 8.104.
261 CHERPILLOD/DESSEMONTET, ArchR, Nr. 1369; PEDRAZZINI, 5. Zum Begriff «Veröffentlichung» vgl. DESSEMONTET, Urheberrecht, 165 ff.

- Das *Ausführungs- und Wiedergaberecht* (Art. 10 Abs. 2 URG). Der Urheber hat das Recht, das geplante Werk auszuführen und weitere Werkexemplare herzustellen. Ohne dessen Zustimmung dürfen Werke oder grundlegende Elemente des Werkes (auch in modifizierter Weise) nicht wiedergegeben werden[262].

8.99 Vermögensrechtliche Befugnisse kann der Urheber ohne Beachtung besonderer Formvorschriften dem Bauherrn (oder einem Dritten) *abtreten* (Art. 16 Abs. 1 URG). Nach Art. 16 Abs. 2 URG schliesst die Übertragung eines im Urheberrecht enthaltenen Rechtes (z.B. das Ausführungsrecht) die Übertragung anderer Teilrechte (z.B. des Veröffentlichungsrechts) nur dann ein, wenn dies vereinbart wurde. Fehlt eine ausdrückliche Vereinbarung, ist der Umfang der abgetretenen Rechte in Anwendung der *Zweckübertragungstheorie* zu ermitteln. Danach gelten diejenigen Rechte als vom Urheber auf den Auftraggeber/Besteller übertragen, welche ihm nach dem Gesamtzweck des Vertrages zukommen müssen[263].

- *Sinn und Zweck des Bauplanungsvertrages* ist es grundsätzlich, dass der Besteller das Werk – im Regelfall einmalig – ausführen kann[264]. Aus diesem Ausführungsrecht ergibt sich die Befugnis des Bauherrn, die Pläne zu diesem Zwecke zu vervielfältigen, vorzuzeigen und an Unternehmer und Behörden abzugeben.
- Art. 1.9 SIA-Ordnung 102/103 hält fest, dass das Urheberrecht mit der *Bezahlung des Honorars* auf den Besteller übergeht[265].
- Wird ein *Architekturwettbewerb* durchgeführt, ergibt sich allein aus der Teilnahme des Architekten grundsätzlich keine Übertragung urheberrechtlicher Nutzungsrechte. Abweichendes kann sich aus den Wettbewerbsbedingungen ergeben (vgl. Art. 27 Abs. 2 SIA-Ordnung 142; Art. 55 Abs. 2 VoeB).

8.100 Wem urheberrechtliche Verwertungsrechte bei *vorzeitiger Vertragsbeendigung* (Art. 377/404 OR) zustehen, ist im Rahmen eines Interessenausgleichs zwischen den Beteiligten zu ermitteln. Dabei ist unseres Erachtens entscheidend, welche Vertragspartei den Auflösungsgrund gesetzt hat, und ob mit der Ausführung des Werkes begonnen wurde[266].

---

262 BGE 56 II 419 f. E. 3; CHERPILLOD/DESSEMONTET, ArchR, Nr. 1372 ff.

263 BGer in SMI 1994, 199, E. 3b; BGE 101 II 106 E. 3; CHERPILLOD IVAN, La nouvelle loi fédérale sur le droit d'auteur, Lausanne 1994, 94 ff. (mit Rechtsprechungshinweisen). Sicher ist, dass im geltenden Recht die Zweckübertragungstheorie kein dispositives Recht darstellt. Ohne Zweifel dient sie aber als Auslegungshilfe bei der Ermittlung des Vertragsinhalts (VON BÜREN, Urheberrecht, 151).

264 BGE 56 II 416 f. E. 1; DAVID, 272 f.

265 Vgl. dazu CHERPILLOD, zitiert in Fn. 263, 96 f. (mit Hinweisen).

266 So PEDRAZZINI, 8.

Hat der Architekt den Auflösungsgrund zu vertreten, kann er die Ausführung des Werkes nicht verhindern. Der Bauherr kann das Werk grundsätzlich durch einen anderen Architekten ausführen lassen. Ist das Werk erst in der Planungsphase und setzt der Bauherr den Auflösungsgrund, verbleiben die Verwertungsrechte grundsätzlich dem Architekten.

b) *Urheberpersönlichkeitsrechte*

Das Urheberrecht schützt den Architekten in seinen *persönlichen Beziehungen* zum Werk. Davon zu unterscheiden ist der zivilrechtliche (Art. 28 ZGB) und strafrechtliche (Art. 173 StGB) Schutz der Persönlichkeit des Architekten[267]. Das Urheberpersönlichkeitsrecht wirkt gegenüber jedermann[268] und ist grundsätzlich nicht abtretbar[269]. Aus ihm ergeben sich namentlich die folgenden Rechtspositionen: 8.101

Aufgrund des Rechts auf *Urheberschaft* (Art. 9 Abs. 1 URG) ist der Urheber befugt, als Schöpfer des Werkes zu gelten und genannt zu werden (vgl. Art. 1.11.2 SIA-Ordnung 102/103)[270]. Die Benennung mit eigenem Namen (Pseudonym oder sonstigem Kennzeichen) auf dem Werkexemplar ist bedeutsam, weil damit eine Vermutung der Urheberschaft aufgestellt wird (Art. 8 Abs. 1 URG)[271]. Das Recht des Architekten/Ingenieurs, nicht als Urheber eines Werkes – oder bei abgeänderten Werken nicht als alleiniger Urheber – zu gelten, ergibt sich demgegenüber aus Art. 28 ZGB[272]. 8.102

Das Recht auf *Werkintegrität* (Art. 11 Abs. 1 URG) gibt dem Urheber die Befugnis zu entscheiden, ob, wann und wie das Werk geändert werden darf. Geschützt ist nicht die Integrität des Werkes, sondern das Ansehen des Urhebers[273]. Eingeschränkt wird dieses Recht durch das Änderungsrecht des Werkeigentümers[274]. Selbst wenn eine Drittperson (vertraglich/gesetzlich) grundsätzlich befugt ist, das Werk zu ändern, darf sich der Urheber doch einer Entstellung seines Werkes widersetzen, die ihn in seiner Persönlichkeit verletzt (Art. 11 Abs. 2 URG). Ob eine Entstellung vorliegt, beurteilt sich nach den Umständen des Einzelfalles, der Beschaffenheit und Art des Werkes sowie der Persönlichkeit des Urhebers[275]. 8.103

---

267 CHERPILLOD/DESSEMONTET, ArchR, Nr. 1386.

268 BGE 120 II 67 E. 8a.

269 Die Persönlichkeitsrechte gehen durch Abtretung der Vermögensrechte (oben Rz. 8.99) nicht unter (BGE 84 II 573 E. a; 96 II 421 E. I/6a). Dies schliesst aber nicht aus, dass Drittpersonen die Ausübung einzelner Befugnisse gestattet wird (BARRELET/EGLOFF, N 6 zu Art. 16 URG; REHBINDER, 130 f.).

270 Vgl. BGE 58 II 306 E. 5; 84 II 576 E. c.

271 Es kommt somit zu einer Umkehr der Beweislast (BGer in SMI 1994, 199, E. 3a).

272 Dies deshalb, weil kein eigenes Werk des Geschädigten betroffen ist. Vgl. BGE 84 II 576 E. c; CHERPILLOD/DESSEMONTET, ArchR, Nr. 1388; REHBINDER, 110.

273 BGE 117 II 476 E. 5b; 113 II 311 E. 4a.

274 Vgl. dazu unten Rz. 8.109.

275 BGE 117 II 476 E. 5c.

- Bei *reinen Kunstwerken* braucht sich der Urheber eine Änderung nie gefallen zu lassen, gleichviel ob das Werk dadurch entstellt oder verstümmelt, verbessert oder gar wertvoll ergänzt wird[276].
- Eine *persönlichkeitsverletzende Entstellung* des Bauwerks liegt im Übrigen grundsätzlich nur vor, wenn eine erhebliche Veränderung mit negativen Auswirkungen vorliegt. Erforderlich ist eine grobe Entstellung, eine als Verstümmelung in Erscheinung tretende Änderung, eine einschneidende Verletzung des Persönlichkeitsrechts des Urhebers. Geringfügige und dem Urheber zumutbare Änderungen genügen indes nicht[277].

8.104 Das persönlichkeitsrechtliche[278] Element des *Veröffentlichungsrechts* (Art. 9 Abs. 2 URG) gibt dem Urheber die Befugnis, sein Werk erstmals öffentlich auszustellen oder die Veröffentlichung zu unterlassen (bzw. verbieten zu lassen). Das Ansehen kann verletzt sein, wenn das Werk zu früh (z.B. ein Modell vor seiner Vollendung) veröffentlicht wird. Der Urheber hat bei der Wahrnehmung des Veröffentlichungsrechts die Interessen des Bauherrn/Werkeigentümers, der etwa zum Schutz seiner Privatsphäre oder aus wirtschaftlichen Gründen auf Geheimhaltung drängt, zu wahren (ebenso Art. 1.11.1 SIA-Ordnung 102/103). Zur Interessenwahrung ist es – wenn z.B. aus der Veröffentlichung auf die Identität der Bauherrschaft geschlossen werden kann – meistens erforderlich, vor der Veröffentlichung die Zustimmung der Bauherrschaft einzuholen[279].

8.105 Aufgrund des *Zutrittsrechts* (Art. 14 Abs. 1 URG) ist der Urheber berechtigt, Zutritt zu seinem Werk zu verlangen. Dieses Recht wird von den berechtigten Interessen des Eigentümers (er braucht z.B. «Führungen» des Architekten in seiner Privatwohnung nicht zu dulden) begrenzt[280].

8.106 Dem Urheberrecht sind *Schranken* gesetzt. Nebst zeitlichen Schranken (Art. 29 Abs. 2 lit. b URG)[281] stösst das Urheberrecht namentlich an folgende (inhaltliche) Schranken[282]:

8.107 Das *Recht zum Eigengebrauch* (Art. 19 Abs. 1 lit. a URG). Der Bauherr kann veröffentlichte Werke zum Eigengebrauch verwenden. Er kann etwa vergütungsfrei ihm überlassene Pläne für den Eigengebrauch kopieren bzw. kopieren lassen (Art. 20 Abs. 1 URG).

---

276 BGer in SMI 1991, 389, E. 2; ferner BGE 114 II 370 E. 2a; 113 II 312 E. 4a.

277 BGE 120 II 69 E. 8b; Pra 86, 1997, Nr. 153, 845 f., E. 5; CHERPILLOD/DESSEMONTET, ArchR, Nr. 1397 ff., welche auf die Kriterien der Zumutbarkeit und Verhältnismässigkeit abstellen; LUTZ MARTIN, Über das Urheberrecht des Architekten bei der Änderung von Bauwerken, FS Pedrazzini, Bern 1990, 622.

278 Zum vermögensrechtlichen Element vgl. Rz. 8.98.

279 SCHUMACHER, ArchR, Nr. 453; HESS, 126.

280 CHERPILLOD/DESSEMONTET, ArchR, Nr. 1405 f.

281 70 Jahre post mortem; vgl. DESSEMONTET, Urheberrecht, 285 ff.

282 Vgl. die Übersicht bei REHBINDER, Kommentar, 31.

Der *Erschöpfungsgrundsatz* (Art. 12 Abs. 1 URG). Hat der Urheber ein Werkexemplar veräussert oder der Veräusserung zugestimmt, so darf der Erwerber (z.B. Bauherr) dieses weiterveräussern/verbreiten, ohne das Urheberrecht zu verletzen[283]. 8.108

Das *Änderungsrecht* des Eigentümers (Art. 12 Abs. 3 URG). Der Eigentümer eines ausgeführten Werkes der Baukunst darf dieses grundsätzlich ändern (lassen), sofern er den Urheber nicht in seiner Persönlichkeit verletzt (Art. 11 Abs. 2 URG)[284]. In diesen Schranken sind Änderungen zulässig, ohne vorab das Einverständnis des Urhebers einzuholen oder diesem die Möglichkeit zu geben, die Änderung selbst vorzunehmen[285]. Das Nebeneinander von Sacheigentum und Urheberpersönlichkeitsrecht führt in der Praxis zu Interessenkollisionen[286]. Die Grenzziehung zwischen erlaubter Änderung eines Werkes und dem unerlaubten Eingriff in das Urheberpersönlichkeitsrecht kann im Einzelfall schwierig sein. 8.109

Die «*Panoramafreiheit*» (Art. 27 Abs. 1 URG). Soweit das Bauwerk auf allgemein zugänglichem Grund liegt, hat sich der Urheber die (kommerzielle) Abbildung seines Werks gefallen zu lassen, auch wenn das abgebildete Werk selbst geschützt ist. Unzulässig sind demgegenüber dreidimensionale Abbildungen sowie die Verwendung der Abbildung zum gleichen Zwecke wie das Original (Art. 27 Abs. 2 URG). 8.110

Kein Schutz vor *Zerstörung* (Art. 15 URG). Das Urheberrecht bietet keinen Schutz vor der Zerstörung eines Werkes durch dessen Eigentümer[287]. Bei Originalwerken (zu denen keine weiteren Werkexemplare bestehen) ist dem Urheber zuvor die Rücknahme – zum Materialwert – anzubieten, sofern dieser ein berechtigtes Interesse daran hat (Art. 15 Abs. 1 URG). Ist dies nicht möglich, muss dem Urheber die Nachbildung des Originalexemplars ermöglicht werden (Abs. 2). Bei Werken der Baukunst hat der Urheber nur das Recht, das Werk zu photographieren und Kopien der Pläne auf eigene Kosten zu erstellen (Abs. 3). 8.111

283 BARRELET/EGLOFF, N 9 ff. zu Art. 12 URG; REHBINDER, Kommentar, Anm. 1 zu Art. 12 URG. Ein «droit de suite» des Urhebers, d.h. ein Anspruch auf einen bestimmten Anteil am Verkaufserlös bei Weiterverkauf des Werkes, ist dem Schweizer Recht unbekannt.

284 Zur Persönlichkeitsverletzung vgl. oben Rz. 8.103. Das Gleiche gilt im Übrigen auch für das Anbaurecht (Anfügen weiterer Baukörper an einen Gebäudekomplex); vgl. PEDRAZZINI, 7.

285 BGer in SMI 1991, 389 f. Allerdings ist ein solches Vorgehen des Eigentümers wünschbar.

286 HAFNER, Das Verhältnis urheberrechtlicher Befugnisse zum Eigentum am Werkexemplar, Zürich 1994; LUTZ MARTIN, 39 ff.

287 CHERPILLOD/DESSEMONTET, ArchR, Nr. 1402.

3. Rechtsschutz

8.112 Die Verletzung des Urheberrechts kann straf- (Art. 67 ff. URG) und zivilrechtliche (Art. 61 ff. URG) Folgen nach sich ziehen. Zur Beurteilung zivilrechtlicher Klagen ist das Gericht am Wohnsitz der beklagten Partei, am Handlungs- oder am Erfolgsort zuständig (Art. 64 Abs. 1 URG). Jeder Miturheber ist selbständig zur Verfolgung einer Rechtsverletzung legitimiert (Art. 7 Abs. 3 URG)[288].

- Nebst Feststellungs- (Art. 61 URG) und Leistungsklage (Art. 62 Abs. 1 URG) kann die Veröffentlichung des Urteils (Art. 66 URG) beantragt werden. Vorbehalten bleiben die Klagemöglichkeiten des Obligationenrechts (Art. 62 Abs. 2 URG), namentlich die (vertragliche/ausservertragliche) Schadenersatzklage[289], der Anspruch auf Genugtuung (Art. 49 OR) sowie auf Herausgabe von Gewinn (Art. 423 OR)[290].
- Der Richter kann nach Art. 63 Abs. 1 URG *Einziehung*, Vernichtung oder Unbrauchbarmachung von Gegenständen (Werken) anordnen. Ausgeschlossen ist dies (da unverhältnismässig) bei ausgeführten Werken des Baukunst (Art. 63 Abs. 2 URG).
- Droht dem Urheber ein nicht leicht wiedergutzumachender Nachteil, kann er die Anordnung *vorsorglicher Massnahmen* beantragen (Art. 65 URG). Diese werden in der Praxis nur mit Zurückhaltung angeordnet[291].

VIII. Checklisten

1. Vertragsgestaltung

- *Formvorschriften* beachten:
  Grundsatz: Formfreiheit[292].

---

288 Der Begriff des Miturhebers folgt aus der eigenen Schöpfung an einem Kollektivwerk (originäre Miturheberschaft), nicht aus dem derivativen Rechtsübergang eines Urheberrechts auf mehrere Rechtsnachfolger des originären Urhebers (BGE 121 III 121 E. 2). Ein einzelner Erbe kann deshalb aus Art. 7 Abs. 3 URG keine selbständige Aktivlegitimation herleiten.

289 Zur Schadensbemessung vgl. BGE 122 III 464 ff. E. 5; BARRELET/EGLOFF, N 13 zu Art. 62 URG (mit Hinweisen). Ein pauschalierter Verschuldenszuschlag ist unzulässig (BGE 122 III 467 f. E. 5c/cc). Zum Beginn der Verjährungsfrist vgl. BGer in ZR 1991, Nr. 10, 34 f. = BR 1992, Nr. 68, 36.

290 Gewinnherausgabe und Schadenersatz schliessen sich gegenseitig aus (BGE 97 II 178 E. 3a).

291 PEDRAZZINI, 8 mit Rechtsprechungshinweisen in Fn. 27.

292 Rz. 8.18.

Ausnahmen:
- Vertraglicher Formvorbehalt (Art. 16 OR);
- Gesetzliche Formvorschriften: eventuell bei «Architektenklauseln» öffentliche Beurkundung[293].

- *Leistungsinhalt* definieren:

Ziel/Wünsche/Vorstellungen des Bauherrn erfassen:
- Art des Bauwerkes;
- Kostenziel;
- Zeit.

Umfang des Auftrages bestimmen:
- Planung[294];
- Bauleitung[295].

- *Vergütung* (Honorar) festlegen:

Ist eine Vergütung geschuldet[296]?

Wie ist die Vergütung zu bemessen[297]?
- Nach Aufwand (Zeittarif)[298]. Empfehlung: Stundenansätze festlegen.
- Nach Baukosten (Kostentarif)[299]. Empfehlung: Trotzdem Leistungsbeschrieb aufstellen und honorarberechtigte Baukosten definieren (beispielsweise inkl. MWST, Skonto und Rabatt?).
- Pauschalhonorar[300]. Empfehlung: Trotzdem Leistungsbeschrieb aufstellen.

Ist das Honorar an die Teuerung anzupassen[301]?

Sind Vorschüsse oder Akontozahlungen zu leisten[302]?
- Empfehlung: Höhe vereinbaren.

Wann wird das Honorar fällig[303]?

- *Umfang der Vollmacht* festlegen[304]:

Hinweis: Sondervollmacht erforderlich für finanzielle Verpflichtungen und Anerkennung von Rechnungen.

---

293 Rz. 8.20.
294 Vgl. Rz. 8.33 ff.
295 Rz. 8.39 ff.
296 Rz. 8.46 ff.
297 Rz. 8.50 ff.
298 Rz. 8.51 und 8.55.
299 Rz. 8.56.
300 Rz. 8.58.
301 Vgl. Rz. 8.58.
302 Rz. 8.66.
303 Rz. 8.65.
304 Rz. 8.41 ff.

Empfehlung: Vertretungsbefugnis im Betrag beschränken (z.B. Bestellungen bis Fr. 10'000.–).

- Eventualität einer *vorzeitigen Vertragsbeendigung* vorsehen[305]:
  Hinweis: Vorsicht bei der Schadenspauschalierung (Konventionalstrafe)[306].
  Empfehlung: Weiterbenützung des urheberrechtlichen Ausführungsrechts durch den Bauherrn vertraglich regeln[307].

- Allenfalls *Anwendbarkeit von AGB* (z.B. SIA-Ordnung 102/103) vereinbaren:
  Hinweis: Widersprüche zu anderen AGB beachten (beispielsweise geht Vertretung nach SIA-Norm 118 weiter als nach SIA-Ordnung 102/103)[308].
  Empfehlung: AGB nur mit Zurückhaltung abändern[309].

- *Gerichtsbarkeit* und *Gerichtsstand* regeln:
  Soll ein Schiedsgericht zuständig sein[310]?

2. Qualifikationsfrage

- *Gesamtvertrag* (Vollarchitekt):
  Qualifikation: Ein aus Werkvertrag und Auftrag gemischtes Vertragsverhältnis[311].
  Aber:
  - Kostenüberschreitung nach Auftragsrecht.
  - Vorzeitige Vertragsbeendigung nach Auftragsrecht.

- *Planungsvertrag, Herstellung eines schriftlichen Kostenvoranschlags, Ausarbeitung eines Gutachtens* (Expertise):
  Qualifikation: Werkvertrag[312].

- *Beratungsvertrag, Vergabe von Arbeiten, Bauleitungsvertrag:*
  Qualifikation: Auftrag[313].

---

305 Rz. 8.87 ff.
306 Rz. 8.88.
307 Rz. 8.100.
308 Rz. 8.45; vgl. auch oben Rz. 4.34.
309 Rz. 8.16.
310 Rz. 8.17.
311 Rz. 8.5.
312 Rz. 8.6.
313 Rz. 8.6.

3. Typische Streitpunkte

a) Vergütung des Architekten/Ingenieurs

- *Entgeltlichkeit* oder *Unentgeltlichkeit*[314].
- *Höhe* der Vergütung:
  Vertragliche Grundlage[315]? Wenn nein, nach Gesetz[316].
  Honorarerhöhung bei Zusatzleistung oder ausserordentlichen Umständen[317].
  Honorarminderung bei unvollständiger oder nicht richtiger Erfüllung[318].
- *Fälligkeit* des Honorars grundsätzlich bei Abschluss der Hauptarbeit[319].

b) Umfang und Inhalt der Vollmacht des Architekten/Ingenieurs

- *Erteilte* Vollmacht:
  Im *Architekten-/Ingenieurvertrag* enthaltene *Vollmacht* (Art. 396 Abs. 2 OR)[320]:
  - Mängel rügen;
  - Weisungen auf der Baustelle erteilen;
  - Technische Abnahme durchführen.

  Sondervollmacht erforderlich für[321]:
  - Vergabe von Arbeiten;
  - Anerkennung von (Schluss-)Rechnungen.
- *Kundgegebene* Vollmacht (vgl. Art. 33 Abs. 2/154 Abs. 3 SIA-Norm 118)[322].

---

314 Rz. 8.46 f.
315 Vgl. Rz. 8.54 ff.
316 Rz. 8.51 ff.
317 Rz. 8.60 ff.
318 Rz. 8.63 f.
319 Rz. 8.65.
320 Rz. 8.42 f.
321 Rz. 8.42.
322 Rz. 8.44 f.

c) *Nichtvertragsgemässe Erfüllung*

- *Baumangel*[323]:

  Wurde eine Sorgfaltspflicht verletzt[324]?
  - Bei der Planung[325];
  - Bei der Bauleitung[326].

  Hat der Architekt/Ingenieur seine Abmahnungspflicht erfüllt[327]?
- *Weisungswidrige Erstellung* (Architektenmangel)[328].

d) *Überschreitung des Kostenvoranschlages*

- *Vertragswidrig verursachte Zusatzkosten*[329].
- *Irreführende Kosteninformation*[330].

323 Rz. 8.69.
324 Rz. 8.25 ff.
325 Rz. 8.33 ff.
326 Rz. 8.39 ff.
327 Rz. 8.27.
328 Rz. 8.70.
329 Rz. 8.73.
330 Rz. 8.74 ff.

Dritter Teil

VOM BAUPROJEKT ZUR BAUBEWILLIGUNG

§ 9 Bewilligungsverfahren

CHRISTIAN MÄDER*

Literaturauswahl: AEMISEGGER HEINZ, Rechtliche Grundsätze bei Planungs- und Baubewilligungsverfahren, VLP-Schriftenfolge Nr. 44, Bern 1987 (*zitiert:* AEMISEGGER, VLP Nr. 44); *ders.,* Worauf haben Behörden und Verwaltung im Planungs- und Baubewilligungsverfahren zu achten?, VLP-Schriftenfolge Nr. 29, Bern 1981 (*zitiert:* AEMISEGGER, VLP Nr. 29); BOVAY BENOÎT, Le permis de construire en droit vaudois, 2. Aufl., Lausanne 1988; DILGER PETER, Raumplanungsrecht der Schweiz. Handbuch für die Baurechts- und Verwaltungspraxis, Zürich 1982; EIDG. JUSTIZ- UND POLIZEIDEPARTEMENT/BUNDESAMT FÜR RAUMPLANUNG (Hrsg.), Erläuterungen zum Bundesgesetz über die Raumplanung, Bern 1981 (*zitiert:* EJPD/BRP, Erläuterungen RPG); FRITZSCHE CHRISTOPH/BÖSCH PETER, Zürcher Planungs- und Baurecht, Wädenswil 1992; HÄFELIN ULRICH/HALLER WALTER, Schweizerisches Bundesstaatsrecht, 4. Aufl., Zürich 1998; HÄFELIN ULRICH/MÜLLER GEORG, Grundriss des Allgemeinen Verwaltungsrechts, 2. Aufl., Zürich 1993; HALLER WALTER/KARLEN PETER, Raumplanungs- und Baurecht, 2. Aufl., Zürich 1992; IMBODEN MAX/RHINOW RENÉ A., Schweizerische Verwaltungsrechtsprechung, 2 Bde., 5. Aufl., Basel/Stuttgart 1976; KÖLZ ALFRED/MÜLLER HANS ULRICH (Hrsg.), Kommentar zum Umweltschutzgesetz, Zürich 1985 ff. (*zitiert:* Autor, in: Kommentar USG); LEUTENEGGER PAUL B., Das formelle Baurecht der Schweiz, 2. Aufl., Zürich 1978; MÄDER CHRISTIAN, Das Baubewilligungsverfahren, Diss. Zürich 1991; MICHEL NICOLAS, Droit public de la construction, Fribourg 1996; POLEDNA TOMAS, Staatliche Bewilligungen und Konzessionen, Bern 1994; RHINOW RENÉ A./KRÄHENMANN BEAT, Schweizerische Verwaltungsrechtsprechung, Ergänzungsbd., Basel/Frankfurt a.M. 1990; RHINOW RENÉ/KOLLER HEINRICH/KISS CHRISTINA, Öffentliches Prozessrecht und Justizverfassungsrecht des Bundes, Basel/Frankfurt a.M. 1996; SCHÜRMANN LEO/HÄNNI PETER, Planungs-, Bau- und besonderes Umweltschutzrecht, 3. Aufl., Bern 1995; VALLENDER KLAUS/MORELL RETO, Umweltrecht, Bern 1997; WOLF ROBERT/KULL ERICH, Das revidierte Planungs- und Baugesetz (PBG) des Kantons Zürich, Bern 1992; ZAUGG ALDO, Kommentar zum Baugesetz des Kantons Bern vom 9. Juni 1985, 2. Aufl., Bern 1995; ZIMMERLIN ERICH, Baugesetz des Kantons Aargau vom 2. Februar 1971, Kommentar, 2. Aufl., Aarau 1985.
Weitere Literaturhinweise finden sich im Text.

* Der Verfasser dankt Verwaltungsrichter Dr. THEODOR H. LORETAN, Zürich, für eine kritische Durchsicht des Manuskripts.

I. Problemübersicht

9.1 Im baurechtlichen Bewilligungsverfahren prüfen die zuständigen Behörden ein Projekt vor der Realisierung auf seine Übereinstimmung mit den massgebenden Vorschriften des öffentlichen Rechts. Dies setzt voraus, dass ein planungs-, bau- oder umweltrechtlich relevanter Vorgang überhaupt einer Bewilligung bedarf (Vgl. Rz. 9.4 ff.). Das materielle Planungs-, Bau- und Umweltrecht wird schwergewichtig in den baurechtlichen Bewilligungsverfahren angewendet; hier entscheidet sich, ob die oben in § 7 dargelegten öffentlichrechtlichen Anforderungen umgesetzt werden oder toter Buchstabe bleiben. Ferner wird geklärt, wie weit das Eigentumsrecht des Bauherrn geht und wo es am Recht des Nachbarn[1] seine Grenze findet. Namentlich bei Projekten für Grossbauten oder für Vorhaben, die nach Einschätzung der Anstösser mit übermässigen materiellen oder ideellen Immissionen verbunden sind, gipfelt die Auseinandersetzung in vielbeachteten Prozessen[2]. Die zuständigen Behörden legen somit verbindlich fest, was der Bauherr darf, was ihm das Gemeinwesen zugestehen darf und muss und was der Nachbar zu dulden hat. Gleich wie das Planungs-, Bau- und Umweltrecht insgesamt ist das Baubewilligungsverfahren geprägt durch *gegenläufige Interessen von Bauherr, Nachbarn und Öffentlichkeit*[3].

9.2 Nach dem Gesagten ist die *Bedeutung* der bau- und umweltrechtlichen Bewilligungsverfahren eminent. Für den Bauherrn ist das Bewilligungsverfahren wohl häufig die Schlüsselstelle auf dem Weg zur Projektrealisierung. Zumal die planungsrechtliche Grundordnung meistens vorbesteht, bildet das Bewilligungsverfahren die wichtigste öffentlichrechtliche Verteidigungsstellung des opponierenden Nachbarn. Auf die Standortgemeinde übt die Bautätigkeit grossen Einfluss aus; unmittelbar muss die Infrastruktur den neuen Gegebenheiten angepasst werden; mittelbar wird der Finanzhaushalt berührt, ergeben sich Folgerungen für die künftige Planungsentwicklung, und mittel- bis langfristig verändern Neu- und Umbauten den Charakter einer Ortschaft. Die Bautätigkeit gilt schliesslich als wichtiger Indikator für den Konjunkturverlauf[4].

---

1 Zum Begriff des Nachbarn im öffentlichen Baurecht vgl. unten Rz. 9.31.

2 Aus der jüngsten Rechtsprechung vgl. etwa BGE 123 II 337 (Richti/Wallisellen); BGE vom 19. Februar 1998 (1A.266/1997; Flughafen Zürich–Kloten).

3 MÄDER, N 34 ff.

4 Gemäss Zusammenstellung des Schweizer Bau-Info-Center, Schlieren, wurden in den Jahren 1994–1997 gesamtschweizerisch folgende Anzahl Baugesuche gestellt: 1994: Neubauten: 14 088; Umbauten: 12 458; 1995: Neubauten: 12 980; Umbauten:

Die zentrale Funktion der bau- und umweltrechtlichen Bewilligungsverfahren widerspiegelt sich in einem wohlstrukturierten *Verfahrensablauf*, den der Gesetzgeber zur Verfügung gestellt und die Rechtsprechung verfeinert hat. Diesem Prozess sind einerseits gewisse Schematismen eigen, die den Verfahrensbeteiligten Leitplanken zur Entscheidfindung setzen; anderseits verfügen die zuständigen Behörden über weitreichende Gestaltungsspielräume und haben Bauherr und Nachbar vielfältige Einflussmöglichkeiten. Dieses differenzierte Instrumentarium erlaubt es, dem zu beurteilenden Projekt ein massgeschneidertes Bewilligungsverfahren zuzuordnen, das seiner tatsächlichen Bedeutung und rechtlichen Komplexität gerecht wird (unten Rz. 9.16 ff.). Die für das Bewilligungsverfahren getroffene Charaktierisierung gilt auch für das Ergebnis, nämlich den *baurechtlichen Entscheid* (unten Rz. 9.42 ff.). So hat der Gesuchsteller etwa die Möglichkeit, sich mittels eines Vorentscheids gleichsam an die Bewilligung heranzutasten. Regelmässig müssen einige Ecken und Kanten des Projekts geschliffen werden, bevor dessen gegenwärtige und künftige Unbedenklichkeit feststeht; dieser Eingriff schlägt sich in Nebenbestimmungen nieder. Eine formell rechtskräftige Baubewilligung berechtigt den Bauherrn, das Vorhaben auszuführen; indessen bestehen Schranken sachlicher und zeitlicher Art. Vor Inkrafttreten des Umweltschutzgesetzes auf den 1. Januar 1985 fristete das materielle Umweltrecht in baurechtlichen Bewilligungsverfahren ein recht marginales Dasein. In verschiedenen Erlassen gab es zwar formelles Umweltrecht; dessen Wirksamkeit blieb jedoch wegen der damals weitgehend fehlenden Koordination beschränkt. Die im USG und in der zugehörigen Verordnung für bestimmte bedeutende Projekte vorgeschriebene Umweltverträglichkeitsprüfung sorgen dafür, dass das Umweltrecht tatsächlich vollzogen wird. Die gleiche Stossrichtung haben verschiedene umweltrechtliche Bewilligungsverfahren, die – je nach Projekt – selbständig oder zusammen mit einem Baubewilligungsverfahren durchgeführt werden (unten Rz. 9.77 ff.). 9.3

II. Umfang der Bewilligungspflicht

1. Baubewilligungspflicht

a) Rechtsgrundlagen

Das Erfordernis einer baurechtlichen Bewilligung ergibt sich vorab aus dem *Bundesrecht*. Gemäss Art. 22 Abs. 1 RPG dürfen Bauten und Anlagen nur mit behördlicher Bewilligung errichtet oder geändert werden. Der Grundsatz der Verhältnismässigkeit beschränkt den Bewilligungszwang allerdings auf solche Projekte, die geeignet sind, planungs-, bau- und umweltrechtliche Interessen zu tangieren. Innerhalb des bundesrechtlich 9.4

10 169; 1996: Neubauten: 12 886; Umbauten: 9698; 1997: Neubauten: 14 340; Umbauten: 9740.

abgesteckten Rahmens sind die Stände frei, den Umfang der Bewilligungspflicht näher zu umschreiben. Die *kantonalen Baugesetze* enthalten überwiegend ausführliche Auflistungen von baulichen Massnahmen, die einer vorgängigen Bewilligung bedürfen[5]; in anderen Erlassen finden sich Generalklauseln[6]. Nach Massgabe des kantonalen Rechts sind die Gemeinden befugt, in den *kommunalen Bau- und Zonenordnungen* weitere Bewilligungspflichten zu schaffen. Kraft dieser Grundlage erfordert vielerorts der einfache Abbruch eine Bewilligung[7].

b) Ausnahmebewilligung und Sondernutzungsplan

9.5 Für gewisse Projekte, namentlich Grossbauten (dazu unten § 20) und bedeutende raumrelevante Vorkehrungen ausserhalb der Bauzonen, genügt das einfache Baubewilligungsverfahren nicht. Denn dieses baut auf einer bestehenden Nutzungsplanung auf, deren Vorgaben das Vorhaben respektiert (Zonenkonformität; Art. 22 Abs. 2 lit. a RPG). Widerspricht das Projekt der Nutzungsplanung (Zonenwidrigkeit), so kommt eine Zulassung grundsätzlich nur dann in Frage, wenn die Voraussetzungen für eine Ausnahmebewilligung erfüllt sind; innerhalb der Bauzonen richten sich die Anforderungen nach dem kantonalen Recht (Art. 23 RPG; Art. 26 BauG BE), ausserhalb der Bauzonen primär nach Bundesrecht (Art. 24 RPG) und ergänzendem kantonalem Recht (Art. 81 und 83 BauG BE)[8]. Das *Ausnahmebewilligungsverfahren* ist seiner Funktion und Ausgestaltung nach auf kleinere Bauwerke zugeschnitten. Aus rechtsstaatlichen Gründen darf dessen Anwendung die demokratisch legitimierte Nutzungsplanung (Art. 4 und 33 RPG) nicht unterlaufen. Daher erfordern die Dimension und/oder die von der Bau- und Zonenordnung abweichende Nutzweise einen *Sondernutzungsplan*. Einen sol-

5 So etwa § 309 PBG ZH; Art. 1 LCID GE.

6 So etwa Art. 39 LE TI; Art. 82 Abs. 1 EG RPG AR.

7 EJPD/BRP, Erläuterungen RPG, Art. 22 N 14.

8 HALLER/KARLEN, N 785. Eine Ausnahmebewilligung nach Art. 24 RPG muss durch eine kantonale Behörde oder mit deren Zustimmung erteilt werden (Art. 25 Abs. 2 RPG). Diese hat zunächst zu prüfen, ob das Vorhaben ausserhalb der Bauzonen dem Zonenzweck entspricht und daher nach Art. 22 RPG bewilligt werden kann oder ob eine Ausnahmebewilligung nach Art. 24 RPG erforderlich ist (RB 1996 Nr. 70).

chen erachtete die Rechtsprechung[9] etwa in folgenden Fällen als erforderlich:

- Anlegen eines (grösseren) Waldwegs (LGVE 1995 II Nr. 1);
- kommunales Sportzentrum (BGE 114 Ib 180);
- Golfplatz (Pra 1989 Nr. 106);
- Parkhaus mit 940 Einstellplätzen (RB 1990 Nr. 58);
- Erweiterung einer Gärtnerei auf eine Fläche von 5440 m^2 (BGE 116 Ib 131);
- grössere Beschneiungsanlage auf rund 100 000 m^2 (BR/DC 1996, 18 Nr. 20); für eine kleinere Anlage genügt ein Ausnahmebewilligungsverfahren nach Art. 24 RPG (ZBl 92/1991, 79)[10].

Demgegenüber genügte in folgenden Fällen ein Bewilligungsverfahren:

- Verwaltungskomplex Richti mit ca. 67 000 m^2 Bruttogeschossfläche (BGE 123 II 337 ff.);
- Abfall-Sortieranlage (LGVE 1996 II Nr. 3);
- Kompostierungsanlage (URP 1997, 615 ff.);
- Gesamt- bzw. Arealüberbauungen (RB 1997 Nr. 94 = BEZ 1997 Nr. 15);
- Hochhaus mit einer Höhe von gut 90 Metern (RB 1995 Nr. 9);
- private Erschliessungsstrasse (AGVE 1995, 558).

c) *Spezialbewilligung*

Bestimmte Bauten und Anlagen, die regelmässig einem besonderen Zweck dienen, werden nicht im ordentlichen Baubewilligungsverfahren, sondern in *einem* bundes- oder kantonalrechtlichen *Spezialbewilligungsverfahren* geprüft. Als wichtigste bundesrechtlich normierte Bauwerke seien genannt[11]: Nationalstrassen; Eisenbahnwerke; Flughäfen und Flugfelder; gewisse elektrische Anlagen; Atomanlagen; Rohrleitungsanlagen. Auf kantonaler Ebene sind derartige besondere Bewilligungs- und Genehmigungsverfahren weniger zahlreich und von geringerer Bedeutung. Hervorzuheben sind für den Bau von öffentlichen Strassen geltende 9.6

9 Die Grenzziehung ergibt sich im Wesentlichen aus dem Anhang zur UVPV.

10 Weitere Beispiele aus der jüngeren Rechtsprechung finden sich bei MICHEL, Rz. 365 ff. Im Hinblick auf den bisherigen Verfahrensgang liess das Bundesgericht im Fall Chrüzlen I für eine Deponie ein Bewilligungsverfahren genügen (BGE 116 Ib 50). Bei Einkaufszentren reicht ein Baubewilligungsverfahren in der Regel aus (Ziff. 80.5 Anhang UVPV), doch können die Kantone einen Sondernutzungsplan verlangen (BGer, 16. Februar 1994, ZBl 96/1995, 184 [St. Moritz]).

11 Nähere Ausführungen und weitere Anwendungsfälle finden sich bei SCHÜRMANN/HÄNNI, 362 ff.; HALLER/KARLEN, N 570 ff.; MÄDER, N 48 ff.

Sonderregeln, die sich in unterschiedlichem Ausmass auf weitere Verkehrsanlagen erstrecken. Bei Beanspruchung von öffentlichem Grund oder von öffentlichen Gewässern kann das Verfahren zur Erteilung der erforderlichen (Sondernutzungs-)Konzession ein Baubewilligungsverfahren ersetzen. In allen Fällen ist die jeweilige Spezialgesetzgebung zu befragen, ob sie ausschliesslich zum Zug kommt oder ob ergänzend ein ordentliches Baubewilligungsverfahren durchgeführt werden muss. Schweigt sich der massgebende Erlass zu dieser Frage aus, so kommt es darauf an, ob er den regelungsbedürftigen Sachverhalt vollständig erfasst oder sich lediglich auf die Ordnung von Teilaspekten beschränkt[12]. Errichtung wie Betrieb einer Deponie bedürfen einer kantonalen Bewilligung, welche einen Bedürfnisnachweis voraussetzt (Art. 30 Abs. 2 USG; Art. 20 ff. TVA). Der Standort von grossen Deponien muss auf der Planungsebene verankert sein (Art. 17 TVA; §§ 23 Abs. 1 lit. f., 30 und 44a PBG ZH).

d) *Bewilligungserfordernis; Bewilligungsfreiheit*

9.7 Im dargelegten Anwendungsbereich des baurechtlichen Bewilligungsverfahrens hat die zuständige Behörde vorerst zu entscheiden, ob ein Vorhaben dem *Bewilligungserfordernis* unterliegt oder nicht. Im letztgenannten Fall teilt sie dies dem Gesuchsteller und Nachbarn schriftlich mit, auf besonderes Begehren durch rekursfähige Verfügung, womit das Verfahren abgeschlossen ist[13]. Im umgekehrten Fall bejaht die Behörde in einer Zwischenverfügung die Bewilligungspflicht und spricht sich zugleich über den weiteren Verfahrensgang aus[14] (unten Rz. 9.16 ff.). Soweit sich ein Bewilligungsverfahren erübrigt, darf der Bauherr das Projekt ausführen. Dabei hat er die raumrelevanten materiellen Vorschriften jedoch in gleicher Weise zu beachten, wie er dies im Fall des Bewilligungszwangs tun müsste[15]; eine Rechtsverletzung käme einem

12 Bei Bauten und Anlagen des Luftverkehrs findet über Nebenpunkte ein ergänzendes Baubewilligungsverfahren statt (ZBl 84/1983, 369 f. E. 3b).

13 Die mündliche Meinungsäusserung des zuständigen Behördenvertreters hat keine Verfügungsqualität (BVR 1991, 502 f. E. 3).

14 Nach zürcherischer Praxis ist diese Anordnung selbständig anfechtbar (RB 1982 Nr. 150; VGr, ZH, 6. Februar 1992, BEZ 1992 Nr. 1).

15 So ausdrücklich § 2 Abs. 2 BauVV ZH.

öffentlichrechtlichen Baumangel gleich und zöge die entsprechenden Sanktionen nach sich (dazu § 14).

e) Bewilligungstatbestände

Die *Bewilligungstatbestände* gliedern sich in zwei Kategorien. Die erste betrifft die *Errichtung oder Änderung eines Gebäudes oder sonstigen Bauwerks*. Eine Bewilligung ist dann erforderlich, wenn sowohl die betroffene Baute oder Anlage mehr als nur minimale Bedeutung hat als auch der vorgesehene Eingriff im Hinblick auf planungs-, bau- und umweltrechtlich geschützte Rechtsgüter relevante Auswirkungen nach sich zieht. Bewilligungsfrei sind beispielsweise Bauten und Anlagen, die eine gewisse Mindestgrösse unterschreiten[16], haustechnische Anlagen, die zur Standardausrüstung eines Gebäudes gehören[17], sowie Fahrnisbauten und ihrer Zweckbestimmung nach auf beschränkte Dauer errichtete Bauwerke[18]. Mit Bezug auf die Bauarbeiten unterliegen der Gebäudeunterhalt und Reparaturen keinem Bewilligungszwang, wohl aber Erneuerungen, welche mit einem Eingriff in die Gebäudesubstanz verbunden sind[19]. Die Mehrheit der Kantone verlangt für den einfachen Abbruch ohne nachfolgenden Wiederaufbau keine Bewilligung[20]. 9.8

Kasuistik[21]:

Bewilligungspflicht bejaht:

- Bohranlage für Erdöltiefbohrung (BVR 1981, 259 ff.) und für NAGRA-Probebohrung (BEZ 1998 Nr. 4);
- Aussencheminée auf Dachterrasse mit Grundriss von 1 Meter x 0,6 Meter und Höhe von gut 3 Meter (RB 1983 Nr. 105);
- überdachte Pergola (RB 1981 Nr. 142);
- Erneuerung eines Belagsaufbereitungswerks in der Landwirtschaftszone durch Ersetzen der Mischanlage BVR 1991, 504 f. E. 5b);
- Schwimmbecken mit Dauerbautencharakter, das jeweils in der Badesaison ausserhalb der Bauzonen aufgestellt wird (AGVE 1994, 600);
- Teerung einer Naturstrasse ausserhalb des Baugebiets (AGVE 1992, 594).

---

16 § 1 lit. a, d, e und h BauVV ZH.

17 § 1 lit. g BauVV ZH.

18 § 1 lit. c BauVV ZH; vgl. allerdings AGVE 1995, 288.

19 LGVE 1993 II Nr. 4; RB 1982 Nr. 151; MÄDER, N 207.

20 MÄDER, N 216 mit Fn. 85.

21 Weitere Beispiele finden sich bei MICHEL, Rz. 1406 ff.; BOVAY, 34 ff.; MÄDER, N 181 ff.

Bewilligungspflicht verneint:
- Unterhaltsarbeiten an Uferverbauungen (ZBl 97/1996, 140);
- Spielgeräte auf Schulhausareal (RB 1986 Nr. 105); Kinderspielhütte (RB 1982 Nr. 145);
- Stützmauer mit einer Höhe von weniger als 0,8 Meter (AGVE 1996, 323);
- kurzfristiges Aufstellen eines fahrbaren Pneukrans und die damit verbundene Nutzung als Bungy-Jumping-Einrichtung (PVG 1993 Nr. 20).

9.9 Die zweite Kategorie betrifft *Nutzungsänderungen an Räumlichkeiten und Flächen*. Wiederum setzt eine Bewilligungspflicht voraus, dass diese Fläche eine gewisse Ausdehnung hat und zudem die Nutzungsänderung ein geschütztes Rechtsgut tangiert. Dabei liegt die Schwelle ausserhalb der Bauzonen tiefer als innerhalb derselben.

Kasuistik:
Bewilligungspflicht bejaht:
- regelmässiges Zelten und Campieren während mehrerer Monate (BR/DC 1/98, 15 Nr. 29);
- dauernde Nutzung eines Grundstücks als Landeplatz für Hängegleiter (BGE 119 Ib 222);
- Einrichtung eines Sanitärgeschäfts in einem in der Landwirtschaftszone gelegenen Wohnhaus (BGE 113 Ib 219);
- regelmässige Vermietung eines in der Landwirtschaftszone gelegenen Gewächshauses einer Gärtnerei zur Durchführung geselliger Anlässe (RB 1992 Nr. 76 = BEZ 1992 Nr. 1);
- Umnutzung einer Wohnung in einen Massagesalon (AGVE 1994, 362; vgl. auch RB 1997 Nr. 65 = BEZ 1997 Nr. 1);
- Verlängerung der Öffnungszeiten eines Restaurants (AGVE 1994, 364);
- Einbau von Kochgelegenheiten in Hotelzimmern (PVG 1992 Nr. 12).

Bewilligungspflicht verneint:
- hobbymässige Haltung von fünf Hühnern und einem Hahn im Keller in einer ländlichen Wohnzone (BVR 1987, 303);
- Unterbringung von Asylbewerbern in rechtskräftig bewilligten Wohnräumen (AGVE 1991, 543);
- Installation einer Musikanlage in einem Restaurant (AGVE 1993, 354).

9.10 Die Notwendigkeit eines baurechtlichen Bewilligungsverfahrens besteht grundsätzlich unabhängig von der Person des Bauherrn. Indessen muss sich der Bund nur insoweit an kantonale Bauvorschriften halten, als die Erfüllung seiner verfassungsmässigen Aufgaben dadurch nicht verunmöglicht oder erheblich erschwert wird[22] (vgl. unten Rz. 19.112.) Ferner ist das Bewilligungsverfahren – nachträglich – auch dann durchzuführen,

---

22 BGE 92 I 210; 91 I 423; EJPD/BRP, Erläuterungen RPG, Einleitung N 75.

wenn ein Bauherr eigenmächtig Bauarbeiten ausgeführt hat (vgl. Rz. 14.44 ff.).

2. Andere, insbesondere umweltrechtliche Bewilligungspflichten

Im Gegensatz zu den oben unter Rz. 9.6 erwähnten Spezialfällen, die für bestimmte Projekte gelten und das Baubewilligungsverfahren ganz oder teilweise ersetzen, sind im Folgenden einige *Bewilligungen* zu skizzieren, die neben dem ordentlichen Baubewilligungsverfahren *ergänzend* zum Zug kommen. Ihre Anwendung setzt keine besonderen Eigenschaften des Projekts voraus, wohl aber eine besondere Lage des Baugrundstücks. 9.11

Unter Umständen erfordert die Realisierung eines Bauvorhabens die Fällung von Bäumen. Handelt es sich bei diesen um Wald im Sinne von Art. 2 WaG und des kantonalen Ausführungsrechts, bedarf die Fällung einer *Rodungsbewilligung* (Art. 5 Abs. 1 WaG). Auf deren Erteilung hat der Gesuchsteller ausnahmsweise dann Anspruch, wenn bestimmte Voraussetzungen kumulativ erfüllt sind (Art. 5 Abs. 2 WaG): 9.12
- wichtige Gründe für die Rodung, welche das Interesse an der Walderhaltung überwiegen[23];
- relative Standortgebundenheit[24];
- Übereinstimmung mit den planungsrechtlichen Grundlagen (vgl. Art. 12 WaG);
- keine erhebliche Gefährdung der Umwelt und Beachtung der Anforderungen des Natur- und Heimatschutzes (Art. 5 Abs. 4 WaG).

Wenn ein Bauprojekt ein *öffentliches Oberflächengewässer tangiert*, bedarf es wegen der dadurch ausschliesslich beanspruchten Nutzung einer *Sondernutzungskonzession*[25]. 9.13

Im Natur- und Heimatschutzrecht sind verschiedene Schutzobjekte umschrieben, die nur aufgrund einer bundesrechtlichen oder kantonalen Bewilligung tangiert werden dürfen. Dazu gehören etwa heimatliche Landschafts- und Ortsbilder, geschichtliche Stätten sowie Natur- und Kulturdenkmäler von nationaler Bedeutung (Art. 4 NHG). Unter den Vorschriften zum Schutz der einheimischen Tier- und Pflanzenwelt sind der Biotopschutz (Art. 18a Abs. 1 NHG), der Moorschutz (Art. 29 Abs. 1 NHV) sowie der Schutz der Ufervegetation (Art. 18 Abs. 1ter, 21 Abs. 1 und 2 sowie 22 Abs. 2 NHG) hervorzuheben[26]. 9.14

---

23 Nicht als wichtige Gründe gelten wirtschaftliche Interessen (Art. 5 Abs. 3 WaG).

24 BGE 119 Ib 405 (Ried-Brig).

25 HÄFELIN/MÜLLER, Rz. 1888 ff.; vgl. POLEDNA, N 323 f.

26 Näheres bei PETER M. KELLER/JEAN-BAPTISTE ZUFFEREY/KARL LUDWIG FAHRLÄNDER, Kommentar zum Bundesgesetz über den Natur- und Heimatschutz, Zürich 1997.

9.15 Beim herkömmlichen Baubewilligungsverfahren umfasst die Erlaubnis für die Erstellung einer Baute oder Anlage zugleich deren bestimmungsgemässe Nutzung. Diese Ordnung ist dann zweckmässig, wenn das Gefährdungspotential für Mensch und Umwelt vergleichsweise gering ist und – selten vorkommenden – Störungen durch repressive Massnahmen begegnet werden kann. Birgt die Nutzung jedoch objektiv grosse Gefahren, sind diese präventiv durch eine *Betriebsbewilligung* einzudämmen. Solche Bewilligungen finden sich in grösserer Anzahl im Bundesgesetz vom 13. März 1964 über die Arbeit in Industrie, Gewerbe und Handel (SR 822.11); andere sind in umweltrechtlichen Erlassen statuiert (vgl. oben Rz. 2.6 ff.).

III. Ablauf des Baubewilligungsverfahrens

1. Verfahrensbeteiligte

a) Gesuchsteller

9.16 Als Hauptbeteiligte des Baubewilligungsverfahrens stehen der Gesuchsteller und die Baubehörde einander gegenüber; zu diesen gesellen sich fallweise Nachbarn und ideelle Vereinigungen (vgl. unten Rz. 9.31 f.). Als *Gesuchsteller* gilt, wer sich an die Behörde wendet und sie um ihre Zustimmung zu einem bewilligungspflichtigen Vorhaben ersucht. *Bauherr* ist, wer auf eigene Verantwortung ein Bauwerk vorbereitet oder ausführt, also der materiell am Projekt Interessierte. Die formelle und die materielle Seite fallen gewöhnlich zusammen, weshalb die Praxis die beiden Begriffe oft vermengt bzw. gleichbedeutend verwendet. Für öffentlichrechtliche Baumängel hat auch der im Hintergrund bleibende Bauherr einzustehen (unten Rz. 14.56). In persönlicher Hinsicht ist beim Gesuchsteller Partei- und Prozessfähigkeit vorausgesetzt. Nicht rechtsfähig ist die – von Baukonsortien bevorzugte – einfache Gesellschaft (Art. 530 ff. OR)[27]; als Gesuchsteller gelten die daran beteiligten Personen. Bei öffentlichrechtlichen Anstalten muss aufgrund des massgebenden Organisationsrechts geprüft werden, ob dieser eigene Rechtspersönlichkeit zukommt oder ob das zugehörige Gemeinwesen Gesuchsteller ist. Der als Miteigentümergemeinschaft mit Sonderrechten konzipierte Verband der Stockwerkeigentümer ist prozessfähig (Art. 712l ZGB). Ungeachtet der hohen sachlichen Anforderungen darf sich grundsätzlich

27 RJJ 1995, 139 ff. = BR/DC 3/96 Nr. 177.

jedermann in eigener wie in fremder Sache als Gesuchsteller und Projektverfasser betätigen; Zulassungsbeschränkungen kennen nur einzelne Westschweizer Kantone für die Ausarbeitung des Baugesuchs[28].

b) Grundeigentümer

Aus den Regeln des Sachenrechts (Art. 641 ZGB) ergibt sich ohne weiteres, dass ein Bauvorhaben auf fremdem Boden nur mit Zustimmung des *Grundeigentümers* verwirklicht werden kann. Die häufig in einer Baurechtsdienstbarkeit (Art. 779 ZGB; vgl. oben Rz. 5.70 ff.) geregelten Rechtsbeziehungen zwischen Grundeigentümer und Gesuchsteller sind für die öffentlichrechtlichen Bewilligungsverfahren grundsätzlich ohne Bedeutung. Soweit in letzteren vom Gesuchsteller ein Berechtigungsnachweis verlangt wird, dient dieses Erfordernis höchstens reflexweise dem Schutz privater Interessen; primär geht es darum, den Behörden die Prüfung von zivilrechtlich offenkundig nicht realisierbaren Vorhaben zu ersparen[29]. Wo die Baubefugnis aus privatrechtlichen Gründen nach einer summarischen Würdigung der Verhältnisse unklar bleibt – vergleichsweise häufig sind Auseinandersetzungen über das Genügen einer privatrechtlich geregelten Erschliessung –, stehen den Behörden zwei Wege offen: Sie können entweder die Behandlung des Gesuchs bis zum Entscheid des Zivilrichters zurückstellen oder die baurechtliche Prüfung vorziehen. Die Verfahrensökonomie spricht dafür, das mutmasslich einfachere Verfahren zuerst abzuwickeln. 9.17

c) Baubehörde

Baubehörde ist diejenige Verwaltungsinstanz, welche das Baugesuch entgegennimmt, den Sachverhalt ermittelt, das Verfahren leitet, schliesslich das Begehren auf seine Übereinstimmung mit dem massgebenden öffentlichen Recht überprüft und daraufhin ihren Entscheid trifft. In den meisten Kantonen amtet eine kommunale Exekutivinstanz als ordentliche Baubehörde[30]. Dieser beigeordnet ist eine – kantonal und oft auch kom- 9.18

28 BOVAY, 61 ff.; vgl. auch Art. 7 RLE TI.

29 MÄDER, N 114.

30 In Bern erteilt gewöhnlich der Regierungsstatthalter Baubewilligungen (Art. 33 Abs. 1 BauG BE; ZAUGG, Art. 33 N 2 ff.). Eine kantonale Instanz sehen etwa auch § 117 Abs. 1 BauG BL und § 3 BauV BS vor.

munal – sehr unterschiedlich organisierte Bauverwaltung; während grössere Gemeinwesen meistens über eigene Bauämter verfügen, übertragen kleinere Gemeinden einen Teil der im Raumplanungs-, Bau- und Umweltrecht anfallenden Verwaltungsaufgaben an Private. Die Verwaltung bereitet die Gesuche bis zur Entscheidreife vor und ist nachher für eine allseitig gesetzeskonforme Bauausführung besorgt (vgl. unten Rz. 14.2 ff.). Die Zusammensetzung von Baubehörde und Verwaltung ergibt sich aus dem Organisationsrecht des zuständigen Gemeinwesens. Bei der Mitwirkung im Einzelfall haben die Amtsträger darauf zu achten, dass sie die aus dem kantonalen Recht[31] bzw. aus dem bundesverfassungsrechtlich gewährleisteten Minimalstandard[32] abgeleiteten *Ausstandsvorschriften* respektieren[33]. Deren Missachtung führt gewöhnlich zur Anfechtbarkeit des ergangenen Verwaltungsakts[34].

d) *Genehmigungsbehörde*

9.19 Für gewisse Bauvorhaben kann das Gesetz die Genehmigung der Bewilligung durch eine Aufsichtsbehörde verlangen, so etwa bei Ausnahmebewilligungen ausserhalb der Bauzonen (Art. 25 Abs. 3 RPG). Eine solche Prüfung macht nur dann Sinn, wenn sie konstitutive Wirkung und die Genehmigungsinstanz volle Kognition hat[35].

2. Baugesuch

a) *Begriff*

9.20 Das Baugesuch ist das an die zuständige Behörde gerichtete Begehren, das in den Bauvorlagen umschriebene Projekt aufgrund der einschlägigen öffentlichrechtlichen Vorschriften zu untersuchen und nach Massgabe des Prüfungsergebnisses die Bewilligung zur Bauausführung zu erteilen. Beim Baugesuch handelt es sich um eine private Willenserklärung, womit der Petent in eine verwaltungsrechtliche Beziehung zur Baubehörde tritt; das Ziel besteht darin, das Verfahren durch Beurteilung des

31 Vgl. § 5a VRG ZH.

32 BGE 119 V 465 E. 5b; 117 Ia 410 E. 2.

33 Die Mitwirkung von Behördemitgliedern eines Gemeinwesens am Entscheid über Bauvorhaben dieses Gemeinwesens ist zulässig (RB 1997 Nr. 103).

34 HÄFELIN/MÜLLER, Rz. 783.

35 § 5 PBG ZH.

Begehrens abzuschliessen. Das Baugesuch setzt sich zusammen aus einem vorgedruckten Formular, worin der Gesuchsteller bestimmte Angaben über das Projekt machen muss, und aus Plänen.

b) Inhalt

Der *Inhalt* eines Baugesuchs ergibt sich gewöhnlich aus Verordnungen zur kantonalen Baugesetzgebung. Weil die zuständigen Behörden ein Vorhaben umfassend auf seine Rechtmässigkeit überprüfen müssen, sind Aufzählungen der erforderlichen Unterlagen nicht abschliessend (vgl. § 310 Abs. 1 und 2 PBG ZH); allerdings dürfen aus Gründen der Verhältnismässigkeit nur solche Angaben erhoben werden, deren es für die Beurteilung tatsächlich bedarf. Gewisse Daten sind stets unerlässlich, so die Personalien und Adresse von Gesuchsteller, Projektverfasser, Vertreter sowie von Organen juristischer Personen. Ferner müssen das Projekt sowie die Lage des Grundstücks genau feststehen. Andere Daten werden fallweise erhoben, also nur dann, wenn sie zur Beurteilung eines Gesuchs erforderlich sind oder wenigstens die Rechtsanwendung erleichtern. Dazu gehören etwa: 9.21

- Pläne (unten Rz. 9.22);
- Nachweis der Berechtigung zur Einreichung des Baugesuchs, wenn der Gesuchsteller nicht alleinverfügungsberechtigter Grundeigentümer ist (§ 5 lit. a BauVV ZH; AGVE 1987, 228);
- Angaben zur Bekanntmachung des Bauvorhabens, zur beantragten Verfahrensart (unten Rz. 9.40 f.) oder zur beabsichtigten Bauausführung (§ 6 Abs. 1 lit. b NBauO AG);
- Begründung von Ausnahmegesuchen (§ 5 lit. k BauVV ZH);
- Zustimmung des Anstössers zur Herabsetzung des Grenzabstandes (§ 270 Abs. 3 PBG ZH);
- nähere Angaben zur beabsichtigten industriellen oder gewerblichen Nutzweise und zu den dadurch erzeugten Emissionen (vgl. Art. 9 Abs. 2 und Art. 11 Abs. 2 USG; Art. 36 LSV; Art. 28 LRV);
- Zahl der voraussichtlich beschäftigten Personen (Art. 11 lit. f. BewD BE);
- Angaben zur Ermittlung der baulichen Dichte wie Ausnützungsberechnungen (§ 5 lit. b BauVV ZH);
- Angaben zur Beurteilung der statischen Sicherheit und zur Einhaltung der «anerkannten Regeln der Baukunde» (vgl. §§ 239 Abs. 1 und 310 Abs. 2 PBG ZH);
- Angaben über Schall- und Wärmeisolation sowie Dichtigkeit (Art. 79 Abs. 1 lit. h Reg FR);

- Angaben zur Beurteilung der baulichen Ästhetik wie etwa Verwendung von Baumaterialien und Farben (§ 5 lit. c BauVV ZH) bzw. Darstellung des Vorhabens mittels eines Modells oder einer Fotomontage (§ 310 Abs. 2 PBG ZH).

c) *Pläne im Besonderen*

9.22 Man unterscheidet zwischen dem Grundbuch- oder *Situationsplan* einerseits sowie zwischen den Bau- und *Projektplänen* anderseits. Letztere kommen insbesondere als Grundriss-, Querschnitt-, Fassaden- und Umgebungspläne vor[36]. Der Situationsplan gibt vorab Aufschluss über die räumliche Lage des Vorhabens; hierfür genügt in der Regel eine Darstellung im Massstab 1:500. Die Projektpläne orientieren über das Vorhaben im Einzelnen (vgl. etwa § 3 Abs. 1 lit. b BauVV ZH). Besondere Sorgfalt ist bei der Darstellung von Umbauten und Projektänderungen geboten. Die meisten Baugesetzgebungen (vgl. etwa § 4 BauVV ZH) verlangen, dass die Verwendung von verschiedenen Farben für bleibende (z.B. schwarz) und neue Bauteile (z.B. rot) sowie für Abbrüche (z.B. gelb) optisch und masslich Klarheit über den Umfang des Projekts verschafft. Im Interesse der richtigen Rechtsanwendung und der Rechtssicherheit müssen die Pläne *qualitativ einwandfrei* sein (vgl. Art. 9 Abs. 2 lit. d Satz 1 Reg GE). Weder den Behörden noch dem Nachbarn ist es zuzumuten, über den Inhalt von laienhaft angefertigten Skizzen oder widersprüchlichen oder schwer lesbaren Unterlagen zu rätseln.

d) *Mängel*

9.23 Kleinere Unvollkommenheiten des Baugesuchs kann ohne weitere Förmlichkeiten der Gesuchsteller selbst oder die Behörde beheben. Im Fall von grösseren *Mängeln* ist dem Gesuchsteller Frist zur Verbesserung anzusetzen, mit der Androhung, dass im Säumnisfall auf das Gesuch nicht eingetreten werde; auf dasselbe kommt die förmliche Rückweisung der Akten hinaus[37]. Hingegen verbietet sich eine Ersatzvornahme; denn jeder Zwang wäre mit der Verfahrensherrschaft des Gesuchstellers, die ihn jederzeit zum Rückzug des Baubegehrens berechtigt, unvereinbar. Aufwendig, fehleranfällig und deshalb unpraktikabel wäre ferner der Ausweg, dass die Behörde ein lückenhaftes Baugesuch nach pflichtgemässem Ermessen von Amtes wegen ergänzt. Tritt der Mangel nicht schon bei der Vorprüfung, sondern erst bei der Behandlung des Baugesuchs zutage, so hat die Behörde zu klären, ob eine Heilung mittels Nebenbe-

---

36 ZAUGG, Art. 34 N 16 ff.; LEUTENEGGER, 134 ff.

37 ZAUGG, Art. 34 N 22; LEUTENEGGER, 170 f.; vgl. BVR 1992, 106 E. 2c. Im Entscheid RB 1997 Nr. 81 hat das Zürcher Verwaltungsgericht die Bewilligung für eine Arealüberbauung aufgehoben, weil der Umgebungsplan fehlte.

stimmung (unten Rz. 9.48) in Frage kommt; sind die Voraussetzungen für eine solche nicht erfüllt, muss das Bewilligungsverfahren ganz oder teilweise wiederholt werden.

3. Vorprüfung und Bekanntmachung des Baugesuchs

a) Vorprüfung

9.24 Bevor die angerufene Behörde auf das Gesuch eintritt, muss sie prüfen, ob sie für dessen Behandlung örtlich, sachlich und funktionell *zuständig* ist. Von praktischer Bedeutung ist die sachliche Zuständigkeit, die im Geltungsbereich eines Sondernutzungsplans oder eines Spezialbewilligungsverfahrens entfällt (oben Rz. 9.5 f.). Die meisten kantonalen Verwaltungsverfahrensgesetze stellen es der zuständigen Behörde frei, die Durchführung von kostspieligen Amtshandlungen von der *Leistung eines Kostenvorschusses* abhängig zu machen (Art. 53 BewD BE).

b) Bekanntmachung

9.25 Jedes Bauvorhaben tangiert nachbarliche Interessen, und zumindest grössere Projekte haben Auswirkungen auf eine breitere Öffentlichkeit. Daher besteht ein berechtigtes Bedürfnis, über die Bautätigkeit frühzeitig Kenntnis zu erhalten. Im Weiteren bildet die Bekanntmachung eines Vorhabens unabdingbare Voraussetzung dafür, dass ein Betroffener sich wehren kann. Diesen Zwecken dienen auf verschiedene, einander ergänzende Weise Aussteckung, Publikation und öffentliche Planauflage.

9.26 Unter *Aussteckung* (Profil[ierung], Visier[ung], Baugespann) versteht man die vereinfachte, grundsätzlich massstabgetreue Darstellung des Umrisses eines Bauvorhabens im Gelände[38]. Neben dem Informationszweck soll die Aussteckung eine räumliche Vorstellung vom Projekt und seiner Beziehung zur Umgebung vermitteln[39]. Kann dieses Ziel nicht erreicht werden, weil eine Veranschaulichung im Gelände unmöglich ist, entfällt die Pflicht zur Aussteckung. Freilich könnte man sich fragen, ob der Gesetzeszweck in einem solchen Fall nicht ein Aussteckungssurrogat – etwa eine am Ort des Geschehens angebrachte Orientierungstafel – verlangt.

---

38 ZIMMERLIN, § 151 N 3; LEUTENEGGER, 151.

39 RB 1984 Nr. 117 = ZBl 86/1985, 123 f. Aussteckungspflicht bei einem Gestaltungsplan? (LGVE 1996 II Nr. 5).

9.27 Die *Publikation* eines Bauvorhabens erfolgt in amtlichen und allfälligen weiteren Organen, unter stichwortartiger Nennung von Gesuchsteller, Lage und Art des Vorhabens sowie weiterer wesentlicher Angaben[40]. Die *öffentliche Planauflage* umfasst grundsätzlich das gesamte Baugesuch. Ungeachtet allfälliger einschränkender Verfahrensordnungen muss ein potentieller Rekurrent noch während laufender Rekursfrist Einsicht in die Akten nehmen können. Diese Befugnis umfasst auch das Recht, auf eigene Kosten *Fotokopien* anzufertigen bzw. von der Behörde anfertigen zu lassen[41]; hingegen ist diese mangels einer ausdrücklichen Rechtsgrundlage nicht gehalten, die Akten Rechtsanwälten zuzustellen[42].

c) Mängel

9.28 Welche *Rechtsfolgen bei mangelhafter Bekanntmachung* eintreten, lässt sich nicht allgemein sagen. Von Bedeutung ist, ob der jeweilige Fehler die behördliche Entscheidfindung beeinträchtigt und/oder den zumindest durchschnittlich aufmerksamen Nachbarn in seiner Interessenwahrung wesentlich behindert[43]. Ferner kommt es darauf an, wann der Irrtum zutage tritt. In einem frühen Verfahrensstadium gebietet der Grundsatz der Gesetzmässigkeit regelmässig dessen Korrektur; je später der Mangel erkannt wird, desto schwerer wiegt das Bedürfnis nach Rechtssicherheit. Eine fehlerhafte Aussteckung ist während des Bewilligungsverfahrens zu berichtigen. Nach dessen Beendigung sind die Hürden für eine erfolgreiche Beanstandung im Rekursverfahren vergleichsweise hoch; besser sind die Chancen für den Anfechtenden, wenn eine Aussteckung überhaupt unterblieben ist. Allerdings hat das Zürcher Verwaltungsgericht im Fall, da eine gehörige Bekanntmachung wegen ungerechtfertigter Anordnung des Anzeigeverfahrens unterblieben ist, wiederholt erkannt, die Aufhebung der Baubewilligung dränge sich nur dann auf, wenn der Nachbar ausserstande gewesen sei, seine materiellen Einwände vorzutragen[44].

---

40 ZIMMERLIN, § 151 N 4; LEUTENEGGER, 143; vgl. auch BGE 115 Ia 21 (Chiasso) = Pra 1990 Nr. 221.

41 BGE 117 Ia 429 E. 28 b; Pra 1991 Nr. 216 = BGE 116 Ia 325 ff.

42 RHINOW/KOLLER/KISS, Rz. 347 f.

43 RB 1982 Nr. 154; vgl. auch BGE 115 Ia 25 f. (Chiasso); FRANÇOIS RUCKSTUHL, Der Rechtsschutz im zürcherischen Planungs- und Baurecht, ZBl 86/1985, 281 ff., 303.

44 RB 1997 Nr. 102; RUCKSTUHL (*zitiert:* Fn. 43), 303; vgl. auch ATTILIO R. GADOLA, Zur Rechtsmittelbefugnis des Nachbarn in Bausachen, BR/DC 1993, 91 ff., 94.

4. Ermittlung des rechtserheblichen Sachverhalts

Wie in zahlreichen anderen Verwaltungsverfahren wird der massgebende Sachverhalt – nach dem Untersuchungsgrundsatz und der Mitwirkungspflicht der an einem Verwaltungsakt Interessierten – von Gesuchsteller und Behörden *gemeinsam* ermittelt. Der *Umfang* der gebotenen Untersuchung richtet sich nach der Natur der Projekts und den von diesem objektiv mit einiger Wahrscheinlichkeit zu erwartenden Rechtsverletzungen. Ermittlungsbedürftig ist der objektive rechtserhebliche Sachverhalt, und zwar unabhängig davon, ob er allseitig anerkannt oder von einem Nachbarn bestritten wird[45]. Eine unzureichende Sachverhaltsermittlung führt im Rechtsmittelverfahren gewöhnlich zur Aufhebung der darauf beruhenden Bewilligung[46]; umgekehrt würden übertriebene Abklärungen dem Verhältnismässigkeitsgrundsatz zuwiderlaufen. Die Mitwirkung des Gesuchstellers stellt keine echte Rechtspflicht, sondern eine Obliegenheit dar; deren Nichtvornahme hat – wie im Fall eines unvollständigen Baugesuchs – gewisse Rechtsnachteile zur Folge (oben Rz. 9.23). Im Rahmen ihrer Untersuchungshandlungen müssen die handelnden Behörden den privaten Verfahrensbeteiligten das rechtliche Gehör gewähren[47]. 9.29

Ist die zuständige Behörde mit den örtlichen Verhältnissen nicht vertraut, drängt sich ein *Augenschein* auf, d.h. eine Besichtigung des Baugeländes in – freigestellter – Anwesenheit der Parteien. Oft fehlt einer Behörde die Fachkenntnis, bestimmte massgebende Tatsachen – etwa Emissionen von Lärm, Luftschadstoffen oder Licht – zu erheben und zu quantifizieren oder einen Sachverhalt – etwa die Schutzwürdigkeit einer Landschaft oder eines Gebäudes – richtig zu würdigen. Diese Wissenslücke lässt sich mit dem *Gutachten* eines Sachverständigen oder mit dem *Amtsbericht* einer spezialisierten Verwaltungsstelle schliessen. Diese Erhebungen müssen den privaten Beteiligten zur – fakultativen – Stellungnahme übermittelt werden[48]. Erweist sich ein Gutachten als objektiv erforder- 9.30

45 RB 1986 Nr. 7.
46 KÖLZ, § 28 N 5.
47 RHINOW/KOLLER/KISS, Rz. 299 ff.
48 BGE 120 V 360.

lich, so kann die Baubehörde daraus erwachsende Kosten auf den Gesuchsteller überwälzen[49].

5. Rechtsstellung Dritter

a) Nachbarn

9.31 Ein Bauvorhaben berührt die Interessensphäre der *Nachbarn*. Als solcher gilt nach herkömmlichem Verständnis nicht nur der unmittelbare Anstösser, sondern vielmehr jeder Rekurslegitimierte[50] (unten Rz. 10.23). Die Rechtsstellung des Nachbarn im Bewilligungs- wie im Rechtsmittelverfahren richtet sich vorab nach kantonalem Recht. Weil er berechtigt, nicht aber verpflichtet ist, seine Rechte zu wahren, kann er nicht von Amtes wegen in ein Bewilligungsverfahren einbezogen werden[51]. Die meisten Kantone kennen das Institut der *öffentlichrechtlichen Einsprache* (z.B. Art. 35 BauG BE; Art. 83 Abs. 2 und Art. 86 BauG SG). Dabei ist das Einspracheverfahren nach Legitimation, Verfahrensablauf und Erledigungsweise verschieden ausgestaltet[52]. Eine Besonderheit statuiert § 315 Abs. 1 PBG ZH. Danach muss der potentielle Rekurrent seine Rekursabsicht mit dem Begehren um Zustellung des baurechtlichen Entscheids gleichsam ankündigen; bei Säumnis verwirkt das Rekursrecht. Ob er zugleich bestimmte Einwände gegen das Projekt erheben will, steht ihm frei[53].

b) Ideelle Vereinigungen

9.32 Von Bundesrechts wegen (Art. 55 USG; Art. 12 NHG) sowie nach kantonalem Recht (§ 338a Abs. 2 PBG ZH) haben bestimmte *ideelle Vereinigungen* Parteistellung. Ihre Befugnis, eine Bewilligung anzufechten, gründet nicht wie beim Nachbarn auf einer persönlichen Betroffenheit, sondern auf dem von dieser Organisation verfolgten Zweck, Anliegen

49 BVR 1978, 245 ff.; ZAUGG, Art. 38/39 N 18.
50 MÄDER, N 314.
51 Dies gilt nach zürcherischer Praxis auch für eine Beiladung im Rechtsmittelverfahren (RB 1984 Nr. 15).
52 Vgl. BOVAY, 95 ff., und LEUTENEGGER, 379 ff.
53 RB 1993 Nr. 52 = ZBl 95/1994, 184 = BEZ 1993 Nr. 14.

des Umweltschutzes, des Natur- und Heimatschutzes, des Denkmalschutzes oder verwandten, rein ideellen Zielen zum Durchbruch zu verhelfen[54]. Mit der Einfügung der inhaltlich übereinstimmenden Art. 55 Abs. 5 USG bzw. Art. 12a NHG ist klargestellt, dass die Verbände sich an einem allfälligen Einspracheverfahren vor Verfügungserlass beteiligen müssen, ansonsten ihnen im nachfolgenden Rechtsmittelverfahren keine Parteistellung zukommt[55].

6. Prüfung des Baugesuchs

a) Gegenstand

Gegenstand der Prüfung durch die Baubehörde bildet das Baugesuch mit allen rechtserheblichen Bestandteilen (oben Rz. 9.20–9.22). Das Baugesuch stellt – wie die Baubewilligung (unten Rz. 9.42) – eine nicht unterteilbare *Einheit* dar[56]; eine Aufspaltung des Baubewilligungsverfahrens liefe den Grundsätzen der Koordination gemäss Art. 25a RPG zuwider. Denn eine nachträgliche Abspaltung mangelhafter Projektteile würde eine fehlerhafte Rechtsanwendung begünstigen und die Verteidigungsmittel des Nachbarn verkürzen (zum Prüfungsgegenstand bei eigenmächtig ausgeführten Bauarbeiten vgl. unten Rz. 14.44 ff.). 9.33

b) Umfang

Was den *Umfang der Prüfung* anbelangt, muss die Baubehörde ihrem Entscheid das massgebende Recht von Bund, Kanton und Gemeinde zugrunde legen, soweit dessen Anwendung in ihre Zuständigkeit fällt; zu beachten ist alles öffentliche Recht, das – in weitem Sinn – baurechtlichen 9.34

54 VALLENDER/MORELL, § 15 N 12 ff. und § 17 N 12 ff.

55 Ziff. I und II.4 des BG vom 24. März 1995, in Kraft seit 1. Februar 1996 (AS 1996, 214, 223); KELLER/ZUFFEREY/FAHRLÄNDER (*zitiert:* Fn. 26), Art. 12a N 5 ff. Zur früheren Rechtslage vgl. BGE 121 II 224.

56 Abgetrennt werden dürfen nur Nebenpunkte, die für die Bewilligungsfähigkeit des Projekts nicht ausschlaggebend sind (RB 1989 Nr. 83 = BEZ 1989 Nr. 14; AGVE 1988, 646; ZAUGG, Art. 44 N 1 ff.; ZIMMERLIN, § 152 N 1a). Wohl der Hauptanwendungsfall bildet die in einigen Gesetzen vorgesehene Genehmigung für Haustechnik (Art. 44 BauG BE; analog § 197 PBG LU und Art. 227 BauG NW).

Bezug und Gehalt aufweist[57]. Dazu zählen selbstredend auch die grundlegenden verfassungsrechtlichen Prinzipien, welche Lehre und Rechtsprechung insbesondere aus Art. 4 BV abgeleitet haben. Tieferrangiges Recht sowie – freilich unter sehr restriktiven Voraussetzungen – Pläne müssen akzessorisch auf ihre Vereinbarkeit mit höherrangigen Normen überprüft werden[58]. *Kriterium der Prüfung* bildet die Übereinstimmung eines Projekts mit dem formellen und materiellen Recht. Die formelle Rechtmässigkeit ist durch die Einreichung eines einwandfreien Gesuchs und die Vornahme der behördlicherseits verlangten Ergänzungen in aller Regel gewährleistet (zur materiellen Rechtmässigkeit vgl. oben Rz. 7.4. ff.).

c) *Massgebender Sachverhalt*

9.35 Der *massgebende Sachverhalt* bedarf in zweierlei Hinsicht einer Verdeutlichung: Bei dessen Würdigung ist das Raumplanungs-, Bau- und Umweltrecht einer *objektiven Betrachtungsweise* verpflichtet[59]. Die im Baugesuch angegebene Nutzweise eines Bauwerks stellt eine Parteibehauptung dar. Zwar darf dem Gesuchsteller grundsätzlich kein rechtswidriges künftiges Verhalten unterstellt werden; indessen kann ein solches aus objektiven Gründen nach der allgemeinen Erfahrung besonders nahe liegen. Hauptanwendungsfall bilden nichtlandwirtschaftliche Bauten in der Landwirtschaftszone[60] sowie Räume, die aus materiellrechtlichen Gründen nicht zu Wohnzwecken genutzt werden dürfen, dementsprechend als «Estrich», «Keller» oder dergleichen bezeichnet werden, baulich-konstruktiv aber gleichwohl als vollwertige Wohnräume ausgestattet sind[61]. In zeitlicher Hinsicht ist der *Sachverhalt* massgebend, wie er sich *bei Beurteilung des Baugesuchs* präsentiert. Vorher eingetretene Tatsachen – wie die Verbesserung mangelhafter Pläne oder Projektänderungen – müssen in aller Regel berücksichtigt werden; künftige Tatsa-

---

57 RB 1993 Nr. 54 = URP 1994, 167 = BEZ 1994 Nr. 6; AGVE 1987, 308; LGVE 1991 II Nr. 3. Fallweise sind weitere Bewilligungen anderer Behörden erforderlich (oben Rz. 9.11–9.15), die kraft Art. 25a RPG mit der Baubewilligung koordiniert werden müssen.

58 BGE 123 II 342 ff. E. 3; BVR 1994, 222 ff.

59 RB 1985 Nr. 113 = BEZ 1985 Nr. 22.

60 ZAUGG, Art. 29 N 6.

61 RB 1985 Nr. 113 = BEZ 1985 Nr. 22.

chen spielen nur dann eine Rolle, wenn mit ihrem Eintritt ernstlich zu rechnen ist und dadurch ein rechtswidriger Zustand eintreten würde (dazu vgl. unten Rz. 9.58).

d) Massgebendes Recht

Mit Bezug auf das *massgebende Recht* stellen einzelne Baugesetze (so Art. 36 Abs. 1 BauG BE) auf den Zeitpunkt der Einreichung eines Baugesuchs ab[62], während andere an dessen behördliche Beurteilung anknüpfen. In Anbetracht der gewöhnlich raschen Behandlung eines Baugesuchs spielt diese Unterscheidung eine geringe Rolle; von grosser praktischer Bedeutung sind hingegen Rechts- und Sachverhaltsänderungen im Rechtsmittelverfahren[63]. Beim nachträglichen Bewilligungsverfahren stellt die Praxis auf die im Zeitpunkt der Bauausführung geltenden Normen ab, wendet aus Gründen der Verhältnismässigkeit jedoch dann später in Kraft getretenes Recht an, wenn dieses für den Gesuchsteller insgesamt milder ist[64]. Keine Frage des Verfahrensrechts, sondern des materiellen Rechts ist die im Raumplanungs- und Baurecht besonders wichtige *Vorwirkung neuen Planungsrechts* (Art. 27 RPG; §§ 234 und 346 PBG ZH)[65]. In den Baugesetzen verbreitet ist die *negative Vorwirkung*, wonach die Anwendung des (noch) geltenden Rechts bis zum Inkrafttreten eines in Entstehung begriffenen künftigen Erlasses gehindert wird; demgegenüber darf werdendes Recht nicht im Sinne einer *positiven Vorwirkung* schon vor seiner Inkraftsetzung angewendet werden[66]. Eine derartige Bausperre setzt voraus, dass die angestrebte Änderung einer planungsrechtlichen Festlegung hinreichend konkret und realisierbar ist[67]. 9.36

62 Vgl. dazu BVR 1991, 407 f.
63 HALLER/KARLEN, N 865 ff.; MÄDER, N 357 ff.
64 RB 1980 Nr. 133; BVR 1979, 33; ZAUGG, Art. 46 N 14.
65 Vgl. oben Rz. 7.20 ff.
66 BGE 100 Ia 160 ff. E. 5.
67 BGE 110 Ia 165 ff.; grundlegend: MARKUS SIEGRIST, Die Bausperre unter besonderer Berücksichtigung des aargauischen Rechts, Diss. Bern, Aarau 1988.

e) *Ermessen*

9.37 Im öffentlichen Raumplanungs-, Bau- und Umweltrecht finden sich zahlreiche *unbestimmte Rechtsbegriffe*; ferner werden die Rechtsfolgen oft dem (Entschliessungs- oder Auswahl-)*Ermessen* der Behörde anheimgestellt. Als notwendige Ergänzung zum Gesetzmässigkeitsgrundsatz wird der Behörde ein Instrument für eine sachgerechte Lösung im Einzelfall gegeben; weil das Ermessen pflichtgemäss ausgeübt werden muss und Ermessensfehler im Rechtsmittelverfahren korrigiert werden, besteht Gewähr für eine sachgerechte Handhabung. Je nach der anzuwendenden Norm ist das Ermessen weiter (so in Belangen der baulichen Ästhetik) oder enger (so etwa bei der Beurteilung der Zonenkonformität). Die Baubehörden sind berechtigt und verpflichtet, ein Bauvorhaben allseitig auf seine Gesetzmässigkeit zu kontrollieren; ihnen kommt daher eine volle Überprüfungsbefugnis zu; dasselbe gilt für eine allfällige Genehmigungsinstanz[68]. Von Bundesrechts wegen (Art. 33 Abs. 3 lit. b RPG) hat die erste kantonale Rechtsmittelinstanz volle Kognition; die zweite kantonale Instanz ist demgegenüber gewöhnlich auf blosse Rechtskontrolle beschränkt (dazu unten Rz. 10.34).

f) *Behandlungsfrist*

9.38 Art. 25 Abs. 1bis RPG[69] hält die Kantone dazu an, für alle zur Errichtung oder zur Änderung von Bauten und Anlagen erforderlichen Verfahren Fristen zu setzen und deren Wirkungen zu regeln. Soweit in den anwendbaren Erlassen förmliche *Behandlungs*fristen fehlen, muss das Verfahren innerhalb einer angemessenen Zeitspanne erledigt werden, die sich vorab nach der Komplexität des Vorhabens und den aktuellen Pendenzen richtet; hingegen muss sich der Bauherr den Einwand eines knappen Personalbestands nicht entgegenhalten lassen[70]. Als Ordnungsvorschrift gibt § 319 Abs. 1 PBG ZH der Baubehörde auf, das Begehren für einen Neu- oder einen grösseren Umbau binnen vier Monaten und die übrigen

---

68 § 5 Abs. 1 PBG ZH; RB 1997 Nr. 95 = BEZ 1997 Nr. 23.

69 Eingefügt durch Ziff. I des BG vom 6. Oktober 1995; in Kraft seit 1. Januar 1997 (AS 1996, 965 f.).

70 BGE 119 III 1.

Baugesuche binnen zwei Monaten ab Vorprüfung zu beurteilen[71]. Eine ungerechtfertigte Fristüberschreitung stellt eine Rechtsverzögerung oder gar Rechtsverweigerung dar, die das Gemeinwesen schadenersatzpflichtig machen kann[72].

g) Verfahrenserledigung

Fördert die formell- und materiellrechtliche Überprüfung des Bauprojekts keine Fehler zutage, so muss die Bewilligung erteilt werden[73]. Gleich verhält es sich, wenn die Behörde auf kleinere Mängel stösst; mittels Nebenbestimmungen ist deren Behebung anzuordnen (dazu unten Rz. 9.48 ff.). Schwerere Rechtsverletzungen ziehen eine Bauverweigerung nach sich. Baurechtliche Entscheide sind dem Gesuchsteller, weiteren Verfahrensbeteiligten sowie den mitbefassten Amtsstellen gehörig zu *eröffnen*. Bei der Zustellung handelt es sich um ein Gültigkeitserfordernis; vorher entfaltet ein baurechtlicher Entscheid keine Rechtswirkungen[74]. 9.39

7. Abgekürzte Verfahren

Wie bei der Umschreibung der bewilligungspflichtigen Tatbestände und der Ermittlung des rechtserheblichen Sachverhalts angetönt, besteht ein enger Zusammenhang zwischen den durch ein Bauvorhaben tangierten Rechtsgütern und dem Verfahrensaufwand, der zur Gewährleistung einer korrekten Gesetzesanwendung betrieben wird. Anders ausgedrückt besteht ein Spannungsfeld zwischen der Legalität und der Verfahrensökonomie. Quantitativ überwiegen *Bagatellprojekte*, sei es in Gestalt kleiner Eingriffe an bestehenden Objekten, sei es in Gestalt von untergeordneten Projektänderungen, die sich im Rahmen eines grösseren Vorhabens aufdrängen[75]. Diese Kategorie rechtfertigt einerseits nach herrschender 9.40

71 Laut Angaben der Baupolizei der Stadt Zürich wird diese Frist in rund 96 % der Fälle eingehalten; die Gründe für eine länger dauernde Verfahrenserledigung sind statistisch nicht erfasst.

72 LEUTENEGGER, 231.

73 HALLER/KARLEN, N 540.

74 ZBl 85/1984, 425 ff.; RB 1982 Nr. 22 = ZBl 83/1982, 470 f. = ZR 81/1982 Nr. 115.

75 Diese Feststellung wird durch eine Erhebung der stadtzürcherischen Baupolizei für die Jahre 1993–1997 bestätigt. Vgl. auch AGVE 1997, 324.

Auffassung zwar keine Aufhebung des Bewilligungszwangs, anderseits würde mit einem ordentlichen Bewilligungsverfahren übermässiger Aufwand betrieben. Diesem Umstand haben die Gesetzgeber mit der Schaffung von *abgekürzten Verfahrenstypen* Rechnung getragen.

9.41 Die Kantone haben unterschiedliche Modelle von solchen Kurzverfahren entwickelt (Anzeigeverfahren [§ 13 ff. BauVV ZH]; «kleine Baubewilligung» [Art. 32 Abs. 3 BauG BE]). Die Tatbestände sind teils eher kasuistisch, teils eher generalklauselartig umschrieben; ihnen gemeinsam ist die *Geringfügigkeit des Projekts* und die – aufgrund einer summarischen Würdigung bestehende – *offensichtliche Bewilligungsfähigkeit.* Derartigen Kurzverfahren ist eigen, dass die Bekanntmachung des Vorhabens eingeschränkt wird oder überhaupt unterbleibt[76].

IV. Baurechtlicher Entscheid

1. Arten von baurechtlichen Entscheiden

9.42 Die *Baubewilligung* ist die behördliche Erklärung, dass der vorgesehenen Realisierung eines Baugesuchs keine öffentlichrechtlichen Hindernisse entgegenstehen[77]. In Lehre und Rechtsprechung wird die Baubewilligung überwiegend als Polizeibewilligung charakterisiert; weil neben den Normen des Baupolizeirechts auch jene des Planungs-, des Umweltrechts und weiterer raumrelevanter Erlasse eingehalten werden müssen, handelt es sich jedoch um eine *gemischte Bewilligung*[78]. In materieller Hinsicht ist die Baubewilligung überwiegend feststellender Natur; formellrechtlich kommt ihr gestaltende Wirkung zu, indem sie die Schranke des Bauverbots beseitigt[79]. Die Verfügung ergeht stets auf Gesuch des Bauherrn hin, und zwar ordentlicherweise vor Ausführung der Bauarbeiten (zum nachträglichen Baubewilligungsverfahren bei eigenmächtiger Bauausführung vgl. unten Rz. 14.44 ff.). Sie kann ein ganzes Projekt oder eine blosse Projektänderung bzw. -variante betreffen. Als sachbezogener

76 Bovay, 86 ff.

77 RB 1993 Nr. 54 = URP 1994, 167 = BEZ 1994 Nr. 6.

78 Haller/Karlen, N 540.

79 Haller/Karlen, N 537.

Verwaltungsakt geht die Baubewilligung mit der Veräusserung des Baugrundstücks gewöhnlich auf den *Rechtsnachfolger* über[80].

Mit dem *Vorentscheid* wird – als Ausnahme vom Grundsatz der Einheit der Baubewilligung (oben Rz. 9.33) – die Erlaubnis für bestimmte Teilaspekte des Gesuchs in einem eigenständigen Verfahren vorweggenommen (unten Rz. 9.61 ff.). Gleichsam das Gegenstück bilden *einzelne Detailfragen*, die sich bei der Behandlung des Baugesuchs noch nicht beurteilen lassen und daher in einem späteren Zeitpunkt geprüft werden[81]. 9.43

Bei schutzwürdigem Interesse des Bauherrn oder eines Dritten hat die Baubehörde einen *Feststellungsentscheid* über Bestand, Nichtbestand oder Umfang öffentlichrechtlicher Rechte und Pflichten zu treffen (vgl. Art. 25 Abs. 2 VwVG). Von praktischer Bedeutung sind namentlich Verfügungen über die Bewilligungspflicht (vgl. oben Rz. 9.7), über die materielle Rechtmässigkeit eines nicht bewilligungspflichtigen Vorhabens[82] sowie über die Frage, ob Nebenbestimmungen einer Baubewilligung korrekt erfüllt worden sind oder nicht. 9.44

Gegenstand eines baurechtlichen Bewilligungsverfahrens können auch Massnahmen bilden, die keine Bauarbeiten nach sich ziehen. Im Vordergrund stehen *Nutzungsänderungen*; daneben sind die Aufteilung und Vereinigung von Grundstücken (Parzellierungen) zu erwähnen (§ 309 Abs. 1 lit. e PBG ZH) sowie – oft mit solchen zusammenhängende – Ausnützungsübertragungen, Nutzungstransporte und ähnliche Verlagerungen der baulichen Dichte. 9.45

Baurechtliche Entscheide sind *Verfügungen* im Rechtssinne (vgl. Art. 5 VwVG). Daneben erlässt die Behörde im Lauf des Baubewilligungsverfahrens verschiedene Anordnungen ohne Verfügungscharakter, so z.B. Mitteilungen, Hinweise, Ermahnungen. Dies gilt insbesondere auch für 9.46

---

80 POLEDNA, N 313. Stärker personenbezogen ist die Beurteilung von Projekten ausserhalb der Bauzonen, weshalb die Zulässigkeit einer Übertragung im Einzelfall geprüft werden muss (vgl. POLEDNA, N 314).

81 RB 1989 Nr. 83 = BEZ 1989 Nr. 14; vgl. auch BGE 121 II 392 ff. E. 6.

82 RB 1986 Nr. 105.

die Baufreigabe, eine vor Inangriffnahme der Bauarbeiten einzuholende schriftliche Erlaubnis der zuständigen Behörden[83].

9.47 Seiner Form nach gliedert sich der baurechtliche Entscheid in *Rubrum, Erwägungen und Dispositiv*[84]. Er ist nach Massgabe des aus Art. 4 Abs. 1 BV fliessenden Gehörsanspruchs oder weitergehenden kantonalen Rechts (vgl. Art. 39 Abs. 1 BauG BE) angemessen zu begründen. Diesem Erfordernis wird dann Genüge getan, wenn der Gesuchsteller und/oder Dritte in der Lage sind, ein Rechtsmittel hinreichend zu motivieren[85]. Im Regelfall genügt eine knappe Begründung; weitergehende Überlegungen drängen sich bei der Gewährung einer Ausnahmebewilligung[86] oder bei stark ermessensbetonten Anordnungen auf. Das – allein Anfechtungsobjekt bildende – *Dispositiv*[87] umfasst neben dem Entscheid in der Sache selbst die bewilligten Pläne, Nebenbestimmungen, die Kostenfestsetzung, die Rechtsmittelbelehrung und den Mitteilungssatz. Die Gebühr ist innerhalb des kantonal- oder kommunalrechtlich vorgesehenen Rahmens unter Berücksichtigung des Kostendeckungs- und des Äquivalenzprinzips zu bemessen[88]. Eine fehlende oder unrichtige Rechtsmittelbelehrung darf den Betroffenen nicht benachteiligen; dies gilt allerdings nur dann, wenn der Adressat den Mangel nicht kannte und auch bei gebührender Aufmerksamkeit nicht erkennen konnte[89].

---

83 § 326 PBG ZH.

84 MÄDER, N 380 ff. Die Verwendung von Textbausteinen sowie der Umstand, dass das Dispositiv für die Architekten die Funktion einer Checkliste hat, führt zu vergleichsweise umfangreichen und schwer lesbaren Verfügungen (laut Angaben der Baupolizei der Stadt Zürich umfasst die Bewilligung für einen Neubau rund 15 eng bedruckte Seiten und enthält rund 60 Nebenbestimmungen).

85 BGE 107 Ia 6; 104 Ia 213 f.

86 BGE 104 Ia 213 f.

87 KÖLZ, § 21 N 70.

88 RB 1995 Nr. 90 = BEZ 1995 Nr. 22.

89 BGE 119 IV 332 E. 1c; 118 Ib 330 E. 1c; RB 1995 Nr. 1.

2. Nebenbestimmungen der Baubewilligung

a) Begriff

Nebenbestimmungen sind *zusätzliche Anordnungen* in einer Baubewilligung, welche deren *Geltungsbereich einschränken*. Wenn letztgenanntes Merkmal fehlt, liegt eine *unechte Nebenbestimmung* vor. Eine solche ändert nichts am Inhalt einer Verfügung, sondern hat – als Berichtigung, Wunsch, Mahnung oder Hinweis – rein informativen Charakter; weil sie für den Bauherrn keine Belastung darstellt, kann sie nicht angefochten werden. Ebensowenig zu den Nebenbestimmungen zählt der *Vorbehalt*. Mit einem solchen erklärt die Bewilligungsinstanz, dass eine bestimmte Frage von einer anderen Behörde geprüft werden muss. Weil ein Vorbehalt ebenfalls eine Einschränkung der Baubewilligung bedeutet, wobei diese im Unterschied zu einer Nebenbestimmung nicht materieller, sondern formeller Natur ist, bildet ein zu Unrecht statuierter oder fehlender Vorbehalt ein Anfechtungsobjekt[90]. 9.48

Als *echte Nebenbestimmungen* gelten Bedingungen, Auflagen, Befristungen und Reverse. In der Praxis werden diese Typen oft vermengt. Weil sie sich zwar kaum im Tatbestand, wohl aber in der Rechtsfolge erheblich unterscheiden, ist begriffliche Klarheit geboten. Was für eine Art von Nebenbestimmung im konkreten Fall gemeint ist, muss nach den Grundsätzen über die *Auslegung* von Verfügungen geklärt werden[91]. Nebenbestimmungen sind stets *akzessorisch* zur Baubewilligung; deren Untergang lässt auch sämtliche Nebenbestimmungen ohne weiteres erlöschen. 9.49

b) Bedingung

Die *Bedingung* ist eine ungewisse künftige Tatsache, an deren Eintritt (aufschiebende Bedingung) oder Nichteintritt (auflösende Bedingung) die Gültigkeit einer Bewilligung geknüpft wird; sie ist untrennbar mit 9.50

90 KÖLZ, § 50 N 23. Die Unzulässigkeit eines Vorbehalts dürfte sich häufig aus Art. 25a RPG ergeben (vgl. unten Rz. 9.84 ff.).

91 ULRICH ZIMMERLI, Die Baubewilligung: Bedingung und Auflage – Sinn und Unsinn, in: Seminar für schweizerisches Baurecht, Baurechtstagung 1983, Tagungsunterlage 6, 1 ff., 8.

dem baurechtlichen Entscheid verbunden. Die Verknüpfung der Bedingung mit dem baurechtlichen Entscheid ist besonders innig; dieser «steht und fällt» mit der Bedingung[92]. Der Zwangsvollzug fällt bei Bedingungen begrifflich ausser Betracht. Weil sich die Bedingung nach dem Gesagten als sehr starres Instrument zur Korrektur von Projektmängeln charakterisiert, ist ihr Anwendungsbereich eng. Nur Rechtsverletzungen von besonderer Tragweite – wie etwa Erschliessungslücken oder polizeiliche Missstände – lassen eine Bedingung als angezeigt erscheinen.

c) *Auflage*

9.51 Die *Auflage* als praktisch weitaus wichtigster Typus der Nebenbestimmung schreibt dem Begünstigten ein Tun, Dulden oder Unterlassen vor. Als trennbarer Bestandteil der Baubewilligung legt sie deren Inhalt näher fest und äussert sich zur Art und Weise der Projektrealisierung. Ihrem Wesen nach ist die Auflage ein Polizeibefehl, der an den Vorbehalt der Bauausführung geknüpft ist[93]. Im Säumnisfall hat die Behörde die Auflage zu vollstrecken und kommen strafrechtliche Sanktionen in Betracht. Bei der Auflage handelt es sich grundsätzlich um eine *selbständige Nebenbestimmung*, die Wirksamkeit und rechtliches Schicksal eines Verwaltungsakts nicht berührt[94]. Allerdings stellt sich bei der Aufhebung einer unzulässigen Auflage im Rechtsmittelverfahren die Frage, ob an deren Stelle eine andere Nebenbestimmung geboten ist bzw. ob die Bewilligung überhaupt noch erteilt werden darf[95].

d) *Befristung*

9.52 Mit der *Befristung* wird die ihrer Natur nach auf unbeschränkte Dauer erteilte Baubewilligung zeitlich eingegrenzt. Während Bedingung und Auflage darauf abzielen, einen Gesetzesverstoss durch Behebung des Mangels beim Projekt zu heilen, lassen Befristung und Revers das Vorhaben unangetastet, tragen aber der Normwidrigkeit durch eine vorsichtige Rechtsanwendung Rechnung; die Korrektur erfolgt demnach

---

92 AEMISEGGER, VLP Nr. 29, 15.

93 LGVE 1995 II Nr. 5; MÄDER, N 450.

94 ZIMMERLI (*zitiert:* Fn. 91), 8; BOVAY, 183; POLEDNA, N 270.

95 ZIMMERLI (*zitiert:* Fn. 91), 9.

nicht beim Tatbestand, sondern bei der Rechtsfolge. Die Befristung kommt nur bei leichteren Rechtsverletzungen in Frage[96]. Mit dem Ablauf der Frist geht die Baubewilligung unter. Soweit die Modalitäten zur Herstellung des rechtmässigen Zustands nicht bereits im baurechtlichen Entscheid geregelt sind, kann die Behörde allerdings nicht unmittelbar die Beseitigung anordnen, sondern muss – wie bei widerrechtlichen Bauwerken (unten Rz. 14.44) – ein nachträgliches Bewilligungsverfahren durchführen[97]. Eine befristete Bewilligung kann auf Gesuch hin verlängert werden, doch stehen dem Bauherrn aus dem bisherigen Bestand keine Ansprüche zu[98].

e) Revers

Der baurechtliche *Revers* ist die Erklärung eines Privaten, worin er ein ihm eingeräumtes Recht im Sinn eines vorsorglichen Verzichts ganz oder teilweise zur Verfügung des Gemeinwesens stellt[99]. Die grösste praktische Bedeutung haben – vorab im Zusammenhang mit der Überstellung von Baulinien oder mit Ausnahmebewilligungen – Mehrwert- und Beseitigungsreverse, die oft miteinander verbunden werden. Der Beseitigungsrevers verpflichtet den Adressaten, auf behördliches Verlangen den ursprünglichen Zustand wiederherzustellen[100]. Mit dem Mehrwertrevers wird für eine solchermassen erzwungene Beseitigung ein Entschädigungsanspruch ausgeschlossen[101]. Ferner sind im Baubewilligungsverfahren Ausnützungs- und Quartierplanreverse gebräuchlich. Hinsichtlich des Regelungsgegenstands unterscheiden sie sich nicht grundsätzlich von einer Bedingung oder Auflage. 9.53

96 Vgl. ZBl 93/1992, 184 ff.; AGVE 1984, 376 ff.

97 MÄDER, N 493.

98 RB 1979 Nr. 96.

99 IMBODEN/RHINOW und RHINOW/KRÄHENMANN, je Nrn. 37/B/V und 39/B/III/b; grundlegend: DAVID FRIES, Reverse in der zürcherischen Baurechtspraxis, Bd. I: Allgemeiner Teil (ohne Grundbuchrecht), Diss. Zürich 1990, 30 ff. und 95 ff.

100 BGE 99 Ia 489; RB 1973 Nr. 68 = ZBl 74/1973, 359 ff. = ZR 72/1973 Nr. 98; FRIES (*zitiert:* Fn. 99), 104.

101 FRIES (*zitiert:* Fn. 99), 105.

f) Gemeinsame Voraussetzungen

aa) Gesetzliche Grundlage

9.54 Der *Grundsatz der Gesetzmässigkeit* beansprucht nicht nur Geltung für den baurechtlichen Entscheid als solchen, sondern auch für sämtliche Nebenbestimmungen[102]. Weil der Projektmangel erst aus einem Widerspruch zum positiven Recht folgt, muss sich die Nebenbestimmung auf eine Vorschrift des anwendbaren materiellen oder formellen Rechts stützen. In der Praxis wird diese Regel nicht selten missachtet; namentlich bei missliebigen Projekten ist die Behörde versucht, dem Bauherrn über Nebenbestimmungen Zugeständnisse abzuringen. Fällt die Rechtsgrundlage einer Nebenbestimmung im Zug einer Rechtsänderung nachträglich dahin, so muss sie aufgehoben werden[103].

bb) Zuständigkeit der Baubehörde

9.55 Die Akzessorietät der Nebenbestimmung zur Baubewilligung erfordert die *Zuständigkeit* der Baubehörde für die Regelung des betreffenden Bereichs[104]. Andernfalls ist der Entscheid der zuständigen Behörde vorzubehalten (oben Rz. 9.48).

cc) Geringfügigkeit des Projektmangels

9.56 Eine Bewilligung unter Nebenbestimmungen ist der Mittelweg zwischen einer uneingeschränkten Zulassung und einer Verweigerung. Dementsprechend setzt die Statuierung einer Nebenbestimmung zwar einen *Projektmangel* voraus, indessen muss dieser *geringfügig* sein[105]. Auf der einen Seite liegt kein Mangel vor, wenn ein Vorhaben den gesetzlichen Anforderungen entspricht, jedoch behördliche Wünsche offenlässt[106]. Auf der anderen Seite fällt die Korrektur mittels Nebenbestimmungen ausser Betracht, wenn das Projekt grundlegend überarbeitet werden

---

102 RB 1992 Nr. 73; POLEDNA, N 263; BOVAY, 183; ZIMMERLI (*zitiert:* Fn. 91), 10 f.

103 RB 1989 Nr. 71.

104 RB 1985 Nr. 119; vgl. auch RB 1997 Nr. 101; BOVAY, 164; FRIES (*zitiert:* Fn. 99), 277 ff.

105 SG GVP 1990 Nr. 18.

106 So ist der Bauherr nicht gehalten, in ästhetischer Hinsicht eine über die gesetzlichen Anforderungen hinausgehende Leistung zu erbringen (vgl. ZAUGG, Art. 9/10 N 18 ff.).

müsste[107]. Ob dies zutrifft, gilt es nach qualitativen und nicht nach quantitativen Gesichtspunkten zu entscheiden; dabei ist das Gewicht eines Mangels am Umfang des Gesamtvorhabens zu messen[108].

dd) Behebbarkeit des Projektmangels

Im Weiteren setzt eine Nebenbestimmung die *Behebbarkeit* des Projekt- 9.57
mangels voraus. In tatsächlicher Hinsicht ist die Heilung etwa dann unmöglich, wenn die bestimmungsgemässe Nutzung eines Bauwerks dies nicht zulässt. So erzeugen bestimmte Nutzungen Lärmimmissionen in einem Ausmass, das in einer ruhigen Wohnzone (Empfindlichkeitsstufen I und II gemäss Art. 43 LSV) ausgeschlossen ist[109]. In rechtlicher Hinsicht erscheint ein Mangel als unheilbar, wenn der Bauherr ihn nicht aus eigener Kraft zu beseitigen vermag[110]. So kann eine ungenügende Erschliessung häufig nur durch das Zutun Dritter auf das gesetzliche Mass ausgebaut werden[111].

ee) Erhaltung des rechtmässigen Zustands

Nebenbestimmungen kommen nicht nur zur Heilung einer ausgewiese- 9.58
nen Rechtsverletzung, sondern auch – *präventiv* – zur «Erhaltung des rechtmässigen Zustands» in Betracht[112]. Eine Belastung des Bauherrn rechtfertigt sich freilich nur dann, wenn ein künftiger Gesetzesverstoss aufgrund der gesamten Umstände – zu denen auch das bisherige Verhalten des Gesuchstellers gerechnet werden darf – wahrscheinlich ist[113]. Sehr oft kommt die Verwendung von Räumen zu Wohn- oder Arbeitszwecken vor, obwohl sie aus unterschiedlichen materiellrechtlichen Gründen hierzu nicht genutzt werden dürften. Ausgesprochen häufig ist ferner die Zweckentfremdung von landwirtschaftlichen Bauten ausserhalb der Bauzonen[114].

---

107 RB 1997 Nr. 85; RB 1983 Nr. 112 = BEZ 1984 Nr. 5; ZIMMERLI (*zitiert:* Fn. 91), 11.
108 MÄDER, N 461.
109 Vgl. oben Rz. 7.47.
110 BGE 123 II 353 (Richti/Wallisellen); 119 Ib 491 E. 7b (Schwerzenbach); ZAUGG, Art. 29 N 3.
111 RB 1989 Nr. 84; ZIMMERLI (*zitiert:* Fn. 91), 21.
112 § 321 Abs. 1 PBG ZH.
113 RB 1982 Nr. 155 = BEZ 1983 Nr. 6.
114 Vgl. ZAUGG, Art. 29 N 6.

g) *Form und Inhalt*

9.59 Als Bestandteil der Baubewilligung darf die Festsetzung von Nebenbestimmungen *grundsätzlich nicht* einem späteren Verfahren *vorbehalten* werden (oben Rz. 9.33 und 9.42). Schon aus der Definition der Nebenbestimmung ergibt sich, dass zwischen Baubewilligung und korrigierender Anordnung ein *Sachzusammenhang* bestehen muss; dieser liegt vor, wenn die Nebenbestimmung sachgerecht und sachbezogen ist[115]. Nebenbestimmungen haben den *Grundsatz der Verhältnismässigkeit* zu beachten (Erforderlichkeit, Eignung, Zweckangemessenheit und Zumutbarkeit)[116]. Der Projektmangel wie das zu seiner Behebung Erforderliche müssen genau umschrieben werden; insbesondere bei Auflagen sind deren Klarheit, Praktikabilität und Vollstreckbarkeit für die Durchsetzung ausschlaggebend[117]. Eine allfällig gebotene Präzisierung lässt sich nicht im Vollzugsstadium vornehmen; vielmehr muss ein weiteres baurechtliches Verfahren durchgeführt werden[118].

h) *Sicherung*

9.60 Die Wirkung von Nebenbestimmungen wird durch deren *Sicherung* noch verstärkt. Als Mittel dazu bietet sich vorab die *Anmerkung im Grundbuch* an[119]. Wenn hierfür eine gesetzliche Grundlage besteht, kann die Behörde den Gesuchsteller auch zur Leistung einer *Sicherstellung* verpflichten[120].

3. Vorentscheid

a) *Begriff*

9.61 Der baurechtliche Vorentscheid ist eine verbindliche Auskunft der Behörde, die auf Gesuch hin in einem förmlichen Verfahren ergeht. Er

115 RB 1992 Nr. 73; POLEDNA, N 268.
116 RB 1983 Nr. 112; BGE 104 Ib 189.
117 LGVE 1995 II Nr. 5.
118 BVR 1994, 116 ff.; RB 1985 Nr. 120.
119 ZAUGG, Art. 29 N 8; FRIES (*zitiert:* Fn. 99), 313 ff.; PETER BÖSCH, Grundbuch und Baubewilligungsverfahren, ZBl 94/1993, 481 ff.
120 § 321 Abs. 3 PBG ZH.

besagt, ob und unter welchen Voraussetzungen die Behörde einem späteren Baugesuch in den geprüften Punkten entspricht. Mit dem Vorentscheid wird die Beurteilung des Baugesuchs in einem Teilumfang vorweggenommen[121]. Der Vorentscheid hat *Verfügungscharakter*, wodurch er sich von einer blossen Zusicherung unterscheidet. Das Institut des Vorentscheids findet sich in den meisten Baugesetzgebungen; indessen besteht auch ohne ausdrückliche gesetzliche Grundlage bei Vorliegen eines schutzwürdigen Interesses Anspruch auf einen Vorentscheid[122].

b) *Zweck*

Der Vorentscheid hat in erster Linie einen bedeutenden *Rationalisierungseffekt*. Weil auch bei grossen Projekten die Bewilligung oft nur unter wenigen Aspekten als gefährdet erscheint, ist der Bauherr daran interessiert, hierüber Klarheit zu gewinnen, bevor ihm Aufwand und Kosten der Detailprojektierung erwachsen. Im Weiteren fördert der Vorentscheid einen frühzeitigen Ausgleich divergierender Interessen der Verfahrensbeteiligten und damit die *Verständigung*; denn der Bauherr wird in diesem frühen Stadium ein offeneres Ohr für die Anliegen Dritter haben als später. 9.62

c) *Voraussetzungen*

Die kantonalen Baugesetze nennen unterschiedliche Voraussetzungen, unter denen um einen Vorentscheid nachgesucht werden kann (Art. 32 BauG BE; Art. 50 BauV VS). Richtigerweise hat die Behörde auf ein Vorentscheidsgesuch immer dann einzutreten, wenn der Petent ein *schutzwürdiges Interesse* darzutun vermag. Ein derartiges Interesse ist zunächst in persönlicher Hinsicht erforderlich; dabei ist der Kreis der Berechtigten jedoch eher weit zu ziehen und umfasst beispielsweise auch einen Interessenten am Baugrundstück. In sachlicher Hinsicht kann grundsätzlich eine *beliebige Frage*, die im nachfolgenden Baubewilligungsverfahren geprüft werden muss, zum Gegenstand eines Vorentscheids gemacht werden. Freilich muss das herausgegriffene Problem einer gesonderten Prüfung zugänglich sein und darf der Vorentscheid 9.63

121 HALLER/KARLEN, N 835 f.

122 DILGER, § 10 N 35; AEMISEGGER , VLP Nr. 29, 13.

nicht auf eine Missachtung der bundesrechtlichen Gebote der Koordination (Art. 25a RPG) und der Gesamtbeurteilung (vgl. Art. 8 USG) hinauslaufen[123]. Es versteht sich von selbst, dass nur eine präzise Frage zu einer sinnvollen Antwort führen kann. Der Gesuchsteller ist befugt, der Behörde mehrere Fragen zu stellen, wobei auch Alternativfragen in Betracht kommen. Dem Wesen der Baubewilligung entsprechend muss sich die Frage auf die Rechtsanwendung beziehen; Unklarheiten tatsächlicher Art können nicht zum Gegenstand eines Vorentscheids gemacht werden.

d) *Vorentscheid mit und ohne Drittwirkung*

9.64 Je nachdem, ob die Nachbarn in das Verfahren miteinbezogen werden, unterscheidet man zwischen einem *Vorentscheid mit und ohne Drittwirkung*[124]. In der letztgenannten Form des Vorentscheids erblickt das Bundesgericht einen Widerspruch zu den in Art. 33 Abs. 3 lit. a RPG statuierten Mindestanforderungen an den kantonalen Rechtsschutz[125]. Diese höchstrichterliche Auffassung ist jedenfalls insoweit verbindlich, als es um die Anwendung des Raumplanungsgesetzes und seiner kantonalen und eidgenössischen Ausführungsbestimmungen geht[126]. Soweit dem Vorentscheid ohne Drittverbindlichkeit noch ein Anwendungsbereich zukommt, ist seine Bedeutung wegen der unverkürzten Rekursmöglichkeiten der Nachbarn im nachfolgenden Bewilligungsverfahren vergleichsweise gering.

---

123 Vgl. oben Rz. 2.34 f. und unten Rz. 9.84 ff. Zur Zulässigkeit der Aufteilung in Vorentscheid- und Hauptverfahren in einem Baubewilligungsverfahren mit UVP vgl. BGE 123 II 340 ff. E. 2 (Richti/Wallisellen).

124 Zum Unterschied vgl. BGE 117 Ia 285 (Adliswil).

125 Urteil 1P.224/1991; teilweise publiziert in ZBl 95/1994, 69 f. E. 2b; vgl. auch LGVE 1995 III Nr. 11.

126 RB 1994 Nr. 92 = BEZ 1995 Nr. 4. Kritisch dazu: ALAIN GRIFFEL, Baurechtliche Vorentscheide ohne Drittverbindlichkeit, insbes. nach zürcherischem Recht, ZBl 97/1996, 260 ff.; vgl. auch RUDOLF KAPPELER, Die Problematik des baurechtlichen Vorentscheids ohne vorherige Ausschreibung, ZBl 95/1994, 72.

e) *Verfahrensgang*

Der *Verfahrensablauf* unterscheidet sich nicht grundsätzlich von jenem zur Erlangung einer Bewilligung[127], indessen ergeben sich aus der inhaltlich begrenzten Prüfung Vereinfachungen. Wird etwa nach der Zonenkonformität einer bestimmten Nutzweise gefragt, so erübrigen sich Pläne weitgehend. Aus Gründen der Verwaltungsökonomie steht es der Behörde frei, das Verfahren von Amtes wegen auf weitere Punkte auszudehnen[128]; denn es macht wenig Sinn, die Bewilligungsfähigkeit von gewissen Teilaspekten eines Vorhabens zu klären, wenn dieses aus anderen Gründen abgelehnt werden muss. Der wie ein baurechtlicher Entscheid zu eröffnende Vorentscheid hält als Ergebnis fest, ob die Baubewilligung unter den geprüften Aspekten in Aussicht gestellt wird oder nicht. 9.65

f) *Wirkungen*

Dem Vorentscheid kommt *Bestandeskraft* zu. Von Bestand lässt sich allein bei einem positiven Vorentscheid sprechen; auf eine abschlägige Antwort kann die Behörde anlässlich der Behandlung eines neuen Gesuchs zurückkommen. Sodann beschränkt sich die Bindung auf das Dispositiv; den Erwägungen eines Vorentscheids kommt freilich eine wertvolle Beratungsfunktion zu. Der Vorentscheid bindet die zuständige Behörde, ein solcher mit Drittwirkung überdies die Nachbarn, welche im nachfolgenden Baubewilligungsverfahren die vorab beurteilten Fragen nicht mehr zum Gegenstand eines Rekurses machen können (§ 324 Abs. 2 PBG ZH). Der Vorentscheid ergeht unter der stillschweigenden Voraussetzung, dass sich die tatsächlichen Verhältnisse wie die Rechtslage bis zur Beurteilung des Baugesuchs nicht wesentlich ändern (Art. 92 Abs. 3 BauG SG). Hinsichtlich der tatsächlichen Verhältnisse ist nur mit Zurückhaltung auf eine massgebende Änderung zu schliessen, weil sonst das Institut des Vorentscheids ausgehöhlt würde. Soweit das kantonale Recht die *Geltungsdauer* eines Vorentscheids nicht normiert, kommen die Bestimmungen über die Verbindlichkeit einer Baubewilligung zur 9.66

---

127 Zur Bekanntmachung des Gesuchs vgl. BGE 120 Ib 48 (Wilchingen); LGVE 1995 III Nr. 11.

128 MÄDER, N 524. Denselben Gedanken enthält § 12 Abs. 3 BauVV ZH (sogenannter «Killerentscheid»).

Anwendung (unten Rz. 9.69). Die (Verwirkungs-)Frist beginnt mit der Rechtskraft des Vorentscheids zu laufen und wird mit Einreichung eines Baugesuchs innert dieser Zeitspanne gewahrt[129].

4. Bestandeskraft der Baubewilligung

a) *Begriff und Inhalt*

9.67 Läuft die – meistenorts dreissigtägige – Rekursfrist unbenutzt ab, so erwächst die Baubewilligung in formelle Rechtskraft. Hingegen wird sie nicht materiell rechtskräftig; unter den nachfolgend anzuführenden Umständen kann sie untergehen oder widerrufen werden. Diesem Schwebezustand trägt der Ausdruck *Bestandeskraft* Rechnung.

9.68 *Sachlich* beschlägt der baurechtliche Entscheid ausschliesslich das beurteilte Gesuch; damit ist zugleich dessen örtlicher Geltungsbereich definiert[130]. Änderungen, selbst geringfügigen Ausmasses, sind durch die Baubewilligung nicht gedeckt, sondern erfordern in der Regel ein ergänzendes Bewilligungsverfahren.

b) *Gültigkeitsdauer*

9.69 Weil Sachverhalt und Rechtsordnung einem raschen Wandel unterworfen sind, haben alle Kantone die *Gültigkeitsdauer* einer Baubewilligung aus Gründen der Rechtssicherheit normiert. Die Mehrheit der Kantone lässt eine ungenutzte Baubewilligung nach einem Jahr untergehen; dem Bauherrn wohlgesonnen zeigt sich § 322 Abs. 1 PBG ZH mit einer dreijährigen Wirksamkeit. Mehrheitlich kann diese Frist um ein bestimmtes Mass erstreckt werden; ob darauf ein Rechtsanspruch besteht oder nicht, muss aufgrund der jeweiligen Gesetzgebung und der dazu ergangenen Rechtsprechung geklärt werden. Bei dieser Zeitspanne handelt es sich um eine – nicht unterbrechbare – Verwirkungsfrist[131].

129 ZAUGG, Art. 32 N 10; offen gelassen in: RB 1982 Nr. 156 = ZBl 84/1983, 140 ff. = BEZ 1982 Nr. 38.

130 RB 1981 Nr. 116 = ZBl 83/1982, 134 = BEZ 1981 Nr. 30.

131 ZIMMERLIN, § 154 N 2; LEUTENEGGER, 324.

Die *Frist beginnt* mit rechtskräftiger Erteilung der Baubewilligung *zu laufen*. Mit dem bundesrechtlichen Gebot zur formellen und materiellen Koordination einer Mehrzahl von baurechtlichen Entscheiden in gleicher Sache (Art. 25a RPG) hat die Frage an Bedeutung verloren, welche Bewilligung nun den Fristenlauf auslöse. Heute ist diese Wirkung an die gemeinsame Eröffnung der koordinierten Bewilligungen anzuknüpfen; allfällige weitere Verwaltungsakte in gleicher Sache, die der Koordinationspflicht nicht unterliegen, sind demgegenüber unmassgeblich. Grundsätzlich herrscht Einigkeit darüber, dass der Fristenlauf durch ein hängiges Rechtsmittelverfahren gehemmt wird[132]; diese Betrachtungsweise vermag indessen dann nicht zu befriedigen, wenn der Bauherr selbst (gegen Nebenbestimmungen) rekurriert oder der Nachbar lediglich untergeordnete Details angefochten hat. 9.70

Die massgebende *Frist ist gewahrt*, wenn bis zu ihrem Ablauf mit der Ausführung der Bauarbeiten begonnen wird. Gewöhnlich gilt der Aushub für einen Neubau oder der Abbruch einer bestehenden Baute als Baubeginn; ob die Arbeiten tatsächlich und nicht bloss zum Schein in Angriff genommen worden sind, entscheidet sich indessen nach den gesamten Umständen[133]. 9.71

c) *Untergang*

Der Bauherr kann jederzeit ganz oder teilweise auf die Baubewilligung *verzichten*, wodurch sie im entsprechenden Umfang untergeht. Die Annahme eines stillschweigenden Verzichtes setzt triftige Anhaltspunkte voraus; das Gesuch um eine Projektänderung kann noch nicht als Preisgabe des ursprünglichen Vorhabens gedeutet werden[134]. Mehrere Kantone lassen eine Baubewilligung *untergehen*, wenn die Bauarbeiten nicht binnen einer gewissen Frist abgeschlossen werden oder wenn diese übermässig lange ruhen (Art. 42 Abs. 2 BauG BE; Art. 88 Abs. 2 BauG SG; Art. 118 Abs. 2 LATC VD)[135]. Treu und Glauben spricht dafür, dass 9.72

---

132 BJM 1980, 207; ZAUGG, Art. 42 N 4a.

133 RB 1987 Nr. 85 = ZBl 89/1988, 256 ff. = BEZ 1987 Nr. 38. BOVAY, 223 f.; ZIMMERLIN, § 154 N 4; DILGER, § 10 N 105.

134 MÄDER, N 412; LEUTENEGGER, 326.

135 Vgl. ZAUGG, Art. 42 N 4; BOVAY, 225.

die Verwirkungsfolge zuvor förmlich angedroht werden muss (Art. 232 Abs. 1 Ziff. 2 BauG NW). Als mildere Lösung verdient wohl die Möglichkeit den Vorzug, dass die Behörde die *Bauvollendung* binnen nützlicher Frist *anordnen* kann, wobei dieser Befehl mit der jeweils sachgerechten Zwangsmassnahme für den Säumnisfall zu kombinieren ist (§ 328 Abs. 1 und 2 PBG ZH).

d) Korrektur der Baubewilligung

aa) Berichtigung von Kanzleifehlern

9.73 Ein baurechtlicher Entscheid kann entweder durch die Baubehörde selbst oder eine Rechtsmittelbehörde (hierzu unten Rz. 10.19 ff.) korrigiert werden, und zwar zugunsten wie zuungunsten des Bauherrn. Grundsätzlich jederzeit und ohne weitere Förmlichkeiten dürfen *Kanzleifehler*, d.h. leicht erkennbare Mängel ohne Bedeutung für den Inhalt der Anordnung, berichtigt werden. Im Zweifelsfall ist die Korrektur durch eine neue, wiederum rekursfähige Verfügung am Platz[136].

bb) Nichtigkeit

9.74 Besonders grobe und überdies leicht erkennbare Fehler führen zur *Nichtigkeit* einer Baubewilligung[137]. Aus Gründen der Rechtssicherheit schliesst die Praxis nur zurückhaltend auf das Vorliegen eines Nichtigkeitsgrundes; in Frage kommen etwa qualifizierte Zuständigkeitsmängel, aber kaum je inhaltliche Unzulänglichkeiten. Eine nichtige Verfügung entfaltet keinerlei Rechtswirkungen[138]. Häufig krankt eine Baubewilligung an Mängeln, welche zwar schwer wiegen, die Schwelle zur Nichtigkeit aber trotzdem nicht überschreiten. In einem solchen Fall drängt sich die *aufsichtsrechtliche Aufhebung* der Verfügung auf[139]. Im Unterschied zum Rekursverfahren kann ein beliebiger Dritter die Aufsichtsbehörde anrufen, und die Anzeige ist weder an eine bestimmte Frist noch Form gebunden.

---

136 IMBODEN/RHINOW und RHINOW/KRÄHENMANN, je Nr. 44 B II.

137 BGE 115 Ia 4.

138 BGE 115 Ia 1.

139 BLVGE 1991, 69 ff.

cc) Wiedererwägung und Revision

Zugunsten des Bauherrn kann ein baurechtlicher Entscheid mittels *Wiedererwägung* korrigiert werden. Mit einem Wiedererwägungsgesuch, das nicht als förmliches Rechtsmittel gilt und daher weder frist- noch formgebunden ist, ersucht der Gesuchsteller die Baubehörde, eine Bauverweigerung bzw. gewisse Nebenbestimmungen zu überprüfen und sie entweder aufzuheben oder in bestimmter Weise zu ändern. Keine praktische Bedeutung hat die *Revision*, denn ein neues Baugesuch führt in aller Regel eher zum Ziel. 9.75

dd) Widerruf

Zu Lasten des Bauherrn wirkt sich der *Widerruf* aus. Eine Baubewilligung kann auch dann ganz oder teilweise widerrufen werden, wenn das kantonale Recht diese Möglichkeit nicht vorsieht[140]. Der Widerruf kommt in Betracht sowohl gegenüber ursprünglich fehlerhaften Verfügungen (Rücknahme) als auch gegenüber solchen, bei denen der Mangel erst im nachhinein eintritt (Anpassung)[141]. Widerrufsgründe können tatsächlicher oder rechtlicher Natur sein. Formell handelt es sich beim Widerruf um eine anfechtbare Verfügung, die von derselben Behörde ausgeht, welche den betroffenen Verwaltungsakt erlassen hat[142]. Ob eine fehlerhafte Baubewilligung widerrufen werden darf oder gar muss, richtet sich nach einer *Interessenabwägung*: Das Anliegen der richtigen Durchsetzung der Rechtsordnung, der Schutz allfälliger Drittbetroffener und das Interesse des Bauherrn an der Rechtssicherheit sind im Einzelfall zu gewichten und gegeneinander abzuwägen. Im Sinne einer Faustregel lässt sich sagen, dass eine Baubewilligung bis zum Beginn der Bauausführung widerrufen werden kann (§ 25 BauV BS; Art. 18 LE TI)[143]; allerdings muss auch der Zeitpunkt in die Interessenabwägung einbezogen werden (Art. 43 Abs. 2 BauG BE). 9.76

---

140 BGE 119 Ia 310 (Zürich-Kreuzplatz); RB 1987 Nr. 83 = BEZ 1987 Nr. 37.

141 BLVGE 1994, 114 ff.

142 Mäder, N 421.

143 BGE 103 Ib 209; RB 1987 Nr. 83 = BEZ 1987 Nr. 37; BVR 1991, 258 f.

V. Prüfung der Umweltverträglichkeit eines Bauprojekts

1. Umweltverträglichkeitsprüfung im Baubewilligungsverfahren

a) Begriff und Wesen

9.77 Bei der UVP handelt es sich um eine gesetzlich *standardisierte Untersuchung und Würdigung einer potentiellen Gefährdung der Umwelt*, die mit einem Bauprojekt verbunden ist (Art. 9 USG; Art. 1 ff. UVPV). Ihre Funktion besteht zunächst darin, die Anwendung der umweltrechtlichen Normen sicherzustellen. Im Weiteren soll sie die formelle und materielle Koordination zwischen dem Umweltrecht einerseits und dem übrigen massgebenden öffentlichen Recht gewährleisten und dadurch Zielkonflikte zwischen diesen beiden Rechtsgebieten ausgleichen[144]. Die UVP ist kein eigenständiges Verfahren; vielmehr wird sie in das je nach der Art des Vorhabens durchzuführende Bewilligungsverfahren, das sogenannte Leitverfahren (Art. 5 Abs. 1 UVPV) einbezogen. Am häufigsten wird die UVP im Rahmen eines Baubewilligungsverfahrens durchgeführt. Für verschiedene Projekte sieht der Verordnungs-Anhang eine mehrstufige UVP vor. Daneben erlaubt die Rechtsprechung insoweit eine Staffelung, als die UVP im Rahmen eines Vorentscheidverfahrens (oben Rz. 9.61 ff.) thematisch eingeschränkt werden darf[145].

b) Tragweite

9.78 Der *Kreis der UVP-pflichtigen Anlagen* – derzeit 72 – wird in Art. 9 Abs. 1 USG in Verbindung mit dem Anhang zur UVPV umschrieben. Eine UVP ist nicht bloss bei Errichtung einer Anlage erforderlich, sondern auch bei Änderung einer bestehenden Anlage. Letztgenannter Tatbestand liegt nur vor, wenn die Änderung wesentliche [146] Umbauten, Erweiterungen oder Betriebsänderungen betrifft (Art. 2 Abs. 1 lit. a UVPV) und über die Änderung im Verfahren entschieden wird, das bei neuen Anlagen für die Prüfung massgeblich ist (Art. 2 Abs. 1 lit. b UVPV).

---

144 RAUSCH, in: Kommentar USG, Art. 9 (1989) N 1 ff., vor allem N 14.

145 BGE 123 II 340 ff. E. 2.

146 BGE 115 Ib 495 E. 3a; RAUSCH, in: Kommentar USG, Art. 9 (1989) N 43; VALLENDER/MORELL, § 16 N 12.

c) *Umweltverträglichkeitsbericht*

Der UVP liegt ein *Bericht (UVB)* mit denjenigen Angaben zugrunde, die zur umweltrechtlichen Prüfung des Vorhabens nötig sind (Art. 9 Abs. 2 USG; Art. 7 ff. UVPV). Dessen Gegenstand bildet das im Einzelfall tangierte Umweltrecht (Art. 3 Abs. 1 UVPV). Was den gebotenen Umfang der Erhebungen betrifft (vgl. Art. 9 UVPV in Verbindung mit Art. 9 Abs. 2 und 4 USG), so stellt die bundesgerichtliche Praxis zwar «hohe Anforderungen» an die Sachverhaltsermittlung, lässt jedoch eine Beschränkung auf das Wesentliche zu[147]. Richtigerweise muss der gebotene Untersuchungsaufwand in einem vernünftigen Verhältnis zu dem mit dem Bauvorhaben verbundenen Gefährdungspotential stehen[148]; dabei dürfen Erkenntnisse aus früheren Untersuchungen herangezogen werden, die bei einem gleichartigen Projekt angestellt worden sind. Ist ein UVB mangelhaft, so treten grundsätzlich die gleichen Rechtsfolgen ein wie im Fall des mangelhaften Baugesuchs (oben Rz. 9.23)[149]. 9.79

d) *Beurteilung des Umweltverträglichkeitsberichts*

Der UVB wird durch die zuständige *Umweltschutzfachstelle*[150] in formeller und materieller Hinsicht beurteilt; diese beantragt der für den Entscheid zuständigen Behörde die zu treffenden Massnahmen (Art. 9 Abs. 5 USG; Art. 13 UVPV). 9.80

e) *Umsetzung der Umweltverträglichkeitsprüfung*

Die *zuständige Behörde* hat für die Koordination der Vorarbeiten zur UVP, also des UVB und der hierzu eingeholten Stellungnahmen, zu sorgen (Art. 14 Abs. 1 UVPV). Die Prüfung durch die Umweltschutzfachstelle hat in tatsächlicher Hinsicht den Charakter eines amtlichen Gutachtens (Art. 9 Abs. 5 USG). Bei der rechtlichen Würdigung ist die Genehmigungsbehörde frei; indessen ruft die Mitwirkung einer sachkundigen Fachbehörde danach, dass vom Ergebnis der Expertise nur aus triftigen Gründen abgewichen wird[151]. Die Umsetzung der UVP erfolgt im baurechtlichen Entscheid (Art. 5 Abs. 1 und Art. 19 UVPV)[152]. 9.81

---

147 BGE 119 Ib 275 E. 8a und b; BGE 118 Ib 228 E. 13.

148 RAUSCH, in: Kommentar USG, Art. 9 (1989) N 73.

149 Vgl. RAUSCH, in: Kommentar USG, Art. 9 (1989) N 179.

150 Bei Projekten, die von einer kantonalen Behörde geprüft werden, amtet die kantonale Umweltschutzfachstelle; für die von einer Bundesbehörde zu prüfenden Vorhaben ist das BUWAL zuständig (Art. 12 UVPV; VALLENDER/MORELL, § 16 N 17).

151 BGE 119 Ib 274 (Val Curciusa II); 118 Ib 599 ff. (Reussbrücke).

152 VALLENDER/MORELL, § 16 N 19.

2. Selbständige umweltrechtliche Bewilligungsverfahren

9.82 Wie im Zusammenhang mit der Baubewilligungspflicht festgehalten, werden bestimmte Bauten und Anlagen, die regelmässig einem besonderen Zweck dienen, nicht im ordentlichen Baubewilligungsverfahren, sondern in einem bundes- oder kantonalrechtlichen *Spezialbewilligungsverfahren* geprüft (oben Rz. 9.6). Kommt dieses ausschliesslich zum Zug, hat es auch die Anwendung des Umweltrechts zu gewährleisten; dasselbe gilt, wenn zwar ein Baubewilligungsverfahren hinzutritt, dieses aber von untergeordneter Bedeutung ist. Soweit eine UVP-Pflicht besteht, schreibt der Anhang zur UVPV das massgebliche Verfahren vor; für die – zahlenmässig überwiegenden – Fälle, in denen die Verordnung auf das kantonale Recht verweist, sind die Ausführungserlasse der Stände zu befragen[153].

9.83 Unter den selbständigen umweltrechtlichen Bewilligungsverfahren[154] sind hervorzuheben:
- Rodungsbewilligung (oben Rz. 9.12);
- gewässerschutzrechtliche Bewilligungen[155];
- Konzession für Inanspruchnahme eines öffentlichen Gewässers (oben Rz. 9.13);
- natur- und heimatschutzrechtliche Bewilligungen (oben Rz. 9.14);
- Deponiebewilligung (Art. 20 ff. TVA).

3. Koordination mit dem Baubewilligungsverfahren

9.84 Nachdem das Bundesgericht in seiner jüngeren Rechtsprechung zunehmend deutlicher die *materielle und formelle Koordination* der jeweils erforderlichen Bewilligungen (vgl. oben Rz. 9.6 und Rz. 9.11 ff.) verlangt hat, sind mit Art. 25a RPG (vom 6. Oktober 1995; in Kraft seit 1. Januar 1997) «Grundsätze der Koordination» gesetzlich verankert

153 Als massgebliche Verfahren kommen Sondernutzungsplanungen, Plangenehmigungs-, weitere Genehmigungs- und Konzessionsverfahren vor (MICHEL, Rz. 906 ff.).

154 Das Ausnahmebewilligungsverfahren nach Art. 24 RPG dient zwar vorab der Durchsetzung des Raumplanungsrechts; die gebotene Interessenabwägung (Abs. 1 lit. b) umfasst jedoch auch die Berücksichtigung umweltrechtlicher Belange (BGE 117 Ib 31 f. [Samnaun]; BGE 116 Ib 50 ff. [Chrüzlen I]).

155 Das GSchG enthält verschiedene Bewilligungstatbestände, die in kantonalen Ausführungserlassen näher geregelt werden.

worden. Danach hat das kantonale Recht im Fall der Bewilligungskonkurrenz eine Behörde zu bezeichnen, die für «ausreichende Koordination» sorgt (Abs. 1). Die für die Koordination verantwortliche Behörde fördert das Bewilligungsverfahren und ist zugleich Anlaufstelle für die Verfahrensbeteiligten (Abs. 2). Ziel der Koordinationstätigkeit bildet der Erlass einer widerspruchsfreien Verfügung (Abs. 3)[156].

Die Notwendigkeit einer *materiellen Koordination* verschiedener Rechtssätze ergibt sich aus der verfassungsrechtlichen Gleichrangigkeit der Normen, die dem gleichen Zweck der Erhaltung und Gestaltung des Lebensraums dienen[157]. Weil die Planungsgrundsätze kein widerspruchsfreies Zielsystem ergeben, müssen bei ihrer Konkretisierung zahlreiche Interessenabwägungen getroffen werden. Eine rechtskräftige Planung ist im Baubewilligungsverfahren verbindlich und kann nur ausnahmsweise – akzessorisch – auf ihre Vereinbarkeit mit höherrangigem Recht überprüft werden[158]. Die gegenseitige Abstimmung zwischen raumplanungs- und baurechtlichen Bestimmungen einerseits und umweltrechtlichen Vorschriften anderseits findet daher zur Hauptsache schon in der Richt- und Nutzungsplanung statt. Gelegentlich ist ein Ausgleich zwischen gegenläufigen Anliegen noch im Bewilligungsverfahren zu finden. 9.85

Die Pflicht zur *formellen Koordination* im Baubewilligungsverfahren ergibt sich vorab aus Art. 25a RPG. Danach wird zwar nicht die Alleinzuständigkeit einer Bewilligungsinstanz verlangt, wohl aber die «möglichst» gemeinsame oder gleichzeitige Eröffnung der in gleicher Sache ergangenen Verfügungen (Abs. 2 lit. d). Die Regelung der Einzelheiten obliegt dem kantonalen Gesetzgeber[159]; soweit eine Koordinationspflicht besteht, fällt jedoch die Erteilung einer Bewilligung unter dem blossen Vorbehalt zugunsten einer anderen ausser Betracht[160]. Eine weitergehende Koordination ist erst im Rechtsmittelverfahren vorgeschrieben, wo eine einheitliche Instanz entscheiden muss (Art. 33 Abs. 4 RPG). Keine besonderen Schwierigkeiten bietet die formelle Koordination zwischen 9.86

---

156 Das vom Gesetzgeber gewählte sogenannte «Koordinationsmodell» stellt gegenüber dem früher vorherrschenden «Separationsmodell» mit parallel wirkenden Behörden und einem denkbaren «Konzentrationsmodell» mit einer einzigen Bewilligungsinstanz eine pragmatische Mittellösung dar (SCHÜRMANN/HÄNNI, 345). Zur Koordinationsproblematik vgl. ferner PETER KARLEN, Raumplanung und Umweltschutz – Zur Harmonisierung zweier komplexer Staatsaufgaben, ZBl 99/1998, 145; ARNOLD MARTI, Bewilligung von Bauten und Anlagen – Koordination oder Konzentration der Verfahren?, AJP 1994, 1535; HEIDI WIESTNER KOLLER, Verfahrensbeschleunigung und Verfahrenskoordination: Die neuen Bestimmungen des RPG treten in Kraft, in: VLP, Raum und Umwelt 1996, 52.

157 BGE 117 Ib 30 (Samnaun); vgl. BGer, 17. Juli 1995, URP 1995, 709 (Güterabwägung bei Rodungsbewilligung für Kehrichtdeponie).

158 BGE 118 Ib 26 = URP 1992, 241 f.

159 Eine detaillierte Koordinationsordnung enthalten §§ 7–12 BauVV ZH.

160 BGE 116 Ib 328 (Niederlenz).

kantonalen Instanzen; demgegenüber herrscht Unklarheit bei der Koordination zwischen Bundesbehörden und kantonalen Behörden[161].

VI. Checklisten

1. Schematischer Ablauf des Baubewilligungsverfahrens

- Prüfung der Erforderlichkeit einer Baubewilligung, eines Sondernutzungsplans oder einer Spezialbewilligung (Rz. 9.4 ff.);
- Prüfung der Erforderlichkeit weiterer Bewilligungen (Rz. 9.11 ff.);
- Einreichung des Baugesuchs und allfälliger weiterer Gesuche (Rz. 9.20 ff.);
- Vorprüfung und Bekanntmachung des Baugesuchs (Rz. 9.24 ff.);
- allfällige behördliche Untersuchungshandlungen (Rz. 9.29 f.);
- Beurteilung des Baugesuchs (Rz. 9.33 ff. und Rz. 9.42 ff.);
- Eröffnung des baurechtlichen Entscheids (Rz. 9.47);
- allfällige Genehmigung des baurechtlichen Entscheids (Rz. 9.19);
- Baufreigabe (vgl. Rz. 9.46);
- Baukontrollen und Bezugsbewilligung (Rz. 14.2 ff.);
- allenfalls: Rechtsmittelverfahren (Rz. 10.19 ff.).

2. Hauptsächlicher Inhalt des Baugesuchs

- Personalien von Gesuchsteller, Grundeigentümer, Projektverfasser (Rz. 9.21);
- genaue Beschreibung des Bauvorhabens gemäss amtlichem Formular (Rz. 9.21);
- Einreichung der erforderlichen Planunterlagen (Rz. 9.22);
- allenfalls: Einreichung besonderer Unterlagen gemäss gesetzlicher Anordnung oder behördlicher Aufforderung, wie z.B. Umweltverträglichkeitsbericht (Rz. 9.21).

161 Vgl. dazu PETER KELLER, Koordination zwischen Bund und Kantonen, URP 1991, 258 ff.

3. Hauptsächliche Fehlerquellen im Baubewilligungsverfahren

- formelle Mängel des Baugesuchs (Rz. 9.20 ff.);
- materielle Mängel des Baugesuchs (Rz. 7.4 ff.);
- Zuständigkeits- und Koordinationsmängel (Rz. 9.5 ff. und Rz. 9.84 ff.);
- widerrechtliche Bauausführung (Rz. 14.15 ff.);
- Fehler im Zusammenhang mit der Sachverhaltsermittlung (Rz. 9.29 f.);
- Beeinträchtigung der Verfahrensrechte von Dritten (Rz. 9.31 f.);
- unrichtige Beurteilung des Baugesuchs (Rz. 9.33 ff. und Rz. 9.48 ff.).

§ 10 Rechtsmittel

WALTER HALLER

Literaturauswahl: AEMISEGGER HEINZ, Zu den bundesrechtlichen Rechtsmitteln im Raumplanungs- und Umweltschutzrecht, in: Verfassungsrechtsprechung und Verwaltungsrechtsprechung, 1992, 113 ff.; GEISER THOMAS/MÜNCH PETER (Hrsg.), Prozessieren vor Bundesgericht, 2. Aufl., 1998; HAEFLIGER ARTHUR, Die Europäische Menschenrechtskonvention und die Schweiz, 1993; HALLER WALTER/KARLEN PETER, Raumplanungs- und Baurecht, 2. Aufl., 1992; HERZOG RUTH, Art. 6 EMRK und kantonale Verwaltungsrechtspflege, 1995; KÄLIN WALTER, Das Verfahren der staatsrechtlichen Beschwerde, 2. Aufl., 1994; KARLEN PETER, Verwaltungsgerichtsbeschwerde gegen Raumpläne, recht 1997, 125 ff.; KLEY-STRULLER ANDREAS, Der richterliche Rechtsschutz gegen die öffentliche Verwaltung, 1995; KUTTLER ALFRED, Fragen des Rechtsschutzes gemäss dem Bundesgesetz über die Raumplanung, ZBl 1982, 329 ff.; MEYLAN JACQUES-HENRI, Le recours de droit public du voisin contre un plan d'affectation, in: Juridiction constitutionnelle et juridiction administrative, 1992, 279 ff.; MOOR PIERRE, Les voies de droit fédérales dans l'aménagement du territoire, in: François Zürcher (Hrsg.), L'aménagement du territoire en droit fédéral et cantonal, 163 ff.; RHINOW RENÉ/KOLLER HEINRICH/KISS CHRISTINA, Öffentliches Prozessrecht und Justizverfassungsrecht des Bundes, 1996; ROUILLER CLAUDE, La protection juridique en matière d'aménagement du territoire par la combinaison des art. 6 par. 1 CEDH, 22 LAT et 98a OJ: complémentarité ou plénitude?, SJZ 1994, 21 ff.; SCHÜRMANN LEO/HÄNNI PETER, Planungs-, Bau- und besonderes Umweltschutzrecht, 3. Aufl 1995; SPÜHLER KARL, Der Rechtsschutz von Privaten und Gemeinden im Planungsrecht, ZBl 1989, 97 ff.; TRÜEB HANS RUDOLF, Rechtsschutz gegen Luftverunreinigung und Lärm, 1990; VILLIGER MARK E., Handbuch der Europäischen Menschenrechtskonvention (EMRK), 1993; ZIMMERLI ULRICH/KÄLIN WALTER/KIENER REGINA, Grundlagen des öffentlichen Verfahrensrechts, 1997.
Weitere Literaturhinweise finden sich im Text.

I. Problemübersicht

Das Baurecht ist eng mit dem Planungsrecht und mit dem Umweltrecht verwoben. Das hat erhebliche Konsequenzen für den Rechtsschutz. 10.1

Ob eine Baute bewilligt werden darf, hängt unter anderem davon ab, ob das Projekt zonenkonform ist, d.h. dem Zweck der Zone, in die die Baute zu liegen käme, entspricht[1]. Wer später auf seinem Grundstück bauen 10.2

1 Art. 22 Abs. 2 lit. a RPG.

oder auf einem Nachbargrundstück Bauten verhindern will, sollte sich daher möglichst frühzeitig in das Planungsverfahren einschalten. Art. 4 RPG gewährleistet eine Information und Mitwirkung der Bevölkerung (nicht nur der unmittelbar Betroffenen) sowohl in der Richt- als auch in der Nutzungsplanung. Die öffentliche Auflage der Nutzungspläne sowie deren Anfechtbarkeit durch die von der Planung in schutzwürdigen Interessen berührten Personen stellt Art. 33 RPG sicher. Der *Interessenwahrung bereits im Verfahren der Nutzungsplanung, bzw. im unmittelbaren Anschluss an die Planfestsetzung* kommt vor allem aus zwei Gründen vorrangige Bedeutung zu: Erstens sind die Möglichkeiten, Planfestsetzungen durch Normen zu steuern, relativ eng begrenzt, was die Korrektur durch Rechtsmittelinstanzen erschwert; der Grundeigentümer, der eine Auszonung verhindern möchte, sollte daher bedenken, dass ihm eine Einsprache oder ein gut vorbereitetes Votum an einer Gemeindeversammlung unter Umständen ein kostspieliges und wenig aussichtsreiches Anfechtungsverfahren erspart. Zweitens ist es meistens im Baubewilligungsverfahren zu spät, um die Rechtmässigkeit eines Nutzungsplans im Sinne einer akzessorischen Anfechtung in Frage zu stellen (Rz. 10.88).

10.3 Bauliche Vorhaben berühren sehr häufig *Umweltrecht*. In solchen Fällen gilt es, die baurechtlichen und die umweltrechtlichen Normen in einer Gesamtbetrachtung zu vereinigen und dort, wo nebeneinander mehrere Verfahren durchzuführen sind, diese aufeinander abzustimmen sowie einheitliche Rechtsmittelinstanzen vorzusehen (Rz. 10.28).

10.4 Aus der *Europäischen Menschenrechtskonvention (EMRK)* ergibt sich eine Reihe von Anforderungen an den Rechtsschutz (Rz. 10.5 ff.). Zusätzliche Vorgaben, die für die Ausgestaltung des Rechtsschutzes in den Kantonen gelten, hat der Bundesgesetzgeber aufgestellt (Rz. 10.19 ff.). Besondere Probleme wirft der Rechtsschutz in Bausachen auf Bundesebene (Rz. 10.37 ff.) auf, weil Art. 34 RPG eine Sonderregelung trifft, im Bereich des Umweltrechts dagegen die allgemeine Rechtsmittelordnung gilt und wegen der zunehmenden Verflechtung von Raumplanungs- und Baurecht mit Umweltrecht die Sonderregelung durch die allgemeine Rechtsmittelordnung teilweise überspielt wird. In zunehmendem Umfang hat das Bundesgericht den *Anwendungsbereich der Verwaltungsgerichtsbeschwerde zu Lasten desjenigen der staatsrechtlichen Beschwerde ausgeweitet*.

II. Anforderungen der EMRK an den Rechtsschutz

Die in der EMRK garantierten Rechte sind wie Grundrechte der Bundesverfassung unmittelbar anwendbar. Die Rechtsetzung in Bund und Kantonen muss mit der EMRK in Einklang stehen, und der Einzelne kann sich auch innerstaatlich, in Gerichts- und Verwaltungsverfahren, direkt auf die EMRK berufen. Zudem steht ihm nach Erschöpfung der innerstaatlichen Rechtsmittel eine Individualbeschwerde an den Ständigen Gerichtshof für Menschenrechte in Strassburg zur Verfügung[2]. Für den Rechtsschutz im Raumplanungs- und Baurecht ist Art. 6 Ziff. 1 EMRK von grundlegender Bedeutung. Darnach hat jedermann Anspruch darauf, dass seine Sache in billiger Weise öffentlich und innert angemessener Frist gehört wird, und zwar von einem unabhängigen und unparteiischen, auf Gesetz beruhenden Gericht, das unter anderem über zivilrechtliche Ansprüche und Verpflichtungen zu entscheiden hat. 10.5

1. Anwendungsbereich von Art. 6 Ziff. 1 EMRK

Der Begriff der «zivilrechtlichen Ansprüche und Verpflichtungen» (droits et obligations de caractère civil; civil rights and obligations) hat in der Praxis eine sukzessive Ausweitung erfahren. Zahlreiche Streitigkeiten, die nach schweizerischem Recht als verwaltungsrechtliche gelten, fallen darunter. Das gilt etwa für strittige *Bauvorhaben* (einschliesslich Ausnahmebewilligungen), ferner für *Enteignungen* sowie *Planfestsetzungen, die unmittelbar das Eigentum berühren.* 10.6

Gemäss der Rechtsprechung des Bundesgerichts, die sich an die Strassburger Praxis anlehnt, findet Art. 6 Ziff. 1 z.B. Anwendung auf: 10.7
- Streitigkeiten über die Erstellung oder den Abbruch von Bauten in der Bauzone[3];

---

2 Vgl. zum neuen, 1998 in Kraft tretenden Kontrollmechanismus GIORGIO MALINVERNI, La réforme du mécanisme de contrôle institué par la Convention européenne des droits de l'homme (Protocole additionnel No 11), ZBl 1996, 289 ff.

3 BGE 117 Ia 527 ff. E. 3c. Auch Ausnahmebewilligungen für die Erstellung von Gebäuden, die der geltenden Zonenordnung widersprechen, fallen nach der Rechtsprechung des Europäischen Gerichtshofes für Menschenrechte in den Anwendungsbereich des Art. 6 Ziff. 1 EMRK: vgl. VILLIGER, 229 Fn. 35, unter Hinweis auf die Urteile Jacobsson und Skärby.

- Denkmalschutzmassnahmen, die zur Folge haben, dass der Grundeigentümer ein bestehendes Gebäude weitgehend erhalten muss und Änderungen nur beschränkt möglich sind[4];
- Streitigkeiten über die Zulässigkeit der Enteignung und über die Höhe der Enteignungsentschädigung, einschliesslich über die Festsetzung von Nutzungsplänen, mit deren Genehmigung (wie z.B. beim zürcherischen Werkplan) das Enteignungsrecht erteilt wird[5];
- den Einleitungsbeschluss zu einer Landumlegung und die Abgrenzung des Perimeters[6];
- die Neuzuteilung von Land im Rahmen eines Baubewilligungsverfahrens[7];
- die Festsetzung einer Planungszone, die zu einer sachlich und zeitlich befristeten Bausperre führt[8].

10.8 Eine kantonale Norm, welche die gerichtliche Überprüfung sämtlicher Nutzungspläne ausschliesst, verstösst gegen Art. 6 Ziff. 1 EMRK[9]. Allerdings hat das Bundesgericht bisher nie ausdrücklich gesagt, dass alle Streitigkeiten über die Festsetzung von Nutzungsplänen zivilrechtliche Ansprüche und Verpflichtungen im Sinne der EMRK betreffen. Indes geht die Tendenz eindeutig in diese Richtung. So wird in BGE 122 I 300 E. 3e (Fall Muri) wörtlich ausgeführt: «Ein Entscheid über zivilrechtliche Ansprüche im Sinne von Art. 6 Ziff. 1 EMRK liegt vor, wenn eine Zonenplanung direkte Auswirkungen auf die Ausübung der Eigentumsrechte der Grundeigentümer hat». Da Nutzungspläne unmittelbar grundeigentümerverbindlich sind und eine materielle Enteignung bewirken können, trifft diese Feststellung nicht nur zu für Sondernutzungspläne, die mit Enteignungsrechten verknüpft sind, sondern grundsätzlich auch für alle Rahmennutzungspläne[10]. Im betreffenden Fall Muri bejahte das Bundesgericht die Anwendbarkeit von Art. 6 Ziff. 1 EMRK auf die Beschwerde gegen eine Nichteinzonung, bei der zu prüfen war, ob ein Gebot zur Einzonung bestimmter Flächen in eine Bauzone bestehe.

---

4 BGE 121 I 34 f. E. 5c; 119 Ia 93 ff. E. 4.
5 BGE 120 Ia 27 E. 3a; 118 Ia 227 E. 1c und 381 E. 6a, je mit weiteren Hinweisen.
6 BGE 118 Ia 355 f. E. 2a; 117 Ia 382 ff. E. 5.
7 ZBl 1993, 40 E. 2b.
8 BGE 120 Ia 214 f. E. 6c.
9 BGE 119 Ia 332 E. 6c.
10 Das Zürcher Verwaltungsgericht gelangte bereits 1994 zu diesem Schluss: ZBl 1994, 566 E. 3c.

Die Kantone dürfen die Einhaltung gewisser Vorschriften bei der Ausübung des Anspruchs auf die in Art. 6 Ziff. 1 EMRK enthaltenen Rechtsschutzgarantien verlangen; vor allem können sie vorsehen, dass Anträge auf Beurteilung durch ein unabhängiges Gericht oder Öffentlichkeit des Verfahrens frist- und formgerecht gestellt werden und in diesem Rahmen unter Umständen annehmen, dass auf die betreffenden Verfahrensrechte verzichtet wird[11]. Dies gilt jedenfalls, soweit über die Anwendbarkeit von Art. 6 Ziff. 1 EMRK eine gefestigte Rechtsprechung besteht. Vor allem *ist der Anspruch auf richterliche Überprüfung nach Art. 6 Ziff. 1 EMRK grundsätzlich bereits im kantonalen Verfahren und nicht erst vor Bundesgericht geltend zu machen.* Dies ist deshalb wichtig, weil die neuere Praxis des Bundesgerichts die Kantone selbst dann zur Einhaltung von Art. 6 Ziff. 1 EMRK verpflichtet, wenn gemäss der massgebenden kantonalen Gesetzgebung noch kein genügender Rechtsschutz besteht; in solchen Fällen haben die Kantone eine gerichtliche Überprüfung direkt gestützt auf Art. 6 Ziff. 1 EMRK zu gewährleisten, z.B. durch Erlass einer Übergangsregelung auf dem Verordnungsweg oder durch Bezeichnung des Gerichts im Einzelfall[12]. 10.9

2. Garantien eines fairen Gerichtsverfahrens

In allen Verfahren, in denen Art. 6 Ziff. 1 EMRK zur Anwendung kommt, muss mindestens einmal eine Beurteilung durch ein auf Gesetz beruhendes Gericht erfolgen, das mit richterlicher Unabhängigkeit unbefangen den Sachverhalt und die Rechtsfragen frei überprüft; zudem sind der Öffentlichkeitsgrundsatz und das Erfordernis einer angemessenen Verfahrensdauer zu beachten. 10.10

a) Unabhängigkeit und Unparteilichkeit

Das Gericht muss von andern Staatsgewalten unabhängig sein. Eine Bestellung der Richter durch die Exekutive schliesst die Unabhängigkeit nicht aus, sofern sichergestellt ist, dass sie bei Ausübung ihrer richterlichen Funktion an keine Weisungen gebunden und niemandem Rechen- 10.11

11 BGE 121 I 37 f. E. 5 f.; 119 Ia 227 ff. E. 5a und b; 118 Ia 289 E. 5a.

12 BGE 120 Ia 25; 118 Ia 333 ff. E. 3.

schaft schuldig sind. Unparteiisch ist ein Richter, «wenn er unvoreingenommen ist und nicht für die eine oder andere Seite Partei nimmt»[13].

10.12 Kantonsregierungen sowie verwaltungsinterne Rechtsmittelinstanzen stellen keine Gerichte im Sinne von Art. 6 Ziff. 1 EMRK dar. Das Bundesgericht deutete an, dass die zürcherischen Baurekurskommissionen, die in administrativer Hinsicht der Exekutive unterstehen, in ihrer rechtsprechenden Tätigkeit jedoch unabhängig sind, als Gerichte im Sinne von Art. 6 Ziff. 1 EMRK angesehen werden können. Da jedoch im betreffenden Fall nach der damals geltenden zürcherischen Rechtsmittelordnung der Entscheid einer Baurekurskommission über eine Planfestsetzung anschliessend vom Regierungsrat mit voller Kognition überprüft wurde, betrachtete das Bundesgericht den Anspruch des Beschwerdeführers auf eine Beurteilung durch ein unabhängiges Gericht als verletzt[14].

b) Kognition

10.13 Art. 6 Ziff. 1 verlangt eine *freie richterliche Überprüfung des Sachverhalts und der Rechtsfragen*, dagegen nicht eine Ermessenskontrolle[15]. Richterliche Zurückhaltung bei der Beurteilung des Ermessens, das planfestsetzenden Organen zusteht, widerspricht nicht der von der EMRK verlangten umfassenden Rechtsanwendungskontrolle[16].

10.14 Das staatsrechtliche Beschwerdeverfahren vermag die an die Kontrolldichte gestellten Anforderungen nur ausnahmsweise zu erfüllen, nämlich wenn der Sachverhalt in den rechtlich erheblichen Punkten unbestritten ist und wenn die sich aus der Verfassungskontrolle ergebende Kognitionsbeschränkung bei der gesetzlichen Grundlage nicht zum Zuge kommt, d.h. wenn nur Rechtsfragen zu beurteilen sind, die das Bundesgericht frei überprüft[17]. Daher ist es in denjenigen Fällen, die letztinstanzlich nur mit staatsrechtlicher Beschwerde weiterziehbar sind, unerlässlich, dass die kantonale Rechtsmittelordnung sämtlichen Anforderungen von Art. 6 Ziff. 1 EMRK gerecht wird.

---

13 HAEFLIGER, 136.

14 BGE 120 Ia 28 f. E. 4a.

15 BGE 120 Ia 30 E. 4c und 118 Ia 227 E. 1c, je mit weiteren Hinweisen.

16 BGE 117 Ia 502 E. 2e.

17 BGE 120 Ia 30 E. 4c; ZBl 1997, 267 E. 3 und 275 E. 3a/bb.

c) Öffentlichkeit des Verfahrens

Die Öffentlichkeit der *Gerichtsverhandlungen* stellt ein grundlegendes Prinzip dar, das einerseits das Individuum vor «Kabinettsjustiz» schützt, anderseits das Vertrauen der Bevölkerung in das Funktionieren der Justiz stärken soll. Dem Einzelnen verleiht dieser Grundsatz einen Anspruch, seinen Standpunkt mündlich in einer öffentlichen Sitzung dem Gericht vorzutragen. Freilich sieht Art. 6 Ziffer1 Satz 2 EMRK Ausnahmen von der Öffentlichkeit vor. Überdies betrachtet der Europäische Gerichtshof für Menschenrechte weitere Einschränkungen des Öffentlichkeitsprinzips als konventionskonform[18]. Schliesslich können die Parteien ausdrücklich oder durch konkludentes Handeln auf die Durchführung einer öffentlichen Sitzung verzichten. 10.15

Das Eidgenössische Versicherungsgericht betrachtet es auf Grund des Urteils des Europäischen Gerichtshofes in Sachen Schuler-Zgraggen vom 24. Juni 1993 sogar als zulässig, in gewissen Fällen gegen den Willen einer Partei von der Durchführung einer öffentlichen Verhandlung abzusehen, wobei «namentlich die Gesichtspunkte der besseren Eignung des schriftlichen Verfahrens bei hoch technischen Fragen und die im Sozialversicherungsprozess gebotene Einfachheit und Raschheit des Verfahrens» ins Gewicht fallen würden[19]. 10.16

Dem ebenfalls in Art. 6 Ziff. 1 EMRK aufgestellten Erfordernis der *öffentlichen Urteilsverkündung* wird entsprochen, wenn die schriftlichen Urteile in der Gerichtskanzlei zur Einsicht aufgelegt werden[20]. 10.17

d) Angemessene Verfahrensdauer

Gemäss Art. 6 Ziff. 1 EMRK besteht auch ein Anspruch des Einzelnen auf Durchführung und Abschluss des Verfahrens «innerhalb einer angemessenen Frist» (dans un délai raisonnable; within a reasonable time). Ob die Dauer eines Verfahrens angemessen ist, hängt von den Umständen des Einzelfalles (Umfang und Schwierigkeit, Verhalten des Beschwerdeführers etc.) ab[21]. 10.18

---

18 Dazu ausführlich BGE 121 I 35 ff. E. 5e.

19 BGE 119 V 381 E. 4b/dd, bestätigt in BGE 120 V 8 E. 3d.

20 Vgl. ANDREAS KEISER, Öffentlichkeit im Verfahren vor dem Zürcher Verwaltungsgericht, ZBl 1994, 15 f.

21 Vgl. im Einzelnen JOCHEN FROWEIN/WOLFGANG PEUKERT, EMRK-Kommentar, 2. Aufl., 1996, Art. 6 Rz. 143 ff.

III. Kantonale Rechtsmittel

10.19 Aus dem *Bundesrecht* ergeben sich *Mindestanforderungen an die Ausgestaltung des Rechtsschutzes auf kantonaler Ebene*. Gemäss Art. 98a OG bestellen die Kantone richterliche Behörden als letzte kantonale Instanzen, soweit gegen deren Entscheide unmittelbar die Verwaltungsgerichtsbeschwerde an das Bundesgericht zulässig ist. Spezifische Anforderungen ergeben sich für den kantonalen Rechtsschutz in Planungs- und Bausachen aus Art. 33 RPG. Sie betreffen die Einräumung mindestens eines Rechtsmittels, das – über Art. 6 Ziff. 1 EMRK hinausgehend – eine volle, die Ermessensausübung einschliessende Überprüfung ermöglicht und das überdies bestimmten Anforderungen hinsichtlich Legitimation der Betroffenen genügen muss. Ferner soll dort, wo Bauvorhaben Normen aus verschiedenen Rechtsgebieten berühren, die Verfahrenskoordination auch im Rechtsmittelverfahren sichergestellt werden.

1. Erfordernis eines Rechtsmittels

10.20 Gemäss Art. 33 Abs. 2 RPG sieht das kantonale Recht wenigstens ein Rechtsmittel vor gegen Verfügungen und Nutzungspläne, soweit sie sich auf das Raumplanungsgesetz «und seine kantonalen und eidgenössischen Ausführungsbestimmungen stützen». Nutzungspläne stützen sich auf Art. 14 ff. RPG. Als Ausführungsbestimmungen zum RPG gelten Normen, die eine raumplanerische Funktion erfüllen, d.h. den in Art. 22^{quarter} BV und im RPG umschriebenen raumplanerischen Zielsetzungen (zweckmässige und haushälterische Bodennutzung; auf die erwünschte Entwicklung des Landes ausgerichtete geordnete Besiedlung) dienen. Dazu zählen neben den eigentlichen Planungsvorschriften auch alle baurechtlichen Normen, die der planungsrechtlichen Zonenordnung erst ihren konkreten Inhalt geben, z.B. Bestimmungen über die einzuhaltende Ausnützung, Grösse und Abstände der Bauten und Überbauungsarten[22]. Aus prozessökonomischen Gründen treffen die Kantone meistens für baurechtliche Entscheide eine einheitliche Rechtsmittelordnung, unab-

22 BGE 118 Ib 29 ff. E. 4b.

hängig davon, ob sich diese auf Ausführungsbestimmungen zum RPG stützen oder ob dies ausnahmsweise nicht zutrifft.

Das Rechtsmittel kann als Rekurs oder als Einsprache ausgestaltet sein. 10.21
Die Rechtsmittelinstanz muss nicht eine richterliche sein, doch ist sicherzustellen, dass die Betroffenen sämtliche Einwendungen (einschliesslich Unangemessenheit) vorbringen können und dass in voller Unabhängigkeit entschieden wird. Die bundesgerichtliche Rechtsprechung lässt es genügen, wenn kantonale Parlamente oder Regierungen als Planfestsetzungsbehörden auch über Einsprachen oder Rekurse gegen kantonale Nutzungspläne entscheiden, soweit Gewähr für eine sorgfältige Prüfung der Einwendungen betroffener Eigentümer besteht[23]. Allerdings muss dabei die Beurteilung des Rechtsmittels in voller Unabhängigkeit und in einem kontradiktorischen Verfahren erfolgen[24].

2. Allgemeine Anforderungen an Legitimation und Kognition

Dort, wo ein kantonaler Entscheid mit Verwaltungsgerichtsbeschwerde 10.22
an das Bundesgericht angefochten werden kann, müssen nach Art. 98a Abs. 3 OG schon im kantonalen Rechtsmittelverfahren Beschwerdelegitimation und Beschwerdegründe mindestens im gleichen Umfang wie für die Verwaltungsgerichtsbeschwerde gegeben sein. Art. 33 Abs. 3 RPG geht darüber hinaus.

a) Legitimation

Gemäss Art. 33 Abs. 3 lit. a RPG gilt die Legitimation im Mindestumfang 10.23
von Art. 103 OG in allen Streitsachen, die Abs. 2 einem kantonalen Rechtsmittel unterwirft, also auch dann, wenn gegen den letztinstanzlichen kantonalen Entscheid nur eine staatsrechtliche Beschwerde in Frage kommt. Mit dieser Regelung wird dem Umstand Rechnung getragen, dass sich bei planerischen und baurechtlichen Entscheiden wegen der erheblichen räumlichen Auswirkungen das Rechtsschutzbedürfnis auf weitere Bevölkerungskreise erstrecken kann. Die Kantone müssen daher bei der Umschreibung der Beschwerdebefugnis in dem von Art. 33 RPG erfass-

23 BGE 114 Ia 236.

24 Diese Voraussetzung lag in BGE 119 Ia 97 f. E. 6 nicht vor.

ten Bereich[25] von denselben Kriterien wie Art. 103 OG ausgehen. Zudem sind Verbände im gleichen Umfang wie im Bund zur Beschwerdeführung zuzulassen[26].

b) Kognition

10.24 Art. 33 Abs. 3 lit. b RPG gewährleistet die volle Überprüfung durch wenigstens eine Beschwerdebehörde. Das bedeutet eine Kontrolle in dreierlei Hinsicht: bezüglich *Rechtsverletzungen* (einschliesslich Überschreitung, Unterschreitung oder Missbrauch des Ermessens), unrichtiger oder unvollständiger *Sachverhaltsfeststellung* und *Unangemessenheit*[27].

10.25 Den Umfang der vollen Kognition nach Art. 33 Abs. 3 lit. b RPG umschrieb das Bundesgericht in BGE 114 Ia 248 wie folgt:

«Die Beschwerdebehörde hat (...) zu prüfen, ob das Planungsermessen richtig und zweckmässig ausgeübt worden ist, freilich im Bewusstsein ihrer spezifischen Rolle: Sie ist kantonale Rechtsmittel- und nicht kommunale Planungsinstanz (BGE 109 Ib 123 ff. E. 5b und c). Das bundesrechtliche Gebot, den planerischen Handlungsspielraum zu belassen (Art. 2 Abs. 3 RPG), reduziert die volle Überprüfung nicht auf eine solche der blossen Rechtmässigkeit. Auch wo keine spezifischen positivrechtlichen Anforderungen bestehen, muss die jeweils angefochtene Nutzungsplanung voll überprüft werden, aber differenzierend, eben nach Massgabe der Rolle, die die Rechtsmittelinstanz im betreffenden Sachzusammenhang sachlich und institutionell erfüllt. Die Überprüfung hat sich – sachlich – in dem Umfang zurückzuhalten, als es um lokale Anliegen geht, bei deren Wahrnehmung Sachnähe, Ortskenntnis und örtliche Demokratie (Art. 1 Abs. 1, Art. 4 Abs. 2 RPG) von Bedeutung sein sollen. Sie hat aber so weit auszugreifen, dass die übergeordneten, vom Kanton zu sichernden Interessen, wie etwa dasjenige an der Bauzonenbegrenzung (Art. 3 Abs. 3, Art. 15 RPG), einen angemessenen Platz erhalten. In diesem Zusammenhang kann auf die von der bundesgerichtlichen Rechtsprechung entwickelten Grundsätze zur Genehmigung von kommunalen Nutzungsplänen verwiesen werden (...). Die Rechtsmittelbehörde hat sich zudem – institutionell – auf ihre Kontrollfunktion zu beschränken, d.h. sie darf nichts Neues schöpfen, sondern sie hat die kommunale Planung an einem Sollzustand zu messen. Fehlt es an dem dazu erforderlichen Massstab, so kann die Natur der Sache einer Nachprüfung entgegenstehen. Dies ist vielfach bei der räumlichen Abgrenzung von Zonen der Fall. Häufig muss die Grenze einfach irgendwo gezogen werden, ohne dass dies im einzelnen rational begründet werden

25 Rz. 10.20.

26 Vgl. zur Legitimation zur Verwaltungsgerichtsbeschwerde Rz. 10.71 ff.

27 BGE 118 Ib 397 E. 3c.

kann (vgl. BGE 107 Ib 339 E. 4a mit Hinweis). Hier nicht einzugreifen, verstösst nicht gegen den Auftrag, voll zu überprüfen.»

3. Besondere Anforderungen an die Rechtsmittelinstanz

a) Kantonale richterliche Vorinstanz

Gemäss dem bei der OG-Revision von 1991 eingefügten Art. 98a Abs. 1 OG müssen dort, wo gegen den letztinstanzlichen kantonalen Entscheid unmittelbar die Verwaltungsgerichtsbeschwerde an das Bundesgericht zulässig ist, als kantonale Vorinstanzen *richterliche* Behörden bestellt werden. In solchen Fällen findet also eine «doppelte Gerichtskontrolle» statt[28]. Davon versprach sich der Gesetzgeber eine Entlastung des Bundesgerichts. Die früher verbreitete kantonale Regelung, wonach Rechtsmittel an das kantonale Verwaltungsgericht nur zulässig waren, wenn gegen einen kantonalen Entscheid kein anderes Rechtsmittel als die staatsrechtliche Beschwerde ergriffen werden konnte, verstösst gegen Art. 98a OG. Das Bundesgericht geht davon aus, dass Art. 98a Abs. 1 OG die Zuständigkeit einer kantonalen richterlichen Behörde unmittelbar begründen kann, soweit die notwendige Anpassung des kantonalen Verfahrensrechts noch aussteht[29]. Der Betroffene hat daher auch beim Fehlen einer entsprechenden kantonalen Regelung einen Anspruch darauf, dass in einem mit Verwaltungsgerichtsbeschwerde an das Bundesgericht weiterziehbaren Fall eine kantonale richterliche Behörde als Vorinstanz über die Streitsache entscheidet. 10.26

Auch dort, wo nur die staatsrechtliche Beschwerde zur Verfügung steht, ergibt sich in den von Art. 6 Ziff. 1 EMRK erfassten Streitigkeiten ein Anspruch auf richterliche Beurteilung. Diesen Rechtsschutz müssen die Kantone selbst dann sicherstellen, wenn das kantonale Gerichtsverfassungsrecht keine entsprechende Regelung vorsieht[30]. 10.27

28 RHINOW/KOLLER/KISS, Rz. 1492.

29 BGE 123 II 236 f. E. 7.

30 BGE 121 II 222 E. 2c sowie Rz. 10.9.

b) *Einheitliche Rechtsmittelinstanz*

10.28 Anfangs 1997 traten neue Bestimmungen des RPG in Kraft, die eine *Koordination der Bewilligungs- und Rechtsmittelverfahren* gewährleisten: Erfordert die Errichtung oder Änderung einer Baute oder Anlage Verfügungen mehrerer Behörden (z.B. Ausnahmebewilligung nach Art. 24 RPG und Bewilligungen gestützt auf Umwelt- und Gewässerschutzgesetzgebung), so ist gemäss Art. 25a RPG eine Behörde zu bezeichnen, die für ausreichende Koordination sorgt, wobei die Verfügungen keine Widersprüche enthalten dürfen[31]. Für die Anfechtung von Verfügungen kantonaler Behörden, auf welche Art. 25a RPG Anwendung findet, sind nach Art. 33 Abs. 4 RPG einheitliche Rechtsmittelinstanzen zu bezeichnen. Diese Regelungen entsprechen der Rechtsprechung, die das Bundesgericht mit dem ersten Entscheid über die Deponie Chrüzlen[32] einleitete. Sie sind im Hinblick auf die Verflechtung von Bau- und Umweltrecht von hervorragender Bedeutung.

10.29 Obwohl Art. 33 Abs. 4 RPG nur von Verfügungen «kantonaler» Behörden spricht, gilt das Erfordernis der einheitlichen Rechtsmittelinstanz auch für Vorhaben, die sowohl Bewilligungen von kantonalen als auch von kommunalen Behörden brauchen. Werden mehrere Verfügungen getroffen («Koordinationsmodell», im Gegensatz zum «Konzentrationsmodell»), so ist dafür zu sorgen, dass sie mit einer einheitlichen Rechtsmittelbelehrung versehen werden.

4. Ausgestaltung des kantonalen Rechtsmittelwegs: Beispiel Zürich

10.30 Die Praxis zu Art. 6 Ziff. 1 EMRK in Verbindung mit den Revisionen des OG und des RPG veranlassten die Kantone zu teilweise tiefgreifenden Änderungen ihres Rechtsmittelsystems.

10.31 Beispielhaft wird auf die Situation im *Kanton Zürich* näher eingegangen, wo seit Anfang 1998 eine neue, stark revidierte Fassung des Gesetzes über den Rechtsschutz in Verwaltungssachen (Verwaltungsrechtspflegegesetz; VRG) vom 24. Mai 1959 gilt. Gleichzeitig mit der Revision des

31 Siehe dazu oben Rz. 9.84.

32 BGE 116 Ib 50 ff.

VRG traten Änderungen des Gesetzes über die Raumplanung und das öffentliche Baurecht (Planungs- und Baugesetz; PBG) vom 7. September 1975 in Kraft[33].

Generell gilt seit der Revision in der gesamten zürcherischen Verwaltungsrechtspflege der gleiche Legitimationsbegriff wie für die Verwaltungsgerichtsbeschwerde im Bund[34]. Die praktischen Konsequenzen dieser Norm sind für das Planungs- und Baurecht allerdings gering, weil bereits vorher gemäss § 338a Abs. 1 zum Rekurs und zur Beschwerde in Bausachen berechtigt war, «wer durch die angefochtene Anordnung berührt ist und ein schutzwürdiges Interesse an ihrer Aufhebung oder Änderung hat». Diese Legitimationsumschreibung galt von Anfang an auch für Fälle, in denen sich eine baurechtliche Verfügung nicht auf Ausführungsbestimmungen im Sinne von Art. 33 Abs. 2 RPG stützte. Ideelle Verbände sind ebenfalls beschwerdelegitimiert[35]. 10.32

Im Rahmen der VRG-Revision wurden der Instanzenzug gestrafft und gleichzeitig der Regierungsrat weitgehend von Rechtsprechungsfunktionen entlastet. Die zulässigen kantonalen Rechtsmittel sind jeweils auf zwei beschränkt. Weiter wurde die Zuständigkeit des Verwaltungsgerichts erheblich ausgeweitet durch den Systemwechsel von der positiven Enumeration zur Generalklausel mit negativer Enumeration, analog der Verwaltungsgerichtsbeschwerde im Bund. 10.33

Die Festsetzung der Rahmennutzungspläne und der meisten Sondernutzungspläne erfolgt durch die Gemeinden. Diese sind auch für die Erteilung der ordentlichen Baubewilligungen zuständig. Im Normalfall fungiert eine Baurekurskommission als erste Rechtsmittelinstanz, mit Weiterzugsmöglichkeit an das Verwaltungsgericht[36]. Neu urteilt das Verwaltungsgericht – um Art. 6 Ziff. 1 EMRK zu genügen – auch über 10.34

33 Vgl. zur Rechtslage nach der Revision vor allem CHRISTIAN MÄDER, Zur Bedeutung der VRG-Revision für das Raumplanungs- und Baurecht sowie das Enteignungsrecht, Zürcher Zeitschrift für öffentliches Baurecht 1998, 5 ff.; BEA ROTACH TOMSCHIN, Die Revision des Zürcher Verwaltungsrechtspflegegesetzes, ZBl 1997, 433 ff.

34 § 21 lit. a VRG.

35 § 338a Abs. 2 PBG.

36 § 329 Abs. 1 PBG.

die Festsetzung von Nutzungsplänen[37]. Die Baurekurskommissionen, die als Spezialverwaltungsgerichte qualifiziert werden können, haben eine volle Überprüfungsbefugnis; mit der Beschwerde an das Verwaltungsgericht können dagegen in der Regel nur Rechtsverletzungen sowie unrichtige Feststellungen des Sachverhalts geltend gemacht werden[38]. Vor der Behandlung von Beschwerden gegen Entscheide über Bau- und Zonenordnungen, Sonderbauvorschriften, Gestaltungs- und Erschliessungspläne veranlasst das Verwaltungsgericht die Baudirektion, für den Genehmigungsentscheid zu sorgen[39]; diesen trifft entweder die Baudirektion oder – soweit die Genehmigung nicht oder nicht vorbehaltlos erfolgen kann – der Regierungsrat[40].

10.35 In den Fällen von § 329 Abs. 2 PBG ist der Regierungsrat anstelle der Baudirektion Rekursinstanz. Es geht vorab um Anordnungen, die von kantonalen und nicht von kommunalen Stellen getroffen werden, z.B. Entscheide der Baudirektion über Ausnahmebewilligungen nach Art. 24 RPG oder Projekte, die eine UVP erfordern. Rekursentscheide des Regierungsrates können mit Beschwerde an das Verwaltungsgericht weitergezogen werden.

10.36 Der Sicherstellung des Koordinationsgebots von Art. 25a RPG trägt vor allem die Anfang 1998 in Kraft getretene Bauverfahrensverordnung vom 3. Dezember 1997 Rechnung. Daraus ergibt sich, ob die örtliche Baubehörde oder eine kantonale Leitstelle für die Koordination verantwortlich ist. Als einheitliche (erste) Rechtsmittelinstanz im Sinne von Art. 33 Abs. 4 RPG amtet entweder die Baurekurskommission oder der Regierungsrat; die Abgrenzung erfolgt durch Auslegung von § 329 PBG.

---

37 Früher war diesbezüglich der Regierungsrat zweite Rechtsmittelinstanz.

38 §§ 50 und 51 VRG.

39 § 329 Abs. 4 PBG.

40 § 2 lit. a und b PBG. Da das kantonale Recht gemäss Art. 33 Abs. 2 und 4 in Verbindung mit Art. 25a RPG ein einheitliches Rechtsmittel zur Verfügung stellen muss, mit dem der kommunale Planungsakt und die kantonale Genehmigung oder Nichtgenehmigung gleichzeitig angefochten werden können, entschied das Verwaltungsgericht am 29. Mai 1998 (BEZ 1998 Nr. 9), dass der förmliche Entscheid der Baudirektion oder des Regierungsrates über die Genehmigung bereits im Anschluss an den Planungsakt gleichzeitig mit diesem zu publizieren ist, damit schon die Baurekurskommission als erste Rechtsmittelinstanz über beides gemeinsam befinden kann.

IV. Eidgenössische Rechtsmittel

1. Gesetzliche Rechtsmittelordnung

Wegen der absoluten Subsidiarität der staatsrechtlichen Beschwerde (Art. 84 Abs. 2 OG) ist immer zuerst zu prüfen, ob Verwaltungsgerichtsbeschwerde an das Bundesgericht oder Verwaltungsbeschwerde an den Bundesrat erhoben werden kann; dabei geht die Verwaltungsgerichtsbeschwerde der Verwaltungsbeschwerde vor[41]. 10.37

Nach der *allgemeinen Rechtsmittelordnung* ist gegen Verfügungen, die sich auf Bundesverwaltungsrecht stützen und von einer in Art. 98 OG genannten Vorinstanz stammen, grundsätzlich die Verwaltungsgerichtsbeschwerde zu ergreifen[42]. Liegt ein Ausschlussgrund im Sinne von Art. 99 oder 100 OG vor, so steht jeweils die Verwaltungsbeschwerde an den Bundesrat offen[43]. Kann ein letztinstanzlicher kantonaler Entscheid weder mit Verwaltungsgerichtsbeschwerde noch mit Verwaltungsbeschwerde (oder einem andern Bundesrechtsmittel) angefochten werden, so ist allein die staatsrechtliche Beschwerde möglich[44]. Das trifft vor allem zu für die Anfechtung von kantonalen Normen sowie von Anordnungen, die sich auf selbständiges kantonales Recht stützen. 10.38

Diese allgemeine Rechtsmittelordnung gilt auf dem Gebiet des *Raumplanungs- und Baurechts* nur, soweit Anordnungen von *Bundes*behörden angefochten sind. Dagegen trifft Art. 34 RPG für *Anordnungen, die ein kantonales Verfahren durchlaufen*, eine *abweichende Rechtsmittelordnung*: Gegen Entscheide letzter kantonaler Instanzen kommt die Verwaltungsgerichtsbeschwerde nur in zwei Fällen zum Zug, nämlich wenn Entschädigungen als Folge von Eigentumsbeschränkungen (Art. 5 RPG) oder Ausnahmebewilligungen für Bauten und Anlagen ausserhalb der Bauzonen (Art. 24 RPG) streitig sind. Andere Entscheide letzter kantonaler Instanzen können nur mit staatsrechtlicher Beschwerde angefochten werden, selbst wenn nach der allgemeinen Rechtsmittelordnung die 10.39

41 Art. 74 lit. a VwVG.
42 Art. 97 ff. OG.
43 Art. 72 VwVG.
44 Art. 84 ff. OG.

Verwaltungsgerichtsbeschwerde oder die gänzlich wegfallende Verwaltungsbeschwerde an den Bundesrat gegeben wäre. Somit ergibt sich folgende Rechtsmittelordnung[45]:

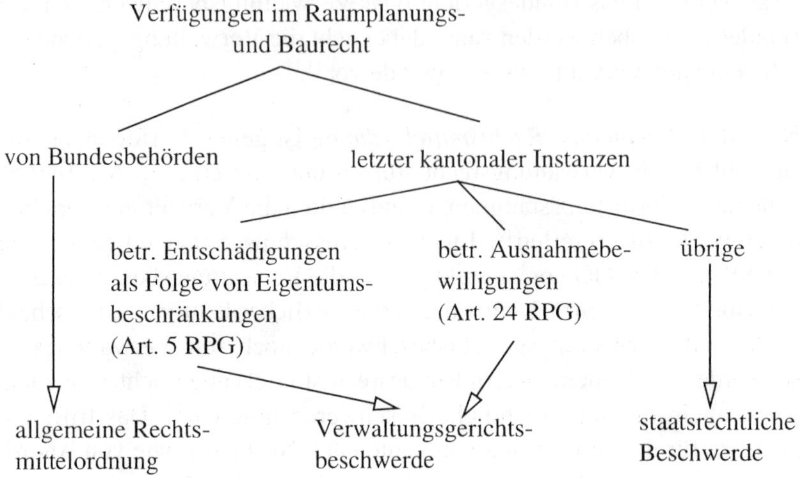

10.40 Der Grund für diese Umgestaltung der Rechtsmittelordnung liegt vor allem in den verfahrensrechtlichen Komplikationen, die die allgemeine Rechtsmittelordnung zur Folge gehabt hätte. Raumpläne beruhen regelmässig sowohl auf eidgenössischem als auch auf kantonalem Recht, und die Beantwortung der Frage, ob die Abstützung auf Raumplanungsrecht des Bundes oder auf selbständigem kantonalem Recht überwiegt, fällt schwer. Ferner ist die prozessuale Qualifizierung von Planungsakten als «Verfügungen» kontrovers. Schliesslich wirft die Anwendung der Ausschlussklausel von Art. 99 Abs. 1 lit. c OG heikle Rechtsfragen auf. Der Bundesgesetzgeber glaubte, alle diese Probleme elegant beiseite zu schieben, indem er die Zulässigkeit der Verwaltungsgerichtsbeschwerde auf

45 Vgl. HALLER/KARLEN, 234.

zwei Fälle limitierte und für die Anfechtung von Raumplänen allein die staatsrechtliche Beschwerde zuliess.

2. Rechtsschutzprobleme infolge der Verflechtung der Raumplanung mit andern Aufgaben

Die Raumplanung ist heute sehr eng mit andern Staatsaufgaben, vor 10.41
allem mit dem Umweltschutz, verflochten. Der Nutzungsplan erweist sich geradezu als «zentrales Vehikel zur Umsetzung auch umweltrechtlicher Aufgaben»[46]. Besonders deutlich ist der Zusammenhang zwischen Raumplanung und Umweltschutz im Bereich des Lärmschutzes, weil nach Art. 44 Abs. 1 der Lärmschutz-Verordnung[47] die Kantone bis spätestens Ende März 1997 dafür sorgen mussten, dass die Lärmempfindlichkeitsstufen den Nutzungszonen in den Baureglementen oder Nutzungsplänen der Gemeinden zugeordnet wurden[48].

Im Umweltrecht gilt indes die allgemeine Rechtsmittelordnung. Art. 54 10.42
Abs. 1 USG, Art. 67 GschG und Art. 46 Abs. 1 WaG verweisen sogar ausdrücklich darauf. Stützen sich Pläne oder baurechtliche Entscheide teils auf kantonales bzw. kommunales Recht und teils auf eidgenössisches Umweltrecht, so fragt sich, ob die allgemeine Rechtsmittelordnung oder die davon abweichende Regelung des Art. 34 RPG anwendbar sei. Im letzteren Fall würde der Rechtsschutz häufig verkürzt, vor allem weil für die staatsrechtliche Beschwerde eine engere Umschreibung der Beschwerdelegitimation gilt, im staatsrechtlichen Beschwerdeverfahren grundsätzlich nur Verfassungsverletzungen gerügt werden können und in einem nachgeordneten Baubewilligungsverfahren eine akzessorische Planüberprüfung nur ausnahmsweise verlangt werden kann. Die neuere bundesgerichtliche Praxis hat diesen Konflikt – jedenfalls soweit die Anfechtung von Planungsakten in Frage steht – durch eine eigentliche «Umgestaltung der gesetzlichen Rechtsmittelordnung» zu lösen versucht, indem sie anstelle der in Art. 34 Abs. 3 RPG vorgesehenen

46 So Pierre Tschannen, AJP 1996, 82.
47 SR 814.41.
48 Vgl. Klaus Vallender/Reto Morell, Umweltrecht, 1997, 193.

staatsrechtlichen Beschwerde in immer weitergehendem Umfang die Verwaltungsgerichtsbeschwerde zulässt[49].

3. Verwaltungsgerichtsbeschwerde[50]

a) Anwendungsbereich

10.43 Die Umbildung der Rechtsmittelordnung durch die Rechtsprechung des Bundesgerichts «stützt sich auf eine Vielzahl sukzessiv entwickelter Begründungselemente, die sich jedoch teilweise widersprechen und sich nicht zu einer kohärenten Argumentation zusammenfügen»[51]. Im Folgenden wird daher der Anwendungsbereich der Verwaltungsgerichtsbeschwerde im Sinne einer *Kasuistik* dargestellt, ausgehend von den beiden in Art. 34 Abs. 1 RPG ausdrücklich genannten Kategorien.

aa) Entschädigungen als Folge von Eigentumsbeschränkungen

10.44 Art. 34 Abs. 1 RPG verweist auf Art. 5 RPG. Insbesondere unterliegen letztinstanzliche Entscheide über *Entschädigungen aus materieller Enteignung* im Sinne von Art. 5 Abs. 2 RPG (z.B. als Folge von Auszonungen oder Nichteinzonungen) der Verwaltungsgerichtsbeschwerde[52]. Von Art. 24 Abs. 1 RPG nicht erfasst werden dagegen Fälle der *formellen Expropriation*, ausser wenn sie *mit einer materiellen Enteignung eng verknüpft* sind, was etwa im Zusammenhang mit der Ausübung von *Heimschlags- oder Zugrechten* der Fall sein kann[53].

10.45 Auch Streitigkeiten über den *Ersatz nutzlos gewordener Planungskosten* fallen unter Art. 34 Abs. 1 RPG[54]. Nicht gegeben ist die Verwaltungsgerichtsbeschwerde indes dort, wo im kantonalen Verfahren ausschliesslich

49 Vgl. KARLEN, 128.

50 Im Folgenden werden die für das Prozessieren in Bausachen wichtigen Fragen herausgegriffen. Eine umfassende Darstellung der Verwaltungsgerichtsbeschwerde findet sich bei PETER KARLEN, in: GEISER/MÜNCH.

51 KARLEN, 134.

52 BGE 116 Ib 237 f. E. 1b.

53 Vgl. Rz. 10.48.

54 BGE 117 Ib 498 ff. E. 7a.

Ansprüche aus verwaltungsrechtlichen Verträgen geltend gemacht worden sind[55].

Vom Bundesgericht noch nicht entschieden wurde, ob auch Entscheide über einen *Minderwertausgleich* im Sinne von Art. 5 Abs. 1 RPG mit Verwaltungsgerichtsbeschwerde anfechtbar sind[56]. Dafür spricht die umfassende Verweisung in Art. 34 Abs. 1 RPG, dagegen der Umstand, dass Art. 34 Abs. 1 RPG nur von «Entschädigungen» spricht, während Art. 5 RPG klar zwischen «Ausgleich» und «Entschädigungen» unterscheidet; zudem würde sich ein Minderwertausgleich primär auf kantonales öffentliches Recht stützen. 10.46

Ausgeschlossen ist die Verwaltungsgerichtsbeschwerde, wenn der Anspruch seinen Rechtsgrund *ausschliesslich* im kantonalen Recht hat, was z.B. für ein Heimschlagsrecht dann zutrifft, wenn es unabhängig vom Vorliegen einer materiellen Enteignung ausgeübt wurde[57]. Dagegen ist die Verwaltungsgerichtsbeschwerde gegeben, wenn das Heimschlagsrecht von einer materiellen Enteignung abhängt oder wenn der Heimschlag im Anschluss an eine Planungsmassnahme im Sinne des RPG erfolgt und umstritten ist, ob in dieser Massnahme eine materielle Enteignung liege und welche Entschädigung hiefür geschuldet sei[58]. Die Schaffung eines kantonalen Heimschlagsrechts ändert grundsätzlich nichts daran, dass der Entschädigungsanspruch aus Art. 5 Abs. 2 RPG ein bundesrechtlicher ist und durch kantonale Bestimmungen nicht geschmälert werden darf[59]. 10.47

Die Verwaltungsgerichtsbeschwerde ist immer dann zulässig, wenn im Zusammenhang mit einem Entschädigungsbegehren als Folge einer Eigentumsbeschänkung die *Verletzung von kantonalem Recht* geltend gemacht wird, *das in engem Zusammenhang mit einer materiellen Enteignung steht*. 10.48

55 BGE 122 I 332 f. E. 1b.

56 Allerdings betrachtete es in BGE 122 I 120 ff., wo eine Landumlegung zwecks Herstellung eines Realausgleichs im Sinne von Art. 5 Abs. 1 RPG angefochten war, ohne nähere Erörterung die staatsrechtliche Beschwerde als das zutreffende Rechtsmittel.

57 BGE 113 Ib 215 ff. E. 2a.

58 BGE 110 Ib 257 f. E. 1.

59 BGE 114 Ib 177 E. 3a.

Das gilt etwa für das Zugrecht gemäss zürcherischem Recht, das dem Gemeinwesen das Recht gibt, der Freihaltezone zugewiesene Grundstücke im Entschädigungsverfahren aus materieller Enteignung an sich zu ziehen, wenn die Entschädigungsforderung für die mit der Freihaltezone verbundene Eigentumsbeschränkung mehr als zwei Drittel des Verkehrswertes beträgt und das Gemeinwesen sich verpflichtet, das Land innert vier Jahren der Öffentlichkeit zugänglich zu machen oder dauernd seiner bisherigen besonderen Nutzung, deretwegen die Zuweisung zur Freihaltezone erfolgte, zu erhalten[60]. Durch die Anrufung des Zugrechts wird die materielle Enteignung zu einer formellen Enteignung der belasteten Liegenschaft ausgedehnt. Die formelle Enteignung erweist sich mit anderen Worten als Folge einer enteignungsgleich wirkenden planerischen Massnahme, und insoweit kommt die Verwaltungsgerichtsbeschwerde zum Zug[61]. Eine analoge Situation kann sich auch im Zusammenhang mit dem Heimschlagsrecht ergeben[62].

bb) Ausnahmebewilligungen für Bauten und Anlagen ausserhalb der Bauzonen

10.49 Art. 34 Abs. 1 RPG verweist auf Art. 24 RPG, der festsetzt, unter welchen Voraussetzungen nicht zonenkonforme Bauten und Anlagen ausserhalb der Bauzonen bewilligt werden dürfen. Gemäss Art. 24 Abs. 2 RPG kann das kantonale Recht innerhalb des bundesrechtlich festgelegten Rahmens Bauvorhaben, die einen bestehenden Zustand weiterführen, an weniger strenge Voraussetzungen (vor allem Verzicht auf «Standortgebundenheit») knüpfen. Schon von Anfang an war klar, dass Art. 34 Abs. 1 RPG auch diese *erleichterte Ausnahmebewilligung* erfasst, mithin die Verletzung kantonalen Rechts im Anwendungsbereich von Art. 24 Abs. 2 RPG ebenfalls mit Verwaltungsgerichtsbeschwerde zu rügen ist[63].

10.50 Das Bundesgericht lässt ferner die Verwaltungsgerichtsbeschwerde zur Geltendmachung der Rüge zu, es sei *Art. 24 RPG zu Unrecht nicht angewendet worden*, z.B. indem die Zonenkonformität bejaht[64] oder die Bewilligungspflicht – etwa im Fall eines Bauvorhabens des Bundes – überhaupt verneint wurde[65].

---

60 § 43a des zürcherischen Planungs- und Baugesetzes.

61 ZBl 1993, 256 E. 2e/cc.

62 Vgl. zur Verknüpfung zwischen materieller und formeller Enteignung auch BGE 114 Ib 115 E. 1a; 112 Ib 516 E. 1a.

63 BGE 112 Ib 96.

64 BGE 114 Ib 132 f. E. 2; 112 Ib 271 f. E. 1a.

65 ZBl 1985, 316 E. 1 betreffend Waffenplatz Rothenthurm.

Eine Verletzung von Art. 24 RPG durch Nichtanwendung wird auch gerügt, wenn im Rahmen der Anfechtung eines Nutzungsplans eingewendet wird, dass durch die *Planfestsetzung für ein bestimmtes Vorhaben («projektbezogene Nutzungsplanung») die Regelung über Ausnahmebewilligungen ausserhalb der Bauzonen umgangen* worden sei[66]. Diese Rüge ist im Rahmen der Verwaltungsgerichtsbeschwerde zu prüfen[67]. Soweit für das in Frage stehende Projekt eine Planungspflicht besteht und Art. 24 RPG gerade keine Anwendung findet, ist auf die Verwaltungsgerichtsbeschwerde (bei Vorliegen auch der übrigen Voraussetzungen) zwar einzutreten, sie ist aber in der Regel ohne weiteres abzuweisen. In den anderen Fällen ist dagegen näher zu prüfen, ob Art. 24 RPG umgangen worden sei[68]. 10.51

cc) Raumpläne

Der Anfechtung von Raumplänen mit Verwaltungsgerichtsbeschwerde scheinen drei Hindernisse im Weg zu stehen: die Beschränkung des Anfechtungsobjekts auf Verfügungen (Art. 97 OG), die Erwähnung der Pläne im Negativkatalog (Art. 99 Abs. 1 lit. c OG) sowie Art. 34 RPG, der unter Vorbehalt der vorstehend erörterten beiden Kategorien (Entschädigungen als Folge von Eigentumsbeschränkungen, Ausnahmebewilligungen nach Art. 24 RPG) für den Weiterzug letztinstanzlicher kantonaler Entscheidungen ans Bundesgericht einzig die staatsrechtliche Beschwerde vorsieht. 10.52

Die erwähnte Verflechtung der Raumplanung mit dem Umweltschutz in Verbindung mit dem Umstand, dass vor allem Sondernutzungspläne – manchmal auch Rahmennutzungspläne, ja sogar Richtpläne – projektbezogene Anordnungen enthalten, die funktional weitgehend einer Verfügung entsprechen, hat zu einer *sukzessiven Ausweitung der Verwal-* 10.53

66 Vgl. zum Verhältnis zwischen Planung und Ausnahmebewilligung PETER KARLEN, Planungspflicht und Grenzen der Planung, ZBJV 1994, 117 ff.; PETER HEER, Die raumplanungsrechtliche Erfassung von Bauten und Anlagen im Nichtbaugebiet, unter besonderer Berücksichtigung von Nutzungsplan und Ausnahmebewilligung und ihrer Abgrenzung, 1995.

67 BGE 123 II 291 E. 1c; ZBl 1997, 232 E. 3.

68 BGE 117 Ib 11 ff. E. 2b.

tungsgerichtsbeschwerde geführt, der immer weitere Planungsinhalte unterstellt worden sind.

10.54 Formal erfolgt dabei eine etwas künstlich anmutende *Aufteilung des Raumplanes in einen planungsrechtlichen Teil*, dem kantonalrechtliche Natur beigemessen wird, *und in einen verfügungsgleichen Teil*, der – soweit er sich auf Bundesverwaltungsrecht (ausserhalb des Raumplanungsrechts) stützt – mit Verwaltungsgerichtsbeschwerde anfechtbar ist[69]. Bezüglich des Verfügungsteils kommt die Ausschlussklausel von Art. 99 Abs. 1 lit. c OG nicht zum Zug, da es hier um spezifische Anordnungen geht, die bereits Elemente einer künftigen baulichen Gestaltung enthalten[70]. Entscheidend ist, ob der Verfügungsteil Gegenstand einer Verwaltungsgerichtsbeschwerde bilden könnte, wenn er separat erlassen und nicht in den Plan integriert worden wäre. Wann Planfestlegungen verfahrensmässig als Verfügungen im Sinne von Art. 5 VwVG zu behandeln sind, wird zwar nicht einheitlich beantwortet, doch hat die Praxis in zunehmendem Mass Verfügungsanteile entdeckt, die der Verwaltungsgerichtsbeschwerde unterliegen[71].

10.55 Die Etappen der bundesgerichtlichen Rechtsprechung werden im Folgenden – in enger Anlehnung an die von PETER KARLEN unterschiedenen Fallkonstellationen – skizziert[72].

10.56 Mit Verwaltungsgerichtsbeschwerde angefochten werden können *bundesverwaltungsrechtliche Inhalte projektbezogener Natur in Nutzungsplänen.* Es geht dabei um Festlegungen, die sich auf Bundesrecht ausserhalb des Raumplanungsrechts stützen oder stützen sollten und die «anlagebezogen derart detaillierte und verbindliche Anordnungen tref-

---

69 Illustrativ BGE 118 Ib 14 E. 2c.

70 BGE 115 Ib 507.

71 Vgl. PIERRE TSCHANNEN, AJP 1996, 82, der – etwas überspitzt – formuliert: «Wem juristische Fantasie kein Fremdwort ist, der dürfte in Zukunft keine Schwierigkeiten haben, hinter jedem Nutzungsplan einen bundesverwaltungsrechtlichen Verfügungsanteil auszumachen, der die Verwaltungsgerichtsbeschwerde freisetzt und in dessen Windschatten sich alsdann auch die planungsrechtlichen Aspekte des Plans in das Verfahren der Verwaltungsgerichtsbeschwerde heben lassen; im Grunde reicht hierfür schon die *Behauptung*, der Plan hätte sich recht besehen auch auf eidgenössisches Umweltrecht stützen müssen.»

72 Vgl. KARLEN, 130 ff.

fen, dass allfällig nachfolgende Bewilligungsverfahren weitgehend präjudiziert sind oder gar überflüssig werden»[73]. Solche Anordnungen kommen in ihrer Funktion Verfügungen gleich. Die dadurch Betroffenen müssen sich dagegen wie gegen eine entsprechende Anordnung in Verfügungsform wehren können. Derartige Festlegungen finden sich in erster Linie in Sondernutzungsplänen (Quartier- und Gestaltungspläne, Überbauungsordnungen, Pläne für Materialgewinnung oder Deponien), doch können auch Rahmennutzungspläne konkrete Regelungen für ein bestimmtes Projekt enthalten.

Nach der *Rechtsprechung* sind beispielsweise folgende Anordnungen mit Verwaltungsgerichtsbeschwerde anfechtbar: 10.57

- Ein kantonaler Sondernutzungsplan, der die Ausführung einer Deponie abschliessend regelt und detaillierte Festlegungen hinsichtlich Rodungen, Anlage des Kanalisations- und Strassennetzes sowie bauliche Anlagen enthält[74];
- ein Strassenplan, mit dessen rechtskräftiger Genehmigung zugleich die Baubewilligung erteilt wird[75];
- eine Überbauungsordnung, die die planungsrechtlichen Grundlagen für die Erweiterung eines Golfplatzes legt und dabei ein Flachmoorgebiet tangiert[76];
- ein Gestaltungsplan mit Sonderbauvorschriften, der bereits die wesentlichen Elemente einer Kiesabbaubewilligung mit Rekultivierungspflicht enthält sowie die Zufahrten zur Kiesgrube und die Wegfahrten ordnet[77];
- die Ausscheidung einer Materialablagerungszone in einem Rahmennutzungplan, die zahlreiche Elemente (Bedarf, Abfallart, Standort, weitere Auflagen) für eine Inertstoffdeponie verbindlich festlegt[78].

Seit einer im Jahr 1994 erfolgten Weiterentwicklung der Praxis kann auch die *generelle Zuordnung von Lärmempfindlichkeitsstufen in Nutzungsplänen* mit Verwaltungsgerichtsbeschwerde ans Bundesgericht weitergezogen werden[79]. Damit wird der Begriff der anfechtbaren Verfügung 10.58

73 BGE 119 Ia 290 E. 3c.
74 BGE 115 Ib 507.
75 BGE 116 Ib 163.
76 BGE 118 Ib 14 f. E. 2.
77 BGE 118 Ib 71. Dabei betont das Bundesgericht einmal mehr, dass der Ausschlussgrund von Art. 99 Abs. 1 lit. e OG (Bau- oder Betriebsbewilligung für technische Anlagen) nicht Platz greife, da diese Norm das technische Funktionieren einer Anlage und nicht deren umweltschutzrechtliche Auswirkungen betreffe.
78 ZBl 1995, 521 f. E. 2c.
79 BGE 120 Ib 292 ff. E. 3, bestätigt in BGE 121 II 237 E. 1 und ZBl 1996, 407 f. E. 1a. Gemäss früherer Praxis wurde nur die übergangsrechtlich, in Art. 44 Abs. 3 der

erheblich ausgeweitet. Anstatt wie bis anhin einen mit Verwaltungsgerichtsbeschwerde anfechtbaren verfügungsmässigen Teil aus dem Plan herauszulösen, wird, wenigstens im Ergebnis, der Planungsakt selber – die Zuordnung der Empfindlichkeitsstufen zu den einzelnen Nutzungszonen – als Anfechtungsobjekt anerkannt. Freilich unternimmt das Bundesgericht einen wenig überzeugenden Versuch, die Zuordnung der Empfindlichkeitsstufen ausserhalb der Raumplanung zu stellen (obwohl die Lärmschutz-Verordnung Raumplanung und Lärmschutz miteinander verknüpft); zudem wird dem Ausschlussgrund von Art. 99 Abs. 1 lit. c OG mit der Behauptung, er beziehe sich nicht auf die Festsetzung von Nutzungsplänen, ausgewichen[80].

10.59 In verschiedenen Urteilen werden auch andere vom Bundesverwaltungsrecht (ausserhalb des Raumplanungsrechts) mitbestimmte Raumpläne oder Planinhalte der Verwaltungsgerichtsbarkeit unterstellt, z.B. eine im Nutzungsplan ausgeschiedene Kiesabbauzone[81], Grundwasserschutzzonen nach Art. 20 GSchG[82], oder die Festsetzung von Sicherheitszonen um Flugfelder im Rahmen der Nutzungsplanung[83].

10.60 Einen weiteren Meilenstein auf dem Weg zur Umgestaltung der für Raumpläne getroffenen gesetzlichen Rechtsmittelordnung stellt der Entscheid im Fall Schänis dar, in dem das Bundesgericht davon ausging, dass im Rahmen der Verwaltungsgerichtsbeschwerde auch alle planungsrechtlichen Rügen erhoben werden können, «soweit das Planungsrecht hier sachnotwendig mit dem Umweltschutzrecht zusammenhängt»[84]. Seither sind mit der Verwaltungsgerichtsbeschwerde nicht nur diejenigen Rügen zu erheben, die sich spezifisch auf Bundesverwaltungsrecht ausserhalb des Raumplanungsrechts beziehen, sondern es können auch *Einwendungen raumplanerischer Art vorgebracht werden, soweit sie mit dem übrigen Bundesverwaltungsrecht, insbesondere dem Umweltrecht,*

Lärmschutz-Verordnung vorgesehene Zuordnung einer Empfindlichkeitsstufe im Einzelfall als anfechtbare Verfügung betrachtet, nicht aber die generelle Festsetzung in einem Rahmennutzungsplan.

80 BGE 120 Ib 296 ff.

81 BGE 123 II 91.

82 BGE 121 II 42 f. E. 2b.

83 ZBl 1996, 417 E. Ia.

84 BGE 121 II 77 E. 1 f.

sachnotwendig zusammenhängen. KARLEN fasst die praktischen Konsequenzen der neuen Praxis wie folgt zusammen:

«Wer sich wegen befürchteter übermässiger Lärmimmissionen gegen die Ausscheidung einer Industriezone wehren will, hat somit neu nicht nur sämtliche lärmschutzrechtlichen Einwände, sondern sogar auch die damit verknüpften planungsrechtlichen Vorwürfe etwa bezüglich Ausnützung und Erschliessung – und damit fast überhaupt alle möglichen Rügen – auf dem verwaltungsgerichtlichen Beschwerdeweg vorzubringen[85].»

Da auch *Richtpläne* konkrete, auf Umweltrecht abgestützte Festlegungen, z.B. die Bezeichnung eines Deponiestandortes, enthalten können, fragt sich, ob insoweit die Adressaten des (bloss behördenverbindlichen) Richtplans sich nicht mit Verwaltungsgerichtsbeschwerde dagegen wehren müssen. Das Bundesgericht hat diese Frage neuerdings angesprochen, ohne sie klar zu beantworten[86]. 10.61

dd) Baurechtliche Entscheide

Auch Entscheide über Baubewilligungen, die nicht auf Grund von Art. 24 RPG zu treffen sind, können Gegenstand einer Verwaltungsgerichtsbeschwerde bilden. Das hängt damit zusammen, dass sich kantonale Baubewilligungsentscheide häufig teilweise auch auf Bundesverwaltungsrecht ausserhalb des Raumplanungs- und Baurechts stützen, wobei – wie bei Nutzungsplänen – vorab die Verflechtung mit dem Umweltrecht grosse praktische Bedeutung hat. Soweit sich ein letztinstanzlicher kantonaler Baubewilligungsentscheid auf umweltrechtliche Normen (z.B. USG und Ausführungsverordnungen, GschG, WaG) stützt, ist die Verwaltungsgerichtsbeschwerde – vorbehaltlich von Ausschlussgründen im Sinne von Art. 99 oder 100 OG – das zulässige Rechtsmittel. Denn Art. 34 Abs. 3 RPG bezieht sich grundsätzlich nur auf die gerichtliche Kontrolle der Anwendung des nominalen Raumplanungs- und Baurechts[87]. 10.62

Stützt sich ein letztinstanzlicher kantonaler Entscheid teils auf Bundesrecht im umschriebenen Sinn (einschliesslich unselbständiges kantonales 10.63

85 KARLEN, 132.

86 BGE 121 II 432. In BGE 119 Ia 291 ff. E. 3e wurde die Anfechtbarkeit eines Versorgungsplans auf dem Verwaltungsrechtsweg noch klar verneint.

87 Vgl. BGE 117 Ib 139 E. 1b; 115 Ib 385 f. E. 1a; 114 Ib 217 und 347 ff. E. 1.

Ausführungsrecht dazu), teils auf kantonales Baurecht, dem neben dem bundesrechtlichen Umweltschutzrecht selbständige Bedeutung zukommt (sogenannte «gemischt-rechtliche Verfügung»), so tritt eine Verzweigung des Rechtsweges ein; in solchen Fällen ist gleichzeitig Verwaltungsgerichtsbeschwerde und staatsrechtliche Beschwerde zu erheben[88].

10.64 Bei baurechtlichen Entscheidungen hat ebenfalls eine teilweise Verdrängung der staatsrechtlichen Beschwerde durch die Verwaltungsgerichtsbeschwerde stattgefunden. Vor allem sind nach neuerer Praxis auch Verfügungen mit Verwaltungsgerichtsbeschwerde anzufechten, die sich auf selbständiges kantonales Recht stützten, soweit sie einen «hinreichend engen Zusammenhang mit der im Rahmen der Verwaltungsgerichtsbeschwerde zu beurteilenden Frage des Bundesverwaltungsrechts aufweisen»[89].

10.65 Zwei Beispiele mögen den erweiterten Anwendungsbereich der Verwaltungsgerichtsbeschwerde beleuchten:

- Gegen die Bewilligung eines UVP-pflichtigen Verwaltungskomplexes mit Parkplätzen hatte sich der Verkehrsclub der Schweiz gewehrt und dabei unter anderem eine ungenügende Erschliessung des Baugeländes durch den öffentlichen Verkehr und das öffentliche Strassennetz geltend gemacht. Das Bundesgericht liess auch diese Rüge im Verfahren der Verwaltungsgerichtsbeschwerde zu, weil die durch § 237 des zürcherischen Planungs- und Baugesetzes geregelte strassenmässige Erschliessung in engem Sachzusammenhang mit der Umweltverträglichkeit des Projektes stand[90].
- Auch die Zulässigkeit einer ordentlichen Baubewilligung für einen Forstwerkhof im Wald ist ausschliesslich im Rahmen der Verwaltungsgerichtsbeschwerde zu prüfen, weil die neben dem Waldgesetz und der Waldverordnung ebenfalls anwendbaren baurechtlichen Normen in einem engen Sachzusammenhang zu den waldrechtlichen Bestimmungen stehen. Das Bundesgericht prüft hier nicht nur, ob die Baute mit der im Wald geltenden Nutzungsordnung vereinbar sei, sondern auch baurechtliche Fragen, die sich in diesem Zusammenhang stellen[91].

10.66 Mit Verwaltungsgerichtsbeschwerde überprüfbar ist auch die Anwendung von selbständigem kantonalen Verfahrensrecht, das in engem Zusammenhang mit dem Bundesrecht, z.B. mit der durch Bundesrecht gebotenen materiellen und formellen Koordination, steht[92]. Hier gilt es

88 Vgl. Rz. 10.98.
89 BGE 123 II 361.
90 BGE 123 II 349 f. E. 5a.
91 BGE 123 II 501 f. E. 1a.
92 BGE 118 Ib 393 E. 2 b/dd.

zu verhindern, dass durch mangelhafte kantonale Regelungen Bundesrecht vereitelt wird.

b) *Beschwerdegründe*

Mit der Verwaltungsgerichtsbeschwerde kann die *Verletzung von Bundesrecht* gerügt werden[93]. Damit ist nicht nur Bundesverwaltungsrecht gemeint, sondern das Bundesrecht insgesamt. Dazu zählen auch die von den Kantonen zum Vollzug von Bundesrecht erlassenen Ausführungsvorschriften, soweit ihnen keine selbständige Bedeutung zukommt[94]. Eine Verletzung von Bundesverfassungsrecht, z.B. der Eigentumsgarantie nach Art. 22ter BV, ist ebenfalls mit Verwaltungsgerichtsbeschwerde geltend zu machen, soweit die Rüge der Verfassungsverletzung eine Angelegenheit betrifft, die in die Sachzuständigkeit der eidgenössischen Verwaltungsrechtspflegeinstanz fällt[95]. In solchen Fällen übernimmt die Verwaltungsgerichtsbeschwerde die Funktion der staatsrechtlichen Beschwerde. 10.67

Soweit die *Auslegung und Anwendung von selbständigem kantonalem Recht* wegen des engen Sachzusammenhangs mit dem Bundesverwaltungsrecht ebenfalls im Rahmen der Verwaltungsgerichtsbeschwerde zu überprüfen ist, richtet sich die Kognition des Bundesgerichts nach den bei der staatsrechtlichen Beschwerde geltenden Grundsätzen[96]. 10.68

Eine *Überprüfung der Sachverhaltsfeststellung* ist *nur sehr beschränkt möglich*, wenn richterliche Behörden als Vorinstanzen entschieden haben, was inskünftig im Hinblick auf den neuen Art. 98a OG auf dem Gebiet des Raumplanungs- und Baurechts (im Falle der Weiterziehbarkeit kantonaler Entscheide mit Verwaltungsgerichtsbeschwerde) regelmässig zutreffen wird. Das Bundesgericht darf Sachverhaltsfeststellungen eines Gerichts nur korrigieren, wenn sie «offensichtlich unrichtig, unvollständig oder unter Verletzung wesentlicher Verfahrensbestimmungen» erfolgt sind[97]. 10.69

---

93 Art. 104 lit. a OG.
94 BGE 111 Ib 153 f. E. 1a.
95 BGE 123 II 291 E. 1c; 119 Ib 382 E. 1b.
96 BGE 118Ib 393; ZBl 1993, 256.
97 Art. 105 Abs. 2 OG.

10.70 Überschreitung, Unterschreitung oder Missbrauch des Ermessens stellen ebenfalls Rechtsverletzungen dar. Eine darüber hinausgehende Ermessenskontrolle findet nur in Ausnahmefällen statt[98]. Freilich sind die Grenzen zwischen Rechts- und Ermessensfragen fliessend, vor allem dort, wo die – im Baurecht häufig anzutreffenden – *unbestimmten Gesetzesbegriffe* (wie «hinreichende Zufahrt», «besondere Verhältnisse», «befriedigende Gesamtwirkung») zu konkretisieren sind[99]. In solchen Fällen übt das Bundesgericht bei der Rechtskontrolle Zurückhaltung, vor allem wenn die Vorinstanz mit den örtlichen Verhältnissen besser vertraut ist oder über technische Kenntnisse verfügt, die dem Bundesgericht abgehen[100].

c) *Beschwerdelegitimation*

10.71 Gemäss Art. 103 lit. a OG ist zur Verwaltungsgerichtsbeschwerde berechtigt, «wer durch die angefochtene Verfügung berührt ist und ein schutzwürdiges Interesse an deren Aufhebung oder Änderung hat». Dabei geht es «nicht um kumulative Anforderungen, da ein schutzwürdiges Interesse ohne ein gleichzeitiges Berührtsein nicht denkbar ist»[101].

10.72 Das *schutzwürdige Interesse* kann *rechtlicher* oder auch bloss *tatsächlicher* Natur sein. Anders als bei der staatsrechtlichen Beschwerde kommt es also nicht darauf an, ob die als verletzt bezeichnete Norm (auch) dazu bestimmt ist, den Beschwerdeführer zu schützen. Allerdings muss dieser durch den angefochtenen Entscheid *stärker als jedermann betroffen* sein und in einer *besonderen, beachtenswerten, nahen Beziehung zur Streitsache* stehen. Zusätzlich setzt die Beschwerdebefugnis in der Regel voraus, dass der Beschwerdeführer an der Aufhebung oder Änderung des angefochtenen Entscheids im Zeitpunkt der Urteilsfällung ein *aktuelles praktisches Interesse* hat; eine erfolgreiche Beschwerde muss ihm mit anderen Worten einen praktischen Nutzen eintragen.

---

98 Art. 104 lit. c OG. Im Raumplanungs- und Baurecht ist diese Bestimmung ohne praktische Bedeutung.

99 Vgl. WALTER HALLER, in: BV-Kommentar, Art. 114bis Rz. 81 f.

100 BGE 121 II 384 E. 1e/bb; 119 Ib 265 E. 2b.

101 KARLEN, in: GEISER/MÜNCH, Rz. 3.35.

Die Rechtsprechung anerkennt neben den *Verfügungsadressaten* einem weiten Kreis von Personen – sogenannten *Drittbetroffenen* – ein schutzwürdiges Interesse zu. Im Baurecht ist die *Nachbarbeschwerde* sehr verbreitet. Wann der «Nachbar» (genauer: der in der Nachbarschaft Wohnende) stärker als «jedermann» betroffen ist und eine besondere Beziehungsnähe zur Streitsache beanspruchen kann, lässt sich nicht allgemeingültig umschreiben, sondern bedarf der Wertung im Einzelfall. Bei grossen Anlagen wie Abfalldeponien oder Kiesgruben kann sich die Beschwerdebefugnis auf eine erhebliche Anzahl von Personen erstrekken, soweit das strittige Projekt spezifische Auswirkungen (z.B. Lärmimmissionen durch Lastwagenverkehr) auf ihr Grundstück hat[102]. 10.73

Ein engeres Verständnis des Berührtseins in schützenswerten Interessen kommt bei *Konkurrentenbeschwerden* zum Tragen, z.B. wenn die Betreiberin einer Sportanlage die Erweiterung einer Freizeitanlage durch einen andern verhindern möchte[103]. 10.74

Die *Behördenbeschwerde* ist in weitem Umfang zulässig. Gemäss Art. 103 lit. b OG in Verbindung mit Art. 27 Abs. 3 der Raumplanungsverordnung vom 2. Oktober 1989[104] ist das *Bundesamt für Raumplanung* zur Verwaltungsgerichtsbeschwerde an das Bundesgericht legitimiert; Verfügungen, gegen welche die Verwaltungsgerichtsbeschwerde zulässig ist, sind dem Bundesamt für Raumplanung sofort und unentgeltlich mitzuteilen. Ferner sind *Kantone* und *Gemeinden* nach Art. 103 lit. c OG in Verbindung mit Art. 34 Abs. 2 RPG zur Beschwerde berechtigt[105]. 10.75

In all diesen Fällen handelt es sich um ein sogenanntes *abstraktes Beschwerderecht*, d.h. es braucht kein spezifisches öffentliches Interesse an der Beschwerdeerhebung nachgewiesen zu werden. Das Bundesamt für Raumplanung soll in die Lage versetzt werden, die richtige und rechtsgleiche Anwendung des Bundesrechts durch die Kantone sicherzustellen[106]. Kantone und Gemeinden sollen nicht nur dort, wo sie wie Private 10.76

102 Einen guten Überblick über die Praxis vermitteln BGE 121 II 174 f. E. 2b und c sowie 177 ff. E. 2. Vgl. ferner die Beispiele bei Karlen, in: Geiser/Münch, Rz. 3.42.

103 Beispiel: BGE 109 Ib 198 ff.

104 SR 700.1

105 Anwendungsfälle: BGE 118 Ib 198 f. E. 1; 113 Ib 370 f. E. 1b.

106 Vgl. BGE 113 Ib 221 E. 1b.

betroffen sind, sondern auch zur Durchsetzung öffentlicher Interessen Beschwerde führen können.

10.77 Die Beschwerdeführung durch einen Nachbarkanton oder eine Nachbargemeinde eines Bauvorhabens ist möglich, setzt jedoch das Vorliegen eines schutzwürdigen Interesses im Sinne von Art. 103 lit. a OG voraus[107].

10.78 Verschiedene Bundesgesetze sehen im Sinne von Art. 103 lit. c OG eine *ideelle Verbandsbeschwerde* vor, wobei die Legitimation jeweils von der Erfüllung bestimmter Voraussetzungen (wie statutarische Zielsetzung und Bedeutung der Organisation, Geltendmachung spezifischer, im Gesetz bezeichneter öffentlicher Interessen) abhängig gemacht wird. Von besonderer Bedeutung für die Beachtung von Art. 24 RPG sowie des Umweltrechts bei UVP-pflichtigen Projekten sind dabei Art. 12 und 12a NHG sowie Art. 55 USG. Gemäss der 1996 in Kraft getretenen Revision dieser Normen haben sich die ideellen Organisationen bereits als Parteien am Einspracheverfahren zu beteiligen, sofern ein solches Verfahren vorgesehen ist; ansonsten müssen sie sich nach Veröffentlichung der erstinstanzlichen Verfügung, die ihnen mitzuteilen ist, in das Verfahren einschalten[108].

10.79 Zur Verwaltungsgerichtsbeschwerde legitimiert sind jeweils nur gesamtschweizerische Organisationen. Allerdings können im kantonalen Verfahren ihre örtlichen und regionalen Sektionen in eigenem Namen als Parteien auftreten; die Weiterführung des Rechtsmittelverfahrens vor Bundesgericht ist jedoch Sache der gesamtschweizerischen Vereinigung[109].

107 Vgl. SPÜHLER, 114.
108 Siehe auch oben Rz. 9.32.
109 BGE 123 II 293.

4. Staatsrechtliche Beschwerde[110]

a) *Anwendungsbereich*

Die staatsrechtliche Beschwerde ist gemäss Art. 84 Abs. 2 OG *absolut subsidiär*, d.h. sie kommt nur zum Zug, wenn kein anderes bundesrechtliches Rechtsmittel gegeben ist. Parallel zur Ausweitung des Anwendungsbereichs der Verwaltungsgerichtsbeschwerde hat die Bedeutung der staatsrechtlichen Beschwerde bei der Anfechtung von Raumplänen und Baubewilligungen abgenommen. 10.80

Als Mittel, um eine gerichtliche Kontrolle *kantonaler baurechtlicher Normen* auf ihre Verfassungsmässigkeit hin herbeizuführen, ist die staatsrechtliche Beschwerde nach wie vor das einzige zur Verfügung stehende Bundesrechtsmittel[111]. 10.81

Bei *Raumplänen* kommt die staatsrechtliche Beschwerde zum Zug, soweit sie auf (eidgenössischem oder kantonalem) Raumplanungsrecht oder selbständigem kantonalen Umweltschutzrecht beruhen und nicht Einwendungen erhoben werden, die mit dem Bundesumweltrecht (oder anderem Bundesverwaltungsrecht ausserhalb des Raumplanungsrechts) sachnotwendig zusammenhängen[112]. Immer ist zuerst zu prüfen, welche Rügen auf dem verwaltungsgerichtlichen Beschwerdeweg vorzubringen sind; für das, was übrigbleibt, fällt nur noch die staatsrechtliche Beschwerde in Betracht. 10.82

Nutzungspläne sind nach Art. 26 RPG durch eine kantonale Behörde zu genehmigen. Sie werden erst mit der *Genehmigung* rechtsverbindlich. Daher sind Rechtsmittelentscheide, die vor der Genehmigung eines Nutzungsplans ergehen, mit staatsrechtlicher Beschwerde nicht anfechtbar[113]. Da der Genehmigungsentscheid oft nur im Amtsblatt 10.83

110 Vgl. zur staatsrechtlichen Beschwerde vor allem die Werke von WALTER KÄLIN und KARL SPÜHLER, ferner MARC FORSTER, in: GEISER/MÜNCH; HALLER, in: BV-Kommentar, Art. 113 Rz. 39 ff.; RHINOW/KOLLER/KISS, § 26.

111 Anwendungsfall: BGE 119 Ia 348 ff. betreffend Verfassungsmässigkeit eines Gesetzes, das die Enteignung der Nutzung von missbräuchlich leergelassenen Wohnungen ermöglichte.

112 BGE 123 II 361 E. 1a/aa; 115 Ib 385 f. E. 1a.

113 BGE 118 Ia 168 f. E. 2, unter Hinweis auf die abweichende Praxis hinsichtlich der

publiziert wird und die dreissigtägige Frist für die staatsrechtliche Beschwerde damit zu laufen beginnt, sollten Bauanwälte das Amtsblatt studieren.

10.84 Wird die Genehmigung von der zuständigen kantonalen Instanz verweigert, so liegt verfahrensrechtlich ein Zwischenentscheid vor, der nur unter den Voraussetzungen von Art. 87 OG anfechtbar ist[114]. Ein Privater kann einen Nichtgenehmigungsentscheid im Allgemeinen nicht mit staatsrechtlicher Beschwerde anfechten[115].

10.85 Private können im Rahmen der Anfechtung von Nutzungsplänen auch den diesen zugrunde liegenden *Richtplan akzessorisch anfechten*[116]. Gemeinden können dagegen nur ausnahmsweise – analog den für die akzessorische Anfechtung von Nutzungsplänen durch Grundeigentümer entwickelten Regeln[117] – eine vorfrageweise Überprüfung des Richtplans herbeiführen[118].

10.86 *Baurechtliche Entscheide* einer kantonalen Instanz können gemäss den Vorstellungen, die Art. 34 Abs. 3 RPG zugrunde liegen, letztinstanzlich nur mit staatsrechtlicher Beschwerde angefochten werden. Indes hat auch hier – wie bei den Raumplänen – eine Umgestaltung der Rechtsmittelordnung stattgefunden, vor allem weil sich viele Entscheide betreffend Erteilung oder Verweigerung von Baubewilligungen teils auf Umweltschutzrecht des Bundes stützen und die Rügen der Verletzung solchen Rechts gemäss Art. 54 USG nach den allgemeinen Rechtsmittelbestimmungen des OG und des VwVG zu beurteilen sind. Soweit ein baurechtlicher Entscheid auf Bundesverwaltungsrecht (ausserhalb des Raumplanungsrechts) beruht, ist er mit Verwaltungsgerichtsbeschwerde anfechtbar. In diesem Verfahren sind auch auf unselbständiges kantonales Ausführungsrecht zum Bundesrecht gestützte Anordnungen zu überprüfen, ferner auf übrigem kantonalen Recht beruhende Anord-

---

damals geltenden Zürcher Regelung. Nach neuem Recht muss aber der Genehmigungsentscheid vorliegen, bevor ein kantonales Rechtsmittel ergriffen wird.

114 BGE 116 Ia 198 ff. E. 1b und 445 f. E. 1b und c.

115 BGE 116 Ia 446 E. 1c.

116 BGE 113 Ib 302.

117 Vgl. Rz. 10.88.

118 BGE 111 Ia 131 f. E. 3e.

nungen, die einen hinreichend engen Sachzusammenhang mit den im verwaltungsgerichtlichen Beschwerdeverfahren zu beurteilenden Fragen des Bundesverwaltungsrechts (vor allem des Bundesumweltschutzrechts) aufweisen. Soweit dem angefochtenen Entscheid dagegen selbständiges kantonales Recht ohne den genannten engen Sachzusammenhang zum Bundesverwaltungsrecht zugrunde liegt, steht ausschliesslich die staatsrechtliche Beschwerde zur Verfügung[119]. In solchen Fällen tritt eine «Verzweigung» oder «Gabelung» des Rechtsmittelwegs ein.[120]

Ein positiver *Vorentscheid* über die Bewilligungsfähigkeit eines Bauvor- 10.87
habens stellt nach Auffassung des Bundesgerichts nicht einen Endentscheid im Sinne von Art. 87 OG dar[121]. Dagegen gilt ein negativer Vorentscheid, mit dem ein Baugesuch endgültig abgewiesen wird, als Endentscheid[122].

Eine *akzessorische Anfechtung von Nutzungsplänen*, auf die sich der 10.88
unmittelbar angefochtene baurechtliche Entscheid stützt, ist (im Verfahren der staatsrechtlichen Beschwerde und der Verwaltungsgerichtsbeschwerde) nur zulässig, wenn sich der Betroffene bei Planerlass noch nicht über die ihm auferlegten Beschränkungen Rechenschaft geben konnte und er im damaligen Zeitpunkt keine Möglichkeit hatte, seine Interessen wahrzunehmen, oder wenn sich die Verhältnisse seit der Planfestsetzung grundlegend geändert haben[123]. Dieselbe Beschränkung gilt auch hinsichtlich der vorfrageweisen Überprüfung von Normen der Bauordnung, die lediglich dazu dienen, Art, Natur und Umfang der im Zonenplan kartographisch dargestellten Nutzungen zu umschreiben, was z.B. auf eine Bestimmung über die Beschränkung von Zweitwohnungen nicht zutrifft[124].

---

119 BGE 117 Ib 139 E. 1b, mit weiteren Hinweisen.

120 Vgl. Rz. 10.98.

121 Urteil vom 6. Januar 1987 in: ZBl 1988, 84 ff.

122 Urteil vom 9. September 1992 in: ZBl 1994, 68 f. E. 1d.

123 BGE 119 Ib 486 E. 5c; Urteil des Bundesgerichts vom 26. Oktober 1983 in: ZBl 1986, 502 f. E. 2. Vgl. auch BGE 123 II 342 ff. E. 3.

124 BGE 116 Ia 209 ff. E. 2 und 3.

b) *Beschwerdegründe*

10.89 Die staatsrechtliche Beschwerde führt nicht das vorangegangene kantonale Verfahren weiter. Es können damit nur ganz bestimmte Rechtsverletzungen, die in Art. 84 und 85 OG abschliessend aufgezählt sind, gerügt werden. Von Bedeutung ist insbesondere der Beschwerdegrund der *Verletzung verfassungsmässiger* Rechte[125]. Damit sind in der Verfassung (oder in einer internationalen Konvention) vorgesehene, justiziable Rechtsansprüche gemeint, die dazu bestimmt sind, den Bürger zu schützen. Als Beschwerdegründe auf dem Gebiet des Raumplanungs- und Baurechts stehen dabei Verletzungen der Eigentumsgarantie, der Gemeindeautonomie sowie der Art. 6 EMRK und Art. 4 BV im Vordergrund.

10.90 In der Beschwerdeschrift ist genau anzugeben, «welche verfassungsmässigen Rechte bzw. welche Rechtssätze und inwiefern sie durch den angefochtenen Erlass oder Entscheid verletzt worden sind[126]». Diese *Rügepflicht* wird vom Bundesgericht streng gehandhabt; es prüft nur Rügen, die genügend klar und detailliert erhoben werden[127]. Macht der Beschwerdeführer eine gegen Art. 4 BV verstossende willkürliche Rechtsanwendung geltend, so hat er die Rechtsnormen, die nach seiner Ansicht qualifiziert unrichtig angewandt bzw. nicht angewandt wurden, zu bezeichnen und anhand der angefochtenen Subsumtion im Einzelnen zu zeigen, inwiefern der Entscheid gegen das Willkürverbot verstösst[128]. Die vollständige Begründung muss in der staatsrechtlichen Beschwerdeschrift selber enthalten sein; Verweisungen auf Ausführungen in Rechtsschriften des kantonalen Verfahrens genügen nicht[129].

c) *Beschwerdelegitimation*

10.91 Art. 88 OG verlangt, dass der Beschwerdeführer eine «Rechtsverletzung» geltend macht. Bloss tatsächliche Nachteile genügen – im Gegensatz zur Verwaltungsgerichtsbeschwerde – nicht. Legitimiert ist also nur, wer sich auf eigene rechtliche Interessen beruft. Diese können entweder durch

---

125 Art. 84 Abs. 1 lit. a OG.
126 Art. 90 Abs. 1 lit. b OG.
127 BGE 118 Ia 188 f. E. 2.
128 BGE 110 Ia 3 f. E. 2.
129 BGE 115 Ia 30.

kantonales oder eidgenössisches Gesetzesrecht oder aber unmittelbar durch ein angerufenes spezifisches Grundrecht geschützt sein[130].

Macht der Beschwerdeführer eine drohende Rechtsverletzung durch einen *Rechtsetzungsakt* geltend, so genügt ein drohender Eingriff in rechtlich geschützte Interessen, ein sogenanntes *virtuelles Betroffensein*. 10.92

Soweit *Raumpläne* oder *baurechtliche Entscheide* angefochten werden, sind in erster Linie die *Eigentümer des vom Plan erfassten Grundstücks* bzw. die *Adressaten baurechtlicher Entscheide* zur Beschwerde legitimiert. Die neuere bundesrechtliche Rechtsprechung anerkennt aber auch *Nachbarn* die Beschwerdebefugnis zu, und zwar nach Massgabe der *Schutznormentheorie*: Eigentümer benachbarter Grundstücke sind zur Anfechtung eines letztinstanzlichen kantonalen Entscheids über einen Nutzungsplan oder eine Baubewilligung befugt, soweit sie die Verletzung von Bauvorschriften geltend machen, die ausser dem Interesse der Allgemeinheit auch oder in erster Linie dem Schutz des Nachbarn dienen. Zusätzlich müssen sie dartun, dass sie sich im Schutzbereich dieser Bauvorschriften befinden und durch die behauptete Rechtsverletzung betroffen werden[131]. Planfestsetzungen bezüglich fremder Grundstücke können zudem angefochten werden, soweit sie eine Rückwirkung auf die planerische Behandlung des eigenen Landes haben[132]. 10.93

Nach der bundesgerichtlichen Rechtsprechung haben z.B. folgende Bestimmungen nachbarschützende Funktion: 10.94
- Immissionsschutzbestimmungen[133];
- Normen über Ausnützung und Baudichte[134];
- Vorschriften über Nutzungsart und -intensität, die für den Charakter eines Quartiers wesentlich sind[135];
- Normen über die Erschliessung[136];
- Bestimmungen über die Quartierplanpflicht[137].

---

130 BGE 122 Ia 45 f. E. 2b. Vgl. zur unterschiedlichen Bestimmung der Legitimation bei Beschwerden betreffend Verletzung von Art. 4 BV KÄLIN, 237 ff.

131 BGE 118 Ia 116 E. 2a.

132 BGE 119 Ia 365.

133 BGE 114 Ia 387 f. E. 3; 112 Ia 89 f.

134 BGE 117 Ia 20; 115 Ib 461 f. E. 1e.

135 BGE 118 Ia 115 f.

136 BGE 115 Ib 353 f.; 112 Ia 90.

137 BGE 117 Ia 20.

10.95 Keine nachbarschützende Funktion haben dagegen:
- Vorschriften, die sich allein auf die ästhetische Gestaltung der Bauten beziehen und denen nicht weitere Zwecke zukommen, etwa weil Bestimmungen über Gebäudehöhe oder Grenzabstände fehlen[138];
- Bestimmungen über den Gewässerabstand[139];
- Strafnormen[140].

10.96 Das *Gemeinwesen* ist grundsätzlich nicht beschwerdelegitimiert. Eine Ausnahme macht das Bundesgericht jedoch für *Gemeinden* und andere öffentlichrechtliche Körperschaften, soweit sie von einem kantonalen Hoheitsakt *wie Private betroffen* werden oder ihre *Autonomie* verteidigen. Im Raumplanungsrecht sind staatsrechtliche Beschwerden, mit denen eine Gemeinde eine Verletzung der Gemeindeautonomie rügt, von grosser praktischer Bedeutung, z.B. wenn sich eine Gemeinde nicht mit einem negativen Entscheid einer kantonalen Instanz betreffend Genehmigung ihres Zonenplans abfinden will. Die Gemeinde kann auch einen Richtplan mit staatsrechtlicher Beschwerde anfechten[141]. Unter Umständen kann eine Gemeinde sogar Planungsmassnahmen einer andern Gemeinde anfechten, die in ihre eigene Planungsfreiheit eingreifen[142].

10.97 Normen der Spezialgesetzgebung (NHG, USG) betreffend die *ideelle Verbandsbeschwerde gelten nicht für die staatsrechtliche Beschwerde.*

5. Verzweigung des Rechtsmittelwegs

10.98 Wird ein letztinstanzlicher kantonaler Entscheid angefochten und sind einzelne Rügen mit Verwaltungsgerichtsbeschwerde und andere Vorbringen mit staatsrechtlicher Beschwerde geltend zu machen, so muss der Beschwerdeführer nebeneinander *beide Rechtsmittel ergreifen* und je die zulässigen Rügen erheben. In solchen Fällen tritt eine «Verzweigung» oder «Gabelung» des Rechtsmittelwegs ein.

---

138 BGE 118 Ia 235 E. 1b.

139 BGE 115 Ib 353.

140 BGE 118 Ia 116 E. 2a; die Bescherdeführer hatten die Bewilligung eines Gassenzimmers u.a mit dem Argument bekämpft, die angefochtene Verfügung verletze Normen des StGB und des Betäubungsmittelgesetzes. Vgl. auch die detaillierte Kasuistik zur Nachbarbeschwerde bei KÄLIN, 249 ff.

141 BGE 119 Ia 295 f. E. 4c; 111 Ia 130 f. E. 3.

142 BGE 114 Ia 466 ff.

Zwar ist es zulässig, beide Rechtsmittel in einer Rechtsschrift zu erheben[143]. Indes sollten Anträge und Begründungen in den beiden separaten Beschwerdeverfahren äusserlich klar auseinandergehalten werden. Vor allem *muss die Rechtsschrift den Begründungsanforderungen des je zulässigen Rechtsmittels genügen*[144]. Freilich schadet die unrichtige Bezeichnung des Rechtsmittels dem Beschwerdeführer nicht, sofern die Eingabe die formellen Anforderungen des zutreffenden Rechtsmittels erfüllt[145]. 10.99

Zu Recht hat PETER KARLEN darauf hingewiesen, dass die Zweiteilung des Rechtsmittelwegs beim Bundesgericht in einem Spannungsverhältnis zu den Bestrebungen um einen koordinierten Rechtsschutz im Raumplanungs- und Baurecht steht[146]. Abhilfe kann hier wohl nur eine Gesetzesrevision im Rahmen der angelaufenen Bemühungen um eine Justizreform schaffen. 10.100

V. Checklisten

1. Kantonaler Rechtsmittelweg

- Liegt ein raumplanerischer Akt vor und finden demzufolge die *bundesrechtlichen Anforderungen an den kantonalen Rechtsschutz* (Art. 33 RPG) Anwendung[147]?
- Welches *kantonale Rechtsmittel* steht zur Verfügung[148]? Kann ein *Gericht* angerufen werden[149]?
- Gewährleistet die kantonale Rechtsmittelinstanz die erforderliche *Koordination*[150]*?*
- Wer ist zur Ergreifung des kantonalen Rechtsmittels *legitimiert*[151]*?*

143 BGE 123 II 290 E. 1a.
144 BGE 123 II 369 E. 6b/bb; 118 Ia 11 E. 1c; 114 Ia 207 f.
145 BGE 122 II 318; 120 Ib 381 E. 1a.
146 KARLEN, 134 f.
147 Rz. 10.19 f.
148 Rz. 10.21.
149 Rz. 10.21 und 10.26 f.
150 Rz. 10.28 f.
151 Rz. 10.23.

- Was kann mit dem kantonalen Rechtsmittel *gerügt* werden[152]?
- Fällt die Streitsache in den Anwendungsbereich von *Art. 6 EMRK*[153]? Genügt das kantonale Rechtsmittelverfahren den Anforderungen dieser Bestimmung[154]?

2. Rechtsmittelweg auf Bundesebene

- Liegt ein mit *Verwaltungsgerichtsbeschwerde* anfechtbarer kantonaler Entscheid vor[155]? Insbesondere: Betrifft der Streit
  - eine *Entschädigung aus materieller Enteignung* gemäss Art. 5 RPG[156]?
  - eine *Ausnahmebewilligung* nach Art. 24 RPG[157]?
  - einen *Raumplan*[158]?
  - einen *baurechtlichen Entscheid*[159]?
- Wer ist zur Ergreifung der Verwaltungsgerichtsbeschwerde *legitimiert*[160]?
- Was kann mit Verwaltungsgerichtsbeschwerde *gerügt* werden[161]?
- Soweit die Verwaltungsgerichtsbeschwerde nicht ergriffen werden kann: Steht die *Verwaltungsbeschwerde an den Bundesrat* zur Verfügung[162]?
- Soweit auch die Verwaltungsbeschwerde an den Bundesrat nicht ergriffen werden kann: Liegt ein mit *staatsrechtlicher Beschwerde* anfechtbarer Akt vor[163]?
- Wer ist zur Ergreifung der staatsrechtlichen Beschwerde *legitimiert*[164]?

---

152 Rz. 10.24 f.
153 Rz. 10.6 ff.
154 Rz. 10.10 ff.
155 Rz. 10.43 ff.; vgl. auch Rz. 10.37 ff.
156 Rz. 10.44 ff.
157 Rz. 10.49 ff.
158 Rz. 10.52 ff.
159 Rz. 10.62 ff.
160 Rz. 10.71 ff.
161 Rz. 10.67 ff.
162 Rz. 10.38 f.
163 Rz. 10.80 ff.
164 Rz. 10.91 ff.

- Was kann mit staatsrechtlicher Beschwerde *gerügt* werden[165]?
- Wie ist vorzugehen, wenn in einer Streitsache einzelne Punkte mit Verwaltungsgerichtsbeschwerde und andere mit staatsrechtlicher Beschwerde zu rügen sind *(Verzweigung des Rechtsmittelwegs)*[166]?
- Soweit die Streitsache in den Anwendungsbereich von *Art. 6 EMRK* fällt: Genügt das Rechtsmittelverfahren auf Bundesebene den Anforderungen dieser Bestimmung[167]?

Siehe ferner die Checklisten in Thomas Geiser/Peter Münch (Hrsg.), Prozessieren vor Bundesgericht, 2. Aufl. 1998, 285 ff.

165 Rz. 10.89 f.
166 Rz. 10.98 ff.
167 Rz. 10.10 ff.

Vierter Teil

VON DER BAUBEWILLIGUNG ZUR BAUAUSFÜHRUNG

§ 11 Organisation und Finanzierung der Bauausführung

ROLAND HÜRLIMANN*

Literaturauswahl: BAUMANN DANIEL, Der Baukredit, 2. Aufl., Zürich 1997; BÜHLER THEODOR, Kommentar zum Schweizerischen Zivilgesetzbuch, Teilbd. V 2d, Der Werkvertrag, Zürich 1997; CERUTTI ROMEO, Der Untervertrag, in: Arbeiten aus dem iuristischen Seminar der Universität Freiburg, Schweiz, Bd. 99, Diss. Freiburg 1990; EGLI ANTON, Der General- und der Totalunternehmer, in: Baurechtstagung 1981, Bd. II, 65 ff.; *ders.,* Probleme von und mit Baukonsortien, in: Baurechtstagung 1989, Bd. II, 27 ff.; FELLMANN WALTER, Grundfragen im Recht der einfachen Gesellschaft, ZBJV 133, 1997, 285 ff.; GAUCH PETER, Ein Bauwerk – mehrere Unternehmer, ZBJV 1982, 65 ff.; *ders.,* Probleme von und mit Subunternehmern – Ein Beitrag zum privaten Baurecht, in: FS Meier-Hayoz, Bern 1982, 151 ff.; *ders.,* Von der revidierten SIA-Norm 118, Gedächtnisschrift Peter Jäggi, Freiburg 1977, 203 ff.; *ders.,* Der Totalunternehmervertrag – von seiner Rechtsnatur und dem Rücktritt des Bestellers, BR 1989, 39 ff.; *ders.,* Der Rücktritt des Bestellers vom Werkvertrag, in: FS für Horst Locher, Düsseldorf 1990, 35 ff.; *ders.,* Deliktshaftung der Baubeteiligten, in: Baurechtstagung 1989, 3 ff.; *ders.,* Der Werkvertrag, 4. Aufl., Zürich 1996; *ders.,* Kommentar zur SIA-Norm 118, Art. 157–190, Zürich 1991; GAUCH/PRADER/EGLI/SCHUMACHER, Kommentar zur SIA-Norm 118, Art. 38–156, Zürich 1992; GAUCH/SCHLUEP, Schweizerisches Obligationenrecht, Allgemeiner Teil, 6. Aufl., Zürich 1995; GAUCH/TERCIER, Das Architektenrecht, 3. Aufl., Freiburg 1995; GAUTSCHI GEORG, Kommentar zum schweizerischen Privatrecht, Bd. VI, 2. Abt., 3. Teilb., Der Werkvertrag, Bern 1967 (Kommentar zu Art. 363–379 OR); GUHL/MERZ/KOLLER, Das Schweizerische Obligationenrecht, 8. Aufl., Zürich 1991, §§ 1–48; HANDSCHIN LUKAS, in: Kommentar zum Schweizerischen Privatrecht, OR II, 1. Aufl., Basel/Frankfurt a.M. 1994, Art. 530–542 OR; HELBLING CARL, Personalvorsorge und BVG, 5. Aufl., Bern und Stuttgart 1990; HERGER HANSPETER, Die Realisierung und Finanzierung von grossen Eisenbahnprojekten, Bern und Stuttgart 1990; HESS MARKUS, Immobilien-Leasing in der Schweiz, in: Schweizer Schriften zum Handels- und Wirtschaftsrecht, Bd. 125, Zürich 1989; HONSELL/ZINDEL/PULVER, in: Kommentar zum Schweizerischen Privatrecht, OR I, 2. Aufl., Basel/Frankfurt a.M. 1996, Art. 363–379 OR; HÜRLIMANN ROLAND, Unternehmervarianten, Risiken und Problembereiche, BR 1996, 3 ff.; *ders.,* Subcontracting in Switzerland, The International Construction Law Review, London 1991, 151 ff.; *ders.,* Dispute Resolution and Conflict Management in Construction, Swiss Report, Fenn/O'Shea/Davies (Hrsg.), London, New York 1998, 727–793; HÜRLIMANN/ HANDSCHIN, VU-Dokumentation Recht, in: Virtuelle Unterneh-

* Für die Durchsicht des Textes, die Kontrolle der Zitate sowie die Zusammenstellung der Belege zu Kapitel VI danke ich meinem Mitarbeiter bei Schumacher Baur Hürlimann, Rechtsanwalt lic. iur. GERMAN GRÜNIGER.

mungen in der Bauwirtschaft, VU-Handbuch: Kompetenzen vernetzen, Schweizerische Bauwirtschaftskonferenz, Zürich 1998; INGENSTAU/KORBION, VOB, Verdingungsordnung für Bauleistungen, Teile A und B, Kommentar, 13. Aufl., Düsseldorf 1996; JÄGGI/GAUCH, Kommentar zum Schweizerischen Zivilgesetzbuch, Teilbd. V 1b, Kommentar zu Art. 18 OR, Zürich 1980; KOLLER ALFRED (Hrsg.), Aktuelle Probleme des privaten und öffentlichen Baurechts, St. Gallen 1994, 1996 und 1998; *ders.*, Das Nachbesserungsrecht im Werkvertrag, 2. Aufl., Zürich 1995; KOLLER JO, Der «Untergang des Werks» nach Art. 376 OR, Diss. Winterthur 1983; LENDI/NEF/TRÜMPY (Hrsg.), Das private Baurecht der Schweiz, Zürich 1994; MEIER-HAYOZ/FORSTMOSER, Grundriss des Schweizerischen Gesellschaftsrechts, 5. Aufl., Zürich 1984; MOSIMANN RUDOLF, Der Generalunternehmervertrag im Baugewerbe, Diss. Zürich 1972; MÜLLER HANNES, Die Arbeitsgemeinschaft, Zürich 1981; NICKLISCH FRITZ, Rechtsfragen des Subunternehmervertrages bei Bau- und Anlageprojekten im In- und Auslandgeschäft, NJW 1985, 2366 ff.; PEDRAZZINI MARIO M., Der Werkvertrag, in: Schweizerisches Privatrecht VII/Bd. 1, Basel und Stuttgart 1977, 497 ff.; REBER HANS, Rechtshandbuch für Bauunternehmer, Bauherr, Architekt und Bauingenieur, 4. Aufl., Zürich 1983; RÜST PAUL, Die Bank als Baubeteiligte, in: Baurechtstagung 1991, Bd. II, 1 ff.; SCHAUB RUDOLF, Der Engineeringvertrag, Diss. Zürich 1979; SCHERRER ERWIN, Nebenunternehmer beim Bauen, in: Arbeiten aus dem iuristischen Seminar der Universität Freiburg, Schweiz, Bd. 132, Diss. Freiburg 1994; SCHLUEP WALTER, Innominatverträge, in: Schweizerisches Privatrecht VII/Bd. 2, Basel und Stuttgart 1979; SCHNEWLIN BLISS, Zur Rechtsnatur des Bauvertrages, insbesondere des Generalunternehmervertrages, ZBGR 1980 365 ff.; SCHUMACHER RAINER, Beweisprobleme im Bauprozess, in: FS für Kurt Eichenberger, Aarau 1990, 157 ff.; *ders.*, Der Staat als Auftraggeber, in: Baurechtstagung 1991, Bd. I, 47 ff.; *ders.*, Die Haftung des Architekten aus Vertrag, in: Gauch/Tercier (Hrsg.), Das Architektenrecht, Nr. 360 ff.; *ders.*, Die Vergütung im Bauwerkvertrag, Zürich 1998; *ders.*, Bauen mit einem Generalunternehmer, BR 1983, 43 ff.; *ders.*, Das Risiko beim Bauen, ausgewählte Risiken, in: Baurechtstagung 1983, 47 ff.; *ders.*, Bauen – konventionell oder mit Generalunternehmer, in: SIA-Dokumentation Nr. 71, Zürich 1983; *ders.*, Die Veräusserung geplanter und unvollendeter Neubauten, in: Baurechtstagung 1989, 39 ff.; SIEGWART ALFRED, Kommentar zum Schweizerischen Zivilgesetzbuch, Die Personengesellschaften, Zürich 1938; SPIRO KARL, Die Haftung für Erfüllungsgehilfen, Bern 1984; TERCIER PIERRE, Les Contrats spéciaux, 2e édition, Zürich 1995; TERCIER/HÜRLIMANN (Hrsg.), In Sachen Baurecht, Freiburg 1989; VOGEL OSKAR, Grundriss des Zivilprozessrechts, 5. Aufl., Bern 1997; VON STEIGER WERNER, Gesellschaftsrecht, in: Schweizerisches Privatrecht VIII/Bd. 1, Basel und Stuttgart 1976, 211 ff.; VON TUHR/PETER/ESCHER, Allgemeiner Teil des Schweizerischen Obligationenrecht, 2 Bde, Zürich 1974/1979; WERNER/PASTOR, Der Bauprozess, 7. Aufl., Düsseldorf 1995; ZELTNER URS, Die Mitwirkung des Bauherrn bei der Erstellung des Bauwerkes, Diss. Freiburg 1993; ZOBL DIETER, Der Baukreditvertrag, BR 1987, 3 ff.

I. Problemübersicht

Bei der Ausführung grösserer Bauvorhaben sind regelmässig mehrere Bauunternehmer beteiligt. Diese Unternehmer stehen – je nach gewählter Einsatzform – in unterschiedlicher Rechtsbeziehung zum Bauherrn (oder zu einem anderen Besteller). In der schweizerischen Baupraxis haben sich zahlreiche Vertrags- und Organisationsstrukturen herausgebildet. Typisch und verbreitet ist der Einsatz von Unternehmern namentlich in folgenden Formen: 11.1

Einsatz mehrerer Unternehmer als Teilunternehmer: In der traditionellen Form des Bauens wählt der Bauherr für die auszuführenden Bauarbeiten verschiedene Unternehmer aus und schliesst mit jedem von ihnen einen separaten Werkvertrag über einen Teil der Gesamtarbeit ab (z.B. über die Baumeisterarbeiten, über den Aushub, über die elektrischen und sanitären Installationen, über den Stahlbau, etc.). Diese Unternehmer sind «Teilunternehmer» mit je eigenem Werkvertrag. Nach der Terminologie des SIA (vgl. Art. 30 SIA-Norm 118) werden sie als «Nebenunternehmer» bezeichnet. Von den hauptsächlichen Rechtsproblemen beim Einsatz mehrerer Unternehmer als Teil- bzw. als Nebenunternehmer ist im folgenden *Kapitel II* die Rede (Rz. 11.7 ff.). 11.2

Einsatz eines Unternehmers als General- oder Totalunternehmer: Überträgt der Bauherr einem einzigen Unternehmer in einem einzigen Werkvertrag sämtliche Bauarbeiten (z.B. vom Aushub bis zum Dach), so liegt ein Generalunternehmer-Vertrag vor. Dieser Unternehmer, der anstelle verschiedener Teilunternehmer («Nebenunternehmer») zum Einsatz gelangt, ist nach gebräuchlicher Ausdrucksweise ein Generalunternehmer (ein «GU»). Der Generalunternehmer verpflichtet sich gegenüber dem Bauherrn zur Errichtung des Bauwerkes, vergibt aber in aller Regel die übernommenen Bauarbeiten (zumindest teilweise) an Subunternehmer. Ein Generalunternehmer, der zusätzlich die ganze Projektierung und Planung übernimmt, wird nach verbreiteter Terminologie als *Totalunternehmer* (als «TU») bezeichnet. Der Totalunternehmer ist mit anderen Worten nichts anderes als ein projektierender Generalunternehmer. Von den Rechtsproblemen, die sich typischerweise beim Beizug eines GU oder TU stellen, spreche ich im *Kapitel III* (Rz. 11.39 ff.). 11.3

11.4 *Einsatz mehrerer Unternehmer in einem Baukonsortium:* Schliessen sich mehrere Unternehmer zusammen, um im Rahmen eines Werkvertrages gemeinsam die Ausführung von Bauarbeiten zu besorgen, so ist dieses rechtliche Gebilde als einfache Gesellschaft im Sinne der Art. 530 ff. OR zu qualifizieren. Der Gesellschaftsvertrag, mit welchem sich die Mitglieder des Baukonsortiums intern verbinden, wird in der Baupraxis regelmässig als Arbeitsgemeinschafts-Vertrag (oder in Kurzform als ARGE-Vertrag) bezeichnet. Auf die zahlreichen Rechtsfragen, die beim Bauen mit Baukonsortien zu beachten sind, gehe ich im *Kapitel IV* ein (Rz. 11.54 ff.).

11.5 *Einsatz eines oder mehrerer Unternehmer(s) als Subunternehmer:* Sämtlichen vorgenannten Einsatzformen ist gemeinsam, dass die Unternehmer (seien sie nun als Neben-, General- oder Totalunternehmer tätig bzw. als Baukonsortium konstituiert) in einem direkten Vertragsverhältnis zum Bauherrn stehen. Diese Unternehmer, die den Bauherrn zum Vertragspartner haben, werden auch als *Hauptunternehmer* bezeichnet. Vergibt der Hauptunternehmer Arbeiten, die er selber vom Bauherrn übernommen hat, im eigenen Namen und auf eigene Rechnung (nicht als Stellvertreter) an andere Unternehmer weiter, so liegt ein *Subunternehmervertrag* vor. Subunternehmer sind also Werkunternehmer, welche nicht den Bauherrn zum Besteller, sondern einen Hauptunternehmer (einen General- oder Totalunternehmer oder z.B. ein Baukonsortium) zum Vertragspartner haben. Die hauptsächlichen Rechtsprobleme beim Einsatz von Subunternehmern behandle ich im *Kapitel V* (Rz. 11.77 ff.).

11.6 *Die Finanzierung von Bauvorhaben:* Die Vorbereitung der Bauausführung bedingt nicht nur die Wahl und die Ausgestaltung der geeigneten Unternehmereinsatzform. Vielmehr haben sich die am Bau Beteiligten regelmässig auch über die Möglichkeiten der Finanzierung Rechenschaft zu geben. Vom Baukreditvertrag (als traditionelle Finanzierungsform) und weiteren (möglichen und verbreiteten) Formen, ein Bauvorhaben zu finanzieren, soll im *Kapitel VI* die Rede sein (Rz. 11.107 ff.).

II. Bauen mit Teilunternehmern

1. Merkmale und Erscheinungsformen

Die gesetzlichen Bestimmungen des Werkvertragsrechts befassen sich weder mit den Unternehmereinsatzformen im Allgemeinen noch mit dem Verhältnis zwischen Teilunternehmern im Speziellen. In der Baupraxis stellt das Bauen mit Teilunternehmern (zuweilen auch Einzel- oder Nebenunternehmer genannt) indessen nach wie vor die traditionelle (und häufigste) Form der Baurealisierung dar. Folgende Merkmale stehen beim Bauen mit Teilunternehmern im Vordergrund: 11.7

a) Ein Bauwerk – mehrere Unternehmer[1]

Als Teilunternehmer gelten zwei oder mehrere Unternehmer, von denen jeder aufgrund eines eigenen Werkvertrags direkt vom gleichen Besteller für eine Teilleistung an demselben Gesamtbauwerk verpflichtet wird. Jeder Unternehmer schuldet mit anderen Worten ein Teil-Werk, weshalb sie häufig als Teilunternehmer bezeichnet werden. In der Praxis wird für Teilunternehmer – in Anlehnung an die Terminologie von Art. 30 der SIA-Norm 118 – zuweilen auch der Ausdruck *«Nebenunternehmer»* verwendet[2]. Die unterschiedliche Bezeichnung ist inhaltlich allerdings nicht von Bedeutung, denn auch nach der SIA-Norm 118 gelten als Nebenunternehmer zwei oder mehrere Unternehmer, die je über ein eigenes Vertragsverhältnis zum Besteller verfügen, aber zur Ausführung nur einer Teilleistung des Gesamtbauwerkes (eine Arbeitsgattung, ein Teil- oder Fachlos, etc.) verpflichtet sind[3]. 11.8

1 Mit dieser Kurzaussage hat Professor PETER GAUCH im gleichnamigen Aufsatz (Ein Bauwerk – mehrere Unternehmer) bereits 1982 (ZBJV 118, 65 ff.) das System der Teilunternehmer treffend charakterisiert.

2 In BGE 115 II 456 f. spricht das Bundesgericht von «Nebenunternehmern»; in BGE 114 II 54 von «Teilunternehmern».

3 Vgl. GAUCH, Werkvertrag, Nr. 219 f.; GAUCH, Ein Bauwerk – mehrere Unternehmer, 87; TERCIER, Les contrats spéciaux, Nr. 3347 ff. Differenzierend SCHERRER, Nr. 50 und 57, der zwischen Nebenunternehmer und Teilunternehmer unterscheidet.

b) Separate Werkverträge je über ein Teil-Werk

11.9 Charakteristisch für das System der Teil- oder Nebenunternehmer ist ferner, dass die Unternehmer je aufgrund eines eigenen, separaten Werkvertragsverhältnisses mit dem Besteller tätig sind. Dies namentlich im Unterschied zum Einsatz eines Baukonsortiums, bei welchem sich mehrere Unternehmer (intern durch Gesellschaftsvertrag verbunden) in einem *einzigen* Werkvertrag zur *gemeinsamen* Erbringung der übernommenen Arbeitsleistungen verpflichten (vgl. Rz. 11.56).

c) Zur zeitlichen Abfolge der Arbeiten

11.10 Die Teil- bzw. Nebenunternehmer können in zeitlicher Hinsicht nacheinander oder aber gleichzeitig (d.h. als *Parallelunternehmer)* auf der Baustelle tätig sein (z.B. Elektriker und Sanitärinstallateur). Der Unternehmer ist ferner *Vorunternehmer*, wenn an dessen Bauleistung weitere Nebenunternehmer anschliessen. Letztere sind dann ihrerseits *Nach-* oder *Anschlussunternehmer*[4]. Nicht notwendig ist, dass die Anschlussunternehmer unmittelbar nacheinander ihre Bauwerksleistung erbringen. Ist dies jedoch der Fall, dann arbeiten sie als *direkte* Vor- oder Nachunternehmer. Leisten zwischenzeitlich andere Nebenunternehmer, so handeln sie als *indirekte* Vor- oder Nachunternehmer[5].

d) Subunternehmer als Teilunternehmer zweiten Grades

11.11 Vertragspartner der Teilunternehmer ist entweder der Bauherr oder ein anderer Besteller (z.B. der Generalunternehmer), der die Gesamtarbeiten auf verschiedene Unternehmer bzw. Subunternehmer aufteilt. Teilunternehmer kann also auch ein Subunternehmer (oder Subsubunternehmer) sein, falls dieser einen Teil der Gesamtarbeiten durch einen separaten Werkvertrag von einem Hauptunternehmer (z.B. einem Generalunternehmer) erhalten hat. Oder anders gesagt: Unternehmer, welche von einem Generalunternehmer eingesetzt werden, sind (bezogen auf den Bauherrn) Subunternehmer bzw. (unter sich betrachtet) Nebenunternehmer zweiten Grades[6].

---

4 GAUCH, Werkvertrag, Nr. 219; BÜHLER, N 24 und 26 zu Art. 369 OR.

5 SCHERRER, Nr. 88; KOLLER, Nachbesserungsrecht, Nr. 516.

6 So die treffende Bezeichnung von GAUCH, Werkvertrag, Nr. 224.

2. Koordinationspflicht des Bestellers

Von Gesetzes wegen ist es Aufgabe des Bestellers, für eine zweckmässige Koordination der eingesetzten Nebenunternehmer zu sorgen[7]. Die Koordinationspflicht des Bauherrn beinhaltet insbesondere Folgendes: 11.12

a) Koordination der einzelnen Werkverträge

Zum einen hat der Bauherr (oder allenfalls ein von ihm eingesetzter Planer) die separaten Werkverträge der Teilunternehmer inhaltlich und formal aufeinander abzustimmen. Dazu gehört, dass er in die Werkverträge mit den Nebenunternehmern Regelungen über den Zeitplan (Bauprogramm) und die Reihenfolge der Arbeiten aufnimmt. Darüber hinaus hat der Bauherr sämtliche weiteren (kostenrelevanten) Angaben[8] zu unterbreiten, welche die Unternehmer benötigen, um ihre Teilleistungen kalkulieren zu können. Von Vorteil vertraglich geregelt werden auch Zeitpunkt und Bedeutung der fortlaufenden Werksprüfungen und die damit verbundene Rechtsfrage der Abnahmewirkungen: Häufig dürfte es sich rechtfertigen, zumindest für den Beginn der Rüge- und Gewährleistungsfristen von einem einheitlichem Zeitpunkt (nämlich der Abnahme des Gesamtbauwerkes) auszugehen[9], selbst wenn für die Gefahrentragung auf die Arbeitsvollendung jedes Teilunternehmers abgestellt wird[10]. 11.13

---

7 Vgl. GAUCH, Ein Bauwerk – mehrere Unternehmer, 65 ff.; SCHERRER, Nr. 132 ff.

8 Zum Beispiel über gegenseitige Behinderungen, welche Folge des Nebenunternehmereinsatzes sind.

9 Mangels anderslautender Regelung gilt der *Grundsatz der getrennten Abnahme*, wonach jeder Nebenunternehmer berechtigt ist, sein Teilwerk unabhängig von der Vollendung des Gesamtbauwerkes abzuliefern (vgl. Art. 367/371 OR; BGE 115 II 458 f.; GAUCH, KommSIA 118, N 3 zu Art. 157). Nach BGE 115 II 456 ff. treten nach der gesetzlichen Ordnung die Abnahmewirkungen bei Vollendung eines Teilwerkes «ohne weiteres» dann ein, «wenn andere Unternehmer die vorangehende Arbeit als Grundlage benutzen und an der Erstellung des Gesamtwerkes weiterarbeiten». Zu den Möglichkeiten der vertraglichen Modifikation: vgl. SCHERRER, Nr. 368 ff.

10 Mangels anderslautender Regelung geht die Gefahr des zufälligen Unterganges (und damit die Vergütungsgefahr) bei Vollendung eines jeden Teilwerkes auf den Bauherrn über (vgl. Art. 376 OR; Art. 187 f. SIA-Norm 118; BGE 123 III 125 f.; SCHERRER, Nr. 376). Zu den Möglichkeiten der vertraglichen Modifikation insb. zu Art. 31 SIA-Norm 118: vgl. Rz. 11.28 f.

11.14 Gelangt in den Werkverträgen die SIA-Norm 118 zur Anwendung, ergibt sich die Koordinationspflicht in Bezug auf die Vertragsgestaltung aus *Art. 30 Abs. 2*: «Der Bauherr sorgt durch entsprechende Gestaltung der einzelnen Werkverträge dafür, dass die Arbeiten der verschiedenen Unternehmer zweckmässig miteinander koordiniert sind; er auferlegt den Unternehmern in den Verträgen die entsprechenden Verpflichtungen und macht ihnen in der Ausschreibung die für die Koordination erforderlichen Angaben...»

b) Koordination der Nebenunternehmer bei der Bauausführung

11.15 Von der inhaltlichen Abstimmung der einzelnen Werkverträge zu unterscheiden ist die Koordination der Einsätze der einzelnen Teilunternehmer während der Realisierung des Bauwerkes. Dazu gehört, dass der Bauherr den Teilunternehmern auf der Baustelle Weisungen und Anordnungen über die Arbeitsausführung erteilt, und zwar in zeitlicher, räumlicher, technischer und betrieblicher Hinsicht. Praktisch bedeutet dies, dass der Bauherr in einem gewissen Sinne die Bauleitung im Sinne der SIA-Ordnung 102 zu übernehmen hat, soweit er diese Aufgabe nicht einem Planer überträgt.

11.16 Gemäss Art. 34 Abs. 3 SIA-Norm 118 sorgt die Bauleitung «für die rechtzeitige Koordination der Arbeiten aller am Bauwerk beteiligten Unternehmer, unter Berücksichtigung der von ihnen benötigten Vorbereitungszeit». Die Gesamtleitung, welche ein Architekt oder Ingenieur übernimmt, umfasst unter anderem «die Leitung aller an der Planung und Ausführung mitwirkenden Fachleute und die Leitung der Gesamtkoordination ihrer Tätigkeiten ...» (vgl. Art. 3.3 der SIA-Ordnung 102 und 103, Ausgaben 1984).

c) Rechtsfolgen bei unzureichender Koordination

11.17 Versäumt es der Bauherr, den Einsatz der jeweiligen Nebenunternehmer richtig, zweckmässig oder überhaupt zu koordinieren und führt dies dazu, dass ein Unternehmer seine Arbeiten erst verspätet oder unter erschwerten Bedingungen in Angriff nehmen bzw. zum Abschluss bringen kann, so verletzt der Bauherr eine sogenannte Vorbereitungs- oder Mitwirkungspflicht[11] und gerät nach Massgabe der Art. 91 ff. OR in Gläubigerverzug. Der Nachfolgeunternehmer (in Wartestellung) kann gemäss Art. 95 OR entweder nach den Bestimmungen über den Verzug des

---

11 GAUCH, Werkvertrag, Nr. 1328 ff., insb. Nr. 1333. Zur Rechtsnatur der Koordinierungspflicht: SCHERRER, Nr. 136 ff. Zu den Mitwirkungspflichten des Bauherrn im Allgemeinen: ZELTNER, Nr. 325 ff.

Schuldners vom Vertrag zurücktreten oder eine Entschädigung für die aus der Verzögerung resultierenden finanziellen Einbussen verlangen[12], soweit der Annahmeverzug nicht zu einer Leistungsunmöglichkeit beim Unternehmer oder zum Untergang des Bauwerkes geführt hat[13].

Ungeachtet der Rechtsnatur des Mehrvergütungsanspruches ist zu beachten, dass jeder Unternehmer, der nach der SIA-Norm 118 baut, nach Art. 95 SIA-Norm 118 zur Einhaltung der vertraglichen Fristen verpflichtet ist, und die «zumutbaren» erforderlichen Beschleunigungsmassnahmen zur Einhaltung der vertraglichen Fristen treffen muss[14]. 11.18

3. Anzeigepflicht des Teilunternehmers

a) Begriff und Inhalt der Anzeigepflicht

Die Anzeigepflicht ist Bestandteil der allgemeinen unternehmerischen Sorgfaltspflicht nach Art. 364 Abs. 1 OR und wird im Werkvertragsrecht durch verschiedene Hinweis-, Informations- und Mitteilungspflichten konkretisiert. Im Zusammenhang mit dem System der Nebenunternehmer interessiert insbesondere die Anzeigepflicht des Unternehmers nach *Art. 365 Abs. 3 OR bzw. Art. 25 der SIA-Norm 118,* wonach jeder Unternehmer (auch der Teilunternehmer) den Besteller über «Verhältnisse» zu 11.19

12 Zum einen kann der Unternehmer den Mehraufwand beanspruchen, der aus der Leistungsverzögerung resultiert; zum andern wird der Besteller auch weitere Verzögerungsschäden ersetzen müssen, die ursächlich auf dessen Koordinationsversäumnis zurückzuführen sind. Dazu und zur Kontroverse, ob dem Unternehmer neben der Aufwandvergütung zufolge Annahmeverzug des Bestellers ein eigentlicher Schadenersatzanspruch zusteht: GAUCH, Werkvertrag, Nr. 1340 ff.; SCHERRER, Nr. 165 ff.; GAUCH/SCHUMACHER, Anm. 6 lit. c zu Art. 96; ZELTNER, Nr. 305.

13 Führen Koordinationsversäumnisse zu einer Leistungsunmöglichkeit beim Unternehmer, so liegt ein Anwendungsfall von Art. 378 Abs. 2 OR vor (SCHERRER, Nr. 148). Geht wegen eines Koordinierungsfehlers ein Teilwerk vor Abnahme ganz oder teilweise unter, so beurteilt sich die Rechtslage nach Art. 376 Abs. 3 OR (dazu: KOLLER Jo, 32 ff.; SCHERRER, Nr. 149 ff.). Zur Rechtslage nach Art. 187/188 SIA-Norm 118: GAUCH, KommSIA 118, N 1 ff. zu Art. 187 und 188; vgl. ferner BGE 123 III 183 ff. = BR 1997, Nr. 316, 126.

14 Zur Rechtslage nach Art. 95 SIA-Norm 118: GAUCH/SCHUMACHER, KommSIA 118, N 1 ff. zu Art. 95. Beurteilt sich die Rechtslage nach Gesetz, so muss ein Rückstand grundsätzlich nicht aufgeholt werden (GAUCH, Werkvertrag, Nr. 682; HONSELL/ZINDEL/PULVER, N 16 zu Art. 366 OR; a.M. REBER, 37. Vgl. auch ZR 1977, Nr. 40, 72 f. = BR 1979, 11, Nr. 8.

benachrichtigen hat, «die eine gehörige oder rechtzeitige Ausführung des Werkes gefährden»[15]. Anzuzeigen hat der Teilunternehmer sämtliche Unstimmigkeiten oder andere Mängel, die er bei der Ausführung seiner Arbeit erkennt. Dazu gehört, dass er die Mängel der (fremden) Vorarbeit, die sich auf seine eigene Arbeit auswirken, unverzüglich anzeigt[16]. Eine weitere (speziell geregelte) Anzeigepflicht ergibt sich aus *Art. 369 OR.* Nach dieser Bestimmung trifft den Unternehmer eine Pflicht zur Abmahnung, wenn das Risiko besteht, dass das Bauwerk wegen einer bauseitigen (fehlerhaften) Anordnung Mängel erleiden könnte[17].

11.20 Hinzuweisen hat der Unternehmer unter anderem auch auf Besonderheiten seiner eigenen Arbeit (z.B. auf neue Materialien oder eine [allenfalls noch unerprobte] Technik, die der Nachfolgeunternehmer «nicht kennen kann, aber zur richtigen Ausführung der eigenen Arbeit kennen muss»; vgl. Art. 30 Abs. 4 SIA-Norm 118)[18]. Eine besondere Prüfungs- und Anzeigepflicht gilt ferner nach Art. 30 Abs. 5 SIA-Norm 118: «Erkennt der Unternehmer Mängel oder Verzögerungen bei der Arbeit eines Nebenunternehmers, welche Einfluss auf die vertragsgemässe Ausführung der eigenen Arbeiten haben können, so macht er der Bauleitung rechtzeitig Anzeige; andernfalls hat er die sich für seine Arbeit ergebenden Folgen zu tragen. Für die Form der Anzeige gilt Art. 25 Abs. 2».

b) Rechtsfolgen bei Verletzung der Anzeigepflichten

11.21 Versäumt ein Teilunternehmer, einen anzeigepflichtigen Tatbestand mitzuteilen, so hat er die «nachteiligen Folgen» der unzureichenden Koordination oder der mangelhaften Vorarbeit des Nebenunternehmers selbst zu tragen. Unter Umständen gerät der Unternehmer bei Verletzung seiner

---

15 Vgl. GAUCH, Werkvertrag, Nr. 829; HONSELL/ZINDEL/PULVER, N 34 ff. zu Art. 365 OR; ZWR 1991, 252 = BR 1992, 94.

16 «Erkennen muss der Nachfolgeunternehmer Mängel der (fremden) Vorarbeit, die seine eigene Arbeit beeinträchtigen können, sofern sie offensichtlich sind; ferner auch dann, wenn er die Mängel bei sorgfältiger (aber zumutbarer) Prüfung der fertiggestellten Vorarbeit mit dem von ihm zu erwartenden Sachverstand erkennen kann» (GAUCH, Werkvertrag, Nr. 2045).

17 Zu den Rechtsfolgen, wenn der Besteller trotz ausdrücklicher Abmahnung des Unternehmers an der erteilten Weisung festhält: BGE 116 II 308 = BR 1991, 44; BGE 116 II 456; BGE 95 II 250 und GAUCH, Werkvertrag, Nr. 1937.

18 Vgl. SOG 1991, Nr. 8, 22: Hinweispflicht des Vorunternehmers auf den bei den Dachplatten verwendeten Leim, damit der Nachfolgeunternehmer seinen Arbeitsgang (Isolation der Dachplatten) in Kenntnis der Besonderheiten der Vorarbeit (Leim mit besonderen chemischen und physikalischen Eigenschaften) anschliessen kann. Vgl. zum Ganzen auch: SCHERRER, Nr. 205 ff.

Anzeigepflicht ferner mit seiner Leistung in Schuldnerverzug, selbst wenn die Verzögerung dem Besteller anzulasten wäre. Im Verschuldensfall riskiert der mit der Anzeige säumige Unternehmer ferner nach Art. 97/101 OR ersatzpflichtig zu werden, falls der Besteller wegen der fehlenden Anzeige Schaden erleidet[19].

4. Nebenunternehmerklauseln

Zwischen den Teilunternehmern bestehen in aller Regel *keine vertraglichen Bindungen.* In der Praxis kommt es zuweilen vor, dass zwischen einzelnen Baubeteiligten (vertragliche oder vertragsähnliche) Absprachen getroffen werden[20]. Solche (meist ausführungsbezogene) Klauseln existieren in verschiedener Ausgestaltung. Zu nennen sind etwa: 11.22

a) Koordinationsklauseln

Dem Gesagten zufolge kann sich der Besteller von seiner Koordinationspflicht entlasten, indem er diese Aufgabe seinem Architekten überträgt. Möglich (und zulässig) ist aber auch, dass er die Ausführungskoordination vertraglich einem Nebenunternehmer (z.B. dem Baumeister) überbindet und diesem in den Werkverträgen mit den übrigen Nebenunternehmern zugleich ein Weisungsrecht einräumt. Alsdann wird der mit der Koordination bzw. mit der gesamten Bauleitung betraute Unternehmer gelegentlich als *leitender Nebenunternehmer* bezeichnet. 11.23

Eine standardisierte Nebenunternehmerklausel enthält Art. 30 Abs. 2 SIA-Norm 118. Nach dieser Bestimmung vereinbaren Bauherr und Unternehmer, dass der Bauherr in den einzelnen Werkverträgen entweder für die zweckmässige Koordination zwischen den Nebenunternehmern besorgt ist oder den Unternehmern in den Verträgen die entsprechenden Verpflichtungen auferlegt. 11.24

---

19 GAUCH, Werkvertrag, Nr. 2046; HONSELL/ZINDEL/PULVER, N. 34 zu Art. 365 OR.

20 Solche Abreden reichen von der einfachen gegenseitigen Hilfestellung bei der Werksausführung, über die unentgeltliche oder entgeltliche Überlassung von Baugerüsten bis hin zur (internen) Zusammenarbeit. Vgl. die Übersicht bei SCHERRER, Nr. 220 ff.

b) Abreden über die gemeinsame Beschaffung oder Benutzung von Bauinstallationen

11.25 Gelegentlich einigen sich Nebenunternehmer auf Baustellen auf die gemeinsame Anschaffung, Miete oder auch bloss die Mitbenützung von Bauinstallationen, Geräten oder ähnlichem, die sie für die Ausführung ihrer Bauarbeiten benötigen. Gebräuchlich ist insbesondere die Abmachung, dass ein Teilunternehmer sein Gerüst auch sämtlichen übrigen Unternehmern zum Gebrauch überlässt[21]. Möglich und zulässig ist nun aber auch, dass bereits der Bauherr im Werkvertrag mit dem einen Nebenunternehmer eine solche Verpflichtung zu weitergehenden (Neben-)Leistungen vorgibt.

11.26 Die SIA-Norm 118 enthält zahlreiche Bestimmungen, die sich mit der vorumschriebenen Pflicht zur Gebrauchsüberlassung befassen: *Art. 126 Abs. 1* statuiert die Pflicht des Unternehmers, unter bestimmten Voraussetzungen seine Baustelleneinrichtung auch den übrigen Nebenunternehmern zur Verfügung zu stellen; nach *Art. 126 Abs. 3* dürfen «Nebenunternehmer ... vorhandene Gerüste des Unternehmers unentgeltlich benützen». Mit Art. 133 Abs. 2 auferlegt der Bauherr dem Unternehmer die Pflicht, bei selber erstellten Zuleitungen auch den Nebenunternehmern unentgeltlich den Anschluss zu gestatten.

c) Kooperations- und Zusammenarbeitsklauseln

11.27 Verschiedene der vorerwähnten Abmachungen zwischen Nebenunternehmern können im Einzelfall zu einer ausführungsbezogenen Kooperation, zuweilen sogar zu Vereinbarungen über eine Zusammenarbeit führen, die sich über die Baustelle hinaus auf weitere Bauvorhaben erstreckt.

d) Gefahrtragungsregeln

11.28 Die gesetzlichen Bestimmungen über die Tragung der Preis- und Leistungsgefahr (Art. 376 OR) werden in der Praxis gelegentlich in der Form abgeändert, dass die jeweiligen Nebenunternehmer das Risiko für ihr Teilwerk bis zur Abnahme des Gesamtwerkes zu tragen haben (Rz. 11.13). Eine standardisierte Gefahrentragungsklausel enthält zudem

---

21 Zu diesen und zu zahlreichen weiteren Nebenunternehmerklauseln: SCHERRER, Nr. 461 ff. Zu den Rechtsfragen im Zusammenhang mit dem Gerüstvertrag: HÜRLIMANN, BR 1989, 73 ff.

Art. 31 SIA-Norm 118: Unter dem Titel «Gemeinsame Schadenersatzpflicht» überbindet die Bestimmung die Preis- und Leistungsgefahr für den Fall von Beschädigungen mit unbekannten Verursachern «anteilsmässig» auf sämtliche Nebenunternehmer, die zur Zeit des Schadenereignisses am Bau tätig waren, und zwar ungeachtet dessen, ob ihr Teilwerk vom Bauherrn bereits abgenommen war oder nicht.

Ersatzberechtigt aus dieser Nebenunternehmerklausel ist der «Geschädigte» (Art. 31 Abs. 2 SIA-Norm 118); in erster Linie ist dies der Bauherr, der gegenüber sämtlichen Nebenunternehmern, die zum Zeitpunkt der Schädigung die Arbeiten auf der Baustelle noch nicht abgeschlossen haben, vorgehen kann. Die Bestimmung berechtigt aber auch einen geschädigten Nebenunternehmer, Schadenausgleich zu verlangen, falls sein Teilwerk beschädigt wird. 11.29

e) *Bedeutung solcher Nebenunternehmerabreden*

Zu unterscheiden sind zwei Grundkonstellationen, nämlich die Absprachen unter den Nebenunternehmern einerseits und die Vertragsklauseln zwischen Besteller und Unternehmer mit Auswirkung auf weitere Nebenunternehmer andererseits. 11.30

Bei den *Absprachen zwischen den Nebenunternehmern* ist in erster Linie zu beachten, ob lediglich gegenseitige Handreichungen im Sinne von Gefälligkeiten bestehen sollen[22] oder ob mit der Abmachung eigentliche Vertragsbindungen beabsichtigt sind. Selbst vertraglich bindende Abreden zwischen den Nebenunternehmern ändern grundsätzlich jedoch nichts daran, dass der Besteller weiterhin nur über separate Verträge (beinhaltend je lediglich eine Teilleistung für das Gesamtbauwerk) verfügt. Solche (internen) Abreden vermögen daher zum vornherein *keine solidarische Leistungspflicht* zu begründen[23]. 11.31

22 Gefälligkeiten sind rein tatsächliche Handlungen oder Begebenheiten ohne vertragliche Wirkungen (BGE 116 II 697).

23 Eine solidarische Haftung wird (vorbehältlich vorrangiger Parteiabrede) nur anzunehmen sein, wenn sich mehrere Unternehmer gegenüber dem Besteller *gemeinsam*, und zwar durch einen *einzigen* Werkvertrag, zur Ausführung eines Bauwerks verpflichten. In diesem Fall finden die Bestimmungen der einfachen Gesellschaft und dabei insb. Art. 544 Abs. 3 OR Anwendung. Vgl. im Einzelnen Rz. 11.69 f.

11.32 Bei den *Absprachen zwischen dem Besteller und einem der Nebenunternehmer* ist in jedem Einzelfall zu klären, ob daraus bloss der vertraglich beteiligte Nebenunternehmer und der Besteller oder im Sinne von Art. 112 OR darüber hinaus auch unbeteiligte Dritte *berechtigt* sein sollen. So oder anders ist zu beachten, dass solche Abreden keine Drittwirkung entfalten und ein nicht in den Vertrag einbezogener Nebenunternehmer *nicht verpflichtet* werden kann[24].

5. Die Haftung des Teilunternehmers

a) Selbstverantwortlichkeit jedes Teilunternehmers

11.33 Grundsätzlich ist jeder Teilunternehmer für die erbrachten Arbeiten und sein sonstiges Verhalten *selbst verantwortlich.* Die einzelnen Nebenunternehmer haben für ihr Teilwerk gegenüber dem Besteller also nach Massgabe der anwendbaren Haftungsordnung (Art. 363 ff. OR; Art. 165 SIA-Norm 118) je getrennt und unabhängig voneinander einzustehen[25], und zwar ohne Rücksicht auf die Ursache des Mangels (z.B. unsorgfältige Arbeit, Verwendung untauglichen Materials, etc.) und unabhängig von einem Verschulden. Umgekehrt ist der Besteller im Regelfall für das Fehlverhalten des einen Teilunternehmers gegenüber dem andern nicht verantwortlich. Nur ausnahmsweise gilt ein Nebenunternehmer als Hilfsperson des Bauherrn[26]. Dennoch kann sich das Fehlverhalten eines Nebenunternehmers auf die Rechtsstellung des Bauherrn zu einem anderen Nebenunternehmer nachteilig auswirken:

b) Reduzierte Verantwortlichkeit eines Teilunternehmers

11.34 Der Bauherr muss sich die Risiken einer mangelhaften Vorarbeit des einen Nebenunternehmers anrechnen lassen, wenn er den Nachfolgeunternehmer mit dessen Werkleistung anschliessen lässt. Ist ein Mangel

---

24 Vgl. die Übersicht bei SCHERRER; Nr. 461 ff. Zur Koordinationsabrede vgl. Rz. 11.12 ff.

25 Im Einzelnen zum Grundsatz der getrennten Mängelhaftung: SCHERRER, Nr. 373 f.; GAUCH, Werkvertrag, Nr. 2038 ff.

26 GAUCH, Werkvertrag, Nr. 2038 und Nr. 1922; SCHERRER, Nr. 118 f. Zu den Ausnahmefällen, in denen ein Nebenunternehmer als Erfüllungsgehilfe des Bauherrn gilt: SCHERRER, Nr. 121 ff.; GAUCH/PRADER, KommSIA 118, Anm. 1 lit. d zu Art. 126.

(z.B. Risse im Mauerwerk) im abgelieferten Teilwerk auf die fehlerhafte Beschaffenheit der fremden Vorarbeit (z.B. auf unsichtbare Fehler im Betonfundament) zurückzuführen, wird der Mangel im Vorunternehmerwerk dem Besteller als *Selbstverschulden* im Sinne von Art. 369 OR zugerechnet. Von seiner Mängelhaftung kann sich der Nachunternehmer dann ganz oder teilweise befreien, wenn die mangelhafte Vorarbeit des Vorunternehmers ursächlich für den Werkmangel war[27] und dem Nachunternehmer eine Verletzung der Anzeigepflicht (vgl. Rz. 11.19 ff.) nicht vorgeworfen werden kann[28]. Nicht befreit gegenüber dem Bauherrn wird indesssen derjenige Teilunternehmer, der die mangelhafte Vorarbeit geleistet hat. Dessen Mängelhaftung beschränkt sich entweder auf sein Teilwerk oder erstreckt sich auch auf die Mängel im Anschlusswerk des Nachunternehmers[29].

c) *Strengere Verantwortlichkeit eines Teilunternehmers*

Zwei Haftungsfälle stehen im Vordergrund: 11.35

- Liefert der *Vorunternehmer* eine mangelhafte Vorarbeit ab und weist aus diesem Grunde auch das *Anschlusswerk* einen Mangel auf, so hat der Vorunternehmer nach den Regeln der Mängelhaftung, die ihn für das eigene Teilwerk trifft, unter Umständen auch für die Werkmängel der anschliessenden (fremden) Arbeit einzustehen[30]. Eine solche (verschärfte) Haftung greift Platz, wenn die mangelhafte Vorarbeit (schlecht haftender Verputz) zum einen adäquate Ursache für den 11.36

---

27 Nach verschiedenen Autoren ist die Vorarbeit aufgrund des Akzessionsprinzips Bestandteil des vom Bauherrn angewiesenen Baugrundes (GAUCH, Werkvertrag, Nr. 1199; SCHUMACHER, Das Risiko beim Bauen, 64). Andere Autoren rechnen die Vorarbeit zwar nicht dem Baugrund zu, behandeln diese rechtlich indes so, wie wenn der Bauherr den Baugrund zur Verfügung stellte, was zum selben Ergebnis führt (SCHERRER, Nr. 379; KOLLER Jo, 99; vgl. auch KOLLER, Nachbesserungsrecht, Nr. 572 und HONSELL/ZINDEL/PULVER, N 20 zu Art. 369 OR).

28 Zwei Fälle stehen im Vordergrund: Der Nachfolgeunternehmer hat den ursächlichen Mangel der Vorarbeit erkannt und angezeigt, oder aber er hat den Mangel nicht erkannt und auch nicht erkennen müssen. GAUCH, Ein Bauwerk – mehrere Unternehmer, 73; *ders.,* Werkvertrag, Nr. 2039 in Verbindung mit 1986 ff. und 1993 ff.; SCHERRER, Nr. 377.

29 GAUCH, Werkvertrag, Nr. 2033 ff.; KOLLER, Nachbesserungsrecht, Nr. 578.

30 GAUCH, Werkvertrag, Nr. 2044 f.; SCHERRER, Nr. 382 f.

Mangel im Anschlusswerk (Anstrich) bildet und diese Mangelfolge dem Vorunternehmer zum andern aus Verschulden oder aus Hilfspersonenhaftung anzulasten ist.

11.37 – Liefert der *Nachfolgeunternehmer* ein mangelhaftes Anschlusswerk (z.B. luftundurchlässigen Lackanstrich) ab und bewirkt dieser Mangel nachträglich auch einen Mangel der (ursprünglich mängelfrei abgelieferten) *Vorarbeit* (z.B. Verputz), so hat der Nachfolgeunternehmer bei Verschulden (Art. 368 Abs. 2 OR) auch für den Mangel im Teilwerk des Vorunternehmers einzustehen. Eine solche (verschärfte) Haftung setzt wiederum voraus, dass der Mangel im Anschlusswerk zum einen adäquate Ursache für den Mangel der Vorarbeit war und diese Mangelfolge dem Nachfolgeunternehmer zum andern aus Verschulden oder aus Hilfspersonenhaftung anzulasten ist[31].

d) Haftungskonkurrenz

11.38 Aus dem Gesagten folgt, dass die Verantwortlichkeit gegenüber jedem Teilunternehmer gesondert zu beurteilen ist. Dabei bleibt der Umstand, dass ein Nebenunternehmer haftet, grundsätzlich ohne Einfluss auf eine allfällige Mitverantwortlichkeit weiterer Schadensverursacher[32]. Sind daher für einen Mangel die Haftungsvoraussetzungen bei mehreren Teilunternehmern erfüllt, so haften sie gegenüber dem Bauherrn *(unecht) solidarisch*[33], wobei der in Anspruch genommene Teilunternehmer nach Bezahlung bei den mitverantwortlichen Unternehmern und/oder Planern Regress nehmen kann.

---

31 Zur Rechtslage, wenn der Mangel im Anschlusswerk die bei Ablieferung bereits mangelhafte Vorarbeit lediglich verschlechtert hat: SCHERRER, Nr. 394 ff.

32 Vgl. BGE 114 II 344; 95 II 54; 93 II 322. GAUCH, Werkvertrag, Nr. 2742; REBER, BR 1981, 43 ff.; ZEHNDER, BR 1998, 3 ff.

33 SOG 1991, Nr. 8, 22; SCHERRER, Nr. 399.

III. Bauen mit einem Generalunternehmer

1. Merkmale und Erscheinungsformen

a) Ein Bauwerk – ein Bauunternehmer

Schliesst der Bauherr mit einem einzigen Unternehmer einen einzigen Werkvertrag über das ganze Bauwerk ab, so liegt ein Vertrag mit einem Generalunternehmer (einem GU) vor. Darin übernimmt der Generalunternehmer aufgrund eines vom Bauherrn bzw. dessen Planer erarbeiteten Projektes sämtliche für die Erstellung eines Bauwerkes erforderlichen Bauarbeiten[34]. 11.39

b) Umfassender Werkvertrag über sämtliche Arbeitsgattungen

Im Unterschied zur traditionellen Vertrags- und Organisationsstruktur vergibt der Bauherr demnach die verschiedenen Arbeitsgattungen nicht in separaten Werkverträgen an je einzelne Nebenunternehmer, sondern macht vertraglich nur *einen* Unternehmer für die Werkausführung zu seinem Partner und schliesst einzig mit diesem einen Werkvertrag ab. In der Praxis ist es dann häufig so, dass der Generalunternehmer nur einen Teil der übernommenen Arbeiten selber (d.h. mit eigenen Arbeitskräften) ausführt, während er einzelne Arbeitsgattungen an andere (spezialisierte) Subunternehmer weitervergibt (dazu Rz. 11.77 ff.). 11.40

c) Realisierung eines fremden Bauprojekts

Der Generalunternehmer wird stets aufgrund eines vom Bauherrn (bzw. seinen Planern) geplanten Bauprojekts tätig, auch wenn er zuweilen noch die Detailplanung besorgen muss. Werden dem Generalunternehmer neben den Bauarbeiten auch die Planungsarbeiten übertragen, so wird er nach verbreiteter Terminologie als *Totalunternehmer* (als TU) bezeichnet[35]. Dieser unterscheidet sich vom Generalunternehmer also nur da- 11.41

---

34 BGE 114 II 53 ff. (54); GAUCH, Werkvertrag, Nr. 222; EGLI GU/TU, 68; BÜHLER, N 118 zu Art. 363 OR; SCHUMACHER, Bauen mit einem Generalunternehmer, 43; *ders.*, Bauen – konventionell oder mit einem Generalunternehmer, 35.

35 GAUCH, Werkvertrag, Nr. 233, bezeichnet den TU in Anlehnung an NICKLISCH als «projektierenden Generalunternehmer». Vgl. auch BGE 114 II 53 ff. sowie 117 II

durch, dass er neben den erforderlichen und gewünschten Bauarbeiten auch die Projektierung übernimmt. Im Übrigen kommen für den Generalunternehmer-Vertrag und den Totalunternehmer-Vertrag weitgehend die gleichen Gesetzesregeln, nämlich die Vorschriften des Werkvertragsrechtes, zur Anwendung, weshalb im Folgenden meistens nur noch vom Generalunternehmervertrag die Rede ist.

d) *Weitere Erscheinungsformen*

11.42 Aus dem Grundmuster des (klassischen) Generalunternehmer-Vertrages haben sich in der praktischen Bauwirklichkeit unterschiedliche Erscheinungsformen herausgebildet. Zum Beispiel:

11.43 – Der *Generalübernehmer:* Er zeichnet sich dadurch aus, dass er sämtliche zur Ausführung übernommenen Bauarbeiten an Subunternehmer weitervergibt. Alsdann spricht man gelegentlich auch von einem «Schreibtisch-Generalunternehmer»[36].

11.44 – Der *gemeinschaftliche Generalunternehmer:* Er ist Mitglied eines Baukonsortiums, verpflichtet sich also gemeinschaftlich mit anderen Unternehmern aufgrund eines gemeinsamen Werkvertrages mit dem Bauherrn.

11.45 – Der *Generalsubunternehmer:* Sein Vertragspartner ist nicht der Bauherr, sondern ein Hauptunternehmer, der die vom Bauherrn übernommenen Arbeiten an ihn weitervergeben hat.

2. Rechtliche Ausgestaltung des Generalunternehmer-Vertrages

a) *Qualifikation des Generalunternehmer-Vertrages*

11.46 Nach herrschender Lehre und Rechtsprechung ist der Generalunternehmervertrag ein *Werkvertrag im Sinne der Art. 363 ff. OR,* und zwar auch dann, wenn der Generalunternehmer die übernommenen Bauarbeiten nicht mit eigenen Arbeitskräften ausführt, sondern (ganz oder teilweise) an Subunternehmer weitervergibt[37].

---

274 und 119 II 42. SCHUMACHER, Bauen mit einem Generalunternehmer, 43 f.; *ders.,* Bauen – konventionell oder mit Generalunternehmer, 35.

36 EGLI, GU/TU, 70. Vgl. ferner GAUCH, Werkvertrag, Nr. 226.

37 Vgl. etwa BGE 114 II 45; GAUCH, Werkvertrag, Nr. 230; PEDRAZZINI, 507 f.; SCHLUEP, 903; SCHUMACHER, Bauen mit Generalunternehmern, 44; HONSELL/ ZINDEL/PULVER, N 15 zu Art. 363 OR.

Massgebend für die rechtliche Einordnung von Arbeitsleistungen als Werkvertrag ist demnach einzig, dass der betreffende Generalunternehmer dem Bauherrn gegenüber zur gesamten Werkausführung verpflichtet ist[38], nicht jedoch, ob die Arbeiten vom Generalunternehmer selber ausgeführt oder an (spezialisierte) Subunternehmer übertragen werden[39]. Auch die Vereinbarung, dass der Generalunternehmer das versprochene Bauvorhaben gegen eine Pauschale errichtet, die den Landpreis einschliesst, ändert nichts an der Qualifikation des Vertrages als Werkvertrag[40], ebensowenig der Umstand, dass der Generalunternehmer nebst der «materiellen» Werkausführung auch massgebliche «intellektuelle» Leistungen erbringt (z.B. Ausschreibung und Arbeitsvergabe, Rechnungswesen, etc.)[41]. 11.47

b) Qualifikation des Totalunternehmer-Vertrages

Der *Totalunternehmervertrag* ist nach richtiger Ansicht ebenfalls als *reiner Werkvertrag* zu qualifizieren und zwar selbst bei vollständiger Weitervergabe der Arbeiten an Subunternehmer[42]. 11.48

---

38 Hat der Unternehmer sich nach dem Inhalt seines Vertrages nicht zur Herstellung und Ablieferung des Bauwerkes verpflichtet, sondern lediglich die Aufgabe übernommen, «die Bauarbeiten im Namen und auf Rechnung des Bauherrn zu vergeben und sie in technischer und wirtschaftlicher Hinsicht zu betreuen, namentlich auch zu koordinieren», so liegt ein sogenannter *Baubetreuungsvertrag* vor (GAUCH, Werkvertrag, Nr. 352 ff.). Auf diesen Vertrag kommt Auftragsrecht (Art. 394 ff. OR) zur Anwendung; die Regeln des Werkvertrages (Art. 363 ff. OR) bleiben ausser Betracht; vgl. auch BGE 115 II 57 ff.

39 BGE 94 II 162; ZR 1980, 24; GAUCH, Werkvertrag, Nr. 230.

40 Vgl. BGE 118 II 142 ff.; 117 II 259 ff.; anders noch BGE 94 II 162.

41 BGE 117 II 274; BGE 114 II 55; Entgegen der früheren Rechtsprechung (BGE 98 II 311 ff.) unterliegt der GU-Vertrag also *nicht* teils dem Auftrags- und teils dem Werkvertragsrecht.

42 BGE 117 II 274; 114 II 53 ff.; 97 II 69. GAUCH, Werkvertrag, Nr. 235; HONSELL/ZINDEL/PULVER, N 13 zu Art. 363 OR; vgl. auch GAUCH, Der Totalunternehmervertrag – Von seiner Rechtsnatur und dem Rücktritt des Bestellers, 39 ff. Ob die Projektidee vom TU stammt bzw. die Planung gestützt auf eine Projektvariante realisiert wird, ist für die Qualifikation des TU-Vertrages als Werkvertrag nicht von Belang (vgl. Semjud 1957, 597). Zur rechtlichen Bedeutung von Unternehmervarianten: HÜRLIMANN, Unternehmervarianten, 3 ff.

11.49 Entgegen vereinzelter Auffassung[43] liegt auch dann kein aus Werkvertrag und Auftrag gemischter Vertrag vor, wenn der Totalunternehmer das Projekt zunächst noch zu erstellen hat. Damit steht zugleich fest, dass der Totalunternehmer-Vertrag auch im Projektierungsstadium nicht nach Art. 404 OR beendet werden kann[44]. Vielmehr kommt auch in der Planungsphase die Auflösungsregel des Art. 377 OR zur Anwendung, so dass der Bauherr bei vorzeitiger Vertragsbeendigung die bereits geleisteten Arbeiten zu vergüten und den Totalunternehmer grundsätzlich voll (d.h. im Umfang des Erfüllungsinteresses) zu entschädigen hat[45].

c) *Musterverträge*

11.50 Was die rechtliche Ausgestaltung von Generalunternehmer- und Totalunternehmer-Verträgen betrifft, so werden in der Baupraxis häufig standardisierte Vorlagen verwendet. Verbreitet sind insbesondere der «*Mustervertrag des Verbandes Schweizerischer Generalunternehmer*» (VSGU)[46] und der «*Werkvertrag für Generalunternehmer*», herausgegeben vom SIA, mit Vertragsformular *Nr. 1024* für «GU-Vertrag mit Pauschal- oder Globalpreis» sowie mit Vertragsformular *Nr. 1025* «GU-Vertrag mit offener Abrechnung mit oder ohne Höchstpreis (Kosten-

---

43 MOSIMANN, 82 ff.; PEDRAZZINI, 508 f.; differenzierend SCHAUB, 119 f.

44 Das *Bundesgericht* hatte in BGE 114 II 53 ff. (= Pra 1988, 630) Gelegenheit, zur rechtlichen Einordnung und zur vorzeitigen Beendigung des TU-Vertrags Stellung zu nehmen: Entgegen der Vorinstanz qualifizierte es den TU-Vertrag als reinen Werkvertrag und zwar mit folgender Begründung: «Unterstehen ... sowohl die Planung wie die Ausführung des Werkes den Regeln über den Werkvertrag, so hat das zwangsläufig auch für den diese Leistungen gesamthaft umfassenden Totalunternehmervertrag zu gelten ... Für die Anwendung auftragsrechtlicher Vorschriften bleibt somit kein Raum mehr» (bestätigt in BGE 117 II 274).

45 Im Falle von BGE 114 II 53 ff. hat das Bundesgericht den Bauherrn von der Schadloshaltung des TU trotz vorzeitiger Vertragsauflösung befreit, und zwar aufgrund der «Interessenlage beider Parteien» und der «Umstände des Falles» sowie wegen der «besonderen Vertragsgestaltung». Vgl. Pra 1988, 630. In der amtlichen Sammlung (BGE 114 II 55) sind die Passagen, mit welchen das Bundesgericht in Abweichung der Dispositivregel des Art. 377 OR auf den hypothetischen Parteiwillen abgestellt hat, nicht publiziert. Zu diesem Bundesgerichtsentscheid (BGE 114 II 53 ff. = Pra 1988, 627 ff.) und zum Entscheid der Vorinstanz (KGr SZ; in: EGV 1987, Nr. 19) einlässlich: GAUCH, BR 1989, 39 ff.; vgl. auch EGLI, GU/TU, 92.

46 Zur revidierten Ausgabe 1995 (vormals 1990) existiert ein (instruktiver) Kurzkommentar von HUBER, Der Generalunternehmervertrag des VSGU, Zürich 1996.

dach)»[47]. Regelmässig wird auch die SIA-Norm 118 übernommen, obschon in dieser Norm auf den Generalunternehmer-Vertrag überhaupt nicht, auf den Totalunternehmer-Vertrag nur am Rande (in Art. 33 Abs. 4 SIA-Norm 118) Bezug genommen wird[48].

3. Haftung des Generalunternehmers

a) *Haftung für Mängel*

Sowohl für Mängel wie auch für sonstige Abweichungen hat der Generalunternehmer dem Bauherrn *allein, direkt und uneingeschränkt* einzustehen. Haftungsnorm ist entweder Art. 368 OR oder Art. 169 ff. SIA-Norm 118. Der Totalunternehmer haftet darüber hinaus selbst für Planmängel. Der Bauherr kann sich mit anderen Worten ausschliesslich an seinen Vertragspartner halten, falls und soweit das Bauwerk einen Mangel aufweist[49], und zwar selbst für Mängel, die ihren Grund in der Arbeit eines Subunternehmers haben[50]. Die Leistungspflicht des Generalunternehmers bleibt von der Weitervergebung der Arbeiten unberührt. Der Subunternehmer oder Planer, den er beizieht, ist eine *Hilfsperson* (ein Erfüllungsgehilfe), für deren schädigendes Verhalten der Generalunternehmer gegenüber dem Bauherrn nach Art. 101 OR einstehen muss[51]. Von der Haftung befreien kann sich der Generalunternehmer nur (aber immerhin), wenn er den Nachweis erbringt, dass ihm selber, hätte 11.51

47 Zu den Gemeinsamkeiten und Unterschieden: SCHUMACHER, Bauen mit einem Generalunternehmer, 43 ff.

48 Nach GAUCH (Werkvertrag, Nr. 272) ist die SIA-Norm 118 «eher auf Verträge mit Teilunternehmern zugeschnitten als auf Verträge mit General- oder Totalunternehmern»; doch ändert dies nichts an der grundsätzlichen Zulässigkeit, die SIA-Norm 118 auch auf GU- bzw. TU-Verträge für anwendbar zu erklären.

49 Das Prinzip der uneingeschränkten Haftung gilt allerdings nicht unbeschränkt: Der GU/TU wird von seiner Mängelhaftung ganz oder teilweise befreit, wenn der Bauherr den Werkmangel selbst verschuldet hat (vgl. Art. 369 OR).

50 BGE 116 II 308; GAUCH, Werkvertrag, Nr. 177 f.; GAUTSCHI, N 21a zu Art. 364 OR; HONSELL/ZINDEL/PULVER, N 31 zu Art. 363 OR.

51 GAUCH, Werkvertrag, Nr. 177 und 1893; EGLI, GU/TU, 82. Vgl. Art. 29 Abs. 2 SIA-Norm 118:«... Gegenüber dem Bauherrn hat der Unternehmer für die Arbeit des Subunternehmers wie für seine eigene einzustehen ...» Keine Hilfsperson im Sinne von Art. 101 OR sind demgegenüber blosse Stofflieferanten (GAUCH, a.a.O., Nr. 1894). Zur Haftung für den vorgeschriebenen Subunternehmer: Rz. 11.103 f.

er gleich gehandelt wie seine Hilfsperson, kein Verschulden hätte vorgeworfen werden können[52].

b) Haftung für Kostenüberschreitungen

11.52 Generalunternehmer und Totalunternehmer geben häufig eine Preisgarantie ab, wobei in jedem Einzelfall zu prüfen bleibt, ob damit ein Pauschal- oder Globalpreis oder eine offene Abrechnung mit Höchstpreis (Kostendach) gemeint ist[53]. Die Kostendach-Klausel wird in der Baupraxis häufig mit einer Regelung verbunden, wonach der Generalunternehmer bei Kostenunterschreitung einen Anteil als Prämie beanspruchen kann, umgekehrt bei Überschreitung des Kostendaches aber zu einer (prozentualen oder pauschalen) Vertragsstrafe verpflichtet ist. Bei offener Abrechnung ohne Kostendach ist zu empfehlen, dass der Bauherr zumindest einen verbindlichen Kostenvoranschlag (einschliesslich Angabe des Genauigkeitsgrades) verlangt.

11.53 An den vereinbarten Höchstpreis ist der Generalunternehmer gebunden, soweit er sich nicht auf besondere Verhältnisse im Sinne von Art. 58 Abs. 2 (mangelhafte Angaben in den Ausschreibungsunterlagen) oder Art. 59 SIA-Norm 118/Art. 373 Abs. 2 OR (ausserordentliche Verhältnisse), Bestellungsänderungen oder andere Mehrkosten aus dem Risikobereich des Bauherrn[54] berufen kann. Haben die Vertragsparteien den Preis nicht zum voraus bestimmt, so bemisst sich die vom Bauherrn zu leistende Vergütung grundsätzlich nach dem Aufwand des Generalunternehmers, selbst wenn dem Vertrag ein ungefährer Kostenansatz zugrunde gelegt wurde. Immerhin stehen dem Besteller jedoch die Rechtsbehelfe des Art. 375 Abs. 1 und 2 OR zur Verfügung, wenn der ungefähre Kostenansatz ohne sein Zutun unverhältnismässig überschritten wurde[55].

---

52 BGE 119 II 338 und 117 II 67.

53 Zu diesen Begriffen im Einzelnen EGLI, GU/TU, 78 ff.; GAUCH, Werkvertrag, Nr. 900 ff.

54 Zum Beispiel Störungen und Behinderungen zufolge verspäteter oder versäumter Mitwirkung (GAUCH, Werkvertrag, Nr. 1328 ff.; SCHUMACHER, Die Vergütung im Bauwerkvertrag, Nr. 337 ff.).

55 Vgl. BGE 115 II 460 ff. und dessen Besprechung von GAUCH in: BR 1990, Nr. 136, 102; BGE 98 II 304; *ders.*, Werkvertrag, Nr. 974 ff. Die Toleranzgrenze liegt bei ca. 10 % (vgl. BGE 115 II 462 gegenüber einem Totalunternehmer) unter Umständen

IV. Bauen mit einem Baukonsortium

1. Merkmale und Erscheinungsformen

Bei grösseren Bauvorhaben schliessen sich Bauunternehmer regelmässig zusammen und übernehmen gegenüber einem Bauherrn die gemeinsame Verpflichtung zur Herstellung und Ablieferung eines Bauwerkes. Zu diesem (gemeinsamen) Zweck bilden die Beteiligten eine Arbeitsgemeinschaft, eine sogenannte ARGE, die in der Terminologie des SIA zuweilen als Baukonsortium bezeichnet wird (vgl. Art. 28 SIA-Norm 118). 11.54

a) Ein Bauwerk – mehrere (intern verbundene) Unternehmer

Verpflichten sich in ein und demselben Werkvertrag mehrere Bauunternehmer zur gemeinsamen Ausführung eines Bauprojektes und sind die Baubeteiligten intern durch einen Gesellschaftsvertrag verbunden, so liegt ein Unternehmerkonsortium vor[56], auf welches die Bestimmungen der einfachen Gesellschaft Anwendung finden[57]. 11.55

b) Gemeinsame Verpflichtung zur Übernahme der Bauarbeiten

Die Bauunternehmer, welche gestützt auf einen Gesellschaftsvertrag die Mitglieder des Konsortiums bilden, übernehmen die Ausführung der Bauarbeiten durch einen gemeinsamen Werkvertrag[58]. Dieser gemeinsame Bauwerkvertrag ist häufig ein General- oder Totalunternehmerver- 11.56

---

jedoch darunter oder darüber, je nachdem, ob erfahrungsgemäss mit einem geringeren oder grösseren Ungenauigkeitsgrad (z.B. bei der Renovation von Altbauten) zu rechnen ist (GAUCH, Werkvertrag, Nr. 985).

56 Vgl. dazu etwa BGE 113 II 513 ff. Nicht selten ist es auch der Fall, dass Baufirmen aus freien Stücken – entweder spontan im Hinblick auf eine Ausschreibung oder über Jahre hinweg in identischer oder wechselnder Zusammensetzung – als Konsortium zusammenspannen, ohne ihre wirtschaftliche Selbständigkeit aufzugeben.

57 Die einfache Gesellschaft gemäss Art. 530–551 OR ist die Grund- und Subsidiärform, die immer dann Anwendung findet, wenn nicht die Voraussetzungen einer anderen Gesellschaftsform (z.B. der Kollektivgesellschaft) erfüllt sind (HANDSCHIN, N 1 und 13 f. zu Art. 530; MEIER-HAYOZ/FORSTMOSER, 197 ff.).

58 Dies im Unterschied zum Bauen mit Teilunternehmern, welche je mit eigenem, separatem Werkvertrag mit dem Besteller verbunden sind. Vgl. Rz. 11.9.

trag, in dem sich die Konsortialmitglieder zur Übernahme sämtlicher Arbeitsgattungen und allenfalls darüber hinaus zur Projektierung verpflichten.

c) *Erscheinungsformen*

11.57 In der Praxis kommen insbesondere folgende Gebilde vor:

11.58 – *Das Bieterkonsortium*: Verschiedene Bauunternehmer schliessen sich zur Einreichung eines gemeinsamen Angebotes, z.B. im Rahmen einer Submission, zusammen. Zweck dieser Gemeinschaft ist es, durch Unterbreitung einer «attraktiven» Offerte den Zuschlag für einen gemeinsamen Bauwerkvertrag zu erhalten[59].

11.59 – *Das erzwungene Baukonsortium:* Der Bauherr erzwingt z.B. die Aufnahme eines einheimischen Unternehmers in die ARGE aus steuerlichen oder aus lokalpolitischen Gründen[60]. Der lokale Gesellschafter ist nach den getroffenen internen Abmachungen häufig weder am Gewinn noch am Verlust beteiligt; er erhält aber häufig eine Pauschale für die Zurverfügungstellung seines Namens ausbezahlt.

11.60 – *Das Baukonsortium mit interner Weitervergabe:* Ein (oder mehrere) Mitglied(er) der ARGE übernehmen einzelne Arbeiten im Rahmen eines Werkvertrages als Subunternehmer. Alsdann sind sie (obwohl Gesellschafter) den übrigen Konsortialen aus Subunternehmervertrag verpflichtet, als Mitglied des Baukonsortiums stehen sie zugleich (zusammen mit den übrigen Gesellschaftern) in einem Werkvertragsverhältnis zum Bauherrn[61].

11.61 – *Das Baukonsortium als Losgemeinschaft:* Die Mitglieder der Los-ARGE erbringen je einen Teil der vom Besteller übernommenen Arbeiten in selbständiger Ausführung. Bei dieser häufig nach Arbeitsgattungen (z.B. Hochregallager mit mechanischem und elektronischem Anteil) oder nach Baulosen (Hochbaulos und Tiefbaulos) vorgenommenen Arbeitsteilung trägt jeder Konsortiale anteilsmässig zum gemeinsamen Zweck der ARGE bei. Die derart aufgeteilte Arbeit bildet Gegenstand der Beitragspflicht der

---

59 Vgl. BGE 116 II 710. Eine Beeinträchtigung bzw. sogar Zweckvereitelung liegt vor, wenn ein Mitglied der Bietergemeinschaft sich ohne Einwilligung der übrigen Konsortialen auch ausserhalb der Gemeinschaft (z.B. als Subunternehmer) eines anderen Bewerbers zur Verfügung stellt. Ein solches Verhalten wäre unzulässig (Art. 536 OR) und hätte Schadenersatzpflichten zur Folge (GAUCH, Werkvertrag, Nr. 246).

60 GAUCH, Werkvertrag, Nr. 252; EGLI, Baukonsortien, 36, der von einem «aufgenötigten» Gesellschafter spricht.

61 EGLI, Baukonsortien, 37; GAUCH, Werkvertrag, Nr. 253.

beteiligten Unternehmer (Art. 531 OR); dementsprechend sind diese am Gewinn und Verlust der einfachen Gesellschaft beteiligt (Art. 533 OR)[62].

- *Das «unechte» Baukonsortium:* Teilen ARGE-Partner unter sich die Gesamtarbeit mit der Abrede auf, dass jeder bloss im Umfang seines Anteils verantwortlich werde, ist in der Baupraxis häufig auch von einem «unechten» Konsortium die Rede. Die Bezeichnung ist missverständlich, weil sie bei Konsortialen bisweilen den (unrichtigen) Eindruck vermittelt, die interne Beschränkung der Haftung auf den übernommenen Arbeitsteil habe auch gegenüber Dritten Bestand. Auf das externe Verhältnis zum Besteller (z.B. in Bezug auf die Solidarhaftung nach Art. 544 Abs. 3 OR) hat die interne Ausgestaltung des Konsortiums – ob dies im Rahmen von Subunternehmerverträgen oder durch gesellschaftsinterne Übertragung von Baulosen geschieht – jedoch keinen Einfluss. 11.62

2. Rechtliche Ausgestaltung des Baukonsortiums

Die Rechtsfragen, die sich im Zusammenhang mit Baukonsortien stellen, sind zahlreich[63]. Sie betreffen z.B.: 11.63

a) Qualifikation des Vertrages

Das Baukonsortium (als einfache Gesellschaft) entsteht durch Abschluss eines Gesellschaftsvertrages, worin sich zwei oder mehrere Unternehmer zur Erreichung eines gemeinsamen Zweckes (z.B. zur gemeinsamen Realisierung eines Kraftwerkes) mit gemeinsamen Kräften oder Mitteln (vgl. Art. 530 Abs. 1 OR) zusammentun. 11.64

62 GAUCH, Werkvertrag, Nr. 255; HOCHSTEIN/JAGENBURG, ARGE-Vertrag, Düsseldorf 1984, 16; ferner EGLI, Baukonsortien, 45 f. In Deutschland spricht man in diesem Zusammenhang auch von einer sogenannten «Los-Arbeitsgemeinschaft», indem die zu erbringende Gesamtleistung nicht durch gemeinsames Zurverfügungstellen von Personal, Maschinen und Inventar erbracht wird, sondern in einzelne Teile (eben «Lose») zerlegt wird. Diese Lose werden von den einzelnen Konsortialen als eigene Unternehmerleistung selbständig und unabhängig voneinander ausgeführt. Im Aussenverhältnis (d.h. zwischen Bauherr und Baukonsortium) gilt nichts anderes als bei einem Vertragsabschluss mit einer «traditionellen» ARGE.

63 Vgl. dazu einlässlich EGLI, Baukonsortien, 28 ff.; GAUCH, Werkvertrag, Nr. 243 ff.; MÜLLER, Die Arbeitsgemeinschaft, 12 ff.; NICKLISCH, 2366 ff. Im Allgemeinen: HANDSCHIN, N 1 ff. zu Art. 530; MEIER-HAYOZ/FORSTMOSER, 197 ff.; VON STEIGER, 319 ff.

11.65 Grundsätzlich sind die Mitglieder des Baukonsortiums frei, den Inhalt des Gesellschaftsvertrages im Rahmen der Rechtsordnung nach ihren Bedürfnissen auszugestalten. Mangels ausdrücklicher vertraglicher Formulierung finden ergänzend die dispositiven Gesetzesbestimmungen des anwendbaren Gesellschaftstyps (also z.B. der einfachen Gesellschaft, Art. 530 ff. OR) Anwendung. In aller Regel (und zu Recht) stützen sich die Gesellschafter auf Vertragsmuster, d.h. auf vorformulierte Mustervereinbarungen ab[64], da die gesetzliche Regelung des Obligationenrechts der Interessenlage sowie den wirtschaftlichen Risiken bei Baukonsortien in mancherlei Hinsicht nicht Rechnung trägt.

b) *Innenverhältnis*

11.66 Im Innenverhältnis (d.h. zwischen den einzelnen Konsortialen) sind zahlreiche, zum Teil komplexe Rechtsfragen zu regeln (z.B. Organisationsstruktur[65], Kompetenzordnung[66], Geschäfts- und Beschlussfassungsbefugnisse[67], Beitragspflichten[68], personelle Veränderungen inner-

---

64 Zum Beispiel auf den *ARGE-Vertrag für Bauunternehmungen* in der neuesten Version, herausgegeben 1996 von der Schweizerischen Bauindustrie (SBI) in Zusammenarbeit mit dem Schweizerischen Baumeisterverband (SBV) und der Vereinigung Schweizerischer Tiefbauunternehmungen (VST).

65 Vgl. HANDSCHIN, N 1 ff. zu Art. 534/535 OR. Die knappe Regelung in Art. 534 OR sieht als Organe lediglich die Versammlungen aller Gesellschafter und den einzelnen Gesellschafter vor. Zu regeln ist die Geschäftsführung, z.B. kann die Gesellschafterversammlung entweder einen oder mehrere, auf Sachgebiete aufgeteilte Geschäftsführer oder einen Geschäftsausschuss (Betriebsleitungskommission) einsetzen.

66 Zu regeln sind in diesem Zusammenhang namentlich, wem die Vertretung des Konsortiums nach aussen zusteht und wie die für die Auftragserfüllung wichtigsten Stellen wie Baustellenchef, Projektleiter, usw. besetzt werden. Die Geschäftsführung wird regelmässig in die drei Ressorts Federführung (FF), technische Leitung (TL) und kaufmännische Leitung (KL) aufgeteilt.

67 Art. 534 OR verlangt für Beschlüsse der Gesellschaft Einstimmigkeit. Das Einstimmigkeitsprinzip sollte zumindest nicht absolut gelten. Das Mehrheitsprinzip nach Köpfen (Kopfstimmenprinzip) oder nach Höhe der Beteiligung (in Bruchzahlen oder Prozenten), nach Einlagen oder nach persönlichen Gesichtspunkten ist nach den individuellen Bedürfnissen auszugestalten.

68 Art. 531 OR verlangt einen Beitrag eines jeden Gesellschafters (HANDSCHIN, N 1 ff. zu Art. 531 OR). Dieser Beitrag kann alles sein, was dem Gesellschaftszweck förderlich ist (Geld, Sach-/Arbeitsleistung, Know-how, usw.), sogar das blosse «Dabeisein» genügt, wenn es der Kreditwürdigkeit der Gesellschaft dient. Häufig stellt jeder Gesellschafter sein Personal und seine Maschinen für die gemeinsame Arbeitsausführung zur Verfügung oder die zu erbringende Arbeitsleistung wird auf die Gesellschafter zur selbständigen Arbeitsausführung aufgeteilt (EGLI, Baukonsortien, 44 f.).

halb des Konsortiums[69], etc.) zu regeln, auf die im Rahmen dieses Aufsatzes nur hingewiesen werden kann.

c) Aussenverhältnis[70]

Das Baukonsortium kann weder eine Firma im Sinne von Art. 944 OR haben noch sich im Handelsregister eintragen lassen. Möglich und in der Praxis gebräuchlich ist aber die Verwendung einer Kurzbezeichnung (z.B. ARGE Druckstollen, XY)[71]. Im Rechtsverkehr kann das Baukonsortium allerdings nur unter Nennung aller beteiligten Gesellschafter auftreten. Da das Baukonsortium keine eigene Rechtspersönlichkeit hat, sind in Prozessen und in der Schuldbetreibung rechts- und handlungsfähig allein die einzelnen Gesellschafter zusammen. 11.67

d) Stellung des Baukonsortiums im Prozess

Das Baukonsortium als solches hat keine eigene Rechtspersönlichkeit, lediglich die Gemeinschaft der Gesellschafter[72]. «Sachen, dingliche Rechte oder Forderungen, die an die Gesellschaft übertragen oder für sie erworben sind, gehören den Gesellschaftern gemeinschaftlich nach Massgabe des Gesellschaftsvertrages» (Art. 544 Abs. 1 OR). Gegen Dritte (z.B. gegen den Bauherrn) klagen müssen *sämtliche* Gesellschafter zusammen. Demnach besteht (wegen fehlender Sachlegitimation) die Gefahr der Klageabweisung, wenn ein Anspruch nur im Namen der Gesellschaft bzw. lediglich von einem (nicht von allen) Konsortialen 11.68

69 Die nachträgliche Aufnahme eines Mitgliedes setzt beim Fehlen einer vertraglichen Regel (dazu HANDSCHIN, N 1 ff. zu Art. 542 OR) das Einverständnis aller übrigen Gesellschafter voraus (Art. 542 OR). Dasselbe wird für die Übertragung der Mitgliedschaft auf einen Dritten verlangt. Der alte Gesellschafter wird nach den Regeln von Art. 175 f. OR befreit. Das Ausscheiden eines Gesellschafters regelt Art. 545 OR: Beim Tod, Konkurs, bei der Verwertung des Liquidationsanteils im Pfändungsverfahren sowie der Bevormundung eines Gesellschafters wird das Konsortium aufgelöst und liquidiert. Zur Notwendigkeit, die gesetzlichen Kündigungsregeln anzupassen, vgl. Rz. 11.72 f.

70 Vgl. dazu EGLI, Baukonsortien, 55 f.

71 Die Kurzbezeichnung ist blosser Name und geniesst als solcher (ausser wettbewerbs- und namensrechtlichen) keinen firmenrechtlichen Schutz.

72 VOGEL, § 5 N 50 f.; VON STEIGER, 446.

geltend gemacht wird[73]. Auch der *Vergütungsanspruch* ist eine Gesamthandforderung (Art. 544 Abs. 1 OR). Dieser Anspruch «kann nur von allen Mitgliedern gemeinsam eingeklagt und nur dadurch mit befreiender Wirkung erfüllt werden, dass der Besteller an alle gemeinsam oder an einen gemeinsamen Vertreter leistet»[74].

3. Haftung des Baukonsortiums

a) Haftung für vertragswidriges Verhalten

11.69 Was die vertragliche Haftung des Baukonsortiums nach aussen betrifft, so gelten folgende Grundsätze: Für Verpflichtungen, welche im Namen aller Gesellschafter oder für die Gesellschaft eingegangen wurden, haften die einzelnen Baukonsortialen *persönlich*, und zwar *primär* (d.h. Haftung der Gesellschafter, nicht Haftung des Gesellschaftsvermögens), *unbeschränkt* (d.h. jeder Baukonsortiale haftet für die ganze Schuld mit seinem ganzen Vermögen) und *solidarisch*, falls mit dem Bauherrn nicht etwas anderes (z.B. anteilige Haftung) vereinbart wurde (vgl. Art. 544 Abs. 3 OR; Art. 28 Abs. 3 SIA-Norm 118). Solidarhaft bedeutet, dass der Bauherr (als Gläubiger) nach seiner Wahl von jedem Baukonsortialen einen Teil oder das Ganze fordern kann, und zwar dergestalt, dass sämtliche Gesellschafter solange verpflichtet bleiben, bis die gesamte Forderung getilgt ist[75].

11.70 Die solidarische Verpflichtung der einzelnen ARGE-Mitglieder, den gemeinsam abgeschlossenen Werkvertrag zu erfüllen, folgt aus dem Grundsatz, dass im Gesellschaftsrecht jeder Baukonsortiale bei der Vertragserfüllung als Erfüllungsgehilfe des andern handelt[76]. Die Solidarhaftung (für die Gesamtleistung) ist unabhängig von internen Abmachun-

---

73 BGE SemJud 1997, 396 ff. = BR 1997, Nr. 352, 138.

74 GAUCH, Werkvertrag, Nr. 249; VON TUHR/ESCHER, 293. Auch bei der Los-ARGE ist die *Gesamtheit der Gesellschafter* Vertragspartner des Bauherrn. Es liegt ein Fall notwendiger Streitgenossenschaft vor: Bei der Betreibung eines Gesellschafters auf Pfändung oder Konkurs können die Gläubiger nur dessen Liquidationsanteil in Anspruch nehmen.

75 Soweit ein Konsortiale dem Bauherrn gegenüber geleistet hat, kann er intern auf die übrigen Gesellschafter Rückgriff nehmen (vgl. VON STEIGER, 445; BGE 103 II 137).

76 GAUCH, Werkvertrag, Nr. 247 f.; MÜLLER, 150; VON TUHR/ESCHER, 307 f.

gen, z.B. hinsichtlich Aufgabenteilung oder Höhe der eingeschossenen Beiträge, trifft also z.B. auch die Mitglieder einer Losgemeinschaft oder einer unechten ARGE, ferner auch den kleinen Regionalunternehmer oder etwa den Treuhänder des Konsortiums, der lediglich in untergeordneter Weise bzw. überhaupt nicht an der Werkerrichtung beteiligt ist. Die solidarische Haftung besteht selbst dann weiter, wenn die Gesellschaft aufgelöst oder wenn ein Gesellschafter ausgetreten oder ausgeschlossen wurde (vgl. Art. 551 OR). Darum prüfe, wer sich (in einem Baukonsortium) «ewig» bindet!

b) Haftung für deliktisches Verhalten

Neben die vertragliche Haftung tritt die solidarische Haftung aus unerlaubter Handlung, falls das Delikt durch eine gemeinsame Hilfsperson (z.B. durch Arbeitnehmer) im Sinne von Art. 55 OR begangen wurde bzw. falls verschiedene Gesellschafter den Schaden gemeinsam im Sinne von Art. 50 OR verschuldet haben[77]. 11.71

4. Beendigung des Baukonsortiums

a) Gesetzliche Regelung

Von Gesetzes wegen wird das Baukonsortium aufgelöst und liquidiert, wenn es seinen Zweck erreicht hat oder wenn ein weiterer, in Art. 545 OR genannter Auflösungsgrund eintritt[78]. Mit Eintritt des Auflösungsgrundes ist die Liquidation nach Art. 550 OR vorzunehmen, und zwar «von allen Gesellschaftern gemeinsam». Die Auflösung und Liquidation der Gesellschaft ändert (wie gesagt: Rz. 11.70) nichts an der Haftung gegenüber Dritten (Art. 551 OR). 11.72

77 Zu den Einzelheiten vgl. GAUCH, Werkvertrag, Nr. 247 f.

78 Unmögliche Zweckerreichung (Ziff. 1), Tod (Ziff. 2) oder Kündigung (Ziff. 6) eines Gesellschafters, Zwangsverwertung eines Liquidationsanteils, Konkurs oder Bevormundung eines Gesellschafters (Ziff. 3), Zeitablauf (Ziff. 5), Auflösung durch Urteil des Richters aus wichtigem Grund (Ziff. 7).

b) Vertragliche Regelungen

11.73 Die vorerwähnte gesetzliche Ordnung ist in mehrfacher Hinsicht lückenhaft und unbefriedigend. Baukonsortien wird daher dringend empfohlen, eine Art. 545 OR vorgehende vertragliche Vereinbarung zu treffen. Zu regeln ist insbesondere die Fortsetzung bzw. Weiterführung des Konsortiums durch die übrigen Gesellschafter, falls ein Gesellschafter vorzeitig (d.h. vor Zweckerfüllung) austreten will (durch Kündigung) oder müsste (z.B. bei Konkurs oder Nachlassstundung). Zu empfehlen sind ferner vorrangige Bestimmungen betreffend Voraussetzungen, Zeitpunkt und Frist für eine allfällige Kündigungsmöglichkeit. Schliesslich sind die Mitglieder eines Baukonsortiums gut beraten, eine Ausschlussklausel in den Vertrag aufzunehmen, welche die Voraussetzungen und die Wirkungen eines Ausschlusses regeln, ebenso das erforderliche Quorum für die Beschlussfassung[79]. Eine praxisnahe Ausgestaltung sowohl von Art. 545 OR wie auch bezüglich zahlreicher anderer Rechtsfragen ergibt sich aus dem ARGE-Mustervertrag des SBV/SBI.

5. Virtuelle Unternehmungen

a) Merkmale

11.74 Mit der Initiative «Effizienzpotentiale der Schweizer Bauwirtschaft (EFFI-Bau)» hat das Bundesamt für Konjunktur (Kommission für Technologie und Innovation) neue Organisationsformen für die Erbringung von Bauleistungen gefördert. Im Rahmen dieser Bemühungen sind unter anderem auch Strukturen und Normen für die Errichtung von Virtuellen Unternehmen (sogenannte VU) geschaffen worden[80]. Die Virtuelle Unternehmung bietet ein juristisches Gefäss, in welchem planende und ausführende Funktionen der Bauwirtschaft in einem Netzwerk verbunden werden. Die Teilnehmer der VU treten unter einer einheitlichen Bezeichnung, der sogenannten Plattformgesellschaft, gemeinsam am Markt auf

---

79 Vgl. HANDSCHIN, N 5 zu Art. 534 OR; VON STEIGER, 416 ff.

80 HÜRLIMANN/HANDSCHIN, VU-Dokumentation Recht, in: Virtuelle Unternehmen in der Bauwirtschaft, VU-Handbuch: Kompetenzen vernetzen, Schweizerische Bauwirtschaftskonferenz (SBK), Zürich 1998.

und erbringen ihre Bauleistung in unterschiedlicher, jeweils je nach Projekt optimaler personeller Zusammensetzung.

b) Rechtliche Ausgestaltung

Im *Innenverhältnis* bilden die Teilnehmer des Netzwerkes eine einfache Gesellschaft im Sinne von Art. 530 ff. OR. Diese einfache Gesellschaft ist ausschliesslich der Rahmen für die interne Verankerung von Rechten und Pflichten. Diese tritt aber, anders als die Arbeitsgemeinschaft, gegenüber dem Bauherrn nicht auf, mit der Folge, dass deren Mitglieder dem Bauherrn gegenüber nicht ohne weiteres haftbar sind. Im *Aussenverhältnis* gegenüber dem Bauherrn tritt für die Teilnehmer des Netzwerkes eine Plattformgesellschaft auf, in der Regel eine Aktiengesellschaft oder GmbH, die mit dem Bauherrn im eigenen Namen den Werkvertrag abschliesst[81]. 11.75

Die Vorteile des neu entwickelten Modells «Virtuelle Unternehmen» werden für die Bauwirtschaft darin gesehen, dass einerseits die Unabhängigkeit der einzelnen Unternehmung gewahrt, aber gleichzeitig ermöglicht wird, unter einer gemeinsamen Plattform gegenüber Dritten aufzutreten und auf diese Weise über das einzelne Bauvorhaben hinaus eine einheitliche Unternehmensidentität aufzubauen, ohne dass die einzelnen Mitglieder dabei ihre Selbständigkeit aufgeben müssen. 11.76

V. Bauen mit einem Subunternehmer

1. Merkmale und Erscheinungsformen

a) Weitervergebung von Arbeiten

Subunternehmer ist ein Unternehmer, dem ein Hauptunternehmer bestimmte Arbeiten, zu deren Erbringung er sich gegenüber dem Bauherrn verpflichtet hat, weitervergibt[82]. Nach dem Inhalt dieses Subunterneh- 11.77

81 Die Musterverträge (sogenannte VU-Norm, VU-Vertrag und Statuten der Plattformgesellschaft) bilden – zusammen mit Erläuterungen – Bestandteil des VU-Handbuches, HÜRLIMANN/HANDSCHIN, VU-Dokumentation Recht, Zürich 1998, 1–49.

82 Vgl. BGE 116 II 635; GAUCH, Probleme von und mit Subunternehmern, 151 ff.; HÜRLIMANN, Subcontracting, 151ff.

mervertrages hat der Subunternehmer «einzelne oder alle» Arbeiten auszuführen, die der Hauptunternehmer seinerseits dem Bauherrn werkvertraglich schuldet (vgl. Art. 29 Abs. 1 SIA-Norm 118). Beim Beizug des Subunternehmers handelt der Hauptunternehmer im eigenen Namen und auf eigene Rechnung, also nicht als Stellvertreter des Bauherrn; andernfalls liegt ein Baubetreuungsvertrag vor (vgl. auch Rz. 11.47).

b) Kein Vertragsverhältnis zwischen Bauherr und Subunternehmer

11.78 Der Subunternehmer ist lediglich gegenüber dem Hauptunternehmer verpflichtet, weshalb der Bauherr im Regelfall über kein Recht verfügt, den Subunternehmer direkt zur Leistung anzuhalten oder ihm Weisungen zu erteilen. Umgekehrt kann der Subunternehmer den Werklohn grundsätzlich bloss bei seinem Vertragspartner (dem Hauptunternehmer) einfordern, nicht beim Bauherrn. Zu den Rechtsproblemen, die Folge dieser Besonderheit sind, vgl. im Einzelnen Rz. 11.84 ff.

c) Terminologie und Abgrenzungen

11.79 Zuweilen wird für Subunternehmer – sowohl in der Baupraxis wie auch im Rechtsleben – der Ausdruck *«Subakkordant»* oder *«Unterakkordant»* verwendet[83]. In Deutschland wird der Subunternehmer als *«Nachunternehmer»* bezeichnet[84]. Zu unterscheiden ist der Subunternehmer namentlich von folgenden anderen am Bau Beteiligten:

11.80 – *Stoff-Zulieferanten des Hauptunternehmers*: Diese liefern dem Hauptunternehmer Baustoffe oder sonstiges Material (Armierungsstahl, Zement, vorfabrizierte Elemente), meist aufgrund eines Kaufvertrages (Art. 184 OR). Im Unterschied zum Subunternehmer ist der Zulieferant nicht zur Werkherstellung verpflichtet, er muss den Stoff nach dem Inhalt seines Vertrages mit dem eigenen Besteller *nicht* selber *her*stellen, sondern *nur bei*stellen. Der Zulieferant ist zudem, da er nicht mit Arbeit zum Bauwerk beiträgt, keine Hilfsperson im Sinne von Art. 101 OR[85].

11.81 – *Akkord-Arbeiter des Hauptunternehmers*: Im Unterschied zum Subunternehmer ist der (meist temporär eingesetzte) Akkord-Arbeiter rechtlich nicht selbständig, sondern im

83 BGE 116 II 308; 107 II 173; 103 II 227 f.; GAUTSCHI, N 15d zu Art. 363 OR; REBER, 27; BÜHLER, N 118 zu Art. 363 OR.

84 INGENSTAU/KORBION, 925.

85 BÜHLER, N 53 f. zu Art. 364 OR; GAUCH, Werkvertrag, Nr. 140 f. und Nr. 1894; a.M. SPIRO, 189 ff.

Einzelarbeitsvertragsverhältnis (Art. 319 ff. OR) tätig. Auch Leiharbeitsfirmen, die dem Unternehmer temporär Arbeitskräfte zur Verfügung stellen, sind nicht Subunternehmer im Sinne von Art. 29 der SIA-Norm 118. Zuweilen wird die Bezeichnung «Unterakkordant» allerdings auch für temporäre Arbeitnehmer mit Akkordlohn verwendet[86].

- *Subordinierte Nebenunternehmer*: Im Unterschied zum Subunternehmer steht der subordinierte Nebenunternehmer in einem direkten Werkvertragsverhältnis zum Bauherrn (vgl. Art. 30 Abs. 1 SIA-Norm 118), ist aber nach den getroffenen vertraglichen Abmachungen der Leitung und/oder Aufsicht eines andern (übergeordneten) Nebenunternehmers unterworfen. Vgl. Rz. 11.12 ff. 11.82

- *Der Subsubunternehmer:* Dieser steht in einem Vertragsverhältnis zum Subunternehmer, der Arbeiten eines Hauptunternehmers übernommen und (ganz oder teilweise) an einen Subsubunternehmer weitergegeben hat[87]. 11.83

2. Rechtliche Ausgestaltung des Subunternehmervertrages

a) *Beziehungen zwischen Subunternehmer und Hauptunternehmer*

Zwischen dem Subunternehmer und dem Hauptunternehmer besteht ein *Werkvertragsverhältnis* (Art. 363 ff. OR), in welchem sich der Subunternehmer zur vertragskonformen Erbringung und Ablieferung der im Subunternehmervertrag übernommenen Arbeiten verpflichtet. Umgekehrt hat der Subunternehmer gegenüber dem Hauptunternehmer Anspruch auf die abgemachte Vergütung[88]. 11.84

Der Inhalt des Subunternehmervertrages ergibt sich aus den zwischen den Parteien getroffenen Abmachungen. Findet auf den Hauptvertrag die SIA-Norm 118 Anwendung, benützen die Baubeteiligten als Mustervorlage für die Vertragsgestaltung häufig den Formularvertrag *«Subunternehmervertrag»,* herausgegeben vom Schweizerischen Baumeisterverband und der Gruppe der Schweizerischen Bauindustrie. Ein vergleichbares Modell für internationale Verhältnisse (nämlich *«Conditions of Subcontract for Works of Civil Engineering Construction»*) stellt die Internationale Vereinigung Beratender Ingenieure (FIDIC) zur Verfügung, wenn Haupt- und Subunternehmervertrag auf den sogenannten FIDIC-Bedingungen basieren. 11.85

86 GAUCH, Werkvertrag, Nr. 138; THEVENOZ, La location des services dans le bâtiment, BR 1994, 68 ff.; BGE 103 II 227 ff.

87 BGE 117 II 425 f.; GAUCH, Werkvertrag, Nr. 142; SCHUMACHER, Nr. 293 f.

88 Zum Ganzen BGE 116 II 305 ff.

b) *Beziehungen zwischen Subunternehmer und Bauherrn*

11.86 Zwischen dem Subunternehmer und dem Bauherrn, der den Hauptvertrag mit dem Hauptunternehmer abgeschlossen hat, besteht *kein Vertragsverhältnis* (vgl. Art. 29 Abs. 2 SIA-Norm 118). Das bedeutet: Der Bauherr verfügt weder über ein Recht, den Subunternehmer zur Leistung anzuhalten, noch über die Befugnis, ihm Weisungen zu erteilen. In den meisten Fällen kann er den Subunternehmer nicht aus Vertrag (z.B. für die Baumängel des übernommenen Teilwerkes) haftbar machen[89]. In der Literatur werden zwar einige Sonderfälle erörtert, in denen ein Bauherr über einen direkten («vertraglichen») Erfüllungsanspruch gegenüber dem Subunternehmer verfügen kann[90]; doch sind jene in der Praxis eher selten anzutreffen. Zur Begründung eines Direktanspruches ist der geschädigte Bauherr deshalb in der Regel auf die Bestimmungen des Deliktsrechts (Art. 41 ff. OR) angewiesen[91]. Zur Haftung im Einzelnen: Rz. 11.101.

89 GAUCH, Werkvertrag, 169; GAUTSCHI, N 22 d zu Art. 364 OR. Vgl. ferner BGE 94 II 166.

90 *Fall 1:* Über einen direkten Erfüllungsanspruch gegenüber dem Subunternehmer verfügt der Bauherr unter Umständen, falls sich der Subunternehmer auch ihm gegenüber (ausdrücklich oder stillschweigend) *vertraglich* verpflichtet hat, die vom Hauptunternehmer weitergegebenen Arbeiten vertragskonform auszuführen (GAUCH; Werkvertrag, Nr. 164). *Fall 2:* Beim Subunternehmervertrag handelt es sich um einen sogenannten echten *Vertrag zugunsten eines Dritten* (Art. 112 Abs. 2 OR), welchen die Vertragsparteien (Subunternehmer und Hauptunternehmer) in der Willensmeinung geschlossen haben, dass der Bauherr selbständig die Erfüllung fordern kann (CERUTTI, Nr. 552 ff.; GAUCH, a.a.O., Nr. 165). Zur Frage, ob sich der Besteller zur Begründung eines Direktanspruches in sinngemässer Anwendung auch auf Art. 399 Abs. 3 OR berufen kann (CHAIX/MARCHAND, BR 1997, 71 ff.). *Fall 3:* Haupt- und Subunternehmer sind wirtschaftlich und personell eng verflochten (z.B. Konzernmutter- und -tochterverhältnis), weshalb der Besteller unter bestimmten Voraussetzungen (vgl. BGE 115 II 406 f.; 113 II 36 f.) über ein Durchgriffsrecht verfügt (GAUCH, a.a.O., Nr. 164).

91 Zur Deliktshaftung des Subunternehmers: CERUTTI, Nr. 578 ff.; GAUCH, Werkvertrag, Nr. 171 f.; SPIRO, 315 f. Bei reinen Vermögensschäden fehlt es am Widerrechtlichkeitserfordernis: BGE 120 II 335 f.; 119 II 128 f.; 117 II 317 ff.

Aus dem Umstand, dass zwischen Bauherr und Subunternehmer kein vertragliches Verhältnis besteht, folgt auch, dass den Bauherrn *keine Vergütungspflicht* des Subunternehmers trifft[92]. Zur Leistung verpflichtet ist einzig der Hauptunternehmer. Bleibt dessen Zahlung (z.B. infolge Illiquidität bzw. Meinungsdifferenzen über die Schlussabrechnung) aus, so hat der Subunternehmer unter den Voraussetzungen der Art. 837 ff. ZGB hingegen die Befugnis, seinen Vergütungsanspruch gegenüber dem Hauptunternehmer durch *Eintrag eines Bauhandwerkerpfandrechtes* am Grundstück des Bauherrn sichern zu lassen[93]. Das Recht des Subunternehmers auf Eintragung des Pfandrechts besteht unabhängig von der Vergütungsforderung und von einem allfälligen Pfandanspruch des Hauptunternehmers und auch unabhängig davon, ob der Beizug des Subunternehmers erlaubt bzw. dem Bauherrn bekannt war[94]. 11.87

c) *Zulässigkeit des Beizugs*

Nach der *gesetzlichen Regelung* (Art. 364 Abs. 2 OR) ist der Hauptunternehmer verpflichtet, das Werk persönlich auszuführen oder unter seiner persönlichen Leitung ausführen zu lassen, mit Ausnahme der Fälle, in denen es nach der Natur des Geschäftes auf persönliche Eigenschaften des Unternehmers nicht ankommt[95]. Nach dem *System der SIA-Norm 118* 11.88

92 GAUCH, Werkvertrag, Nr. 142 mit weiteren Hinweisen auf die Rechtsprechung. Namentlich ist der Subunternehmer – in Ermangelung einer anderslautenden Vertragsabrede – nicht berechtigt, den Werklohn direkt beim Bauherrn einzufordern (BGE 111 III 11 ff.; SemJud, 1958, 73; RJJ 1993, 167 f. = BR 1994, 51, Nr. 96).

93 BGE 120 II 216; 116 II 535; 116 Ib 377; SCHUMACHER, Bauhandwerkerpfandrecht, Nr. 285 ff.; *ders.*, recht, 1986, 88 f. Kann das gesetzliche Pfandrecht zugunsten des Subunternehmers errichtet werden, so haftet der Bauherr mit seinem Grundstück für die Werklohnvergütung, die der Hauptunternehmer dem Subunternehmer schuldig geblieben ist. Dies kann im Einzelfall zum Ergebnis führen, dass der Bauherr für die erhaltenen Leistungen *zweimal* bezahlen muss.

94 BGE 105 II 267 = BR 1981, 18, Nr. 27; vgl. ferner ZR 79, 1980, Nr. 12, 21 = BR 1981, 17, Nr. 25). Zu weiteren Einzelheiten: GAUCH, Werkvertrag, Nr. 183–188; SCHUMACHER, Bauhandwerkerpfandrecht, Nr. 285 ff.; *ders.*, recht, 1986, 88 f.

95 Im Einzelnen: CERUTTI, Nr. 404 ff.; GAUCH, Werkvertrag, Nr. 620 ff.; HONSELL/ZINDEL/PULVER, N 31 f. zu Art. 364 OR; HÜRLIMANN, Subcontracting, 153 f. Nach BGE 103 II 55 ff. trägt der Unternehmer im Werkvertrag die Beweislast für die Behauptung, bei der Ausführung der Arbeiten komme es nicht auf seine persönlichen Eigenschaften an; ein Beizug eines Subunternehmers sei mit anderen Worten zulässig gewesen.

zulässig ist der Beizug eines Subunternehmers grundsätzlich nur dann, wenn der Bauherr hiezu in den werkvertraglichen Abmachungen ausdrücklich seine Erlaubnis erteilt hat, und zwar «allgemein oder für eine bestimmte Arbeit». Keiner Genehmigung bedarf die Beiziehung, «wenn sie nur einen unwesentlichen Teil der Arbeiten betrifft und die vertragsgemässe Ausführung nicht beeinträchtigt» (Art. 29 Abs. 3 SIA-Norm 118)[96]. Fehlt es an einer solchen Vertragsklausel im Werkvertrag (ausserhalb der SIA-Norm 118), kann der Bauherr die Genehmigung[97] verweigern, und zwar selbst dann, wenn er die Ausführung des gesamten Werkes an einen Generalunternehmer oder Totalunternehmer übertragen hat[98].

11.89 In der Praxis wird die Zulässigkeit des Beizugs häufig *vertraglich* geregelt. Diese Beizugsklauseln kommen in unterschiedlichster Ausgestaltung vor. Sie reichen vom Beizugsverbot bis hin zur Pflicht, bestimmte («vorgeschriebene») Subunternehmer beizuziehen[99], wobei auch zahlreiche Zwischenformen (Beizug mit Genehmigungsvorbehalt, Beizug mit einschränkenden Vorgaben, etc.) gebräuchlich sind[100]. Im Anwendungsbereich von Generalunternehmer-/Totalunternehmer-Verträgen verbreitet sind Klauseln, in denen der Erstbesteller (Bauherr) dem Hauptunternehmer nicht nur den Beizug einer bestimmt bezeichneten Person als Subunternehmer vorschreibt, sondern zugleich zur Annahme von dessen Offerte, welche der Bauherr im Rahmen einer Vorsubmission eingeholt hat[101]. Verlangt der Bauherr, dass der Hauptunternehmer einen bestimmten

---

96 Vgl. zum Ganzen: GAUCH, Werkvertrag, Nr. 632 ff.

97 Die Erlaubnis des Bauherrn besteht in dessen Erklärung, dem Einsatz des gewünschten Subunternehmers zuzustimmen. «Ausdrücklich» meint nicht notgedrungen schriftlich; doch wird eine gewisse Eindeutigkeit des Erklärungsverhaltens vorausgesetzt werden dürfen. Die Erlaubnis ist vorgängig einzuholen. Doch kann der Bauherr den unbefugten Beizug eines Subunternehmers auch nachträglich genehmigen.

98 Vgl. zum Meinungsstand die Übersicht bei GAUCH, Werkvertrag, Nr. 626; BGE 94 II 162.

99 Vgl. etwa BGE 116 II 308 = BR 1991, Nr. 65, 43 f.: Weisung des Bestellers über den Beizug eines Unterakkordanten; ferner GAUCH, Werkvertrag, Nr. 2026 f.

100 Vgl. die Übersicht bei CERUTTI, Nr. 378; GAUCH, Werkvertrag, Nr. 627 ff.; HÜRLIMANN, Subcontracting, 151 ff.

101 In ZWR 1992, 348 ff. = BR 1994, 50 f., Nr. 94 vertritt das Walliser Kantonsgericht die Auffassung, dass mit dem Abschluss des Hauptvertrages ohne weiteres und unmittelbar auch der Subunternehmervertrag zustande gekommen sei, und zwar mit den Bedingungen gemäss Vorsubmissions-Offerte. Dazu und zu weiteren rechtlichen Problemen bei der Vorsubmission für Subunternehmer: GAUCH, Werkvertrag, Nr. 516.

Subunternehmer beizieht, so hat er diesen, wenn die SIA-Norm 118 zur Anwendung kommt, in den Ausschreibungsunterlagen zu bezeichnen (Art. 29 Abs. 5 SIA-Norm 118). Der Bauherr trägt die Folgen, falls der Subunternehmer die Arbeit mangelhaft ausführt und der Hauptunternehmer nachweist, dass er den Subunternehmer richtig eingesetzt und gehörig beaufsichtigt hat (vgl. Art. 29 Abs. 5 SIA-Norm 118).

3. Überbindungs- und Verknüpfungsklauseln

a) Unabhängigkeit von Haupt- und Subunternehmervertrag

Von Gesetzes wegen ist der Subunternehmervertrag nach Bestand und Inhalt unabhängig vom Hauptvertrag[102]. Sämtliche Beteiligten haben aber (wenn auch aus unterschiedlichen Motiven) ein Interesse daran, den Subunternehmervertrag inhaltlich auf den Hauptvertrag abzustimmen: Der Bauherr verfolgt in erster Linie das Ziel, sein Bauvorhaben mit optimalem Einsatz der Mittel und frei von Konflikten (namentlich ohne Bauhandwerkerpfandrechtsprozesse von Subunternehmern) zu realisieren; der Hauptunternehmer ist mit dem (Nahtstellen-)Risiko konfrontiert, wenn Haupt- und Subunternehmervertrag mangelhaft koordiniert, d.h. inhaltlich nicht ausgerichtet sind. In der Praxis stehen vor allem zwei unterschiedliche Arten von Klauseln im Vordergrund, nämlich zum einen die Überbindungsklauseln im Hauptvertrag, zum andern die Verknüpfungsklauseln im Subunternehmervertrag: 11.90

b) Überbindungsklausel im Hauptvertrag

Ein typisches Beispiel einer Überbindungsklausel enthält Art. 29 Abs. 4 der SIA-Norm 118: Nach dieser Bestimmung hat der Unternehmer «in seinem Vertrag mit dem Subunternehmer alle Bestimmungen seines Werkvertrages mit dem Bauherrn (zu übernehmen), die zur Wahrung der Interessen des Bauherrn erforderlich sind»[103]. Mit dieser Klausel wird 11.91

102 BGE 120 II 115; BGE 69 II 139 ff.; ZWR 1992, 352 = BR 1994, Nr. 93, 50. CERUTTI, Nr. 259 ff.

103 Dem Hauptunternehmer ist zu empfehlen, sämtliche Vertragsklauseln, die zur Interessenwahrung des Bauherrn erforderlich sind, in angepasster Formulierung je einzeln in den Vertrag mit dem Subunternehmer aufzunehmen. Ist im Einzelfall streitig, welche Bestimmungen der Hauptunternehmer zur Wahrung der Bauherren-Interessen in den Subunternehmervertrag integrieren muss, ist es ratsam, dem Subunternehmer eine (mit Ausnahme der Preise) vollständige Kopie des Hauptvertrages zur

dem Hauptunternehmer die Pflicht zur Harmonisierung von Hauptvertrag und Subunternehmervertrag übertragen. Im Verhältnis zum Subunternehmer ist eine solche Überbindungsklausel (sogenannte «Flow-Through»-Klausel) allerdings ohne Rechtswirkungen und ohne Einfluss auf den Subunternehmervertrag[104].

11.92 Grundsätzlich wird der Hauptunternehmer sich (im eigenen Interesse) gegenüber dem Subunternehmer jene Ansprüche einräumen lassen, zu welchen er – im Hauptvertrag – gegenüber dem Erstbesteller verpflichtet ist[105]. Mit einer blossen *Pauschalklausel,* mit welcher generell und unspezifiziert auf den (gesamten) Hauptvertrag verwiesen wird, bzw. die Vorschriften des Hauptvertrages in ihrer Gesamtheit als mitanwendbar erklärt werden, riskiert der Hauptunternehmer, dass ein Subunternehmer sich erfolgreich auf Unwirksamkeit einer vermeintlich integrierten Klausel berufen kann, und dass der Bauherr eine Verletzung der Koordinationspflicht im Sinne von Art. 29 Abs. 4 SIA-Norm 118 geltend machen kann.

c) *Verknüpfungsklauseln in Subunternehmerverträgen*

11.93 Um Haupt- und Subunternehmervertrag inhaltlich aufeinander auszurichten, haben sich in der Baupraxis zahlreiche typische Vertragsklauseln herausgebildet. Folgende Klauseln sind in Subunternehmerverträgen regelmässig anzutreffen[106]:

11.94 – *Verbindlichkeitsklausel,* wonach die Gültigkeit des Subunternehmervertrages vom Zustandekommen des Hauptvertrages abhängig gemacht wird.

11.95 – *Abnahme- und Verjährungsklausel,* wonach das Werk des Subunternehmers erst als abgenommen gilt, wenn der Hauptunternehmer das von ihm geschuldete Gesamtwerk dem Bauherrn abliefern konnte, bzw. die Mängelhaftung des Subunternehmers solange nicht verjährt, als die Haftung gegenüber dem Hauptunternehmer besteht.

11.96 – *Beendigungs- und Reduktionsklausel,* wonach der Subunternehmervertrag entschädigungslos dahinfällt, bzw. der Leistungsumfang reduziert werden kann, wenn der Hauptvertrag vorzeitig aufgelöst oder (z.B. durch Bestellungsänderung im Sinne von Art. 84 Abs. 3 SIA-Norm 118) reduziert wird.

11.97 – *Gewährleistungs- und Garantieklausel,* wonach die Garantieleistungen im Haupt- und Subunternehmervertrag (hinsichtlich Umfang, Inhalt und Dauer) aufeinander abgestimmt werden, um dem Hauptunternehmer einen allfälligen Rückgriff auf den Sub-

---

Verfügung zu stellen oder diesem das Recht einzuräumen, in den Hauptvertrag Einsicht zu nehmen (vgl. Art. 4.1 des FIDIC-Mustervertrages).

104 Zum Ganzen: CERUTTI, Nr. 241 ff.; GAUCH, Werkvertrag, Nr. 182.

105 Vgl. CERUTTI, Nr. 252; NICKLISCH, 2366.

106 Vgl. im Einzelnen CERUTTI, Nr. 245–252; GAUCH, Werkvertrag, Nr. 147–154.

unternehmer zu ermöglichen. Eine solche Parallelschaltung kann auch in Bezug auf Abnahme- und/oder Verjährungszeitpunkt erfolgen.

- *Rechtswahl-, Gerichtsstands- und Schiedsklausel,* mit welchen der Hauptunternehmer den prozessualen Gleichlauf in Bezug auf Gerichtsbarkeit und Zuständigkeit, ferner die Harmonisierung des anwendbaren materiellen Rechtes sicherzustellen versucht[107]. 11.98

- *Vergütungsklausel,* mit welchen der Hauptunternehmer die Fälligkeit oder sonstige Zahlungsmodalitäten von seiner Bezahlung durch den Bauherrn abhängig macht. Lediglich unter einschränkenden Voraussetzungen zulässig ist die sogenannte Anspruchsklausel, in welcher der Hauptunternehmer das materielle Zahlungsrisiko vollumfänglich auf den Subunternehmer überbindet[108]. 11.99

Verbindlichkeit und Inhalt solcher Klauseln sind jeweils individuell und unabhängig vom Hauptvertrag auszulegen. Die rechtliche Wirksamkeit solcher Abreden ist unter dem Gesichtspunkt des Art. 27 Abs. 2 ZGB jedenfalls dann fraglich, wenn der Inhalt des Subunternehmervertrages praktisch einseitig ins Ermessen des Hauptunternehmers gelegt wird[109]. 11.100

4. Haftung des Subunternehmers

a) *Haftung für Mängel und sonstige Vertragsverletzungen*

Der geschädigte Bauherr (Erstbesteller) muss den erlittenen Schaden, soweit nicht ausnahmsweise eine Sonderverbindung besteht (oben Rz. 11.86), bei seinem Vertragspartner, dem Hauptunternehmer geltend machen, selbst wenn die Schlechterfüllung des Hauptvertrages ausschliesslich auf das Fehlverhalten eines Subunternehmers zurückzuführen ist. Dabei gilt: Der Subunternehmer, den der Hauptunternehmer beizieht, ist im Verhältnis zum Erstbesteller eine *Hilfsperson* (ein Erfüllungsgehilfe) im Sinne von Art. 101 OR, für deren schädigendes Verhal- 11.101

107 Die Aufnahme identischer Gerichtsstands- oder Schiedsklauseln in Haupt- und Subunternehmervertrag genügt nicht, um eine einheitliche Beurteilung zu gewährleisten. Erforderlich ist darüber hinaus, dass sich Bauherr, Haupt- und Subunternehmer vertraglich mit einer gemeinsamen Beurteilung (z.B. durch ein *Mehrparteienschiedsgericht*) einverstanden erklären (Vgl. HÜRLIMANN, Dispute Resolution, 771 f.; NICKLISCH, 2369).

108 GAUCH, Werkvertrag, Nr. 156 ff.; CERUTTI, Nr. 246 f.; BGE 116 II 635; «pay when paid»-Klausel.

109 GAUCH, Probleme von und mit Subunternehmern, 167, mit weiteren Hinweisen. HÜRLIMANN, Teilnichtigkeit von Schuldverträgen nach Art. 20 Abs. 2 OR, Diss. Fribourg 1984, Nr. 141 ff. und 249 ff.

ten der Hauptunternehmer gegenüber seinem Vertragspartner (dem Erstbesteller) einstehen muss[110]. Für mangelhafte Arbeit haftet der Hauptunternehmer gegenüber dem Erstbesteller (ungeachtet der Hilfspersoneigenschaft) *kausal*, d.h. verschuldensunabhängig, soweit das Wandelungs-, Minderungs- und Nachbesserungsrecht in Frage steht (Art. 169 SIA-Norm 118; Art. 368 OR). Von Bedeutung ist die Kausalhaftung nach Art. 101 OR namentlich in Fällen, in denen es um den Ersatz des Mangelfolgeschadens geht.

11.102 Sind die Haftungsvoraussetzungen auch beim Subunternehmer erfüllt, kann sich der Hauptunternehmer auf dem *Regressweg* an den Subunternehmer halten. Zu beachten ist allerdings, dass sich dieser Anspruch (auf Schadloshaltung oder aus anderem Rechtstitel) ausschliesslich nach dem Inhalt des Subunternehmervertrages beurteilt, nicht aufgrund des Werkvertrages zwischen Erstbesteller und Hauptunternehmer. Hat es der Hauptunternehmer versäumt, Haupt- und Subunternehmervertrag inhaltlich auszurichten, bzw. das Nahtstellenrisiko durch Verknüpfungsklauseln zu minimieren (Rz. 11.93 ff.), kann es durchaus vorkommen, dass ein Rückgriff nur in beschränktem Umfang (z.B. bei Haftungsbeschränkungsklausel im Untervertrag) bzw. überhaupt nicht mehr (z.B. wegen Verjährung oder Verwirkung des Anspruchs) möglich ist. In prozessualer Hinsicht ist dem Hauptunternehmer zu empfehlen, den betreffenden Subunternehmern rechtzeitig den Streit zu verkünden, wobei zu beachten ist, dass eine solche Vorkehr für sich allein genommen nicht notgedrungen verjährungsunterbrechend wirkt[111].

b) Haftung bei vorgeschriebenem Subunternehmer

11.103 Bei Werkmängeln, deren Ursache im schädigenden Verhalten eines vorgeschriebenen Subunternehmers liegt, kann sich der Hauptunternehmer von der Verantwortlichkeit befreien, wenn er den Erstbesteller gehörig abgemahnt hat[112].

---

110 BGE 116 II 308; GAUCH, Werkvertrag, Nr. 177 und dort Zitierte.

111 GAUCH/SCHLUEP, Nr. 3475; VOGEL, § 5 N 89; nicht verjährungsunterbrechend wirkt etwa auch ein gerichtliches Beweissicherungsbegehren: HÜRLIMANN, Der Architekt als Experte, in: GAUCH/TERCIER, Das Architektenrecht, Nr. 1503; BGE 93 II 503 f.

112 BGE 116 II 309 = BR 1991, 43 f., Nr. 65; GAUCH, Werkvertrag, Nr. 2027. Der Hauptunternehmer hat dem Bauherrn die Gründe anzugeben, auf denen seine Beden-

Beharrt der Besteller trotz erfolgter Abmahnung auf dem Einsatz des Subunternehmers, so entfällt die Haftung des Hauptunternehmers für Werkmängel, wenn er nachweist, dass der vorgeschriebene Subunternehmer ordnungsgemäss instruiert, richtig eingesetzt und gehörig beaufsichtigt wurde. Das Erfordernis der ordnungsgemässen Instruktion wird in Art. 29 Abs. 5 SIA-Norm 118 nicht speziell erwähnt, ist aber dennoch zu befolgen, falls sich der Hauptunternehmer von der Haftung befreien will[113]. Von der Instruktion bzw. Überwachung des vorgeschriebenen Subunternehmers darf der Hauptunternehmer gegebenenfalls Abstand nehmen, falls der Subunternehmer über Spezialkenntnisse verfügt und vom (sachverständigen) Bauherrn aus diesem Grunde vorgeschrieben wurde. 11.104

Selbst ohne Abmahnung wird der Hauptunternehmer von der Mängelhaftung befreit, wenn der Besteller sachverständig ist oder sachverständig beraten wurde und ihm daher auch ohne Abmahnung zugemutet werden darf, dass er richtige Weisungen erteilt oder durch seine Hilfspersonen erteilen lässt. Der Hauptunternehmer ist nicht zu Nachforschungen darüber verpflichtet, ob der vorgeschriebene Subunternehmer die erforderliche Gewähr für eine vertragskonforme Ausführung der Arbeiten bieten würde[114]. 11.105

c) *Haftung für unerlaubten Beizug*

Bei unerlaubtem Beizug eines Subunternehmers haftet der Hauptunternehmer für das schädigende Verhalten des Subunternehmers nach den Art. 97 und Art. 101 OR. Weitere Rechtsbehelfe des Bauherrn: Er kann beim Hauptunternehmer die «Wegweisung» des Subunternehmers verlangen[115]; je nach Einzelfall wird der Bauherr ferner berechtigt sein, den Hauptunternehmer in Verzug zu setzen und den Werkvertrag aufzulösen. 11.106

---

ken beruhen. Namentlich hat er mit seiner Abmahnung zu begründen, weshalb der vorgeschriebene Subunternehmer aus seiner Sicht nicht die erforderliche Gewähr für eine vertragskonforme Ausführung der Arbeiten bieten kann. Zur Haftungsbefreiung führen können nur Bedenken, welche mit ausreichender Eindeutigkeit vorgebracht werden; die blosse Mitteilung, der fragliche Subunternehmer verfüge nicht über ausreichend Erfahrung bzw. sei nicht die Idealbesetzung, genügen nicht.

113 GAUCH, Werkvertrag, Nr. 2036.

114 BGE 116 II 456; GAUCH, Werkvertrag, Nr. 2029.

115 Zum Ganzen: GAUCH, Werkvertrag, Nr. 639 ff.; *ders.,* Subunternehmer, 164. Vgl. auch BGE 103 II 55; ferner BGE 99 II 134 f.; 97 II 66 (zur Rechtslage, wenn der Hauptunternehmer einzelne Arbeiten unbefugt im Namen und auf Rechnung des Bestellers an einen Dritten vergibt).

Weitere Sanktionen können sich aus Anordnungen der öffentlichen Hand ergeben (z.B. zeitweiliger Ausschluss von Submissionen).

VI. Baufinanzierung

11.107 Für die Baufinanzierung kommen in erster Linie die eigenen Mittel und der Baukredit in Frage. Daneben haben sich in der Praxis in den letzten Jahren zahlreiche weitere Formen von Baufinanzierungen herausgebildet, wie z.B. die Vorausleistungen der Käufer, die Wohnbaufinanzierung mit Mitteln der beruflichen Vorsorge, die Baufinanzierung mittels Anleihen oder mittels Beteiligung der Unternehmer oder mittels Wohnbau- und Wohneigentumsförderung durch die öffentliche Hand.

1. Finanzierung durch Eigenmittel

a) Bedeutung des Kostenvoranschlages

11.108 Die Kosten des Bauprojekts sind für den Bauherrn von entscheidender Bedeutung, häufig sogar von wirtschaftlich existenzieller Tragweite. In aller Regel beauftragt der Bauherr seinen Architekten in der Projektphase mit der Ermittlung der mutmasslichen Gesamtbaukosten. Dieser Kostenvoranschlag ist die Grundlage für die Baufinanzierung[116].

b) Vorkommen

11.109 Am häufigsten verbreitet ist neben der Baukreditfinanzierung die Finanzierung durch eigene Mittel. Vor allem kapitalkäftige Unternehmen und Institutionen wie Banken und Versicherungen, bei denen die Anlage von Spar- und Prämiengeldern zum eigentlichen Geschäftsbereich gehört, finanzieren ihre eigene Bautätigkeit auf diese Art[117]. Im Wohnbaubereich weisen besonders die Pensionskassen einen hohen Eigenfinanzierungsgrad auf. Ihr Investitionsumfang in Liegenschaften ist jedoch gesetzlich auf 30 % ihres Anlagevermögens beschränkt[118].

116 Vgl. Art. 4.2.5 SIA-Norm 102; SCHUMACHER, Haftung des Architekten, Nr. 746.
117 BAUMANN, 32, Fn. 163.
118 Art. 54 lit. c BVV2; vor dem Bundesbeschluss vom 6. Oktober 1989 lag die gesetz-

Unternehmen, die in ihre Bürogebäude investieren, bringen für die Baufinanzierung regelmässig ihre eigenen Mittel auf. Häufig handelt es sich dabei um eine Ersatzinvestition, bei der aus dem Erlös eines veräusserten Anlagewertes in Neubauten reinvestiert wird. Der private Bauherr finanziert seine Bautätigkeit meistens aus Erspartem, aus einer Erbschaft oder einer Schenkung, gelegentlich verwendet er auch den Reinerlös aus Verkäufen anderer Vermögensgegenstände[119]. 11.110

Die Baufinanzierung durch eigene Mittel erleichtert zwar das Bauen aus Sicht des Bauherrn. Der Bauherr ist in seiner Bautätigkeit weitgehend frei und braucht keine Rücksicht auf Weisungen und Einschränkungen eines Kreditgebers zu nehmen[120]. Bei grösseren Bauprojekten genügen seine eigenen Mittel allerdings bald einmal nicht mehr, um das ganze Bauprojekt alleine zu finanzieren. Er ist fast immer auf zusätzliche Finanzierungsquellen angewiesen. 11.111

2. Finanzierung durch Baukredit

a) Gegenstand und Merkmale

Gegenstand des Baukreditvertrages ist ein Kredit. Die Bank stellt dem Bauherrn ihre Geldmittel bis zu einem bestimmten Betrag (= Kreditlimite) zur Verfügung. Der Kredit ist ausschliesslich zur Finanzierung eines Neu- oder Umbaus bestimmt. Der Bauherr kann den Kredit jederzeit abrufen, indem er den Baukreditgeber anweist, die Rechnungen der Bauhandwerker nach Massgabe des Baufortschritts zu bezahlen. Der 11.112

---

lich zulässige Quote bei 50 %, was sich in einer gesteigerten Wohnbautätigkeit der Pensionskassen Ende der 80er anfangs 90er Jahre auswirkte und unter anderem zum heute herrschenden Wohnungsüberangebot führte; vgl. HELBLING, 331.

119 BAUMANN, 32.

120 In aller Regel verlangen heute beispielsweise Banken vor der Mittelfreigabe neben anderen Unterlagen ein Handwerkerverzeichnis und einen Zahlungsplan. Das Handwerkerverzeichnis dient als Grundlage für die Zahlungskontrolle; der Zahlungsplan gewährleistet die gleichmässige und vertragskonforme Auszahlung der bewilligten Mittel. Die Zahlungsaufträge werden in der Regel von der Bank selbst kontrolliert und nur dann ausgeführt, wenn sie mit dem Zahlungsplan und Bauhandwerkerverzeichnis übereinstimmen (vgl. BAUMANN, 29 f.). Will der Bauherr im Verlauf der Bauausführung Änderungen vornehmen, muss er regelmässig die Kreditgeber um Erlaubnis nachsuchen.

Baukredit fliesst nach und nach in das Bauwerk. Die Baute und das ihr zu Grunde liegende Baugrundstück dienen dem Baukreditgeber als Sicherheit[121].

11.113 Baukredite sind beschränkt auf die Zeit der Projektrealisierung und daher kurzfristig. Nach Vollendung des Baus und nach Erstellung der Schlussabrechnung wird der (kurzfristige) Baukredit in der Regel umgewandelt in ein langfristiges Hypothekardarlehen. Diese Umwandlung wird in der Praxis als *Konsolidierung* bezeichnet.

b) Baukreditgeber

11.114 Als Baukreditgeber in Frage kommen sowohl natürliche wie auch juristische Personen sowie Kollektiv- oder Kommanditgesellschaften. In der Praxis sind dies mehrheitlich Banken, Versicherungsgesellschaften und Pensionskassen. Die Gewährung eines Baukredits von privater Seite dürfte eher die Ausnahme sein. Im Rahmen der öffentlichen Wohnbauförderung erteilt auch die öffentliche Hand Baukredite[122].

11.115 Grosse Wohnüberbauungen oder Industrie- und Gewerbebauten erfordern regelmässig hohe Kreditsummen. Die Baufinanzierung solcher Projekte wird häufig durch mehrere verschiedene Kreditgeber übernommen. Das Interesse der Kreditgeber ist es, Risiken besser zu verteilen. Umgekehrt ist der Bauherr daran interessiert, nicht von einem einzigen Kreditgeber abhängig zu sein. Tritt eine Mehrheit von Personen als Baukreditgeber auf, spricht man von einem *Syndikats-* oder *Konsortialbaukredit.* Auch auf der Seite der Bauherrschaft können mehrere Personen als Gesamthandschaft oder Miteigentümergemeinschaft am Bauprojekt beteiligt sein. Die mehreren Bauherren haften gegenüber der Baukreditgeberin von Gesetzes wegen oder aufgrund vertraglicher Vereinbarung solidarisch.

c) Rechtliche Einordnung des Baukreditvertrages

11.116 Der Baukreditvertrag als solcher ist im schweizerischen Obligationenrecht nicht geregelt. Seine charakterisierenden Merkmale sind die Pflicht des Baukreditgebers zur Überlassung einer bestimmten Geldsumme und die Pflicht des Kreditnehmers zur Verzinsung und Rückerstattung der bezogenen Beträge. So betrachtet decken sich diese Merkmale mit denjenigen des gesetzlich geregelten Darlehensvertrages nach Art. 312 ff.

---

121 RÜST, 4; ZOBL, a.a.O.; EMCH/RENZ/BIRCH, Das schweizerische Bankgeschäft, Zürich 1984, 350 ff.

122 BAUMANN, 357; vgl. Rz. 11.126.

OR[123]. Unterschiede bestehen aber in der Auszahlung der Geldsumme. Während beim Darlehen eine einmalige Auszahlung der gesamten Summe erfolgt, bezieht der Baukreditnehmer den Kredit sukzessive je nach Verlauf der Bauausführung[124]. Die Pflicht des Kreditgebers zur ständigen Leistungsbereitschaft und die Pflicht des Kreditnehmers, den Baukredit nur für die Erstellung eines Bauwerks zu verwenden, sind jedoch eigenständige Merkmale[125]. Das Vorliegen von Elementen gesetzlicher und eigenständiger Vertragstypen qualifiziert den Baukreditvertrag als *Innominatkontrakt*[126].

Der Baukredit wird in laufender Rechnung im Sinne von Art. 117 OR 11.117 geführt. Der Bauherr schliesst demnach neben dem Baukreditvertrag zusätzlich einen Kontokorrentvertrag ab. Folglich handelt es sich beim Baukreditvertrag um einen *Kontokorrentkreditvertrag.* Anwendung finden daher die Bestimmungen über den Darlehensvertrag (Art. 312 ff. OR), die Vorschriften über die Anweisung (Art. 466 ff. OR) und über den einfachen Auftrag (Art. 394 ff. OR).

d) Inhalt des Baukreditvertrages

Der Inhalt des Baukreditvertrages[127] ist gekennzeichnet durch drei 11.118 *Hauptpunkte:*
- Die Bank räumt dem Bauherrn eine *Kreditlimite* ein.

---

123 Vgl. dazu BAUMANN, 68 f.

124 ZOBL, 3.

125 Auf den ersten Blick erscheinen diese beiden Pflichten als typische Elemente des Auftrags. Die jederzeitige Kündigungsmöglichkeit nach Art. 404 OR widerspräche aber der Hauptpflicht des Kreditgebers zur ständigen Leistungsbereitschaft und der Hauptpflicht des Kreditnehmers zur vertragskonformen Mittelverwendung. Das Gleiche gilt für das Weisungsrecht des Auftraggebers nach Art. 397 OR und die Pflicht zum Verwendungsersatz nach Art. 402 OR. Beide Bestimmungen lassen sich aufgrund der besonderen Verhältnisse beim Kreditvertrag nicht unter das Auftragsrecht nach Art. 394 ff. OR subsumieren. Vgl. dazu ausführlich BAUMANN, 68 ff.

126 ZOBL, 4; vgl. auch BAUMANN, 73, mit weiteren Belegen; RÜST, 4. Der Baukreditvertrag wird jedoch von der Legaldefinition nach Art. 1 des Bundesgesetzes über den Konsumkredit (KKG) vom 8. Oktober 1993 (SR 221.214.1) erfasst. Es ist fraglich, ob er deswegen noch als Nominatkontrakt gilt. Unabhängig von der Beantwortung dieser Frage schliesst aber Art. 6 lit. a KKG Baukredite vom Anwendungsbereich des KKG aus.

127 Vgl. dazu ZOBL, 5.

- Der Bauherr verpflichtet sich, den bezogenen Kredit zu *verzinsen* und *zurückzuzahlen.*
- Ferner verpflichtet sich der Bauherr, den Kredit ausschliesslich *zur Finanzierung seines Bauprojekts* zu verwenden.

11.119 Als *Nebenpunkte* im Baukreditvertrag werden regelmässig Verpflichtungen des Bauherrn vereinbart, die auf die Überwachung der zweckbestimmten Verwendung des Kredits durch den Baukreditgeber abzielen. Im Einzelnen sind dies:

11.120
- die Erstellung eines *Unternehmer- und Handwerkerverzeichnisses* zur Übersicht über die am Bau beteiligten Baugläubiger;
- die Erstellung eines *Zahlungsplanes* mit der Verpflichtung zur Tilgung der Bauhandwerker- und Lieferantenforderungen prozentual nach Massgabe des Baufortschritts;
- die Vereinbarung über die *Auszahlungsmodalitäten*;
- die Ausarbeitung eines *Bauprogramms*, um den Kreditgeber über den zeitlichen Ablauf der Bauausführung zu informieren, wobei Änderungen nur mit Zustimmung der Bank vorgenommen werden dürfen;
- die Verpflichtung des Bauherrn, die *Bauausführung fachgerecht* unter Verwendung ausschliesslich *einwandfreier Baumaterialien* ausführen zu lassen;
- der Abschluss einer *Bauzeitversicherung* durch den Bauherrn, die sowohl den Bauherrn als auch die Bank vor dem Risiko der Zerstörung des Bauwerks während der Bauzeit schützt;
- die vorgängige *Sicherstellung* des Baukredits;
- die *Kündigung* des Baukreditvertrages.

e) Ablauf der Baukreditfinanzierung

11.121 In der Vorprojektphase werden die Gesamtbaukosten geschätzt. Diese Schätzung dient der Gegenüberstellung der voraussichtlichen Baukosten mit den finanziellen Vorstellungen des Bauherrn. Nähere Abklärungen zur Baufinanzierung sind daraufhin in der Projektphase vorzunehmen[128]. Der Bauherr bzw. sein Projektplaner ermittelt die genauen Gesamtbaukosten und erstellt eine Kostenplanung. Die errechneten Gesamtbaukosten des Projektplaners bilden die Grundlage bei der Suche nach geeigneten Kreditgebern, meistens eine Bank oder eine Versicherung[129].

---

128 Art. 4.2.2 SIA-Norm 102.

129 Art. 4.2.5 SIA-Norm 102; BAUMANN, 25; SCHUMACHER, Haftung des Architekten, Nr. 746.

Für die Beurteilung der Baukreditgesuche verlangt der Kreditgeber regelmässig detaillierte Unterlagen über das geplante Bauprojekt[130]. Aufgrund dieser Dokumente will sich dieser abzusichern, dass das Bauprojekt in der vorgesehenen Art und im geplanten Kostenrahmen realisiert wird. Aus Sicht des Kreditgebers gilt es auf jeden Fall, eine Nachfinanzierung zu verhindern und das Risiko zu mindern, bei einer finanziellen Überbelastung des Bauherrn die Verwertung des Baugrundstücks und Bauobjekts einzuleiten und diese allenfalls selber ersteigern zu müssen. Zur Überprüfung des Kreditgesuchs gehören auch Erkundigungen über die Kreditwürdigkeit und Kreditfähigkeit des Bauherrn, über den Architekten und Ingenieur sowie über die für die Bauausführung vorgesehenen Unternehmer oder General- bzw. Totalunternehmer sowie eine Einschätzung des Belehnungswertes der Liegenschaft. Nach diesen Abklärungen unterbreitet der Kreditgeber dem Gesuchsteller eine auf das konkrete Bauprojekt abgestimmte schriftliche Kreditofferte. Nach Rücksendung der gegengezeichneten Kreditofferte durch den Bauherrn eröffnet der Kreditgeber ein Kontokorrentkonto. Meistens vor der Freigabe der Geldmittel werden noch die Grundpfandrechte für die Sicherheit des gewährten Kredits errichtet. 11.122

Während der Bauausführung erteilt der Bauherr der Bank die einzelnen Zahlungsaufträge, die vor der Auslösung häufig von der Bank selber kontrolliert und nur dann ausgeführt werden, wenn sie mit der im voraus festgelegten Bauleistung übereinstimmen. Wird die Bauausführung einem General- oder Totalunternehmer übertragen, erfolgt die Auszahlung in der Regel tranchenweise entsprechend einem im voraus festgelegten Zahlungsplan auf das General- bzw. Totalunternehmerkonto.[131] Nach Vollendung des Werks wird der Baukredit entweder zurückbezahlt oder in ein längerfristiges Rechtsverhältnis umgewandelt (= konsolidiert), was am häufigsten der Fall ist[132]. 11.123

3. Weitere Finanzierungsformen

Die einem Bauherrn gewährte Kreditlimite ist aus Gründen der Risikobeschränkung limitiert auf einen Bruchteil des Belehnungswertes der Liegenschaft. Bei Industrie- und Gewerbebauten liegt diese Limite bei 50 %. Zwischen 60 % und 70 % liegt der Belehnungsrahmen bei Mehrfamilien- und Einfamilienhäusern. Diese Grenzen werden in der Praxis zuweilen allerdings überschritten. 11.124

130 Vgl. die Auflistung der regelmässig einverlangten Unterlagen bei BAUMANN, 25 ff.
131 BAUMANN, 30 und 178 f.; EMCH/RENZ/BIRCH, a.a.O., 350 ff.; RÜST, 6.
132 RÜST, 4.

11.125 Der Bauherr braucht demnach für die vollständige Baufinanzierung neben dem Baukredit weitere Finanzierungsquellen. Hierfür in Frage kommen vielfach seine eigenen Mittel (oben, Rz.11.108 ff.). Weitere Finanzierungsarten sind von dritter Seite gewährte Kredite und Darlehen, die durch Verpfändung von Wertpapieren und Forderungen, Garantien oder Bürgschaften gesichert werden. Daneben gibt es weitere Baufinanzierungsmöglichkeiten, die im Rahmen dieses Aufsatzes nicht einlässlich behandelt werden können. Dies sind etwa:

a) Vorausleistungen der Käufer

11.126 Bei Überbauungen, die regelmässig im voraus oder später in Stockwerkeigentumsanteile aufgeteilt werden, oder beim Bau von Einfamilienhaussiedlungen werden die Stockwerkeigentumsanteile bzw. Einfamilienhäuser von der Bauherrschaft schon vor oder sukzessive während der Bauausführung verkauft. Häufig wird dabei vereinbart, dass der Käufer seine Vorausleistung direkt der kreditgebenden Bank zu überweisen hat[133].

b) Vorbezug im Rahmen der gebundenen Vorsorge

11.127 Seit der Schaffung des Bundesgesetzes über die Wohneigentumsförderung mit Mitteln der beruflichen Vorsorge ist es möglich, auch Vorsorgemittel für die Baufinanzierung von Wohnungen und Wohnhäusern einzusetzen. Allerdings sind die bezogenen Beträge bei der Veräusserung der auf diese Weise finanzierten Objekte wieder zurückzuerstatten, sofern keine Ersatzobjekte gekauft werden (Art. 30 lit. d BVG). Auch angesparte Versicherungsleistungen im Rahmen der gebundenen dritten Säule können durch einen Vorbezug für die Baufinanzierung verwendet werden. Zudem können die Altersleistungen auch als Sicherheit für Baukredite verpfändet werden.

c) Immobilienleasing

11.128 Beim Immobilienleasing übernimmt eine Leasinggesellschaft die Baufinanzierung. Die Finanzierung erfolgt unter Verwendung ihrer eigenen

---

133 BAUMANN, 34 und 266.

liquiden Mittel. Möglicherweise wird sie aber für die konkrete Baufinanzierung selber einen Baukredit aufnehmen. Leasingnehmer ist der Bauherr. Die Leasinggesellschaft ist mindestens während der Leasingdauer auch häufig selber Eigentümerin der verleasten Objekte. In diesem Fall liegt an sich keine besondere Art von Baufinanzierung vor. Erwirbt dann aber später der Leasingnehmer und frühere Bauherr das Objekt zu Eigentum, handelt es sich um eine besondere, dem Baukredit verwandte Art von Baufinanzierung[134].

d) *WIR-Kredite*

Die Wirtschaftsring-Genossenschaft WIR erteilt Baukredite in Form von 11.129
WIR-Guthaben. Die Kreditlimite ist dabei regelmässig beschränkt auf höchstens 10–20 % der Gesamtbaukosten. Das dem Bauherrn gewährte WIR-Guthaben wird mit den WIR-Forderungen der am Bau beteiligten Bauhandwerker und Unternehmer verrechnet. Nach Vollendung des Bauprojekts erfolgt meistens eine Konsolidierung des WIR-Guthabens in ein grundpfandgesichertes WIR-Darlehen, auch WIR-Hypothek genannt. Amortisiert wird die WIR-Hypothek vollständig durch Verrechnung mit WIR-Forderungen des Bauherrn. Zinsbelastungen und Kommissionsabgaben sind beim WIR-Kredit in der Regel tiefer als beim Bankbaukredit. Zu beachten ist allerdings, dass der Kreditnehmer mit der Beteiligung der WIR-Genossenschaft inskünftig auf praktisch unbestimmte Dauer gebunden wird, mit WIR-Mitgliedern zusammenzuarbeiten.

e) *Aufnahme von Anleihen*

Die Finanzierung eines Bauprojekts kann durch die Aufnahme von 11.130
Anleihen erfolgen, wie es hauptsächlich im gemeinnützigen Wohnungsbau verbreitet ist. Die Anleihen werden beispielsweise von der in Olten gegründeten Emmissionszentrale für gemeinnützige Wohnbauträger (EGW) in deren Namen, jedoch für Rechnung der Wohnbauträger aufgenommen. An den Anleihen beteiligen sich die Wohnbauträger jeweils mit einer bestimmten Quote. Die Finanzierungsmittel stehen den Wohn-

134 Zum Ganzen: HESS, 5 ff.; SCHLUEP/AMSTUTZ, in: Kommentar zum Schweizerischen Privatrecht, OR I, N 85, Einl. vor Art. 184 ff. OR.

bauträgern allerdings erst zur Verfügung, wenn die Anleihe zustande gekommen ist. Die bezogenen Quoten müssen jedoch von Anfang an verzinst werden. Daher finanziert der Bauherr in aller Regel das Bauprojekt nicht vollständig nur mit Anleihen, sondern nimmt daneben einen Baukredit auf, der mittels der eingehenden Quoten teilkonsolidiert wird.

f) Vorfinanzierung durch den Unternehmer

11.131 Der Bauunternehmer leistet (wenn gesetzliches Werkvertragsrecht zur Anwendung kommt) bis zur Ablieferung des Werks grundsätzlich vor (Art. 372 OR). In der Baupraxis wird allerdings häufig ein Zahlungsplan vereinbart, der dem Unternehmer Anspruch auf Abschlags- oder Teilzahlungen gibt und zwar in der Regel nach Baufortschritt oder in zeitlichen Abständen (vgl. Art. 144 SIA-Norm 118). Bei grossen Infrastrukturbauvorhaben besteht heute die Tendenz, die Finanzierung sämtlicher Vorinvestitionen zunehmend auf die Bauunternehmungen abzuwälzen. Diese Vorfinanzierung überfordert häufig die Unternehmer, zumal bei Bauvorhaben mit der öffentlichen Hand heute regelmässig noch Erfüllungsgarantien verlangt werden.

11.132 Die Bauunternehmungen verfügen in der Regel nicht über genügend liquide Mittel, um neben den Vorinvestitionen auch ihre laufenden Material-, Maschinen-, Betriebs- und Lohnkosten für die ganze Dauer der Bauausführung vorzufinanzieren. Deshalb müssen sie ihrerseits regelmässig einen kurzfristigen Unternehmerkredit beschaffen. Die Verschuldungsfähigkeit der Baubranche stösst jedoch aufgrund der aktuellen wirtschaftlichen Situation an ihre Grenzen. Zudem liegt dadurch das Risiko allzu stark auf der Seite der Bauunternehmer. Bauunternehmer und Banken fordern daher unter anderem die Beibehaltung der Finanzierung von 80 % der Bauinstallationskosten durch die Bauherrschaft bei Betriebsbereitschaft, wie es in Art. 146 SIA-Norm 118 vorgesehen ist, und die konsequente Vereinbarung von Abschlags- oder Akontozahlungen mit klaren Zahlungsfristen nach Art. 144 ff. SIA-Norm 118[135]. Dadurch wird die Vorfinanzierungsleistung der Bauunternehmungen verringert und das Risiko besser verteilt.

g) Gegengeschäft mit den Bauhandwerkern

11.133 Bei grösseren Wohnüberbauungen, Geschäfts- und Bürobauten ist es in der Praxis verbreitet, dass die Bauherrschaft (meistens ein oder mehrere

---

135 Vgl. Problematik der Kredit- und Garantierisiken bei grossen Infrastrukturbauten, Grundsatzpapier, erstellt durch die Schweizerische Bauwirtschaftskonferenz und Vertreter der Banken, Zürich, den 18. November 1996.

Unternehmen) die Bauausführung oder einen Teil davon dem einzelnen Bauhandwerker nur dann vergibt, wenn dieser bereit ist, mit der Bauherrschaft ein Gegengeschäft[136] einzugehen. Der Bauhandwerker erbringt seine Werkleistung gemäss Werkvertrag und stellt der Bauherrschaft Rechnung. Diese leistet selber aus dem vereinbarten Gegengeschäft und stellt dem Bauhandwerker ebenfalls Rechnung. Die beiden Forderungen werden sodann durch Verrechnungserklärung bis zur Höhe der Forderung der Bauherrschaft getilgt. Damit finanziert die Bauherrschaft direkt oder mindestens indirekt ihr Bauprojekt.

Was die Rechtslage solcher Gegengeschäfte angeht, sind drei Fälle zu unterscheiden: *Fall 1:* Gelegentlich verlangt der Bauherr vom Bauhandwerker den Abschluss des Gegengeschäfts, in aller Regel eines Kaufvertrages, *vor* der Unterzeichnung des Werkvertrages. In diesem Fall hängt der Abschluss beider Verträge zwar in gewisser Weise miteinander zusammen, rechtlich jedoch sind sie einzeln zu behandeln. *Fall 2:* Häufiger kommt es vor, dass ein solches Gegengeschäft mittels einer Klausel im Werkvertrag vereinbart wird. Darin verpflichtet sich der Bauhandwerker zum Abschluss eines künftigen Vertrages mit dem Bauherrn. Mit anderen Worten handelt es sich in diesem Fall um einen Vorvertrag im Sinne von Art. 22 OR, in dem sich der Bauhandwerker zum Abschluss eines (zukünftigen) Hauptvertrages mit dem Bauherrn verpflichtet[137]. *Fall 3:* Denkbar ist schliesslich der Fall, dass der Bauherr sich beim Werkvertrag die Wahl ausbedingt, dem Bauhandwerker eine andere Leistung als eine Geldleistung zu erbringen. In diesem Fall läge eine Wahlobligation im Sinne von Art. 72 OR vor. 11.134

Auf Gegengeschäfte aller Art lassen sich die von der stagnierenden Bauwirtschaft und dem zermürbenden Preiskampf gedrückten Bauhandwerker heute immer mehr ein. Bei Wohnüberbauungen und Gewerbe- oder Bürobauten ist es nicht unüblich, dass sich Bauhandwerker im voraus bzw. mit Abschluss des Werkvertrages zum Kauf eines Stockwerkeigentums, z.B. einer Eigentumswohnung, verpflichten müssen. Die Forderung aus dem Werkvertrag wird dann mit der Kaufpreisforderung des Bauherrn bis zu deren Höhe verrechnet. Für die Rechtslage gilt grundsätzlich das soeben Gesagte. Da es 11.135

---

136 Gegenstand solcher Gegengeschäfte können z.B. Eigentumswohnungen, aber auch andere Wertgegenstände sein: Der bauende Autogaragist verlangt im Gegenzug vom Bauhandwerker beispielsweise die Übernahme eines oder mehrerer Fahrzeuge aus seinem Verkaufsangebot.

137 Vgl. dazu GAUCH/SCHLUEP, Nr. 1076 und 1082 ff.

sich hier jedoch um den Erwerb von Grundstücken handelt, stellt sich die Frage der öffentlichen Beurkundung solcher Vereinbarungen[138].

h) *Bildung eines Bauherrenkonsortiums*

11.136 Eine besondere Form der Baufinanzierung liegt vor, wenn sich Bauunternehmer mit der Beteiligung am Bauherrenkonsortium zugleich Aufträge verschaffen[139]. Meistens schliesst das Bauherrenkonsortium (als einfache Gesellschaft) mit dem im Konsortium beteiligten Bauunternehmer einen Werkvertrag im Sinne von Art. 363 ff. OR ab mit der Besonderheit, dass der Bauunternehmer als Mitglied des Konsortiums sowohl als Partei auf der Bestellerseite als auch auf der Unternehmerseite aufgeführt ist.

11.137 Was die Baufinanzierung betrifft, ist dieser Unternehmer in einer besonderen Stellung: Als Mitglied der einfachen Gesellschaft ist er verpflichtet, einen Beitrag an die gemeinsame Baufinanzierung zu leisten. Umgekehrt steht ihm als (Sub-)Unternehmer eine Forderung gegen die Gesellschaft aus Werkvertrag zu. Normalerweise schiesst der Unternehmer seinen Beitrag im Umfang seiner Beteiligung im voraus in die Gesellschaft ein, erbringt seine gegenüber der Gesellschaft werkvertraglich übernommene Leistung und stellt hierfür Rechnung. Denkbar ist auch, dass der Bauunternehmer seine Forderung aus dem Werkvertrag stehen lässt (als sogenannten *Stehbetrag*) und so anstelle von liquiden Mitteln gerade die Bauausführung selber als Beitrag an das Bauherrenkonsortium einbringt[140].

---

138 Vgl. dazu das Urteil des Bundesgerichtes vom 20. Februar 1997 i.S. F. gegen Baukonsortium C. in: ZBGR 79 (1998) 49 ff.

139 Nicht nur auf der Unternehmerseite, sondern auch auf der Bauherrenseite können sich mehrere Personen zu einer Bauherrengemeinschaft (= Bauherrenkonsortium) zusammenschliessen. Angestrebt wird regelmässig die gemeinsame Planung, Finanzierung und Ausführung einer Überbauung. Gleichzeitig werden Kosten und Risiko auf mehrere verteilt. Wie beim Baukonsortium finden auf das Bauherrenkonsortium die Bestimmungen der einfachen Gesellschaft Anwendung. Zur rechtlichen Ausgestaltung und Haftung des Bauherrenkonsortium gilt analog, was in Kapitel V hiervor zum Baukonsortium ausgeführt wurde.

140 Zum Beispiel Art. 58 Abs. 2 SIA-Norm 118: Mangelhafte Angaben des Bauherrn in den Ausschreibungsunterlagen über den Baugrund sind ihm (dem Bauherrn) als Verschulden anzurechnen. Entsprechende Mehraufwendungen des Unternehmers

i) *Beiträge aus der öffentlichen Hand*

Der Bund gewährt Unterstützung bei der Kapitalbeschaffung für die Finanzierung von Wohnungsbau gestützt auf das Wohnbau- und Eigentumförderungsgesetz[141], indem er entsprechende Darlehen vermittelt, sich für Baukredite verbürgt, selber Darlehen gewährt (Art. 36 f. WEG und Art. 20 der Verordnung) oder nichtrückzahlbare Zuschüsse ausrichtet (Art. 42 Abs. 1 WEG). Auch die Kantone betreiben Wohnbau- und Wohneigentumsförderung. Der Kanton Zürich beispielsweise fördert den Bau und die Sanierung von Wohnungen mit günstigen Mieten mittels Gewährung von grundpfandgesicherten, niedrig verzinsbaren oder zinsfreien Darlehen. Zur Förderung des Wohneigentums unterstützt die öffentliche Hand den Bau und die Sanierung von Wohnungen mit Zusprechung von Beiträgen und Bürgschaften[142]. 11.138

k) *Projektfinanzierung*

Eine besondere Baufinanzierungsmethode ist die Projektfinanzierung. Sie unterscheidet sich von der herkömmlichen Kreditgewährung zur Realisierung eines Bauvorhabens dadurch, dass die Zins- und Kapitalrückzahlungen aus dem durch das Projekt generierten Gewinn erfolgt. Bei der Projektfinanzierung kommt es deshalb weniger auf die Kreditfähigkeit und Kreditwürdigkeit der Bauherrschaft an, als vielmehr auf die *Prognose der Rentabilität* des Projektes selbst[143]. Aussicht auf künftige Projekterträge bestehen dann, wenn das Bauvorhaben wirtschaftlich einen Sinn macht, d.h. wenn eine abschätzbare Nachfrage nach dem Projekt vorhanden ist[144]. 11.139

---

sind nach den Regeln der Bestellungsänderung zu vergüten; wie nun zu verfahren ist, wenn der Unternehmer selber Bauherr ist, bleibt offen. Die Beteiligung des Bauunternehmers auf der Bauherren- und zugleich auf der Unternehmerseite im letztgenannten Fall wirft vor allem bezüglich Tragung der Baugrundrisiken, Kostenübernahme für Mehraufwendungen und Mängelhaftung Fragen auf.

141 SR 843.

142 BAUMANN, 41 ff.

143 HERGER, 76 f.

144 Vgl. LOWE PHILIP, Chief of Cabinet of Mr. Neil Kinnock, Member of the European Commission in Brussel, in: Key Conclusions and Recommendations, Tagungsunterlage Institut für Baurecht, Universität Freiburg 1997; HERGER, 77.

11.140 Die Projektfinanzierung ist eine Alternative für die zeitgerechte Realisierung von kapitalintensiven Grossprojekten, vor allem von Infrastrukturbauten im öffentlichen Verkehr wie Eisenbahnlinien und Strassen. Letzteres gehört traditionellerweise zum monopolisierten Aufgabenbereich des Staates. Gerade Verkehrsinfrastrukturbauten eignen sich besonders für die Projektfinanzierung mit dem Ergebnis, den stark strapazierten Staatshaushalt zu entlasten[145]. Der Staat kann im Rahmen seiner Aufgabenerfüllung vorab das Ziel (z.B. Reduktion der Reisezeit mit dem Zug von Basel nach Chiasso auf 3 1/2 Std) definieren. Die im Monopolbereich des Staats stehende Tätigkeit wird z.B. einer Bauprojektgesellschaft gegen entsprechende *Konzession* abgetreten[146]. Die Bauprojektgesellschaft realisiert und betreibt das Projekt auf eigene Kosten im in der Konzession beschränkten Umfang[147]. Aus Sicht des Staates wirkt sich die Projektfinanzierung insofern vorteilhaft aus, als die Aufgabenerfüllung im Bereich des öffentlichen Verkehrs keiner Einschränkung unterliegt, der Staatshaushalt entlastet wird, sämtliche Bauprojektnutzniesser in die Baufinanzierung miteinbezogen werden und das Risiko breiter gestreut wird[148].

---

145 LOWE, a.a.O., 1 f.

146 HERGER, 94.

147 Vgl. die 17.2 Kilometer lange Vasco-da-Gama-Brücke über die Tejo-Bucht östlich von Lissabon, bei der die Projektkosten von 1.8 Milliarden Franken mit einer Strassenbenützungsgebühr finanziert werden. Die Projektgesellschaft erhielt vom Staat die Konzession, bis zum Jahre 2029 für die Überquerung der Brücke von den Autofahrern eine Maut-Gebühr zu kassieren. Die Konzession endet früher, wenn 2.25 Milliarden Autos die Brücke überquert haben.

148 HERGER, 111.

§ 12 Bauwerkverträge

RAINER SCHUMACHER

Literaturauswahl: BÜHLER THEODOR, Zürcher Kommentar zum Schweizerischen Zivilgesetzbuch, Teilbd. V/2d, Der Werkvertrag, 3. Aufl., Zürich 1998; GAUCH PETER, Der Werkvertrag, 4. Aufl., Zürich 1996 (*zitiert:* GAUCH, Werkvertrag); *ders.*, Kommentar zur SIA-Norm 118, Art. 157–190, Zürich 1991 (*zitiert:* GAUCH, KommSIA118); *ders.*, (Hrsg.), Kommentar zur SIA-Norm 118, Art. 38–156, bearbeitet von PETER GAUCH, DURI PRADER, ANTON EGLI und RAINER SCHUMACHER, Zürich 1992 (*zitiert:* GAUCH/Bearbeiter, KommSIA118; *ders.*, Die Vergütung von Bauleistungen, BRT 1987, Bd. I, 1 ff. (*zitiert:* GAUCH, BRT 1987, Bd. I); *ders.*, Die praktische Gestaltung der Bauverträge, BRT 1993, Bd. I, 1 ff. (*zitiert:* GAUCH, Gestaltung); GAUCH PETER/SCHLUEP WALTER R., Schweizerisches Obligationenrecht, Allgemeiner Teil, 6. Aufl., Zürich 1995; GEHRER LEO R., Die Verhandlung und Gestaltung von Bauverträgen, in: KOLLER ALFRED (Hrsg.), Bau- und Bauprozessrecht: Ausgewählte Fragen, St. Gallen 1996 (*zitiert:* GEHRER, Bauverträge); HÖHN ERNST/WEBER ROLF H., Planung und Gestaltung von Rechtsgeschäften, Zürich 1986; SCHUMACHER RAINER, Die Vergütung im Bauwerkvertrag/Grundvergütung – Mehrvergütung, herausgegeben vom Institut für Schweizerisches und Internationales Baurecht der Universität Freiburg (Schweiz), Fribourg 1998 (*zitiert:* SCHUMACHER, Vergütung); *ders.*, Vertragsgestaltung für grosse Infrastrukturbauten: Sicht eines Praktikers, BR 1997, 3 ff. (*zitiert:* SCHUMACHER, BR 1997); *ders.*, Der Anwalt als Vertragsgestalter, in: Schweizerisches Anwaltsrecht, FS 100 Jahre Schweizerischer Anwaltsverband, Bern 1998, 413 ff. (*zitiert:* SCHUMACHER, Anwalt).

I. Problemübersicht

Ebenso komplex wie das Bauen ist die Gestaltung von Bauwerkverträgen. Komplexität bedeutet die *Vernetzung* verschiedener Systeme (mit Sub-Systemen), auch von Regelungssystemen (normativen Regeln und Erfahrungsregeln), die ein grosses Potential von Variablen und von Wechselwirkungen aufweisen. Die Gesamtheit der zusammenhängenden, sich gegenseitig beeinflussenden Elemente ist derart gross und das Potential an (linearen und nicht linearen) Wechselwirkungen derart variantenreich, dass sie nur schwer überschaubar bzw. voraussehbar sind[1]. 12.1

1 Vgl. DÖRNER DIETRICH, Die Logik des Misslingens/Strategisches Denken in komplexen Situationen, Hamburg 1992/1998, 50 f.; MALIK FREDMUND, Strategie des

12.2 Komplex ist das *Bauen*. Jeder Bau ist ein standortgebundenes *Unikat*. Jede Baustelle hat ihre *individuellen* Probleme. Selbst wenn zwei benachbarte Gebäude gleichzeitig nach genau gleichen Plänen errichtet werden, können der Baugrund, die Einwirkungen der Umgebung (z.B. Windlasten) oder die Bauausführung verschieden sein. Gebaut wird nicht in einer geschützten Werkstätte, sondern *in der Natur*, entweder im Freien oder unter dem Erdboden (Untertagbau). Der Baugrund ist voller Tücken[2], das Wetter unberechenbar. Häufig wird *Spitzentechnologie* (High Tech) eingesetzt, was die Störanfälligkeit erhöht und bei Störfällen lange Kausalketten von indirekten Folgen auslösen kann. *Baustelleneinrichtungen* (z.B. eine Tunnelbohrmaschine) sind technisch sehr komplex und teuer[3]. Das Bauwesen ist durch eine besonders stark verästelte *Arbeitsteilung* (Spezialisierung) charakterisiert. Für die Planung und Ausführung moderner Bauten, insbesondere von hochkomplexen Grossprojekten, verpflichtet der Bauherr regelmässig zahlreiche spezialisierte Personen bzw. Betriebe, mit ihrem spezialisierten Sachverstand und ihren Hilfsmitteln (Personal, Geräte, Maschinen usw.) spezielle Teilaufgaben des Bauvorhabens zu erfüllen[4]. Nicht nur die Projektierung, sondern auch die Bauausführung können sehr lange dauern, bei Grossprojekten mehrere Jahre. In dieser Zeit können sich Technik und wirtschaftliches Umfeld erheblich ändern.

12.3 Ebenso komplex ist die *Gestaltung* von Bauverträgen, darunter auch der *Bauwerkverträge*. «Der Bauwerkvertrag bildet das Kernstück des privaten Baurechts[5].» Er ist zwar kein Dauervertrag. Doch kann er ein *langfristiger* Vertrag sein, bei dem zwischen Vertragsabschluss und vollständiger Erfüllung ein grosser Zeitraum liegt[6]. Namentlich der langfristige Bauwerkvertrag weist häufig einen starken «Beziehungscharakter» auf, indem das Wohlergehen der einen Partei erheblich von jenem der anderen

---

Managements komplexer Systeme, 3. Aufl., Bern 1992, 257; GOMEZ PETER/PROBST GILBERT, Die Praxis des ganzheitlichen Problemlösens, 2. Aufl., Bern 1997, 22 ff.

2 Vgl. SCHÄR ULRICH, Geologie in der Baupraxis, Dietikon 1992, der insbes. auf S. 7 auf die Grenzen der Prognostizierbarkeit der Geologie hinweist.

3 Vgl. SCHUMACHER, BR 1997, 3.

4 Zur Arbeitsteilung vgl. SCHUMACHER, Vergütung, Nr. 436 ff., insbes. Nr. 441 und Nr. 477.

5 GAUCH, Werkvertrag, Nr. 204.

6 A.a.O., Nr. 9.

abhängt[7]. Die *Mitwirkung* des Bauherrn ist häufig sehr intensiv[8]. Der Bauwerkvertrag ist gesetzlich nicht geregelt. Zudem ist das gesetzliche Werkvertragsrecht sehr knapp. Sehr umfangreich ist hingegen die SIA-Norm 118 *Allgemeine Bedingungen für Bauarbeiten* (Ausgabe 1977/1991), die in der Schweiz das Werkvertragsrecht im Bauwesen stark beeinflusst[9]. Vertragsgestaltung ist rechtsverbindliche Lebensgestaltung für die *Zukunft*, die immer ungewiss ist, insbesondere zufolge der grossen Störanfälligkeit im Bauwesen[10]. Bei der Vertragsgestaltung steht der Bauherr vor dem Dilemma: Mehr Sicherheit oder mehr Flexibilität[11]? Die Bestimmung von Preis und Leistung ist komplex. Der Bauherr möchte oft feste Preise, jedoch gleichzeitig die Einrechnung von Sicherheitsrisiken in die Preise der Unternehmer vermeiden. Die gängige Preisbildung im Bauwerkvertrag und insbesondere diejenige nach den einschlägigen Bestimmungen der SIA-Norm 118 ist *sehr komplex*[12]. Die SIA-Norm 118 enthält ein differenziertes und entsprechend kompliziertes Abrechnungssystem[13]. Eine komplexe Aufgabe ist auch die *Koordination* des einzelnen Bauwerkvertrages mit anderen Bauverträgen[14].

Diese hochgradige Komplexität stellt sehr hohe Anforderungen[15] an die 12.4
Vertragsgestaltung, für die der *Anwalt* besonders geeignet ist[16]. Der Vertragsgestalter muss vernetzt denken und handeln können, angesichts der

---

7 A.a.O., Nr. 7.

8 Zu den sogenannten «Mitwirkungspflichten» des Bauherrn vgl. a.a.O, Nr. 1328 ff.

9 A.a.O., Nr. 4 a.E. und Nr. 261; zur Übernahme der SIA-Norm 118 in Bauwerkverträge vgl. Rz. 12.44 f., ferner Rz. 4.30.

10 Vgl. Rz. 12.2.

11 Die Flexibilität kann durch (positive) Anpassungsregeln angestrebt werden (vgl. GAUCH/SCHLUEP, Nr. 1284 f.), auch durch eine sogenannte «Neuaushandlungsklausel» (vgl. GAUCH, Werkvertrag, Nr. 1134 ff.).

12 Vgl. SCHUMACHER, Vergütung, Nr. 184 ff.; zur Preisfestsetzung vgl. Rz. 12.84.

13 Vgl. GAUCH, Werkvertrag, Nr. 1167 ff.; GAUCH/SCHUMACHER, KommSIA118, Vorbem. zu Art. 153–156; SCHUMACHER, Vergütung, Nr. 218 ff. mit der graphischen Darstellung auf S. 65.

14 Zur Koordination vgl. ausführlich Rz. 12.11 ff., auch Rz. 12.8 und Rz. 12.32.

15 Vgl. DÖRNER, zitiert in Fn. 1, 60: «Eine hohe Komplexität stellt hohe Anforderungen an die Fähigkeit eines Akteurs, Informationen zu sammeln, zu integrieren und Handlungen zu planen.»

16 Zu den Vorzügen des Anwaltes als Vertragsgestalter vgl. SCHUMACHER, Anwalt, 416 ff.

Vernetzung der Rechtsordnung auch interdisziplinär. Ganz besonders Bauwerkverträge verlangen eine klare, normative Formulierung der einzelnen Klauseln und die logische Strukturierung des gesamten Vertrages, zudem die Koordination mit den vernetzten Bauverträgen für das gesamte Bauwerk. Der Bauwerkvertrag kann mit einem «Klettergarten» verglichen werden: Wer sich intensiv mit der Gestaltung von Bauwerkverträgen abgibt, beherrscht auch die «Griffe» für die Gestaltung anderer Vertragstypen.

II. Merkmale und Erscheinungsformen

1. Merkmale

12.5 Der Bauwerkvertrag ist eine der wichtigsten Erscheinungsformen des Werkvertrages. Er wird oft als *Bauvertrag* bezeichnet[17]. Er ist ein *Austauschvertrag*[18]. Die wesentlichen Merkmale der ausgetauschten Leistungen sind[19]:

a) Werk

12.6 Im Bauwerkvertrag verpflichtet sich der Unternehmer zur Leistung von Bauarbeiten[20]. Der geschuldete *Arbeitserfolg* besteht in der körperlichen Gestaltung eines mit dem Erdboden verbundenen Baues oder Bauteils[21] bzw. eines zu dieser Verbindung bestimmten Bauteils und zur Ablieferung des vereinbarten Bauwerkes an den Bauherrn[22]. Das Bauwerk ist ein körperliches Werk[23]. Zu den *objektiv wesentlich*en Punkten des Vertragsinhaltes gehört, dass das Werk bestimmt, zumindest aber genügend bestimmbar sein muss[24].

---

17 GAUCH, Werkvertrag, Nr. 210.

18 A.a.O., Nr. 6.

19 Zu den Merkmalen des Bauwerkvertrages vgl. ausführlich a.a.O., Nr. 205 ff.

20 A.a.O., Nr. 33 und Nr. 205 ff.; zum Werklieferungsvertrag vgl. a.a.O, Nr. 121 ff. und Nr. 327.

21 GAUCH, Werkvertrag, Nr. 206.

22 Zur Ablieferung bzw. Abnahme vgl. a.a.O., Nr. 86 ff.; Art. 157–164 SIA-Norm 118 mit einschlägigen Anmerkungen von GAUCH, KommSIA118.

23 GAUCH, Werkvertrag, Nr. 209.

24 A.a.O., Nr. 382.

b) Vergütung

Die Gegenleistung des Bauherrn besteht in der Vergütung, die regelmässig eine Geldleistung des Bauherrn ist[25]. Die Entgeltlichkeit ist ebenfalls ein *objektiv wesentlicher Vertragspunkt*[26], hingegen nicht die Höhe der Vergütung[27]. 12.7

2. Bedeutende Erscheinungsformen

a) Vertrag mit einem Teilunternehmer

Der Vertrag mit einem Teilunternehmer ist der *klassische* Bauwerkvertrag[28], der im Folgenden unter Bauwerkvertrag bzw. Werkvertrag immer gemeint ist, wenn nichts anderes vermerkt wird. Der Teilunternehmer hat einen Teil des gesamten (grösseren) Bauwerkes (= Gesamtwerk) herzustellen und zu liefern[29]. Er ist neben anderen (Teil-) Unternehmern tätig, die *Nebenunternehmer* genannt werden[30]. Dies erfordert die *horizontale Koordination*[31] der verschiedenen (Teil-)Werkverträge durch den Bauherrn. 12.8

b) Generalunternehmervertrag

Der Generalunternehmer verpflichtet sich zur gesamten Ausführung eines Bauprojektes des Architekten oder Ingenieurs des Bauherrn[32]. Regelmässig erfolgt die Vergütung zu festen Preisen, oft zu einem Gesamtpreis[33]. Es gibt Sonderformen des Generalunternehmervertra- 12.9

---

25 Vgl. a.a.O, Nr. 110 ff.

26 A.a.O., Nr. 381.

27 A.a.O., Nr. 383; ZR 1996, 85 = BR 1996, 120, Nr. 244; zur *unentgeltlichen* Herstellung eines Werkes vgl. GAUCH, Werkvertrag, Nr. 115, Nr. 318, Nr. 325, Nr. 381.

28 GAUCH, Werkvertrag, Nr. 218.

29 Zum *Teilunternehmer* vgl. ausführlich a.a.O, Nr. 218 ff.; oben Rz. 11.1.

30 A.a.O., Nr. 219; Art. 30 SIA-Norm 118; SCHERRER ERWIN, Nebenunternehmer beim Bauen, Diss. Freiburg 1994.

31 Zur *horizontalen Koordination* vgl. SCHUMACHER, BR 1997, 8, Ziff. 4; vgl. z.B. Art. 30 Abs. 2 SIA-Norm 118; dazu oben Rz. 11.13 ff.

32 Vgl. Rz. 11.35 ff. und Rz. 11.42 ff.

33 GAUCH, Werkvertrag, Nr. 222 f.

ges[34]. Erhält der Bauherr vom Generalunternehmer nebst dem Bauwerk auch den Baugrund, stellt sich die Frage der Vertragsform[35].

c) *Totalunternehmervertrag*

12.10 Im Totalunternehmervertrag verpflichtet sich der Totalunternehmer, ein ganzes Bauwerk zu projektieren und zu erstellen. Der Totalunternehmer ist ein «projektierender Generalunternehmer[36]». Wenn auch der Baugrund vom Totalunternehmer stammt, stellt sich ebenfalls die Frage der Vertragsform[37].

d) *Subunternehmervertrag*

12.11 Im Subunternehmervertrag verpflichtet sich der Subunternehmer, Bauarbeiten, zu denen sich der Hauptunternehmer gegenüber dem Bauherrn verpflichtet hat (z.B. in einem General- oder Totalunternehmervertrag), ganz oder (meistens nur) teilweise auszuführen[38]. Dem Hauptunternehmer stellt sich die Aufgabe der *vertikalen Koordination*[39] zwischen dem Hauptvertrag (z.B. Generalunternehmervertrag) und dem Subunternehmervertrag. Diese kann wie folgt durchgeführt werden:

12.12 – *Schlichte Koordination*: Haupt- und Subunternehmervertrag bleiben rechtlich *selbständige* Verträge. Der Subunternehmervertrag wird inhaltlich bloss auf den Hauptvertrag abgestimmt. Damit wird gelegentlich eine Überbindungspflicht erfüllt, die der Hauptunternehmer gegenüber dem Bauherrn eingegangen ist[40]. Häufig ist dem Hauptunternehmer (ohne oder mit Überbindungspflicht) zu empfehlen, es nicht bei der blossen Überbindung bewenden zu lassen, sondern den Subunternehmer stärker zu verpflichten, z.B. zu einer besseren Qualität oder einer kürzeren Frist, um damit Reserven zu schaffen und Auseinander-

34 Vgl. a.a.O., Nr. 225 ff.
35 Vgl. Rz. 12.16.
36 GAUCH, Werkvertrag, Nr. 233 ff.
37 Vgl. Rz. 12.16.
38 Ausführlich GAUCH, Werkvertrag, Nr. 137 ff.; oben Rz. 11.72 ff.
39 Vgl. SCHUMACHER, BR 1997, 8.
40 Zur Überbindungsklausel im Hauptvertrag vgl. GAUCH, Werkvertrag, Nr. 181 f.; oben Rz. 11.88.

setzungen mit dem Bauherrn möglichst zu vermeiden. Hat sich der Hauptunternehmer zu einer Konventionalstrafe verpflichtet, ist ihm zu raten, auch mit dem Subunternehmer eine solche zu vereinbaren.

– *Verknüpfung*: Die rechtliche Unabhängigkeit von (mindestens) einem Vertrag wird teilweise durchbrochen, indem Bestand oder Abwicklung des einen Vertrages (meistens des Subunternehmervertrages) von Bestand und Abwicklung des anderen Vertrages (meistens des Hauptvertrages) abhängig gemacht wird. Dies geschieht mittels sogenannter *Verknüpfungsklauseln*[41]. Die Verknüpfung kann auch durch (aufschiebende oder auflösende) *Bedingungen* (Art. 151 ff. OR) hergestellt werden. Spezifische (punktuelle) Verknüpfungsklauseln sind Pauschalklauseln, die umfassend auf den gesamten Hauptvertrag verweisen, in jedem Fall vorzuziehen[42]. 12.13

3. Zur Rechtsgeschäftsplanung

Zur Beratung des Bauherrn durch den Anwalt kann auch die *Rechtsgeschäftsplanung* gehören, d.h. die Evaluation zwischen verschiedenen Unternehmereinsatzformen, z.B. ob ein einziger Generalunternehmervertrag oder mehrere Verträge mit oft zahlreichen (Teil-)Unternehmern für die verschiedenen Arbeitsgattungen abgeschlossen werden sollen[43]. Jede Einsatzform hat ihre Vor- und Nachteile. Zum Beispiel kann die Aufgabe der Koordination vom Bauherrn – um eine Stufe tiefer – auf den Generalunternehmer verschoben werden[44]. Andererseits erhöht sich dann das Risiko von Bauhandwerkerpfandrechten, gegen welche Vorsorge getroffen werden sollte. Beim Abschluss eines Generalunternehmervertrages besteht nur eine stark beschränkte Deckung der Betriebshaft- 12.14

41 Zu den *Verknüpfungsklauseln* vgl. ausführlich GAUCH, Werkvertrag, Nr. 146 ff.; oben Rz. 11.91 ff.

42 Zu den *Pauschalklauseln* vgl. GAUCH, Werkvertrag, Nr. 155; oben Rz. 11.91.

43 Vgl. oben Rz. 11.1 ff.; SCHUMACHER RAINER, Bauen mit einem Generalunternehmer, BR 1983, 43 ff.; *ders.*, Konventionell oder mit einem Generalunternehmer? Überlegungen eines Juristen, in: Bauen – Konventionell oder mit Generalunternehmer? SIA-Dokumentation Nr. 71, Zürich 1983, 33 ff.

44 Vgl. GAUCH, Werkvertrag, Nr. 224, auch Nr. 222.

pflichtversicherung für Baumängel, welche vom Architekten oder vom Ingenieur verursacht worden sind[45].

III. Vertragsabschluss

1. Form des Vertrages

a) Grundsatz: gesetzliche Formfreiheit

12.15 Von Gesetzes wegen ist der Werkvertrag an keine besondere Form gebunden. Er kann auch mündlich oder stillschweigend abgeschlossen werden[46]. Die *schriftliche* Gestaltung ist jedoch dringend zu empfehlen. Die Schriftlichkeit erhöht die Qualität der Vertragsgestaltung. Eine sorgfältige Vertragsgestaltung verlangt geradezu die Schriftlichkeit. Sie erhöht die Sicherheit, dass sich die Parteien richtig verstehen und deswegen die grösstmögliche Übereinstimmung der gegenseitigen Willensäusserungen (Art. 1 Abs. 1 OR) erzielen. Die Niederschrift erfordert nicht nur überlegte, klare Formulierungen der einzelnen Klauseln, sondern auch eine durchdachte und damit logische Struktur des ganzen Vertrages, d.h. eine systematische Koordination der verschiedenen (inhaltlichen) Vertragsbestandteile. Zudem haben schriftliche Verträge eine erhöhte Beweiskraft, und dies nicht nur im Hinblick auf einen Rechtsstreit, sondern auch bereits für die Phase der Vertragserfüllung. Dafür bildet ein schriftlicher Vertrag das (auch praktische) «Drehbuch».

b) Ausnahme: gesetzliche Formvorschrift

12.16 Wenn zwischen einem Bauwerkvertrag und einem von den gleichen Parteien abgeschlossenen Kaufvertrag über das Baugrundstück ein Zusammenhang besteht, ist zu überprüfen, ob der gesetzliche Formzwang

45 Der zusätzliche Abschluss eines «reinen» Architektur- oder Ingenieurvertrages zur Verbesserung der Versicherungsdeckung wäre ein unechtes Umgehungsgeschäft, das gemäss Art. 18 OR zivilrechtlich unwirksam wäre (vgl. JÄGGI/GAUCH, N 168 f. zu Art. 18 OR; GAUCH/SCHLUEP, Nr. 715 ff.) und wegen Versicherungsbetrugs bestraft werden könnte (vgl. dazu: WIRTH AXEL/THEIS STEFANIE, Architekt und Bauherr, Essen 1997, 118 f.).

46 Art. 11 Abs. 1 OR; GAUCH, Werkvertrag, Nr. 406.

der *öffentlichen Beurkundung* des Grundstückkaufvertrages (Art. 657 Abs. 1 ZGB; Art. 216 Abs. 1 OR) auch den Werkvertrag erfasst. Grundsätzlich bleibt der Werkvertrag trotz eines solchen Zusammenhanges formfrei[47], jedoch mit zwei Ausnahmen: Alle Vereinbarungen der Parteien sind öffentlich zu beurkunden, wenn für das Grundstück und die Werkleistung zusammen eine einzige Gesamtvergütung vereinbart wird[48] oder wenn ein Grundstückkaufvertrag abgeschlossen wird, der auch das künftige Bauwerk als Kaufgegenstand umfasst[49].

c) *Vertraglicher Formvorbehalt*

Wegen des grossen Nutzens der Schriftlichkeit der Vertragsgestaltung[50] 12.17
empfiehlt es sich regelmässig, sowohl für den Vertragsabschluss[51] als auch für spätere Abänderungen und Ergänzungen des Vertrages (z.B. Bestellungsänderungen[52])[53] die *Schriftform* vorzubehalten[54]. Gemäss Art. 16 Abs. 1 OR schafft ein vertraglicher Formvorbehalt die Vermutung, «dass die Parteien vor Erfüllung der Form nicht verpflichtet sein wollen[55].» Wird keine besondere Schriftform vorbehalten, so gelten für deren Erfüllung die Erfordernisse der gesetzlich vorgeschriebenen Schriftlichkeit (Art. 16 Abs. 2 OR). Dies erfordert unter anderem, dass der Begriff der Unterschrift wörtlich genommen und die Unterschrift am Schlusse des ganzen Vertragstextes geschrieben wird[56], sowie dass Vertreter mit eigenem Namen unterschreiben und das Vertretungsverhältnis angeben[57]. Zwei Merkpunkte für die Vertragspraxis:

---

47 Vgl. ausführlich GAUCH, Werkvertrag, Nr. 408 ff., auch Nr. 347 ff.; SCHUMACHER RAINER, Die Haftung des Grundstückverkäufers, in: KOLLER ALFRED (Hrsg.), Der Grundstückkauf, St. Gallen 1989, Nr. 630 ff.

48 GAUCH, Werkvertrag, Nr. 411; Rz. 5.39.

49 A.a.O., Nr. 412; vgl. auch Nr. 348; vgl. auch SCHUMACHER, zitiert in Fn. 47 hiervor, Nr. 629.

50 Vgl. Rz. 12.15.

51 Gemäss Art. 16 Abs. 1 OR.

52 Vgl. GAUCH, Werkvertrag, Nr. 770.

53 Vgl. die Empfehlung in Art. 27 Abs. 2 SIA-Norm 118.

54 GAUCH, Werkvertrag, Nr. 413 ff.; GAUCH/SCHLUEP, Nr. 585 ff.

55 Gängige Klausel: «Dieser Werkvertrag tritt mit seiner Unterzeichnung in Kraft.»

56 GAUCH/SCHLUEP, Nr. 513; GAUCH, Werkvertrag, Nr. 415.

57 GAUCH/SCHLUEP, Nr. 514.

12.18 – Vorformulierte Formvorbehalte in global übernommenen AGB vermögen die Vermutung des Art. 16 Abs. 1 OR nicht zu begründen, weil die Vermutung des Art. 16 Abs. 1 OR das *Bewusstsein* des vereinbarten Formvorbehaltes voraussetzt[58].

12.19 – Wie jeden anderen Vertragspunkt können die Parteien auch den Formvorbehalt nachträglich (ganz oder teilweise) *aufheben*, dies formfrei und sogar durch konkludentes Handeln, wobei sie sich der getroffenen Formabrede oft nicht bewusst sind[59]. *Erfüllungshandlungen* bilden ein starkes Indiz für die Aufhebung des Formvorbehaltes[60], beispielsweise wenn eine mündliche Bestellungsänderung vom Unternehmer ausgeführt wird. Darauf sind die Parteien vor Vertragsabschluss aufmerksam zu machen. Trotz ihrer «fragilen» Existenz sind Formvorbehalte gleichwohl wertvoll und zu empfehlen. Mindestens bilden sie den Appell an die Parteien, zum eigenem Nutzen (z.B. zum Beweis der Bestellungsänderung durch den Unternehmer[61]) Verträge nur schriftlich abzuändern. Jede Partei kann sich später psychologisch geschickt auf den Formvorbehalt und dessen gemeinsame Vereinbarung berufen, um nicht den unerwünschten Anschein zu erwecken, sie misstraue dem blossen Wort der Gegenpartei, z.B. des Bauherrn, der eine Bestellungsänderung mündlich verlangt.

2. Verhandlungsprozess

a) Vorläufige Ergebnisse der Vertragsverhandlungen

12.20 Oft geht dem Vertragsabschluss ein längerer Verhandlungsprozess voraus, während welchem die Parteien sich durch schrittweise Übereinstimmung dem Verhandlungsziel (Vertragsabschluss) nähern[62]. Vorläufige Verhandlungsergebnisse können *einseitig* von einer Partei festgehalten werden (z.B. in einem Vertragsentwurf oder in einer Zusage, je unter dem

58 GAUCH, Werkvertrag, Nr. 414 a.E.

59 Vgl. GAUCH/SCHLUEP, Nr. 590 und Nr. 594; SCHWENZER, Basler Kommentar, N 10 zu Art. 16 OR.

60 GAUCH/SCHLUEP, Nr. 593.

61 Vgl. GAUCH, Werkvertrag, Nr. 786.

62 Vgl. GAUCH/SCHLUEP, Nr. 484; GAUCH, Werkvertrag, Nr. 386.

Vorbehalt des Vertragsabschlusses). Zwischenergebnisse einer teilweisen Übereinstimmung können auch zweiseitig und schriftlich in sogenannten Punktationen niedergeschrieben werden, z.B. in einem beidseits unterzeichneten Schriftstück oder in einem Verhandlungsprotokoll[63]. Vorläufige Verhandlungsergebnisse können später zu *Vertragsbestandteilen* erklärt werden. Sie sind dann in die *Rangordnungsklausel*[64] zu integrieren. Von einer pauschalen Verweisung z.B. auf ein Verhandlungsprotokoll ist eher abzusehen, weil später der Umfang einer solchen Verweisung umstritten sein kann. Vorzuziehen sind differenzierte, d.h. *punktuelle* Verweisungen. Die wörtliche Wiederholung der übernommenen Zwischenergebnisse in der Vertragsurkunde erleichtert die Übersicht sowohl beim Vertragsabschluss als auch in der Phase der Vertragserfüllung.

Vertragsentwürfe können später als (ergänzende) Auslegungsmittel nützlich sein[65]. Sie sind deshalb zu numerieren und zu datieren sowie nach Vertragsabschluss aufzubewahren. 12.21

b) Schlusskontrolle

Nach Abschluss der Vertragsverhandlungen ist es vor der Vertragsunterzeichnung unerlässlich, das Vertragswerk in seiner Gesamtheit zu kontrollieren. Zu empfehlen ist eine *doppelte* Schlusskontrolle: zuerst eine *langsame* Überprüfung der einzelnen Klauseln in Bezug auf ihre Richtigkeit und Klarheit (auch auf Schreibfehler!) und danach noch eine *schnelle* Kontrolle, um den systematischen Zusammenhang und die Widerspruchsfreiheit der einzelnen Klauseln zu überprüfen[66]. Gelegentlich wird lange, jedoch isoliert über *Einzelfragen* verhandelt und schlussendlich eine Einigung gefunden. Dabei kann der Zusammenhang mit anderen (unverhandelten) Klauseln vergessen gegangen sein. Die Schlusskontrolle hat deshalb auch die Systematik[67] sicherzustellen. 12.22

---

63 Vgl. GAUCH/SCHLUEP, Nr. 485 und Nr. 1098.
64 Dazu unten Rz. 12.46 ff.
65 Vgl. a.a.O., Nr. 1214; BGE 94 II 125.
66 Zur Schlusskontrolle vgl. SCHUMACHER, BR 1990, 12, Ziff. 8.
67 Vgl. Rz. 12.34 f.

c) *Vertragsunterzeichnung*

12.23 Die Unterzeichnung des Vertrages wird andernorts behandelt[68]. Die *Verzögerung* der Vertragsunterzeichnung kann Probleme aufwerfen, insbesondere wenn in der Zwischenzeit nach einer knappen Annahmeerklärung des Bauherrn[69] der Unternehmer bereits mit der Vertragserfüllung beginnen musste und entweder die Vertragserfüllung bereits erschwert worden ist (z.B. anderer Baugrund, Verschiebung des Baubeginns) oder einzelne Klauseln (z.B. Preis- und Zahlungsbedingungen) in der vom Bauherrn redigierten Vertragsurkunde von den (vom Unternehmer angenommenen) Ausschreibungsunterlagen abweichen. Dies kann die Abänderung der Vertragsurkunde erfordern oder den ausdrücklichen Vorbehalt, dass die bereits bekannten Erschwernisse gesondert zu berücksichtigen sind und aus der Unterzeichnung der Vertragsurkunde keine Verzichte abgeleitet werden dürfen. In einem Zusatzvertrag kann die Zwischenphase zwischen Vertragsbeginn und Vertragsunterzeichnung geregelt werden, z.B. die Frage, ob die bereits geleistete Arbeit dem Unternehmer zu den ursprünglichen oder zu den neuen Preisen zu vergüten ist.

d) *Der Anwalt als Vertragsgestalter*

12.24 Die von den Parteien frei vereinbarten Vertragsregeln sind *Eigen-Normen*[70]. Die *normative* Vertragsgestaltung (Vorbereitung und Abschluss von Verträgen) ist deshalb eine *juristische* Tätigkeit. Verträge, die bedeutend oder kompliziert oder beides zugleich sind, bedürfen der Mitarbeit des Juristen, sei es durch die beratende Überprüfung von Vertragsentwürfen, sei es durch die Redaktion von eigenen Vertragsentwürfen. Grosse Bauvorhaben rufen nach der *Teamarbeit* der sachverständigen Vertragspartei oder deren sachverständigen Beratern einerseits und des

68 Vgl. Rz. 12.17; vgl. auch Rz. 12.33 und Rz. 12.41.

69 Vgl. Art. 19 Abs. 1 SIA-Norm 118: «Will der Bauherr ein Angebot annehmen, so teilt er dem Anbietenden mit, dass er ihm die Ausführung der ausgeschriebenen Arbeiten gemäss dem Angebot vergebe. Eine mündliche Mitteilung bestätigt er auf Verlangen des Unternehmers schriftlich.»

70 GAUCH/SCHLUEP, Nr. 1195; JÄGGI/GAUCH, N 276 und N 286 zu Art. 18 OR; art. 1134 al. 1 Code civil du 30 août 1816: «Les conventions légalement formées tiennent lieu de la loi à ceux qui les ont faites.»

Juristen andererseits[71]. Viele Vorzüge sprechen für den *Anwalt* als den besonders geeigneten Vertragsgestalter[72]. Das Anforderungsprofil des Anwaltes als Vertragsgestalter ist ebenso vielseitig wie anspruchsvoll[73]. Damit stellt sich auch die Frage nach der Rechtsqualifikation des Vertragsgestaltungsvertrages und der Haftung des Anwaltes für die Mitwirkung bei der Vertragsgestaltung[74].

IV. Vertragsgestaltung

1. Die drei «Säulen» der Vertragsgestaltung

Die drei «Säulen» der Vertragsgestaltung sind: 12.25
- Informieren (Rz. 12.26 ff.),
- Normieren (Rz. 12.29 ff.),
- Koordinieren (Rz. 12.32).

a) Informieren

Informativ sind die *Vertragsgrundlagen*. Unter ihnen sind alle (psychischen und physischen) Sachverhalte zu verstehen, die den (später geäusserten) *Geschäftswillen* bilden bzw. zur Willensbildung beitragen und deshalb dem Geschäftswillen *zugrunde liegen*. Zu den Vertragsgrundlagen gehören auch der *Beweggrund* (= Motiv) und damit die für die betreffende Partei «notwendige Grundlage des Vertrages» (vgl. Art. 24 Abs. 1 Ziff. 4 OR). Eine Aufgabe der Vertragsgestaltung ist es, die (Haupt-) Motive des Vertragsabschlusses, die der Gegenpartei unbekannt sein können, klarzustellen und die Erfüllung der Zukunftserwartung möglichst abzusichern, sei es im (normativen) Vertragsinhalt in den sogenannten *subjektiv wesentlichen* Vertragspunkten, sei es durch Informationen, die im Vertrag festgehalten oder vereinbart werden. Die Erfül- 12.26

71 Vgl. SCHUMACHER, Anwalt, 416.

72 Vgl. a.a.O., 416 ff.; vgl. auch SCHUMACHER RAINER, Votum am Schweizerischen Juristen- und Anwaltstag vom 7. Juni 1996 in Lausanne, ZSR 1996, Bd. II, 557 f.

73 Vgl. SCHUMACHER, Anwalt, 420 ff.

74 Vgl. a.a.O., 425 ff.

lung von Zukunftserwartungen (Motiven) kann beispielsweise durch Bedingungen (Art. 151 ff. OR) gesichert werden.

12.27 Die Unterscheidung zwischen Vertragsgrundlagen und Vertragsbestandteilen ist theoretischer Natur. Beide sind jedoch – sowohl in der Wirklichkeit als auch in der Theorie – miteinander eng vernetzt. Willensbildung und Geschäftswille bilden im tatsächlichen Ablauf der Vertragsgestaltung eine *komplexe Einheit.* Normative Vertragsbestandteile enthalten auch Informationen, und Informationen können zu Vertragsbestandteilen werden. Ein Beispiel: Durch das Angebot des Unternehmers und die Annahme des Bauherrn «mutiert» das Leistungsverzeichnis von der Vertragsgrundlage (Information über die zu erbringenden Leistungen) zum individuellen und damit vorrangigen *Vertragsinhalt*, weil es nun die ausgeschriebenen Leistungen normiert, zu denen sich der Unternehmer im Austausch mit der Vergütung verpflichtet[75]. Trotz dieser engen Vernetzung ist zu empfehlen, bei der Vertragsgestaltung (insbesondere in der Vertragsurkunde) die normativen *Vertragsbestandteile* (z.B. Leistungsverzeichnis, Pläne, SIA-Norm 118) und die informativen *Vertragsgrundlagen* (z.B. ein geologisches Gutachten oder eine Baubewilligung) auseinanderzuhalten.

Einzelfragen:

- Der Vertrag selber (z.B. die Vertragsurkunde) kann Informationen enthalten (z.B. zu späteren Beweiszwecken), aber auch die Verpflichtung einer Partei, später Informationen zu erteilen, z.B. nach Bauende eine Dokumentation (insbesondere sogenannte *Revisionspläne* oder eine *Betriebsanleitung*) zu übergeben.
- *Vertragstechnische* Informationen sollen die Vertragsgestaltung und die Verständigung (auch für den Vertragsvollzug) erleichtern sowie den Vertragstext verkürzen. *Beispiele*: Abkürzungen, Definitionen, Verweisungen (Querverweisungen innerhalb der Vertragsurkunde oder Verweisungen auf Vertragsbestandteile und Vertragsgrundlagen ausserhalb der Vertragsurkunde), Beispiele.

12.28 Informationen können als Mittel zur Vertragsauslegung dienen. Von der «gemischten» Aufzählung der Vertragsbestandteile und der Vertragsgrundlagen unter der Überschrift «Vertragsbeilagen» ist abzuraten.

75 Vgl. SCHUMACHER, Vergütung, Nr. 115.

b) Normieren

Die wichtigste «Säule» der Vertragsgestaltung ist das *Normieren.* Der Werkvertrag ist ein *Austauschvertrag*[76] und damit ein vollkommen zweiseitiger (synallagmatischer) Schuldvertrag. Die wesentlichen Austauschleistungen sind das Werk und die Vergütung[77]. Zu diesen Leistungen verpflichten sich die Parteien wechselseitig. Das Normieren, auch jede einzelne normative Klausel, umfasst deshalb die folgenden Kern-Elemente: 12.29

- *Beschreibung* einer Leistung, d.h. eines zukünftigen menschlichen Verhaltens (Aufwand zum materiellen und ideellen Vorteil eines anderen, hier des Vertragspartners) und
- rechtliche *Verpflichtung* zur umschriebenen Leistung.

Sowohl die Beschreibung der (zukünftigen) Leistungen als auch die rechtsverbindliche Verpflichtung zu den beschriebenen Leistungen erfordern *Eindeutigkeit* (Klarheit) und *Verständlichkeit* im sprachlichen Ausdruck. Dazu einige *Empfehlungen*: 12.30

- Eindeutigkeit kommt vor Kürze und vor stilistischer Eleganz.
- Klarheit im einzelnen Ausdruck: Für den gleichen Begriff wird immer der gleiche Ausdruck verwendet. In Querverweisungen ist auf die erst- und einmalige Definition eines Begriffes im Vertrag zu verweisen.
- Eindeutigkeit auch in der Syntax (Satzaufbau): Es ist besser, ein Hauptwort zu wiederholen, statt ein Demonstrativpronomen (dieser, jener) zu verwenden, weil dessen Rückverweisung mehrdeutig sein kann.
- Möglichst einfacher und damit übersichtlicher Satzbau; Schachtelsätze, komplizierte Formulierungen usw. sind zu vermeiden.

Die Sprache soll *normativ* sein. Dass sich die Parteien rechtsverbindlich verpflichten, soll klar zum Ausdruck kommen[78]. Im Zweifel ist die *juristische Fachsprache* und nicht die Alltagssprache zu verwenden, weil die Vertragsgestaltung eine juristische Tätigkeit ist, und deshalb die juristische Fachsprache die grösstmögliche Klarheit verspricht, schliesslich weil im Streitfall der Vertrag vom Richter ausgelegt wird. Trotzdem 12.31

---

76 Vgl. Rz. 12.5.

77 Vgl. Rz. 12.6 und Rz. 12.7.

78 Vgl. z.B. Art. 363 OR: «Durch den Werkvertrag verpflichtet sich ...».

ist mit grosser Sorgfalt darauf zu achten, dass der Vertrag auch für die juristischen Laien, die den Vertrag abschliessen, verständlich bleibt. Denn *sie* sind es, welche die Übereinstimmung der gegenseitigen Willensäusserungen erzielen müssen (Art. 1 Abs. 1 OR). Wenn in der juristischen Fachsprache mehrere Ausdrücke eindeutig sind, ist der leichter verständliche und moderne Ausdruck zu wählen (z.B. «Haftung» statt «Gewährleistung»). Begriffe können durch Beispiele (z.B. in Klammern) erläutert werden; um Ausschliesslichkeit von in Klammern gesetzten Wörtern zu vermeiden, sind die Beispiele ausdrücklich als solche zu kennzeichnen (mit Abkürzungen wie: z.B., usw., etc.).

c) Koordinieren

12.32 Die Koordination ist ebenfalls eine sehr wichtige Aufgabe der Vertragsgestaltung. Die Koordinationsaufgaben lassen sich wie folgt einteilen:

- *Innervertragliche* Koordination: Die einzelnen Vertragsklauseln sind zu einem System[79] zusammenzufügen[80]. Der Vertragsinhalt ist mit der *Rechtsordnung* zu koordinieren. Dies erfordert, dass einzelne Gesetzesbestimmungen nicht isoliert abgeändert werden dürfen, sondern dass dabei ihre Integration in das betreffende Normensystem zu berücksichtigen ist, was erfordern kann, dass weitere (dispositive) Gesetzesbestimmungen abzuändern sind. Das Gleiche gilt, wenn übernommene AGB (z.B. die SIA-Norm 118) teilweise abgeändert werden sollen. Schliesslich sind mehrere Vertragsbestandteile (im Sinne von getrennten physischen Erklärungsträgern) miteinander zu koordinieren, was in der *Rangordnungsklausel* geschehen soll[81].
- Koordination *mehrerer* Verträge; zu unterscheiden ist zwischen der *horizontalen* Koordination[82] und der *vertikalen* Koordination[83].

---

79 Vgl. Rz. 12.48 und Rz. 12.52.

80 Vgl. Rz. 12.34 f., auch Rz. 12.40.

81 Vgl. Rz. 12.46.

82 Vgl. SCHUMACHER, BR 1997, 8, Ziff. 3; Rz. 12.8.

83 Vgl. SCHUMACHER, BR 1997, 8 Ziff. 4; vgl. dazu Rz. 12.8 f. und Rz. 12.11.

2. Vertragsurkunde

a) *Bedeutung der Vertragsurkunde*

Die Vertragsurkunde ist ein besonderer Erklärungsträger. Ein solcher ist eine Sache (physischer Gegenstand), der eine oder mehrere Erklärungen (insbesondere Willensäusserungen) verkörpert. Die Vertragsurkunde ist ein Erklärungsträger, welcher den Vertragsinhalt ganz oder teilweise in Schriftform verkörpert und durch die Parteien unterzeichnet sowie datiert wird, allenfalls unter Wahrung besonderer (gesetzlicher oder vorbehaltener) Formvorschriften. Verkörpern mehrere Erklärungsträger die Willensäusserungen der Parteien, sind sie alle insgesamt die *Vertragsbestandteile* im physischen Sinne. Unter ihnen kommt der Vertragsurkunde die Stellung der grundlegenden «Vertragsverfassung» zu: In ihr wird auf weitere Erklärungsträger verwiesen und diese werden als weitere Vertragsbestandteile vereinbart und damit in den Vertrag übernommen, vorzugsweise in einer Rangordnung[84]. Die weiteren, in der Vertragsurkunde übernommenen Vertragsbestandteile können, aber müssen nicht ebenfalls (privatrechtlichen) Urkundencharakter besitzen[85]. 12.33

b) *Systematischer Aufbau der Vertragsurkunde*

Jeder komplexe Vertrag wie der Bauwerkvertrag soll ein *System* bilden. Ein System ist kein Katalog[86], sondern ein in sich geschlossenes, geordnetes und gegliedertes Ganzes, somit eine Gesamtheit von (sinnvollen 12.34

84 Vgl. den Begriff der *Vertragsurkunde* gemäss Art. 20 Abs. 2 SIA-Norm 118; zur *Rangordnung* vgl. Rz. 12.46 ff..

85 Zum Begriff der Vertragsurkunde als Nebensinn des Vertrages vgl. GAUCH/SCHLUEP, Nr. 235.

86 In Anlehnung an eine Kritik von ALBERT EINSTEIN:«... war ein Katalog und kein System», in: Bulletin de la Société française de Philosophie, Vol. 17, 1922, p. 92; zitiert nach FÖLSING ALBRECHT, Albert Einstein, 2. Aufl., Frankfurt a.M. 1993, 538 und 891. – Vgl. auch VON JHERING RUDOLF, Scherz und Ernst in der Jurisprudenz, Nachdruck 1992 der 13. Aufl., Leipzig 1924, 56, Fn. 1:«... einen Haufen Bausteine statt eines Gebäudes!» – Zur Bedeutung der *systematischen Auslegung* der Verträge vgl. BGE 122 III 122 mit Verweisungen, auch BGE 123 III 297 f.; 122 III 424; 117 II 622; 113 II 50; GAUCH/SCHLUEP, Nr. 1210 und Nr. 1229; JÄGGI/GAUCH, N 430 zu Art. 18 OR; SCHUMACHER, Vergütung, Nr. 9; vgl. auch das Beispiel in GAUCH, Werkvertrag, Nr. 880.

und folgerichtigen) Teilen, die voneinander abhängig sind, ineinandergreifen und zusammenwirken. Systematische Vertragsgestaltung vermeidet innervertragliche Widersprüche und empfindliche Lücken.

12.35 Der Vertragsinhalt (insbesondere die oft zahlreichen Klauseln, auch Vertragspunkte genannt) ist systematisch zu strukturieren. Zusammengehörige Klauseln sind in *Themenblöcken* zu erfassen. Die systematische Struktur widerspiegelt sich in der äusseren Darstellung, beispielsweise in Zwischentiteln für Themenblöcke, bisweilen auch in einem *Inhaltsverzeichnis* (für umfangreiche Verträge), das nicht nur eine praktische Übersicht (auch für die Vertragserfüllung) bietet, sondern auch dem Anwalt die Kontrolle der Systematik des Vertrages erleichtert.

c) Praktische Hilfsmittel

12.36 Praktische Hilfsmittel für den Vertragsaufbau können Muster- und Formularverträge sein[87], auch frühere Verträge des Anwalts und seiner Büropartner. Sie enthalten Leitlinien für den Vertragsaufbau sowie Formulierungsvorschläge. Sie können auch als Problemkataloge (zu Beginn) oder als Checklisten (bei der Schlusskontrolle) dienen. Besonders wertvoll sind Muster- und Formularverträge, die von einem Kommentar begleitet werden. In diesem werden häufig auch Varianten der Vertragsgestaltung aufgezeigt. Auch Monographien zu Innominatverträgen sowie ausländische, häufig kommentierte Musterverträge[88] können nützliche Problemkataloge enthalten.

12.37 Trotz vereinzelter marktschreierischer Anpreisungen wie «unterschriftsreif» oder «rechtlich geprüft» dürfen solche Vertragsvorlagen nie unbekümmert abgeschrieben werden. *Individuell* sind sie den konkreten Umständen des Einzelfalles und insbesondere den Bedürfnissen der

87 Beispiele für Muster- und Formularverträge: Werkvertrag SIA-Formular Nr. 1023 (1977/1995); Bauvertrag, Formular des Schweizerischen Hauseigentümerverbandes (1993); STREIFF ULLIN/PELLEGRINI BRUNO/VON KAENEL ADRIAN, Vertragsvorlagen/Eine Sammlung kommentierter Vertragsmuster für die Praxis, Zürich 1994, 159 ff.: Der Werkvertrag; vgl. auch Rz. 4.31.

88 Vgl. z.B. Münchener Vertragshandbuch, sechs Bände, 4. Aufl., München ab 1996; Steuerliches Vertrags- und Formularbuch, 2. Aufl., München 1992, mit Textdisketten für Windows.

beratenen Vertragspartei anzupassen. *Generell* ist zu überprüfen, ob sie allenfalls teilweise überholt sind, beispielsweise durch in Kraft getretene oder bevorstehende Gesetzesänderungen, durch Präzisierungen bzw. Änderungen der Rechtsprechung oder durch neue Erkenntnisse und Vorschläge der Rechtsliteratur.

d) Vorschlag für den Aufbau eines Bauwerkvertrages

aa) *Vertragskopf* (auch *Titelblatt* genannt); er kann wie folgt gegliedert werden: 12.38

- *Überschrift* (z.B. «Werkvertrag»);
- *Datum* des Vertragsabschlusses (damit man sich bereits auf der ersten Seite darüber orientieren und den Vertrag bequem zitieren kann);
- Angabe der *Parteien* mit Vornamen, Namen und den genauen Adressen; die Übereinstimmung mit der Eintragung einer Körperschaft im Handelsregister ist zu kontrollieren; besteht eine Vertragspartei aus einer Personenmehrheit (z.B. ARGE = Arbeitsgemeinschaft = einfache Gesellschaft gemäss Art. 530 ff. OR[89]), sind alle Mitglieder der Personenmehrheit mit Namen und Adressen aufzuführen;
- *Kurzbezeichnungen* der Parteien (meistens mit *Bauherr* und *Unternehmer*); sie orientieren bereits auf den ersten Blick über die Verteilung der (juristischen) Parteirollen und dienen als (praktische) Abkürzungen im eigentlichen Vertragstext;
- Bezeichnung des *Bauobjektes*;
- Bezeichnung der *Bauleitung*;
- Kurzbezeichnung der Arbeitsgattungen, die Vertragsinhalt bilden, häufig unter Angabe der BKP- oder NPK-Nummern[90].

bb) *Inhaltsverzeichnis*; es erleichtert die Kontrolle und die Erfüllung umfangreicher Verträge[91]. 12.39

cc) *Vertragsklauseln*, systematisch geordnet[92]; mögliche Einteilung: 12.40

- *Vertragsbestandteile* und *Rangordnung*; die meistens umfangreiche Leistungsbeschreibung bildet häufig einen separaten (physischen) Vertragsbestandteil, auf den in der Rangordnungsklausel[93] verwiesen wird;
- *Vertragsgrundlagen* (Informationen);

---

89 Zum Bauen mit einem Baukonsortium vgl. Rz. 11.50 ff.

90 Zwecks Rationalisierung der Vertragsabschlüsse und damit auch zwecks praktikabler Vertragserfüllung sowie einfacher Ausführungskontrolle hat sich die Übernahme der vorformulierten und damit standardisierten Leistungsbeschriebe (inkl. Terminologie) in *Normpositionenkatalogen* (NPK) eingebürgert.

91 Vgl. auch Rz. 12.35.

92 Vgl. Rz. 12.34 f.

93 Vgl. Rz. 12.46 ff.

- *Preisbestimmungen*;
- *Fristen* und *Termine*;
- antizipierte Regelung von *Störfällen* (z.B. individuelle Regeln der Mängelhaftung, Vorsorge gegen Bauhandwerkerpfandrechte);
- *Organisationsfragen* (z.B. Stellvertretung des Bauherrn durch die Bauleitung, Beizug von Subunternehmern, Mindestbestand und Qualifikation des Personals des Unternehmers);
- *Versicherungen;*
- *Streitigkeiten* (z.B. Gerichtsstands- oder Schiedsklauseln);
- *Schlussbestimmungen* (z.B. Vorbehalt der Schriftform).

12.41 dd) *Unterschriften* (auch *Unterschriftenseite* oder *Schlussteil* genannt); hier finden sich die *eigenhändigen* Unterschriften der Parteien bzw. ihrer Stellvertreter, üblicherweise nach Angabe von Ort und Datum der Unterzeichnung; um die Identifikation der (oft unleserlichen) Unterschriften zu erleichtern, werden vorher die Namen in Maschinenschrift hingesetzt; unterzeichnen Stellvertreter (individuell Bevollmächtigte oder Organe einer Körperschaft), sind nicht nur die Stellvertreter, sondern auch die vertretenen Personen bzw. Körperschaften zu bezeichnen (z.B.: «Für die Bau AG Musterwil: Der Verwaltungsratspräsident: ... Der Direktor: ...»).

3. Mehrere Vertragsbestandteile

a) Vertragspraxis

12.42 Häufig wird der Vertragsinhalt in mehreren Vertragsbestandteilen verkörpert, d.h. in mehreren *physischen Gegenständen* als Erklärungsträgern (dies im Unterschied zum Begriff des Vertragsbestandteils als Bestandteil des [normativen] Vertragsinhalts, auch Vertragspunkte oder Klauseln genannt). Das Leistungsverzeichnis[94], das oft viele Seiten umfasst oder sogar einen Bundesordner füllen kann und in das der Unternehmer die von ihm offerierten Preise einsetzt, wird regelmässig nicht in die Vertragsurkunde[95] inkorporiert, sondern bildet ein separates Schriftstück. Weitere Vertragsbestandteile können sein: Pläne und AGB. Unter diesen befindet sich häufig die SIA-Norm 118 *Allgemeine Bedingungen für Bauarbeiten* (Ausgabe 1977/1991), die in der Schweiz das Werkvertrags-

94 Vgl. Rz. 12.27.
95 Vgl. Rz. 12.33.

recht im Bauwesen stark beeinflusst[96]. Hinzu können weitere SIA-Normen und Normen anderer Fachverbände kommen, auch Abänderungen oder Ergänzungen zur SIA-Norm 118, die eine Vertragspartei oder ihr Vertreter (z.B. die Bauleitung) verfasst hat.

b) Übernahme von Vertragsbestandteilen (insbesondere AGB)

Mehrere Erklärungsträger werden durch den übereinstimmenden Willen der Parteien (Art. 1 Abs. 1 OR) zu Vertragsbestandteilen. Eine sorgfältige Vertragsgestaltung stellt dies sicher, indem alle vereinbarten Erklärungsträger in der Vertragsurkunde ausdrücklich als weitere Vertragsbestandteile erklärt werden. Diese sind derart genau zu bezeichnen, dass sie jederzeit zweifelsfrei identifiziert werden können. Beispielsweise ist das Datum des bereinigten Angebotes des Unternehmers (umfassend Leistungsbeschreibung des Bauherrn und Preisofferte des Unternehmers) anzugeben, bei Plänen die Plannummern samt Massstab und massgebendem Datum; dies ist das letzte Revisionsdatum. 12.43

Der Übernahme bedürfen insbesondere AGB wie die SIA-Norm 118. Vorformulierte Vertragsbestimmungen haben keine allgemeine Verbindlichkeit im Sinne eines Gesetzes oder einer Verordnung, sondern gelten immer nur zwischen konkreten Parteien, von denen sie rechtsgeschäftlich übernommen wurden. Ohne Übernahme erlangen AGB *keine Geltung*, und zwar grundsätzlich selbst dann nicht, wenn sie im Einzelfall Ausdruck einer Verkehrsübung sind[97]. 12.44

Häufig ist die Übernahme von AGB eine *Globalübernahme*, soweit eine Partei den Inhalt der AGB entweder nicht zur Kenntnis nimmt, nicht überlegt oder nicht versteht[98]. AGB und insbesondere global übernommene AGB gelten nicht uneingeschränkt[99]. Je nach den Umständen des Einzelfalles können Aufklärungs- und Beratungspflichten des Anwaltes 12.45

---

96 GAUCH, Werkvertrag, Nr. 261, auch Nr. 4 a.E.; GAUCH, KommSIA118 (1992), 5; vgl. die ausführliche Behandlung der SIA-Norm 118 in GAUCH, Werkvertrag, Nr. 262 ff. und GAUCH, KommSIA118 (1992), 27 ff.; vgl. auch Rz. 4.30.

97 Zur *Übernahme* von AGB vgl. ausführlich GAUCH, Werkvertrag, Nr. 193 ff. und GAUCH, KommSIA118 (1992), 30 ff.

98 Vgl. GAUCH, Werkvertrag, Nr. 194.

99 Zu den Geltungsschranken vgl. a.a.O., Nr. 196 ff.

bestehen: Einerseits kann es erforderlich sein, dass der Anwalt seine Partei auf einzelne Klauseln hinweist, die für die eigene Partei nachteilig sein könnten. Andererseits kann der Anwalt empfehlen, dass einzelne AGB-Bestimmungen, die für die Gegenpartei nachteilig sein können, jedoch für die eigene Partei wichtig sind, nicht global übernommen, sondern ausgehandelt[100] und in Klauseln der Vertragsurkunde individuell vereinbart werden.

c) *Rangordnung der Vertragsbestandteile*

12.46 Umfasst ein Vertrag mehrere Vertragsbestandteile, ist für die Vertragsurkunde dringend eine sogenannte *Rangordnungsklausel* zu empfehlen. Diese erfüllt eine Doppelfunktion: **1.** Die übernommenen Vertragsbestandteile werden erwähnt und damit deren Übernahme vereinbart[101]. **2.** Die Klausel enthält zugleich eine *Widerspruchsregel*, die bestimmt, welche Vertragsbestandteile im tieferen Rang zu weichen haben, wenn sie Vertragsbestandteilen im höheren Rang widersprechen[102]. Denn Widersprüchliches ist unmöglich; widersprüchliche Regeln gelten nicht[103]. Um zu verhüten, dass sich widersprüchliche Regeln derart «neutralisieren» und nicht gelten, werden in einer «Kollisionsnorm» für innervertragliche Widersprüche die übernommenen Vertragsbestandteile nicht bloss erwähnt und damit übernommen, sondern auch in eine Rangfolge gesetzt. *Merkpunkte* für die Praxis:

12.47 – Die Rangordnung ist konsequent durchzuführen. Am besten erhält jeder Vertragsbestandteil eine eigene Ziffer (Rangziffer). Die Unterteilung einzelner Ziffern mit Buchstaben (lit. a, lit. b usw.) ist zu vermeiden. Ebenso ist davon abzusehen, zwei oder mehrere Vertragsbestandteile auf die gleiche Rangstufe zu setzen, weil dann innerhalb dieser Rangstufe das Problem von Widersprüchen zwischen den gleichrangigen Vertragsbestandteilen nicht gelöst ist (Ausnahme: Ein «Paket» zusammengehöriger Pläne).

---

100 Zum Aushandeln vgl. a.a.O., Nr. 196.

101 Für Details vgl. Rz. 12.42 ff.

102 Vgl. ausführlich GAUCH, Werkvertrag, Nr. 301 ff.; Rz. 4.40 ff.

103 Vgl. a.a.O., Nr. 301.

– Die Rangordnung ist systematisch zu erstellen. Der gesamte Vertragsinhalt ist zu berücksichtigen. An die erste Stelle gehört die Vertragsurkunde[104]. Wählt der Bauherr das Vertragsgestaltungsmodell der *detaillierten Leistungsbeschreibung*[105], erhält das Leistungsverzeichnis den Vorrang vor den Plänen. Immer ist der Grundsatz zu beachten: Individuelle Abreden gehen den (vorformulierten) AGB schlechthin vor[106]. Diesen Grundsatz vermag eine Rangordnung, die sich an diesen Grundsatz nicht hält, nicht zu durchbrechen. 12.48

– Insbesondere sind verschiedene, widersprüchliche Rangordnungsklauseln innerhalb des gleichen Vertrages zu vermeiden. Überhaupt ist von einem «kaum noch durchschaubaren Vertragskonglomerat» abzuraten, das ein buntes Gemisch zahlreicher Vertragsbestandteile ist, darunter auch von solchen, die mit dem Vertrag nur entfernt etwas zu tun haben oder schlicht überflüssig sind[107]. Ein solches Konglomerat erschwert die Feststellung bzw. Auslegung des übereinstimmenden Willens der Parteien und birgt ein grosses Streitpotential in sich. Eine restriktive Selektion der Vertragsbestandteile ist dringend geboten! 12.49

4. Leistungsbeschreibung

a) Tragweite der Leistungsbeschreibung

Die Leistungsbeschreibung bestimmt – wie der Name sagt – das vom Unternehmer geschuldete *Werk*. Die Leistungsbeschreibung legt das fest, was der Unternehmer in einer bestimmten (Bau-) Zeit zu einem bestimmten Preis (Vergütung) leisten soll (Soll-Beschaffenheit). Die Leistungsbeschreibung ist deshalb mit dem grössten Teil des gesamten Vertragsinhaltes eng vernetzt, insbesondere mit den folgenden Bereichen: 12.50

– Umfang (Vollendung) und Qualität (Mängelfreiheit) des Werkes, das der Bauherr verlangen darf;

104 Vgl. Rz. 12.33.

105 Vgl. Rz. 12.55 ff.

106 Vgl. GAUCH, Werkvertrag, Nr. 196; GAUCH, KommSIA118 (1992), 35, Nr. 22.

107 Vgl. die ebenso scharfe wie berechtigte Kritik an der Vertragspraxis in GAUCH, Werkvertrag, Nr. 308.

- Ansprüche des Unternehmers auf die (vereinbarte) Grundvergütung und auf allfällige Mehrvergütungen (Nachforderungen);
- Bauzeit.

12.51 Beispielsweise ist der Werkmangel ein relativer Tatbestand[108], nämlich eine Abweichung eines einzelnen Werkes von einem konkreten Vertrag[109]. Basis der Beurteilung, ob ein gerügter, tatsächlicher Zustand einen Werkmangel bedeutet oder nicht, ist das vom Unternehmer konkret geschuldete Werk. Deshalb muss nach einer Mängelrüge zuerst die Soll-Beschaffenheit der Leistung gemäss Werkvertrag ermittelt werden[110]. Analog sind die Art und der Umfang der werkvertraglich vereinbarten Leistungen zu ermitteln, um gestützt darauf zu beurteilen, ob der Unternehmer die vereinbarte Grundvergütung ganz oder bloss teilweise verdient hat und ob er allenfalls den Anspruch auf Mehrvergütung besitzt, weil er mehr als das Geschuldete geleistet hat[111].

12.52 Dieser *systematische* Zusammenhang (Vernetzung) erfordert eine systematische Auslegung sowohl des einzelnen Werkvertrages als auch des einschlägigen Gesetzesrechtes[112] und auch der (allenfalls übernommenen) SIA-Norm 118, die ein *Regelwerk*[113] mit ihrer eigenen Systematik ist. Dieser systematische Zusammenhang erfordert eine (ebenfalls) systematische, kohärente Vertragsgestaltung.

12.53 Deshalb ist (auch) im Bauwerkvertrag die Leistungsbeschreibung von eminenter Bedeutung und weitreichender Tragweite. Ihr ist deshalb bei der Vertragsgestaltung grösstmögliche Sorgfalt zu schenken. Im Folgenden werden verschiedene Arten der Leistungsbeschreibung behandelt, die – wegen ihres grossen Einflusses – als Vertragsgestaltungsmodelle (oder Vertragsgestaltungsmethoden) bezeichnet werden können.

---

108 A.a.O., Nr. 1360.

109 A.a.O., Nr. 1355 f. und Nr. 1434.

110 A.a.O., Nr. 1357.

111 Vgl. SCHUMACHER, Vergütung, Nr. 50 und Nr. 596 ff.

112 Vgl. GAUCH, Werkvertrag, Nr. 880: Auslegung des Art. 366 Abs. 2 OR unter Einbezug der Regeln über die Mängelhaftung; MEIER-HAYOZ ARTHUR, Berner Kommentar, N 188 zu Art. 1 ZGB: «Das Gesetz ist als Einheit und aus dem Zusammenhang zu verstehen, ...»; vgl. ferner SCHUMACHER, Vergütung, Nr. 356.

113 Vgl. GAUCH, Werkvertrag, Nr. 262.

Die Unterschiede zwischen den einzelnen Modellen beruhen auf einer unterschiedlichen *Arbeitsteilung* zwischen dem sachverständigen Bauherrn bzw. seinen sachverständigen Hilfspersonen (Architekt, Ingenieur usw.) einerseits und dem Unternehmer andererseits. Eine wichtige Aufgabe der Vertragsgestaltung ist deshalb auch die Festlegung möglichst genauer *Schnittstellen,* bei denen die Verantwortung des Bauherrn aufhört und die Verantwortung des Unternehmers beginnt. 12.54

b) Detaillierte Leistungsbeschreibung[114]

Der Bauherr umschreibt detailliert und exakt die unmittelbaren Arbeitsergebnisse des Unternehmers, d.h. was technisch gebaut und wie konstruiert werden soll, z.B. in einem *Leistungsverzeichnis* in einem Einheitspreisvertrag[115] oder in einer *Baubeschreibung* in einem Gesamtpreisvertrag[116]. Diese (unmittelbar geschuldeten) Einzelleistungen legen in der Regel die *allgemeinen Merkmale* wie Lage, Form, Abmessung, Ausführung, Baumaterialien, Farbe usw. in allen Details fest[117]. Die detaillierte Beschreibung der unmittelbaren Bauleistungen setzt nicht nur die Projektierung, sondern auch die *Ausführungsplanung* des Bauherrn voraus. Der Unternehmer führt (fast) nur noch aus. 12.55

Die einzelnen Angaben der Leistungsbeschreibung sind *Weisungen* des Bauherrn im Sinne von Art. 369 OR. Wird eine einzelne Leistung vom Bauherrn nicht umschrieben, ist sie vom Unternehmer nicht zum vereinbarten Preis geschuldet, ausser der Unternehmer hätte es pflichtwidrig unterlassen, die Unrichtigkeit oder Unvollständigkeit dem Bauherrn anzuzeigen. Die Unterlassung der Anzeige ist pflichtwidrig, wenn der Unternehmer einen Mangel oder eine Lücke der Leistungsbeschreibung tatsächlich erkannt hat oder wenn er sie wegen Offensichtlichkeit oder wegen einer bestimmten Überprüfungspflicht hätte kennen sollen. Im 12.56

---

114 Vgl. ausführlich SCHUMACHER, Vergütung, Nr. 51 ff.

115 Vgl. Art. 8 SIA-Norm 118.

116 Vgl. Art. 12 SIA-Norm 118.

117 Vgl. sinngemäss GAUCH, Werkvertrag, Nr. 1363 und Nr. 1928, auch Nr. 1358: Erscheinungsform, Ausmasse usw.

Übrigen ist der Unternehmer nicht überprüfungspflichtig und trägt nur, aber immerhin, die Verantwortung für die richtige Ausführung der Weisungen des (sachverständigen) Bauherrn[118]. Unter den gleichen Einschränkungen haftet der Bauherr für Werkmängel, die er durch falsche oder lückenhafte Weisungen im Sinne von Art. 369 OR *selbst verschuldet*[119]. Bei der Wahl der detaillierten Leistungsbeschreibung übernimmt der Bauherr höhere Risiken als bei der funktionalen Leistungsbeschreibung. Insbesondere trägt er weitgehend das Risiko der richtigen und vollständigen Ausführungsplanung.

12.57 In zahlreichen, teils verstreuten, jedoch vernetzten Bestimmungen verwirklicht die SIA-Norm 118 das Modell der detaillierten Leistungsbeschreibung[120]. Das Leistungsverzeichnis bzw. die Baubeschreibung soll *vollständig* sein[121]. Den Unternehmer trifft grundsätzlich keine Überprüfungspflicht[122].

12.58 Nach der Systematik der SIA-Norm 118 besitzt das Leistungsverzeichnis (bzw. die Baubeschreibung) eine hervorragende Stellung innerhalb der übrigen Vertragsbestandteile und auch gegenüber den Vertragsgrundlagen (Informationen)[123]. Dies erfordert eine sehr sorgfältige Gestaltung des Leistungsverzeichnisses bzw. der Baubeschreibung bei der Ausschreibung durch den Bauherrn bzw. durch eine seiner Hilfspersonen wie Architekt oder Ingenieur (der in dieser Funktion gelegentlich auch *Ausschreibungsingenieur* genannt wird). Dem Bauherrn ist zudem zu empfehlen, die Vertragsbestandteile und Informationen selektiv zu beschränken. Denn je mehr Angaben der Bauherr macht und je voluminöser die Ausschreibungsunterlagen sind, desto geringer ist für den Bauherrn die «Chance» der Offensichtlichkeit von allfälligen Lücken, Fehlern und

---

118 Vgl. GAUCH, Werkvertrag, Nr. 1975 in Verbindung mit Nr. 1923 und Nr. 1956, auch Nr. 2004 und Nr. 2008; ferner SCHUMACHER, Vergütung, Nr. 126.

119 Zum Wegfall der Mängelhaftung bei Selbstverschulden des Bestellers vgl. ausführlich GAUCH, Werkvertrag, Nr. 1912 ff.; zur teilweisen Entlastung des Unternehmers zufolge beschränkten Selbstverschuldens vgl. GAUCH, Werkvertrag, Nr. 2049 ff.

120 Vgl. ausführlich SCHUMACHER, Vergütung, Nr. 66 ff.

121 Vgl. Art. 8 SIA-Norm 118 betreffend das Leistungsverzeichnis, dazu SCHUMACHER, Vergütung, Nr. 114, und Art. 12 SIA-Norm 118 betreffend die Baubeschreibung, dazu SCHUMACHER, Vergütung, Nr. 117.

122 Vgl. SCHUMACHER, Vergütung, Nr. 125 ff. mit zahlreichen Verweisungen.

123 Vgl. ausführlich SCHUMACHER, Vergütung, Nr. 119 ff. mit zahlreichen Hinweisen.

Widersprüchen, die der Unternehmer trotz grundsätzlich fehlender Überprüfungspflicht anzeigen bzw. abmahnen muss[124].

c) *Funktionale Leistungsbeschreibung*[125]

Das Gegenstück zur detaillierten Leistungsbeschreibung bildet die *funk- 12.59
tionale Leistungsbeschreibung*[126]. Der Bauherr schreibt bloss die *mittelbaren*, ebenfalls technischen Arbeitsergebnisse aus, nämlich bestimmte *Leistungsziele*[127], z.B. die Grössen oder die Funktionen von Räumen. Er erteilt Zielanweisungen anstatt (detaillierte) Fachanweisungen. Der Bauherr kann damit die *Gebrauchstauglichkeit*[128] des vollendeten Werkes beschreiben und es dem Unternehmer überlassen, die unmittelbaren Bauleistungen selber im Detail zu planen. Die funktionale Leistungsbeschreibung führt häufig zu Eigenschafts- oder Gebrauchsvereinbarungen der Parteien. Die Leistungsziele können auch als Mindestanforderungen formuliert werden.

Mittels funktionaler Leistungsbeschreibung können sogenannte *beson- 12.60
dere Merkmale* des Werkes (auch *innere Eigenschaften* genannt) näher umschrieben werden, z.B. die Wasserundurchlässigkeit eines Bauteils, das bestimmte Funktionieren von Anlagen oder Eigenschaften wie Tragfähigkeit, Luft- und Trittschallisolation, Wärmedurchlasswert[129]. System-, Haltbarkeits-, Funktions-, Zuverlässigkeits- und Verfügbarkeitsgarantien können vereinbart und dazu Leistungswerte festgelegt werden[130]. Diese Methode der Leistungsbeschreibung wird als *funktional* bezeichnet, weil mit ihr vor allem die Zwecke bzw. Funktionen der *fertigen* Leistungen des Unternehmers festgelegt werden.

---

124 Vgl. SCHUMACHER, Vergütung, Nr. 131 a.E.

125 Vgl. ausführlich SCHUMACHER, Vergütung, Nr. 55 ff.

126 Vgl. GAUCH, Werkvertrag, Nr. 105 mit dem Beispiel: «komplette Heizungsanlage mit bestimmtem Wirkungsgrad.»

127 Vgl. GAUCH, Werkvertrag, Nr. 382.

128 Vgl. ausführlich GAUCH, Werkvertrag, Nr. 1413 ff.

129 Vgl. GAUCH, Werkvertrag, Nr. 1358 und Nr. 1364.

130 Vgl. GAUCH, Werkvertrag, Nr. 1384 ff., Nr. 1404, Nr. 1427 und Nr. 1475, auch Nr. 2520 f.; vgl. ferner SCHUMACHER, BR 1997, 4 und 10, sowie SCHUMACHER, Vergütung, Nr. 56.

12.61 Mit der funktionalen Leistungsbeschreibung wird der Unternehmer in die Projektierung eingebunden. Damit wächst aber auch seine Verantwortung: Er trägt das Risiko für die *Vollständigkeit* seiner konstruktiven Detailbearbeitung des Projektes und der darauf gestützten Kosten- und Angebotskalkulation, was in *Vollständigkeitsklauseln* ausdrücklich vereinbart werden kann. Grundsätzlich kann er keine Mehrvergütung beanspruchen, wenn sich im nachhinein erweist, dass die von ihm gewählte Bauausführung mehr (unmittelbare) Leistungen und damit Mehraufwand erfordert. Ebenso übernimmt er das Risiko, dass er das Werk innert der vereinbarten *Bauzeit* abliefern kann. Zudem haftet er für Mängel seiner eigenen konstruktiven Bearbeitung (Detailbearbeitung)[131].

12.62 Mit der funktionalen Leistungsbeschreibung wird ein Teil der Projektierung dem Unternehmer übertragen. Deshalb ist im Vertrag die *Schnittstelle,* wo die Verantwortung des Bauherrn aufhört und wo diejenige des Unternehmers beginnt, möglichst genau festzulegen. Es ist insbesondere zu vereinbaren, auf welche Angaben, Abklärungen, Projektierungsarbeiten usw. des Bauherrn und seiner spezialisierten Hilfspersonen (Geologen, Ingenieure, Architekten usw.) der Unternehmer allenfalls abstellen darf und diese deshalb nicht überprüfen muss[132]. Werden beispielsweise dem Unternehmer Pläne übergeben, so ist zu differenzieren, wie weit diese Pläne verbindlich sind (z.B. betreffend die Fundamente oder die Aussenmasse der Gebäudehülle) und inwieweit sie bloss die Leistungsziele des Bauherrn erläutern. Zum Beispiel können Pläne nur in gestalterischer Hinsicht verbindlich sein, jedoch nicht in konstruktiver Hinsicht.

12.63 Die SIA-Norm 118 ist auf die detaillierte Leistungsbeschreibung[133], jedoch nicht auf die funktionale Leistungsbeschreibung zugeschnitten. Dem ist bei der Gestaltung eines Werkvertrages mit funktionaler Leistungsbeschreibung Rechnung zu tragen, indem z.B. einzelne, inkompatible Bestimmungen der SIA-Norm 118 ausgeschlossen oder abgeändert werden.

---

131 Vgl. Art. 167 Abs. 1 SIA-Norm 118; GAUCH, KommSIA118, Anm. 1 zu Art. 167; GAUCH, Werkvertrag, Nr. 2672.

132 Vgl. SCHUMACHER, Vergütung, Nr. 59.

133 Vgl. Rz. 12.57 f.

d) Hybride Leistungsbeschreibung[134]

Hybrid ist eine Leistungsbeschreibung, in der eine detaillierte Leistungsbeschreibung der unmittelbaren Bauleistungen[135] mit Elementen der funktionalen Leistungsbeschreibung[136] vermischt wird. *Beispiele:* «komplette, funktionsfähige Heizungsanlage, bestehend aus: ...»[137]. Oder der Unternehmer sichert eine bestimmte Gebrauchstauglichkeit des detailliert ausgeschriebenen Werkes zu. Anzutreffen sind auch hier *Vollständigkeitsklauseln*[138]. 12.64

Hybride Leistungsbeschreibungen sind *widersprüchlich* und *streitanfällig*. Sie gefährden eine sinnvolle, ökonomische Arbeitsteilung. Lässt sich eine hybride Leistungsbeschreibung nicht vermeiden, ist – gleich wie bei der funktionalen Leistungsbeschreibung[139] – die *Schnittstelle*, wo die Verantwortung des Bauherrn aufhört und diejenige des Unternehmers beginnt, möglichst genau festzulegen[140]. Andernfalls liefern sich beide Parteien der richterlichen Vertragsauslegung bzw. -ergänzung mit ihrem grossen Ermessen und mit entsprechender Rechtsunsicherheit aus. Beispielsweise kann die Auslegung ergeben, dass der vereinbarte Festpreis (z.B. ein Pauschalpreis) nur die vom Bauherrn detailliert umschriebenen Leistungen abgilt, jedoch nicht den weiteren Aufwand, den die Funktionsfähigkeit des betreffenden Bauteils (z.B. einer bestimmten Gebäudeinstallation) erfordert[141]. 12.65

5. Einzelne Zusicherungen

Die Leistungsbeschreibung ist ein systematisches, weit umfassendes Element der Vertragsgestaltung. Unabhängig von der gewählten Art der Leistungsbeschreibung kann der Unternehmer einzelne Zusicherungen 12.66

134 Vgl. ausführlich SCHUMACHER, Vergütung, Nr. 60 ff.
135 Vgl. Rz. 12.55 ff.
136 Vgl. Rz. 12.59 ff.
137 GAUCH, Werkvertrag, Nr. 908, wo dieses Beispiel als «funktional/detaillierte Leistungsbeschreibung» bezeichnet wird.
138 Vgl. SCHUMACHER, Vergütung, Nr. 60.
139 Vgl. Rz. 12.59 ff.
140 Vgl. SCHUMACHER, Vergütung, Nr. 61.
141 GAUCH, Werkvertrag, Nr. 908.

abgeben, die im Folgenden *punktuell* und insbesondere unter dem Aspekt der *Haftung* für einzelne Zusicherungen im Rahmen einer blossen Übersicht (Checkliste) kurz behandelt werden.

a) Zusicherung von Eigenschaften (unselbständige Garantien)

12.67 Die Zusicherung einer Eigenschaft (z.B. einer bestimmten Gebrauchstauglichkeit oder Funktion) kann im Widerspruch zu einer detaillierten Leistungsbeschreibung stehen. Dann gilt das, was in Bezug auf die *hybriden* Leistungsbeschreibungen bereits ausgeführt worden ist[142].

12.68 Werden einzelne Zusicherungen gemacht, ist in der Vertragsgestaltung klarzustellen, ob der Unternehmer nur für die zugesicherten Eigenschaften oder auch für alle anderen Eigenschaften ohne ausdrückliche Zusicherung haften soll[143].

aa) Reine Zusicherung

12.69 Die reine Zusicherung ist eine ausdrückliche und grundsätzlich bindende Erklärung des Unternehmers, dass das Werk eine bestimmte Eigenschaft aufweisen werde[144]. Die reine Zusicherung enthält *keine* Haftungserklärung[145]. Trotzdem haftet der Unternehmer für den allfälligen Mangel[146]. Die *Wegbedingung der Haftung* ist für «rein» zugesicherte (umschriebene) Eigenschaften in den Schranken der Rechtsordnung zulässig[147].

Abweichungen vom dispositiven Recht sind «mit hinreichender Deutlichkeit» zum Ausdruck zu bringen[148]. Eine Freizeichnungsklausel muss *unmissverständlich* sein, um rechtswirksam zu sein[149].

142 Vgl. Rz. 12.64 ff.

143 Vgl. GAUCH, Werkvertrag, Nr. 2515, wonach sich mit der Garantiezusage des Unternehmers die ausdrückliche oder stillschweigende Abrede verbinden kann, dass er nur für die «garantierten», nicht auch für andere Werkeigenschaften hafte oder dass die Mängelhaftung für bestimmte Teile (z.B. Verschleissteile) ausgeschlossen sei.

144 Vgl. GAUCH, Werkvertrag, Nr. 1372 f. und Nr. 1375.

145 Vgl. a.a.O., Nr. 1376.

146 Vgl. a.a.O., Nr. 1377 a.E.

147 Vgl. a.a.O., Nr. 2564; Praxis 1998, 442 ff.

148 Vgl. GAUCH, Werkvertrag, Nr. 1115 mit Verweisungen; ferner BGE 122 III 121.

149 Vgl. BGE 109 II 25.

bb) Qualifizierte Zusicherung

Mit der qualifizierten Zusicherung übernimmt der Unternehmer zugleich die ausdrückliche *Haftung* für den Fall, dass die zugesicherte Eigenschaft fehlen sollte[150]. Seine Haftungserklärung bildet aber keine Haftungsvoraussetzung[151]. 12.70

Mit der erklärten Haftungsübernahme steht ein vereinbarter *Haftungsausschluss* (nicht aber eine blosse Haftungsbeschränkung) im *Widerspruch*. Die Folge eines solches Widerspruches ist, dass weder die vertragliche Haftungsübernahme noch der vereinbarte Haftungsausschluss gelten. In diesem Fall haftet der Unternehmer nach der einschlägigen Haftungsordnung für das Fehlen der zugesicherten Eigenschaft[152]. Vorerst ist jedoch immer abzuklären, ob überhaupt ein Widerspruch besteht. Ein solcher darf nicht leichthin angenommen werden. Eine nur formularmässige Freizeichnung (z.B. AGB) hat der individuell vereinbarten Haftungsübernahme zu weichen, weil die Freizeichnung insoweit nicht gewollt ist, als die Parteien durch ihre individuelle Abrede einen abweichenden Willen erklärt haben[153]. In Bezug auf die *Haftungserklärung*, die der Unternehmer mit der qualifizierten Zusicherung einer Eigenschaft verbindet, ist wie folgt zu differenzieren: 12.71

- *Schlichte Haftungserklärung:* In ihr wird die gesetzliche Mängelhaftung nicht abgeändert[154]. Die schlichte Haftungserklärung kann auch bedeuten, dass von einer anderen, für den konkreten Einzelvertrag geltenden Haftungsordnung nicht abgewichen werden soll (z.B. keine Abweichung von den übernommenen Mängelhaftungsregeln der SIA-Norm 118). 12.72

---

150 Vgl. GAUCH, Werkvertrag, Nr. 1375, Nr. 1377, Nr. 1382 und Nr. 2515.

151 Vgl. a.a.O., Nr. 1377.

152 Vgl. a.a.O., Nr. 2565; zu den Widersprüchen bezüglich der Angaben des Bauherrn vgl. a.a.O., Nr. 1099; SCHUMACHER, Vergütung, Nr. 503.

153 Vgl. GAUCH, Werkvertrag, Nr. 2566, auch Nr. 2585.

154 Vgl. a.a.O., Nr. 1380 e contrario.

12.73 – *Qualifizierte Haftungserklärung* (innerhalb einer qualifizierten Zusicherung): Sie weicht von den einschlägigen Mängelhaftungsregeln ab[155]. Art und Umfang der Abweichung ist eine *Auslegungsfrage*[156]. Eine sorgfältige Vertragsgestaltung vermeidet zum vornherein Auslegungsprobleme, indem sie die Abweichung(en) exakt umschreibt.

12.74 – *Haltbarkeitsgarantien* und *Funktionsgarantien* (auch Zuverlässigkeitsgarantien genannt) können im Einzelfall qualifizierte Haftungserklärungen enthalten[157]. Hier kann sich das Problem der *Verjährungsfrist* stellen. Die Beweislast für die Verlängerung der Verjährungsfrist trägt der Bauherr. Die Zusicherung als solche beinhaltet grundsätzlich noch keine Abrede über die Verlängerung der Verjährung, selbst dann nicht, wenn die zugesicherte Eigenschaft ihrer Natur nach dauernden Charakter hat. Wer eine dauernde Eigenschaft (z.B. die Tragfähigkeit einer Brücke) zusichert, untersteht somit nicht ohne weiteres der maximal zulässigen Verjährungsfrist von zehn Jahren[158]. Wenn allerdings der Unternehmer ein bestimmtes Merkmal des Werkes für eine *bestimmte Zeitdauer* zusichert, die über die Verjährungsfrist des Art. 371 OR hinausgeht (z.B. «garantiert zehn Jahre wasserdicht»), wird die Verjährungsfrist meistens bis zum Ablauf der angegebenen Zeit verlängert, jedoch nur bis maximal zehn Jahre[159]. Eine sorgfältige Vertragsgestaltung regelt deshalb ausdrücklich sowohl die Zeitdauer, für welche eine bestimmte Eigenschaft (z.B. eine Funktion) des Werkes zugesichert wird, als auch die Dauer der Verjährungsfrist. Bei Übernahme der SIA-Norm 118 ist auch klarzustellen, ob die zweijährige Garantiefrist, eine Rügefrist[160], abgeändert werden soll oder nicht; eine allfällige Verlängerung der Garantiefrist kann die Sicherheitsleistung beeinflussen, wobei zwischen der Garantiefrist (zwecks sachlicher

155 Vgl. a.a.O., Nr. 1380, Nr. 1382, Nr. 2511, Nr. 2515.

156 Vgl. a.a.O., Nr. 1380, auch Nr. 1389.

157 Zur Haltbarkeitsgarantie vgl. a.a.O., Nr. 1386 f.; zur Funktionsgarantie vgl. a.a.O., Nr. 1388, Nr. 1427 und Nr. 1475.

158 A.a.O., Nr. 2491.

159 A.a.O., Nr. 2492.

160 Art. 172 f. SIA-Norm 118; zu dieser Garantiefrist als Rügefrist vgl. GAUCH, Werkvertrag, Nr. 2682 ff.

Abgrenzung) und der Gültigkeitsdauer der Sicherheitsleistung zu differenzieren ist[161].

b) Selbständige Garantien

Die selbständige Garantie (auch *selbständiges Erfolgsversprechen* des Unternehmers genannt[162]) bezieht sich *nicht* auf eine Eigenschaft des Werkes, sondern auf einen (meist) wirtschaftlichen Erfolg, der über die vertragsgemässe Beschaffenheit des Werkes hinausgeht (z.B. Umsatzgarantie)[163]. Regelmässig steht die (garantierte) Erhaltung eines bestehenden oder der Eintritt eines veränderten Zustandes ausserhalb der Einflussmöglichkeiten des Unternehmers. Künftige (positive oder negative) Umstände werden «zum eigenen Haftungsgegenstand erhoben» (z.B. die Überbaubarkeit eines Grundstückes oder die Unverbaubarkeit einer Aussicht)[164]. Die Rechtsfolgen des Garantiefalles sind im Vertrag möglichst genau zu regeln, z.B. der geschuldete Schadenersatz (eventuell verstärkt durch eine Konventionalstrafe oder eine Pauschalierung des Schadenersatzes). Der Anspruch auf Schadenersatz ist in diesem Fall ein verschuldensunabhängiger Erfüllungsanspruch, der den Regeln über die Mängelhaftung nicht unterliegt[165]. Ob der Anspruch auch dann entsteht, wenn der Eintritt des Erfolges durch ausserordentliche Ereignisse verhindert wird, ist durch Vertragsauslegung zu entscheiden, wenn dies bei der Vertragsgestaltung nicht klar vereinbart wird[166]. 12.75

Mangels Absprache einer verkürzten Verjährungsfrist unterliegt die selbständige Garantie der zehnjährigen Verjährungsfrist des Art. 127 OR[167]. 12.76

161 Vgl. Art. 181 f. SIA-Norm 118; GAUCH, KommSIA118, Anm. 4 und Anm. 16 zu Art. 181.
162 Vgl. GAUCH, Werkvertrag, Nr. 1395 ff., Nr. 2516.
163 Vgl. a.a.O., Nr. 1395 ff., auch Nr. 2516.
164 Vgl. BGE 122 III 430 f.
165 Vgl. GAUCH, Werkvertrag, Nr. 1397.
166 Vgl. a.a.O., Nr. 1397.
167 Vgl. a.a.O., Nr. 2205; BGE 122 III 431.

6. Preisbestimmungen

12.77 Zur *Terminologie*: Im Bauwesen wird zwischen Leistungen (im engeren Sinne), d.h. Arbeitsergebnissen, und Aufwand (= Mitteleinsatz) unterschieden, während im allgemeinen Vertragsrecht unter Leistung jede Art von Aufwand zum Vorteil eines anderen verstanden wird[168].

a) Vergütung von Leistungen zu Festpreisen

12.78 Mangels abweichender Abrede ist die *Mehrwertsteuer* in den Festpreisen *eingeschlossen*[169].

aa) Gesamtpreisvertrag

12.79 Der Werkvertrag kann ein *Gesamtpreisvertrag* sein, bei dem sich die vereinbarte Vergütung ausschliesslich nach Pauschalpreisen (ohne Teuerungsabrechnung) oder nach Globalpreisen (mit Teuerungsabrechnung) bestimmt, oft nach einem einzigen derartigen Preis[170].

12.80 Auch im Gesamtpreisvertrag wird der geschuldete Leistungsumfang durch die konkrete *Leistungsbeschreibung* festgelegt. Diese ist von ausschlaggebender Tragweite[171]. Ein Gesamtpreis kann sowohl bei detaillierter[172] als auch bei funktionaler[173] Leistungsbeschreibung vereinbart werden. Im ersten Fall bedeutet die Vereinbarung eines Pauschalpreises nicht die Pauschalierung des Gesamtleistungsumfanges; in einem solchen Falle kann der Unternehmer z.B. zu einer Mehrvergütung berechtigt sein, wenn sich die detaillierte Leistungsbeschreibung bei der Vertragserfüllung als lückenhaft erweist. Ein Pauschalpreis ist deshalb nicht immer «pauschal» im weitesten Sinne des Begriffs. Dies ist bei der Vertragsgestaltung zu beachten[174].

---

168 Vgl. GAUCH/SCHLUEP, Nr. 35; SCHUMACHER, Vergütung, Nr. 42.

169 Vgl. GAUCH, Werkvertrag, Nr. 1224; GAUCH, Anm. 5 in: BR 1997, 92 f., Nr. 131.

170 Vgl. Art. 42 Abs. 2 SIA-Norm 118; SCHUMACHER, Vergütung, Nr. 603 ff.; zum *Pauschalpreis* vgl. ausführlich GAUCH, Werkvertrag, Nr. 900 ff.; GAUCH, KommSIA118, Anm. zu Art. 41; und zum *Globalpreis* vgl. ausführlich GAUCH, Werkvertrag, Nr. 910 ff.; GAUCH, KommSIA118, Anm. zu Art. 40.

171 Vgl. GAUCH, Werkvertrag, Nr. 905; SCHUMACHER, Vergütung, Nr. 604 mit Fn. 742.

172 Vgl. Rz. 12.55 ff.

173 Vgl. Rz. 12.59 ff.

174 Vgl. ausführlich SCHUMACHER, Vergütung, Nr. 603 ff.

bb) Einheitspreisvertrag

Als Einheitspreisvertrag gilt jeder Werkvertrag, bei dem für alle oder für einen Teil der Leistungen Einheitspreise vereinbart sind[175]. Einheitspreise werden für *Leistungseinheiten*, d.h. Mengeneinheiten verschiedener Einzelleistungen vergütet[176]. Die Leistungseinheiten, die zu den vereinbarten Einheitspreisen zu erbringen sind, ergeben sich aus der Umschreibung der Leistungen durch die Parteien selbst, nämlich im Leistungsverzeichnis oder in der Baubeschreibung[177]. 12.81

cc) Weitere Preisarten

Es gibt verschiedene weitere Preisarten mit mehr oder weniger fester Bindung des Unternehmers. Zu erwähnen sind: **a.** Der *Circa-Preis* mit einer oberen und einer unteren Grenze[178]; **b.** Der reine *Höchstpreis*[179], bisweilen auch *Kostendach* genannt[180]; **c.** Der *Referenzpreis*, auch «Zielpreis» oder «Target-Price» genannt[181]; **d.** Der *Nutzpreis*[182]. 12.82

b) Vergütung von Aufwand

Die Vergütung des Aufwandes kann in unterschiedlicher Weise vereinbart werden[183]: **a.** Die Vergütung des effektiven Aufwandes (gemäss Art. 374 OR); **b.** Die Vergütung gemäss vereinbarten Regieansätzen (Regiepreisen) für Aufwandkategorien (z.B. Preisansatz für eine Stunde 12.83

---

175 Vgl. Art. 42 Abs. 2 Satz 1 SIA-Norm 118; zu den Einheitspreisen vgl. GAUCH, Werkvertrag, Nr. 915 ff.; GAUCH, KommSIA118, Anm. zu Art. 39.

176 GAUCH, Werkvertrag, Nr. 916 in Verbindung mit Nr. 953; GAUCH, KommSIA118, insbes. Anm. 4 und Anm. 6 zu Art. 39 Abs. 1; zum *Einheitspreisvertrag* vgl. ferner SCHUMACHER, Vergütung, Nr. 44 ff., Nr. 160 und Nr. 602.

177 Vgl. Art. 8 SIA-Norm 118 und Art. 12 SIA-Norm 118, dazu Rz. 12.50 ff.

178 GAUCH, Werkvertrag, Nr. 941 f. und Nr. 968; Art. 56 SIA-Norm 118; GAUCH, KommSIA118, Anm. 2 lit. b zu Art. 56 Abs. 1.

179 GAUCH, Werkvertrag, Nr. 1036 f.

180 A.a.O., Nr. 1040 f.; GAUCH, Anm. in: BR 1997, 52 f., Nr. 131.

181 GAUCH, Werkvertrag, Nr. 1038 f.; GAUCH, KommSIA118, Anm. 2 lit. c zu Art. 56 Abs. 1; vgl. auch GAUCH, Werkvertrag, Nr. 1040, wonach der Ausdruck «Kostendach» oftmals die Bedeutung eines Referenzpreises hat.

182 GAUCH, Werkvertrag, Nr. 1042 f.

183 Vgl. die Übersicht bei SCHUMACHER, Vergütung, Nr. 162 ff. mit zahlreichen Verweisungen.

Arbeit oder für eine Stunde Einsatz einer bestimmten Maschine); **c.** Die Vergütung von Festpreisen für Aufwandpositionen; **d.** Übliche Aufwandvergütung.

c) Zur Komplexität der Preisbildung im Bauwerkvertrag

12.84 Die gängige Preisbildung im Bauwerkvertrag und insbesondere diejenige nach den einschlägigen Bestimmungen der SIA-Norm 118 ist *sehr komplex*[184]:

- Regelmässig werden im gleichen Werkvertrag *verschiedene Preisarten* für verschiedene Arbeiten vereinbart, nämlich Pauschal-, Global- und Einheitspreise sowie Regieansätze.
- Die Komplexität wird gesteigert, wenn die *gleichen* Leistungen nach verschiedenen Preisarten vergütet werden, nämlich durch ein Mischsystem von Leistungs- und Aufwandpositionen und von gemischten Regieansätzen. Zufolge dieses heterogenen Mischsystems sind die verschiedenen Preise miteinander vernetzt, so dass sich Änderungen (z.B. Bauerschwernisse, Bestellungsänderungen) sowohl auf die Leistungspositionen als auch auf die Aufwandpositionen und Regieansätze auswirken können[185]. Bei der Vertragsgestaltung ist deshalb der Aufwand, der durch sogenannte Aufwandpositionen vergütet werden soll, möglichst exakt zu umschreiben.

d) Rabatt und Skonto

12.85 Rabatt und Skonto sind zwei wesentlich verschiedene *Preisnachlässe*. Sie werden in der Praxis nicht immer auseinandergehalten, was zu auslegungs- bzw. ergänzungsbedürftigen Vertragsklauseln wie der folgenden führen kann: «*Rabatt und Skonto 5 %*»[186].

---

184 Vgl. ausführlich a.a.O., Nr. 184 ff., auch Nr. 152 ff.; zum Mischsystem im Allgemeinen Nr. 155, zu den gemischten Regieansätzen Nr. 171 und zu den Aufwandpositionen Nr. 177 ff.

185 Vgl. a.a.O., Nr. 188.

186 Zu den Auslegungsproblemen vgl. GAUCH, Werkvertrag, Nr. 1244 ff.; ferner SCHUMACHER, Vergütung, Nr. 301.

Der *Rabatt* ist ein vertraglich vereinbarter, bedingungsloser Preisnachlass, meist in der Form eines prozentualen Abzuges von der Vergütung. Er wird ohne Rücksicht auf den Zeitpunkt der Zahlung gewährt[187]. 12.86

Der *Skonto* besteht dagegen in einem (meistens) prozentualen Abzug vom Vergütungsbetrag, der für eine sofortige oder kurzfristige Bezahlung gewährt wird[188]. Mangels Vereinbarung besteht kein Anspruch auf einen Skontoabzug. Durch die Übernahme der SIA-Norm 118 wird kein Skonto vereinbart. In der Skontoabrede sind insbesondere zu regeln: der Skontosatz; die Skontofrist; der Zeitpunkt, in welchem die Skontofrist zu laufen beginnt, und der letztmögliche Termin, bis zu welchem eine Zahlung die Skontofrist wahrt[189]; die Art der skontofähigen Zahlungen; im Zweifel ist zu vermuten, dass sich die Skontoabrede auf *sämtliche* Zahlungen bezieht[190]. 12.87

7. Zeitbestimmungen

Der Bauwerkvertrag ist ein *Austauschvertrag*. Der Vertragsgestaltung stellt sich die Aufgabe, sowohl für die Vergütung als auch für die Erstellung des Werkes (Bauausführung) Fristen und Termine festzulegen. 12.88

a) Zahlungsfristen

Der Unternehmer besitzt von Gesetzes wegen keinen Anspruch auf Abschlagszahlungen[191]. Das differenzierte Abrechnungssystem der SIA-Norm 118 sieht vier verschiedene Einzelabrechnungen (darunter Abschlagsrechnungen) mit unterschiedlichen Fälligkeiten vor. Dieses Ab- 12.89

---

187 GAUCH, Werkvertrag, Nr. 1244 ff.; GAUCH, KommSIA118, Anm. 2 zu Art. 54; SCHUMACHER, Vergütung, Nr. 302 ff.

188 BGE 118 II 64 : BR 1992, 99, Nr. 165; GAUCH, Werkvertrag, Nr. 1233 ff.; SCHUMACHER, Vergütung, Nr. 305 ff. mit weiteren Verweisungen.

189 Vgl. BGE 119 II 233 ff.; bezüglich Einzahlung auf Postcheckkonto vgl. BGE 124 III 145 ff.

190 GAUCH, KommSIA118, Anm. 9 lit. c zu Art. 190 Abs. 1.

191 Zur gesetzlichen Fälligkeitsregel des Art. 372 OR vgl. GAUCH, Werkvertrag, Nr. 1152 ff.; SCHUMACHER, Vergütung, Nr. 216 f.

rechnungssystem trägt den Bedürfnissen im Bauwesen Rechnung[192]. Diese Regeln werden ergänzt durch Art. 190 Abs. 1 SIA-Norm 118. Danach leistet der Bauherr «fällige Zahlungen innerhalb von dreissig Tagen, sofern nicht in der Vertragsurkunde eine andere Zahlungsfrist vereinbart ist»[193].

12.90 Die *Höhe* des ab Eintritt des Zahlungsverzuges geschuldeten Verzugszinses bemisst sich nach einer der folgenden Bestimmungen:
- Ist die SIA-Norm 118 Vertragsbestandteil, so ist gemäss Art. 190 Abs. 1 Satz 5 dieser Norm der am Zahlungsort übliche Zinssatz für bankmässige Kontokorrent-Kredite an Unternehmer massgebend[194].
- Gilt die gesetzliche Ordnung, so schuldet der Bauherr entweder 5 %, wenn er ein «gewöhnlicher» Schuldner und deshalb Art. 104 Abs. 1 OR unterworfen ist, oder den «kaufmännischen» Verzugszins, der gemäss Art. 104 Abs. 3 OR zum «üblichen Bankdiskonto am Zahlungsorte» berechnet werden darf, wenn er 5 % übersteigt[195].

12.91 Die besonderen Zinssätze sind schwierig zu erheben: Nach der Deregulierung im Bankgewerbe gibt es kaum noch «übliche» Zinssätze. Die Bedeutung des Diskontkredites und damit auch des entsprechenden Zinssatzes ist in neuerer Zeit zurückgegangen[196]. Es empfiehlt sich deshalb, im Vertrag einen festen Verzugszinssatz zu vereinbaren oder einen anderen, leicht feststellbaren Referenzzins zu wählen. Wenn ein Kontokorrentzinssatz (z.B. einer bestimmten Bank) vereinbart wird, sollte zusätzlich abgesprochen werden, ob der Verzugszins mit oder ohne Kommissionen und dergleichen geschuldet ist[197].

---

192 GAUCH, Werkvertrag, Nr. 1167 ff.; GAUCH/SCHUMACHER, KommSIA118, Vorbem. zu Art. 153–156; SCHUMACHER, Vergütung, Nr. 218 ff. mit der graphischen Darstellung auf S. 65.

193 Vgl. GAUCH, Werkvertrag, Nr. 1179; GAUCH, KommSIA118, Anm. 14 Abs. 2 zu Art. 190 Abs. 1; SCHUMACHER, Vergütung, Nr. 223 f. und Nr. 292.

194 GAUCH, Werkvertrag, Nr. 1278; GAUCH, KommSIA118, Anm. 16 Abs. 3 zu Art. 190 Abs. 1.

195 BGE 116 II 140 ff.; GAUCH, Werkvertrag, Nr. 1278; GAUCH, KommSIA118, Anm. 16 zu Art. 190 Abs. 1.

196 BGE 116 II 141.

197 Vgl. GAUCH, KommSIA118, Anm. 16 Abs. 3 zu Art. 190 Abs. 1.

b) Ausführungsfristen – Termine

Der Unternehmer ist verpflichtet, das geschuldete Werk rechtzeitig herzustellen und abzuliefern. Regelmässig wird diese Pflicht im Werkvertrag durch die Vereinbarung von Fristen und Terminen näher bestimmt[198]. Dabei sind die folgenden Fristen bzw. Termine zu unterscheiden: 12.92

- Spätestenstermine[199] und Frühestenstermine[200].
- Anfangs-, Zwischen- und Vollendungstermine[201].

Zur Vertragsgestaltung kann auch die ausdrückliche Qualifikation eines Spätestenstermins als «bestimmter Verfalltag» (Art. 102 Abs. 2 OR) gehören[202]. 12.93

V. Vertragsabwicklung

1. Dienste des Anwalts

Bauen ist ein ebenso dynamischer wie komplexer Prozess, auch im rechtlichen Bereich. Nicht nur bei der Vertragsgestaltung, sondern auch bei der Vertragsabwicklung, nämlich in den folgenden Phasen: 12.94

- Vorbereitungsphase der Ausführung,
- Ausführungsphase (Bauausführung),
- Abschlussphase,

kann der Anwalt bei der Vermeidung oder Lösung von Rechtsproblemen behilflich sein. Er kann für die «juristische Qualitätssicherung» der Vertragserfüllung beigezogen werden.

---

198 Vgl. ausführlich GAUCH, Werkvertrag, Nr. 645 ff.; GAUCH/SCHUMACHER, KommSIA118, Vorbem. zu Art. 92–98 sowie Anm. zu Art. 92 ff.

199 Vgl. GAUCH, Werkvertrag, Nr. 647; GAUCH/SCHUMACHER, KommSIA118, Anm. 3 lit. c zu Art. 92.

200 Vgl. GAUCH/SCHUMACHER, KommSIA118, Anm. 3 lit. e und Anm. 7 lit. a zu Art. 92.

201 Vgl. GAUCH, Werkvertrag, Nr. 673, Nr. 653 und Nr. 647; GAUCH/SCHUMACHER, KommSIA118, Anm. 3 lit. b und lit. e zu Art. 92.

202 Vgl. GAUCH, Werkvertrag, Nr. 648.

2. Möglichkeiten der Vertragsgestaltung

12.95 Die ganze Vertragsgestaltung dient der Vertragsabwicklung. Im Folgenden werden bloss einige «Einsatzmittel» erwähnt, die in der Praxis eine bedeutende Rolle spielen. Im Vertrag können insbesondere *Nebenleistungspflichten* vereinbart oder einer Partei *Gestaltungsrechte* eingeräumt werden. Beispiele:

- *Informationspflichten:* beispielsweise kann der Unternehmer verpflichtet werden, nach der Arbeitsvollendung Revisionspläne zu liefern, das Personal des Bauherrn zu instruieren oder Betriebsanleitungen zu übergeben;
- *Konventionalstrafe,* um den Druck auf den Unternehmer zur rechtzeitigen Vertragserfüllung zu verstärken[203];
- Die Vorsorge gegen *Bauhandwerkerpfandrechte* der Subunternehmer, indem der Bauherr berechtigt wird, direkt an die Subunternehmer zu zahlen, oder indem der Unternehmer sich verpflichtet, den Bauherrn durch eine Bankgarantie gegen das Risiko von Bauhandwerkerpfandrechten abzusichern[204];
- Antizipierte Mehrvergütungsabsprachen[205] oder Schadenersatzvereinbarungen (z.B. eine Schadenersatzpauschalierung im Unterschied zu einer Konventionalstrafe).

3. Rechtshandlungen von Fall zu Fall

12.96 Während der Vertragsabwicklung kommen vor allem Rechtshandlungen *ohne rechtsgeschäftlichen Charakter* von Fall zu Fall in Frage. Es kann sich um nicht *rechtsgeschäftliche Willensäusserungen* (z.B. Mahnung, Fristansetzung, Mängelrüge) oder um blosse *Vorstellungsäusserungen* (Anzeige, Abmahnung, Rechnung, Protokoll), handeln[206]. Von grosser praktischer Bedeutung sind:

---

203 Art. 160 ff. OR; Art. 98 SIA-Norm 118; GAUCH/SCHUMACHER, KommSIA118, Anm. zu Art. 98.

204 Vgl. SCHUMACHER RAINER, Das Bauhandwerkerpfandrecht, 2. Aufl., Zürich 1982, Nr. 496 ff.; GEHRER, Bauverträge, 117 f.

205 Vgl. SCHUMACHER, Vergütung, Nr. 664 ff.

206 Vgl. VON TUHR ANDREAS/PETER HANS, Allgemeiner Teil des Schweizerischen Obligationenrechts, 3. Aufl., Zürich 1979, 174 ff.

- Anzeigen und Mahnungen[207]; 12.97

- *Mängelrügen* des Bauherrn[208]; von Gesetzes wegen ist der Bauherr immer zur Sofortrüge verpflichtet, während er nach der differenzierten Regelung der SIA-Norm 118 zuerst während zwei Jahren jederzeit rügen darf (unter Vorbehalt seiner Schadensminderungspflicht) und während der restlichen Verjährungsfrist ebenfalls sofort rügen muss; der Bauherr ist von seinem Anwalt darüber aufzuklären; unter Umständen lässt sich die ungerechte Lösung des Gesetzes (Verwirkung aller Mängelrechte zufolge verspäteter Mängelrüge) vollumfänglich ausmerzen, indem vereinbart wird, dass der Bauherr auch nach Ablauf der zweijährigen Garantiefrist *jederzeit* rügen darf, jedoch den weiteren Schaden selbst zu tragen hat, der vom Unternehmer bei unverzüglicher Mängelrüge des Bauherrn hätte vermieden werden können; es kann auch Aufgabe des Anwalts sein, Mängelrügen zu formulieren[209]; 12.98

- In *Verjährungsfragen* ist der Bauherr oft unerfahren und entsprechend unbeholfen; der Anwalt hat ihm eine sorgfältige Fristenkontrolle nahe zu legen und ihm bei der Unterbrechung der Verjährung[210], insbesondere bei der Formulierung von Verjährungsverzichtserklärungen behilflich zu sein[211]; auch der Unternehmer kann des anwaltlichen Beistandes bei der Abgabe von Verjährungsverzichtserklärungen bedürfen; ist eine solidarische Haftung mehrerer Baubeteiligter (mehrere Nebenunternehmer oder Unternehmer nebst Architekt oder Ingenieur) gegeben oder bloss möglich[212], haben sowohl der Bauherr als auch der Unternehmer Sorge dafür zu tragen, dass ihre allfälligen Ansprüche (z.B. Regressansprüche) gegenüber anderen Baubeteiligten nicht beeinträchtigt werden, insbesondere nicht verjähren, was Vorkehren zur Verjährungsunterbrechung erfordern kann. 12.99

207 Vgl. auch oben Rz. 11.19 ff.

208 Siehe dazu auch unten Rz. 15.135 ff.

209 Zum Inhalt der Mängelrüge vgl. GAUCH, Werkvertrag, Nr. 2128 ff. und Nr. 2179; zur allenfalls vereinbarten Schriftform vgl. a.a.O., Nr. 2146, Nr. 2179 und Nr. 2551.

210 Vgl. unten Rz. 15.166 ff.

211 Vgl. GAUCH, Werkvertrag, Nr. 2283 ff.

212 Vgl. a.a.O., Nr. 2748 ff.; SCHUMACHER RAINER, Die Haftung des Architekten aus Vertrag, ArchR, Nr. 674 ff.

12.100 – *Rechnungsstellung*; das Abrechnungssystem der SIA-Norm 118 ist sehr differenziert[213]; die Schlussabrechnung ist keine Gesamtabrechnung[214]; die «Zusammenstellung» ist eine Besonderheit der Norm, die dem Bauherrn einen Überblick verschaffen soll[215]; eine lückenhafte und trotzdem vorbehaltlose Zusammenstellung kann nach der Verzichtsfiktion des Art. 156 SIA-Norm 118 den Verlust weiterer berechtigter Forderungen des Unternehmers bewirken[216]; als problematisch erscheint auch die Bevollmächtigung der Bauleitung zur Anerkennung der Schlussabrechnung in Art. 154 Abs. 3 SIA-Norm 118[217], so dass es sich empfehlen kann, dass die Vollmacht der Bauleitung zur Anerkennung von Rechnungen ausdrücklich ausgeschlossen und damit dem Unternehmer keine Vollmacht kundgegeben wird.

12.101 – Die Rechnungsstellung kann weitere Probleme aufwerfen: Zum Beispiel ist der Unternehmer grundsätzlich an die Rechnung nicht gebunden[218], und durch blosse Bezahlung anerkennt der Bauherr keine Rechnungen[219].

VI. Vertragsende

1. Ordentliche Vertragsbeendigung

12.102 Ist der Werkvertrag gültig zustande gekommen, so bindet er die Parteien, bis alle Rechte und Pflichten des Vertragsverhältnisses erloschen sind[220]. Dies kann unter Umständen sehr lange dauern, sogar viele Jahre nach Bauvollendung, wenn beispielsweise die Höhe der Vergütungsansprüche (Grundvergütung oder Mehrvergütung) streitig ist oder wenn Mängel umstritten oder schwer nachzubessern sind.

---

213 Vgl. Rz. 12.89.

214 Vgl. GAUCH/SCHUMACHER, KommSIA118, Anm. 1 Abs. 2 zu Art. 153 Abs. 1.

215 Vgl. a.a.O., Anm. 15 f. zu Art. 153 Abs. 3.

216 Vgl. a.a.O., Anm. zu Art. 156.

217 Vgl. dazu a.a.O., Anm. 24 f. zu Art. 154 Abs. 3.

218 Vgl. SCHUMACHER, Vergütung, Nr. 251.

219 Vgl. a.a.O., Nr. 265 ff.

220 GAUCH, Werkvertrag, Nr. 521.

2. Vorzeitige Vertragsbeendigung[221]

a) *Gesetzliche Auflösungsregeln*

aa) *Auflösungsregeln des Werkvertragsrechts*

- Art. 377 OR räumt (nur) dem Bauherrn ein freies, jederzeitiges *Rücktrittsrecht* (richtig: Kündigungsrecht) ein, das an keine Voraussetzung gebunden ist, jedoch den Bauherrn zur «vollen Schadloshaltung» des Unternehmers verpflichtet[222]. 12.103

- Art. 366 Abs. 1 OR ist eine besondere *Verzugsregel.* Danach ist der Bauherr unter bestimmten Voraussetzungen zur vorzeitigen Vertragsauflösung berechtigt und muss nicht den Ablieferungstermin abwarten[223]. Das Gesetz setzt kein Verschulden des Unternehmers voraus, dies im Unterschied zur SIA-Norm 118 (Art. 96 Abs. 2 in Verbindung mit Abs. 1), wonach dem Unternehmer eine Fristerstreckung nur dann verwehrt ist, wenn ihn ein Verschulden trifft[224]. Hingegen verleiht Art. 366 Abs. 2 OR dem Bauherrn nur, aber immerhin, das Recht auf *Ersatzvornahme* und nicht zur vorzeitigen Vertragsauflösung[225]. 12.104

- Gemäss Art. 373 Abs. 2 OR kann der Richter wegen *ausserordentlicher Umstände* die Auflösung des Vertrages bewilligen[226]. Diese Auflösungsregel wird in Art. 59 Abs. 2 SIA-Norm 118 wiederholt[227]. 12.105

---

221 Unter vorzeitiger Vertragsbeendigung wird hier verstanden, dass der Vertrag vor Bauende aufgelöst wird.

222 Vgl. ausführlich GAUCH, Werkvertrag, Nr. 522 ff.; zum Recht des Bauherrn auf Vertragsauflösung aus *wichtigem Grund* vgl. Nr. 567 ff., zum Recht des Unternehmers auf Vertragsauflösung aus wichtigem Grund vgl. Nr. 598 f.; zum Teilrücktritt vgl. Nr. 592 ff.

223 Vgl. ausführlich GAUCH, Werkvertrag, Nr. 668 ff.

224 Vgl. a.a.O., Nr. 675; GAUCH/SCHUMACHER, KommSIA118, Anm. 2 und Anm. 24 zu Art. 96.

225 Zutreffend GAUCH, Werkvertrag, Nr. 869.

226 Vgl. a.a.O., Nr. 1117 f.

227 Vgl. GAUCH, KommSIA118, Anm. 9 zu Art. 59 Abs. 2; vgl. auch GAUCH, KommSIA118, Anm. 10 lit. a zu Art. 58 Abs. 2, wonach der Unternehmer auch bei Verschulden des Bauherrn auf vorzeitige Auflösung klagen kann, wenn nebst den Voraussetzungen des Art. 58 Abs. 2 auch diejenigen des Art. 59 Abs. 1 SIA-Norm 118 erfüllt sind.

12.106 – Art. 375 Abs. 2 OR räumt dem Bauherrn (nur) ein vorzeitiges Rücktrittsrecht wegen *Überschreitung des ungefähren Kostenansatzes* ein[228].

12.107 – Auch die *Unmöglichkeit* «aus Verhältnissen des Bestellers» (Art. 378 OR)[229] sowie *Tod* oder *Unfähigkeit* des Unternehmers (Art. 379 OR)[230] können zur vorzeitigen Auflösung des Bauwerkvertrages führen.

bb) Auflösungsregeln des allgemeinen Obligationenrechts

12.108 Die Allgemeinen Bestimmungen des Obligationenrechtes enthalten verschiedene Regeln, welche die vorzeitige Auflösung des Werkvertrages ermöglichen (z.B. Art. 83, Art. 95 und Art. 107 ff. OR). So können zu einem vorzeitigen Vertragsende führen: Der (Gläubiger-)Verzug des Bauherrn, der seine Mitwirkung unterlässt oder verzögert[231], der Zahlungsverzug des Bauherrn[232] und der Schuldnerverzug des Unternehmers[233].

12.109 Vom vorzeitigen Vertragsende ist die (vorübergehende) *Arbeitseinstellung* des Unternehmers zu unterscheiden. Diese Befugnis gründet nicht im Recht des Schuldnerverzugs, sondern in Art. 82 OR, gegebenenfalls auch in Art. 83 OR[234].

b) Abweichende Vertragsabreden

aa) Individuelle abweichende Vertragsabreden

12.110 Grundsätzlich (unter Vorbehalt von zwingendem Recht) können die Parteien Abweichungen von den gesetzlichen Regeln über die vorzeitige

228 Vgl. GAUCH, Werkvertrag, Nr. 977 mit dem Hinweis auf den Unterschied zum Rücktrittsrecht des Art. 375 Abs. 1 OR.

229 Vgl. a.a.O., Nr. 722 ff.

230 Vgl. a.a.O., Nr. 752 ff.

231 A.a.O., Nr. 1342.

232 Zum Schuldnerverzug des Bauherrn vgl. ausführlich GAUCH, Werkvertrag, Nr. 1244 ff.; zum Schuldnerverzug im Allgemeinen vgl. GAUCH/SCHLUEP, Nr. 2916 ff.

233 Vgl. GAUCH, Werkvertrag, Nr. 659 ff. und Nr. 668 ff.; ferner SCHUMACHER, Vergütung, Nr. 402.

234 Vgl. GAUCH, Werkvertrag, Nr. 1280; SCHUMACHER, Vergütung, Nr. 300 und Nr. 377 ff.

Vertragsauflösung vereinbaren. Beispielsweise kann das Rücktrittsrecht des Bauherrn gemäss Art. 377 OR wegbedungen oder beschränkt werden[235]. Die Parteien können vereinbaren, dass ihr Werkvertrag der Auflösungsregel des Art. 404 OR untersteht[236]. Auch von Art. 373 Abs. 2 OR kann abgewichen werden[237].

bb) Vorformulierte abweichende Abreden

Die SIA-Norm 118 enthält zahlreiche Bestimmungen, welche sich mit 12.111
der vorzeitigen Vertragsauflösung befassen (vgl. Art. 56 Abs. 2, Art. 59 Abs. 2, Art. 94 Abs. 2, Art. 96 Abs. 4, Art. 184, Art. 186 Abs. 1, Art. 187 Abs. 1, Art. 188 Abs. 1, Art. 190 Abs. 2 SIA-Norm 118). In diesen Klauseln werden die gesetzlichen Bestimmungen betreffend die vorzeitige Vertragsbeendigung teils wiederholt, teils abgeändert[238].

235 Vgl. GAUCH, Werkvertrag, Nr. 582 ff., insbes. Nr. 583.
236 Vgl. a.a.O., Nr. 13.
237 Vgl. a.a.O., Nr. 1128 ff.
238 Vgl. den Hinweis auf einen bedeutenden Unterschied zwischen dem Gesetz und der SIA-Norm 118 in Rz. 12.104.

§ 13 Bauhandwerkerpfandrecht

MICHÈLE GASSER/ALEXANDRA MÄUSLI/ROGER WEBER

Literaturauswahl: HÄFELIN ULRICH/MÜLLER GEORG, Grundriss des allgemeinen Verwaltungsrechts, 2. Aufl., Zürich 1993; LEEMANN HANS, Berner Kommentar, Bd. IV, Sachenrecht, II. Abteilung, Art. 730–918 ZGB, Bern 1925; LIVER PETER, Zürcher Kommentar, Bd. IV/2a/1, Die Grunddienstbarkeiten (Art. 730–744 ZGB), Zürich 1980; MEIER-HAYOZ ARTHUR, Berner Kommentar, Bd. IV/1/1, Systematischer Teil und Allgemeine Bestimmungen, Art. 641–654 ZGB, 5. Aufl., Bern 1981; REY HEINZ, Die Grundlagen des Sachenrechts und das Eigentum, Grundriss des Schweizerischen Sachenrechts, Bd. I, Bern 1991; SCHUMACHER RAINER, Das Bauhandwerkerpfandrecht, 2. Aufl., Zürich 1982; SIMONIUS PASCAL/SUTTER THOMAS, Schweizerisches Immobiliarsachenrecht, Bd. II, Die beschränkten dinglichen Rechte, Basel/Frankfurt a.M. 1990; STRÄULI HANS/MESSMER GEORG, Kommentar zur Zürcherischen Zivilprozessordnung, 2. Aufl., Zürich 1982; TUOR PETER/SCHNYDER BERNHARD/SCHMID JÖRG, Das Schweizerische Zivilgesetzbuch, 11. Aufl., Zürich 1995; VOGEL OSCAR, Grundriss des Zivilprozessrechts, 4. Aufl., Bern 1995; ZOBL DIETER, Das Bauhandwerkerpfandrecht de lege lata und de lege ferenda, ZSR 101 (1982); *ders.*, Berner Kommentar, Bd. IV/2/5/1, Das Fahrnispfand, Systematischer Teil und Art. 884–887 ZGB, Bern 1982.

I. Problemübersicht

Im Gegensatz zu anderen Rechtsfiguren sucht man für das gesetzliche 13.1
Pfandrecht der Bauhandwerker vergeblich nach einem antiken Vorbild. Zwar ist die Idee des Pfandrechts ebenso Jahrtausende alt wie die städtische Siedlung mit reger Bautätigkeit. Der selbständige (Klein)Unternehmer war der antiken Gesellschaft indessen ebenso fremd wie die Begriffe der Chancengleichheit oder der Handels- und Gewerbefreiheit; die damaligen Bauherren brauchten in diesem Umfeld auf die Erbauer ihrer Städte und Denkmäler denn auch keine besondere Rücksicht zu nehmen. Zum sozialen Problem konnte die Sicherung der Baugläubiger erst werden, nachdem im Zuge der amerikanischen und französischen Revolution der Zugang zur Verrichtung entgeltlicher Bauarbeiten für jedermann offen stand. Mit der Industrialisierung entstanden Ende des 18. und besonders im Laufe des 19. Jahrhunderts auch die modernen Grossstädte, welche zunächst der möglichst preisgünstigen Unterbringung der früheren Landbevölkerung zu dienen hatten. Schnell übten in diesem Umfeld

auch Spekulanten ihren Einfluss aus, stürzten dabei immer wieder Unternehmer – und mit ihnen auch die von ihnen abhängigen Arbeitnehmer und deren Familien – in den Ruin und provozierten so erstmals eine Reaktion der Rechtsordnung. Die erste entsprechende Regelung erging im US-Bundesstaat Maryland im Jahre 1791.

13.2 Heute kennen zahlreiche Länder das Bauhandwerkerpfandrecht in der einen oder anderen Ausgestaltung. In der Schweiz haben die historischen Erfahrungen zu einer Normierung geführt, welche die Interessen der Handwerker in teilweise unangebrachter Weise gewichtet und ihrerseits die Gefahr des Missbrauchs des an sich legitimen Sicherungsmittels birgt. Namentlich die markante Gewerbefreundlichkeit der Regelung und die mangelnde Transparenz für Dritte, insbesondere potentielle Käufer einer Liegenschaft werden auch in der gängigen Literatur vernachlässigt. Da das Zivilrecht in der Schweiz derzeit als Grossbaustelle bezeichnet werden kann, rechtfertigt sich im Folgenden die eine oder andere kritische Bemerkung zu diesen Fragen.

Der vorliegende Beitrag soll aber in erster Linie dem Praktiker den Weg zur (und die Auswege aus der) Baupfandsicherung aufzeigen und dabei auch die aktuellen Probleme und Streitpunkte kurz erörtern. Selbstverständlich vermögen die folgenden Ausführungen vom Umfang her nicht sämtliche Einzelfragen abzudecken, welche sich in Zusammenhang mit dem Bauhandwerkerpfandrecht stellen können; die Fussnoten im vorliegenden Text verstehen sich daher nicht nur als Belegstellen, sondern auch als Einstieg in die weiterführende Literatur.

II. Merkmale des Bauhandwerkerpfandrechts

1. Gesetzliches Pfandrecht

13.3 Den Handwerkern oder Unternehmern, welche zu einer Baute oder zu einem anderen auf einem Grundstück errichteten Werk Material und Arbeit oder Arbeit allein liefern, steht unter bestimmten Voraussetzungen von Gesetzes wegen der Anspruch auf die Eintragung eines Grundpfandes zu (Art. 837 Abs. 1 Ziff. 3 ZGB)[1]. Das Bauhandwerkerpfandrecht ist

1 SCHUMACHER, N 59; TUOR/SCHNYDER/SCHMID, 852.

als Grundpfandrecht dinglicher Natur und gehört zu den mittelbaren gesetzlichen Eigentumsbeschränkungen[2].

2. Realobligatorische Natur des Anspruchs auf Eintragung

Das Gesetz räumt dem Baupfandgläubiger einen Anspruch auf die Eintragung eines Pfandrechtes im Grundbuch ein, sei es, dass er den Grundeigentümer oder einen Unternehmer zum Schuldner hat (Art. 837 Abs. 1 Ziff. 3 ZGB)[3]. Der Anspruch auf die Eintragung richtet sich gegen den jeweiligen Grundeigentümer, auf dessen Boden die geschützte Leistung erbracht worden ist[4]. Er erweist sich mithin als Realobligation, bei welcher ein klagbarer Anspruch auf eine Leistung – die Errichtung eines gesetzlichen Grundpfandes – mit dem dinglichen Element verknüpft ist, dass der Anspruchsgegner durch das Eigentum am betreffenden Grundstück bestimmt wird[5]. Unwesentlich ist demnach, ob der Bauunternehmer mit dem Grundeigentümer in einem direkten Vertragsverhältnis steht[6]. 13.4

3. Unverzichtbarkeit des Anspruchs auf Eintragung

Auf das Bauhandwerkerpfandrecht als gesetzliches Grundpfand kann *nicht zum Voraus* Verzicht geleistet werden (Art. 837 Abs. 2 ZGB). Der Handwerker oder Unternehmer kann aber nach Abschluss des Werkvertrages gültig auf seinen Rechtsanspruch verzichten. Wäre ein Verzicht auf das Bauhandwerkerpfandrecht bereits vor oder bei Abschluss des Werkvertrages gültig, würde der gesetzliche Schutz bereits bei ausgeglichenem Baumarkt als Folge des Konkurrenzkampfes illusorisch. Nach Abschluss des Werkvertrages hingegen können die Handwerker und Unternehmer nicht mehr unter Druck gesetzt werden[7]. 13.5

---

2 REY, N 231 f. und N 595 ff.; LIVER, ZBGR 1962, 270 ff.

3 Legalhypothek, deren Entstehung von der Eintragung im Grundbuch abhängig ist; REY, N 595 ff. und N 1229.

4 SCHUMACHER, N 426 ff.

5 A.a.O., N 432 ff.; LIVER, ZBGR 1962, 270 ff.; REY, N 240 ff.

6 Änderung der Rechtsprechung, wonach es sich beim Bauhandwerkerpfandrecht um einen rein obligatorischen Anspruch handle, in BGE 92 II 230.

7 BK-LEEMANN, N 57 ff. zu Art. 837 ZGB; Entscheid des Obergerichtes des Kantons Aargau vom 18. Februar 1927 in: ZBGR 1940, 276 f.

III. Voraussetzungen des Bauhandwerkerpfandrechts

1. Handwerker oder Unternehmer

13.6 Baupfandgläubiger sind gemäss Art. 837 Abs. 1 Ziff. 3 ZGB Handwerker oder Unternehmer, welche eine (später näher zu definierende)[8] Leistung zu Bauten oder anderen Werken erbringen. Darunter sind jene *selbständig erwerbenden Gewerbetreibenden* zu verstehen, welche sich zur *Erbringung spezifischer Bauleistungen* verpflichtet haben. Aus dieser Definition folgt, dass mit Bezug auf das Bauhandwerkerpfandrecht keinerlei rechtliche Unterscheidung zwischen den beiden Begriffen Handwerker und Unternehmer notwendig ist. Auch die berufliche Qualifikation des Handwerkers ist keine Voraussetzung zur Geltendmachung des Bauhandwerkerpfandrechts, da einzig der Charakter der Leistung als spezifische Bauarbeit ausschlaggebend ist. So kann auch derjenige in den Genuss der Anspruchsberechtigung kommen, welcher nur zum Freizeitvergnügen bzw. nicht gewerbsmässig baut.

13.7 Wenn auch nicht oft, so trifft man in der Praxis gelegentlich auch auf die Arbeitsgemeinschaft, kurz ARGE genannt. Sie besitzt – obwohl sie eine einfache Gesellschaft darstellt – einen Anspruch auf das Bauhandwerkerpfandrecht. Jedoch ist bei der Klageeinleitung den Besonderheiten der einfachen Gesellschaft in der Weise Rechnung zu tragen, dass die Mitglieder der Arbeitsgemeinschaft im Prozess eine notwendige Streitgenossenschaft darstellen, mithin sämtliche Mitgleider der ARGE mit vollem Namen bzw. Firma auf der Klägerseite aufgeführt sein müssen[9].

13.8 Wie erwähnt kommt der Pfandrechtsschutz nur *Selbständigerwerbenden* zu, unabhängig davon, ob es sich um natürliche oder juristische Personen handelt. Ein Arbeitnehmer oder Angestellter ist damit vom Pfandrechtsprivileg ausgeschlossen[10]. Aber auch Temporärfirmen kommen nicht in den Genuss des Pfandrechts. Der Vertrag, welchen ein Bauunternehmer mit der Temporärorganisation abschliesst, stellt keinen Werkvertrag,

---

8 Unten Rz. 13.12 ff.

9 Dazu ausführlicher SCHUMACHER, N 278 ff. sowie oben Rz. 11.54 ff.

10 Immerhin profitieren Arbeitnehmer indirekt von der Pfandsicherung, zumal ihre Lohnforderung gegenüber dem Arbeitgeber nach Art. 146 und 219 SchKG rangprivilegiert ist.

sondern einen Dienstverschaffungsvertrag dar, dessen wesentliche Elemente arbeitsrechtlicher und nicht werkvertraglicher Natur sind. Im Unterschied zum Handwerker ist eine solche Organisation nicht für einen bestimmten Erfolg, sondern nur dafür verantwortlich, dass sie Arbeiter abordnet, die für die fragliche Arbeit geeignet sind[11].

Bei einer *Abtretung* der Werklohnforderung geht das Bauhandwerkerpfandrecht als akzessorisches Nebenrecht ohne weiteres auf den Zessionar (beispielsweise auf eine Inkassostelle) über. Nach erfolgter Zession ist damit nur mehr der Zessionar verfügungs- und klageberechtigt. Jedoch bedarf es auch hier zur Gültigkeit der Zession der schriftlichen Form (Art. 165 Abs. 1 OR)[12]. 13.9

Gleich wie der einzelne Handwerker besitzt nach Bundesgericht[13] auch der *General- und Totalunternehmer*[14] den Pfandrechtsschutz, obwohl beide neben den typischen Bauleistungen auch intellektuelle Leistungen (sogenannte gemischte Leistungen) erbringen. Im Gegensatz dazu versagt die Praxis den *Architekten und den Ingenieuren* den Pfandrechtsschutz, da ihre Tätigkeit rein intellektueller Natur ist. Auch in seinem neuesten Entscheid zu dieser Frage hielt das Bundesgericht an dieser Praxis mit der Begründung fest, der zwischen dem Architekten und dem Bauherrn abgeschlossene Vertrag sei zwar als Werkvertrag zu qualifizieren; bei der Tätigkeit des Architekten handle es sich jedoch nicht um eine Leistung, die körperlich mit dem Bau verbunden sei .[15] 13.10

Wesentlich für die Anmeldung des Bauhandwerkerpfandrechts ist die rechtliche Verpflichtung zur Arbeitsleistung und nicht die tatsächliche Ausführung. So geniesst der Generalunternehmer den Pfandrechtsschutz, selbst wenn er die Arbeiten an *Subunternehmer*[16] weitervergibt, und zwar 13.11

---

11 SCHUMACHER, N 295, 300; ZOBL, 80.

12 SCHUMACHER, N 313 f.; vgl. auch BK-ZOBL, N 1585 vor Art. 884 ZGB; zur Rechtslage, wenn der Handwerker im eigenen Namen als indirekter Stellvertreter des Zessionars klagt, bevor dem Schuldner die Abtretung angezeigt worden ist.

13 BGE 95 II 87 ff.

14 Vgl. zur Definition: SCHUMACHER, N 203 f.; oben Rz. 11.39 ff. sowie Rz. 12.9 f.

15 BGE 119 II 426 ff. = Pra 83 (1994) 272; vgl. auch oben Rz. 3.12 ff., 8.46 ff., 8.49.

16 Vgl. zum Problem des Beizugs eines Subunternehmers trotz ausdrücklichen Verbots des Grundeigentümers unten Rz. 13.17. Zum Ganzen oben Rz. 11.11 sowie 11.77 ff. und 12.11 ff.

im vollen Umfang. Mit anderen Worten kann die gleiche Bauarbeit doppelt, wenn nicht gar mehrfach durch Bauhandwerkerpfandrechte gesichert sein, was allenfalls zu einer Doppelzahlung des Grundeigentümers führen kann[17].

2. Geschützte Leistung

13.12 Das Bauhandwerkerpfandrecht sichert Forderungen, welche ein *Entgelt für Bauarbeiten* darstellen. Daher sind Schadenersatzforderungen nicht pfandberechtigt[18]. In den meisten Fällen liefert der Handwerker Material *und* Arbeit, aber auch derjenige geniesst den Pfandrechtsschutz, welcher nur Arbeit verrichtet. Erforderlich ist dabei immer, dass das bebaute Grundstück eine *Wertvermehrung* erfährt sowie, dass Baute und Grundstück eine *dauernde Verbindung* miteinander eingehen (Akzessionsprinzip)[19].

13.13 Der Begriff der Bauarbeiten kann jedoch im Einzelfall auslegungsbedürftig sein. So ist jeweils zu unterscheiden, ob im konkreten Fall ein Werklieferungsvertrag oder ein Kaufvertrag vorliegt. Als Abgrenzungskriterium gilt dabei, ob ein Bauteil eigens für das betreffende Bauwerk hergestellt wurde oder ob jemand nur vertretbare Sachen, beispielsweise Serien- oder Normprodukte für einen Bau geliefert hat. Unter diesem Gesichtswinkel erweisen sich denn auch die Urteile des Bundesgerichts über die Pfandberechtigung des Frischbetonlieferanten[20], oder des Herstellers von Armierungseisen[21], als zu unternehmerfreundlich. Die Gewährung des Pfandrechtsprivilegs für Frischbetonlieferanten erscheint im Lichte der zunehmenden Computerisierung und Technisierung der Arbeitsabläufe als überholt. Die bestellte Masse wird zwar eigens für die betreffende Baute hergestellt, jedoch handelt es sich nichtsdestotrotz um eine vertretbare Sache. Einzig auf die unterschiedliche Mischzusammen-

17 Zum Schutz gegen die Doppelzahlung vgl. die ausführlichen Erläuterungen bei SCHUMACHER, N 486 ff.

18 SCHUMACHER, N 83 ff.

19 Illustrativ dazu ist der Entscheid des Amtsgerichts Luzern-Stadt, zusammengefasst in ZBGR 76 (1995) 151.

20 BGE 97 II 212 = Pra 61 Nr. 30.

21 BGE 103 II 33 ff.

setzung abstellen zu wollen, bzw. darauf, dass Beton schnell hart und daher nicht mehr verwendbar ist, rechtfertigt unseres Erachtens noch nicht den Schutz des Bauhandwerkerpfandrechts[22]. In seinem «Armierungseisen-Urteil» erkannte das Bundesgericht denn auch richtigerweise, dass ein Pfandrecht für die Lieferung der bearbeiteten Armierungseisen zu bejahen, für die Lieferung der unbearbeiteten dagegen zu verneinen sei. Gleichwohl hielt es danach fest, dass Lieferungen, welche teils aus bearbeiteten, teils aus unbearbeiteten Eisen bestünden, im ganzen Umfang als Werklieferungen und daher als anspruchsbegründend zu betrachten seien, da eine Aussonderung, wenn nicht unmöglich, so doch häufig unzumutbar sei. Dieses Argument könnte höchstens im schnellen (meist summarischen) Verfahren aufgrund der dort herrschenden Beweismittel- und Beweisstrengebeschränkung[23] als genügend erachtet werden. Nach abgeschlossenem Beweisverfahren sollte jedoch von einer derartigen Argumentation Abstand genommen werden, zumal der klagende Unternehmer spätestens bei der Beweisauflage anzuhalten sein wird, seine Arbeitsleistung zu spezifizieren. Ferner erscheint es nach dem gewöhnlichen Lauf der Dinge einem jeden Hersteller von Armierungseisen als durchaus zumutbar, darzulegen, welche Eisen zu bearbeiten waren und welche nicht. Die allzu unternehmerfreundliche Praxis sollte mit Blick auf den doch recht massiven Eingriff ins Grundeigentum aufgegeben werden[24].

Selbst wenn die *Leistung mit Mängeln* behaftet ist, kann der Pfandgläubiger das Bauhandwerkerpfandrecht im Grundbuch vorläufig eintragen lassen. Grundeigentümer tendieren in der Praxis immer wieder dazu, bereits die vorsorglich-vorläufige Eintragung durch die Erhebung von Mängelrügen abwenden zu wollen. Aufgrund der erwähnten Eigenart des summarischen Verfahrens ist eine Überprüfung der Mangelhaftigkeit des 13.14

22 Vgl. dazu auch ZR 79 (1980) Nr. 12, welcher die Pfandberechtigung von der Vorleistungspflicht gemäss Art. 82 OR abhängig machen will.

23 VOGEL, 12. Kapitel, N 149 ff.

24 In unhaltbarer Weise noch weiter geht ZR 80 (1981) Nr. 18, wo das Zürcher Obergericht selbst eine Forderung aus Öllieferung zum Zwecke der Rohbauheizung als pfandberechtigt ansah. Die Forderung aus einer Baureinigung sollte jedenfalls dann nicht als pfandrechtsgeschützt betrachtet werden, wenn sie die einzige vertragliche Leistung darstellt.

Werkes aber nicht möglich. Regelmässig muss daher die superprovisorische Eintragung des Bauhandwerkerpfandrechts als vorläufige Eintragung bestätigt und der Grundeigentümer mit seiner Einrede in das ordentliche Verfahren verwiesen werden[25].

3. Grundeigentümer

13.15 Aus der realobligatorischen Natur des Bauhandwerkerpfandrechts folgt, dass als beklagte Partei der *jeweilige Grundeigentümer* ins Recht zu fassen ist[26]. Unwesentlich ist dabei, ob er in direkter Vertragsbeziehung mit dem das Pfandrecht beanspruchenden Unternehmer steht, mithin als Besteller der Arbeiten aufgetreten ist. Im Gegensatz dazu ist die Vertragsbeziehung jedoch wesentlich für die dem Grundeigentümer zustehenden Einreden[27].

13.16 Ein immer wieder auftauchendes praktisches Problem stellt der *Mieterbau* dar: Baut der Mieter im Einverständnis mit dem Grundeigentümer, so ist auch der Pfandrechtsanspruch ohne weiteres zu bejahen. Dies trifft etwa dann zu, wenn der Mieter über die ausdrückliche Erlaubnis des Grundeigentümers verfügt oder wenn dieser zumindest Kenntnis vom Bau oder Umbau der Mietsache hat, mithin das Bauen in Kauf nimmt. Baut der Mieter jedoch ohne Einverständnis des Grundeigentümers, so will SCHUMACHER[28] dem Handwerker dennoch das Pfandrechtsprivileg zugestehen, unter der Voraussetzung, dass dieser gutgläubig gewesen sei. Hier einmal mehr den Gutglaubensschutz von Art. 3 ZGB zu bemühen, erachtet das Bundesgericht indessen zu Recht als verfehlt[29]. Einem Handwerker ist es als Geschäftsmann ohne weiteres zuzumuten, sich zu vergewissern, ob das Einverständnis des Grundeigentümers vorliegt oder nicht. Darin kann – entgegen SCHUMACHER – auch keine unnötige Belastung der Grundbuchämter gesehen werden, zumal diese später aufgrund der ohnehin notwendigen vorläufigen Eintragung des Bauhand-

---

25 Vgl. unten Rz. 13.41. Betreffend Komplexität der Mängelfragen vgl. oben Rz. 3.46 ff. sowie unten § 15.

26 Oben Rz. 13.4.

27 Dazu ausführlich SCHUMACHER, N 835 ff.

28 SCHUMACHER, N 458 ff.

29 BGE 116 II 677 = ZBJV 128 (1992) 120.

werkerpfandrechts zur Eruierung des Eigentümers so oder so in Anspruch genommen werden müssen.

Gemäss Art. 364 Abs. 2 OR darf der Unternehmer nur unter bestimmten vertraglichen oder gesetzlichen Voraussetzungen einen Subunternehmer beiziehen. Der Subunternehmer besitzt jedoch den Anspruch auf Errichtung eines Bauhandwerkerpfandrechts infolge dessen realobligatorischer Natur unabhängig davon, ob sein Beizug zulässig war oder nicht[30]. Durch den unzulässigen Beizug des Subunternehmers verletzt der Hauptunternehmer den zwischen ihm und dem Bauherrn abgeschlossenen Vertrag (Art. 97 OR), weshalb er schadenersatzpflichtig wird. Von dieser Vertragsverletzung ist aber der Subunternehmervertrag nicht betroffen, weshalb diesem das Recht zugestanden wird, ein Bauhandwerkerpfandrecht anzumelden. Daraus folgt, dass den Grundeigentümer einmal mehr das Risiko der Doppelzahlung trifft, sofern sein Vertragspartner seiner Pflicht zur Leistung von Schadenersatz nicht nachkommt, bzw. nicht nachkommen kann. Auch diese von Lehre und Rechtsprechung akzeptierte Benachteiligung des Grundeigentümers sollte unseres Erachtens überdacht werden. Dem Subunternehmer ist es nämlich durchaus zumutbar, Rücksprache über die Zulässigkeit seines Beizugs mit seinem Vormann, oder besser mit dem Grundeigentümer zu nehmen, namentlich diesem den Beginn seiner Tätigkeit anzuzeigen. 13.17

4. Pfandobjekt

a) Allgemeines

Der Anspruch auf Errichtung des Bauhandwerkerpfandrechtes besteht für die Forderungen der Bauunternehmer aus der Verrichtung von geschützten Leistungen an diesem Grundstück[31]. Der Grundstücksbegriff des ZGB umfasst nicht nur die Liegenschaften als unbewegliche Sachen, sondern auch bestimmte Kategorien von Rechten an Liegenschaften (Art. 655 Abs. 2 ZGB und Art. 943 Abs. 1 ZGB)[32]. Gegenstand des Bauhandwerkerpfandrechtes bildet jenes Grundstück, welchem der 13.18

30 BGE 95 II 89, 105 II 267.
31 Art. 837 Abs. 1 Ziff. 3 ZGB.
32 Rey, N 1027 ff.

durch die Bauhandwerker geschaffene Mehrwert im Ergebnis zukommt[33].

b) Stockwerkeigentum/Miteigentum

13.19 Während der *Grundsatz der Identität zwischen Wertvermehrung und zu belastendem Grundstück* beim gewöhnlichen Einzelgrundstück und bei der im Gesamteigentum stehenden Liegenschaft keine besonderen Schwierigkeiten verursacht, stellt sich beim gewöhnlichen Miteigentum und beim Stockwerkeigentum die Frage, ob das Grundstück als solches oder die einzelnen Anteile Belastungsobjekt darstellen.

13.20 Grundsätzlich hat der Bauunternehmer beim *Miteigentum* die *Wahl*, ob er die Gesamtliegenschaft oder die einzelnen Miteigentumsanteile belasten will. Bilden die einzelnen Miteigentumsanteile Belastungsgegenstand, ist die Werklohnforderung quotenmässig auf die einzelnen Miteigentumsanteile aufzuteilen[34].

13.21 Beim *Stockwerkeigentum* als Sonderfall des Miteigentums ist die Liegenschaft räumlich mittels Sonderrechten aufgeteilt (Art. 712 a ff. ZGB). Werden Bauleistungen erbracht, welche im ausschliesslichen Interesse des einzelnen Stockwerkeigentümers stehen und zur Wertvermehrung seines Anteiles beitragen, ist *nur der entsprechende Stockwerkeigentumsanteil* mit dem Bauhandwerkerpfandrecht zu belasten[35]. Für Bauarbeiten an den gemeinschaftlichen Bauteilen hätte der Bauunternehmer zwar theoretisch die Wahl, entweder die Gesamtliegenschaft oder die einzelnen Stockwerkeinheiten zu belasten[36].

13.22 Zu beachten gilt es aber, dass auch das Gericht die *nachträgliche Umlegung* eines auf dem Hauptgrundstück vorgemerkten Pfandrechtes auf die einzelnen Stockwerkeinheiten nicht anordnen kann[37].

---

33 ZOBL, 119 f.

34 SCHUMACHER, N 351 ff.; REY, N 660 und 667; BK-MEIER-HAYOZ, N 44 zu Art. 648 ZGB; a.M. ZOBL, 122; Entscheide des Bundesgerichtes neueren Datums liegen nicht vor.

35 SCHUMACHER, N 379 ff.; ZOBL, 127.

36 SCHUMACHER, N 383 f.; a.M. ZOBL, 126; BGE 111 II 31 ff.

37 ZR 87 (1988) Nr. 16. Im genannten Fall hatte der Einzelrichter die vorläufige Eintragung eines Bauhandwerkerpfandrechtes auf der Gesamtliegenschaft verfügt.

Mehrheitlich bejaht wird heute die Frage, ob *Art. 648 Abs. 3 ZGB*, wonach die Sache selber nicht mehr mit Pfandrechten belastet werden kann, wenn an den Miteigentumsanteilen bereits Grundpfandrechte bestehen, auch für das Bauhandwerkerpfandrecht als mittelbares gesetzliches Pfandrecht gilt[38]. Dies führt in der Praxis dazu, dass immer die Anteile zu belasten sind, sobald Stockwerkeigentum besteht. 13.23

Die *Aufteilung der Pfandsumme auf die einzelnen Miteigentumsanteile* – welche stets Sache des Klägers ist – hat quotenmässig zu erfolgen[39]. Desgleichen ist die Werklohnforderung nach den Wertquoten aufzuteilen und auf die einzelnen Stockwerkeinheiten zu verlegen, soweit es sich um den Vergütungsanspruch für die Bauarbeiten an den gemeinschaftlichen Bauteilen beim Stockwerkeigentum handelt[40]. Probleme ergeben sich in der Praxis indessen mit der Belastung nach effektivem Aufwand, sofern ein Bauunternehmer an verschiedenen Räumen mit Sonderrecht (und an gemeinschaftlichen Bauteilen) Leistungen erbracht hat. In solchen Fällen erweist sich eine Aufteilung nach den erwähnten Grundsätzen oft nicht als praktikabel, da der Bauhandwerker nicht in der Lage ist, für jede Stockwerkeinheit eine genaue Leistungsaufstellung vorzulegen. Erweist sich eine Aufteilung der Pfandsumme entsprechend der tatsächlichen Wertvermehrung als unmöglich, ist sie nach den einzelnen Wertquoten der Miteigentumsanteile vorzunehmen. Da der Baupfandgläubiger für die *vorläufige Eintragung* die Pfandsumme grundsätzlich nur wahrscheinlich zu machen hat[41], darf in diesem Stadium an die Behauptungslast kein allzu strenger Massstab angelegt werden, da dies die Durchsetzung des materiellen Rechts übermässig erschweren würde. Ist eine Aufteilung aus zeitlichen Gründen nicht möglich, ist ein vorübergehendes Gesamtpfand (Eintragung der vollen Pfandsumme auf jedem Anteil) 13.24

Mit nachfolgender Verfügung löschte er die erwähnte Eintragung und belastete die nach Massgabe der Wertquoten aufgeteilte Forderungssumme den einzelnen Stockwerkeigentumseinheiten, wobei die Umlegung nach Ablauf der Dreimonatsfrist erfolgte.

38 SCHUMACHER, N 367 ff.; ZOBL, 124 f.; ZR 87 (1988) Nr. 16; BGE 95 I 568 ff., insbes. 575, wo die Frage offen gelassen wird; desgleichen in BGE 111 II 35; BGE 113 II 157 ff.

39 SCHUMACHER, N 354; ZOBL, 122 ff.

40 SCHUMACHER, N 384; ZOBL, 126.

41 SCHUMACHER, N 751; ZR 79 (1980) Nr. 128.

zulässig[42], allerdings mit entsprechenden Konsequenzen für die Kosten- und Entschädigungsfolgen.

13.25 Herrschende Lehre und Rechtsprechung lehnen das Gesamtpfandrecht, bei welchem jeder Anteil oder jedes Grundstück einer *Gesamtüberbauung* mit der ganzen Pfandsumme belastet würde, grundsätzlich ab[43]. Gemäss Bundesgericht ist indessen vom Verbot des Gesamtpfandes abzuweichen, wenn das belastete Grundstück nach erfolgter Eintragung des Pfandrechtes vergrössert oder zerstückelt wird[44].

c) *Selbständiges und dauerndes Baurecht*

13.26 Das Baurecht ist das Recht, auf oder unter der Bodenfläche ein Bauwerk zu errichten oder beizubehalten[45]. Sofern das Baurecht selbständig und dauernd und im Grundbuch durch Anlegung eines Hauptbuchblattes aufgenommen ist, ist es der liegenschaftsgleichen Behandlung fähig und wird bei der Errichtung eines Bauhandwerkerpfandrechtes wie ein gewöhnliches Grundstück behandelt[46]. Selbständig im Sinne von Art. 655 Abs. 2 Ziff. 2 ZGB und Art. 943 Abs. 1 Ziff. 2 ZGB ist das Baurecht, wenn es für sich übertragbar und auf mindestens 30 Jahre oder auf unbestimmte Zeit begründet ist (Art. 7 Abs. 2 GBV). In diesem Fall ist mit dem Grundpfand das Baurecht und nicht das Grundstück, zu dessen Lasten es begründet worden ist, zu belasten, sofern die Wertvermehrung dem Baurechtsgrundstück zukommt[47].

d) *Grundstücke im Verwaltungsvermögen*

13.27 Nach gefestigter Lehre und Rechtsprechung kann auf Grundstücken, welche im Verwaltungsvermögen eines Gemeinwesens stehen, *kein Bauhandwerkerpfandrecht* eingetragen werden[48]. Die entsprechenden

---

42 SCHUMACHER, N 751 und 396.

43 Art. 798 ZGB; SCHUMACHER, N 388 ff.; ZOBL, 125 f.

44 BGE 119 II 421 ff.

45 Art. 779 ZGB. Zum Ganzen oben Rz. 5.70 ff.

46 Art. 655 Abs. 2 Ziff. 2 ZGB und Art. 943 Abs. 1 Ziff. 2 ZGB; Art. 675 ZGB und Art. 779 ff. ZGB.

47 SCHUMACHER, N 344 ff. Zu beachten ist in diesem Zusammenhang, dass gemäss Art. 675 Abs. 2 ZGB das Baurecht an einem Stockwerk ausgeschlossen ist.

48 SCHUMACHER, N 523 ff.; ZOBL 136 ff.; BGE 95 I 97 ff.; 99 II 131 ff.; 103 II 227 ff. und 108 II 305 ff.

Grundstücke dienen aufgrund ihrer besonderen staats- und verwaltungsrechtlichen Funktion dem Gemeinwesen unmittelbar durch ihren Gebrauchswert und lassen keine Verwertung zu[49]. Verwaltungsvermögen im Rechtssinne liegt nur vor, wenn eine entsprechende Widmung besteht und der Staat aufgrund eines öffentlichrechtlichen oder privatrechtlichen Titels befugt ist, die Sache zur Verfolgung öffentlicher Zwecke zu gebrauchen. Grundstücke im Finanzvermögen eines Gemeinwesens hingegen können mit Bauhandwerkerpfandrechten belastet werden, da sie grundsätzlich unbeschränkt verkehrsfähig sind und der Zwangsverwertung unterliegen. Das Finanzvermögen dient der Erfüllung staatlicher Aufgaben nur mittelbar, durch seinen Vermögenswert oder seine Erträgnisse[50].

Massgebend ist nicht, ob ein Grundstück verwaltungsintern dem Verwal- 13.28
tungs- oder dem Finanzvermögen gewidmet ist. Entscheidend ist vielmehr die tatsächliche Zweckbestimmung eines Grundstückes[51]. Die Praxis ist jedoch kontrovers. Das Bundesgericht hat in einem neueren Entscheid die Möglichkeit der gültigen Bestellung eines Bauhandwerkerpfandrechtes an einem Grundstück der Aargauischen Kantonalbank bejaht[52]. Zur Begründung führte es aus, das fragliche Finanzinstitut betreibe das Bankgewerbe wie jede andere privatrechtliche Bank. Mache der Staat eine privatwirtschaftliche Tätigkeit gesetzlich zur öffentlichen Aufgabe, könne an jenen Liegenschaften ein Bauhandwerkerpfandrecht gültig bestellt werden. Dieser funktionalen Betrachtungsweise ist zuzustimmen. Verfehlt ist dagegen unseres Erachtens die Auffassung des

49 Gemäss Art. 9 des Bundesgesetzes über die Schuldbetreibung gegen Gemeinden und andere Körperschaften des kantonalen öffentlichen Rechts vom 4. Dezember 1947 (SR 282.11) stellen die Vermögenswerte eines Gemeinwesens, die unmittelbar der Erfüllung seiner öffentlichen Aufgaben dienen, sein Verwaltungsvermögen dar und können weder gepfändet noch verwertet werden, solange sie öffentlichen Zwecken dienen.

50 Häfelin/Müller, 424 ff.

51 Schumacher, N 561 ff. mit Kritik an BGE 107 II 44 ff., wo das Bundesgericht die Begründung eines Bauhandwerkerpfandrechtes zu Lasten eines Regionalspitales zulässig erklärte, da die Grundeigentümer im konkreten Fall eine privatrechtliche Organisationsform gewählt und der Staat sich das Verfügungsrecht nicht ausdrücklich gesichert hatte.

52 BGE 120 II 321 ff.

Zürcher Obergerichtes, wonach die Belastung des Grundstückes Hauptbahnhof Zürich mit einem Bauhandwerkerpfandrecht unter Hinweis auf den verwaltungsvermögensrechtlichen Gesamtcharakter des Grundstükkes nicht zulässig sein soll[53]. Das gesamte Areal HB-Zürich ist richtigerweise vielmehr teilweise dem Verwaltungsvermögen, teilweise dem Finanzvermögen zuzuweisen, zumal bekanntlich die Mehrzahl der auf diesem Areal untergebrachten Ladengeschäfte nicht als Bahnnebenbetriebe zu qualifizieren ist. Da die Wertvermehrung der geschützten Leistung im konkreten Fall sachlich dem Bundesfinanzvermögen zukam, wäre der Bauhandwerker in seinem Pfandrechtsanspruch zu schützen gewesen, obwohl diese Lösung die Konsequenz gehabt hätte, dass die gesamte Liegenschaft mangels Parzellierung zu belasten gewesen wäre[54]. Bei der Verwertung wäre schlicht dem Erwerber der Liegenschaft die Pflicht zur Duldung der hoheitlichen Tätigkeit zu überbinden.

5. Fristgerechte Eintragung

13.29 Die Eintragung des Bauhandwerkerpfandrechts im Grundbuch kann vom Zeitpunkt an, von welchem sich der Handwerker zur Arbeitsleistung verpflichtet hat, bis spätestens drei Monate nach Vollendung der Arbeiten erfolgen (Art. 839 ZGB). Dabei handelt es sich um eine *Verwirkungsfrist.*

13.30 Zentral für den Beginn der dreimonatigen Eintragungsfrist nach Art. 839 Abs. 2 ZGB ist der Begriff der *Vollendung.* Unter Vollendung wird die vollständige Leistung aller im Werkvertrag übernommenen Bauarbeiten verstanden. Grundsätzlich gehören objektiv völlig nebensächliche und geringfügige Arbeiten nicht zur Vollendung[55]. Bei der Beurteilung der Geringfügigkeit einer Arbeit ist jedoch nicht allein auf den Zeitaufwand oder den Materialverbrauch abzustellen, sondern auf den qualitativen und funktionellen Stellenwert der letzten Arbeit. Ergibt sich aus dem zu beurteilenden Fall, dass eine geringfügige Arbeit unerlässlich zur Fertig-

53 Beschluss der II. Zivilkammer des Zürcher Obergerichtes vom 24. Januar 1994 i.S. N. c. S. (NL930028).

54 Unveröffentlichte Entscheide des Einzelrichters im summarischen Verfahren des Bezirksgerichtes Zürich vom 17. November 1992 i.S. S. c. S. (ES920219) und vom 16. Februar 1993 i.S. N. c. S. (ES920278).

55 BGE 106 II 22 ff.; ZR 81 (1982) 37.

stellung des Werkes war, so gehört sie dennoch zur Vollendung[56]. Nicht zur Vollendung zählen Garantiearbeiten (Mängelbehebungen) oder Arbeiten, welche der Unternehmer absichtlich hinausgeschoben hat (Art. 2 Abs. 2 ZGB).

Besonderer Aufmerksamkeit zur Berechnung des Fristenlaufs bedürfen folgende Fälle: Wird der Vertrag infolge *Rücktritts* einer Vertragspartei vorzeitig aufgelöst, so wird der Beginn des Fristenlaufs nicht auf die letzte Arbeit bezogen, sondern auf den Empfang der Rücktrittserklärung[57]. Werden *mehrere Werkverträge* gleichzeitig oder gestaffelt abgeschlossen, so ist darauf abzustellen, ob diese Bauarbeiten ein zusammengehörendes Ganzes, eine spezifische Einheit bilden. Ist diese Voraussetzung erfüllt, beginnt die Dreimonatsfrist mit dem letzten Arbeitstag der zuletzt vollendeten Teilleistung zu laufen. Derselbe einheitliche Fristenlauf gilt auch für *Sukzessivlieferungen.* Bei *Änderungen oder Ergänzungen des Werkvertrages* ist wiederum darauf abzustellen, ob diese mit dem ursprünglichen Werkvertrag eine Einheit darstellen und damit in den erweiterten Rahmen dieses Werkvertrages fallen. Trifft dies zu, so beginnt der Fristenlauf einheitlich. Andernfalls ist von einem neuen Werkvertrag mit gesondertem Fristenlauf auszugehen. Besonderes Augenmerk verdient der *Fristenlauf bei mehreren Grundstücken.* Dabei gilt der Grundsatz, dass Bauarbeiten, welche auf verschiedenen Grundstükken erbracht werden, einem *separaten Fristbeginn* unterliegen, selbst wenn sie auf demselben Werkvertrag beruhen (sogenannte *Gesamtüberbauung*). Von der Gesamtüberbauung zu unterscheiden ist jedoch der Fall, wo ein *einheitliches Bauwerk sich auf verschiedene Grundstücke* erstreckt. Hier beginnt die Frist einheitlich für alle Bauarbeiten auf allen Grundstücken zu laufen. 13.31

Beim *gemeinschaftlichen Eigentum* beginnt die Frist sowohl beim Gesamt- als auch beim Miteigentum *einheitlich* zu laufen. Dasselbe gilt auch für das Stockwerkeigentum, unabhängig davon, ob der Unternehmer nur für die einzelnen Stockwerkeinheiten und/oder für gemeinschaftliche Bestandteile tätig war[58]. 13.32

56 BGE 102 II 206 ff.
57 BGE 102 II 208 f.; BK-Leemann, N 16 zu Art. 839 ZGB.
58 Schumacher, N 598 ff.; Zobl, 145 ff.

13.33 Die Dreimonatsfrist wird de lege lata nur gewahrt, wenn der *Grundbucheintrag* spätestens am letzten Tage der Frist vollzogen ist. Ist der letzte Tag ein Samstag/Sonntag oder ein Feiertag, so wird die Frist bis zum nächstfolgenden Werktag verlängert[59]. Der Grundbucheintrag erfolgt aufgrund der vorläufigen oder definitiven Anerkennung des Pfandrechts durch den Grundeigentümer oder aufgrund einer richterlichen Anweisung, welche in der Regel aus zeitlichen Gründen in Form einer superprovisorischen Verfügung ergehen muss[60]. Wesentlich ist dabei immer, dass das Pfandrecht innert der Verwirkungsfrist des Art. 839 Abs. 2 ZGB im Grundbuch, bzw. im Tagebuch eingetragen ist[61]. So *genügt die blosse Anmeldung beim Richter am letzten Tag nicht* zur Wahrung der Frist. Damit Fehler wie beispielsweise die oft vergessene Aufteilung der Pfandsumme bei Grundstücken im Stockwerkeigentum vom Kläger noch rechtzeitig korrigiert werden können, empfiehlt es sich, das Begehren um Eintragung eines Bauhandwerkerpfandrechts nicht erst am letzten Tag der Frist einzureichen.

IV. Eintragung des Bauhandwerkerpfandrechts

1. Zuständigkeit

13.34 Da sich das Verfahren betreffend Bauhandwerkerpfandrecht als Prozess um dingliche Rechte an Grundstücken erweist, besteht ein ausschliesslicher und nach richtiger Ansicht auch zwingender bundesrechtlicher Gerichtsstand am Ort der gelegenen Sache[62]. Wenigstens im *internationalen Verhältnis* scheint die zwingende Natur trotz der Begriffsverwirrung in Art. 97 IPRG und Art. 16 Nr. 1 LugÜ klar[63].

13.35 Auch wenn der Grundeigentümer mit dem Besteller nicht identisch ist, kann letzterer sich infolge des Sachzusammenhangs im ordentlichen Verfahren betreffend der Forderung vor dem Gericht des Belegenheits-

59 Art. 78 Abs. 1 OR, BG über den Fristenlauf an Samstagen, SR 173.110.3.

60 Vgl. nachstehend Rz. 13.36 ff.

61 ZBGR 76 (1995) 165.

62 SCHUMACHER, N 771 f.

63 VOGEL, 4. Kapitel, N 15a.

ortes nicht auf Art. 59 BV berufen, jedenfalls soweit der Gläubiger zugleich das Pfandrecht geltend macht[64].

2. Vorläufige Eintragung

Da nur der Berechtigte eines im Grundbuch bereits eingetragenen Rechts dazu legitimiert ist, dieses durch blosse Grundbuchanmeldung inhaltlich zu verändern, ist der Bauhandwerker zur Erwirkung des Eintrags seines Pfandrechts auf die *Hilfe des Richters* angewiesen, wenn er die Zustimmung des Grundeigentümers zu einer vorläufigen Eintragung nicht erlangen kann[65]. Die oben[66] dargelegte *Verwirkungsfrist* bedingt darüber hinaus die Schaffung eines zweckmässigen Eintragungsverfahrens, welches – jedenfalls im Rahmen des üblichen Geschäftsgangs – dem Gesuchsteller die Eintragung des Pfandrechts auch auf ein kurzfristig gestelltes Begehren hin garantiert. 13.36

Bundesrechtlich stellt Art. 961 Abs. 1 Ziff. 1 ZGB in Verbindung mit Art. 22 Abs. 4 GBV zur Verwirklichung dieses Postulats die *vorläufige Eintragung* (Vormerkung) des vom Handwerker behaupteten beschränkten dinglichen Rechts zur Verfügung[67]. Das allein vermöchte aber die 13.37

64 ZOBL, 159 f.; STRÄULI/MESSMER, N 8 zu § 6/7 ZPO ZH; VOGEL, 4. Kapitel, N 54; vgl. BGE 117 II 29.

65 Die freiwillige Anmeldung durch den Grundeigentümer (vgl. zur Form Art. 22 Abs. 2 in Verbindung mit Art. 13 GBV sowie ZOBL, 155 ff.) spielt trotz ihrer kostenmässigen Vorteile praktisch leider kaum eine Rolle: SCHUMACHER, N 720.

66 Rz. 13.29 ff.

67 So ausdrücklich auch der Verweis in Art. 22 Abs. 4 GBV. Die wohl herrschende Lehre sieht darin ein gesetzgeberisches Versehen und will die Vormerkung eher als Verfügungsbeschränkung zur Sicherung eines streitigen Anspruchs im Sinne von Art. 960 Abs. 1 Ziff. 1 ZGB sehen (statt vieler SIMONIUS/SUTTER, 234; ZOBL, 156 ff.; SCHUMACHER, N 735). Die Diskussion ist nicht von praktischer Bedeutung. Im Übrigen ist es zwar richtig, dass ein mittelbar gesetzliches Pfandrecht ob des konstitutiven Charakters des Grundbucheintrags nicht schon zum Zeitpunkt des Vormerkungsbegehrens bestehen kann, wie nur schon der Wortlaut von Art. 837 ZGB nahelegt. Betrachtet man das Grundbuch indessen (anders als die über eine erhebliche Eigendynamik verfügende Grundbuchpraxis) lediglich als verfahrenstechnische Einrichtung zur Verwirklichung eines bereits bestehenden materiellen Rechts (vgl. das Marginale vor Art. 836 ff., welches «D. Gesetzliches Grundpfandrecht» und nicht «D. Gesetzliche Realobligation» lautet), so erscheint die Verwei-

Fristwahrung selten zu gewährleisten, erfordern doch richterliche Entscheidungen schon von Bundesrechts wegen die Wahrung des rechtlichen Gehörs. Die Frage der Gewährung desselben schon vor der vorläufigen Eintragung regelt das Bundesrecht zwar nicht direkt, sieht es doch in Art. 961 Abs. 3 ZGB lediglich ein schnelles Verfahren vor. Da eine Anhörung aber auch im günstigsten Fall mehrere Tage in Anspruch nimmt[68], müssen die kantonalen Prozessordnungen *zusätzlich* die Möglichkeit einer richterlichen Vormerkungsanordnung *ohne Anhörung des betroffenen Grundeigentümers* vorsehen (superprovisorische Verfügung)[69]. Die Möglichkeit einer superprovisorischen Anordnung schliesst in den Fällen, wo dazu genügend Zeit bleibt, die Anhörung der Gegenseite vor irgendeiner Anordnung grundsätzlich nicht aus; in der Praxis ist sie jedoch selten.

13.38 Im Rahmen des superprovisorischen Eintragungsbegehrens sind die Voraussetzungen des Pfandrechts und die Dringlichkeit des Begehrens *glaubhaft* zu machen. Die blosse Behauptung eines notwendigen Elements des gesetzlichen Pfandrechts dürfte dafür an sich nicht genügen. Gleichwohl neigt die Praxis – unterstützt von der Lehre – seit jeher dazu, im Hinblick auf den drohenden definitiven Rechtsverlust jedenfalls die superprovisorische Vormerkung recht large zu bewilligen[70]. Diese Praxis

---

sung in Art. 22 Abs. 4 GBV durchaus als vertretbar. Zu den Konsequenzen der Annahme einer blossen Verfügungsbeschränkung hinsichtlich des Ranges vgl. ZOBL, 157, sowie PIOTET, ZBGR 49 (1968) 204 f.

68 Nach wie vor sehen die Prozessordnungen weder das Handy noch den Fax oder das Internet als geeignetes Kommunikationsmittel zur Gewährung des rechtlichen Gehörs vor.

69 Im Ergebnis wohl gleich SCHUMACHER, N 726 ff., mit Beispielen für ein klar bundesrechtswidriges (heute nicht mehr praktiziertes, vgl. BGE 119 II 305) Verfahren. Zur konkreten Ausgestaltung siehe z.B. § 110 Abs. 2 in Verbindung mit § 204 und 215 Ziff. 36 und 42 ZPO ZH; Art. 2 Abs. 2 EG ZGB in Verbindung mit Art. 30 ff. GOG und Art. 2 Abs. 2 sowie 305 ff. ZPO BE; § 7 Abs. 1 lit. b in Verbindung mit § 225 ZPO LU in Verbindung mit § 2 Ziff. 36 des LU Grossratsbeschlusses über die Anwendung des summarischen Verfahrens bei bundesrechtlichen Zivilstreitigkeiten; § 207 EG ZGB in Verbindung mit § 213 ZPO BS; Art. 7 lit. b in Verbindung mit Art. 196 ZPG sowie Ziff. 48 des Anhangs zur ZPV SG; § 11 lit. b in Verbindung mit § 291 und 300 ZPO sowie § 147 EG ZGB AG. Eine heute leider weitgehend obsolete *gesamtschweizerische Übersicht* findet sich bei SCHUMACHER, S. 311 ff.

70 Zustimmend SCHUMACHER, N 722 ff.; ZOBL, 158, mit Hinweisen; ZBGR 66 (1985) 92 (Bündner Entscheid); ZBGR 59 (1978) 89 = BGE 102 Ia 81.

steht in gewissem Kontrast zu derjenigen beim Arrest im Sinne von Art. 271 ff. SchKG, dessen Erwirkung unlängst im Rahmen der SchKG-Revision noch zusätzlich erschwert wurde, und lässt sich insbesondere nicht mit dem blossen Hinweis auf die anstehende Klärung der offenen Fragen im Verfahren betreffend vorläufige oder gar ordentliche Eintragung rechtfertigen. Schon die superprovisorische Vormerkung kann den Verkauf des Grundstücks in der Praxis nämlich erheblich erschweren und belastet den Eigentümer mithin unter Umständen in grossem Masse. Eine Überprüfung der bisherigen Praxis drängt sich unseres Erachtens daher auf. Für die Position des Beklagten dürfte es jedenfalls keine Rolle spielen, ob ein Rechtsbehelf normalerweise über einen Anwalt initiiert wird (Arrest) oder durch einen Laien (Baupfandgläubiger), zumal ganz anders als der Arrestgläubiger der Baupfandgläubiger die Beweisherrschaft über nahezu alle relevanten Punkte innehat oder sie sich jedenfalls bei gehöriger Sorgfalt ohne weiteres hätte verschaffen können[71].

Erlässt das Gericht die beantragte Verfügung, ist der Gesuchsteller noch 13.39
nicht am Ziel, denn die Frist ist wie erwähnt nur mit dem Eintrag im Grundbuch zu wahren[72]. Das Grundbuchamt trägt das Pfandrecht auch dann vorläufig ein, wenn ihm die Verfügung per Fax übermittelt wird (Art. 13 Abs. 4 GBV). Die *Prüfungsbefugnis des Grundbuchverwalters* ist sehr eingeschränkt.

Das Risiko für ein verspätetes Begehren und die Erkennbarkeit der 13.40
zeitlichen Dringlichkeit trägt selbstverständlich der Kläger. Auf die – an sich heute regelmässig kausal ausgestaltete[73] – Staatshaftung kann er sich selbst bei Fehlern der Staatsorgane nicht immer und in vollem Umfang verlassen, wenn er nicht alles getan hat, um die Eintragung sicherzustellen. Dazu gehört nicht nur der Hinweis auf die Dringlichkeit des Falles oder die klare Abfassung seines Begehrens, sondern nach richtiger Ansicht auch die Vergewisserung über die erfolgte Eintragung vor Ablauf der Frist[74].

---

71 Von einer Verwandtschaft zwischen Arrest und superprovisorischer vorläufiger Eintragung geht auch SCHUMACHER aus, ohne jedoch daraus die entsprechenden Konsequenzen zu ziehen (*ders.*, N 727).

72 Oben Rz. 13.33.

73 Vgl. Art. 3 VerantwG; § 6 Haftungsgesetz ZH.

74 Zutreffend SCHUMACHER N 731 f. und N 742 f.

13.41 Nach Erlass der superprovisorischen Verfügung ist dem Grundeigentümer Gelegenheit zur Stellungnahme zu geben. Dies kann im Rahmen einer Verhandlung oder einer schriftlichen Eingabe geschehen. Anschliessend fällt der Richter seinen Entscheid über die Bestätigung oder Verweigerung der *(*nach wie vor *vorläufigen)* Eintragung. Im Hinblick auf eine allfällige Löschung einer superprovisorisch angeordneten Eintragung bzw. Verweigerung der vorläufigen Eintragung sind dabei nur klar ausgewiesene Einwendungen gegen den Bestand des Pfandrechts zu hören (fehlende Verwertbarkeit des Grundstücks, offensichtlich fehlende Aktiv- oder Passivlegitimation, offenkundig verwirkte Eintragungsfrist etc.)[75]. Es hat daher namentlich keinen Zweck, dem Gericht etwa die Mangelhaftigkeit des ausgeführten Werks darzutun[76]; der geneigte Grundeigentümer spart sich sein Pulver für das ordentliche Verfahren auf.

13.42 Mit der Bestätigung der vorläufigen Eintragung setzt das Gericht dem Kläger Frist zur Einleitung des *ordentlichen Verfahrens* auf *definitive Eintragung* des Pfandrechts an (Art. 961 Abs. 3 ZGB). Da diese Frist im Endentscheid über die vorläufige Eintragung angesetzt wird, nimmt sie an der formellen und (sc. durch das nur auf eine *vorläufige* Regelung zielende Dispositiv der Verfügung beschränkten) materiellen Rechtskraft von Gerichtsentscheiden teil[77]. Dies hat das Bundesgericht zum zutreffenden, von der bisherigen Lehre und Praxis[78] jedoch **abweichenden** Schluss geführt, dass diese Frist auch durch den verfügenden Richter nicht verlängert werden könne, sondern trotz ihres Charakters als richterliche Frist die gleichen Wirkungen entfalte wie eine gesetzliche Verwirkungsfrist des Bundesrechts[79]. Damit kommt es einem anwaltlichen Kunstfehler gleich, beim Eintragungsrichter in letzter Minute ein Fristerstreckungsgesuch zu stellen oder sich bei der Klageeinleitung auf kantonale Gerichtsferien zu berufen.

75 SIMONIUS/SUTTER, Bd. II, 235, SCHUMACHER, N 748 ff.

76 Oben Rz. 13.14.

77 Vgl. z.B. § 212 Abs. 1 ZPO ZH.

78 SCHUMACHER, N 760 mit Hinweisen.

79 BGE 119 II 434.

Wiewohl der vorläufige Eintragungsentscheid das Verfahren des zuständigen Gerichts erledigt, stellt er keinen Endentscheid im Sinne von Art. 48 OG dar und ist daher selbst dann nicht mit eidgenössischer Berufung anfechtbar, wenn ein ordentliches kantonales Rechtsmittel zur Verfügung steht[80]. 13.43

3. Ordentliches Verfahren

Der vom Handwerker anzustrengende ordentliche Prozess stellt ein gewöhnliches Zivilverfahren dar und muss (jedenfalls zur Hauptsache) die definitive Eintragung des Pfandrechts zum Gegenstand haben. Zufolge der Akzessorietät des Pfandrechts zur Hauptforderung ist die Frage nach Bestand und Umfang der Werklohnforderung zwar meist ein wichtiges Prozessthema. Namentlich wenn Grundeigentümer und Besteller nicht identisch sind und der Besteller ins Verfahren nicht zumindest als Litisdenunziat einbezogen ist, ist der Bestand der Werklohnforderung aber nur Vorfrage. Umgekehrt genügt es keinesfalls, nur die Forderung einzuklagen, und zwar selbst dann nicht, wenn der Grundeigentümer auch Besteller ist[81]. 13.44

Im Übrigen handelt es sich durchwegs um einen ordentlichen Zivilprozess ohne Beweismittelbeschränkung, der – im Rahmen der übrigen Voraussetzungen – zu einem auch mit eidgenössischer Berufung anfechtbaren Endentscheid führt. Im Falle der Gutheissung der Klage löscht der Grundbuchverwalter auf Anweisung des Gerichts die vorläufige Eintragung aus der Rubrik «Vormerkungen» und trägt stattdessen das Pfandrecht ein[82]. 13.45

4. Wirkungen der Eintragung

Besteht das Pfandrecht zu Recht, so sichert es die Werklohnforderung des Unternehmers im Sinne einer Grundpfandverschreibung mit dem Rang gemäss Datum der vorläufigen Eintragung. Als dingliches Recht 13.46

80 BGE 102 Ia 81 = ZBGR 59 (1978) 89.

81 SCHUMACHER, N 766 f.

82 Zur Geltendmachung des Pfandrechts im Konkurs des Eigentümers BGE 119 III 124.

ist das Pfandrecht unbefristet. Überdies bewirkt es die Unverjährbarkeit der gesicherten Forderung (Art. 807 ZGB) inklusive der Zinsen[83].

13.47 Eine Besonderheit stellt im Falle der Zwangsverwertung das Vorrecht des Art. 841 ZGB dar. Es hat unter bestimmten Voraussetzungen eine Beschneidung der Rechte vorgehender Pfandgläubiger zur Folge und bezweckt, den Baukreditgeber dazu zu zwingen, bei der Auszahlung des Kredits dafür zu sorgen, dass der Kreditnehmer den ihm zur Verfügung gestellten Betrag nur zur Bezahlung der laufenden Handwerkerrechnungen nach Massgabe des Baufortschritts verwenden kann[84]. Geltend zu machen ist es im Laufe des Verwertungsverfahrens, wobei das Betreibungsamt dem Unternehmer zur Einreichung der Klage gegen den vorgehenden Pfandgläubiger Frist ansetzt (Art. 117 VZG).

V. Löschung des Pfandrechts

1. Voraussetzungen

a) Im Allgemeinen

13.48 *Fehlen die Eintragungsvoraussetzungen* oder wird die Schuld ganz oder teilweise *getilgt*, so hat der Grundeigentümer selbstverständlich das Recht, die Löschung der Vormerkung oder – bei Zahlung nach definitiver Eintragung – des Pfandrechts zu verlangen. Zahlt er zum Zwecke der Ablösung eines sein Grundstück betreffenden Drittpfandes, so tritt er gemäss Art. 110 Ziff. 1 OR und Art. 827 ZGB in die Rechtsstellung des Handwerkers ein. Eine Löschung erfolgt auch *nach durchgeführter Pfandverwertung* (Art. 156 SchKG; Art. 69, 102 und 130 VZG).

b) Ablösung

13.49 Art. 839 Abs. 3 ZGB eröffnet dem Grundeigentümer nicht nur die Möglichkeit, die definitive oder vorläufige Eintragung des Pfandrechts durch Leistung einer Sicherheit zu verhindern; vielmehr kann er durch eine

83 SCHUMACHER, N 776 ff.; ZOBL, 163 ff.

84 Dazu und zu den Einzelheiten SCHUMACHER, N 954 ff.; ZOBL, 168 ff.; BGE 115 II 136; ZR 88 (1989) Nr. 31.

solche auch die Löschung eines bereits erfolgten Eintrags im Grundbuch erwirken[85]. Da in wirtschaftlicher Hinsicht das Pfandrecht wohl diejenige Sicherheit ist, die beim Grundeigentümer am wenigsten Mittel bindet, wird die Ablösung vorab dann relevant, wenn die Eintragung die Veräusserung des Grundstücks behindert[86].

In der Praxis häufig zu Diskussionen Anlass gibt die Frage, wann eine Sicherheit als *ausreichend* zu taxieren ist. *Keine Rolle* spielt dabei jedenfalls, ob das Pfandrecht aufgrund des Werts des Grundstückes und des Betrages der vorgehenden Pfandrechte wirtschaftlich überhaupt einen Wert hat[87]. Positiv umschrieben ist die Sicherheit hinreichend, wenn sie den gleichen Betrag sicherstellt wie das Pfandrecht und wenn ihre Durchsetzung nicht an andere oder strengere Anforderungen geknüpft wird als die Inanspruchnahme desselben[88]. Das Erfordernis der vollen und gänzlichen Sicherstellung[89] hat in jüngster Zeit jedoch seltsame Blüten getrieben. Ausgehend von der Überlegung, dass die Verzugszinsforderung des Handwerkers bis zur endgültigen Begleichung seines Werklohns nicht befristet ist, hat es das Bundesgericht als offensichtlichen und krassen Verstoss gegen Art. 839 Abs. 3 in Verbindung mit Art. 818 Abs. 1 Ziff. 2 ZGB taxiert, den maximal von einer Bürgschaft gedeckten Zins durch eine Schätzung der mutmasslichen Dauer des ordentlichen Verfahrens betragsmässig festzulegen[90]. Wenn sich das Gericht nicht noch anders besinnt, wird künftig überhaupt keine Bürgschaft mehr ein Bauhandwerkerpfandrecht rechtsgenügend ablösen können, denn das – zweifellos hinsichtlich des Geltungsbereichs überregulierte – Bürgschaftsrecht gebietet zwingend selbst bei einer Bank als Bürgin die betragsmässige Begrenzung der Zinsdeckung (Art. 499 OR). Da das Bundesgericht die- 13.50

85 ZOBL, 161.

86 Gravierender ist in der Kaufrechtspraxis der umgekehrte Fall, dass ein latentes Pfandrecht noch nicht eingetragen oder auch nur vorgemerkt und damit für den *Käufer* aus dem Grundbuch nicht ersichtlich ist. Dem Betrogenen sind hier die möglichen strafrechtlichen Sanktionen gegenüber dem Veräusserer regelmässig ein schwacher Trost.

87 SCHUMACHER, N 888 ff.

88 So darf etwa eine Bürgschaft zeitlich nicht befristet sein: ZR 82 (1983) Nr. 9; ZR 85 (1986) Nr. 24.

89 SCHUMACHER, N 896 f.

90 BGE 121 III 445 ff.; zustimmend REY, ZBJV 133 (1997) 267 f.

ses Problem im zitierten Entscheid nicht diskutiert hat, gehen wir einstweilen davon aus, dass eine Präzisierung der Rechtsprechung nicht ausgeschlossen scheint. Denkbar wäre etwa die Begrenzung der mutmasslichen ordentlichen Verfahrensdauer anhand des Beschleunigungsgebots auf fünf oder sieben Jahre. Als hieb- und stichfest für eine Ablösung erscheinen zum heutigen Zeitpunkt im Falle der verzinslichen Werklohnforderung nur noch ein anderes Pfandrecht oder eine Bankgarantie, denn die Ansicht des Bundesgerichts verhindert selbstredend auch die Sicherstellung in Form einer Geldleistung[91].

2. Verfahren

a) *Einvernehmliche Löschung*

13.51 Sowohl bezüglich der Vormerkung (vorläufige Eintragung) als auch hinsichtlich des definitiv errichteten Pfandrechts erscheint der Pfandgläubiger als aus dem Grundbucheintrag ersichtlicher Berechtigter und ist daher zur Anmeldung der Löschung des Eintrags legitimiert. Dies erlaubt den Beteiligten die wie immer äusserst preisgünstige Vergleichslösung auch hinsichtlich des Pfandrechts und lässt ihnen alle Freiheiten. Sogar die Zustimmung zu einer Löschung bei gleichzeitigem Vorbehalt eines neuen Eintragungsbegehrens ist im Rahmen der Verwirkungsfrist (d.h. vorab bei Streitigkeiten schon während noch laufender Bauarbeiten) ohne weiteres möglich.

b) *Löschung aufgrund richterlicher Anordnung*

13.52 Hat der angebliche und durch einen vorläufigen oder gar definitiven Eintrag ausgewiesene Pfandgläubiger hinsichtlich des Nichtbestands bzw. des Untergangs seines Pfandrechts kein Einsehen, so kann der Grundeigentümer den Richter angehen. Solange das Verfahren betreffend vorläufige Eintragung nicht abgeschlossen ist, wird der Richter von sich aus beim Grundbuchamt die Löschung der Vormerkung erwirken, wenn die Voraussetzungen des Pfandrechts nicht oder nicht mehr gegeben sind. Ist das genannte Verfahren abgeschlossen und innert Frist kein

91 Vgl. dazu und zu weiteren Einzelheiten der Ablösung SCHUMACHER, N 898 ff.

ordentliches Verfahren auf definitive Eintragung eingeleitet worden, so kann der Eigentümer beim Richter, der die vorläufige Eintragung verfügt hat, die Löschung verlangen. Der Handwerker ist in solchen Fällen gut beraten, die Löschung von sich aus direkt beim Grundbuchamt herbeizuführen, denn auch der Löschungsprozess verursacht Kosten- und Entschädigungsfolgen.

Während eines ordentlichen Verfahrens hat die Feststellung des Nicht- 13.53
bestandes oder des nachträglichen Untergangs des Pfandrechts die Anordnung der Löschung der Vormerkung und die Verweigerung des definitiven Eintrags zur Folge. Ist das Hauptverfahren jedoch einmal abgeschlossen, so muss der Grundeigentümer die Löschung des Pfandrechts nach dessen Untergang auf dem umständlichen Wege der *Grundbuchberichtigungsklage* (Art. 975 ZGB) betreiben[92].

VI. Checkliste für die vorläufige Eintragung eines Bauhandwerkerpfandrechts

Das Gesuch ist rechtzeitig[93] (Art. 839 Abs. 2 ZGB) beim Gericht am Ort der gelegenen Sache[94] einzureichen und hat Folgendes zu enthalten:
- *Parteibezeichnung.* Ist der *Grundeigentümer* als Beklagter[95] ins Recht gefasst?
- Angaben zum *Werkvertrag.* Liegt er in Schriftform vor? Wenn nicht: Wie kam er zustande? Sind Auftragsbestätigungen vorhanden? Welche Arbeiten[96] umfasste der Vertrag? Wie und wann gingen diese vonstatten?
- *Datum der Fertigstellung der Arbeit.* Wann wurden die Arbeiten vollendet[97] (Dreimonatsfrist; Art. 839 Abs. 2 ZGB)? Welcher Art waren die letzten Arbeiten? Existieren Regierapporte?

---

92 SCHUMACHER, N 931 f.
93 Vgl. oben Rz. 13.29 ff.
94 Oben Rz. 13.34 f.
95 Vgl. oben Rz. 13.4 und 13.15 ff.
96 Vgl. oben Rz. 13.12 ff.
97 Zum Begriff der Vollendung oben Rz. 13.30 ff.

- *Pfandsumme.* Wie hoch ist der genaue Forderungsbetrag (eventuell Verzugszins)? Woraus setzt er sich zusammen? Gibt es Rechnungen/Mahnungen? Bei Stockwerkeigentum[98]: Aufteilung der Pfandsumme nach Wertquoten (eventuell nach Arbeitsleistungen an den einzelnen Einheiten).
- *Bezeichnung des Grundstücks*[99]. Angabe von Strasse, Ort, Kataster-Nr. und Grundbuchblatt.
  Bei Aufteilung der Pfandsumme auf Mit- oder Stockwerkeigentumsanteile[100]: Sind alle Grundbuchblätter bezeichnet?
  Selbständige und dauernde Baurechtsdienstbarkeit[101]: Bezeichnung des Baurechtsgrundstückes.
- Genaue Erkundigung beim zuständigen Grundbuchamt empfiehlt sich auf jeden Fall!
- *Anzuweisendes Grundbuchamt.* Welches Grundbuchamt ist für die Eintragung zuständig?
- *Antrag auf superprovisorische Eintragung*[102]. Die Dreimonatsfrist (Art. 839 Abs. 2 ZGB) ist erst gewahrt mit der Eintragung im Grundbuch, nicht schon mit der Anrufung des Gerichts[103]!

---

98 Dazu oben Rz. 13.19 ff.
99 Vgl. oben Rz. 13.18 ff.
100 Vgl. oben Rz. 13.20 und 13.24.
101 Dazu oben Rz. 13.26.
102 Oben Rz. 13.37.
103 Oben Rz. 13.33.

Fünfter Teil

RISIKEN DES BAUENS

§ 14 Öffentlichrechtliche Baumängel

FRANÇOIS RUCKSTUHL

Literaturauswahl: BEELER URS, Die widerrechtliche Baute, Zürich 1984; DICKE DETLEV, Die Abbruchverfügung, Baurecht 1981, 23 ff.; HALLER WALTER/KARLEN PETER, Raumplanungs- und Baurecht nach dem Recht des Bundes und des Kantons Zürich, 2. Aufl., 1992: HÄNER ISABELLE, Vorsorgliche Massnahmen im Verwaltungsverfahren und Verwaltungsprozess, ZSR 1997 II 253 ff.; KÖLZ ALFRED/HÄNER ISABELLE, Verwaltungsverfahren und Verwaltungsrechtspflege des Bundes, Zürich 1993; MÄDER CHRISTIAN, Das Baubewilligungsverfahren, Zürich 1991; MICHEL NICOLAS, Droit public de la construction, Fribourg 1996; SCHÜRMANN LEO/HÄNNI PETER, Planungs-, Bau- und besonderes Umweltschutzrecht, 3. Aufl., 1995; ZAUGG ALDO, Kommentar zum Baugesetz des Kantons Bern vom 9. Juni 1985, 2. Aufl., 1995; ZIMMERLI ULRICH, Wiederherstellung des gesetzmässigen Zustandes: Abbruchbefehl, Baurecht 1983, 69 ff.; *ders.*, Der Grundsatz der Verhältnismässigkeit im öffentlichen Recht, ZSR 1978 II 1 ff.

I. Problemübersicht

Die Einhaltung der baurechtlichen Vorschriften soll vorab durch die 14.1
Durchführung des Baubewilligungsverfahrens gewährleistet werden. Indessen können sich auch in der späteren Abwicklung, d.h. bei der Realisierung des bewilligungspflichtigen Bauvorhabens rechtswidrige Zustände ergeben, sei es, dass in Abweichung oder gar ohne Baubewilligung gebaut wird, sei es, dass die Baute[1] materielles öffentliches Baurecht verletzt. Nachfolgend wird aufgezeigt, welches Kontrollinstrumentarium der Baupolizeibehörde zur Verfügung steht, wie sie im Fall einer nicht baurechtskonformen Ausführung einer Baute vorzugehen hat und welche behördlichen Sanktionen den Bauherrn bei solchen Rechtsverletzungen treffen.

1 Unter Baute ist im nachfolgenden Text stets auch jede bewilligungspflichtige Anlage oder Nutzungsänderung zu verstehen.

II. Ausführung und Baukontrolle

14.2 Die Bauüberwachung ist die rechtsstaatlich erforderliche Ergänzung zum Baubewilligungsverfahren. Dieses dient der präventiven Kontrolle, der vorgängigen Überprüfung eines Bauvorhabens auf seine Übereinstimmung mit den massgebenden öffentlichrechtlichen Vorschriften[2]. Das damit anvisierte Ziel, die Verhinderung baupolizeiwidriger Bauten und Anlagen, wird aber nur dann erreicht, wenn die Bauausführung daraufhin überwacht wird, dass sie gesetzeskonform ergeht, und wenn – repressiv – gegen eine rechtswidrige Ausführung unverzüglich eingeschritten wird. Diesem Zweck dient die *Baukontrolle*[3].

1. Bauausführung

14.3 Die Ausführung einer Baute ist baurechtskonform, wenn sie
- in *formeller* Hinsicht der Baubewilligung entspricht (a),
- in *materieller* Hinsicht nicht gegen materielles Baupolizeirecht verstösst (b),
- in *zeitlicher* Hinsicht während der Geltungsdauer der Baubewilligung ausgeführt wird (c).

a) Übereinstimmung mit der Baubewilligung

14.4 Die Übereinstimmung mit der Baubewilligung erfordert, dass die Ausführung den bewilligten Baugesuchsplänen und den mit der Bewilligung statuierten Nebenbestimmungen (Auflage, Bedingung) entspricht.

14.5 Zur Baubewilligung gehören auch Bewilligungen, die in der (Stamm-) Baubewilligung vorbehalten blieben, sowie Sonderbewilligungen, d.h. Bewilligungen, welche die ordentliche Baubewilligung ergänzen, jedoch in einem separaten Verfahren ergehen und in die Zuständigkeit einer anderen Behörde fallen[4].

In der (Stamm-)Baubewilligung werden regelmässig jene Bewilligungen vorbehalten, welche Pläne oder Angaben mit einem Projektierungsgrad (Detaillierungsgrad) verlan-

---

2 Vgl. oben Rz. 9.1 ff.

3 Vgl. BEELER, 50 f.; HALLER/KARLEN, Rz. 884–886; MÄDER, Rz. 579.

4 MÄDER, Rz. 538 ff.

gen, der im Zeitpunkt der Bewilligung gewöhnlich noch nicht vorliegt. Hierzu gehört regelmässig die Kanalisationsbewilligung; auch der Umgebungsplan wird oft erst in einem späteren Verfahren eingereicht.

Bei der *Änderung* bestehender Bauten und Anlagen umfasst der Baubescheid nur die von der Baubehörde geprüften und bewilligten baulichen Änderungen. Diese sind in den Baugesuchsplänen regelmässig farblich zu kennzeichnen und damit von bestehenden Bauteilen abzugrenzen. Projektänderungen, die in den Plänen nicht eindeutig als solche (farblich) ausgewiesen sind, sind damit nicht Inhalt der Baubewilligung; Unklarheiten hat dabei gewöhnlich der Gesuchsteller zu vertreten[5]. 14.6

b) Übereinstimmung mit dem materiellen Baupolizeirecht

Soweit das Baupolizeirecht im Rahmen des Baubewilligungsverfahrens geprüft und mit der Bewilligung die Rechtskonformität festgestellt wird, deckt sich die Übereinstimmung des materiellen Baupolizeirechtes mit der Einhaltung der Baubewilligung. Das Baupolizeirecht umfasst aber auch Vorschriften, deren Einhaltung im Rahmen des Baubewilligungsverfahrens nicht näher geprüft werden. Es handelt sich meistens um solche Bestimmungen, welche die *technischen Anforderungen* der Bauten und Anlagen beschlagen, z.B. Wärme- und Lärmdämmung. Eine Prüfung im Rahmen der Baubewilligung unterbleibt oft, weil die entsprechenden technischen Angaben (Materialien usw.) im Zeitpunkt des Baugesuches gar noch nicht festgelegt sind, oder aber die Prüfung einen unangemessenen Aufwand der Baubehörde erfordern würde. Die baurechtskonforme Ausführung einer Baute setzt voraus, dass auch solche materiellen Baupolizeivorschriften eingehalten werden. 14.7

In den massgebenden baurechtlichen Ordnungen ist oft allgemein festgehalten, dass Bauten und Anlagen nach Fundation, Konstruktion und Material den *anerkannten Regeln der Baukunde* zu entsprechen haben; sie dürfen weder bei ihrer Erstellung noch durch ihren Bestand Personen und Sachen gefährden[6]. Die hieraus abzuleitenden Schutzmassnahmen sind technischer Natur; der Standard der «nach anerkannten Regeln der Baukunde» einzuhaltenden Schutzmassnahmen wird gewöhnlich in SIA- und SUVA-Vorschriften präzisiert. Deren Einhaltung wird im Rahmen der Baubewilligung aber normalerweise nicht geprüft.

---

5 MÄDER, Rz. 259.

6 MÄDER, Rz. 582; SCHÜRMANN/HÄNNI, 244.

c) *Geltungsdauer der Baubewilligung*

14.8 Zur baurechtskonformen Ausführung gehört schliesslich die Ausführung der Baute bzw. Anlage während der *zeitlichen Geltungsdauer der Baubewilligung.* Die Kantone haben die Gültigkeitsdauer der Baubewilligung unterschiedlich geordnet. Die Bewilligung verfällt, wenn nicht innert einer bestimmten Frist mit der Ausführung der Bauarbeiten begonnen wird[7].

14.9 Vom ungenützten Ablauf der Baubewilligung zu unterscheiden ist die *Befristung der Baubewilligung* im Sinn einer Nebenbestimmung[8]. Diese lässt mit Ablauf der Befristung die *Bestandeskraft* einer baurechtskonform erstellten Baute untergehen. Gleiches gilt für eine – militärische – Baute, die aufgrund einer speziellen bundesrechtlichen Regelung ohne Bewilligung erstellt wurde, wenn die privilegierte Zwecksetzung dahinfällt[9].

2. Baukontrolle

a) *Verfahren der Baukontrolle*

14.10 Die Kontrolle der baurechtskonformen Erstellung einer Baute oder Anlage wird laufend (dynamisch) durchgeführt, indem die wichtigsten baurechtlich relevanten Bauphasen geprüft werden. Die Kantone haben das Verfahren der Baukontrolle teilweise detailliert geregelt. Dabei wird die Bauausführung in Bauphasen unterteilt, die der Kontrollbehörde so rechtzeitig angezeigt werden, dass eine Überprüfung möglich ist. Für die Meldungen werden oft Meldekarten zur Verfügung gestellt. Im Wesentlichen werden folgende Bauphasen kontrolliert[10]:

- der Beginn der Bauarbeiten,
- die Erstellung des Schnurgerüstes,
- die Ansetzung der Fundamente,
- das bevorstehende Eindecken von Leitungsgräben (insbesondere Kanalisationsanschluss),
- die Fertigstellung des Erdgeschossbodens und dessen Kote,
- die Vollendung des Rohbaues,

---

7 Vgl. MÄDER, Rz. 402 ff.; oben Rz. 9. 69 ff.

8 MÄDER, Rz. 491 ff.; HALLER/KARLEN, Rz. 561 f.

9 BGE 101 Ia 314.

10 MÄDER, Rz. 586; BEELER, 52.

– die Beendigung der Baute und
– der vorgesehene Bezugstermin.

Normalerweise werden der Baubeginn und der Bezug der Baute von einer ausdrücklichen (schriftlichen) Erlaubnis der zuständigen Behörde abhängig gemacht, während die übrigen Zwischenstände meldepflichtig sind.

b) Gegenstand der Baukontrolle

Die Baukontrolle beschränkt sich üblicherweise auf die *erkennbaren äusseren Umstände*, also bei Baubeginn darauf, ob alle in der Baubewilligung für die Baufreigabe statuierten Auflagen erfüllt sind, und im Laufe der späteren Bauphasen, ob die Bauausführung entsprechend den bewilligten Plänen und Unterlagen und verfügten Nebenbestimmungen erfolgt. Die Kontrolle umfasst teilweise auch den eigentlichen Arbeitsvorgang[11]. Hingegen werden technische Konstruktionsanforderungen wie Armierung, Schallschutz, Wärmedämmung usw. oft nicht kontrolliert, sondern begnügt sich die Behörde mit einer Vollzugsmeldung des Bauherrn. 14.11

c) Rechtswirkungen der Baukontrolle

Die Pflicht der Bauherrschaft, baurechtskonform zu bauen, besteht unabhängig davon, ob die Baupolizeibehörde ihre Überwachungsbefugnis ausübt bzw. Abweichungen erkennt[12]. Unter Umständen kann aber der Grundsatz des Vertrauensschutzes eingreifen, wenn die Behörde im Rahmen der Kontrolle eine Abweichung erkennt und nicht dagegen einschreitet[13]. 14.12

Gewisse technische Konstruktionsanforderungen wie z.B. Schallschutz-, Wärmedämmungsmassnahmen und dergleichen sind äusserlich nicht erkennbar bzw. nur mittels Messungen oder Berechnungen überprüfbar. Aus diesem Grund werden sie oft auch nicht speziell kontrolliert[14]. Die Freigabe einer Baute zur Benützung steht einer nachträglichen Prüfung, z.B. weil die Bewohnung Zweifel an der Einhaltung solcher

---

11 MÄDER, Rz. 599.
12 ZBl 1981, 324.
13 Vgl. unten Rz. 14.59.
14 Vgl. oben Rz. 14.7 und 14.11.

Massnahmen weckt, nicht entgegen. Die zuständige Behörde kann entsprechende Prüfungen auch nach der Schlusskontrolle vornehmen, ohne dass dies auf einen Widerruf oder Wiedererwägung der Baufreigabeverfügung hinauslaufen würde[15].

d) Rechtsschutz

14.13 Die Kontrollen der einzelnen Bauphasen sind *Vollzugshandlungen,* welche lediglich die Baubewilligung konkretisieren und der Bauherrschaft keine neuen Verpflichtungen auferlegen. Sie sind als solche nicht anfechtbar[16]. Deren Ergebnis wird meistens in Aktennotizen festgehalten und nicht förmlich eröffnet.

14.14 In Verfügungsform gekleidet sind oft die Baufreigabe, Schlussabnahme und Bezugsbewilligung[17] sowie allfällige Sanktionen aufgrund einer nicht baurechtskonformen Bauausführung. Derartige Vollstreckungsverfügungen sind *anfechtbar*, soweit sie die Bauherrschaft beschweren, wobei die ihr zugrunde liegende Sachverfügung, mithin die Baubewilligung, nicht mehr auf ihre Rechtmässigkeit hin überprüft werden kann[18].

III. Arten von widerrechtlichen Bauten und Anlagen

1. Formelle Baurechtswidrigkeit

14.15 Formell widerrechtlich ist eine Baute, wenn sie trotz bestehender *Bewilligungspflicht* nicht vollumfänglich durch eine Baubewilligung gedeckt ist. Die formelle Baurechtswidrigkeit einer Baute ist ein rein objektiver Tatbestand, unabhängig von der materiellen Rechtslage, vom Verschulden der Beteiligten oder vom Verursacher[19].

15 BGE 122 II 68 E. 4.
16 MÄDER, Rz. 608.
17 MÄDER, Rz. 590 und 601.
18 Vgl. unten Rz. 14.75.
19 MÄDER, Rz. 614–617.

Haupterscheinungsformen der formellen Baurechtswidrigkeit sind das Bauen ohne Bewilligung (a), die Abweichung von bewilligten Plänen (b) sowie das Bauen ausserhalb der Geltungsdauer einer Baubewilligung (c). 14.16

Keine formelle Widerrechtlichkeit begründet die Verletzung blosser Ordnungsvorschriften[20] im Baubewilligungsverfahren, wie beispielsweise 14.17
- unvollständige Gesuchsunterlagen, soweit dadurch nicht eine Bewilligungslücke entsteht[21],
- falsche Aussteckung (Visierung) oder Ausschreibung,
- fehlende Zustimmungserklärungen der übrigen Grundeigentümer, wenn der Baugesuchsteller nicht allein verfügungsberechtigter Grundeigentümer ist[22],
- Verletzung der Anzeigepflichten für die Baukontrolle[23].

a) Bauen ohne Bewilligung

Eine Baute kann nur dann formell widerrechtlich sein, wenn sie der *Baubewilligungspflicht* unterliegt[24]. Massgebender Zeitpunkt für die Beurteilung der Bewilligungspflicht ist grundsätzlich der Zeitpunkt der Errichtung der Baute[25], es sei denn, die Bewilligungspflicht sei nachträglich dahingefallen, was kaum je zutreffen dürfte. 14.18

Eine Baute ist dann *vollumfänglich* durch eine Baubewilligung gedeckt, wenn alle nach Gesetz notwendigen Bewilligungen und Genehmigungen vorliegen[26], einschliesslich *Sonderbewilligungen*[27]. 14.19

Das Bauen ohne Bewilligung umfasst aber auch jene Fälle, bei denen wohl eine Bewilligung vorliegt, diese aber die baulichen Massnahmen *nicht deckt*; dies trifft insbesondere bei Umbauten zu, welche in den bewilligten Plänen nicht – durch entsprechende farbliche Kennzeichnung – als solche dargestellt werden[28]. 14.20

---

20 BEELER, 38.

21 Vgl. oben Rz. 14.6.

22 MÄDER, Rz. 614 N 3.

23 Vgl. oben Rz. 14.10.

24 Zum Umfang der Baubewilligungspflicht, vgl. Rz. 9.4 ff.

25 MÄDER, Rz. 221.

26 HALLER/KARLEN, Rz. 919.

27 Vgl. oben Rz. 14.5; zu beachten ist aber das neue Koordinationsgebot in Art. 25a RPG, in der Fassung vom 6. Oktober 1995.

28 Vgl. oben Rz. 14.6.

14.21 Das Wissen um die Bewilligungspflicht für die Ausführung baurechtserheblicher Arbeiten kann heute von jeder Bauherrschaft vorausgesetzt werden[29]. Die Vornahme bewilligungspflichtiger baulicher Massnahmen ohne jede Bewilligung kommt daher heute meist nur noch bei kleineren Arbeiten vor, bei Nutzungsänderungen oder aber bei *vorsätzlichen Verstössen gegen die Bauvorschriften*[30].

b) Abweichen von bewilligten Plänen

14.22 Dem Bauen ohne Bewilligung gleichgestellt ist jede eigenmächtige Abweichung von einer Baubewilligung, insbesondere von den bewilligten Plänen, wenn die Abweichung ihrerseits bewilligungsbedürftig ist[31]. Rechtserheblich ist eine Abweichung aber erst dann, wenn sie eine gewisse Toleranz überschreitet[32]. Eine feste Praxis, welche Massabweichung noch hingenommen werden kann, besteht nicht. Sinnvollerweise muss dieses Mass mindestens jene Abweichung zulassen, welche die SIA-Normen dem Baumeister zugestehen[33].

14.23 Schwierigkeiten bereiten jene Fälle, bei denen die Baubewilligung in sich *widersprüchlich* ist, z.B. wenn sich die zeichnerische Darstellung des Projektes und die Massangaben widersprechen. In solchen Fällen ist der wahre Inhalt der Bewilligung durch Auslegung zu ermitteln[34]. Kann kein eindeutiges Ergebnis gewonnen werden, ist die Baubewilligung unvollständig und zu ergänzen. Bauteile, die auf einer derartigen unvollständigen Bewilligung beruhen, sind ebenfalls formell unrechtmässig. Beruht der Widerspruch einer Baubewilligung darin, dass die Pläne den tatsächlichen Zustand (z.B. Terrainverlauf, Umbauobjekt) unkorrekt wiedergeben, so sind die Pläne inhaltlich falsch und werden durch die Baubewilligung nicht gedeckt. Bauten, die gestützt auf solche falschen Pläne ausgeführt werden, sind gleichfalls formell rechtswidrig[35].

29 MÄDER, Rz. 618.
30 DICKE, 25.
31 MÄDER, Rz. 614; BEELER, 39 f.
32 MÄDER, Rz. 619.
33 Vgl. SIA-Norm 414 «Masstoleranzen im Bauwesen».
34 MÄDER, Rz. 619.
35 RB ZH 1992 Nr. 80 = BEZ 1992 Nr. 13 (Auszug).

c) Bauen ausserhalb der Bewilligungsdauer

Formell rechtswidrig ist eine Baute schliesslich, wenn sie an sich bewilligt ist, indessen ausserhalb der Geltungsdauer der Baubewilligung erstellt wird[36]. 14.24

– Rechtswidrig ist das *Ausschöpfen einer noch nicht rechtskräftigen Baubewilligung*[37]. Dabei dient gerade die Baufreigabe[38] der Abklärung, ob alle notwendigen Bauentscheide rechtskräftig erteilt sind. Dies ist beispielsweise dann nicht der Fall, wenn die Rechtsmittelfristen noch nicht abgelaufen sind oder der Bauentscheid durch Dritte, vorzugsweise Nachbarn, angefochten wurde. Teilweise ist in kantonalen Gesetzen ausdrücklich festgehalten, dass Rechtsmitteln gegen eine baurechtliche Bewilligung nur soweit aufschiebende Wirkung zukommt, als der Ausgang des Verfahrens die Bauausführung beeinflussen kann. Der nicht bestrittene Teil der Baubewilligung wird (teil-)rechtskräftig und die Baubehörde hat die unbestrittenen Bauteile freizugeben[39].

Wird die Baubewilligung nachträglich, d.h. nach Baubeginn bzw. -ausführung rechtskräftig, so entfällt die formelle Rechtswidrigkeit.

– Formell rechtswidrig ist die Realisierung der Baute *nach Ablauf der Geltungsdauer der Baubewilligung*. Endet die Rechtskraft der Bewilligung im Laufe der Bauausführung, so sind die danach ausgeführten Teile – formell – rechtswidrig. Auf eine Baubewilligung kann auch ausdrücklich oder konkludent durch «Aufgabe» der bewilligten, baulichen Massnahme verzichtet werden; auch in solchen Fällen ist eine neue Bewilligung einzuholen, selbst wenn es sich nur um das – früher bewilligte – nämliche Bauvorhaben handelt[40].

Ist die Baubewilligung im Sinn einer *Nebenbestimmung befristet*, so lässt der Ablauf der Befristung die Bestandeskraft der – seinerzeit baurechtskonform – erstellten Baute untergehen und diese wird formell rechtswidrig[41]. 14.25

2. Materielle Baurechtswidrigkeit

Materielle Baurechtswidrigkeit liegt vor, wenn ein baurechtlich bedeutsames Verhalten gegen irgendwelches materielles Recht verstösst, das 14.26

36 Vgl. oben Rz. 14.8.
37 MÄDER, Rz. 621.
38 Vgl. oben Rz. 14 11.
39 Vgl. hierzu HÄNER, 273 und 344; MÄDER, Rz. 376.
40 RB ZH 1982 Nr. 152.
41 Vgl. oben Rz. 14.9.

auf ein Bauvorhaben anwendbar ist[42]. Neben dem Baupolizeirecht im engeren Sinne fällt auch das von der Baubehörde anzuwendende öffentliche Recht darunter.

Eine rechtskräftig bewilligte Baute, welche aufgrund einer späteren Rechtsänderung gegen materielles Recht verstösst, geniesst Bestandesschutz. Nur wenn wichtige öffentliche Interessen es verlangen und bei Wahrung des Grundsatzes der Verhältnismässigkeit dürfen neue, restriktivere Bestimmungen auf bestehende Bauten angewendet werden[43].

14.27 Die materielle Baurechtswidrigkeit *besteht unabhängig von der formellen Rechtswidrigkeit.* Materielle Bauvorschriften sind auch dann einzuhalten, wenn keine Bewilligungspflicht vorliegt oder davon befreit wird. Die materielle Baurechtswidrigkeit kann somit selbst dann vorliegen, wenn keine Bewilligungspflicht gegeben ist. Wie bei der formellen Rechtswidrigkeit tut die Person des Verursachers und ein allfälliges Verschulden nichts zur Sache[44].

14.28 Massgeblicher Zeitpunkt für die Beurteilung der materiellen Rechtmässigkeit ist grundsätzlich der Zeitpunkt des baurechtlichen Entscheides[45]. Fehlt ein solcher, sind die gleichen Grundsätze anzuwenden wie bei der Beurteilung einer baulichen Massnahme im Rahmen eines nachträglichen Baubewilligungsverfahrens[46].

3. Verhältnis zwischen formeller und materieller Rechtmässigkeit bzw. Rechtswidrigkeit

14.29 Eine Baute ist dann mängelfrei, wenn sie sowohl in *formeller* als auch in *materieller* Hinsicht rechtmässig ist. Fehlt die eine oder andere Form der Rechtmässigkeit, so stellt sich die Frage, ob die Baute trotzdem Bestandesschutz geniesst oder Sanktionen ergriffen werden.

---

42 MÄDER, Rz. 623; HALLER/KARLEN, N. 919.

43 BGE 113 Ia 122.

44 MÄDER, Rz. 624.

45 MÄDER, Rz. 623.

46 Vgl. unten Rz. 14.50.

a) *Formelle Rechtmässigkeit und materielle Rechtswidrigkeit*

Eine rechtskräftige Baubewilligung, die zu Unrecht erteilt wurde, d.h. materielles Baupolizeirecht verletzt, geniesst grundsätzlich *Bestandesschutz*. Dem Vertrauensschutz kommt regelmässig grössere Bedeutung zu als dem Gesetzmässigkeitsprinzip. Ein solcherart bewilligtes Projekt darf – solange die Baubewilligung Bestandeskraft hat – realisiert werden und geniesst Bestandesgarantie wie ein mängelfreies Werk[47]. 14.30

Wenn der materielle Rechtsverstoss gravierend ist, kann sich die Frage eines *Widerrufs der Baubewilligung* stellen, womit die formelle Rechtmässigkeit aufgehoben wird. Dabei ist abzuwägen, zwischen dem öffentlichen Interesse an der richtigen Durchsetzung des objektiven Rechts und dem privaten Interesse an der Bestandeskraft einer formell rechtskräftigen Baubewilligung aus Gründen der Rechtssicherheit und des Vertrauensschutzes; in dieser Güterabwägung ist auch der Schutz allfälliger Drittbetroffener (Nachbarn) zu berücksichtigen[48]. Nach der herrschenden Praxis wächst dabei das private Interesse an der Ausführung des Projektes mit wachsendem Baufortschritt. Nach Bauvollendung ist eine Baubewilligung grundsätzlich unwiderrufbar, es sei denn, der Bauherr habe die Bewilligung durch Täuschung der Behörden erlangt oder es würden schwerwiegende öffentliche Interessen für einen Widerruf vorliegen[49]. 14.31

b) *Formelle Rechtswidrigkeit und materielle Rechtmässigkeit bzw. Rechtswidrigkeit*

Unmittelbare verwaltungsrechtliche Folge einer formell rechtswidrigen Baute ist die Durchführung eines *nachträglichen Baubewilligungsverfahrens*. Wie das – präventive – Baubewilligungsverfahren dient das nachträgliche Verfahren der Abklärung der materiellen Rechtmässigkeit. 14.32

Entsprechend dem Legalitätsprinzip ist das nachträgliche Baubewilligungsverfahren einer ohne Bewilligung erstellten Baute auch dann durchzuführen, wenn die Übereinstimmung mit dem materiellen Baupolizeirecht evident ist. Hingegen kann auf ein solches Verfahren verzichtet werden, wenn die Baurechtswidrigkeit von vornherein feststeht[50]. 14.33

---

47 BGE 101 Ia 316; Mäder, Rz. 626; Beeler, 47; Haller/Karlen, Rz. 921.

48 Haller/Karlen, Rz. 878–882.

49 Zu den Voraussetzungen eines Widerrufs vgl. Haller/Karlen, Rz. 878–883; Mäder, Rz. 421 ff.; Beeler, 48 f.; BGE 103 Ib 206 E. 3; RB ZH 1990 Nr. 82; oben Rz. 9.76.

50 Vgl. unten Rz. 14.45.

14.34 Ergibt das nachträgliche Baubewilligungsverfahren die *materielle Baurechtskonformität* der bereits erstellten Baute, so geniesst diese Bestandesschutz[51]. Andernfalls, d.h. bei materieller Rechtswidrigkeit, stellt sich die Frage nach Sanktionen.

14.35 Eine Wiederherstellungsmassnahme (z.B. Abbruchverfügung) ist damit nur zulässig, wenn eine Baute *formell und materiell baurechtswidrig* ist[52].

Formelle / Materielle	Baurechtmässigkeit	Baurechtswidrigkeit
Baurechtmässigkeit	Mängelfreie Baute	Nachträgliches Baubewilligungsverfahren, Bestandesschutz (eventuell Busse)
Baurechtswidrigkeit	Bestandesschutz (ausnahmsweise Widerruf)	Sanktionen

IV. Massnahmen gegen widerrechtliche Bauten und Anlagen

1. Vorsorgliche Massnahmen

14.36 Stellt die Baubehörde auf Anzeige Dritter oder von Amtes wegen die *formelle Rechtswidrigkeit* von begonnenen oder abgeschlossenen Bauarbeiten fest, hat sie die erforderlichen *vorsorglichen Massnahmen* zu verfügen. Diese bezwecken, den bestehenden Zustand bis zur rechtskräftigen Erledigung des Verfahrens zu erhalten bzw. zielen darauf ab, das Bauobjekt zu sichern, einen gefährlichen Zustand zu beseitigen oder den späteren Vollzug einer Verfügung zu gewährleisten[53]. Die meisten Kantone kennen hierfür in ihren Planungs- und Baugesetzen eine ausdrückliche gesetzliche Grundlage[54]. Die gesetzliche Grundlage der vorsorgli-

51 BGE 102 Ib 69 E. 4; MÄDER, Rz. 628.
52 BGE 123 II 368 E. 6b/aa;102 Ib 69; DICKE 24.
53 Vgl. KÖLZ/HÄNER, 95 Rz. 146.
54 Vgl. Aufzählung bei MÄDER, Rz. 630 Fn. 4.

chen Massnahmen im Verwaltungsrecht ergibt sich aber bereits aus der materiellen Norm, deren Durchsetzung vorläufig gesichert werden soll[55].

Für die Anordnung einer vorsorglichen Massnahme muss die Rechtswidrigkeit der betreffenden baulichen Massnahme nicht feststehen; es genügt der *Anschein der Rechtswidrigkeit*. Ob der Verdacht begründet ist, zeigt das nachfolgende Baubewilligungsverfahren oder ein allfälliges Rechtsmittelverfahren gegen die vorsorgliche Anordnung[56]. 14.37

a) Baustopp und Nutzungsverbot

Wird ohne Baubewilligung oder in Überschreitung einer solchen gebaut, so hat die Baupolizeibehörde unverzüglich einen *Baustopp* (Baueinstellungsverfügung) zu erlassen, wenn sie vom gesetzwidrigen Verhalten des Bauherrn Kenntnis erhält und die Baute noch nicht vollendet ist[57]. 14.38

Der Baustopp beinhaltet das behördliche Gebot an den Bauherrn, näher umschriebene Bauarbeiten *sofort einzustellen*. Der Baustopp hat dem Grundsatz der Verhältnismässigkeit zu genügen. Völlig untergeordnete Rechtsverletzungen rechtfertigen keine Baueinstellung. Betrifft die Rechtswidrigkeit nur einzelne Bauteile, so kann allenfalls aus Gründen der Verhältnismässigkeit geboten sein, den Baustopp auf diese zu beschränken[58]. Auch sind unter Umständen dem Bauherrn gewisse bauliche Schutzmassnahmen zu gestatten, z.B. das Abdecken der betreffenden Bauteile als Schutz vor dem drohenden Winter, um so grössere Schäden zu vermeiden. 14.39

Bei formell widerrechtlich vorgenommenen *Nutzungsänderungen* oder nach Abschluss der Bauarbeiten kann die Baubehörde ein Nutzungsverbot verhängen bis zur genauen Klärung der Rechtslage[59]. 14.40

---

55 HÄNER, Rz. 73; SCHAUB, Der vorläufige Rechtsschutz im Anwendungsbereich des Umweltschutzgesetzes, Zürich 1990, 41 ff.; BEELER, 58, leitet direkt aus Art. 22 Abs. 1 RPG eine bundesgesetzliche Grundlage ab.

56 MÄDER, Rz. 633; HÄNER, Rz. 137.

57 ZIMMERLI, Abbruchbefehl, 69; MÄDER, Rz. 632.

58 MÄDER, Rz. 636.

59 MÄDER, Rz. 639; HÄNER, Rz. 71.

b) Siegelung

14.41 Die Siegelung von Räumen oder Bauteilen dient im Normalfall der Durchsetzung eines Baustopps oder Nutzungsverbotes. Sie ist vor allem dort angebracht, wo ansonsten die behördliche Anordnung kaum kontrolliert und daher leicht umgangen werden kann[60]. Art. 290 StGB droht bei Siegelbruch Gefängnis oder Busse an.

c) Beseitigung und Vollstreckung

14.42 In gewissen Fällen kann der Zweck einer – formell rechtswidrig erstellten und offenkundig nicht bewilligungsfähigen – Baute mit Ablauf des nachträglichen Bewilligungsverfahrens bereits erfüllt sein. So ist der Reklamezweck bei eigenmächtig erstellten Reklametafeln bereits erreicht, wenn diese nach Durchführung des Baubewilligungsverfahrens abgebrochen werden müssen. Gleiches gilt beispielsweise für einen mobilen Verkaufsstand oder das Aufstellen eines Wohnmobils im Grünen. In solchen Fällen kann es das Gebot der Rechtsgleichheit gebieten, dass die Behörde unverzüglich einschreitet und die sofortige Entfernung anordnet und durchsetzt[61].

d) Weitere vorsorgliche Massnahmen

14.43 Vorsorgliche Massnahmen können die Bauherrschaft auch zu *positiven* Massnahmen verpflichten, z.B. Sicherungsmassnahmen bei gestoppten Abbrucharbeiten an einem möglichen Schutzobjekt.

2. Nachträgliches Baubewilligungsverfahren

a) Anwendungsbereich

14.44 Nach der bundesgerichtlichen Rechtsprechung dürfen Wiederherstellungsmassnahmen bei Bauten trotz fehlender Baubewilligung nicht angeordnet werden, wenn diese materiell nicht baurechtswidrig sind und nachträglich bewilligt werden können[62]. Verwaltungsrechtliche Folge

60 MÄDER, Rz. 640.

61 MÄDER, Rz. 643 N 40 und 41; HÄNER, Rz. 137 Fn. 435; ZBl 1981, 477.

62 BGE 102 Ib 69 E. 4; vgl. oben Rz. 14.35.

der formellen Rechtswidrigkeit einer erstellten Baute ist daher die Durchführung eines *nachträglichen Baubewilligungsverfahrens*[63] zur Abklärung der materiellen Rechtmässigkeit und damit der Bewilligungs*fähigkeit*. Dass die Baute bereits steht, darf diese Prüfung nicht beeinflussen[64].

Der Bewilligungszwang nach Art. 22 Abs. 1 RPG besteht auch bei eigen- 14.45
mächtig erstellten Bauten. Die Behörde ist daher *verpflichtet*, ein nachträgliches Bewilligungsverfahren durchzuführen, wenn sie die formelle Rechtswidrigkeit einer – bewilligungspflichtigen – baulichen Massnahme feststellt. Auch wenn die Bewilligungsfähigkeit offenkundig ist, kann auf die Durchführung des nachträglichen Bewilligungsverfahrens nicht verzichtet werden. Ausnahmsweise kann das nachträgliche Baubewilligungsverfahren in folgenden Fällen unterbleiben[65]:

- Die materielle Widerrechtlichkeit wurde bereits rechtskräftig beurteilt. Dies ist der Fall, wenn die Bewilligung bereits verweigert wurde, oder aber, wenn zur Behebung eines materiellen Mangels eine Baubewilligung mit einer entsprechenden Nebenbestimmung (Auflage, Bedingung) verknüpft wurde. In beiden Fällen liegt eine – materielle – Sachverfügung vor und kann direkt der Vollzug angeordnet werden.
- Die materielle Rechtswidrigkeit einer Baute steht ohne Zweifel fest. In diesem Fall ist einer Wiederherstellungsmassnahme die Feststellung der materiellen Rechtswidrigkeit immanent.

Wie die präventive ist auch die nachträgliche Baubewilligung *sachbezogen*, d.h. persön- 14.46
liche Eigenschaften des Bauherrn spielen im baurechtlichen Verfahren grundsätzlich keine Rolle[66]. Unter diesem Gesichtspunkt ist die Person des «Gesuchstellers» nicht von entscheidender Bedeutung und genügt es, jene Person ins Verfahren einzubeziehen, welcher die engste Sachherrschaft über das Bauobjekt zukommt. Damit die Vollstreckung aber gesichert ist, sprechen Praktikabilitätsgründe dafür, alle jene Personen ins Verfahren einzubeziehen, die Adressat der Vollstreckungsverfügung sein müssen[67].

63 MÄDER, Rz. 644.
64 BGE 101 Ib 315.
65 MÄDER, Rz. 644.
66 MÄDER, Rz. 25.
67 Vgl. unten Rz. 14.65.

b) *Verfahrensablauf*

14.47 Die gegenüber dem präventiven Bewilligungsverfahren vorgezogene Bauausführung ändert grundsätzlich nichts an den Zuständigkeiten und am Verfahrensablauf. Insbesondere bestimmt sich auch die *Verfahrensart* nach dem erstellten bzw. – bei erst teilweiser Erstellung – beabsichtigten Bauobjekt. Die Besonderheiten im Verfahrensablauf ergeben sich durch den Wechsel des Verfahrensinteresses gegenüber dem präventiven Bewilligungsverfahren vom Bauherrn auf die Baubehörde.

14.48 Das nachträgliche Baubewilligungsverfahren wird in der Regel durch die Aufforderung der Baubehörde an den Bauherrn eingeleitet, ein Baugesuch einzureichen. Dabei ist insbesondere bei reinen Nutzungsänderungen oder bei völlig untergeordneten baulichen Massnahmen oft streitig, ob überhaupt eine *Bewilligungspflicht* vorliegt[68]. Da die Frage der Bewilligungspflicht oft erst nach genaueren Untersuchungen beurteilt werden kann, welche gerade im Baubewilligungsverfahren vorzunehmen sind, ist die Baubehörde auch in Zweifelsfällen befugt, ein nachträgliches Baubewilligungsverfahren einzuleiten[69].

14.49 Gegenüber dem präventiven Baubewilligungsverfahren besteht im nachträglichen Verfahren eine faktisch wie rechtlich gesteigerte *Mitwirkungspflicht des Bauherrn* bzw. *Verfahrens-Beigezogenen*[70]. Wird der Aufforderung zur Einreichung eines Baugesuches nicht nachgekommen, so kann die Baubehörde aufgrund der ihr bekannten Umstände über die Rechtmässigkeit des eigenmächtig erstellten Objektes entscheiden oder aber – nach Androhung – auf Kosten des Bauherrn die hiefür erforderlichen Unterlagen selber erheben. Abgesehen von geringfügigen Fällen ist eine Baubehörde aber auch befugt, die Verweigerung der Baugesuchseinreichung als – stillschweigenden – Verzicht auf das Bauprojekt zu werten und entsprechende Wiederherstellungsmassnahmen anzuordnen. Aus Gründen der Rechtsklarheit ist eine solche Rechtsvermutung, sofern sie nicht ausdrücklich gesetzlich vorgesehen ist, anzudrohen[71].

---

68 Vgl. BGE 113 Ib 314 (Fahrnisbaute); 119 Ib 222 (Hängegleiter-Landeplatz).

69 MÄDER, Rz. 211; RB ZH 1992 Nr. 76.

70 MÄDER, Rz. 650.

71 BEELER, 64; ZIMMERLI, Abbruchbefehl, 70 E. 2; vgl. auch BGE 108 Ia 216 ff., insbes. 220.

c) *Baurechtlicher Entscheid*

Beim – nachträglichen – Bauentscheid ist auf den *Rechtszustand im Zeitpunkt der Errichtung der Baute* abzustellen[72], es sei denn, das Recht im Zeitpunkt der Beurteilung sei für den Bauherrn günstiger[73]. Da der korrekte Baugesuchsteller gegenüber dem eigenmächtig vorgehenden Bauherrn nicht schlechter gestellt werden soll, sind auch Regelungen zur Sicherung des künftigen Rechtes wie Bausperren, Verbot der nachteiligen Präjudizierung künftiger Planungsmassnahmen, Planungszonen usw.[74] zu beachten. Holt also ein Bauherr eine Bewilligung nicht ein, weil er weiss, dass vor der Erteilung der Bewilligung neues strengeres Recht in Kraft stehen wird, so ist Letzteres anzuwenden[75]. 14.50

Im Zusammenhang mit der seit 1. Juli 1972 bundesrechtlich verlangten Ausnahmebewilligung für Bauten und Anlagen ausserhalb der Bauzonen[76] oder der Verwirkung einer Wiederherstellungsanordnung[77] wird oft geltend gemacht, die betreffende Baute sei vor diesem Datum bzw. vor mehr als 30 Jahren erstellt worden. Da der Grundeigentümer aus dieser tatsächlichen Behauptung Rechte ableitet, trägt er hierfür die (objektive) Beweislast und hat er die *Folgen der Beweislosigkeit* zu tragen[78].

Das nachträgliche Baubewilligungsverfahren wird durch einen *baurechtlichen Entscheid abgeschlossen.* 14.51

- Erweisen sich die ausgeführten Bauarbeiten bzw. die Nutzungsänderungen als materiell rechtens, so muss die Baubewilligung *erteilt* werden. Bei geringfügigen Mängeln wird die Bewilligung mit einer *Nebenbestimmung* verknüpft. Damit ist das Verfahren abgeschlossen und die formelle Baurechtswidrigkeit geheilt. Die nämliche Wirkung tritt ein, wenn eine *Ausnahmebewilligung* erteilt wird[79]. Dabei sind die

72 BGE 102 Ib 69; 104 Ib 304.

73 BGE 104 Ib 304; RB ZH 1980 Nr. 133.

74 Beispiele von Planungssicherungsinstituten bei STRAUB, Das intertemporale Recht bei der Baubewilligung, Zürich 1976, 113 ff.

75 BGE 104 Ib 304 E. 5c; DICKE, 26.

76 Gemäss Art. 20 aGSchG (AS 1972, 950); vgl. BGE 107 Ib 40.

77 Vgl. BGE 107 Ia 121 E. 1b und c und unten Rz. 14 62.

78 BGer, 16.2.1995 (1A.163/1994); RB ZH 1994 Nr. 87; RHINOW/KOLLER/KISS, Öffentliches Prozessrecht und Justizverwaltungsrecht des Bundes, Basel/Frankfurt a.M., 1996, Rz. 910; GYGI, Bundesverwaltungsrechtspflege, Bern 1983, 282; KÖLZ, Kommentar zum VRG, Zürich 1978, N 2 ff. zu § 7.

79 MÄDER, Rz. 656.

gleichen Voraussetzungen anzuwenden, wie wenn das Bewilligungsverfahren präventiv durchgeführt wird. Die Frage der Ausnahmebewilligung ist mithin unabhängig davon zu beurteilen, ob Wiederherstellungsmassnahmen unverhältnismässig seien[80].

- Kann die Baubewilligung nicht erteilt werden, ist diese zu *verweigern*. Diesfalls stellt sich die Frage, ob und welche *Wiederherstellungsmassnahmen* zu treffen sind. Zweckmässigerweise sind auch solche Vollstreckungsmassnahmen in den baurechtlichen Entscheid aufzunehmen, so dass bei einer Anfechtung die Fragen der Bewilligungsfähigkeit und der Wiederherstellung im gleichen Rechtsmittelverfahren beurteilt werden können[81].
- Reicht der Bauherr kein nachträgliches Baugesuch ein, so kann die Baubehörde die materielle Rechtmässigkeit von Amtes wegen abklären oder aber direkt die erforderlichen Wiederherstellungsmassnahmen anordnen[82].

3. Wiederherstellung des rechtmässigen Zustandes

a) Voraussetzungen

aa) Gesetzliche Grundlage

14.52 Nach der Rechtsprechung des Bundesgerichtes bedarf die von der Behörde dem unbefugt Bauenden auferlegte Verpflichtung zur Wiederherstellung des rechtmässigen Zustandes keiner ausdrücklichen gesetzlichen Grundlage. Die Befugnis zur Überwachung der Einhaltung der Bauvorschriften umfasst auch das Recht, die Wiederherstellung eines vorschriftsgemässen Zustandes zu verlangen[83]. In den kantonalen Baugesetzen ist allerdings regelmässig eine eigene gesetzliche Grundlage für Wiederherstellungsbefehle statuiert[84].

---

80 Vgl. BGE 101 Ib 315.

81 MÄDER, Rz. 657.

82 Vgl. oben Rz. 14.49.

83 BGE 100 Ia 345 E. 3a; 111 Ib 226; 105 Ib 276 E. 1c; a.M. HALLER/KARLEN, Rz. 889.

84 Die Frage, ob sich die Anordnung bei Verletzung einer bundesrechtlichen Norm auf Bundesrecht stützt, ist im Hinblick auf das Rechtsmittel vor Bundesgericht von Bedeutung; BGE 105 Ib 276 E. 1c; 104 Ib 76.

bb) Öffentliches Interesse

An der Einhaltung der Rechtsordnung im Allgemeinen und damit an der konsequenten Durchsetzung der raumplanerischen und baupolizeilichen Interessen besteht ein *öffentliches Interesse*[85]. Damit liegt auch die Wiederherstellung des rechtmässigen Zustandes im Baupolizeirecht im öffentlichen Interesse, d.h. Gebäude oder Teile von solchen, welche baupolizeiwidrig sind, müssen grundsätzlich abgebrochen oder geändert werden. 14.53

cc) Verhältnismässigkeit

Formell und materiell illegale Bauten sind grundsätzlich abzubrechen, nach dem Gebot der Erforderlichkeit allerdings nur in dem Umfang, als damit ein baupolizeiwidriger Zustand geschaffen wurde[86]. Nach der Rechtsprechung des Bundesgerichts erweist sich ein Abbruchbefehl auch dann als unverhältnismässig, wenn die Abweichung vom Erlaubten nur *unbedeutend* ist oder der Abbruch *nicht im öffentlichen* Interesse liegt[87]. 14.54

In einem Teil der Lehre wurde aus dieser Formulierung abgeleitet, dass ein Verzicht auf einen Abbruch nur in Betracht komme, wenn die Baurechtsverletzung geringfügig sei, sei es, weil das Mass der Abweichung klein ist, sei es, weil unter den gegebenen, besonderen Umständen nur ein geringes öffentliches Interesse an der Einhaltung der Bauvorschriften bestehe. Bei quantitativ und qualitativ grösseren Abweichungen von den Bauvorschriften sei stets die Wiederherstellung des rechtmässigen Zustandes zu verfügen, ohne dass noch eine besondere Abwägung mit allenfalls auf dem Spiele stehenden privaten Interessen zu erfolgen brauche[88].

Die *Gutgläubigkeit* des Bauherrn ist im Rahmen der Verhältnismässigkeit nicht besonders zu berücksichtigen, da sie als selbstverständlich vorausgesetzt werden darf[89]. Meistens ist dem Bauherrn aber vorzuwerfen, die widerrechtliche Baute *bösgläubig* errichtet zu haben[90], denn es kann generell gesagt werden, dass heutzutage jeder, der ohne oder in 14.55

85 BGE 123 II 256 E. 4c; ZBl 1993, 80 (Forstgesetzgebung).

86 ZIMMERLI, Verhältnismässigkeit, 105; zur Erforderlichkeit von Wiederherstellungsmassnahmen als solche vgl. unten Rz. 14.66 f.

87 BGE 111 Ib 221 E. 6, Fall Gontenschwil; vgl. die Kritik bei ZIMMERLI, Verhältnismässigkeit, 106.

88 HALLER/KARLEN, Rz. 924, 933; a.M. VGr GL, ZBl 1997, 365 E. 6a.

89 ZBl 1997, 365 E. 6b/aa.

90 Vgl. oben Rz. 14 21.

Überschreitung der Bewilligung baut, bösgläubig ist[91]. Dabei muss sich der gutgläubige Rechtsnachfolger den bösen Glauben seines Vorgängers oder Beraters (z.B. Architekten) anrechnen lassen[92]. Auch der bösgläubige Bauherr kann sich gegenüber einem Abbruchbefehl auf den Verhältnismässigkeitsgrundsatz berufen. Er muss es aber in Kauf nehmen, dass die Behörden aus grundsätzlichen Erwägungen, nämlich zum Schutz der Rechtsgleichheit und der baurechtlichen Ordnung, dem Interesse an der Wiederherstellung des *gesetzmässigen Zustandes* erhöhtes Gewicht beilegen und die dem Bauherrn allenfalls erwachsenden Nachteile nicht oder nur in verringertem Masse berücksichtigen[93]. Wer Bauarbeiten ohne rechtskräftige Baubewilligung ausführt, kann in der Regel nicht mit Erfolg geltend machen, das Verhältnismässigkeitsprinzip sei wegen der hohen Kosten der ausgeführten Arbeiten verletzt, wenn sich die erstellte Baute als rechtswidrig erweist[94]. Es geht in solchen Fällen nicht an, aufgrund der durch rechtswidriges Verhalten geschaffenen Tatsachen den Wiederabbruch nachträglich allgemein von einer Abwägung der Interessen der Bauherrschaft an den getroffenen *Investitionen* einerseits sowie der öffentlichen und nachbarlichen Interessen anderseits abhängig zu machen. Sonst ergäbe sich die unhaltbare Folge, dass bei umfangreichen Investitionen, die in Abweichung von der erteilten Baubewilligung und im Widerspruch zum materiellen Baurecht getätigt worden sind, durch ein Abbruchgebot der Grundsatz der Verhältnismässigkeit desto eher verletzt und die Wiederherstellung des rechtmässigen Zustandes entsprechend erschwert würde[95].

dd) Treu und Glauben, Vertrauensschutz

14.56 Der Schutz des guten Glaubens wird im Rahmen des aus Art. 4 BV fliessenden Vertrauensschutzes gewährt. Dieses gibt dem Bürger einen Anspruch auf Schutz des berechtigten Vertrauens, das er in behördliche Zusicherungen und sonstiges, bestimmte Erwartungen begründetes Ver-

91 DICKE, 25; vgl. oben Rz. 14.21.
92 Vgl. unten Rz. 14.56.
93 BGE 111 Ib 224 E. 6b.
94 ZBl 1983, 284 ff.
95 Vgl. DICKE, 24.

halten der Behörden setzt[96]. *Dabei kann sich der in verbotener Eigenmacht Bauende nicht auf Treu und Glauben berufen.*

Wie unter dem Gesichtspunkt der Verhältnismässigkeit[97] tritt ein Bauherr in die Rechtsposition des Rechtsvorgängers ein und übernimmt die auf dem Grundstück lastenden – öffentlichrechtlichen – Rechte und Pflichten[98]. Einem solchen ist es daher verwehrt, sich auf den Vertrauensgrundsatz zu berufen, wenn er selber gutgläubig, sein Rechtsvorgänger aber bösgläubig war[99]. In gleicher Weise hat sich ein Bauherr auch das Wissen seines Beraters, insbesondere seines Architekten, anrechnen zu lassen[100].

Berechtigtes Vertrauen des Bauherrn kommt in der Praxis im Zusammenhang mit formell und materiell illegalen Bauten und Anlagen vorwiegend in zwei Formen vor, der *falschen behördlichen Auskunft* und der *Duldung eines rechtswidrigen Zustandes* durch die Behörde: 14.57

- Eine *unrichtige Auskunft oder Zusicherung*, welche eine Behörde dem Bürger erteilt und auf die er sich verlassen hat, ist unter gewissen Umständen bindend. Voraussetzung dafür ist, dass eine Behörde in einer konkreten Situation gegenüber einer bestimmten Person gehandelt hat, dass die Amtsstelle, welche die Auskunft erteilt hat, dafür zuständig war, dass der Bürger die Unrichtigkeit des Bescheides nicht ohne weiteres erkennen konnte, dass im Vertrauen auf die Auskunft nicht wieder gutzumachende Dispositionen getroffen wurden und dass die Rechtslage zur Zeit der Verwirklichung des Tatbestandes noch die gleiche ist wie im Zeitpunkt der Auskunftserteilung[101]. Nur klare und eindeutige Auskünfte und Zusicherungen der Behörde vermögen berechtigtes Vertrauen beim Bürger zu erwecken, nicht aber allgemein gehaltene Aussagen[102]. 14.58

  Die Berufung auf eine falsche behördliche Auskunft scheitert meistens schon daran, dass die betreffende Auskunft (nur) von einem einzelnen Behördenmitglied oder vom Bausekretär erteilt wurde, nicht jedoch von der zuständigen Baubewilligungsbehörde.

---

96 ZBl 1993, 79 E. 4.
97 Vgl. oben Rz. 14.55.
98 BGE 99 Ib 396 E. b; 111 Ia 183; ZBl 1991, 23 f.; 1993, 78 E. 3.
99 ZBl 1991, 23 E. 3a.
100 BGE 111 Ib 222; HALLER/KARLEN, Rz. 937.
101 BGE 115 Ia 18 E. a; 114 Ia 213 E. a; ZBl 1991, 23.
102 BGE 15.12.1997, (1P.133/1997), 20 E. c.

14.59 – Der unrichtigen Auskunft gleichgestellt sind Situationen, in denen die Behörde durch *schlüssiges Verhalten* dem Bauherrn zu verstehen gibt, dass er sich ordnungsgemäss verhält[103], mithin einen rechtswidrigen Zustand duldet. Ein Vertrauenstatbestand wird dann begründet, wenn die Behörde die widerrechtlichen Bauarbeiten in voller Kenntnis duldet und hinterher den Abbruch verfügt[104]. Wenn die Behörde jedoch erst nach Vollendung der Baute vom rechtswidrigen Zustand erfährt und in der Folge nichts dagegen unternimmt, kann allein aus dem *Untätigbleiben* grundsätzlich kein Vertrauenstatbestand hergeleitet werden. Solange die Behörde beim Bauherrn nicht die Meinung hat aufkommen lassen, er handle rechtmässig, es also *beim blossen Nichtstun* geblieben ist und keine weiteren Anhaltspunkte vorliegen, ist *grosse Zurückhaltung* bei der Deutung der Untätigkeit als behördliche Duldung geboten. Nur wenn der widerrechtliche Zustand während *sehr langer Zeit* von der Verwaltung hingenommen wird, kann aus dem Untätigbleiben ein Vertrauenstatbestand hergeleitet werden[105].

Das Bundesgericht erachtete im Entscheid ZBl 1980, 70. ff. einen Abbruchbefehl als nicht vereinbar mit dem Vertrauensschutz, weil die Baute seit ungefähr 20 Jahren stand, ohne dass Behörden oder Nachbarn etwas dagegen unternommen hätten.

14.60 Auch der Bauherr ist gegenüber dem Staat zu Treu und Glauben verpflichtet. Verhält er sich selber treuwidrig, so kann er sich nicht mit Erfolg auf den Vertrauensgrundsatz berufen.

- Wer durch die erklärte Bereitschaft zum Abbruch einer Baute bei der Behörde den Eindruck erweckt, sie brauche sich nicht mehr um die Sache zu kümmern, kann nicht mit Erfolg behaupten, diese hätten den widerrechtlichen Zustand weiterhin geduldet und bei ihm eine Vertrauensposition geschaffen[106].
- Wer trotz vorhandener Zweifel ohne Rückfrage bei der Behörde eine unklar gefasste Verfügung in – für ihn – günstigem Sinn auslegt und entsprechende bauliche Dispositionen trifft, kann sich nachher nicht auf den Schutz des guten Glaubens berufen[107].

14.61 Greift der Vertrauensschutz ein, so führt dies nicht in jedem Fall zu einem Verzicht auf jegliche Wiederherstellungsmassnahme. Denn dem Schutz

103 MÄDER, Rz. 663, mit Hinweisen.
104 HALLER/KARLEN, Rz. 938.
105 MÄDER, Rz. 663; HALLER/KARLEN, Rz. 938.
106 ZBl 1993, 79; Bocciabahn.
107 ZBl 1979, 312 f.

des guten Glaubens kann im Bereich des öffentlichen Rechts, das seiner Natur nach zwingend ist, nicht schlechthin der Vorrang gegenüber dem objektiven Recht zukommen[108]. Vielmehr ist auch in diesem Fall eine *Interessenabwägung* vorzunehmen, d.h. die berührten öffentlichen und privaten Interessen gegeneinander abzuwägen, wobei dem privaten Interesse des Bauherrn entsprechendes Gewicht zuzuerkennen ist. Trotz Vorliegen eines Vertrauenstatbestandes des Bauherrn können *überwiegende öffentliche Interessen* einen Abbruch rechtfertigen[109]. Auch die berechtigten Interessen Dritter (Nachbarn) an der gesetzmässigen Rechtsanwendung sind zu berücksichtigen[110]; ihnen kann eine falsche behördliche Auskunft oder Untätigkeit nicht entgegengehalten werden.

Ein Grundeigentümer brach ohne Bewilligung eine den Grenzabstand verletzende Baute ab und errichtete eine Neubaute. Dadurch ging der Bestandesschutz der Altbaute unter und lebte der Anspruch der Nachbarn auf Einhaltung der Bauordnung durch den Ersatzbau wieder auf, selbst wenn die Behörde eine falsche Auskunft erteilt hätte[111].

ee) Verwirkung durch Zeitablauf

Vereinzelt beschränken kantonale Baugesetze in zeitlicher Hinsicht die 14.62
Befugnis der Baubehörden, eine Wiederherstellung des gesetzmässigen Zustandes zu verlangen[112]. Aus Gründen der Rechtssicherheit hat das Bundesgericht auch von Bundesrechts wegen eine *Verwirkungsfrist* für die Anordnung von Wiederherstellungsmassnahmen statuiert und diese – analog der Regelung von Art. 662 ZGB – auf 30 Jahre festgesetzt. Vorbehalten bleibt die Wiederherstellung des rechtmässigen Zustandes aus baupolizeilichen Gründen im engeren Sinn, d.h. bei einer ernsthaften und unmittelbaren Gefahr für Leib und Leben der Bewohner oder Passanten[113].

108 BGE 107 Ia 211 E. 3b; vgl. auch WEBER-DÜRLER, Falsche Auskünfte von Behörden, ZBl 1991, 17.

109 BGE 101 Ia 331; 107 Ia 211.

110 BGE 123 II 254; 117 Ia 290 E. 3e; WEBER-DÜRLER, a.a.O., ZBl 1991, 17; ZBl 1975, 429 E. 3b.

111 BGE vom 15.12.1997 (1P.133/1997).

112 Vgl. HALLER/KARLEN, Rz. 941; ZAUGG, Art. 46 N 9.

113 BGE 107 Ia 123; HALLER/KARLEN, Rz. 943 ff.

b) *Vollzug der Wiederherstellung*

aa) *Pflicht zum Einschreiten*

14.63 Das Legalitätsprinzip, das öffentliche Interesse sowie der Gleichheitsgrundsatz verlangen, dass die Behörde gegen eine erkannte Baurechtswidrigkeit einschreitet und eine rechtskräftig verfügte Wiederherstellungsmassnahme auch vollstreckt. Ein Ermessen, ob sie tätig werde oder die Sache auf sich beruhen lasse, besteht grundsätzlich nicht[114]. Wird aus Gründen der Verhältnismässigkeit ganz auf Wiederherstellungsmassnahmen verzichtet, so ändert dies an der *materiellen Rechtswidrigkeit* der Baute nichts, was bei späteren Gesuchen von Bedeutung sein kann. Die Baubewilligungsbehörde hat einerseits die Baubewilligung zu verweigern[115], anderseits festzuhalten, dass auf eine Wiederherstellung verzichtet werde.

bb) *Adressat*

14.64 Der Wiederherstellungsbefehl hat sich an den Störer zu richten, sei es an den Zustandsstörer oder an den Verhaltensstörer[116]. Als Störer der planungs- und baurechtlichen Ordnung durch widerrechtliche Bauten und Anlagen und damit als Adressaten einer Abbruchverfügung kommen grundsätzlich der ausführende Architekt, der Bauherr und der Grundeigentümer in Frage. Der ausführende Architekt wird im Normalfall als Verhaltensstörer, der Bauherr sowohl als Verhaltens- wie Zustandsstörer und der blosse Eigentümer als Zustandsstörer ins Recht gefasst.

14.65 Bei einer Mehrheit von Störern ist die Rangfolge je nach Kantonen unterschiedlich geregelt[117]. Nach der Rechtsprechung des Bundesgerichtes[118] kann zur Beseitigung eines ordnungswidrigen Zustandes grundsätzlich *alternativ oder kumulativ jeder Verhaltens- oder Zustandsstörer* herangezogen werden.

---

114 MÄDER, Rz. 665.

115 Vgl. oben Rz. 14.51.

116 Zu den Begriffen vgl. BGE 107 Ia 23; THÜRER, Das Störerprinzip im Polizeirecht, ZSR 1983 I 463 ff.

117 BEELER, 90 N 24.

118 BGE 107 Ia 19.

Das Bundesgericht erachtete es im Entscheid 107 Ia 19 als zulässig, eine Beseitigungsverfügung (nur) an den ausführenden Architekten als Verhaltensstörer und nicht auch an den Grundeigentümer zu richten. Werde aber eine Abbruchverfügung gegen einen Störer gerichtet, dem aufgrund des Privatrechtes keine oder keine ausschliessliche Verfügungsmacht über die betreffende Baute zustehe, so könne dieser seiner Verpflichtung nur nachkommen, wenn der betroffene Eigentümer in den Eingriff einwilligt. Verweigere dieser die Zustimmung zum Abbruch, so sei die Wiederherstellungsverfügung erst vollstreckbar, wenn gegen den Eigentümer eine zusätzliche Duldungs- oder Beseitigungsverfügung erlassen werde. Um die Vollstreckbarkeit einer Beseitigungsverfügung zu gewährleisten, ist es daher angezeigt, bei einer Mehrzahl von Störern auf jeden Fall – allenfalls neben anderen Störern – den Eigentümer als Verfügungsberechtigten ins Recht zu fassen oder – je nach kantonalem Prozessrecht – beizuladen[119].

cc) Arten von Wiederherstellungsmassnahmen

Im Rahmen der Auswahl von Wiederherstellungsmassnahmen ist vor allem das Gebot der *Erforderlichkeit* zu beachten, d.h. die Massnahme darf nicht über das hinausgehen, was zur Behebung der materiellen Rechtswidrigkeit notwendig ist[120]. 14.66

Wiederherstellungsmassnahmen können sein: 14.67

- *Abbruch*
  Der Abbruch einer Baute oder eines Gebäudeteils ist dann anzuordnen, wenn diese als solche materiell baurechtswidrig ist.
- *Umbau*
  Die Grenze zwischen teilweisem Abbruch und Umbau ist fliessend. Im Zusammenhang mit der widerrechtlichen Bewohnbarmachung von Räumen oder Bauten genügt oft die Entfernung jener Einrichtungen, welche die verbotene Bewerbung erst ermöglichen (Heizung, Isolation, Küche und sanitäre Anlagen usw.)[121]. Die rechtswidrige Bewohnung von Estrichraum und Untergeschossräumen kann auch durch die Änderung der Belichtungsverhältnisse (Zumauern von Fenstern und dergleichen) verhindert werden[122].
- *Nutzungsverbot*
  Je nach Umständen kann das Benützungsverbot mit Umbauanordnun-

119 Vgl. BVR 1989, 158; Baurecht 2/82, 40 Nr. 35; zur Beiladung: HUBER, Die Beiladung insbes. im Zürcher Baubewilligungsverfahren, ZBl 1989, 233.

120 Vgl. ZIMMERLI, Verhältnismässigkeit, 105 f.

121 Vgl. BVR 1992, 19; MICHEL, Rz. 1533.

122 MICHEL, 1535.

gen verbunden werden. Lässt sich die Durchsetzung eines Nutzungsverbotes nicht anders gewährleisten, ist als schärfster Eingriff die *dauernde Siegelung* zu prüfen[123].

- *Andere Wiederherstellungsmassnahmen*
  Die *Rekonstruktion einer widerrechtlich abgebrochenen Baute* kommt am ehesten aus Gründen des Ortsbildschutzes in Frage[124].
- Wiederherstellungsmassnahmen können schliesslich auch *nichtbaulicher Art* sein, so z.B. die Verpflichtung des Vermieters, einen Mietvertrag aufzulösen[125].

14.68 Der Grundsatz der Verhältnismässigkeit kann allenfalls den Aufschub einer Wiederherstellungsmassnahme erheischen, so, wenn eine bevorstehende Gesetzesänderung die Widerrechtlichkeit sanktioniert.

c) *Behördliche Vollstreckung*

14.69 Die Wiederherstellung des rechtmässigen Zustandes stellt eine *Realverpflichtung* des Verfügungsadressaten dar. Dem Pflichtigen wird zuerst Gelegenheit zur *freiwilligen Erfüllung* seiner Verpflichtung eingeräumt. Ausnahmsweise, d.h. wenn Gefahr in Verzug ist, so bei einer unmittelbaren Gefahr für wichtige Rechtsgüter, darf zur sofortigen Vollstreckung *(antizipierte Ersatzvornahme)* geschritten werden[126].

14.70 Verweigert der Pflichtige die Vornahme der ihm obliegenden Wiederherstellungsmassnahmen, so schreitet die Behörde zur *eigentlichen Vollstreckung*. Diese verläuft in drei Schritten: *Androhung der Zwangsvollstreckung, Vollstreckungsbefehl* und Durchführung der *tatsächlichen Zwangsvollstreckung* mit Kostentragungspflicht. Diese Vollstreckungsabschnitte können ganz oder teilweise zusammengefasst werden.

---

123 MÄDER, Rz. 677.

124 MÄDER, Rz. 678.

125 MÄDER, Rz. 677.

126 MERKLI THOMAS/AESCHLIMANN ARTHUR/HERZOG RUTH, Kommentar zum Gesetz vom 23. Mai 1989 über die Verwaltungsrechtspflege des Kantons Bern, Bern 1997, Art. 116 N 1; MÄDER, Rz. 667.

- *Androhung der Ersatzvornahme* 14.71
  Die Zwangsvollstreckung muss angedroht werden[127]. Die Androhung muss nicht in einem separaten Verfahren ergehen, sondern kann insbesondere aus verfahrensökonomischen Gründen mit der Sachverfügung verbunden werden.
  Mit der Androhung der Zwangsvollstreckung kann der Hinweis auf Bestrafung nach *Art. 292 StGB* im Fall des Ungehorsams verbunden werden[128]. Die Androhung von Art. 292 StGB, d.h. «Haft oder Busse» muss dem Verfügungsadressaten ausdrücklich angedroht werden[129] und der Betroffene muss von der Androhung auch tatsächlich Kenntnis erhalten haben[130]. Art. 292 StGB darf wiederholt angedroht werden[131].
  Der Hinweis auf die Bestrafung nach Art. 292 StGB ist insbesondere dann sinnvoll, wenn der Verwaltungsakt seinem Inhalt nach nicht unmittelbar durch die Behörde selber vollstreckt werden kann, so z.B. bei Anordnungen, die auf Unterlassung eines bestimmten Verhaltens, z.B. Benutzungsverbotes, lauten.
- Mit der *Vollstreckungsverfügung* wird der vollstreckungsrechtliche Eingriff im Einzelnen festgelegt, nachdem die Aufforderung zur freiwilligen Erfüllung und Androhung erfolglos blieben. In der Vollstreckungsverfügung legt die Behörde die *Vollstreckungsmodalitäten* fest, d.h. *wann und wie* die Zwangsvollstreckung durchgeführt wird[132]. 14.72
- Die *Vollstreckung* wird mit den Mitteln des Verwaltungszwanges vorgenommen. 14.73
  Gebräuchlichstes Mittel ist die *Ersatzvornahme.* Sie besteht darin, dass die Behörde die vom Pflichtigen verweigerte, vertretbare Handlung auf dessen Kosten durch eine amtliche Stelle oder durch Drittpersonen verrichten lässt[133]. Die Ersatzvornahme bedarf nach bundesgerichtlicher Rechtsprechung keiner ausdrücklichen gesetzlichen Grundlage,

127 ZIMMERLI, Verhältnismässigkeit, 108.
128 Vgl. hierzu STEFAN TRECHSEL, Schweizerisches Strafgesetzbuch, Kurzkommentar, Zürich 1997, Art. 292 N 1 ff.
129 BGE 105 IV 249.
130 BGE 119 IV 239.
131 BGE 104 VI 231 f.
132 MERKI/AESCHLIMANN/HERZOG, Art. 116 N 7.
133 MÄDER, Rz. 667; BEELER, 94 ff.

sondern wird aus der Sachverfügung abgeleitet[134], wobei heute Bund und die meisten Kantone eine explizite rechtliche Grundlage besitzen.

Neben der Ersatzvornahme kommen im Baupolizeirecht noch der *unmittelbare Zwang* in Frage, d.h. der Einsatz von Gewalt gegen Mensch und Sachen zur Herstellung gesetzmässiger Verhältnisse, namentlich Eingriffe gegen widerrechtliche Nutzungen[135].

14.74 – Durch die Ersatzvornahme wandelt sich die Realleistungspflicht in eine öffentlichrechtliche Geldleistungspflicht. Die *Kosten der Ersatzvornahme* trägt demzufolge der säumige Pflichtige, ohne dass es dazu einer ausdrücklichen gesetzlichen Grundlage bedürfte[136]. Dies trifft auch für die Kosten der antizipierten Ersatzvornahme zu[137].

Zu den Kosten der Ersatzvornahme gehören nicht nur die von den Behörden beauftragten Drittpersonen, sondern auch der Administrativaufwand, der den Gemeinden durch das widerrechtliche Verhalten erwachsen ist (d.h. die Personalkosten samt der von der Verwaltung geleisteten Arbeit, die Kosten der Polizei für Sicherungsaufgaben usw.)[138]. Oft stellt das kantonale Recht zur Sicherstellung der Ersatzvornahmekosten ein gesetzliches Pfandrecht zur Verfügung[139].

d) Rechtsschutz gegen Vollstreckungsverfügungen

14.75 Mit der Vollstreckungsverfügung kann die Sachverfügung nicht mehr in Frage gestellt werden. Wenn Vollzugsanordnungen in die Sachverfügung aufgenommen werden, kann der Betroffene im Rechtsmittelverfahren das Verfügungsdispositiv vollumfänglich anfechten[140]. Ergehen hingegen zwei separate Rechtsakte, so bilden Streitgegenstand der Vollstreckungsverfügung nur noch die Vollstreckungsmodalitäten, d.h. Zeitpunkt, Ort und Art der Vollstreckung und nur, sofern diese in der Sachverfügung

---

134 BGE 100 Ia 352.

135 HALLER/KARLEN, Rz. 897; MÄDER, Rz. 671.

136 IMBODEN/RHINOW, Schweizerische Verwaltungsrechtsprechung, Nr. 52 B. V; BGE 94 I 411.

137 BGE 114 Ib 54.

138 BGE 94 I 411; BEELER, 103.

139 MÄDER, Rz. 670; BEELER, 104.

140 MÄDER, Rz. 672.

nicht bereits festgelegt worden sind. *Materiellrechtliche Einwendungen zur Sachverfügung können nicht erneut aufgeworfen werden,* insbesondere auch nicht Fragen des Sachverhaltes[141].

Zulässige Rügen gegen den Vollzug sind demnach im Wesentlichen die folgenden: 14.76

- die Sachverfügung sei nicht zu vollstrecken;
- die Vollstreckungsverfügung gehe über die zu vollstreckende Anordnung hinaus oder missachte eine in der Sachverfügung enthaltene Vollstreckungsanordnung;
- Zeitpunkt der Vollstreckung oder die Wahl des Zwangsmittels seien unverhältnismässig;
- als ausnahmsweise zulässiger Einwand gegen die Sachverfügung: die Sachverfügung sei nichtig[142].

Kantonal letztinstanzlich auf *kantonales Recht* gestützte Vollstreckungsentscheide sind mit *staatsrechtlicher Beschwerde* wegen Verfassungswidrigkeit der Vollstreckungsverfügung selber anfechtbar. Die Verfassungswidrigkeit der Vollstreckungsmassnahme muss daher in dieser selbst begründet sein. Die Sachverfügung kann nicht in Frage gestellt werden[143]. 14.77

Vollstreckungsverfügungen, die auf *Bundesverwaltungsrecht* beruhen, können nach Art. 101 lit. c OG auf jeden Fall nicht Gegenstand einer Verwaltungsgerichtsbeschwerde an das Bundesgericht sein, sondern einzig mit Beschwerde an den Bundesrat bzw. mit staatsrechtlicher Beschwerde angefochten werden[144]. 14.78

141 Vgl. MERKLI/AESCHLIMANN/HERZOG, Art. 116 N 12 ff.

142 MERKLI/AESCHLIMANN/HERZOG, Art. 116 N 13.

143 BGE 118 Ia 212; eine Ausnahme macht das Bundesgericht bei der Rüge wegen Verletzung unverzichtbarer und unverjährbarer Rechte – was bei Wiederherstellungsmassnahmen des Baupolizeirechtes kaum je zutreffen dürfte – und bei Nichtigkeit der Sachverfügung, vgl. BGE 118 Ia 212.

144 BGE 119 Ib 498 E. 3c/bb.

4. Baustrafrecht

14.79 Verstösse gegen formelles und materielles Baupolizeirecht führen nicht nur zu Verwaltungsmassnahmen, sondern haben auch strafrechtliche Folgen. Dabei können Verwaltungszwang und Strafe *kumulativ* verhängt werden; der Grundsatz «ne bis in idem» kommt nicht zur Anwendung[145].

a) Bundesrechtliche Vorschriften

14.80 Nach der Kompetenzausscheidung von Art. 64bis BV steht dem Bund die Befugnis auf dem Gebiet des Strafrechts zu. Das Schweizerische Strafgesetzbuch stellt in Art. 229 das Ausserachtlassen anerkannter Regeln der Baukunde unter Strafe, wenn dies zu einer Gefährdung von «Leib und Leben von Mitmenschen» führte[146]. Weitere bundesrechtliche Strafbestimmungen finden sich in der Spezialgesetzgebung, so in Art. 60 ff. USG und Art. 70 ff. GSchG[147].

b) Kantonalrechtliche Vorschriften

14.81 Art. 335 Abs. 1 StGB behält kantonales Übertretungsstrafrecht insoweit vor, als eine eidgenössische Regelung fehlt. Die Kantone sind daher befugt, die Missachtung ihres – formellen und materiellen – Baupolizeirechtes unter Strafe zu stellen. Von dieser Kompetenz haben alle Kantone Gebrauch gemacht[148].

Auch die aufgrund des kantonalen Nebenstrafrechts – meist erstinstanzlich durch eine Verwaltungsbehörde – verhängten Sanktionen sind Strafen im Sinn von Art. 6 Abs. 1 EMRK. Das kantonale Baustrafrecht muss daher eine vollständige *gerichtliche* Überprüfung des Sachverhaltes und der Rechtsfragen einschliesslich der Strafzumessung vorsehen[149].

---

145 MÄDER, Rz. 681, BEELER, 106.

146 Vgl. oben § 17.

147 Zur Anwendung von Art. 292 StGB vgl. oben Rz. 14.71.

148 Vgl. hierzu BEELER, 108 ff.; MÄDER, Rz. 681 ff.; HALLER/KARLEN, Rz. 905.

149 HALLER/KARLEN, Rz. 905; BGE 115 Ia 409 E. 3b.

c) *Einziehung unrechtmässiger Vermögensvorteile*

Die Einziehung unrechtmässig erlangter Vermögenswerte wurde mit Gesetzesrevision vom 18. März 1994[150] neu in Art. 59 Abs. 1 StGB geregelt[151]. Danach verfügt der Richter die Einziehung von Vermögenswerten, die durch eine strafbare Handlung erlangt worden sind. Die Einziehung hängt nicht von der Strafbarkeit der betreffenden Person ab; es genügt, wenn der Vermögensvorteil durch tatbestandsmässiges und rechtswidriges Verhalten hervorgebracht wurde[152]. Die *Verjährung* der Einziehung beträgt grundsätzlich fünf Jahre[153], soweit für die strafbare Handlung nicht eine längere Verjährungsfrist gilt. Neu kann der Richter laut Art. 59 Ziff. 4 StGB eine Schätzung der einzuziehenden Vermögenswerte vornehmen, wenn deren Umfang nicht oder nur mit unverhältnismässigem Aufwand ermittelt werden kann. Abzuschöpfen ist der *wirtschaftliche Nettovorteil*, welcher der Bauherr aus einer unzulässigen Nutzung zu erzielen vermag[154]. 14.82

Die Einziehung unrechtmässiger Vermögensvorteile kann auch durch das kantonale Recht geregelt werden[155]. In der Praxis wurde bisher von der Möglichkeit der Abschöpfung von durch Baurechtsverletzungen erworbenen Vorteilen wenig Gebrauch gemacht. Vielleicht wird sich dies mit dem griffigeren neuen Art. 59 StGB ändern. Instruktiv sind folgende Beispiele:

- Einzug von eingesparten Entsorgungskosten durch unrechtmässige Ablagerungen
  BGE 119 IV 16 E. 4c/bb;
  OGer BE, 23.2.88 in Plädoyer 3/90, 68 E. IV;
- Einziehung von Mietzinseinnahmen
  GVP SG 1990 Nr. 62[156].

---

150 AS 1994, 1618; vgl. BBl 1993 III 277.

151 Vgl. hierzu TRECHSEL, (Fn. 128), Art. 59 N 1 ff.

152 TRECHSEL, (Fn. 128), Art. 59 N. 3 und 8; BBl 1993 III 307 Ziff. 223; BGE 115 IV 177.

153 Art. 59 Ziff. 1 Abs. 3 StGB.

154 ZAUGG, Art. 50 N 6; TRECHSEL, (Fn. 128), Art. 59 N 12; zu den Rechtsmitteln gegen Einziehungsentscheide vgl. SCHMID, ZStrR 1995, 365 ff.

155 HALLER/KARLEN, Rz. 907.

156 Vgl. auch das Beispiel bei HALLER/KARLEN, Rz. 910.

V. Checklisten

1. Formelle Rechtmässigkeit

- Ist die Baute *bewilligungspflichtig*[157]*?*
- Liegen *alle* erforderlichen Bewilligungen vor[158]?
- Entspricht die Ausführung der Baute den *bewilligten Plänen* und den *Auflagen/Bedingungen* der Baubewilligung[159]?
- Wurde die Baubewilligung innerhalb der *Geltungsdauer* der Baubewilligung erstellt[160]?
- War die Baubewilligungsgültigkeit im Sinn einer Nebenbestimmung *befristet* und ist diese Frist zwischenzeitlich abgelaufen[161]?
- Wurde die Baute *nachträglich* bewilligt[162]?

2. Materielle Rechtmässigkeit

- Entspricht die Baute dem – materiellen – Baupolizeirecht[163]?
- Fehlte die materielle Rechtmässigkeit *bei* Bewilligung der Baute, oder ist sie infolge einer Rechtsänderung *nach* Erstellung der Baute eingetreten[164]?

3. Zulässigkeit einer Wiederherstellungsmassnahme

- Ist die Baute bewilligt, aber *materiell rechtswidrig*[165]*?*
- Wurde die Baute bewilligt, aber später *widerrufen*[166]*?*
- Wurde die Baute *nachträglich* bewilligt[167]?

---

157 Rz. 14.15 ff.
158 Rz. 14.19.
159 Rz. 14.4 ff.; 14.19 ff.
160 Rz. 14.8; 14.24.
161 Rz. 14.9; 14.25.
162 Rz. 14.34 f.
163 Rz. 14.7; 14.26.
164 Rz. 14.26.
165 Rz. 14.30.
166 Rz. 14.31.
167 Rz. 14.32 ff.

- Ist die Baute nicht bewilligt und verstösst sie gegen die Bauvorschriften[168]?

4. Sanktionen (Wiederherstellung)

- Besteht ein *öffentliches Interesse* an der Wiederherstellung des rechtmässigen Zustandes[169]?
- Ist die Wiederherstellungsmassnahme *verhältnismässig*[170]*?*
- War der Bauherr *gutgläubig*[171]*?*
- Liegt ein *Vertrauenstatbestand*, z.B. falsche behördliche Auskunft vor oder Duldung des rechtswidrigen Zustandes durch die Behörde[172]?
- Sind seit Erstellung der Baute *30 Jahre* verflossen (Verwirkung)[173]?
- Richtet sich der Wiederherstellungsbefehl an den *richtigen Adressaten*[174]*?*
- Wurde die Ersatzvornahme *angedroht*[175]?
- *Rechtsmittel* gegen Wiederherstellungsmassnahmen[176].
- *Strafrechtliche Folgen* der Verstösse gegen formelles und materielles Baupolizeirecht[177].

168 Rz. 14.29; 14.35.
169 Rz. 14.53.
170 Rz. 14.54; 14.66.
171 Rz. 14.55.
172 Rz. 14.57 ff.
173 Rz. 14.62.
174 Rz. 14.64 f.
175 Rz. 14.71.
176 Rz. 14.75.
177 Rz. 14.79.

§ 15 Privatrechtliche Baumängel

HANS BRINER

Literaturauswahl: BÜHLER THEODOR, Zürcher Kommentar, Bd. V 2d, Der Werkvertrag, 3. Aufl., Zürich 1998; FELLMANN WALTER/VON BÜREN-VON MOOS GABRIELLE, Grundriss der Produktehaftpflicht, Bern 1993; GAUCH PETER, Der Werkvertrag, 4. Aufl., Zürich 1996 (*zitiert:* GAUCH, Werkvertrag); *ders.,* Vom Architekturvertrag, seiner Qualifikation und der SIA-Ordnung 102, in: Gauch Peter/Tercier Pierre (Hrsg.), Das Architektenrecht, 3. Aufl., Freiburg 1995 (*zitiert:* GAUCH, Architekturvertrag); *ders.,* Kommentar zur SIA-Norm 118 Art. 157–190, Zürich 1991 (*zitiert:* GAUCH, KommSIA 118); GAUCH PETER/PRADER DURI/EGLI ANTON/SCHUMACHER RAINER, in: Gauch Peter (Hrsg.), Kommentar zur SIA-Norm 118 Art. 38–156, Zürich 1992 (*zitiert:* GAUCH/Bearbeiter, KommSIA 118); GAUTSCHI GEORG, Berner Kommentar, Bd. VI/2/3, Der Werkvertrag, 2. Aufl., Bern 1976; HESS HANS-JOACHIM, Kommentar zum Produktehaftpflichtgesetz (PrHG), 2. Aufl., Bern 1996; HESS URS, Der Architekten- und Ingenieurvertrag, Kommentar zu den rechtlichen Bestimmungen der SIA-Ordnungen 102, 103 und 108 für Leitungen und Honorare der Architekten und Ingenieure, Dietikon 1986; HONSELL HEINRICH, Kauf und Tausch, Art. 192–210 OR, in: Honsell Heinrich/Vogt Nedim Peter/Wiegand Wolfgang (Hrsg.), Kommentar zum Schweizerischen Privatrecht, Obligationenrecht I, 2. Aufl., Basel 1996; HÜRLIMANN ROLAND, Der Architekt als Experte, in: Gauch Peter/Tercier Pierre (Hrsg.), Das Architektenrecht, 3. Aufl., Freiburg 1995; KELLER MAX/SIEHR KURT, Kaufrecht, 3. Aufl., Zürich 1995; KOLLER ALFRED, Das Nachbesserungsrecht im Werkvertrag, 2. Aufl., Zürich 1995; SCHUMACHER RAINER, Die Haftung des Architekten aus Vertrag, in: Gauch Peter/Tercier Pierre (Hrsg.), Das Architektenrecht, 3. Aufl., Freiburg 1995; ZINDEL GAUDENZ G./PULVER URS, Der Werkvertrag, in: Honsell Heinrich/Vogt Nedim Peter/Wiegand Wolfgang (Hrsg.), Kommentar zum Schweizerischen Privatrecht, Obligationenrecht I, 2. Aufl., Basel 1996.

I. Problemübersicht

Bei der Planung und Ausführung von Bauvorhaben wirken regelmässig 15.1
viele Beteiligte mit. Dies bringt mit sich, dass die Verantwortung für auftretende Baumängel bei verschiedenen Stellen liegen kann. Bei der Ermittlung der Ansprüche des Bauherrn bei Auftreten von Baumängeln sind deshalb häufig mehrere, teils sehr unterschiedlich geregelte Rechtsbeziehungen zwischen Bauherrn und Baubeteiligten zu berücksichtigen.

15.2 Wegen der meist hohen Komplexität von Bauprojekten und der raschen Zustandsveränderungen während der Bauausführung kommt der *Beweissicherung* ein hoher Stellenwert zu. Im Hinblick auf die verteilte Beweislast müssen neben dem Bauherrn alle Baubeteiligten ein grosses Interesse an einer laufenden Dokumentation ihrer Arbeiten haben.

15.3 Die Erledigung von Streitigkeiten über Baumängel verlangt ein *hohes Mass an Fachkompetenz*. Bei der Bestimmung der Art der Streiterledigung kommt deshalb der Zuständigkeitsordnung bzw. der Frage, wie die notwendige Fachkompetenz mit der Kompetenz zum Entscheid über die Streitigkeit verbunden wird, eine grosse Bedeutung zu.

II. Merkmale und Erscheinungsformen des Baumangels

1. Mangel

a) Begriff

15.4 Der Begriff des Mangels ist rein rechtlicher Natur. Beim *Mangel im Sinne des Werkvertragsrechts* (Art. 363–379 OR) handelt es sich um eine Abweichung der effektiven Eigenschaften des abgelieferten bzw. als vollendet angezeigten Bauwerks von denjenigen Eigenschaften, die das Bauwerk aufgrund des vertraglichen Verhältnisses zwischen Besteller und Unternehmer haben muss (Art. 368 Abs. 1 OR)[1].

15.5 Im Kern des vertraglichen Verhältnisses stehen diejenigen Eigenschaften des Bauwerks, die im Vertrag zwischen Besteller und Unternehmer ausdrücklich *vereinbart* wurden[2].

15.6 Beispiel (BGE 93 II 324 ff.): Ein Sportlehrer übertrug einem Bauunternehmer die Ausführung eines Schwimmbeckens von 25 m Länge. Im Werkvertrag wurde Folgendes festgelegt: «Bei der Ausführung von Mauer- und Eisenbetonarbeiten gewährt die Bauleitung dem Unternehmer eine Toleranz von höchstens 1 cm. Abweichen von den Planangaben über dieses Mass hinaus muss auf Verlangen der Bauführung unverzüglich vom Unternehmer auf eigene Kosten abgeändert werden.» Das fertige Becken war schliesslich

1 BGE 100 II 32; 104 II 355; GAUCH, Werkvertrag, Rz. 1355 ff.; ebenso Art. 165 SIA-Norm 118.

2 GAUCH, Werkvertrag, Rz. 1362 ff.

um 5,5 bis 8 cm kürzer als das vorgegebene Mass. Der Sportlehrer forderte deshalb vom Baumeister die nachträgliche Verlängerung des Beckens auf das genaue Mass, was dieser verweigerte. Das Bundesgericht hiess jedoch die Klage des Sportlehrers gut. Aussschlaggebend war, dass der Sportlehrer in diesem Becken Schwimmwettkämpfe durchführen wollte, und dass nach den massgeblichen reglementarischen Vorschriften nur solche Becken für Wettkämpfe zugelassen wurden, die die geforderte Länge mit enger Toleranz einhielten. Aus diesem Grund verwarf das Bundesgericht auch die Ablehnung der Klage mit der Begründung, es liege ein Rechtsmissbrauch im Sinne von Art. 2 ZGB vor.

Darüber hinaus hat das Bauwerk aber auch diejenigen Eigenschaften 15.7
aufzuweisen, die der Besteller zu Recht *vorausgesetzt* hat[3]. Für die Frage, welche Eigenschaften der Besteller voraussetzen darf, sind in der Regel objektive Kriterien massgeblich[4]. Der Besteller darf insbesondere voraussetzen, dass das Bauwerk, soweit nichts oder nichts Abweichendes vereinbart wurde, den anerkannten Regeln der Technik bzw. der Baukunde oder gleichwertigen Anforderungen entspricht[5] und im Übrigen normale Wertqualität[6] und Gebrauchstauglichkeit[7] aufweist. Schliesslich hat das Bauwerk auch alle Eigenschaften aufzuweisen, die der Unternehmer dem Besteller ohne dessen Verlangen *zugesichert* hat[8].

Führt eine bis im Zeitpunkt der Abnahme nicht erkennbare, aber bereits 15.8
bestehende Fehlerhaftigkeit des Werks (z.B. die fehlerhafte Materialmischung eines Verputzes) zu einer weiteren, erst nach der Abnahme auftretenden und erkennbaren Abweichung des Werks vom Vertrag (im Beispiel: zur Abblätterung des Verputzes), so gelten sowohl die ursprüngliche Fehlerhaftigkeit als auch die nachträglich auftretende Abweichung des Werks vom Vertrag als Mangel[9].

Keine Voraussetzung für das Vorliegen eines Mangels ist ein objektiver 15.9
Minderwert des mangelbehafteten Werks[10].

---

3 A.a.O., Rz. 1406 ff.

4 BGE 122 III 235.

5 GAUCH, Werkvertrag, Rz. 1411; betreffend anerkannte Regeln der Baukunde oder gleichwertige Anforderungen vgl. oben Rz. 4.68 ff.

6 A.a.O., Rz. 1409 ff.

7 A.a.O., Rz. 1413 ff.

8 A.a.O., Rz. 1370 ff. Betreffend Zusicherungen ausführlich oben Rz. 12.66 ff.

9 GAUCH, Werkvertrag, (Rz. 1454 f. und 1470) spricht von Primär- und Sekundärmängeln.

10 Vgl. a.a.O., Rz. 1638.

15.10 Der *Mangel einer Kaufsache* lässt sich im Wesentlichen als Fehlen einer zugesicherten Eigenschaft definieren. Der Zusicherung kommt im Kaufrecht eine andere, zentralere Bedeutung zu als im Werkvertragsrecht. Zudem spielt neben der Sachgewährleistung die Rechtsgewährleistung eine erhebliche Rolle[11].

b) Offene, geheime und verdeckte Mängel

15.11 Mängel, die bei der Ablieferung bzw. bei der Anzeige der Vollendung[12] des Werks feststellbar sind, werden als *offene Mängel* bezeichnet. Mängel, die erst nach der Abnahme durch den Besteller zutage treten, werden als *geheime Mängel* bezeichnet[13]. Mängel, die der Bauherr erst nach Ablauf der Garantiefrist im Sinne von Art. 172 SIA-Norm 118 entdeckt, werden in dieser Norm als *verdeckte Mängel* bezeichnet (Art. 179 Abs. 1 SIA-Norm 118)[14]. Die Unterschiede wirken sich in unterschiedlichen Anforderungen an die Prüfungs- und Rügeobliegenheiten des Bestellers aus[15].

c) Abgrenzungen

15.12 Der Mangel ist von folgenden Sachverhalten abzugrenzen:

aa) Anderes Werk

15.13 Ein anderes Werk liegt vor, wenn das abgelieferte bzw. als vollendet angezeigte Werk gegenüber dem bestellten *dermassen abweichende Eigenschaften* aufweist, dass es nicht mehr mit diesem identifiziert werden kann. Die Unterscheidung gegenüber dem Mangel ist insofern bedeutsam, als bei einem anderen Werk nicht die Regeln betreffend Mängelrechte des Bestellers, sondern die allgemeinen Regeln über die Nichterfüllung des Vertrags zur Anwendung kommen[16] .

---

11 Zum Ganzen ausführlich: KELLER/SIEHR, 73 ff.; HONSELL, Art. 197 OR, 1126 ff.

12 Bei Bauwerken ersetzt die Anzeige der Vollendung die Ablieferung im Sinne von Art. 367 Abs. 1 OR (vgl. unten Rz. 15.135 und Art. 158 Abs. 1 SIA-Norm 118).

13 Vgl. GAUCH, Werkvertrag, Rz. 2179.

14 BÜHLER (306, Rz. 41 ff.) gebraucht den Begriff «verdeckter Mangel» als Synonym für «geheimer Mangel».

15 Vgl. unten Rz. 15.135 ff.

16 GAUCH, Werkvertrag, Rz. 1443 ff.; BÜHLER, 214, Rz. 35.

bb) Nicht vollendetes Werk

Ist ein Werk bis zum Zeitpunkt, in dem es zur Abnahme bereit sein sollte, *nur unvollständig*, aber bis anhin ohne Fehler erstellt worden, gilt es nicht als mangelhaft. Der Bauherr kann die – noch nicht fällige – Vergütung verweigern und nach den allgemeinen Regeln des Schuldnerverzugs vom Vertrag zurücktreten oder auf Erfüllung klagen[17]. Ein Minderungsrecht des Bestellers ist umstritten[18]. 15.14

cc) Verschlechterung des abgelieferten Werks

Nach erfolgter Abnahme geht das Werk in die Obhut des Bestellers über. Die Folgen von *Beschädigungen, Abnützungen und normalen Alterungsprozessen* nach erfolgter Abnahme sind deshalb kein Werkmangel und vom Besteller zu tragen[19]. Als Mangel zu werten sind hingegen Einbussen bei der Beschaffenheit und bei der Funktionstüchtigkeit des Werks gegenüber vertraglichen Bestimmungen, welche diesbezügliche Eigenschaften des Werks über eine bestimmte Zeitdauer garantieren. 15.15

dd) Verletzung einer Sorgfaltspflicht des Unternehmers, die zu Schäden am Werk führt

Verletzt der Unternehmer eine *Sorgfaltspflicht*, und erleidet sein Werk deswegen einen Schaden, so haftet der Unternehmer aufgrund von Art. 364 OR. Nach der Ablieferung des Werks wird laut Bundesgericht die Haftung für Sorgfalt durch die Haftung für Mängel absorbiert[20]. Dies kann allerdings nur für solche Auswirkungen einer Sorgfaltspflichtverletzung gelten, die sich in einem Werkmangel niederschlagen. Führt die Verletzung der Sorgfaltspflicht hingegen zu einer nachträglichen Beeinträchtigung des Werks oder zu einem anderen Schaden des Bestellers, muss weiterhin Art. 364 OR anwendbar sein (vgl. nachfolgendes Beispiel). 15.16

---

17 GAUCH, Werkvertrag, Rz. 1447; BÜHLER, 215, Rz. 38.

18 Zustimmend: BGE 94 II 165; ablehnend: GAUCH, Werkvertrag, Rz. 1447. KOLLER, Rz. 35, postuliert ein Minderungsrecht im Rahmen des Schuldnerverzugsrechts.

19 BGE 107 II 437 = BR 1983, 15 f., Nr. 6; GAUCH, Werkvertrag, Rz. 1451.

20 BGE 113 II 422 E. 2b = Pra 77, 405 E. 2b; BÜHLER, 97 f. Rz. 14.

15.17 Beispiel (BGE 94 II 157 ff.): Eine Heizungsfirma erstellte eine Zentralheizung. Sie unterliess es sicherzustellen, dass für den Wasserkreislauf kein ungeeignetes Wasser verwendet wurde. Tatsächlich entstanden durch die Verwendung von allzu aggressivem Wasser Korrosionsschäden. Das Bundesgericht erklärte die Heizungsfirma als haftbar aufgrund von Art. 364 Abs. 1 OR, obwohl diese einen Nachweis erbrachte, dass es der Übung entspreche, dass Heizungsfirmen das verwendete Wasser nicht prüfen. Hierzu befand das Bundesgericht, dass es nicht darauf ankomme, ob die Heizungsfirma diese Übung gekannt habe, sondern ob der Besteller um diese Übung gewusst habe oder habe wissen müssen.

ee) Belastung des Baugrundstücks mit Bauhandwerkerpfandrecht

15.18 Die Belastung des Baugrundstücks mit einem *Bauhandwerkerpfandrecht* durch den Bauhandwerker oder durch einen seiner Subunternehmer gilt nicht als Werkmangel. Das Bundesgericht räumt jedoch dem Besteller bei Verschulden des Bauhandwerkers ein Minderungsrecht ein[21].

ff) Übermässiger Aufwand

15.19 Ein *übermässiger Aufwand* bei der Werkerstellung ist ebenfalls kein Werkmangel. Er wird nur bei vom Besteller bestrittenen Ansprüchen des Unternehmers auf eine zusätzliche Vergütung zum Problem und ist demnach nach den Regeln über die Vergütung der Leistungen des Unternehmers zu behandeln[22].

2. Baumangel

15.20 Solange nur das Verhältnis zwischen Besteller und bauausführendem Unternehmer eine Rolle spielt, kann der Baumangel gleichgesetzt werden mit dem *Mangel an einem Werk, das als Bauwerk oder als Teil eines solchen zu bezeichnen* ist. Wie aus Art. 371 Abs. 2 OR hervorgeht, gelten aber selbst in der Betrachtungsweise des Gesetzes auch solche Vertragswidrigkeiten eines Bauwerks als Mangel, die vom Architekten oder vom Ingenieur mitverursacht oder von diesen gar allein[23] verursacht wurden.

---

21 BGE 104 II 355; GAUCH, Werkvertrag, Rz. 1457.

22 BGE 96 II 60; GAUCH, Werkvertrag, Rz. 1450; KOLLER, Rz. 38.

23 Vgl. unten Rz. 15.120.

Die Übernahme und Vervollständigung dieser gesetzlichen Betrachtungsweise führt zur Lösung, den *Baumangel* zu begreifen als *Vertragswidrigkeit eines Bauwerks oder eines Teils eines solchen, die verursacht wurde im Verantwortungsbereich von einem oder von mehreren Baubeteiligten, die in verschiedenen Rechtsbeziehungen zum Bauherrn einen Beitrag zur Realisierung geleistet haben* (Architekten, Ingenieure, Gutachter, Berater, bauausführende Unternehmer, Lieferanten und Hersteller von Baustoffen). 15.21

Baumängel können vor allem in einer falschen oder fehlerhaften materiellen Beschaffenheit, in einer ästhetischen Beeinträchtigung, in einer fehlerhaften konstruktiven oder geometrischen Ausbildung, in einer falschen Plazierung oder in einer ungenügenden Funktionstauglichkeit (Sicherheit, Gebrauchstauglichkeit, Nutzung[24]) des Bauwerks bestehen. Häufig treten diese Erscheinungen kombiniert auf. 15.22

III. Grundlagen der Haftung

1. Kreis der Haftpflichtigen

Alle Baubeteiligten, d.h. alle Personen, die einen Beitrag zur Realisierung des Bauwerks geleistet haben, können für einen Baumangel *haftpflichtig* werden. Es sind dies insbesondere die Architekten, Ingenieure, Gutachter, Berater, bauausführenden Unternehmer, General- und Totalunternehmer sowie die Lieferanten und Hersteller von Baustoffen. Wegen der unterschiedlichen vertraglichen Beziehungen zum Bauherrn sind die Haftungsvoraussetzungen für die verschiedenen Baubeteiligten je getrennt darzustellen. 15.23

24 Für die Begriffe der Sicherheit, der Gebrauchstauglichkeit und der Nutzung im Sinne der anerkannten Regeln der Baukunde vgl. SIA-Norm 160, Ziffern 2 2 und 2 3.

2. Grundlagen und besondere Voraussetzungen der Haftung

a) *Bauausführende Unternehmer, General- und Totalunternehmer*

aa) *Nach Gesetz*

15.24 Baumängel, die durch die bauausführenden Unternehmer sowie durch die General- und Totalunternehmer[25] verursacht werden, unterliegen der *Kausalhaftung* gemäss Art. 368 OR[26]. Eine alternative Berufung auf Art. 97 OR ist ausgeschlossen[27]. Die durch Baumängel bedingten Vermögensschäden des Bauherrn unterliegen als Mangelfolgeschäden der Verschuldenshaftung gemäss dem letzten Teil des Satzes von Art. 368 Abs. 1 OR[28]. Dies gilt ungeachtet dessen, ob die Mängel durch Fehler bei der Bauausführung als Hauptleistung oder durch Fehler bei der Planung, Projektierung und Bauleitung, welche Bestandteil des Werkvertrages mit dem Bauherrn bilden, hervorgerufen wurden[29].

15.25 Auch solche Baumängel, die auf *fehlerhafte Baustoffe oder Bauprodukte*, die vom Unternehmer beschafft wurden, zurückzuführen sind, unterliegen diesen Haftungsregeln, obwohl nach dem Wortlaut von Art. 365 Abs. 1 der Unternehmer für Stoffe, die er selber geliefert hat, dem Besteller Gewähr zu leisten hat wie ein Verkäufer[30].

bb) *Nach SIA-Norm 118*

15.26 Die SIA-Norm 118 *übernimmt* grundsätzlich die Haftungsordnung von Art. 368 OR, wobei das Recht zur Wahl des Mängelrechts abweichend geregelt ist (Art. 169 SIA-Norm 118)[31]. Art. 167 SIA-Norm 118 hält zudem ausdrücklich fest, dass der Unternehmer auch für solche Mängel

25 Zu den Begriffen des General- und des Totalunternehmers siehe GAUCH, Werkvertrag, Rz. 222 ff. und 233 f. Sowohl der General- wie auch der Totalunternehmervertrag sind Werkverträge (a.a.O., Rz. 230 und 235).

26 A.a.O., Rz. 1503 f.

27 BGE 117 II 353; GAUCH, Werkvertrag, Rz. 1355 ff.; BÜHLER, 175, Rz. 26.

28 GAUCH, Werkvertrag, Rz. 1887 ff.

29 Dies ergibt sich aus der Rechtsnatur des Totalunternehmervertrages als reiner Werkvertrag; vgl. BGE 114 II 53 ff. und GAUCH, Werkvertrag, Rz. 237.

30 BGE 117 II 428 = BR 1992, 95, Nr. 157; KOLLER, Rz. 97 ff.; GAUCH, Werkvertrag, Rz. 1477; ZINDEL/PULVER, Art. 365 OR, Rz. 26 ff.; BÜHLER, 130 f., Rz. 19 ff.

31 Vgl. unten Rz. 15.73.

haftet, die durch ihn vorgeschlagene Konstruktionen oder Ausführungsarten sowie durch seine statische Berechnung und konstruktive Ausbildung entstehen.

b) Architekten und Ingenieure

aa) Nach Gesetz

Gemäss der aktuellen Rechtsprechung des Bundesgerichts zum Architektenvertrag (und damit auch zum Ingenieurvertrag) ist auf die Erarbeitung von Projekten, Plänen und Kostenvoranschlägen *Werkvertragsrecht*, auf die übrigen Leistungen von Architekten und Ingenieuren *Auftragsrecht* anzuwenden[32]. 15.27

Soweit *Baumängel* auf Mängel in Projekten und Plänen für das betroffene Bauwerk zurückzuführen sind, stellen sie im Verhältnis zu den mangelhaften Projekten und Plänen *Mangelfolgeschäden* dar und unterliegen der Verschuldenshaftung gemäss Art. 368 Abs. 1 OR, letzter Satzteil[33]. Dasselbe gilt für Vermögensschäden des Bauherrn als Folge von Baumängeln[34]. Die kausale Haftung von Architekten und Ingenieuren gegenüber dem Bauherrn bleibt auf die mangelhaften Projekte und Pläne an sich beschränkt und ist deshalb in wirtschaftlicher Hinsicht wenig bedeutend. 15.28

Soweit Baumängel auf Fehler bei den übrigen Leistungen von Architekten und Ingenieuren zurückzuführen sind, unterliegen sie und die durch sie bedingten Vermögensschäden des Bauherrn der *Sorgfaltshaftung* von Art. 398 Abs. 2 OR[35]. 15.29

bb) Nach den SIA-Ordnungen 102, 103 und 108

Die Ordnungen für Leistungen und Honorare der Architekten (SIA 102), der Bauingenieure (SIA 103) sowie der Maschinen- und der Elektroingenieure sowie der Fachingenieure für Gebäudeinstallationen von 1984 beschränken in der jeweils gleichlautenden Ziff. 1.6 die Haftung des 15.30

32 Vgl. oben Rz. 8.6 ff.; BGE 109 II 462 ff.; BGE 114 II 56 = Pra 1988 Nr. 173; SCHUMACHER, Rz. 392 ff.; GAUCH, Architekturvertrag, Rz. 30 ff.

33 SCHUMACHER, Rz. 554.

34 A.a.O.

35 A.a.O., Rz. 391.

Architekten bzw. des Ingenieurs auf Fälle *«verschuldeter, fehlerhafter Auftragserfüllung»*. Damit wird aber im Bereich der Mängelhaftung gegenüber der gegenwärtigen Rechtsprechung des Bundesgerichts lediglich für Mängel der Pläne und Projekte die kausale Haftung zu einer Verschuldenshaftung gemildert; in Bezug auf Baumängel bleibt die Natur der Haftung unverändert.

15.31 Die Ziff. 1.6 der genannten Ordnungen beschränkt die Haftung der Architekten und Ingenieure auf den *«direkten» Schaden* des Auftraggebers. Was unter dem «direkten» Schaden zu verstehen ist, ist nicht erhärtet. Insbesondere wird mit dieser unklaren, und damit nach der Unklarheitsregel wohl häufig gänzlich unwirksamen Bestimmung[36] die Haftung für dem Bauherrn entstehende Folgeschäden aus Baumängeln nicht beseitigt.

c) Gutachter und Berater

15.32 Wie die Erarbeitung von Plänen und Projekten durch Architekten und Ingenieure unterliegt nach der gegenwärtigen Rechtsprechung des Bundesgerichts auch die Erstellung von Gutachten dem Werkvertragsrecht[37]. Führt ein Mangel in einem *Gutachten* zu einem Baumangel, so besteht dieselbe Situation wie bei Vorliegen eines Projekt- bzw. Planmangels. Dagegen unterliegt die *Beratertätigkeit* wie die übrigen Tätigkeiten von Architekten und Ingenieuren dem Auftragsrecht. Infolge dieser Analogie kann auf die Ausführungen unter lit. b (vgl. oben Rz. 15.27 ff.) verwiesen werden.

d) Lieferanten und Hersteller von Baustoffen

aa) Nach Kaufrecht

15.33 Die Lieferung von Baustoffen unterliegt den Regeln über den *Fahrniskauf*. Besteht der Baumangel in einem Mangel der eingebauten Stoffe selber, stehen dem Bauherrn die Ansprüche aus der Kausalhaftung des Verkäufers gemäss Art. 205 und 206 OR zu.

36 SCHUMACHER, Rz. 555 ff.; HESS U., 97, Rz. 25 ff.

37 HÜRLIMANN, Rz. 1528 ff.

Sind Umstände, die eine Wandelung rechtfertigen (vgl. Art. 205 Abs. 2 OR) gegeben, haftet der Lieferant auch für *«unmittelbar verursachten» Schaden* (Art. 208 Abs. 2 OR). Eine Haftung für *«weiteren» Schaden* des Bauherrn hat der Lieferant nur dann zu übernehmen, wenn ihn an der Fehlerhaftigkeit der gelieferten Baustoffe ein Verschulden trifft (Art. 208 Abs. 3 OR)[38]. 15.34

Anders präsentiert sich die Sachlage, wenn nicht ein mangelhafter, sondern ein *falscher (anderer) Baustoff* geliefert wird[39]. Diesfalls besteht der ursprüngliche Erfüllungsanspruch fort; für allfällige Folgeschäden haftet der Lieferant nach Art. 97 OR[40]. 15.35

bb) Nach Produktehaftpflichtgesetz

Gemäss Art. 1 Abs. 1 PrHG haftet der Hersteller eines fehlerhaften Produktes, wenn eine *Person getötet oder verletzt* wird, oder wenn eine *Sache beschädigt oder zerstört* wird, die nach ihrer Art zum privaten Gebrauch oder Verbrauch bestimmt ist und vom Geschädigten hauptsächlich privat verwendet worden ist. Damit kann bei Baumängeln, die auf den Einbau eines fehlerhaften Produktes (Bauteil oder Baustoff) zurückzuführen sind, eine Haftpflicht aufgrund des Produktehaftpflichtgesetzes gegeben sein[41]. 15.36

Zur Haftung für Sachbeschädigung sind folgende Präzisierungen anzubringen: Für einen *Schaden am fehlerhaften Produkt* haftet der Hersteller nicht (Art. 1 Abs. 2 PrHG). Damit besteht keine Haftpflicht für fehlerhafte Bauteile oder Baustoffe selber, sondern nur für den Schaden am übrigen Bauwerk und an anderen Sachen, der durch fehlerhafte Bauteile bzw. Baustoffe verursacht wurde. Ferner muss das betroffene Bauwerk zum *privaten Gebrauch*, etwa zu einer Wohnnutzung, bestimmt sein (Art. 1 Abs. 1 lit. b PrHG). Der private Gebrauch steht im Produktehaftpflichtgesetz nicht etwa nur im Gegensatz zum öffentlichen Gebrauch, 15.37

---

38 Für die Abgrenzung von «unmittelbar verursachtem» und «weiterem» Schaden vgl. unten Rz. 15.87.

39 BGE 121 III 458.

40 HONSELL, Art. 207, Rz. 3.

41 HESS H.J., 220, Rz. 16; FELLMANN/VON BÜREN-VON MOOS, 62, Rz. 134; GAUCH, Werkvertrag, Rz. 1423 f.; BÜHLER, 172 f., Rz. 113 ff.

sondern auch *im Gegensatz zum kommerziellen Gebrauch*[42]. Demnach ist die Produktehaftung nicht nur bei Mängeln an öffentlichen Bauten, sondern z.B. auch bei Mängeln an privaten Gewerbebauten ausgeschlossen. Schliesslich muss der Bauherr gemäss dem letzten Satzteil von Art. 1 Abs. 1 lit. b PrHG das Bauwerk nach seiner Beschädigung bereits benutzt *haben*. Dies würde nach dem Wortlaut bedeuten, dass die Produktehaftung nur bei Baumängeln, die nach dem Bezug des betroffenen Bauwerks aufgetaucht sind, zum Tragen kommt, nicht aber bei solchen Mängeln, die vor dem Bezug in Erscheinung getreten sind. Richtigerweise sollte aber diese gesetzliche Bedingung, die wohl nicht einen erfolgten Gebrauch zur Haftungsvoraussetzung erklären, sondern Schadensfälle bei effektivem kommerziellen Gebrauch von Haftungsansprüchen ausschliessen will, so ausgelegt werden, dass bereits die *Absicht* des Bauherrn, das noch nicht bezogene Bauwerk zum privaten Gebrauch zu verwenden, genügt. Sonst wäre in Fällen, in denen der Bauherr einen fehlerhaften Baustoff oder Bauteil selber einkauft und dieser noch vor dem Bezug des Bauwerks zu einer Beschädigung desselben führt, dem Bauherrn die Inanspruchnahme der Produktehaftung ungerechtfertigterweise verwehrt.

15.38 Als Hersteller von Produkten gelten gemäss Art. 2 PrHG auch *Importeure* und unter bestimmten Bedingungen auch *Händler*. Damit können gegebenenfall auch die Lieferanten (inklusive Zwischenhändler) von Bauteilen, welche diese nicht selber herstellen, aufgrund des Produktehaftpflichtgesetzes in Anspruch genommen werden.

cc) Nach SIA-Norm 118

15.39 Nicht selten wird bei Bauverträgen, die sich bei genauer Prüfung als Kaufverträge, allenfalls mit Montagepflicht (z.B. über die Lieferung und Versetzung von Standard-Fertigelementen), erweisen, von den Parteien die Geltung der SIA-Norm 118 vereinbart. Dies ist in den meisten Fällen durchaus *zweckmässig* und problemlos. Wo die Norm von Werk spricht, ist darunter die Kaufsache zu verstehen. Subsidiär gelangt anstelle des Werkvertragsrechts das Kaufrecht zur Anwendung.

42 HESS H.J., 151, Rz. 73; FELLMANN/VON BÜREN-VON MOOS, 58, Rz. 118.

e) Haftung für Unterakkordanten

Für ihre *Unterakkordanten* (im Werkvertrag zumeist Subunternehmer genannt), haften die vorerwähnten Baubeteiligten aufgrund der Regeln der Haftung für Hilfspersonen (Art. 101 OR). 15.40

f) Gemeinsame Verantwortung mehrerer Baubeteiligter

aa) Grundsatz: Solidarische Haftung

Wird ein Baumangel durch zwei oder *mehrere Baubeteiligte gemeinsam* verursacht, so haften diese in demjenigen Rahmen, in dem für beide bzw. für alle eine Haftung gegeben ist, grundsätzlich (unecht) solidarisch gemäss Art. 51 Abs. 1 in Verbindung mit Art. 50 Abs. 1 OR[43]. 15.41

bb) Einschränkungen der solidarischen Haftung

Eine wichtige Einschränkung besteht jedoch im Bereich der Haftung des Bauherrn für Hilfspersonen. *Architekten und Ingenieure* gelten aus der Sicht der bauausführenden Unternehmer als *Hilfspersonen des Bauherrn* im Sinne von Art. 101 OR[44]. Dies hat zur Folge, dass derjenige Anteil an der Verantwortung für einen Baumangel, der einem Architekten oder Ingenieur anzulasten ist, vom Bauherrn gegenüber den bauausführenden Unternehmern selber zu vertreten ist, und dass damit eine solidarische Haftung der bauausführenden Unternehmer für die Fehler der Architekten und Ingenieure ausgeschlossen ist[45]. Nicht eingeschränkt wird die Haftung der bauausführenden Unternehmer durch mangelnde Überwachung der Architekten und Ingenieure[46]. 15.42

Umgekehrt haften jedoch bei einem gemeinsam zu verantwortenden Baumangel die Architekten und Ingenieure für den Anteil der Verantwortung der bauausführenden Unternehmer uneingeschränkt solidarisch. Diese *asymmetrische Einschränkung der Solidarhaftung* ist konsequenterweise auf die Gutachter und Berater als Hilfspersonen des Bauherrn einerseits und auf Lieferanten von Baustoffen als parallele Vertragspart- 15.43

43 Vgl. zum Ganzen auch oben Rz. 8.83.
44 GAUCH, Werkvertrag, Rz. 1922 und 2743.
45 A.a.O., Rz. 2051 und 2743; BÜHLER, 227 ff., Rz. 18 ff.
46 GAUCH, Werkvertrag, Rz. 2743.

ner des Bauherrn zu den bauausführenden Unternehmern andererseits auszudehnen.

cc) Befreiung der Solidarschuldner

15.44 In Bezug auf die Befreiung der unecht solidarisch Haftenden von ihrer Leistungspflicht ist Art. 147 Abs. 1 OR sinngemäss anzuwenden. Soweit z.B. ein Unternehmer die Haftpflicht gegenüber dem Bauherrn durch Wandelung, Minderung oder Nachbesserung nebst allfälligem Schadenersatz erfüllt hat[47], sind *mithaftende* Architekten und Ingenieure von ihrer Pflicht zur Leistung von Schadenersatz *befreit*[48]. Dasselbe gilt auch umgekehrt, sofern der Unternehmer für die Fehler von Architekten und Ingenieuren überhaupt haftet[49].

15.45 Nicht selten kommt es vor, dass der Bauherr einen Baumangel nicht rechtzeitig rügt, damit seine Mängelrechte gegenüber dem bauausführenden Unternehmer verliert[50] und deshalb einen solidarisch haftenden Architekten oder Ingenieur für den ganzen Schaden belangen will. GAUCH schlägt vor, in diesem Fall die Haftung des Architekten oder Ingenieurs gegenüber dem Bauherrn auf denjenigen Anteil des Schadens zu beschränken, den der Architekt oder Ingenieur im Innenverhältnis gegenüber dem bauausführenden Unternehmer selber tragen müsste, und das *Rückgriffsrecht* gegenüber dem Unternehmer *abzulehnen*[51]. Nach überzeugender Meinung von ZEHNDER besteht in Fällen, in denen der Bauherr Regressrechte von Baubeteiligten durch sein Verhalten verkürzt hat, aufgrund von Art. 149 Abs. 2 OR ein *Schadenersatzanspruch* gegenüber dem Bauherrn *entsprechend der Kürzung* des Regressrechtes[52].

15.46 Kein Grund für eine Haftungsbeschränkung eines Schuldners in echter oder unechter Solidarität mit einem anderen Schuldner ist hingegen die Möglichkeit, dass wegen *Zahlungsunfähigkeit* des anderen Schuldners

47 Vgl. oben Rz. 15.24.

48 GAUCH, Werkvertrag, Rz. 2746.

49 Vgl. unten Rz. 15.93.

50 Vgl. unten Rz. 15.137 und 15.140.

51 GAUCH, Werkvertrag, Rz. 2754 f.

52 ZEHNDER HANNES, Gedanken zur Mehrpersonenhaftung im Baurecht, in: BR 1998, 3 ff.

der belangte Schuldner auf diesen keinen Rückgriff mehr nehmen könnte[53].

dd) Sonderfall: Mangelhaftes Werk des Vorunternehmers

Gegenüber bauausführenden Unternehmern gelten im Gegensatz zu Ar- 15.47
chitekten und Ingenieuren die Vor-, Neben- und Nachunternehmer nicht als Hilfspersonen des Bauherrn. Führt jedoch ein *Mangel am Werk eines Vorunternehmers* zu einem Mangel am Werk des Nachunternehmers, hat sich der Bauherr diesem gegenüber den Mangel am Werk des Vorunternehmers als *Selbstverschulden* anrechnen zu lassen.[54]

IV. Mängelrechte des Bauherrn

1. Rechte gegenüber bauausführenden Unternehmern

a) Rechte, die den Mangel direkt betreffen

aa) Wandelung

Aufgrund von Art. 368 Abs. 1 OR steht es dem Bauherrn offen, den 15.48
Vertrag zu *wandeln* bzw. die Annahme des Werks zu verweigern, wenn die Mängel, gleichzusetzen mit Abweichungen vom Vertrag, so gravierend sind, dass dem Bauherrn die Annahme nicht zugemutet werden kann[55]. Der Unternehmer ist nicht verpflichtet, das Werk selber zu entfernen, ist für die Entfernung jedoch kostenpflichtig[56]. Allerdings schränkt Art. 368 Abs. 3 OR das Recht des Bestellers eines Bauwerks, Wandelung zu verlangen, auf die Fälle ein, in denen die Entfernung des

53 BGE 93 II 323.

54 Ausführlich oben Rz. 11.33 ff; GAUCH, Werkvertrag, Rz. 2038 ff. Zum Selbstverschulden des Bauherrn und zur Abmahnungspflicht des Unternehmers vgl. auch unten Rz. 15.102 ff.

55 Kasuistik siehe BÜHLER, 217 f., Rz. 44 ff. Teilweise umstritten ist das Kriterium der Unbrauchbarkeit; vgl. dazu ZINDEL/PULVER, Art. 368 OR, Rz. 16 und GAUCH, Werkvertrag, Rz. 1565 ff.

56 GAUCH, Werkvertrag, Rz. 1543 ff.; BÜHLER, 221, Rz. 59.

Bauwerks nicht mit unverhältnismässigen Nachteilen für den Unternehmer verbunden ist[57].

15.49 Beispiel (BGE 98 II 118 ff.): Im Mai 1968 lieferte eine Stahlbaufirma zwei Heizöltanks für einen Neubau. Am 31. Juli teilte die Bauherrin der Stahlbaufirma mit, dass ein Tank geborsten sei, nachdem er für eine Dichtigkeitsprüfung mit Wasser gefüllt worden war. Bis zum 7. August teilte die Bauherrin der Stahlbaufirma zusätzlich mit, der geborstene Tank sei völlig verzogen und auch der andere Tank weise Blähungen auf. Ein Augenschein mit Vertretern der Tankkontrolle, der EMPA sowie eines Ingenieurbüros habe ergeben, dass die gesamte Konstruktion ungenügend sei und nicht den Regeln des Stahlbaus entspreche. Die Bauherrin verlangte den Ersatz der Tanks, wobei ihr die Pläne und statischen Berechnungen vorgängig zu unterbreiten seien. Am 16. August anerkannte die Stahlbaufirma die mangelhafte Konstruktion und versprach, beide Tanks innert kürzester Frist instand zu stellen. Die Bauherrin stimmte hierauf einer Wiederherstellung der Tanks zu, forderte aber wiederum die Vorlage von Plänen und statischen Berechnungen. Nachdem bis Ende September nichts passiert war, setzte die Bauherrin der Stahlbaufirma Frist bis 3. Oktober, um die verlangten technischen Unterlagen vorzulegen, andernfalls sie die Tanks wegräumen und durch neue ersetzen lasse. Am 24. Oktober teilte die Bauherrin der Stahlbaufirma mit, dass die versprochenen Unterlagen nicht eingetroffen seien und sie nun bei einer anderen Firma neue Tanks bestellt habe.

15.50 Das Bundesgericht schützte die Standpunkte der Bauherrin vollständig. Die Bauherrin sei nicht verpflichtet gewesen, ihr Wahlrecht bezüglich der Art des Mängelrechts sofort, d.h. mit Schreiben vom 31. Juli, auszuüben. Vor dem Augenschein mit Fachleuten habe sie das Ausmass der Mangelhaftigkeit der Tanks gar nicht überblicken können (E. 2). Nachdem die Stahlbaufirma der wiederholten Aufforderung der Bauherrin, Pläne und statische Berechnungen für die Wiederherstellung der Tanks einzureichen, nicht nachgekommen sei, sei das Wahlrecht der Bauherrin wieder aufgelebt, obwohl sie in der Antwort auf das Schreiben der Stahlbaufirma vom 16. August der vorgeschlagenen Nachbesserung zugestimmt habe (E. 3a). Die gelieferten Tanks hätten für den beabsichtigten Gebrauch überhaupt nicht getaugt, und der Bauherrin sei es nicht zuzumuten gewesen, die schwerwiegenden Mängel durch eine andere Firma beheben zu lassen. Es könne deshalb nicht von unverhältnismässigen Nachteilen im Sinne von Art. 368 Abs. 3 OR gesprochen werden (E. 3b). Indem die Bauherrin die unbrauchbaren Behälter beseitigt habe, habe sie sich nicht ein unerlaubtes Selbsthilferecht angemasst, sondern ihre Rechte als Grundeigentümerin gewahrt, weshalb Art. 98 Abs. 1 OR und Art. 52 Abs. 3 OR nicht anwendbar seien. Die Stahlbaufirma sei nicht verpflichtet gewesen, das Grundstück von den Tanks zu befreien und die Bauherrin nicht berechtigt, dies von der Stahlbaufirma zu verlangen (E. 4).

---

57 GAUCH, Werkvertrag, Rz. 1573 ff.

Die Wandelung betrifft in aller Regel den gesamten Vertrag. Aufgrund analoger Anwendung von Art. 209 Abs. 1 OR kann sich bei der Herstellung von mehreren Werken eine *Wandelung nur in Bezug auf einzelne Werke* rechtfertigen[58]. 15.51

bb) Minderung

Aufgrund von Art. 368 Abs. 2 OR steht dem Bauherrn gegenüber dem bauausführenden Unternehmer das Recht zu, wahlweise *am Werklohn* einen dem Minderwert des Werkes entsprechenden *Abzug* zu machen (Minderung) oder die unentgeltliche *Verbesserung* (Nachbesserung) des Werkes zu verlangen[59], sofern diese dem Unternehmer nicht übermässige Kosten verursacht[60]. Zur Minderung die folgenden Präzisierungen: 15.52

Der Abzug am Werklohn darf höchstens *proportional* zum Anteil des Minderwertes am Wert des (hypothetischen) mängelfreien Werkes erfolgen[61]. Entspricht der Werklohn dem Wert des Werkes, decken sich die beiden Beträge. Ist jedoch der Werklohn grösser oder kleiner als der Wert des Werkes, ist auch der erlaubte Abzug am Werklohn entsprechend grösser oder kleiner als der Minderwert des Werkes. Dies gilt auch dann, wenn der Minderwert des Werkes den *Nachbesserungskosten* entspricht, was dann vermutet werden kann, wenn die Nachbesserungskosten keine Teuerung gegenüber dem Zeitpunkt der Ablieferung bzw. Anzeige der Vollendung enthalten[62]. Muss der Unternehmer infolge Minderung einen Teil des Werklohns zurückerstatten, so schuldet er auf diesen Betrag einen Zins ab dem Zeitpunkt des Empfangs der zurückzuerstattenden Vergütung (analoge Anwendung von Art. 208 OR)[63]. 15.53

---

58 A.a.O., Rz. 1546 ff.; ZINDEL/PULVER, Art. 368 OR, Rz. 30.

59 Vgl. aber auch unten Rz. 15.55 und 15.73 ff. sowie 15.116.

60 Vgl. unten Rz. 15.58.

61 BGE 116 II 313; 111 II 163; 105 II 101; GAUCH, Werkvertrag, Rz. 1646 ff.; BÜHLER 228 ff., Rz. 90 ff.; zur Beachtung von diversen Gesichtspunkten bei der Berechnung der Minderung vgl. ZINDEL/PULVER, Art. 369 OR, Rz. 45.

62 BGE 116 II 313 f. = BR 1991, 43, Nr. 64; BGE 111 II 164 = BR 1986, 64, Nr. 88; GAUCH, Werkvertrag, Rz. 1684; ZINDEL/PULVER, Art. 368 OR, Rz. 38 ff.; vgl. auch BÜHLER, 227 f., Rz. 87.

63 BGE 116 II 315.

15.54 Bei völliger *Wertlosigkeit des Werkes* kann der Besteller keine Minderung, sondern an ihrer Stelle nur die Wandelung verlangen[64].

cc) Nachbesserung

15.55 Die Nachbesserung stellt gemäss Art. 368 OR das alternative Recht des Bauherrn zur Minderung dar[65]. Ist die SIA-Norm 118 anwendbar, verleiht deren Art. 169 Abs. 1 dem Unternehmer das Recht, den Mangel durch Nachbesserung zu beheben, und die Wahlfreiheit des Bestellers kommt erst zum Tragen, wenn der Unternehmer auf sein Nachbesserungsrecht verzichtet[66].

15.56 Der Bauherr hat dem Unternehmer für die Nachbesserung eine *angemessene Frist* anzusetzen. Sie muss so lange bemessen sein, wie der Unternehmer erfahrungsgemäss für die einwandfreie Behebung des Mangels braucht, wenn er sofort damit beginnt und sie zügig zu Ende führt[67]. Bei Säumigkeit des Unternehmers hat der Bauherr eine *Nachfrist* anzusetzen, sofern dies nicht von vornherein als aussichtslos erscheint[68]. Verstreicht auch die Nachfrist ergebnislos, lebt das Wahlrecht des Bauherrn gemäss Art. 368 OR wieder auf[69]. Bei Anwendbarkeit der SIA-Norm 118 braucht der Bauherr keine Nachfrist anzusetzen; sein Wahlrecht gemäss Art. 368 OR lebt unmittelbar wieder auf (Art. 169 Abs. 1 SIA-Norm 118).

15.57 Die Nachbesserung umfasst neben der eigentlichen Behebung des Mangels auch *sämtliche Arbeiten zur Freilegung* des zu bearbeitenden Bauteils sowie *zur Wiederherstellung des vorherigen Zustandes*, auch wenn diese Arbeiten viel aufwendiger sind als die Behebung des Mangels selber[70]. Daneben kann der Bauherr auch den Ersatz der *Begleitkosten* der Mangelbehebung verlangen[71]. Anrechnen lassen muss sich der Bauherr andererseits die sogenannten «*Sowieso-Kosten*», d.h. die Kosten, die

64 GAUCH, Werkvertrag, Rz. 1639.
65 Vgl. oben Rz. 15.52.
66 Vgl. unten Rz. 15.73 ff. und 15.116.
67 EGLI ANTON, in: Lendi et al. (Hrsg.), Das private Baurecht der Schweiz, 91; GAUCH, SIA-Norm 118, Art. 169, Rz. 5.
68 GAUCH, Werkvertrag, Rz. 1267; für das weitere Vorgehen siehe unten Rz. 15.60.
69 A.a.O., Rz. 1795 ff., insbes. 1797.
70 A.a.O., Rz. 1717 ff.; BÜHLER, 235, Rz. 114.
71 BÜHLER, 236, Rz. 119.

zu einer vertragsgemässen Ausführung auf jeden Fall notwendig gewesen wären[72], und Vorteile, die er bei mängelfreier Erstellung von Beginn weg nicht gehabt hätte[73].

15.58 Die *Übermässigkeit (besser: Unverhältnismässigkeit) der Kosten* für den Unternehmer, welche dem Bauherrn verbieten, eine Nachbesserung zu verlangen, sind nicht etwa anhand der Höhe des Werklohnes, sondern anhand der Grösse des legitimen Interesses des Bauherrn an der Mängelfreiheit des Werkes zu ermitteln. Dabei sind auch nicht ökonomische Interessen des Bauherrn zu berücksichtigen[74].

15.59 Dem Unternehmer steht es frei, anstelle der Nachbesserung ein von Grund auf *neues Werk* zu erstellen[75]. Ein Anspruch des Bauherrn darauf besteht jedoch nur ausnahmsweise; insbesondere dann, wenn eine Nachbesserung scheitert und ein neuer Versuch als aussichtlos erscheint[76].

15.60 *Weigert* sich der Unternehmer, seiner Pflicht zur Nachbesserung nachzukommen, ist der Bauherr nicht gezwungen, zunächst ein Gerichtsurteil über den Bestand seines Anspruches zu erwirken und sich anschliessend aufgrund von Art. 98 Abs. 1 OR vom Richter zur Ersatzvornahme ermächtigen zu lassen. Das Bundesgericht erlaubt dem Besteller in analoger Anwendung von Art. 366 Abs. 2, bei Säumigkeit des Unternehmers ohne Anrufung des Richters und ohne Ansetzung einer Nachfrist den Mangel auf Kosten des Unternehmers zu beheben oder beheben zu lassen[77].

15.61 Erweist sich der Unternehmer als *unfähig*, die Nachbesserung auszuführen, kann der Bauherr die Nachbesserung ebenfalls ohne weiteres auf-

72 KOLLER, Rz. 346 ff.

73 A.a.O., Rz. 360.

74 BGE 111 II 173 f.; Zum Ganzen ausführlich KOLLER, Rz. 90 ff.; *ders.,* in: BR 1986, 10 ff.; GAUCH, Werkvertrag, Rz. 1749 ff.; BÜHLER, 241 f., Rz 144 ff.; ZINDEL/ PULVER, Art. 368 OR, Rz. 47 ff.

75 ZINDEL/PULVER, Art. 368 OR, Rz. 57.

76 KOLLER, Rz. 119 f. mit Hinweisen.

77 BGE 107 II 55 ff. = BR 1982, 18, Nr. 16; kritisch KOLLER, Rz. 147 und 182 f.; GAUCH, Werkvertrag, Rz. 1802 ff.; GAUCH nur teilweise zustimmend ZINDEL/ PULVER, Art. 366 OR, Rz. 28.

grund von Art. 366 Abs. 2 OR einem Dritten übertragen und Schadenersatz wegen Unterlassung einer Verpflichtung zu einem Tun verlangen[78].

15.62 *Scheitert* die Nachbesserung bzw. erweist sie sich als undurchführbar, lebt das Wahlrecht des Bauherrn nach Art. 368 OR wieder auf[79].

15.63 Der Bauherr muss *keine Behelfslösungen oder Flickwerke* akzeptieren[80].

dd) Grundsätzliche Unwiderruflichkeit der Wahl des Mängelrechts

15.64 Die vom Bauherrn gegenüber dem Unternehmer *erklärte Wahl* der Art des Mängelrechtes ist grundsätzlich nicht widerrufbar[81]. Unterbleibt jedoch eine hinreichende Nachbesserung endgültig, lebt das Wahlrecht des Bauherrn wieder auf[82].

ee) Beschränkte Abtretbarkeit der Mängelrechte

15.65 Bezüglich der *Abtretbarkeit von Mängelrechten*, welche zunächst vertragliche Gestaltungsrechte darstellen und erst nach ihrer Ausübung in Forderungen münden, bestehen Einschränkungen[83]. Grundsätzlich sind das Recht auf Wandelung und das Recht auf Minderung nicht abtretbar, doch können nach erklärter Wahl die daraus abzuleitenden Forderungen abgetreten werden[84]. Frei, d.h. vor erklärter Wahl eines Mangelrechts, ist lediglich das Recht auf Nachbesserung abtretbar[85].

---

78 BGE 96 II 353 f. = Pra 60, 268; BGE 107 II 108; 110 II 41 f.; KOLLER, Rz. 148 ff.; BÜHLER, 242 ff., Rz. 149 ff.

79 BGE 109 II 41 f. = Pra 72, 312; BÜHLER, 246, Rz. 153 f.; vgl. auch Beispiel Rz. 15.49 f.

80 BGE 116 II 312; GAUCH, Werkvertrag, Rz. 1724; BÜHLER, 235, RZ. 117.

81 Zum Ganzen KOLLER, Rz. 108 f.; GAUCH, Werkvertrag, Rz. 1581, 1688 und 1835.

82 Vgl. oben Rz. 15.56 und 15.62.

83 GAUCH, Werkvertrag, Rz. 2436 ff.

84 BGE 114 II 247; GAUCH, Werkvertrag, Rz. 2439 ff.; BÜHLER, 262 ff., Rz. 213 ff.; ZINDEL/PULVER, Art. 368 OR, Rz. 13. Allerdings spricht das Bundesgericht in BGE 118 II 145 vorbehaltlos von einer «Abtretung der Gewährleistungsansprüche»; vgl. hierzu HONSELL, Art. 205 OR, Rz. 4.

85 GAUCH, Werkvertrag, Rz. 2443; BÜHLER, 264 f., Rz. 221 ff.

b) *Recht auf Schadenersatz*

Bei Verschulden des Unternehmers hat der Bauherr zusätzlich Anspruch auf *Schadenersatz* (Art. 368 Abs. 1 OR, am Schluss)[86]. Die Beweislast für fehlendes Verschulden liegt beim Unternehmer (Art. 97 OR analog)[87]. Als Schaden bzw. Mangelfolgeschaden treten am häufigsten Aufwendungen des Bauherrn im Zusammenhang mit der Behebung von Mängeln und Einbussen bei der Nutzung des Bauwerks auf. Das Werkvertragsrecht macht jedoch keinen Unterschied zwischen mittelbarem und unmittelbarem Schaden. Als Mangelfolgeschaden gilt jede Art von Schaden des Bauherrn, bei dem ein adäquater Kausalzusammenhang mit dem Baumangel besteht[88]. Auf den Betrag des Schadenersatzes ist auch ein Schadenszins ab dem Zeitpunkt des Eintritts des Schadens geschuldet[89]. 15.66

Die Kriterien zur Beantwortung der Frage im jeweiligen Einzelfall, ob ein *Verschulden* des Baufachmanns vorliegt oder nicht, sind weitgehend objektiviert durch die *anerkannten Regeln der Baukunde*[90]. Sie beschlagen das gesamte Baufach und gelten als genereller Massstab für das Wissen, das Können und die Sorgfalt[91], welche der Bauherr bei Baufachleuten voraussetzen darf. 15.67

Subjektive Kriterien kommen dann zum Zug, wenn die Existenz einer anwendbaren anerkannten Regel der Baukunde sich nicht nachweisen lässt, spezielle vertragliche Vereinbarungen getroffen wurden oder wenn der Baufachmann bis zum Vertragsabschluss beim Bauherrn den nach Vertrauensprinzip gültigen Eindruck erweckt hat, seine Fachkompetenz läge über dem Niveau der anerkannten Regeln der Baukunde. 15.68

---

86 Als Verschulden gilt unter anderem die Verletzung von anerkannten Regeln der Baukunde, welchen einen objektivierten Massstab für das Wissen, das Können und die Sorgfalt der Baufachleute darstellen. Vgl. hierzu oben Rz. 4.56. Zum Ganzen auch GAUCH, Werkvertrag, Rz. 1848 ff.

87 BGE 93 II 315; BÜHLER, 255 ff., Rz. 190 ff.

88 GAUCH, Werkvertrag, Rz. 1885; BÜHLER, 252 f., Rz. 172 ff. (Kasuistik Rz. 175 ff.). Zu den einzelnen Schadenspositionen und ihrer Bemessung BÜHLER, 257, Rz. 194 ff.

89 BGE 116 II 315.

90 GAUCH, Werkvertrag, Rz. 1888. Zur Geltung von Fachnormen als anerkannte Regeln der Baukunde vgl. oben Rz. 4.61 ff.

91 GAUCH, Werkvertrag, Rz. 840 ff.

15.69 Zu beachten ist ausserdem, dass ein *bauausführender Unternehmer* diejenigen anerkannten Regeln der Baukunde, die ausschliesslich der Planung und Projektierung zuzuordnen sind, nicht oder zumindest nicht genau kennen muss. Keine Gültigkeit hat diese Aussage, soweit der Unternehmer, insbesondere der Totalunternehmer, auch Planungsleistungen erbringt. Welche anerkannten Regeln der Baukunde ausschliesslich der Planung und Projektierung zuzuordnen sind, ist im jeweiligen Einzelfall zu ermitteln, wobei diese Ermittlung häufig schwierig ist.

c) Minderung oder Nachbesserung?

15.70 Wählt der Bauherr Minderung, bleibt die Minderungssumme auf die Höhe des Werklohns beschränkt. Wählt der Bauherr Nachbesserung, so können die dafür notwendigen Aufwendungen des Unternehmers die Höhe des Werklohns auch übersteigen, soweit, wie erwähnt, die Aufwendungen bzw. Kosten des Unternehmers im Verhältnis zum Interesse des Bauherrn an der Nachbesserung nicht übermässig sind[92]. Übersteigen die Aufwendungen für die Nachbesserung die Höhe des Werklohns, ist die *Nachbesserung für den Bauherrn vorteilhafter als die Minderung*. Der Grund liegt darin, dass bei der Minderung die Aufwendungen für die Nachbesserung, welche die Höhe des Werklohns übersteigen, nicht als Mangelfolgeschaden geltend gemacht werden können, da sie im Mangel selber begründet sind. Nur wenn der Bauherr Nachbesserung wählt und infolge Weigerung des Unternehmers zur Ersatzvornahme greifen muss, kann er die den Werklohn übersteigenden Nachbesserungskosten geltend machen[93].

15.71 Die Nachbesserung kann für den Bauherrn auch deshalb vorteilhaft sein, weil bei der Minderung eine allfällige *Teuerung* nicht geltend gemacht werden kann; sie gilt nach Bundesgericht auch nicht als Mangelfolgeschaden oder als «anderer Schaden»[94].

15.72 Will der Bauherr die *Nachbesserung selber ausführen* oder einem Dritten übertragen, steht dies seinem Anspruch auf Minderung nicht entgegen[95].

92 Vgl. oben Rz. 15.58.
93 BGE 116 II 314 f.
94 BGE 117 II 553.
95 BGE 109 II 41 f. = Pra 72, 312.

d) *Recht des Unternehmers nach SIA-Norm 118, Nachbesserung zu wählen*

Häufig stellt für den Unternehmer die Nachbesserung die günstigere Art der Erfüllung der Mängelrechte des Bauherrn dar als die Minderung oder gar die Wandelung. Deshalb räumt Art. 169 Abs. 1 SIA-Norm 118 dem Unternehmer das gegenüber dem Bauherrn *vorrangige Recht* ein, *Nachbesserung* zu wählen[96]. Dieses Recht besitzt der Unternehmer sogar dann, wenn es zu einer vorzeitigen Auflösung des Werkvertrags infolge Verzugs des Unternehmers kommt[97]. Verzichtet der Unternehmer auf die Wahl der Nachbesserung, steht dem Bauherrn uneingeschränkt die Wahlfreiheit gemäss Art. 368 Abs. 1 und 2 OR zu. 15.73

Beispiel I (BGE 110 II 52): In den Jahren 1977/78 erstellte ein Baumeister zwei Mehrfamilienhäuser. Im Oktober 1979 traten im Mauerwerk Wasserschäden auf, die nach Auffassung der Bauherrin auf unsachgemäss erstellte Dilatationsfugen zurückzuführen waren. Im März 1982 klagte die Bauherrin gegen den Baumeister und forderte den Ersatz der Vergütung, die sie Dritten für die Sanierung der Fassaden bezahlt habe. Dazu behielt sie sich ein Nachklagerecht für weiteren Schaden vor. Der Baumeister bestritt die Forderung mit der Begründung, dass die Bauherrin ihm keine Gelegenheit zur Leistung von Nachbesserung gegeben habe, worauf er gemäss Art. 169 SIA-Norm 118 ein Recht gehabt hätte. Das Bundesgericht schützte den Standpunkt des Baumeisters. Ob die Klägerin zumindest das hätte fordern können, was der Baumeister dadurch gespart hatte, dass er die Nachbesserung nicht selber ausführen musste, liess das Bundesgericht offen, da die Bauherrin nicht behauptet habe, im kantonalen Verfahren Angaben zur Ermittlung und Berechnung ihres Anspruchs und des Schadens, der darauf anzurechnen sei, gemacht zu haben. 15.74

Beispiel II (BGE 116 II 450): Im Januar 1985 wurde einer Zimmereifirma die Ausführung der Zimmerarbeiten an zwei Einfamilienhäusern übertragen. Im Juni 1985, als die Arbeiten noch im Gange waren, trat der Bauherr vom Vertrag zurück, wobei er der Zimmereifirma Terminverzögerungen vorwarf, und übertrug die Fertigstellung und Verbesserung einer Drittfirma. Im März 1986 klagte der Bauherr bei der Zimmereifirma den Rechnungsbetrag der Drittfirma für die Verbesserungen ein. Die Zimmereifirma lehnte die Übernahme dieser Kosten ab mit dem Argument, ihr sei das Recht gemäss Art. 169 SIA-Norm 118, Nachbesserung leisten zu dürfen, verwehrt geblieben. Der Bauherr argumentierte dagegen, die Mängelrechte entstünden erst mit der Ablieferung des mangelhaften Werks, sodass nach dem Rücktritt des Bestellers nach Art. 366 Abs. 1 OR kein Tatbestand von Art. 368 OR und Art. 169 SIA-Norm 118 vorliege. Das Bundesgericht entschied zugunsten der Zimmereifirma mit der Begründung, der Bauherr habe mit dem 15.75

96 BÜHLER, 247 f., Rz. 156 ff.

97 Siehe Beispiel Rz. 15.75.

Rücktritt nach Art. 366 Abs. 1 OR der Zimmereifirma die Vollendung des Werkes verwehrt. Mit der Bereitschaft, die bereits gelieferten Arbeiten und Materialien entgegenzunehmen und den dafür geschuldeten Werklohn zu begleichen, akzeptiere er das Teilwerk als solches. Dieses sei hinsichtlich der Rechtsfolgen dem vollendeten Werk gleichzustellen. Der Besteller verfüge über die gleichen Mängelrechte, doch habe er auch dem Unternehmer das Nachbesserungsrecht gemäss Art. 169 SIA-Norm 118 einzuräumen.

e) *Rechte bei voraussehbarer Mangelhaftigkeit*

15.76 In Fällen, in denen sich schon während der Werkerstellung mit Bestimmtheit[98] voraussehen lässt, dass (unter anderem) das entstehende Werk mangelhaft sein wird, hat der Bauherr aufgrund von Art. 366 Abs. 2 OR das Recht, dem Unternehmer eine angemessene *Frist zur Abhilfe* anzusetzen mit der Androhung, dass im Unterlassungsfall die Verbesserung oder Fortführung des Werks auf Gefahr und Kosten des Unternehmers *einem Dritten übertragen* werde[99]. Dazu braucht der Bauherr keine richterliche Ermächtigung einzuholen[100]. Damit wird dem Bauherrn ermöglicht, präventiv einzugreifen und das Schadenpotential eines sich anbahnenden Mangels zu minimieren.

15.77 Fraglich ist, ob ein präventives Eingreifen dem Bauherrn sogar *geboten* ist, wenn er bereits während der Bauausführung Kenntnis von einem gesetzten oder sich anbahnenden Mangel hat, weil er sonst Gefahr läuft, aufgrund einer analogen Anwendung von Art. 200 OR seine Mängelrechte zu verlieren[101]. Bisher hat das Bundesgericht eine analoge Anwendung von Art. 200 OR allerdings abgelehnt[102].

15.78 Gemäss Art. 136 Abs. 1 Norm SIA kann der Bauherr vom Unternehmer verlangen, dass er ungeeignete Baustoffe von der Baustelle entfernt.

15.79 Ist die Leistung von Abschlagszahlungen während der Erstellung des Werks vereinbart worden und bemisst sich die Höhe der Abschlagszahlungen nach dem Stand der erbrachten Leistungen, so kann der Bauherr

98 ZINDEL/PULVER, Art. 366 OR, Rz. 32; Anwendung von Art. 366 Abs. 2 OR, bevor Arbeiten ausgeführt wurden: GAUCH, Werkvertrag, Rz. 876.

99 GAUCH, Werkvertrag, Rz. 868 ff. und 2418 ff.

100 A.a.O., Rz. 887; BÜHLER, 167, Rz. 70.

101 BÜHLER, 65, Rz. 65; GAUCH, Werkvertrag, Rz. 880 f.; BR 1992, 96, Nr. 1.

102 BGE 117 II 263.

aufgrund von Art. 82 OR die *Zahlungen* für fehlerhafte Lieferungen oder fehlerhaft erstellte Bauteile, die notwendigerweise zu einem Mangel führen würden, *zurückbehalten*, bis der Fehler behoben ist.

f) Gleichzeitige Beanspruchung von Mängelrechten und Konventionalstrafe

Ist für die Leistung des Unternehmers eine Konventionalstrafe vereinbart worden, die – allenfalls neben einer Terminüberschreitung bei der Ablieferung – die Mängelfreiheit des abgelieferten Werks beschlägt, ist es dem Besteller erlaubt, seine *Mängelrechte aufzuspalten*. Er kann das Werk entgegennehmen, unter Anrechnung an die Konventionalstrafe Minderung geltend machen und zur Deckung des Mangelfolgeschadens den Restbetrag der Konventionalstrafe beanspruchen[103]. 15.80

g) Konkurs des Unternehmers

Fällt der Unternehmer in Nachlassliquidation, so muss der Besteller einen Nachbesserungsanspruch *in eine Geldforderung umwandeln* und diese geltend machen[104]. 15.81

2. Rechte gegenüber Architekten, Ingenieuren, Gutachtern und Beratern

Bezüglich fehlerhafter Pläne, Projekte und Gutachten besitzt der Bauherr die alternativen Rechte der *Wandelung*, der *Minderung* und der *Nachbesserung* gemäss Art. 368 Abs. 1 und 2 OR[105]. Bezüglich der aus Fehlern bei der Planung oder bei der Bauleitung erwachsenen Baumängel besitzt der Bauherr das verschuldensabhängige Recht auf Schadenersatz gemäss Art. 368 Abs. 1 am Schluss bzw. gemäss Art. 398 Abs. 2 OR[106]. 15.82

Wie bei den bauausführenden Unternehmern wird auch hier die Antwort auf die Frage, ob ein Verschulden des Baufachmanns vorliegt oder nicht, 15.83

103 BGE 122 III 423 f.
104 BGE 107 III 109 ff., teilweise in Pra 70, 679 ff.
105 SCHUMACHER, Rz. 591, 611 und 613.
106 Vgl. auch oben Rz. 8.67 ff.

in erster Linie anhand der *objektiven Kriterien* der *anerkannten Regeln der Baukunde* ermittelt[107], wobei *subjektive Kriterien* dann zum Zug kommen, wenn die Existenz einer anwendbaren anerkannten Regel der Baukunde sich nicht nachweisen lässt, spezielle vertragliche Vereinbarungen getroffen wurden, oder wenn der Baufachmann bis zum Vertragsabschluss beim Bauherrn den nach Vertrauensprinzip gültigen Eindruck erweckt hat, seine Fachkompetenz läge über dem Niveau der anerkannten Regeln der Baukunde[108]. Zu beachten ist ferner, dass die Architekten, Ingenieure, Gutachter und Berater diejenigen anerkannten Regeln der Baukunde, die ausschliesslich der Bauausführung zuzuordnen sind, nicht oder zumindest nicht genau kennen müssen. Welche anerkannten Regeln der Baukunde dies sind, ist im jeweiligen Einzelfall zu ermitteln, was häufig schwierig ist.

15.84 Die Leistung von sogenannten *Garantiearbeiten*, d.h. Mängelbehebungen durch die Unternehmer während der zweijährigen Garantiefrist gemäss Art. 172 SIA-Norm 118, gehört zu den Grundleistungen der Architekten gemäss Ziff. 4.5.3 der SIA-Ordnung 102, der Bauingenieure gemäss Ziff. 4.1.10 SIA-Ordnung 103 und der Fachingenieure gemäss Ziff. 4.5.3 SIA-Ordnung 108. Die entsprechenden Aufwendungen der Architekten und der Ingenieure sind also nur dann separat zu vergüten, wenn die entsprechenden Grundleistungen und deren Honorierung nicht schon in den Verträgen mit diesen Fachleuten enthalten waren.

3. Rechte gegenüber Lieferanten und Herstellern von Baustoffen

a) Nach Kaufrecht

15.85 Bei Mängeln von geliefertem Baustoff kann der Bauherr *Minderung*[109] oder, wenn es sich um vertretbare Sachen (Gattungskauf) handelt, *Ersatzlieferung* von einwandfreier Ware verlangen (Art. 205 Abs. 1 und

107 A.a.O., Rz. 488 ff. Zur Geltung von Fachnormen als anerkannte Regeln der Baukunde vgl. oben Rz. 4.61 ff.

108 Betreffend das geschuldete Mass an Sorgfalt nach subjektiven Kriterien vgl. oben Rz. 3.42.

109 Die Berechnung der Minderung erfolgt wie im Werkvertrag nach der sogenannten relativen Methode; vgl. oben Rz. 15.53.

Art. 206 Abs. 1 OR). «Sofern die Umstände es rechtfertigen», kann der Bauherr auch die *Wandelung* verlangen (Art. 205 Abs. 1 und 2 OR). Bei einer Mehrzahl von zusammen gekauften Sachen beschränkt sich der Wandelungsanspruch auf die mangelhaften Sachen (Art. 209 Abs. 1 OR). Wurde *falsches (anderes) Material* geliefert, bleibt der *Erfüllungsanspruch* ohne weiteres bestehen.

Ein *Nachbesserungsrecht* des Bauherrn besteht wohl nur bei entsprechender *Vereinbarung*[110]. 15.86

Ein Anspruch auf *Schadenersatz* besteht nur beschränkt. Sind die Voraussetzungen der Wandelung gegeben (Art. 205 Abs. 2 OR), hat der Lieferant dem Bauherrn den «unmittelbar verursachten» Schaden zu ersetzen (Art. 208 Abs. 2 OR). Es ist fraglich, ob ein Schaden am übrigen Bauwerk, in welches der gekaufte Baustoff oder der Bauteil eingebaut worden ist, als *«unmittelbar verursacht»* gelten kann, da die Meinungen über die Abgrenzung des «unmittelbaren Schadens» kontrovers sind[111]. Unbestrittenermassen als *«weiterer» Schaden* gelten Vermögensschäden des Bauherrn, weshalb ein Ersatzanspruch *nur bei Verschulden* des Unternehmers besteht (Art. 208 Abs. 3 OR). Erleidet der Bauherr einen Schaden infolge Lieferung von falscher (anderer) Ware, haftet ihm der Lieferant für diesen gemäss Art. 97 ff. OR. 15.87

Der *Untergang* der Kaufsache infolge eines eigenen Mangels oder durch Zufall schliesst Wandelung nicht aus (Art. 207 Abs. 1 OR). Geht die Kaufsache durch Verschulden des Bauherrn unter, veräussert er sie oder gestaltet er sie um, kann er nur noch Minderwert verlangen (Art. 207 Abs. 3 OR). 15.88

Bezüglich der *Abtretbarkeit* der Mängelrechte kann auf die werkvertraglichen Regeln verwiesen werden[112]. 15.89

---

110 So BGE 95 II 125; die Lehrmeinungen sind geteilt, vgl. hierzu HONSELL, Art. 205 OR, Rz. 5.

111 Für die Geltung eines Schadens als «unmittelbar verursacht» sprechen BGE 90 II 86 betreffend einen defekten Thermostaten, der einen Brand verursachte, sowie die herrschende Lehre (vgl. KELLER/SIEHR, 90 f.). Anderer Meinung HONSELL, Art. 208 OR, Rz. 9.

112 Oben Rz. 15.65.

b) Nach Produktehaftpflichtgesetz

15.90 Die Ansprüche des Bauherrn aufgrund des Produktehaftpflichtgesetzes gehen ausschliesslich auf *Schadenersatz* (Art. 1 Abs. 1 PrHG), wobei der Bauherr bei Sachschäden einen Selbstbehalt von Fr. 900 zu tragen hat (Art. 6 Abs. 1 PrHG). Eine Haftung für das fehlerhafte Produkt selber ist ausgeschlossen (Art. 1 Abs. 2 PrHG).

15.91 Der *Umfang des Ersatzanspruches* des Bauherrn bei Sachschäden erstreckt sich auf Reparatur- und Wiederbeschaffungskosten, Kosten für vorübergehende Ersatzbenutzung, entgangenen Gewinn, auf nutzlose Aufwendungen sowie auf Anwaltskosten[113].

V. Einschränkungen der Haftung

1. Selbstverschulden des Bauherrn

a) Nach Gesetz

aa) Gegenüber bauausführenden Unternehmern

15.92 Eine *Haftung* gegenüber dem Bauherrn ist für diejenigen Mängel *ausgeschlossen*, welche durch Umstände verursacht werden, die aufgrund der gesetzlichen und vertraglichen Situation zum *Verantwortungsbereich des Bauherrn* gehören. Zum Verantwortungsbereich des Bauherrn gegenüber den bauausführenden Unternehmern gehören klassischerweise die vom Bauherrn dem Unternehmer gegebenen Weisungen zur Ausführung des Bauwerks (dazu gehören sämtliche Baubeschreibungen, Pläne sowie alle schriftlichen und mündlichen Anweisungen), der Baugrund und die vom Bauherrn selber gelieferten Baustoffe.

15.93 Art. 369 OR legt fest, dass die dem Besteller bei Mangelhaftigkeit des Werks gegebenen Rechte dahinfallen, wenn er durch *Weisungen* über die Ausführung, die er *entgegen den ausdrücklichen Abmahnungen* des Unternehmers erteilte, oder auf andere Weise die Mängel selber «verschuldet» (nach allgemein anerkannter Auffassung: verursacht) hat[114].

113 Aufzählung nach Umschreibungen von HESS H.J., 155 ff., Rz. 81 ff.

114 GAUCH, Werkvertrag, Rz. 1914 ff.; BÜHLER, 277, Rz. 16 f.

Der Bauherr hat sich dabei die Weisungen, die er den bauausführenden Unternehmern durch seine Hilfspersonen bzw. Vertreter, insbesondere Architekten und Ingenieure, geben lässt, als eigenes Verhalten anrechnen zu lassen[115].

Gegenüber bauausführenden Unternehmern muss sich der Bauherr auch Mängel an Werken von *Vorunternehmern* als Selbstverschulden anrechnen lassen[116]. 15.94

Art. 365 Abs. 3 OR bestimmt, dass die nachteiligen Folgen von Mängeln des angewiesenen Baugrunds, vonseiten des Bauherrn gelieferten Baustoffen sowie von anderen *Verhältnissen*, welche eine *gehörige Ausführung des Werkes gefährden*, nur dann dem Unternehmer zur Last fallen, wenn er sie dem Bauherrn nicht ohne Verzug angezeigt hat[117]. 15.95

Ergänzend legt Art. 376 OR fest, dass der Unternehmer bei *Untergang des Werks durch Zufall* vor der Übergabe generell keinen Werklohn und keinen Ersatz seiner Auslagen verlangen kann, dass bei Untergang des Bauwerks infolge eines Mangels des Baugrundes oder vonseiten des Bauherrn gelieferten Stoffen der Unternehmer diese Ansprüche jedoch besitzt und, bei Verschulden des Bauherrn, sogar Schadenersatz verlangen kann. Bedingung ist immerhin auch hier, dass der Unternehmer die für ihn erkennbaren Gefahren dem Bauherrn rechtzeitig, d.h. ohne einen für den Bauherrn nachteiligen Verzug nach Entdeckung, angezeigt hat[118]. 15.96

bb) Gegenüber Architekten und Ingenieuren

Art. 369 OR ist auch im Verhältnis zwischen dem Bauherrn einerseits und den *planenden und projektierenden Architekten und Ingenieuren* andererseits anwendbar. Unmittelbar beschlägt diese Vorschrift die Mängel in den Plänen und Projekten, wirkt sich aber mittelbar auf Baumängel, die diesfalls als Mangelfolgeschäden gelten, in derselben Weise aus. Für die übrigen Leistungen der Architekten und Ingenieure, insbesondere die Bauleitung, führt die Anwendung von Art. 99 Abs. 3 in Verbindung mit 15.97

115 Vgl. oben Rz. 15.42.
116 GAUCH, Werkvertrag, Rz. 2038 ff.; ZINDEL/PULVER, Art. 368 OR, Rz. 8.
117 ZINDEL/PULVER, Art. 365 OR, Rz 17 ff.; BÜHLER, 138 ff., Rz. 48 ff. und 283, Rz. 34.
118 Zum Ganzen GAUCH, Werkvertrag, Rz. 1183 ff.

Art. 44 OR zum selben Resultat. Die Abmahnungspflicht der Architekten und Ingenieure ist diesfalls aus ihrer *Aufklärungspflicht*[119] abzuleiten.

b) Nach SIA-Norm 118

15.98 Auch die SIA-Norm 118 weist dem Bauherrn gegenüber den bauausführenden Unternehmern die Verantwortung für die erteilten Weisungen, für den Baugrund und die selber gelieferten Baustoffe zu.

15.99 Art. 5 SIA-Norm 118 verlangt vom Bauherrn, die *örtlichen Verhältnisse*, und dabei insbesondere die Beschaffenheit des Baugrunds, entsprechend den Anforderungen der auszuführenden Arbeit zu ermitteln und in den Ausschreibungsunterlagen vollumfänglich festzuhalten. Auf erkannte Gefahren (und Vorschriften) hat er den Unternehmer hinzuweisen. Die ihm übergebenen Pläne sowie den von ihm zu bearbeitenden Baugrund hat der Unternehmer gemäss Art. 25 Abs. 3 SIA-Norm 118 nur dann zu prüfen, wenn der Bauherr weder durch eine Bauleitung vertreten, noch selbst sachverständig, noch durch einen beigezogenen Sachverständigen beraten ist.

15.100 Art. 136 Abs. 3 SIA-Norm 118 bestimmt, dass der Bauherr die Folgen der Verwendung von selber gelieferten mangelhaften *Baustoffen* selber trägt; insbesondere auch dann, wenn der Unternehmer festgestellte Mängel dem Bauherrn angezeigt hat und dieser auf der Verwendung der betreffenden Stoffe beharrt[120].

15.101 Art. 166 Abs. 4 Norm SIA entspricht in der Wirkung Art. 369 OR, wobei die von dieser Bestimmung abweichende, aber einleuchtende Auffassung vertreten wird, dass vertragswidrige Zustände des Werks, die ausschliesslich der Bauherr verschuldet hat, gar *keine Mängel* seien.

c) Anzeige- und Abmahnungspflicht der Baubeteiligten

aa) Allgemeines

15.102 Vorstehend (lit. a und b) wurde schon verschiedentlich auf die gesetzliche *Anzeige- und Abmahnungspflicht* der Unternehmer im Werkvertrag hin-

---

119 SCHUMACHER, Rz. 475.

120 Ausführlich: GAUCH/PRADER, KommSIA 118, Art. 136.

gewiesen. Die Anzeige- und Abmahnungspflichten von Art. 365 und Art. 369 OR[121] werden auch von der SIA-Norm 118 übernommen und in Art. 25 gesamthaft ausführlicher geregelt. Für die Leistungen von Architekten und Ingenieuren, die nicht den Regeln des Werkvertrags unterstehen, gilt Art. 99 Abs. 3 in Verbindung mit Art. 44 OR[122].

Art. 369 OR verlangt eine *«ausdrückliche» Abmahnung*. Eine solche ist nach Bundesgericht nur anzunehmen, «wenn eine ausdrückliche Willenskundgabe des Unternehmers vorliegt, aus welcher der Besteller schliessen muss, dass der Unternehmer die Verantwortung für die ausgeschriebene Ausführung ablehne»[123]. Ausserdem hat der Unternehmer dafür zu sorgen, dass die Abmahnung dem Besteller bzw. einer seiner «leitenden Personen», die ihre Tragweite richtig einzuschätzen vermag, zur Kenntnis gelangt[124]. Nach Art. 33 SIA-Norm 118 sind Anzeigen und Abmahnungen immer an die Bauleitung zu richten (Abs. 1); wenn keine solche bezeichnet wurde, an den Bauherrn (Abs. 3). 15.103

bb) Abmahnung von vorgeschriebenen Unterakkordanten bzw. Subunternehmern

Schreibt der Bauherr einem Baubeteiligten einen bestimmten Unterakkordanten (im Werkvertrag zumeist Subunternehmer genannt) vor, so haftet der Baubeteiligte für dessen Leistungen nach den Regeln der Haftung für *Hilfspersonen* (Art. 101 OR). Hat der Baubeteiligte Bedenken bezüglich der Geeignetheit des Subunternehmers, muss er auch hier für eine Haftungsbefreiung die Weisung des Bauherrn *abmahnen*[125]. 15.104

Beispiel (BGE 116 II 305 ff.): Der Bauherr eines Bürogebäudes übertrug die Ausführung der Fassade gesamthaft einer Fassadenbaufirma, schrieb ihr jedoch vor, für die Lieferung und Montage von Ganzmetallstoren eine bestimmte Storenfirma als Subunternehmerin unter Vertrag zu nehmen. Die Fassadenbaufirma zeigte sich über diese Weisung offenbar nicht glücklich, machte aber selber nie geltend, die Fähigkeiten der vorgeschriebenen 15.105

121 Vgl. oben Rz. 15.93 und 15.95; zum Ganzen BÜHLER, 284 ff., Rz. 41 ff.

122 Vgl. oben Rz. 15.97.

123 BGE 116 II 308; BÜHLER, 284, Rz. 42.

124 BGE 95 II 51; BÜHLER, 285, Rz. 47.

125 Für eine Haftungsbefreiung muss der Unternehmer zudem den Subunternehmer gehörig instruiert und überwacht haben (ZINDEL/PULVER, Art. 369 OR, Rz. 19). Er muss jedoch keine Nachforschungen über dessen Fähigkeiten und Zuverlässigkeit anstellen (GAUCH, Werkvertrag, Rz. 2027 f.). Vgl. auch oben Rz. 11.103 ff.

Subunternehmerin in Frage gestellt zu haben. Das Bundesgericht befand, dass damit keine ausdrückliche Abmahnung im Sinne von Art. 369 OR erfolgt sei.

cc) Wegfall der Abmahnungs- und Anzeigepflicht

15.106 Eine Abmahnungspflicht des Unternehmers *entfällt*, wenn der Bauherr oder seine Berater oder sein Vertreter gegenüber dem Unternehmer über den erforderlichen *Sachverstand* verfügen, um eine Fehlerhaftigkeit der betreffenden Weisung zu erkennen. Die Abmahnungspflicht bleibt hingegen in denjenigen Fällen *bestehen*, in denen der Unternehmer die Fehlerhaftigkeit *erkannt hat oder hätte erkennen müssen*[126]. Objektiv erkennen muss ein bauausführender Unternehmer die Fehlerhaftigkeit einer Weisung dann, wenn sie offensichtlich oder er zur Nachprüfung der Weisung verpflichtet und nach dem vorausgesetzten Fachwissen in der Lage ist, die Fehlerhaftigkeit zu erkennen. Eine Nachprüfungspflicht kann sich auch dann ergeben, wenn der Bauherr eine Nachprüfung nach den Umständen des Einzelfalls in guten Treuen erwarten darf. Dies ist insbesondere dann der Fall, wenn der Sachverstand auf Seiten des Unternehmers bedeutend weiter reicht als beim Bauherrn[127].

15.107 Den Unternehmer trifft keine Pflicht zu von vornherein als *nutzlos* erkennbaren Abmahnungen[128]. Ausdrücklich festgehalten wird dies durch Art. 25 Abs. 3 SIA-Norm 118.

15.108 Die Pflicht zur Anzeige von Umständen, die eine gehörige (oder rechtzeitige) Ausführung des Werks gefährden, muss nach Treu und Glauben entfallen, wenn der Bauherr bzw. die ihn vertretende Bauleitung nachweislich auch ohne Anzeige von diesen Umständen rechtzeitig *Kenntnis hatte* und die *Gefährdung* durch diese Umstände auf Seiten des Bauherrn *erkannt wurde* oder nach dem auf Seiten des Bauherrn voraussetzbaren Wissen[129] für den Bauherrn bzw. die Bauleitung *erkennbar war*. Eine entsprechende Regelung wird ausdrücklich im letzten Satzteil von Art. 25 Abs. 1 SIA-Norm 118 festgehalten, wobei allerdings die Erken-

126 BGE 116 II 456 f.
127 Siehe Fn. 120.
128 GAUCH, Werkvertrag, Rz. 1954.
129 Vgl. oben Rz. 15.106.

nung bzw. Erkennbarkeit der Gefährdung durch die Bauleitung nicht zur Bedingung gemacht wird.

dd) Ungenügen der Abmahnung bei fehlender Sicherheit

Problematisch ist die Formulierung von Art. 25 Abs. 4 SIA-Norm 118. 15.109
Nach dieser Bestimmung trifft den Unternehmer auch hinsichtlich der Gefährdung Dritter eine Abmahnungspflicht. Mit der Gefährdung Dritter sind jedoch neben Baumängeln auch Fragen der Sicherheit, insbesondere des Schutzes von Leib und Leben von Menschen, angesprochen. Die für Baumängel und andere Nachteile des Bauherrn geltende *Regel*, dass sich der Unternehmer mit einer korrekten Abmahnung von der Haftung für nachteilige Folgen gefährlicher Umstände oder erkannter fehlerhafter Weisungen des Bauherrn befreien kann, *gilt aber nicht im Bereich der Sicherheit* für von der Rechtsordnung geschützte Güter. Sind solche Güter in Gefahr, darf es der Unternehmer nicht bei einer Abmahnung bewenden lassen; um sich von einer Haftung, insbesondere gegenüber Dritten, und einer strafrechtlichen Sanktion[130] zu schützen, muss er die Ausführung der betroffenen Arbeit *verweigern.*

ee) Verhalten des Baubeteiligten nach erfolgter Abmahnung oder Anzeige

Die Abmahnung bzw. Anzeige soll den Bauherrn in die Lage versetzen, 15.110
das Projekt und die Weisungen an den Unternehmer zu prüfen und gegebenenfalls zu ändern, um die erkannten Gefahren auszuschalten. Deshalb ist der Baubeteiligte gehalten, nach einer Abmahnung oder Anzeige die *Weiterführung* seiner Arbeit soweit zu *unterlassen*, als damit Projektänderungen oder andere Massnahmen, zu denen sich der Bauherr entscheiden könnte, verhindert werden könnten[131]. Allerdings besteht häufig die Situation, dass das Bauprogramm ein Abwarten des Unternehmers nicht zulässt und der Unternehmer riskiert, dass seine Abmahnung oder Anzeige als unbegründet zurückgewiesen wird und er für die aus einem Abwarten entstehenden Nachteile vom Bauherrn belangt wird. In solchen Fällen ist den Unternehmern zu empfehlen, mit der Abmahnung

130 Bei den strafrechtlichen Sanktionen steht Art. 229 StGB, Gefährdung durch die Verletzung von Anerkannten Regeln der Baukunde, im Vordergrund.
131 GAUCH, Werkvertrag, Rz. 1949.

oder Anzeige dem Bauherrn gleichzeitig die Frage zu unterbreiten, ob die betroffenen Arbeiten fortgeführt oder unterbrochen werden sollen. Diese Frage kann der Bauherr in der Regel rascher und vorweg beantworten.

ff) Form der Abmahnungen und Anzeigen

15.111 Gemäss Art. 25 Abs. 2 SIA-Norm 118 sollen die Abmahnungen bzw. Anzeigen *schriftlich* erfolgen oder zu *Protokoll* gegeben werden. Dem Unternehmer ist dringend zu empfehlen, diese Regel auf jeden Fall einzuhalten und auch die *Antworten* auf Abmahnungen und Anzeigen schriftlich einzufordern, um bei späterem Auftreten eines Mangels nicht in Beweisnotstand zu geraten.

2. Teilweises Selbstverschulden des Bauherrn

15.112 Ist dem Bauherrn bei der Verursachung eines Baumangels nicht ein vollständiges, sondern nur ein teilweises Selbstverschulden anzulasten, sollte gestützt auf Art. 44 OR eine *teilweise Haftungsbefreiung* der Baubeteiligten angenommen werden[132]. In diesem Sinne entschied das Bundesgericht bisher lediglich, aber immerhin, einen Fall betreffend einen Mangelfolgeschaden[133]. Die teilweise Haftungsbefreiung des bauausführenden Unternehmers bei teilweisem Selbstverschulden des Bauherrn ist auch nach Art. 169 Abs. 1 Ziff. 2 und Art. 170 Abs. 3 SIA-Norm 118 für Fälle von Minderung bzw. Nachbesserung vorgesehen.

VI. Verwirkung und Verjährung der Mängelrechte

1. Verwirkung

a) Genehmigung und Gebrauch des Werks

15.113 *Genehmigt* der Bauherr ein Werk mit Mängeln, für die ihn im selben Zeitpunkt eine Rügeobliegenheit trifft, verwirkt er damit seine Mängel-

132 A.a.O., Rz. 2061 ff.; BÜHLER, 288 ff., Rz. 59 ff.; KOLLER, Rz. 58.
133 BGE 116 II 458; 116 II 311.

rechte in Bezug auf diese Mängel (Art. 370 OR)[134]. Keine Genehmigung des Werks liegt vor, wenn der bauleitende Architekt den Besteller anweist, das Saldoguthaben des Unternehmers aufgrund der Schlussabrechnung auszuzahlen[135]. *Gebraucht* der Bauherr das Werk, verliert er seinen Anspruch auf Wandelung[136].

b) *Kenntnis des Bauherrn von Mängeln eines gelieferten Baustoffs*

Der Lieferant eines Baustoffs haftet aufgrund von Art. 200 Abs. 1 nicht für Mängel, die der Bauherr oder sein Vertreter zur Zeit des Kaufs *gekannt* und deren sachliche und wirtschaftliche Auswirkungen erkannt hat[137]. Für Mängel, die der Bauherr oder sein Vertreter bei Anwendung gewöhnlicher Aufmerksamkeit hätte kennen sollen, haftet der Verkäufer nur dann, wenn er deren Nichtvorhandensein zugesichert hat (Art. 200 Abs. 2 OR). 15.114

c) *Unterlassung oder Verspätung der Mängelrüge*

Der Bauherr verwirkt in der Regel seine Mängelrechte, wenn er die aufgetretenen Mängel nicht oder verspätet *rügt*[138]. 15.115

d) *Missachtung des Nachbesserungsrechts des Unternehmers gemäss Art. 169 SIA-Norm 118*

Gemäss Art. 169 Abs. 1 SIA-Norm 118 steht dem *Unternehmer* das Recht zu, zur Erfüllung der Mängelrechte des Bauherrn die Nachbesserung zu wählen. Erst wenn er auf dieses Recht verzichtet, kann der Bauherr die Wahlfreiheit gemäss Art. 368 Abs. 1 und 2 OR ausüben. Ist eine Nachbesserung durch den Unternehmer selber nicht mehr möglich, obwohl dieser sie verlangt, hat der Bauherr seine Ansprüche auf Minderung[139] oder Wandelung verwirkt. Ein allfälliger Anspruch auf Schadenersatz bleibt hingegen bestehen. 15.116

---

134 Zum Ganzen BÜHLER, 291 ff.
135 BGE 89 II 234 f.
136 BGE 105 II 90 ff.; BÜHLER, 266, Rz. 229.
137 BGE 66 II 137; HONSELL, Art. 200 OR, Rz. 2.
138 Vgl. unten Rz. 15.135 und 15.138.
139 GAUCH, Werkvertrag, Rz. 2502.

e) *Untergang, Verschlechterung, Umgestaltung, Veräusserung und Ingebrauchnahme des Werks*

15.117 Bei *Untergang* oder *wesentlicher Verschlechterung* des Werks durch Verschulden des Bauherrn kann dieser nur noch Minderung wählen[140]. *Veräussert* der Bauherr das Bauwerk oder *gestaltet er es um*, so verliert er seinen Anspruch auf Wandelung, wobei es keine Rolle spielt, ob er um die Mangelhaftigkeit wusste oder nicht[141]. Ferner verliert der Bauherr das Wandelungsrecht, wenn er das Bauwerk im Wissen um dessen Mangelhaftigkeit *in Gebrauch nimmt*[142].

f) *Zeitablauf der Produktehaftung*

15.118 Gemäss Art. 10 Abs. 1 PrHG verwirken die Ansprüche des Bauherrn gegenüber Herstellern sowie Zwischenhändlern und Lieferanten, die gemäss Art. 2 PrHG wie Hersteller haften, *zehn Jahre* nachdem die Hersteller bzw. die Zwischenhändler oder Lieferanten die betreffenden Baustoffe oder Bauteile in Verkehr gebracht haben.

2. Verjährung

a) *Architekten, Ingenieure und bauausführende Unternehmer sowie General- und Totalunternehmer*

aa) *Unbewegliche Bauwerke*

15.119 Für die Architekten, Bauingenieure und die bauausführenden Unternehmer gilt in Bezug auf *unbewegliche Bauwerke*[143] die Regel von Art. 371 Abs. 2 OR, wonach für diese Baubeteiligten die Verjährung einheitlich nach 5 Jahren seit der Abnahme des betroffenen Werks eintritt[144]. Begin-

---

140 A.a.O., Rz. 1594 ff.; BÜHLER, 265, Rz. 226 f.

141 GAUCH, Werkvertrag, Rz. 1600; abweichend BÜHLER, 265 f., Rz. 228.

142 GAUCH, Werkvertrag, Rz. 1606 ff.; BÜHLER, 266, Rz. 229.

143 Vgl. unten Rz. 15.124. Für die Kriterien von unbeweglichen Bauwerken siehe GAUCH, Werkvertrag, Rz. 2222 ff.; BÜHLER, 327 ff., Rz. 42 ff. und ZINDEL/PULVER, Art. 371 OR, Rz. 19 ff. Ausführliche Kasuistik bei BÜHLER, 327 ff., Rz. 42 ff. Betreffend Bestandteile von unbeweglichen Bauwerken siehe BÜHLER, 331 ff., Rz. 55 ff. und GAUCH, Werkvertrag, Rz. 2235.

144 Für den Zweck der fünfjährigen Frist vgl. BGE 120 II 216; 113 II 268; 93 II 245.

nen und enden die Verjährungsfristen für die Werke verschiedener Unternehmer in verschiedenen Zeitpunkten, so gelten diese verschiedenen Zeitpunkte auch für die Architekten und Ingenieure[145]. Dies gilt auch für Schadenersatzansprüche[146]. Die Abnahme kann die Verjährungsfrist auch dann auslösen, wenn sie nur einen in sich *geschlossenen Teil eines einheitlichen Bauwerks* betroffen hat. Schwierigkeiten kann die Abgrenzung von Abnahmen im Sinne von Art. 371 Abs. 2 OR gegenüber blossen Zwischenkontrollen, vor allem auch im Zusammenhang mit einem Qualitätssicherungsmanagement des Bauherrn, bereiten. In Zweifelsfällen ist es deshalb wichtig, dass sich die Parteien über die Rechtsnatur der jeweiligen Prüfungen und Kontrollen vorgängig ins Einvernehmen setzen und die Abnahmeprüfungen im Sinne von Art. 158 Norm SIA formell korrekt durchführen.

SCHUMACHER bezeichnet Baumängel, die durch den betreffenden bauausführenden Unternehmer nicht mitverursacht wurden, als *«reine Architektenmängel»*, und will sie der zehnjährigen Verjährungsfrist von Art. 127 OR, welche in den meisten Fällen in einem früheren Zeitpunkt als demjenigen der Abnahme beginnen würde, unterstellen[147]. Aus rechtlicher Sicht scheint eine gesonderte Behandlung dieses Falles allerdings nicht zwingend. Wohl ist es zutreffend, dass der Gesetzgeber Art. 371 Abs. 2 OR zur Sicherstellung der Rückgriffsmöglichkeit von Architekten und Ingenieuren auf einen mitverantwortlichen bauausführenden Unternehmer formuliert hat. Trotzdem spricht nichts dafür, dass der Gesetzgeber die Verjährung von Ansprüchen des Bauherrn gegenüber Architekten und Ingenieuren für Fehler, die sich in einem Baumangel niederschlagen, davon abhängig machen wollte, ob der bauausführende Unternehmer den Baumangel mitverursacht hat oder nicht. Eine solche Differenzierung ist auch aus praktischen Gründen nicht angezeigt[148]. Überdies müsste angesichts der gemäss der gegenwärtigen Rechtsprechung des Bundesgerichts uneinheitlichen Rechtsnatur des Architekten- und Ingenieurvertrags bei Anerkennung des «reinen Architektenmangels» konsequenterweise die Verjährung derjenigen Fehler des Architekten oder des Ingenieurs, die sich ausschliesslich in den den Regeln des Werkvertrags unterstehenden Plänen und Projekten niederschlagen, Art. 371 Abs. 1 unterstellt werden, wobei die – nur einjährige! – Verjährungsfrist aber nicht erst im Zeitpunkt der Abnahme des Bauwerks, sondern bereits im Zeitpunkt der Abnahme des Projekts bzw. Planwerks beginnen müsste. Dies würde aber in etlichen Fällen dazu führen, dass die Verjährung für Planungsfehler im Zeitpunkt der Abnahme des Bauwerks bereits eingetreten ist. Dieses Resultat lässt sich vollends nicht 15.120

145 BGE 115 II 457 ff.

146 BGE 113 II 267; 77 II 249; GAUCH, Werkvertrag, Rz. 2208.

147 SCHUMACHER, Rz. 546 ff. und 657.

148 BRINER HANS, Die Architekten- und Ingenieurverträge im einzelnen, in: Lendi et al. (Hrsg.), Das private Baurecht der Schweiz, 40 f.

mehr durch sachliche Argumente rechtfertigen. – Einzig sinnvoll ist nur, die Verjährung der Ansprüche des Bauherrn aus Mängeln unbeweglicher Bauwerke gegenüber Architekten und Ingenieuren in jedem Fall der Regel von Art. 371 Abs. 2 zu unterstellen.

15.121 Gemäss Art. 365 Abs. 1 hat der Unternehmer für Stoffe, die er selber geliefert hat, dem Besteller Gewähr zu leisten wie ein Verkäufer. Diese Verweisung auf das Kaufrecht bezieht sich aber richtig verstanden nicht auf die *Dauer* der Gewährleistung. Damit kommt auch Art. 210 OR, welcher die Verjährung der Mängelrechte des Käufers auf ein Jahr begrenzt, nicht zum Zug. Die Regel von Art. 371 Abs. 2 OR (Verjährung fünf Jahre nach der Abnahme) bleibt bei unbeweglichen Bauwerken für die gesamte Leistung des Unternehmers massgeblich[149].

15.122 Die fünfjährige Verjährungsfrist nach Art. 371 Abs. 2 OR findet hingegen keine Anwendung auf Leistungen eines Subunternehmers, der sein Werk *nicht selber* in das Baugrundstück oder Bauwerk *eingebaut* hat[150]. Bei Anwendbarkeit der SIA-Norm 118 gilt hingegen die fünfjährige Frist gemäss Art. 180 Abs. 2 dieser Norm. Die fünfjährige Verjährungsfrist nach Art. 371 Abs. 2 gilt *nicht für sämtliche Leistungen* des Unternehmers, für die er ein *Bauhandwerkerpfandrecht* beanspruchen kann[151].

bb) Bewegliche Bauwerke

15.123 Bei *beweglichen Bauwerken*[152] gilt gegenüber dem Unternehmer gemäss Art. 371 Abs. 1 in Verbindung mit Art. 210 OR eine Verjährungsfrist von *einem Jahr* seit der Abnahme. Dies gilt auch für Schadenersatzansprüche[153]. Gegenüber den Architekten und Ingenieuren können die einjährige Frist von Art. 371 Abs. 1 OR (Planungsmängel) oder zehnjährige Frist gemäss Art. 127 OR (Fehler bei der Bauleitung) gelten.

149 BGE 117 II 428 f.; GAUCH, Werkvertrag, Rz. 1477 ff.
150 BGE 120 II 220 = Pra 84, 250 f.
151 BGE 93 II 245.
152 Für die Kriterien eines *un*beweglichen Bauwerks und von Bestandteilen von solchen siehe Fn. 143.
153 Vgl. oben Rz. 15.119.

Nicht als unbewegliche Bauwerke wurden vom Bundesgericht betrachtet[154]: Malerarbeiten bei der Aussenrenovation eines Hauses[155], Lehrgerüst für drei Monate Dauer[156], Erstellung von Platten, ohne diese einzubauen[157], vereinzelte vom Schreiner oder Maler an einer Liegenschaft ausgeführte Reparaturarbeiten[158] sowie der Einbau einer Kegelbahn[159]. Als unbewegliche Werke (bzw. als Bestandteile eines solchen) wurde die Lieferung, die Verlegung und der Anstrich von sämtlichen Rollläden bei einem Umbau betrachtet[160]. 15.124

Art. 180 Abs. 1 SIA-Norm 118 legt die Verjährungsfrist für *bewegliche und unbewegliche Bauwerke* mangels Differenzierung *einheitlich* auf *fünf Jahre* fest. Davon abweichend legt Ziff. 1.8.2 der SIA-Ordnungen 102, 103 und 108 nur für unbewegliche Bauwerke eine Verjährungsfrist von fünf Jahren fest. Alle übrigen Ansprüche des Bauherrn verjähren gemäss Ziff. 1.8.1 der SIA-Ordnungen 102, 103 und 108 einheitlich nach zehn Jahren. 15.125

cc) Besonderheiten

GAUCH schlägt vor, bei sogenannten Sekundärmängeln und Mangelfolgeschäden eine *Hemmung der Verjährung* anzunehmen, solange noch gar kein Mangel oder Schaden eingetreten ist[161]. 15.126

Für Mängel, die der bauausführende Unternehmer gekannt, aber gegenüber dem Bauherrn *absichtlich (bzw. bewusst*[162]*) verschwiegen* hat, gilt eine besondere Verjährungsfrist von *10 Jahren* seit der Abnahme[163]. Diese Regelung enthält auch Art. 180 Abs. 2 SIA-Norm 118. 15.127

154 Vgl. Fn. 143.
155 BGE 93 II 246 f.
156 BGE 113 II 267 f.
157 BGE 120 II 216 ff.
158 BGE 121 III 271 f.
159 BGE 96 II 183 f.
160 BGE 121 III 271 f.
161 Rz. 2259 ff. mit Auseinandersetzung mit ablehnenden Lehrmeinungen; zustimmend ZINDEL/PULVER, Art. 371 OR, Rz. 15.
162 BGE 89 II 409 = Pra 53, 92.
163 BGE 100 II 33; vgl. auch oben Rz. 8.81.

15.128 Ansprüche des Bauherrn aus *Pflichtverletzungen vor Ablieferung des Werkes* gemäss Art. 364 OR[164] verjähren nach zehn Jahren (Art. 127 OR)[165].

15.129 Die gesetzlichen Verjährungsfristen dürfen durch Abrede verkürzt werden, doch darf dem Bauherrn die Verfolgung seiner Mängelrechte nicht in unbilliger Weise erschwert werden[166].

b) Gutachter und Berater

15.130 Auf Gutachten, welche nach Bundesgericht den Regeln des *Werkvertrags* unterliegen, muss konsequenterweise die Regel von Art. 371 Abs. 1 OR (Verjährung *ein Jahr* nach der Abnahme) angewendet werden. Eine Schwierigkeit besteht allerdings darin, dass eine Abnahme durch den Besteller kaum je stattfindet und auch kaum stattfinden kann, da ein Gutachter gerade wegen der höheren Fachkompetenz in seinem Bereich beigezogen wird und nach seiner Arbeit regelmässig auch über einen erheblichen Informationsvorsprung verfügt. Deshalb kann die Güte seiner Arbeit kaum festgestellt werden. Ersatzweise muss daher für den Beginn der Verjährungsfrist auf den Zeitpunkt der Ablieferung des Gutachtens abgestellt werden.

15.131 Für *Berater* gilt aufgrund von Art. 127 OR eine Verjährungsfrist von *10 Jahren* ab dem Zeitpunkt der fehlerhaften Beratung.

c) Lieferanten und Hersteller von Baustoffen

15.132 Für *Lieferanten* von Baustoffen gilt aufgrund der kaufvertraglichen Regel von Art. 210 OR eine Verjährungsfrist von *einem Jahr* ab Ablieferung. Eine Hemmung der Verjährung für die Zeit, während welcher die Mängel nicht erkennbar sind, ist ausdrücklich ausgeschlossen (Art. 210 Abs. 1 OR). Die Verjährungsfrist von einem Jahr gilt nicht, wenn der Lieferant den Bauhern absichtlich getäuscht hat (Art. 210 Abs. 3 OR).

15.133 Falls zwischen Lieferant und Bauherr eine «Garantie» mit einer bestimmtem Frist vereinbart wurde, ist durch Auslegung zu klären, ob es sich um

164 Vgl. oben Rz. 15.16.
165 BGE 113 II 267.
166 BGE 108 II 196 f.

eine Vereinbarung über die *Verjährung* oder um eine *anderweitige Abrede* handelt[167].

Soweit eine *Produktehaftung* besteht, bleibt der Lieferant oder der Hersteller ab dem Zeitpunkt, in dem der Bauherr Kenntnis vom Fehler des Baustoffs, vom dadurch verursachten Baumangel und von der Person des «Herstellers» erlangt hat oder hätte erlangen müssen, *drei Jahre* haftpflichtig (Art. 9 PrHG). 15.134

VII. Durchsetzung der Mängelrechte

1. Prüfung des Werks und Mängelrüge

a) Bauausführende Unternehmer sowie General- und Totalunternehmer

aa) Offene Mängel

Aufgrund von Art. 367 Abs. 1 OR obliegt[168] es dem Bauherrn, *die Beschaffenheit* des abgelieferten (bzw. als vollendet angezeigten[169]) Bauwerks *zu prüfen, «sobald es nach dem üblichen Geschäftsgange tunlich ist»*[170], und den Unternehmer *von allfälligen Mängeln in Kenntnis zu setzen.* Der Bauherr hat also das abgelieferte bzw. von ihm abgenommene[171] Werk innert einer Frist, die sich nach der Übung oder, falls eine solche fehlt, nach dem Zeitbedarf, die eine ordnungsgemässe Prüfung vernünftigerweise erfordert, bemisst, auf allfällige Mängel hin anzusehen[172]. 15.135

167 HONSELL, Art. 210 OR, Rz. 5.

168 Die sogenannte Prüfungspflicht ist eine Obliegenheit (GAUCH, Werkvertrag, Rz. 2108; BÜHLER, 187, Rz. 25).

169 GAUCH, Werkvertrag, Rz. 92.

170 A.a.O., Rz. 2113 ff.; ZINDEL/PULVER, Art. 367 OR, Rz. 6; BÜHLER, 194 f., Rz. 56 f. und 303 f., Rz. 32 ff.

171 Ablieferung und Abnahme sind korrelierende Begriffe; vgl. GAUCH,Werkvertrag, Rz. 97 ff.

172 GAUCH, Werkvertrag, Rz. 2113.

15.136 Nur vollendete Bauwerke können abgeliefert werden[173]. Vollendet heisst allerdings nicht, dass das Werk mängelfrei sein muss[174]. Setzt sich der Bauherr eigenmächtig in den Besitz des vollendeten Bauwerks mit der Absicht es zu übernehmen, so gilt es als abgeliefert[175]. Ein besonderer Abnahmewille des Bauherrn ist allerdings nicht erforderlich[176]. Nicht als abgeliefert gilt das Werk eines Unternehmers jedoch dann, wenn das Bauwerk vom Bauherrn bezogen wird, bevor es vollendet ist[177]. Beim Generalunternehmervertrag darf der Bauherr mit der Prüfung und Rüge von Mängeln solange zuwarten, bis ihm das gesamte Bauwerk schlüsselfertig übergeben wird[178].

15.137 Die Prüfung hat *sorgfältig* zu geschehen, doch ist der Bauherr nicht gehalten, geradezu nach Mängeln zu forschen, und es darf von ihm kein besonderer Sachverstand erwartet werden[179]. Der Bauherr ist auch nicht verpflichtet, zur Prüfung einen Sachverständigen beizuziehen[180]. Mängel, die unter diesen Umständen in diesem Zeitpunkt erkennbar sind, werden als offene Mängel bezeichnet. Stellt der Bauherr Mängel fest, hat er diese dem Unternehmer bis zum Ablauf der Prüfungsfrist mitzuteilen. Unterlässt der Bauherr eine Mängelrüge bis zum Ablauf der Prüfungsfrist, gelten seine Mängelrechte in Bezug auf die offenen Mängel als verwirkt (Art. 370 Abs. 2 OR)[181].

bb) Geheime Mängel

15.138 Treten Mängel erst nach der Prüfung durch den Bauherrn zutage (sogenannte geheime Mängel), hat der Bauherr gemäss Art. 370 Abs. 3 OR diese nach Entdeckung *sofort* zu rügen.

15.139 Ein Mangel gilt dann als *entdeckt*, wenn er *zweifelsfrei feststeht*, und nicht schon bei der ersten Erkennbarkeit von Erscheinungen, die nach Treu und

---

173 BGE 118 II 149; 115 II 458; 113 II 267; 98 II 116; BÜHLER, 179, Rz. 6 ff.; GAUCH, KommSIA 118, Art. 157, Rz. 2; *ders.*, Werkvertrag, Rz. 94 f.; vgl. oben Rz. 15.14.

174 BGE 113 II 267; 115 II 458; vgl. auch oben Rz. 15.135.

175 GAUCH, Werkvertrag, Rz. 89.

176 BGE 115 II 459.

177 BGE 94 II 164; BÜHLER, 182, Rz. 13.

178 BGE 94 II 166.

179 GAUCH, Werkvertrag, Rz. 2122 ff.; ZINDEL/PULVER, Art. 367 OR, Rz. 9.

180 BGE 46 II 37. Wünscht eine Partei den Beizug eines Sachverständigen gemäss Art. 367 Abs. 2 OR, so ist zu dessen Ernennung der Richter am Ort des Bauwerks zuständig (BGE 96 II 270). Ferner: BÜHLER, 191 f., Rz. 45 ff.; ZINDEL/PULVER, Art. 367 OR, Rz. 22 ff.

181 GAUCH,Werkvertrag, Rz. 2106 und 2148 ff.

Glauben als vertragskonform betrachtet werden können, wie z.B. die ersten Spuren bei langsam wachsenden Mauerrissen[182].

Die bundesgerichtliche Praxis zur Auslegung des Wortes «sofort» ist streng. Dem Besteller wird nur eine *kurze Rügefrist* zugestanden, vor allem, wenn es sich um einen Mangel handelt, dessen Schadenpotential rasch anwächst. Auch die dem Besteller zusätzlich zuzugestehende *Erklärungsfrist* ist nach Bundesgericht *kurz* zu bemessen[183]. In dringenden Fällen ist ein Rechtsanwalt gehalten, die Mängelrüge selber beim Unternehmer zu erheben[184]. Eine Mängelrüge, die drei Wochen nach Entdekkung eines geheimen Mangels erhoben wird, gilt auf jeden Fall als verspätet und die Mängelrechte des Bauherrn in Bezug auf diesen Mangel als verwirkt. 15.140

Beispiel (BGE 107 II 173 ff.): Im Sommer 1977 liess der Inhaber eines Schweisswerks einen Neubau erstellen. Mitte Oktober stellte der Inhaber fest, dass Wasser «in Strömen» von der Decke floss. Nach seinen Aussagen verständigte er daraufhin sofort sämtliche am Bau beteiligt gewesenen Firmen. Am 4. November 1977 fand in Anwesenheit von Leuten dieser Firmen ein Augenschein statt und am 10. November 1977 erhob der Inhaber schriftliche Mängelrüge bei der Erstellerin des Flachdachs. Das Bundesgericht erachtete eine allfällige mündliche Mängelrüge vom 4. November und die schriftliche Mängelrüge vom 10. November 1977 als verspätet. Die Wahrnehmung des von der Decke strömenden Wassers sei mit der Entdeckung des Werkmangels zusammengefallen und nichts habe den Inhaber daran gehindert, den Mangel unverzüglich anzuzeigen. Die Behauptung des Inhabers, er habe sämtliche Firmen sofort nach Feststellung des strömenden Wassers benachrichtigt, wurde von der Erstellerin des Flachdachs bestritten und vom Bundesgericht als unbewiesen erachtet. 15.141

Der Bauherr muss allerdings erst dann rügen, wenn ihm bekannt ist oder bekannt sein muss, *welchem* von vielen möglichen *Unternehmern* ein Mangel mit einiger Wahrscheinlichkeit *zuzuordnen* ist. Er ist nicht verpflichtet, rein «aufs Geratewohl» zu rügen[185]. 15.142

---

182 BGE 117 II 427; 107 II 175; zu beachten auch BGE 118 II 148 f.; GAUCH, Werkvertrag, Rz. 2181 f.; abweichend GAUTSCHI, Art. 370 OR, Rz. 7.

183 BGE 18 II 148.

184 Pra 72, 766.

185 GAUCH, Werkvertrag, Rz. 2182; ZINDEL/PULVER, Art. 370 OR, Rz. 18.

cc) Formelle Anforderungen an die Mängelrüge

15.143 Die Mängelrüge muss klar zum Ausdruck bringen, dass der Bauherr *das Werk als mangelhaft erachtet* und den Unternehmer haftbar machen will[186]. Eine reine Aufforderung des Bauhern an den Unternehmer, das Bauwerk zu besichtigen oder eine gemeinsame Besichtigung, bei der unerwünschte Phänomene beobachtet werden, genügt nicht[187]. Der Unternehmer muss zudem erkennen können, in welchem Punkt und in welchem Umfang der Bauherr das Bauwerk als mangelhaft erachtet. Eine festgestellte oder vermutete Ursache für den Mangel braucht der Bauherr jedoch nicht anzugeben[188].

dd) Regelung der SIA-Norm 118

15.144 Die gesetzliche Regelung der Prüfungs- und Rügeobliegenheiten des Bestellers ist den überdurchschnittlich komplexen Verhältnissen bei Bauwerken nicht angemessen. In der SIA-Norm 118, Allgemeine Bedingungen für Bauarbeiten, ist deshalb eine spezifische und *den Verhältnissen im Bauwesen angemessene Regelung* enthalten (Art. 157–164 SIA-Norm 118).

15.145 Der *normale Ablauf* ist wie folgt geregelt: Nach Fertigstellung seines Werks oder eines in sich geschlossenen Teils desselben zeigt der Unternehmer dem Bauherrn die Vollendung an. Daraufhin prüfen der Bauherr (bzw. die ihn vertretende Bauleitung) und der Unternehmer innert Monatsfrist das Werk gemeinsam unter Protokollierung der festgestellten Mängel. Bei wesentlichen Mängeln wird die Abnahme zurückgestellt. Bei unwesentlichen Mängeln wird das Werk abgenommen und der Bauherr setzt dem Unternehmer eine angemessene Frist zur Behebung der Mängel an.

15.146 Nimmt der Bauherr ein vollendetes ganzes Werk von sich aus in Gebrauch (zum Weiterbau oder zur Benutzung), so *ersetzt* diese Handlung die Anzeige der Vollendung (Art. 158 Abs. 1 SIA-Norm 118). Unter-

---

186 GAUCH, Werkvertrag, Rz. 2133 f.; ZINDEL/PULVER, Art. 367 OR, Rz. 18 mit Hinweisen.

187 BGE 107 II 175 f.

188 GAUCH, Werkvertrag, Rz. 2131.

bleibt nach Anzeige der Vollendung bzw. nach Ingebrauchnahme durch den Bauherrn die gemeinsame Abnahmeprüfung deswegen, weil keine der Parteien die Prüfung verlangt oder seitens des Bauherrn die Mitwirkung unterlassen wird, gilt das Werk mit Ablauf dieser Monatsfrist als abgenommen (Art. 164 Abs. 1 SIA-Norm 118).

Hat der Bauherr oder die Bauleitung bei der Abnahmeprüfung einen Mangel erkannt, auf seine Geltendmachung jedoch ausdrücklich oder stillschweigend *verzichtet*, so gilt das Werk hinsichtlich dieses Mangels als genehmigt (Art. 163 Abs. 1 SIA-Norm 118). Ist im *Abnahmeprotokoll* ein erkannter Mangel nicht aufgeführt, wird vermutet, dass der Bauherr auf dessen Rüge verzichtet hat. War der Mangel offensichtlich, ist die Vermutung unwiderleglich (Art. 163 Abs. 2 SIA-Norm 118). 15.147

Mit Art. 173 Abs. 1 SIA-Norm 118 entfällt während der ersten *zwei Jahre nach der Abnahme* die gesetzliche Pflicht des Bauherrn zur sofortigen Mängelrüge. In dieser Zeitspanne, in der Norm Garantiefrist genannt, kann der Bauherr alle Mängel jederzeit rügen, ohne seiner Mängelrechte verlustig zu gehen. Der Bauherr darf auch die Rüge von Mängeln, die einen im Laufe der Zeit grösser werdenden Schaden bewirken, hinauszögern. Die nachteiligen Folgen der Hinauszögerung einer Rüge hat er gemäss Art. 173 Abs. 2 SIA-Norm 118 jedoch selber zu tragen[189]. Sind Mängel bereits während der Garantiefrist offensichtlich, kann sie der Bauherr nach deren Ablauf nicht mehr rügen (Art. 178 Abs. 2 SIA-Norm 118). 15.148

Mängel, die der Bauherr erst nach Ablauf der Garantiefrist entdeckt, werden *verdeckte Mängel* genannt (Art. 179 Abs. 1 SIA-Norm 118). Für deren Rüge gilt die gesetzliche Regelung von Art. 370 Abs. 3 OR. 15.149

b) Architekten, Ingenieure und Gutachter

aa) Nach Gesetz

Mit der Unterstellung der Erarbeitung von Plänen, Projekten und Gutachten unter die Regeln des Werkvertrags[190] steht im Raum, dass der 15.150

189 Ausführlich: GAUCH, KommSIA 118, Art. 173.
190 BGE 109 II 462 ff.

Bauherr auch bezüglich dieser geistigen Werke als Grundlagen zur Bauausführung die *Prüfungs- und Rügeobliegenheit* gemäss Art. 367 und Art. 370 Abs. 3 wahrzunehmen hat. Dies ist aber klar *abzulehnen*. Im Gegensatz zur Prüfung eines körperlichen Werks, die im Hinblick auf die vorgesehene Verwendung auch durch laienhafte Besitzer oder Nutzer auf einfache Weise vorgenommen werden kann, stellt die Prüfung von Plänen, Projekten und Gutachten Anforderungen, die sich auf demselben Niveau bewegen wie diejenigen, die an die Verfasser dieser Dokumente selber gestellt werden. In aller Regel verfügt der Bauherr jedoch nicht auch selber über die entsprechende Fachkompetenz, und der Aufwand, den er allenfalls auch durch fachkompetente Dritte erbringen könnte, ist ihm schlicht nicht zuzumuten[191]. Auch im einzigen zu dieser Frage bisher veröffentlichten Gerichtsentscheid lehnt das Kantonsgericht St. Gallen die Prüfungs- und Rügeobliegenheit des Bauherrn betreffend Baupläne vollständig ab[192]. Der Entscheid wurde damit begründet, dass «vom Bauherrn nicht verlangt werden kann, dass er sich bei jeder Leistung des Architekten vergegenwärtigt, ob sie dem Auftrags- oder dem Werkvertragsrecht unterstehe und ob dementsprechend eine Mängelrüge notwendig oder entbehrlich sei». Falls jedoch der Bauherr einen Fehler entdeckt, muss aufgrund von Treu und Glauben ein Haftungsanspruch des Bauherrn verneint werden[193].

bb) Nach den SIA-Ordnungen 102, 103 und 108

15.151 Gemäss Ziff. 1.8.2 letzter Satz der SIA-Ordnungen 102, 103 und 108 sind Mängel an unbeweglichen Bauwerken beim Architekten und bei den Ingenieuren «unverzüglich» zu *rügen*. Diese Bestimmung bestimmt allerdings keine Rechtsfolgen einer fehlenden «unverzüglichen» Rüge. Sie ist deshalb meines Erachtens lediglich als Ordnungsvorschrift zu verstehen. Damit verliert der Bauherr mit Unterlassung einer «unverzüglichen»

191 SCHUMACHER, Rz. 627; ZINDEL/PULVER, Art. 367 OR, Rz. 10; BRINER HANS, Die Architekten- und Ingenieurverträge im einzelnen, in: Lendi et al. (Hrsg.), Das private Baurecht der Schweiz, 33 f., 58.

192 Entscheid vom 24.1.1986, GVP 1986, Nr. 41, 81 ff.

193 SCHUMACHER, Rz. 628.

Rüge seine Ansprüche aus Baumängeln gegenüber dem Architketen oder den Ingenieuren nicht[194].

c) *Lieferanten und Hersteller*

Aufgrund der kaufrechtlichen Bestimmung von Art. 201 OR hat der Bauherr gelieferte Stoffe und Bauteile gleich wie der Besteller eines Werks zu prüfen. Er hat dabei sein Augenmerk auch auf mögliche Komplikationen beim Gebrauch zu richten[195]. Anlässlich der Prüfung oder erst später entdeckte[196] *Mängel sind sofort zu rügen*; widrigenfalls sind die entsprechenden Mängelrechte infolge fingierter Genehmigung verwirkt[197]. Die Rüge muss dem Lieferanten ermöglichen, «den Umfang der Beanstandung bestimmt zu ermessen». Der Bauherr muss ausserdem zum Ausdruck bringen, dass er ein Mängelrecht geltend machen will, muss aber nicht schon anlässlich der Rüge sein Wahlrecht ausüben[198]. Die Prüfungsfrist ist je nach Art der Kaufsache und nach Art der möglichen Mängel sehr unterschiedlich. Die Prüfungsfrist kann sich bis in eine spätere Jahreszeit, in der die Funktionstüchtigkeit einer Kaufsache erst erkannt werden kann, erstrecken[199]. 15.152

Bei Lieferung von *falscher (anderer) Ware* entfällt das Erfordernis einer rechtzeitigen Mängelrüge; der Anspruch des Bauherrn auf Lieferung der richtigen Ware bleibt ohne weiteres bestehen[200]. 15.153

Bei *absichtlicher Täuschung* des Bauherrn über Eigenschaften der Kaufsache (Verschweigen und Vorspiegeln) entfällt die Fiktion der Genehmigung durch den Bauherrn bei unterlassener Rüge (Art. 203 OR). 15.154

---

194 Zum gleichen Ergebnis kommen HESS U., Art. 1.8.2, 113, Rz. 27, und SCHUMACHER, Rz. 637.

195 BGE 95 II 125.

196 Mängel gelten erst dann als entdeckt, wenn sie zweifelsfrei feststehen (BGE 107 II 175; BGE 76 II 224 f.; vgl. oben Rz. 15.139.).

197 KELLER/SIEHR, 86.

198 BGE 22, 503; HONSELL, Art. 201 OR, Rz. 10.

199 BGE 81 II 59 f.; HONSELL, Art. 201 OR, Rz. 9.

200 HONSELL, Art. 206 OR, Rz. 3.

15.155 Bei Vereinbarung einer «*Garantie*» mit einer bestimmten Frist kann es sich unter Umständen um eine Vereinbarung über die Rügefrist handeln[201].

15.156 Zur Durchsetzung von Ansprüchen gegenüber Lieferanten und Herstellern aufgrund des *PrHG entfällt* das Erfordernis einer *Mängelrüge*[202].

2. Beweislast und Beweissicherung

a) *Beweislast für Mängel*

aa) *Nach Gesetz*

15.157 Will der *Bauherr* Mängelrechte oder Ersatz von Schaden infolge von Baumängeln beanspruchen, so trägt er in der Regel aufgrund von Art. 8 ZGB eine fast *umfassende Beweislast.* So hat der Bauherr zu beweisen, dass eine vertragliche oder gesetzliche Anspruchsgrundlage besteht, dass der Zustand des Bauwerks, den er als mangelhaft rügt, so ist, wie er behauptet, und dass dieser Zustand eine Abweichung von dem dem Vertrag entsprechenden Ergebnis darstellt. Ausser gegenüber den bauausführenden Unternehmern hat der Bauherr zudem den adäquaten Kausalzusammenhang zwischen der fehlerhaften Leistung bzw. dem fehlerhaften Baustoff oder Bauteil und dem entstandenen Baumangel zu beweisen. Den adäquaten Kausalzusammenhang zwischen dem Baumangel und dem daraus entstandenen Schaden (Mangelfolgeschaden) hat der Bauherr immer zu beweisen.

15.158 Die gesetzliche Beweislast des Bauherrn wird immerhin durch Art. 97 OR *eingeschränkt*, indem die Baubeteiligten dort, wo eine Verschuldenshaftung besteht, gegenüber dem Bauherrn das *Fehlen eines Verschuldens nachzuweisen* haben. Dort, wo anerkannte Regeln der Baukunde existieren, gilt ihre Nichteinhaltung als objektiviertes Verschuldenskriterium[203].

---

201 HONSELL, Art. 210 OR, Rz. 5.

202 FELLMANN/VON BÜREN-VON MOOS, 179.

203 Vgl. GAUCH, Werkvertrag, Rz. 840 ff. und SCHUMACHER, Rz. 488 ff.; vgl. auch oben Rz. 15.67 und 15.83.

bb) Geltung von anerkannten Regeln der Baukunde

Bei *technischen Regeln*, die von anerkannten normenschaffenden Organisationen ausgearbeitet, autorisiert und öffentlich publiziert worden sind, wird *vermutet*, dass sie anerkannte Regeln der Baukunde darstellen[204]. Die Beweislast trägt diejenige Partei, die das Gegenteil behauptet und daraus Ansprüche ableiten will. 15.159

Umgekehrt trägt diejenige Partei, die aus einer *ungeschriebenen* anerkannten Regel der Baukunde Ansprüche ableiten will, aufgrund von Art. 8 ZGB die Beweislast ihrer Geltung. 15.160

cc) Teilweise Beweislastumkehr gemäss Art. 174 Abs. 3 SIA-Norm 118

Im Verhältnis zu den bauausführenden Unternehmern kehrt Art. 174 Abs. 3 SIA-Norm 118 die umfassende Beweislast des Bauherrn teilweise um. Wohl bleibt die Beweislast dafür, dass der Zustand des Bauwerks, den der Bauherr als mangelhaft rügt, so ist, wie er behauptet, beim Bauherrn. Die Beweislast dafür, dass dieser Zustand *keine* Vertragsabweichung darstellt, wird jedoch dem Unternehmer auferlegt[205]. 15.161

Ein ungelöstes Problem stellt das Verhältnis der Beweislastumkehr von Art. 174 Abs. 3 SIA-Norm 118 zum Ausschluss der solidarischen Haftung des bauausführenden Unternehmers für Fehler von Architekten, Ingenieuren oder anderen Hilfspersonen des Bauherrn dar[206]. Der Unternehmer haftet infolge der werkvertraglichen Kausalhaftung nicht für die Fehlerfreiheit, sondern für den Erfolg seiner Arbeit. Dies bringt aber mit sich, dass der Unternehmer bei Auftreten eines Baumangels nicht mit dem (negativen) Nachweis, dass ihm bei seiner Arbeit kein Fehler unterlaufen ist, den geforderten Beweis im Sinne von Art. 174 Abs. 3 SIA-Norm 118 erbringen kann. Dieser negative Beweis wäre ohnehin schwierig. Vielmehr kann der Unternehmer den geforderten Beweis nur erbringen, wenn es ihm gelingt, (positiv) zu beweisen, dass ein anderer Baubeteiligter den Baumangel verursacht hat und/oder dass ein Selbstverschulden des Bauherrn vorliegt. Das Selbstverschulden des Bauherrn umfasst in der Regel auch die Handlungen von Architekten und Ingenieuren als seine Hilfspersonen. Damit muss aber der Unternehmer für seine Beweisfindung Arbeiten untersuchen, die gegenüber ihm infolge des Ausschlusses der solidarischen Haftung ausschliesslich zum Verantwortungsbereich des Bauherrn gehören, und für die er die fachliche Kompetenz zumindest teilweise nicht selber haben muss[207]. Eine 15.162

---

204 Vgl. oben Rz. 4.61 ff., insbesondere Rz. 4.64; GAUCH, Werkvertrag, Rz. 850.
205 Ausführlich: GAUCH, KommSIA 118, Art. 174.
206 Vgl. oben Rz. 15.93.
207 Vgl. oben Rz. 15.69.

solche Beweisführung scheint jedoch für den bauausführenden Unternehmer, zumindest in schwierigen Fällen, nicht zumutbar. Art. 174 Abs. 3 SIA-Norm 118 ist deshalb nur in jenen Fällen akzeptierbar, in denen eine Verursachung oder Mitverursachung des betroffenen Baumangels durch den Bauherrn oder durch Baubeteiligte, die aus der Perspektive des bauausführenden Unternehmers Hilfspersonen des Bauherrn darstellen, mit begrenztem Aufwand ausgeschlossen oder bewiesen werden kann. In den übrigen Fällen sollte Art. 174 Abs. 3 SIA-Norm 118 aufgrund der Ungewöhnlichkeitsregel als nicht anwendbar betrachtet werden.

b) *Beweislast für Mängelrügen*

15.163 Die Beweislast für die erfolgte Mängelrüge trägt der Bauherr[208]. Der Unternehmer hat jedoch im Prozess die entsprechenden Einwände einzubringen[209]. Ob der Besteller die Beweislast für die sofort erfolgte Mängelrüge auch bei absichtlich verschwiegenen Mängeln trägt, ist umstritten[210].

c) *Beweissicherung*

15.164 An der Beweissicherung sollten infolge der allseitig verteilten Beweislasten neben dem Bauherrn auch *alle übrigen Baubeteiligten interessiert* sein. Als vorsorgliches Mittel ist deshalb allen Baubeteiligten zu empfehlen, ihre Arbeiten möglichst lückenlos zu dokumentieren. Konsequenten Festhaltungen wie z.B. Baujournalen kommt eine relativ hohe Beweiskraft zu.

15.165 Eine Besonderheit im Bauwesen besteht darin, dass erstellte Bauteile im Laufe des Baufortschritts vielfach und häufig auch rasch wieder verdeckt werden. Es empfiehlt sich deshalb, den Zustand von Bauteilen, die nicht sichtbar oder zugänglich bleiben, vor ihrer Verdeckung *systematisch zu erfassen*. Dafür eignen sich insbesondere Qualitätskontrollen, die Entnahme und Aufbewahrung von Proben, fotografische Aufnahmen oder Abnahmeprüfungen von Teilen von Bauwerken im Sinne von Art. 157 ff. SIA-Norm 118. In heikleren Fällen kann bei mangelhaften Bauteilen

---

208 BGE 107 II 175 f.; BÜHLER, 195, Rz. 58.

209 BGE 118 II 142. Die Spaltung von Beweis- und Einwendungslast ist kontrovers; vgl. hierzu BÜHLER, 195 f., Rz. 58 ff.; GAUCH, Werkvertrag, Rz. 2166 ff.; *ders.*, in: BR 1993, 41 f.

210 Befürwortend: GAUTSCHI, Rz. 8c und 9b, ablehnend ZINDEL/PULVER, Art. 370 OR, Rz. 26.

auch eine amtliche Befundaufnahme oder eine zivilprozessrechtliche vorsorgliche Beweisabnahme angezeigt sein. Dies ist vor allem dann der Fall, wenn die Bauausführung noch nicht abgeschlossen ist.

3. Verjährungsunterbrechung

Für die Unterbrechung der Verjährung von Ansprüchen des Bauherrn infolge von Baumängeln gelten uneingeschränkt die *gesetzlichen Regeln* von Art. 135 ff. OR. Zu beachten ist, dass zwischen Architekten und Ingenieuren einerseits und bauausführenden Unternehmern andererseits nur eine unechte Solidarität im Sinne von Art. 51 OR besteht, und damit die Unterbrechung der Verjährung der Ansprüche gegen einen haftpflichtigen Baubeteiligten nicht auch gegenüber den übrigen Baubeteiligten wirksam ist[211]. 15.166

Nachbesserungsarbeiten innerhalb der Verjährungsfrist von fünf Jahren unterbrechen die Verjährung für den behandelten Werkteil und lösen eine neue Verjährungsfrist gleicher Dauer ab der Abnahme aus[212]. Auch die zweijährige Garantiefrist im Sinne von Art. 172 SIA-Norm 118 beginnt mit der Abnahme des instandgestellten Werkteils für diesen neu (Art. 176 Abs. 2 SIA-Norm 118). 15.167

Die Unterbrechung der Verjährung eines Mängelrechtes bewirkt auch die Unterbrechung der Verjährung der *übrigen Mängelrechte*, die aus demselben Mangel fliessen. Nicht unterbrochen werden jedoch die Mängelrechte, die aus einem anderen Mangel fliessen.[213] 15.168

Ist die *SIA-Norm 118* anwendbar, so wird gemäss Art. 176 Abs. 1 SIA-Norm 118 mit der Rüge eines Mangels während der Garantiefrist im Sinne von Art. 172 SIA-Norm 118 auch diese Garantiefrist für den instandgestellten Bauteil unterbrochen. Sie beginnt am Tag der Abnahme des instandgestellten Bauwerkteils neu zu laufen (Art. 176 Abs. 2 SIA-Norm 118). 15.169

---

211 BGE 119 II 131; 115 II 45, GAUCH, Werkvertrag, Rz. 2747.

212 BGE 121 III 272.

213 GAUCH, Werkvertrag, Rz. 2272; ZINDEL/PULVER, Art. 371 OR, Rz. 16; differenzierend KOLLER, Fn. 531.

4. Beanspruchung von Sicherheiten und Rückbehalt von Vergütungen

15.170 Zur Durchsetzung seiner Mängelrechte kann der Bauherr gegebenenfalls auf *vertraglich vereinbarte Sicherheiten* zurückgreifen. Gemäss Art. 149 ff. SIA-Norm 118 steht dem Bauherrn das Recht zu, bei den Abschlagszahlungen bzw. Akontozahlungen an den Unternehmer während der Bauausführung einen Rückbehalt zu machen. Zur Ablösung dieses Rückbehaltes nach der Abnahme des Bauwerks hat der Unternehmer dem Bauherrn gemäss Art. 181 f. SIA-Norm 118 eine Solidarbürgschaft oder eine Bargarantie zu leisten. Diese darf für Mängel, die bei der gemeinsamen Abnahmeprüfung oder während der daran anschliessenden zweijährigen Garantiefrist im Sinne von Art. 172 SIA-Norm 118 gerügt werden, beansprucht werden (Art. 181 Abs. 1 SIA-Norm 118).

15.171 Gemäss Art. 181 Abs. 3 SIA-Norm 118 ist die Bürgschaft für so lange zu leisten, «bis alle zu verbürgenden Mängelrechte erloschen sind». Nachdem sich eine Kontroverse entwickelt hatte[214], ob gemäss dieser Formulierung die Solidarbürgschaft bis zum Ende der Garantiefrist von zwei Jahren im Sinne von Art. 172, bis zum Ende der Gewährleistungsfrist von fünf Jahren gemäss Art. 180 SIA-Norm 118 oder gar auf längere Zeit zu leisten sei, entschloss sich der SIA, die SIA-Norm 118 von 1977 als Ausgabe 1977/1991 neu aufzulegen, wobei auf Seite 48 in einer Fussnote bemerkt wird, dass die Dauer der Solidarbürgschaft für die Dauer der Garantiefrist zu leisten sei[215].

15.172 Wird anlässlich der Prüfung des vollendeten Werks ein Mangel festgestellt, so kann der Bauherr zur Durchsetzung seines Nachbesserungsanspruchs auch aufgrund von Art. 82 OR einen Anteil am Werklohn zurückbehalten[216]. *Fraglich* ist, ob ihm dabei erlaubt ist, zur Ausübung eines angemessenen Drucks auf den Unternehmer einen Betrag zurückzubehalten, der erheblich *über den Kosten des Unternehmers* für die Nachbesserung liegt[217]. Der Rückbehalt bleibt auch dann erlaubt, wenn

---

214 SCHUMACHER, in: BR 1990, 106; PFIFFNER, in: Schweizer Bauwirtschaft 1991, 11. Januar 1991, 10; FISCHER, in: Schweizer Ingenieur und Architekt 1990, 19. Juni 1990, 833.

215 Kommentar zu dieser Fn. von GAUCH, in: BR 1992, 46 ff.

216 BGE 89 II 235; KOLLER, Rz. 315 ff.

217 Befürwortend GAUCH, Werkvertrag, Rz. 2390 ff.; ablehnend KOLLER, Rz. 317.

der Anspruch auf Nachbesserung verjährt oder an einen Dritten abgetreten worden ist[218].

5. Verhandlungs- und Prozessführung

a) *Verhandlungsführung*

Für die Verhandlungen über Ansprüche des Bauherrn aus Baumängeln sind zwei Besonderheiten typisch. Zum einen kommt es häufig vor, dass nicht von vornherein feststeht, von wem der zur Diskussion stehende Baumangel verursacht wurde. In diesen Fällen müssen die *Verhandlungen* vom Bauherrn *mit mehreren Parteien* geführt werden. Zum anderen ist es üblich, dass der Gesamtleiter des Projekts, zumeist ein Architekt oder ein Bauingenieur, der in der Regel den Bauherrn gegenüber den übrigen Baubeteiligten vertritt, vom Bauherrn naheliegenderweise auch zur Leitung der Verhandlungen und zur Wahrnehmung seiner Interessen eingesetzt wird. Ist aber der Gesamtleiter für den Baumangel mit- oder gar allein verantwortlich, kommt es unweigerlich zu einem *Interessenkonflikt des Gesamtleiters*, da dieser natürlicherweise auch seine eigene Position verteidigen will. Besonders im zweiten Fall ist dem Bauherrn zu empfehlen, zur Leitung der Verhandlungen und zur Vertretung seiner Interessen einen unabhängigen Dritten beizuziehen. 15.173

Zu Beginn der Verhandlungen sollte die Frage der Verantwortung für den aufgetretenen oder behaupteten Baumangel noch möglichst beiseite gelassen werden. Wichtig ist als Erstes eine möglichst gute *Klärung des Sachverhaltes* durch Zusammentragen aller bei den Parteien verfügbaren Informationen. Anschliessend sind allfällige Unklarheiten über den Sachverhalt durch nachträgliche Erhebungen durch die Verhandlungsteilnehmer selber möglichst zu beheben. Bleiben wesentliche Punkte des Sachverhalts unklar oder strittig, ist die Einsetzung eines *Schiedsgutachters* angebracht, der sich über den Bestand und die Ursachen der zur Diskussion stehenden Mängel äussern soll. Eine gewisse Schwierigkeit, einen allseitig akzeptablen Schiedsgutachter zu finden, liegt allerdings darin, dass planungsorientierte Experten bei den bauausführenden Unter- 15.174

218 HONSELL, Rz. 2384 f.; KOLLER, Rz. 325 f.

nehmern und ausführungsorientierte Experten bei den Architekten und Ingenieuren auf latentes Misstrauen stossen. Deshalb ist eine integre Persönlichkeit, die nicht eindeutig der Planungs- oder Ausführungsseite zuzuordnen ist, als Schiedsgutachter am besten geeignet.

15.175 Ist eine Einigung der Parteien über die wesentlichen Punkte des Sachverhalts erreicht worden, sind aufgrund der vertraglichen und gesetzlichen Situation die *Anteile der Verantwortung* der verschiedenen Beteiligten am festgestellten Mangel zu ermitteln.

15.176 Grundsätzlich gilt: Eine saubere Klärung des Sachverhaltes und der Rechtslage ohne verfrühte Schuldzuweisung schafft die besten Chancen zur Erreichung einer Verhandlungslösung.

b) Prozessführung

15.177 Für eine qualitativ hochstehende Erledigung von Rechtsstreiten über Baumängel muss dem zuständigen Gericht ein *hohes Mass an Fachkompetenz* zur Verfügung stehen. Verfügt das Gericht über die Fachkompetenz nicht selber, muss diese durch Gutachten von Fachexperten substituiert werden. Prozesse, die sich auf Gutachten stützen, haben aber eine überdurchschnittliche Neigung, über mehrere Instanzen geführt zu werden, wobei vor jeder Instanz neue Gutachten dazu kommen. Prozesse über Baumängel vor ordentlichen Gerichten bergen deshalb die erhebliche Gefahr in sich, lange zu dauern und sehr teuer zu werden.

15.178 Aus diesen Gründen ist bei Rechtsstreiten über Baumängel, die sich nicht auf dem Verhandlungsweg lösen lassen, überdurchschnittlich häufig die Einsetzung eines *Schiedsgerichtes* zweckmässig. Die regelmässig relativ hohen Kosten – ein bekannter Nachteil von Schiedsgerichtsverfahren – fallen angesichts der überdurchschnittlichen Gefahr hoher Kosten von Prozessen über Baumängel vor ordentlichen Gerichten weniger als üblich ins Gewicht. Mehr als üblich ins Gewicht fallen hingegen die Vorteile, dass das Schiedsgericht mit «handverlesenen» Fachexperten und Juristen besetzt werden kann und dass der Schiedsspruch, Kassation vorbehalten, endgültig ist.

15.179 Zur Durchführung von Schiedsgerichtsverfahren steht mit der *SIA-Richtlinie 150* eine besondere, im Bauwesen verbreitete *Verfahrensregelung* zur Verfügung. Die Formularverträge des SIA enthalten als Option eine

Schiedsvereinbarung, die die SIA-Richtlinie 150 zur anwendbaren Verfahrensordnung erklärt.

Die SIA-Richtlinie 150 regelt das Schiedsgerichtsverfahren in den wichtigsten Punkten 15.180
wie folgt: Das Schiedsgericht kann wahlweise aus einer oder drei Personen bestehen (Art. 5 Abs. 1). Ist keiner der Schiedsrichter rechtskundig, ist ein rechtskundiger Sekretär beizuziehen (Art. 9). Die Parteien haben einen Kostenvorschuss nach Massgabe der wahrscheinlichen Kosten zu bezahlen. Wird der Vorschuss nicht bezahlt, kann das Schiedsgericht die Durchführung des Verfahrens ablehnen (Art. 19 Abs. 1). Das Verfahren soll in der Regel mit einem Vermittlungsversuch begonnen werden (Art. 21 Abs. 1). Das Schiedsgericht hat jedoch auch später jederzeit das Recht, eine Vermittlung zu versuchen (Art. 22 Abs. 1). Bei fehlender Einigung wird ein zweimaliger Schriftenwechsel durchgeführt (Art. 21 Abs. 2 und Art. 23 Abs. 1). Daran schliesst sich das Beweisverfahren an (Art. 21 Abs. 4). Daraufhin kann jede Partei einen Schlussvortrag halten (Art. 21 Abs. 5) und das Gericht fällt das Urteil (Art. 21 Abs. 6), gegebenenfalls mit Kostenentscheid (Art. 45).

VIII. Checklisten

1. Vorbeugung

Zur Minimierung des Risikos von Baumängeln und ihres Schadenpotentials sind folgende Massnahmen sinnvoll:

a) *Auf Seiten des Bauherrn*

- Auswahl und Beizug von Baubeteiligten mit hoher Fachkompetenz

  Dies geschieht am zweckmässigsten durch die Einholung von Empfehlungen Dritter, welche mit den in Frage kommenden Personen und Firmen bereits zusammengearbeitet haben, und durch die zusätzliche Einholung von Informationen über neuere und ältere (!) Referenzobjekte und ihren Zustand. Anträgen von Architekten und Bauingenieuren auf Beizug von Spezialisten sollte grundsätzlich stattgegeben werden. Zu vermeiden sind Vergaben von Leistungen an Baubeteiligte rein aufgrund von günstigen Offerten ohne Würdigung der jeweiligen Fachkompetenz. Architekten und Ingenieure, die im voraus Schwierigkeiten nicht erkennen, offerieren fast immer günstiger als kompetente und erfahrene Fachleute.

- Angemessene Honorierung der Personen, die mit der Planung und Bauleitung betraut werden

  Es geht vor allem darum, sicherzustellen, dass die Motivation der Vertrauenspersonen des Bauherrn, welche das Projekt leiten und den Bauherrn gegenüber den übrigen

Baubeteiligten vertreten, nicht leidet, sondern dass diese Vertrauenspersonen bereit sind, sich in allen Situationen vorbehaltlos in den Dienst der Interessen des Bauherrn zu stellen. Die höheren Planungs- und Bauleitungskosten werden in den meisten Fällen durch die Einsparungen während der Bauausführung und während der Nutzung des Bauwerks mehr als wettgemacht. Neben fairen Honoraransätzen sind auch Vereinbarungen über Beteiligungen der Architekten und Ingenieure an Vorteilen des Bauherrn, etwa in der Form von Prämien für Kostenunterschreitungen oder auch Mängelfreiheit und rasche Mängelbehebung zweckmässig.

– Veranlassung von hinreichenden und rechtzeitigen Untersuchungen des Baugrundes

Die meisten Bauingenieure haben die Erfahrung gemacht, dass Bauherren regelmässig nur sehr wenig Geld für Baugrunduntersuchungen ausgeben wollen, und schlagen deshalb häufig nur das Minimum des Vertretbaren vor. Es ist sinnvoll, den Bauingenieur auf diese Problematik anzusprechen und den Umfang der Baugrunduntersuchungen gemeinsam mit ihm und einem allfälligen Gutachter für den Baugrund festzulegen.

– Kontrolle und Diskussion von Sicherheits- und Nutzungsplan

Aufgrund der SIA-Norm 160, Einwirkungen auf Tragwerke, sind die Architekten und Ingenieure gehalten, für jedes Bauwerk je einen umfassenen Sicherheits- und Nutzungsplan zu erstellen (Ziffern 2 23 und 2 33 SIA-Norm 160). Vor allem der Nutzungsplan ist hochgradig geeignet sicherzustellen, dass die Anforderungen des Bauherrn an die Nutzbarkeit des Bauwerks von den verantwortlichen Planungsfachleuten richtig erfasst werden, da er dem Bauherrn zur Kontrolle vorgelegt werden kann und soll. Bei professionellen Bauherren kann zum Teil auch der Sicherheitsplan besprochen werden. Der Bauherr besitzt mit diesen Plänen ein effizientes Mittel zur Vermeidung von planungsbedingten Baumängeln.

– Vertragliche Vereinbarung von gesamthaften Leistungen

Wirken an einem einheitlichen System eines Bauwerks (z.B. Wasserdichtung) mehrere Beteiligte mit (z.B. Baumeister, Dichtungsfirma, Dachdecker) und ist es erfahrungsgemäss schwierig, bei Mängeln des Systems den richtigen Verantwortlichen zu ermitteln, ist es zweckmässig, die Beteiligten zu veranlassen, sich so zu organisieren, dass der Bauherr nur einen einzigen Vertrag abschliessen muss. Dies kann etwa durch die Bildung einer Arbeitsgemeinschaft (Einfache Gesellschaft), durch die Begründung von Subunternehmerverhältnissen oder durch die Einsetzung eines General- oder Totalunternehmers geschehen. Damit kann der Bauherr beim Erscheinen von Mängeln ein «Schwarzpeterspiel» zwischen den Baubeteiligten zu seinem Nachteil vermeiden.

– Übernahme der SIA-Norm 118 in Werkverträge

Die Übernahme der SIA-Norm 118 in Bauwerkverträge und Lieferverträge oder eine gleichwertige individuelle Vertragsgestaltung ist ein Muss. Der Bauherr profitiert gegenüber den Bestimmungen des OR insbesondere von den Regeln über eine gemeinsame Abnahmeprüfung mit dem Unternehmer innert Monatsfrist nach Anzeige der Vollendung (Rz. 15.145) und von der zweijährigen Garantiefrist (Rz. 15.148), während welcher die Pflicht des Bauherrn zur sofortigen Rüge von geheimen Mängeln aufgehoben ist. Zusätzlich wird dem Bauherrn der Anspruch auf eine Sicherstellung seiner Mängelrechte während zweier Jahre nach der Abnahme eingeräumt (Rz. 15.170 f.) und dem Unternehmer während dieser Zeit ein Teil der Beweislast bezüglich des Bestehens von Mängeln überbürdet (Rz. 15.161 f.). Bei beweglichen Bauwerken wird ausserdem die Verjährungsfrist für Werkmängel von einem auf fünf Jahre verlängert (Rz. 15.125).

- Erweiterung der Sicherheiten und der Haftungsregeln gemäss SIA-Norm 118

Zweckmässig können insbesondere sein: die Einholung von zusätzlichen Sicherheiten (z.B. Erfüllungs- oder Werkgarantie) sowie die Verlängerung der Garantie- und der Verjährungsfrist (Art. 172 und 180 SIA-Norm 118).

- Vorausschauende vertragliche Aufteilung von Risiken zwischen Bauherrn und Unternehmern

Vielfach sind die häufigsten Mängel und ihre häufigsten Ursachen bekannt. Dies erlaubt, bereits im Werkvertrag eine teilweise vorausschauende Risikoaufteilung zwischen Bauherrn und bauausführendem Unternehmer festzulegen. Eine standardmässige Risikoaufteilung, welche auch zur Inspiration in anderen Fällen dienen kann, enthält die SIA-Norm 198, Untertagebau, im Anhang A 5.

- Sicherstellung einer hinreichenden Versicherungsdeckung

Die Sicherstellung einer hinreichenden Versicherungsdeckung ist vor allem in Bezug auf die Berufshaftpflicht der Architekten und Ingenieure wichtig, da diese Fachleute im Gegensatz zu bauausführenden Unternehmern Baumängel im Allgemeinen versichern können, Sicherheitsleistungen in der Art der SIA-Norm 118 für bauausführende Unternehmer jedoch nicht üblich sind. Weiter dringend zu empfehlen sind die Bauwesenversicherung für Schäden am entstehenden Bauwerk und die Bauherrenhaftpflichtversicherung für Schäden an benachbarten Immobilien. Zu den Versicherungsfragen des Baus gesamthaft vgl. unten § 18.

- Förderung der Kommunikation unter den Baubeteiligten

Die Projektorganisation sollte so gewählt werden, dass die Kommunikation unter den Baubeteiligten optimal funktioniert. Sicherzustellen sind insbesondere eine klare Zuständigkeitsordnung und institutionalisierte periodische Besprechungen.

- Gewährleistung hinreichender Zeit für die Leistungserbringung

Der ärgste Feind sorgfältiger Arbeit heisst Zeitknappheit. Es macht sich für den Bauherrn fast immer bezahlt, den Baubeteiligten genügend Zeit für ihre Leistungen zur Verfügung zu stellen und bei notwendigen Beschleunigungsmassnahmen die zusätzlich notwendigen Aufwendungen angemessen zu vergüten. Ein besonderes

Augenmerk ist darauf zu richten, dass die bauausführenden Unternehmer die Ausführungsunterlagen der Planungsfachleute regelmässig so früh bekommen, dass sie ihre Arbeit sauber vorbereiten können, und dass die Bauleitung die Arbeiten auf der Baustelle sauber koordiniert.

- Vereinbarung und Durchführung von Prüfungen, Kontrollen und Abnahmen von Teilen des Bauwerks während der Bauausführung

Mit systematischen Prüfungen und Kontrollen (viele solche sind im SIA-Normenwerk definiert) und Abnahmen von fertiggestellten Teilen des Bauwerks (Rz. 15.145) können Baumängel und Umstände, die zu Baumängeln führen, frühzeitig erkannt oder vermieden und ihre Behebung vor der Erstellung von weiteren Bauteilen, welche die Zugänglichkeit verhindern oder erschweren, sichergestellt werden. Ein entsprechendes kohärentes Konzept sollte unter Leitung des Gesamtleiters ohne Übertreibungen ausgearbeitet, dann aber konsequent mit allen Baubeteiligten vereinbart und umgesetzt werden. Bei grösseren Bauwerken kann ein eigentliches Qualitätssicherungsmanagement angezeigt sein.

b) Auf Seiten der Baubeteiligten

- Vermeidung von Lücken der Haftpflicht von Unterakkordanten im Verhältnis zur eigenen Haftpflicht gegenüber dem Bauherrn

Zu vermeiden sind insbesondere Differenzen in den Beträgen von allfälligen vertraglichen Haftungsbegrenzungen sowie Differenzen im Zeitablauf von Garantie- und Verjährungsfristen nach SIA-Norm 118 und Gesetz (Rz. 15.119 ff.).

- Abmahnung von Vorschriften des Bauherrn betreffend den Beizug von ungeeignet erscheinenden Unterakkordanten

Vgl. Rz. 15.104 f. Für die Formrichtigkeit der Abmahnung vgl. Rz. 15.103 und 15.105.

- Einforderung der Unterlagen des Bauherrn bezüglich des Baugrundes und anderer örtlicher Gegebenheiten

Gemäss Art. 5 SIA-Norm 118 ist der Bauherr gehalten, den Baugrund und andere örtliche Gegebenheiten zu erkunden und die Ergebnisse in den Ausschreibungsunterlagen festzuhalten. Es kommt jedoch häufig vor, dass nicht alle Unterlagen im Besitz des Bauherrn und seiner Planungsfachleute an die bauausführenden Unternehmer weitergegeben werden.

- Optimale Dokumentation der geleisteten Arbeiten zur Abwehr von ungerechtfertigten Haftungsansprüchen

Dies ist vor allem deshalb notwendig, weil ein Teil der Beweislast für einwandfreie Leistungen bei den Baubeteiligten selber liegt (Rz. 15.159 f. und 15.161 f.). Zweckmässig sind insbesondere konsequent geführte Dokumentationen wie Sitzungsprotokolle, schriftliche Bestätigungen von Mitteilungen und Weisungen, Baujournale, Plannachführungen und fotografische Aufnahmen.

– Sicherstellung von korrekten Abmahnungen bzw. Anzeigen

Die Abmahnungen und Anzeigen sollen möglichst frühzeitig, schriftlich, korrekt (Rz. 15.103) und in beweissichernder Form erfolgen. Anstelle der Übermittlung mit eingeschriebenem Brief, welche erfahrungsgemäss das Vertrauensverhältnis unter den Baubeteiligten belastet, kann der Empfang von Abmahnungen auch durch schriftliche Bestätigungen der Bauleitung oder durch Vermerke in Sitzungsprotokollen, welche von den Parteien genehmigt werden, verbindlich festgehalten werden.

– Verweigerung der Ausführung von angewiesenen Arbeiten, wenn gebotene Sicherheitsanforderungen nicht erfüllt sind

Vgl. Rz. 15.109.

– Zuwarten mit der Bauausführung nach einer Abmahnung oder Anzeige

Vgl. Rz. 15.110.

– Sicherstellung einer hinreichenden Versicherungsdeckung

Eine Berufshaftpflichtversicherung ist im Hinblick auf Baumängel vor allem für Architekten und Ingenieure, welche ihre diesbezügliche Haftpflicht in der Regel versichern können, von Bedeutung. Für die bauausführenden Unternehmer ist im Hinblick auf Baumängel eine Bauwesenversicherung, die Schäden am entstehenden Bauwerk deckt, von zentraler Bedeutung, soweit der Bauherr nicht selber für einen entsprechenden Versicherungsschutz gesorgt hat. Zu den Versicherungsfragen des Baus gesamthaft vgl. unten § 18.

2. Vorgehen bei Auftreten eines Mangels

Ist ein Mangel aufgetreten, sind folgende Massnahmen angezeigt:

a) Auf Seiten des Bauherrn

– Veranlassung der Unternehmer zur frühzeitigen Behebung von Mängeln

Um die bauausführenden Unternehmer zu veranlassen, sich anbahnende Baumängel möglichst frühzeitig zu beheben, kann der Bauherr auch vor der Abnahmeprüfung Abschlagszahlungen, die in Abhängigkeit vom Wert der erbrachten Leistungen geschuldet sind, teilweise zurückbehalten. Ausserdem kann der Bauherr einem säumigen Unternehmer Frist zur Abhilfe ansetzen mit der Androhung, dass im Unterlassungsfall die Verbesserung auf Kosten des Unternehmers einem Dritten übertragen werde (Rz. 15.76 ff.).

- Rechtzeitige Prüfung des vollendeten Bauwerks und rechtzeitige korrekte Mängelrüge

Die einzuhaltenden Modalitäten der Prüfung des Werks und der Mängelrüge im Werkvertrag sind sehr unterschiedlich, je nachdem, ob die Regeln des OR oder der SIA-Norm 118 zur Anwendung gelangen. Die Mängelrüge muss gegenüber sämtlichen möglicherweise (mit-)verantwortlichen Baubeteiligten erhoben werden. In dringlichen Fällen muss der Rechtsvertreter des Bestellers die Mängelrüge selber beim Unternehmer erheben, wenn der Besteller nicht rechtzeitig dazu veranlasst werden kann (Rz. 15.135 ff. und 15.143 ff.).

- Wahl des Mangelrechtes durch den Bauherrn/Einladung des Unternehmers zur Nachbesserung

Der Bauherr hat gegenüber dem Unternehmer ausdrücklich zu erklären, ob er Wandelung, Minderung oder Nachbesserung verlangt. Ist die SIA-Norm 118 anwendbar, muss vorgängig dem Unternehmer die Möglichkeit, Nachbesserung zu leisten, eingeräumt werden (Rz. 15.73 ff.). Für die Nachbesserung ist dem Unternehmer eine angemessene Frist zu setzen (Rz. 15.56 ff.).

- Verpflichtung von Architekten zur Veranlassung und Leitung von Garantiearbeiten

Während der zweijährigen Garantiefrist gemäss Art. 172 SIA-Norm 118 sind Architekten und Ingenieure für die Veranlassung und Leitung von Garantiearbeiten aufgrund der SIA-Ordnungen 102, 103 und 108 ohne gesonderte Entschädigung leistungspflichtig, falls diese Leistungen bei Vertragsabschluss mit dem Bauherrn nicht wegbedungen wurden.

- Verhinderung der Einrede der Verjährung

Die Verhinderung der Einrede der Verjährung muss gegenüber sämtlichen möglicherweise (mit-)verantwortlichen Baubeteiligten gesondert bewirkt werden. In erster Linie sollte versucht werden, Erklärungen zum Verzicht auf die Einrede der Verjährung einzuholen. Als Unterbrechungshandlung im Sinne von Art. 135 OR eignet sich vor allem das Begehren um Durchführung einer Sühnverhandlung. Entgegen dem Wortlaut von Art. 135 Ziff. 2 OR genügt die Postaufgabe des Begehrens um eine amtliche Sühnverhandlung (BGE 114 II 262). Mit einer Betreibung, welche einen Eintrag im Betreibungsregister nach sich zieht, werden die Baubeteiligten unnötig vor den Kopf gestossen, was ihrer Bereitschaft zur Kooperation bei der stimmungsmässig manchmal belasteten Prozedur der Mängelbehebung nur abträglich sein kann (Rz. 15.166 ff.).

- Geltendmachung der Beweislasten der Baubeteiligten

Bei den Baubeteiligten liegt in der Regel die Beweislast für das Fehlen eines Verschuldens für verursachten Schaden (Rz. 15.158) und für das Nichtbestehen eines Mangels während der zweijährigen Garantiefrist im Sinne der SIA-Norm 118 (Rz. 15.161 ff.), soweit diese Norm anwendbar ist.

- Erzeugung und Sicherstellung von Beweismitteln

  Je nach Art und Tragweite des Falles eignen sich fotografische Dokumentationen, Befundaufnahmen und Gutachten durch Experten, amtliche Befundaufnahmen und zivilprozessrechtliche vorsorgliche Beweisabnahmen.

- Beauftragung eines unabhängigen Dritten zur Leitung der Klärung der Rechtslage und Anstreben einer Verhandlungslösung

  Vgl. Rz. 15.173.

- Einsetzung eines integren und allseitig akzeptierten Schiedsgutachters oder eines Schiedsgerichts

  Vgl. Rz. 15.174 und 15.177 ff.

b) Auf Seiten der Baubeteiligten

- Teilweise gleiche Massnahmen wie auf Seiten des Bauherrn, gegebenenfalls sinngemäss gegenüber Unterakkordanten zu treffen
- Anzeige an die Versicherungsgesellschaften

  Vgl. unten Rz. 18.83

- Prüfung der Rechtzeitigkeit und Korrektheit der Mängelrüge

  Vgl. Rz. 15.135 ff. und 15.143 ff.

- Prüfung des Zeitpunktes des Eintritts der Verjährung

  Diese Massnahme ist vor der Befriedigung von Mängelrechten des Bauherrn und vor allem vor der Abgabe von Erklärungen über den Verzicht auf die Einrede der Verjährung von entscheidender Bedeutung. Lässt sich der Zeitpunkt der Verjährung nicht mit genügender Sicherheit bestimmen, kann die Erklärung über den Verzicht auf Einrede der Verjährung unter den Vorbehalt gestellt werden, dass die Verjährung im Zeitpunkt der Abgabe der Erklärung noch nicht eingetreten ist (Rz. 15.119 ff.).

- Geltendmachung der Beweislasten des Bauherrn

  Vgl. Rz. 15.157 ff.

- Geltendmachung des Anspruchs auf Leistung von Nachbesserung

  Missachtet der Bauherr den Anspruch des Unternehmers auf Leistung von Nachbesserung gemäss SIA-Norm 118, kann der Unternehmer die Verwirkung des Anspruches des Bauherrn auf Wandelung oder Minderung geltend machen (Rz. 15.116 ff.).

- Nachweis eines allfälligen Selbstverschuldens des Bauherrn

Sofern sie ihre Abmahnungspflichten erfüllt haben, haften bauausführende Unternehmer insbesondere nicht für Fehler von Architekten und Ingenieuren als Hilfspersonen des Bauherrn. Als Selbstverschulden des Bauherrn gegenüber bauausführenden Unternehmern gelten auch Mängel an Werken von Vorunternehmern (Rz. 15.92 ff.).

- Prüfung, ob Schuldpflicht erfüllt ist; Rückgriffnahme auf andere Baubeteiligte

Vgl. Rz. 15.44 f.

- Beanspruchung von Versicherungsleistungen an den Bauherrn

Gemäss Art. 189 SIA-Norm 118 kann der bauausführende Unternehmer bei ganzem oder teilweisem Untergang des Bauwerks vom Bauherrn verlangen, dass er ihm Versicherungsleistungen, die er wegen des Untergangs erhält, gegen Ersatz der geleisteten Prämien abtritt. Dies gilt soweit, als der Unternehmer für die untergegangenen Teile vom Bauherrn nicht entschädigt worden ist und auch keine eigenen Versicherungsleistungen beanspruchen kann.

§ 16 Bauimmissionen

LEO R. GEHRER

Literaturauswahl: BÄUMLIN RICHARD, Privatrechtlicher und öffentlichrechtlicher Immissionsschutz, in: Rechtliche Probleme des Bauens – Berner Tage für die juristische Praxis 1968, Bern 1969, 107 ff.; DESAX MARCUS, Haftung für erlaubte Eingriffe, in: Arbeiten aus dem juristischen Seminar der Universität Freiburg, Schweiz, Bd. 46, Diss. Freiburg 1977; ENDER THOMAS, Die Verantwortlichkeit des Bauherrn für unvermeidbare übermässige Bauimmissionen, in: Arbeiten aus dem juristischen Seminar der Universität Freiburg, Schweiz, Bd. 150, Diss. Freiburg 1995; ETTLER PETER, Zur Rechtswegwahl im Immissionsschutzrecht, URP 1997, 292 ff.; GLAVAS KRESO, Das Verhältnis von privatem und öffentlichem Nachbarrecht (insbesondere Immissionsrechtsschutz im Planungs-und Baubewilligungsverfahren), Freiburger Dissertation, Zürich 1984; HÄNNI PETER/SCHMID JÖRG, Bauimmissionen – ein Problem des öffentlichen und privaten Rechts, Baurechtstagung 1997, Freiburg 1997, 52 ff.; PIOTET DENIS, A propos de deux questions touchant aux immissions excessives inévitables causées au voisinage, JdT 1989, 151 ff.; RASELLI NICCOLÒ, Berührungspunkte des privaten und öffentlichen Immissionsschutzes, URP 1997, 271 ff.; SCHMID-TSCHIRREN CHRISTINA MARIA, Die negativen Immissionen im schweizerischen Privatrecht, Abhandlungen zum schweizerischen Recht, H. 594, Diss. Bern 1997; SCHMID HANS HEINRICH, Immissionen: Ausmass und Abwehr insbesondere nach ZGB 28 und 684, Diss. Zürich 1969; SCHNYDER BERNHARD, Das private Nachbarrecht: Der Bauherr und sein Nachbar – Vom Projekt bis zur Vollendung der Baute, Baurechtstagung 1985, Freiburg 1985, 26 ff.; SCHNYDER BERNHARD/ENDER THOMAS, Über die Haftung des Grundeigentümers für Verhalten ausserhalb seines Grundstücks, BR 1995, 33 ff.; SCHÖBI FELIX, Privilegierung des bauenden Grundeigentümers?, recht 1989, 138 ff.; STEINAUER PAUL-HENRI, La mise à contribution du fonds voisin lors de travaux de construction, BR 1990, 31 ff. (*zitiert:* STEINAUER, mise à contribution); TERCIER PIERRE, La protection contre des nuisances liées à des travaux de construction, BR 1987, 82 ff. (*zitiert:* TERCIER, Baurecht 1987); *ders.,* Travaux de construction et Protection contre les nuisances, Mensch und Umwelt, in: FS der rechts-, wirtschafts- und sozialwissenschaftlichen Fakultät der Universität Freiburg zum Schweizerischen Juristentag 1980, Freiburg 1980, 281 ff. (*zitiert:* TERCIER, Travaux de construction); WERRO FRANZ/ZUFFEREY JEAN-BAPTISTE, Les immissions de la construction, Journées du droit de la construction 1997, Freiburg 1997, 57 ff.

I. Problemübersicht

16.1 *«Wer baut, lärmt und staubt».* – Der Knittelvers umschreibt, worum es in diesem Kapitel[1] geht: Beim Bauen entstehen häufig Immissionen[2], welche sich auf die Umgebung, möglicherweise auch über diese hinaus, auswirken. Bauimmissionen sind gleichsam natürliche Begleiterscheinungen des Bauvorganges. Rechtlich ergeben sich daraus zahlreiche Fragen. Wodurch kennzeichnen sich Bauimmissionen? Wann sind sie erlaubt, wann unerlaubt? Welchen Schutz gewährt unser Recht einem Betroffenen? Auf diese und weitere Fragen sollen die folgenden Ausführungen Antwort geben.

II. Merkmale und Erscheinungsformen

1. Immissionen als Begleiterscheinungen des Bauens

16.2 Bauen ist, wie wohl jedermann einräumt, eine Quelle von lästigen oder schädlichen Einwirkungen auf andere. Sind die Einwirkungen auf den *Bauvorgang*, also auf Installationen und Vorkehrungen im Zusammenhang mit der Erfüllung einer Bauaufgabe zurückzuführen, spricht man von Bauimmissionen.

---

1 Ich danke meinem Mitarbeiter Herrn lic. iur. PATRICK NEILL für seine vielfältige Hilfestellung bei diesem Kapitel. Ausserdem danke ich verschiedenen Instanzen, insbes. dem Kantonsgericht St. Gallen, für die gewährte Einsicht in unveröffentlichte Immissionsschutzurteile.

2 Wo ich keine spezifische Aussage machen will, bezeichne ich im Interesse des Sprachflusses Einwirkungen einheitlich als Immissionen, und zwar auch dann, wenn ihr Austritt aus einem Ausgangsgrundstück zur Rede steht und insofern sprachlich der Begriff Emissionen zutreffender wäre. Vgl. demgegenüber die Terminologie von Art. 7 Abs. 2 des Umweltschutzgesetzes vom 7.10.1983 (abgekürzt USG; SR 814.01): «Luftverunreinigungen, Lärm, Erschütterungen und Strahlen werden beim Austritt aus Anlagen als Emissionen, am Ort ihres Einwirkens als Immissionen bezeichnet.»

Die *Erscheinungsformen* von Bauimmissionen sind vielfältig: 16.3
- Lärm[3];
- Erschütterungen[4];
- Gerüche, Abwärme, Aerosole, Dämpfe und Dünste[5];
- Rauch, Russ[6], Schmutz und Staub[7];
- Strahlen;
- Erschwerung oder Verunmöglichung des Zugangs[8];
- Verdeckung einer Reklameeinrichtung oder Geschäftsenseigne[9];
- Entzug von Licht, Sonne und Aussicht[10];
- Bauten und Grabungen[11], welche das nachbarliche Erdreich und/oder vorhandene Einrichtungen in Bewegung bringen, gefährden oder beeinträchtigen;

---

3 Illustrativ SJZ 52/1956, 77 ff., Nr. 42 (mit heftiger Kritik von OFTINGER, 75 ff., in dessen auch nach 40 Jahren noch lesenswerter Monographie), BGE 93 I 295 ff. und SJZ 63/1967, 72.

4 Zum Beispiel verursachen Felssprengungen oder das Einrammen von Pfählen bzw. Eisenbohlen in den Baugrund Erschütterungen, die sich durch die Erde auf Nachbarliegenschaften «fortpflanzen» und dort zu Senkungen und Rissen führen können.

5 Zum Beispiel bei der Teerung einer Strasse, bei Applikationen stark lösemittelhaltiger Boden- und Wandbeläge oder in Form von Dieselschwaden einer Kompressor-Maschine. In einem vor dem Bezirksgerichtspräsidium Gossau SG 1997 ausgetragenen Schadenersatzprozess standen bei einem zusammengebauten alten Bauernhaus Abgase zweier den angrenzenden Hausteil aushöhlenden Klein- und Grossbagger zur Beurteilung, welche durch «die dünne Holzwand samt dem Täfer» drangen und die Benützung mehrerer Wohnräume unmöglich machten.

6 Zum Beispiel wird beim Umbau und der damit verbundenen Reinigung eines Verbrennungsofens Russ freigesetzt. Aufgrund der heutigen Umweltschutzgesetzgebung dürfte dagegen das früher auf Baustellen häufig anzutreffende Verbrennen von Baustoffabfällen als Schulbeispiel ausgedient haben.

7 Zum Beispiel wirbelt der Helikopter, welcher Bauteile zur Baustelle fliegt, mit dem vom Rotor verursachten Luftzug die lose Terrainoberfläche auf und verunreinigt dadurch die Wäsche der Nachbarin.

8 Vgl. BGE 91 II 100 und BGE 114 II 230 sowie den nicht publizierten BGE vom 14.11.1986 i.S. Cornavin c. Devillon & Cie. und J. Devillon, besprochen von Prof. P. TERCIER in: Baurecht 1987, 82 ff.

9 Vgl. BGE 83 II 375.

10 Beispiele: Anbringung eines Notdaches über dem Innenhof, auf den hinaus die Fenster des Nachbarn gehen. Oder: Bauinstallationen verdecken die Aussicht oder nehmen dem Sitzplatz die Abendsonne.

11 BGE 107 II 135 und 119 Ib 341 f.

- unter Umständen auch das Verhalten von Bauleistungsträgern auf[12] oder gar ausserhalb[13] der Baustelle; etc.

16.4 *Nicht zu den Bauimmissionen* im hier verstandenen Sinne zählen:
- die *direkten Einwirkungen «in die Substanz» fremder Grundstücke*[14], beispielsweise durch deren Betreten oder Überfliegen, durch Abgrabungen oder durch die Errichtung einer Böschung;
- die *für die Ausführung eines Bauwerkes erforderliche Inanspruchnahme fremden Bodens*, sei es für den Zugang zur Baustelle oder die vorübergehende Anbringung von Vorrichtungen (sogenannten Hammerschlags- und Leiterrecht)[15], sei es für die Zwischenlagerung von ausgehobenen Erdmaterialien oder von Bauschutt. Hier geht es nicht um die Einwirkung auf ein Grundstück, sondern um dessen Benützbarkeit «zum Zwecke der Vornahme von Bauten» (Art. 695 ZGB);
- die *Missachtung kantonaler Abstandsvorschriften*, welche bei Grabungen und Bauten zu wahren sind (Art. 686 ZGB);
- die *Entwässerungen* des Baugrundstückes. In dem Ausmass, als ihm Wasser bereits vorher auf natürliche Weise zugeflossen ist, trifft den Eigentümer des unterliegenden Grundstückes auch bei eigentlichen Entwässerungen eine unentgeltliche «Abnahmepflicht»; darüberhinaus kann er, wenn sich für ihn die Zuleitung des Wassers nachteilig auswirkt, verlangen, dass der Oberlieger auf eigene Kosten eine Leitung durch sein Grundstück führen lässt (Art. 690 ZGB);
- die *Beschädigung* (oder auch nur das Verlangen des Bauenden nach einer Verlegung) von durch das Baugrundstück führenden *Leitungen, Röhren und Brunnen*, an denen Dritten ein Durchleitungsrecht zusteht (Art. 691–693 ZGB);
- die *vorübergehende Beeinträchtigung eingetragener Wegrechte* Dritter, beispielsweise indem das Wegrecht des Nachbarn der Baugrube

12 Zum Beispiel andauerndes, lautes Fluchen der Bauarbeiter oder «Beschallung» der Umgebung mit Musikapparaten.

13 Zum Beispiel grobe Unordnung vor dem Eingang zur Baustelle oder andauerndes «wildes» Parkieren auf Parkflächen ausserhalb des Baugrundstückes; vgl. dazu auch unten Rz. 16.38 und 16.39.

14 Hiezu unten Rz. 16.85.

15 Grundlegend SCHNYDER BERNHARD, Das Hammerschlags- oder Leiterrecht?, in: L'homme dans son environnement, Fribourg 1980, 265. – Vgl. zum ganzen Problemkreis der Inanspruchnahme fremden Bodens oben Rz. 7.109 f.

zum Opfer fällt. In einem solchen Fall hat der dienstbarkeitsbelastete Bauherr grundsätzlich eine «Notlösung», z.B. eine Notbrücke oder einen Weg über einen anderen Teil des Grundstückes (bzw. allenfalls über eine nachbarliche Liegenschaft), bereitzuhalten; ist die Notlösung angemessen, so hat sie der Dienstbarkeitsberechtigte zu akzeptieren.

2. Positive und negative Bauimmissionen

Wirkt sich eine Immission auf das Nachbargrundstück als Zuführung von (festen, flüssigen oder gasförmigen) Stoffen, Energien oder Geräuschen aus, so spricht man von positiven Immissionen; werden dem Nachbargrundstück Elemente, die für es von Bedeutung sind, entzogen oder beschränkt, so hat sich der Ausdruck negative Immissionen eingebürgert. Für Bauimmissionen lässt sich ohne weiteres die gleiche Unterteilung verwenden: *positive und negative Bauimmissionen*. 16.5

Die Unterscheidung in positive und negative Immissionen hat seit BGE 114 II 235 f. E. 4a[16] (erheblich) an praktischem Stellenwert eingebüsst, weil nunmehr im einen wie im andern Fall zu prüfen ist, ob Bundesrecht gewahrt oder verletzt ist. Vorher hatten demgegenüber die Rechtsprechung, zuletzt in BGE 106 I b 383[17], und die lange vorherrschende Lehre die Auffassung vertreten, negative Immissionen würden nicht durch Bundesrecht geregelt werden, sondern in Anwendung von Art. 686/688 ZGB durch kantonales Recht[18]. 16.6

16 Ähnlich früher schon, allerdings noch bei schwankender Rechtsprechung, BGE 91 II 100; zwischenzeitlich auch Urteil der I. ZK des Obergerichtes Bern vom 27.1.1994, auszugsweise abgedruckt in: ZBJV 130/1994, 563 f. Das Bundesgericht äussert sich zur Frage, ob die negativen Immissionen vom Bundesrecht geregelt seien, allerdings nicht expressis verbis. Der Gehalt der bundesgerichtlichen Ausführungen ist aber unmissverständlich.

17 Ebenso LGVE 1978 I 465 ff., Nr. 411 (Urteil des Obergerichtes Luzern vom 11.7.1978, welches offenbar vom Bundesgericht mit Entscheid vom 11.1.1979, nicht publiziert, bestätigt wurde).

18 Nachweise bei SCHMID-TSCHIRREN, 24 ff., vor allem Fn. 114, und bei TUOR/ SCHNYDER/SCHMID, 729 f., Fn. 50.

3. Materielle und ideelle Bauimmissionen

16.7 Zur Unterscheidung von Immissionen wird häufig ein weiteres Begriffspaar verwendet: *materielle und ideelle Immissionen.* Als materielle (oder körperliche) Immissionen gelten dabei jene, welche «naturwissenschaftlich erfassbar, messbar sind»[19]. Demgegenüber handelt es sich um ideelle (oder immaterielle[20]) Immissionen, wenn sie das (seelische) Empfinden der Nachbarn stören[21]. Freilich braucht zwischen ideellen und materiellen Immissionen nicht notwendigerweise ein Gegensatz zu bestehen; man denke etwa an das Einrammen von Fundationspfählen,welches sich im gleichen Rhythmus über Tage hinweg zieht und durch die verursachten Erschütterungen sowie die Art des Lärms beim Nachbarn zu erheblichen Kopfschmerzen und in deren Folge zu Schlafstörungen führt[22].

4. Summierte Immissionen

16.8 Gehen *von einem Grundstück* verschiedene Immissionen aus, welche in einem Zusammenhang zueinander stehen, so wäre es sachwidrig, sie je einzeln zu beurteilen. Entscheidend ist die Gesamtwirkung[23] aller zusammentreffenden Immissionen[24].

---

19 MEIER-HAYOZ, N 74 zu Art. 684 ZGB; ähnlich ENDER, N 114; und dort Zitierte. – Eine andere Frage ist, ob das gemessene Resultat absolute Geltung beansprucht oder noch Raum für andere Beurteilungskriterien, z.B. für das subjektive Empfinden eines Nachbarn, offen lässt; vgl. hiezu unten Rz. 16.26, 16.34, 16.102.

20 TUOR/SCHNYDER/SCHMID, 729.

21 MEIER-HAYOZ, N 72 ff. zu Art. 684 ZGB; ENDER, N 115; und dort Zitierte. – Folgerichtig sprechen SIMONIUS/SUTTER I, § 13 N 37 auch von «psychischer Einwirkung».

22 Zur Frage, ob der Unterscheidung in materielle und ideelle (Bau-)Immissionen eine praktische Bedeutung zukommt, wird bei der Darstellung der möglichen Rechtsbehelfe Stellung bezogen; vgl. hiezu unten Rz. 16.32.

23 MEIER-HAYOZ, N 145 zu Art. 684 ZGB; DESAX, 183.

24 Die gesamte Einwirkungsintensität kann, muss aber nicht notwendigerweise der Summe der einzelnen Einwirkungen entsprechen; unter Umständen ist selbst die Absorption einer Immission durch eine andere möglich. Beispiele: Der Lärm des Presslufthammers tritt zum Lärm der Kompressor-Maschine hinzu, lässt diesen aber eher in den Hintergrund treten. An den Rammarbeiten sind sowohl die Schallimmissionen als auch die von ihnen ausgelösten Erschütterungen störend; durch das Zusammentreffen kommt ihnen eine besondere Intensität zu.

Rühren die zusammenwirkenden Immissionen *von verschiedenen Ausgangsgrundstücken* her, spricht man von summierten (oder kumulierten) Immissionen[25]. Für die rechtliche Beurteilung sind drei Haupt-Konstellationen zu unterscheiden: 16.9

- Die von den verschiedenen Grundstücken ausgehenden Immissionen sind sowohl in ihrer Gesamtwirkung als auch für sich allein betrachtet nicht übermässig.
- Die von den verschiedenen Grundstücken ausgehenden Immissionen sind sowohl einzeln als auch in ihrem Zusammenwirken übermässig.
- Die Einwirkungen, welche von mehreren Grundstücken ausgehen, sind zwar für sich allein genommen nicht übermässig, überschreiten aber in ihrem Zusammenwirken das zulässige Mass.

Rechtsprobleme stellen sich insbesondere bei der letzterwähnten Konstellation, hat sie doch im Gesetz keine Regelung erfahren[26]. Offenbar hatte der Gesetzgeber bei der Ausgestaltung des Immissionsschutzes nur die von einem Grundstück ausgehenden übermässigen Immissionen im Visier, nicht aber eine Mehrheit gleichzeitig erfolgender Einwirkungen, welche von mehreren Grundstücken ausgehen und, für sich allein genommen, nicht übermässig sind[27].

Summierte Bauimmissionen kommen vor allem bei Grossbaustellen – 16.10
z.B. bei einem sich über mehrere Grundstücke erstreckenden Einkaufszentrum – und bei grösseren Überbauungen vor, bei welchen mehrere Bauwerke (z.B. Mehrfamilienhäuser) vom gleichen oder von verschiedenen Bauherren (z.B. Pensionskassen) auf verschiedenen Grundstücken im Rahmen eines Gesamtkonzeptes erstellt werden.

5. Mässige und übermässige Bauimmissionen

«In der Schweiz gilt», so ein prägnanter Satz des Bundesgerichtes[28], 16.11
«dass gestattet ist, was nicht ausdrücklich verboten wurde.» (Bau-)Im-

25 MEIER-HAYOZ, N 148 zu Art. 684 ZGB; DESAX, 182 ff.; ENDER, N 118 ff.; und dort Zitierte.

26 DESAX, S. 183 f.; MEIER-HAYOZ, N 150 zu Art. 684 ZGB. – Dazu unten Rz. 16.35.

27 DESAX, S. 183 f.

28 BGE 106 IV 141. – Das Bundesgericht traf seine Aussage zu einem Strassenverkehrsfall. Die Art der Formulierung stellt aber ausser Zweifel, dass das Bundesgericht seiner Aussage allgemeine Gültigkeit zumisst.

missionen sind daher nicht schlechthin unerlaubt, sondern nur nach Massgabe besonderer gesetzlicher Vorschriften (oder allenfalls Richterrechtes). Einschlägige Rechtsvorschriften finden sich im privaten und öffentlichen Bundesrecht und im privaten und öffentlichen kantonalen Recht[29]. Die privat- wie öffentlichrechtlichen Immissionsvorschriften enthalten ein *Übermassverbot*[30]. Daran ändern die unterschiedlichen Formulierungen der privatrechtlichen (Art. 684 ZGB: «Jedermann ist verpflichtet, ... sich aller *übermässigen Einwirkung* auf das Eigentum der Nachbarn zu enthalten.») und öffentlichrechtlichen Immissionsschutzvorschriften (Art. 1 USG: «Dieses Gesetz soll Menschen, Tiere und Pflanzen, ihre Lebensgemeinschaften und Lebensräume *gegen schädliche oder lästige Einwirkungen* schützen ...») nichts; der Gesetzgeber wollte diesbezüglich keine inhaltliche Differenz schafffen[31]. Nur Immissionen, welche die Grenze des Übermässigen – in der öffentlichrechtlichen Terminologie: die «Immissionsgrenzwerte»[32] – überschreiten, sind für das Recht erheblich. Ihre Rechtserheblichkeit zeigt sich dabei darin, dass nur sie vom Recht wahrgenommen und, sofern nicht eine besondere Konstellation vorliegt[33], verboten werden. Oder um es pointiert zu sagen: Mässige Immissionen werden den Nachbarn von der Rechtsordnung zugemutet[34], weil jedermann sein Grundstück möglichst frei nützen können soll. Immerhin erfährt die Pflicht zur Duldung mässiger Immissionen ihre Relativierung durch die sowohl privatrechtlich als auch

29 Zu diesen Regelungsebenen und den von ihnen vorgegebenen Beurteilungskriterien vgl. unten Rz. 16.15 ff.

30 HÄNNI/SCHMID, 66; WERRO/ZUFFEREY, 95; MEIER-HAYOZ, N 86 ff. und 280 ff. zu Art. 684 ZGB; RASELLI, 285; GVP SG 1992, Nr. 29; und dort Zitierte.

31 WERRO/ZUFFEREY, 95.

32 Vgl. z.B. Art. 13 ff. USG sowie Art. 2 Abs. 5 und Art. 13 LSV. Vgl. ferner auch unten Rz. 16.29 ff. und oben 2.38 ff.

33 Dazu unten Rz. 16.14, 16.16, 16.74 ff. und 16.115 ff.

34 HÄNNI/SCHMID, 75; WERRO/ZUFFEREY, 65 f.; ENDER, Nr. 139 und 166 ff.; vgl. sachgemäss auch BGE 59 II 132 E. 2; a.M. DESAX, 176 ff., und Schmid, Immissionen, 118, welche für Fälle vermeidbarer, nicht übermässiger Immissionen eine Lücke in Art. 684 ZGB annehmen und dem Nachbarn einen Abwehranspruch zugestehen, wenn sein Interesse, nicht beeinträchtigt zu werden, das Interesse des Emittenten übersteigt. – Im Ergebnis ist die Kontroverse allerdings wohl eher von akademischer Natur, weil die Toleranzlimite entscheidend ist, die man ansetzt; vgl. z.B. unten Rz. 16.101.

öffentlichrechtlich verankerte Auflage an jeden Eigentümer eines Grundstückes, sich bei dessen Benutzung redlich zu verhalten[35].

6. Vermeidbare und unvermeidbare Immissionen

Wer als Nachbar einer übermässigen Einwirkung auf sein Grundstück ausgesetzt ist, will und soll sich dagegen schützen können. Bei vermeidbaren übermässigen Einwirkungen wird niemand dies bestreiten. Wie verhält es sich aber, wenn die übermässigen Immissionen sich gar nicht vermeiden lassen? 16.12

Für die Antwort unterscheiden die Rechtsprechung und die (vor-)herrschende Lehre gewöhnlich zwei Fallgruppen übermässiger und unvermeidbarer Immissionen: hier die zeitlich befristeten Einwirkungen im Zuge von Bauarbeiten, für welche durch richterliche Lückenfüllung des Gesetzes eine Sonderordnung[36] gilt; dort alle anderen übermässigen und unvermeidbaren Immissionen, auf welche die normalen Regeln des Immissionsschutzes zur Anwendung gelangen. 16.13

Die Rechtsprechung und Lehre lässt vereinzelt auch anderen Konstellationen unvermeidbarer übermässiger Immissionen eine rechtliche Sonderbehandlung zuteil werden. So sind übermässige Einwirkungen von öffentlichen Grundstücken, welche zum Verwaltungsvermögen gehören oder im Gemeingebrauch stehen, zu dulden, soweit es sich bei ihnen um unausweichliche Folgen der Erfüllung öffentlicher Aufgaben handelt und die Umweltschutzgesetzgebung keine besonderen Einschränkungen oder Vorkehrungen vorsieht[37]. Nach STARK[38] sollen ferner die vom Bundesgericht für unvermeidbare Bauim- 16.14

35 Vgl. Art. 2 ZGB sowie Art. 11 Abs. 2 USG: «Unabhängig von der bestehenden Umweltbelastung sind Emissionen im Rahmen der Vorsorge so weit zu begrenzen, als dies technisch und betrieblich möglich und wirtschaftlich tragbar ist.» Vgl. dazu aber auch unten Rz. 16.30 (am Ende).

36 Dazu unten Rz. 16.74 ff. sowie 16.111.

37 BGE 91 II 483; 96 II 348 f.; 107 Ib 388 f. und 114 II 236. – Zu diesem Fragenkreis vgl. ferner anstelle vieler MEIER-HAYOZ, N 244 ff. zu Art. 684 ZGB, dessen Ausführungen einschliesslich der von ihm referierten Rechtsprechung und Lehre heute freilich aufgrund der zwischenzeitlich in Kraft getretenen Umweltschutzgesetzgebung teilweise überholt sind. Zu den sich heute verändert stellenden Fragen bezüglich der aus der Zweckerfüllung öffentlicher Anlagen unvermeidlicherweise resultierenden Immissionen vgl. namentlich BGE 118b 206 ff.; 117 Ib 285 ff. und 116 Ib 11 ff.

38 STARK, SJZ 71/1975, 218.

missionen entwickelten Lösungsansätze ebenfalls für andere «zeitlich beschränkte Einwirkungen» zumutbar sein.

7. Zwei Systeme des Immissionsschutzes

16.15 Der Immissionsschutz beim Bauen gliedert sich in ein privatrechtliches und ein öffentlichrechtliches Regelungssystem. Für jedes lassen sich drei Regelungsebenen unterscheiden[39]:
- Regelungen zum Immissionsschutz im Allgemeinen;
- Regelungen in Spezialgesetzen mit Bezug auf den Immissionsschutz in besonderen Sachverhalten;
- auf Bauimmissionen zugeschnittene Regelungen.

16.16 Die wesentlichen *privatrechtlichen Regelungen zum Immissionsschutz* finden sich im Zivilgesetzbuch (ZGB); in stark untergeordnetem Mass[40] enthalten auch die kantonalen Privatrechtsordnungen, namentlich die kantonalen Einführungsgesetze und Einführungsverordnungen zum ZGB[41], immissionsrelevante Bestimmungen.

Vertragliche Abmachungen, etwa in Form von Grunddienstbarkeitsverträgen, und sonstige gewillkürte Ordnungen[42] des Immissionsschutzes sind innerhalb der vom Gesetz vorgegebenen Schranken der rechtsgeschäftlichen Gestaltungsfreiheit[43] zulässig. In der Regel werden sie den

39 Näheres bei HÄNNI/SCHMID, 57 ff.

40 Sein Gewicht für den Immissionsschutz büsste das kantonale Privatrecht namentlich ein, seit das Bundesgericht und die (heute herrschende) Lehre die negativen Immissionen nicht mehr dem kantonalen Recht zuordnen, sondern dem Bundesprivatrecht; vgl. dazu oben Rz. 16.6 – Heute beschränkt sich die Bedeutung des kantonal geregelten Immssionsrechtes im Wesentlichen auf gewisse Abstandsvorschriften, auf die Einwirkungen von Pflanzen und, freilich in besonders engen Grenzen, auf das Hammerschlags- und Leiterrecht; vgl. dazu auch oben Rz.16.4.

41 «Fundorte» sind in aller Regel die Abschnitte über Inhalt und Beschränkung des Grundeigentums.

42 Vgl. Rz. 16.19 (Fn. 49).

43 Als Schranken der Gestaltungsfreiheit von vorrangiger Bedeutung sind Art. 19 Abs. 2 und Art. 20 Abs. 1 OR; vgl. ferner z.B. Art. 27 ZGB; Art. 34 Abs. 2 OR, Art. 100 Abs. 1 OR, Art. 129 OR, Art. 141 Abs. 1 OR. – Eine gedrängte Darstellung findet sich bei GEHRER LEO R., Bauherr und Unternehmer – Herren des Bauvertrages, in: Koller Alfred (Hrsg.), Aktuelle Probleme des privaten und öffentlichen Baurechts, St. Gallen 1994, 179 ff.

Immissionsschutz näher bestimmen oder ausweiten; denkbar ist aber auch (innerhalb der gesetzlich vorgegebenen Grenzen!) die Reduktion oder gar Wegbedingung des Schutzes[44].

Noch stärker als der privatrechtliche ist der *öffentlichrechtliche Immissionsschutz*[45] *Bundessache*, haben doch mit dem Inkrafttreten des Umweltschutzgesetzes vom 7. Oktober 1983 (USG)[46] die kantonalen und kommunalen immissionsbeschränkenden Nutzungsvorschriften ihre eigenständige Bedeutung einzig dort beibehalten, wo sie die Bundesgesetzgebung zum Umweltschutz ergänzen oder, soweit nach Art. 65 USG überhaupt erlaubt, verschärfen, und im Übrigen verloren[47]. 16.17

Sekundärimmissionen sowie die Nutzungsart und -intensität eines Grundstückes bleiben aber nach einem prägnanten Entscheid des Bundesgerichtes (BGE 118 Ia 115) einer Regelung durch kommunale und kantonale Nutzungsvorschriften zugänglich: «Städtebauliche Nutzungsvorschriften des kantonalen und kommunalen Rechts haben jedoch nach wie vor selbständigen Gehalt, soweit sie die Frage regeln, ob eine Baute am vorgesehenen Ort erstellt und ihrer Zweckbestimmung übergeben werden darf. Namentlich ist es weiterhin Sache des kantonalen Rechts, die für den Charakter eines Quartiers wesentlichen Vorschriften bezüglich Nutzungsart und -intensität zu erlassen, wobei diese Vorschriften mittelbar ebenfalls dem Schutze der Nachbarn vor Übelständen verschiedenster Art dienen können. So können etwa Bauten und Betriebe, die mit dem Charakter einer Wohnzone unvereinbar sind, untersagt werden, auch wenn die Lärmemissionen, zu denen sie führen, bundesrechtliche Schranken nicht überschreiten, sofern die Unzulässigkeit nicht einzig mit der konkreten Lärmbelästigung begründet wird ... Auch erfasst das Umweltschutzrecht des Bundes nicht alle denkbaren Auswirkungen, die eine Baute oder Anlage mit sich bringen kann. Dies gilt beispielsweise für Sekundärimmissionen wie die Gefährdung von Fussgängern oder das Parkierungsproblem ...» 16.18

---

44 Gleicher Meinung MEIER-HAYOZ, N 109 zu Art. 679 ZGB.

45 Eine gute Übersicht über die Regelungsebenen des öffentlichrechtlichen Immissionsschutzes findet sich bei HÄNNI/SCHMID, 57 ff.

46 Näheres unten Rz. 16.108.

47 BGE 120 Ib 294; 118 Ib 595; 118 Ia 115; 116 Ia 492 E. 1a; 116 Ib 179 f. E. 1b/bb.; HÄNNI/SCHMID, 61; RASELLI, 276; und dort Zitierte. – Sache der Kantone bleiben aber weiterhin die polizeilichen Befugnisse zum Schutz der Polizeigüter.

III. Immissionsrelevante Bestimmungen des Bundesprivatrechts

16.19 Die für den Immissionsschutz beim Bauen bedeutsamen Bestimmungen enthält das Bundesprivatrecht vorwiegend, aber nicht nur, im *Sachenrecht und Personenrecht* des ZGB:

- die Regeln über die Beschränkung des Grundeigentums, namentlich mit Bezug auf die Art der Bewirtschaftung (Art. 684 ZGB), Grabungen und Bauten (Art. 685 ZGB) sowie die Verantwortlichkeit des Grundeigentümers (Art. 679 ZGB);
- die durch Richterrecht geschafffene Ordnung bei unvermeidbaren Bauimmissionen;
- die Regeln über die Abwehr ungerechtfertigter Eingriffe in das Eigentum (Art. 641 Abs. 2 ZGB);
- die Regeln über den Besitzesschutz (Art.928/929 ZGB);
- die Regeln über den Persönlichkeitsschutz (Art. 28 ff. ZGB);
- die Regeln über die unerlaubte Handlung (Art. 41 ff. OR) und die Werkeigentümerhaftung (Art. 58 OR)[48].
- bei gewillkürter Ordnung – z.B. aufgrund eines Dienstbarkeitsvertrages, eines Verwaltungs- und Nutzungsreglementes bei gemeinschaftlichem Eigentum, statutarischer Bestimmungen oder eines (rein) schuldrechtlichen Vertrages – die das jeweilige Rechtsverhältnis regelnden Bestimmungen[49].

---

48 Nach BGE 96 II 347 setzt die Anwendung von Art. 58 OR das Vorliegen eines fertigen, aber mangelhaften Werkes voraus. Bei dieser Auslegung vermöchte Art. 58 OR in der Tat keine Rechtsgrundlage für Klagen aus Bauimmissionen abgeben. Wie WERRO/ZUFFEREY, 65 und Fn. 15/16 aber zutreffend bemerken, verlangt Art. 58 OR keineswegs eine derartige Einschränkung des Anwendungsbereiches. Ähnlich nunmehr offenbar BGE 108 II 184.

49 Konkret: Bei der Missachtung einer Dienstbarkeit (z.B. des Verbots, grössere Bauarbeiten in den Monaten Juli und August auszuführen) steht dem Dienstbarkeitsberechtigten die Dienstbarkeitsklage gemäss Art. 737 Abs. 2 ZGB (sogenannte actio confessoria) gegen den Dienstbarkeitsbelasteten zur Verfügung. Verstösse gegen eine Verwaltungs- und Nutzungsordnung regeln sich bei Miteigentum nach Art. 647 ZGB (und allenfalls Art. 649b ZGB), bei Stockwerkeigentum nach Art. 712g ZGB und bei Gesamteigentum «nach den Regeln, unter denen ihre gesetzliche oder vertragsmässige Gemeinschaft steht» (Art. 653 Abs. 1 ZGB), also z.B. nach Art. 222 Abs. 4 ZGB, Art. 336 ff. ZGB, Art. 602 ZGB und Art. 530 ff. OR. Statutarischen

Die sich aus diesen Bestimmungen ergebenden «Schutzmittel» werden unten, mit Ausnahme der Regelungen über die unerlaubte Handlung und über die Werkeigentümerhaftung sowie bei gewillkürten Rechtsverhältnissen, einzeln dargestellt.

1. Immissionschutz gemäss Art. 679/684 ZGB

a) *Grundsätzliches zum Verhältnis zwischen Art 684 ZGB und Art. 679 ZGB*

Den privatrechtlichen Hauptansatzpunkt für Rechtsbehelfe gegen übermässige, vermeidbare Bauimmissionen geben die Art. 684 und 679 des Zivilgesetzbuches ab. Art. 684 ZGB umschreibt dabei, was der Grundeigentümer bei der Nutzung, Benutzung und Bewirtschaftung seines Grundstückes unterlassen (und was die Nachbarschaft dulden) muss; Art. 679 ZGB eröffnet den betroffenen Nachbarn Rechtsbehelfe zur Verhütung, Beseitigung oder Kompensation von Immissionen[50]. 16.20

b) *Übermässige, vermeidbare Bauimmissionen*

Grundvoraussetzung für den Immissionsschutz beim Bauen gemäss Art. 679/684 ZGB bildet die Beeinträchtigung eines nachbarlichen Grundstückes durch *übermässige, vermeidbare Bauimmissionen*, welche ihrerseits Folge der «Bewirtschaftung» des Baugrundstückes sind. 16.21

Begriff, Merkmale und Erscheinungsformen der *Bauimmissionen* sind oben in Rz.16.2–16.14 dargetan; es sei darauf verwiesen. 16.22

Bestimmungen (z.B. solchen eines sich der Förderung guter nachbarschaftlicher Beziehungen verschreibenden Vereins, dass die Vereinsmitglieder für das geordnete Parkieren der Fahrzeuge ihrer Besucher [und damit ihrer Bauhandwerker] sorgen müssen) kann – je nach Ausgestaltung direkt oder indirekt – nach Massgabe der für die jeweilige Körperschaft geltenden Normen Nachachtung verschaffft werden. Die Erfüllung einer vertraglich begründeten Pflicht (z.B. der Pflicht, nur Kompressoren eines bestimmten Typus einzusetzen) lässt sich mit der von Art. 97 Abs. 2 OR und Art. 98 Abs. 1 OR vorausgesetzten Erfüllungsklage erzwingen.

50 Für viele: MEIER-HAYOZ, N 3 und 5 zu Art. 684 ZGB; HÄNNI/SCHMID, 74 ff. – Näheres unten Rz. 16.48 ff.

16.23 Nur *vermeidbare* Bauimmissionen werden von Art. 679/684 ZGB geregelt. Für unvermeidliche Bauimmissionen gelten Sonderregeln. Zu diesen und zur Abgrenzung vgl. unten Rz. 16.74–16.76, 16.90 und 16.103 (sowie 16.111).

16.24 Zielobjekt von Art 679 / 684 ZGB sind einzig *übermässige* Bauimmissionen; mässige Bauimmissionen sind von den Betroffenen (unter Vorbehalt des offenbaren Rechtsmissbrauches) ohne weiteres hinzunehmen[51].

16.25 Welcher Massstab gilt für die Festlegung des Übermasses? Für die Beantwortung stellt Art. 684 Abs. 2 ZGB zwei Leitplanken auf: Übermässig sind einerseits *schädliche* und andererseits *(sonst) nicht gerechtfertigte Einwirkungen*[52].

Nach dem deutschsprachigen Gesetzeswortlaut könnte man (durch die Stellung des Wortes «insbesondere») der Auffassung sein, es gäbe auch noch andere übermässige Einwirkungen als nur schädliche oder nicht gerechtfertigte[53]. Der Dualismus genügt aber für die abschliessende Festlegung, wann eine Einwirkung unter das Übermassverbot von Art. 684 Abs. 2 ZGB fällt, durchaus; die durch das Wort «insbesondere» eingeleitete beispielhafte Aufzählung bezieht sich auf einzelne («typische») Fallkonstellationen; vgl. auch den italienisch- und den französischsprachigen Wortlaut von Art. 684 Abs. 2 ZGB (wobei in beiden Fassungen die Konjunktion «und» [«e»/«et»] den Sinn von «oder» hat).

16.26 Ob die Einwirkungen unzulässig sind, beurteilt sich, und zwar auch bezüglich der Schädlichkeit[54], «nach Lage und Beschafffenheit der

51 Dazu oben Rz. 16.11–16.13; vgl. aber auch unten Rz. 16.101 (zweiter Absatz).

52 Nach REY, Basler Kommentar, N 11 zu Art. 684 ZGB, welcher sich seinerseits auf MEIER-HAYOZ, N 95 zu Art. 684 ZGB (mit weiteren Nachweisen) stützt, soll die Schädlichkeit der Immission dann nicht übermässig sein, wenn «Umstände vorliegen, welche die Schädigung rechtfertigen». Dies ist nicht zutreffend. Eine schädliche Immission ist stets übermässig im Sinne von Art. 684 ZGB; die rechtfertigenden Umstände können aber von der Anwendung der Sanktionsnorm von Art. 679 ZGB zugunsten einer anderen Regelung (siehe oben Rz. 16.14 und 16.16 sowie unten Rz. 16.74–16.76) absehen lassen.

53 In dieser Richtung z.B. REY, Basler Kommentar, N 8 ff. und 21 zu Art. 684 ZGB.

54 Dies ergibt sich aus folgender (beispielhafter) Überlegung: Jeder Rauch, der auf einer Liegenschaft erzeugt und ausgestossen wird, ist bei einer grundsätzlichen und auf lange Frist angelegten Betrachtungsweise für eine Baute in der Nachbarschaft schädlich, lagern sich doch Russpartikel z.B. auf der Fassade ab und verschmutzen diese. Gleichwohl wird vernünftigerweise niemand auf die Idee verfallen, den einer ordnungsgemässen Heizungsanlage eines Einfamilienhauses entstammenden Rauch

Grundstücke oder nach Ortsgebrauch» (Art. 684 Abs. 2 ZGB). Dies bedeutet *nach bisheriger Lehre und Rechtsprechung* zunächst, dass «die Frage der Erlaubtheit der Immissionen nicht nach einem generellen Massstab beurteilt werden kann, sondern dass dabei in weitgehendem Masse auf die örtlichen Verhältnisse (ob Stadt oder Land, Kurort oder Bauerndorf ...) und den besonderen Charakter des in Frage stehenden Quartiers ... Rücksicht genommen werden muss[55].» Massgeblich sind die (zur Zeit der Klageeinleitung[56]) auf dem Ausgangs- *und* dem beeinträchtigten Grundstück tatsächlich vorhandenen Verhältnisse, wobei auch die voraussehbare[57] Entwicklung zu gewichten ist[58]. Kantonale oder kommunale (öffentlichrechtliche) Bau- und Zonenordnungen dürfen (bzw. sollen in der Regel) als Indizien für Aussagen über den Ortsgebrauch mitberücksichtigt werden[59, 60]. Auch persönliche Umstände und Bedürfnisse[61] sind nach der bisherigen Rechtsprechung und Lehre zu werten,

---

als schädlich bzw. übermässig im Sinne von Art. 684 ZGB zu betrachten. Bei dem von einer alten, sanierungsbedürftigen Industrieanlage verursachten Rauch sieht es demgegenüber, vorzugsweise im Verhältnis zu einem gehobenen Wohnquartier in der Nachbarschaft, möglicherweise aber auch gegenüber anderen Industriebauten, wohl anders aus. Auf die Lage und Beschafffenheit der Grundstücke kommt es also auch bezüglich der Schädlichkeit einer Immission durchaus an.

55 MEIER-HAYOZ, N 96 zu Art. 684 ZGB.

56 BGE 88 II 12; 44 II 471 f.; 40 II 448; MEIER-HAYOZ, N 133 zu Art. 684 ZGB; REY, Basler Kommentar, N 14 zu Art. 684 ZGB; und dort Zitierte. Zutreffender wäre m.E. die Zugrundelegung der Verhältnisse, welche in dem Zeitpunkt gelten bzw. vorhersehbar sind, der nach kantonalem Zivilprozessrecht die Phase der tatbeständlichen Behauptungen abschliesst.

57 Dazu sachgemäss unten Rz. 16.55.

58 MEIER-HAYOZ, N 114 und 133 zu Art. 684 ZGB; mit weiteren Nachweisen.

59 BGE 83 II 390; nicht publizierter BGE C 199/1986/vn vom 26.2.1987 i.S. P.N. c. E.I., S.11; HÄNNI/SCHMID, 75; MEIER-HAYOZ, N 114 zu Art. 684 ZGB; RASELLI, 274 ff. (mit einer prägnanten Übersicht über frühere und aktuelle Entwicklungen); und dort Zitierte.

60 Zu beachten ist, dass kantonale (öffentlichrechtliche) Vorschriften den privatrechtlichen Immissionschutz wohl verstärken, nicht aber lockern dürfen, weil das Bundesprivatrecht «das Minimum dessen (umschreibt), was der immittierende Grundeigentümer den Nachbarn an Rücksicht schuldig ist» (MEIER-HAYOZ, N 118 zu Art. 684 ZGB; vgl. ferner denselben, a.a.O., N 117 ff. und 268 zu Art. 684 ZGB [mit weiteren Nachweisen]; RASELLI, 275 f.).

61 Zum Beispiel eine akademische Berufsausübung oder eine künstlerische Tätigkeit auf dem beeinträchtigten Grundstück oder, allerdings nur in einem (sehr) engen

wobei «der Massstab des Empfindens eines Durchschnittsmenschen in der gleichen Situation zugrunde zu legen» ist[62].

16.27 Wie empfindet der Durchschnittsmensch? Will die Antwort nicht (völlig) in eine Floskel verfallen, welche Allgemeingültigkeit vortäuscht, aber letztlich nur das Empfinden des Richters im Einzelfall kaschiert, so muss sie sich auf (grobe) Abgrenzungen beschränken: Er ist weder ein «nervöser» oder «hypersensibler»[63] noch ein «empfindungs- und gefühlloser Mensch»[64], geschweige denn, um die bissige Ausdrucksweise OFTINGERS[65] zu gebrauchen, «der robuste Typ des Politikers», der «seine eigene Insensibilität als Massstab» betrachtet.

16.28 Angesichts dieser offenkundigen Schwierigkeit, einen tauglichen Massstab zur Festlegung der Übermässigkeit einer Immission zu finden, haben die *jüngste Rechtsprechung*[66] *und Lehre*[67] mit Fug und Recht begonnen, die mit der neuen Bundesumweltschutzgebung geschaffenen (und in den

---

Rahmen (hiezu pointiert OFTINGER, 25 f.), das besondere volkswirtschaftliche Interesse des Eigentümers des Ausgangsgrundstückes, unter Umständen gar der Öffentlichkeit, an einem bestimmten Bauwerk (etwa einem Eishockeystadion) oder an der Aufrechterhaltung bzw. Vergrösserung eines Betriebes; vgl. dazu für viele: BGE 117 Ib 17; 88 II 15 f. und 55 II 247; MEIER-HAYOZ, N 129 ff. zu Art. 684 ZGB; WERRO/ZUFFEREY, 67; REY, Basler Kommentar, N 9 zu Art. 684 ZGB; und dort Zitierte.

62 BGE 119 II 416; ebenso (anstelle vieler): MEIER-HAYOZ, N 123 zu Art. 684 ZGB (mit zahlreichen Nachweisen); TUOR/SCHNYDER/SCHMID, 726; REY, Basler Kommentar, N 9 zu Art. 684 ZGB; WERRO/ZUFFEREY, 66; und dort Zitierte.

63 OFTINGER, 13.

64 SJZ 53/1957, 141; ebenso MEIER-HAYOZ, N 123 zu Art. 684 ZGB.

65 OFTINGER, 13.

66 Nicht publizierter BGE 5P.416/1995/mks vom 5.3.1996 i.S. B.AG c. R. und Y.M. (sogenannter Zinkpistolen-Entscheid), ergangen zu einer staatsrechtlichen Beschwerde, auszugsweise veröffentlicht in: URP 1997, 150 ff. und besprochen von RASELLI, 287 ff., ETTLER, 292 ff. und ZUFFEREY (in: Baurecht 1997, 104); in die gleiche Richtung schon der nicht publizierte BGE C199/1986/vn vom 26.2.1987 i.S. P.N. c. E.I. (ergangen zu einer Berufung gegen ein Urteil des Kantonsgerichtes St. Gallen vom 17./21.12.1984 und 19.2.1986), auszugsweise wiedergegeben unten in Rz.16.30.

67 Grundlegend RASELLI, 271 ff.; vgl. sodann zu den Harmonisierungstendenzen des privaten und öffentlichen Rechtsschutzes aus der jüngeren Literatur: AUER, 28 ff.; ETTLER, 292 ff.; WIDMER, 105 ff.; ZUFFEREY, Les valeurs limites, 35 ff.; GLAVAS, 54 ff.; aus der älteren Literatur: LIVER, Bauen, 13 ff.; *ders.*, SPR V/1, 238 ff.; BÄUMLIN, 107 ff.; je mit weiteren Nachweisen. Für die Rechtsvergleichung von Interesse (hinsichtlich der Entwicklungen in Deutschland) sind VIEWEG/RÖTHEL, 1171, und AUER, 18 ff.

Ausführungserlassen noch weiter zu schaffenden) *öffentlichrechtlichen Kriterien zur Erfassung der messbaren Störwirkungen*[68], wie z.B. die Immissionsgrenzwerte und die Zuordnung von Empfindlichkeitsstufen zu raumplanerischen Nutzungszonen, auch für die privatrechtliche Beurteilung unzulässiger Immissionen zu verwenden.

Wegbereitend war der (unveröffentlichte) Sägerei-Entscheid des Bundesgerichtes vom 16.29
26.2.1987[69]. «Um die Frage prüfen zu können, ob vom beklagten Grundstück übermässiger Lärm ausgehe, wurden ... ein Augenschein durchgeführt ... Expertisen eingeholt ... (und) eine Ergänzung beider Gutachten angeordnet. Da heute der Lärm durch Messungen weitgehend objektiv erfassbar ist und die Frage der Übermässigkeit von Immissionen nach einem objektiven Massstab und nicht nach subjektiven Empfindlichkeiten zu prüfen ist, ist dieses Vorgehen nicht zu beanstanden ... Das Kantonsgericht hat auf ein vom Bericht der eidgenössischen Lärmkommission 1979 zur Verfügung gestelltes Mass (Leq) für die durchschnittliche Lärmeinwirkung abgestellt, das auch der Gerichtsexperte seiner Beurteilung der Immission zugrunde legte. Dieser Wert berücksichtigt sowohl das Grundgeräusch als auch die einzelnen Lärmspitzen ...(Es folgen Ausführungen über die konkrete Zuordnung der Liegenschaft zu einer Empfindlichkeitsstufe des damaligen Berichtes 1979) ... Lage und Beschafffenheit der klägerischen Liegenschaft rechtfertigen demnach höchstens die Annahme eines Grenzrichtwertes von 60dB(A) tagsüber ... Wenn das Kantonsgericht eine Überschreitung des Lärmpegels bereits um 3 dB(A) als übermässig anerkannt hat, ist davon auch für die Behebung der Immission auszugehen.»

Im «Zinkpistolen-Entscheid» vom 5.3.1996, S. 8 ff.[70], knüpfte das Bundesgericht inhalt- 16.30
lich wieder an diese Rechtsprechung an: Zwischen B., der auf seinem Grundstück eine Korrosionsschutz- und Thermolackierwerkstätte betreibt, und seinen Nachbarn M., welche eine benachbarte Liegenschaft bewohnen, herrscht(e) seit Jahren Streit über Lärmimmissionen, die namentlich vom Betrieb einer Metallspritzpistole (nachfolgend Zinkpistole) ausgehen. Das Grundstück von B. ist der Industriezone, jenes der Nachbarn M. der Wohn-und Gewerbezone zugeteilt. Im Rahmen des von den Nachbarn M. gegen B. eingeleiteten Prozesses wegen übermässiger Immissionen gemäss Art. 684 ZGB wurde ein Gutachten der EMPA eingeholt. Dieses kam, gestützt auf Kurzzeitmessungen, die bei geöffneten Westtoren und unter Annahme einer Sichtverbindung zur Liegenschaft der

---

68 Näheres unten Rz. 16.108.

69 Nicht publizierter BGE C199/1986/vn vom 26.2.1987 i.S. P.N. c. E.I. (zu einem Urteil des Kantonsgerichtes St. Gallen vom 17./21.12.1984 und 19.2.1986) S. 9 ff. Allerdings macht es den Anschein, dass der Entscheid bundesgerichtsintern wieder in Vergessenheit geraten ist. Zu schliessen ist dies aus den Ausführungen von (Bundesrichter) RASELLI, 287, dass sich im «Zinkpistolen-Entscheid» vom 5.3.1996 (dazu oben Fn. 66 und unten Rz. 16.30) «soweit ersichtlich ... erstmals ... die Frage der Harmonisierung von privatem und öffentlichem Immissionsschutz» stellte.

70 Siehe oben Fn. 66 (zu Rz. 16.28).

Nachbarn durchgeführt wurden, zum Schluss, dass unter Berücksichtigung einer gewissen Messtoleranz der für die Empfindlichkeitsstufe III gültige Immissionsgrenzwert bei einer bestimmten Betriebsdauer überschritten werde. Über die Betriebsdauer der Zinkpistole und die Dauer der Öffnung der Tore äusserte sich das EMPA-Gutachten aber nicht. Das Obergericht Thurgau befahl B. in der Folge, die Zinkpistole nur bei geschlossenen West- und Nordtoren zu benutzen. Nach Ansicht des Bundesgerichtes war dieser Befehl willkürlich, weil weder dem Gutachten noch sonst einem Beweismittel eine Aussage zur Dauer des Betriebs der Zinkpistole und der Öffnung der Tore entnommen werden konnte und gleichwohl die Überschreitung des massgeblichen Immissionsgrenzwertes der LSV bejaht wurde. Entsprechend hob das Bundesgericht das Urteil des Obergerichtes Thurgau auf, wobei es ihm im Hinblick auf die Neubeurteilung zwei Bemerkungen auf den Weg gab: Es habe zu Recht auf den Immissionsgrenzwert der Empfindlichkeitsstufe III gemäss Art. 43 LSV abgestellt, weil «im privatrechtlichen Verfahren ... für eine Änderung der rechtskräftig den Nutzungszonen zugeordneten Empfindlichkeitsstufe kein Raum» bleibe, und zwar auch nicht für eine Abstimmung am Zonenrand. Verfehlt sei andererseits «die Berufung des Obergerichtes auf das in Art. 11 Abs. 2 USG (SR 814.01) verankerte Vorsorgeprinzip, wonach Immissionen unabhängig von der bestehenden Umweltbelastung soweit zu begrenzen sind, als dies technisch und betrieblich möglich sowie wirtschaftlich tragbar» sei. Eine auf Art. 684 ZGB gestützte richterliche Sanktion setze nämlich «unabdingbar Übermässigkeit» der Immissionen voraus; das öffentlichrechtliche Vorsorgeprinzip sei dem privatrechtlichen Immissionsschutz unbekannt.

16.31 Die mit diesen (und anderen[71]) Entscheiden gestellten Weichen zur Harmonisierung des privaten und öffentlichen Immissionsschutzes sind zu begrüssen. Allerdings ist Folgendes im Auge zu behalten:

16.32 Die im Umweltrecht des Bundes[72] verankerten («klaren») Immissionsgrenzwerte greifen ebenso wie die Zuordnung der Empfindlichkeitsstufen zu den raumplanerischen Nutzungszonen nur, aber immerhin, für *messbare* Störungswirkungen (Lärm, Schadstoffe, Erschütterungen und Strahlen), und auch dies bloss, wenn sie durch den Bau und Betrieb von sogenannten «ortsfesten bzw. stationären Anlagen»[73] oder diesen gleichgestellten Geräten, Maschinen und Fahrzeugen erzeugt werden.

71 Gemäss Art. 5 des Enteignungsgesetzes (EntG) setzt die Entschädigungsfähigkeit einer Immission bekanntlich deren Übermässigkeit im Sinne von Art. 684 ZGB voraus; vgl. unten Rz. 16.115. In BGE 119 Ib 369 f. entschied nun das Bundesgericht, dass die Immissionsgrenzwerte gemäss USG jene Schwelle darstellen, jenseits welcher die Übermässigkeit zu bejahen ist; dazu auch Raselli, 285 f.

72 Vgl. namentlich Art. 13 Abs. 1 USG; Art. 36 ff. LSV, insbes. Art. 38 und 43 LSV, und Anhänge 3–7 zur LSV sowie Art. 27 ff. LRV und Anhänge 1–4; Näheres unten Rz. 16.108.

73 Vgl. die Legaldefinitionen in Art. 7 Abs. 7 USG; Art. 2 LSV und Art. 2 LRV.

Dass Bauimmissionen, welche von beweglichen Baugeräten, Maschinen und Fahrzeugen ausgehen, hiezu zählen, ist offensichtlich. Wie verhält es sich aber mit den Bauimmissionen, die eine andere Ursache haben? Für die Antwort ist davon auszugehen, dass das Bundesgericht den von Kindern auf einem Spielplatz und auch den bei der Benützung eines zu einem Jugendtreff umfunktionierten Holzfasses erzeugten Lärm[74] der ortsfesten Anlage zurechnete, nicht aber dem Drogen-Gassenzimmer die in dessen Umgebung mit dem Drogenhandel und Drogenkonsum einhergehenden Belästigungen der Nachbarschaft[75]. Daraus (und aus einem jüngsten Entscheid des Bundesgerichtes[76]) ist zu folgern, dass alle materiellen Bauimmissionen, welche auf dem Baugrundstück oder in dessen unmittelbarer Umgebung erzeugt werden, der im (Neu-, Um- oder Aus-)Bau begriffenen ortsfesten Anlage zugerechnet werden, nicht aber die von (weiter) ausserhalb des Baugrundstückes stammenden Störungsquellen[77].

Ideelle[78] und negative[79] Bauimmissionen sind nicht messbar und somit durch Immissionsgrenzwerte auch nicht erfassbar[80].

Nach der neuen Praxis des Bundesgerichtes soll «im privatrechtlichen Verfahren (zu Art. 684 ZGB; der Verfasser) ... für eine Änderung der rechtskräftig den Nutzungszonen zugeordneten Empfindlichkeitsstufen kein Raum» bleiben[81]. Dies steht in diametralem Gegensatz zur langjährigen unangefochtenen Praxis, dass erstens die tatsächlichen Verhältnisse zur Zeit der Klageeinleitung für die Feststellung des Ortsgebrauches massgeblich seien, zweitens «die Einteilung eines Gebietes in Bauzonen keineswegs die Bedeutung (habe), dass dadurch die Lage der Grundstücke und der Ortsgebrauch im Sinne des Art. 684 Abs. 2 ZGB in von Bundesrechts wegen verbindlicher Weise bestimmt würde»[82], drittens der Richter die Bauordnung bzw. Zoneneinteilung nur, aber immerhin, 16.33

74 BGE 123 II 74 und 118 Ib 590.

75 BGE 119 Ib 360. Der vom Bundesgericht gezogene Schluss scheint mir jedenfalls dann problematisch bzw. nicht zutreffend, sofern und soweit die mit dem Drogenhandel und Drogenkonsum einhergehenden Aktivitäten die unmittelbare Nachbarschaft des Gassenzimmers belästigen; vgl. nunmehr auch den in der folgenden Fn. 76 referierten BGE vom 24.6.1997.

76 Richtigerweise hat das Bundesgericht neuerdings den Lärm, welchen Restaurantgäste auf dem der Gaststätte gegenüberliegenden, für sie reservierten Parkplatz verursachten, in Anwendung des USG der (Restaurant-)Anlage zugerechnet; vgl. die Besprechung des (bislang noch nicht in die amtliche Entscheidsammlung aufgenommenen) BGE vom 24.6.1997 durch Prof. P. HÄNNI in: Baurecht 1998, 22, Nr. 105 (mit weiteren Verweisen).

77 Vgl. sachgemäss auch unten Rz. 16.41.

78 Dazu oben Rz. 16.7.

79 Dazu oben Rz. 16.5.

80 Gleicher Meinung FAHRLÄNDER, Baurecht 1985, 9.

81 Zinkpistolen-Entscheid (*zitiert:* oben in Rz. 16.30), 9.

82 BGE 83 II 389 f.

«als Indizien»[83] für die tatsächlichen Verhältnisse in Betracht ziehen könne, es viertens den Kantonen und Gemeinden verwehrt sei, «durch ihre Baugesetzgebung ... den Art. 684 ZGB dadurch ausser Kraft zu setzen, dass sie Einwirkungen erlauben würden, die angesichts der tatsächlichen Lage eines Grundstücks und des wirklichen Ortsgebrauchs, d.h. dessen, was am betreffenden Ort in Wirklichkeit üblich ist, ungerechtfertigt sind»[84], und fünftens und endlich die Prävention ohnehin unbeachtlich sei sowie «kein Recht auf übermässige Einwirkungen»[85] verleihe. Angesichts dieser überaus eindeutigen bisherigen Praxis kommt die aktuelle Zumessung einer Bindewirkung zwischen der jeweiligen Zoneneinteilung sowie der ihr öffentlichrechtlich zugeordneten Empfindlichkeitsstufe und dem privatrechtlichen Immissionsschutz unter Umständen der Charakter einer Rückwirkung zu, weil ein Nachbar bislang keinen Grund hatte, im Hinblick auf die nachbarrechtliche Prävention eine Zoneneinteilung anzufechten. Eine derartige *Rückwirkung ist abzulehnen.* Richtigerweise sollte das Bundesgericht jene Fälle des Immissionsschutzes gemäss Art. 684 ZGB, denen eine Zoneneinteilung vor 1998[86] zugrunde liegt, weiterhin im Sinne der bisherigen Praxis nach den tatsächlichen Verhältnissen bei Klageeinleitung beurteilen. Es hätte dazu umso mehr Anlass, als es noch im (bereits mehrfach) erwähnten Sägerei-Urteil vom 26.2.1987, S. 13[87] (trotz der darin von ihm vorgenommenen Weichenstellung zugunsten der Harmonisierung des privaten und öffentlichen Immissionsschutzes) das Kantonsgericht St. Gallen gerügt und es nicht angängig bezeichnet hatte, «den in Art. 70 Abs. 2 des kantonalen Baugesetzes verankerten Grundsatz gegenseitiger Rücksichtnahme in Randzonen mit unterschiedlicher Immissionstoleranz praktisch unbesehen zu Lasten des Klägers zu übertragen.»

16.34 Der für eine Nutzungszone aufgrund der festgelegten Empfindlichkeitsstufe ermittelte Immissionsgrenzwert vermag im Sinne von Art. 684 ZGB keine absolute Geltung zu beanspruchen. Vielmehr darf er nur, aber immerhin den Schwellenwert darstellen, jenseits dessen *in der Regel* die Übermässigkeit der Einwirkung zu bejahen ist. Die Übernahme der umweltschutzrechtlichen «klaren» Massstäbe darf im privatrechtlichen Immissionsschutz nicht zu einer völligen Ausschaltung der persönlichen Umstände und Bedürfnisse der involvierten Personen führen. Es muss z.B. weiterhin möglich sein, der besonderen Lästigkeit einer Störungsquelle (oder Störungseinwirkung) Rechnung zu tragen, auch wenn die

83 BGE 83 II 390; ebenso BGE 40 II 449.

84 BGE 83 II 389 f.; ähnlich MEIER-HAYOZ, N 111 ff. zu Art. 684 ZGB; STEINAUER, Les droits réels II, no. 1815; HÄNNI/SCHMID, 75 (Fn. 17); differenziert ENDER, Nr. 149 f.; GLAVAS, 59 ff.; und dort Zitierte.

85 BGE 55 II 247; ähnlich BGE 88 II 12 f. und 40 II 448; MEIER-HAYOZ, N 137 zu Art. 684 ZGB; und dort Zitierte.

86 Das angeführte (Frühest-)Datum rechtfertigt sich, weil die Bedeutung des Zinkpistolen-Entscheides erst im Laufe des Jahres 1997 (wenn überhaupt) erkannt wurde.

87 Oben Rz. 16.29.

Störung als solche den Immissionsgrenzwert nicht überschreitet[88, 89]. – Insofern ist der vom Bundesgericht im Zinkpistolen-Entscheid vom 5.3.1996 begründeten und mittlerweile von Bundesrichter RASELLI zusätzlich ausformulierten These entschieden zu widersprechen, dass «für eine von den Immissionsgrenzwerten abweichende Beurteilung dessen, was als schädliche oder lästige, mithin übermässige Einwirkung im Sinne von Art. 684 ZGB zu gelten hat ... im Rahmen von Zivilprozessen kein Raum bleiben»[90] könne[91].

---

88 Gleicher Meinung AUER, 71 f. und 96 ff. (unter Verweis auf die deutsche Rechtsprechung, insbes. auf die Tegelsbarg-Entscheidung des Bundesverwaltungsgerichtes [in: Neue Juristische Wochenschrift 1989, 1291 ff.], welche die ungenügende Erfassung der Lästigkeit von Freizeitlärm durch die auf Mittelungspegel zugeschnittenen Richtlinien bemängelte und gleichzeitig die [durchaus auch auf die Schweiz übertragbare] Grundsatzfrage aufwarf, ob die Grenzwerte nicht eher Resultat einer politischen Wertung als wissenschaftlicher Erkenntnis über die Gefährlichkeit und Lästigkeit von Immissionen seien?!

89 Dic Einwendungen von AUER, 66 ff. und 94 ff. (und zahlreichen von ihr referierten [deutschen] Autoren und Gerichtsentscheiden) gegen die Berechnung und Festlegung der Lärm-Immissionsgrenzwerte als Mittellungspegel beruhen vor allem darauf, dass die entsprechenden Grenzwerte der Lästigkeit von Lärm nicht gerecht würden, weil sie zwar die physikalisch erfassbaren Ursachen (wie die Lautstärke oder, technisch gesprochen, die Ton- und Impulshaltigkeit) berücksichtigen würden, nicht aber die Informationshaltigkeit, d.h. die Botschaft, die ein Geräusch trägt, und weitere Quellen psychischer Immissionen. Letztere aber würden das Ausmass der Beeinträchtigung erheblich stärker bestimmen, als die Ton- und Impulstätigkeit. (Nach AUER, 67, sollen physikalische Ursachen [wie eben die Lautstärke] das Ausmass der Einwirkung höchstens zu einem Drittel bestimmen; der Rest sei auf andere Ursachen zurückzuführen. Allerdings belegt AUER diese Angabe nicht; sie verweist lediglich auf R. KÜRER, Ermittlung und Bewertung von Lärm-Kenngrössen, in: H.J. KOCH (Hrsg.), Forum Umweltrecht, Bd. I, Schutz vor Lärm, Baden-Baden 1990, 24, nach welchem die physikalischen Ursachen gar nur zu 20% das Ausmass der immissionsbedingten Beeinträchtigung bestimmen würden.) Insbesondere die Denk- und Konzentrationsfähigkeit werden durch die Informations- oder Appellhaltigkeit eines Geräusches gestört, und zwar selbst dann, wenn die entsprechenden (meistens stark impulshaltigen) Geräusche leise seien. – Der Überzeugungskraft der Kritik zum Trotz ist nicht anzunehmen, dass in die Ausführungsverordnungen zum USG in absehbarer Zeit andere oder ergänzende Berechnungsmethoden für die Immissionsgrenzwerte Einzug halten. Der Kritik kann (und soll!) aber im Rahmen der Zulassung und Anwendung der immissionsrelevanten Behelfe gemäss Art. 679/684 ZGB sowie und vor allem gemäss Art. 28 ff. ZGB Rechnung getragen werden.

90 RASELLI, 290.

91 Ebenfalls keine ausreichende Rechtfertigung für die Verdrängung der persönlichen

16.35 Bei von mehreren Grundstücken ausgehenden *summierten Bauimmissionen*[92], welche zwar in ihrem Zusammenwirken, nicht aber für sich allein genommen, das zulässige Mass überschreiten, hat die herrschende Privatrechtslehre[93] bislang dem Immissionsopfer wohl einen vom Richter ermessensweise festzulegenden Entschädigungsanspruch zugesprochen, für den die Immittenten solidarisch haften, ihm aber gleichzeitig einen Abwehranspruch gegen die immittierenden Grundeigentümer mit der Begründung aberkannt, keinem von diesen könne eine Eigentumsüberschreitung zur Last gelegt werden. Aufgrund von Art. 8 USG, welcher «Einwirkungen ... sowohl einzeln als gesamthaft nach ihrem Zusammenwirken» zu beurteilen verlangt, ist eine Neubeurteilung am Platz: Auch bezüglich des Abwehranspruches nach Art. 679/684 ZGB lässt sich die «Splitting»-Betrachtungsweise, welche eine nach den Ausgangsgrundstücken getrennte Beurteilung der Immissionen vornimmt, nicht mehr aufrechterhalten.

c) *Nutzung des Baugrundstückes als Ursache der Bauimmissionen*

16.36 Von Art. 679/684 ZGB werden nur Einwirkungen auf ein (Nachbar-) Grundstück erfasst, welche sich seitens des Einwirkenden «bei der Ausübung seines Eigentums» oder, wie es der Randtitel zu Art. 684 ZGB umschreibt, aus der «Art der Bewirtschaftung» des Grundstücks ergeben. Gemeint ist damit, wie die treffenderen Fassungen des Randtitels in der französischen («exploitation du fonds») und italienischen Landessprache («modo di esercitare i propri fondi») klarstellen, jede auf die Nutzung[94] eines (Ausgangs-)Grundstückes, hier des Baugrundstückes, zurückgehende (übermässige) Einwirkung auf ein benachbartes Grundstück. Oder

---

Umstände und Bedürfnisse gemäss Art. 684 kann der Hinweis bilden, dass auch nach USG (Art. 15 in Verbindung mit Art. 13 Abs. 2) «der Schutz von Personen mit erhöhter Empfindlichkeit im Auge behalten werden» müsse (so RASELLI, 290). Zum einen nehmen die besagten USG-Normen, wie auch RASELLI anerkennt, eine andere Gewichtung vor; zum andern sind die Immissionsgrenzwerte nun einmal objektivierte Empfindlichkeitswerte. – Soweit ich die These des Bundesgerichtes und von Bundesrichter RASELLI als zu absolut ablehne, befinde ich mich übrigens im Einklang mit der von WIDMER, 123, schon 1985 geäusserten Prognose, dass «für die Weiterentwicklung (des Immissionsschutzes; der Verfügung) die Ausführungsvorschriften zum Umweltschutzgesetz ... namentlich Immissionsgrenz- und Richtwerte, Bedeutung mindestens als eines von mehreren Beurteilungselementen erhalten» dürften.

92 Dazu oben Rz. 16.8 ff.

93 MEIER-HAYOZ, N 151 zu Art. 684 ZGB; OFTINGER, Haftpflicht wegen Verunreinigung eines Gewässers, in: SJZ 68/1972, 108; DESAX, 182 ff.; a.M. OSER/ SCHÖNENBERGER, N 9 zu Art. 50 OR; und dort Zitierte.

94 Das Bundesgericht und die Lehre verwenden häufig die (verstärkende) Formel «Benutzung oder Bewirtschaftung», meinen aber dasselbe.

um es pointiert auszudrücken: Das Ausgangsgrundstück (oder ein ihm zugerechneter Aussenbereich) ist «Begehungsort», das Nachbarsgrundstück «Wirkungsort»! Insofern kann man die von Art. 679/684 ZGB erfassten Tatbestände auch als *indirekte*[95] *oder mittelbare*[96] *Einwirkungen* bezeichnen.

Den Gegenpol zu den nach Art. 679/684 ZGB zu beurteilenden indirekten «Einwirkungen auf das Eigentum der Nachbarn» bilden die *direkten Eingriffe* in deren (Grund-)Eigentum. Sie kennzeichnen sich als *unmittelbare Einwirkungen* «in die Substanz des betroffenenen Grundstückes»[97], beispielsweise durch dessen Betreten[98] oder auch Überfliegen[99], durch die Entfachung eines Feuers und das Abbrechen von Ästen zu dessen Speisung, durch die Ablagerung von Baumaterialien[100], durch Abgrabungen oder durch die Errichtung einer Böschung[101]. Solche unmittelbaren Eingriffe, bei denen das nachbarliche Grundstück sowohl «Begehungsort» als auch «Wirkungsort» ist, können, sofern sie ohne Rechtstitel erfolgen, durch die Eigentumsfreiheitsklage nach Art. 641 Abs. 2 ZGB oder allenfalls nach Besitzesschutzrecht (Art. 928/929 ZGB) abgewehrt werden. 16.37

d) Zurechnung auswärtiger Störungsquellen zum Baugrundstück

Übermässige Immissionen sind, wie Art. 679 ZGB hervorhebt, ihrem Wesen nach Eigentumsüberschreitungen. Indem der Grundeigentümer bei der Ausübung seines Eigentums die vom Gesetz vorgegebenen Schranken überschreitet, wird er für diese verantwortlich. Auf sein Verschulden kommt es nicht an[102]; entscheidend ist, dass sich «infolge der Art der Bewirtschaftung oder der Benutzung des Grundstückes ... unzulässige Einwirkungen»[103] auf die Umgebung ergeben. Nicht erforderlich 16.38

---

95 Ebenso SIMONIUS/SUTTER, § 12 N 23 und ENDER, Nr. 107.

96 Ebenso ENDER, Nr. 107.

97 MEIER-HAYOZ, N 81 zu Art. 684 ZGB; ähnlich BGE 111 II 25 f. und 107 II 136 f.; HÄNNI/SCHMID, 72; ENDER, Nr. 104 ff.; und dort Zitierte. – Wie ENDER, Fn. 100 zu Nr. 106 und Fn. 57 zu Nr. 162 (mit weiteren Hinweisen) zu Recht bemerkt, ist nicht der Eingriff in die Substanz des betroffenen Grundstückes das entscheidende Abgrenzungskriterium, sondern dessen Unmittelbarkeit bzw. Direktheit.

98 Vgl. BGE 88 II 268.

99 Vgl. BGE 95 II 405; 103 II 100 und 104 II 88.

100 Vgl. BGE 100 II 309.

101 Vgl. BGE 111 II 26.

102 Für viele: BGE 119 Ib 342; 109 II 308; 88 II 263 und 81 II 443; MEIER-HAYOZ, N 12 zu Art. 679 ZGB; LIVER, SPR V/1, 218; TUOR/SCHNYDER/SCHMID, 725.

103 BGE 88 II 264; ähnlich BGE 119 II 415 f. (unter Verweis auf MEIER-HAYOZ, N 67 zu Art. 684 ZGB): «Als Einwirkung im Sinne von Art. 684 ZGB gilt alles, was sich

ist für die Zurechnung einer Einwirkung, dass sie direkt vom Grundstück ausgeht; «es genügt, dass sie als Folge einer bestimmten Benutzung oder Bewirtschaftung des Ausgangsgrundstückes erscheint, auch wenn die Störungsquelle ausserhalb des Grundstücks liegt»[104].

16.39 Beim Bauen treten derartige «Störungsquellen» ausserhalb des Baugrundstücks recht häufig auf. Zu denken ist vorab an Bauinstallationen und Abschrankungen auf öffentlichem Grund, welche den Zugang oder die Sicht zu benachbarten Liegenschaften erschweren und dadurch z.B. den Kundenstrom nachteilig beeinflussen[105]. Dem Eigentümer des Baugrundstückes sind sodann auch Verhaltensweisen der von ihm mit der Erfüllung der Bauaufgabe betrauten Bauleistungsträger und deren Hilfspersonen zuzurechnen, vorausgesetzt, dass sie sich in unmittelbarer Nähe des Baugrundstückes[106] sowie in Ausübung ihrer dienstlichen oder geschäftlichen Verrichtungen ereignen[107, 108]. Dazu zählen unter anderem

---

als eine nach dem gewöhnlichen Lauf der Dinge unwillkürliche Folge eines mit der Benutzung eines andern Grundstücks adäquat kausal zusammenhängenden menschlichen Verhaltens auf dem betroffenen Grundstück auswirkt, sei es in materieller, sei es in ideeller Weise».

104 BGE 120 II 17 und 119 II 415 f.; MEIER-HAYOZ, N 84 zu Art. 679 ZGB und N 197 zu Art. 684 ZGB; TUOR/SCHNYDER/SCHMID, 724; anstelle weiterer Entscheide und Autoren vgl. sodann die prägnante Besprechung der vorerwähnten beiden Urteile des Bundesgerichtes durch SCHNYDER/ENDER, 33 ff.

105 Dazu oben Rz. 16.13 und unten 16.74 ff.

106 Vgl. sachgemäss SCHNYDER/ENDER, 37; ENDER, Nr. 254 ff.; sowie oben Rz. 16.32 und unten Rz. 16.42.

107 Wie ENDER, Nr. 267 ff., zutreffend bemerkt, ist mit der Anwendung der Lehre vom adäquaten Kausalzusammenhang noch kein konkreter Lösungsansatz für die Frage gewonnen, «für welche Handlungen berechtigter Benutzer ... der Grundeigentümer einzustehen» hat. Ihm und SCHNYDER/ENDER, 36 f., kann auch darin gefolgt werden, dass die Adäquanztheorie letztlich nichts anderes ist als ein Aufruf an den Richter, eine angemessene Abgrenzung vorzukehren. Denn: «Die Theorie des adäquaten Kausalzusammenhangs ist ... eine wertungsbedürftige Zurechnungsformel», welche sich an das Ermessen des Richters wendet (FELLMANN WALTER, Selbstverantwortung und Verantwortlichkeit im Schadenersatzrecht, in: SJZ 91/1995, 48; ebenso ENDER, Nr. 269). Einen tauglichen Lösungsansatz zur Ausübung dieses Ermessens erblicke ich in der Fragestellung, ob die Bauleistungsträger ihre zur Rede stehenden Verhaltensweisen ausserhalb des Baugrundstückes «in Ausübung ihrer dienstlichen oder geschäftlichen Verrichtungen» vorkehrten. Der Einbezug dieses (aus den Artikeln 55 und 101 OR stammenden) Kriteriums erlaubt eine funktionale Abgrenzung und hat ausserdem den Vorteil, dass sich die gerade mit Bezug auf bauliche Leistungen

die beim Abladen von Baustoffen (z.B. von Kies, Sand oder Frischbeton) entstehenden Verunreinigungen öffentlichen Grundes, das Erschweren oder gar Versperren von Zufahrten zu anderen Liegenschaften durch falsch parkierte Nutz- und Personenfahrzeuge von Handwerkern sowie der vom Rotor eines Baumaterialien heranfliegenden Helikopters verursachte starke Luftzug, wodurch wertvolle Gegenstände einer benachbarten Wohnung, deren Fenster offen standen, umgeworfen und beschädigt werden.

e) Eigentum der Nachbarn als haftungsrelevanter Umkreis

Die Unterlassungspflichten gemäss Art. 684 ZGB bestehen gegenüber dem «Eigentum der Nachbarn». Nach Massgabe von Art. 679 ZGB kann demgegenüber bereits «jemand», welcher durch die Überschreitung des Eigentumsrechtes seitens eines Grundeigentümers geschädigt oder mit Schaden bedroht wird, die für die Missachtung der Unterlassungspflichten vorgesehenen Klagen anheben. Nach der neueren Rechtsprechung und Lehre liegt darin aber kein Widerspruch, weil sich Art. 679 ZGB ungeachtet seiner (systematisch unglücklichen) Einordnung im Gesetz als «nachbarrechtliche Bestimmung» verstehe und somit «nicht jedermann, sondern nur den Nachbarn»[109] schütze. Freilich: «Nachbar» ist in räumlicher Hinsicht nicht nur der Angrenzer; auch Einwirkungen, die sich über die eigentliche Umgebung hinaus, möglicherweise gar erst in grösserer Entfernung auswirken, können dem Betroffenen die nachbar- 16.40

reichhaltige Rechtsprechung zur Geschäftsherren- und Hilfspersonenhaftung sachgemäss ohne weiteres auf die hier interessierenden Konstellationen übertragen lässt.

108 Der Grundeigentümer kann sich dabei, so hart es für ihn auch im konkreten Falle erscheinen mag, nicht von seiner Verantwortlichkeit mit dem Nachweis befreien, dass er seine Bauleistungsträger gerade auch mit Blick auf die Vermeidung von Bauimmissionen mit aller Sorgfalt ausgesucht, angeleitet und überwacht hat. Selbst die Abrede im Bauvertrag, dass der Bauleistungsträger alles Zumutbare zur Vermeidung von Bauimmissionen unternehmen müsse und, falls sie gleichwohl auftreten würden, für diese eigenverantwortlich sei, nützt dem Grundeigentümer im Verhältnis zu den betroffenen Nachbarn nichts; lediglich für den Regress auf den Bauleistungsträger ist sie ihm dienlich.

109 LIVER, SPR V/1, 219, Fn. 6.

rechtliche Aktivlegitimation verschaffen[110]. Selbst «weiter»[111] oder gar «sehr weit»[112] entfernte Grundstücke können von der «nachbarlichen» Eigentumsüberschreitung betroffen sein, namentlich «im Falle von Immissionen, die z.B. durch Wind oder Schallwellen übertragen werden»[113].

16.41 Angesichts dieser (sachlich begrüssenswerten) extensiven Auslegung des Begriffes «Nachbar» lässt sich daher durchaus, wie dies zusehends Autoren tun, die Frage aufwerfen, «ob das Wort Nachbar für die Auslegung von Art. 679 (ZGB) noch überhaupt etwas abwirft»[114]. Meines Erachtens ist diese Frage ungeachtet dessen, dass die Auslegung den Begriff «Nachbar» gelegentlich sehr strapaziert, zu bejahen, weil sie klarstellt, dass die Kausalhaftung von Art. 679 ZGB ihre Begründung entscheidend im Interessenausgleich zwischen dem Ausgangsgrundstück und einem oder mehreren durch dessen Einwirkungen beeinträchtigten Grundstücken findet[115].

16.42 Gegenüber der vorstehenden weiten Auslegung des Begriffes «Nachbarschaft» drängt sich für einen Sonderfall eine räumliche Eindämmung auf: dann, wenn einem Grundeigentümer ein sich ausserhalb der Grundstückgrenzen ereignendes menschliches Verhalten als adäquat kausale Folge der Nutzung seines Grundstückes zugerechnet wird[116]. In einem derartigen Fall scheint es gerechtfertigt, den haftungsrelevanten Umkreis auf die unmittelbare bzw. nähere Umgebung – «die Nachbarschaft im landläufigen Sinne»[117] – einzuengen, weil «nur auf diese Weise ... die Haftpflicht des Grundeigentümers für sich ausserhalb seines Einflussberei-

---

110 Für viele: BGE 120 II 17; 119 II 418 und 109 II 309; MEIER-HAYOZ, N 184 ff. zu Art. 684 ZGB; TUOR/SCHNYDER/SCHMID, 724 f.; ENDER, Nr. 313 ff. (mit einer einlässlichen Darstellung der Rechtsprechung und Lehre); FELLMANN, AJP 1994, 1319 ff.; SCHNYDER/ENDER, 37; und dort Zitierte.

111 ENDER, Nr. 314; ebenso BGE 109 II 309; 91 II 190; 81 II 443 und 55 II 246; KELLER I, 201; und dort Zitierte. – In BGE 119 Ib 334 ff. wurde die Frage, ob der ungefähr 1,5–2 km vom Rawyl-Sondierstollen befindliche Zeuzier-Staudamm ein Nachbargrundstück darstelle, nicht einmal aufgeworfen, sondern als selbstverständlich unterstellt.

112 STARK, SJZ 71/1975, 219.

113 ENDER, Nr. 260.

114 TUOR/SCHNYDER/SCHMID, 725; KELLER, 201; TERCIER, Travaux de construction, 291; STARK, SJZ 1975, 219; a.M. FELLMANN, AJP 1994, 1323 und im Ergebnis offenbar auch ENDER, Nr. 317.

115 ENDER, Nr. 317; ähnlich wohl auch MEIER-HAYOZ, N 1/3 zu Art. 684 ZGB und N 10 zu Art. 679 ZGB.

116 Vgl. oben Rz. 16.38 und 16.39.

117 SCHNYDER/ENDER, 37.

ches abspielendes Verhalten auf ein vernünftiges Mass beschränkt werden»[118] kann.

Rechtschutz als «Nachbar» geniesst gewiss der in seinem Eigentum beeinträchtigte Grundeigentümer[119], aber auch der Inhaber beschränkter dinglicher Rechte (z.B. der Baurechtsberechtigte[120], der Wegdienstbarkeitsberechtigte[121], der aus einem Durchleitungsrecht Berechtigte, der Nutzniesser oder der aus einem Wohnrecht Berechtigte) und jeder, der kraft eines persönlichen Rechtes Besitz am beeinträchtigten Grundstück hat (z.B. der Mieter oder Pächter[122] sowie der im Grundbuch noch nicht als Eigentümer eingetragene Käufer eines Baugrundstückes, dem kaufvertraglich dessen Benutzung erlaubt wurde; nicht aber der widerrechtliche Hausbesetzer)[123]. Massgebend ist für die Zuerkennung der *Aktivlegitimation*, dass die beeinträchtigte Person *Besitz* am Grundstück hat[124]. Im Einklang dazu kommt die Aktivlegitimation auch dem Eigentümer einer Fahrnisbaute (z.B. eines fest abgestellten und «verankerten» Wohnmobils oder eines «auch nur prekaristisch aufgestellten Bienenstandes»[125]) zu, ja selbst den auf dem Baugrundstück arbeitenden Bauunternehmern oder Handwerkern[126], nicht aber sonstigen Personen, die, wie 16.43

118 SCHNYDER/ENDER, 37. – Vgl. auch oben Rz. 16.32.

119 Nachbar ist auch ein Stockwerkeigentümer im Verhältnis zu den ebenfalls zu Stockwerkeigentum ausgeschiedenen Teilen, nicht aber im Verhältnis zu den gemeinschaftlichen Teilen; vgl. MEIER-HAYOZ, N 83 zu Art. 679 ZGB und N 34 vor Art. 646 ZGB; MEIER-HAYOZ/REY, N 124 zu Art. 712a ZGB; LIVER, N 124 zu Art. 737 ZGB; ENDER Nr. 245, Fn. 145; und dort Zitierte.

120 BGE 88 II 264.

121 Vgl. BGE 91 II 287.

122 BGE 119 II 415; 109 II 309 und 104 II 18; sowie dort Zitierte.

123 Für viele: TUOR/SCHNYDER/SCHMID, 724 f.; LIVER, SPR V/1, 234 f.; MEIER-HAYOZ, N 38–43 zu Art. 679 und N 186 f. zu Art. 684 ZGB.

124 BGE 119 II 415; 109 II 309; 83 II 379; 75 II 120 und 79 II 136; LIVER, SPR V/1, 235; TUOR/SCHNYDER/SCHMID, 724; und dort Zitierte.

125 LIVER, SPR V/1, 235.

126 BGE 119 II 129; LIVER, SPR V/1, 235 und REY, Basler Kommentar, N 25 zu Art. 679 ZGB. Soweit die beiden letzteren aber grundsätzlich jede Person, welche nicht in einer rein zufälligen Weise Beziehung zum betroffenen Grundstück steht, als aktivlegitimiert erachten, unabhängig davon, ob sie Besitz hat oder nicht, geht mir ihre Auffassung zu weit. Die von ihnen postulierte Ausdehnung des Schutzkreises lässt sich m.E. wohl mit dem Wortlaut, nicht aber mit dem Zweck von Art. 679 ZGB – Schutz des Nachbarn, nicht von jedermann! – vereinbaren.

z.B. auf Besuch weilende Gäste oder Passanten, zum Grundstück in einer mehr oder weniger zufälligen und momentanen Beziehung stehen[127].

16.44 Für Ansprüche aus Art. 679 ZGB ist nach dessen Wortlaut der Eigentümer des Ausgangsgrundstücks verantwortlich und entsprechend *passivlegitimiert*. Er hat dabei «nicht bloss für eigenes sowie für das Handeln eigentlicher Hilfspersonen einzustehen ... sondern insbesondere auch für das Verhalten jener, die mit seiner Einwilligung das Grundstück oder dessen Einrichtungen benützen und daher nicht unbefugte Dritte sind»[128], also z.B. für seine(n) Mieter, Pächter, Bauleistungsträger und Gäste sowie selbst für Inhaber einer öffentlichrechtlichen Nutzungsbewilligung[129].

Geht allerdings die unerlaubte Einwirkung von einem *Inhaber eines beschränkten dinglichen Rechts* aus, so betrachtet die Praxis diesen (allein) als passivlegitimiert und befreit den Grundeigentümer von einer Inanspruchnahme, es sei denn, dass letzterer (und/oder eine ihm zurechenbare Person) die übermässige Störungswirkung mitverursachte(n)[130].

16.45 Weil nur der derzeitige Eigentümer die erforderlichen Massnahmen zur Beseitigung der Schädigung oder zum Schutz gegen drohende Beeinträchtigung vorkehren kann, richten sich sowohl die Beseitigungs- wie die Unterlassungsklage auch dann gegen ihn, wenn die (Mit-)Ursache für die unzulässige Einwirkung bereits vor seinem Eigentumsantritt gesetzt worden ist[131]. Die Schadenersatzklage ist demgegenüber gegen den früheren Eigentümer anzustrengen, wenn die schädigende Einwirkung ganz der Zeit vor der Handänderung angehört; traten die Einwirkungen

---

127 Insofern gl.M. LIVER, SPR, V/1, 235; REY, Basler Kommentar, N 25 zu Art. 679 ZGB; ENDER, Nr. 318. – Feriengäste, denen eine Wohnung vermietet oder (unentgeltlich) überlassen wurde, verfügen dagegen über den erforderlichen Besitz und sind somit grundsätzlich für den nachbarrechtlichen Rechtsschutz aktivlegitimiert.

128 BGE 120 II 18 und 83 II 380; KELLER I, 194; MEIER-HAYOZ, N 63 zu Art. 679 ZGB.

129 BGE 120 II 18; 104 II 19 f.; 101 II 249 und 83 II 379 f.; HÄNNI/SCHMID, 78 (Fn. 37); MEIER-HAYOZ, N 63 f. zu Art. 679 ZGB; REY, Basler Kommentar, N 27 zu Art. 679 ZGB; und dort Zitierte.

130 BGE 104 II 22; HÄNNI/SCHMID, 78 (Fn. 38); STEINAUER, Les droits réels II, no. 1905c; im Ergebnis gleich, aber mit eigenständiger Begründung, MEIER-HAYOZ, N 65 f. zu Art. 679 ZGB.

131 MEIER-HAYOZ, N 73 zu Art. 679 ZGB; ENDER, Nr. 319. – Vgl. demgegenüber die unten in Fn. 240 zu Rz. 16.92 erwähnten, teilweise abweichenden Meinungen bezüglich der possessorischen Beseitigungsklage.

vor und nach der Handänderung auf, sind sowohl der frühere wie auch der derzeitige Eigentümer schadenersatzpflichtig[132].

Neben dem Grundeigentümer (oder/und dem Inhaber eines beschränkten dinglichen Rechtes) bejahen die bundesgerichtliche Rechtsprechung und ein Teil der Lehre die Ausdehnung der Passivlegitimation auf Personen, welche auf rein schuldrechtlicher Ebene einen Bezug zur Immissionsquelle und deren Störungswirkung haben[133]. Die Gegenmeinung, welche sich insbesondere auf den Ausnahmecharakter von Art. 679 ZGB stützt und der Ausdehnung des Kreises der Passivlegitimierten auch das praktische Bedürfnis abspricht[134], überzeugt (mich) mehr, dürfte aber bis auf weiteres wenig Schlachtenglück beim Bundesgericht finden. 16.46

Grundsätzlich ist auch das Gemeinwesen gemäss Art 679 ZGB passivlegitimiert. Geht die schädigende Immission aber auf den bestimmungsgemässen Gebrauch einer zum Verwaltungsvermögen gehörenden öffentlichen Sache zurück und ist sie nicht oder nur mit unverhältnismässigem Aufwand zu verhindern, so steht dem beeinträchtigten Nachbarn nur der Weg über die formelle Enteignung offen, um wenigstens einen finanziellen Ausgleich zu erhalten[135]. 16.47

f) Klagen aus der Eigentumsüberschreitung

Gegen die übermässigen Bauimmissionen kann sich der betroffene Nachbar aufgrund von Art. 679/684 ZGB je nach Gegebenheit mit einer 16.48
- Präventivklage (Rz. 16.54 ff.),
- Unterlassungsklage (Rz. 16.58),

---

132 MEIER-HAYOZ, N 54 zu Art. 679 ZGB. – Solidarität besteht zwischen ihnen freilich nur dann, wenn und soweit der eingetretene Schaden sich ohne die dem einen wie dem andern zuzuordnenden Einwirkungen nicht denken lässt.

133 Bejahend z.B. BGE 104 II 19 f. und 101 II 249; HÄNNI/SCHMID, 78 (Fn. 36), STEINAUER, Les droits réels II, no. 1905 ff.; REY, Basler Kommentar, N 27 zu Art. 679 ZGB; ablehnend: MEIER-HAYOZ, N 61 f. zu Art. 679 ZGB; HAAB/ SIMONIUS/SCHERRER/ZOBL, N 13 zu Art. 679 ZGB; LIVER, N 116 zu Art. 737 ZGB; *ders.*, SPR V/1, 234; ebenfalls ablehnend noch BGE 83 II 380 und 44 II 36; je mit weiteren Nachweisen.

134 Vgl. MEIER-HAYOZ, N 62 zu Art. 679 ZGB.

135 REY, Basler Kommentar, N 28 zu Art. 679 ZGB; HÄNNI/SCHMID, 78 f. (Fn. 43–45); und dort Zitierte.

- Beseitigungsklage (Rz. 16.59 ff.),
- Feststellungsklage (Rz. 16.62 ff.) oder
- Schadenersatzklage (Rz. 16.66 ff.)

wehren. Im Sinne einer Übersicht kann man sie so beschreiben, dass die Präventiv- und Unterlassungsklage auf die Unterlassung des Störungsvorganges, die Beseitigungsklage auf die Beseitigung der Störungsursache, die Schadenersatzklage auf die Korrektur der Folgen einer abgeschlossenen Störung und die Feststellungsklage auf die Klärung bestrittener Rechtslagen im Zusammenhang mit Störungen zielen[136].

aa) Gemeinsamkeiten der fünf Eigentumsüberschreitungsklagen

16.49 Allen fünf aus der Eigentumsüberschreitung resultierenden Klagen ist, neben den oben umschriebenen Merkmalen, gemeinsam, dass sie *kein Verschulden* des einwirkenden Grundeigentümers (oder der ihm zugerechneten Personen) voraussetzen; vielmehr reicht die blosse («adäquate») Verursachung zur Haftbarmachung aus[137].

16.50 Unter Vorbehalt der Schadenersatzklage, welche mangels einer Gerichtsstandsvereinbarung nach vorherrschender Auffassung als persönliche Ansprache im Sinne von Art. 59 BV beim Richter am Wohnsitz des Beklagten anzubringen ist[138], ist der *Richter der gelegenen Sache,* d.h. konkret des Ausgangsgrundstückes, zur Beurteilung der Klagen zuständig[139].

16.51 Die *Beweislastverteilung* hat in dem von Art. 8 ZGB vorgegebenen Rahmen zu erfolgen.

---

136 Vgl. ENDER, Nr. 302 (Fn. 238); mit weiteren Nachweisen.

137 Bei Art. 679 ZGB handelt es sich nach einhelliger Rechtsprechung und Lehre um eine Kausalhaftung; vgl. die Nachweise bei MEIER-HAYOZ, N 104 zu Art. 679 ZGB; TUOR/SCHNYDER/SCHMID, 725; HÄNNI/SCHMID, 77.

138 BGE 108 Ia 55; MEIER-HAYOZ, N 141 zu Art. 679 ZGB; REY, Basler Kommentar, N 32 zu Art. 679 ZGB; und dort Zitierte; a.M. LIVER, SPR V/1, 232.

139 Wird eine Schadenersatzklage gemäss Art. 679 ZGB mit einer anderen Eigentumsüberschreitungsklage verbunden, so erscheint auch für die Schadenersatzklage der Gerichtsstand der gelegenen Sache als zulässig. Die Frage ist allerdings strittig; vgl. sachgemäss unten Rz. 16.85 am Ende (und Fn. 230).

Es obliegen somit:

- dem gegen die übermässige(n) Bauimmission(en) ankämpfenden Nachbarn der Beweis für deren Vorkommen (bzw. drohenden Eintritt) und Übermass, sodann für den Kausalzusammenhang mit der Schädigung oder Gefährdung, ferner für die Zurechenbarkeit der Bauimmission(en) gegenüber dem beklagten Störer[140] und schliesslich, bei der Schadenersatzklage, für den Schaden;
- dem für das Ausgangsgrundstück in Anspruch Genommenen dagegen der Nachweis eines Rechtstitels für die Bauimmissionen.

Alle fünf Klagen gemäss Art. 679/684 ZGB, auch die Feststellungsklage[141], sind *bundesrechtlicher Natur*[142]. Nach dem Grundsatz, dass das den Kantonen verbliebene Prozessrecht die Verwirklichung des Bundesprivatrechts weder verunmöglichen noch übermässig erschweren darf[143], kann es, wie das Bundesgericht in BGE 101 II 366 hervorhob, «auch nicht die Verwirkung bundesrechtlicher Ansprüche für den Fall, dass diese nicht innert bestimmter Frist durch Klage geltend gemacht werden, vorsehen.» Vorschriften in kantonalen (Bau-)Gesetzen, dass die privatrechtlichen Einwendungen bei sonstiger Anspruchsverwirkung innert einer bestimmten Frist (z.B innert 14 Tagen nach Bauanzeige) geltend gemacht werden müssen, sind somit mit Bezug auf die immissionsrechtlichen Abwehransprüche unbachtlich. 16.52

Welche Verfahrensarten für die Durchführung der Eigentumsüberschreitungsklagen zur Verfügung stehen, wie sich diese gestalten und ob vorsorgliche Vorkehrungen für die Dauer des Prozesses möglich sind, ist Sache des kantonalen Prozessrechts. Selbstredend gilt auch diesbezüglich, dass das kantonale Recht die Verwirklichung des Bundesprivatrechts weder verunmöglichen noch übermässig erschweren darf. 16.53

---

140 Nach MEIER-HAYOZ, N 144 zu Art. 679 ZGB soll demgegenüber dem beklagten Immittenten der Nachweis obliegen, dass ihm weder Eigentum noch Besitz an dem Grundstück zustehe. Dies widerspricht der Beweislastverteilung von Art. 8 ZGB, gehören doch die Frage der Berechtigung des beklagten Störers am Ausgangsgrundstück, d.h. dessen passive Sachlegitimation, ebenso wie die Zurechnung von «fremden» Störungsquellen zu den Haftungsvoraussetzungen, welche der betroffene Nachbar nachweisen muss.

141 BGE 110 II 352 ff.

142 Vgl. BGE 101 II 365; MEIER-HAYOZ, N 117 zu Art. 679 ZGB.

143 BGE 101 II 364 und 96 II 437; GULDENER, Schweiz. Zivilprozessrecht, 3. Aufl., Zürich 1979, 68.

bb) Präventiv- und Unterlassungsklage

16.54 Mit der Präventivklage nach Art. 679/684 ZGB kann «Schutz gegen drohenden Schaden», d.h. die *Verhinderung drohender übermässiger Immissionen*, verlangt werden, vorausgesetzt, dass der Eintritt der befürchteten Immissionen nicht nur möglich ist, sondern mit hoher Wahrscheinlichkeit bevorsteht[144].

16.55 Häufigste Stossrichtung der Klage gegen zukünftige Eigentumsüberschreitungen ist die Untersagung eines geplanten Bauwerkes, dessen bestimmungsgemässer Betrieb «Einwirkungen auf das Grundeigentum des klagenden Nachbarn haben wird, die sich dieser nicht zu gefallen lassen braucht»[145]. Für die Beurteilung der Übermässigkeit der Einwirkung sind dabei auch Momente zu berücksichtigen, welche sich auf dem betroffenen Grundstück mit Gewissheit in absehbarer Zeit verwirklichen werden (z.B. dessen Überbauung, wenn das Grundstück bereits baureif und die Bauabsicht erkennbar ist)[146].

Gegen Bauimmissionen, welche bekanntlich nach der Rechtsprechung von der Nachbarschaft grundsätzlich hingenommen werden müssen[147], wird die Präventivklage allerdings nur in eigentlichen Ausnahmefällen zielführend sein: dann nämlich, und nur dann, wenn die drohenden (übermässigen) Bauimmissionen für die Ausführung einer Baute mit zumutbarem (technischem und finanziellem) Einsatz vermieden oder jedenfalls erheblich reduziert[148] werden können. Ein völliges Verbot erlässt der Richter nur, falls sich nach seiner Überzeugung milderere Massnahmen als unzweckmässig erweisen und ausserdem mit grosser

---

144 Für viele: HAAB, N 21 zu Art. 679 ZGB (mit der aus der deutschen Lehre entlehnten Formel: «... derjenige höchste Grad von Wahrscheinlichkeit genügt, auf Grund dessen nach dem objektiven Massstab allgemeiner Lebenserfahrung im gewöhnlichen Laufe der Dinge von einer, wenn auch relativen Sicherheit gesprochen werden kann»); MEIER-HAYOZ, N 111 zu Art. 679 ZGB (mit zahlreichen Nachweisen); REY, Basler Kommentar, N 18 zu Art. 679 ZGB; STARK, SJZ 71/1975, 220 f. (bei dem allerdings unklar ist, ob er die «erhebliche Möglichkeit» zukünftiger Einwirkungen nur für die Präventivklage gegen Kernkraftwerke als ausreichend betrachtet); in der Formulierung zu streng noch BGE 58 II 117; 52 II 390 und 42 II 436.

145 BGE 58 II 117; ähnlich BGE 42 II 451 und 42 II 436.

146 BGE 58 II 118 und 51 II 398.

147 Vgl. oben Rz. 16.13 sowie unten Rz. 16.74 ff. (und 16.111).

148 Vgl. sachgemäss BGE 111 II 445. Grundlegend dazu ENDER, Nr. 522 ff.

Wahrscheinlichkeit schwerwiegende und nicht wieder gutzumachende Nachteile für das «Immissionsopfer» eintreten werden[149].

Der Präventivkläger braucht dem Richter keine konkreten Vorkehrungen zu beantragen, wie dieser seine Vorsorge treffen soll[150]. Das *Klagebegehren* muss aber für die anbegehrte Prävention ausreichend bestimmt sein, also z.B: 16.56

- Dem Beklagten sei zu verbieten, «auf seinem Grundstück Nr. ...
  a) Motorsägen mit Verbrennungsmotor zu betreiben ...
  c) Krane so zu betreiben, dass deren Teile oder Lasten in den Luftraum über dem Grundstück Nr. ... eindringen[151].»
- Dem Beklagten sei die Einstellung der Bauarbeiten auf seinem Grundstück Nr. ... zu befehlen[152].
- Dem Beklagten sei die Vornahme von Sicherungsmassnahmen, z.B. die Errichtung einer Stützmauer, auf seinem Grundstück Nr. ... zu befehlen[153].

Die Präventivklage kann zeitlich solange angebracht werden, als die übermässigen Immissionen drohen, und ist insofern *«unverjährbar»*[154]. Wird sie nicht angebracht, obwohl sie offenstünde, oder wird sie abgewiesen, so tut dies den anderen Klagen des betroffenen Nachbarn keinen Abbruch[155]. 16.57

---

149 Vgl. sachgemäss unten Rz. 16.103 (sowie Rz. 16.111). Vgl. sodann zur Unzweckmässigkeit milderer Massnahmen: BGE 58 II 340 und 56 II 357/362; MEIER-HAYOZ, N 123 f. zu Art. 684 ZGB (mit zahlreichen Nachweisen); ferner, bezogen auf die Beseitigungsklage, REY, Basler Kommentar, N 17 zu Art. 679 ZGB.

150 BGE 111 II 445; HAAB/SIMONIUS/SCHERRER/ZOBL, N 29 zu Art. 679; MEIER-HAYOZ, N. 114 zu Art. 679 ZGB; und dort Zitierte. Das gilt auch für die übrigen Ansprüche gemäss Art. 679/684 ZGB (einschliesslich der auf Naturalersatz gerichteten Schadenersatzklage).

151 Nicht publizierter Entscheid des Kantonsgerichtes St. Gallen I. ZK 26/1987 vom 1.12.1987/30.5.1988, 26, vom Bundesgericht diesbezüglich mit nicht publiziertem Entscheid 5C.195/1988/od vom 27.4.1989 geschützt.

152 Vgl. BGE 107 II 138 f.

153 Vgl. BGE 107 II 138 f.

154 BGE 81 II 446 f.; vgl. ferner sachgemäss (die je zur Verjährung des Unterlassungsanspruches ergangenen Ausführungen von) BGE 111 II 446 und 58 II 340; MEIER-HAYOZ, N 146 zu Art. 679 ZGB; TUOR/SCHNYDER/SCHMID, 726 (Fn. 41); REY, Basler Kommentar, N 30 zu Art. 679 ZGB.

155 MEIER-HAYOZ, N 118 zu Art. 679 ZGB; BGE 58 II 340; vgl. aber auch die (in dieser Formulierung abzulehnende und, wenn überhaupt, als Ausfluss des Rechtsmissbrauchsverbotes auszulegende) Einschränkung in BGE 83 II 198 f.: «Nur wenn bestimmte Vorrichtungen und Veranstaltungen eines Grundeigentümers zum vornherein nach dem ihnen unzweifelhaft zugedachten Zwecke sich in sicher vorauszusehender Art auf ein Nachbargrundstück auswirken werden, hat der Nachbar

Aus naheliegenden Gründen nicht möglich ist es, mit der Präventivklage bereits eine Schadenersatzklage zu verbinden. Erstere ist wesensgemäss auf eine zukünftige, letztere auf eine vergangene (wenn auch sich allenfalls noch fortsetzende) Einwirkung bezogen; bei Anhebung der Präventivklage sind somit die Haftungsvoraussetzungen für eine Schadenersatzforderung noch nicht erfüllt[156].

16.58 Die *Unterlassungsklage* gemäss Art. 679/684 ZGB trägt die gleichen Merkmale wie die Präventivklage; in der Rechtslehre wird sie denn auch teilweise dieser schlechthin gleichgesetzt[157] oder als deren Unterform[158] verstanden.

Nach der hier vertretenen Systematik unterscheidet sich die Unterlassungsklage dadurch von der Präventivklage, dass jene auf die Verhinderung eines erstmalig befürchteten Ereignisses zielt, wogegen diese (erst) greift, wenn eine *Einwirkung in der Vergangenheit schon einmal aufgetreten ist und die Gefahr ihrer Wiederholung besteht*[159]. Entsprechend wird die Unterlassungsklage prozessual häufig mit der Beseitigungsklage[160] verknüpft (und gelegentlich) auch verwechselt[161]! Im Übrigen gilt, was oben zu den Vorausssetzungen (und zur Formulierung des Rechtsbegehrens) der Präventivklage angeführt wurde, sinngemäss auch für die Unterlassungsklage.

cc) Beseitigungsklage

16.59 Die Beseitigungsklage gemäss Art. 679/684 ZGB zielt darauf, den Eigentümer des Ausgangsgrundstückes (oder allenfalls auch den Inhaber

Veranlassung, zum Schutz gegen drohenden Schaden eine Präventivklage anzuheben (vgl. BGE 42 II 436; 51 II 398; 58 II 117; WALDIS, Das Nachbarrecht, 4. Aufl., 31 und 90).»

156 GVP SG 1992, Nr. 29 (Urteil des Verwaltungsgerichtes St. Gallen vom 26.10.1997/ 2.11.1992); MEIER-HAYOZ, N. 2 zu Art. 679 ZGB.

157 So TUOR/SCHNYDER/SCHMID, 726, welche für die Klage gegen drohende Einwirkungen, gleichgültig ob in der Vergangenheit schon einmal aufgetreten oder erstmalig, nur den Begriff Unterlassungsklage verwenden.

158 So STARK, Wesen der Haftpflicht, 174 f.

159 MEIER-HAYOZ, N 121 zu Art. 679 ZGB; REY, Basler Kommentar, N 17 zu Art. 679 ZGB; ENDER, Nr. 297; und dort Zitierte.

160 Dazu unten Rz. 16.59 ff.

161 Vgl. z.B. die in BGE 88 II 267 f. beurteilten Klagebegehren (zu Art. 641 Abs. 2 ZGB).

beschränkter dinglicher oder obligatorischer Rechte[162]) dazu zu verhalten, «sein Eigentumsrecht in einer Weise auszuüben, die keine unerlaubten Einwirkungen auf das Nachbargrundstück mehr bewirkt[163].» Sie bekämpft also «die Art der Bewirtschaftung des Ausgangsgrundstükkes»[164] und nicht deren Auswirkungen auf dem beeinträchtigten Nachbargrundstück. Ihr Ziel erreicht sie mit der auf Dauer angelegten *Änderung der Eigentumsausübung auf dem Ausgangsgrundstück*, welche so beschaffen ist, dass «die Immissionen auf ein erträgliches Mass herabgesetzt werden können oder ... die immittierende Tätigkeit eingestellt werden muss»[165]. Nicht tauglich ist die Beseitigungsklage demgegenüber zur Wiederherstellung des früheren Zustandes, verstanden als Beseitigung der «Folgen der übermässigen Immissionen auf dem geschädigten Grundstück»[166]; hiefür wäre die Schadenersatzklage[167] gemäss Art. 679/684 ZGB, allenfalls auch mit Klagenhäufung im gleichen Verfahren, anzustrengen.

Der Beseitigungsanspruch ist *unverjährbar*[168], d.h. die Beseitigungsklage kann zeitlich solange angebracht werden, als die unerlaubte Nutzung des Ausgangsgrundstücks und gegebenenfalls die diesem zuzuordnenden auswärtigen Störquellen andauern. Wird die Klage nicht angebracht, obwohl sie offenstünde, oder wird sie abgewiesen, so tut dies den anderen 16.60

162 Vgl. oben Rz. 16.44 ff. sowie BGE 104 II 19 ff. und BGE 107 II 137.

163 BGE 104 II 137.

164 BGE 104 II 137.

165 BGE 107 II 137; ferner für viele: MEIER-HAYOZ, N 213 ff. zu Art. 684 ZGB; REY, Basler Kommentar, N 15 zu Art. 679 ZGB; STEINAUER, Les droits réels II, no. 1920 ff.; und dort Zitierte.

166 BGE 107 II 137; ferner für viele: MEIER-HAYOZ, N 120 zu Art 679 ZGB; REY, Basler Kommentar, N 16 zu Art. 679 ZGB; STEINAUER, Les droits réels II, no. 1921; und dort Zitierte.

167 Dazu unten Rz. 16.66 ff.

168 BGE 111 II 444 f. und 107 II 140 f.; ferner für viele: MEIER-HAYOZ, N 145 zu Art 679 ZGB; REY, Basler Kommentar, N 30 zu Art. 679 ZGB; STEINAUER, Les droits réels, no. 1923; TUOR/SCHNYDER/SCHMID, 726; und dort Zitierte. – Vorbehalten bleibt der offenbare Rechtsmissbrauch (vgl. dazu auch MEIER-HAYOZ, N 146 zu Art. 679 ZGB und OFTINGER, 19 f.).

Abwehrbehelfen des betroffenen Nachbarn, insbesondere dessen Schadenersatzklage, grundsätzlich keinen Abbruch[169].

16.61 Das *Rechtsbegehren* einer Beseitigungsklage kann z.B. lauten:
«Dem Beklagten sei zu befehlen, auf der Kranbahn seines Betriebes einen Prellbock im Abstand von 36m ab der Grenze zum Grundstück Nr. ... anzubringen und das dazwischen liegende Kranbahnstück zu entfernen[170].»

dd) Feststellungsklage

16.62 Die (vom Gesetz nicht erwähnte, von der Praxis aber seit langem gewährte[171]) Feststellungsklage macht dort Sinn, wo eine Partei im nachbarlichen Verhältnis ein Interesse an der Feststellung einer Rechtslage im Zusammenhang mit einer Eigentumsüberschreitung hat, sei es z.B. an der Feststellung, dass eine unzulässige Eigentumsüberschreitung vorliegt oder eben nicht, sei es an der Feststellung, dass ein die gesetzlichen oder gewillkürten Eigentumsbeschränkungen angeblich aufhebender Rechtstitel nicht besteht, etc.[172]. Der Feststellungskläger muss ein schutzwürdiges Feststellungsinteresse[173] haben. Dies ist beispielsweise bei einem

169 Vgl. BGE 58 II 340 und, mit allerdings missverständlicher Formulierung, BGE 83 II 198 f.; ferner sachgemäss MEIER-HAYOZ, N 118 zu Art. 679 ZGB.

170 So der Urteilsspruch des Bundesgerichtes in dessen Sägerei-Entscheid (Nr. 2) 5C. 195/1988/od, nicht publiziert, vom 27.4.1989, 11 (Ziff. 2). – Im gleichen Sägerei-Urteil, welches nach einem rund neunjährigen, durch privatrechtliche Einsprache und anschliessende Klage gegen ein nachträglich eingegebenes Baugesuch ausgelösten Rechtsstreit erging, traf das (ein erstes Mal bereits zwei Jahre vorher mit der Angelegenheit befasste; vgl. oben Rz. 16.29) Bundesgericht ferner folgende bemerkenswerte Anordnung (Ziff. 3): «Dem Beklagten wird zur Nachachtung von Ziff. 2 eine Frist von vier Monaten ab Rechtskraft dieses Urteils eingeräumt. Nach Ablauf dieser Frist ist es dem Beklagten, unter Verzicht auf Ersatzvornahme durch den Kläger, bis zur Erfüllung verboten, die Sägerei auf dem Grundstück weiter zu betreiben oder betreiben zu lassen.» – Der Sägerei-Nachbarstreit fand mittlerweile, annähernd 15 Jahre (!) nach der ersten privatrechtlichen Intervention, auch noch ein öffentlichrechtliches Spielfeld; vgl. BGE 121 II 72 ff.

171 Vgl. BGE 101 II 366; MEIER-HAYOZ, N 137 zu Art. 679 ZGB; TUOR/SCHNYDER/SCHMID, 726; STEINAUER II, N 1927; REY, Basler Kommentar, N 21 zu Art. 679 ZGB; sachgemäss auch SIMONIUS/SUTTER, § 12 N 32; und dort Zitierte.

172 BGE 101 II 366 ff.; MEIER-HAYOZ, N 137 zu Art. 679 ZGB; TUOR/SCHNYDER/SCHMID, 726 (Fn. 39); REY, Basler Kommentar, N 21 zu Art. 679 ZGB; ferner sachgemäss SIMONIUS/SUTTER, § 12 N 32.

173 Allgemein zum erforderlichen Feststellungsinteresse: BGE 114 II 255 ff. und 118 II 258.

Baulustigen gegeben, dem gegenüber ein Nachbar eine Rechtsverwahrung vornimmt, und der daraufhin, statt das Risiko einer späteren Beseitigung der Baute auf sich zu nehmen, durch Anhebung einer Feststellungsklage die Rechtslage vorher einer Klärung zuführen will[174].

Die Feststellungsklage ist *keiner Verjährung* unterworfen und kann solange angebracht werden, als ein Feststellungsinteresse besteht. 16.63

Aktivlegitimiert als Kläger ist, wer an der Feststellung ein Interesse hat, *passivlegitimiert* als Beklagter, wer die vom Interessierten beanspruchte Rechtslage bestreitet[175], und zwar gleichgültig darum, von wem (unter ihnen) die Immissionen ausgehen und auf wen sie einwirken. 16.64

Formuliert werden kann ein *Feststellungsbegehren* beispielsweise so: 16.65
«Es sei festzustellen, dass dem Beklagten gegen die vom Kläger auf dessen Grundstück Nr. ..., Grundbuch XY projektierte und von der Baubewilligungsbehörde Z. am ... baupolizeilich bewilligte Erweiterung der Holzfeuerungsanlage kein Beseitigungs- und sonstiger Abwehranspruch zufolge übermässiger Immissionen zusteht, vorausgesetzt, dass bei der Ausführung und dem Betrieb der entsprechenden Holzfeuerungsanlage die dem Projekt und der Baubewilligung zugrunde liegenden Angaben sowie die Massnahmen gemäss Gutachten X, insbesondere die bauliche Erhöhung des Kamins um mindestens 2.5 m (neue Überhöhung 8.0 m über lokalem Grund, 4.0 m über Dach) sowie eine Erhöhung der Austrittsgeschwindigkeit der Kaminabgase auf mindestens 6 m/s, vollumfänglich beachtet werden[176].»

ee) Schadenersatzklage

Die Schadenersatzklage gemäss Art. 679/684 ZGB ist auf *Kompensation* der dem betroffenen Nachbarn durch die übermässigen Immissionen entstandenen Nachteile ausgerichtet. Eigen sind ihr (zusätzlich zu den üblichen sowie den oben Rz. 16.49–16.53 angeführten Charakteristiken) namentlich die folgenden Merkmale: 16.66

Sie knüpft, wie alle Eigentumsüberschreitungsklagen, *kausal* an die unerlaubte Immission an, setzt also weder ein Verschulden des Ersatzpflichtigen noch des Grundeigentümers, falls dieser vom Ersatzpflichtigen verschieden ist, voraus und stellt den geschädigten Nachbarn somit 16.67

174 BGE 101 II 366.

175 Sachgemäss SIMONIUS/SUTTER I, § 12 N 36.

176 Die Angaben stammen zum Teil aus dem (unveröffentlichten) Urteil des Bezirksgerichtes St. Gallen 3 BZ 87/1 vom 10.5.1995, 25.

(erheblich) besser als nach Art. 41 OR. Selbstredend gilt im Übrigen auch bei der Kausalhaftung gemäss Art. 679/684 ZGB, dass diese «ein zusätzliches Verschulden des Haftpflichtigen nicht (ausschliesst); je nach den Umständen kann dieses ein Selbstverschulden des Geschädigten aufwiegen oder unbeachtlich werden lassen[177].»

16.68 Sie kann erst *nach Eintritt des Schadens* erhoben werden, was eine in der Vergangenheit liegende (aber nicht notwendigerweise auch bereits abgeschlossene oder vor Wiederholungen gefeite) Eigentumsüberschreitung voraussetzt[178].

16.69 Der Schadenersatz kann, was oft übersehen wird, *nicht nur in Geld* anbegehrt werden. Vielmehr kann der Geschädigte «als Ersatz für den eingetretenen Schaden auch die Leistung von Naturalersatz in der Form der Wiederherstellung des ursprünglichen Zustandes des geschädigten Grundstücks»[179], was «namentlich den Vorteil (hat), dass sie die häufig komplizierte Berechnung des Schadens in Geld überflüssig macht[180].»

16.70 Von den Professoren MEIER-HAYOZ[181] und REY[182] wird der Schadenersatzklage im Verhältnis zu den übrigen Eigentumsüberschreitungsklagen nur ein «subsidiärer Charakter» zuerkannt. Dies ist abzulehnen, weil die angeführte Begründung, dass sie «in Funktion (trete), wenn und soweit die anderen Klagen nicht mehr zum Ziel führen»[183], durchaus auch für die anderen Klagen gilt: Jede hat ihr eigenes Zielobjekt! Im Einklang dazu lässt sich die Schadenersatzklage sowohl *unabhängig von den übrigen Klagen* (oder einem Verzicht auf solche) wie allenfalls auch verfahrensmässig mit ihnen verbunden anheben.

16.71 Wie verhält es sich, wenn ein Nachbar selber Schutzmassnahmen gegen unerlaubte Einwirkungen auf sein Grundstück trifft, indem er beispielsweise einen (ihm gehörenden) Hang saniert, der zu rutschen drohte, weil der Oberlieger für den Bau seiner Terrassensiedlung an einer kritischen

---

177 BGE 111 II 429.

178 MEIER-HAYOZ, N 2 zu Art. 679 ZGB; REY, Basler Kommentar, N 5 zu Art. 679 ZGB.

179 BGE 107 II 134; 100 II 142; 99 II 183 und 80 II 390.

180 BGE 107 II 140.

181 MEIER-HAYOZ, N 128 zu Art. 679 ZGB; ebenso ENDER, Nr. 300.

182 REY, Basler Kommentar, N 6 zu Art. 679 ZGB.

183 MEIER-HAYOZ, N 128 zu Art. 679 ZGB.

Stelle zu gewichtige Bauinstallationen plazierte und überdies ungenügende Vorkehrungen zur Hangentwässerung traf. Soll der geschädigte Nachbar die von ihm aufgewendeten *Sanierungskosten* mit der Schadenersatzklage gemäss Art. 679/684 ZGB vom Oberlieger zurückfordern können? Meines Erachtens ist die Frage (unter der selbstverständlichen Voraussetzung, dass sich die Sanierung aufdrängte und sie Folge der «Bewirtschaftung» des oberliegenden Baugrundstückes war) zu bejahen, weil die unerlaubte Eigentumsüberschreitung im Sinne des Gesetzes (und damit die erforderliche Widerrechtlichkeit) schon vorliegt, wenn sie droht (und nicht erst, wenn sie eintritt)[184].

Anders als die übrigen Eigentumüberschreitungsklagen unterliegt die Schadenersatzklage gemäss Art. 679/684 ZGB der *Verjährung*, und zwar der einjährigen relativen und der zehnjährigen absoluten gemäss Art. 60 OR[185]. Ist die Eigentumsüberschreitung aus einer strafbaren Handlung des Ersatzpflichtigen hergeleitet, für die das Strafrecht eine längere Verjährung vorschreibt, gilt diese. Wichtig: Solange die schädigende Einwirkung andauert, beginnt die (ein- wie die zehnjährige) Verjährung, soweit der Schaden noch nicht abgeschlossen[186] und damit im Sinne von Art. 60 OR noch nicht bekannt ist, nicht zu laufen[187]. 16.72

---

184 Dies übersieht ENDER, Nr. 303, bei seiner gegenteiligen Meinung. Seine Berufung auf BGE 117 II 269 f. geht ebenfalls fehl, weil sich dem Bundesgericht dort kein Nachbarfall zur Beurteilung stellte, sondern ein Fall zwischen Generalunternehmer/Verkäufer und Käufer, bei dem sich neben vertraglichen Gewährleistungsansprüchen auch die Haftungsfrage nach Art. 41 OR stellte (welche vom Bundesgericht zu Recht mangels Widerrechtlichkeit des reinen Vermögensschadens abgewiesen wurde). Vgl. im Übrigen BGE 81 II 447.

185 BGE 111 II 26 und 81 II 445 ff.; weitere Nachweise bei MEIER-HAYOZ, N 145 zu Art. 679 ZGB, und REY, Basler Kommentar, N 29 zu Art. 679 ZGB.

186 Vgl. hiezu auch BGE 81 II 448: «Einer fortwährenden unrechtmässigen Einwirkung auf Nachbargrundstücke können aber auch einzelne in sich abgeschlossene Schadensereignisse entspringen. So bietet sich gerade der Schadensfall des Klägers dar. Hätte sich, was 1948 geschah, zehn Jahre früher ereignet, der Kläger aber bis zum Februar 1949 den in sich abgeschlossenen Schaden nicht rechtlich geltend gemacht, so stünde ihm nun der Ablauf der zehnjährigen Verjährung entgegen.»

187 BGE 111 II 24 und 81 II 445 ff.; MEIER-HAYOZ, N 145 zu Art. 679 ZGB; REY, Basler Kommentar, N 29 zu Art. 679 ZGB; und dort Zitierte.

16.73 Das *Rechtsbegehren* der Schadenersatzklage lässt sich z.B. folgendermassen gestalten:

- auf Geldersatz:
  «Der Beklagte sei zu verpflichten, dem Kläger einen Betrag von Fr. 10'000. – nebst 5% ab 16. April 1998 zu bezahlen.»
- auf Naturalersatz:
  «Der Beklagte sei zu verpflichten, das ursprüngliche Niveau entlang der Grenze des Grundstückes GBP-Nr. 615 des Klägers im Bethenbühl, Gemeinde Oberägeri, innert nützlicher, vom Gericht anzusetzender Frist wiederherzustellen bzw. wiederherstellen zu lassen[188].»

2. Sonderordnung für unvermeidbare, übermässige Bauimmissionen

16.74 Bauimmissionen, welche das bei ordentlicher Benutzung eines Grundstückes Zulässige nach Art, Stärke und Dauer übersteigen, aber für die Ausführung der Baute unvermeidlich sind, müssen von der Nachbarschaft hingenommen werden[189]. Zwar sind sie «objektiv ... übermässig und mit dem Gebot nachbarrechtlicher Rücksichtnahme unvereinbar»[190]; da sie aber «selbst bei Anwendung aller Sorgfalt unvermeidlich sind»[191], kann dem Eigentümer, von dessen Grundstück sie ausgehen oder dem sie zugerechnet werden, keine Rechtswidrigkeit angelastet werden. Einem Nachbarn, der einem derartigen übermässigen Eingriff in seinen Rechtsbereich ausgesetzt ist, steht, weil sich die Bauaufgabe sonst nicht verwirklichen liesse, ausnahmsweise *kein Abwehranspruch* zu. Vgl. aber die Ausnahmen unten in Rz. 16.103 und 16.111.

188 Vgl. BGE 107 II 135. Allerdings wurde das Rechtsbegehren vom Kläger als Beseitigungsklage verstanden, doch nahm es das Bundesgericht als (zulässige) Schadenersatzklage entgegen.

189 Für viele: BGE 83 II 375; 91 II 100; 114 II 230 sowie den nicht publizierten BGE vom 14.11.1996 i.S. Cornavin S.A. c. Devillon & Cie. und J. Devillon, abgedruckt in SemJud 1987, 145 ff. und besprochen von P. TERCIER, in: Baurecht 1987, 82 ff.; grundlegend ENDER, Nr. 348 ff.; HÄNNI/SCHMID, 80 ff.; WERRO/ZUFFEREY, 76 ff.; REY, Basler Kommentar, N 13 f. zu Art. 679 ZGB; MEIER-HAYOZ, N 220 ff. zu Art. 684 ZGB; LIVER P., Die privatrechtliche Praxis des Bundesgerichtes im Jahre 1958, in: ZBJV 95/1959, 20 ff.; *ders.*, Die privatrechtliche Praxis des Bundesgerichtes im Jahre 1965, in: ZBJV 103/1967, 1 ff.; und dort Zitierte.

190 BGE 114 II 236.

191 BGE 114 II 236.

Die Unvermeidlichkeit ist aber nicht ohne weiteres als «gottgegeben» hinzunehmen[192]. Was das Bundesgericht 1975 im «Schweizerhalle-Urteil» zu Industrie-Immissionen ausgeführt hat, gilt sinngemäss auch und gerade für die Vermeidbarkeit von Bauimmissionen: «Der Industrie ... wurde früher oft ein hohes Mass an Duldung zugebilligt ... Was man lange Zeit im Interesse der Volkswirtschaft hinnahm, duldet man aber heute offensichtlich weniger willig. Man ist sich bewusst geworden, dass die Unabänderlichkeit der von der Industrie ausgehenden Beeinträchtigungen relativ ist, denn mit einem erhöhten Aufwand lässt sich die Lage oft erheblich bessern. Soweit sich das ohne unzumutbare, untragbare Investitionen erreichen lässt, ist ein Unternehmen auch zu einem entsprechenden Tun polizeilich verpflichtet. Die Toleranz gegenüber dem Störer vermindert sich um das zumutbar Vermeidbare.» (BGE 101 Ib 169 f.)

Das Bundesgericht und, ihm nach einigem (dogmatischen) Zögern folgend, auch die Lehre[193] gestehen dem Nachbarn immerhin einen («Analogien zum öffentlichrechtlichen Institut der Enteignung»[194] aufweisenden) *Entschädigungsanspruch*[195] zu, vorausgesetzt, dass die Schädigung «beträchtlich»[196] ist. Letztere Voraussetzung ist dabei dann erfüllt, wenn 16.75

---

192 Gleicher Meinung ENDER, Nr. 530 ff.

193 Kritisch zunächst unter anderem LIVER PETER, Die privatrechtliche Praxis des Bundesgerichtes im Jahre 1958, in: ZBJV 95/1959, 20 ff. (vgl. in der Folge aber seine grundsätzliche Zustimmung zu BGE 91 II 100, in: ZBJV 103/1967, 1 ff.); Nachweise weiterer kritischer Autoren bei MEIER-HAYOZ, N 221 ff. zu Art. 684 ZGB; Vorbehalte bringt neuerdings auch SCHÖBI FELIX, Privilegierung des bauenden Grundeigentümers?, in: recht 1989, 138 ff. an. Von der grundsätzlich zustimmenden neueren Lehre vgl. HÄNNI/SCHMID, 80 ff.; WERRO/ZUFFEREY, 76 ff.; ENDER, Nr. 348 ff.; DESAX, 161, 168 ff.; PIOTET, 151 ff.; SCHÖBI, 138 ff.; TUOR/SCHNYDER/SCHMID, 727; TERCIER, Travaux de construction, 291 ff.; *ders.*, Baurecht 1987, 82 ff.; GAUCH PETER, Die Rechtsprechung, in: Baurecht 1989, 96; REY HEINZ, Die privatrechtliche Rechtsprechung des Bundesgerichtes im Jahre 1988, in: ZBJV 126/1990, 190 ff.; und dort Zitierte.

194 BGE 114 II 236. Nach diesem Urteil sind die Analogien gar «augenfällig»; hiezu kritisch LIVER PETER, Die privatrechtliche Praxis des Bundesgerichtes im Jahre 1965, in: ZBJV 103/1967, 3 ff. sowie REY (*zitiert:* Fn. 193), 195.

195 Zum Entschädigungsanspruch des Nachbarn gelangte das Bundesgericht in Anwendung von Art. 1 Abs. 2 ZGB durch richterliche Ausfüllung einer Gesetzeslücke. Ob es sich um eine echte oder unechte Gesetzeslücke handelt, liess es offen (BGE 114 II 237; zum Weg seiner Rechtsfortbildung vgl. auch die Übersicht in BGE 114 II 232 ff. E. 2). Nach MEIER-HAYOZ, N 222 zu Art. 684 ZGB, handelt es sich «um eine Gesetzesberichtigung, also um die Ausfüllung einer unechten Lücke».

196 BGE 114 II 237 und 91 II 107; vgl. dazu auch GAUCH (zitiert in Fn. 193), 96. – Entgegen dem vordergründig von BGE 91 II 106 erweckten Eindruck darf aber der Entscheidungsgrund nicht auch noch an die Voraussetzung geknüpft werden, dass die Bauimmission das zulässige Mass «weit» übersteigt; massgeblicher Schwellen-

die Schädigung dem betroffenen Nachbarn «nicht ersatzlos zugemutet werden kann.»[197] In Franken und Rappen braucht der Schaden freilich nicht besonders gross zu sein[198]. (In BGE 91 II 102 wurde ein Vermögensschaden von Fr. 6'000. – als erstattungsfähig betrachtet.) Die Regeln über die sogenannte Vorteilsanrechnung und die sogenannte Schadenminderungspflicht sind anwendbar[199].

16.76 Der Entschädigungsanspruch ist in Form einer Schadenersatzklage geltend zu machen. Auf diesen finden die Ausführungen oben in Rz. 16.20 ff. zum Immissionsschutz gemäss Art. 679/684 ZGB, insbesondere zur Nutzung des Baugrundstücks, zur Zurechnung auswärtiger Störungsquellen, zum haftungsrelevanten Umkreis sowie zur Schadenersatzklage, sachgemässe Anwendung. Naturalersatz[200] wird freilich in der Regel durch die Konstellation des Falles ausgeschlossen sein.

Offen ist, ob der Entschädigungsanspruch in analoger Anwendung der für die Eigentumsüberschreitungsschadenersatzklage geltenden Regeln von Art. 60 OR, und damit relativ nach einem und absolut nach zehn Jahren, verjährt[201], oder ob die *Verjährung* analog zur enteignungsrechtlichen Entschädigungsforderung für enteignete Bauimmissionen fünf Jahre ab deren Entstehung eintritt[202]. Weil die Sonderordnung für übermässige, unvermeidbare Bauimmissionen ausdrücklich dem Institut der Enteignung nachge-

---

wert bildet (einzig) das Übermass, und nicht eine Steigerungsstufe desselben. So nun wohl auch BGE 114 II 235 f. E. 4a.

197 GAUCH (zitiert in Fn. 193), 96. – Nach ihm muss der bauende Grundeigentümer die Schädigung des Nachbarn nur, aber immerhin «soweit ausgleichen, als sie die Grenze des Zumutbaren übersteigt. Der Anspruch des geschädigten Nachbarn richtet sich also nicht auf vollen Ausgleich, sondern zielt darauf ab, die unzumutbare Schädigung zu einer zumutbaren zu machen.» – Sollte mit einer «zumutbaren Schädigung» gleichsam eine Zwischenstufe zwischen unerheblicher und erheblicher Schädigung zu verstehen sein, wäre sie m.E. als Rechtsfigur abzulehnen.

198 Ebenso GAUCH (zitiert in Fn. 193), 96. – Das Bundesgericht hat die Frage offen gelassen, aber die Anregung, welche von einer Minderheit des Handelsgerichtes in dessen durch BGE 114 II 230 ff. aufgehobenen Urteil geäussert worden war, als prüfenswert erachtet, «die Voraussetzung der beträchtlichen Schädigung noch genauer zu definieren als aussergewöhnlich grosse und auch im Rahmen gegenseitiger Toleranz und Abhängigkeit unzumutbare Schädigung» (BGE 114 II 238).

199 BGE 114 II 237 f., E. 5a–c. – Adressat der Schadenminderungspflicht ist allerdings nicht nur das «Immissionsopfer», sondern auch der einwirkende Bauherr; vgl. GEHRER LEO R., Von der Schadenersatzpflicht, in: Collezione Assista (FS Assista), Genf 1998, 156 ff.

200 Dazu oben Rz. 16.69.

201 Dazu oben Rz. 16.72.

202 Vgl. unten Rz. 16.117.

bildet ist[203], verdient meines Erachtens die fünfjährige Verjährungsfrist im Sinne einer einheitlichen Weichenstellung, aber auch aus praktischen Gründen, den Vorrang.

3. Schädigungsverbot gemäss Art. 685 ZGB bei Grabungen und Bauten

Ein besonderes Verbot von Bauimmissionen, bezogen auf den Fall von Grabungen und Bauten, enthält Art. 685 ZGB. Dessen erster Absatz verbietet es einem Grundeigentümer, bei Grabungen und Bauten die nachbarlichen Grundstücke dadurch zu schädigen, «dass er ihr Erdreich in Bewegung bringt oder gefährdet oder vorhandene Vorrichtungen beeinträchtigt.» Der zweite Absatz von Art. 685 ZGB seinerseits erklärt die sogenannten Überbau-Bestimmungen von Art. 674 ZGB auf Bauten anwendbar, «die den Vorschriften des Nachbarrechtes zuwiderlaufen». Der Anwendungsbereich beider Absätze stimmt somit nicht überein: 16.77

a) Aussagen von Art. 685 Abs. 1 ZGB

Abs. 1 von Art. 685 ZGB enthält ein *allgemeines Schädigungsverbot für Grabungen und Bauten*[204] seitens eines Nachbarn. In zeitlicher Hinsicht gilt es sowohl während der Vornahme der Bau- und Grabungsarbeiten als auch nach deren Abschluss[205],[206]. Untersagt ist freilich nicht schlechthin jede Schädigung, sondern nur eine übermässige, auf Grabungen und Bauten zurückzuführende Einwirkung[207]; Art. 685 Abs. 1 ZGB ist insofern eine lex specialis zu Art. 684 ZGB[208]. 16.78

---

203 BGE 114 II 236; vgl. auch oben Rz. 16.75.

204 Zu diesen Begriffen einlässlich MEIER-HAYOZ, N 64 ff. zu Art. 685/686 ZGB.

205 REY, Basler Kommentar, N 13 zu Art. 685/686 ZGB (mit weiteren Hinweisen).

206 Auch eine bereits abgeschlossene Grabung oder Baute kann, sei es als solche, sei es durch ihre bestimmungsgemässe Benutzung, den von Art. 685 Abs. 1 vorausgesetzten Tatbestand erfüllen; dazu MEIER-HAYOZ, N 71 zu Art. 685/686 ZGB; REY, Basler Kommentar, N 5 zu Art. 685/686 ZGB; ferner sachgemäss BGE 119 Ib 347.

207 Vgl. die Ausführungen und Beispiele bei MEIER-HAYOZ, N 67 und 72 zu Art. 685/686 ZGB; LIVER, SPR V/I; REY, Basler Kommentar, N 7 zu Art. 685/686 ZGB.

208 MEIER-HAYOZ, N 62 zu Art. 685/686 ZGB; REY, Basler Kommentar, N 11 zu Art. 685/686 ZGB.

16.79 Gegenüber Art. 684 ZGB verstärkt Art. 685 Abs. 1 ZGB den Schutz zwischen Nachbarliegenschaften, was sich namentlich in *zwei Besonderheiten* äussert:

- Zum einen darf auf einem Grundstück schlechterdings nicht gegraben oder gebaut werden, wenn dessen Boden so beschaffen ist, dass die Grabung oder die Baute auch bei Einsatz aller vorhandenen technischen Möglichkeiten mit hoher Wahrscheinlichkeit zu einer übermässigen Beeinträchtigung des Nachbargrundstücks führt[209].
- Zum andern ist der Vorzustand bzw. die Prävention in dem Sinne beachtlich, dass allfällige auf den Nachbargrundstücken bereits befindliche «Vorrichtungen», die entweder baulicher (z.B. ein Brunnen, Leitungen, Stützmauern, aber auch eine Fahrnisbaute[210]) oder maschineller Art sein können[211], bei der Verwirklichung einer Bauabsicht nicht erheblich beeinträchtigt werden dürfen. Vorrichtungen wirken sich also über das Grundstück, auf dem sie stehen, als eine Art von Bauschranken aus.

Von besonderer praktischer Bedeutung ist das sogenannte *Riss-Protokoll:* Nachbarliegenschaften, bei denen Schäden durch Grabungen (einschliesslich Sprengungen) und Bauten befürchtet werden, werden vor deren Inangriffnahme auf bevorstehende Risse und sonstige Bauschäden kontrolliert. Die dabei getroffenen Feststellungen werden protokolliert; bei grösseren Rissen wird ausserdem ein «Siegel» (aus Gips) angebracht, um allfällige Veränderungen präzise bestimmen zu können. In der Regel verständigen sich Bauherr und Nachbarn von sich aus und ohne grosse Formalitäten auf die Ausfertigung eines derartigen, im Interesse aller Beteiligten liegenden Riss-Protokolls. Besonders empfehlenswert ist dabei die gemeinsam mit den Beteiligten erfolgende Inspektion, Protokollaufnahme und gegebenenfalls «Versiegelung» der Risse durch einen unabhängigen Baufachmann (z.B. einen Bauingenieur). Was aber, wenn ein Beteiligter sich gegen die Besichtigung, Protokollierung und «Versiegelung» wehrt? Meines Erachtens soll und kann diesfalls jede an der Aufnahme eines Riss-Protokolls interessierte Partei, also auch der unberechtigte Schadenersatzansprüche befürchtende Bauherr, beim Richter eine entsprechende Anordnung (in der Regel im Rahmen eines summarischen Beweissicherungsverfahrens am Ort der Nachbarliegenschaft) erwirken, wobei vorsorglicherweise ein bis zur Protokollaufnahme dauerndes superprovisorisches Grabungs- und Sprengverbot den Beweis auch faktisch sichern helfen sollte. Der vernüftige Bauherr wird die mit dem Riss-Protokoll verbundenen Kosten, jedenfalls wenn dessen Aufnahme einvernehmlich erfolgt, schon aus nachbarlicher Courtoisie übernehmen. Auch ohne nachbarliche Rücksichten muss er sie tragen, wenn er entweder das Riss-Protokoll selber verlangt hat, oder wenn die von ihm veranlassten Grabungen, Sprengungen und Bauten zu neuen oder vergrösserten Rissen und sonstigen Schadenbildern am Nachbargrundstück führen, vgl. dazu auch sachgemäss oben Rz. 16.71.

---

209 MEIER-HAYOZ, N 70 zu Art. 685/686 ZGB; REY, N 11 zu Art. 685/686 ZGB. – Zur Frage der erforderlichen Wahrscheinlichkeit siehe sachgemäss oben Rz. 16.54 (Fn. 144).

210 MEIER-HAYOZ, N 66 zu Art. 685/684 ZGB.

211 LIVER, SPR V/1 241; REY, Basler Kommentar, N 8 zu Art. 685/686 ZGB.

b) Aussagen von Art. 685 Abs. 2 ZGB

Im Gegensatz zum ersten Absatz knüpft der zweite Absatz von Art. 685 ZGB nicht an die Schädlichkeit von Grabungen und Bauten an, sondern lässt deren *Nachbarrechtswidrigkeit* genügen. Der Tatbestand ist erfüllt, wenn die Grabungen und Bauten zulasten des Nachbarn privatrechtliche Bauvorschriften (der Kantone[212]) oder gewillkürte Nachbarrechtsverhältnisse verletzen[213]. 16.80

c) Gemeinsame Inhalte beider Absätze von Art. 685 ZGB

Art. 685 ZGB (in Verbindung mit Art. 686 ZGB) versteht sich als Vorschrift, welche «die Baufreiheit im Interesse der Nachbarn mannigfaltigen Beschränkungen» unterwirft[214]. Was oben in Rz. 16.40 ff. zum Eigentum der Nachbarn als haftungsrelevantem Umkreis dargestellt wurde, gilt sachgemäss (mit den in der Natur der Sache liegenden Einschränkungen[215]) auch für Art. 685 ZGB, und zwar für dessen beide Absätze. 16.81

---

212 Bekanntlich obliegt aufgrund des echten Vorbehaltes von Art. 686 ZGB die Festsetzung der Grenzabstandsvorschriften für Grabungen und Bauten den Kantonen. Sie sind auch befugt, weitere Bauvorschriften aufzustellen.

213 Ebenso werden Grabungen und Bauten von Art. 685 Abs. 2 ZGB erfasst, wenn sie zwar ursprünglich dem Nachbarn schädlich waren, mittlerweile aber (aufgrund einer Sanierung etc.) ihre Schädlichkeit eingebüsst haben; vgl. hiezu auch MEIER-HAYOZ, N 123, 124 und 128 zu Art. 685/686 ZGB. – Bei den zeitlich abgeschlossenen, schädigenden Grabungen und Bauten, welche keine aktuelle Gefährdung der nachbarlichen Grundstücke mehr darstellen, handelt es sich im Klartext somit um solche, bei denen sich entweder das in Bewegung geratene Erdreich bereits wieder stabilisiert hat oder bei denen die Beeinträchtigung der nachbarlichen Vorrichtung zwischenzeitlich wieder dahingefallen ist. Für die übrigen (weitaus häufigeren) Tatbestände schädigender Bauten und Grabungen greift Art. 685 Abs. 2 ZGB *nicht*, weil das in dieser Norm als Rechtsfolge vorgesehene Überbaurecht des Verletzers, ungeachtet von dessen Entschädigungspflicht, in diesen (Schädigungs-)Fällen zu einem unzweckmässigen und oft gar schlechthin unakzeptablen Ergebnis führen würde, da mit dem Überbaurecht grundsätzlich auch der Anspruch auf Beibehaltung des vorhandenen Zustandes ist. Dies wiederum würde dazu führen, dass auch ein schädlicher oder gar lebensgefährlicher Zustand zu akzeptieren wäre, was nun aber offensichtlich nicht Sinn des Gesetzes sein kann.

214 MEIER-HAYOZ, N 2 zu Art. 685/686 ZGB.

215 So versteht es sich von selbst, dass sich das Überbaurecht nur gegen den Eigentümer des Nachbargrundstückes richten kann.

d) *Von Art. 685 Abs. 1 und Abs. 2 vorgesehene Rechtsfolgen*

16.82 Bei einem Verstoss gegen das Schädigungsverbot gemäss Art. 685 Abs. 1 ZGB stehen dem betroffenen Nachbarn die *Abwehrbehelfe gemäss Art. 679 ZGB* zur Verfügung; vgl. hiezu oben Rz. 16.48 ff.

16.83 Art. 685 Abs. 2 ZGB sieht demgegenüber eine Sonderordnung für nachbarrechtswidrige, aber nicht schädliche Bauten und Grabungen vor, welche sich nach den *Bestimmungen von Art. 674 ZGB über den Überbau* richtet. Nach dem dritten Absatz jener Norm hat der Verletzer, wenn es die Umstände rechtfertigen und er sich bei der Grabung bzw. Baute in gutem Glauben befand[216], gegen angemessene Entschädigung[217] einen Anspruch auf Einräumung einer Dienstbarkeit am Überbau oder auf Zusprache des Eigentums am Boden, vorausgesetzt, dass der verletzte Nachbar, obwohl die Nachbarrechtswidrigkeit der Baute objektiv erkennbar war, nicht rechtzeitig[218] Einspruch erhob. Ist eine oder sind mehrere dieser Voraussetzungen nicht erfüllt, so entfällt das Überbau-Recht des Verletzers und dem verletzten Nachbarn stehen die Abwehrbehelfe gemäss Art. 679 ZGB (sowie gegebenenfalls die weiteren Behelfe gegen Immissionen) zu. Für die Einzelheiten sei auf die angeführte Rechtsprechung und die weiterführende Literatur[219] verwiesen.

4. Eigentumsfreiheitsklage gemäss Art. 641 Abs. 2 ZGB

16.84 Die Eigentumsfreiheitsklage gemäss Art. 641 Abs. 2 ZGB, auch als negative Eigentumsklage oder actio negatoria bezeichnet, ist «die Klage des beeinträchtigten Eigentümers gegenüber dem Störer, die darauf geht, ungerechtfertigte Eingriffe in sein Eigentum abzuwehren[220].» Ausgerichtet auf «die *Erhaltung des Eigentums in ungestörtem Zustand*»[221] zielt sie je nach dem auf die Unterlassung des Störungsvorganges, auf die Beseitigung der Störungsursache, auf die Korrektur der Folgen einer abgeschlossenen Störung und gegebenenfalls auch auf die Klärung bestrittener Rechtslagen im Zusammenhang mit Störungen. Hierin stimmt sie mit den fünf Abwehrbehelfen gemäss Art. 679 ZGB (Präventiv-, Unterlassungs-, Beseitigungs-, Schadenersatz- und Feststellungsklagen)

---

216 Vgl. BGE 203 II 526 ff. und 83 II 208 f.

217 Vgl. BGE 82 II 397 ff.

218 Vgl. BGE 95 II 7 ff.

219 Einlässlich MEIER-HAYOZ, N 38 ff. zu Art. 674 ZGB, und STEINAUER, Les droits réels II, no. 1652 ff.; vgl. sodann SIMONIUS/SUTTER I, § 13 N 57 ff.; REY, Basler Kommentar, N 9 ff. zu Art. 674 ZGB; und dort Zitierte.

220 MEIER-HAYOZ, N 89 zu Art. 641 ZGB.

221 MEIER-HAYOZ, N 109 zu Art. 641 ZGB.

überein. Dagegen reicht die von Art. 641 Abs. 2 ZGB erfasste Art der Eigentumsstörung weiter als jene nach Art. 679 ZGB, erfasst sie doch nebst den mittelbaren Einwirkungen auch die unmittelbaren Eingriffe. Enger als nach Art. 679 ZGB ist der Kreis der Anspruchsberechtigten gezogen: nur der beeinträchtigte Eigentümer oder Inhaber eines dinglichen Rechtes ist bezüglich der Eigentumsfreiheitsklage aktivlegitimiert[222]. Die Passivlegitimation ist demgegenüber nach Art. 641 Abs. 2 ZGB weitergefasst als nach Art. 679 ZGB: sie erfasst schlechthin den Störer[223], wobei ebenfalls jener als Störer gilt, welcher eine störende Einwirkung auch nur begünstigt oder, wenn sie vom eigenen Grundstück ausgeht, toleriert[224].

Nach der Rechtsprechung des Bundesgerichtes und der sie (oft ohne eigenen Positions- 16.85
bezug referierenden) Lehre soll Art. 679 ZGB die Eigentumsfreiheitsklage gemäss Art. 641 Abs. 2 ZGB für Fälle von Eigentumsüberschreitungen, also auch und gerade für die Abwehr von Bauimmissionen, ausschliessen[225]. Die erstere Norm regle «den Fall, da die schädigende Handlung oder der schädigende Zustand mit einem bestimmten Grundstück verbunden ist und die Wirkungen auf einem andern Grundstück eintrete», letztere den direkten Eingriff in die Substanz des geschädigten Grundstücks[226]. Ob diese (an sich zutreffend wiedergegebenen) Eigenarten als Begründung für die Exklusivität der Eigentumsüberschreitungsklage gemäss Art. 679 ZGB im Verhältnis zur Eigentumsfreiheitsklage gemäss Art. 641 Abs. 2 ZGB ausreichen, erscheint mir, gerade auch im Hinblick auf den Wortlaut von Art. 641 Abs. 2 ZGB, zweifelhaft[227].

Praktisch ist die Frage allerdings ohne Bedeutung, weil die Klagen gemäss Art. 679 ZGB den beeinträchtigten Nachbarn bei der Abwehr von (Bau- und anderen) Immissionen nicht schlechter stellen als nach Art. 641 Abs. 2 ZGB. Ob, bezogen auf die mittelbaren

---

222 MEIER-HAYOZ, N 91 ff. zu Art. 641 ZGB.

223 BGE 100 II 309 und 40 II 29; MEIER-HAYOZ, N 61 zu Art. 641 ZGB; STEINAUER, Les droits réels I, n° 1031; und dort Zitierte.

224 SIMONIUS/SUTTER I, § 12 N 26; und dort Zitierte.

225 Vgl. namentlich BGE 88 II 263 ff. und 73 II 156 f.; LIVER, SPR V/1, 29; OFTINGER/STARK II/1, 172; ENDER, Nr. 196; REY, Basler Kommentar, N 7 zu Art. 679 ZGB und N 64 zu Art. 641 ZGB; a.M. SIMONIUS/SUTTER I, § 12 N 23; ohne eigenen Positionbezug: MEIER-HAYOZ, N 30 zu Art. 679 ZGB; HÄNNI/SCHMID, 72; TUOR/SCHNYDER/SCHMID, 665 (Fn. 25); und dort Zitierte.

226 BGE 111 II 25 f. unter Hinweis auf BGE 107 II 134 ff.

227 Ebenso SIMONIUS/SUTTER I, § 12 N 23, welche der bundesgerichtlichen Auffassung dezidiert widersprechen und einer Klagenhäufung das Wort reden: «Die nur bei indirekten Einwirkungen anwendbaren Bestimmungen bezwecken einen zusätzlichen Schutz des Nachbarn und rechtfertigen damit keine systemwidrige Lücke im Eigentumsrecht».

Einwirkungen und den gegebenen haftungsrelevanten Umkreis, überhaupt ein Unterschied zwischen dem Anwendungsbereich beider Bestimmungen besteht, erscheint fraglich. Die Autoren SIMONIUS/SUTTER[228] orten ihn «darin, dass die Eigentumsfreiheitsklage und die Klage nach Art. 679 ZGB an verschiedenen Gerichten anzubringen sind.» Dieser Schluss erscheint aber nicht richtig. Für die Präventiv-, die Unterlassungs-, die Beseitigungs- und die Feststellungsklagen gilt im interkantonalen Verhältnis, ob sie sich nun nach der einen oder anderen Bestimmung richten, unbestrittenermassen der Ort der gelegenen Sache. Ein Unterschied kann somit, wenn überhaupt, nur für den Gerichtsstand der Schadenersatzklage gemäss Art. 679 ZGB und der Schadenersatzklage gemäss Art. 641 Abs. 2 ZGB bestehen. Auch diesbezüglich ist aber kein Unterschied zu erkennen. Für sich allein gestellt, sind beide Klagen als persönliche Ansprache am Wohnsitz bzw. Sitz des Beklagten anzubringen[229]; wird die Schadenersatzklage mit anderen Abwehrbehelfen verbunden, so erscheint für beide im interkantonalen Verhältnis auch der Ort der gelegenen Sache (im Sinne eines Wahlgerichtsstandes) als zulässig[230].

16.86 Der Eigentumsfreiheitsklage gleichgesetzt oder als Anwendungsfall derselben betrachtet wird von der Lehre, soweit sie sich darüber äussert, die sogenannte Dienstbarkeitsfreiheitsklage gemäss Art. 737 Abs. 2 ZGB (actio confessoria)[231]. Allerdings hat sie nach herrschender, aber ebenso wie bei der Eigentumsfreiheitsklage nicht überzeugender Lehre bei mittelbaren Immissionen auf ein Nachbargrundstück hinter die Eigentumsüberschreitungsklage gemäss Art. 679 ZGB zurückzutreten; es sei auf die Ausführungen oben in Rz. 16.85 verwiesen.

---

228 SIMONIUS/SUTTER I, § 12 N 23.

229 Art. 59 BV; vgl. BGE 108 Ia 55 (zu Art. 679 ZGB) und BGE 66 I 237 (zu Art. 641 ZGB in Verbindung mit Art. 927/928 ZGB); MEIER-HAYOZ, N 141 zu Art. 679 ZGB und N 119 (am Ende) zu Art. 641 ZGB; a.M. LIVER, SPR V/1, 234. Die übrigen Autoren der «Standard-Literatur» schweigen sich zu diesem Thema aus oder äussern sich unklar.

230 So auch MEIER-HAYOZ, N 119 zu Art. 641 ZGB und N 140 zu Art. 679 ZGB; SIMONIUS/SUTTER I, § 1 N 86; a.M. BGE 66 I 237. Für LIVER, SPR V/1, 234, befindet sich der Gerichtsstand der Schadenersatzklage gemäss Art. 679 ZGB ohnehin am Ort der gelegenen Sache; zum Gerichtsstand für die Schadenersatzklage gemäss Art. 641 Abs. 2 ZGB äussert er sich demgegenüber nicht.

231 LIVER, N 180 ff. zu Art. 737 ZGB; MEIER-HAYOZ, N 90 zu Art. 641 ZGB; STEINAUER, Les droits réels II, No. 2304; HÄNNI/SCHMID, 79 (Fn. 48).

5. Besitzesschutz gemäss Art. 928/929 ZGB als Immissionsschutz

Anstelle oder neben der Klage aus Art. 679 ZGB kann der Nachbar als Besitzer des Grundstücks auch eine Klage aus Besitzesschutz, genauer aus Besitzesstörung nach den Artikeln 928 und 929 ZGB, erheben. 16.87

a) Besitzesstörung

Der Begriff des Besitzes wird üblicherweise getrennt für die verschiedenen Wirkungsbereiche umschrieben[232]. Für den Besitzesschutz wird der Besitzbegriff definiert als «tatsächliche Herrschaft über die Sache, die entweder direkt oder durch Vermittlung eines unselbständigen Besitzers oder eines Besitzdieners ausgeübt wird»[233]. Der Besitz wird von der Rechtsordnung gegen Besitzverletzungen geschützt. Eine wesentliche Form von Besitzverletzungen bilden Besitzesstörungen. Diese kennzeichnen sich als übermässige Beeinträchtigung der tatsächlichen Herrschaft über die jeweilige Sache, ohne dass der Besitzstand des Besitzers geschmälert wird[234]. 16.88

(Bau-)Immissionen bilden einen Hauptanwendungsfall von Besitzesstörungen bei Grundstücken. Wehren kann sich der gestörte Besitzer freilich nicht gegen jede Art von Einwirkungen, sondern nur gegen übermässige Einwirkungen[235]. Für die Feststellung des Übermasses gelten die in Anwendung von Art. 684 ZGB entwickelten Kriterien sachgemäss[236]; vgl. oben Rz. 16.24–16.35. 16.89

232 STARK, Berner Kommentar, N 1 zu 919 ZGB (mit Nachweisen).

233 STARK, Berner Kommentar, N 6 vor Art. 926 ZGB. – Vgl. *denselben,* N 2 ff. zu Art. 920 ZGB und N 34 ff. zu Art. 919 ZGB zum selbständigen und unselbständigen Besitz sowie zum Begriff des Besitzdieners.

234 STARK, Berner Kommentar, N 19 zu Art. 928 ZGB (mit Nachweisen).

235 STARK, Berner Kommentar, N 19 und 22 zu Art. 928 ZGB; *ders.,* Basler Kommentar, N 2 zu Art. 928 ZGB; SIMONIUS/SUTTER I, § 9 N 36 (Fn. 59); STEINAUER, Les droits réels I, no. 368a; HÄNNI/SCHMID, 80; und dort Zitierte.

236 STARK, Berner Kommentar, N 19 zu Art. 928 ZGB; STEINAUER, Les droits réels I, no. 368a. In BGE 85 II 280 wird zu Recht darauf hingewiesen, dass eine nur auf den Besitzesschutz abgestützte Klage bloss eine «vorfrageweise Prüfung erlaubt, ob die Beklagte ihr Eigentum überschritten habe».

16.90 Abweichend vom dargestellten Grundsatz kann sich der in seinem Besitz gestörte Besitzer, ebenso wenig wie der Berechtigte aus Nachbarrecht, nicht nach den Regeln des Besitzesschutzes gegen Bauimmissionen wehren, welche zwar übermässig, aber unvermeidlich sind[237]. Er kann aber unter Umständen eine Entschädigung verlangen; vgl. dazu oben Rz. 16.75 f.

b) Sachlegitimation

16.91 Zu den Klagen aus Besitzesstörung ist jeder Besitzer *aktivlegitimiert*, also der selbständige wie der unselbständige, der Mitbesitzer[238] und auch der Besitzer an einer Dienstbarkeit (sogenannter «Rechtsbesitz»). Der Kreis der Klageberechtigten entspricht somit jenem nach Art. 679/684 ZGB; vgl. oben Rz. 16.43.

16.92 *Passivlegitimiert* ist grundsätzlich, mit den nachstehenden Besonderheiten, der Störer. Wie bei der Eigentumsfreiheitsklage gilt auch bei der Besitzesschutzklage jener als Störer, der eine übermässige Störwirkung begünstigte oder, falls sie von seinem Grundstück ausging oder mit diesem in Zusammenhang stand, tolerierte[239].

Hat der ursprüngliche Störer das Grundstück verkauft oder sein Nutzungsrecht (z.B. Miete) *an einen Dritten übertragen*, so ist eine allfällige Schadenersatzklage gleichwohl gegen ihn zu richten, die Beseitigungsklage aber nur, wenn er weiterhin für den Störungsvorgang verantwortlich ist[240]. Anders verhält es sich demgegenüber bei der Unterlassungsklage: diese hat sich gegen jenen zu wenden, der die befürchtete Wiederholung einer Störung vermeiden kann, also in der Regel gegen den Käufer (und gegebenenfalls auch dessen Mieter etc.). Bei Mitver-

---

237 STEINAUER, Les droits réels I, no. 368a; HÄNNI/SCHMID, 82; STARK, Basler Kommentar, N 10 vor Art. 926 ZGB. Dagegen kann er sich unter (besonderen) Umständen mit einer Persönlichkeitsschutzklage oder mit öffentlichrechtlichen Behelfen wehren; vgl. dazu unten Rz. 16.103 und 16.111.

238 Nicht aber: einer von mehreren Gesamtbesitzern!

239 Vgl. oben Rz. 16.84. – Störer kann auch das Gemeinwesen sein; hiezu sachgemäss oben Rz. 16.49 sowie STARK, Basler Kommentar, N 8 zu Art. 928 ZGB.

240 Teilweise a.M.: STARK, Basler Kommentar, N 6 zu Art. 928 ZGB; vgl. ferner (den anders gelagerten Sachverhalt in) BGE 100 II 309; und dort Zitierte.

ursachung zwischen «alten» und «neuen» Parteien gilt sachgemäss das oben in Rz. 16.45 Gesagte.

c) *Klagen aus Besitzesschutz*

Aus der Besitzesstörung resultieren vier (sogenannte possessorische) Klagen: die Präventiv-, die Unterlassungs-, die Beseitigungs- und die Schadenersatzklage. Sie zielen auf Vermeidung einer Störung und gegebenenfalls auf deren Beseitigung, sodann auf Unterlassung fernerer Störung und schliesslich auf Schadenersatz (Art. 928 Abs. 2 ZGB). 16.93

Allen vier aus der Besitzesstörung resultierenden Klagen sind zunächst *besondere Einschränkungen* bezüglich ihrer Zulässigkeit und «Verjährung» eigen: 16.94

Vorausgesetzt ist zum einen ein *sofortiger Protest* des Besitzers gegen die Störung, sobald er diese erkannt hat (Art. 929 Abs. 1 ZGB). «Sofort» ist dabei als jene Reaktionszeit zu verstehen, welche es dem beeinträchtigten Besitzer erlaubt, in Ruhe die übermässigen Einwirkungen zu analysieren, den Störer festzustellen und sich über seine Rechte und das zweckmässige Vorgehen Klarheit zu verschaffen[241]. Eine Reaktionszeit von einigen Tagen dürfte in jedem Falle, eine solche von zwei bis vier Wochen in vielen Fällen rechtzeitig sein.

Sodann ist die Präventiv-, Unterlassungs- oder Beseitigungsklage bis zum «*Ablauf eines Jahres*, das mit der ... Störung zu laufen beginnt,» anhängig zu machen. Entgegen der Ausdrucksweise des Gesetzes handelt es sich dabei nach herrschender Lehre nicht um eine Verjährungsfrist, sondern um eine *Verwirkungsfrist*[242]. Die Frist beginnt nach ausdrücklicher Gesetzesvorschrift auch dann mit der Störung zu laufen, «wenn der Besitzer erst später von dem Eingriff und dem Täter Kenntnis erhalten hat» (Art. 929 Abs. 2 ZGB). Stellen die Störungshandlungen aber keine

241 Vgl. STEINAUER, Les droits réels I, no. 350b; STARK, Berner Kommentar, N 6 f. zu Art. 929 ZGB. Strenger *ders.*, Basler Kommentar, N 3 zu Art. 929 ZGB. Nach SIMONIUS/SUTTER I, § 9 N 39 (Fn. 71), ist «in zeitlicher Hinsicht ... ein weniger strenger Massstab als bei Art. 926 ZGB anzulegen».

242 Vgl. STARK, Berner Kommentar, N 10 ff. zu Art. 929 ZGB; STEINAUER, Les droits réels I, no. 351a; HINDERLING, SPR V/1, 454; je mit weiteren Nachweisen von gleichlautenden oder gegenteiligen Meinungen.

Einheit dar, so beginnt die Frist mit jeder Störung neu[243]. Keiner Verwirkung ist demgegenüber der Unterlassungsanspruch unterworfen, solange noch keine Störung erfolgt ist[244]. Keiner Verwirkung, wohl aber der Verjährung (gemäss Art. 60 OR), unterliegt im Übrigen der in Art. 928 Abs. 2 ZGB erwähnte Schadenersatzanspruch[245].

16.95 Das *Verfahrensrecht* für alle Besitzesschutzklagen wird durch kantonales Prozessrecht geregelt. Die meisten kantonalen Prozessrechte sehen für den Besitzesschutz (ausgenommen die possessorische Schadenersatzklage) ein besonders ausgestaltetes rasches und häufig «summarisches» Verfahren vor[246]. Tun sie dies nicht, so haben sie nach dem allgemeinen Grundsatz, dass die kantonale Verfahrensordnung nicht die Verwirklichung des Bundesprivatrechtes hindern darf, jedenfalls dafür zu sorgen, dass im ordentlichen Prozess ein vorläufiger bzw. einstweiliger Rechtsschutz gegen Besitzesstörungen zur Verfügung steht. In der zügigen Abwicklung des Verfahrens ist denn wohl auch der (je nach Gerichtsleitung tatsächliche oder hypothetische) Vorteil auszumachen, welcher die Besitzesschutzklage gegenüber der Eigentumsüberschreitungsklage hauptsächlich auszeichnet.

Von Bundesrechts wegen ist eine *Widerklage* zu den Besitzesschutzklagen möglich, ohne dass die Kantone aber zu deren Zulassung verpflichtet wären. Würde sich durch eine Widerklage die Prozessentscheidung verzögern, so sind sie von Bundesrechts wegen aber abzutrennen[247].

---

243 SIMONIUS/SUTTER I, § 9 N 39 (Fn. 72); STARK, Berner Kommentar, N 13 zu Art. 929 ZGB; vgl. sachgemäss auch BGE 81 II 448.

244 STARK, Berner Kommentar, N 14 zu Art. 929 ZGB; SIMONIUS/SUTTER I, 1 9 N 39 (Fn. 72).

245 SIMONIUS/SUTTER I, § 9 N 39; STARK, Basler Kommentar, N 6 zu Art. 929 ZGB. – Es verhält sich also gerade umgekehrt zum Präventiv-, Beseitigungs- und Unterlassungsanspruch.

246 Danebst wird in der Regel auch das ordentliche Verfahren für die Besitzesschutzklage offen stehen; von Bundesrechts wegen zwingend ist dies freilich bloss für jene Fälle, in denen das summarische Verfahren nur ein abgekürztes Beweisverfahren (z.B. keine Zeugen) zulässt; vgl. HINDERLING, SPR V/1, 457.

247 Gleicher Meinung HINDERLING, SPR V/1, 458. Der Grund hiefür liegt darin, dass das Hinausschieben der Prozessentscheidung den bundesrechtlichen Anspruch auf einen raschen Besitzesschutz unterlaufen würde.

Die possessorischen Klagen stellen, wiederum mit Ausnahme der Schadenersatzklage, keine persönliche Ansprache im Sinne von Art. 59 BV dar. Im interkantonalen Verhältnis gilt daher für die possessorische Präventiv-, Unterlassungs- und Beseitigungsklage der *Gerichtsstand* der gelegenen Sache[248]. Innerkantonal ist die Bestimmung der örtlichen Zuständigkeit den Kantonen überlassen. 16.96

Die Schadenersatzklage gemäss Art. 928 Abs. 2 ZGB steht demgegenüber unter der Garantie des Wohnsitzrichters gemäss Art. 59 BV. Nach BGE 66 I 237 f. soll dies, ein besonders enger Zusammenhang oder eine besonders geringe Ersatzforderung vorbehalten, selbst dann gelten, wenn die Schadenersatzklage zusammen mit der Unterlassungs- oder Beseitigungsklage angebracht wird. Diese Auffassung ist aus den oben in Rz. 16.85 (am Ende) dargestellten Gründen abzulehnen[249].

Zur possessorischen *Präventiv-, Unterlassungs- oder Beseitigungsklage* gelten im Übrigen sachgemäss die Ausführungen zu den entsprechenden Eigentumsüberschreitungsklagen; vgl. oben Rz. 16.54–16.65. Zu beachten sind allerdings zwei Besonderheiten: 16.97

- Anders als bei den vergleichbaren Eigentumsüberschreitungsklagen stehen bei den possessorischen Klagen weder Rechtsverhältnisse noch Rechte zur Beurteilung, sondern ausschliesslich die Störung und der Schutz des Besitzes. Das zu einer entsprechenden Präventiv-, Unterlassungs- oder Beseitigungsklage ergangene Urteil beendet nur den Besitzesschutzprozess; dessen Austragung hindert einen weiteren Rechtsstreit über die Rechtmässigkeit der beanstandeten Störung bzw. Eigentumsausübung nicht, kommt doch dem Urteil im Besitzesschutzprozess *keine Rechtskraft für einen Prozess über «das Recht»* zu[250].
- Es gibt im Rahmen des Besitzesschutzes *keine Feststellungsklage*. Über den Besitz in einem dem Besitzesschutzprozess nachgebildeten Feststellungsverfahren eine Feststellung treffen zu lassen, wäre mit dem Charakter des Besitzesschutzverfahrens unvereinbar.

248 HINDERLING, SPR V/1, 457; STARK, Berner Kommentar, N 112 vor Art. 926 ZGB; und dort Zitierte.

249 Vgl. sachgemäss auch die in Fn. 230 zu Rz. 16.85 zitierten Autoren; ebenso wohl HINDERLING, SPR V/1, 457 (Fn. 55).

250 BGE 85 II 280 f.

16.98 Die *Schadenersatzklage* zufolge Besitzesstörung ist in Art. 928 Abs. 2 ZGB zwar erwähnt; ihre Haftungsvoraussetzungen werden aber vom Gesetz nicht umschrieben.

Herrschende Lehre und Rechtsprechung verstehen den in Art. 928 ZGB erwähnten Schadenersatzanspruch als Anwendungsfall von Art. 41 OR. Zur Haftbarmachung des Störers ist somit nebst dem Schaden und dem adäquaten Kausalzusammenhang zwischen dem Störverhalten und dem Schaden die Widerrechtlichkeit des Störverhaltens und das Verschulden des Störers vorausgesetzt[251]. Die Widerrechtlichkeit ist bei jeder übermässigen Störung gegeben und kann aufgrund der Spezialregelung von Art. 928 Abs. 2 ZGB auch bei einem reinen Vermögensschaden vorliegen[252].

Nach STARK[253] soll sich die Frage des Rechtsmissbrauches stellen, wenn der gestörte Besitzer trotz unterlassener Präventiv-, Unterlassungs- oder Beseitigungsklage Schadenersatz gemäss Art. 928 Abs. 2 ZGB beansprucht. Soweit ersichtlich, schweigt sich die Lehre zu diesem Problemkreis aus und hat sich die Frage in der Rechtsprechung des Bundesgerichtes noch nicht gestellt. Meines Erachtens gibt es keinen ausreichenden Grund, welcher im Falle der possessorischen Schadenersatzklage die vorgängige oder gleichzeitige Einbringung eines anderen Besitzesschutzbehelfes verlangt, dies aber bei der Schadenersatzklage bei Eigentumsüberschreitung nicht als erforderlich betrachtet[254].

6. Klage aus Persönlichkeitsverletzung gemäss Art. 28 ff. ZGB

16.99 Unter Umständen kann eine Bauimmission auch (anstelle oder neben einem anderen Abwehrbehelf) durch eine Persönlichkeitsschutzklage gemäss Art. 28 ff. ZGB abgewehrt oder «kompensiert» werden.

a) Persönlichkeitsverletzung

16.100 Nach unserer Rechtsordnung ist jede (natürliche oder iuristische) Person in ihrer Persönlichkeit gegen widerrechtliche Verletzungen (gemeint:

---

251 BGE 99 II 33; STARK, Berner Kommentar, N 46 zu Art. 928 ZGB; STEINAUER, Les droits réels I, no. 376.

252 BGE 119 II 129.

253 STARK, Berner Kommentar, N 49 zu Art. 928 ZGB. Im Basler Kommentar zu Art. 928 ZGB bringt er allerdings nichts Entsprechendes mehr vor.

254 Vgl. oben Rz. 16.52 und 16.70.

Verletzungshandlungen[255]) geschützt (Art. 28 ZGB). Geschütztes Rechtsgut ist, wie die Gesetzesrevision von 1983/1985 verdeutlichte, «die Persönlichkeit». Darunter fallen nach üblicher Aufzählung insbesondere «Leben, physische, psychische und moralische Integrität, Privat- und Geheimsphäre sowie Ehre und Freiheit»[256].

(Bau-)Immissionen können, brauchen aber nicht, die Persönlichkeit der Personen, auf die sie einwirken, verletzen. Eine Verletzung der Persönlichkeit ist namentlich dann zu bejahen, wenn die Einwirkungen in erheblicher Weise «die körperliche Integrität einer Person, aber auch ihre affektiven oder sozialen Persönlichkeitsrechte (Rechte auf Privatleben, auf Ruhe und Schlaf)» beeinträchtigen[257]. Nicht alle dieser geschützten Persönlichkeitsrechte sind gleichwertig. Vorrangigen Schutz verlangen gewiss das Leben und Gesundheit einer Person bzw. die wirtschaftliche Existenz einer iuristischen Person[258]. Zu Recht gibt die «Bewertung» der einzelnen Persönlichkeitsrechte auch den Massstab dafür ab, wann eine Baumimmission eine widerrechtliche Persönlichkeitsverletzung darstellt[259]. Je höher der einem Rechtsgut zugemessene Wert ist, desto schneller ist bei einer dieses Rechtsgut tangierenden Bauimmission eine widerrechtliche Persönlichkeitsverletzung anzunehmen. 16.101

Eine in der Baupraxis besonders bedeutsame Persönlichkeitsverletzung stellen Bauimmissionen dar, welche die Denk- und Konzentrationsfähigkeit erheblich beeinträchtigen, ja häufig geradezu ausschliessen. Bezüglich derartiger Bauimmissionen erscheint unter persönlichkeitsrechtlichem Gesichtspunkt eine starke Senkung der Toleranzlimiten angebracht, sei es in Bezug auf die Immissionen als solche, sei es in Bezug auf die Einwirkungsdauer etc.[260]. So sind die Geräusche der von Bauhandwerkern bei ihrer Arbeit benützten Radiogeräte bereits als Persönlichkeitsverletzung einzustufen, wenn das jeweilige Programm auf dem Nachbarsgrundstück deutlich wahrnehmbar ist[261], wogegen

255 TUOR/SCHNYDER/SCHMID, 94.

256 TUOR/SCHNYDER/SCHMID, 93.

257 HÄNNI/SCHMID, 76; ähnlich ENDER, Nr. 608 ff.; TERCIER, Travaux de construction, 299 f.

258 Demgegenüber ist bei einer natürlichen Person das Recht auf wirtschaftliche Existenz (oder Existenzsicherung) nicht ganz «ranggleich» mit dem Recht auf Leben und Gesundheit, aber fraglos ebenfalls «gewichtig».

259 TERCIER, Travaux de construction, 299 f.; ENDER, Nr. 620 ff.

260 Ähnlich AUER, 76 ff. mit Bezug auf den Alltagslärm (unter Verweis auf die jüngere deutsche Rechtsprechung).

261 Vgl. AUER, 77 f. – Vgl. dazu auch unten Rz. 16.111, letzter Absatz.

die Toleranzlimite für den aus der Benützung einer Ramme resultierenden Baulärm in Form einer zeitlichen Beschränkung (in der Regel, abhängig von Ort, Lage und persönlichen Umständen, wenige bis einige Stunden pro Tag) anzusetzen wäre[262].

16.102 Die Kriterien für die Bejahung einer widerrechtlichen Persönlichkeitsverletzung gemäss Art. 28 ZGB stimmen nicht zwingend mit jenen für die Bejahung einer übermässigen Eigentumsüberschreitung gemäss Art. 679 ZGB überein. Gleichwohl liegt die Tendenz zur «Harmonisierung» zwischen den einen und den anderen Kriterien sowohl in der Theorie als auch in der Praxis nahe, weil der «Normeneinklang» gleichermassen für den Gesetzgeber bei der Schaffung des Gesetzes wie für den Richter bei dessen Auslegung ein besonders erstrebenswertes Ziel sein sollte[263]. Falsch wäre es aber, den Schutz der konkreten Persönlichkeit des jeweils betroffenen Rechtsgenossen völlig dem Gedanken des Normeneinklangs und einer «harmonisierenden» Auslegung unterzuordnen. Ohne dem «Subjektivismus» auch nur im Ansatz huldigen zu wollen, erscheint eine gegenüber dem nachbarrechtlichen Immissionsschutz verstärkte Berücksichtigung persönlicher Bedürfnisse und Verhältnisse im Lichte von Art. 28 ZGB namentlich für «erhebliche» Verletzungshandlungen durchaus sinnvoll.

16.103 Bei übermässigen, aber unvermeidbaren Bauimmissionen können sich Konstellationen ergeben, welche die vom Bundesgericht in Ausfüllung einer Gesetzeslücke geschaffene Sonderordnung für derartige Fälle «aufweichen»: dann nämlich, wenn die Unvermeidbarkeit der Bauimmissionen mit dem Anspruch des Gegenübers auf Leben, Gesundheit und auf Erhaltung der wirtschaftlichen Existenz kollidiert. In einem derartigen Fall kann ein Entschädigungsanspruch, und gar noch einer, der erst im nachhinein befriedigt wird, offensichtlich nicht genügen. Wie Abhilfe geschaffen werden kann, ist im Einzelfall zu entscheiden. Eine Möglichkeit besteht beispielsweise in der Umquartierung der in ihrer Persönlichkeit verletzten Person, in der zeitweiligen Einstellung oder einem Auf-

262 Der Grund für die unterschiedliche Ansetzung der Toleranzlimiten liegt darin, dass die Immissionen im ersten Fall (völlig) vermeidbar, im zweiten Fall aber unvermeidbar, wenn auch in ihren Auswirkungen (durch zeitliche Aufteilung) «reduzierbar» sind.

263 Vgl. WERRO, 31; ENDER, Nr. 602; ferner sachgemäss MEIER-HAYOZ, N 188 zu Art. 1 ZGB.

schub der Bauarbeiten oder, wenn keine «mindere» Vorkehrung die gewichtige Persönlichkeitsverletzung vermeiden oder beseitigen kann, gar der dauernde Verzicht auf die Bauausführung[264].

b) Sachlegitimation

Die *Aktivlegitimation* für eine Persönlichkeitsschutzklage gemäss Art. 28 ZGB steht jedem zu, der durch eine Bauimmission in seiner Persönlichkeit widerrechtlich verletzt wird. *Passivlegitimiert* ist jeder, «der an der Verletzung mitwirkt» (Art. 28 Abs. 1 ZGB). 16.104

c) Persönlichkeitsschutzklagen

An *Abwehrbehelfen* gegen die Verletzung der Persönlichkeit stellt Art. 28a ZGB die Präventivklage, die Unterlassungsklage, die Beseitigungsklage, die Feststellungsklage, die Schadenersatzklage, eine Gewinnherausgabeklage und eine Genugtuungsklage zur Verfügung. Für Einzelheiten sei auf die weiterführende Literatur[265] sowie auf die dort angeführte Rechtsprechung verwiesen und gleichzeitig angefügt, dass sich ihre Merkmale weitgehend mit den Klagetypen gemäss Art. 679 ZGB vergleichen lassen. 16.105

Eine eigenständige Lösung hat Art. 28b ZGB bezüglich des *Gerichtsstandes* gewählt. Danach können die Klagen zum Schutz der Persönlichkeit, mit Ausnahme jener auf Schadenersatz, Genugtuung oder Gewinnherausgabe, entweder beim Richter am Wohnsitz des Klägers oder bei jenem am Wohnsitz des Beklagten angebracht werden (Art. 28b Abs. 1 ZGB). Die auf Schadenersatz, Genugtuung oder Gewinnherausgabe gerichteten Klagen sind demgegenüber grundsätzlich am Wohnsitz des Beklagten zu erheben. Macht der Kläger entsprechende Ansprüche 16.106

---

264 Vgl. dazu sachgemäss auch den oben in Rz. 16.79 (zu Art. 685 Abs. 1 ZGB) dargestellten Grundsatz, dass auf einem Grundstück schlechterdings nicht gegraben oder gebaut werden dürfe, wenn dessen Boden so beschaffen ist, dass die Grabung oder die Baute auch bei Einsatz aller vorhandenen technischen Möglichkeiten zu einer übermässigen Beeinträchtigung des Nachbargrundstückes führt. – Vgl. zum Ganzen ferner ENDER, Nr. 612 ff. (641); TERCIER, Travaux de construction, 300.

265 BUCHER ANDREAS, Natürliche Personen und Persönlichkeitsschutz, 2. Aufl., Basel 1995; PEDRAZZINI/OBERHOLZER, Grundriss des Personenrechts, 4. Aufl., Bern 1993; MEILI, Basler Kommentar, N 1 ff. zu Art. 28a ZGB.

gleichzeitig mit einer Präventiv-, Unterlassungs- oder Beseitigungsklage geltend, so kann er sie auch, wie Art. 28b Abs. 2 ZGB erfreulicherweise verdeutlicht und damit ausser Streit stellt[266], auch an seinem Wohnsitz erheben.

d) *Vorsorgliche Massnahmen*

16.107 Gemäss Art. 28c ZGB besteht von Bundesrechts wegen ein Anspruch auf vorsorgliche Massnahmen, wenn jemand glaubhaft machen kann, «dass er in seiner Persönlichkeit widerrechtlich verletzt ist oder eine solche Verletzung befürchten muss und dass ihm aus der Verletzung ein nicht leicht wieder gutzumachender Nachteil droht» (Art. 28c Abs. 1 ZGB). Welche vorsorgliche Massnahmen zu treffen sind, ist dem Ermessen des Richters überlassen. Das Gesetz zählt namentlich das vorsorgliche Verbot einer drohenden Verletzung, die Beseitigung einer bereits eingetretenen Verletzung sowie die Sicherung gefährdeter Beweise auf (Art. 28c Abs. 2 ZGB). Für Einzelheiten sei wiederum auf die weiterführende Literatur und die dort zitierte Rechtsprechung verwiesen[267]. Der Richter kann den Erlass oder die Vollstreckung einer vorsorglichen Massnahme, welche er gemäss ausdrücklicher Vorschrift allenfalls auch superprovisorisch treffen kann (Art. 28d Abs. 2 ZGB), von einer Sicherheitsleistung abhängig machen, wenn die vorsorgliche Massnahme dem Gesuchsgegner schaden kann (Art. 28c Abs. 3 ZGB). Dass er gerade bei Bauimmissionen für seinen Entscheid über den Erlass einer anbegehrten vorsorglichen Massnahme sowie über die Sicherheitsleistung die auf dem Spiele stehenden Interessen (rasche und in der Regel möglichst kostengünstige sowie technisch einfache Bauausführung einerseits und Reduktion des «persönlichkeitsverletzenden Gehaltes» der Bauimmission andererseits) werten wird, versteht sich von selbst. Das Instrument der Sicherheitsleistung sollte er, jedenfalls gegenüber einer nicht besonders finanzkräftigen Gegenpartei, nur zurückhaltend einsetzen, weil beim Bauen eine tatsächliche Vermutung besteht, dass weniger eine besondere Empfindlichkeit

266 Vgl. demgegenüber die zum Teil kontroverse Rechtslage bei der Schadenersatzklage nach Art. 679 ZGB (oben Rz.16.50), Art. 641 Abs. 2 ZGB (oben Rz. 16.85) und Art. 929 ZGB (oben Rz. 16.96).

267 Vgl. oben Fn. 265 (zu Rz. 16.105).

als zumindest graduell vermeidbare Immissionen die Ursache des Massnahmebegehrens sind.

IV. Öffentlichrechtlicher Immissionsschutz

1. Imissionsrelevante Normen

Der öffentlichrechtliche Immissionsschutz ist im Wesentlichen, wie oben 16.108
in Rz. 16.17 f. ausgeführt, durch Bundesrecht geregelt. Für Bauimmissionen sind namentlich einschlägig:

- das Umweltschutzgesetz vom 7. Okt. 1983 (USG)[268], insbesondere dessen Regeln über die Begrenzung der Umweltbelastung, Abschnitte Emissionen und Immissionen (Art. 11–15 und 40 USG), und unter Umständen auch die Regeln über Massnahmen gegen Bodenbelastungen (Art. 33 Abs. 2 USG);
- das Gewässerschutzgesetz vom 24. Jan. 1991 (GSchG)[269], insbesondere dessen Regeln über die Sorgfaltspflicht und über das Einleiten, Einbringen und Versickern von Stoffen (Art. 3 und 6 GSchG);
- die Lärmschutz-Verordnung vom 15. Dez. 1986 (LSV)[270], insbesondere deren Regeln über die Emissionsbegrenzungen bei Fahrzeugen (Art. 3 LSV), bei beweglichen Geräten und Maschinen (Art. 4–6 LSV) sowie bei neuen und geänderten ortsfesten Anlagen (Art. 7 ff. LSV);
- die Regeln der Luftreinhalte-Verordnung vom 16. Dez. 1985 (LRV)[271], insbesondere deren Regeln über vorsorgliche oder verschärfte Emissionsbegrenzungen bei neuen und bei bestehenden stationären Anlagen (vgl. Art. 3 ff. und Art. 31 Abs. 4 LRV sowie den zugehörigen Anhang 1), über die vorsorgliche Emissionsbegrenzung bei Fahrzeugen (Art. 17 LRV) und über die Abfallverbrennung im Freien (Art. 26a LRV);
- die Verordnung vom 19. Juni 1995 über die technischen Anforderungen an Strassenfahrzeuge (VTS)[272], insbesondere deren Regeln über Abgase, Auspuffanlage, Geräusch und Schalldämpfer (Art. 52/53 VTS);

---

268 SR 814.01 (aktuelle Fassung, Stand 1. Juni 1998, vom 21.12.1995). Das USG ist die Umsetzung des Verfassungsauftrages von Art. 24^{septies} BV. Ein verfassungsrechtlich abgestütztes Grundrecht auf Umweltschutz existiert allerdings nicht; vgl. BGE 107 Ib 113 und FLEINER, BV-Kommentar, N 25 zu Art. 24^{septies} BV.

269 SR 814.20 (aktuelle Fassung, Stand 1. Juni 1998, vom 21. Dez. 1995)

270 SR 814.41 (aktuelle Fassung, Stand 1. Juni 1998, vom 27. Juni 1995).

271 SR 814.318.142.1 (aktuelle Fassung, Stand 1. Juni 1998, vom 20. Nov. 1991).

272 SR 741.41.

- die Technische Verordnung über Abfälle vom 10. Dez. 1990 (TVA)[273], insbesondere deren Regeln über Bauabfälle und das Verwerten bestimmter Abfälle (Art. 9 und Art. 13 TVA);
- unter Umständen die immissionsrelevanten Vorschriften in Spezialgesetzen, z.B. im Bundesgesetz vom 8. März 1960 über die Nationalstrassen[274] (Art. 41 und 42), im Eisenbahngesetz vom 20. Dez. 1957[275] (Art. 17 und 19), im Rohrleitungsgesetz vom 4. Okt. 1963[276] (Art. 27) und in der Militärischen Baubewilligungsverordnung vom 25. Sept. 1995[277] (MBV, Art. 27 Abs. 4 lit. b), etc.;
- das Bundesgesetz über die Enteignung vom 20. Juni 1930 (EntG)[278] insbesondere dessen Regeln über die Enteignung der «aus dem Grundeigentum hervorgehenden Nachbarrechte» (Art. 5 EntG);
- die (zurzeit allerdings erst als Entwurf[279] vorliegende) BUWAL-Richtlinie zur Begrenzung der Lärmemissionen von Baustellen (sogenannte Baulärm-Richtlinie);
- allenfalls die EU- und sonstigen Richtlinien, welche vom Bundesrat in Anwendung von Art. 40 USG und Art. 5 LSV für das Inverkehrbringen serienmässig hergestellter Anlagen, hier interessierend für Baumaschinen, als Grundlagen zur Anerkennung ausländischer Prüfungen, Konformitätsbestätigungen, Kennzeichnungen, Anmeldungen und Zulassungen bezeichnet werden[280];
- die Weisung Nr. 4 des Bundesamtes für Verkehr vom 25. Februar 1992 betreffend die im Bereich von Eisenbahnanlagen auftretenden Lärm- und Erschütterungsimmissionen, insbesondere deren Massnahmenplanung zur Verhinderung von Lärm während der Bauphase und deren Vorschriften zu den Erschütterungen[281].

---

273 SR 814.015 (aktuelle Fassung, Stand 1. Juni 1998, vom 14. Febr. 1996).

274 SR 725.11 (aktuelle Fassung, Stand 1. Juni 1998, vom 3. Febr. 1993).

275 SR 742.101 (aktuelle Fassung, Stand 1. Juni 1998, vom 24. März 1995).

276 SR 746.1 (aktuelle Fassung, Stand 1. Juni 1998, vom 4. Okt. 1991).

277 SR 510.51.

278 SR 711 (aktuelle Fassung, Stand 1. Juni 1998, vom 24. März 1995).

279 Vgl. unten Rz. 16.112.

280 Vgl. bei HÄNNI/SCHMID, 59 (sowie unter http:\www.schluetersche.de\umwelt\edition\immiss.htm) die Auflistung der in Betracht fallenden EU-Richtlinien betreffend die Emissionsbegrenzungen für Baumaschinen und Baugeräte.

281 Die Weisung ist beim Bundesamt für Verkehr, 3003 Bern beziehbar. Bezüglich der Erschütterungen eröffnet sie den rechtsanwendenden Behörden, solange der Bundesrat von seinem Verordnungsrecht nicht Gebrauch gemacht hat, die Möglichkeit, sich auf die Immissionsrichtwerte der SBB («Weisung Erschütterungs-Beurteilungswerte SBB»; Ausgabe 16.1.1993) oder auf die DIN-Norm 4150 Teil 2 «Erschütterungen im Bauwesen, Einwirkungen auf Menschen in Gebäuden» (Ausgabe 1992; wichtig: nach Massgabe zweier Entwürfe DIN 4150–2/A1 vom August 1995 und DIN 4150–2/A2 vom Februar 1997 stehen Änderungen und Ergänzungen bevor!) zu stützen; vgl. dazu BGE 121 II 406 f. sowie HÄNNI/SCHMID, 61 ff. Nach den letzteren Autoren lassen sich die erwähnten SBB-Immmissionsrichtwerte oder die DIN-Norm 4150 sachgemäss auch auf andere Fälle von Erschütterungsimmissionen heranziehen, solange keine Immissionsgrenzwerte für Erschütterungen bestimmt sind.

2. Praktische Umsetzung des öffentlichrechtlichen Immissionsschutzes

Die öffentlichrechtlichen Instrumente gegen Bauimmissionen gehören hauptsächlich der *Eingriffsverwaltung* oder, allgemeiner gesprochen, dem Polizeirecht an. Mittels den traditionellen Zwangsmitteln des Verwaltungsrechtes (z.B. Bewilligung bzw. Anordnung, etwas zu tun oder zu unterlassen; unmittelbarer Zwang gegen eine Sache; Ersatzvornahme; Einstellung der Bauarbeiten; Strafverfolgung etc.) wird das Verhalten der Normadressaten gesteuert, um die Ziele der Umweltschutzgesetzgebung zu erreichen[282]. Hauptsächliche Kristallisationspunkte für entsprechende Vorkehrungen bilden das Baubewilligungsverfahren, die Submissions- und Arbeitsvergabebedingungen[283] sowie, bei UVP-pflichtigen Anlagen, zusätzlich die Umweltverträglichkeitsprüfung[284]. Den Rahmen bzw. Grobraster für die umschriebene «Feinsteuerung» gibt die sogenannte *Planungsverwaltung* vor. Von dieser sind namentlich die Nutzungsplanung, welche das Baugebiet einerseits vom Nichtbaugebiet abtrennt und es andererseits in Nutzungszonen einteilt, sowie die Zuordnung von Empfindlichkeitsstufen (z.B. bezüglich Lärm und Luftverunreinigungen; 16.109

282 VALLENDER/MORELL, § 6 N 4 ff.; HÄNNI/SCHMID, S. 65. – Vgl. zu den Zielen und Prinzipien der Umweltschutzgesetzgebung oben Rz. 2.5 ff. und 2.26 ff., zum Konzept des umweltrechtlichen Immissionsschutzes oben Rz. 2.39 ff.

283 Die Umsetzung der öffentlichrechtlichen Immissionsvorschriften während der Bauphase kann und soll durch die (öffentlichrechtlichen) Submissionsbedingungen sichergestellt werden; vgl. z.B. Art. VI des (GATT-)Übereinkommens über das öffentliche Beschaffungswesen vom 15. April 1994 (abgekürzt: GPA; SR 0.632.231.42); Art. 3 Abs. 2 lit. b des Bundesgesetzes über das öffentliche Beschaffungswesen vom 16. Dez. 1994 (abgekürzt: BoeB; SR 172.056.1); Art. 10 Abs. 2 lit. b der Interkantonalen Vereinbarung über das öffentliche Beschaffungswesen vom 25. Nov. 1994 (IVöB); etc. Auch private Bauherren haben es in der Hand, durch ihre «Baubedingungen» die öffentlichrechtlichen Immissionsvorschriften zum Bestandteil des Bauvertrages mit dem Unternehmer zu machen und somit für sich konkret umzusetzen; siehe HÄNNI/SCHMID, 64.

284 Der Umweltverträglichkeitsbericht muss sich auch über die Umweltverträglichkeit des Bauvorhabens während der Bauphase aussprechen; vgl. HÄNNI/SCHMID, 63 (Fn. 10) und das Handbuch Umweltverträglichkeitsprüfung/UVP, Richtlinien für die Ausarbeitung von Berichten zur Umweltverträglichkeit gemäss Umweltschutzgesetz vom 7. Okt. 1983, BUWAL, Bern 1990 (abgekürzt: UVP-Handbuch), 49 f.

in absehbarer Zeit wohl auch bezüglich Erschütterungen) (bau-)immissionsrelevant. Allgemein ist zu beachten:

16.110 Der Verhältnismässigkeitsgrundsatz gilt auch im Umweltschutzbereich[285]. Er verlangt die einzelfallweise Beurteilung und Differenzierung von Sachverhalten. Allerdings sollen weder die Quellen der Umweltbelastung, d.h. unter anderem die Bauten und ihnen gleichgestellten Baumaschinen, -geräte und -fahrzeuge, als solche in Frage gestellt noch die Nachfrage untersagt werden; gegenteils soll letztere «befriedigt werden, wobei aber gleichzeitig die den Umweltschutzanforderungen entsprechenden Vorkehrungen getroffen werden sollen[286].»

16.111 Gegenüber unvermeidbaren, übermässigen Bauimmissionen[287] steht dem Betroffenen auch nach öffentlichrechtlichen Gesichtspunkten in der Regel kein Abwehranspruch zu; vielmehr greift die vom Bundesgericht geschaffene und oben in Rz. 16.74 ff. dargestellte Sonderordnung[288]. Eine Ausnahme gilt, wenn die unvermeidbaren, übermässigen Bauimmissionen sich in schwerwiegender und nicht wieder gutzumachender Weise auf ein «Immissionsopfer» einwirken: diesfalls ist aufgrund des öffentlichrechtlichen Immissionsschutzes Abhilfe zu schaffen; vgl. dazu sachgemäss oben Rz. 16.103.

16.112 Eine besondere Bedeutung in der Umsetzung des öffentlichrechtlichen Schutzkonzeptes gegen Bauimmissionen wird der *Baulärm-Richtlinie* des BUWAL, mit deren Erlass mutmasslich noch 1998 zu rechnen ist, zukommen[289]. Sich an den öffentlichen wie den

---

285 BGE 116 Ib 167; siehe auch Botschaft des Bundesrates zum USG, BBl 1979 III 756 und 777 f.

286 BGE 116 Ib 167. – Prägnant die vom Bundesgericht, a.a.O., hiezu gegebene Begründung: «... will doch das Umweltschutzgesetz kein Verhinderungs-, sondern ein Massnahmengesetz sein.»

287 Zum Begriff der unvermeidbaren, übermässigen Bauimmissionen vgl. oben Rz. 16.12 ff. und 16.74 ff.

288 Allerdings hat das Bundesgericht, soweit ersichtlich, die (teilweise) Verdrängung des öffentlichrechtlichen Schutzes gegen Bauimmissionen durch die von ihm unter nachbarrechtlichem Gesichtspunkt geschaffene Sonderordnung nicht ausdrücklich festgehalten. Aufgrund der von ihm angeführten Gründe erscheint aber die Anwendbarkeit der Sonderordnung auch im öffentlichrechtlichen Bereich als zwingend.

289 Bei Drucklegung dieses Buches lag die auf Art. 38 Abs. 2 UVG und Art. 6 LSV abstützende «Richtlinie zur Begrenzung der Lärmemissionen von Baustellen» lediglich als Entwurf vom November 1996 vor. Der Entwurf ist abgedruckt im Bd. I («Gesamtveranstaltungen») der Baurechtstagung von Freiburg 1997, Beilage 1 zum Beitrag von HÄNNI/SCHMID, nach S. 85, und kann im Übrigen beim Bundesamt für Umwelt, Wald und Landschaft (BUWAL), Abt. Lärmbekämpfung, 3003 Bern bezogen werden.

privaten Bauherrn richtend, wird sie nach heutigem Wissensstand wesentliche Definitionen im Zusammenhang mit Baulärm enthalten und namentlich «das Mass des Schutzanspruches der vom Baulärm betroffenen Gebiete»[290] bestimmen. Für die Konkretisierung des Immissionsschutzes wird sie verschiedene Massnahmenstufen und auch einen Massnahmenkatalog vorsehen, welcher «als Checkliste allgemeine, objektbezogene und baustellenspezifische Möglichkeiten zur Begrenzung von Baulärm aufzeigen» soll[291]. Als Verwaltungsverordnung wird die Baulärm-Richtlinie zwar die rechtsanwendenden Behörden binden, den «Baubeteiligten» und ihren «Immissionsopfern» aber keine direkten Rechte einräumen oder Pflichten auferlegen. Faktisch wird sie sich allerdings sehr erheblich auf die Betroffenen auswirken, ohne dass diesen aber ein von einer Verfügung losgelöster Rechtsschutz zukäme[292].

Der auf die Umweltschutzgesetzgebung abgestützte *Rechtsschutz* gegen Bauimmissionen hebt sich vom privatrechtlichen Rechtsschutz zunächst durch das einfachere und kostengünstigere Verfahren[293] ab. Weil die Abwehr einer schädlichen oder lästigen Umweltbelastung zu den Aufgaben des Staates gehört, genügt (in dem durch Nutzungsplan, Baubewilligung und/oder Auflage nicht bereits präjudizierten Bereich) grundsätzlich eine Anzeige an die zuständige Behörde, um ein auf die Abwehr von Bauimmissionen zielendes Verfahren in Gang zu setzen[294]. 16.113

3. Enteignung der nachbarlichen Abwehrrechte

Gewissermassen eine Abart des Immissionsschutzes bilden die *enteignungsrechtlichen Normen des Bundes und der Kantone*, welche der öffentlichen Hand das Recht einräumen, für ihre im öffentlichen Interesse liegenden Werke die auf die Abwehr von Bauimmissionen ausgerichteten 16.114

290 HÄNNI/SCHMID, 60.

291 Anhang zu Ziff. 356 des Entwurfs vom Nov. 1996 der Baulärm-Richtlinien.

292 Vgl. sachgemäss BGE 105 Ia 351 ff.

293 Zu diesen und weiteren Vorteilen des öffentlichrechtlichen Immissionsschutzverfahrens vgl. ETTLER, 292 ff., welcher sie allerdings wohl etwas überzeichnet.

294 Wie die Erfahrung lehrt, ist dem «Immissionsopfer» damit freilich häufig nicht ausreichend gedient; namentlich besteht, gerade vor kommunalen Behörden, ohne aktive Wahrnehmung der eigenen Parteiinteressen die Gefahr, dass die Verwaltung Fälle zeitlich vorzieht, welche «gewichtiger» erscheinen oder einen grösseren Adressatenkreis etc. betreffen. Für das Rechtsmittelverfahren gelten ohnehin besondere Regeln. – Näheres zur Zuständigkeit und zum Verfahren vgl. oben Rz. 2.69 f. und 10.19 ff.

Nachbarrechte auf dem Wege der Enteignung zu unterdrücken. Was dies bedeutet, sei anhand der Regelung im Bund[295] verdeutlicht.

16.115 Nach Art. 5 in Verbindung mit Art. 1 des Bundesgesetzes über die Enteignung vom 20. Juli 1930 (EntG)[296] können «die aus dem Grundeigentum hervorgehenden Nachbarrechte» dauernd oder vorübergehend entzogen oder beschränkt werden, vorausgesetzt, dass das zur Enteignung Anlass gebende Werk im Interesse der Eidgenossenschaft oder eines grossen Teils des Landes liegt oder dass andere durch ein Bundesgesetz anerkannte Zwecke von öffentlichem Interesse für die Enteignung sprechen[297]. Zu den *Nachbarrechten, welche enteignungsrechtlich unterdrückt*[298] werden können, zählen auch die Abwehransprüche gegen übermässige[299] Bauimmissionen (einschliesslich schädlicher Grabungen und Bauten gemäss Art. 685 ZGB[300]). Die Übermässigkeit einer Bauimmission bemisst sich dabei, solange ein (eigenes) Beurteilungsschema für die Störwirkung von Baustellen fehlt[301], in sachgemässer Anwendung der oben in Rz. 16.25 ff. dargestellten (allgemeinen) Kriterien zu Art. 684 ZGB[302]. Namentlich stellen Immissionsgrenzwerte in der Regel in den durch sie abgedeckten Bereichen jene Schwelle dar, jenseits welcher die Übermässigkeit einer Bauimmission im Sinne von Art. 5 EntG (und damit das Enteignungsrecht) zu bejahen ist[303]. Fragwürdig erscheint aber

---

295 Die kantonalen Enteignungsregelungen lassen sich an dieser Stelle nicht darstellen. Soweit dem Verfasser bekannt, stimmen sie aber in weiten Bereichen mit der Regelung auf Bundesebene überein.

296 SR 711 (aktuelle Fassung, Stand 1. Juni 1998, vom 24. März 1995).

297 Zu den allgemeinen Voraussetzungen der Enteignung vgl. BGE 110 Ib 346 ff. und 116 Ib 21 f.

298 Der Ausdruck «Unterdrückung der Nachbarrechte» gibt die Rechtslage plastisch wieder; vgl. BGE 118 Ib 204 und 105 Ib 14. Sie kennzeichnet sich einerseits durch den Ausschluss der immissionsrelevanten Abwehransprüche und andererseits durch «die zwangsweise Errichtung einer Dienstbarkeit auf dem Grundstück des Enteigneten zugunsten des Werkeigentümers, deren Inhalt in der Pflicht zur Duldung von Immissionen besteht» (BGE 116 Ib 16; siehe auch BGE 106 Ib 244; 111 Ib 24 und 110 Ib 376).

299 BGE 117 Ib 19 und BGE 113 Ib 356; vgl. sodann BGE 91 II 107.

300 BGE 113 Ib 36 f.

301 Aufgrund des bevorstehenden Erlasses der Baulärm-Richtlinie (dazu oben Rz.16.112) sollte dies allerdings nicht mehr lange der Fall sein.

302 BGE 117 Ib 19.

303 BGE 119 Ib 369 f.; dazu auch RASELLI, 285 f. sowie oben Rz. 16.28 ff.

die Praxis, dass die Limite für die von der Nachbarschaft zu übende Toleranz desto höher angesetzt wird, je grösser das öffentliche Interesse am Werk ist, welches die Quelle der Bauimmissionen bildet[304]. Besser wäre, gerade auch unter dem Gesichtspunkt der einheitlichen Rechtsanwendung, die Übernahme der im Zusammenhang mit der (nachbarrechtlichen) Sonderordnung für unvermeidbare, übermässige Bauimmissionen entwickelten Regeln (dazu oben Rz. 16.74 ff.).

Für vermeidbare Immissionen kann das Enteignungsrecht nicht beansprucht werden[305]; vielmehr hat der Werkeigentümer die erforderlichen Vorkehren zu treffen, dass sie sich nicht ereignen[306]. Ohnehin dürfen Nachbarrechte (wie auch die anderen dinglichen Rechte) vom Enteigner nur insoweit entzogen oder beschränkt werden, als dies der Zweck erheischt (Art. 1 Abs. 2 EntG)[307].

Sind die umschriebenen Voraussetzungen zur Enteignung der Nachbar- 16.116
rechte erfüllt, so kann sich das «Immissionsopfer» «nicht negatorisch zur Wehr setzen»[308]; es hat aber Anspruch darauf, dass alle aus der Unterdrückung seiner Nachbarrechte resultierenden Nachteile «gegen volle *Entschädigung»* (Art. 16/19 EntG) abgegolten werden. Unter Umständen kann das «Immissionsopfer» anstelle einer Entschädigung[309] auch *Schutzvorrichtungen* verlangen, welche es «gegen Gefahren und Nachteile» sicherstellen sollen, die mit der Erstellung des Werkes des Enteigners «notwendig verbunden und nicht nach Nachbarrecht zu dulden sind» (Art. 7 Abs. 3 EntG)[310].

304 So aber BGE 117 Ib 17 f. und BGE vom 14.11.1996 i.S. Cornavin S.A. c. Devillon & Cie. und J. Devillon, abgedruckt in: SemJud 1987, 153.

305 BGE 111 Ib 285. – Zur Unvermeidlichkeit einer Immission vgl. BGE 101 Ib 170 und oben Rz.16.74.

306 «Gegen nicht notwendige oder doch leicht vermeidbare» Bauimmissionen kann sich ein «Immissionsopfer» auch gegenüber einem im öffentlichen Interesse liegenden Werk beim Zivilrichter (und/oder bei der zuständigen Behörde) mit den Immissionsschutzbehelfen wehren (BGE 113 Ib 38; mit Verweisen). Die bundesgerichtliche Formulierung ist unpräzis: Eine Abwehr ist gegenüber allen vermeidbaren Bauimmissionen und ausserdem bei Persönlichkeitsverletzungen auch gegenüber unvermeidlichen, aber in ihren Auswirkungen durch zeitliche Aufteilung «reduzierbaren» Bauimmissionen zulässig; vgl. zu Letzteren oben Rz. 16.101.

307 BGE 111 Ib 285.

308 BGE 101 Ib 169.

309 BGE 108 Ib 507.

310 Vgl. sachgemäss BGE 111 Ib 280 ff.; 108 Ib 507 und 107 Ib 389. – In BGE 118 Ib 206 warf das Bundesgericht die Frage auf, «ob im Hinblick auf die durch das

Soweit ersichtlich, hat das Bundesgericht die Frage noch nicht konkret beantwortet, wie die «volle Entschädigung» für die enteigneten Abwehransprüche gegen Bauimmissionen zu bemessen ist[311]. Zweckmässigerweise orientiert sich die Schadenersatzbemessung an der (nachbarrechtlichen) Sonderordnung für unvermeidbare, übermässige Bauimmissionen[312]. Der Schaden kann dabei auch im immissionsbedingten Mietzinsausfall und reduziertem Nutzungswert einer Liegenschaft bestehen, wobei deren Umgebung und Lage zu berücksichtigen sind[313].

16.117 Die Entschädigungsforderung *verjährt fünf Jahre ab ihrer Entstehung*[314] und ist ab diesem Zeitpunkt auch verzinslich. Geltend zu machen ist sie (ebenso wie das Begehren um Schutzvorrichtungen) im formellen Enteignungsverfahren[315]. Dies hat zur Folge, dass die Entschädigungsforderung (und das Begehren um Schutzvorrichtungen) auch dem *Verwirkungsrisiko* ausgesetzt sind.

Umweltschutzgesetz aufgestellten Grundsätze der Enteignete nicht verpflichtet werden könne, auf Kosten des Enteigners mögliche Schutzvorkehren auf seiner Liegenschaft zu treffen oder deren Vornahme zu dulden», liess sie aber offen. Meines Erachtens ist die Frage für an der Quelle un- oder nur mit unverhältnismässigem Aufwand vermeidbare Bauimmmissionen zu bejahen.

311 In BGE 110 Ib 358 prüfte das Bundesgericht bezüglich Autolärm-Immissionen, welche für Mehrfamilienhäuser an einer Autobahn resultierten, ob «eine Entschädigung für schallgedämpfte Lüftung des Schlafzimmers» zuzusprechen sei. Es verwarf diese Entschädigung im konkreten Fall, weil der immissionsbedingte Schaden «im Verhältnis zum Gesamtwert der Liegenschaft» nur gering sei, (welches Argument bei Bauimmissionen obendrein nicht zum Tragen käme; vgl. BGE 118 Ib 205). Die Kosten für Schallschutzfenster, welche von der Schätzungskommission zugesprochen worden waren, betrachtete das Bundesgericht (a.a.O.) ohnehin nicht als erstattungsfähig, weil «das Mass der Lärmbelästigung ... nur nachts die kritische Lärmschwelle» überschreite und man dem schon dadurch abhelfen könne, «dass die vorhandenen Fenster geschlossen gehalten werden» (sic!).

312 Vgl. oben Rz. 16.74 ff. – Für die sachgemässe Übernahme der vom Bundesgericht entwickelten Sonderordnung für unvermeidbare, übermässige Bauimmissionen spricht ebenfalls die Erwägung des Bundesgerichtes in BGE 118 Ib 205 (mit Verweis auf BGE 117 Ib 16), dass beim Enteignungsanspruch gegen Bauimmissionen «die Voraussetzungen der Unvorhersehbarkeit und der Spezialität der Immissionen sowie der Schwere des Schadens ... nicht gelten».

313 Vgl. BGE 106 Ib 391.

314 BGE 105 Ib 12. – Unterbrochen werden kann die Verjährung gemäss BGE 108 Ib 489 bereits «en formulant une demande d'indemnité de principe, sans qu'il fût nécessaire de chiffrer déjà de façon précise ses prétentions.»

315 BGE 116 Ib 14 ff.

Bezüglich der Verwirkung sind zwei Fälle zu unterscheiden:

- Ist die Übermässigkeit der Bauimmissionen bereits mit Bestimmtheit im enteignungsrechtlichen Planauflageverfahren abzusehen, was selten vorkommen dürfte, so sind die Entschädigungsforderung und das Begehren um Schutzvorrichtungen schon während der Eingabefrist einzureichen (Art. 35/36 in Verbindung mit Art. 30 EntG), wobei die blosse Forderungsanmeldung (ohne präzise Bezifferung) zur Rechtswahrung ausreicht[316]. Versäumte Anmeldungen können nur unter den in Art. 40/41 EntG umschriebenen Voraussetzungen und Verwirkungsfristen sowie beschränkt auf die Rechtfertigungsgründe «unverschuldetes Hindernis» und «unzulässige Ausübung oder Schmälerung eines Rechts durch den Enteigner[317]» nachgeholt werden.
- War die Übermässigkeit der Bauimmission oder der Umfang der Schädigung noch nicht bestimmt erkennbar, so kann der Forderungsberechtigte seine Entschädigungsforderung (sowie allenfalls das Begehren um Schutzvorrichtung[318]) binnen sechs Monaten geltend machen, seitdem er von der Schädigung Kenntnis erhalten hat (Art. 41 Abs. 2 EntG); nachher verwirken die Ansprüche[319]. Die nachträgliche Entschädigungsforderung ist an den Präsidenten der zuständigen Schätzungskommission (Art. 41 Abs. 2 EntG), das nachträgliche Begehren um Schutzvorrichtung wohl an die Einsprachebehörde zu richten.

Zuständig für die Beurteilung der Entschädigungsforderung des Immissionsopfers (einschliesslich der Frage, ob überhaupt ein Nachbarrecht verletzt worden ist[320]), ist in erster Instanz die Eidg. Schätzungskommission des Kreises, wo der Gegenstand der Enteignung liegt (Art. 64/65 EntG)[321]. Begehren um Schutzvorrichtungen sind demgegenüber erstin- 16.118

316 Vgl. BGE 118 Ib 204.

317 Dagegen entfällt der Rechtfertigungsgrund der unvorhersehbaren Schädigung gemäss Art. 41 Abs. 1 lit. b letzter Satz EntG, weil ja die Übermässigkeit der Bauimmissionen bereits «mit Bestimmtheit» unterstellt ist.

318 Nach dem Wortlaut von Art. 41 EntG könnten an sich nur Entschädigungsforderungen nachträglich angemeldet werden; Begehren um Schutzvorrichtungen werden nicht, auch nicht in Art. 40 EntG, erwähnt. Berücksicht man aber Zweck und Gehalt der Bestimmung von Art. 41 EntG, so kann freilich kein Zweifel bestehen, dass auch Begehren um Schutzvorrichtungen gegen Bauimmissionen von ihrem Anwendungsbereich erfasst werden; gl.M. offenbar auch BGE 108 Ib 508 (am Ende).

319 Danebst kann er sich ggf. auch auf die weiteren in Art. 40/41 EntG umschriebenen Rechtfertigungsgründe für eine nachträgliche Forderungsanmeldung berufen. – Generell zur verspäteten Geltendmachung von Entschädigungsforderungen sowie Schutzvorrichtungen und namentlich zu den sich im Zusammenhang mit den Verwirkungsfristen stellenden Fragen vgl. BGE 111 Ib 283 ff.

320 BGE 113 Ib 38; 112 Ib 177; 107 Ib 389 und 93 I 301 f.

321 Ausnahmsweise kann das Bundesgericht eine Schätzungskommission auch zur Beurteilung von Enteignungen ausserhalb ihres Kreises zuständig erklären, um eine einheitliche Schätzung oder Kostenersparnis zu erzielen (Art. 65 Abs. 2 EntG).

stanzlich durch die zuständige Einsprachebehörde, das ist in der Regel das in der Sache zuständige Departement des Bundes (Art. 55 EntG), zu entscheiden[322]. Der Entscheid der Schätzungskommission kann mit Verwaltungsgerichtsbeschwerde an das Bundesgericht weitergezogen werden (Art. 77 EntG), der sich zu Schutzvorrichtungen aussprechende Entscheid der departementalen Einsprachebehörde mit Verwaltungsbeschwerde an den Bundesrat (Art. 72 lit. a VwVG)[323].

V. Checklisten

1. Analyse der Bauimmissionen

- Sind die Bauimmissionen übermässig[324] und unvermeidbar[325]?
  - Drei hauptsächliche Konstellationen sind zu unterscheiden:
  - Ist die Übermässigkeit ebenso wie die Unvermeidlichkeit der Bauimmissionen zu bejahen, so gilt eine Sonderordnung[326].
  - Sind die Bauimmissionen nicht übermässig, so greift in der Regel kein Immissionsschutz[327].
  - Bei übermässigen, aber vermeidbaren Bauimmissionen schliesslich öffnet sich die ganze Palette des privatrechtlichen und öffentlichrechtlichen Immissionsschutzes[328].

---

322 BGE 111 Ib 282 f.; vgl. auch BGE 108 Ib 507 und 107 Ib 389. Eine andere Zuständigkeit sieht z.B. Art. 27 Abs. 2 NSG und Art. 55 Abs. 2 EntG vor. – De lege ferenda sollte m.E. die «Splittung» des Rechtsweges zwischen Entschädigungsbegehren und solchen um Schutzvorrichtungen, jedenfalls für (zulässigerweise) nach dem Einspracheverfahren erhobene Begehren, überdacht werden.

323 Eine Besonderheit gilt aber für Schutzvorrichtungen, welche im Rahmen des Nationalstrassenbaus beantragt werden. Für diese bestimmen die Kantone die zuständige kantonale Einsprachebehörde (Art. 27 Abs. 2 NSG). Der Entscheid der kantonalen Einsprachebehörde kann, wenn er enteignungsrechtliche Auswirkungen hat, mit Verwaltungsgerichtsbeschwerde an das Bundesgericht weitergezogen werden (BGE 108 Ib 507).

324 Vgl. oben Rz. 16.24 ff.

325 Vgl. oben Rz. 16.23 und 16.74; ferner Rz. 16.103 (zweiter Absatz)

326 Vgl. oben Rz. 16.74 ff., 16.111 und 16.115.

327 Vgl. aber die Ausnahmerelungen oben in Rz. 16.80, 16.103 und 16.116.

328 Vgl. oben Rz. 16.15 ff., 16.19 ff. und 16.108 ff.

2. Wahl des Rechtsweges

- Stehen Instrumente des privatrechtlichen oder des öffentlichrechtlichen Immissionsschutzes oder gegebenenfalls aus beiden Regelungssystemen zur Verfügung? Welche? Besondere Merkmale? Vor- und Nachteile der einzelnen Instrumente?
- Was ist mein Ziel? (Prävention, Unterlassung, Beseitigung, Reduktion, Entschädigung und/oder gerichtliche Feststellung, dass ...)?
- Welche Instrumente des privatrechtlichen und/oder des öffentlichrechtlichen Immissionsschutzes erscheinen am geeignetsten, das Ziel inhaltlich / zeitlich / kostenmässig/ mit dem geringsten Aufwand etc. zu erreichen?
- Gehen die Bauimmissionen vom Bauvorgang eines im öffentlichen Interesse liegenden Werkes des Gemeinwesens aus? Bejahendenfalls ist der Immissionsschutz ausgeschlossen und tritt unter Umständen eine enteignungsrechtliche Entschädigungsforderung und/oder ein Begehren um Schutzvorrichtungen an seine Stelle[329].

3. Heikle Punkte

- Verwirkung?
- Verjährung?
- Aktiv- und Passivlegitimation?
- Zuständigkeit?
- Formulierung des Rechtsbegehrens?
- Vorsorgliche Massnahmen?
- Beurteilungskriterien für die Übermässigkeit und die Vermeidbarkeit der Bauimmissionen? Existieren Immissionsgrenzwerte? Welcher Zone und Empfindlichkeitsstufe ist das Ausgangsgrundstück zugeordnet? Gilt für das betroffene Grundstück eine andere Zuordnung; falls ja, lässt sich daraus etwas ableiten?
- Rechtsmittel?

329 Vgl. oben Rz. 16.114 ff.

§ 17 Bauunfälle

FELIX HUBER

Literaturauswahl: GAUCH PETER/SCHLUEP WALTER R:, Schweizerisches Obligationenrecht, Allg. Teil, 6. Aufl., Zürich 1995; GUHL THEO/KOLLER ALFRED/DRUEY JEAN-NICOLAS, Das Schweizerische Obligationenrecht, 8. Aufl., Zürich 1991; HESS-ODONI URS, Bauhaftpflicht, Dietikon, 1994; HONSELL/VOGT/WIEGAND, Kommentar zum Schweizerischen Privatrecht, Obligationenrecht I, Art. 1–529 OR, Basel 1992; KELLER ALFRED, Haftpflicht im Privatrecht, Bd. I, 5. Aufl., Bern 1993; MEIER-HAYOZ ARTHUR, Berner Kommentar, Das Grundeigentum I, Art. 655–679 ZGB, Bern 1974; MERZ HANS, Obligationenrecht, Allg. Teil, 1. Teilbd., SPR VI/1, Basel/Frankfurt a.M. 1984; OFTINGER KARL/STARK EMIL, Schweizerisches Haftpflichtrecht, Allg. Teil, Bd. I, 5. Aufl., Zürich 1995 (*zitiert:* OFTINGER/STARK, Bd. I); *dieselben,* Schweizerisches Haftpflichtrecht, Besonderer Teil, Bd. II/1, 4. Aufl., Zürich 1987 (*zitiert:* OFTINGER/STARK, Bd. II/1); RIKLIN FRANZ, Strafrechtliche Risiken beim Bauen, in: Baurechtstagung 1987, Bd. 2, Freiburg 1987; *ders.,* Zur strafrechtlichen Verantwortlichkeit des Architekten, in: Gauch/Tercier, Das Architektenrecht, 3. Aufl., Freiburg 1995 (*zitiert:* RIKLIN, Architekt); FRANK/STRÄULI/MESSMER, Kommentar zur Zürcherischen Zivilprozessordnung, 3. Aufl., Zürich 1982; TUOR/SCHNYDER/SCHMID, Das Schweizerische Zivilgesetzbuch, 11. Aufl., Zürich 1995; VOGEL OSCAR, Grundriss des Zivilprozessrechts, 5. Aufl., Bern 1997.

I. Problemübersicht

Bei der Realisierung von Bauvorhaben kann es zu Unfällen kommen, die erhebliche Schäden zur Folge haben. Nach den Unfällen stellt sich die Frage der *zivilrechtlichen und eventuell auch der strafrechtlichen Haftung*. Häufig gestaltet sich die Frage der Haftbarkeit als recht schwierig. Grund dafür sind die Vielzahl der Beteiligten an einem Bauvorhaben sowie das Vorhandensein verschiedenster in Frage kommender *vertraglicher und ausservertraglicher Haftungsgrundlagen.* 17.1

II. Merkmale und Erscheinungsformen

1. Begriff des Bauunfalls

17.2 Im *Wortgebrauch des täglichen Lebens* wird als Bauunfall ein plötzlich auftretendes, ungewolltes Ereignis verstanden, das zu einem Schaden führt und im Zusammenhang mit einem Bauvorhaben steht.

17.3 Das *OR und das ZGB* verwenden weder den Begriff des Bauunfalls noch den des Unfalls. Lediglich in gewissen *Spezialgesetzen* ist der Begriff des Unfalls anzutreffen. Er dient dabei als kurze Bezeichnung des haftungsbegründenden Ereignisses. Massgebend ist das Moment der Plötzlichkeit[1].

17.4 Eine grössere Bedeutung hat der Begriff im *Versicherungsrecht*. Er dient dabei hauptsächlich der Abgrenzung des Deckungsbereichs der Unfallversicherung von demjenigen der Krankenversicherung[2]. In Art. 9 Abs. 1 der Verordnung über die Unfallversicherung vom 20. Dezember 1982 (UVV) wird der Unfall definiert als plötzliche, nicht beabsichtigte schädigende Einwirkung eines ungewöhnlichen äusseren Faktors auf den menschlichen Körper.

17.5 Entscheidende Bedeutung kommt dem Begriff des Bauunfalls bei der *Bauwesensversicherung* zu. Der Unfallbegriff wird dort in einem weiten Sinn verstanden. Es muss sich insbesondere nicht um ein von aussen einwirkendes Ereignis handeln. Haftungsrelevant ist hauptsächlich, ob der Versicherungsnehmer[3] bei der Erbringung seiner Bauleistung die im Rahmen der wirtschaftlichen Grenzen liegende Sorgfalt beachtet hat[4].

17.6 Vorliegend wird der Begriff des Bauunfalls im Sinne des Gebrauchs des täglichen Lebens verwendet. Beim Bauunfall handelt es sich daher um ein *plötzlich auftretendes, ungewolltes Ereignis, das zu einem Schaden führt und im Zusammenhang mit einem Bauvorhaben steht.*

---

1 OFTINGER/STARK, Bd. I, § 3 N 73 ff.

2 OFTINGER/STARK, Bd. I, § 3 N 71.

3 Bauherr oder Unternehmer.

4 Vgl. zur Bauwesenversicherung unten Rz. 18.135 ff.

2. Schadenarten

Im rechtlichen Sinne gilt als *Schaden* die Differenz zwischen dem nach dem schädigenden Ereignis bestehenden Stand des Vermögens des Geschädigten und dem Stand, den das Vermögen ohne das schädigende Ereignis hätte[5]. Es kann zwischen Personen-, Sach- und sonstigem Schaden unterschieden werden. Diese Differenzierung stellt auf das Kriterium ab, welches Rechtsgut verletzt wurde. Dabei ist nicht die Rechtsgutverletzung selber der Schaden. Beim Schaden handelt es sich um den wirtschaftlichen Nachteil, der sich aus der Rechtsgutverletzung ergibt[6]. Der Unterscheidung der Schadenarten kommt vor allem dann Bedeutung zu, wo haftungsrechtliche Spezialgesetze die Haftpflicht auf Personen- und/oder Sachschäden begrenzen[7]. 17.7

Als *Personenschäden* werden Schäden infolge von Körperverletzungen oder der Tötung eines Menschen bezeichnet. Ein *Sachschaden* entsteht infolge von Zerstörung, Beschädigung oder Verlusts einer Sache. Von *sonstigem Schaden* wird gesprochen, wenn das Vermögen beeinträchtigt wird, ohne dass ein Personen- oder Sachschaden vorliegt[8]. 17.8

3. Ursachen

Entsprechend der Vielzahl von Arbeiten, die bei einem Bauvorhaben ausgeführt werden müssen, und aufgrund der Komplexität eines Bauvorhabens kommen eine *Vielzahl von Ursachen* in Frage, die zu einem Bauunfall führen können. 17.9

a) *Planungsfehler*

Es ist möglich, dass bereits in der Planungsphase Fehler gemacht werden. Der Architekt muss die anerkannten Regeln der Baukunde beachten und 17.10

5 OFTINGER/STARK, Bd. I, § 2 N 9; GAUCH/SCHLUEP, Rz. 2622 ff.; HONSELL/VOGT/WIEGAND, N 53 zu Art. 97 OR; GUHL/KOLLER/DRUEY, 62; BGE 104 II 199; 115 II 481; 116 II 444.

6 BGE 118 II 179.

7 SCHNYDER, in: HONSELL/VOGT/WIEGAND, N 6 zu Art. 41 OR.

8 BGE 118 II 179; OFTINGER/STARK, Bd. I, § 2 N 60; MERZ, 189; KELLER, 53 f.; GAUCH/SCHLUEP, Rz. 2700 f.

seine Pläne und Baubeschriebe so erstellen, dass keine Unklarheiten bestehen, die zu Unfällen führen könnten. So liegt beispielsweise ein Planungsfehler vor, wenn ungenügende statische Abklärungen vorgenommen wurden und deswegen bei der Bauausführung ein Bauteil einstürzt.

b) Bauleitungsfehler

17.11 Sehr häufig ergeben sich Bauunfälle, weil die Bauleitung mangelhaft war. Die für die Bauleitung zuständige Person hat für die Koordination sämtlicher Arbeiten auf der Baustelle zu sorgen. Dies bedingt die Bestimmungen der technischen, räumlichen und zeitlichen Zuständigkeit der verschiedenen Unternehmer. Die Einhaltung dieser Zuständigkeiten muss ständig überwacht werden. Daneben ist auch die Qualität der ausgeführten Arbeiten zu kontrollieren.

c) Material, Werkzeuge

17.12 Bauunfälle können sich ergeben, weil mangelhaftes Material verwendet wird. Es kann sich um Baumaterial handeln, das den Qualitätserfordernissen nicht entspricht und dessen Verwendung einen Unfall zur Folge hat. Es ist aber auch möglich, dass mangelhafte Werkzeuge verwendet werden. So kann beispielsweise ein defekter Kran zusammenbrechen und einen Schaden verursachen.

d) Arbeitsausführung

17.13 Ein Unfall kann sich auch ergeben, weil bei der Arbeitsausführung die nötige Sorgfalt nicht beachtet wird. So kann beispielsweise ein Baugerüst einstürzen, weil es ungenügend befestigt wurde.

e) Zufall

17.14 Bauunfälle können auch durch ein vom menschlichen Verhalten unabhängiges Ereignis ausgelöst werden. Man spricht dann von Zufall. Darunter fallen unter anderem Unfälle, die sich aufgrund von Naturgewalten ergeben[9].

9 Zum Beispiel Wind, Lawinen, Hagel, etc.

4. Verursacher

An einem Bauvorhaben sind meist viele Leute beteiligt. Dies führt dazu, dass eine *Vielzahl von Verursachern* eines Bauunfalles in Frage kommen. Ein Bauunfall kann vom Bauherrn, vom Architekten, vom Ingenieur, von einem Unternehmer oder von deren Hilfspersonen verursacht werden. Aber auch Dritte kommen in Frage. So kann auch ein Materiallieferant oder ein zufällig vorbeikommender Dritter einen Bauunfall verursachen. Häufig ist ein Bauunfall auf mehrere Verursacher zurückzuführen. 17.15

III. Zivilrechtliche Haftung

Kommt es zu einem Bauunfall, so stellt sich die Frage für den Geschädigten, wer für den entstandenen Schaden haftet. Aufgrund der Beteiligung von vielen Personen an einem Bauvorhaben kommt eine Mehrzahl von Haftungsgrundlagen in Frage. Neben *vertraglichen Haftungen* können auch verschiedene *ausservertragliche Haftungen* zur Anwendung gelangen. Dabei sind insbesondere die Kausalhaftungen wie die Grundeigentümerhaftung, die Werkeigentümerhaftung, die Geschäftsherrenhaftung und die Produktehaftpflicht zu berücksichtigen. Sodann kann auch die allgemeine Verschuldenshaftung gemäss Art. 41 OR Anwendung finden. 17.16

1. Vertragliche Haftung

Im Zusammenhang mit einem Bauvorhaben wird eine Vielzahl von *Verträgen* abgeschlossen, aus denen sich eine vertragliche Haftung ableiten lässt[10]. 17.17

Damit eine vertragliche Haftung für Bauunfälle besteht, müssen gewisse haftungsbegründende Merkmale gegeben sein. Es handelt sich mit Ausnahme der Haftung aus dem Versicherungsvertrag[11] jeweils um dieselben 17.18

---

10 Generalunternehmervertrag, Architekten-/Ingenieurverträge, Bauleitungsverträge, Werkverträge, Kaufverträge, Arbeitsverträge, Versicherungsverträge.

11 Zu diesem siehe unten Rz. 18.1 ff.

Tatbestandsmerkmale. Es muss eine *Vertragsverletzung* vorliegen und ein *Schaden* eingetreten sein. Zwischen dem eingetretenen Schaden und der Vertragsverletzung muss ein *adäquater Kausalzusammenhang* bestehen. Sodann muss die Vertragsverletzung *schuldhaft* verursacht worden sein[12].

17.19 Charakteristisch für die Vertragshaftung ist die *Vertragsverletzung*. Es handelt sich dabei um die Verletzung einer Pflicht einer Vertragspartei, die sich aus dem jeweiligen Vertrag ergibt. Die Parteien sind grundsätzlich frei, wie weit sie sich der anderen Partei gegenüber vertraglich verpflichten wollen (Art. 19 OR). Soweit es sich beim in Frage stehenden Vertrag um einen vom Gesetz geregelten handelt (Nominatvertrag), ergeben sich Vertragspflichten auch aus dem Gesetz (z.B. Art. 363 OR). Neben der Verletzung der vertraglichen Hauptpflichten können nicht selbständig einklagbare Nebenpflichten verletzt werden. Dabei handelt es sich hauptsächlich um Obhuts- und Schutzpflichten, Mitteilungs- und Auskunftspflichten, Verschaffungspflichten und Mitwirkungspflichten. Diese Nebenpflichten ergeben sich teilweise direkt aus dem Gesetz (z.B. Art. 328 OR) oder aus allgemeinen Rechtsgrundsätzen[13].

17.20 Die Haftung aus Vertrag besteht nur, wenn der Haftpflichtige nicht beweist, dass ihn kein *Verschulden* trifft (Art. 97 Abs. 1 OR). Der Haftpflichtige hat somit eine Exkulpationsmöglichkeit. Als Verschulden wird ein menschliches Verhalten verstanden, das als tadelnswert qualifiziert wird[14]. Die Schadensverursachung ist schuldhaft, wenn die Vertragsverletzung und der daraus entstandene Schaden gewollt[15], in Kauf genommen[16] oder sorgfaltswidrig[17] herbeigeführt wurde. Zudem muss der Verursacher bei der Vertragsverletzung urteilsfähig (Art. 16 ZGB) gewesen sein[18].

---

12 Vgl. dazu GAUCH/SCHLUEP, Rz. 2596 ff.; HONSELL/VOGT/WIEGAND, N 5 ff. zu Art. 97 OR.

13 GAUCH/SCHLUEP, Rz 2608 f.; HONSELL/VOGT/WIEGAND, N 32 ff. zu Art. 97 OR.

14 OFTINGER/STARK, Bd. I, § 5 N 13.

15 Vorsatz, Absicht.

16 Eventualvorsatz.

17 Fahrlässigkeit.

18 GAUCH/SCHLUEP, Rz 2729 ff.; OFTINGER/STARK, Bd. I, § 5 N 13 ff.

2. Grundeigentümerhaftung

Bauunfälle können eine Haftung des Grundeigentümers aus Art. 679 ZGB zur Folge haben. Charakteristische Voraussetzung für diese Haftung ist die *Überschreitung des Grundeigentums*. Überschreitet der Grundeigentümer sein Eigentumsrecht und wird jemand dadurch geschädigt, so haftet der Grundeigentümer für diese Schädigung. Der *Schaden* muss *adäquat kausale Folge* der Eigentumsüberschreitung sein. Ein Verschulden des Grundeigentümers ist nicht erforderlich. 17.21

Die Grundeigentümerhaftung gilt nur zwischen *Nachbarn*. Haftbar ist grundsätzlich der *Eigentümer* des Grundstücks. Art. 679 ZGB findet gemäss der bundesgerichtlichen Praxis aber auch Anwendung auf Inhaber beschränkter dinglicher Rechte[19] sowie auf obligatorische, welche die tatsächliche Herrschaft über ein Grundstück ausüben[20]. Der Grundeigentümer haftet nur seinem Nachbarn. Als solcher gilt nicht nur der Eigentümer des Nachbargrundstücks, sondern auch jedermann, der an diesem Grundstück kraft eines beschränkten dinglichen oder persönlichen Rechts Besitz hat. Voraussetzung ist eine nicht bloss zufällige und momentane Beziehung zum Grundstück[21]. Als Nachbargrundstück gilt nicht nur das angrenzende Grundstück. Vielmehr gilt jedes Grundstück als Nachbargrundstück, das von den entsprechenden Einwirkungen betroffen ist[22]. 17.22

Die Haftung im Sinne von Art. 679 ZGB wird durch die *Überschreitung des Grundeigentums* ausgelöst. Der häufigste Fall der Überschreitung des Grundeigentums ist die übermässige Einwirkung im Sinne von Art. 684 Abs. 2 und Art. 685 ZGB. Eine Eigentumsüberschreitung im Sinne von Art. 679 ZGB liegt aber nur vor, wenn sie auf ein menschliches Verhalten zurückzuführen ist und dieses mit der normalen Benutzung und Bewirtschaftung des Grundstücks im Zusammenhang steht[23]. Zertrümmert beispielsweise ein Passant mit Ziegelsteinen, welche sich auf einem Bau- 17.23

---

19 BGE 88 II 264; 91 II 287 ff.

20 BGE 104 II 19 ff.

21 BGE 104 II 18; TUOR/SCHNYDER/SCHMID, 724; OFTINGER/STARK, Bd. II/1, § 19 N 15 f.

22 BGE 120 II 17.

23 MEIER-HAYOZ, N 76 ff. zu Art. 679 ZGB.

grundstück befinden, die Fensterscheiben eines Hauses auf dem Nachbargrundstück, so liegt keine Überschreitung des Eigentums im Sinne von Art. 679 ZGB vor. Die schädigende Handlung steht nicht im Zusammenhang mit der normalen Benutzung und Bewirtschaftung des Grundstücks.

17.24 Der Grundeigentümer haftet auch für Eigentumsüberschreitungen, welche auf *Handlungen Dritter* zurückzuführen sind, wenn diese zur Benutzung des Grundstücks berechtigt sind[24]. So haftet der bauende Grundeigentümer für Risse am Nachbarhaus, welche infolge unfachgemässer Ausführung von Baggerarbeiten auf seinem Grundstück entstehen.

3. Werkeigentümerhaftung

17.25 Ist ein Bauunfall die *adäquat kausale Folge* eines *fehlerhaften oder mangelhaft unterhaltenen Gebäudes oder andern Werkes*, so haftet dessen *Eigentümer* gemäss Art. 58 OR für den eingetretenen *Schaden.* Ein Verschulden des Werkeigentümers muss nicht vorliegen.

17.26 Als *Werk* gelten stabile, mit der Erde direkt oder indirekt verbundene, künstlich hergestellte oder angeordnete Gegenstände[25]. Auch ein Baugerüst kann als Werk im Sinne von Art. 58 OR gelten[26]. Die Haftung entsteht nur, wenn das Werk *fehlerhaft oder mangelhaft unterhalten* ist. Das Werk ist mangelhaft, wenn es keine genügende Sicherheit für den bestimmungsgemässen Gebrauch bietet[27].

17.27 Die Haftung des Werkeigentümers liegt nur vor, wenn die Schädigung *widerrechtlich* ist. Widerrechtlichkeit liegt vor, wenn ein absolutes Rechtsgut wie das Leben, der Körper, die Gesundheit, die persönliche Freiheit, das Eigentum oder der Besitz verletzt ist oder wenn eine Rechtsnorm verletzt wird, die Schäden von der Art des eingetretenen verhüten soll[28].

---

24 MEIER-HAYOZ, N 63 ff. zu Art. 679 ZGB.

25 OFTINGER/STARK, Bd. II/1, N 39 zu § 19, mit Hinweisen.

26 BGE 96 II 359.

27 GUHL/KOLLER/DRUEY, 194.

28 OFTINGER/STARK, Bd. I, N 26 ff. zu § 4.

4. Geschäftsherrenhaftung

Weil bei einem Bauvorhaben eine Vielzahl von Personen beteiligt sind, kommt insbesondere auch der Geschäftsherrenhaftung bei Bauunfällen eine grosse Bedeutung zu. Gemäss Art. 55 Abs. 1 OR haftet der *Geschäftsherr* für den *Schaden*, den seine Arbeitnehmer oder andere *Hilfspersonen* in *Ausübung ihrer dienstlichen oder geschäftlichen Verrichtungen* verursacht haben, wenn er nicht nachweist, dass er alle nach den Umständen gebotene Sorgfalt angewendet hat, um einen Schaden dieser Art zu verhüten, oder dass der Schaden auch bei Anwendung dieser Sorgfalt eingetreten wäre. 17.28

Geschäftsherr ist die natürliche oder juristische Person, welche eine Geschäftsbesorgung durch eine *Hilfsperson* ausführen lässt. Voraussetzung dieser Haftung ist, dass die Hilfsperson dem Geschäftsherrn untergeordnet ist[29]. Die Haftung greift nur, wenn die Hilfsperson den Schaden in *Ausübung ihrer dienstlichen oder geschäftlichen Verrichtung* verursacht hat. Der Geschäftsherr haftet somit nicht, wenn eine Hilfsperson durch einen weggeworfenen Zigarettenstummel einen Hausbrand verursacht. Es wird ein funktioneller Zusammenhang zwischen der Verrichtung der Hilfsperson und der Schädigung verlangt[30]. Wie auch bei der Werkeigentümerhaftung ist zudem eine Haftung nur gegeben, wenn eine *widerrechtliche Schadenszufügung* vorliegt. Sodann muss ein *adäquat kausaler Zusammenhang* zwischen der Verrichtung der Hilfsperson und dem eingetretenen Schaden bestehen. 17.29

Der Geschäftsherr kann sich trotz Vorliegens der Haftungsvoraussetzungen befreien. An den *Befreiungsbeweis* sind aber strenge Anforderungen zu stellen[31]. Der Geschäftsherr haftet nicht, wenn er nachweist, dass er alle nach den Umständen gebotene Sorgfalt aufgewendet hat, den eingetretenen Schaden zu verhindern. Dazu gehört die sorgfältige Auswahl, Instruktion und Überwachung der Hilfsperson. Zudem muss er nachweisen, dass sein Betrieb zweckmässig organisiert ist[32]. Auch wenn der 17.30

29 OFTINGER/STARK, Bd. II/1, N 60 zu § 20; GUHL/KOLLER/DRUEY, 189; BGE 122 III 227 f.
30 GUHL/KOLLER/DRUEY, 190.
31 OFTINGER/STARK, Bd. II/1, N 120 zu § 20; GUHL/KOLLER/DRUEY, 191.
32 OFTINGER/STARK, Bd. II/1, N 113 ff. zu § 20; GUHL/KOLLER/DRUEY, 190 f.

Geschäftsherr nachweisen kann, dass der Schaden trotz der Anwendung der gebotenen Sorgfalt eingetreten wäre, haftet er nicht (Art. 55 Abs. 1 OR).

5. Produktehaftpflicht

17.31 Ein Bauunfall kann auch durch *fehlerhafte Materialien oder Werkzeuge* verursacht werden. Dies kann dazu führen, dass die Person, welche das fehlerhafte Produkt hergestellt hat, für den entstandenen Schaden haftet. Eine derartige Haftung wird durch das *Bundesgesetz über die Produktehaftpflicht vom 18. Juni 1993 (PrHG)* geregelt[33].

6. Allgemeine ausservertragliche Verschuldenshaftung

17.32 Natürlich kommt bei Bauunfällen auch die Haftung gemäss Art. 41 Abs. 1 OR in Frage. Tatbestandsmerkmale dieser Haftung sind das Vorliegen eines *Schadens*, die *Widerrechtlichkeit*, die *schuldhafte Verursachung* sowie der *adäquat kausale Zusammenhang* zwischen dem schuldhaften Verhalten und dem Eintritt des Schadens.

17.33 Diese Haftungsnorm wird *vom Geschädigten eher selten angerufen.* Dies hängt in erster Linie damit zusammen, dass meist mehrere Haftungsgrundlagen vorliegen. Bei den vertraglichen Haftungen sowie bei der Grundeigentümerhaftung, der Werkeigentümerhaftung und der Geschäftsherrenhaftung muss der Geschädigte im Gegensatz zur Haftung gemäss Art. 41 OR kein Verschulden nachweisen. Grössere Bedeutung kommt dieser Norm bei der Regressordnung im Falle mehrerer Haftpflichtiger zu.

---

33 Die Haftung gemäss Produktehaftpflichtgesetz ist gegeben, wenn ein fehlerhaftes Produkt dazu führt, dass eine Person getötet oder verletzt oder wenn eine Sache beschädigt oder zerstört wird, die nach ihrer Art gewöhnlich zum privaten Gebrauch oder Verbrauch bestimmt und vom Geschädigten hauptsächlich privat verwendet worden ist (Art. 1 Abs. 1 PrHG). Durch diese *eingeschränkte Anwendbarkeit* des Produktehaftpflichtgesetzes bei Sachschäden wird sich die Haftung für Bauunfälle aus der Produktehaftpflicht hauptsächlich auf Personenschäden beschränken.

7. Konkurrenzen

a) *Mehrere Haftungsgrundlagen bei einem Haftpflichtigen*

Ein Haftpflichtiger kann gestützt auf *mehrere Haftungsgrundlagen* haftpflichtig werden. Er kann gleichzeitig aus Vertrag sowie ausservertraglich haften. Auch eine Verschuldenshaftung gemäss Art. 41 OR kann gleichzeitig mit einer Kausalhaftung vorliegen. Zudem kann eine Haftbarkeit aus verschiedenen Kausalhaftungen gegeben sein. 17.34

Zwischen den Kausalhaftungen und vertraglichen Haftungen sowie zwischen verschiedenen Kausalhaftungen gilt normalerweise *Alternativität.* Der Geschädigte kann somit wählen, welche Haftungsgrundlage er geltend machen will. Dringt er mit einer Haftungsgrundlage nicht durch, kann er immer noch eine andere Haftungsgrundlage geltend machen. *Exklusivität* ist aber bei den Kausalhaftungen gegenüber der Verschuldenshaftung von Art. 41 Abs. 1 OR anzunehmen[34]. 17.35

b) *Mehrere Haftpflichtige*

Sind mehrere Haftpflichtige vorhanden, so muss der Geschädigte wissen, an wen er sich zu halten hat. Haben *mehrere Personen einen Schaden gemeinsam verschuldet*, so haften sie dem Geschädigten gemäss Art. 50 Abs. 1 OR *solidarisch.* Häufig wird es aber vorkommen, dass mehrere Haftpflichtige nicht aus dem gleichen Rechtsgrund und ohne gemeinsames Verschulden haften. Das OR regelt diesen Fall nicht direkt. Art. 51 Abs. 1 OR regelt zwar das Innenverhältnis bei mehreren Ersatzpflichtigen, setzt aber die Solidarität im Aussenverhältnis voraus[35]. Sodann sieht Art. 60 Abs. 1 SVG bei einem Verkehrsunfall mit mehreren Ersatzpflichtigen ausdrücklich vor, dass die Ersatzpflichtigen solidarisch haften. Es liegt somit *auch Solidarität bei mehreren Haftpflichtigen aus verschiedenen Haftungsgrundlagen* vor. Es handelt sich dabei aber im Gegensatz zu Anwendungsfällen von Art. 50 OR nicht um echte, sondern um unechte Solidarität. Die Regeln der Solidarität werden sinngemäss angewandt[36]. 17.36

---

34 OFTINGER/STARK, Bd. I, N 68 a ff. zu § 13.

35 OFTINGER/STARK, Bd. I, N 13 zu § 10.

36 BGE 115 II 45; 119 II 131.

17.37 Bei der Grundeigentümerhaftung und der Werkeigentümerhaftung haften *mehrere Eigentümer*[37] ebenfalls solidarisch. Dies trifft ebenso auf *mehrere Geschäftsherren* einer Hilfsperson zu[38].

17.38 Durch die solidarische Haftbarkeit haften alle Ersatzpflichtigen für den ganzen, von allen geschuldeten Schaden. Keiner muss aber mehr leisten, als er zu leisten hätte, wenn er alleine haftbar wäre. *Allfällige Reduktionsgründe* werden somit bei jedem ins Recht gefassten Ersatzpflichtigen individuell geprüft[39].

17.39 Art. 50 Abs. 2 sowie Art. 51 OR regeln den *Rückgriff* eines ins Recht gefassten Ersatzpflichtigen gegen weitere Ersatzpflichtige. Der Richter hat bei der Ermittlung des Rückgriffrechts ein grosses Ermessen. Beim Vorliegen von verschiedenen Haftungsgrundlagen gilt in der Regel eine *Kaskadenhaftung*. In erster Linie hat derjenige für den Schaden aufzukommen, der ihn durch unerlaubte Handlung verschuldet hat. Derjenige, welcher ohne eigene Schuld und ohne vertragliche Verpflichtung nach Gesetzesvorschrift haftbar ist, wird nur belastet, wenn niemanden ein deliktisches Verschulden trifft und niemand aus Vertragsverletzung verantwortlich ist[40]. Stehen sich gleichartige Haftungsarten gegenüber, hat auf dem Regressweg grundsätzlich eine gleichmässige Verteilung der Schadenersatzpflicht zu erfolgen[41].

IV. Strafrechtliche Haftung

17.40 Da bei Bauunfällen meist ein Personen- oder Sachschaden entsteht, stellt sich auch die Frage, inwiefern sich gewisse Personen strafrechtlich zu verantworten haben[42].

---

37 Mit- oder Gesamteigentümer.

38 OFTINGER/STARK, Bd. I, N 23 zu § 10, mit Hinweisen.

39 OFTINGER/STARK, Bd. I, N 33 zu § 10.

40 OFTINGER/STARK, Bd. I, N 50 zu § 10.

41 SCHNYDER, in: HONSELL/VOGT/WIEGAND, N 14 zu Art. 51 OR.

42 Zu den strafrechtlichen Risiken beim Bauen im Allgemeinen: RIKLIN, 1 ff.

1. Gefährdung durch Verletzung der Regeln der Baukunde

Gemäss Art. 229 StGB wird mit Gefängnis oder Busse bestraft, wer *vorsätzlich* bei der *Leitung oder Ausführung eines Bauwerks oder eines Abbruchs die anerkannten Regeln der Baukunde ausser acht lässt* und dadurch *wissentlich Leib und Leben von Mitmenschen gefährdet.* Die *fahrlässige* Nichtbeachtung der Regeln der Baukunde wird ebenfalls mit Gefängnis oder Busse bestraft. 17.41

Als *Bauwerk* gilt jede bauliche oder technische Anlage, die mit Grund und Boden verbunden ist[43]. Die Entfernung eines derartigen Bauwerks gilt als *Abbruch.* Täter können sämtliche an einem Bauvorhaben beteiligten Personen wie Architekt, Ingenieur, Baumeister und Bauarbeiter sein[44]. 17.42

Die *Tathandlung* besteht in der Ausserachtlassung der Regeln der Baukunde. Diese Regeln umfassen die technische Seite des Bauens sowie Unfallverhütungsvorschriften. Es handelt sich um geschriebene oder ungeschriebene Grundsätze der Baubranche, die von der Praxis übernommen und als theoretisch richtig anerkannt werden. Es wird verlangt, dass diese Regeln praktiziert werden, verfestigt und akzeptiert sind und sich in der Praxis durchgesetzt haben[45]. 17.43

Die Verletzung dieser Regeln muss dazu führen, dass *wissentlich Leib und Leben von Mitmenschen gefährdet* werden. Eine Gefährdung von Sachen genügt nicht. 17.44

Neben der vorsätzlichen Begehung dieses Deliktes ist auch die *fahrlässige Nichtbeachtung der Regeln der Baukunde* strafbar. Der Täter muss die Gefahr für Leib und Leben nicht kennen. Es genügt, dass der Täter die Gefahr für Leib und Leben von Mitmenschen trotz gebotener Sorgfalt nicht beachtet[46]. Die Sorgfaltspflicht bemisst sich nach den Umständen und den persönlichen Verhältnissen des Täters (Art. 18 Abs. 3 StGB). 17.45

---

43 BGE 115 IV 48.

44 SJZ 62 (1966) 256.

45 RIKLIN, Architekt, Rz. 1800.

46 BGE 90 IV 251.

2. Weitere Straftatbestände

17.46 Bei Bauunfällen kommen eine *Vielzahl weiterer Delikte* in Frage. Da ein Bauunfall definitionsgemäss ein ungewolltes Ereignis ist, handelt es sich hauptsächlich um Fahrlässigkeitsdelikte.

17.47 Die wichtigsten Delikte sind dabei die *fahrlässige Tötung* (Art. 117 StGB) und die *fahrlässige Körperverletzung* (Art. 125 StGB). Weitere Delikte, die in Frage kommen, sind die fahrlässige Verursachung einer Feuersbrunst (Art. 222 StGB), die fahrlässige Verursachung einer Explosion (Art. 223 Ziff. 2 StGB), die fahrlässige Gefährdung durch Sprengstoffe oder giftige Gase (Art. 225 StGB), die fahrlässige Verursachung einer Überschwemmung oder eines Einsturzes (Art. 227 Ziff. 2 StGB), die fahrlässige Beschädigung von elektrischen Anlagen, Wasserbauten und Schutzvorrichtungen (Art. 228 Ziff. 2 StGB), die Beseitigung oder Nichtanbringung von Sicherheitsvorrichtungen (Art. 230 StGB), die fahrlässige Störung des öffentlichen Verkehrs (Art. 237 Ziff. 2 StGB), die fahrlässige Störung des Eisenbahnverkehrs (Art. 238 Abs. 2 StGB) sowie die fahrlässige Störung von Betrieben, die der Allgemeinheit dienen (Art. 239 Ziff. 2 StGB).

V. Durchsetzung von Haftpflichtansprüchen

1. Sachverhaltsermittlung

17.48 Nach einem Bauunfall ist so bald wie möglich abzuklären, was die *Ursache* des Unfalls war. Wurde jemand schwer verletzt oder gar getötet, ist sofort die Polizei oder die Untersuchungsbehörde aufzubieten. In diesem Fall wird von Amtes wegen die Unfallursache und das Vorliegen einer strafrechtlichen Haftung abgeklärt.

17.49 Bei jedem Bauunfall sollte der Geschädigte sofort *sämtliche möglichen Schädiger bzw. Ersatzpflichtigen informieren*. Zudem ist der Sachverhalt umgehend möglichst genau abzuklären. Aufgrund der Komplexität von Bauvorhaben sollten die entsprechenden Abklärungen durch Experten vorgenommen werden. Es sind sämtliche haftungsrelevanten Tatbestandsmerkmale abzuklären. Wenn möglich sollte die Sachverhaltsermittlung *zusammen mit allfälligen potentiellen Ersatzpflichtigen* vorgenommen werden. Werden die Resultate der Ermittlungen durch die potentiell Ersatzpflichtigen anerkannt, so kann in einem allenfalls notwendigen Gerichtsverfahren auf das Beweisverfahren verzichtet oder dieses zumindest eingeschränkt werden.

2. Beweissicherung

Die Geltendmachung von Schadenersatzansprüchen kann viel Zeit in Anspruch nehmen. Auf der Baustelle soll die Arbeit aber möglichst rasch weitergeführt werden können. Dies führt dazu, dass zum Zeitpunkt eines allfälligen Beweisverfahrens im Prozess der *relevante Sachverhalt* nicht mehr nachgewiesen werden kann. 17.50

Besteht eine derartige Gefahr und anerkennen potentielle Ersatzpflichtige den ermittelten Sachverhalt nicht, so sollte eine *vorsorgliche Beweisabnahme* erfolgen. Kann die Notwendigkeit einer Beweisabnahme vor Beginn eines Prozesses oder des Beweisverfahrens glaubhaft gemacht werden, so sehen sämtliche Kantone ein entsprechendes Verfahren vor[47]. 17.51

Anstatt einer beim Richter verlangten vorsorglichen Beweisabnahme können der Geschädigte und die potentiell Ersatzpflichtigen auch einen *Schiedsgutachter* bestellen, der den Sachverhalt für die Parteien und den Richter grundsätzlich verbindlich feststellt[48]. Die Erfahrung zeigt allerdings, dass derartige Schiedsgutachten oft zu weiteren Streitigkeiten führen. Den Parteien stehen verschiedene Einreden gegen ein derartiges Gutachten zur Verfügung (z.B. § 258 Abs. 2 ZPO-ZH), welche häufig geltend gemacht werden, wenn es schliesslich zu einem Prozess kommt. 17.52

3. Verjährungsunterbrechung

Der *Verjährung* ist bei Bauunfällen besondere Beachtung zu schenken. Die Haftung gemäss Art. 41 OR sowie die Kausalhaftungen des OR und ZGB verjähren grundsätzlich gemäss Art. 60 Abs. 1 OR in einem Jahr 17.53

---

47 Vgl. VOGEL, Kap. 10, Rz. 91 ff., mit Hinweisen.

48 FRANK/STRÄULI/MESSMER, N 1 ff. zu § 258 ZPO.

von dem Tag an gerechnet, an dem der Geschädigte Kenntnis vom Schaden und von der Person des Ersatzpflichtigen erlangt hat, jedenfalls aber mit dem Ablauf von zehn Jahren vom Tage der schädigenden Handlung an gerechnet. Die relative Frist gemäss Art. 60 Abs. 1 OR beginnt - unter Vorbehalt der Kenntnis des Ersatzpflichtigen - zu laufen, wenn der Geschädigte die wichtigsten Elemente seines Schadens kennt, die ihm erlauben, dessen wirklichen Umfang grössenordnungsmässig zu bestimmen[49].

17.54 Die Verjährung kann gemäss Art. 135 OR unterbrochen werden. *Unterbrechungshandlungen* sind aufgrund der kurzen relativen Verjährungsfrist von grosser Bedeutung. Sind die Parteien nicht so stark zerstritten, dass eine Kommunikation nicht mehr möglich ist, kann ein Verzicht auf die Verjährung vereinbart werden. Dadurch muss der Geschädigte nicht eine Unterbrechungshandlung im Sinne von Art. 135 OR vornehmen. Ist dies nicht möglich, so muss die Verjährung durch die Einleitung des Sühnbegehrens[50] oder der Einleitung der Betreibung unterbrochen werden. Da in gewissen Kantonen durch die Einleitung des Sühnverfahrens die Klage bereits rechtshängig wird[51], ist die Einleitung der Betreibung vorzuziehen.

17.55 Haften *mehrere Personen* aus gemeinsamem Verschulden, so wirkt sich eine verjährungsunterbrechende Handlung gegen eine Person auf alle diese Haftpflichtigen aus (Art. 136 Abs. 1 OR in Verbindung mit Art. 50 Abs. 1 OR). Demgegenüber müssen im Falle mehrerer Haftpflichtiger, die den Schaden nicht gemeinsam verursacht haben oder aufgrund verschiedener Grundlagen haften, gegen jeden Einzelnen verjährungsunterbrechende Handlungen vorgenommen werden[52].

---

49 BGE 111 II 56; 109 II 434; OFTINGER/STARK, Bd. II/1, N 351 zu § 16.

50 Das Gesetz spricht von Ladung zum Sühnversuch; gemäss BGE 65 II 66 genügt aber das Begehren um Ladung zum Sühnverfahren.

51 VOGEL, Kap. 8 Rz. 35.

52 OFTINGER/STARK, Bd. I, N 43 zu § 10.

4. Geltendmachung von Sicherheits- und Versicherungsleistungen

Bauunfälle können zu Baumängeln, Bauverzögerungen und Bauverteuerungen führen. Entsprechende *Gewährleistungsansprüche* sind rechtzeitig geltend zu machen[53]. Allenfalls vereinbarte *Erfüllungsgarantien* und andere Sicherheitsleistungen müssen fristgerecht abgerufen werden[54]. Ferner ist die Beanspruchung von *Versicherungsleistungen* zu prüfen[55]. 17.56

5. Geltendmachung von Zivilansprüchen im Strafverfahren

Mit dem Inkrafttreten des *Bundesgesetzes über die Hilfe an Opfer von Straftaten vom 4. Oktober 1991 (OHG)* wurden die Kantone verpflichtet, Zivilansprüche eines Opfers im Sinne des OHG im Strafverfahren zu beurteilen (Art. 9 OHG). *Opfer* im Sinne des OHG ist eine Person, die durch eine Straftat in ihrer körperlichen, sexuellen oder psychischen Integrität unmittelbar beeinträchtigt worden ist (Art. 2 Abs. 1 OHG). Auch der Ehegatte des Opfers, dessen Kinder und Eltern sowie andere Personen, die ihm in ähnlicher Weise nahestehen, können Zivilansprüche im Strafverfahren geltend machen (Art. 2 Abs. 2 OHG). Wenn die vollständige Beurteilung eines Zivilanspruches einen unverhältnismässigen Aufwand erfordert, kann das Strafgericht den Anspruch nur dem Grundsatz nach entscheiden und das Opfer oder die Personen gemäss Art. 2 Abs. 2 OHG im Übrigen an das Zivilgericht verweisen. 17.57

Aber auch *im Falle anderer Schädigungen* sehen die kantonalen Strafprozessrechte vor, dass der Geschädigte im Strafprozess Zivilansprüche geltend machen kann (z.B. § 192 ff. StPO-ZH). Die Verweisung an das Zivilgericht wird aber gewöhnlich von geringeren Anforderungen abhängig gemacht, als dies gemäss OHG gilt. Das Strafgericht muss meist auch nicht einen Anspruch dem Grundsatz nach entscheiden, sondern kann den Geschädigten vollumfänglich an das Zivilgericht verweisen (§ 193a StPO-ZH). 17.58

53 Vgl. oben Rz. 15.135 ff.

54 Vgl. zu den selbständigen Garantien oben Rz. 12.75 ff.

55 Vgl. unten Rz. 18.1 ff

VI. Checkliste

17.59
- Was ist passiert (Rz. 17.48)?
- Sind Menschen verletzt worden? Sollte die Polizei benachrichtigt werden und ist allenfalls ein Strafverfahren zu beantragen (Rz. 17.51)?
- Was für Schäden sind entstanden oder zu erwarten? Müssen sofort schadensmindernde Massnahmen ergriffen werden (Rz. 17.5, 17.48)?
- Was hat sich genau abgespielt? Müssen Experten beigezogen werden, um den genauen Ablauf des Unfalls abzuklären (Rz. 17.9 ff., 17.48 ff.)?
- Welches sind die potentiell Entschädigungspflichtigen (Rz. 17.16 ff., 17.49)?
- Müssen Beweise vorsorglich abgenommen werden (Rz. 17.55 ff.)?
- Sind mehrere potentiell Entschädigungspflichtige vorhanden? Welches sind mögliche Haftungsgrundlagen? Gegen wen soll allenfalls vorgegangen werden (Rz. 17.9 ff., 17.16 ff., 17.37 ff.)?
- Bei welchen Versicherungen welcher Beteiligten ist ein Schadenfall anzuzeigen (Rz. 17.37 ff., 18.1 ff.)?
- Sind verjährungsunterbrechende Handlungen vorzunehmen (Rz. 17.53 ff.)?

§ 18 Versicherungsfragen des Baus

FELIX HUBER

Literaturauswahl: Entscheidungen Schweizerischer Gerichte in privaten Versicherungsstreitigkeiten, Bern (SVA); FUHRER STEPHAN, Unternehmerrisiko und Betriebshaftpflichtversicherung, in: SVZ 1991, 2 ff., GROSS CHRISTOPHE, Die Haftpflichtversicherung, Zürich 1993; HAAG EUGEN, Die Bauwesenversicherung, Diss. St. Gallen, Winterthur 1971; HEPPERLE ERWIN, Bauversicherungen, in: Lendi/Nef/Trümpy (Hrsg.), Das private Baurecht der Schweiz, Zürich 1994; KUHN MORITZ, Grundzüge des Schweizerischen Privatversicherungsrechts, Zürich 1998; KUHN ROLF, Versicherungsvertrag: Probleme der Vertragsgestaltung, in: Koller Alfred (Hrsg.), Haftpflicht- und Versicherungsrechtstagung 1993, St. Gallen 1993; KOLLER ALFRED, Verjährung von Versicherungsansprüchen, in: Koller Alfred (Hrsg.), Haftpflicht- und Versicherungsrechtstagung 1993, St. Gallen 1993; MAURER ALFRED, Schweizerisches Privatversicherungsrecht, 3. Aufl., Bern 1995; MÜLLER OTTO HEINRICH, Haftpflichtversicherung, Zürich 1985; RICHNER CHRISTIAN, Die Versicherungen der Bauunternehmung, Zürich 1986; SCHWANDER WERNER, Die Haftpflichtversicherung des Architekten, in: Das Architektenrecht, 3. Aufl., Freiburg 1995; Schweizerische Versicherungs-Zeitschrift, Bern (SVZ); VIRET BERNARD, Privatversicherungsrecht, 2. Aufl., Zürich 1989; ZAUGG OTTO, Technische Versicherungen, Bern 1977.

I. Problemübersicht[1]

Im Zusammenhang mit Bauvorhaben können die verschiedensten Gründe mannigfache Schäden verursachen. Bei Aushubarbeiten kann das Erdreich in Bewegung geraten, so dass im Mauerwerk des benachbarten Gebäudes Risse entstehen. Eine Geschossdecke kann einbrechen und das bereits teilweise erstellte Gebäude oder Baumaschinen beschädigen und Personen verletzen. Der Sanitärmonteur kann Elektroinstallationen zerstören. Ein Architekt kann die Planung eines Abflussrohres vergessen, so dass es zu einem Wasserschaden kommt. Derartige Risiken eines Bauvorhabens sind zu analysieren, zu bewerten und zu bewältigen. Bauversicherungen sind ein Teil dieses *Risikomanagements*. 18.1

1 Für die fachliche Unterstützung durch Fürsprecher F. FREY, Stabsjurist der Winterthur-Versicherungen, bedankt sich der Autor an dieser Stelle ganz herzlich.

18.2 Mit den *üblichen bautenrelevanten Versicherungen* können die meisten Risiken weitgehend gedeckt werden. So wird in den soeben genannten Beispielen die Bauherrenhaftpflichtversicherung den Schadenersatzanspruch des Nachbarn decken, in dessen Gebäude Risse entstanden sind. Die Bauwesenversicherung wird bereits vor Ermittlung des verantwortlichen Verursachers die durch den Deckeneinsturz beschädigten Bauleistungen oder (bei entsprechender Versicherung) Fahrhabe, als Sachversicherung aber nicht den entstandenen Personenschaden, ersetzen und selbst versuchen, auf dem Regressweg vom Versicherer des Verursachers die bevorschussten Leistungen zurückzufordern. Die Betriebshaftpflichtversicherung des Sanitärmonteurs wird die Kosten der Instandstellung der Elektroinstallationen übernehmen. Die Berufshaftpflichtversicherung des Architekten wird den Wasserschaden decken. Die bei der Risikoanalyse am häufigsten verbleibenden Versicherungslücken können mit technischen Versicherungen wie die Maschinen-, Maschinenkasko- und Montageversicherungen geschlossen werden.

II. Merkmale und Erscheinungsformen

1. Versicherungsarten

a) Sachversicherungen

18.3 Bei den Sachversicherungen ist eine Sache Gegenstand der Versicherung (*versicherte Sache*). Versichert sind die Kosten der Wiederinstandsetzung oder des Ersatzes der beschädigten Sache (*versicherter Sachschaden*). Es gibt Neuwert- und Zeitwertversicherungen.

18.4 Die bautenrelevanten Sachversicherungen unterscheiden sich primär nach dem versicherten Gegenstand. Zu den *bautenbezogenen Sachversicherungen* gehört in erster Linie die Bauwesenversicherung[2], mit welcher Bauleistungen versichert werden. Ersetzt werden die Kosten der Wiederherstellung des Zustands des im Bau begriffenen Werks unmittelbar vor dem Schadenereignis. Bei entsprechender Zusatzversicherung sind Fahrhabe, Gerüstmaterial usw. zum Zeitwert versichert. Mit den Maschinen-

2 Dazu unten Rz. 18.135 ff.

und Maschinenkaskoversicherungen[3] können die für die Arbeiten eingesetzten Bau- und anderen Maschinen versichert werden. Mit der Montageversicherung[4] sind die Risiken während eines Montagevorgangs betreffend Baumaschinen, Bauinstallationen usw. versichert.

b) Vermögensversicherungen

Bei den Vermögensversicherungen hat die Versicherung für den Schaden einzustehen, der einem Dritten entstanden ist. Versichert ist indessen nicht der Schaden des Dritten, sondern die Vermögenseinbusse des Versicherten, die sich daraus ergibt, dass er dem Geschädigten den Schaden ersetzen muss[5]. Gegenstand der Versicherung ist somit das *Vermögen des Versicherten*, das durch den Schadenersatzanspruch des Dritten geschmälert wird. Zu den Vermögensversicherungen gehören primär die Haftpflichtversicherungen. Gegenstand dieser Versicherungen ist das Haftpflichtrisiko, dass jemand der Gefahr ausgesetzt ist, einem andern aufgrund gesetzlicher Haftplichtbestimmungen (ausservertraglich oder vertraglich) einen Schaden ersetzen zu müssen[6]. 18.5

Bautenbezogene Haftpflichtversicherungen sind die Bauherren-, Berufs- und Betriebshaftpflichtversicherungen[7]. Sie unterscheiden sich durch die im Vordergrund stehenden Risiken. Beim Bauherrn sind es Ersatzansprüche, die sich auf die Verwirklichung gesetzlicher Kausalhaftungstatbestände wie Grundeigentumsüberschreitung (Art. 679 ZGB) oder Werkeigentümerhaftung (Art. 58 OR) stützen. Die Berufshaftpflichtversicherungen der Architekten und Ingenieure sollen dagegen vertragliche oder ausservertragliche Ansprüche der Verschuldenshaftung decken. Dabei werden die unterschiedlichen Risiken verschiedener Ingenieursparten mit besonderen Zusatzbedingungen berücksichtigt. Analoges gilt für die Betriebshaftpflichtversicherungen, da sich Betriebe in ihrem Tätgkeitsbereich stark in der Art, Häufigkeit und Höhe der durch sie verursachten Schäden unterscheiden[8]. 18.6

3 Dazu unten Rz. 18.165 ff.
4 Dazu unten Rz. 18.161 ff.
5 SCHWANDER, N 1827.
6 A.a.O., N 1826.
7 Dazu unten Rz. 18.43 ff., 18.88 ff., 18.115 ff.
8 HEPPERLE, 206.

2. Abgrenzung der baurelevanten Versicherungen

18.7 Detaillierte Bestimmungen in den AVB der Bauversicherungen zur *Vermeidung von Doppelversicherungen* grenzen diese gegegenüber anderen Haftpflichtversicherungen ab, die das Gesetz als obligatorisch erklärt (Motor- und Luftfahrzeugversicherungen usw.).

18.8 Bauversicherungen haben grundsätzlich Haftungsansprüche bzw. Schäden zum Gegenstand, die in Zusammenhang mit der *Realisierung eines Bauvorhabens* stehen. Nicht zu den hier zu erläuternden Versicherungsarten gehören deshalb Versicherungen betreffend bereits erstellte Bauwerke, wie die Feuer-, Wasser-, Diebstahl- oder Vermögensschadenversicherungen. Die Gebäudeversicherung ist insoweit zu den Bauversicherungen zu zählen, als Bauvorhaben bereits ab Baubeginn obligatorisch beim Kantonalen Gebäudeversicherer gegen Feuer- und Elementarereignisse zu versichern sind.

18.9 Von den Bauversicherungen zu unterscheiden sind des weiteren die heute auch von den Versicherungsinstituten angebotenen *Baugarantien* in der Form von Anzahlungs-, Erfüllungs- oder Gewährleistungsgarantien, welche die vollständige Vertragserfüllung sicherstellen.

3. Haftung und Deckung

18.10 Die *Haftung* umschreibt das Anspruchsverhältnis zwischen dem Versicherten und dem geschädigten Dritten. Gegenstand der Haftung können Ansprüche aus Personen-, Sach- oder Vermögensschäden sein.

18.11 Die *Deckung* betrifft dagegen das Verhältnis zwischem dem Versicherten und dem Versicherer. Die Versicherungsdeckung definiert, in welchem Umfang der Versicherer den Versicherten für dessen Haftung schadlos hält[9].

a) Grundsätzliches zur Deckung

18.12 Grundsätzlich umschreiben die AVB den *Deckungsumfang* jeweils positiv mit Generalklauseln und diese ergänzenden Einzelregeln. Diese pri-

9 Vgl. auch MÜLLER, 52.

märe Umschreibung des Risikos wird aber regelmässig durch eine sekundäre Risikobegrenzung mittels genereller Ausschlüsse eingeengt. Die Ausschlüsse dienen der Abgrenzung gegen andere Deckungen einerseits und gegen nicht versicherbare Risiken anderseits[10].

Der *Deckungsumfang* wird primär durch den Gegenstand der Versicherung bzw. die versicherte Haftpflicht umschrieben. Des weiteren wird er durch die Bestimmung der versicherten Personen, den zeitlichen und örtlichen Geltungsbereich der Versicherung, die versicherten Leistungen bzw. Interessen sowie den Selbstbehalt definiert. 18.13

Als Folge der *Deregulierung im Versicherungsmarkt* werden zunehmend unterschiedliche Produkte angeboten, so dass der Deckungsumfang der verschiedenen Versicherungspolicen nicht ohne weiteres verglichen werden kann. Deshalb können auch die vorliegenden Ausführungen nur allgemeiner Natur sein und muss im einzelnen Anwendungsfall auf die einschlägigen Versicherungsbedingungen abgestellt werden. 18.14

b) *Grundsätzliche Kriterien des Deckungsumfangs*

Die Bauversicherungen decken nicht alle Haftungsansprüche gleichermassen, sondern differenzieren diese nach den verschiedenen *Kriterien*. Wichtig ist in diesem Zusammenhang vor allem die Unterscheidung zwischen Personen-, Sach- und «reinen» Vermögensschäden. 18.15

Versicherungsrechtlich sind *Personenschäden* Ansprüche aus Schäden, welche die Folge der Tötung, Verletzung oder sonstiger Gesundheitsbeeinträchtigungen von Personen sind. 18.16

Die vermögensmässigen Folgen können in vorübergehendem oder bleibendem Verdienstausfall, in Heilungskosten, in Versorgerschaden oder Genugtuung usw. bestehen[11].

Versicherungsrechtlich sind *Sachschäden* Ansprüche aus Schäden, welche die Folge der Beschädigung oder des Verlustes von Sachen sind. 18.17

Diese kann aus Ersatzbeschaffungen, Reparaturkosten, Minderwert usw.[12] resultieren.

---

10 SCHWANDER, N 1948.
11 A.a.O., N 1862.
12 A.a.O., N 1863.

18.18 *Folgeschäden aus Personen- oder Sachschäden* sind ausschliesslich (unechte) Vermögensschäden, d.h. Verminderungen im Vermögen des Geschädigten, die sich als (weitere) Folge einer Körperverletzung oder Sachbeschädigung ergeben:

Beispielsweise die Annulationskosten des Verletzten, der an einer Reise verhindert ist[13].

18.19 *«Reine» Vermögensschäden* sind versicherungsrechtlich Vermögenseinbussen, die nicht auf versicherte Personen- oder Sachschäden zurückzuführen sind[14].

Darunter fallen beispielsweise Kapitalzinsverluste wegen Bauzeitverlängerungen oder Schäden infolge Kostenüberschreitung.

4. Risiko und Versicherungsgegenstand

a) Versicherte Gefahr

18.20 Als versicherte Gefahr gilt der *zukünftige ungewisse Tatbestand*, dessen Eintreten eine Leistungspflicht des Versicherers auszulösen vermag und für den somit der Versicherungsvertrag *Versicherungsschutz gewährt*[15]. Die versicherte Gefahr gehört zu den objektiv wesentlichen Vertragspunkten, die vom Konsens der Parteien beim Vertragsabschluss erfasst sein müssen. Statt von Gefahr wird auch vom Risiko gesprochen[16].

b) Befürchtetes Ereignis

18.21 Als befürchtetes Ereignis gilt der Versicherungsfall, der eintritt, wenn sich die *versicherte Gefahr verwirklicht* hat[17].

c) Gegenstand der Versicherung

18.22 Gegenstand der Versicherung ist das Vermögen des Versicherten. Als *versicherter Gegenstand* gilt das Objekt, auf das sich die Versicherung erstreckt und das von der versicherten Gefahr bedroht ist[18]. Dies ist bei

13 A.a.O., N 1864.
14 A.a.O., N 1928.
15 Vgl. auch MÜLLER, 44 ff.
16 KUHN, 96 ff.
17 Vgl. Art. 48 VVG.

der Sachversicherung eine Sache (z.B. bei der Bauwesenversicherung die versicherte Bauleistung). Bei der Haftpflichtversicherung ist es die gesetzliche Haftpflicht (z.B. bei der Bauherrenhaftpflichtversicherung ein Haftungsanspruch aus Grundeigentümerhaftung).

5. Versicherungsvertrag[19]

a) Beteiligte

Versicherer ist die Versicherungsgesellschaft als private Versicherungsträgerin. *Versicherungsnehmer* ist derjenige, der mit dem Versicherer einen Versicherungsvertrag abschliesst. Als *Versicherter* gilt derjenige, dessen Risiko versichert ist, ohne dass er selbst Versicherungsnehmer zu sein braucht[20]. 18.23

b) Vertragsabschluss

Der Versicherer *prüft* vorerst das zu versichernde Risiko und stellt Fragen, deren Beantwortung für die Beurteilung des Risikos erforderlich ist. Nicht selten macht der Versicherer das Zustandekommen des Versicherungsvertrags von Auflagen abhängig. 18.24

So kann er beispielsweise verlangen, dass für grundbautechnische Belange ein Geologe beizuziehen, oder vorschreiben, auf welche Art die Baugrubenumschliessung zu realisieren sei.

Gemäss Art. 1 VVG ist der künftige Versicherungsnehmer *Antragsteller*. Deshalb sind diesem die allgemeinen Versicherungsbedingungen (AVB) der Versicherung rechtzeitig (beispielsweise mit dem Fragenkatalog) auszuhändigen, so dass er seine Rechte und Pflichten bei Abgabe seiner Offerte kennt (Art. 3 VVG). 18.25

Das *Akzept* der Offerte erfolgt in der Regel mit Zustellung der Versicherungspolice. Der Versicherer kann sich mittels Deckungszusage (allenfalls bereits in den AVB) verpflichten, den Versicherungsschutz schon ab Antragstellung zu leisten. 18.26

---

18 KUHN, 100; MAURER, 242 ff.

19 Vgl. zum Ganzen MAURER, 201 ff.

20 RICHNER, 45.

18.27 Gemäss Art. 11 Abs. 1 VVG ist der Versicherer gehalten, dem Versicherungsnehmer eine *Police* auszuhändigen, welche die Rechte und Pflichten der Parteien feststellt. Die Police ist lediglich eine Beweisurkunde[21].

c) *Hauptpflichten*

18.28 Die synallagmatischen Hauptverpflichtungen des Versicherungsvertrags sind die Versicherungsleistung und die Prämienzahlung.

aa) Versicherungsleistung[22]

18.29 Die Versicherungsleistung besteht in der Regel in einer Geldleistung[23]. Sie kann aber auch in einer Dienstleistung bestehen wie beispielsweise die Gewährung von Rechtsschutz bei der Abwehr unbegründeter Ansprüche. Der Versicherungsanspruch ist die Forderung aus dem Versicherungsvertrag (Art. 41 Abs. 1 VVG). Der Anspruch auf Versicherungsleistung *entsteht* mit dem Eintritt des befürchteten Ereignisses. Als weitere Voraussetzung des Entstehens des Versicherungsanspruchs muss dieser in die Versicherungszeit fallen und darf die Leistungspflicht des Versicherers nicht suspendiert sein (z.B. mangels Prämienzahlung[24]).

18.30 Das Versicherungsvertragsgesetz räumt dem Versicherer eine Frist von vier Wochen ein, um die Begründung des Versicherungsanspruchs und insbesondere die Anzeige des befürchteten Ereignisses zu prüfen. Diese sogenannte *Deliberationsfrist* beginnt ab dem Zeitpunkt, in welchem der Versicherer die notwendigen Angaben für die Prüfung des Versicherungsanspruchs erhalten hat.

18.31 Der Versicherungsanspruch wird nach Anzeige des befürchteten Ereignisses und Ablauf der Deliberationsfrist *fällig*. Die Anzeige vom Eintritt des befürchteten Ereignisses ist von Gesetzes wegen eine formfreie Mitteilung (Art. 38 Abs. 1 VVG behält jedoch abweichende Vereinbarungen über die Form der Anzeige vor). Der Versicherungsanspruch kann nicht fällig werden, solange der Versicherer nicht die Angaben erhalten

21 MAURER, 218 ff.
22 Vgl. zum Ganzen MAURER, 288 ff.
23 KUHN, 101 ff.
24 A.a.O., 140.

hat, aus denen er sich von der Richtigkeit des geltend gemachten Anspruchs überzeugen kann (Art. 41 Abs. 1 VVG). Gestützt auf Art. 38 Abs. 2 VVG kann der Versicherer die Versicherungsleistung um den Betrag kürzen, um den sich der Versicherungsanspruch bei rechtzeitiger Anzeige vermindert hätte. Dieses Kürzungsrecht entfällt, wenn auch bei gehöriger Erfüllung der Anzeigepflicht kein zusätzlicher Schaden entstanden wäre[25].

Gemäss Art. 46 Abs. 1 VVG *verjähren* die Forderungen aus dem Versi- 18.32
cherungsvertrag in zwei Jahren nach Eintritt der Tatsache, welche die Leistungspflicht begründet[26]. Die Vereinbarung einer kürzeren Verjährung oder die zeitlich kürzere Beschränkung oder Befristung ist unzulässig (Art. 46 Abs. 2 VVG). Entgegen Art. 130 Abs. 1 OR ist nach dem VVG nicht die Fälligkeit für den Beginn der Verjährungsfrist massgebend, sondern der Eintritt der die Leistungspflicht begründenden Tatsache[27]. Der Beginn der Verjährungsfrist hängt somit insbesondere auch nicht vom Zeitpunkt der Anzeige des befürchteten Ereignisses ab.

bb) Prämienzahlung[28]

Die Höhe der Prämienzahlung ergibt sich aus dem Versicherungsvertrag 18.33
und richtet sich grundsätzlich nach der Grösse des Risikos und nach dessen Dauer. Der Zeitabschnitt, nach dem die Prämie bemessen und berechnet wird, heisst *Versicherungsperiode* und ist von der Versicherungsdauer als der Vertragsdauer zu unterscheiden[29].

Prämienschuldner ist in der Regel der Versicherungsnehmer. Bei Versi- 18.34
cherungen für fremde Rechnung (Art. 18 Abs. 2 VVG), zugunsten Dritter (Art. 18 Abs. 3 VVG) sowie bei Handänderungen der versicherten Sache (nach Massgabe von Art. 54 Abs. 1 VVG) und bei vertraglichen Vereinbarungen kann der Versicherer die Prämie allenfalls von Dritten fordern.

25 A.a.O., 140 f.; Art. 38 Abs. 2 VVG ist nicht zwingend.
26 Vgl. unten Rz. 18.85 ff. und 18.160.
27 KUHN, 152 f.
28 Vgl. zum Ganzen MAURER, 366 ff.
29 KUHN, 154.

18.35 Der *Prämienverzug* setzt nicht nur die Fälligkeit der Prämien voraus, sondern auch eine erfolglose Mahnung nach den Vorschriften des VVG. Die Mahnung hat schriftlich zu erfolgen[30]. Gemäss Art. 20 Abs. 1 VVG tritt der Verzug nicht mit Eingang der Mahnung, sondern erst nach Ablauf einer Wartefrist von 14 Tagen ein.

18.36 Nach Art. 20 Abs. 3 VVG *ruht* mit Eintritt des Prämienverzugs die Leistungspflicht des Versicherers. Der Versicherungsvertrag fällt jedoch nicht dahin und die Pflicht zur Prämienzahlung besteht weiter. Der Versicherer haftet lediglich nicht mehr für den Eintritt von befürchteten Ereignissen nach Ablauf der Mahnfrist.

18.37 Im Sinne einer unwiderlegbaren Rechtsvermutung geht Art. 21 Abs. 1 VVG davon aus, dass der Versicherungsvertrag ex nunc infolge Rücktritts des Versicherers als *aufgelöst* gilt, falls dieser die ausstehende Prämie nicht innert zwei Monaten seit dem Eintritt des Verzuges rechtlich einfordert. Werden die Prämie, die Kosten (z.B. der Betreibung) und der Zins eingefordert oder nachträglich angenommen, tritt der in Bezug auf die Leistungspflichten des Versicherers suspendierte Vertrag mit dem Zeitpunkt der Prämienzahlung wieder in Kraft (Art. 21 Abs. 2 VVG).

d) Obliegenheiten[31]

18.38 Die allgemeinen Vertragsbedingungen sehen regelmässig verschiedene Obliegenheiten zulasten des Versicherten vor.

Dazu gehören beispielsweise die Pflicht zur Mitteilung von Gefahrserhöhungen betreffend erheblicher Tatsachen und zur Beseitigung eines gefährlichens Zustands sowie die Pflicht des Versicherten, Schadenverhütungsmassnahmen nach den allgemein anerkannten Regeln der Baukunde zu treffen[32].

18.39 Verletzt ein Versicherter die ihm überbundenen Obliegenheiten, entfällt ihm gegenüber der Versicherungsschutz, es sei denn, der Versicherte beweise, dass die Verletzung nach den Umständen als unverschuldet

---

30 Dabei genügt jedoch die urkundliche Festlegung und ist nicht die Schriftform gemäss Art. 11 ff. OR erforderlich, KUHN, 163.

31 Vgl. zum Ganzen MAURER, 300 ff.

32 Vgl. unten Rz. 18.79 ff., 18.113, 18.130 ff.

erscheint oder dass der Schaden auch bei Erfüllung der Obliegenheit eingetreten wäre[33].

e) Auslegungsregeln

Unklare Formulierungen sind zuungunsten desjenigen Vertragspartners auszulegen, der den Text verfasst hat, somit in der Regel zum Nachteil des Versicherers. Die verwendeten Ausdrücke sind so auszulegen, wie sie im täglichen Sprachgebrauch verstanden werden. Diese *Unklarheitenregel* ist für die Umschreibung der versicherten Gefahr in Art. 33 Abs. 2 VVG ausdrücklich verankert. Sie ist insbesondere im Hinblick auf die Ausschlussklauseln von Bedeutung. Deckungsausschlüsse müssen bestimmt und unzweideutig formuliert sein. Da die Gerichte die Unklarheitenregel streng handhaben, sehen sich die Versicherer gezwungen, möglichst ausführliche und lückenlose Vertragsbedingungen zu formulieren, was deren Lesbarkeit beeinträchtigt[34]. 18.40

Die *Ungewöhnlichkeitskausel* ist auch auf Versicherungsverträge anwendbar, doch erlangt sie wegen der strengen Kontrolle der AVB durch die Aufsichtsbehörden kaum praktische Bedeutung. 18.41

f) Gesetzliche Rahmenbedingungen

Die Rechte und Pflichten von Versicherer und Versicherungsnehmer sind in der Police und in den AVB geregelt. Die AVB haben die zwingenden Bestimmungen des Bundesgesetzes über den Versicherungsvertrag vom 2. April 1908 (VVG)[35] zu berücksichtigen[36]. Dieses unterscheidet neben dem dispositiven Recht zwischen absolut zwingenden Vorschriften, die vertraglich nicht missachtet werden dürfen, und relativ zwingenden Bestimmungen, die nicht zuungunsten des Versicherungsnehmers abgeändert werden dürfen. Das Versicherungsvertragsgesetz füllt allfällige *Lücken der AVB*. Für Fragen, die weder im VVG noch in den AVB geregelt sind, verweist Art. 100 VVG auf das OR[37]. 18.42

---

33 Gross, 128 ff.

34 Hepperle, 200.

35 SR 221.229.1.

36 Vgl. dazu Maurer, 142 ff.

37 Das Bundesgesetz betreffend die Aufsicht über die privaten Versicherungseinrich-

III. Betriebshaftpflichtversicherung

1. Versicherte Haftpflicht

a) Versicherter Gegenstand

18.43 Mit der Betriebshaftpflichtversicherung sind wie bei allen Haftpflichtversicherungen *Ansprüche aufgrund der gesetzlichen Haftpflichtbestimmungen* versichert. Geht der Versicherungsnehmer vertraglich eine darüber hinausgehende Haftpflicht ein, so ist diese nicht versichert, es sei denn, der Versicherer habe das Risiko auf Antrag des Versicherungsnehmers übernommen. Nicht versichert ist auch die vertraglich übernommene Haftung eines Dritten.

Eine über die gesetzliche Haftung hinausgehende Vereinbarung liegt vor, wenn sich der Unternehmer in Abweichung von Art. 368 Abs. 1 OR verpflichtet, für Mangelfolgeschäden auch dann einzustehen, wenn ihn kein Verschulden trifft.

b) Versicherte Gefahr

18.44 Als versicherte Gefahr ist die *Verursachung von Personen- und Sachschäden* zulasten Dritter versichert, die auf die Tätigkeit des versicherten Betriebs zurückzuführen ist.

c) Sach- und Personenschäden

18.45 *Reine Vermögensschäden* sind nicht gedeckt[38]. Allenfalls sind Vermögensschäden wegen Bauzwischenfällen gedeckt. Dabei handelt es sich um Vermögensschäden, die durch ein unvorhergesehenes, nicht zum normalen oder geplanten Bauvorgang gehörendes Ereignis verursacht werden.

Von dieser Deckung profitiert beispielsweise derjenige Unternehmer, welcher einen Verzugsschaden wegen eines Bauunfalls zu ersetzen hat.

---

tungen vom 23. Juni 1978 (VAG; SR 961.01) regelt insbes. die von den Versicherungsgesellschaften zu erfüllenden Voraussetzungen und die Aufsicht über die Versicherer, vgl. dazu MAURER, 89 ff.

38 GROSS, 125; vgl. oben Rz. 18.19.

Ferner sind regelmässig Schadenverhütungskosten gedeckt für den Fall, dass ein unvorhergesehenes Ereignis unmittelbar bevorsteht.

Beispielsweise muss die Strasse gesperrt und müssen Busse statt die Bahn eingesetzt werden, weil ein Gerüst umzustürzen droht[39].

d) *Eigenschäden*

Ansprüche des Versicherungsnehmers aus Schäden, die er *selbst als Person erleidet* oder die *ihm gehörende Sachen* betreffen, werden von seiner Haftpflichtversicherung nicht gedeckt (Ausschluss sogenannter Eigenschäden). Deren Deckung würde dem Grundprinzip der Haftpflichtversicherung widersprechen, welches Ansprüche Dritter und nicht solche der Versicherten selbst befriedigt[40]. Bei den Eigenschäden handelt es sich primär um Schäden an Bauteilen, die der Versicherte selbst hergestellt hat. 18.46

Beispielsweise stürzt eine Decke ein, weil sie zu früh ausgeschalt wurde; Vandalen beschädigen die Bauleistung vor deren Abnahme.

Dieser Deckungsausschluss gilt für *Arbeitsgemeinschaften* analog, wobei die Schäden aller Mitglieder als Eigenschäden qualifiziert werden. Der Versicherungsschutz erstreckt sich auch nicht auf Ansprüche von *Familienangehörigen* des Versicherungsnehmers aus Schäden, die seine Person betreffen, und auf Ansprüche von Familienangehörigen eines Versicherten diesem selbst gegenüber. Nicht gedeckt sind auch Ansprüche aus Bauherrenhaftung, wenn der Unternehmer selbst *Bauherr* ist. 18.47

e) *Obhutsklausel*

Die sogenannte Obhutsklausel schliesst Ansprüche aus Schäden an solchen Sachen aus, die ein Versicherter zum Gebrauch, zur Bearbeitung, Verwahrung oder Beförderung oder aus anderen Gründen übernommen, gemietet oder gepachtet hat. Der Versicherte soll mit diesen Sachen ebenso *sorgfältig umgehen* wie mit seinen eigenen, zumal für die praktisch wichtigsten Anwendungsfälle Sachversicherungen zur Verfügung stehen. Diese Ausschlussbestimmung hat zusätzlich eine *Abgrenzungs-* 18.48

39 Vgl. MÜLLER, 124.
40 SCHWANDER, N 1925.

funktion. Durch gegenseitiges Vermieten wäre es sonst – namentlich da, wo sich verschiedene juristische Personen faktisch in einer Hand befinden – ein Leichtes, die Sachversicherungsprämien zulasten der Haftpflichtversicherung einzusparen[41].

f) Tätigkeits- oder Bearbeitungsklausel

18.49 Ansprüche aus Schäden sind nicht versichert, die an Sachen infolge Ausführung oder Unterlassung einer Tätigkeit eines Versicherten an oder mit ihnen entstanden sind. Auch dieser Klausel liegt der Gedanke zugrunde, dass mit fremden Sachen sorgfältig umgegangen werden soll, und der Versicherungsnehmer das *Risiko unsachgemässer Handlungen* selbst zu tragen hat.

Die Obhuts- und Tätigkeitsklauseln können nicht angerufen werden, wenn ein in der Wohnung eines Kunden mit der Montage einer elektrischen Installation beauftragter Angestellter Gegenstände zerbricht, die sich auf einem von diesem verschobenen Möbelstück befanden: einerseits bildete das Möbelstück, das dem Angestellten nie zur Bearbeitung anvertraut worden war, nicht Gegenstand seiner Tätigkeit, und andererseits war auch nicht das Verschieben von Möbeln, sondern die Vornahme von elektrischen Installationen Gegenstand des Vertrags mit der Installationsfirma[42].

18.50 Als *Tätigkeit* gilt die zu einem bestimmten Zweck vorgenommene bewusste und gewollte Einwirkung auf fremde Sachen wie etwa eine Reparatur.

18.51 Jemand ist *an der Sache* tätig, wenn diese selbst der Gegenstand ist, auf den eingewirkt werden soll. Der Deckungsausschluss wird sodann für unbewegliche Sachen auf diejenigen Teile beschränkt, die direkt bearbeitet werden sowie auf diejenigen, die daran angrenzen und sich im unmittelbaren Tätigkeitsbereich befinden.

Wird beispielsweise am Dach gearbeitet und durch eine Fehlbewegung des Krans das Mauerwerk im ersten Geschoss beschädigt, liegt keine Tätigkeit am beschädigten Hausteil vor und sind Ansprüche für diesen Schaden versichert[43].

---

41 HEPPERLE, 209.
42 SVA XVIII, Nr. 41.
43 MÜLLER, 125.

Ist die Sache das *Mittel*, mit dem andere Dinge bearbeitet werden, so handelt es sich um eine Tätigkeit mit ihr (z.B. Beladen und Entladen eines Fahrzeugs). 18.52

Eine besondere Behandlung erfahren Schäden sodann an *bestehenden Bauten*. Werden im Zuge von An-, Um- oder Ausbauten, Reparaturen oder Ausbesserungen Arbeiten an stützenden oder tragenden Elementen ausgeführt, die deren Stütz- oder Tragfähigkeit beeinträchtigen können, so gilt stets das gesamte Bauwerk als Gegenstand der Tätigkeit. Derselben Regelung ist auch das Unterfangen oder Unterfahren von Gebäuden unterstellt. Wird jedoch das Nachbargebäude unterfangen, gilt nur der direkt unterfangene Bauteil als bearbeitet. 18.53

Bei der Betriebshaftpflichtversicherung wird die Tätigkeitsklausel von der eigentlichen manuellen Tätigkeit allenthalben auf die Projektierung, Leitung, Weisungs- und Anordnungserteilung, Überwachung, Kontrolle und ähnliche Arbeiten sowie Funktionsproben *ausgeweitet*. 18.54

g) *Vertragserfüllungs- oder Gewährleistungsklausel*

Nicht gedeckt sind Ansprüche auf *Erfüllung von Verträgen* oder an deren Stelle tretende Ansprüche auf Ersatzleistung wegen Nichterfüllung oder nicht richtiger Erfüllung, das sogenannte Unternehmerrisiko[44]. Der Sinn der Gewährleistungsklausel liegt darin, dass die Erfüllung des Vertrages bzw. die Leistung von Schadenersatz im Falle der Nichterfüllung die ureigenste Aufgabe des Versicherten ist; das Unternehmerrisiko soll aus ethischen Gründen nicht versichert werden. Es ist üblicherweise im Werkpreis einkalkuliert[45]. Der Deckungsausschluss erstreckt sich namentlich auf Mängel und Schäden an Sachen, die vom Versicherungsnehmer (oder in seinem Auftrag von Dritten) hergestellt oder geliefert wurden, oder an Arbeiten, die von ihm oder in seinem Auftrag geleistet wurden, sofern die Ursache in der Herstellung, Lieferung oder Arbeitsleistung selbst liegt. Werden in Konkurrenz oder anstelle von vertragli- 18.55

44 Das Unternehmerrisiko wird primär durch die Gewährleistungsklausel, aber des weiteren auch durch die Tätigkeits-, Obhuts- und Vermögensschadenklausel bestimmt, FUHRER, 4.

45 MÜLLER, 115; FUHRER, 45 ff.

chen Ansprüchen Forderungen ausservertraglicher Art gestellt, so wird auch diesen die Deckung verweigert.

h) Ansprüche für Folgeschäden

18.56 Die genannten Obhuts-, Tätigkeits- und Gewährleistungsklauseln haben gemeinsam, dass solche Ansprüche aus Mängeln oder Schäden an der Sache selbst, die verwahrt, bearbeitet oder hergestellt wurden, nicht gedeckt sind. Mangelfolgeschäden sind dagegen versichert. Diese Deckung erfasst allerdings nur Sach- oder Personenschäden; (unechte) Vermögensschäden als Folge eines Tatbestands, der unter die Ausschlussklausel fällt, sind nicht versichert[46].

Der Schaden bei einer fehlerhaft reparierten Elektroinstallation ist nicht versichert; der durch die unsachgemässe Reparatur entstandene Brandschaden am Gebäude ist gedeckt; die Kosten der verursachten Bauverzögerung sind nicht versichert.

i) Sachschäden infolge Ermittlung oder Behebung von Mängeln oder Schäden

18.57 Aufwendungen im Zusammenhang mit der Ermittlung oder Behebung von Schäden und Mängeln sind gemäss der Gewährleistungsklausel nicht gedeckt. Dagegen sind Sachschäden an Gebäuden und an anderen unbeweglichen Sachen infolge Ermittlung und Behebung von Mängeln und Schäden regelmässig versichert. Grundsätzlich nicht gedeckt sind Ertragsausfälle und andere Vermögenseinbussen als Folge der Ermittlung und Behebung von Mängeln.

k) Umweltbeeinträchtigungen

18.58 Der Versicherungsschutz erstreckt sich auch auf Schäden im Zusammenhang mit Umweltbeeinträchtigungen. Als Umweltbeeinträchtigung gilt die *nachhaltige Störung* des natürlichen Zustands von Luft, Gewässern, Boden, Flora oder Fauna durch Immissionen, sofern als Folge dieser Störung schädliche oder sonstige Einwirkungen auf die menschliche Gesundheit, auf Sachwerte oder auf Ökosysteme entstehen können oder entstanden sind[47].

---

46 MÜLLER, 115; HEPPERLE, 210.

47 SCHWANDER, N 1879.

Schäden im Zusammmenhang mit einer Umweltbeeinträchtigung sind versichert, wenn sie Folge eines *einzelnen und plötzlich eingetretenen, unvorhergesehenen Ereignisses* sind, das zudem sofortige Massnahmen erfordert wie Meldung an die zuständige Behörde, Alarmierung der Bevölkerung etc. Von dieser «Unfalldeckung» ausgeschlossen sind die sogenannten Allmählichkeitsschäden, bei denen nur mehrere in der Wirkung gleichartige Ereignisse zusammen (z.B. ein tropfenweises Verschütten von Flüssigkeiten aus mobilen Behältern) Umweltschutzmassnahmen auslösen[48]. 18.59

Grundsätzlich besteht keine Deckung für Schäden im Zusammenhang mit *Altlasten.* Ferner sind Umweltbeeinträchtigungen durch Anlagen zur Lagerung, Aufbereitung und Beseitigung von Abfällen (abgesehen von Kompostanlagen und kurzen Zwischenlagern) ebenfalls vom Versicherungsschutz ausgenommen. 18.60

l) Allmählichkeitsklausel

Führt eine allmähliche Einwirkung von Witterung, Temperatur, Rauch, Staub, Dämpfen, Erschütterungen usw. zu einem Sachschaden, sind daraus abgeleitete Ansprüche nicht gedeckt. Solche Ursachen sind *voraussehbar und vermeidbar.* Ist die allmähliche Einwirkung jedoch auf ein plötzlich eingetretenes Ereignis zurückzuführen, sind die daraus abgeleiteten Ansprüche versichert. 18.61

Dies gilt beispielsweise für die allmählichen Einwirkungen von Giftstoffen, die infolge einer Explosion in die Umwelt gelangen[49].

Sind gemäss den AVB «Schäden an Anlagen und Leitungen infolge allmählicher Einwirkungen der im Abwasser als Verunreinigung vorkommenden Stoffe» von der Deckung ausgeschlossen, haftet der Versicherer nicht, wenn der Schlamm, der zur Verschmutzung der Kanalisation führte und der ihre Reinigung notwendig machte, durch mehrere, voneinander unabhängige Regenfälle in die Kanalisation eingebracht worden ist[50].

---

48 A.a.O., N 1880; vgl. nachfolgende Rz.

49 MÜLLER, 112 f.

50 SVA XX, Nr. 73.

m) Hohe Wahrscheinlichkeit von Schäden

18.62 Von der Deckung ausgeschlossen ist die Haftpflicht für Schäden, deren Eintritt mit *hoher Wahrscheinlichkeit erwartet* werden musste.

Zum Beispiel Beschädigung von Grund und Boden durch niedergehenden Schutt anlässlich von Sprengungen.

18.63 Den Schäden, die mit hoher Wahrscheinlichkeit zu erwarten sind, werden solche gleichgestellt, die im Hinblick auf die Wahl einer bestimmten Arbeitsweise zwecks *Kostensenkung oder Beschleunigung* der Arbeit in Kauf genommen wurden. Die Abgrenzung des Deckungsausschlusses ist fliessend, denn das Ergreifen von kosten- bzw. zeiteinsparenden Massnahmen ist an sich vernünftig. Für den Versicherungsschutz entscheidend sind die Einhaltung der Sicherheitstoleranzen und der Regeln der Baukunst sowie die allgemeine Vertretbarkeit des Vorgehens.

Wird beispielsweise bei einer kurzfristigen Entfernung des Daches bei einer Schönwetterperiode auf ein Notdach verzichtet und kommt es wider Erwarten zu einem Wetterumschlag, kann der Deckungseinwand der «Arbeitsweise zwecks Kostensenkung» kaum erhoben werden; wird die Dachabdeckung jedoch über längere Zeit entfernt, muss vernünftigerweise mit Regen gerechnet werden und ist der Deckungseinwand angebracht.

18.64 Die Wahrscheinlichkeitsklausel soll verhindern, dass Unternehmer im Vertrauen auf die Versicherung gewissenlos vorgehen. Deshalb gilt der genannte Deckungsausschluss nur für den Versicherungsnehmer und seine Repräsentanten im Sinne des Art. 59 VVG als Verantwortliche des Betriebs. Die Haftpflicht für *Arbeitnehmer und Hilfspersonen* bleibt im Rahmen der übrigen Versicherungsbedingungen gedeckt[51].

n) Vorsätzliche Schädigungen

18.65 Die Haftpflicht aus vorsätzlich begangenen Verbrechen oder Vergehen, etwa vorsätzliches Ausserachtlassen der anerkannten Regeln der Baukunde gemäss Art. 229 Abs. 1 StGB, ist von der Deckung ausgeschlossen. Dieser Ausschluss bezieht sich jedoch nur auf Ansprüche gegen den Täter selbst. Wird die strafbare Handlung durch einen Mitarbeiter verübt, so bleibt der Versicherer beispielsweise für einen aus Geschäftsher-

51 SCHWANDER, N 1976; MÜLLER, 113.

renhaftung vom Betriebsinhaber geschuldeten Schadenersatz leistungspflichtig[52].

2. Versicherte Personen

Versichert ist der Versicherungsnehmer in den *Eigenschaften, die sich aus Antrag und Police ergeben.* Versichert sind somit der Unternehmer und ihm gleichgestellte Gesellschafter, auf welche die Versicherung lautet, sowie seine Vertreter und die leitenden Personen des Betriebs, seine Arbeitnehmer und Hilfspersonen. Dessen selbständige Subunternehmer sind dagegen nicht versichert; sie können eigene Betriebshaftpflichtversicherungen abschliessen. 18.66

Ausgeschlossen von der Betriebshaftpflichtversicherung bleiben Regress- und Ausgleichsansprüche Dritter gegen die mitversicherten Arbeitnehmer und Hilfspersonen für Leistungen, welche Dritte den Geschädigten ausgerichtet haben. Dieser Ausschluss wird damit begründet, dass ein Versicherer aus sozialen Gründen einen Arbeitnehmer nicht belangen werde, wenn dieser keine Versicherungsdeckung beanspruchen kann[53]. 18.67

Von diesem Ausschluss nicht betroffen sind die Vertreter des Versicherungsnehmers sowie seine Betriebsleiter und Betriebsaufsichtspersonen. Diesen muss vollumfänglich Deckung gewährt werden. Die Versicherung dieser «*Repräsentantenhaftung*» ist in Art. 59 VVG zwingend vorgeschrieben[54]. 18.68

Generalunternehmer im Hoch- und Tiefbau sind für Schäden und Mängel an den vom Generalunternehmer in dieser Eigenschaft erstellten Bauten dem Grundsatz nach nicht versichert. Für diese werden gesonderte Policen vereinbart. Einzige Ausnahme bildet der Generalunternehmer, der gleichzeitig auch als Bauunternehmer an der Errichtung der Baute beteiligt ist. Er erhält in seiner Funktion als Unternehmer im Rahmen der übrigen Vertagsbestimmungen Deckung, auch wenn ihm das Grundstück selbst gehört[55]. 18.69

52 HEPPERLE, 208.
53 SCHWANDER, N 1846.
54 SCHWANDER, N 1841.
55 HEPPERLE, 213.

18.70 Schliessen sich verschiedene Bauunternehmer zu einer *Arbeitsgemeinschaft* zusammen, bilden sie regelmässig eine einfache Gesellschaft mit solidarischer Haftung gegenüber Dritten. Der Versicherer schliesst die Deckung der Haftpflicht aus der Beteiligung an Konsortien regelmässig aus. Der Unternehmer kann allenfalls vereinbaren, dass seine Haftpflicht auch dann gedeckt sein soll, wenn er Arbeiten im Rahmen eines Konsortiums ausführt. Durch den grundsätzlichen Ausschluss der Deckung wird erreicht, dass Arbeitsgemeinschaften als einfache Gesellschaften eine separate Haftpflichtversicherung abschliessen.

3. Zeitlicher Versicherungsschutz

18.71 Anders als bei der Bauwesenversicherung[56] als Sachversicherung ist der Versicherer nach dem *Verursachungsprinzip* verpflichtet, auch nach Ende des Versicherungsvertragsverhältnisses für den Ersatz von Schäden aufzukommen, sofern nur die Ursache für den geltend gemachten Schaden während der Vertragsdauer gesetzt wurde[57].

4. Versicherungsleistungen

a) Schadenersatzleistungen und Rechtsschutzfunktion

18.72 Der Haftpflichtversicherer übernimmt nicht nur ausgewiesene Schadenersatzleistungen des Versicherten, sondern er ist auch verpflichtet, unberechtigte Ansprüche abzuwehren (Rechtsschutzfunktion).

b) Garantiesumme

18.73 Die Versicherungsleistung wird durch die vertraglich vereinbarte Höchstversicherungssumme limitiert. Die Garantiesumme[58] ist in der

---

56 Vgl unten Rz. 18.135 ff.

57 SCHWANDER, N 2000 f.; im internationalen Verhältnis können auch andere Lösungen angetroffen werden: Massgeblichkeit des Zeitpunkts des Schadeneintritts oder gar der Schadengeltendmachung (sogenannte «claims made basis»).

58 Der bei der Haftpflichtversicherung verwendete Begriff der «Garantiesumme» ist von dem auf die Sachversicherung zugeschnittenen Begriff der «Versicherungssumme» zu unterscheiden.

Regel *pro Ereignis* festgelegt. Als schädigendes oder befürchtetes Ereignis gilt nicht das menschliche Verhalten des Versicherten, welches die Ursache des Schadens bildet. Das Ereignis bewirkt vielmehr als Folge davon den Eintritt eines Schadens. Für jedes Ereignis steht die Garantiesumme erneut in vollem Umfang zur Verfügung. Dies gilt beispielsweise dann nicht, wenn eine *Einmalgarantie* vereinbart worden ist, welche das Total der während einer bestimmten Periode verursachten Schadenzahlung beschränkt.

In diesem Rahmen decken die Versicherungsleistungen die Schadenersatzzahlungen einschliesslich Schadenszinsen sowie Schadenminderungskosten und Expertise-, Anwalts-, Gerichts- oder Schiedsgerichtskosten, ferner Vermittlungskosten, Parteientschädigungen und versicherte Schadenverhütungskosten. 18.74

c) *Serienschadenklausel*

Ereignen sich auf ein und derselben Baustelle *mehrere Sachschäden aufgrund einer einzigen Ursache*, sind die Versicherungsleistungen für alle Schäden zusammen auf die pro Ereignis vereinbarte Garantiesumme begrenzt[59]. 18.75

Dies ist der Fall, wenn z.B. die gleiche fehlerhafte Arbeitstechnik für den Bau einer Reihe gleichartiger Häuser verwendet wird, die dann alle dieselben Bautenschäden aufweisen.

d) *Maximierungsklausel*

Mit der Maximierungsklausel wird die absolute Begrenzung der Leistungspflicht des Versicherers für eine *zeitlich bestimmte Dauer* festgelegt. In der Regel wird für die Dauer von fünf Versicherungsjahren maximal das Dreifache der pro Schadenereignis vereinbarten Garantiesumme als Limite der gesamten Versicherungsleistungen entschädigt. 18.76

59 Diese Einschränkung ist insbes. in der Produktehaftpflicht begründet, wo in erster Linie die Schadenshöhe nicht absehbar ist.

5. Selbstbehalt

18.77 Für *Personenschäden* besteht in der Regel kein Selbstbehalt. Für *Sachschäden* sowie Be- und Entladeschäden wird meistens ein fester Betrag als Selbstbehalt vereinbart. Im Übrigen und insbesondere bei Zusatzversicherungen für *Vermögensschäden* wird ein Selbstbehalt zuzüglich 10% der versicherten Leistung (allenfalls mit einem maximalen Selbstbehalt) bestimmt. Ein höherer Selbstbehalt wird insbesondere betreffend die Beschädigung unterirdischer Leitungen und daraus folgende Haftungsansprüche vereinbart, weil diese Schadensfälle zahlreich und in den meisten Fällen vermeidbar sind.

6. Versicherungsprämien

18.78 Die Art der *Prämienberechnung* wird im Versicherungsvertrag festgelegt. Insbesondere Löhne, Umsatz oder Umschlag können die Prämienberechnungsgrundlagen bilden. Die meisten Policen sehen für guten Verlauf eine Überschussbeteiligung vor.

7. Obliegenheiten des Versicherungsnehmers

18.79 Bei den Haftpflichtversicherungen muss der Versicherungsnehmer grundsätzlich den Versicherer sofort und schriftlich über Änderungen einer erheblichen Tatsache benachrichtigen, welche zu einer *massgeblichen Gefahrserhöhung* führt. Falls der Versicherungsnehmer dies unterlässt, ist der Versicherer für die Folgezeit nicht mehr an den Vertrag gebunden (vgl. Art. 28 Abs. 1 VVG). Liegt eine Gefahrserhöhung vor, ist allenfalls eine Mehrprämie ab Eintritt der Veränderung geschuldet. Der Versicherer kann den Vertrag auch innerhalb der vereinbarten Kündigungsfrist beenden[60].

18.80 Der Versicherer kann die Beseitigung eines *gefährlichen Zustandes* auf Kosten des Versicherten verlangen, wenn dieser Zustand zu einem Schaden führen könnte. Dies passiert häufig erst nach dem Schadensfall[61].

60 GROSS, 98.
61 A.a.O., 99.

Nicht jeder gefährliche Zustand, den der Versicherte kennt und nicht beseitigt, führt jedoch zum Verlust der Versicherungsdeckung. Der Versicherer muss den gefährlichen Zustand kennen und seine Beseitigung innert einer gesetzten Frist verlangt haben[62]. Fehlt es an den Voraussetzungen für einen gänzlichen Verlust der Versicherungsdeckung, bleibt eine Kürzung der Deckung wegen Grobfahrlässigkeit vorbehalten.

So besteht eine vollumfängliche Deckung, wenn der Versicherte einen – dem Versicherer nicht bekannten – gefährlichen Zustand erkennt, diesen trotzdem nicht beseitigt und es deshalb zum Schaden kommt. Der Einwand der Grobfahrlässigkeit des Versicherten und die Einrede, der Schaden sei mit hoher Wahrscheinlichkeit zu erwarten gewesen, bleiben vorbehalten.

Dem Versicherten obliegt auch die *Einhaltung der gesetzlichen und behördlichen Vorschriften*, welchen sein Betrieb unterliegt. Deren Missachtung kann ebenfalls eine Deckungseinschränkung bzw. einen Deckungsausschluss zur Folge haben. 18.81

Schliesslich stellt die *Missachtung der Anzeigepflicht* im Schadensfall ebenfalls eine Verletzung der Obliegenheiten des Versicherungsnehmers dar[63]. 18.82

8. Vorgehen bei Schadensfällen

a) Anzeigepflicht

Der Versicherungsnehmer hat einen Schadensfall *unverzüglich* anzuzeigen (vgl. Art. 38 VVG). Zudem besteht eine Meldepflicht für allenfalls eingeleitete Strafverfahren. Bei schuldhafter Verletzung der Anzeigepflicht hat der Versicherte alle darauf zurückzuführenden Folgen selbst zu tragen, wenn er nicht beweist, dass diese auch bei pflichtgemässem Verhalten eingetreten wären[64]. 18.83

62 SCHWANDER, N 1988.

63 Vgl. unten Rz. 18.83.

64 GROSS, 105.

b) *Schadenbehandlung*

18.84 Nach Eingang der Schadenanzeige hat der Versicherer die Deckung zu prüfen und die *Haftung des Versicherten abzuklären*. Sie hat den Schaden zu ermitteln und dazu allenfalls Experten beizuziehen. Der Versicherer führt auf seine Kosten die Verhandlungen mit dem Geschädigten und vertritt dabei den Versicherten. Der Versicherte ist verpflichtet, die Regelung der Schadenersatzforderungen des Geschädigten *der Versicherung zu überlassen*. Er hat auf direkte Verhandlungen mit dem Geschädigten zu verzichten und ist nicht berechtigt, Forderungen zulasten des Versicherers anzuerkennen. Kann der Versicherer mit dem Geschädigten keine Einigung erzielen, führt dieser den Zivilprozess auf seine Kosten und übernimmt er die alleinige Verantwortung für einen Vergleich oder ein Urteil. Der Versicherungsnehmer ist nicht berechtigt, Ansprüche aus der Versicherung an Geschädigte oder an Dritte abzutreten. Damit soll verhindert werden, dass der Versicherungsnehmer oder ein Versicherter in einem Prozess gegen seine Versicherungsgesellschaft aussagt[65].

9. Verjährung

18.85 Die Forderungen aus dem Versicherungsvertrag verjähren in *zwei Jahren* nach Eintritt der Tatsache, welche die Leistungspflicht begründet (Art. 46 VVG). Diese Bestimmung betrifft die vertragliche Beziehung zwischen Versicherer und Versicherungsnehmer, welche klar von derjenigen zwischen dem Haftpflichtigen und dem Geschädigten zu unterscheiden ist.

18.86 Art. 46 VVG wird bei der Haftpflichtversicherung *kontrovers* ausgelegt[66]. Nicht mehr strittig ist nach heutiger Lehre und Rechtsprechung, dass die Verjährungsfrist mit folgenden Zeitpunkten nicht zu laufen beginnt: Fälligkeit des Versicherungsanspruchs; Zeitpunkt, in dem der Anspruchsberechtigte vom Schaden Kenntnis erlangt[67]; Zeitpunkt, in dem der Anspruchsberechtigte von der die Leistungspflicht begründenden Tatsache Kenntnis nimmt[68]. Im Unterschied zu den Unfallversicherungen[69] wird unter anderem als Eintritt der Tatsache, welche die Leistungspflicht begründet, das schädigende Ereignis

---

65 A.a.O., 106 f.

66 VIRET, 152.

67 BGE 68 II 110.

68 BG 42 II 681; zum Ganzen Koller, 8 ff.

69 Vgl. unten Rz. 18.160.

oder die gerichtliche oder aussergerichtliche Belangung des Geschädigten bezeichnet. Heute stellt indessen der Grossteil der Lehre und das Bundesgericht nicht mehr auf das befürchtete Ereignis als massgebenden Fristenbeginn ab[70].

Massgeblich ist vielmehr der Moment, in dem die Haftpflicht des Versicherten gerichtlich festgestellt wird[71]. Die der Bundesgerichtspraxis zugrunde liegende Rechtslehre will allerdings der urteilsmässigen Feststellung der Haftpflicht das aussergerichtliche Anerkenntnis gleichstellen, soweit es für den Versicherer bindend sei[72]. Die üblichen Regelungen der AVB gehen dahin, dass die Verjährung entweder mit der rechtskräftigen Verurteilung des versicherten Haftpflichtigen zu Schadenersatz oder mit der gerichtlichen oder aussergerichtlichen Vereinbarung über die Haftpflichtansprüche zu laufen beginnt[73]. 18.87

IV. Berufshaftpflichtversicherung

1. Versicherte Haftpflicht

a) Versicherter Gegenstand

Unter Gegenstand der Haftpflichtversicherung wird hier die Haftung verstanden, welche aus der *Tätigkeit des Architekten oder Ingenieurs* entstehen kann. Ein Zusammenhang mit der beruflichen Tätigkeit des Architekten oder Ingenieurs liegt vor, wenn dieser unrichtig plant oder überwacht[74]. 18.88

b) Versicherte Gefahr

Als versicherte Gefahr ist die Verursachung von Personen- und Sachschäden durch den in der Police bezeichneten Betrieb versichert. Der markanteste Unterschied der Berufshaftpflichtversicherung für Architek- 18.89

70 BGE 68 II 106 ff.

71 BGE 61 II 197.

72 KOLLER, 10.

73 Da das Vermögen des Versicherten Gegenstand der Versicherung ist, sollte die Verjährungsfrist so lange nicht beginnen, als die Ansprüche noch nicht vom Geschädigten erhoben worden sind, GROSS, 42.

74 SCHWANDER, N 1866 ff.

ten und Ingenieure im Vergleich mit den Betriebshaftpflichtversicherungen ergibt sich aus dem besonderen Risiko, für das Deckung gewünscht wird. Die Versicherung ergäbe wenig Sinn, wenn die Projektierung und die Leitung von Arbeiten hier ebenfalls unter die Tätigkeitsklausel fielen. Schäden oder Mängel an Bauten und Bauteilen, die aufgrund von Planungsarbeiten der Versicherten oder unter deren Leitung erstellt, umgebaut, renoviert, abgestützt, unterfahren oder unterfangen werden (sogenannte *Bautenschäden*), sind deshalb grundsätzlich mitversichert. Allerdings sehen gewisse Policen die Versicherung von Bautenschäden nur aufgrund einer besonderen Vereinbarung vor.

Der Architekt verlauert dringliche Planungsarbeiten betreffend ein einsturzgefährdetes Haus[75].

Stürzt beispielsweise eine Decke wegen schlechter Betonierung ein, ist der Bauunternehmer mit seiner Betriebshaftpflichtversicherung nicht geschützt. Ist jedoch ein Architekt oder Ingenieur wegen Fehlplanung schuld, ist dieser für den «Bautenschaden» gedeckt[76]. Werden durch den Einsturz der Decke Maschinen zerstört, ist dieser Folgeschaden auch zugunsten des Bauunternehmers gedeckt[77].

c) *Bautenschäden*

18.90 Wie soeben erwähnt erstreckt sich die Versicherung in Abweichung von den Gewährleistungs- und Tätigkeitsklauseln in der Regel auch auf *Bautenschäden*, d.h. auf Schäden an Bauten, für welche der Versicherungsnehmer aufgrund seiner beruflichen Tätigkeit haftbar ist.

18.91 Im Zusammenhang mit der Definition des Bautenschadens ist der Begriff der Baute weit auszulegen. Als *Baute* bzw. Bauwerk gilt jede unter Mitwirkung des Versicherungsnehmers hergestellte Anlage als Ganzes oder in ihren Teilen, unter oder über dem Erdboden liegend[78].

18.92 Zu den Bautenschäden zählen nicht nur Schäden, sondern auch *Mängel an Bauten*, soweit diese an Objekten entstehen, bei welchen der Versicherungsnehmer als Planer oder Bauleiter mitgewirkt hat. Als Mängel im Sinne des Versicherungsvertrags werden unerwünschte Folgen am Bauwerk verstanden, die durch Fehlleistungen des Architekten oder Ingeni-

75 A.a.O., N 1983.

76 MÜLLER, 150.

77 Vgl. oben Rz 18.56.

78 SCHWANDER, N 1888.

eurs verursacht werden und die das Bauwerk deshalb nicht zum vorausgesetzten Gebrauch verwendbar machen.

Beispielsweise erreicht eine Betondecke nicht die vereinbarte Tragfähigkeit oder ein Schwimmbecken weist nicht die vereinbarte Länge auf[79].

Mangelfolgeschäden sind den Mängeln gleichgestellt. Mangelfolgeschäden können Sach- oder Personenschäden oder unechte Vermögensschäden sein.

Ansprüche aus Sachschäden infolge von *Bodenbewegungen* sind nicht 18.93
gedeckt, soweit sie darauf zurückzuführen sind, dass eine angezeigte Bodenuntersuchung oder die sich aus einer solchen ergebenden baulichen Sicherungsmassnahmen unterlassen wurden. Dieser Deckungsausschluss bezieht sich indessen einzig auf die zu erstellende Baute, dagegen nicht auf Nachbargebäude[80].

Im Spezialgebiet der *technischen Installationen* ist die Bautenschaden- 18.94
deckung für Mängel und Mangelfolgeschäden ebenfalls eingeschränkt, da diesbezüglich in der Regel ausgewiesene Fachleute beigezogen werden müssen. Ansprüche wegen mangelhafter Funktion oder ungenügender Leistung von technischen Installationen wie Heizungsanlagen sind daher nicht gedeckt. Allenfalls ist der Versicherungsschutz auf den Tatbestand ausgedehnt, bei welchem dem Versicherten ein sich auf die Anlage auswirkender Fehler unterlaufen ist, jedoch Spezialisten die Planung und Ausführung der Anlagen besorgen[81].

Nicht gedeckt sind Haftungsansprüche aus selbst ausgeführten Abbruch-, 18.95
Erdbewegungs- oder Bauarbeiten und selbst gelieferten Sachen sowie Bauten, die ganz oder teilweise auf eigene Rechnung erstellt werden. Werden Bauten auf eigene Rechnung des Versicherten realisiert, entfällt diese Deckung nur soweit, als ein Eigenschaden vorliegt (somit je nach finanzieller Beteiligung allenfalls nur teilweise).

79 A.a.O., N 1891.
80 A.a.O., N 1915.
81 A.a.O., N 1919 f.

d) *Reine Vermögensschäden*

18.96 Gedeckt sind Ansprüche aus Personen- und Sachschäden sowie aus den daraus entstehenden Folgeschäden. Für reine Vermögensschäden besteht grundsätzlich *kein Versicherungsschutz*. Davon ausgenommen sind Vermögensschäden im Zusammenhang mit dem versicherten Grundrisiko der Bautenschäden[82]. Hauptanwendungsfall ist der Minderwert einer Baute beispielsweise wegen Hellhörigkeit[83].

18.97 Eine *besondere Vereinbarung* betreffend die Deckung reiner Vermögensschäden ist möglich, allerdings nicht uneingeschränkt. So können Schäden aus Fehlern bei Subventionsgesuchen oder bei der Mängelbehebung versichert werden. Ein umfangreicher Negativkatalog schliesst indessen beispielsweise die Deckung von Schäden wegen Unterlassung von Versicherungsabschlüssen oder aufgrund von Finanzgeschäften aus[84].

18.98 Nicht gedeckt und nicht versicherbar sind Haftungsansprüche wegen *Überschreitung von Kostenvoranschlägen*, insbesondere infolge Prognosefehler, mangelhafter Vergabe oder Kostenkontrolle. Dagegen sind Kostenüberschreitungen als Folge von Bautenschäden versichert. Es sind somit nur Kostenüberschreitungen als reine Vermögensschäden nicht versichert[85].

e) *Tätigkeits-, Obhuts- und Gewährleistungsklausel*

18.99 Die Tätigkeitsklausel[86] ist bei der Architekten- und Ingenieurhaftpflichtversicherung für die Bautenschäden nicht anwendbar.

18.100 Die Obhutsklausel[87] hat für ein Ingenieur- oder Architekturbüro Bedeutung für Schäden an von diesem gemieteten Räumlichkeiten, Einrichtungen, fremden EDV-Anlagen, Vermessungsgeräten usw.

---

82 Vgl. oben Rz. 18.90 ff.
83 SCHWANDER, N 1899.
84 A.a.O., N 1931.
85 A.a.O., N 1918.
86 Vgl. oben Rz. 18.49 ff.
87 Vgl. oben Rz. 18.48 f.

Da die Vertragserfüllungs- oder Gewährleistungsklausel[88] auf die Deckung der Bautenschäden nicht anwendbar ist, hat sie bei der Berufshaftpflichtversicherung wenig Bedeutung. 18.101

f) Weitere Deckungsausschlüsse und Abgrenzungen

Zu den weiteren *nicht versicherbaren Risiken* wird auf das zur Betriebshaftpflichtversicherung Gesagte und auf die anwendbaren AVB insbesondere auch für die Ausschlüsse zur Abgrenzung gegen andere Haftpflichtversicherungen verwiesen. 18.102

2. Versicherte Personen

Der Versicherungsnehmer persönlich besitzt Versicherungsschutz in seiner Eigenschaft als *Betriebsinhaber* eines Architektur- oder Ingenieurbüros. Versicherungsnehmer kann auch eine Personengesellschaft oder eine Gemeinschaft zur gesamten Hand sein. Jeder Gesellschafter und jeder Angehörige der Gemeinschaft zur gesamten Hand ist ein Versicherter mit gleichen Rechten und Pflichten[89]. 18.103

Neben dem Versicherungsnehmer erstreckt sich die Police regelmässig auf weitere Versicherte. Versicherte Vertreter sind Organe und rechtsgeschäftlich ermächtigte Direktoren, Prokuristen usw. Versichert sind sodann mit der *Leitung und Beaufsichtigung betraute Personen* wie Bürochef, Bauführer, Bauleiter usw.[90]. Arbeitnehmer und Hilfspersonen des Versicherungsnehmers sind für ihre sogenannte persönliche Haftpflicht aus ihrer Tätigkeit für den versicherten Betrieb durch die Berufshaftpflichtversicherung gedeckt[91]. 18.104

Tritt der Architekt im Rahmen seiner beruflichen Tätigkeit in *zusätzlichen Funktionen* auf, z.B. als Bauherr, Totalunternehmer oder als Mitglied einer Arbeitsgemeinschaft, gelten besondere Bestimmungen des Versicherungsvertrags[92]. 18.105

---

88 Vgl. oben Rz. 18.55.
89 SCHWANDER, N 1839.
90 A.a.O., N 1843.
91 Vgl. oben Rz. 18.67.
92 SCHWANDER, N 1837.

18.106 Regelmässig erstreckt sich der Versicherungsschutz auch auf die Haftpflicht aus der Tätigkeit des Versicherungsnehmers als Ersteller von Bauwerken *auf eigene Rechnung*. Dabei sind jedoch Ansprüche aus Bautenschäden ausgeschlossen[93]. Ansprüche aus Schäden an fremden Grundstücken, Gebäuden und anderen Werken durch Abbruch-, Erdbewegungs- oder Bauarbeiten sind nur versichert, wenn ein Versicherter solche Arbeiten ganz oder teilweise selbst ausführt, dafür Pläne erstellt oder die Bauleitung oder Bauführung ausübt und der Schaden durch eine dieser Tätigkeiten schuldhaft verursacht wird.

18.107 Ist der Versicherungsnehmer als *General- oder Totalunternehmer* tätig, geniesst er ebenfalls Versicherungsschutz, wobei die Bautenschadensdeckung unterschiedlich geregelt wird. Sie kann grundsätzlich ausgeschlossen sein, ausser wenn die Ansprüche auf Planungsarbeiten des Versicherten zurückzuführen sind, oder sie kann vereinbart sein, ausser wenn die Ansprüche auf Bauleistungsfehler zurückzuführen sind usw.

18.108 Beteiligt sich ein Architekt im Rahmen eines Unternehmer- oder Architektenkonsortiums an der Ausführung von Planungs- oder Bauleitungsarbeiten, so besteht über seine Berufshaftpflichtversicherung keine Dekkung, wenn Arbeiten im Rahmen der *Arbeitsgemeinschaft* ausgeführt werden. Der Ausschluss ist absolut. Konsortien können einen separaten Haftpflichtversicherungsvertrag mit gleichem Inhalt wie ein Architekt abschliessen, in welchem die Haftung aller Mitglieder der Arbeitsgemeinschaft versichert ist[94].

3. Zeitlicher Versicherungsschutz

18.109 Es kann auf das oben Gesagte verwiesen werden[95].

93 Teilweise ist dieser Ausschluss auf Bautenschäden als Folge einer mangelhaften Bauleitung beschränkt.

94 HEPPERLE, 212.

95 Vgl. oben Rz. 18.71.

4. Versicherungsleistungen

Die Garantiesumme wird in der Police festgelegt und sollte heute mindestens Fr. 2'000'000.– betragen. Für Bautenschäden kann allenfalls eine geringere Garantiesumme gewählt werden. Für die Versicherungsdekkung ist die Garantiesumme massgebend, die für jenen Zeitpunkt vereinbart war, in welchem der Schaden verursacht wurde[96]. 18.110

5. Selbstbehalt

In der Regel gilt für Sachschäden beim Grundrisiko ein Selbstbehalt von Fr. 100.–, soweit nicht etwas anderes vereinbart wurde. Für *Bautenschäden* wird der Selbstbehalt mit ausdrücklicher Vereinbarung zwischen den Parteien geregelt und regelmässig wesentlich höher angesetzt (z.B. ein fester Betrag zuzüglich 20% des Schadens bis zu einem gewissen Maximum). Im Übrigen kann auf das oben Gesagte verwiesen werden[97]. 18.111

6. Versicherungsprämien

Die *Prämien* der Berufshaftpflichtversicherungen berechnen sich aufgrund der AHV-Lohnsummen und der Drittpersonen in Rechnung gestellten Honorare gemäss den in den AVB festgelegten Richtlinien. 18.112

7. Obliegenheiten des Versicherten

Der Versicherungsnehmer hat dafür zu sorgen, dass die von den Behörden und von der Schweizerischen Unfallversicherungs-Anstalt (SUVA) erlassenen Richtlinien und Vorschriften, die allgemein *anerkannten Regeln der Baukunde* sowie Empfehlungen von Spezialisten wie Geologen, Geotechnikern, Hydrologen usw. beachtet werden[98]. Andernfalls riskiert er den Verlust des Versicherungsschutzes[99]. 18.113

96 SCHWANDER, N 1990.
97 Vgl. oben Rz. 18.77.
98 SCHWANDER, N 1989.
99 Vgl. oben Rz. 18.38 f.

8. Vorgehen bei Schadensfällen und Verjährung

18.114 Es kann auf das oben Gesagte verwiesen werden[100].

V. Bauherrenhaftpflichtversicherung

1. Versicherte Haftpflicht

a) Versicherter Gegenstand

18.115 Mit der Bauherrenhaftpflichtversicherung versichert sind die auf gesetzlichen Haftpflichtbestimmungen beruhenden Forderungen Dritter wegen Personen- oder Sachschäden, die gegen den Bauherrn oder den Eigentümer des Baugrundstücks im Zusammenhang mit der *Erstellung des in der Police bezeichneten Bauobjekts* erhoben werden.

b) Versicherte Gefahr

18.116 Die Bauherrenhaftpflichtversicherung versichert das Risiko der Schädigung Dritter, insbesondere des Nachbarn, *durch die Bautätigkeit*. Die Bauherrenhaftpflichtversicherung deckt die Ansprüche aller geschädigten Drittpersonen, wenn der Schaden in kausalem Zusammenhang mit dem Abbruch, der Erstellung oder dem Umbau bzw. dem Zustand des dazugehörigen Grundstücks sowie der Ausübung der Eigentumsrechte oder mit Unterhaltsarbeiten steht[101].

Die versicherten Gefahren können in den vielfältigen Ereignissen bestehen, die aufgrund verschiedener gesetzlicher Haftungsbestimmungen zu Haftungsansprüchen Dritter führen. Im Vordergrund stehen Grundeigentumsüberschreitungen, für welche der Bauherr nach Art. 679 ZGB auch ohne Verschulden einzustehen hat[102].

100 Vgl. oben Rz. 18.83 ff.

101 GROSS, 145.

102 Im Übrigen wird auf die im Zusammenhang mit Bauunfällen anwendbaren Haftungsgrundlagen verwiesen, vgl. oben Rz. 17.1 ff.

c) Weitere Beschränkungen des Deckungsumfangs

Versichert sind Personen und Sachschäden. Mit besonderen Vereinbarungen kann insbesondere die Haftpflicht für *reine Vermögensschäden*, die nicht die Folge eines Sach- oder Personenschadens sind, in die Deckung einbezogen werden. 18.117

Ansprüche aus Schäden, die das in der Police bezeichnete Bauvorhaben und das dazugehörende Grundstück betreffen, sind analog den *Eigenschäden* nicht versichert[103]. 18.118

Die *Obhuts- und Tätigkeitsklauseln* sind anwendbar[104]. Als Tätigkeit gelten insbesondere auch die Projektierung, Leitung, Erteilung von Weisungen und Anordnungen, Überwachung und Kontrolle und ähnliche Arbeiten sowie Funktionsproben, gleichgültig durch wen sie ausgeführt werden[105]. 18.119

Ferner sind Kosten für die Abwehr von unvorhergesehenen *Umweltbeeinträchtigungen* gedeckt. Mitversichert sind grundsätzlich Schadenverhütungskosten im Zusammenhang mit Umweltbeeinträchtigungen. 18.120

2. Versicherte Personen

Versichert sind der *Bauherr* sowie seine Arbeitnehmer und übrigen Hilfspersonen, die im Zusammenhang mit dem versicherten Bauobjekt geschäftliche Verrichtungen vornehmen (z.B. Erteilen von Weisungen auf dem Bauplatz im Auftrag des Bauherrn). Die Haftpflicht des fremden Eigentümers des Baugrundstücks ist ebenfalls mitversichert. Dadurch werden in denjenigen Fällen, wo im Baurecht gebaut wird, die Schwierigkeiten in der Haftungsabgrenzung zwischen den verschiedenen dinglich Berechtigten ausgeschaltet. Architekten, Ingenieure und Unternehmer des Bauherrn sind nicht versichert. 18.121

Versicherungsschutz erhält der Versicherungsnehmer indessen grundsätzlich nicht als *Planer oder Unternehmer*. Ansprüche aus Schäden, die 18.122

103 HEPPERLE, 210.
104 Vgl. oben Rz. 18.48 ff.
105 HEPPERLE, 210.

ein Versicherter dadurch verursacht, dass er Planungs-, Bauleitungs-, Bauführungs- und Aushubarbeiten ganz oder teilweise selbst ausführt, sind daher nicht gedeckt[106], können aber gestützt auf eine besondere Vereinbarung mitversichert werden.

3. Zeitlicher Versicherungsschutz

18.123 Die Versicherung sollte mit Beginn der Erstellung der Baustelleneinrichtung in Kraft sein. Sie ist gültig für während der Dauer des Vertrags verursachte Schäden und *endet ohne Kündigung* zu dem in der Police festgelegten Zeitpunkt. Endet sie allenfalls bereits mit der vollständigen Abnahme des in der Police genannten Bauwerks, richtet sich der Begriff der Abnahme nach der SIA-Norm 118.

18.124 Bei *Bauverzögerungen* hat der Bauherr den Versicherungsschutz allenfalls zu verlängern. Für die Zeit nach Bauvollendung sollte die dem Grundeigentümer auferlegte gesetzliche Haftpflicht mit einer Haftpflichtversicherung gedeckt werden.

Da sich die Deckung in der Privathaftpflichtpolice regelmässig nur auf selbstbewohnte, nicht gewerbliche Liegenschaften erstreckt, die eine bestimmte Grösse (z.B. maximal drei Wohnungen) nicht übersteigt, ist bei anderen Objekten unumgänglich, eine spezielle Gebäudehaftpflichtversicherung abzuschliessen. Allenfalls kann die notwendige Absicherung im Rahmen einer Betriebs- bzw. Berufshaftpflichtversicherung erfolgen.

4. Versicherungsleistungen

18.125 Die Versicherungsleistungen bestehen in der *Entschädigung* begründeter und in der *Abwehr* unbegründeter Ansprüche. Die genannten Versicherungsleistungen einschliesslich versicherte Schadenverhütungskosten sind durch die in der Police für denjenigen Zeitpunkt festgelegte Garantiesumme begrenzt, in welchem der Schaden oder die Schadenverhütungsmassnahme verursacht wurde.

18.126 Die Garantiesumme versteht sich als *Einmalgarantie* und damit als Höchstbetrag der vom Versicherer zu erbringenden Leistungen für alle

---

106 Eigenschäden des Bauherrn lassen sich teilweise über die Bauwesenversicherung abdecken.

während der Vertragsdauer verursachten Schäden. Sie ist daher für Baustellen, auf welchen mehrere Jahre gearbeitet wird, ausreichend hoch anzusetzen[107].

5. Selbstbehalt

Der Selbstbehalt *bezweckt*, die kleineren und mutmasslich ohnehin eintretenden Schadensfälle von der Deckung auszuklammern. Die Bauherrenhaftpflichtversicherung soll insbesondere nicht dazu benützt werden, mit ihrer Hilfe die mangelnde Qualität des Baugrundes auszugleichen. 18.127

Der Selbstbehalt ist in der Police zu vereinbaren und gilt für alle während der Vertragsdauer verursachten Sachschäden und Schadenverhütungskosten zusammen. Eine besondere Regelung gilt für Schäden, die durch bestimmte Arbeiten wie Rammen, Aushub in Hanglagen mit über 25 % Neigung, Grundwasserabsenkungen oder Unterfangen verursacht werden. 19.128

6. Versicherungsprämie

Der Versicherer erhebt eine *einmalige feste Prämie*. Sie wird aufgrund der Gesamtbausumme ohne Grundstückpreis und unabhängig von der tatsächlichen Schlussabrechnung berechnet. Die Risikobewertung erfolgt aufgrund eines Punktesystems, wobei insbesondere die Nachbarschaft, die Topographie, die Baugrundverhältnisse, Sonderarbeiten (Bohren und Sprengen usw.) und die Bausumme berücksichtigt werden. 18.129

7. Obliegenheiten

Zu den zu meldenden *Gefahrserhöhungen*[108] zählen insbesondere Änderungen in der Bauausführung oder der Baumethode sowie die Vergrösserung des Bauobjekts. 18.130

---

107 GROSS, 147.
108 Vgl. oben Rz. 18.79.

18.131 Der Versicherte ist verpflichtet, alle *Massnahmen zum Schutze* der benachbarten Bauobjekte nach den allgemein anerkannten Regeln der Baukunde zu treffen.

18.132 In den meisten Fällen ist der Versicherte verpflichtet, einen *gefährlichen Zustand*, der zu einem Schaden führen könnte und dessen Beseitigung die Versicherung verlangt hat, innerhalb angemessener Frist auf eigene Kosten zu beseitigen.

8. Vorgehen bei Schadensfällen und Verjährung

18.133 Es kann auf das Gesagte verwiesen werden[109].

9. Regress

18.134 Der Versicherung steht grundsätzlich die Möglichkeit offen, sich bei den am Bauvorhaben beteiligten Planern, Bauleitern und Spezialisten sowie Bauhandwerkern oder allenfalls Lieferanten *schadlos zu halten*. Allenfalls stehen ihr ausservertragliche Regressansprüche zu. Bei mehreren Ersatzpflichtigen ist die Lastenverteilung nach Art. 51 OR unter Berücksichtigung eines deliktischen oder vertragswidrigen Verhaltens bzw. einer Kausalhaftung vorzunehmen.

VI. Bauwesenversicherung

1. Versicherte Interessen

a) Versicherter Gegenstand

18.135 Die Bauwesenversicherung ist eine Sachversicherung. Sie betrifft eine an Ort und Stelle neu anzufertigende, ober- und unterirdisch mit dem Boden verbundene Sache. Versichert sind die *vereinbarten Bauleistungen*. In den versicherten Bauleistungen eingeschlossen sind die dazugehörigen Baustoffe und Bauteile, soweit sie in der Versicherungssumme

109 Vgl. oben Rz. 18.83 ff.

enthalten sind. Wenn nichts anderes vereinbart wird, ist das schlüsselfertige Bauwerk mit allen vom Bauherrn vergebenen und selbst zu erbringenden Bauleistungen versichert. Ferner sind die Aufräumungs-, Schadensuch-, Abbruch- und Wiederaufbaukosten versichert. Nur aufgrund einer besonderen Vereinbarung sind Objekte wie Gerüst- und Schalungsmaterial, bestehende Bauten, Fahrhabe, Baugeräte, Notdächer usw. versichert.

b) *Versicherte Gefahr*

aa) *Bauunfall*

Die Bauwesenversicherung deckt die durch einen Bauunfall verursachte Beschädigung oder Zerstörung des in Entstehung begriffenen Werks. Als *Bauunfall* (versicherte Gefahr) gelten unvorhergesehene unfallmässige Ereignisse, die mit dem zu errichtenden Bauwerk und/oder der damit verbundenen Tätigkeit des Bauens in Beziehung stehen[110]. 18.136

Vielmals entstehen Bauunfälle aus Ursachen, die im Bereich der eigentlichen Bauausführung liegen. Die Bauwesenversicherung will deshalb nicht nur Bauunfälle versichern, deren Ursachen auf gewaltsam einwirkende äussere Einwirkungen wie Naturereignisse (Kaskorisiko) zurückgehen, sondern auch Beschädigungen, die durch *innere Ursachen oder Wirkungen* an den versicherten Objekten entstehen (Konstruktions- und Materialfehler usw.). Der Begriff des Bauunfalls setzt daher nicht voraus, dass das schädigende Ereignis von aussen einwirkt wie beim üblichen Unfallbegriff. Der normale Unfallbegriff kommt bei der Bauwesenversicherung nicht zur Anwendung[111]. 18.137

bb) *Ursachen des Bauunfalls*

Ursachen eines Bauunfalls können wie erwähnt Naturereignisse oder Schadenursachen im Bereich der Bauausführung sein. 18.138

Als *Naturereignisse* gelten ungewöhnliche Witterungseinflüsse wie Regen oder Überflutung. Häufig entstehen Schäden durch Frost, Grundwassereinbrüche und Terrainrutschungen. Oft führt auch das unberechenbare 18.139

110 Hepperle, 202.
111 Vgl. oben Rz. 17.4.

Verhalten des Baugrundes zu grossen Schadensfällen. Als gedeckte, von aussen wirkende Ereignisse gelten auch Sabotageakte Dritter, durch welche Bauleistungen beschädigt werden.

18.140 Im Gegensatz zu diesen Ereignissen, die von aussen her einwirken, führen *Schadenursachen* im Bereich der eigentlichen Bauausführung zu Bauunfällen mit von innen her entstehenden Schäden, z.B. als Folge von Konstruktions- oder Materialfehlern, Fehlern bei der Bauausführung, Ungeschicklichkeit, Fahrlässigkeit, Böswilligkeit, mangelnder Bauaufsicht usw.

Ein Bauunfall wird bejaht bei Wasserschäden am Bauwerk infolge des offen gelassenen Bauwasserhahns oder wegen verstopfter Abläufe (Bauabfälle).

18.141 Nicht gegeben ist ein unvorhergesehener Bauunfall dann, wenn eine Bauleistung durch vertragswidrige oder fehlerhafte Ausführung oder wegen Verwendung ungeeigneter oder mangelhafter Materialien nicht ordnungsgemäss erbracht worden ist (sogenannter Leistungsmangel). Nicht versichert ist einzig der «reine Leistungsmangel», der darin besteht, dass die vertraglich zugesicherte Leistung von Anfang an mangelhaft erbracht wird. Führt hingegen ein Leistungsmangel zu einem Bauunfall, ist der daraus resultierende Sachschaden gedeckt. Nicht versichert sind diejenigen Wiederherstellungskosten, die auch ohne Bauunfall zur Mängelbeseitigung hätten aufgewendet werden müssen.

Eine nicht korrekt verlegte Dachfolie führt noch während der Bauzeit zu einem Wasserschaden am Gebäude. Der Bauwesenversicherer übernimmt die Kosten zur Sanierung des Wasserschadens (Bauunfall), nicht aber den Aufwand für das erneute, korrekte Verlegen der Dachfolie (Mängelbeseitigung).

cc) Unvorhergesehenheit des Bauunfalls

18.142 Versichert sind unvorhergesehene Bauunfälle. *Vorhergesehen* und damit nicht versichert ist ein Schadenereignis nur dann, wenn es von einem baubeteiligten Versicherten bewusst in Kauf genommen wird. Kein Versicherungsschutz besteht somit, wenn der Versicherte die Möglichkeit eines Schadeneintritts erkannt und akzeptiert hat.

Dies ist beispielsweise der Fall, wenn bewusst auf eine Baugrubensicherung in heikler Hanglage unter Inkaufnahme zu erwartender Schäden verzichtet wird.

18.143 Die blosse *Voraussehbarkeit* eines Bauunfalls schliesst den Versicherungsschutz nicht aus. Lediglich der Vorbehalt eines Grobfahrlässigkeitsabzugs ist allenfalls zu beachten. Der Versicherungsschutz ist also umfassend, sofern die Beteiligten bei ihrer Bauleistung einer normalen Sorgfaltspflicht nachkommen. Bei der Bauwesenversicherung kann die vorausgesetzte Unvorhergesehenheit somit der Unfreiwilligkeit gleichgesetzt werden.

Der Begriff der Unvorhergesehenheit bezieht sich nur auf alle versicherten Personen. Ein Bauunfall ist gegeben, wenn er *aus der Sicht der versicherten Personen* (Bauherr, Unternehmer oder leitende Persönlichkeit des Unternehmers) nicht vorhergesehen war. Verstossen aber Angestellte, wie Techniker, Bauführer oder Arbeiter gegen die anerkannten Regeln der Technik oder gegen die gesetzlichen oder polizeilichen Vorschriften und verursachen dadurch einen Bauunfall, der für diese Personen vorhergesehen war, ist der Versicherungsschutz gewährleistet. Die Unvorhergesehenheit eines Bauunfalls wird somit dann nicht geprüft, wenn ein Erfüllungsgehilfe (Techniker, Bauführer, Arbeiter etc.) auf der Baustelle Anweisungen erteilt hat, die den Regeln der Baukunst widersprechen. 18.144

dd) Allmähliche Einwirkungen

Die *Plötzlichkeit* des Ereignisses wird in den Versicherungsbedingungen nicht ausdrücklich als Deckungsvoraussetzung verlangt. Aus dem verwendeten Begriff des Bauunfalls lässt sich jedoch ableiten, dass Allmählichkeitsschäden nicht versichert sind. In der Praxis wird die Plötzlichkeit bejaht, wenn das Schadenereignis auf ein einzelnes, zeitlich und räumlich klar abgrenzbares Ereignis zurückzuführen ist. Im Übrigen kommt es nicht auf die Zeit an, die ein Schaden benötigt, um sich zu entwickeln. 18.145

ee) Weitere versicherte Gefahren

Ferner erstreckt sich der Schutz der Bauwesenversicherung, allenfalls gestützt auf eine Zusatzversicherung, auf Schäden, die durch Brand, Blitzschlag, Explosion und durch Elementarereignisse wie Hochwasser, Überschwemmung, Sturm, Hagel, Lawine, Schneedruck, Felssturz, Steinschlag und Erdrutsch entstehen. Bei allfälligen Monopolen des Kantonalen Gebäudeversicherers wird für Feuer- und Elementarschäden lediglich subsidiär Versicherungsschutz angeboten. Nicht gedeckt sind Schäden, die durch *normale Witterungseinflüsse*, mit denen nach der 18.146

Jahreszeit und den örtlichen Verhältnissen zu rechnen ist, verursacht werden; sie sind vorhergesehen.

18.147 Die Bauwesenversicherung deckt auch Verluste durch *Diebstahl* von versicherten Sachen, die mit dem Bauwerk fest verbunden sind.

c) Versicherte Schäden

18.148 Die Bauwesenversicherung deckt als Sachversicherung Schäden, die bestimmten Personen anzulasten sind. Grundsätzlich sind Schäden versichert, die nach den SIA-Normen zulasten des Bauherrn, der Geologen, Architekten, Ingenieure und Bauleiter sowie der am Bauwerk beteiligten Unternehmer und deren Subunternehmer gehen. Die allgemeinen Vertragsbedingungen sprechen von versicherten Schäden bzw. *versicherten Interessen.*

18.149 Mit der Ausdehnung des Versicherungsgegenstands auf das schlüsselfertige Bauwerk und mit der Erfassung der versicherten Interessen aller Baubeteiligten vereinfacht sich das Versicherungsverhältnis. Im Schadensfall sind Streitigkeiten darüber ausgeschaltet, wer von den Beteiligten die Verantwortung für den Bauunfall zu übernehmen hat. Immerhin setzt die Leistungspflicht des Bauwesenversicherers einen Bauunfall voraus, der zulasten eines Baubeteiligten geht, dessen Interessen in der Bauwesenversicherung mitversichert sind. Insoweit erübrigen sich in einer ersten Phase Auseinandersetzungen unter den Baubeteiligten über deren Verantwortlichkeit. Der Bauwesenversicherer stellt im Rahmen seiner Deckung das Geld zur Wiederherstellung in den Zustand vor dem Schadenereignis zur Verfügung. Allerdings trägt der Versicherer den Schadenersatz nicht definitiv, sondern *bevorschusst* diesen lediglich. Soweit der Versicherer Bevorschussungen leistet, ist es in einer zweiten Phase seine Sache, gegenüber allfälligen Verantwortlichen bzw. deren Haftpflichtversicherern ein Rückforderungsbegehren zu stellen.

18.150 Die Deckung der Bauwesenversicherung umfasst nur *reine Sachschäden.* Darunter fallen die Kosten der Schadenbehebung, der Aufräumungsarbeiten, der Schadensuchkosten usw. Nicht gedeckt sind Sachfolgeschäden (ausser sie entstehen wiederum aufgrund eines Bauunfalls) sowie Vermögensschäden und Personenschäden.

Der Versicherer wird nur leistungspflichtig, wenn die Schäden an der versicherten Bauleistung durch ein versichertes Ereignis entstanden sind. Aufwendungen zur reinen Mängelbehebung sind daher nicht zu vergüten. Besonderheiten gelten, wenn ein *Mangel zu einem Bauunfall führt*. Von der Entschädigung werden diejenigen Kosten abgezogen, die auch ohne Bauunfall zur Mängelbeseitigung hätten aufgewendet werden müssen. Dieser Teil gehört zum Unternehmerrisiko und ist nicht versicherbar. Auch Mehrkosten infolge von Änderungen der Bauweise und Verbesserungen im Rahmen der Wiederherstellung sind nicht gedeckt. 18.151

2. Zeitlicher Versicherungsschutz

In zeitlicher Hinsicht ist eine Deckung nur gegeben, wenn der *Sachschaden vor Abnahme der versicherten Bauleistung eingetreten* ist. Es genügt demnach nicht, wenn nur die Ursache während der zeitlichen Geltungsdauer des Versicherungsschutzes gesetzt wurde, der Sachschaden aber erst später, nach Ablauf der Gültigkeitsdauer der Police entstanden ist. 18.152

3. Weitere Voraussetzungen der Versicherungsleistung

a) Nachweis eines Bauunfalls

Das Vorliegen eines Bauunfalls muss vom Anspruchsberechtigten mit *genügender Wahrscheinlichkeit* nachgewiesen werden[112]. Dies gilt auch für unechte Ausschlussbestimmungen, wie diejenige, dass für normale Witterungseinflüsse keine Haftung besteht. Der Anspruchsberechtigte hat daher den Nachweis einer anormalen Einwirkung zu erbringen. Der Versicherer hat dagegen echte Ausschlussgründe zu beweisen. 18.153

b) Beachtung der Regeln der Baukunde

Bei der Ausführung des Bauwerks haben die Versicherten die gesetzlichen und behördlichen Vorschriften und die anerkannten Regeln der Technik und der Baukunde sowie allenfalls die SIA-Normen zu beachten. 18.154

112 HEPPERLE, 202

4. Versicherungssumme

18.155 Versicherungssumme für die *versicherte Bauleistung* ist die vertragliche Bausumme. Sie hat den gesamten Baukosten (ohne Vorstudien-, Grundstücks-, Erschliessungs- und Finanzierungskosten) zu entsprechen. Wird die Bausumme nachträglich heraufgesetzt, erhöht sich auch die Versicherungssumme entsprechend. Besonders gefährdete Teile eines Bauauftrages (Teilleistungen) können nicht allein versichert werden. Die Versicherungssummen für Aufräumungskosten, Baustelleneinrichtungen, Baugeräte, Baumaschinen, Baugrund und Bodenmassen, bestehende Bauten und Fahrhabe werden aufgrund einer freien Wahl der Summe durch den Versicherungsnehmer festgesetzt. Anzutreffen ist auch, dass die Grunddeckung bereits ein betraglich limitiertes Kostenpaket für Aufräumungs- und Schadensuchkosten usw. enthält, wobei die entsprechende Versicherungssumme gestützt auf eine besondere Vereinbarung erhöht werden kann.

5. Ersatzleistung und Selbstbehalt

18.156 Die Versicherung ersetzt die Kosten, die aufzuwenden sind, um den Zustand von versicherten Bauleistungen *unmittelbar vor dem Schadenereignis* wiederherzustellen, jedoch höchstens bis zur vereinbarten Versicherungssumme. Aufräumungs- und Schadensuchkosten sowie Kosten für Abbruch und Wiederaufbau nicht beschädigter, versicherter Bauwerksteile werden bis zu einer bestimmten Höhe (beispielsweise Fr. 25’000.–) vollumfänglich und darüber hinaus bis zu einem bestimmten Prozentsatz der Versicherungssumme (z.B. 5 %) ersetzt.

18.157 Von jeder Entschädigung wird der als *Selbstbehalt* vereinbarte Betrag abgezogen. Betrifft das gleiche Schadenereignis mehrere Sachen oder Kosten, so wird der Selbstbehalt nur einmal angerechnet.

6. Versicherungsprämie

18.158 Wie bei der Bauherrenhaftpflichtversicherung orientiert sich die Prämie für den Versicherungsschutz an der *Natur und der Grösse des Bauvorhabens*. Der Baugrund, allfällige besondere Grundwasserverhältnisse, neuartige Konstruktionen usw. sind zur Berechnung der Prämie risikogerecht zu kalkulieren. Der Versicherungsnehmer hat deshalb einen ausführlichen Fragebogen schriftlich zu beantworten, der Bestandteil des Versicherungsvertrags bildet. Die definitive Prämienabrechnung basiert auf der Schlussabrechnung, doch wird bei Hochbauten bis zu einer bestimmten Bausumme (z.B. Fr. 2'000'000.–) auf eine definitive Prämienabrechnung in der Regel verzichtet.

7. Vorgehen bei Schadensfällen

Die AVB der Bauwesenversicherungen sehen regelmässig ein *Sachverständigenverfahren* vor. Im Rahmen dieses Schiedsverfahrens sollen insbesondere der Zeitwert der beschädigten Sachen unmittelbar vor dem Schadenereignis und allfällige Ohnehin-Kosten, sofern ein Mangel zum Bauunfall geführt hat, bestimmt werden. Das Sachverständigenverfahren kommt wegen seiner Schwerfälligkeit kaum zum Zug. Häufiger anzutreffen ist der Einsatz eines neutralen Experten, der als Beauftragter der Parteien ein unverbindliches Gutachten abzugeben oder seltener ein Schiedsgutachten zu erstellen hat. 18.159

8. Verjährung

Die Ansprüche aus dem Bauwesenversicherungsvertrag verjähren in zwei Jahren nach Eintritt der Tatsache, welche die Leistungspflicht begründet (Art. 46 VVG). Gemäss dem für Personenschäden aufgestellten Grundsatz des Unfallversicherungsrechts beginnt die Verjährungsfrist in dem Zeitpunkt zu laufen, in dem ein Schaden objektiv festgestellt werden kann, wobei nicht massgebend ist, ob die Schadenshöhe im betreffenden Zeitpunkt bereits bekannt ist[113]. Bei der Bauwesenversicherung als Sachversicherung kann in der Regel bereits im Zeitpunkt unmittelbar nach dem Bauunfall festgestellt werden, ob und in welchem Umfang ein Sachschaden eingetreten ist. Mit dem Kriterium der objektiven Feststellbarkeit des Schadens unterscheidet sich der Beginn des 18.160

113 BGE 118 II 447 ff. E. 2b (SVA XIX, Nr. 62, für die Unfallversicherung, Feststellung der Invalidität, nicht aber Invaliditätsgrad); vgl. auch KOLLER, 10 f.

Fristenlaufs von der Regelung in Art. 60 OR und Art. 83 SVG, wo auf die Kenntnisnahme des Schadens durch den Geschädigten abgestellt wird.

VII. Montage-, Maschinen- und Maschinenkaskoversicherung

1. Montageversicherung

18.161 Mit der Montageversicherung soll das Risiko überwälzt werden, das beim Zusammenbau und einer allenfalls anschliessenden Erprobung von technischen Einrichtungen entsteht[114]. Sie ist hinsichtlich der versicherten Gefahr *analog zur Bauwesenversicherung* ausgestaltet und unterscheidet sich von dieser durch den versicherten Gegenstand. Sie bezieht sich nicht auf ein Bauwerk, sondern in erster Linie auf vorgefertigte Maschinen, maschinelle und elektrische Einrichtungen, technische Anlagen oder Konstruktionen aus vorfabrizierten Elementen, die jeweils am Bestimmungsort noch zu einer Einheit zusammengefügt bzw. mit dem Grundstück verbunden werden müssen[115].

18.162 Mit *besonderer Vereinbarung* können auch Montageausrüstungsgegenstände wie Hilfsmaschinen, Werkzeuge und Baracken mitversichert werden. Dasselbe gilt auch für andere gefährdete Sachen sowie für Bauleistungen, Erd- und Bauarbeiten. Ausgeschlossen bleiben Krane, Motorfahrzeuge etc. Für sie stehen die Maschinen- oder Maschinenkaskoversicherungen zur Verfügung.

18.163 Die Montageversicherung erstreckt sich auf *Schäden an oder Verluste von versicherten Sachen*, die zulasten der an der Montage beteiligten Unternehmer gehen. Sie kann auf besondere Vereinbarung hin auf Schäden, die zulasten des Bestellers gehen, ausgedehnt werden. Anderseits kann sie auf das reine Herstellerrisiko und/oder Montageinstruktionsrisiko beschränkt werden. Auch kann die Deckung des Herstellerrisikos wegbedungen werden.

114 RICHNER, 214.

115 HEPPERLE, 201.

Wie bei der Bauwesenversicherung die normalen witterungsbedingten Einwirkungen sind bei der Montageversicherung die *voraussehbaren stetigen Betriebseinflüsse* als Ursache von Schäden von der Deckung ausgenommen[116]. Vermögensschäden und Aufwendungen zur Mängelbeseitigung sind wie bei der Bauwesenversicherung nicht versichert. 18.164

2. Maschinenversicherung

Mit der Maschinenversicherung können Schäden aus Bedienungsfehlern, Fahrlässigkeit des Personals, Überbeanspruchung, Versagen von Sicherheitseinrichtungen, Materialfehler usw. versichert werden. Die Versicherung schützt den Eigentümer oder Nutzer der Maschine vor Vermögenseinbussen infolge *Betriebsuntüchtigkeit der Maschine oder Unfällen mit der Maschine*[117]. Sie ermöglicht zudem dem Unternehmer eine genaue Kalkulation der Abschreibung[118]. 18.165

Maschinenversicherungen kennen besondere *örtliche Beschränkungen*, indem die Deckung sich grundsätzlich auf einen bestimmten Versicherungsort erstreckt. Es können aber auch zirkulierende Maschinen versichert werden. 18.166

3. Maschinenkaskoversicherung

Die Maschinenkaskoversicherung steht für fahrbare Maschinen zur Verfügung. Bei ihr geht es um die *Risiken*, mit denen Baumaschinen bei deren Bedienung auch unter widrigsten Verhältnissen äusserlich behaftet sind. Versichert sind unvorhergesehe, plötzlich eintretende Schäden infolge gewaltsamer äusserer Einwirkungen, insbesondere als Folge von Zusammenstössen, Um- oder Abstürzen, Felssturz, Bodensenkung usw.[119]. 18.167

Ihre *Deckung* erstreckt sich nur auf Schäden, die durch gewaltsame äussere Einwirkung verursacht werden. Zudem sind innere Betriebsschäden wie insbesondere Bruch, Riss-, Deformations- oder Abnützungsschä- 18.168

116 HEPPERLE, 203, auch zur vorzeitigen Abnützung.
117 RICHNER, 216.
118 HEPPERLE, 205.
119 RICHNER, 218.

den unabhängig von der Schadensursache von der Deckung ausgeschlossen. Verschiedene Deckungsausschlüsse sollen das subjektive Kriterium der *Unvorhergesehenheit objektivieren.*

So sind Schäden nicht versichert, wenn sie auf Sprengungen, ohne dass die Maschine in normalerweise genügend sichere Entfernung gebracht wurde, die Bedienung der Maschine durch nichtqualifizierte Personen oder die Weiterverwendung der Maschine nach Schadenseintritt usw. zurückzuführen sind[120].

VIII. Checklisten

1. Sicherstellung eines ausreichenden Versicherungsschutzes:

- Welche Baurisiken sind zu gewärtigen?
- Welche Risiken sind versicherbar?
  - Deckung von Sach- und Personenschäden, die durch Unternehmer verursacht werden; keine Deckung des unternehmerischen Risikos (Werkmängel, Verzug), aber von Mangelfolgeschäden (Rz. 18.44 ff.).
  - Deckung von Bautenschäden infolge fehlerhafter Architektur- oder Ingenieurleistungen (Rz. 18.89 ff.).
  - Schädigung Dritter durch die Bautätigkeit (Rz. 18.116 ff.).
  - Zerstörung des teilweise erstellten Bauwerks durch ein unvorhergesehenes unfallmässiges Ereignis (18.136 ff.).
- Für welche Zeitdauer sind Versicherungsleistungen sicherzustellen?
  - Ist der Fortbestand der Versicherung der Unternehmer, Architekten und Ingenieure während der Dauer des Vertrags mit der Bauherrschaft gewährleistet?
  - Wird bei Bauverzögerungen der zeitliche Versicherungsschutz falls erforderlich angepasst (Rz. 18.152)?
- Welche Versicherungen sind von wem abzuschliessen?
  - Verfügen die beauftragten Unternehmer über eine hinreichende Betriebshaftpflichtversicherung (Rz. 18.43 ff.)?
  - Sind Architekten und Ingenieure mit einer genügenden Berufshaftpflichtversicherung geschützt (Rz. 18.88 ff.)?

120 HEPPERLE, 204

- Ist der Bauherr für seine Haftpflicht versichert (Rz. 18.115 ff.)?
- Sind Schäden aus Bauunfällen auch versichert, falls der Verursacher (noch) nicht feststeht (Rz. 18.135 ff.)?

2. Vorgehen im Schadensfall:

- Welche Versicherungen sind bei einem Schadensfall in Anspruch zu nehmen?
- Welche Schadenanzeigen sind erforderlich?
- Übernimmt die Versicherung die Schadenbehandlung?
- Sind verjährungsunterbrechende Handlungen vorzunehmen?

Sechster Teil

BESONDERE BAUVORHABEN

§ 19 Öffentliche Bauvorhaben, insbesondere Beschaffungsrecht

MARKUS METZ/GERHARD SCHMID

Literaturauswahl: BOCK CHRISTIAN, Das WTO-Übereinkommen über das öffentliche Beschaffungswesen und seine Umsetzung ins schweizerische Submissionsrecht, AJP 1995, 712 ff., (*zitiert:* Übereinkommen); *ders.*, Das europäische Vergaberecht für Bauaufträge, Basel 1993; *ders.* (Hrsg.), Schweizerische Rechtserlasse, Öffentliches Beschaffungsrecht, Submissionsrecht Basel, 1996 (*zitiert:* Beschaffungsrecht); CLERC EVELYNE, L'ouverture des marchés publics: Effectivité et protection juridique, Fribourg 1997; COTTIER THOMAS/WAGNER MANFRED, Das neue Bundesgesetz über den Binnenmarkt (BGBM), AJP 1995, 1587 ff. (*zitiert:* Binnenmarkt); GADOLA ATTILIO R, Rechtsschutz und andere Formen der Überwachung der Vorschriften über das öffentliche Beschaffungswesen, AJP 1996, 972 ff.; GALLI PETER, Die Submission der öffentlichen Hand im Bauwesen, Zürich 1981; GALLI PETER/LEHMANN DANIEL/RECHSTEINER PETER, Das öffentliche Beschaffungswesen der Schweiz, Zürich 1996 (*zitiert:* Beschaffungswesen); GAUCH PETER, Das öffentliche Beschaffungsrecht der Schweiz. Ein Beitrag zum neuen Vergaberecht, recht 1997, 165 ff.; *ders.,* Vergabeverfahren und Vergabegrundsätze nach dem neuen Vergaberecht des Bundes, Baurecht 1996, 99 ff. (*zitiert:* Vergabeverfahren); *ders.,* Das neue Beschaffungsgesetz des Bundes – Bundesgesetz über das öffentliche Beschaffungswesen vom 16. Dezember 1994, ZSR 1995 I, 314 ff. (*zitiert:* Beschaffungsgesetz); HAUSER EDWIN, Die Bindung des Bundes an das kantonale Recht, Zürich 1962 (*zitiert:* Bindung); HAUSER HEINZ/MÜLLER-SCHNEGG HEINZ, Öffentliches Beschaffungswesen, Bern 1995; HÄUSSLER INGRID/HÜRLIMANN ROLAND/MEYER-MARSILIUS HANS JOACHIM, Öffentliche Bauaufträge in der Schweiz: Einfluss des EU-Rechts, Zürich 1997 (*zitiert:* Bauaufträge); LEIGGENER ERWIN, Die Vergebung von öffentlichen Aufträgen des Gemeinwesens als Problem des Rechtsstaates, Zürich 1976; LEUTENEGGER PAUL B., Das formelle Baurecht der Schweiz, 2. Aufl., Bern 1978 (*zitiert*: Baurecht); METZ MARKUS/SCHMID GERHARD, Rechtsgrundlagen des öffentlichen Beschaffungswesens, ZBl 1998, 49 ff.; MICHEL NICOLAS, Droit public de la construction, Fribourg 1996; MICHEL NICOLAS/ZÄCH ROGER (Hrsg.), Submissionswesen im Binnenmarkt Schweiz, Zürich 1998; SPAHN JÜRG, Die Bindung des Bundes an das kantonale und kommunale Baupolizeirecht sowie an die eidgenössischen Vorschriften im Bereich der Raumpanung, Bern 1977 (*zitiert:* Bindung); STOFFEL WALTER A., Wettbewerbsrecht und staatliche Wirtschaftstätigkeit, Freiburg 1994 (*zitiert:* Wirtschaftstätigkeit); VON BÜREN ROLAND/COTTIER THOMAS (Hrsg.), Die neue schweizerische Wettbewerbsordnung im internationalen Umfeld, Bern 1997.

I. Problemübersicht

19.1 Bauvorhaben des Bundes, der Kantone und der Gemeinden haben volkswirtschaftlich eine hohe Bedeutung. Sie beeinflussen mittel- und unmittelbar die Konjunkturlage und in hohem Mass durch ihre Grösse auch die Umwelt. Werden Bauvorhaben der öffentlichen Hand zufolge einer angestrengten Finanzlage zurückgestellt, hat dies einen unmittelbaren *Einfluss auf die gesamte konjunkturelle Lage* des Landes. Ebenso aber kann in Zeiten einer schwachen Baukonjunktur durch Ankurbelung oder Vorziehen von baulichen Investitionen oder des baulichen Unterhalts öffentlicher Werke ein Impulsprogramm geschaffen werden, das die wirtschaftliche Stabilität bis zu einem gewissen Grad gewährleisten und unliebsame baukonjunkturelle Ausschläge nach unten und oben verhindern kann. Der Ruf nach antizyklischen Massnahmen der öffentlichen Hand ist deshalb gross[1].

19.2 Der Bund, die Kantone und die Gemeinden sind wohl die bedeutendsten *Nachfrager von Bauvorhaben* auf dem Gebiet des Hoch- und Tiefbaus in der Schweiz. Sie üben damit eine kartellrechtlich relevante Nachfragemacht im Sinne einer marktbeherrschenden Stellung[2] aus, die nach verschiedenen Garantien ruft. Der Bund[3] hat ein Interesse daran, seine Bauvorhaben zweckmäsig und wirtschaftlich[4] zu regeln und durchzufüh-

1 Es wird an dieser Stelle darauf verzichtet, die Aussagen durch Beispiele, Zahlen und Hinweise auf die Impuls- und Investitionsprogramme des Bundes, der Kantone und der Gemeinden im Einzelnen zu belegen, da statistische Angaben schnell veralten. Die Autoren verweisen dazu auf die entsprechenden statistischen Angaben der öffentlichen Hand. Immerhin sei erwähnt, dass Bund, Kantone und Gemeinden im Jahr 1996 Bauausgaben im Umfang von 15,444 Mia. tätigten (Statistisches Jahrbuch der Schweiz 1998, 270); für die Situation in der EU vgl. HÄUSSLER/HÜRLIMANN/MEYER-MARSILIUS, Bauaufträge, 11 ff.

2 Vgl. Art. 4 Abs. 2 in Verbindung mit Art. 7/8 KG, Bundesgesetz über Kartelle und andere Wettbewerbsbeschränkungen vom 6. Oktober 1995, SR 251; DROLSHAMMER JENS IVAR, Wettbewerbsrecht, 1997, 33, 66 ff., STOFFEL, Wirtschaftstätigkeit, 32 f.

3 Die vorliegende Darstellung konzentriert sich im Wesentlichen auf die Rechtslage im Bund und nimmt lediglich vereinzelt Bezug auf das Recht der Kantone und/oder der Gemeinden. Die rechtliche Grundproblematik bleibt in allen Gemeinwesen dieselbe.

4 Art. 1 der Verordnung über das Bauwesen des Bundes vom 18. Dezember 1991 (BVo), SR 172.057.20.

ren. Diesem Interesse stehen die Anliegen der betroffenen Unternehmen gegenüber, Bauten für den Bund unter dem Aspekt ihrer Gewinnmaximierung und der Transparenz sowie der Gleichbehandlung und der Nichtdiskriminierung planen und ausführen zu können. Es bedarf deshalb gewisser Verfahrensgarantien, damit die rechtsgleiche Behandlung der Unternehmer gewährleistet wird.

Eine grundsätzliche Neuorientierung hat mit der Ratifizierung des 19.3
GATT/WTO-Übereinkommens über das öffentliche Beschaffungswesen[5] eingesetzt. Für die Bauvorhaben, einschliesslich der Planung des Bundes, der Kantone und der Gemeinden gelten die Vorschriften des WTO-Übereinkommens, sofern die entsprechenden Schwellenwerte erreicht werden und kein Ausschlussgrund vorliegt. Andernfalls gilt das anwendbare Bundes-, das kantonale oder das kommunale Recht für die Beschaffung. Auf der Bundesebene wurde das WTO-Übereinkommen durch das Bundesgesetz über das öffentliche Beschaffungswesen[6] umgesetzt, während die Kantone eine Interkantonale Vereinbarung über das öffentliche Beschaffungswesen[7] abgeschlossen haben, der per 1. Juli 1997 17 Kantone beigetreten sind[8]. Auch die übrigen Kantone haben das WTO-Übereinkommen in das kantonale Recht zu übertragen, mindestens soweit sie durch entsprechende Schwellenwerte dazu verpflichtet sind.

Schliesslich ist zu fragen, inwieweit der Bund bei seinen Bauvorhaben 19.4
an die eidgenössischen und kantonalen (evtl. auch kommunalen) materiellen und formellen Baugesetze gebunden ist.

5 Vom 15. April 1994, ratifiziert am 8. Dezember 1994 und am 1. Januar 1994 in Kraft getreten (WTO-Übereinkommen), SR 0.632.231.42.

6 Vom 16. Dezember 1994, (BoeB oder Beschaffungsgesetz), SR 172.056.1.

7 Vom 25. November 1994, (IVoeB oder Vereinbarung), SR 172.056.4.

8 Luzern, Uri, Schwyz, Obwalden, Nidwalden, Glarus, Zug, Freiburg, Solothurn, Basel-Stadt, Appenzell A. Rh., Schaffhausen, Graubünden, Aargau, Thurgau, Tessin und Neuenburg.

II. Planung der öffentlichen Bauvorhaben

1. Planung der Bauvorhaben des Bundes

19.5 Für die Planung der Bauvorhaben der Verwaltungseinheiten der Bundesverwaltung ist neben den spezialgesetzlichen Vorschriften die *Bauverordnung* des Bundes anwendbar. Sie gilt für alle Bauvorhaben (Neu- und Umbauten, Liquidationen und Unterhaltsarbeiten), an denen der Bund allein oder mit Dritten beteiligt ist. Teilweise ist die Bauverordnung anwendbar auf die Rüstungsbetriebe (praktisch beschränkt auf den Projektablauf und die Kreditordnung) und die PTT-Betriebe/Bundesbahnen (betreffend die Konferenz der Bauorgane des Bundes und den Koordinationsausschuss für Bauten mit Schutz gegen Waffenwirkungen). Die Bauverordnung regelt den Projektablauf im Einzelnen. Der Abklärung der Grundlagen – unter Umständen durch Einsetzen einer Planungsgruppe – folgt die eigentliche Planungsphase, unterteilt in Vorprojekt- und Projektphase. Dieser schliesst sich die Ausführung an (Art. 15 Abs. 1 Bauverordnung).

19.6 Ausserdem gilt *die Baunormen-Verordnung*[9] für Bauten, zu deren Ausführung es nach der Bundesgesetzgebung der Genehmigung einer Behörde des Bundes bedarf. Für die Planung und Finanzierung der grossen Infrastrukturwerke sei auf die Spezialgesetzgebung[10] und die Paragraphen 20 und 21 dieses Werkes verwiesen[11].

19.7 Weder die Bauverordnung noch die Baunormen-Verordnung begründen direkte individuelle Rechtsansprüche einzelner Privater. Es handelt sich um *verwaltungsinterne Anweisungen* an die Organe und über die Organisation der Planung von Um- und Neubauten wie auch den Unterhalt sowie den Planungsablauf und die Kreditordnung in diesen Bereichen. Die Baunormen-Verordnung legt fest (Art. 2), dass die Bauten nach den

---

9 Verordnung über die Berechnung, die Ausführung und den Unterhalt der der Aufsicht des Bundes unterstellten Bauten vom 21. August 1962, SR 720.1.

10 Vgl. unten Rz. 19.33 f.

11 Gegenwärtig unterbreitet der Bundesrat dem Parlament einen Mantelerlass zur Straffung von 18 Erlassen bundesrechtlicher Plangenehmigungsverfahren für militärische Anlagen, Grenzkraftwerke zur Wasserkraftnutzung, elektrische Anlagen, Eisenbahn-, Trolleybus- und Schifffahrtsanlagen, Rohrleitungen und Flugplätzen.

anerkannten Regeln der Technik von Fachkundigen zu projektieren, zu berechnen, auszuführen, zu überwachen und zu unterhalten sind.

Soweit die Planung von Bauvorhaben einen *Schwellenwert* von 130 000 SZR[12] überschreitet, unterliegen diese Dienstleistungen dem WTO-Übereinkommen und sind demgemäss (unter Vorbehalt des speziellen Ausschlusses der Dienstleistungen im Bereich Energie, Wasser, Transport oder Telekommunikation) nach dem entsprechenden Verfahren zu vergeben[13]. Demgegenüber sieht Art. 15 Abs. 1 der Bauverordnung nur für die Ausführung eine Ausschreibung vor. 19.8

2. Planung der Bauvorhaben der Kantone und Gemeinden

Die Planung und Vorbereitung der öffentlichen Bauvorhaben der Kantone und Gemeinden laufen – soweit sie nicht die Schwellenwerte gemäss WTO-Übereinkommen erreichen oder in den Beschaffungsordnungen geregelt sind – weitgehend *verwaltungsintern*, nicht kodifiziert ab. Sie unterliegen damit letztlich nur der parlamentarischen Kontrolle, die sich auf die allgemeinen rechtstaatlichen und organisationsrechtlichen Prinzipien richtiger Verwaltungstätigkeit im Sinne der Beachtung des wirtschaftlichen und effizienten Einsatzes der personellen, materiellen und finanziellen Resourcen beschränken kann. 19.9

Auch für die Kantone und Gemeinden gilt bezüglich der Planungen im Bereich von Bauvorhaben (und anderen Dienstleistungen) das WTO-Übereinkommen ab einem Schwellenwert von 130 000 SZR (mit der gleichen Ausschlussliste und der Anpassung der Schwellenwerte wie auf Bundesebene). Dieser Schwellenwert kann – wie im Bund – nicht durch Aufsplittung in verschiedene Teilplanungsaufträge umgangen werden. 19.10

12 Sonderziehungsrecht; der Wert eines Sonderziehungsrechts entspricht etwa 1 ECU. Die Anpassung der Schwellenwerte findet nach Art. 6 Abs. 3 BoeB periodisch statt. Sie beträgt ab 1. Januar 1997 für Dienstleistungen 248 950 Franken und für Bauwerke 9,575 Millionen Franken, (vgl. Verordnung über die Anpassung der Schwellenwerte im öffentlichen Beschaffungswesen vom 19. November 1996, SR 172.056.12).

13 Annex 1 in Verbindung mit Annex 4 WTO-Übereinkommen; vgl. zum Verfahren unten Rz. 19.45 ff.

3. Planung der Bauvorhaben öffentlichrechtlicher Unternehmen

19.11 Kraft Annex 3 der Schweiz zum WTO-Übereinkommen sind dem Beschaffungsgesetz auch für Planungsaufgaben die öffentlichrechtlichen Unternehmen auf folgenden Gebieten zu unterstellen: 1. der Produktion, des Transports oder der Verteilung von Trinkwasser, 2. der Produktion, Fortleitung oder Verteilung von elektrischer Energie, 3. des Transports von Verkehr per Stadtbahn, Strassenbahn, automatischen Systemen, Trolleybus, Bus oder Kabel, 4. Flughäfen und 5. Binnenhäfen.

4. Planungswettbewerb und Gesamtleistungswettbewerb

19.12 Das WTO-Übereinkommen legt in Art. XV Ziff. 1 lit. j fest, dass die Bestimmungen über das offene und selektive Verfahren[14] bei Zuschlägen, die einem Gewinner eines Wettbewerbs erteilt werden, nicht angewendet werden müssen, falls die Organisation des Wettbewerbs den Voraussetzungen des WTO-Übereinkommens entspreche. Damit kann das freihändige Verfahren durchgeführt werden bei Zuschlägen, die dem Gewinner eines Wettbewerbs erteilt werden, falls der Wettbewerb nach den Regeln des WTO-Übereinkommens durchgeführt wurde. Der Bundesrat verweist in seiner Botschaft zum WTO-Übereinkommen[15] darauf, dass im Gegensatz zu den EU-Richtlinien das WTO-Übereinkommen das eigentliche Verfahren des Planungs- und Gesamtleistungswettbewerbs nicht regle.

19.13 Deshalb hat der Bundesgesetzgeber den Bundesrat in Art. 13 Abs. 3 BoeB beauftragt, den Planungs- und Gesamtleistungswettbewerb ausdrücklich zu regeln. Der Planungswettbewerb soll der Erarbeitung von Lösungsvorschlägen im Bereich der Planung von Ingenieur- und Architekturleistungen dienen, während der Gesamtwettbewerb die Möglichkeit bieten soll, im Rahmen eines Wettbewerbs gleichzeitig nach Planungs- und Bauausführungsleistungen zu fragen.

---

14 Vgl. dazu unten Rz. 19.54 f.

15 Botschaft zur Genehmigung des GATT/WTO-Übereinkommens (Uruguay-Runde) vom 19. September 1994, BBl 1994 IV 1 ff., 1190.

Die Art. 40–57 VoeB[16] regeln den Planungs- und den Gesamtleistungswettbewerb. Ein Wettbewerb ist bei *Erreichen der Schwellenwerte* im offenen oder selektiven Verfahren durchzuführen. Werden die Schwellenwerte nicht erreicht, kann (aber muss nicht) das freihändige oder das Einladungs-Verfahren zur Anwendung gelangen. 19.14

Die Verordnung differenziert zwischen *Ideenwettbewerb* zu allgemein umschriebenen und abgegrenzten Aufgaben, *Projektwettbewerb* zu klar umschriebenen Aufgaben und zur Ermittlung von geeigneten Vertragspartnerinnen und -partnern, welche die Lösung teilweise oder ganz realisieren, und *Gesamtleistungswettbewerb* zur Erarbeitung von Lösungsvorschlägen zu klar umschriebenen Aufgaben sowie zur Vergabe der Realisierung dieser Lösung (Art. 42 VoeB). 19.15

Das Preisgericht des Wettbewerbs entscheidet über die *Rangierung und Vergabe* der Preise. Es spricht zudem zuhanden der Auftraggeberin eine Empfehlung für die Erteilung eines weiteren planerischen Auftrags, eines Zuschlags oder des weiteren Vorgehens aus, an die die Auftraggeberin im Normalfall gebunden ist. 19.16

Die Gewinnerin oder der Gewinner eines Projektwettbewerbs hat in der Regel *Anspruch* auf einen weiteren planerischen Auftrag, diejenige oder derjenige eines Gesamtleistungswettbewerbs erhält in der Regel den Zuschlag. 19.17

Das Wettbewerbsergebnis wird im Schweizerischen Handelsamtsblatt *veröffentlicht* (Art. 24 BoeB in Verbindung mit Art. 8 und 57 VoeB). Hingegen stellt die Mitteilung des Wettberwerbsergebnisses keine anfechtbare Verfügung dar (Art. 29 BoeB)[17]. 19.18

Allerdings müsste konsequenterweise der Entscheid der Auftraggeberin, keinen weiteren planerischen Auftrag zu erteilen oder im Rahmen des Gesamtleistungswettbewerbs den Zuschlag nicht an die Gewinnerin oder den Gewinner zu vergeben, eine nach Art. 29 BoeB *anfechtbare Verfü-* 19.19

16 Verordnung über das öffentliche Beschaffungswesen vom 11. Dezember 1995 (VoeB), SR 172.056.11; zur unbefriedigenden Kodifizierung der Wettbewerbe vgl. GAUCH, Beschaffungsrecht, 172.

17 Art. 29 BoeB enthält einen abschliessenden Katalog der anfechtbaren Verfügungen im Bereich des Beschaffungswesens, vgl. BBl 1994 IV 1200; dazu unten Rz. 19.91 f.

gung sein, da sonst der Anspruch nicht durchgesetzt werden kann. Es handelt sich in diesem Fall um einen Abbruch des Verfahrens, der nach Art. 29 lit. a BoeB anfechtbar ist. Dies gilt insbesondere auch, wenn ein Dritter nach der Durchführung eines Gesamtleistungswettbewerbs und nach einem Abbruch den Zuschlag erhält.

19.20 Weder der Planungs- noch der Gesamtleistungswettbewerb wird im kantonalen Vergabeverfahren von der Vereinbarung erfasst. Damit sind die Kantone und Gemeinden frei, solche Wettbewerbe nach eigenem Verfahrensrecht durchzuführen. Soweit die Schwellenwerte nach dem WTO-Übereinkommen erreicht werden, haben sie sich bei der Vergabe an diese Vorschriften zu halten, auch wenn sie vorgängig einen Wettbewerb durchführen. Allerdings droht dann das kantonale oder kommunale Recht über die Durchführung des Wettbewerbs mit den Vergabevorschriften des WTO-Übereinkommens zu kollidieren, was zu einer Anfechtbarkeit der kantonalen oder kommunalen Rechtssätze und der darauf gestützt erlassenen Verfügungen führen würde.

III. Vergabe der öffentlichen Bauvorhaben

1. Rechtsgrundlagen

a) GATT-Bestimmungen

19.21 Das öffentliche Beschaffungswesen regelt die Vergabe von öffentlichen Liefer-, Dienstleistungs- und Bauaufträgen durch öffentliche Auftraggeber auf Bundes-, Kantons- und Gemeindeebene. Für alle Ebenen ist das WTO-Übereinkommen von grundlegender Bedeutung. Diesem unterstehen die in der schweizerischen Verpflichtungsliste (Anhang I zum WTO-Übereinkommen) aufgeführten Beschaffungsstellen für die Beschaffungen, welche die festgelegten Schwellenwerte erreichen. Aufgrund des schweizerischen Annex 3 im Anhang I zum WTO-Übereinkommen fallen staatliche Behörden *aller Stufen*, d.h. auch die Gemeinden, und öffentliche Unternehmen unter das WTO-Übereinkommen, sofern diese in den Bereichen der Wasser- und Energieversorgung, der städtischen Verkehrsmittel, der Hafenanlagen und der Flughäfen tätig sind. Andernfalls werden Auftraggeber auf Gemeindestufe vom WTO-Übereinkommen nicht erfasst.

b) Eidgenössisches Recht

aa) Beschaffungsgesetz

Dem Beschaffungsgesetz unterstehen nur *Beschaffungen auf Bundesebene*. Die dem Gesetz unterstehenden Auftraggeber sind in Art. 2 BoeB abschliessend aufgeführt. Darunter fallen neben der allgemeinen Bundesverwaltung die Eidgenössische Alkoholverwaltung, die Eidgenössischen Technischen Hochschulen und ihre Forschungsanstalten sowie – mit Einschränkungen – die Post- und Automobildienste der PTT-Betriebe (Art. 2 Abs. 1 lit. d BoeB). 19.22

Im Sinne einer *allgemeinen Ausdehnung* hält Art. 2 Abs. 3 BoeB ferner fest, dass der Bundesrat durch Verordnung das Gesetz oder einzelne Bestimmungen auf weitere öffentliche Aufträge des Bundes anwendbar erklären kann. Die Ausdehnung gilt gegenüber ausländischen Anbietern nur, soweit schweizerischen Anbietern im betreffenden Staat Gegenrecht gewährt wird. 19.23

Gemäss Art. 3 ist das Beschaffungsgesetz unter anderem *nicht anwendbar* auf Aufträge 19.24
- die aufgrund eines völkerrechtlichen Vertrages zwischen den Vertragsstaaten des WTO-Übereinkommens oder der Schweiz und andern Staaten über ein gemeinsam zu verwirklichendes und zu tragendes Objekt vergeben werden,
- die an internationale Organisationen aufgrund eines besondern Verfahrens vergeben werden sowie
- auf die Erstellung von Bauten der Kampf- und Führungsinfrastruktur der Gesamtverteidigung und der Armee (Art. 3 BoeB).

Diese Ausnahmen stehen im Einklang mit dem WTO-Übereinkommen und der Verpflichtungsliste der Schweiz[18]. 19.25

Anwendung findet das Beschaffungsgesetz auf inländische Anbieter und auf ausländische Anbieter der Vertragsstaaten des WTO-Übereinkommens, soweit diese Staaten *Gegenrecht* halten, sowie auf Anbieter anderer Staaten aufgrund staatsvertraglicher Vereinbarungen oder der bun- 19.26

18 Vgl. GALLI/LEHMANN/RECHSTEINER, Beschaffungswesen, 11.

desrätlichen Feststellung der Gleichbehandlung schweizerischer Anbieter in diesem Land (Art. 4 BoeB).

19.27 Nach Art. 6 BoeB gelten gewisse Schwellenwerte (immer ohne Mehrwertsteuer) als Voraussetzung für die Anwendbarkeit des Gesetzes[19]. Das Gesetz hält sich dabei streng an die Vorgaben des WTO-Übereinkommen, weshalb die Schwellenwerte periodisch angepasst werden müssen (Art. 6 Abs. 2 BoeB). Überdies bestimmt Art. 7 Abs. 1 BoeB, dass ein Auftrag nicht zum Zweck der Umgehung des Gesetzes in mehrere Aufträge aufgeteilt werden darf.

bb) Verordnung über das öffentliche Beschaffungswesen

19.28 Die mit dem Beschaffungsgesetz in Kraft gesetzte Verordnung über das öffentliche Beschaffungswesen (VoeB) stellt nicht nur einen Ausführungserlass zum Beschaffungsgesetz dar, sondern erfasst darüber hinaus auch diejenigen Beschaffungen auf Bundesebene, die nicht unter den Anwendungsbereich des WTO-Übereinkommens und des Beschaffungsgesetzes fallen. Die Verordnung betrifft somit das *gesamte Beschaffungswesen* auf Bundesebene[20].

19.29 Die Verordnung gilt jedoch nicht für die Post-Betriebe[21], die Rüstungsbetriebe (im Bereich der übrigen Beschaffungen) und für die SBB, soweit diese Auftraggeber ihre Tätigkeit in Konkurrenz zu Dritten ausüben oder den Auftragsgegenstand an Dritte weiterveräussern oder vermieten, ohne dafür ein besonderes oder ausschliessliches Recht als Monopolbetriebe zu haben (Art. 2 Abs. 3 VoeB).

cc) Kartellgesetz/Binnenmarktgesetz

19.30 Im Rahmen der Massnahmen zur marktwirtschaftlichen Erneuerung der Schweiz wurde am 1. Juli 1996 zusammen mit dem revidierten Kartellgesetz das neue Bundesgesetz über den Binnenmarkt[22] in Kraft gesetzt. Beide Gesetze sind auch für das öffentliche Beschaffungswesen in der

19 Bock, Übereinkommen, 712.

20 Vgl. Art. 1 VoeB; Gauch, Vergabeverfahren, 99.

21 Beschaffungsgesetz und Verordnung sprechen von den PTT-Betrieben. Nach der Ausgliederung der Swisscom werden wohl nur noch die Postbetriebe erfasst.

22 Vom 6. Oktober 1995 (BGBM), SR 943.02.

Schweiz bedeutsam. Das Binnenmarktgesetz konkretisiert die durch die Bundesverfassung garantierte *Handels- und Gewerbefreiheit* (Art. 31 BV), indem es die Gleichbehandlung von ausserkantonalen oder ausserkommunalen und somit ortsfremden Anbietern von Waren, Dienst- und Arbeitsleistungen mit ortsansässigen Anbietern zum Gegenstand hat. Eines der Grundprinzipien dieses Gesetzes ist der Grundsatz der Nichtdiskriminierung. Es bezweckt für die ihm unterstellten Personen den gleichberechtigten und ungehinderten Marktzugang auf dem gesamten Gebiet der Schweiz. Es findet dabei auf alle Träger der Handels- und Gewerbefreiheit Anwendung. Darunter fallen alle natürlichen Personen mit Niederlassung und alle juristischen Personen mit Sitz in der Schweiz (Art. 1 Abs. 1 BGBM). In der Schweiz niedergelassene Ausländer können sich somit auch auf das Binnenmarktgesetz berufen. Art. 5 BGBM sieht vor, dass ortsfremde, dem Binnenmarktgesetz unterstellte Anbieter, einen gleichberechtigten Zugang zu den Aufträgen von öffentlichen Beschaffungsstellen der Kantone und Gemeinden haben[23]. Auf öffentliche Beschaffungen auf Bundesebene ist das Binnenmarktgesetz nicht anwendbar[24]. Gemäss Art. 5 Abs. 2 BGBM haben die Kantone und Gemeinden sowie andere Träger kantonaler und kommunaler Aufgaben umfangreiche Beschaffungsvorhaben sowie die Kriterien für Ausschreibung, Teilnahme und Zuschlag amtlich zu publizieren.

Die Verbindung zum Kartellgesetz findet sich in den Art. 8 und 10 19.31
BGBM. Nach Art. 8 BGBM überwacht die Wettbewerbskommission die Einhaltung des Gesetzes durch alle Betroffenen. Zu diesem Zweck kann sie auch Untersuchungen durchführen und den betroffenen Behörden Empfehlungen abgeben. Sie wird dies analog den in Art. 26–28 KG geregelten Vorabklärungen, Untersuchungen und Bekanntgaben tun und dabei die Verfahrensmöglichkeiten der Auskunftspflicht, Untersuchungsmassnahmen und Amtshilfe (Art. 40–42 KG) in Anspruch nehmen können. Nach Art. 10 BGBM kann die Wettbewerbskommission

23 Baurecht 1997, 122; wie das Binnenmarktgesetz dazu dient, fremde Anbieter mit Hinweis auf die Einhaltung von GAV-Verträgen auszuschliessen, zeigt das Beispiel der Messe Basel, vgl. BaZ Nr. 34, 1997, 25.

24 COTTIER/WAGNER, Binnenmarkt, 1587.

Gutachten über die Anwendung des Gesetzes erstatten und im Verfahren vor Bundesgericht angehört werden[25].

19.32 Überdies *ergänzen* sich das Binnenmarkt- und das Kartellgesetz. Die privatrechtlichen Wettbewerbsbeschränkungen (Kartelle, Vertikalabreden, marktmächtige Unternehmen[26] und Unternehmenszusammenschlüsse) werden vom Kartellgesetz erfasst, während das Binnenmarktgesetz dazu dient, von den Kantonen und Gemeinden erlassene Bestimmungen und Massnahmen protektionistischer Art einzudämmen[27].

dd) NEAT

19.33 Im Zusammenhang mit der Neuen Eisenbahn-Alpentransversale (NEAT) ist auf den Bundesbeschluss über den Bau der schweizerischen Eisenbahn-Alpentransversale hinzuweisen, der die Vergabe von Aufträgen im Zusammenhang mit der NEAT ordnet. Art. 13 NEAT legt fest, dass der Bund im Rahmen seines Submissionsrechts für Planung, Projektierung und Bau den freien Wettbewerb für die einzelnen Teilstücke sicherstellt, und dass für in- und ausländische Bewerber *gleichwertige Wettbewerbsbedingungen* gewährleistet werden. Der Bundesrat ist der Ansicht, dass der Gleichbehandlungsgrundsatz das Gegenrechtsprinzip

---

25 Vgl. dazu COTTIER/WAGNER, Binnenmarkt, 1588 ff.

26 Fraglich erscheint, ob im Sinne des Art. 4 Abs. 2 KG nicht auch Bund, Kantone und Gemeinden als marktbeherrschende Unternehmen auftreten können und damit in der Beschaffung direkt dem Kartellrecht unterstehen müssen. Davon geht der Bundesrat in der Botschaft offensichtlich nicht aus, denn soweit es «um die vom Binnenmarktgesetz erfassten öffentlichrechtlichen Wettbewerbsbeschränkungen geht, haben die Wettbwerbsbehörden des Bundes keine Entscheidungskompetenzen» (BBl 1995 I 528). Hingegen werden vom Kartellrecht die öffentlichrechtlichen Unternehmen erfasst (Art. 2 KG). Bei einem funktionalen Verständnis des Unternehmens als Marktteilehmer am Wirtschaftsprozess (vgl. Botschaft, BBl 1995 I 533) stünde einer Ausdehnung des Kartellgesetzes auf Bund, Kantone und Gemeinden m.E. nichts im Wege, finden sich doch diese häufig in einer marktbeherrschenden Nachfragestellung; vgl. dazu auch STOFFEL, Wirtschaftstätigkeit, 32 f., 303 f.; Empfehlungen der Kartellkommission an die staatlichen Auftraggeber, ihre Nachfragemacht im Bereich der Beschaffung einzusetzen, VKKP 1988/2, 136–138.

27 Vgl. Botschaft zum Kartellgesetz, BBl 1995 I 527 f., und zum Binnenmarktsgesetz, BBl 1995 I 1236; vgl. dazu auch die Bestrebungen des Abbaus technischer Handelshemmnisse in einem entsprechenden Bundesgesetz, BBl 1995 I 1236.

ausschliesse[28]. Das Gegenrechtsprinzip bildet den wesentlichen Grund der Nichtunterstellung der Schweizerischen Bundesbahnen unter das Beschaffungsgesetz. Entsprechend hat der Bundesrat die NEAT-Aufträge von dem in der Verordnung über das öffentliche Beschaffungswesen vorgesehenen Gegenrechtsprinzip (Art. 33 Abs. 1 VoeB) ausgenommen (Art. 33 Abs. 2 VoeB).

ee) Nationalstrassen

Weitere Vergabebestimmungen sind im Bundesgesetz über die Nationalstrassen und in der dazugehörenden Verordnung (Art. 44–47 NSV) enthalten. Nach Art. 41 NSG sind die Nationalstrassen nach wirtschaftlichen Gesichtspunkten zu erstellen. Die Kantone vergeben und überwachen die Bauarbeiten nach den vom Bundesrat bestimmten Grundsätzen. Solche Bauarbeiten sind in der Regel einem nationalen und internationalen *Wettbewerb* zu unterstellen (Art. 44 NSV). Öffentlich und damit im offenen oder selektiven Verfahren zu vergeben sind Bauaufträge ab 2 Millionen Franken und Liefer- und Dienstleistungsaufträge ab 403 000 Franken. Bauaufträge ab 500 000 Franken und Liefer- und Dienstleistungsverträge ab 263 000 Franken können auf Einladung vergeben werden, wobei im Normalfall mindestens drei Angebote eingeholt werden müssen. Andere Aufträge können freihändig vergeben werden. Im Übrigen findet das kantonale Submissionsrecht Anwendung (Art. 46 NSV). 19.34

c) Vergabe nach kantonalem und kommunalem Recht

aa) Interkantonale Vereinbarung

Die Kantone haben das WTO-Übereinkommen selbständig umzusetzen und für dessen Einhaltung zu sorgen. Zu diesem Zweck wurde die Vereinbarung über das öffentliche Beschaffungswesen verabschiedet. Diese verfolgt entsprechend neben der internationalen Öffnung des Beschaffungswesens und der Umsetzung des WTO-Übereinkommens auch das Ziel, *Handelshemmnisse unter den Kantonen* abzubauen und einen 19.35

---

28 BBl 1994 IV 1168 f.; vgl. die Kritik dazu bei GALLI/LEHMANN/RECHSTEINER, Beschaffungswesen, 66 ff., die richtigerweise argumentieren, dass der Grundsatz gleicher Wettbewerbsbedingungen das Gegenrechtsprinzip geradezu verlange.

gesamtschweizerischen Binnenmarkt wenigstens oberhalb der Schwellenwerte zu verwirklichen. Die Vereinbarung dient auch dazu, die Anforderungen des Binnenmarktgesetzes umzusetzen[29]. Sie ist als offenes Konkordat konzipiert, welchem einzeln beigetreten werden kann.

19.36 Die Vereinbarung stellt eine *Grundsatzregelung* dar, die durch die vom Interkantonalen Organ erlassenen Vergaberichtlinien ergänzt wird. Jeder einzelne Kanton hat Ausführungsbestimmungen zur Vereinbarung zu erlassen (Art. 4 Abs. 2 lit. b VRöB in Verbindung mit Art. 3 IVoeB)[30]. Die Kantone sind im Übrigen berechtigt, unter sich und mit dem benachbarten Ausland weitergehende Vereinbarungen zu treffen (Art. 2 IVoeB).

19.37 Der Geltungsbereich der Vereinbarung geht über denjenigen des WTO-Übereinkommens hinaus. Erfasst werden nicht nur Beschaffungen auf Kantonsebene, sondern auch solche auf Gemeindeebene gegenüber Anbietern aus anderen Kantonen und WTO-Übereinkommen-Vertragsstaaten, vorausgesetzt, die kantonale Regelung sehe dies vor und der andere Kanton oder WTO-Übereinkommen-Vertragsstaat gewähre *Gegenrecht*[31]. Im weiteren werden neben den öffentlichrechtlichen auch privatrechtlich organisierte Unternehmen erfasst, die in den Sektoren Wasser-, Energie- und Verkehrsversorgung sowie im Telekommunikationsbereich tätig sind und durch die öffentliche Hand beherrscht werden (vgl. Art. 8 Abs. 1 lit. c IVoeB). Massgebend für die Unterstellung der privatrechtlich organisierten Unternehmungen unter die Vereinbarung ist allein die direkte oder indirekte Beherrschung durch die Kantone oder Gemeinden. Im Weiteren ist die Vereinbarung auch auf Objekte und Leistungen anwendbar, die mit mehr als 50% von der öffentlichen Hand subventioniert werden (Art. 8 Abs. 2 IVoeB).

19.38 Die Anwendbarkeit der Vereinbarung ist gemäss Art. 9 IVoeB beschränkt auf Angebote von Anbietern aus Konkordatskantonen, aus einem WTO-Übereinkommen-Vertragsstaat, soweit dieser Gegenrecht gewährt, und aus andern Staaten mit entsprechenden vertraglichen Ver-

29 Vgl. GALLI/LEHMANN/RECHSTEINER, Beschaffungswesen, 25.

30 Vergaberichtlinien über das öffentliche Beschaffungswesen vom 1. Dezember 1995 (VRöB); Baurecht 1997, 122.

31 Art. 8 IVoeB; vgl. Musterbotschaft zur Interkantonalen Vereinbarung über das öffentliche Beschaffungswesen, in: BOCK, Beschaffungsrecht, 225.

einbarungen. Der Ausnahmenkatalog in Art. 10 IVoeB entspricht inhaltlich dem WTO-Übereinkommen und der entsprechenden schweizerischen Verpflichtungsliste.

Das Verfahren entspricht weitgehend dem *Vergabeverfahren des Bundes*; es wird in den Vergaberichtlinien (VRöB) geregelt. Als Vergabeverfahrensarten sieht Art. 12 IVoeB nur das offene, das selektive und das freihändige Verfahren vor. Keine Regelung hat das Einladungsverfahren gefunden. Ebensowenig werden der Planungs- und der Gesamtleistungswettbewerb geregelt. Im Rahmen der Angebote wird festgehalten, dass diese grundsätzlich ohne Vergütung erfolgen und in der Sprache des Vergabeverfahrens abgefasst werden müssen (§ 21 VRöB). § 21 VRöB hält überdies fest, dass das Angebot innerhalb der Frist bei der in der Ausschreibung genannten Stelle eintreffen muss. Im Gegensatz zur Verordnung auf Bundesebene wird für die Angebote keine Bereinigung vorgesehen, hingegen ist eine objektive Vergleichstabelle über die Angebote zu erstellen (§ 24 VRöB). Die Anbieter sind unter Umständen einzuladen, schriftliche Erläuterungen bezüglich ihrer Eignung und ihres Angebots abzugeben (§ 25 VRöB). Aus Gründen der Transparenz des Verfahrens und der Gleichbehandlung sind richtigerweise Verhandlungen über Preise, Preisnachlässe und Änderungen in diesem Zusammenhang unzulässig. Lediglich bei ungewöhnlich niedrigen Angeboten kann der Auftraggeber beim Anbieter Erkundigungen über die Einhaltung der Teilnahme- und die Erfüllung der Auftragsbedingungen einholen (§27 VRöB). 19.39

Der Zuschlag des Auftrags erfolgt an das *wirtschaftlich günstigste Angebot* unter Berücksichtigung des Preis-/Leistungsverhältnisses, wobei in Ergänzung der bundesrechtlichen Kriterien (Art. 21 Abs. 1 BoeB) zusätzlich die Kriterien der Kreativität und der Infrastruktur berücksichtigt werden können (§28 VRöB). Im Gegensatz zur bundesrechtlichen Lösung sind die Kriterien neben dem Preis-/Leistungsverhältnis nur zu berücksichtigen, wenn somit kein Entscheid über das Angebot erfolgen kann. 19.40

Der Zuschlag des Angebots erfolgt mittels einer *beschwerdefähigen Verfügung*. Dies gilt auch für den Abbruch des Vergabeverfahrens, die Ausschreibung des Auftrags, den Entscheid über die Zulassung der Teilnehmer im selektiven Verfahren, die Aufnahme in oder die Strei- 19.41

chung eines Anbieters aus dem Verzeichnis und schliesslich den Ausschluss eines Anbieters (§33 VRöB). Die Verfügungen unterliegen der Beschwerde an eine unabhängige kantonale Instanz, deren Entscheide durch staatsrechtliche Beschwerde wegen der Verletzung verfassungsmässiger Rechte an das Bundesgericht gezogen werden können (Art. 84 Abs. 1 OG). Damit besteht im Bereich der kantonalen Submissionsordnung ein zweistufiges Rechtsschutzverfahren, während auf Bundesebene lediglich eine Rekursinstanz angerufen werden kann. Allerdings hat das Bundesgericht festgestellt, dass mit der staatsrechtlichen Beschwerde mangels Anspruch auf einen Zuschlag lediglich eine formelle Rechtsverweigerung durch Verletzung der durch das kantonale Verfahrensrecht gewährleisteten oder unmittelbar aus Art. 4 BV fliessenden Parteirechte gerügt werden kann[32].

bb) Kantonale und kommunale Rechtsordnungen

19.42 Die Kantone haben gestützt auf die Interkantonale Vereinbarung und auf die Vergaberichtlinien Ausführungsbestimmungen zu erlassen.

19.43 Sie veröffentlichen periodisch ein *Verzeichnis* der öffentlichen und privaten Unternehmen, die unter die Vereinbarung fallen. Bauaufträge, die je einzeln den Wert von 2 Millionen Franken und zusammengerechnet 20 Prozent des Wertes des gesamten Bauwerks nicht überschreiten, fallen nicht unter den Anwendungsbereich der Vereinbarung.

19.44 In Ausführung der kantonalen Submissionsbestimmungen haben zahlreiche Gemeinden für ihre Beschaffungen eigene Submissionsreglemente geschaffen.

2. Vergabeverfahren des Bundes

a) Qualifikation der Anbieter

19.45 Der Auftraggeber kann Anbieter auffordern, einen *Nachweis* ihrer finanziellen, wirtschaftlichen und technischen Leistungsfähigkeit zu erbringen. Faktisch wird wohl bei jedem Vergabeverfahren eine solche Eignungsprüfung zu erfolgen haben, wenn sich die Vergabebehörde nicht dem Vorwurf der unsorgfältigen Auswahl aussetzen will, was zu einer mindestens teilweisen Haftungsbefreiung des Anbieters führen könnte[33].

32 BGE 115 Ia 76; 119 Ia 424.

33 Vgl. GALLI/LEHMANN/RECHSTEINER, Beschaffungswesen, 117.

Im selektiven Verfahren ist die Abklärung der Eignung der Anbieter zwingender Verfahrensschritt und führt zu einer selbständig anfechtbaren Verfügung (Art. 29 lit. c BoeB).

Der Auftraggeber kann ein *Prüfungssystem* einrichten und die Anbieter auf ihre Eignung überprüfen (Art. 10 Abs. 1 BoeB), um sie anschliessend ins Verzeichnis aufzunehmen. Das Prüfungssystem ist jährlich zusammen mit den Verzeichnissen über die zugelassenen Anbieter zu veröffentlichen. In der Veröffentlichung sind der Zweck des Verzeichnisses sowie die Eignungskriterien und die erforderlichen Nachweise anzugeben. Ausserdem ist auf die Geltungsdauer und das Verfahren zu dessen Erneuerung hinzuweisen. 19.46

Anbieter können aus dem Verzeichnis *gestrichen* werden, falls sie die Eignungskriterien nicht mehr erfüllen, falsche Auskünfte erteilen oder Steuern bzw. Sozialversicherungsabgaben nicht bezahlt haben, Arbeitsschutzbestimmungen und Arbeitsbedingungen am Ort der Leistung sowie die Gleichbehandlung von Mann und Frau in Bezug auf die Lohngleichheit nicht einhalten, durch Abreden wirksamen Wettbewerb beseitigen oder erheblich beeinträchtigen oder schliesslich sich in einem Konkursverfahren befinden[34]. 19.47

Der *Ausschluss* aus dem Verzeichnis ist nur zulässig, nachdem der Auftraggeber den Sachverhalt genügend abgeklärt und den Betroffenen nach den Vorschriften des Art. 29 VwVG angehört hat. Gegen den Ausschluss kann der Betroffene Beschwerde erheben. Die Aufnahme in das Verzeichnis wie auch die Streichung erfolgt deshalb durch anfechtbare Verfügung (Art. 11 VoeB). Schliesslich aber hält Art. 11 Abs. 4 VoeB fest, dass aus der Aufnahme in ein Verzeichnis kein Anspruch entsteht, ein Angebot im selektiven Verfahren einreichen zu dürfen oder einen Auftrag zu erhalten. 19.48

In keinem Fall dürfen die Verzeichnisse dazu führen, dass unter den möglichen Anbietern der *wirksame Wettbewerb* ausgeschlossen oder 19.49

34 Art. 11 BoeB; Anbieter, die sich in einem Konkursverfahren befinden, werden in der Regel ohnehin die wirtschaftlichen Eignungskriterien nicht mehr erfüllen.

eingeschränkt werden kann oder dass in- und ausländische Anbieter ungleich behandelt werden (Art. 12 Abs. 3 VoeB)[35].

19.50 Es muss allerdings damit gerechnet werden, dass die Neuaufnahme eines Anbieters in das Verzeichnis, schon zufolge der damit verbundenen Rechtsmittelfrist, zu einer *Verzögerung* des Beschaffungsverfahrens führt. Ein nicht im Verzeichnis aufgenommener Anbieter darf deshalb nur von der Teilnahme zur Einreichung eines Angebots ausgeschlossen werden, wenn die Verzögerung der Beschaffung übermässig ist. Dann aber müsste möglicherweise der Vorwurf an den Auftraggeber gerichtet werden, das Beschaffungsverfahren nicht rechtzeitig an die Hand genommen zu haben[36].

b) Verfahrensarten

19.51 Die Schweiz kennt zunächst *drei* Arten von Vergabeverfahren: das offene Verfahren, das selektive Verfahren und das freihändige Verfahren[37]. Für nicht unter das WTO-Übereinkommen fallende Aufträge kommt unter Umständen noch als vierte Art das Einladungsverfahren zur Durchführung.

Aufträge über den Schwellenwerten des Art. 6 BoeB werden immer durch das Verfahren mit öffentlicher Ausschreibung – offen oder selektiv – vergeben. Überdies sind auch Bauaufträge unterhalb des Schwellenwerts ab einem Wert von 2 Millionen Franken im Bund in einem dieser beiden Verfahren zu vergeben (Art. 34 Abs. 1 in Verbindung mit Art. 35 Abs. 3 lit. e VoeB). Allerdings findet auf solche Aufträge das Rechtsschutzverfahren des BoeB keine Anwendung[38].

19.52 Der Auftraggeber entscheidet grundsätzlich *frei*, ob aufgrund der Komplexität des Auftrags ein offenes oder selektives Verfahren zur Durchführung gelangen soll. Wird jedoch der Zweck des Gesetzes mit der Stärkung des Wettbewerbs unter den Anbietern (Art. 1 Abs. 1 lit. b BoeB) ernst genommen, wird das selektive Verfahren sich nur für Bauwerke von

35 GAUCH, Vergabeverfahren, 103; BGE 109 Ib 155.

36 Vgl. auch GALLI/LEHMANN/RECHSTEINER, Beschaffungswesen, 123.

37 BOCK, Übereinkommen, 713; GAUCH, Beschaffungsgesetz, 314 ff.

38 GALLI/LEHMANN/RECHSTEINER, Beschaffungswesen, 54.

hoher Komplexität aufdrängen; der Normalfall muss das offene Verfahren bleiben.

aa) Offenes Verfahren

Beim offenen Vergabeverfahren können *alle Interessierten* ein Angebot einreichen (Art. 14 BoeB). Für den Auftraggeber wird dieses Verfahren mit einem entsprechend grossen Aufwand verbunden sein. Allerdings wird damit der Forderung des Gesetzes nach transparentem Verfahren, Stärkung des Wettbewerbs und der Gewährleistung der Gleichbehandlung der Anbieter am besten Nachachtung verschafft. 19.53

bb) Selektives Verfahren

Beim selektiven Verfahren werden die interessierten Anbieter in der Ausschreibung lediglich *eingeladen*, einen Antrag auf Teilnahme im Vergabeverfahren zu stellen (Art. 15 Abs. 2 BoeB), den sie mit Nachweis ihrer Eignung nach den Kriterien des Art. 9 BoeB zu verbinden haben. Aufgrund der bestandenen Eignungsprüfung bezeichnet der Auftraggeber die Firmen, die zum Angebot zugelassen werden. Dabei kann die Zahl der zur Angebotsabgabe Einzuladenden unter Wahrung des wirksamen Wettbewerbs beschränkt werden, wenn sonst die Auftragsvergabe nicht effizient abgewickelt werden kann (Art. 15 Abs. 4 BoeB). Dennoch ist die grösstmögliche Zahl von in- und ausländischen Anbietern zur Angebotsabgabe einzuladen (Art. X Ziff. 1 WTO-Übereinkommen)[39]. Aus diesem Gunde bestimmt Art. 12 Abs. 1 VoeB, dass im selektiven Verfahren mindestens drei Anbieter zur Angebotsabgabe einzuladen sind, sofern sich so viele für die Teilnahme qualifiziert haben. 19.54

cc) Freihändige Vergabe

Für die freihändige Vergabe wird auf Art. VII Ziff. 3 lit. c und Art. XV WTO-Übereinkommen, Art. 16 BoeB und Art. 13 VoeB hingewiesen. Danach vergibt der Auftraggeber einen Auftrag direkt und *ohne Aus-* 19.55

39 Die Absicht der Beschränkung der Teilnehmerzahl in der zweiten Vergabephase ist nach Ansicht der Rekurskommission schon in der Ausschreibung bekanntzumachen, falls nicht ausserordentliche Gründe wie z.B. eine aussergewöhnlich grosse Zahl von Bewerbern im Einzelfall vorliegen, Baurecht, 1997, 120.

schreibung einem Anbieter. Die freihändige Vergabe kann unter den in Art. 13 Abs. 1 VoeB verankerten Grundsätzen erfolgen. Sie ist nur ausnahmsweise unter vom Bundesrat abschliessend und detailliert aufgeführten Voraussetzungen zulässig[40]. Die Begründung für die freihändige Vergabe liegt darin, dass für gewisse Güter (künstlerische, immaterialgüterrechtlich geschützte oder neuartige Dienstleistungen, Prototypen etc.) ohnehin kein Wettbewerb besteht, im offenen oder selektiven Verfahren unter Umständen keine oder nur aufeinander abgestimmte Angebote eingehen, oder aber dass vollständiger Wettbewerb besteht, wenn Güter an einer Warenbörse oder in einem Liquidationsverfahren beschafft werden. Ausserdem werden nach Art. 36 Abs. 2 lit. c VoeB Liefer- und Dienstleistungsverträge bis zu einem Wert von 50 000 Franken und Bauaufträge bis zu einem Wert von 100 000 Franken (Art. 36 Abs. 2 lit. b VoeB) im Sinn einer Bagatellklausel in das freihändige Vergabeverfahren verwiesen. In diesen Fällen macht die Durchführung eines Submissionsverfahrens keinen Sinn, da der Zweck des Gesetzes nach Art. 1 BoeB (insbesondere die Stärkung des Wettbewerbs unter den Anbietern oder deren Gleichbehandlung) ohnehin nicht erreicht werden kann, bzw. durch Beschaffung an der Börse oder in einem Liquidationsverfahren bereits erreicht ist.

dd) Einladungsverfahren

19.56 Das Einladungsverfahren kommt aufgrund des Art. 35 VoeB zur Anwendung für Angebote, die *unterhalb* der Schwellenwerte des WTO-Übereinkommens liegen. Der Auftraggeber entscheidet frei, welche Anbieter er ohne Ausschreibung zur Angebotsabgabe einladen will. Wenn möglich sind aber mindestens drei Angebote einzuholen. Dadurch unterscheidet sich das Einladungsverfahren von der freihändigen Vergabe. Dennoch ist der Auftraggeber auch im Bereich des Einladungsverfahrens frei, entweder das Einladungsverfahren oder aber die freihändige Vergabe durchzuführen (Art. 35 Abs. 3 VoeB).

---

40 GAUCH, Vergabeverfahren, 100.

3. Verfahrensgrundsätze

a) Allgemeines Verfahrensrecht

Das Verfahren richtet sich weitgehend nach den Verfahrensvorschriften des VwVG[41]. Einige Bestimmungen des VwVG sind im Stadium des Verfügungsverfahren jedoch ausdrücklich ausgeschlossen (Art. 26 BoeB). Ferner bestimmt Art. 19 BoeB, dass die Anbieter ihre Anträge auf Teilnahme und ihr Angebot schriftlich, vollständig und fristgerecht einzureichen haben. Der Auftraggeber muss Angebote und Anträge auf Teilnahme mit wesentlichen Formfehlern vom weiteren Verfahren ausschliessen. Die Eröffnung von Verfügungen durch Veröffentlichung im Schweizerischen Handelsamtsblatt oder durch direkte Zustellung wird in Art. 23 Abs. 1 und Art. 24 Abs. 3 BoeB geregelt. 19.58

Es gibt keinen Stillstand der Fristen und kein Feststellungsverfahren entsprechend Art. 22a bzw. 24 VwVG. Ebensowenig sind die Art. 26 bis 28 VwVG über das Akteneinsichtsrecht anwendbar. Damit soll vermieden werden, dass den Anbietern Einsicht in Konkurrenzofferten geboten werden muss. Das Akteneinsichtsrecht und das Recht auf Information der nicht berücksichtigten Anbieter sind in Art. 23 Abs. 2 BoeB spezialgesetzlich geregelt. Schliesslich erklärt Art. 26 Abs. 2 BoeB auch die Vorschriften über die Anhörung der Partei und der Gegenpartei vor Erlass einer Verfügung (Art. 30–31 VwVG) für nicht anwendbar. 19.59

Schliesslich hat der Auftraggeber den *vertraulichen Charakter* aller vom Anbieter gemachten Angaben zu wahren. 19.60

Ausnahme davon bilden die nach der Zuschlagserteilung zu publizierenden Mitteilungen und weitere Angaben nach Art. 23 Abs. 2 BoeB wie Name des berücksichtigten Anbieters, der Preis des berücksichtigten Angebots, die tiefsten und höchsten Preise der in das Vergabeverfahren einbezogenen Angebote sowie die ausschlaggebenden Merkmale und Vorteile des berücksichtigten Angebots. Soweit spezialgesetzliche Vorschriften über die Veröffentlichung von Verwaltungsakten bestehen, wird die Vertraulichkeit der Angebote nicht aufrechterhalten bleiben können. Der Anbieter muss dann damit rechnen, dass der Inhalt seines Angebots veröffentlicht wird.

41 BG über das Verwaltungsverfahren vom 20. Dezember 1968 (VwVG), SR 172.021.

b) Ausschreibung

aa) Veröffentlichung

19.61 Ausschreibungen im offenen und im selektiven Verfahren werden im Schweizerischen Handelsamtsblatt und in Publikationsorganen, die nach internationalen Übereinkommen zu berücksichtigen sind, *veröffentlicht* (Art. 8 VoeB). Veröffentlichungen in der Fachpresse sind darüber hinaus nicht ausgeschlossen[42]. Auch eine freiwillige Veröffentlichung in der EU-Vergabedatenbank Tenders Electronic Daily ist möglich[43]. Einzelheiten der Ausschreibung und der Ausschreibungsunterlagen sind in Art. 16 VoeB und dessen Anhang 4 geregelt.

19.62 Veröffentlichungen erfolgen in der Amtssprache im Schweizerischen Handelsamtsblatt und in den Publikationsorganen gemäss internationalen Übereinkommen (Art. 24 Abs. 1 BoeB und Art. 8 VoeB). Ausschreibung und Zuschlag sind immer zu veröffentlichen (Art. 24 Abs. 2 BoeB); das gilt umgekehrt für andere Mitteilungen nicht zwingend.

19.63 Das Vergabeverfahren wird mit der Ausschreibung *eröffnet*, durch die Anbieter zur Offertstellung im offenen Verfahren oder zur Anmeldung ihrer Teilnahme im selektiven Verfahren eingeladen werden[44]. Jeder geplante Auftrag muss einzeln ausgeschrieben werden (Art. 18 Abs. 1 BoeB). Gemäss Art. 16 Abs. 1 VoeB enthält die offene oder selektive Ausschreibung mindestens die im Anhang 4 aufgeführten Angaben.

bb) Sprache

19.64 Die Ausschreibung für Bauaufträge und damit verbundene Lieferungen und Dienstleistungen ist zumindest in der Amtssprache des Standorts der Baute zu veröffentlichen, bei den übrigen Lieferungen und Dienstleistungen wenigstens in zwei Amtssprachen (Art. 24 Abs. 3 BoeB). Sofern eine Ausschreibung nicht in französischer Sprache erfolgt, muss der Ausschreibung mindestens zusätzlich eine Zusammenfassung in französi-

---

42 Botschaft zur Genehmigung des GATT/WTO-Übereinkommens (Uruguay-Runde), BBl 1994 IV, 1194.

43 Bock, Übereinkommen, 713.

44 Galli/Lehmann/Rechsteiner, Beschaffungswesen, 88.

scher, englischer oder spanischer Sprache beigefügt werden (Art. 24 Abs. 4 BoeB).

cc) Inhalt der Ausschreibung

Werden keine Ausschreibungsunterlagen erstellt, sind die Zuschlagskriterien und der Hinweis, dass Verhandlungen geführt werden dürfen (Art. 20 Abs. 1 lit. a BoeB), bereits in die *Ausschreibung* aufzunehmen. Dennoch ist wohl davon auszugehen, dass in den allermeisten Fällen Ausschreibungsunterlagen erstellt werden müssen, um den Anbietern die Möglichkeit der Einreichung einer vollständigen Offerte zu geben. Nicht verlangt ist, dass der Auftraggeber sämtliche Vertragsbedingungen umfassend bekannt gibt[45]. 19.65

Der Auftraggeber hat in den Ausschreibungsunterlagen die nach Art. 9 Abs. 1 BoeB aufgeführten und verlangten *Eignungskriterien* bekannt zu geben. Darüber hinaus enthält Anhang 5 VoeB die Mindestangaben für die Ausschreibungsunterlagen. 19.66

Die Ausschreibungsunterlagen müssen einen umfassenden Produkte- oder Aufgabenbeschrieb oder ein detailliertes *Leistungsverzeichnis* sowie die allgemeinen Geschäftsbedingungen oder die besonderen Bedingungen des Auftraggebers enthalten. Ausserdem legt der Auftraggeber fest, wie lange die Anbieter an ihr Angebot gebunden sind. Die Dauer soll sechs Monate nicht übersteigen (was im Hinblick auf allfällige parallele Rechtsmittelverfahren kurz sein kann). 19.67

Die Ausschreibung im Rahmen eines Prüfungssystems nach Art. 10 BoeB enthält zusätzlich zu den Angaben über die Eignungskriterien (Art. 9 Abs. 1 BoeB) alle Angaben nach Anhang 4 VoeB, soweit diese verfügbar sind, mindestens aber die Angaben einer Zusammenfassung der Ausschreibung (Art. 16 Abs. 2 VoeB) und eine Einladung an die Anbieter, ihr Interesse anzumelden. 19.68

Der Inhalt der Ausschreibung wird weiter dadurch geregelt, dass 19.69

- in den Ausschreibungsunterlagen darauf hinzuweisen ist, ob der Auftrag unter den Geltungsbereich des WTO-Übereinkommens fällt (Art. 16 Abs. 7 VoeB);

---

45 GALLI/LEHMANN/RECHSTEINER, Beschaffungswesen, 90.

- in der Ausschreibung auf die Beschränkung der Beteiligung von Bietergemeinschaften oder die Forderung nach einer bestimmten Rechtsform des Anbieters hinzuweisen ist (Art. 21 Abs. 2 VoeB);
- die Einreichung von Varianten beschränkt oder ausgeschlossen wird (Art. 22 Abs. 2 VoeB);
- bei Teilangeboten auf ein Gesamtangebot verzichtet wird (Art. 22 Abs. 3 VoeB);
- ein allfälliger ausnahmsweiser Anspruch der Anbieter auf Vergütung für die Ausarbeitung des Angebots geregelt wird;
- der Auftraggeber sich vorbehält, im Rahmen der Vergabe Teilaufträge zu vergeben oder den Auftrag als Ganzes mehreren Anbietern zu vergeben (Art. 27 Abs. 1 VoeB)[46]. Allerdings sind Anbieter nicht verpflichtet, einen Teilauftrag anzunehmen oder eine Zusammenarbeit einzugehen, wenn sie nur ein Gesamtangebot eingereicht haben (Art. 27 Abs. 2 VoeB).

c) *Zuschlagskriterien*

19.70 Die wichtigsten Zuschlagskriterien sind in Art. 8 BoeB über die Verfahrensgrundsätze und in den Bestimmungen über die Zuschlagskriterien des Art. 21 BoeB enthalten.

aa) *Verfahrensgrundsätze*

aaa) Gleichbehandlung

19.71 Die Vorschrift des Art. 8 Abs. 1 lit. a BoeB über die *Gleichbehandlung* der inländischen und ausländischen Anbieter nimmt den Zweckartikel (Art. 1 Abs. 2 BoeB) noch einmal auf und präzisiert insbesondere, dass die Gleichbehandlung in allen Phasen des Vergabeverfahrens sicherzustellen sei. Das Gleichbehandlungsgebot gegenüber den ausländischen Anbietern kann freilich nur soweit gelten, als auf sie das Gesetz nach Art. 4 BoeB auch anwendbar ist. Damit wird der Grundsatz der Gleichbehandlung aller Anbieter nach Art. 1 Abs. 2 BoeB durchbrochen[47].

19.72 Aufträge werden ausserdem nur an Anbieter vergeben, die für jene Arbeitnehmer, die ihre Leistungen in der Schweiz erbringen, die *Gleichbehandlung von Mann und Frau* in Bezug auf die Lohngleichheit gewährleisten. Das Verbot der Geschlechterdiskriminierung wird unverständlicherweise auf das Gehalt eingeschränkt. Damit könnte allenfalls der

---

46 Zur Möglichkeit, dem berücksichtigten Anbieter früher abgeschlossene Verträge zu überbinden, vgl. VPB 62.16

47 GAUCH, Beschaffungswesen, 316.

ausländische Anbieter bevorteilt werden, da der inländische Anbieter darüber hinaus nach dem schweizerischen Gleichstellungsgesetz verpflichtet ist, männliche und weibliche Arbeitnehmer in jeder Hinsicht gleich zu behandeln. Zudem geht der Bundesrat in seiner Botschaft zum Beschaffungsgesetz davon aus, dass die Einhaltung von Arbeitsschutzbestimmungen, Arbeitsbedingungen und die Einhaltung des Gleichbehandlungsgebots von Frau und Mann in jedem Fall zwischen Auftraggeber und vor allem ausländischen Anbietern zusätzlich vertraglich vereinbart werden sollten[48].

bbb) Arbeitsbedingungen

Der Auftrag für Leistungen in der Schweiz kann nur an einen Anbieter 19.73
vergeben werden, der die Einhaltung der Arbeitsschutzbestimmungen und der *Arbeitsbedingungen* für die Arbeitnehmer gewährleistet. Massgebend sind dabei die Bestimmungen am Ort der Leistung (Art. 8 Abs. lit. b BoeB). Die Botschaft zum Beschaffungsgesetz präzisiert, dass sich die ortsüblichen Arbeitsbedingungen nach den gesetzlichen Vorschriften sowie den Gesamt- und Normalarbeitsverträgen bestimmen[49]. Dabei kann der ausländische Anbieter aber nur verpflichtet werden, den Kernbestand der ortsüblichen privatrechtlichen Arbeitsbedingungen zu erfüllen, wozu vor allem die vertragliche Arbeitszeit und die Vorschriften über die tariflichen Minimallöhne gelten[50]. Ausserdem wird insbesondere auch der ausländische Anbieter gezwungen, sich und seine Arbeitnehmer den schweizerischen Arbeitsschutzbestimmungen am Ort der zu erbringenden Leistung zu unterwerfen. Damit wird der grenzüberschreitende Wirtschaftsverkehr behindert und Anbietern aus wirtschaftlich benachteiligten Ländern der Zugang zu Aufträgen in der Schweiz erschwert. Klarerweise bleiben einheimische Anbieter begünstigt, was nicht im Einklang mit dem Diskriminierungsverbot des Art. III Abs. 1 lit. b WTO-Übereinkommen steht[51].

48 BBl 1994 IV 1186 f.

49 Vgl. auch den Versuch der Marktabschottung durch überdehnte Anwendung dieser Kriterien in Basel-Stadt, Basler Zeitung 1998, Nr. 34, 25.

50 Botschaft zur Genehmigung des GATT/WTO-Übereinkommens (Uruguay-Runde), 1186; VISCHER FRANK, Fragen aus dem Kollektivarbeitsrecht, AJP 1995, 550.

51 Vgl. dazu auch den widersprechenden Art. 5 in Verbindung mit Art. 3 BGBM über die Anwendung des Herkunftsprinzps mit Ausnahmen nach BBl 1995 I 1213.

bb) Zuschlagskriterien

19.74 Der Bundesgesetzgeber hat entschieden, dass das *wirtschaftlich günstigste Angebot* den Zuschlag erhalte (Art. 21 Abs. 1 BoeB)[52]. In den Ausschreibungsunterlagen ist die Reihenfolge der Zuschlagskriterien nach ihrer Bedeutung aufzunehmen (Art. 25 Abs. 2 BoeB). Im Gesetz sind im Sinne einer beispielsweisen Aufzählung Termin, Qualität, Preis, Wirtschaftlichkeit, Betriebskosten, Kundendienst, Zweckmässigkeit der Leistung, Ästhetik, Umweltverträglichkeit und technischer Wert erwähnt (Art. 21 Abs. 1 BoeB)[53]. Damit ist der Preis des Angebots lediglich noch eines der Kriterien des Zuschlags. Die Ermessensausübung in der Beurteilung der Erfüllung der Kriterien durch die Vergabebehörde wird durch Art. 21 Abs. 2 BoeB etwas eingeschränkt, indem die Reihenfolge der Unterkriterien in den Ausschreibungsunterlagen festzulegen ist. Die Vergabebehörde ist berechtigt (und verpflichtet) zu prüfen, ob der betreffende Anbieter die Auftragsbedingungen einhalten kann (vgl. auch Art. XIII Ziff. 4 lit. a WTO-Übereinkommen).

19.75 Für weitgehend *standardisierte Güter* kann der Zuschlag ausschliesslich nach dem Kriterium des niedrigsten Preises erfolgen (Art. 21 Abs. 3 BoeB). Auch darauf müsste in den Ausschreibungsunterlagen verwiesen werden. Dagegen kann Beschwerde geführt werden (Art. 29 lit. b BoeB), was zur Folge hat, dass die Ausschreibungskriterien überprüft werden können. Ein fiskalischer Vorteil, der sich für den Staat aus einer Vergabe an schweizerische Unternehmer ergeben kann, stellt kein Kriterium dar, das für die Ermittlung des günstigsten Angebots berücksichtigt werden darf[54].

d) Spezifikationen

19.76 Der Auftraggeber bezeichnet die technischen Spezifikationen, soweit sie für die Einreichung des Angebots erforderlich sind. Unnötige Handelshemmnisse für den internationalen Handel dürfen damit nicht geschaffen

---

52 GAUCH, Beschaffungswesen, 320 f.; VPB 62.17.

53 Die Erbringung einer Erfüllungsgarantie als Zuschlagskriterium ist möglich, falls darauf in den Ausschreibungsunterlagen hingewiesen wird, Baurecht 1997, 123

54 GAUCH, Vergabeverfahren, 103.

werden[55]. Die technischen Spezifikationen haben sich auf die Leistung zu beziehen und Konzepte sowie beschreibende Eigenschaften wegzulassen (Art. VI Ziff. 2 WTO-Übereinkommen). Sie haben sich an den internationalen oder an solchen nationalen Normen zu orientieren, die internationale Normen umsetzen (Art. 12 Abs. 2 BoeB). Das schweizerische Recht hat die Möglichkeit, technische Anforderungen im Laufe der Verhandlungen mit den Anbietern abzuändern, nicht ausdrücklich aufgenommen. Damit bleibt dem Auftraggeber diese Möglichkeit verwehrt, es sei denn, er behalte sich die Möglichkeit der Änderung der technischen Spezifikationen im Laufe der Verhandlungen in der öffentlichen Ausschreibung oder in den abgegebenen Ausschreibungsunterlagen ausdrücklich vor[56].

e) Fristen

aa) Fristansetzungen/Fristverlängerungen

Art. 19 Abs. 1 VoeB verlangt in grundsätzlicher Weise, dass Fristen für 19.77 die Anträge auf Teilnahme oder für die Einreichung des Angebots so festzulegen sind, dass alle Anbieter unter Berücksichtigung der Komplexität des Auftrags *genügend Zeit* zur Prüfung der Unterlagen und zur Ausarbeitung des Antrags oder des Angebots haben. Wird einem Anbieter eine Fristverlängerung gewährt, gilt sie ohne weiteres auch für alle andern Anbieter und ist diesen rechtzeitig mitzuteilen. Da die Fristen unter Umständen nicht gegenüber allen Adressaten zur gleichen Zeit beginnen, wird auch der Fristablauf nicht einheitlich geregelt werden können. Aus rechtlichen Gründen hat der Auftraggeber jedoch darauf zu achten, dass jedem Anbieter insgesamt die gleich langen Fristen für die Vorbereitung seiner Eingaben zur Verfügung stehen, widrigenfalls sich ein Anbieter im Beschwerdeverfahren zur Wehr setzen kann.

bb) Angebotsunterlagen

Art. 19 Abs. 3 und 4 VoeB setzen lediglich Minimalfristen für die Be- 19.78 schaffungsbehörde fest. *Fristverlängerungen* sind deshalb zulässig. Der

55 Art. VI Ziff. 1 WTO-Übereinkommen; vgl. auch das Übereinkommen über technische Handelshemmnisse vom 15. April 1994, BBl 1994 IV 568 ff.

56 Anderer Meinung GALLI/LEHMANN/RECHSTEINER, Beschaffungswesen, 131.

Antrag auf Teilnahme ist im selektiven Verfahren innerhalb von 25 Tagen ab Veröffentlichung zu stellen. Die Frist von 40 Tagen gilt für die Abgabe des Angebots beim offenen Verfahren und ab der rechtskräftigen Einladung im selektiven Verfahren. Die Fristen verlängern sich unter Umständen im selektiven Verfahren, wenn ein ausgeschlossener Anbieter gegen seinen Ausschluss ein Rechtsmittel ergreift. Ist der ausgeschlossene Anbieter im Beschwerdeverfahren erfolgreich, muss ihm dann die gleiche Frist eingeräumt werden, die auch für die zugelassenen Anbieter gegolten hat. Die Fristen zur Abgabe von Angeboten können unter den Voraussetzungen von Art. XI Ziff. 3 WTO-Übereinkommen herabgesetzt werden. Sie sollen jedoch in der Regel mindestens 24 Tage, keinesfalls aber weniger als 10 Tage betragen. Das schweizerische Recht hat die Minimalfristen des WTO-Übereinkommens unverändert übernommen.

19.79 Fraglich ist, ob der ausländische Anbieter die Angebotsfrist auch durch *Übergabe* seines Angebots innerhalb der Frist bei einer Poststelle seines Landes einhalten kann. Nach dem anwendbaren Art. XI Ziff. 1 lit. a WTO-Übereinkommen hat die Beschaffungsstelle bei der Festsetzung der Fristen die «übliche Zeit für die Übermittlung von Angeboten durch die Post vom In- und Ausland» zu berücksichtigen. Zum einen kann daraus abgeleitet werden, dass das WTO-Übereinkommen im Gegensatz zum schweizerischen Recht davon ausgeht, dass die Frist zur Einreichung des Angebots nur eingehalten ist, wenn das Angebot innerhalb der Frist bei der Beschaffungsstelle eingeht. Auf der andern Seite aber akzeptiert das WTO-Übereinkommen, dass für die Einreichung des Angebots die ausländische Post benützt werden kann. Für das schweizerische Recht ist davon auszugehen, dass nur mit der Einreichung bei den in Art. 21 VwVG genannten Stellen die Frist gewahrt wird. Wählt der Anbieter eine andere Art der Übermittlung, hat er dafür zu sorgen, dass das Angebot fristgerecht bei der Beschaffungsstelle eingeht.

f) Angebote

19.80 Der Anbieter überreicht dem Auftraggeber eine Offerte im Sinne von Art. 3 OR. Das Angebot ist die Erklärung des Vertragswillens, die inhaltlich so weitgehend bestimmt ist, dass sie einerseits alle vom Erklärenden aufgestellten Bedingungen enthält, andererseits zusammen mit der Annahmeerklärung der Gegenpartei die für die Vertragsentstehung *notwendigen Elemente* konstituiert[57]. Im Gegensatz zur grundsätzlichen Bindungsdauer des Offerenten nach Art. 5 OR bleibt der Anbieter während der vom Auftraggeber festgesetzten Zeit an sein Angebot gebunden; diese soll jedoch sechs Monate nicht übersteigen (Art. 18 Abs. 2 VoeB). Allerdings kann der Anbieter in seinem Angebot auch eine kürzere Frist zur Annahme seines Angebots setzen, riskiert dann aber nach deren Ablauf den Ausschluss aus dem Vergabeverfahren[58].

Der Anbieter ist frei, seine Bedingungen wie Preise, Qualität, Zahlungs- 19.81
bedingungen, Lieferfristen etc. zu *formulieren.* Er wird einzig danach trachten müssen, nach den Zuschlagskriterien des Auftraggebers das wirtschaftlich günstigste Angebot einzureichen, um den Zuschlag zu erhalten.

Wenn der Auftraggeber in der Ausschreibung darauf hinweist, dass über 19.82
die Angebote Verhandlungen geführt würden (Art. 2 Abs. 1 lit. a BoeB), darf daraus abgeleitet werden, das Angebot des Anbieters stelle seinerseits eine *Einladung* zur Vertragsverhandlung an den Auftraggeber dar, womit sich der Anbieter vorbehält, seine angebotenen Vertragsbedingungen nachträglich zu ändern.

Während beim selektiven Verfahren der Antrag auf die Teilnahme durch 19.83
Telegramm, Telex oder Telefax gestellt werden kann (Art. 19 Abs. 1 Satz 2 BoeB), sind die Angebote in allen Vergabeverfahren «schriftlich, vollständig und fristgerecht» einzureichen (Art. 19 Abs. 1 Satz 1 BoeB).

Die *Vollständigkeit* der Angebotsunterlagen wird nach Massgabe der 19.84
Ausschreibungs-, Vergabe- und Vertragsunterlagen (vgl. Art. 12 Abs. 1 BoeB; Art. 18 Abs. 1 VoeB) überprüft. Grundsätzlich hat das Angebot den Gesamtumfang des Auftrags zu enthalten. Sofern der Auftraggeber das Angebot von Varianten nicht einschränkt oder ausschliesst, können solche zusätzlich zum Gesamtangebot eingereicht werden (Art. 22 VoeB).

---

57 OR-BUCHER, Vorbemerkung zu Art. 3–9, N 1; GUHL THEO, Schweizerisches Obligationenrecht, Zürich 1991, 103; BGE 31 II 645.

58 Art. 3 Abs. 1 OR; GAUCH, Vergabeverfahren, 104; Baurecht 1997, 123.

19.85 Schliesslich legt Art. 21 VoeB fest, dass *Bietergemeinschaften* zugelassen sind; der Auftraggeber kann eine besondere Rechtsform solcher Bietergemeinschaften vorschreiben, wenn dies zur korrekten Ausführung des Auftrags erforderlich ist, andernfalls treten die Bietergemeinschaften wohl grundsätzlich als einfache Gesellschaften nach Art. 530 ff. OR auf. Selbstverständlich müssen bei Bietergemeinschaften alle daran teilnehmenden Anbieter die vorgegebenen Eignungskriterien erfüllen[59].

g) Prüfung der Angebote

aa) Öffnung und Prüfung der Angebote

19.86 Im Vergabeverfahren von Bauaufträgen des offenen und selektiven Verfahrens bedarf es mindestens zweier Vertreter des Auftraggebers, die die Angebote gemeinsam und unter Erstellung eines Protokolls zur festgelegten Zeit und am angegebenen Ort öffnen (Art. 24 VoeB). Die Angebote werden in technischer und rechnerischer Hinsicht *bereinigt*, um sie objektiv vergleichbar zu machen, und aufgrund der Zuschlagskriterien geprüft (Art. 25 VoeB).

19.87 Äusserst kurz wird in Art. 25 VoeB die Bereinigung und Prüfung der Angebote in technischer und rechnerischer Hinsicht behandelt. Im offenen und im selektiven Verfahren, ist, soweit Anbieter nicht in einem Verzeichnis aufgenommen sind, zunächst ihre Eignung nach den vorgegebenen Eignungskriterien zu prüfen. Es würde sich allerdings rechtfertigen, auch die im Verzeichnis aufgenommenen Anbieter summarisch auf ihre Eignung hin zu überprüfen, kann diese doch zwischen der Aufnahme in das Verzeichnis und der Abgabe des Angebots dahingefallen sein. Ungeeignete Anbieter *sind auszuschliessen*, ohne dass ihr Angebot einer weiteren Prüfung unterzogen wird. Die anschliessende Bereinigung der Angebote in technischer und rechnerischer Hinsicht zur Herstellung der objektiven Vergleichbarkeit darf in keiner Art und Weise eine materielle Änderung der Angebote beinhalten. Ebensowenig dürfen im Rahmen dieser Bereinigung wesentliche Formfehler korrigiert oder Ergänzungen des Angebots vorgenommen werden. Dass das Verfahren der Bereini-

59 VPB 62.17

gung nicht schriftlich formalisiert ist, ist ein Mangel der Verordnung[60]. Die Bereinigung stellt an die Beschaffungsbehörde hohe Anforderungen bezüglich der Objektivität und der Sachkunde[61]. Die Beschaffungsbehörde wird im Rahmen der Bereinigung auf die Gleichbehandlung der Anbieter äusserstes Gewicht legen müssen, um jede Diskriminierung zu verhindern.

Nach der Bereinigung der Angebote werden diese aufgrund der in den Ausschreibungsunterlagen publizierten Liste mit der Reihenfolge der Zuschlagskriterien (Art. 21 Abs. 2 BoeB) *geprüft*. Falls kein Anbieter die Eignungskriterien erfüllt oder ausschliesslich aufeinander abgestimmte Angebote eingehen oder die Angebote nicht den wesentlichen Anforderungen der Ausschreibung oder den Ausschreibungsunterlagen entsprechen, kann eine freihändige Vergabe erfolgen (Art. 13 Abs. 1 lit. a und b VoeB). In diesem Stadium des Vergabeverfahrens werden zudem diejenigen Angebote ausgeschlossen, die mit wesentlichen Formfehlern behaftet sind (Art. 19 Abs. 3 BoeB). 19.88

bb) Verhandlungen über die Angebote

Verhandlungen im offenen und selektiven Verfahren über die Angebote sind in Art. 20 BoeB und Art. 26 VoeB geregelt[62]. Formelle Voraussetzung der Verhandlungen ist entweder *der Hinweis auf deren Zulässigkeit* in der Ausschreibung oder der Umstand, dass kein Angebot als das wirtschaftlich günstigste erscheint. Durch das letztere Kriterium wird der Beschaffungsbehörde praktisch in jedem Fall die Möglichkeit eröffnet, Verhandlungen einzuleiten, zumal die Voraussetzung für deren Einleitung im Vergleich zu Art. XIV Ziff. 1 lit. a WTO-Übereinkommen viel offener ist. Genügt nach Art. 20 BoeB der Anschein, dass kein Angebot das wirtschaftlich günstigste sei, ist eine Verhandlung nach dem WTO-Übereinkommen nur möglich, «wenn die Bewertung ergibt, dass kein Angebot nach den spezifischen Bewertungskriterien in den Bekanntmachungen oder Vergabeunterlagen eindeutig das günstigste ist». Die Formulierung im Beschaffungsgesetz ist bedenklich, da sie zu Diskriminie- 19.89

---

60 GAUCH, Vergabeverfahren, 101.

61 GALLI/LEHMANN/RECHSTEINER, Beschaffungswesen, 125; VPB 62.17

62 Vgl. VPB 62.17.

rungen führen kann, insbesondere wenn Verhandlungen nicht öffentlich sind und auch über Preise geführt werden können[63]. Die Verhandlungsrunden werden dann zu Abgebotsrunden, die nach dem Gemeinschaftsrecht der EU unzulässig sind[64]. Ausserdem ist nicht gewährleistet, dass Informationen über Konkurrenzangebote nicht weitergeleitet werden, nachdem das Verhandlungsverfahren transparent sein soll[65].

19.90 Wenn möglich sollen mindestens drei Anbieter in den Verhandlungen berücksichtigt werden (Art. 26 Abs. 2 VoeB). Zu verlangen ist die Festlegung von *transparenten Kriterien*, nach denen die Verhandlungspartner ausgewählt werden. Ein Ausschluss von Verhandlungen ist zulässig, wenn ein Angebot aus formellen Gründen (vgl. Art. 19 Abs. 3 BoeB) oder mangels Erfüllung der Eignungskriterien des Anbieters nicht weiter verfolgt wird. Einzelvorschriften über die Verhandlungen sind dem Art. XIV Ziff. 4 Bst. a und b WTO-Übereinkommen zu entnehmen. Dort ist insbesondere auch festgehalten, dass die Zuschlagskriterien und die technischen Anforderungen unter dem Vorbehalt der Mitteilung an alle Anbieter während den Verhandlungen geändert werden können. Allen Verhandlungsteilnehmern ist schliesslich die Möglichkeit einzuräumen, neue oder aufgrund der revidierten Anforderungen geänderte Angebote einzureichen (vgl. Art. XIV Ziff. 4 lit. a und d WTO-Übereinkommen). Der Auftraggeber gibt den Verhandlungspartnern schriftlich das bereinigte Angebot und die Angebotsbestandteile bekannt, über die verhandelt werden soll, und nennt Fristen und Modalitäten zur Eingabe des endgültigen schriftlichen Angebots.

h) Zuschlag

aa) Verfügung

19.91 Der Zuschlag erfolgt nach jedem durchgeführten Vergabeverfahren – selbst beim freihändigen Verfahren[66] – mittels einer begründeten und mit

63 GAUCH, Vergabeverfahren, 101.

64 GAUCH, Beschaffungsgesetz, 325 ff.

65 Botschaft zum Beschaffungsgesetz, BBl 1994 IV 1192.

66 BOCK, Übereinkommen, 713.

einer Rechtsmittelbelehrung versehenen *Verfügung* (Art. 29 lit. a BoeB)[67].

Spätestens 72 Tage nach dessen Erteilung *veröffentlicht* der Auftraggeber den Zuschlag im Schweizerischen Handelsamtsblatt (Art. 24 Abs. 2 BoeB und Art. 8 VoeB) sowie allenfalls in einer weiteren Fachpublikation. Die Veröffentlichung muss Angaben über die Art des Vergabeverfahrens, die Art und den Umfang der bestellten Leistung, Name und Adresse des Auftraggebers, das Datum des Zuschlags, den Namen und die Adresse des berücksichtigten Anbieters und den Preis des berücksichtigten Angebots oder die tiefsten und höchsten Preise der in das Vergabeverfahren einbezogenen Angebote enthalten (Art. 28 VoeB). Alternativ kann der Auftraggeber die Verfügung auch durch Zustellung an die betreffenden Parteien eröffnen (Art. 23 Abs. 1 BoeB). Dem berücksichtigten Anbieter muss die Verfügung über den Zuschlag durch direkte Zustellung eröffnet werden. Den nicht berücksichtigten Anbietern sind auf Gesuch hin die in Art. 23 Abs. 2 BoeB aufgeführten Informationen[68] mitzuteilen. Diese Mitteilung ist nach Art. 23 Abs. 2 BoeB keine Verfügung, die durch Beschwerde angefochten werden kann[69]. Dennoch kann der nichtberücksichtigte Anbieter aufgrund von Art. 29 lit. a BoeB gegen den Zuschlag selbst Beschwerde erheben, da ihm dafür die Beschwerdelegitimation nicht abzusprechen ist[70]. 19.92

---

67 Ein Anspruch auf den Zuschlag besteht im Allgemeinen nicht, weshalb ein unterlassener Zuschlag nicht nach Art. 6 Ziff. 1 EMRK der richterlichen Überprüfung unterliegt (Die Praxis 1997, 555 ff.); allenfalls besteht ein Anspruch des Gewinners eines Planungs- oder Gesamtleistungswettbewerbs.

68 Das angewendete Vergabeverfahren, der Name des berücksichtigten Anbieters, der Preis des berücksichtigten Angebots oder die tiefsten und die höchsten Preise der in das Vergabeverfahren einbezogenen Angebote, die wesentlichen Gründe für die Nichtberücksichtigung und die ausschlaggebenden Merkmale und Vorteile des berücksichtigten Angebots.

69 Vgl. Art. 29 BoeB mit abschliessender Aufzählung der Verfügungen, die der Beschwerde unterliegen.

70 Vgl. VPB 62.16; keine Beschwerdelegitimation hat der entgegen den Zuschlagskriterien für einen Vertragsschluss zwischen ihm und dem Anbieter nicht berücksichtigte Dritte.

bb) Beschwerde

19.93 Gegen die Verfügung über den Zuschlag ist die Beschwerde zulässig, die innerhalb einer Frist von 20 Tagen einzureichen ist (Art. 30 BoeB). Mit der Beschwerdebegründung kann auch die aufschiebende Wirkung der Beschwerde verlangt werden (Art. 28 Abs. 2 BoeB), bei deren Erteilung der Abschluss des Vertrages bis zum Abschluss des Beschwerdeverfahrens verunmöglicht wird (Art. 22 Abs. 1 BoeB). Die Rekurskommission hat festgestellt, dass sie den Abschluss eines Vertrages vor der Eröffnung des Zuschlags, vor Ablauf der Beschwerdefrist und nachdem eine Beschwerde mit Gesuch um Gewährung der aufschiebenden Wirkung eingereicht worden ist, sowie nach der Gewährung der aufschiebenden Wirkung, als *unzulässig* betrachte, es sei denn, der Abschluss des Vertrages gebiete sich bei ausserordentlicher Dringlichkeit[71]. Zur Durchsetzung zieht die Rekurskommission eine Anordnung an die Verwaltung über die Aussetzung des Vollzugs in Betracht und lässt offen, ob bei einem zu früh abgeschlossenen Vertrag auch die Frage seiner Gültigkeit aufgeworfen werden könne. Dies scheint mit Bezug auf den berücksichtigten Anbieter fraglich zu sein. Der nicht berücksichtigte Anbieter wird sich in solchen Fällen wohl praktisch ausschliesslich mit Schadenersatz begnügen müssen, denn der berücksichtigte Anbieter ist ebenfalls – in seinem Vertrauen auf den abgeschlossenen Vertrag – zu schützen[72].

cc) Vertragsschluss

19.94 Im Rahmen der Vergabe nach erfolgtem Zuschlag kann der Auftraggeber den Auftrag in *Teilaufträge* aufteilen oder ihn als Ganzes mehreren Anbietern vergeben, falls er diese Absicht in der Ausschreibung schon bekanntgegeben hat (Art. 27 Abs. 1 VoeB). Allerdings ist ein Anbieter nur dann verpflichtet, einen Teilauftrag anzunehmen oder eine Zusammenarbeit einzugehen, wenn er neben dem Gesamtangebot auch Varianten eingereicht hat.

---

71 ZBl 98 1997, 218 ff., 223; vgl. auch Baurecht 1997, 121.

72 Dabei beschränkt sich der Schadenersatz nach Art. XX Abs. 7 lit. c WTO-Übereinkommen auf die Kosten für die Vorbereitung der Angebote oder für die Beschwerde, vgl. auch Art. 34 BoeB und § 34 VRöB.

Nach dem Gesetzeswortlaut darf der Vertrag nach dem Zuschlag schriftlich abgeschlossen werden (Art. 22 Abs. 1 BoeB in Verbindung mit Art. 29 Abs. 1 VoeB). Nach der Auslegung der Rekurskommission muss der *Ablauf der Beschwerdefrist* noch abgewartet werden[73]. Wird der Vertrag schon vor einer allfälligen Beschwerdeeinreichung durch den nichtberücksichtigten Anbieter und der Erteilung der aufschiebenden Wirkung abgeschlossen, kann die Beschwerdeinstanz allerdings nur noch die Verletzung von Bundesrecht feststellen (Art. 32 Abs. 2 BoeB)[74]. 19.95

Während die Verfügung über den Zuschlag auf dem öffentlichen Recht des Bundes basiert, handelt es sich bei der anschliessend auszuhandelnden und zu unterzeichnenden Vereinbarung in der Regel um ein *privatrechtliches Vertragsverhältnis*[75]. Auf das Erfordernis der Schriftlichkeit kann bei der Beschaffung von Gütern an der Warenbörse verzichtet werden. In allen andern Fällen der Beschaffung in Anwendung des Beschaffungsgesetzes ist ein schriftlicher Vertrag abzuschliessen. Art. 29 Abs. 1 VoeB enthält zwar keine gesetzliche Formvorschrift über die Voraussetzung der Gültigkeit des abgeschlossenen Vertrages. Dennoch ist davon auszugehen, dass sich der Auftraggeber im Normalfall Schriftlichkeit ausbedungen hat, die der Anbieter mit Teilnahme am Vergabeverfahren stillschweigend anerkennt. Der Auftraggeber hat seine allgemeinen Geschäftsbedingungen anzuwenden, es sei denn, die Natur des Geschäftes erfordere die Aushandlung besonderer Bedingungen (Art. 29 Abs. 3 VoeB). Der Auftraggeber hat schon in der Ausschreibung oder in den Ausschreibungsunterlagen auf die allgemeinen Geschäftsbedingungen aufmerksam zu machen (Art. 18 Abs. 1 lit. c VoeB). 19.96

In der Botschaft zum Beschaffungsgesetz drückt der Bundesrat die Erwartung aus, dass der Auftraggeber im schriftlichen Vertrag mit dem 19.97

---

73 So heute VPB 61.24; vgl. auch MICHEL, Rz. 2024; CLERC EVELYNE, Le sort du contrat conclu en violation des règles sur les marchés publics, AJP 1997, 804 ff.

74 Die Rekurskommission prüft vorfrageweise die Gültigkeit des Vertrages. Stellt sie Nichtigkeit fest, kann sie den Zuschlag aufheben (Baurecht 1997, 121; vgl. auch den wegleitenden Entscheid in VPB 61.24).

75 GAUCH, Beschaffungsrecht, 173 ff.

Anbieter insbesondere auch die Einhaltung der *Arbeitsschutzbestimmungen* und der Arbeitsbedingungen sowie die Überprüfung der Einhaltung regelt[76].

19.98 Falls im Rahmen der Vertragsverhandlungen kein schriftlicher Vertrag abgeschlossen werden kann, müsste das Vergabeverfahren durch anfechtbare Verfügung (vgl. Art. 29 lit. a BoeB) abgebrochen oder der Zuschlag müsste (durch nicht anfechtbare Verfügung) *widerrufen* werden. Es stellte sich dann die Frage, ob infolge der Dringlichkeit eine freihändige Vergabe (Art. 13 Abs. 1 lit. d VoeB) zulässig wäre. Die Gefahr bei solchem Vorgehen könnte darin bestehen, dass die Beschaffungsbehörde Vertragsverhandlungen platzen lässt, um anschliessend einen andern Anbieter zu berücksichtigen. In jedem Fall stellt das Stadium der Vertragsverhandlung an die Beschaffungsbehörde hohe Anforderungen, damit Diskriminierungen und Ungleichbehandlung ausgeschlossen bleiben.

i) Abbruch des Verfahrens

19.99 Art. 30 VoeB legt fest, dass der Auftraggeber das Verfahren abbricht, wenn das Projekt nicht verwirklicht wird. Eine Nicht-Verwirklichung des Projekts führt allenfalls zu *Schadenersatzansprüchen* aus culpa in contrahendo. Gleiches gilt, falls der Auftraggeber das Vergabeverfahren abbricht, um ein neues aufgrund einer wesentlichen Änderung des Projekts durchzuführen. Zwar kann in diesem Fall der Abbruch des Vergabeverfahrens im öffentlichen Interesse liegen, dennoch wird der Auftraggeber in solchen Fällen den Anbietern, die sich in guten Treuen auf die Ausschreibung vorbereitet und entsprechende Angebote eingereicht haben, schadenersatzpflichtig[77].

19.100 Andere Voraussetzungen des Abbruchs und der Wiederholung des Vergabeverfahrens sind weniger problematisch. Es sind dies die in Art. 30 Abs. 2 VoeB aufgeführten Fälle, wenn kein Angebot die Kriterien und technischen Anforderungen erfüllt, die in den Ausschreibungsunterlagen aufgeführt sind, oder wenn günstigere Angebote zu erwarten sind, weil technische Rahmenbedingungen ändern oder Wettbewerbsverzerrungen wegfallen. Die Erwartung günstigerer Angebote allein und ohne weitere Voraussetzungen darf hingegen kein Grund sein, das Vergabeverfahren abzubrechen.

---

76 BBl 1994 IV 1186 f.

77 GALLI/LEHMANN/RECHSTEINER, Beschaffungswesen, 138 ff.

j) Rechtsschutzverfahren

aa) Konsultationen

Die von Art. XX WTO-Übereinkommen erwähnten Konsultationen, wonach die Parteien des WTO-Übereinkommens den Anbieter auffordern, seine Beschwerde wegen Verletzung des WTO-Übereinkommens mit der Beschaffungsstelle zu regeln, wurde nicht in das schweizerische Recht aufgenommen. Art. XX WTO-Übereinkommen verlangt, dass in solchen Beschwerdefällen die Beschaffungsstelle rechtzeitig eine unparteiliche Überprüfung der Beschwerde vornehme. Für das schweizerische Recht wurde auf das Konsultativverfahren verzichtet, weil der Auftraggeber auch während eines Beschwerdeverfahrens die angefochtene Verfügung in Wiedererwägung ziehen kann[78], und damit ein formelles Konsultativverfahren nur zu unliebsamen Verfahrensverzögerungen führen würde. 19.101

bb) Beschwerde

Das Beschwerdeverfahren richtet sich nach Art. 26 Abs. 1 BoeB grundsätzlich nach den Bestimmungen des *Bundesrechtspflegegesetzes*[79]. Gegen Verfügungen des Auftraggebers im Anwendungsbereich des Beschaffungsgesetzes ist die Beschwerde an die Rekurskommission zulässig, die endgültig entscheidet (Art. 27 Abs. 1 BoeB)[80]. In Art. 29 BoeB werden die anfechtbaren Verfügungen abschliessend aufgezählt. Es sind dies der Zuschlag[81] oder der Abbruch des Vergabeverfahrens, die Ausschreibung des Auftrags, der Entscheid über die Auswahl der Teilnehmer im selektiven Verfahren, der Ausschluss und der Entscheid über die Aufnahme des Anbieters in das Verzeichnis nach Art. 10 BoeB. Keine anfechtbare Verfügung stellt der Widerruf des Zuschlags nach Art. 11 BoeB dar. Diese Regel ist zu Recht auf Kritik gestossen[82], ist doch in der Tat nicht einzusehen, weshalb der vom Widerruf betroffene Anbieter 19.102

---

78 GADOLA, 972.

79 Vom 16. Dezember 1943 (OG), SR 173.110.

80 Auch die rechtswidrige Nicht-Anwendung der Submissionsvorschriften kann durch Beschwerde gerügt werden (Baurecht 1997, 124).

81 Bezüglich des nicht berücksichtigten Anbieters vgl. oben Rz. 19.92 f.

82 GALLI/LEHMANN/RECHSTEINER, Beschaffungswesen, 153.

keinen Rechtsschutz geniessen soll, insbesondere wenn der Widerruf nach ergebnislosen Vertragsverhandlungen vorgenommen wird.

19.103 Der Beschwerde kommt *nicht* automatisch aufschiebende Wirkung zu (Art. 28 Abs. 1 BoeB); hingegen kann die Rekurskomission auf Gesuch hin eine solche erteilen. Der noch nicht abgeschlossene Vertrag bildet aber Grundvoraussetzung für die Erteilung der aufschiebenden Wirkung[83].

19.104 Keine Anwendung findet das Rechtsmittelverfahren auf die übrigen Beschaffungen ausserhalb des Anwendungsbereichs des Art. 2 Abs. 3 Satz 4 BoeB sowie für die nicht unter das Beschaffungsgesetz fallenden übrigen Beschaffungen im Rahmen des 3. Kapitels der VoeB (Art. 32 bis 39 VoeB). Deshalb stellt Art. 39 VoeB folgerichtig fest, dass Vergabeentscheide im Bereich der übrigen Beschaffungen *keine Verfügungen* darstellen.

19.105 Im Beschwerdeverfahren besteht ein *Anspruch* auf Akteneinsicht[84].

19.106 Schliesslich ist im ganzen Bereich des öffentlichen Beschaffungswesens gemäss Art. 100 lit. x OG die Verwaltungsgerichtsbeschwerde an das Bundesgericht *ausgeschlossen*. Nicht ergriffen werden kann auch die staatsrechtliche Beschwerde an das Bundesgericht, da Verfügungen im Bereich der öffentlichen Beschaffung nach dem Beschaffungsgesetz keine kantonalen Hoheitsakte, sondern Verfügungen von Bundesbehörden sind (vgl. Art. 84 Abs. 1 OG).

19.107 Mit der Beschwerde kann die *Unangemessenheit* der angefochtenen Verfügung nicht geltend gemacht werden (Art. 31 BoeB). Gerügt werden können nach Art. 49 VwVG die Verletzung von Bundesrecht einschliesslich der Überschreitung oder des Missbrauchs des Ermessens und die unrichtige oder unvollständige Feststellung des rechtserheblichen Sachverhalts durch den Auftraggeber.

83 VPB 61.24; BBl 1994 IV 1196 ff.

84 VPB 61.24; BGE 112 Ia 102; 121 II 227; dass die Akteneinsicht im Verfügungsverfahren beschränkt werden muss, ist nicht ganz einsichtig, wird doch die Akteneinsicht ohnehin erst nach Einreichung des Angebots in Frage kommen. Problematisch ist die Akteneinsicht allenfalls im Zusammenhang mit der folgenden Verhandlungsrunde.

Möglich ist auch das Ergreifen des Rechtsbehelfs der *Aufsichtsbeschwerde* nach Art. 71 VwVG[85]. 19.108

cc) Schadenersatz

Ein Anbieter, der durch eine rechtswidrige Verfügung Schaden erlitten hat, kann innerhalb eines Jahres seit der entsprechenden Feststellung durch die Rekursinstanz beim Auftraggeber ein Schadenersatzbegehren einreichen. Voraussetzung eines Schadenersatzbegehrens ist immer die *Feststellung der Rechtswidrigkeit* durch die Rekursinstanz. Allerdings beschränkt sich die Haftung nach Art. 34 Abs. 2 BoeB auf Aufwendungen, die dem Anbieter im Zusammenhang mit dem Vergabe- und Rechtsmittelverfahren erwachsen sind. Das Verantwortlichkeitsgesetz[86] ist nur insoweit anwendbar, als Regress auf Beamte genommen und Schadenersatz für widerrechtliche Handlungen geltend gemacht wird, der nicht im Erlass einer fehlerhaften Verfügung besteht[87]. Damit ist die Möglichkeit, im Bereich des öffentlichen Beschaffungswesens Schadenersatz zu erhalten, auf die Aufwendungen beschränkt und beschlägt nicht einmal das negative Vertragsinteresse[88]. Voraussetzung für die Zusprechung der Aufwendungen sind der Nachweis des Schadens und die vorgängige Festellung der Widerrechtlichkeit des angefochtenen Vorgehens durch die Rekurskommission, dass die Aufwendungen nutzlos geworden sind und dass der geschädigte Anbieter ohne rechtswidrige Verfügung eine Chance für den Zuschlag gehabt hätte[89]. Der Entscheid über die Zusprechung oder Verweigerung eines Schadenersatzes ist wiederum eine Verfügung, die bei der Rekursinstanz angefochten werden kann (Art. 35 Abs. 2 BoeB). In den Fällen des Schadenersatzes wird deshalb der geschädigte Anbieter unter Umständen nicht vermeiden können, zweimal an die Rekurskommission zu gelangen. 19.109

85 VPB 40.18, 40.55, 44.88, 45.61.

86 über die Verantwortlichkeit des Bundes sowie seiner Behördemitglieder und Beamten vom 14. März 1958, SR 170.32.

87 GALLI/LEHMANN/RECHSTEINER, Beschaffungswesen, 169; BBl 1994 IV 1203.

88 GAUCH, Beschaffungswesen, 329.

89 GALLI/LEHMANN/RECHSTEINER, Beschaffungswesen, 169; a.M. in Bezug auf die Chancen des Zuschlags GAUCH, Beschaffungsgesetz, 330, und BBl 1994 IV 1202.

k) Konventionalstrafen

19.110 Konventionalstrafen können nach Art. 6 Abs. 5 VoeB zur Durchsetzung der Verfahrensgrundsätze nach Art. 8 BoeB eingesetzt werden. Dem Text der Verordnung ist nicht mit völliger Klarheit zu entnehmen, ob Konventionalstrafen in diesem Bereich zwingend vorzusehen sind[90]. Er lässt aber darauf schliessen, dass Konventionalstrafen vertraglich zu vereinbaren und deren Höhe in den Vertragstext aufzunehmen sind. Zumindest müsste aber auf die Aufnahme von Konventionalstrafen in den *Ausschreibungsunterlagen* hingewiesen werden. Auf dem Verhandlungsweg eingeführte Konventionalstrafen könnten den Grundsatz der Transparenz des Verfahrens und das Gleichbehandlungsgebot verletzen.

IV. Bindung des Bundes an öffentlichrechtliche Bauvorschriften

19.111 Der Bund als Bauherr zahlreicher grosser Infrastrukturanlagen im Gesamtinteresse, aber auch als Bauherr für die Bedürfnisse der allgemeinen Bundesverwaltung ist in seiner Bautätigkeit an eine Reihe von Vorschriften gebunden. Die folgende Darstellung gibt einen Überblick über die geltenden Bestimmungen des Bundesrechts und die allgemeinen Grundsätze des kantonalen und kommunalen Rechts, an das sich der Bund bei all seiner Bautätigkeit zu halten hat.

1. Die Bindung des Bundes an kantonales und kommunales Raumplanungs-, Bau- und Umweltrecht

a) Grundsatz

19.112 Aus der Erfüllung der dem Bund zugewiesenen verfassungsmässigen Aufgaben ergibt sich nicht, dass er mit seinen Einrichtungen nicht der kantonalen Gesetzgebung unterliege. «So glauben wir z.B. nicht, dass der Bund sich den polizeilichen Vorschriften der Kantone entziehen darf, die

90 Nicht dieser Meinung offenbar GALLI/LEHMANN/RECHSTEINER, Beschaffungswesen, 152.

zur Verhütung der Feuergefahr oder sonstwie im Interesse der öffentlichen Sicherheit aufgestellt sind»[91]. Nach Art. 3 BV sind die Kantone souverän, soweit die Bundesverfassung ihre *Souveränität* nicht beschränkt[92]. Diese Souveränität besteht auch auf dem Gebiet des materiellen und formellen Baurechts. Die kantonalen Bauvorschriften gelten daher auch für den Bund als Bauherr, soweit die Bundesverfassung oder die Bundesgesetzgebung den Kantonen keine Beschränkungen auferlegen[93].

Grundsätzlich ist der Bund soweit an die kantonale Gesetzgebung gebunden, als diese Bindung die Erfüllung der Bundesaufgaben nicht ausschliesst oder unverhältnismässig einschränkt[94].

Soweit der Bund dem kantonalen oder kommunalen Baurecht unterworfen ist, hat er sich auch gleich den Kantonen und den Gemeinden schon zur Gewährleistung der Einsprachemöglichkeiten der vom Bauvorhaben betroffenen Nachbarn dem formellen Baubewilligungsverfahren zu unterziehen[95]. 19.113

b) Raumplanung und Baurecht

Nach Art. 22^{quater} Abs. 3 BV hat der Bund in Erfüllung seiner Aufgaben die Erfordernisse der Landes-, Regional- und Ortsplanung zu berücksichtigen. Er ist damit auf allen Entscheidungsstufen und in allen Bereichen der staatlichen Tätigkeit an die Vorgaben der Kantone in den Nutzungsplänen (Art. 14 ff. RPG) gebunden, soweit nicht spezielle Bundesgesetze ihn davon befreien[96]. Diese Verfassungsbestimmung ist *unmittelbar anwendbar*[97]; sie bringt aber keine zusätzliche, rechtliche Bindungswirkung des Bundes, der bei seiner Bautätigkeit direkt an die kantonalen und 19.114

91 VEB 1928, Nr. 3.
92 HAUSER, Bindung, 11 ff.
93 BGE 91 I 423; 92 I 210; SPAHN, Bindung, 11, 13; ZBl 1950, 506; vgl. auch Art. 6 und 702 ZGB.
94 HAUSER, Bindung, 96.
95 BGE 91 I 422.
96 JAGMETTI RICCARDO, Kommentar zu Art. 22^{quater} BV, 1988, N 9, 143; BGE 112 Ia 272.
97 SPAHN JÜRG, Bindung, 15, 20. Art. 22^{quater} Abs. 3 BV wurde erst während der Beratung im Nationalrat eingefügt, Wirtschaft und Recht, 1971, 141.

kommunalen Normen zu binden ist[98]. Inwieweit der Bund ohne ausdrückliche verfassungsmässige oder gesetzliche Grundlage von der Einhaltung der raumplanerischen Massnahmen der Kantone befreit ist, hängt von einer Interessenabwägung ab[99]. Art. 22^{quater} Abs. 3 BV umfasst auch die Pflicht des Bundes, mit den Kantonen in den Belangen der Raumplanung zusammenzuarbeiten.

2. Bindung des Bundes an eidgenössisches Recht und Befreiung von kantonalen und kommunalen Vorschriften

a) Eidgenössisches primäres und sekundäres Baurecht

19.115 Die Legiferierung des materiellen und formellen Baurechts ist im Wesentlichen Sache der Kantone. Wenige direkte materielle baurechtliche Kompetenzordnungen bestehen auf Bundesebene. Es sind dies vor allem die zivilrechtlichen Vorschriften der Art. 686 und 702 ZGB über das Nachbarrecht und die Beschränkungen des Grundeigentums, daneben aber im Rahmen der Wohnbauförderung Art. 34^{sexies} Abs. 2 lit. c und Abs. 3 BV. Bedeutender sind auf Bundesebene die sekundären Baurechtsnormen des Umwelt- und Gewässerschutzes[100].

b) Bauverordnung und Baunormenverordnung

19.116 Neben der Bauverordnung des Bundes ist auch auf die Spezialgesetze hinzuweisen, aufgrund derer öffentliche Bauvorhaben geplant und ausgeführt werden[101].

---

98 Wirtschaft und Recht, 1971, 151.

99 Vgl. dazu MÜLLER GEORG, Interessenabwägung im Verwaltungsrecht, ZBl 1972, 337 ff., 338.

100 Vgl. LEUTENEGGER, Baurecht, 62 ff.; dazu oben Rz. 2.26 ff und 7.23 ff.

101 Für Eisenbahnen vgl. Bundesbeschluss für das Plangenehmigungsverfahren für Eisenbahnen-Grossprojekte vom 21. Juni 1991, SR 742.100.1, Eisenbahngesetz vom 20. Dezember 1957 (EBG), SR 742.101, Bundesbeschluss über den Bau der schweizerischen Eisenbahn-Alpentransversale (Alpentransit-Beschluss) vom 4. Oktober 1991, SR 742.104 mit der NEAT-Verfahrensordnung vom 20. Januar 1993, SR 742.104.2 und der NEAT-Zuständigkeitsverordnung vom 30. November 1992, SR 742.104.5, Verordnung zum BG vom 23. Dezember 1872 über den Bau und Betrieb der Eisenbahnen vom 1. Februar 1875, SR 742.121, der Eisenbahnverordnung vom 23. November 1983, SR 742.141.1, Verordnung über die Planvorlagen

Öffentliche Bauvorhaben sind damit alle Bauvorhaben, bei denen der Bund als Bauherr in der Planung und/oder Realisierung auftritt, sei es im Rahmen der allgemeinen Bundesverwaltung, militärischer Bauten[102] oder Nationalstrassen und Eisenbahnen[103]. 19.117

Die Baunormen-Verordnung[104] gilt für alle Bauten, zu deren Ausführung es nach der Bundesgesetzgebung der Genehmigung einer Bundesbehörde bedarf[105]. Gemäss der Baunormen-Verordnung sind alle Bauten nach anerkannten Regeln der Technik von Fachkundigen zu projektieren, zu errechnen, auszuführen, zu überwachen und zu unterhalten (Art. 2). Damit wird ein Generalverweis auf alle dem *Stand der Technik* entsprechenden Vorschriften und insbesondere des Umweltschutz- und des Gewässerschutzgesetzes mit ihren etlichen Vollzugsverordnungen gemacht. Unter Vorbehalt der besonderen Vorschriften der Bundesgesetzgebung gelten nach Art. 3 der Baunormen-Verordnung als Regeln der Technik die von den massgebenden Fachvereinigungen und Organisationen herausgegebenen technischen Normen. Diese haben gleichzeitig auch Einfluss auf die Gesetzgebung der kantonalen Baurechtserlasse. Damit schwindet insgesamt im Bereich der technischen Ausführungen 19.118

---

für Eisenbahnbauten vom 23. Dezember 1932, SR 742.142.1, Bundesgesetz über die Schweizerischen Bundesbahnen vom 23. Juni 1944, SR 742.31, Verordnung über die Schweizerischen Bundesbahnen vom 29. Juni 1988, SR 742.311; bezüglich Fuss- und Wanderwegen vgl. Verordnung über Fuss- und Wanderwege vom 26. November 1986, SR 704.1; im Strassenbau vgl. Bundesgesetz über die Nationalstrassen vom 8. März 1960 (NSG), SR 725.11 mit Vollzugsverordnungen.

102 Für diese gelten spezialgesetzliche Vorschriften bezüglich des Baubewilligungsverfahrens, vgl. Militärische Baubewilligungsverordnung vom 25. September 1995, SR 510.51.

103 Nach Art. 18 Abs. 3 EBG sind die auf kantonales Recht gestützten Anträge soweit zu berücksichtigen, als dadurch die Bahnunternehmung in der Erfüllung ihrer Aufgaben nicht unverhältnismässig eingeschränkt wird.

104 Vgl. oben Rz. 19.22.

105 Art. 3 BG vom 24. Juni 1902 betreffend die elektrischen Schwach- und Starkstromanlagen (ElG), SR 734.0; Art. 3 BG vom 2. Oktober 1924 betreffend den Postverkehr (Postverkehrsgesetz), SR 7830; Art. 36 BG vom 21. Dezember 1948 (Luftfahrtgesetz), SR 748.0; Art. 78 BG über die Forderung der Landwirtschaft und die Erhaltung des Bauernstandes vom 3. Oktober 1951, Landwirtschaftsgesetz SR 910.1; Art. 17 EBG, Art. 41 NSG, Art. 4 BG über den Wasserbau vom 21. Juni 1991 (WBG), SR 721.100; Art. 35–41 Waldgesetz vom 4. Okober 1991 (WaG), SR 921.0; Art. 61 GSchG.

der Unterschied zwischen Bundesbauten und übrigen Bauten der Kantone, Gemeinden und Privaten.

19.119 Ausserdem ist auf Grund von Art. 9 USG und der dazu ergangenen Ausführungsvorschriften für die meisten Bauvorhaben des Bundes schon zufolge ihrer Grösse eine Umweltverträglichkeitsprüfung notwendig.

c) *Gewässerschutz*

19.120 Nach Art. 3 GSchG ist jedermann – und damit auch der Bund im Rahmen seiner Aufgabenerfüllung – *verpflichtet*, alle nach den Umständen gebotene Sorgfalt anzuwenden, um nachteilige Einwirkungen auf die Gewässer zu vermeiden. Auch soweit die Kantone das Bundesrecht vollziehen, hat sich deshalb der Bund an die Rechtserlasse der Kantone zu halten.

d) *Umweltschutz*

19.121 Gleiches wie für den Bereich des Gewässerschutzes gilt auch für das Umweltschutzgesetz mit der Ausnahme, dass der Bundesrat im Interesse der Gesamtverteidigung durch Verordnung Ausnahmen von den Bestimmungen des Umweltschutzgesetzes und damit der gestützt darauf erlassenen kantonalen Gesetze aufstellen kann (Art. 5 USG). Ausserdem ist zu beachten, dass das Umweltschutzgesetz Auswirkungen auf die *gesamte staatliche Tätigkeit* hat und damit dessen Normen bei jeder Bautätigkeit des Bundes, der Kantone und der Gemeinden zu beachten sind[106].

d) *Militärbauten und Zivilschutz, Zollbauten*

19.122 Das Bundesgesetz über die Militärorganisation[107] bestimmt in Art. 164 Abs. 3, dass die Ausführung von Arbeiten, die der Landesverteidigung dienen, *keiner kantonalen Gebühr oder Bewilligung* unterworfen werden dürfe[108]. Der Bund benötigt deshalb keine Baubewilligung nach kantonalem Recht, noch ist er zur Befolgung baupolizeilicher Vorschriften

---

106 Vgl. auch Bundesamt für Umwelt, Wald und Landschaft, Umweltorientierte öffentliche Beschaffung in der Schweiz, Bern 1997; MICHEL, 157.

107 Vom 12. April 1907 (MO), SR 510.10.

108 BGE 110 Ib 260 ff.; HAUSER, Bindung, 56 (im Übrigen behandelt die Monographie das Baurecht nur am Rande); vgl. auch Art. 5 USG.

verpflichtet. Dennoch hat der Bund bei der Ausführung der Militärbauten nach Möglichkeit die öffentlichen Interessen der Kantone und Gemeinden zu beachten[109].

Nach Art. 1 ZSchG[110] ist der Zivilschutz ein Teil der Landesverteidigung. Art. 164 Abs. 3 MO gilt deshalb auch für die Anlagen des Zivilschutzes wie öffentliche Schutzräume, Kommandostellen und Ausbildungszentren. 19.123

Die Schiessanlagen für das Schiesswesen ausser Dienst[111] sind hingegen nicht vom *kantonalen Baubewilligungserfordernis* ausgenommen. Sie bedürfen neben einer kantonalen Baubewilligung auch der Genehmigung durch die kantonalen Militärbehörden. 19.124

Zollbauten unterstehen dem kantonalen *Baubewilligungsverfahren*[112], sind jedoch unter Umständen im Sinne von Art. 24 Abs. 1 lit. a RPG auf einen Standort ausserhalb der Bauzonen angewiesen. Schliesslich sei auf die Beschränkungen für Bauten an der Grenze hingewiesen. Nach Art. 27 ZG dürfen Bauten und Einfriedungen nicht näher als 2 m an der Landesgrenze stehen. Im Übrigen erlässt der Bundesrat Bestimmungen über die Errichtung von Bauwerken an der Grenze (Art. 27 Abs. 3 ZG)[113]. Damit wird den Kantonen und Gemeinden die baurechtliche Hoheit an der Landesgrenze entzogen. 19.125

109 SPAHN, Bindung, 25.

110 BG über den Zivilschutz vom 23. März 1962 (ZSchG), SR 520.1.

111 Verordnung vom 27. März 1991, SR 510.512.

112 und dem kantonalen materiellen Baurecht; vgl. Art. 134–136 Zollgesetz vom 1. Oktober 1925 (ZG), SR 631.0; a.M. das eidgenösische Justiz- und Polizeidepartement im Jahr 1930, VE 1930/6. Mit Recht verweist HAUSER, Bindung 57, darauf hin, dass sich eine gesetzliche Befreiung des Bundes nur aus Art. 5 ElG für Schwach- und Starkstromanlagen ergibt (betreffend Eisenbahnen, Nationalstrassen und andern Infrastrukturanlagen vgl. die Darstellung in den §§ 20 und 21 dieses Bandes).

113 Vgl. auch Art. 3 der Verordnung zum Zollgesetz vom 10. Juli 1926 (ZV), SR 631.01.

V. Finanzierung öffentlicher Bauvorhaben

19.126 Für die Finanzierung von Bauvorhaben des Bundes ist zunächst das Finanzhaushaltsgesetz massgebend[114]. Eingeschränkt unterliegen dem FHG die Bundesbahnen und die PTT-Betriebe, während für den Bereich der Technischen Hochschulen der Bundesrat Abweichungen vorsehen kann (Art. 1 Abs. 2 und 3 FHG). Deshalb sind im normalen Voranschlag oder durch Nachtragskredite Ausgaben auch für Beschaffungen durch das Parlament zu bewilligen (Art. 15–18 FHG).

19.127 Besonderer Objektbegehren verbunden mit einer Botschaft des Bundesrates bedürfen Grundstücke und Bauten, deren Gesamtausgaben 10 Millionen Franken übersteigen[115]. Grundstücke und Bauvorhaben, die mit Ausgaben von weniger als 10 Millionen Franken verbunden sind (ausserdem Bauten im Rahmen der Landesverteidigung und der Rüstungsbetriebe), werden im Rahmen des normalen Voranschlages behandelt.

19.128 Die Finanzierung der Bauvorhaben auf Bundesebene wird sodann im Wesentlichen durch die Art. 22–30 Bauverordnung geregelt. Für die Vorbereitung von Bauvorhaben werden Sammelkredite beantragt, die durch den Bundesrat oder die zuständige Kontrollstelle im Rahmen des Voranschlages oder einer besonderen Botschaft freigegeben werden (Art. 22 BVo). Einzelne Objekte werden den eidgenössischen Räten durch Objektkreditbegehren zur Genehmigung unterbreitet. Sie enthalten einen Bedürfnisnachweis, die Zweckbestimmung und den Projektbeschrieb, die Kostenberechnung mit der Übersicht über die personellen Auswirkungen und die Folgekosten, eine Erläuterung der Auswirkungen auf den Voranschlag und die Finanzplanung und schliesslich nötigenfalls den Nachweis über die Umweltverträglichkeit (Art. 23 BVo). Objektkredite sind in der Regel abzubrechen, wenn drei Jahre nach der Kreditbewilligung durch die eidgenössischen Räte das Bauvorhaben noch nicht begonnen wurde (Art. 29 BVo). Der Unterhalt und die Liquidation von Bauten werden durch die Räte jährlich mittels eines Globalbudgets

---

114 BG über den eidgenössischen Finanzhaushalt vom 6. Oktober 1989 (FHG), SR 611.0

115 Bundesbeschluss über Objektbegehren für Grundstücke und Bauten vom 6. Oktober 1989, SR 611.017.

genehmigt, für bedeutende Unterhaltsarbeiten ist jedoch ein Objektkredit notwendig (Art. 30 BVo).

Da die Organisationen der Bauvorhaben in den Kantonen und Gemeinden im Allgemeinen nicht oder nur summarisch positivrechtlich geregelt wird, greift das Parlament im Rahmen seiner Finanzhoheit sowohl im Planungs- als auch im Ausführungsstadium ein. Normalerweise wird deshalb dem Parlament zunächst ein Planungskredit beantragt, auf Grund dessen später die Objektrealisierung in das Budget aufgenommen werden kann. 19.129

VI. Checklisten zu ausgewählten Punkten

1. Beschaffungsrecht

Beschaffungen nach eidgenössischem Recht

- Handelt es sich um eine öffentliche Beschaffung eines Auftraggebers des Bundes nach Art. 2 BoeB[116]?
- Liegt ein Ausschluss nach Art. 3 BoeB vor[117]?
- Sind die massgebenden Schwellenwerte gemäss WTO-Übereinkommen erreicht, sodass das BoeB Anwendung findet[118]?
- Ist die Beschaffung durch die VoeB erfasst (falls sie nicht unter das BoeB fällt)[119]?
- Ist der Anbieter im selektiven Verfahren qualifiziert oder ausgeschlossen. Kommt allenfalls eine Nachselektionierung in Frage[120]?
- Welches Verfahren ist vorgesehen (offenes, selektives Verfahren, freihändige Vergabe oder Einladungsverfahren)[121]?
- Ist die Ausschreibung korrekt und in den richtigen Sprachen mit den vollständigen Ausschreibungsunterlagen veröffentlicht[122]?

116 Vgl. Rz. 19.22, 19.23.
117 Vgl. Rz. 19.24.
118 Vgl. Rz. 19.3, 19.8, 19.10, 19.14, 19.27, 19.56 f.
119 Vgl. Rz. 19.28 ff.
120 Vgl. Rz. 19.45–19.50.
121 Vgl. Rz. 19.51–19.57.
122 Vgl. Rz. 19.61–19.67

- Wann laufen die Fristen für die Einreichung der Qualifizierung bei der selektiven Vergabe zur Teilnahme am Verfahren oder des Angebots beim offenen Verfahren ab[123]?
- Werden die Zuschlagskriterien und die Spezifikationen in den Angebotsunterlagen erfüllt[124]?
- Können Verhandlungen über die Angebote durchgeführt werden[125]?
- Gegen den Zuschlag kann der berücksichtigte und der nichtberücksichtigte Anbieter innert Frist Beschwerde erheben[126].
- Der Vertrag zwischen dem Auftraggeber und dem Anbieter darf nach (unbenütztem) Ablauf der Beschwerdefrist oder nach der Beschwerdeerledigung schriftlich abgeschlossen werden[127].
- Nach einem Abbruch des Vergabeverfahrens stellen sich die Fragen des Schadenersatzes[128].
- Das Beschwerdeverfahren richtet sich nach dem OG, es hat aber nicht automatisch aufschiebende Wirkung[129].
- Eine Rüge der Unangemessenheit ist im Rekursverfahren nicht möglich, lediglich der Missbrauch des Ermessens[130].
- Es gibt keine Anwendung des Beschwerdeverfahrens auf die Beschaffungen ausserhalb des Art. 2 Abs. 3 Satz 4 BoeB[131].
- Die Verwaltungsgerichtsbeschwerde an das Bundesgericht im Bereich der öffentlichen Beschaffung des Bundes steht nicht zur Verfügung[132].
- Eine Klage auf Schadenersatz hat die vorherige Feststellung der Rechtswidrigkeit durch die Rekursinstanz zur Voraussetzung[133].
- Konventionalstrafen sind möglich bei entsprechendem Vorbehalt in den Angebotsunterlagen[134].

123 Vgl. Rz. 19.77–19.79.
124 Vgl. Rz. 19.71–19.75.
125 Vgl. Rz. 19.89 f.
126 Vgl. Rz. 19.93.
127 Vgl. Rz. 19.94–19.97.
128 Vgl. Rz. 19.109.
129 Vgl. Rz. 19.102–19.106.
130 Vgl. Rz. 19.107.
131 Vgl. Rz. 19.104.
132 Vgl. Rz. 19.106.
133 Vgl. Rz. 19.109.
134 Vgl. Rz. 19.110.

Beschaffungen nach kantonalem oder kommunalem Recht

- Der Geltungsbereich der Interkantonalen Vereinbarung geht über den Bereich des WTO-Übereinkommens hinaus[135].
- Zu prüfen ist, ob ein bestimmter Staat Gegenrecht gewährt[136].
- Es findet eigenes Verfahrensrecht Anwendung, das jedoch demjenigen des Bundes weitgehend entspricht[137].
- Neben der Interkantonalen Vereinbarung sind die kantonalen und kommunalen materiellen und formellen Rechtsordnungen zu beachten[138].

2. Bindung des Bundes an kantonales und kommunales Recht

- Der Bund ist an das kantonale (und kommunale) öffentliche materielle und formelle Baurecht gebunden, wo ihn die Bundesgesetzgebung davon nicht ausdrücklich befreit[139].
- Auf Bauvorhaben des Bundes sind neben den Spezialgesetzen die Bauverordnung und die Baunormenverordnung anwendbar[140].
- Besondere Vorschriften gelten für Militär-, Zivilschutz- und Zollbauten[141].

135 Vgl. Rz. 19.97.
136 Vgl. Rz. 19.97.
137 Vgl. Rz. 19.99.
138 Vgl. Rz. 19.42–19.44.
139 Vgl. Rz. 19.112–19.114.
140 Vgl. Rz. 19.115–19.120.
141 Vgl. Rz. 19.121–19.124.

§ 20 Grossbauten

PETER HEER

Literaturauswahl: BRUNNER URSULA, Zulassungsbeschränkungen für neue Anlagen bei Überschreitung von Luftimmissionsgrenzwerten? URP 1990, 212 ff.; EJPD/BRP, Erläuterungen zum Bundesgesetz über die Raumplanung, Bern 1981; HALLER WALTER/ KARLEN PETER, Raumplanungs- und Baurecht, 2. Aufl., Zürich 1992; HEER PETER, Die raumplanungsrechtliche Erfassung von Bauten und Anlagen im Nichtbaugebiet, Diss. Zürich 1996; JAAG TOBIAS, Der Massnahmenplan gemäss Art. 31 der Luftreinhalte-Verordnung, URP 1990, 132 ff.; SCHRADE ANDRÉ (Hrsg.), Kommentar zum Umweltschutzgesetz (Vereinigung für Umweltrecht, VUR), Zürich 1987; SCHÜRMANN LEO/HÄNNI PETER, Planungs-, Bau- und besonderes Umweltschutzrecht, 3. Aufl., Bern 1995; WOLF ROBERT, Führt übermässige Luftverschmutzung zu Baubeschränkungen und Auszonung? URP 1991, 69 ff.; ZIMMERLIN ERICH, Baugesetz des Kantons Aargau, Kommentar, 2. Aufl., Aarau 1985; ZÜRCHER ALEXANDER, Die vorsorgliche Emissionsbegrenzung nach dem Umweltschutzgesetz, Basler Diss., Zürich 1996.

I. Problemübersicht

Grossbauten fallen auf, Grossbauten geben zu reden. Den einen sind sie willkommen, weil sie Umsatz, Arbeitsplätze und Steuererträge bringen; andere bekämpfen sie, weil sie unerwünschte Auswirkungen auf die Umwelt haben. 20.1

Hier sollen hauptsächlich aus rechtlicher Sicht und beschränkt auf das *öffentliche Recht* einige Probleme im Zusammenhang mit Grossbauten dargestellt werden. Dabei werden einzelne Rechtsprobleme herausgegriffen, die typischerweise bei Grossbauten vorkommen.

Das *Vorgehen* kann wie folgt veranschaulicht werden: Wie schwierig es ist, für die unterschiedlichen Grossbauten generelle Aussagen zu machen, zeigt die Tatsache, dass Hochhäuser und Golfplätze – beides Grossbauten eigener Art – wenig Gemeinsamkeiten aufweisen. Gemeinsam ist ihnen die Fragestellung, in welche Nutzungszone sie gehören. Hingegen sind bei Golfplätzen der Schattenwurf und die Eingliederung in ein bestehendes Ortsbild keine zentralen Probleme, bei den Hochhäusern sind das aber zuweilen die Hauptthemen. Andrerseits ist bei Hochhäusern – anders als 20.2

bei Golfplätzen – die Beanspruchung von teils riesigen Flächen Kulturlandes weniger aktuell. Indessen ist selbstverständlich auch der Golfplatz möglichst optimal in die Landschaft einzuordnen und ist auch beim Hochhaus der Landbedarf ein Thema, aber eben in weniger akzentuierter Weise. Die Rechtsprobleme, die sich bei Grossbauten im Allgemeinen stellen, werden deshalb im Folgenden schwergewichtig anhand derjenigen Grossbaute dargelegt, bei der sich ein immer wieder auftretendes Rechtsproblem speziell stellt. Bei den anderen Grossbauten werden lediglich noch die Besonderheiten behandelt.

Am Anfang aber soll trotz der grossen Unterschiede zwischen den einzelnen Grossbauten zuerst versucht werden, ihre (gemeinsamen) Merkmale und Besonderheiten zu ermitteln (Rz. 20.3 bis 20.24).

II. Merkmale und Besonderheiten von Grossbauten

1. Merkmale

20.3 Als *Grossbauten* werden solche Bauten und Anlagen erkannt, welche durch irgendeine Dimension als aussergewöhnlich gross auffallen. Bei Hochhäusern ist es – wie der Name sagt – vorab die Gebäudehöhe und die damit verbundene Wirkung auf das Landschafts- und Ortsbild. Einkaufszentren fallen vorab durch ihr Verkehrsaufkommen und die damit verbundenen Erschliessungsprobleme auf. Golfplätze, Kiesgruben und Deponien sind aussergewöhnlich wegen ihres grossen Landbedarfs. Flugplätze sind auffallend lärmig. Industriekomplexe, Zementwerke und Grossbauten mit gemischter Nutzung sind nicht nur räumlich beeindruckend, sondern haben mitunter auch erhebliche Auswirkungen auf die Umweltqualität.

20.4 Entsprechend wird auf solche Grossbauten reagiert. Sie werden in der Öffentlichkeit diskutiert und die Zahl der am Vorhaben Interessierten ist meist überdurchschnittlich gross. Diese Betroffenheit sagt jedoch noch nichts darüber aus, ob auf ein konkretes Projekt auch nach objektiven Massstäben besondere Rechtsnormen zur Anwendung gelangen. Nur in diesem Fall gilt es nach der Rechtsordnung als Grossvorhaben. Selbstverständlich hängen aber *subjektive Betroffenheit* und *objektive Regelung* in einer demokratischen und rechtsstaatlichen Ordnung zusammen, so dass die subjektive Betroffenheit durch objektive Regelungen aufgefangen werden sollte.

Bundesrechtlich gibt es keine generellen Vorgaben, was als Grossbaute zu betrachten ist. Jedes Rechtsgebiet definiert bei Bedarf selber, was es unter seinem Gesichtswinkel als Grossbaute betrachtet: Was umweltschutzrechtlich als Grossbaute gilt, muss nicht auch raumplanungsrechtlich eine Grossbaute sein[1]. 20.5

Auch die *Kantone* haben den Begriff der Grossbaute nicht generell in ihr Recht eingeführt. Im bundesrechtlichen Rahmen sind sie frei, vorab gestützt auf die örtlichen Verhältnisse gewisse Grossbauten besonderen Vorschriften zu unterstellen[2]. Entsprechendes gilt selbstverständlich für die Gemeinden. 20.6

Angesichts dieser Rechtszersplitterung lässt sich *kein einheitlicher Begriff der Grossbauten* bilden. Es ist aber im Rahmen der vorliegenden Darstellung auch gar nicht nötig, die Grossbaute zu definieren. Es sind einfach grössere Bauten und Anlagen gemeint, die aus irgendeinem Grund besondere räumliche Auswirkungen haben, sei es auf ihre Umgebung, die Infrastruktur, die Erschliessung, sei es bezüglich Immissionen, Landverbrauch, Ästhetik, Freihaltebedürfnisse, Natur- und Landschaft, Verkehr etc. Welche Aussenmasse sie haben, wieviele Arbeitsplätze oder Autoabstellplätze sie aufweisen oder wieviel Energie sie benötigen, ist hingegen nicht relevant. 20.7

2. Besondere inhaltliche Regelungen

Grossbauten unterstehen im Allgemeinen *denselben Regeln wie andere Bauten und Anlagen*. Materielle bundesrechtliche Vorschriften, welche für alle Grossbauten gelten, gibt es nicht. Es gibt bloss vereinzelte Vorschriften für genau bezeichnete Grossbauten[3]. 20.8

1 Besonders ist die Situation bei Infrastrukturanlagen, welche häufig ebenfalls Grossbauten darstellen. Sie sind in Spezialgesetzen, welche eigene materielle wie formelle Vorschriften enthalten, geregelt. Siehe im Einzelnen § 21.

2 Siehe BGE 116 Ia 430 (Düdingen); 110 Ia 170 E. 7a/aa (Arlesheim); 102 Ia 117 (Globus AG).

3 Vgl. beispielsweise Art. 44 GSchG über den Kiesabbau.

20.9 Auf *kantonalrechtlicher Ebene* zeigt sich ein ähnliches Bild. Immerhin gibt es Regelungen, die für bestimmte Grossbauten beispielsweise hinsichtlich des Erscheinungsbilds, der Bauweise oder der Materialien höhere Anforderungen stellen.

20.10 Indessen kommen bei Grossbauten Regelungen, die für alle Bauten und Anlagen gelten, *akzentuierter* zur Anwendung. Zu denken ist insbesondere an die Gesetzgebung über den Natur- und Landschaftsschutz, an die Vorschriften des Lärmschutzrechts und der Luftreinhaltung sowie an die Ästhetiknormen. Wegen der besonderen Auswirkungen der Grossbauten auf den Raum und die Umwelt werden diese Rechtsnormen stärker betroffen und in einer qualifizierteren Art und Weise angewendet als bei gewöhnlichen Bauvorhaben.

3. Besondere verfahrensrechtliche Regelungen

20.11 Grundsätzlich gelten die für Bauten und Anlagen erlassenen verfahrensrechtlichen Vorschriften ohne weiteres auch für Grossbauten. Indessen haben Grossbauten im Vergleich zu gewöhnlichen Bauten grössere Auswirkungen auf die Umwelt und die Nutzungsordnung. Sie lösen zudem stärkere Betroffenheit in der Nachbarschaft und der breiteren Bevölkerung aus. Deshalb sollen sie besser legitimiert sein, was zuweilen zu *qualifizierteren Verfahren* führt (siehe insbesondere Rz 20.12 bis 20.19).

Dazu kommt, dass sowohl das Bundesrecht wie das kantonale Recht für bestimmte Grossbauten *spezielle Bewilligungsverfahren* vorsehen (siehe Rz. 20.20).

a) Raumplanungsrecht

20.12 *Raumplanungsrechtlich* steht dasselbe Instrumentarium zur Verfügung wie für alle anderen Bauten und Anlagen: Richtplan, Nutzungsplan samt Sondernutzungsplan und Baubewilligung. Indessen genügt es bei Grossbauten anders als bei den meisten gewöhnlichen Bauten und Anlagen teils nicht, sie einfach zu bewilligen, da sie Auswirkungen auf der Ebene des Nutzungsplans und sogar des Richtplans haben können und diese Pläne deshalb geändert werden müssen. Die Baubewilligung setzt in diesen Fällen also die Anpassung der planerischen Grundlagen voraus. Wieweit das nötig ist, ergibt sich vorab aus der bestehenden raumplanungsrechtlichen Ordnung des betreffenden Gemeinwesens. Je detaillierter und enger die planerischen Grundlagen sind, desto eher müssen sie angepasst werden, wenn eine Grossbaute realisiert werden soll. Erst wenn die Grossbaute planverträglich ist, sie sich also der bestehenden Raumordnung (Richtplan und Nutzungsordnung) untergeordnet hat oder aber der Richtplan und die Nutzungsordnung an die Bedürfnisse der Grossbaute angepasst worden sind, kann die Baubewilligung erteilt werden.

Relativ selten passiert es, dass eine konkrete Grossbaute eine *Änderung des Richtplans* erfordert. Bei recht detaillierten Richtplänen kann dies aber sehr wohl vorkommen. Zu denken ist etwa an richtplanerische Festsetzungen von Abfallverbrennungsanlagen, Kiesgruben, Deponien und Ähnlichem. Soll in diesem Fall eine Kiesgrube dort geöffnet werden, wo ein richtplanerischer Eintrag fehlt, muss der Richtplan zwangsläufig ergänzt werden (oder die Kiesgrube darf mangels Richtplankonformität nicht bewilligt werden). 20.13

Häufiger ist es, dass für ein Grossvorhaben die *Nutzungsordnung* abgeändert werden muss. Am besten zeigt sich das anhand einer Grossbaute *ausserhalb der Bauzonen*. Für gewöhnliche Bauten und Anlagen sind die Voraussetzungen für die Bewilligung nach Art. 22 RPG oder Art. 24 RPG zu prüfen. Gewisse Grossbauten hingegen sind hinsichtlich ihres Ausmasses und ihrer Auswirkungen auf die Nutzungsordnung derart gewichtig, dass zuerst die planerischen Grundlagen angepasst werden müssen, bevor eine Baubewilligung erteilt werden kann. Für diese Grossbauten besteht folglich eine Planungspflicht[4]. Raumplanungsrechtlich spielt es deshalb eine Rolle, wie gross die Auswirkungen einer Baute oder Anlage sind, ob es sich also um eine Grossbaute handelt oder nicht. 20.14

Ähnliches gilt *innerhalb der Bauzonen*. Soll eine grosse Überbauung realisiert werden, muss zuerst die richtige und genügend grosse Nutzungszone bestehen (z.B. gemischte Wohn- und Gewerbezone), was allenfalls Umzonungen oder Aufzonungen nötig macht. 20.15

Viel wichtiger ist aber die *Pflicht zur Sondernutzungsplanung*. Mit Sondernutzungsplänen sollen die gewichtigen öffentlichen Interessen an

4 BGE 119 Ib 440 E. 4a (Seewen); 119 Ib 178 E. 4 (Saint-Oyens); 116 Ib 53 ff. E. 3a (Chrüzlen); 114 Ib 315 E. 3a (Morschach); 113 Ib 374 E. 5 (Vitznau); URP 1988, 210 E. 6 (Oensingen).

einer Regulierung der Auswirkungen von Grossbauten gewahrt werden. Sie bezwecken vorab eine zweckmässige Erschliessung und Überbauung eines bestimmten Gebietes. Es geht also um die haushälterische Nutzung des Bodens, um die gute Einfügung in die landschaftliche und bauliche Umgebung und die rationelle Ausstattung mit Anlagen für die Erschliessung im weitesten Sinn. Mit Sondernutzungsplänen werden demnach die Rahmennutzungspläne (im Wesentlichen die Zonenpläne) näher ausgestaltet oder sogar davon abweichende Regelungen getroffen[5]. Zu den Sondernutzungsplänen gehören vorab die Pläne für die Erschliessung (Erschliessungspläne, Strassenpläne, Wanderweg-Pläne, Bau- und Niveaulinien etc.). Sodann sind all diejenigen Pläne Sondernutzungspläne, welche für einen Teilraum oder einen Teilaspekt eines Raums die Nutzungsordnung näher ausgestalten (Gestaltungspläne, Quartierpläne, Überbauungspläne etc.).

20.16 In der Regel ist die Sondernutzungsplanungspflicht verbunden mit der Möglichkeit, *Sonderbauvorschriften* zu erlassen. Mit diesen kann in aller Regel nicht nur eine von den allgemeinen Bauvorschriften abweichende Ordnung, sondern auch eine grosszügigere, bauherrenfreundlichere Regelung geschaffen werden. Die Abänderung der Rahmennutzungspläne, der Erlass von Sondernutzungsplänen[6] sowie von Sonderbauvorschriften können miteinander verbunden werden. Sind diese Grundlagen vorhanden, kann das Baugesuch behandelt werden.

20.17 Nicht ausser Acht gelassen werden darf, dass auch Sondernutzungspläne nur im Rahmen der Eigentumsgarantie (Art. 22^{quater} BV) zulässig sind. Die Pflicht zur Sondernutzungsplanung muss deshalb im konkreten Fall eine gesetzliche Grundlage haben, im öffentlichen Interesse liegen und verhältnismässig sein. Es bedarf also qualifizierter Voraussetzungen für die Einschränkung der *Baufreiheit.* Sondernutzungspläne dürfen nur gefordert werden, wenn im öffentlichen Interesse Regelungen nötig sind,

5 EJPD/BRP, N 2 zu den Vorbemerkungen zu den Art. 14–20 RPG, 195; BGE 112 Ib 166 f. E. 2b (Rougemont); 112 Ib 412 E. 1b (Flims).

6 Die Sondernutzungspläne unterliegen denselben bundesrechtlichen Regelungen wie die gewöhnlichen (Rahmen-)Nutzungspläne. Auch sie unterliegen demnach einer umfassenden raumplanerischen Interessenabwägung und einem qualifizierten Erlassverfahren mit Informations-, Mitwirkungs- (Art. 4 RPG) und Genehmigungs- (Art. 26 RPG) sowie Rechtsschutzanforderungen (Art. 33 f. RPG).

welche mit dem Rahmennutzungsplan und der Baubewilligung nicht sachgerecht getroffen werden können.

Vorab für Grossbauten mit gemischter Nutzung steht teils auch die *Areal- oder Gesamtüberbauung* zur Verfügung. Es handelt sich dabei um eine Überbauung von Grundstücken mit einer bestimmten Mindestfläche aufgrund einer einheitlichen, die Gesamtüberbauung umfassenden Baueingabe[7]. Meist wird dem Bauherrn mit den Vorschriften über die Arealüberbauung ein grösserer Spielraum, als ihm die Normalbauweise einräumt, zugestanden. Auf der anderen Seite muss die Arealüberbauung erhöhten Anforderungen etwa hinsichtlich Gestaltung, Ausstattung (beispielsweise mit Spielplätzen), Aussenräumen, Wohnqualität und Ähnlichem genügen. 20.18

b) Umweltrecht

Umweltrechtlich können Grossbauten der Umweltverträglichkeitsprüfung unterliegen (siehe Art. 9 USG und UVPV samt Anhang). Entgegen der auch heute noch weit verbreiteten Auffassung bedeutet das nicht, dass an die Umweltverträglichkeit höhere Anforderungen gestellt werden. Auch stellt die Umweltverträglichkeitsprüfung kein eigenständiges Bewilligungsverfahren dar. Es geht lediglich um die Darstellung der Auswirkungen eines Vorhabens auf die Umwelt. Dabei ist Umwelt in einem weiten Sinn zu verstehen: Neben den eigentlichen Normen des Umweltschutzrechts (USG mit seinen Verordnungen) müssen auch die Auswirkungen auf Gewässer, die Natur und die Landschaft, den Wald etc. im Umweltverträglichkeitsbericht dargestellt werden (Art. 3 Abs. 1 UVPV). 20.19

c) Andere Rechtsgebiete

Je nach den von einer Grossbaute betroffenen Interessen bedarf diese neben der baurechtlichen Bewilligung (Art. 22 bzw. Art. 24 Abs. 1 RPG) *weiterer Bewilligungen*. Zu denken ist etwa an eine Rodungsbewilligung (Art. 5 Waldgesetz), eine Bewilligung zur Beseitigung der Ufervegetation (Art. 22 Natur- und Heimatschutzgesetz), eine fischereirechtliche Bewilligung (Art. 24 Abs. 2 Fischereigesetz), eine Bewilligung zur 20.20

7 HALLER/KARLEN, N 318.

Zweckentfremdung eines mit öffentlichen Mitteln verbesserten Grundstücks (Art. 85 Landwirtschaftsgesetz), eine Deponiebewilligung (Art. 30 Abs. 2 USG; siehe Art. 21 Abs. 1 TVA zur Errichtungsbewilligung und Art. 21 Abs. 2 TVA zur Betriebsbewilligung), eine Bewilligung zur Annahme von Sonderabfällen (Art. 16 Abs. 1 in Verbindung mit Art. 29 Abs. 1 VVS), eine allgemeine Gewässerschutzbewilligung (Art. 19 Abs. 2 Gewässerschutzgesetz) oder eine gewässerschutzrechtliche Bewilligung für den Kiesabbau (Art. 44 Gewässerschutzgesetz).

d) Koordination der Entscheidverfahren

20.21 Wo zur Verwirklichung von Grossvorhaben mehrere Bewilligungen erforderlich sind, bedarf es zur Vermeidung einer Rechts- und Verfahrenszersplitterung der Beachtung gewisser Grundsätze zur formellen und materiellen Koordination. Wesentlich ist, dass jeder Bauherr Anspruch darauf hat, dass über sein Projekt in einem koordinierten Verfahren entschieden wird und ihm gegen den Entscheid ein einheitliches Rechtsmittel zur Verfügung steht[8].

4. Hinweise zu Planung und Projektierung

20.22 Grossbauten werden von vornherein nur dort gebaut, wo die raumplanungsrechtlichen und organisatorischen Grundlagen für eine *rasche Realisierung* bestehen. Wo die Nutzungsvorschriften offen formuliert sind und keine oder keine weitgehende Sondernutzungsplanungspflicht besteht, sind die Voraussetzungen besser[9]. Die Infrastruktur muss stimmen und die Erschliessung soll leicht bewerkstelligt werden können. Synergien mit benachbarten Nutzungen (z.B. Nutzung benachbarter Abwärme zum Heizen) können sinnvoll sein und müssen fruchtbar gemacht werden. Das Gemeinwesen muss über geeignete Strukturen verfügen, um Interessenten rasch und effizient die Überbauungsmöglichkeiten aufzu-

8 Art. 25a und 33 Abs. 4 RPG. Siehe im Einzelnen Rz. 9.84 ff.

9 Öffentliche Interessen können auch in einem (behördenverbindlichen) Richtplan gewahrt werden, der flexibler ist. Nicht geeignet ist der Schutz öffentlicher Interessen mittels Dienstbarkeitsvertrag, vorab, weil dieser sich in der Regel nicht in das raumplanungsrechtliche Gefüge einordnen lässt.

zeigen. Baubewilligungsträger, die diese Voraussetzungen schaffen, sind ganz vorn im Standortwettbewerb.

Die Baubehörden können für Projekte gewonnen werden, indem sie schon frühzeitig nicht nur informiert, sondern auch nach den öffentlichen Interessen im Fall, dass ein Projekt zustande käme, befragt werden. Gelegentlich mag es auch sinnvoll sein, einen Architekturwettbewerb oder ähnliches[10] unter behördlicher Mitwirkung durchzuführen. Wichtig ist sodann eine klare Projektorganisation mit eindeutig bezeichneten Ansprechpersonen. Dasselbe gilt auf Seiten der Behörden, wo ein Koordinator eingesetzt werden soll. Das aber genügt noch nicht: Es muss kommuniziert werden, und zwar nicht nur bezüglich des juristisch Relevanten. Wer heute ein Grossprojekt zügig realisieren will, muss sein Vorhaben «verkaufen», muss bei den zuständigen Stellen Verständnis für die Pläne wecken, muss informieren, damit keine falschen Vorstellungen entstehen etc. Die Zusammenarbeit zwischen sämtlichen Beteiligten ist unabdingbar für ein gutes Gelingen, ohne dass die Kompetenzen dabei verschoben werden. 20.23

Heikel ist die Frage, wie *beschwerdeberechtigte Organisationen* zu behandeln sind. Gerade sie opponieren gegen Grossprojekte, weil diese naturgemäss erhebliche Auswirkungen auf die Umwelt haben. Es gibt aber keine einheitliche Strategie «gegen» solche Opposition. Wie bei allen Einsprechern und Beschwerdeführern ist in jedem Einzelfall der richtige Weg zu suchen. Die Erfahrung zeigt, dass Umweltschutzorganisationen nicht anders zu behandeln sind als andere Opponenten. 20.24

III. Freizeitanlagen

1. Begriff

Der Begriff der *Freizeitanlagen* wird hier weit verstanden. Darunter fallen vorab alle grösseren Sportanlagen, seien es Fussball- und Eishockeystadien, Kunsteisbahnen, Dreifachturnhallen, Tennis- und Fitnesscenter, Pferdesportanlagen, Radsportbahnen, Golfplätze, Minigolfanlagen, Gleitschirmlandeplätze, Campingplätze, Badeanstalten oder Schiessanlagen. Häufig sind moderne Freizeiteinrichtungen nicht mehr auf eine einzelne Sportart beschränkt, sondern bilden ein Dach für unterschiedlichste Freizeitbeschäftigungen. Selbstverständlich gehören dazu auch Restaurants, Sportläden, Saunen, Massageräume, Hotellerie und diverse weitere Vergnügungsmöglichkeiten. Ergänzt werden diese 20.25

10 Meist geht es ja nicht bloss um rein architektonische Aspekte, sondern um städtebauliche, landschaftliche und ähnliche Aufgaben, die optimal gelöst werden müssen.

Einrichtungen durch Dienstwohnungen sowie Parkhäuser oder grosse Parkfelder.

2. Zonierung

20.26 Bei den Freizeiteinrichtungen ist zuerst zu klären, in welche *Zone* sie gehören. Das hängt vorab von der konkreten Umschreibung des in Frage kommenden Zonenzwecks ab. Besonders in der sogenannten zweiten Runde der RPG-konformen Nutzungsplanung gehen die Planungsträger vermehrt dazu über, die entsprechenden Zonen klar als Sportzonen, Zonen für Freizeiteinrichtungen, Kurzonen und ähnliches zu benennen.

20.27 Nicht selten sind die Fälle, wo Freizeitanlagen in *Nichtbauzonen* realisiert werden sollen. Die Gründe hierfür sind vielfältig: Freizeitanlagen benötigen oft viel Land, das innerhalb der Bauzone knapp und teuer ist. Bei manchen Anlagen drängt sich ein Standort im Grünen wegen des Erholungswertes (z.B. Golfplatz) oder – gegenteilig – wegen der grossen Emissionen (z.B. Schiessplatz) auf. Solche Freizeitanlagen in Nichtbauzonen sind aus raumplanungsrechtlicher Sicht besonders interessant. Hier stellt sich nämlich die Frage der Planungspflicht, wie sie vom Bundesgericht in langjähriger Rechtsprechung entwickelt worden ist[11].

Ein *Musterfall* spielte sich in Chiasso ab. Die Gemeinde wollte in einer Nichtbauzone eine Sportanlage, bestehend aus offenen und gedeckten Tennisfeldern, zwei Fussballfeldern, einem Dienstgebäude und Parkplätzen, errichten. Das Bundesgericht entschied, eine solche Anlage sprenge den in Art. 24 Abs. 1 RPG gezogenen Rahmen einer Ausnahmebewilligung, für die Anlage müsse der Nutzungsplan geändert, also eine Nutzungsplanung durchgeführt werden[12].

Gleich entschied das Bundesgericht für *Golfplätze*[13]. Für einen Golfplatz (9-Loch-Anlage) mit einer Gesamtlänge von 2976 Metern und einer Fläche von 74 050 m^2 hatte die Gemeinde Morschach eine Ausnahmebewilligung nach Art. 24 Abs. 1 RPG erteilt. Der nördliche Teil des Platzes von 17 150 m^2 sollte in der Kur- und Sportzone, der südliche Teil von 56 900 m^2 im übrigen Gemeindegebiet zu liegen kommen. Das Bundesgericht hob die Ausnahmebewilligung auf. Es wies darauf hin, dass Richtplanung, Nutzungsplanung und Baubewilligungsverfahren untereinander in einem Zusammenhang stehen und ein sinnvolles Ganzes bilden. Die raumplanungsrechtlichen Instrumente müssten sach-

11 Siehe HEER, 125 ff.

12 BGE 114 Ib 180 ff. (Chiasso).

13 ZBl 96/1995, 146 ff. (Sils im Engadin); BGE 118 Ib 11 ff. (Saanen); unveröffentlichter BGE vom 4. Juli 1990 i.S. Sils im Engadin; BGE 114 Ib 312 ff. (Morschach).

gerecht eingesetzt werden. Nicht zonenkonforme Vorhaben wie der projektierte Golfplatz müssten planerisch erfasst werden. Wann ein nicht zonenkonformes Vorhaben hinsichtlich seines Ausmasses und seiner Auswirkungen auf die Nutzungsordnung derart gewichtig ist, dass es erst nach einer Änderung des Nutzungsplanes bewilligt werden dürfe, ergebe sich aus der gesetzlichen Planungspflicht (Art. 2 RPG), den Planungsgrundsätzen und -zielen (Art. 1 und Art. 3 RPG), dem kantonalen Richtplan (Art. 6 ff. RPG) sowie der Bedeutung des Projekts im Licht der im Raumplanungsgesetz festgelegten Verfahrensordnung (Art. 4, Art. 26 und Art. 33 f. RPG)[14].

Auch *kleinere Golfanlagen* können der Pflicht zur Nutzungsplanung unterliegen. In Sils im Engadin war eine Golfübungsanlage von 4,2 ha Fläche «mit nicht unerheblichen» Terrainveränderungen in einem Gebiet, das sich teils in der Landwirtschaftszone mit überlagerter Landschaftsschutzzone, teils in der Dorfkernzone befand, geplant. Das Verwaltungsgericht des Kantons Graubünden hatte die nachgesuchte Ausnahmebewilligung nach Art. 24 Abs. 1 RPG verweigert; zu Recht, wie das Bundesgericht entschied[15].

Weder für die Behörden noch für den Bauherrn ist es leicht herauszufinden, ob für ein konkretes, nicht zonenkonformes Bauvorhaben eine *Nutzungsplanungspflicht* besteht oder ob der Weg über eine Ausnahmebewilligung nach Art. 24 Abs. 1 RPG sachgerecht ist. Wegweisend diesbezüglich ist BGE 119 Ib 439 ff., in dem es um eine Schiessanlage in der Gemeinde Seewen ging. Wegen der sich stellenden raumrelevanten Fragen, insbesondere der zu erwartenden Immissionen, sowie wegen der vom Bundesrecht geforderten Mitwirkung der Bevölkerung bei der Planung entschied das Gericht, dass im Regelfall Anlagen, für welche eine Umweltverträglichkeitsprüfung[16] vorgeschrieben ist, nur auf dem Weg der Nutzungsplanung realisiert werden dürfen. Mit diesem Entscheid liegt zum ersten Mal ein formelles, starres Kriterium für die Unterstellung unter die Nutzungsplanungspflicht vor. Das bedeutet jedoch nicht, dass nur noch die Projekte der Nutzungsplanungspflicht unterstehen, für welche eine Umweltverträglichkeitsprüfung durchgeführt werden muss. Ob eine Pflicht zur Nutzungsplanung vorliegt, muss in jedem einzelnen Fall sorgfältig abgewogen werden[17]. 20.28

---

14 BGE 114 Ib 312 ff. (Morschach).

15 Unveröffentlichter BGE vom 4. Juli 1990 i.S. Sils im Engadin.

16 Siehe Art. 9 Abs. 1 USG in Verbindung mit Anhang zur UVPV.

17 Das Bundesgericht hat die Planungspflicht für einen Golfplatz (BGE 114 Ib 312 E. 3, Ingenbohl), ein Sportzentrum (BGE 114 Ib 180 E. 3c, Chiasso), eine Minigolfanlage (BGE vom 2. März 1987 i.S. Risch, in: Informationsheft Raumplanung 3/87, 12), einen grösseren Parkplatz (BGE 115 Ib 508 E. 6a, Sempach/«Seevogtey») sowie eine Bootshafenanlage (BGE 113 Ib 371, Vitznau) bejaht. Verneint hatte es sie bei einem

3. Erschliessung

20.29 Bei der rechtlichen Behandlung von Freizeitanlagen ist auch der Erschliessung samt den Parkierungsmöglichkeiten genügend Aufmerksamkeit zu schenken. Unter Umständen liegt gerade hier ein Stein des Anstosses. Zu erinnern ist an den grossen Autoabstellplatz am Rande eines ausgesprochen schönen Erholungsgebietes (am Fuss eines Berges, bei einem Wald oder See)[18]. Gerade die an bestimmten Orten konzentrierten Sport- und Freizeitaktivitäten von Tausenden von Leuten bieten erhebliche Probleme für die Umwelt im Allgemeinen und bezüglich der Erschliessung im Besonderen[19]. Besondere Regelungen kommen dort zur Anwendung, wo eine Freizeitanlage in Nichtbauzonen realisiert werden soll (siehe Rz. 20.27). Hier ist in der Regel die (kantonale) Strassengesetzgebung massgebend. Im Übrigen gilt, was hiernach bei den Rz. 20.35 bis 20.38 ausgeführt wird.

4. Gestalterische Anforderungen

20.30 Freizeiteinrichtungen unterstehen im Allgemeinen kaum gestalterischer Kritik. Allerdings werden bei den überall geplanten *Golfplätzen* hohe Erwartungen an die Gestaltung der Anlage gestellt. Die Benutzer möchten eine Anlage, die in einem naturvermittelnden Umfeld eingebettet ist. Die Ökologen fordern unter anderem Standorte, die arm an Naturwerten sind. Zudem sei die «künstliche» Spielfläche klar vom übrigen Gebiet, das am Rand oder zwischen den einzelnen Spielfeldern liegt (Wald, Natur, Landwirtschaft), abzugrenzen. Solches übriges Gebiet sei ökologisch aufzuwerten. Aus landschaftsschützerischer Sicht werden die teils recht umfangreichen Terrainveränderungen, die Waldrodungen, die Umlegung von Bächen und ähnliches kritisch beobachtet. Heute sind Golfplätze demzufolge nicht mehr ohne Beizug von entsprechenden Experten realisierbar.

---

kleinen Schiessplatz mit geringem Erschliessungsaufwand und niedriger Nutzungsintensität (BGE 119 Ib 439 ff., Seewen).

18 Siehe beispielsweise BGE 115 Ib 508 ff. (Sempach/«Seevogtey»).

19 Siehe Information der Dokumentationsstelle für Raumplanungs- und Umweltrecht, August 1994, der Schweizerischen Vereinigung für Landesplanung (VLP).

5. Anforderungen der Lufthygiene

Aus der publizierten Rechtsprechung ist kein Fall bekannt, wo eine Freizeiteinrichtung zu besonderen lufthygienischen Problemen geführt hat. Insbesondere für die Fälle, in denen Freizeitanlagen mit grossen Parkierungsanlagen verbunden sind, kann auf die Ausführungen bei den Rz. 20.46 bis 20.53 hiernach verwiesen werden. 20.31

6. Weitere Probleme

Da Freizeitanlagen teils grosse Landflächen beanspruchen, kann es zu Konflikten mit den Interessen der *Landwirtschaft* kommen. Das sind aber gewöhnliche raumplanerische Konflikte, die mittels raumplanungsrechtlicher Interessenabwägung zu lösen sind. 20.32

Verschiedentlich mussten die Gerichte bereits über die Zulässigkeit von *Immissionen,* die von Sportanlagen ausgehen, entscheiden. Gegenstand waren etwa Lärmimmissionen einer Kunsteisbahn[20] und von einem privat betriebenen Sport- und Trainingszentrum[21] sowie die Lichtimmissionen einer Flutlichtanlage von Tennisplätzen[22]. Nicht gerade eine Grossbaute, aber eine Freizeitanlage, welche die Lärmproblematik unterstreicht, war das Holzfass im Garten eines Jugendtreffs in Wallisellen, das bis zum Bundesgericht zu reden gab. Dieses hielt fest, dass das eidgenössische Lärmschutzrecht auch auf solche Bauten anzuwenden ist[23].

Gleich zu mehreren Entscheiden des Bundesgerichts führte ein *Bootshafen,* welcher in einer Kur- und Sportzone der Gemeinde Vitznau errichtet werden sollte[24]. Das Bundesgericht hatte Gelegenheit, auf die Planungspflicht aufmerksam zu machen: Es erachtete es als «begrüssenswert», dass eine Anlage wie der Bootshafen mit ihren Ausmassen und mit ihren Auswirkungen auf die Nutzungsordnung im Planungsverfahren beurteilt worden ist[25].

---

20 BGE 115 Ib 446 ff. (Sportbetriebe Brünneli AG, Hasle bei Burgdorf).
21 BGE vom 19.8.1991 i.S. Basel, publiziert in: URP 1992, 185 ff.
22 VGer des Kantons Bern vom 9.12.1991, publiziert in: URP 1992, 564 ff. (Roggwil).
23 BGE 118 Ib 590 ff. (Wallisellen).
24 Vgl. die Entscheide vom 18.12.1985 i.S. Bootshafen Vitznau AG, unter anderem den in ZBl 87/1986, 397 ff. publizierten, und den BGE vom 18.11.1987, publiziert in BGE 113 Ib 371 ff. (Vitznau).
25 BGE 113 Ib 374 unten (Vitznau).

Schliesslich sei darauf hingewiesen, dass für viele Freizeitanlagen (beispielsweise Skipisten mit Terrainveränderungen von mehr als 2000 m^2, Sportstadien mit ortsfesten Tribünenanlagen für mehr als 20 000 Zuschauer, Vergnügungsparks mit einer Fläche von mehr als 75 000 m^2 oder für eine Kapazität von mehr als 4000 Besuchern pro Tag, Bootshafen mit mehr als 100 Bootsplätzen) eine *Umweltverträglichkeitsprüfung* durchgeführt werden muss (siehe Anhang zur UVPV).

IV. Einkaufszentren

1. Begriff

20.33 Auch der Begriff des Einkaufszentrums lässt sich nicht einheitlich definieren. Unabdingbar sind immerhin das Vorhandensein einer grösseren Ladenfläche und ein intensiver Kundenverkehr. Als Einkaufszentren gelten somit nicht nur grosse Supermärkte, sondern auch Warenhäuser und Detailverkaufsbetriebe. Als Kriterium für die Anwendbarkeit von besonderen Vorschriften für Einkaufszentren dient regelmässig die geplante Nettoladenfläche. Allerdings ist das Planungsbedürfnis und damit die geforderte Nettoladenfläche stark von den örtlichen Flächenverhältnissen abhängig[26].

2. Zonierung

20.34 Die Planungsträger sind grundsätzlich frei, ob und wo sie in ihrem Planungsgebiet Grossbauten zulassen wollen. Das bedeutet insbesondere, dass sie in ihrer Nutzungsplanung Grossbauten ausschliessen oder deren Standorte auf bestimmte Zonen beschränken dürfen. Solche einschränkenden Vorschriften für Einkaufszentren werden unter Berufung auf die *Handels- und Gewerbefreiheit* (Art. 31 BV) bekämpft. Zudem bricht hier der Konflikt zwischen dem Raumplanungsauftrag (Art. 22^{quater} BV) und der *Eigentumsgarantie* (Art. 22ter BV) auf.

Konflikte zwischen Art. 22^{quater} BV (Raumplanungsauftrag) und Art. 22ter BV (Eigentumsgarantie) beurteilt das Bundesgericht nach dem Grundsatz, dass jedes öffentliche Interesse geeignet ist, einen Eingriff in das Eigentum zu rechtfertigen, sofern das

26 BGE 116 Ia 430 ff. (Düdingen).

angestrebte Ziel nicht rein fiskalischer Natur ist oder gegen andere Verfassungsnormen verstösst[27].

Heikler ist das Verhältnis von Art. 22^{quater} BV und Art. 31 BV: Gemäss Bundesgericht liegt eine Verletzung von Art. 31 BV vor, «wenn eigentumsbeschränkende Massnahmen der Kantone unter dem Deckmantel der Raumplanung einen Eingriff in den wirtschaftlichen Wettbewerb bezwecken, um bestimmte Gewerbezweige oder Betriebsformen vor Konkurrenz zu schützen oder in ihrer Existenz zu sichern»[28]. Damit relativierte das Bundesgericht die Schutzwirkung der Handels- und Gewerbefreiheit zu Gunsten der Raumplanung beträchtlich, was teils stark kritisiert wurde[29]. Im öffentlichen Interesse liegend und damit zulässig sind in etwa die Verkleinerung überdimensionierter Bauzonen[30], die Regelung, welche Zweitwohnungen nur zulässt, wenn pro Parzelle mindestens 25 % der Bruttogeschossfläche als Erstwohnungsanteil zur Verfügung stehen und dieser Anteil mindestens 80 m^2 ausmacht[31] sowie die Festlegung minimaler Wohnflächenanteile in Wohn- und Kernzonen[32].

Raumplanerisch bedingte Massnahmen sind demnach mit der Eigentumsgarantie und der Handels- und Gewerbefreiheit verträglich; entscheidend ist, dass sie sachlich begründet sind. Es ist also durchaus zulässig, aus Gründen des Landschafts- oder Ortsbildschutzes in einer Gemeinde oder einer ganzen Region Grossbauten generell auszuschliessen. Wie nicht jede Gemeinde alle möglichen Nutzungszonen anbieten muss[33], müssen auch nicht in allen Gemeinden Grossbauten errichtet werden können.

Typisch bei Einkaufszentren ist sodann die Diskussion über die *geeignete Zone*. Hierfür kann im Wesentlichen auf die Ausführungen bei Rz. 20.26 verwiesen werden. Immerhin ist anzufügen, dass Einkaufszentren – je nach der konkreten Umschreibung des Zonenzwecks – auch in Industriezonen errichtet werden dürfen[34].

---

27 BGE 196 Ia 96 f. (Klosters-Serneus).

28 BGE 102 Ia 116 (Globus AG). Ebenso: 111 Ia 99 (WAP Zürich); 110 Ia 174 (Arlesheim).

29 Siehe SCHÜRMANN/HÄNNI, 40.

30 BGE 115 Ia 386 f. E. 4a (Wald/Kanton Zürich).

31 BGE 117 Ia 141 ff. (Sils im Engadin).

32 BGE 111 Ia 98 (Zürich).

33 Siehe BGE 117 Ia 432 E. 4b (Wiesendangen) mit zahlreichen Verweisungen: Bei der Festsetzung von Bauzonen sind die regionalen Verhältnisse zu berücksichtigen. Eine private Nachfrage allein rechtfertigt keine Bauzonenerweiterung.

34 ZBl 1976, 360 f. (Langedorf); vgl. auch BGE 116 Ia 428 (Düdingen).

3. Erschliessung

20.35 Hauptthema bei Einkaufszentren ist stets die *verkehrsmässige Erschliessung*. Einkaufszentren haben ein erhebliches Verkehrsaufkommen zur Folge. Sie benötigen grosse Autoparkierungsanlagen. Wegen des starken Besucherverkehrs werden die Verkehrsflüsse grossräumig beeinflusst. Es stellen sich Fragen der Verkehrssicherheit. Es dürfen deshalb hohe Anforderungen an die Erschliessung von Einkaufszentren gestellt werden[35].

20.36 Die *Strassenanlagen* müssen so dimensioniert sein, dass sie der gesamten Verkehrsbelastung genügen, also nicht nur den Verkehr vom und zum Einkaufszentrum, sondern auch jenen aus der Nachbarschaft und von der Allgemeinheit aufnehmen können. Die Erschliessungsanforderungen beziehen sich somit auch auf die Abnahme des Mehrverkehrs auf den Anschlussstrassen. Denn zur hinreichenden Zufahrt gehört nicht nur das Verbindungsstück von der öffentlichen Strasse zum Grundstück, sondern auch die weiterführende öffentliche Strasse, sofern der Besucher diese zwingend als Zufahrt benützen muss[36]. Zudem darf verlangt werden, dass grössere Einkaufszentren mit öffentlichen Verkehrsmitteln erschlossen sind[37]. Die Erschliessung mit öffentlichen Verkehrsmitteln kann grosse Auswirkungen haben auf die Umweltverträglichkeit eines projektierten Einkaufszentrums[38].

20.37 Die aussergewöhnlichen Auswirkungen auf die Verkehrsströme verlangen verschiedenste Massnahmen, damit das Verkehrsaufkommen bewältigt werden kann. Diese Massnahmen werden zweckmässigerweise in einer *Erschliessungsplanung* festgelegt. Der Perimeter des Erschlies-

---

35 SCHÜRMANN/HÄNNI, 40.

36 SCHÜRMANN/HÄNNI, 213.

37 BGE 102 Ia 120 E. 6b (Globus AG); siehe beispielsweise auch URP 1995, 498 ff. (Grancia), wo der kantonale Massnahmenplan vorschreibt, dass die kantonale Bewilligung für den Bau und die Erweiterung von grossen Einkaufszentren in der Regel nur erteilt wird, wenn die betreffenden Zentren mit einer leistungsfähigen öffentlichen Verkehrsverbindung bedient werden, die in der Lage ist, einen grossen Teil der Transportbedürfnisse zu befriedigen.

38 Siehe BGE 123 II 350 E. 3a (Wallisellen).

sungsplans muss genügend gross sein, um sämtliche Auswirkungen des Einkaufszentrums erfassen zu können.

Die Erschliessungsanlagen müssen spätestens bei Inbetriebnahme der Baute fertiggestellt sein; die Forderung, sie müssten bereits bei Erteilung der Baubewilligung vorhanden sein, ist unverhältnismässig[39].

Es ist demnach unumgänglich, die örtlichen Gegebenheiten mit den jeweiligen Verkehrsverhältnissen und die für die Erschliessung bereits bestehenden Grundlagen genau zu studieren, bevor beispielsweise das Land für den Bau eines Einkaufszentrums erworben wird. Im Zweifelsfalle ist ein Verkehrsgutachten einzuholen. Die genügende Erschliessung ist eine unabdingbare Voraussetzung für die Baubewilligung. Sie kann unmöglich sein oder sehr teuer kommen und ist deshalb von Anfang an in die Standortevaluation einzubeziehen. 20.38

4. Gestalterische Anforderungen

Einkaufszentren möchten auffallen. Deshalb ist es nicht selten, dass sie mit architektonischen Accessoires, besonderen Materialien oder Farben und anderen aussergewöhnlichen Merkmalen ausgestattet werden. Aber auch hier gelten die allgemeinen Vorschriften über den Landschafts- und Natur- sowie den Ortsbildschutz. Ästhetikparagraphen können zu weiten Vorgaben führen. 20.39

5. Anforderungen der Lufthygiene

Einkaufszentren verfügen über grosse *Parkierungsflächen* oder *Parkhäuser*. Die sich daraus ergebenden lufthygienischen Fragen[40] werden bei den Rz. 20.46 bis 20.53 dargestellt. 20.40

6. Weitere Probleme

Mit Einkaufszentren sind natürlich *Immissionen in der Nachbarschaft* verbunden. So können der Besucherverkehr wie auch der Betrieb des Zentrums, insbesondere aber die (vorab frühmorgendliche) Belieferung 20.41

39 Zimmerlin, N 7 zu § 156 BauG.
40 Siehe zu Parkhäusern bei Einkaufszentren: URP 1995, 498 ff. (Grancia) und BGE 120 Ib 436 ff. (Crissier).

des Einkaufszentrums zu erheblichen Störungen und damit zu Auflagen führen.

Für Einkaufszentren mit einer Verkaufsfläche von mehr als 5000 m^2 ist im Übrigen eine *Umweltverträglichkeitsprüfung* vorgeschrieben (Nr. 80.6 des Anhangs zur UVPV).

V. Parkhäuser

1. Begriff

20.42 Parkhäuser sind nie Selbstzweck. Sie sind Nebenanlagen zu Grossbauten wie Flughäfen, Sportzentren, Geschäftsgebäuden, Einkaufszentren und ähnlichem. Sie stehen entweder bestimmten Mietern (z.B. in Bürogebäuden) und/oder Besuchern (z.B. von Geschäftshäusern) oder aber ausschliesslich Besuchern (z.B. von Einkaufszentren oder Sportanlagen) zur Verfügung.

2. Zonierung

20.43 Als *Nebenanlagen* gehören Parkhäuser in diejenige Zone, in welcher die Hauptanlage zonenkonform ist.

3. Erschliessung

20.44 Was bei Rz. 20.36 zur Erschliessung von Einkaufszentren gesagt wurde, gilt auch für die Erschliessung von Parkhäusern. Selbstverständlich muss die Erschliessung nicht auf die Anzahl der zur Verfügung stehenden Parkplätze ausgerichtet sein, sondern auf das Verkehrsaufkommen, das im Zusammenhang mit der Hauptbaute zu erwarten ist.

4. Gestalterische Anforderungen

20.45 Soweit Parkhäuser oberirdisch errichtet werden, muss ihr äusseres Erscheinungsbild Rücksicht nehmen auf das Landschafts- und Ortsbild. Gerade wenn man die riesigen Parkhäuser bei den Flughäfen vor Augen hat, ist leicht ersichtlich, wie stark solche Bauvolumina auf ihre Umgebung einwirken können. Es kann auf das bei Rz. 20.58 Ausgeführte verwiesen werden.

5. Anforderungen der Lufthygiene

Bei grossen Parkhäusern stellt sich regelmässig die Frage, ob sie den Luftreinhaltevorschriften entsprechen. Denn Parkhäuser werden vor allem in Ballungszentren geplant, wo die Luft ohnehin stark mit Schadstoffen belastet ist. Wiederholt hat sich das Bundesgericht mit der Vereinbarkeit von Projekten mit kantonalen Massnahmenplänen «Luftreinhaltung» auseinandersetzen müssen. Namentlich die Umweltschutzorganisationen opponieren Parkhäusern in stark belasteten Gebieten, da die Verwirklichung des Bauvorhabens naturgemäss eine zusätzliche Luftbelastung verursacht. 20.46

Vorab ist klarzustellen, dass jedes Bauvorhaben die *vorsorglichen Emissionsbegrenzungen* einhalten muss. Nur wenn dies erfüllt ist, stellt sich die Frage, welche Konsequenzen sich aus der Lage der Bauparzelle in einem Gebiet mit übermässiger Luftbelastung für die lufthygienische Beurteilung des Bauprojektes ergeben. 20.47

Für Gebiete, in denen eine übermässige Luftbelastung aufritt, ist die Erstellung eines *Massnahmenplanes* vorgeschrieben (Art. 44a USG; Art. 31 Abs. 1 LRV). An die Stelle von wenigen, isolierten Einzelmassnahmen muss ein koordiniertes Massnahmenbündel zur Verbesserung der Luftqualität treten. Der Massnahmenplan ermöglicht es insbesondere, alle Emittenten in einem bestimmten Gebiet rechtsgleich zu behandeln und zu einem anteilmässigen Beitrag zur Verbesserung der Luftsituation anzuhalten (Rechtsgleichheit und Lastengleichheit)[41]. 20.48

Ein zentrales Thema der kantonalen Massnahmenpläne ist der Agglomerationsverkehr. Es geht um die Neuverteilung der Verkehrsflächen, um Parkplatzkonzepte, Parkplatzbewirtschaftung, Beschränkung von Parkplatzangeboten, um parkplatzfreie Zonen, um P+R-Anlagen, die Förderung des öffentlichen Verkehrs und ähnliches. Diese Massnahmen sind für ihre Adressaten verbindlich, d.h. die Behörden sind verpflichtet, die sie 20.49

41 Zum Ganzen siehe: BGE 120 Ib 445 f. (Crissier); 119 Ib 484 f. (Schwerzenbach); 118 Ib 34 f. E. 5d (Herisau); SCHRADE, N 39 zu Art. 16 USG; ZÜRCHER, 98 ff.

betreffenden Massnahmen umzusetzen[42]. Wer ein Parkhaus bauen will, muss sich deshalb mit dem Massnahmenplan und den gestützt darauf ergriffenen Massnahmen auseinandersetzen.

20.50 Selbstverständlich genügt es für die Bewilligungsfähigkeit eines Projekts im Lichte des Luftreinhalterechts nicht, dass das Bauprojekt mit dem kantonalen Massnahmenplan vereinbar ist. Die Frage bleibt, ob das geplante Parkhaus trotz der bestehenden Luftbelastung bewilligt werden darf. Dazu ist grundsätzlich festzuhalten, dass das eidgenössische Umweltschutzgesetz für den Bereich der Luftverunreinigung keine besonderen Bestimmungen über Baubeschränkungen bei Überschreitung der festgesetzten Grenzwerte bzw. über allfällige Ausnahmen enthält[43]. Bei den Anordnungen, die in den Bestimmungen über die Verschärfung von Emissionsbegrenzungen vorgesehen sind (siehe Art. 11 Abs. 3 USG und Art. 12 USG), geht es durchwegs um Emissionsbegrenzungen an der Quelle; die Quellen an sich werden indes nicht in Frage gestellt[44]. Das Recht der Luftreinhaltung verhindert demnach Parkhausprojekte grundsätzlich nicht.

20.51 Allerdings ergibt sich aus der bundesgerichtlichen Rechtsprechung eine *differenziertere Rechtslage*. Das Bundesgericht unterscheidet zwischen Parkhäusern mit bloss *durchschnittlichen Auswirkungen auf die Lufthygiene*[45] und solchen mit *überdurchschnittlichen Auswirkungen*[46]. Indes scheint es aufgrund der bisher bekannten Bundesgerichtsentscheide noch nicht als restlos geklärt, wo die Grenze zwischen Parkhausprojekten mit durchschnittlichen und solchen mit überdurchschnittlichen Auswirkungen auf die Lufthygiene liegt. Immerhin ist es naheliegend, hierfür darauf abzustellen, ob ein bestimmtes Projekt der Pflicht zur Umweltverträglichkeitsprüfung unterliegt oder nicht[47]. Nur für Parkhausprojekte, die überdurchschnittliche Auswirkungen auf die Lufthygiene haben, ver-

---

42 JAAG, 144.

43 BGE 120 Ib 446 (Crissier); 119 Ib 484 (Schwerzenbach); SCHRADE, N 17 zu Art. 11 USG und N 28 zu Art. 12 USG; BRUNNER, 220 f. und 223; PETER HÄNNI, Nationalstrassenbau und Umweltschutz, BR/DC 1/95, 74 f.

44 WOLF, 80, mit Hinweisen.

45 BGE 118 Ib 26 (Herisau) und 119 Ib 480 (Schwerzenbach).

46 URP 1993, 169 ff. (Freiburg); BGE 120 Ib 436 (Crissier); URP 1995, 498 (Grancia); URP 1995, 206 ff. (Solothurn); URP 1998, 209, namentlich E. 4 c/cc (Schlieren).

47 Siehe BGE 120 Ib 449 (Crissier).

langt das Bundesgericht, dass der kantonale Massnahmenplan vorliegt und das Projekt ihn berücksichtigt[48]. Ist ein Massnahmenplan anerkannterweise ungenügend, muss seine Revision abgewartet werden[49].

Schliesslich stellt sich die Frage, ob im Rahmen der Baubewilligung für ein neues Parkhaus *verschärfte Emissionsbegrenzungen (Art. 12 USG)* festgelegt werden dürfen, die der Massnahmenplan nicht vorsieht. Dies wird im Allgemeinen bejaht[50]. Indessen hat das Bundesgericht zugleich festgehalten, dass es jedenfalls gegenüber zonenkonformen Neuanlagen, von denen bloss durchschnittliche Einwirkungen ausgehen, unzulässig ist, Verschärfungen der Emissionsbegrenzung anzuordnen, wenn bestehende Anlagen davon ausgenommen werden[51]. 20.52

Die übermässige Luftbelastung in einem Gebiet hat schliesslich dem Grundsatz nach nicht zur Folge, dass die dortige *Zonenplanung* im Baubewilligungsverfahren in Frage gestellt werden könnte[52]. Hingegen ist es nicht ausgeschlossen, dass ein Massnahmenplan Um- oder Auszonungen beinhaltet. Abgesehen davon ist zu beachten, dass den Vorschriften über die Luftreinhaltung kein absoluter Vorrang vor anderen raumplanungsrechtlichen Interessen zukommt. Bei der Nutzungsplanung ist eine umfassende Interessenabwägung vorzunehmen. Eine gewisse lokale Zusatzbelastung der Luft ist in Kauf zu nehmen, wenn beispielsweise die Auswirkungen dennoch günstiger sind, als wenn die Bautätigkeit an periphere Standorte mit schlechter Erschliessung durch den öffentlichen Verkehr verdrängt würden. Raumplanungsrechtlich von Bedeutung ist auch die geeignete Zuordnung von Arbeitsplätzen und Wohngebieten. Werden entsprechende Bauzonen zweckmässig festgesetzt, lassen sich dadurch die Verkehrsströme reduzieren. Angesichts dieser Rechtslage besteht im Bereich der Luftreinhaltung kein *Automatismus,* wonach bei einer Überschreitung von Immissionsgrenzwerten stets eine Auszonung oder eine anderweitige raumplanerische Beschränkung anzuordnen 20.53

48 BGE 118 Ib 26 ff. (Herisau); URP 1993, 169 ff. (Freiburg).

49 BGE 123 II 346 E. 4b und c (Wallisellen).

50 BGE 119 Ib 490 (Schwerzenbach); URP 1995, 505 (Grancia); WOLF, 79; siehe jedoch URP 1996, 218 (Solothurn); gegenteilig: URP 1998, 210, E. 5 Ingress (Schlieren).

51 BGE 119 Ib 485 E. b (Schwerzenbach); siehe auch: ZÜRCHER, 102 mit Hinweisen.

52 BGE 123 II 343 E. 3b (Wallisellen); 123 I 189 E. 3 f. (Dübendorf); 119 Ib 486 (Schwerzenbach); URP 1995, 505 (Grancia).

wäre[53]. Hingegen besteht die Pflicht, den Massnahmenplan anzupassen und die entsprechenden Massnahmen zu verschärfen.

6. Weitere Probleme

20.54 Auf Parkhäuser kommen selbstverständlich die eidgenössischen *Lärmschutzbestimmungen* zur Anwendung. Wo Empfindlichkeitsstufen nicht bereits mit der Nutzungsplanung festgelegt worden sind, sind sie einzelfallweise zuzuordnen (Art. 43 f. LSV)[54].

Geklärt ist die Frage, wann für Parkierungsanlagen eine *Umweltverträglichkeitsprüfung* durchgeführt werden muss: Sie ist obligatorisch bei Parkhäusern und -plätzen für mehr als 300 Motorwagen (Nr. 11.4 des Anhanges zur UVPV).

VI. Hochhäuser

1. Begriff

20.55 Hochhäuser lassen sich unterschiedlich definieren. Allen Begriffsbildungen gemeinsam ist, dass sie auf die *Gebäudehöhe* abstellen. Nicht entscheidend ist hingegen die Nutzungsart: Als Hochhäuser gelten im Allgemeinen alle Gebäude oder gebäudeähnliche Bauten mit einer bestimmten Höhe, ob es nun Wohn-, Spital-, Schul- oder Bürogebäude, Hotels, gewerbliche oder industrielle Gebäude sind.

2. Zonierung

20.56 Hochhäuser können *grundsätzlich in allen Bauzonen zulässig* sein. Abzustellen ist auf die Nutzungsart des Hochhauses und auf die Zweckumschreibung der Standortzone. Entsprechend gehören hohe Bauten in die Wohnzone, Fabrikgebäude in die Industriezone und Spitalgebäude beispielsweise in eine Zone für öffentliche Bauten.

---

53 Ebenso: Wolf, 90 f.

54 Siehe BGE 120 Ib 456 ff. (Hägendorf) betreffend eine Parkierungsanlage in einer Zone für öffentliche Bauten und Anlagen.

Wo die Zonenvorschriften keine ausdrückliche Regelungen für Hochhäuser enthalten, wird von vornherein ein *Sondernutzungsplan mit Sonderbauvorschrifen* zu erlassen sein (siehe auch Rz. 20.58 und 20.59).

3. Erschliessung

Hochhäuser enthalten grosse Bauvolumen mit dichter und teils gemisch- 20.57
ter Nutzung. Sie stellen deshalb *sehr hohe Anforderungen an die Erschliessung*. Oft muss die Erschliessung auf verschiedenen Ebenen erfolgen, weshalb motorisierter Verkehr regelmässig im Untergrund abläuft. Wegen der Erschliessung kommen für Hochhäuser nur verkehrstechnisch besonders geeignete Standorte in Frage. Insbesondere muss gewährleistet sein, dass sich der mit der Benutzung des Baus verbundene Fahr- und Fussgängerverkehr sowie die ganze Ver- und Entsorgung gut abwickeln können. Die Erschliessung von Hochhäusern muss grossräumig betrachtet werden; es kann auf die Ausführungen bei den Rz. 20.35 bis 20.38 verwiesen werden.

4. Gestalterische Anforderungen

Mit ihrer Höhe fallen Hochhäuser stark auf, weshalb grossen Wert auf 20.58
ihre Einordnung in die städtebauliche und landschaftliche Umgebung gelegt wird. Das bedingt nicht nur eine *gute architektonische Gestaltung,* sondern auch eine ästhetisch befriedigende Fernwirkung. Es ist leicht erkennbar, dass bei der Beurteilung dieser Gesichtspunkte viel Ermessen besteht.

Immer stärker wird zudem die Erkenntnis, dass derart intensive Nutzungen, wie Hochhäuser sie mit sich bringen, durch *Freiflächen* ausgeglichen werden müssen. Deshalb sollen bei Hochhäusern ausgiebig Grünflächen, Spielplätze, Gemeinschaftsräume, Restaurants und andere öffentliche Räume und Plätze geschaffen werden.

Schliesslich ist auch den *Anliegen der Nachbarschaft* Rechnung zu tragen. Hochhäuser erlauben eine sehr dichte Nutzung mit entsprechenden Immissionen. Grosszügige und organisatorisch gut durchdachte Aussenräume und grosse Gebäudeabstände sowie optimale Verkehrswege mit Lärmschutzmassnahmen schützen die Nachbarschaft.

Diese Anforderungen an den Standort von Hochhäusern zeigen, dass auch Wert auf eine *genügend grosse Grundstücksfläche* zu legen ist.

20.59 Die hohen Anforderungen an Hochhäuser lassen sich im Allgemeinen am besten mit einem *Sondernutzungsplan (Gestaltungsplan) samt Spezialbauvorschriften* erreichen. Nicht nötig ist eine Sondernutzungsplanung, wo bereits der Rahmennutzungsplan bewusst Raum für Hochhäuser und ähnliche Grossbauten offen lässt, wie z.B. in den entsprechend definierten Industriezonen. Auch wäre das Erfordernis eines Sondernutzungsplans für ein Silo, einen Fabrikkamin oder ähnliches unverhältnismässig.

5. Anforderungen der Lufthygiene

20.60 Betreffend die Lufthygiene bieten Hochhäuser an sich keine besonderen Probleme. Selbstverständlich gibt es Hochhäuser, wo die Frage der Lufthygiene zentral ist, man denke bloss an industrielle Anlagen oder an Fabrikkamine. Im Allgemeinen kann jedoch auf die Ausführungen bei den Rz. 20.46 bis 20.53 verwiesen werden.

6. Weitere Probleme

20.61 Hilfreich zur Beurteilung eines Hochhausprojektes ist es, wenn frühzeitig Modelle, Schattendiagramme und konkrete Vorstellungen über die Materialien und die Farbgebung beigebracht werden. Ebenso empfiehlt es sich, die Resultate von statischen Berechnungen und Baugrunduntersuchungen und allenfalls Detailpläne, besondere Brandschutzmassnahmen sowie Gutachten über die städtebaulichen Qualitäten des Vorhabens vorzulegen. Es gilt, möglichst frühzeitig allfälligen Bedenken von Nachbarn und Behörden über die Auswirkungen und Gefahren der Baute Rechnung zu tragen. Was bei Rz. 20.23 ausgeführt wurde, gilt hier in besonderem Masse.

VII. Industriebauten

1. Begriff

20.62 Was alles unter den raumplanungs- und baurechtlichen Begriff der Industriebaute fällt, muss jeder konkreten Umschreibung in den Baugesetzen und Bau- und Nutzungsordnungen selber entnommen werden. Insbesondere ist abzuklären, ob der Begriff Industrie auch das Gewerbe oder wenigstens das Grossgewerbe beinhalte. Denn sowohl der Industrie- wie auch der Gewerbebetrieb befasst sich mit dem Bearbeiten oder Verarbeiten von Stoffen. «Gewerbe» und «Industrie» stellen somit nicht kategorische Umschreibungen, sondern bloss *Typenbezeichnungen, Sammelnamen* für eine Summe von Merkmalen dar. Die Übergänge sind fliessend, eine scharfe Trennung lässt sich nicht ziehen. Gemeinhin kann immerhin gesagt werden, dass der Industrie die immissionsstarken Betriebe zuzurechnen sind, während Gewerbe nicht gleich immissionsstark sind[55].

Dass die industriellen Betriebe *unterschiedlichster Art* sein können, zeigt beispielsweise die Liste der Anlagen, welche der Umweltverträglichkeitsprüfung unterliegen (siehe Nr. 7 des Anhangs zur UVPV). Als industrielle Betriebe gelten sowohl Aluminiumhütten, grosse Chemikalienlager und Schlächtereien wie Zementfabriken und Spanplattenwerke.

2. Zonierung

Industrielle Bauten und grossgewerbliche Betriebe gehören vorab in 20.63
Industriezonen. Der Hauptgrund liegt im Grundsatz der immissionsmässigen Trennung von industrieller und gewerblicher Nutzung einerseits und Wohnnutzung andererseits[56]. Zudem haben industrielle und gewerbliche Betriebe in der Regel besondere bauliche Bedürfnisse, sind sie doch oft auf sehr grossflächige Gebäude mit hohen Ausnutzungen und entsprechenden Volumina angewiesen. Zu berücksichtigen ist schliesslich, dass in industriellen und grossgewerblichen Betrieben teils rund um die Uhr

55 Siehe zum Ganzen ZIMMERLIN, N 10 zu § 130 bis 133 BauG.

56 In der immissionsmässigen Trennung von verschiedenen Nutzungen liegt die Schranke für die wieder moderne, bessere Nutzungsdurchmischung (siehe Art. 22 und 24 USG sowie Art. 29 bis 31 LSV). Zu beachten ist, dass neben dem öffentlichrechtlichen Immissionsschutz auch ein privatrechtlicher Immissionsschutz (Art. 684 ZGB) besteht, wobei sich die Anwendungsbereiche zunehmend vermischen (siehe unter anderem NICCOLÒ RASELLI, Berührungspunkte des privaten und öffentlichen Immissionsschutzes, in: URP 1997, 271 ff. mit zahlreichen Verweisungen).

gearbeitet wird (3-Schicht-Betrieb, Nachtarbeit), was mit entsprechenden Immissionen verbunden ist[57]. Überkommunale Industriezonen sind grundsätzlich rechtlich zulässig[58].

3. Erschliessung

20.64 Anders als Wohnbauten benötigen Industriebetriebe überdies verstärkt gute Verkehrsverbindungen, weshalb sie mit Vorteil entlang von Bahngeleisen und leistungsfähigen Strassen, nicht hingegen in Ortszentren angesiedelt werden. Ebenso sind die Parkierungs- und Lagerflächen sowie die Verkehrsanlagen nach den besonderen Bedürfnissen des einzelnen Betriebes zu gestalten.

4. Gestalterische Anforderungen

20.65 An Bauten werden in Industriezonen hinsichtlich Erscheinungsbild, Bauweise und Baumaterialien gemeinhin *geringere Anforderungen* gestellt als in anderen Zonen. Die Bauten hier sind zweckgebunden und können nicht nach den allgemeinen Massstäben ausgerichtet werden. Indes sind heute auch in Industriezonen moderne Bauten von hoher architektonischer Qualität zu finden. Trotzdem muss diesbezüglich in Industriezonen ein grosszügiger Massstab angewendet werden.

5. Anforderungen der Lufthygiene

20.66 Wie immer bei der Frage der Lufthygiene sind in erster Linie nicht die Juristen, sondern die Naturwissenschafter gefordert. Sie müssen die Emissionen und Immissionen beurteilen und die technisch möglichen Massnahmen aufzeigen. Sind diese Grundlagen vorhanden, stellen sich für den Juristen nicht andere Fragen als bei anderen Grossvorhaben. Es kann deshalb vorab auf die Ausführungen bei den Rz. 20.46 bis 20.53 verwiesen werden.

---

57 Zum Ganzen siehe etwa: ZIMMERLIN, N 9 ff. zu §§ 130–133 BauG.

58 BGE 117 Ia 432 ff. (Wiesendangen).

6. Weitere Probleme

Im heutigen Standortwettbewerb sind raumplanerische Gesichtspunkte nach wie vor sehr wichtig. Entscheidend für Investitionen ist aber auch, wie rasch und unkompliziert Bauabsichten realisiert werden können. Dabei geht es nicht nur um rasche Baubewilligungsverfahren, sondern auch um die Verfügbarkeit der Betriebsmittel. Günstiger Energiebezug, qualifizierte Arbeitskräfte (unter anderem mit Ausländerbewilligung), nahe Zulieferer, zentrale Lagerkapazitäten und ähnliches sind ebenso wichtig. Aus übergeordneter Sicht sind die steuerrechtliche Situation, die Verkehrssituation und die Verlässlichkeit der Behörden von grosser Bedeutung. Schliesslich ist bereits bei der Standortsuche die Expansionsmöglichkeit des Betriebes im Auge zu behalten. 20.67

VIII. Checkliste

In welche Zone gehört das Projekt?
- Gibt es eine solche Zone am gewünschten Ort?
- Besteht nutzungsplanerischer Anpassungsbedarf?
- Sind raumplanungs- und/oder baurechtliche Revisionen pendent?

Muss für das Projekt ein Sondernutzungsplan, allenfalls mit Sonderbauvorschriften erarbeitet werden?
- Was sind die materiellen und formellen Voraussetzungen für diese Erlasse?
- Wie gross ist der Zeitbedarf für den Erlass des Sondernutzungsplans mit allfälligen Sonderbauvorschriften (einschliesslich möglicher Rechtsmittelverfahren)?

Wie sind die Erschliessungsbedürfnisse des Projektes?
- Wie ist die Erschliessungssituation heute?
- Welche Auswirkungen hat die Realisierung des Projektes auf die bestehenden Erschliessungsanlagen?
- Welche Erschliessungsanlagen müssen an die Bedürfnisse des Projekts angepasst werden? Wer ist zuständig? Ist die Anpassung innert nützlicher Frist möglich? Was kostet die Erschliessung?

Werden durch das Projekt spezifische öffentliche Interessen wie Natur- und Heimatschutz, Ortsbildschutz, Lärmschutz, Luftreinhaltung etc. berührt?

- Welche Argumente könnten zur Verhinderung des Projektes angeführt werden?

Bestehen andere Bauabsichten in der Gegend oder sind gar schon andere Bauprojekte hängig?

Wie stehen die kommunalen und kantonalen (eventuell sogar eidgenössischen) Behörden und die Nachbarn zum Projekt?

§ 21 Infrastrukturbauten

JÜRG RUF*

Literaturauswahl: AUGUSTIN VINZENS, Das Ende der Wasserrechtskonzession, Freiburg 1983; BENDEL FELIX, Probleme des Gewässerschutzes in der Schweiz, Bern 1970; BOSE JAYA RITA, Der Schutz des Grundwassers vor nachteiligen Einwirkungen, Zürich 1996; FISCHER PETER, Fernmelderecht, Basel/Frankfurt a.M. 1997; FISCHER ULRICH, Die Bewilligung von Atomanlagen nach schweizerischem Recht, Energieforum Schweiz, Bern 1980; GADIENT ULRICH, Der Heimfall im Wasserrecht des Bundes und der Kantone, Diss. Bern 1958; GAUDERON PHILIPPE, L'approbation de plans en matière ferroviaire, RDAF 1986, 341 ff.; GEISER K./ABBÜHL J.J./BÜHLMANN F., Einführung und Kommentar zum Bundesgesetz über die Nutzbarmachung der Wasserkräfte, Zürich 1921; GULDIMANN WERNER, Luftrecht, Zürich 1995; GUNTER PIERRE-YVES, Les infrastructures, in: Neues Fernmelderecht, Zürich 1998, 51 ff.; HERDENER HANS-RUDOLF, Die rechtliche Behandlung der Trolleybus-Unternehmungen, Zürich 1950; HERMANN GUIDO, Kurzkommentar zum st. gallischen Strassengesetz vom 12. Juni 1988, St. Gallen 1989; HESS HEINZ/WEIBEL HEINRICH, Das Enteignungsrecht des Bundes, 2 Bde., Bern 1986; HESS PETER, Die rechtliche Behandlung der Rohrleitungen zur Beförderung von flüssigen und gasförmigen Brenn- und Treibstoffen, Zürich 1969; JAGMETTI RICCARDO, BV-Kommentar, Art. 24 und 24bis; KÄLIN JEAN-PIERRE, Das Eisenbahn-Baupolizeirecht, Zürich 1977; KLÄUSLI BRUNO, Bundesstaats- und verwaltungsrechtliche Aspekte der Nationalstrassengesetzgebung, Zürich 1970; KNAPP BLAISE, La fin des concessions hydrauliques, ZSR 1982 I, 121 ff.; KOCH RICHARD A., Das Strassenrecht des Kantons Zürich, Zürich 1997; KÜMIN KARL, Öffentlichrechtliche Probleme des Gewässerschutzes in der Schweiz, Zürich 1973; KÜTTEL PETER, Das Strassenrecht des Kantons St. Gallen, St. Gallen 1969; LENDI MARTIN, BV-Kommentar, Art. 36 und 36bis; MÜLLER JÖRG PAUL/SCHMID HANS G., Die Beschränkung der Wasserkraftnutzung im Interesse des Landschaftsschutzes, Gutachten, Bern 1990; RAUSCH HERIBERT, Schweizerisches Atomenergierecht, Zürich 1980; RECHSTEINER ALFRED, Die Kompetenzverteilung im Nationalstrassenbau, Zürich 1970; SEILER HANSJÖRG, Das Recht der nuklearen Entsorgung in der Schweiz, Bern 1986; STRÜTT ADRIAN, Nationalstrassenrecht und Umweltschutzrecht, Zürich 1994; WELTERT HANS MARTIN, Die Organisationsformen in der schweizerischen Elektrizitätsversorgung, Zürich 1989; ZIMMERLI ULRICH/SCHEIDEGGER STEPHAN (Hrsg.), Verbesserung der Koordination der Entscheidverfahren für bodenbezogene Grossprojekte, Verwaltungskontrolle des Bundesrates, Bern 1993; ZURBRÜGG HENRI, Aspects juridiques du régime des eaux en Suisse, ZSR 1965 II, 201 ff.
Weitere Literaturhinweise finden sich im Text.

* Die vorliegende Arbeit ist während meiner Zeit als persönlicher Mitarbeiter eines Bundesrichters entstanden; es werden ausschliesslich eigene Auffassungen vertreten.

I. Problemübersicht

21.1 Infrastrukturbauten sind ein wichtiger Baustein wohlstands- und wohlfahrtsorientierter Volkswirtschaften. Der Aufbau und Unterhalt eines leistungsfähigen Infrastrukturnetzes bildet eine der notwendigen Grundlagen für das Entfalten privatwirtschaftlicher Tätigkeit. Im *Standortwettbewerb* gehört der Infrastrukturbau zu den effektivsten wirtschaftspolitischen Instrumenten eines Gemeinwesens[1]. Der grossen wirtschaftlichen Bedeutung entsprechend ist das Infrastrukturrecht fester Bestandteil auch des juristischen Alltages. Allein das Bundesgericht hat pro Jahr zwischen siebzig und hundert Beschwerden aus diesem Sachgebiet zu beurteilen[2]. Daneben befassen sich zahlreiche Verwaltungs- und Justizbehörden im Bund, in den Kantonen und in den Gemeinden mit Infrastrukturvorhaben.

21.2 Das Infrastrukturrecht stellt keine Einheit dar. Es ist seit Ende des letzten Jahrhunderts angesichts immer neuer technischer Entwicklungen durch den Erlass von anlagebezogenen Spezialgesetzen vor allem des Bundes, zum Teil aber auch der Kantone, gewachsen. Nahezu jedes dieser Spezialgesetze kennt eigene Bewilligungsverfahren. Seit einigen Jahren wird das Infrastrukturrecht ausserdem durch zahlreiche umweltrechtliche Erlasse überlagert. Das erschwert den Einstieg in dieses *unübersichtliche Rechtsgebiet.* Es rechtfertigt sich daher, der Darstellung der wichtigsten Teilgebiete des Infrastrukturrechts einige allgemeine Gesichtspunkte auf der Grundlage des geltenden Rechts[3] voranzustellen.

II. Merkmale von Infrastrukturbauten und des Infrastrukturrechts

1. Kategorien von Infrastrukturbauten

21.3 Im Sinne einer typologischen Kategorisierung kann zwischen netz- und punktförmigen Infrastrukturbauten unterschieden werden[4]. *Punktförmi-*

---

1 GEORG HÜNNEKENS, Rechtsfragen der wirtschaftlichen Infrastruktur, Köln/Berlin/Bonn/München 1995, 1 ff.; HORST SIEBERT, Weltwirtschaft, Stuttgart 1997, 181 ff.

2 Geschäftsberichte für die Jahre 1993 bis 1997.

3 Zu den geplanten, tiefgreifenden Gesetzesrevisionen, vgl. BBl 1998, 2591 ff.

ge Anlagen wie Abfallanlagen sind auf einen bestimmten, relativ eng umschriebenen Standort begrenzt. Während ihr Nutzen häufig überregional ist, zeitigen sie in der Regel allein auf lokaler Ebene Auswirkungen auf die Bevölkerung und die Umwelt[5]. *Netzförmige* Anlagen wie Strassen oder Eisenbahnen dehnen sich über weitere Strecken aus (Linienführung). Sie haben überregionalen, oft gar nationalen Nutzen und grossräumige raumrelevante Auswirkungen. Das stellt besondere Anforderungen an die Planabstimmung (Art. 2 RPG[6])[7].

2. Übersicht über die Planungs- und Verfahrensschritte

Allgemeine Grundlage für Planung und Bau von Infrastrukturanlagen bilden *Raumpläne*, insbesondere die Richtpläne der Kantone (Art. 6 Abs. 3 lit. b RPG) sowie – wenn auch erst in einzelnen Fällen – Sachpläne und Konzepte des Bundes (Art. 13 RPG)[8]. 21.4

Der Grundsatzentscheid über die *Realisierung* einer öffentlichen Infrastrukturbaute erfolgt auf politischer Ebene; die entsprechenden Beschlüsse sind für die Justiz in der Regel bindend[9]. Der Bau von Infrastrukturanlagen privater oder halbstaatlicher Unternehmungen beruht auf einem freien unternehmerischen Entscheid. 21.5

---

4 HÜNNEKENS (Fn. 1), 25.

5 Standortgemeinden sind nicht selten gegen den Bau von Infrastrukturanlagen (z.B. Deponien) auf ihrem Gemeindegebiet. Dem Kanton kommt daher bei der Projektrealisierung eine wichtige Stellung zu. Einzelne Kantone führen die Nutzungsplanung für solche Anlagen auf kantonaler Ebene durch.

6 Bundesgesetz vom 22. Juni 1979 über die Raumplanung (Raumplanungsgesetz; SR 700).

7 Näheres bei ALFRED KUTTLER, Bundessachplanung und kantonale Richtplanung, Bundesamt für Raumplanung/Eidg. Justiz- und Polizeidepartement (Hrsg.), Bern 1998; MEINRAD HUSER, Sachplanung des Bundes und kantonale Raumplanung, ZBl 1994, 193 ff.

8 Dazu die in Fn. 7 zitierte Literatur sowie ALFRED LÖHRER, Konzept Übertragungsleitungen – Instrument für den Interessenausgleich, Informationsheft Raumplanung 2/96, und GULDIMANN, 33; vgl. zudem BBl 1998, 2665, 2670 und 2689, wonach das Vorliegen von Sachplänen Zulassungsvoraussetzung werden soll.

9 BGE 121 II 385 E. 3a; 120 Ib 447 E. 2c/cc.

21.6 Idealtypisch folgt auf den Realisierungsbeschluss die *generelle Projektierung*[10]. Primärer Zweck dieser durch rechtliche und politische Aspekte geprägten Aufgabe ist die Grobplanung des Anlagenbaus, die Einordnung der Anlage in den Raum (Art. 1–3 RPG) sowie – bei netzförmigen Anlagen – die verbindliche Festsetzung der Linienführung[11]. Generelle Projekte werden durch politische Behörden genehmigt; die entsprechenden Verfügungen können grundsätzlich nicht angefochten werden.

21.7 Letzter Verfahrensschritt ist die *Ausführungsprojektierung*. Infrastrukturvorhaben bedürfen wie andere Bauten und Anlagen einer baurechtlichen Bewilligung (Art. 22 Abs. 1 RPG)[12]. Das gilt auch für die Wiederaufnahme des Betriebes von stillgelegten Anlagen, deren Gelände entwidmet wurde, und jedenfalls dann, wenn diese Anlagen mit der Betriebsaufnahme gleichzeitig ausgebaut werden[13]. Die Anlagenzulassung erfolgt je nach Anlage in der Form der Plangenehmigung, der Festsetzung eines Ausführungsprojektes, der Konzessionierung, des Erlasses eines Nutzungsplanes oder der Baubewilligung. Die Anlagenzu-

10 Eine generelle Projektierung sehen das Nationalstrassengesetz (unten Rz. 21.20 f.) und das Eisenbahnrecht für die NEAT (unten Rz. 21.69) vor. In einem gewissen Sinn einer generellen Projektierung nahe kommt im Rohrleitungsrecht die der Plangenehmigung vorgeschaltete Konzessionierung, in der die generelle Linienführung festgelegt wird (unten Rz. 21.123 ff.), und im Elektrizitätsrecht die in der Verwaltungspraxis des Bundesrates geschaffene Möglichkeit, im Plangenehmigungsverfahren für Starkstromleitungen in einem ersten Verfahrensschritt die generelle Linienführung zu bewilligen (unten Rz. 21.116). Im Übrigen werden im Eisenbahnrecht bei der Konzessionierung (Art. 5 des Eisenbahngesetzes vom 20. Dezember 1957 [EBG; SR 742.101]) oder beim Beschluss über den Bau neuer Eisenbahnstrekken (Art. 2 und 7 des Bundesgesetzes vom 23. Juni 1944 über die Schweizerischen Bundesbahnen [SBBG; SR 742.31]) gewisse in der weiteren Planung zu berücksichtigende Entscheide gefällt (BGE 121 II 387 E. 3c).

11 Zu den Problemen, wenn eine generelle Projektierung fehlt: THOMAS PFISTERER, Die Anliegen der Kantone im eisenbahnrechtlichen Plangenehmigungsverfahren, in: Verfassungsrechtsprechung und Verwaltungsrechtsprechung, Zürich 1992, 193 ff.

12 BGE 117 Ib 48 E. 3b; WALTER HALLER/PETER KARLEN, Raumplanungs- und Baurecht, 2. Aufl., Zürich 1992, 130 ff.

13 So wurde für die Wiederinbetriebnahme und den gleichzeitigen Ausbau der stillgelegten Eisenbahnstrecke Solothurn – Inkwil im Rahmen des Projektes BAHN 2000 eine Plangenehmigungsverfügung erteilt; vgl. die Hinweise im Sachverhalt von BGE 124 II 146 sowie der zur teilweisen Publikation bestimmte BGE vom 19. August 1998 i.S. A4, E. 2.

lassung, welche im Gegensatz zu «normalen» Baubewilligungen in der Regel unbefristet erteilt wird[14], hat sicherzustellen, dass die an das Projekt gestellten materiellrechtlichen Anforderungen eingehalten werden. In einem begrenzten Rahmen können offene Punkte in nachlaufende Bewilligungsverfahren verwiesen werden[15].

Im Rahmen der Anlagenzulassung werden die notwendigen *Spezialbewilligungen* (naturschutzrechtliche Bewilligungen[16], wasserbaupolizeiliche[17], gewässerschutzrechtliche[18] und fischereirechtliche Bewilligung[19], Ausnahmebewilligung nach Art. 24 RPG, Rodungsbewilligung[20]) koordiniert erteilt (Art. 21 UVPV[21]). Häufig werden diese Bewilligungen von Fachbehörden und nicht von der für die Anlagenzulassung zuständigen Behörde erteilt. Im Bereiche des Gewässerschutzes erteilen aber die für die Anlagenzulassung befassten Bundesbehörden nach Anhörung der an sich zuständigen Stellen gewässerschutzrechtliche Bewilligungen (Art. 48 GSchG; «Anhörungsmodell»)[22]. Im Plangenehmigungsverfahren für Eisenbahn-Grossprojekte darf die Plangenehmigung nur erteilt werden, wenn die Zustimmung der für die Erteilung der Spezialbewilligungen zuständigen Behörden vorliegt (Art. 17 Abs. 1 BB EGP[23]; «Zustimmungsmodell»). 21.8

14 Vgl. aber unten Rz. 21.88.

15 BGE 124 II 159 E. 5b/cc; 122 II 170 E. 14 und 178 E. 16c; 121 II 392 ff. E. 6.

16 Art. 18 ff. des Bundesgesetzes vom 1. Juli 1966 über den Natur- und Heimatschutz (Natur- und Heimatschutzgesetz, NHG; SR 451).

17 Art. 37 des Bundesgesetzes vom 24. Januar 1991 über den Schutz der Gewässer (Gewässerschutzgesetz, GSchG; SR 814.20).

18 Art. 29 ff. GSchG.

19 Art. 8 des Bundesgesetzes vom 21. Juni 1991 über die Fischerei (Fischereigesetz, BGF; SR 923.0).

20 Art. 5 und 6 des Bundesgesetzes vom 4. Oktober 1991 über den Wald (Waldgesetz, WaG; SR 921.0). Ist der Bund für die Erteilung der Rodungsbewilligung befugt, muss der für die Anlagenzulassung zuständigen kantonalen Behörde bei der Projektgenehmigung zumindest eine positive Stellungnahme im Sinne von Art. 21 Abs. 3 UVPV vorliegen – und umgekehrt (BGE 122 II 85 ff. E. 6; BBl 1997 III 1544).

21 Verordnung vom 19. Oktober 1988 über die Umweltverträglichkeitsprüfung (UVPV; SR 814.011).

22 Das Anhörungsmodell wird künftig in allen Verfahren Standard werden: BBl 1998, 2598 f.

23 Bundesbeschluss vom 21. Juni 1991 über das Plangenehmigungsverfahren für Eisenbahn-Grossprojekte (SR 742.100.1).

21.9 Bei der Anlagenplanung sind gewisse *planungsrechtliche Aspekte* zu beachten:

- Die Planung von Infrastrukturbauten kann *in Etappen* erfolgen. Das gilt nicht nur für Eisenbahn-Grossprojekte, für welche das ausdrücklich vorgesehen ist (Art. 16 Abs. 4 BB EGP; Art. 12 Abs. 1 Alpentransit-Beschluss[24])[25].

21.10 – Für Infrastrukturanlagen sind *sachgerechte Standorte bzw. Linienführungen* zu bestimmen (Art. 3 Abs. 4 RPG). Die Standortwahl oder Linienführung ist nicht schon sachgerecht, wenn der mit dem Anlagenbau verfolgte Betriebszweck erreicht wird, sondern erst, wenn auch die in Art. 3 Abs. 4 lit. a–c RPG genannten planerischen Gesichtspunkte berücksichtigt sind. So sind z.B. beim Aufeinandertreffen netzförmiger Infrastrukturanlagen wenn möglich parallele Linienführungen anzustreben[26].

21.11 – Bei der Planung sind *alternative Standorte oder Linienführungen* zu prüfen (Art. 2 Abs. 1 RPV). Über die entsprechenden Abklärungen ist spätestens anlässlich der Anlagenzulassung Nachweis zu führen[27]. Dabei gilt:

- Ist für eine neue Infrastrukturanlage ein Bedürfnis ausgewiesen, kann die «Nullvariante» ohne weiteres ausser Acht gelassen werden[28].
- Alternativen müssen nicht bis auf die Detaillierungsstufe eines Ausführungsprojektes untersucht werden. Auch darf eine Variante ohne weitere Untersuchungen ausgeschlossen werden, wenn sich aufgrund erster Prüfungen herausstellt, dass sie mit erheblichen Nachteilen belastet ist[29].
- Der Umweltverträglichkeitsbericht (UVB, Art. 9 Abs. 2 USG[30]) muss sich nur zu dem vom Anlagebetreiber gewählten Standort bzw. der von ihm gewählten Linienführung aussprechen (Art. 9 Abs. 2 und 4 USG; Art. 9 UVPV)[31]. Unter Umständen kann aber eine öffentliche Infrastrukturanlage nur hinreichend begründet werden (Art. 9 Abs. 4 USG), wenn im UVB über die Abklärungen von alternativen Standorten berichtet wird[32].

---

24 Bundesbeschluss vom 4. Oktober 1991 über den Bau der schweizerischen Eisenbahn-Alpentransversale (SR 742.104).

25 BGE 118 Ib 215 E. 8c und 117 Ib 297 f. E. 7a und 7b (Nationalstrassen); 118 Ib 79 f. E. 2 (Kantons- und Gemeindestrassen); 121 II 386 ff. (Eisenbahnen).

26 BGE 122 II 107 E. 3.

27 BGE 124 II 152 E. 3a; 114 Ia 125 E. 4cf. Die Erteilung der Rodungsbewilligung (Art. 5 Abs. 1 lit. a WaG) und der Ausnahmebewilligung nach Art. 24 Abs. 1 RPG setzt ebenfalls die Abklärung von alternativen Standorten oder Linienführungen voraus: BGE 120 Ib 408 E. 4c; 118 Ib 23 E. 3.

28 In BGE 118 Ib 599 nicht publizierte E. 5b.

29 BGE 118 Ib 435 f.

30 Bundesgesetz vom 7. Oktober 1983 über den Umweltschutz; SR 814.01.

31 BGE 118 Ib 435 f.

32 BGE vom 14. Mai 1997, E. 3, in: URP 1997, 519 ff.

- Es müssen nicht mehrere Anlagenvarianten oder alternative Linienführungen zur Genehmigung eingereicht werden[33].

- Bei der Überprüfung der Standortwahl oder Linienführung ist es *Aufgabe der Justiz*, im Einzelfall zu prüfen, ob die für die Standort- oder Linienfestsetzung massgebenden Gesichtspunkte ermittelt, beurteilt und bei der Entscheidung berücksichtigt wurden[34]. Die Wahl zwischen mehreren möglichen Varianten steht bei öffentlichen Projekten den (politischen) Behörden und bei privaten Infrastrukturanlagen dem Projektanden zu. Gerichte können aber Projektanpassungen und -verbesserungen, auch gestützt auf das Vorsorgeprinzip (Art. 11 Abs. 2 USG), anordnen[35]. 21.12

Dem Anlagenzulassungsverfahren folgt in der Regel das *Enteignungsverfahren* nach. Im Interesse der Vereinheitlichung und Beschleunigung der Bewilligungsverfahren sehen geplante Gesetzesrevisionen indessen vor, das planungs- und das enteignungsrechtliche Planauflageverfahren nach dem Vorbild der Regelung im Nationalstrassen-[36] und im Rohrleitungsgesetz[37] zusammenzulegen[38]; das Enteignungsverfahren bliebe auf die Beurteilung der Entschädigungsforderungen beschränkt. 21.13

3. Allgemeine materiellrechtliche Anforderungen an die Bewilligung von Infrastrukturbauten

Die Anlagenzulassung hängt zunächst davon ab, ob die Infrastrukturbaute die *spezialgesetzlichen Anforderungen der Verkehrstechnik und/oder der Anlagensicherheit* erfüllt (Art. 5 Abs. 1 NSG[39]; Art. 17 EBG; Art. 2 EBV[40]; Art. 8 Abs. 1 lit. a und Abs. 2 lit. a VIL[41]; Art. 4 ff. Starkstrom- 21.14

---

33 BGE 124 II 152 f. E. 3a und 3b; BRB vom 7. April 1976 in: BBl 1976 II 1116; VPB 38/1974 Nr. 80.

34 Methodisch ist wie bei der Interessenabwägung vorzugehen (vgl. Art. 3 Abs. 1 RPV).

35 BGE 124 II 152 ff. E. 3; 124 II 232 ff. E. 8.

36 Unten Rz. 21.26 f.

37 Unten Rz. 21.127.

38 Dazu BBl 1998, 2591 ff.

39 Bundesgesetz vom 8. März 1960 über die Nationalstrassen (Nationalstrassengesetz; SR 725.11).

40 Verordnung vom 23. November 1983 über Bau und Betrieb der Eisenbahnen (Eisenbahnverordnung; SR 742.141.1).

41 Verordnung vom 23. November 1994 über die Infrastruktur der Luftfahrt (SR 748.131.1).

verordnung[42], Vorschriften der Talsperrenverordnung[43]). In der Regel bestehen neben den entsprechenden gesetzlichen Vorschriften von der Verwaltung festgelegte oder genehmigte Baunormalien, die für die einzelnen Infrastrukturanlagen bestimmte Mindest- oder Maximalwerte (Trasseebreite, Mindestradien, Lichtraumprofile usw.) vorschreiben. Die Anwendung der entsprechenden Vorschriften und Normalien unterliegt grundsätzlich lediglich einer eingeschränkten richterlichen Überprüfung[44].

21.15 Sodann hat die Anlage die für sie geltenden *umweltpolizeilichen Vorschriften* einzuhalten[45]:

- Neben den allgemeinen, insbesondere den *emissions- und immissionsbezogenen Bestimmungen* des Umweltschutzgesetzes[46] (Art. 11–15, Art. 19–25 USG) kommt in der Praxis den Vorschriften des Gewässerschutzgesetzes, des Natur- und Heimatschutzgesetzes, der Verordnung über die Umweltverträglichkeitsprüfung, der Störfallverordnung[47], der Lärmschutz-[48] und der Luftreinhalte-Verordnung[49] sowie der Verordnung über den Schutz der Gewässer vor wassergefährdenden Flüssigkeiten[50] besondere Bedeutung zu.

21.16 – Die Planung, Errichtung und Änderung von Infrastrukturanlagen ist praktisch ausnahmslos *UVP-pflichtig* (Art. 9 Abs. 1 USG; Ziff. 11, 12, 14, 21, 22 und 4 Anhang UVPV). Nicht abschliessend geklärt ist die Frage, ob auch dann eine UVP-Pflicht besteht, wenn die Anlagenzulassung bereits vor geraumer Zeit erteilt wurde, der Anlagenbau bzw. die Betriebseröffnung aber erst nach einem längeren Zeitablauf[51] stattfindet; Art. 9 Abs. 1 USG und Art. 2 UVPV erfassen diesen Sachverhalt an sich nicht[52].

---

42 Verordnung vom 30. März 1994 über elektrische Starkstromanlagen (SR 734.2).

43 Vom 9. Juli 1957 (SR 721.102).

44 BGE 121 II 384; allgemein weiterführend FRANCESCO BERTOSSA, Der Beurteilungsspielraum, Bern 1984.

45 Vgl. unter vielen BGE 122 II 99 ff.; 122 II 167 ff.; 121 II 399 ff.; BGE vom 13. Dezember 1995 in: ZBl 1996, 519 ff.; 118 Ib 222 ff.

46 Bundesgesetz vom 7. Oktober 1983 über den Umweltschutz (USG; SR 814.01).

47 Verordnung vom 27. Februar 1991 über den Schutz vor Störfällen (StFV; SR 814.012).

48 Vom 15. Dezember 1986 (LSV; SR 814.41).

49 Vom 16. Dezember 1985 (LRV; SR 814.318.142.1).

50 Vom 28. September 1981 (VWF; SR 814.226.21).

51 In welchem möglicherweise für die Anlagenzulassung massgebende Rechtsänderungen eingetreten sind.

52 Vgl. dazu den zur teilweisen Publikation bestimmten BGE vom 19. August 1998 i.S. A 4, E. 2, und BGE 124 II 320 f. E. 11.

In jedem Falle hängt die Anlagenzulassung von einer *Abwägung der Gesamtinteressenlage* ab (Art. 3 RPV[53]; Art. 5 Abs. 2 NSG; Art. 3 EBV; Art. 33 GSchG; Art. 39 WRG[54]; Art. 7 Starkstromverordnung; Art. 9 Abs. 2 BGF; § 17 Abs. 3 StrG ZH[55])[56]. Im Rahmen dieser Interessenabwägung sind nicht nur raum- und umweltrelevante Aspekte (Art. 1 und 3 RPG), sondern auch die wirtschaftlichen Interessen der von der Anlage betroffenen Gemeinwesen und des Infrastrukturträgers[57] sowie der dem Gemeinwesen erwachsende finanzielle Aufwand zu würdigen[58]. 21.17

Gegebenenfalls sind auf *kantonales Recht* gestützte Anträge zu berücksichtigen (Art. 18 Abs. 3 EBG; Art. 37a Abs. 4 und Art. 37b Abs. 4 LFG[59])[60]. 21.18

III. Nationalstrassen

1. Netzbeschluss

Die Planung der Nationalstrassen erfolgt in einer dreistufigen Verfahrensfolge. Der erste Verfahrensschritt besteht im Erlass des *Netzbeschlusses*[61]. Darin legt die Bundesversammlung auf Antrag des Bundesrates[62] fest, welche Gebiete der Schweiz eine Verbindung durch Nationalstrassen benötigen sowie welche allgemeinen Linienführungen 21.19

53 Verordnung vom 2. Oktober 1989 über die Raumplanung (Raumplanungsverordnung, SR 700.1).

54 Bundesgesetz vom 22. Dezember 1916 über die Nutzbarmachung der Wasserkräfte (Wasserrechtsgesetz; SR 721.80).

55 Gesetz vom 27. September 1981 über den Bau und den Unterhalt der öffentlichen Strassen des Kantons Zürich.

56 Zur Interessenabwägung PETER HEER, Die raumplanungsrechtliche Erfassung von Bauten und Anlagen im Nichtbaugebiet, Zürich 1996, 80 ff., mit weiteren Hinweisen.

57 BGE 119 Ib 273 ff.; 117 Ib 188 ff.

58 BGE 124 II 159 f. E. 6a; BRB vom 22. Januar 1969 in: ZBl 1970, 124 f.

59 Bundesgesetz vom 21. Dezember 1948 über die Luftfahrt (Luftfahrtgesetz; SR 748.0).

60 BGE 121 II 396 ff.; 116 Ib 406 E. 5a; vgl. auch BGE 121 II 8 ff.

61 Bundesbeschluss vom 21. Juni 1960 über das Nationalstrassennetz (SR 725.113.11).

62 Im Rahmen des Antrages des Bundesrates an die Bundesversammlung findet die 1. Stufe der UVP statt (Ziff. 11.1 Anhang UVPV; BGE 118 Ib 215).

und Strassenarten in Betracht fallen (Art. 9, Art. 11 Abs. 1 NSG; Art. 7 Abs. 2 NSV[63])[64]. Der Netzbeschluss kann nicht angefochten werden[65].

2. Generelles Projekt

a) *Inhalt und Verfahren der generellen Projektierung*

21.20 Auf den Netzbeschluss folgt die generelle Projektierung. Generelle Projekte geben Aufschluss über die *Linienführung, Anschlussstellen und Kreuzungsbauwerke* (Art. 12 NSG). Sie sind mit der Richtplanung abzustimmen[66] und so auszuarbeiten, dass bei der Ausführungsprojektierung keine wesentlichen Verschiebungen der Projektbestandteile mehr zu erwarten sind (Art. 10 NSV)[67].

21.21 Die behördenverbindlichen[68] generellen Projekte werden in einem *verwaltungsinternen Verfahren* festgelegt (Art. 12, 13, 19 und 20 NSG; Art. 10–12 NSV)[69]. Die Anhörung der Gemeinden ist vorgeschrieben, diejenige der Grundeigentümer steht im Ermessen der kantonalen Behörde, sofern das kantonale Recht ihre Anhörung nicht vorschreibt (Art. 19 Abs. 1 NSG)[70]. Der Bundesrat genehmigt die generellen Projekte (Art 20 NSG; Art. 12 Abs. 2 NSV) unter Vornahme der 2. Stufe der UVP (Ziff. 11.1 Anhang UVPV)[71]. Die Genehmigung kann nicht angefochten werden[72], Wiedererwägungsgesuche sind aber zulässig[73].

---

63 Verordnung vom 18. Dezember 1995 über die Nationalstrassen (SR 725.111).

64 Der Verzicht auf eine Nationalstrasse bedarf daher einer Änderung des Netzbeschlusses: BGE 99 Ia 738.

65 BGE 119 Ib 459; 118 Ib 213 E. 8a.

66 Vgl. BGE vom 22. September 1976 in: ZBl 1977, 276 f.

67 Zum Umfang möglicher Abweichungen vom generellen Projekt bei der Ausführungsprojektierung: BGE 117 Ib 295; 112 Ib 553 ff. E. 3; vgl. auch BGE 124 II 152 ff. E. 3. Ausfahrten können ohne vorgängige Änderung des generellen Projektes nicht erst im Ausführungsprojekt vorgesehen werden: BGE 117 Ib 294 E. 6a; 114 Ib 139 ff. E. 6.

68 BGE 118 Ib 214; 105 Ia 223; BRB vom 22. Januar 1969 in: ZBl 1970, 124.

69 BBl 1997 III 1545 und 1566 f.

70 BGE 99 Ib 208; 97 I 581 E. 2c.

71 Zur Frage, ob ein generelles Projekt wie ein Ausführungsprojekt ausgearbeitet sein darf: BGE 118 Ib 218 E. 9b; PIERRE TSCHANNEN in: AJP 1993, 83 ff.

72 BGE 117 Ib 298 f. E. 7c; 114 Ib 137 f. E. 5b; VPB 52/1988 Nr. 7; BGE 111 Ib 28; 111 Ib 292 E. 1c. Vgl. auch unten Rz. 21.28.

b) Vorsorgliche Freihaltung des Strassenraumes

Zur Freihaltung des Strassenraumes können *Projektierungszonen* festgesetzt (Art. 14 Abs. 1 NSG) oder Sicherungsinstrumente des kantonalen Rechts (Art. 14 Abs. 2 NSG)[74] ergriffen werden[75]. Ihre räumliche Ausdehnung bestimmt sich nach dem Stand der Projektierung (Art. 8 NSV). Sie sind auf solche Grundstücke zu beschränken, von denen nach dem Stand der Planung ernsthaft anzunehmen ist, dass sie von der künftigen Nationalstrasse und ihren Baulinien erfasst werden könnten[76]. 21.22

Projektierungszonen werden durch das *Eidg. Departement für Umwelt, Verkehr, Energie und Kommunikation (UVEK) festgesetzt. Es hört zuvor die Kantone an (Art. 14 Abs. 1 NSG), welche ihrerseits die Gemeinden und allenfalls*[77] *die Grundeigentümer anhören. Gemäss Art. 14 Abs. 3 NSG ist gegen Projektierungszonen die Verwaltungsbeschwerde an den Bundesrat gegeben*[78]. 21.23

Projektierungszonen fallen mit der rechtskräftigen Festlegung der Baulinien und spätestens nach fünf Jahren dahin (Art. 17 NSG). Unklar ist, ob sie erneuert werden dürfen[79]. Sie begründen einen *Entschädigungsanspruch*, wenn sie in ihrer Wirkung einer Enteignung gleichkommen (Art. 18 Abs. 1 NSG)[80]. Der Entschädigungsanspruch ist beim Kanton geltend zu machen; wird er abgelehnt, kann der Eigentümer bei der Eidg. Schätzungskommission das Schätzungsverfahren (Art. 57 ff. EntG[81]) einleiten[82]. 21.24

---

73 VPB 40/1976 Nr. 15; BGE 99 Ib 208.

74 Ihnen kommt Priorität zu: ZIMMERLI/SCHEIDEGGER, 138.

75 VPB 39/1975 Nr. 21; 38/1974 Nr. 22; 37/1973 Nr. 64; 33/1966–1967 Nr. 114; 30/1961 Nr. 55 = ZBl 1962, 139.

76 BRB vom 7. Mai 1969 in: ZBl 1969, 377; VPB 30/1961 Nr. 55 = ZBl 1962, 139 f.

77 Vgl. z.B. § 6 Abs. 1 der Luzerner Verordnung vom 22. Januar 1962 über den Vollzug des Bundesgesetzes über die Nationalstrassen.

78 In Fortführung der in BGE 120 Ib 136 entwickelten Praxis sollte die Verwaltungsgerichtsbeschwerde an das Bundesgericht zugelassen werden; so auch die am 17. Juni 1993 in einem Meinungsaustausch mit dem Bundesgericht (Verfahren 1A.278/1992 et al.) geäusserte Auffassung des Bundesamtes für Justiz.

79 BGE vom 1. Juli 1971 in: ZBl 1972, 112. Vgl. nun aber BBl 1998, 2627.

80 Vgl. BGE 117 Ib 6 E. 2b und BGE 109 Ib 22 f. betreffend Planungszonen.

81 Bundesgesetz vom 20. Juni 1930 über die Enteignung (Enteignungsgesetz; SR 711).

82 BGE 114 Ib 146. Zur Frage der Verjährung vgl. BGE 116 Ib 249 ff.; 105 Ib 11 ff. E. 3; 101 Ib 285 f. E. 5; HESS/WEIBEL II, 376.

21.25 Die Voraussetzungen für die Festsetzung *kantonalrechtlicher Sicherungsmassnahmen*, z.B. von Strassen- oder Baulinienplänen[83], müssen sich nach den aus Art. 14 Abs. 1 NSG abgeleiteten Grundsätzen bestimmen, da der Sicherungszweck vom Bundesrecht bestimmt ist[84]. Zuständigkeit und Verfahren richten sich hingegen nach kantonalem Recht (Art. 14 Abs. 2 NSG).

3. Ausführungsprojekt

21.26 Nach[85] Genehmigung der generellen Projekte haben die Kantone Ausführungsprojekte auszuarbeiten. Sie geben Aufschluss über die *Art*, den *Umfang* und die *Lage des Werkes* einschliesslich der Nebenanlagen (Art. 6 und 7 NSG; Art. 3 und 4 NSV)[86], über die Einzelheiten seiner bautechnischen Gestaltung, über die Baulinien (Art. 22 NSG)[87] und allenfalls über die flankierenden Massnahmen (Art. 21 Abs. 1 NSG)[88]. Im Enteignungsfalle müssen zudem die Sicherheitszonen und die zur Wahrung der öffentlichen Interessen vorgesehenen Vorkehren aus dem Ausführungsprojekt ersichtlich sein (Art. 27 Abs. 1 EntG)[89].

---

83 Art. 6 Abs. 7 der bernischen Verordnung vom 3. März 1961 über den Vollzug des Bundesgesetzes über die Nationalstrassen im Kanton Bern vom 8. März 1960; KOCH, 288 f.

84 Oben Rz. 21.22. Dementsprechend muss die Verwaltungsgerichtsbeschwerde an das Bundesgericht gegeben sein, wenn strittig ist, ob die Voraussetzungen für kantonalrechtliche Sicherungsmassnahmen gegeben sind: KOCH, 289.

85 Die Vorschrift, wonach Ausführungsprojekte *nach* Genehmigung der generellen Projekte auszuarbeiten seien, dient nicht dem Schutz der Grundeigentümer; die Missachtung der in Art. 27 Abs. 1 NSG vorgeschriebenen Reihenfolge der Planungsschritte begründet daher kein schutzwürdiges Anfechtungsinteresse: BGE 97 I 581 f. E. 2d.

86 Zufahrtsstrassen zu den Autobahnanschlüssen gehören grundsätzlich nicht zum Ausführungsprojekt: VPB 35/1970–1971 Nr. 79.

87 Sie sollen nicht die Enteignung erleichtern, sondern dienen der Verkehrssicherheit, der Wohnhygiene und der Sicherstellung eines künftigen Strassenausbaus (Art. 22 NSG; BGE 106 Ib 22). Sie werden schematisch gezogen (BGE 110 Ib 51 E. 5). Baulinien können eine materielle Enteignung bewirken (Art. 25 NSG). Ihre Änderung kann mit Verwaltungsgerichtsbeschwerde angefochten werden (BGE 120 Ib 138 ff. E. 1).

88 BGE 122 II 169 f. E. 14 und 176 ff. E. 16b und 16c; 119 Ib 460 f. E. 8d.

89 BGE 115 Ib 432 E. 4b; 106 Ib 21 E. 7b; HESS/WEIBEL I, 375 ff., und HESS/WEIBEL II, 378.

Während der öffentlichen Auflage[90] kann gegen das Ausführungsprojekt und die Baulinien *Einsprache* erhoben werden (Art. 27 Abs. 1 NSG)[91]. Wird enteignet, sind auch Einsprachen gegen die Enteignung (Art. 30 Abs. 1 lit. a EntG), Planänderungsbegehren (Art. 30 Abs. 1 lit. b EntG) bzw. Begehren nach den Art. 7–10 EntG zu erheben; sie können im Enteignungsverfahren nicht mehr vorgebracht werden (Art. 39 Abs. 2 NSG)[92]. 21.27

Mit *Einsprache* ist kann unter anderem *gerügt* werden, 21.28
- das Ausführungsprojekt halte sich nicht an das generelle Projekt[93];
- die Ersatzvorkehren gemäss Art. 7 Abs. 2 EntG seien ungenügend[94];
- direkt gegen das generelle Projekt erhobene Rügen sind unzulässig[95].

Erst *Gegenstand des enteignungsrechtlichen Schätzungsverfahrens* ist
- die Frage, ob die Ersatzvorkehren gemäss Art. 7 Abs. 2 EntG alle Ansprüche des Enteigneten erfüllen oder ob noch ein zu ersetzender Schaden besteht[96];
- die Frage, ob ein vom Strassenbau betroffenes Gebäude zu verschieben oder abzubrechen sei[97];
- die Entschädigungsforderung für die Unterdrückung nachbarrechtlicher Abwehransprüche wegen übermässiger Immissionen aus dem Nationalstrassenverkehr[98].

Über die Einsprachen entscheidet die zuständige kantonale Behörde (Art. 27 Abs. 2 NSG). Mit der entsprechenden Verfügung wird das Ausführungsprojekt festgesetzt, sofern die materiellrechtlichen Voraussetzungen dafür erfüllt sind[99]. Einspracheentscheide unterliegen der Ver- 21.29

90 Der Umweltverträglichkeitsbericht muss nur öffentlich zugänglich gemacht werden (Art. 9 Abs. 8 USG; Art. 15 UVPV; BGE 112 Ib 551 ff. E. 2).

91 Zur Einsprachelegitimation: BGE 118 Ib 205 E. 8a; 117 Ib 291 E. 2a; 111 Ib 35 E. 2a; 110 Ib 400 f. E. 1b.

92 BGE 115 Ib 432 E. 4b; 106 Ib 21 E. 7b.

93 BGE 118 Ib 217 E. 9a; 112 Ib 553 E. 3 ff.

94 BGE 104 Ib 352 f. E. 2a und 355 f. E. 3.

95 BGE 118 Ib 216 f. E. 8d; 111 Ib 29.

96 BGE 104 Ib 352 f. E. 2a und 355 f. E. 3.

97 BGE 97 I 723 f. E. 4.

98 BGE 118 Ib 203 ff. Im Einspracheverfahren können Entschädigungsforderungen höchstens vorsorglich angemeldet werden.

99 Oben Rz. 21.14 ff. Zu den spezifischen Anforderungen der Luftreinhalte-Verordnung vgl. BGE 122 II 99 ff. E. 6; 122 II 167 ff. E. 13; 118 Ib 222 ff. E. 11; 117 Ib 306 f. E. 8c; 117 Ib 428 ff. E. 5. Zu den lärmschutzrechtlichen Anforderungen vgl. BGE 122 II 177 f. E. 16c; BGE vom 13. Dezember 1995 in: ZBl 1996, 519 ff.; BGE 118 Ib 227 f. E. 12; 117 Ib 303 ff. E. 8b; 117 Ib 437 ff. E. 9. Vgl. im Übrigen PETER

waltungsbeschwerde an den Bundesrat (Art. 73 Abs. 1 lit. c, Art. 74 lit. a VwVG). Liegt im Einspracheentscheid eine Abweisung von Einsprachen gegen eine Enteignung, steht die Verwaltungsgerichtsbeschwerde an das Bundesgericht offen (Art. 99 Abs. 1 lit. c OG)[100].

21.30 Das Ausführungsprojekt ist vom UVEK zu genehmigen (Art. 28 NSG)[101]. Die anschliessende *Detailprojektierung* (Art. 14 NSV) dient der verfeinerten Planung von Strassenbestandteilen[102] und der Vorbereitung der Submission[103].

4. Landerwerb

21.31 Der für den Nationalstrassenbau *benötigte Boden* ist primär freihändig zu erwerben (Art. 30 Abs. 1 NSG; Art. 17 NSV). Ist das nicht möglich, sind Landumlegungen durchzuführen[104]. Enteignet wird, wenn die Bemühungen für einen freihändigen Erwerb oder für die Einleitung von Landumlegungen nicht zum Ziele führen (Art. 30 Abs. 2 NSG)[105]. Der Entscheid, in welchem Verfahren der Boden erworben wird, obliegt der zuständigen kantonalen Behörde (Art. 32 Abs. 1 NSG)[106].

HÄNNI/BERNHARD WALDMANN, Nationalstrassen und Umweltschutz, BR 1996, 72 ff. Ein Verzicht auf die Ausführung eines genehmigten generellen Projektes als Folge der Beurteilung der Umweltverträglichkeit des Ausführungsprojektes kann nur unter ganz engen Voraussetzungen in Betracht fallen: BGE 117 Ib 301 E. 7d.

100 Zum Fall, wenn in der Festsetzung des Ausführungsprojektes nur hinsichtlich einzelner Beschwerdeführer eine Abweisung von Einsprachen gegen die Enteignung liegt: BGE 117 Ib 290; 111 Ib 291 E. 1a; 110 Ib 401 E. 1c. Die Verwaltungsgerichtsbeschwerde ist auch gegeben, wenn der Einspracheentscheid (allein) von einer nach Art. 55 USG oder Art. 12 NHG beschwerdeberechtigten Umweltorganisation angefochten wird: BGE 117 Ib 290 f. E. 2a; 112 Ib 547 f. E. 1a. Zum Rechtsweg, wenn nur das Kostendispositiv des Einspracheentscheides angefochten ist: BGE 111 Ib 33 f. E. 1.

101 Zu Inhalt und Natur des Genehmigungsverfahrens: BGE 99 Ib 205; 99 Ib 209 E. 3. Zur Wiedererwägung der Genehmigung des Ausführungsprojektes: VPB 38/1974 Nr. 21.

102 Vgl. BGE 122 II 170 E. 14; 121 II 392 f. E. 6b.

103 BBl 1997 III 1547 und 1566.

104 BGE vom 15. Dezember 1983 in: ZBl 1983, 377; BGE 105 Ib 109 E. 2a; 105 Ib 341 E. 3; 104 Ib 82 E. 1c.

105 BGE 99 Ia 496 E. 4a; 97 I 180 E. 2b.

106 BGE 97 I 180 E. 2b. Verfügungen, welche eine Verwaltungsbehörde ermächtigen, das Land freihändig oder auf dem Enteignungswege zu erwerben, können mit

Der *freihändige Landerwerb* darf höchstens zu Verkehrswerten erfolgen (Art. 17 NSV). Bei einem freihändigen Landerwerb können sich nachträglich Enteignungen als notwendig erweisen, etwa wenn wegen übermässiger Lärmimmissionen für die Unterdrückung nachbarrechtlicher Abwehransprüche entschädigt werden muss (vgl. Art. 22 NSV)[107]. 21.32

Die Regelung des *Parzellarordnungsverfahrens* ist an sich Sache des kantonalen Rechts. Das Nationalstrassenrecht enthält jedoch einige besondere Grundsätze (Art. 31–37 NSG; Art. 18 NSV)[108]. Sie tragen der speziellen Stellung des Kantons im Umlegungsverfahren Rechnung (Art. 31 Abs. 2 NSG)[109] und sollen die Einleitung von Landumlegungen erleichtern (Art. 34 und 36 NSG)[110]. Eine besondere Regelung gilt für die vorzeitige Inbesitznahme von Land (Art. 37 NSG)[111]. 21.33

Häufig genügt das Ergebnis einer Landumlegung berechtigten Ersatzansprüchen eines Grundeigentümers nicht. Ist das der Fall, muss ein *nachträgliches Enteignungsverfahren* eingeleitet werden (Art. 22 NSV)[112]. Der Eigentümer hat das Begehren bei der zuständigen kantonalen Behörde zu stellen[113]. Weigert sich diese, das Enteignungsverfahren einzuleiten, steht gegen den entsprechenden kantonal letztinstanzlichen Entscheid die Verwaltungsgerichtsbeschwerde an das Bundesgericht offen[114]. 21.34

Verwaltungsgerichtsbeschwerde beim Bundesgericht angefochten werden: BGE 97 I 579 E. 1b.

107 BGE vom 30. Mai 1979 in: ZBl 1980, 358, der sich auch zu den Fristen äussert, innert welchen der Entschädigungsanspruch geltend zu machen ist; BGE 92 I 180 E. 5.

108 Dazu FRANCIS MEYER, Le remembrement selon l'article 30 LRN et les terrains agricoles supportants un bâtiment, RDAF 1975, 145 ff.

109 BGE 110 Ia 148; 105 Ib 12 E. 3b; 105 Ib 111 f. E. 2c; 105 Ib 335 E. 1b; 104 Ib 82 E. 1c.

110 BGE 105 Ib 342. Bereits anlässlich der generellen Projektierung sind Vorprojekte für Landumlegungen auszuarbeiten (Art. 33 NSG; Art. 19 NSV).

111 BGE 105 Ib 98 E. 5b.

112 BGE 110 Ib 46 E. 1; 105 Ib 16 E. 3d; 105 Ib 331 ff.; 104 Ib 81 E. 1b; 100 Ib 83 E. 3. Sind die Voraussetzungen gemäss Art. 22 NSV für die Einleitung eines nachträglichen Enteignungsverfahrens erfüllt, brauchen für die Zusprechung einer Minderwertentschädigung nicht die Voraussetzungen für die Enteignung nachbarrechtlicher Abwehransprüche erfüllt zu sein: BGE 105 Ib 13 E. 3b; 104 Ib 81 f. E. 1b.

113 BGE 114 Ib 146.

114 BGE 116 Ib 251 f. E. 1; 114 Ib 146 f.; BGE vom 30. Mai 1979 in: ZBl 1980, 358; BGE 105 Ib 111 E. 2c.

21.35 Das *Enteignungsverfahren* richtet sich nach dem Enteignungsgesetz des Bundes und den besonderen Bestimmungen des Nationalstrassengesetzes. So steht das Enteignungsrecht dem Kanton von Gesetzes wegen zu (Art. 39 Abs. 1 NSG). Bei dessen Ausübung kann er sich auf alle Bestimmungen des Enteignungsgesetzes berufen, welche die Voraussetzungen, den Umfang und den Gegenstand der Enteignung regeln, insbesondere auch auf die Art. 1, 4 und 5 EntG[115]. Das enteignungsrechtliche Planauflageverfahren dient allein der Anmeldung der Entschädigungsansprüche (Art. 39 Abs. 2 NSG; Art. 23 Abs. 2 NSV). Besonders geregelt ist die vorzeitige Inbesitznahme (Art. 39 Abs. 3 NSG)[116].

5. Bauten und Anlagen im Strassenbereich

21.36 *Bestandteil einer Nationalstrasse* bilden nicht nur der Strassenkörper, sondern auch alle anderen Anlagen, die zur technisch richtigen Ausgestaltung der Strasse erforderlich sind (Art. 6 NSG). Dazu gehören Kunstbauten wie Über- und Unterführungen, Anschlüsse, Rastplätze, Signale sowie Einrichtungen für Betrieb und Unterhalt der Nationalstrasse (Art. 6 NSG; Art. 3 NSV). Diese Anlagen(teile) sind im nationalstrassenrechtlichen Verfahren zu projektieren und zu bewilligen.

21.37 *Nebenanlagen* sind Tankstellen und damit örtlich verbundene Versorgungs-, Verpflegungs- und Beherbergungsbetriebe mit den dazugehörigen Parkplätzen (Raststätten; Art. 7 Abs. 1 NSG; Art. 4 Abs. 1 NSV). Die Erstellung solcher Nebenanlagen unterliegt grundsätzlich dem nationalstrassenrechtlichen Planungs- und Projektierungsverfahren (Art. 7 Abs. 3 NSG). Das UVEK bestimmt allerdings die Standorte, die Art und den Zeitpunkt der Ausführung der Nebenanlagen (Art. 4 Abs. 4 NSV). Sodann enthält das Bundesrecht besondere Vorschriften über die Ausstattung und den Betrieb dieser Anlagen (Art. 4 Abs. 2 und 3 NSV). Im Übrigen gilt für den Bau, die Erweiterung und den Betrieb der Nebenanlagen die kantonale Bau-[117] und Gastgewerbegesetzgebung (Art. 7 Abs. 3 NSG)[118].

115 BGE 104 Ib 31 ff. E. 3.

116 BGE 105 Ib 97 E. 5a.

117 Dies gilt namentlich für die baupolizeilichen und bauästhetischen Aspekte.

IV. Staats- und Gemeindestrassen

1. Staatsstrassen (Kantonsstrassen)

Grundlage des Staatsstrassenbaus bildet die kantonale oder regionale *Richtplanung* (Art. 6 Abs. 3 lit. b RPG; § 24 und 30 Abs. 4 PBG ZH[119]; § 5 Abs. 1 StrG ZH; § 10 Abs. 1 StrG LU[120])[121]. Damit der für den Strassenbau notwendige Raum freigehalten werden kann, müssen Sicherungsmassnahmen im Sinne von Art. 27 RPG, z.B. (projektierte) Verkehrsbaulinien (§ 96 Abs. 1 und Abs. 2 lit. a PBG ZH)[122], Strassenpläne (§ 62 Abs. 1 und § 63 StrG LU) oder Baulinienpläne (§ 62 Abs. 1 und § 64 PBG LU) festgesetzt werden[123]. 21.38

Für den Bau neuer und die Änderung bestehender Staatsstrassen sind *Strassenprojekte (Ausführungsprojekte)* auszuarbeiten[124]. Sie enthalten die genaue Linienführung, die Länge und Breite sowie die wesentlichen Bestandteile der Strasse (§ 68 StrG LU). 21.39

Für die Strassenprojektierung ist *kantonales Recht* massgebend. Das Bundesrecht legt dafür aber einen gewissen Rahmen fest. So schreibt es die Bewilligungspflicht vor, sofern der Strassenbau nicht aufgrund eines 21.40

118 Eingehend BGE 109 Ib 285 ff.

119 Gesetz vom 7. September 1975 über die Raumplanung und das öffentliche Baurecht des Kantons Zürich (Planungs- und Baugesetz, PBG ZH).

120 Strassengesetz vom 21. März 1995 des Kantons Luzern.

121 KOCH, 54 ff. Der Kanton Luzern kennt zudem den Strassenrichtplan, der detailliertere Aussagen über die kantonale Strassenplanung als der Richtplan enthält (§ 44 Abs. 1 und 2 StrG LU; Verhandlungen des Grossen Rates 1994, 606).

122 BGE 118 Ia 372 ff.; KOCH, 59 f.

123 Unter Umständen können bereits Massnahmen zur Freihaltung des Strassenraumes dem Staat den Enteignungstitel für den Landerwerb verschaffen (§ 110 PBG ZH; § 66 Abs. 3 StrG LU; BGE 118 Ia 374 f. E. 4a; BEZ 1987 Nr. 44; BEZ 1985 Nr. 50; LGVE 1993 III Nr. 23). Ausgeübt werden kann das Enteignungrecht aber erst nach rechtsverbindlicher Genehmigung des Ausführungsprojektes; aus diesem ergibt sich das genaue Ausmass der in das Eigentum des Staates zu überführenden Fläche (BGE 118 Ia 399 E. 3b). Zu den sich stellenden Rechtsmittelfragen: BGE 118 Ia 381 ff. E. 6; BEZ 1995 Nr. 29; LGVE 1993 III Nr. 24.

124 Ein Strassenprojekt ist auch dann auszuarbeiten, wenn die Strassenbaupflicht auf einen privaten Bauherren überwälzt wird (BEZ 1984 Nr. 30). Zum Verhältnis des Strassenbauprogrammes zur Strassenprojektierung: BGE 118 Ia 187 f. E. 1a.

Nutzungsplanes erfolgt (Art. 22 RPG)[125]. Als Sondernutzungspläne haben Strassenprojekte den Zielen und Grundsätzen der Raumplanung (Art. 1 und 3 RPG) zu entsprechen (§ 14 StrG ZH; § 2 StrG LU). Hauptstrassen, die mit Bundeshilfe gemäss Art. 12 TZG[126] ausgebaut werden, und andere Hochleistungs- und Hauptverkehrsstrassen sind UVP-pflichtig (Ziff. 11.2 und 11.3 Anhang UVPV); das massgebliche Verfahren ist vom Kanton zu bestimmen[127].

21.41 Nach *zürcherischem Strassenrecht* bildet ein Mitwirkungsverfahren den ersten Abschnitt des Projektierungsverfahrens (§ 13 StrG ZH). Das Mitwirkungsverfahren ist ein Verfahren im Sinne von Art. 4 Abs. 2 RPG und nicht ein Einsprache- oder Rechtsmittelverfahren. Es entspricht dem Richtplanverfahren[128]. Für den Rechtsschutz verweist § 15 Abs. 1 StrG ZH auf die kantonale Enteignungsgesetzgebung[129]. § 16 StrG ZH hält sodann fest, dass die bereinigten Staatsstrassenprojekte der Genehmigung des Regierungsrates bedürfen. Wie sich diese einzelnen Verfahrensabschnitte zueinander verhalten, ist nach einem Urteil des Zürcher Verwaltungsgerichtes unklar[130]. Der Landerwerb, dessen Grundlage ein rechtskräftiges Strassenprojekt bilden muss[131], kann freihändig, auf dem Weg der Enteignung, einer Quartierplanung (§ 123 ff. PBG ZH) oder einer landwirtschaftlichen Güterzusammenlegung erfolgen (§ 20 StrG ZH).

21.42 Nach *Luzerner Recht* ist für den Bau von Kantonsstrassen ein Strassenprojektierungsverfahren durchzuführen (§ 67 ff. StrG LU). Der Regierungsrat entscheidet nach erfolgter öffentlicher Projektauflage über die erhobenen Einsprachen, und er erteilt die Projektbewilligung (§ 71 Abs. 1 StrG LU). Damit ist dem Kanton auch das Enteignungsrecht für den Strassenbau erteilt (§ 71 Abs. 3 StrG LU). Gestützt darauf kann das enteignungsrechtliche Schätzungsverfahren eröffnet werden (§ 37 Abs. 2 und § 51 ff. EntG LU).

---

125 BGE 117 Ib 48 E. 3b. Der gestützt auf einen solchen Plan vorgenommene Strassenbau ist in der Regel zonenkonform und bedarf keiner Bewilligung nach Art. 24 RPG: Urteil des Bundesgerichtes vom 27. Oktober 1995 in: ZBl 1997, 36 f.; BGE 117 Ib 37 f. E. 2. HALLER/KARLEN (Fn. 12), 80.

126 Bundesgesetz vom 22. März 1985 über die Verwendung der zweckgebundenen Mineralölsteuer (Treibstoffzollgesetz; SR 725.116.2).

127 Kanton Zürich: strassenrechtliches Genehmigungsverfahren gemäss § 16 StrG ZH (Ziff. 11.2 und 11.3 Anhang zur zürcherischen Einführungsverordnung vom 16. April 1997 über die Umweltverträglichkeitsprüfung); Kanton Luzern: Verfahren zur Erteilung der Strassenprojektbewilligung gemäss § 71 StrG LU (Anhang 1 der Umweltschutzverordnung vom 29. September 1989).

128 TOBIAS JAAG, Verwaltungsrecht des Kantons Zürich, Zürich 1997, 212; BEZ 1984 Nr. 30.

129 Dazu Näheres bei JAAG (Fn. 128), 222 f. und 227 f.

130 BEZ 1990 Nr.1.

131 BEZ 1989 Nr. 24; BEZ 1988 Nr. 11.

2. Gemeindestrassen

Die für die Planung und Projektierung von Staatsstrassen geltenden Grundsätze finden auch auf die Planung und den Bau von Gemeindestrassen Anwendung. *Planerische Grundlage* von Gemeindestrassen bildet der kommunale Richtplan (§ 31 PBG ZH; § 9 PBG LU)[132]. 21.43

Gegenüber der Staatsstrassenprojektierung gilt im *Kanton Zürich* die Besonderheit, dass die Projektgenehmigung durch den Bezirksrat erfolgt, sofern das für den Strassenbau benötigte Land nicht freihändig erworben werden kann (§ 17 Abs. 1 StrG ZH). Die baurechtliche Bewilligung im Sinne von Art. 22 Abs. 1 RPG kann mit der Festsetzung eines der Feinerschliessung dienenden Quartierplanes erfüllt werden[133]. Das Enteignungsrecht für den Strassenbau wird der Gemeinde vom Regierungsrat erteilt (§ 21 AbtrG ZH[134])[135]. 21.44

Nach *luzernischem Recht* erteilt der Gemeinderat die Projektbewilligung für die Gemeindestrasse (§ 71 Abs. 2 StrG LU). Muss das Enteignungsrecht erteilt werden, benötigt die Projektbewilligung die Genehmigung des Regierungsrates (§ 71 Abs. 3 StrG LU)[136]. 21.45

3. Privatstrassen

Privatstrassen unterliegen der Baubewilligungspflicht (Art. 22 RPG; § 309 Abs. 1 PBG ZH; § 67 Abs. 2 StrG LU)[137]. Sie können auch aufgrund einer Quartierplanung erstellt werden. 21.46

4. Nebenanlagen im Strassenbereich

Anlagen für die Verkehrsregelung, Trottoirs, Fussgängerüber- und -unterführungen, Strassenentwässerungsanlagen usw. sind Strassenbestandteile und werden im gleichen Verfahren projektiert und bewilligt wie die 21.47

132 Und/oder Strassenplan (§ 49 StrG LU).
133 BEZ 1990 Nr. 1.
134 Gesetz betreffend die Abtretung von Privatrechten vom 20. November 1879.
135 Im Einzelnen: JAAG (Fn. 128), 227 f.
136 Verhandlungen des Grossen Rates 1994, 617; LGVE 1993 III Nr. 23. Zu den Rechtsmittelfragen: LGVE 1993 Nr. 24.
137 BEZ 1990 Nr. 1.

Strassenanlage selbst, sofern sie der Strassenbaupflicht unterstehen (§ 3 und § 7 StrG ZH; §12 StrG LU)[138].

21.48 Von den Strassenbestandteilen sind Bauten und Anlagen im Strassenbereich zu unterscheiden, die wegen ihrer strassennahen Lage (Gefahr von Verkehrsbehinderungen) der strassenpolizeilichen Bewilligungspflicht unterstehen (§ 240 PBG ZH; § 88 StrG LU)[139].

V. Eisenbahnanlagen

1. Eisenbahnlinien und andere Eisenbahnanlagen

21.49 Pläne für die Erstellung und Änderung von Anlagen, die ganz oder überwiegend dem Bahnbetrieb dienen, sind vor ihrer Ausführung allein von der Eisenbahn-Aufsichtsbehörde zu genehmigen (Art. 18 Abs 1 EBG; Art. 6 Abs. 1 EBV)[140]. Anlagen dienen ganz oder überwiegend dem *Bahnbetrieb*, wenn sie mit diesem in *unmittelbarem Zusammenhang* stehen oder unmittelbar diesem dienen[141]. Massgebend ist, ob eine räumlich und betrieblich notwendige, enge Verbindung mit dem Bahnbetrieb besteht[142]. Darüber entscheidet im Streitfalle das Bundesamt für Verkehr (BAV; Art. 40 Abs. 1 lit. a EBG)[143].

21.50 Im Sinne dieser Definition stellen neben den Gleis- und Signalanlagen, den Fahrleitungen, Bahnhöfen, Lokomotivdepots oder Werkstätten beispielsweise *Bahnbauten* dar:
- Starkstromanlagen für die Bahnstromversorgung wie Unterwerke oder Hochspannungs-Übertragungsleitungen[144];

---

138 § 3 und § 7 StrG ZH; BEZ 1992 Nr. 9.

139 BEZ 1997 Nr. 24; KOCH, 134 ff.

140 Ein kantonales Baubewilligungs- oder Planungsverfahren ist also nicht durchzuführen; zur Problematik dieser Regelung ALEXANDER RUCH, Eisenbahnrecht des Bundes und Raumordnungsrecht der Kantone, ZBl 1989, 523 ff.

141 BGE 115 Ib 173 E. 3b; 111 Ib 42 E. 5 und 44 E. 6c.

142 BGE vom 23. Mai 1995 in: ZBl 1996, 376.

143 BGE 116 Ib 404 E. 3. Die Verfügung des BAV unterliegt der Beschwerde an das UVEK; gegen seinen Entscheid ist die Verwaltungsgerichtsbeschwerde an das Bundesgericht gegeben.

144 Art. 15 Abs. 1 des Bundesgesetzes vom 24. Juni 1902 betreffend die elektrischen Schwach- und Starkstromanlagen (ElG; SR 734.0); Art. 17 der Verordnung vom 23. Dezember 1932 über die Planvorlagen für Eisenbahnbauten (PlVV; SR 742.142.1);

- unter Umständen Grossüberbauungen (Misch-Bauten) auf Bahngebiet[145];
- nicht ohne weiteres Lagerbauten[146];
- nicht ein Postbahnhof[147].

Die *Planung und Projektierung* von Eisenbahnanlagen erfolgt in einem *einstufigen Verfahren.* Die Bahnunternehmung arbeitet ein Projekt aus und legt es zur Genehmigung vor; Vorstufen, z.B. eine generelle Projektierung, gibt es im Eisenbahnrecht grundsätzlich nicht[148]. Dem Plangenehmigungsverfahren voraus geht lediglich das Planungsstadium, welches bahnintern durchgeführt wird und in dem weder der Kanton noch die Gemeinden ein Anhörungsrecht haben[149]. 21.51

Die Plangenehmigung kann in drei *unterschiedlichen Verfahren* erfolgen: im einfachen, im ordentlichen oder im mit dem Enteignungsverfahren kombinierten Verfahren[150]. Untervarianten, die mit dem Zweck, das Plangenehmigungsverfahren zu vereinfachen und zu beschleunigen, in speziellen Erlassen geschaffen wurden, gelten für den Bau von Eisenbahngrossprojekten (BAHN 2000 und NEAT)[151]. 21.52

Das *vereinfachte Plangenehmigungsverfahren* wird bei Bauvorhaben auf Bahnterrain mit keinen oder unwesentlichen Auswirkungen auf Dritte[152] sowie bei Detailprojekten, die sich auf ein bereits genehmigtes Bauprojekt stützen, eingeschlagen (Art. 20 lit. a PlVV)[153]. Es werden keine Stellungnahmen von Kanton und Gemeinde eingeholt, Bundesstellen werden soweit nötig angehört (Art. 21 PlVV). 21.53

Das *ordentliche Plangenehmigungsverfahren* kommt zur Anwendung, wenn keine Enteignungen notwendig sind oder das Enteignungsverfah- 21.54

Art. 9 der Verordnung vom 26. Juni 1991 über das Plangenehmigungsverfahren für Starkstromanlagen (VPS; SR 734.25); VPB 58/1994 Nr. 41; VPB 53/1989 Nr. 14; VPB 41/1977 Nr. 111.

145 BGE 122 II 265 ff.; BGE vom 23. Mai 1995 in: ZBl 1996, 376; 116 Ib 405 ff. E. 5.

146 BGE 111 Ib 38 ff.

147 URP 1992, 633.

148 Vgl. oben Rz. 21.6.

149 VPB 38/1974 Nr. 80.

150 Welches Verfahren eingeschlagen wird, entscheidet das BAV in einer verfahrensleitenden Verfügung (Art. 19 PlVV). Diese Verfügung ist unter den in Art. 45 VwVG geregelten Voraussetzungen selbständig anfechtbar (VPB 41/1977 Nr. 25).

151 Unten Rz. 21.62 ff.

152 Zum Beispiel Kioske, Gleisanlagen, Werkstattausbau: ZIMMERLI/SCHEIDEGGER, 37.

153 Bestehen Zweifel, ob diese Voraussetzungen erfüllt sind, ist das ordentliche Plangenehmigungsverfahren durchzuführen (Art. 20 lit. a Ziff. 2 PlVV).

ren erst nach der Plangenehmigung durchgeführt wird und die Voraussetzungen für das vereinfachte Plangenehmigungsverfahren nicht gegeben sind (Art. 20 lit. b PlVV, Art. 22–22e PlVV). Zuständig für die Erteilung der Plangenehmigungsverfügung ist das BAV (Art. 7 Abs. 1 lit. a PlVV; Art. 6 Abs. 1 VPS; Art. 12 Abs. 2 SBBV[154]); die SBB können gewisse eigene Projekte genehmigen (Art. 7 Abs. 1 lit. b PlVV; Art. 12 Abs. 1 lit. b SBBV).

21.55 Das *kombinierte Plangenehmigungsverfahren* wird eröffnet, wenn ein Enteignungsverfahren notwendig ist und dieses gleichzeitig mit dem Plangenehmigungsverfahren durchgeführt werden kann (Art. 18 Abs. 4 EBG; Art. 20 lit. c PlVV, Art. 23–28 PlVV)[155]. Dabei müssen die Projektpläne auch den Anforderungen des Enteignungsgesetzes (Art. 27 EntG) genügen[156]. Zuständig für die Erteilung der Plangenehmigung ist das BAV (Art. 7 Abs. 1 lit. a PlVV; Art. 6 Abs. 1 VPS; Art. 12 Abs. 3 SBBV), das in Abweichung von Art. 55 Abs. 1 EntG auch über enteignungsrechtliche Einsprachen im Sinne von Art. 30 EntG entscheidet[157]. Das Enteignungsverfahren ist auf die Behandlung der Entschädigungsforderungen beschränkt[158].

21.56 Im ordentlichen und kombinierten Verfahren ist das Bahnprojekt öffentlich aufzulegen (Art. 22b und Art. 25 PlVV; Art. 30 EntG). Die Pläne müssen den Art. 7–18 PlVV und Art. 2 VPS entsprechen[159]. Während der Auflage können *Einsprachen* erhoben, Planänderungsbegehren und – im kombinierten Verfahren – Begehren nach Art. 7–10 EntG gestellt werden (Art. 30 Abs. 1 EntG)[160]. Entschädigungsforderungen wegen Beeinträchtigung öffentlicher Einrichtungen oder privater Rechte sind weder im ordentlichen noch im kombinierten Verfahren Gegenstand der Plan-

---

154 Verordnung vom 29. Juni 1988 über die Schweizerischen Bundesbahnen (SR 742.311).

155 Das Enteignungsverfahren wird in einem solchen Fall aufgrund noch nicht genehmigter Projektpläne eingeleitet (BGE 115 Ib 436 f. E. 5b).

156 Näheres in BGE 111 Ib 19 ff. E. 4 und 5.

157 BGE 116 Ib 246 E. 3a; 115 Ib 435 f. E. 5a; VPB 48/1984 Nr. 41.

158 BGE 115 Ib 436 f. E. 5b.

159 Vgl. BGE 121 II 394 ff. E. 7.

160 Vgl. zur Einsprachelegitimation die in BGE 124 II 146 nicht publizierte E. 1b/aa; in BGE 121 II 378 nicht publizierte E. 1c; BGE 120 Ib 62 E. 1c und 1d; 119 Ib 389 E. 2e.

genehmigungsverfügung. Sie sind im Enteignungsverfahren zu stellen und von der Eidg. Schätzungskommission zu beurteilen[161].

Mit der Plangenehmigung wird festgestellt, dass das Projekt die Vorschriften der Eisenbahnverordnung und des übrigen Bundesrechts[162] einhält (Art. 6 Abs. 2 EBV)[163]. Sie gilt überdies als Baubewilligung (Art. 6 Abs. 3 EBV). Anlässlich der Plangenehmigung findet bei neuen Eisenbahnlinien und gewissen anderen ganz oder überwiegend dem Bahnbetrieb dienenden Bauten und Anlagen eine *UVP* statt (Ziff. 12.1 und 12.2 Anhang UVPV)[164]. 21.57

Plangenehmigungsverfügungen des BAV unterliegen der *Verwaltungsbeschwerde* an das UVEK (Art. 47 Abs. 1 lit. c VwVG)[165] und im Rahmen des Art. 99 Abs. 1 lit. c OG der *Verwaltungsgerichtsbeschwerde* an das Bundesgericht, ansonsten der Verwaltungsbeschwerde an den Bundesrat (Art. 72 VwVG)[166]. Erst inskünftig wird in allen (und nicht nur im kombinierten) Verfahren Beschwerde nur erheben können, wer zuvor Einsprache erhob (Art. 25 Abs. 4 PlVV)[167]. 21.58

Für den *Landerwerb* steht den SBB und den konzessionierten Transportunternehmungen das Enteignungsrecht von Gesetzes wegen zu (Art. 3 EBG)[168]. Die vorzeitige Besitzeinweisung bzw. der Baubeginn ist (im kombinierten Verfahren) grundsätzlich erst nach dem Beschwerdeent- 21.59

161 VPB 44/1980 Nr. 25.

162 Vgl. dazu unter anderem TINO JORIO, Die Eisenbahn und der Lärm, URP 1994, 412 ff.; BENOIT BOVAY, Assainissement et mesures d'allégements en matière de protection contre le bruit, URP 1996, 308 ff. und 441 ff.

163 Vgl. oben Rz. 21.14 ff. und BGE 122 II 107 ff.; 121 II 399 ff. E. 10–18; VPB 59/1995 Nr. 13; 59/1995 Nr. 62; 35/1970–1971 Nr. 80.

164 Vgl. BGE 121 II 388 ff. E. 4.

165 VPB 41/1977 Nr. 25.

166 VPB 44/1980 Nr. 25; 42/1978 Nr. 28; 41/1977 Nr. 111; BRB vom 7. April 1976 in: BBl 1976 II 1115 f.; VPB 38/1974 Nr. 80. Zum Beschwerderecht der Kantone und Gemeinden: VPB 59/1995 Nr. 12; BGE 115 Ib 429 E. 2c; VPB 44/1980 Nr. 25; 42/1978 Nr. 28; 35/1970–1971 Nr. 82. Zum Beschwerderecht der Organisationen: BGE 115 Ib 429 E. 2c; VPB 38/1974 Nr. 80. Zum Beschwederecht der Bahnunternehmungen: VPB 59/1995 Nr. 13. Zum Beschwerderecht der Privaten im (ordentlichen) technischen Plangenehmigungsverfahren: BGE 115 Ib 432 f. E. 4c.

167 BBl 1998, 2632.

168 VPB 48/1984 Nr. 41; 41/1977 Nr. 25.

scheid des UVEK möglich (Art. 34 PlVV)[169]. In Anlehnung an die entsprechenden Regelungen im Nationalstrassenrecht[170] enthält sodann Art. 18k EBG einige bundesrechtliche Rahmenbestimmungen für die Einleitung und Durchführung von Landumlegungen zur Bodenbeschaffung.

21.60 Zur Freihaltung von Grundstücken für künftige Bahnbauten und -anlagen können *Projektierungszonen* festgelegt werden (Art. 18b EBG). Sie haben ähnliche Wirkungen wie die Projektierungszonen nach Nationalstrassengesetz (Art. 18c EBG)[171].

21.61 Die Aufsichtsbehörde kann *Baulinien* zur Sicherung bestehender und künftiger Bahnbauten oder -anlagen festlegen, sofern genehmigte Pläne im Sinne von Art. 18 EBG vorliegen (Art. 18e EBG).

2. Projekte der BAHN 2000 und der NEAT

a) BAHN 2000 und andere Eisenbahn-Grossprojekte

21.62 Eisenbahnprojekte, die im Bundesbeschluss vom 19. Dezember 1986 betreffend das Konzept BAHN 2000[172] und im Anhang zum Bundesbeschluss vom 21. Juni 1991 über das Plangenehmigungsverfahren für Eisenbahn-Grossprojekte aufgeführt sind, werden in besonderen Verfahren genehmigt, die im zuletzt genannten Bundesbeschluss geregelt sind. Dieser soll ein einfaches und beschleunigtes Plangenehmigungsverfahren sicherstellen (Art. 1 BB EGP)[173].

21.63 Dem Plangenehmigungsverfahren geht ein verwaltunginternes *Vorprüfungsverfahren* voran (Art. 3–9, Art. 11 BB EGP). Darin wird von den beteiligten Bundesbehörden unter Mitwirkung der Kantone «im voraus» abgeklärt, ob das Bahnprojekt dem geltenden Recht genügt (Art. 3 BB EGP). Der Schlussbericht des BAV gibt Auskunft über den Verlauf und das Ergebnis des Vorprüfungsverfahrens, insbesondere über die Prüfung

---

169 BGE 115 Ib 94 ff. und 115 Ib 430 ff. E. 4–7.

170 Oben Rz. 21.33.

171 Vgl. oben Rz. 21.22 ff.; BGE 115 Ib 435 E. 5a.

172 SR 742.100. Zur Bindungswirkung dieses Konzeptes: BGE 121 II 385 E. 3a.

173 BGE 121 II 385 f. E. 3b/aa. Zur Problematik dieses besonderen Verfahrens: PIERRE TSCHANNEN in: AJP 1993, 444. Der BB EGP ist bis zum 31. Dezember 2000 befristet; zur Weiterführung dann noch hängiger Verfahren BBl 1998, 2677.

des Projektes und allfälliger Varianten (Art. 9 Abs. 3 BB EGP)[174]. Dieses Vorprüfungsverfahren stellt keine generelle Projektierung dar[175].

Besondere Regeln gelten für das *Plangenehmigungsverfahren*. Muss enteignet werden, ist in jedem Falle das kombinierte Verfahren durchzuführen (Art. 10 Abs. 2, Art. 13–15 BB EGP). Dabei muss auch der Vorprüfungsbericht sowie der Umweltverträglichkeitsbericht[176] öffentlich aufgelegt werden (Art. 14 Abs. 2 BB EGP). 21.64

Zuständig für die Erteilung der Plangenehmigungsverfügung ist das *UVEK* (Art. 12 BB EGP); es entscheidet auch über Planänderungsbegehren und über die enteignungsrechtlichen Einsprachen (Art. 16 Abs. 1 BB EGP). Das enteignungsrechtliche Schätzungsverfahren ist auf die Behandlung der Entschädigungsforderungen beschränkt (Art. 15 Abs. 1, Art. 20 Abs. 1 BB EGP). Das UVEK erteilt im Rahmen der Plangenehmigung alle übrigen notwendigen Bewilligungen (Art. 17 Abs. 2 BB EGP), vorausgesetzt, die Zustimmung der ordentlich zuständigen Bewilligungsbehörden liegt vor (Art. 17 Abs. 1 BB EGP). Gegen die Plangenehmigung ist die Verwaltungsgerichtsbeschwerde an das Bundesgericht gegeben, und zwar in Abweichung von Art. 99 Abs. 1 lit. c und e OG auch dann, wenn für ein Projekt nicht enteignet werden muss (Art. 18 BB EGP). 21.65

Einzelfragen können zur vertieften Abklärung in *nachlaufende Bewilligungsverfahren oder Detailprojektierungen* verwiesen werden[177]. 21.66

Besondere Vorschriften gelten für Landumlegungen (Art. 19 BB EGP) und Enteignungsverfahren (Art. 20 und 21 BB EGP). 21.67

b) Bau der Eisenbahn-Alpentransversalen (NEAT)

Für den Ausbau der *Transitachsen Gotthard* und *Lötschberg-Simplon* sowie der neuen Verbindungsstrecke mit der Ostschweiz (Zimmerberg – Hirzel; Art. 5, 6 und 8 Alpentransit-Beschluss) wird wie bei den Projekten der BAHN 2000 ein Vorprüfungs- und ein Plangenehmigungsverfah- 21.68

---

174 BGE 124 II 152 f. E. 3a.
175 BGE 121 II 386 f. E. 3c.
176 Entgegen der in Art. 9 Abs. 8 USG und Art. 15 UVPV enthaltenen Regelung.
177 BGE 121 II 392 ff. E. 6; oben Rz. 21.7.

ren nach dem Bundesbeschluss über das Plangenehmigungsverfahren für Eisenbahn-Grossprojekte durchgeführt (Art. 12 Abs. 1 Alpentransit-Beschluss)[178].

21.69 Zudem sieht der Alpentransit-Beschluss die Ausarbeitung von *Vorprojekten* vor (Art. 11 Alpentransit-Beschluss; Art. 4–11 NEAT-Verfahrensordnung[179]). Ihnen kommt rechtlich die Eigenschaft von Sachplänen zu (Art. 13 RPG; Art. 9 Abs. 3 NEAT-Verfahrensordnung); sie haben den Charakter von generellen Projekten[180]. Die Vorprojekte bedürfen der Genehmigung des Bundesrates. Dieser bestimmt dabei auch die Linienführung (Art. 11 Abs. 5 Alpentransit-Beschluss), weshalb diese anlässlich der Plangenehmigung der Ausführungsprojekte nicht mehr in Frage gestellt werden kann (Art. 12 Abs. 3 Alpentransit-Beschluss).

21.70 Bei der Genehmigung der Vorprojekte kann der Bundesrat anordnen, dass auf ein verwaltungsinternes *Vorprüfungsverfahren* gemäss Art. 3–9 BB EGP *verzichtet* wird (Art. 12 Abs. 2 Alpentransit-Beschluss; Art. 9 Abs. 4 NEAT-Verfahrensordnung).

21.71 Besondere Regeln gelten für die Durchführung der *UVP*. Gemäss Art. 11 Abs. 6 Alpentransit-Beschluss erfolgt bei der Prüfung und Genehmigung der Vorprojekte eine UVPV[181]. Bei der Genehmigung des Ausführungsprojektes hat ein detaillierter Umweltverträglichkeitsbericht auf der Basis der festgelegten Linienführung vorzuliegen (Art. 12 Abs. 3 Alpentransit-Beschluss)[182].

3. Bauten und Anlagen im Bahnbereich

21.72 Bauten und Anlagen, die nicht der Plangenehmigungspflicht gemäss Art. 18 EBG unterliegen, aber ein Bahngrundstück beanspruchen oder daran angrenzen, oder Bauten, die die Betriebssicherheit in Frage stellen können, oder welche den künftigen Ausbau von Bahnanlagen verunmöglichen oder erheblich erschweren, bedürfen einer *Genehmigung* des BAV

---

178 Oben Rz. 21.63 f.

179 Verordnung vom 20. Januar 1993 über die Genehmigung der Projekte nach Alpentransit-Beschluss (SR 742.104.2).

180 BGE 121 II 387 E. 3c.

181 BBl 1990 III 1158.

182 BBl 1990 III 1158.

bzw. der SBB (Art. 18 Abs. 1 lit. a, c und d EBG; Art. 13 SBBV)[183]. Die Genehmigung ist zu verweigern, wenn das Bauvorhaben die Sicherheit des Bahnbetriebes oder den Bahnausbau beeinträchtigt oder erschwert (Art. 18a Abs. 3 und 4 EBG).

Der eisenbahnrechtlichen Genehmigungspflicht unterliegen auch der Bau oder die Änderung von Kreuzungen zwischen Bahn und Strasse (Art. 24–29 EBG), zwischen Eisenbahnlinien (Art. 30 EBG) oder zwischen Bahn und Gewässern, Leitungen oder anderen Anlagen (Art. 31 EBG; Art. 6 Abs. 2 und 3 VPS). 21.73

4. Anschlussgleise

Grundlage für Planung und Bau von Anschlussgleisen bilden *Verträge* zwischen Bahn und Anschliesser (Art. 6 AnGG[184]) sowie zwischen Bahn und Mitbenützer (Art. 7 AnGG). Realisiert werden Anschlussgleise gestützt auf einen *Nutzungsplan* nach den Vorschriften des kantonalen Planungsrechtes. Dieser Plan hat das Projekt so detailliert festzulegen wie eine Baubewilligung (Art. 5 AnGG; Art. 5 Abs. 1 AnGV[185]). Eine solche genügt, wenn die Erschliessung mit Anschlussgleisen in bestehenden Nutzungsplänen vorgesehen ist und keine Enteignungen notwendig sind (Art. 5 Abs. 2 AnGV). 21.74

Der Nutzungsplan muss den *Art. 7–18 PlVV entsprechen* (Art. 7 Abs. 1 AnGV). Das Projekt hat die *Sicherheitsbestimmungen der Eisenbahn- und der Starkstromgesetzgebung* zu erfüllen (Art. 12 Abs. 1, Art. 13 AnGG). Eine *UVP* ist durchzuführen, wenn der Kostenvoranschlag für das Anschlussgleis mehr als Fr. 40 Mio. beträgt (Ziff. 12.3 Anhang UVPV). 21.75

Mit dem gegen den Nutzungsplan zur Verfügung stehenden kantonalen *Rechtsmittel* sind sämtliche Einwendungen gegen das Projekt vorzubringen, auch Projektänderungsbegehren oder Einwendungen gegen eine allfällige Enteignung[186]. Das Enteignungsverfahren ist auf die Beurteilung der Entschädigungsforderungen beschränkt (Art. 16 Abs. 3 AnGG). 21.76

---

183 BGE 120 Ib 326 ff.

184 Bundesgesetz vom 5. Oktober 1990 über die Anschlussgleise (SR 742.141.5).

185 Verordnung vom 26. Februar 1992 über die Anschlussgleise (SR 742.141.51).

186 Mit der nach Art. 26 RPG notwendigen Genehmigung des Nutzungsplanes erhält das für die Nutzungsplanung zuständige Gemeinwesen das Enteignungsrecht nach dem Enteignungsgesetz des Bundes (Art. 16 Abs. 1 und 2 AnGG).

5. Bahnnebenbetriebe

21.77 Die SBB und die konzessionierten Bahnunternehmungen sind befugt, zur Förderung der Eisenbahnbenutzung *Nebenbetriebe* auf Bahngebiet einzurichten, sofern die Bedürfnisse des Bahnbetriebes und des Verkehrs das rechtfertigen (Art. 39 Abs. 1 EBG)[187]. Voraussetzung für die Anerkennung als Nebenbetrieb ist, dass zwischen der darin durchgeführten Geschäftstätigkeit und dem Bahnreiseverkehr ein sachlicher Zusammenhang besteht. Je nach Grösse des Bahnhofs, seiner Lage und je nach der Zusammensetzung der Bahnkundschaft (Fernreisende, Berufspendler[188] usw.) sowie der Änderung des Lebensstandards im Laufe der Zeit kann die Antwort auf die Frage, welche Aktivität als Nebenbetrieb gilt, variieren[189].

21.78 Bei Nebenbetrieben handelt es sich um *kioskartige Verkaufs- oder Dienstleistungsräume*, die sich durch eine beschränkte Grösse und eine kioskartige Organisation (Schnell-/Selbstbedienung ohne grössere Kundenberatung bei beschränktem Warenangebot) auszeichnen[190].

In diesem Sinne stellen in der Regel Nebenbetriebe z.B. dar:
- Apotheken an Grossbahnhöfen mit durchmischtem Publikumsverkehr;
- Kioske, Tabakläden, Läden für Reisebedarf, Geldwechselstuben, Coiffeursalons;
- Lebensmittelläden an Pendler- und Grossstadtbahnhöfen mit einer nicht zu grossen Ladenfläche und einem begrenzten Sortiment;
- Restaurants, Kantinen für Bahnpersonal;
- Buchhandlungen, Papeterien, Geschenkartikel- und Spielwarenboutiquen bis zu einer gewissen Grösse und mit einem bestimmten Sortiment.

In der Regel keine Nebenbetriebe sind:
- Kleider- und Schuhgeschäfte;
- HiFi-, Platten- und Computerläden.

21.79 Nebenbetriebe unterstehen grundsätzlich den *kantonalen Gewerbe-, Gesundheits- und Wirtschaftspolizeivorschriften* sowie den von den zuständigen Behörden verbindlich erklärten *Regelungen über das Arbeitsverhältnis* (Art. 39 Abs. 2 EBG). Soweit und solange indessen die

---

187 BGE 117 Ib 118 ff. E. 5 und 6; 116 Ib 404 f. E. 4.; 98 Ib 230 ff.; VPB 34/1968–1969 Nr. 83.

188 Vgl. BGE 117 Ib 114 ff. zum Pendlerbahnhof Stadelhofen.

189 BGE 123 II 320 f. E. 3b; 117 Ib 122 ff. E. 8 und 9.

190 BGE 123 II 320 ff.; 117 Ib 120 ff.

Bedürfnisse des Bahnbetriebes und des Verkehrs es erfordern, kann von den kantonalen Ladenöffnungs- und -schlusszeiten abgewichen werden (Art. 39 Abs. 3 EBG). Zulässigkeit und Umfang einer solchen Abweichung ist im Einzelfall mit Blick auf das Verkehrsaufkommen im betreffenden Bahnhof zu beurteilen. Unter Umständen sind die abweichenden Öffnungszeiten bei den einzelnen Bahnnebenbetrieben bzw. -betriebsteilen im Hinblick auf ihr Angebot noch einmal auf ihre Notwendigkeit zu prüfen[191]. Im Übrigen untersteht die Einrichtung und der Betrieb von auf Erwerb ausgerichteten Nebennutzungen auf Bahngebiet, die vom Bahnbetrieb und -verkehr unabhängig sind, der ordentlichen Gesetzgebung des Bundes und der Kantone (Art. 39 Abs. 4 EBG).

Über *Meinungsverschiedenheiten* betreffend das Bedürfnis zur Einrichtung von Nebenbetrieben und deren Öffnungs- und Schliessungszeiten entscheidet das BAV (Art. 40 Abs. 1 lit. g EBG). Seine Verfügung unterliegt der Beschwerde an das UVEK[192]. Gegen dessen Entscheid ist die Verwaltungsgerichtsbeschwerde an das Bundesgericht zulässig[193]. 21.80

VI. Luftfahrtanlagen

1. Flughäfen

Flughäfen sind *öffentliche Flugplätze*. Der Betreiber unterliegt dem Zulassungszwang, ist also verpflichtet, den Flughafen allen im internen und internationalen Luftverkehr zugelassenen Luftfahrzeugen für die ordentliche Benützung zur Verfügung zu stellen (Art. 37 Abs. 1, Art. 37a Abs. 1 LFG; Art. 2 VIL)[194]. Die Anlage und der Betrieb eines Flughafens bedürfen einer *Konzession des UVEK* (Art. 37 Abs. 1 LFG). Die Art. 4 ff. VIL unterscheiden zwischen der Rahmen-, der Bau- und der Betriebs- 21.81

191 BGE 123 II 321 ff.; 117 Ib 118 f.; 98 Ib 234 f.; 97 I 593 f.; VPB 34/1968–1969 Nr. 83.
192 BGE 116 Ib 349 E. 2b.
193 BGE 98 Ib 228 f. E. 1. Zur Beschwerdelegitimation vgl. BGE 116 Ib 346 E. 1.a und 119 Ib 374 ff. (Beschwerderecht der Gewerkschaften).
194 BGE 117 Ib 389 ff. E. 5.

konzession. In allen drei Fällen sind die gesetzlichen Vorschriften auf die Zulassung von Neuanlagen und Neuinbetriebnahmen ausgerichtet[195].

21.82 Einer *Baukonzession* bedürfen Bauten und Anlagen, welche ganz oder überwiegend dem Flugplatzbetrieb dienen (vgl. Art. 37a Abs. 5 LFG). Gemäss Art. 2 VIL gehören dazu nicht nur die dem Flugbetrieb unmittelbar dienenden Bauten, sondern auch die zur landseitigen Erschliessung des Flughafens notwendigen Verkehrseinrichtungen (Zufahrtsstrassen, Autoabstellanlagen usw.), sofern auf sie nicht andere Spezialgesetze des Bundes (Eisenbahnrecht, Nationalstrassenrecht etc.) anwendbar sind[196]. Nicht konzessionspflichtig sind die in Art. 28 VIL bezeichneten Bauten und Anlagen.

21.83 Für grössere Bauprogramme auf Flughäfen kann *vor* der Erteilung einer Baukonzession eine *Rahmenkonzession* erteilt werden, welcher rechtlich die Bedeutung eines baurechtlichen Vorentscheides zukommt (Art. 14 Abs. 1 VIL)[197].

21.84 Nach der in der Gesetzgebung vorgezeichneten Stufenfolge folgt auf die Rahmen- und/oder Baukonzession die Erteilung der *Betriebskonzession* (vgl. Art. 8 Abs. 3 und Art. 18 ff. VIL). Bau- und Betriebskonzession können allerdings auch gemeinsam erteilt werden (Art. 8 Abs. 3 VIL). Wegen der Umweltschutzgesetzgebung besteht ohnehin zwischen den beiden Konzessionen ein enges Verhältnis. Das zeigt sich insbesondere bei der UVP, welche gemäss Ziff. 14.1 Anhang UVPV dreistufig durch-

195 Zur Publikation bestimmter BGE vom 24. Juni 1998 i.S. Flughafen Zürich–Kloten, E. 9b, 9d und 10c; vgl. auch unten Rz. 21.86. Die Konzessionen nach Art. 37 LFG sind zu unterscheiden von der Konzession für die gewerbsmässige Beförderung von Personen und Gütern auf regelmässig beflogenen Luftverkehrslinien (Art. 27–35 LFG; BGE 104 Ib 307 ff.; 102 Ib 300 ff.; VPB 49/1985 Nr. 50 und Nr. 51; VPB 44/1980 Nr. 62).

196 BGE 124 II 78 f. E. 4 und BGE vom 19. Februar 1998 i.S. Flughafen Zürich–Kloten (1A.266/1997), E. 4a; vgl. auch BGE 124 II 350 f. E. 29. Die Eisenbahnanlagen des SBB-Bahnhofes Flughafen Zürich–Kloten z.B. wurden im eisenbahnrechtlichen Plangenehmigungsverfahren bewilligt.

197 Zur Rahmenkonzession sowie den mit ihr zusammenhängenden umweltrechtlichen Fragen eingehend BGE 124 II 293 ff. Vgl. auch BGE 123 II 337 ff. und BGE vom 9. September 1992 in: ZBl 1994, 66 ff., zu den allgemeinen Anforderungen an baurechtliche Vorentscheide.

zuführen ist, sofern alle drei Konzessionsverfahren zur Anwendung kommen; erfolgen das Bau- und das Betriebskonzessionsverfahren gemeinsam oder muss nur eines dieser beiden Verfahren durchgeführt werden, so gilt das auch für die UVP[198].

Für das geltende Recht nicht restlos geklärt ist die Frage, in welchem oder in welchen luftfahrtrechtlichen Verfahren *Neu- und Umbauten* auf dem Areal eines bereits *bestehenden Flughafens* konzessioniert oder bewilligt werden. Grundsätzlich unterliegen sie jedenfalls der Baukonzessionspflicht (und nicht noch der Betriebskonzessionspflicht), wenn die Ergänzungsbauten keinen Zusammenhang mit dem eigentlichen Flugbetrieb haben[199]. 21.85

Im Konzessionsverfahren werden *sämtliche für die anstehende Beurteilung massgebenden Belange* geprüft; zusätzliche Bewilligungen nach Raumplanungsgesetz und nach kantonalem Recht sind nicht erforderlich (Art. 37a Abs. 1 LFG)[200]. Auf kantonales Recht gestützte Anträge sind aber zu berücksichtigen, soweit dadurch der Bau und Betrieb des Flughafens nicht übermässig[201] behindert wird (Art. 37a Abs. 4 LFG). In der Praxis wurden neben oder anstelle der Konzessionsverfahren dennoch kantonale Bewilligungsverfahren durchgeführt[202]. 21.86

Bau- und Betriebskonzession werden grundsätzlich im *ordentlichen Verfahren* mit öffentlicher Auflage des Projektes erteilt (Art. 37a Abs. 3 LFG; Art. 4–7, Art. 16, 18–19 VIL). Die Anhörung der Gemeinden und übrigen Betroffenen erfolgt durch den Kanton (Art. 4 VIL; Anhörungs- oder Einwendungsverfahren). Bauvorhaben und betriebliche Änderungen von untergeordneter Bedeutung können in einem vereinfachten Ver- 21.87

---

198 Eingehend dazu und insbesondere zur Frage, welche baulichen Veränderungen eine Änderung der Betriebskonzession oder des Betriebsreglementes nach sich ziehen, BGE 124 II 315 f. E. 9d; 318 ff. E. 10c–12, 15 und 336 f. E. 20; vgl. auch BGE 124 II 79 f. E. 5a.

199 Vgl. BGE 124 II 79 f. E. 5a und insbesondere den zur Publikation bestimmten BGE 124 II 314 f. E. 9b; 315 f. E. 9d und 318 f. E. 10c. Vgl. auch Art. 11 Abs. 4–6 und Art. 20 Abs. 1 VIL.

200 GULDIMANN, 35, 37.

201 Art. 18 Abs. 3 EBG spricht – wohl mit Art. 37a Abs. 4 LFG gleichbedeutend – von unverhältnismässiger Behinderung.

202 Vgl. BGE 124 II 80 E. 5a; BGE vom 19. Februar 1998 i.S. Flughafen Zürich–Kloten (1A.266/1997); ZIMMERLI/SCHEIDEGGER, Anhang I, 10 ff.

fahren zugelassen werden (Art. 27 VIL)[203]. Gegenstand der Prüfung bilden bloss die im fraglichen Projekt vorgesehenen Anlagen. Ob diese ohne weitere Ausbauschritte wirtschaftlich tragbar betrieben werden können, ist nicht zu untersuchen[204].

21.88 Die Bau- und die Betriebskonzession können *erteilt* werden, wenn die allgemeinen Voraussetzungen erfüllt sind[205], ein ausreichendes Bedürfnis für die Anlage besteht (Art. 8 Abs. 1 lit. b VIL) und die Lärm- und Sicherheitszonenpläne öffentlich aufliegen (Art. 8 Abs. 1 lit. c VIL). Die Konzessionen sind zu befristen (Art. 10 VIL).

21.89 Die Konzession muss auf den *Namen des Flugplatzhalters* ausgestellt werden. Mit Genehmigung des UVEK kann sie auf Dritte übertragen werden (Art. 9 VIL), wenn der Dritte in der Lage ist, die mit der Konzession verbundenen Verpflichtungen zu übernehmen und zu erfüllen[206].

21.90 Konzessionen unterliegen der Verwaltungsgerichtsbeschwerde an das Bundesgericht (Art. 99 Abs. 2 lit. c OG)[207].

2. Flugfelder

21.91 Flugfelder sind Flugplätze ohne Zulassungszwang (Art. 37b LFG; Art. 2 VIL)[208]. Für die Anlage und den Betrieb eines Flugfeldes ist eine *Bewilligung des Bundesamtes für Zivilluftfahrt (BAZL)* erforderlich (Art. 37 Abs. 2 LFG). In dieser Bewilligung wird abschliessend über Standort, Grösse und Betriebsumfang des Flugfeldes sowie über alle luftfahrtspezifischen Belange entschieden; (nur) diesbezüglich sind keine Bewilligungen nach Raumplanungsgesetz und kantonalem Recht erforderlich (Art. 37b Abs. 1 LFG; Art. 21 Abs. 2 VIL). Anders als die Konzession ist die Bewilligung also nicht umfassend[209]. Namentlich die baupolizeilichen Fragen bleiben dem kantonalen Baubewilligungsverfahren vorbe-

203 Vgl. VPB 58/1994 Nr. 80 für eine Änderung der Betriebskonzession.

204 BGE vom 7. August 1996 i.S. Alpar (1A.2/1996), E. 2b.

205 Oben Rz. 21.14 ff.

206 BGE 124 II 79 E. 5 und 80 f. E. 5b. Vgl. auch BGE 124 II 81 E. 6.

207 BGE 124 II 303 E. 2.

208 Zum Zulassungszwang oben Rz. 21.81.

209 Guldimann, 35, 37.

halten (Art. 37b Abs. 5 LFG), welches die bundesrechtliche Bewilligung allerdings weder vereiteln noch wesenlich behindern darf (Art. 21 Abs. 3 VIL).

Grundsätzlich gelten für das *Bewilligungsverfahren* die gleichen Bestimmungen wie für das Konzessionsverfahren[210]. 21.92

Die Bau- und Betriebsbewilligung ist zu *erteilen*, wenn die allgemeinen Voraussetzungen erfüllt[211] und die Lärmbelastungs- und Hindernisbegrenzungskataster festgesetzt sind (Art. 8 Abs. 2 lit. b VIL). Ein Bedürfnisnachweis wird im Gegensatz zu Flughäfen nicht verlangt (Art. 8 Abs. 2 VIL). Flugfelder sind UVP-pflichtig, wenn pro Jahr mehr als 15 000 Flugbewegungen durchgeführt werden (Ziff. 14.2 Anhang UVPV). 21.93

Die Bau- und Betriebsbewilligung des BAZL unterliegt der Verwaltungsbeschwerde an das UVEK. Gegen dessen Verfügung ist die Verwaltungsgerichtsbeschwerde an das Bundesgericht gegeben (Art. 99 Abs. 1 lit. e OG). 21.94

3. Lärm- und Sicherheitszonenpläne

In *Lärmzonenplänen* wird festgelegt, dass Gebäude in einem bestimmten Umkreis von öffentlichen Flugplätzen nur benützt oder neu erstellt werden dürfen, soweit sich ihre Ausführung und Bestimmung mit der Fluglärmbelastung vereinbaren lassen (Art. 42 Abs. 1 lit. b, Art. 42 Abs. 3 LFG). Es werden die Lärmzonen A, B und C ausgeschieden (Art. 41 VIL) und die je für sie zulässigen Nutzungen festgelegt (Art. 42 VIL)[212]. 21.95

Sicherheitszonenpläne schreiben vor, dass Bauten und andere Hindernisse in einem bestimmten Umkreis von öffentlichen Flugplätzen oder Flugsicherungsanlagen oder in einem bestimmten Abstand von Flugwe- 21.96

---

210 Oben Rz. 21.87.

211 Oben Rz. 21.14 ff.

212 VPB 54/1990 Nr. 11; 51/1987 Nr. 64; weiterführend HENRI ROBERT CHANSON, Der Schutz vor Lärm der Grossflughäfen Genf und Zürich nach schweizerischem Recht, Zürich 1980. Zum Verhältnis der Lärmzonenpläne zum Lärmbelastungskataster gemäss Art. 37 LSV: BGE 124 II 338 E. 21b.

gen nur errichtet werden dürfen, wenn sie die Sicherheit der Luftfahrt nicht beeinträchtigen (Art. 42 Abs. 1 lit. a LFG; Art. 71 VIL). Sicherheitszonenpläne enthalten Eigentumsbeschränkungen hinsichtlich Höhe und Fläche einer Überbauung (Art. 72 VIL).

21.97 Für *private Flugplätze* können keine Lärm- und Sicherheitszonenpläne festgesetzt werden (Art. 44b Abs. 1 LFG). Der Lärmschutz richtet sich nach dem Umweltschutzgesetz und der Lärmschutzverordnung. Für Massnahmen der Betriebssicherheit kommen die Vorschriften des ZGB zur Anwendung (Art. 44b Abs. 2 LFG)[213].

21.98 Der *Flughafenhalter* legt die Lärm- und Sicherheitszonenpläne fest (Art. 42 Abs. 3 und 4 LFG; Art. 40 und 71 VIL). Das UVEK entscheidet über die erhobenen Einsprachen und genehmigt die Pläne (Art. 43 LFG; Art. 73 VIL). Lärm- und Sicherheitszonenpläne enthalten grundeigentümerverbindliche Eigentumsbeschränkungen[214], welche die Nutzungsvorschriften der kommunalen Zonenplanung überlagern bzw. ihr vorgehen[215].

21.99 An sich unterliegen die Lärm- und Sicherheitszonenpläne der *Verwaltungsbeschwerde* an den Bundesrat (Art. 99 Abs. 1 lit. c OG)[216]. Da diese Pläne aber eine materielle Enteignung bewirken können[217], sollte die Verwaltungsgerichtsbeschwerde an das Bundesgericht zugelassen werden[218].

21.100 *Eigentumsbeschränkungen* durch Sicherheits- und Lärmzonenpläne begründen einen Entschädigungsanspruch, wenn sie in ihrer Wirkung einer Enteignung gleichkommen (Art. 44 Abs. 1 LFG). Über strittige Ansprüche wird im enteignungsrechtlichen Schätzungsverfahren nach der Enteignungsgesetzgebung des Bundes entschieden (Art. 44 Abs. 3 und 4 LFG)[219].

---

213 BGE vom 12. Mai 1995 in: ZBl 1996, 420 ff.

214 VPB 51/1987 Nr. 64.

215 Vgl. BGE 123 II 481 ff., aus welchem (auch) ersichtlich ist, wie die luftfahrtrechtliche Sicherheits- und Lärmzonenplanung die Ortsplanung beeinflusst. Zum Umstand, dass zur Zeit noch Lärmbelastungsgrenzwerte in der LSV fehlen: BGE 124 II 317 ff. E. 10 und 329 ff. E. 18b.

216 VPB 51/1987 Nr. 64.

217 Unten Rz. 21.100.

218 So auch das Bundesamt für Justiz in einem mit dem Bundesgericht durchgeführten Meinungsaustausch (Stellungnahme vom 17. Juni 1993 im Verfahren 1A.278/1992 et al.).

219 Vgl. BGE 123 II 485 ff. E. 5 und 6; 122 II 19 f. E. 7; 121 II 346 ff. E. 12d – 13; 110 Ib 371 ff. E. 1 und 2. Von der Entschädigungspflicht aus materieller Enteignung zu

4. Flugsicherungsanlagen

Der Bau und die wesentliche Änderung von Flugsicherungsanlagen bedürfen einer *Bewilligung des UVEK* (Art. 40a Abs. 1 LFG). Auf sie findet Art. 37a LFG sinngemäss Anwendung. Im Rahmen dieses bundesrechtlichen Bewilligungsverfahrens wird mithin über sämtliche Belange, auch über Standort und die dem Bauvorhaben allenfalls entgegenstehenden Interessen, entschieden; auf das Raumplanungsgesetz oder das kantonale Recht gestützte Bewilligungen sind nicht erforderlich (Art. 40a Abs. 2 und Art. 37a Abs. 1 LFG; Art. 84 VIL)[220]. 21.101

Die Bewilligung für eine Flugsicherungsanlage stellt eine Verfügung über eine Anlage der Luftfahrt dar (Art. 99 Abs. 1 lit. e OG); sie unterliegt der *Verwaltungsgerichtsbeschwerde* an das Bundesgericht[221]. 21.102

VII. Weitere Infrastrukturanlagen

1. Wasserkraftwerke

Die Nutzung der Wasserkraft zur Erzeugung elektrischer Energie erfordert den *Bau hydraulischer Anlagen* wie Stau-, Speicher- oder Laufkraftwerke, Druckleitungen und Turbinenwerke einschliesslich der zugehörigen Gebäude (Art. 67 Abs. 1 lit. a WRG)[222]. Rechtsgrundlage für den 21.103

---

unterscheiden sind Entschädigungspflichten aus formeller Enteignung für die Unterdrückung nachbarrechtlicher Abwehransprüche wegen übermässigen Lärmimmissionen von öffentlichen Fluganlagen (BGE 123 II 349 ff.; 123 II 490 ff. E. 7–10; 110 Ib 379 f. E. 3).

220 Vgl. BGE vom 27. Oktober 1982 in: ZBl 1983, 369; GULDIMANN, 45.

221 Der in: ZBl 1990, 285 publizierte BGE vom 26. September 1988 erging zur heute nicht mehr geltenden Rechtslage.

222 Von den hydraulischen sind die elektrischen Anlagen (Generatoren, Transformatoren, Kabel und Träger, Verteilungsanlagen) zu unterscheiden (Art. 67 Abs. 1 lit. b WRG). Über die Bedeutung dieser beiden Anlagenkategorien beim Ablauf der Wassernutzungskonzession vgl. RAPHAEL VON WERRA, Fragen zum Ablauf der Wasserrechtskonzession mit Heimfall, ZBl 1980, 10 ff.

Bau dieser Anlagen bildet die Wassernutzungskonzession (Verleihung)[223].

21.104 Auf das *Konzessionsverfahren* findet kantonales Recht Anwendung (Art. 60 Abs. 1 WRG). Das eidgenössische Wasserrechtsgesetz schreibt die öffentliche Auflage des Konzessionsgesuches und die Möglichkeit vor, während der Auflage Einsprache zu erheben (Art. 60 Abs. 2 WRG). Zuständig für die Erteilung der Konzession sind die Behörden desjenigen Kantons, in dessen Gebiet die in Anspruch genommene Gewässerstrecke liegt (Art. 38 Abs. 1 WRG). Besondere Zuständigkeiten gelten für die Nutzung interkantonaler und internationaler Gewässer (Art. 6 und 7, Art. 38 Abs. 2 und 3 WRG)[224]. Ausserdem steht dem Bund das Oberaufsichtsrecht zu, Pläne für Wasserkraftwerke auf die Zweckmässigkeit der Gewässernutzung hin zu überprüfen (Art. 5 WRG)[225].

21.105 Die *Konzessionserteilung* richtet sich nach dem Wasserrechtsgesetz des Bundes, welches Grundsatzvorschriften enthält (Art. 24bis Abs. 1 lit. b BV), sowie nach den Wasserrechtsgesetzen der Kantone[226]. Auf die Erteilung der Konzession besteht in der Regel kein Anspruch. Entscheidend ist vielmehr eine Beurteilung der gesamten Interessenlage[227]. Dabei hat die Konzessionsbehörde unter anderem das öffentliche Wohl, die wirtschaftliche Ausnutzung des Gewässers und die an ihm bestehenden Interessen zu berücksichtigen (Art. 39 WRG). Mit abzuwägen sind auch die energie- und allgemeinen wirtschaftlichen Interessen des verleihenden Gemeinwesens (Art. 22 und 24 WRG; Art. 3 UVPV; Art. 1 und Art. 33 Abs. 1–3 GSchG; Art. 9 Abs. 2 BGF)[228].

---

223 Die Eintragung des Standortes einer zukünftigen Wasserkraftanlage in einem Zonenplan hat daher bestenfalls informativen Charakter (BGE vom 7. Dezember 1993 in: ZBl 1994, 284 f.). Zur Frage der richtplanerischen Grundlage von Wasserkraftwerken: BGE 119 Ib 270 E. 5c.

224 ZIMMERLI/SCHEIDEGGER, 56, 58. Vgl. dazu nun auch BBl 1998, 2623 ff.

225 Ein positiver Befund des Bundes präjudiziert die Wasserrechtsverleihung rechtlich nicht (ZIMMERLI/SCHEIDEGGER, 57). Die Planprüfung nach Art. 5 WRG stellt keine Bundesaufgabe im Sinne von Art. 2 NHG dar (VPB 35/1970–1971 Nr. 78).

226 JAGMETTI, N 12 ff. zu Art. 24bis; ZIMMERLI/SCHEIDEGGER, 56 f.

227 Vgl. oben Rz. 21.17.

228 BGE 119 Ib 275 E. 8b und 284 E. 9h und 9i; 117 Ib 188 ff. E. 4; 112 Ib 424 ff.; VPB 49/1985 Nr. 62 = ZBl 1985, 545 ff.; BGE 109 Ib 214 ff.

Das *kantonale Recht* regelt zum Teil die Voraussetzungen für die Konzessionserteilung näher, indem es z.B. vorschreibt, dass bei der Interessenabwägung gewissen Aspekten Vorrang zukommt (§ 43 Abs. 2 WWG ZH[229], Vorrang der Trinkwasserversorgung) oder dass öffentliche Interessen durch die Wasserkraftnutzung nicht erheblich beeinträchtigt werden dürfen (§ 43 Abs. 1 WWG ZH). 21.106

Speicher- und Laufkraftwerke sowie Pumpspeicherwerke mit mehr als 3 MW Leistung unterliegen einer *zweistufigen UVP*. Das Konzessionsverfahren ist das massgebliche Verfahren für die 1. Stufe der UVP (Ziff. 21.3 Anhang UVPV)[230]. 21.107

Mit der Konzession sind die weiteren für die Realisierung der Wasserkraftanlage notwendigen Bewilligungen *koordiniert* zu erteilen[231]. Zentrale Bedeutung hat die gewässerschutzrechtliche Bewilligung (Art. 29 ff. GSchG), sofern die Wasserkraftnutzung auf Wasserentnahmen beruht, in allen anderen Fällen die fischereirechtliche Bewilligung (Art. 8 und 9 BGF)[232]. Im Rahmen dieser Bewilligungen wird namentlich der Umfang des verliehenen Nutzungsrechtes mit Angabe der nutzbaren Wassermenge festgelegt (Art. 54 lit. b und c WRG; Art. 31–33 und Art. 36 GSchG; Art. 9 BGF)[233]. Eine erst nach der Konzessionierung erfolgte Erteilung der gewässerschutz- oder der fischereirechtlichen Bewilligung ist daher nach heutiger Rechtslage nicht mehr zulässig[234]. 21.108

Die Konzession wird auf maximal *80 Jahre* erteilt (Art. 58 WRG). Sie kann verlängert oder erneuert werden[235]. 21.109

Gegen kantonal letztinstanzliche Verfügungen über die Erteilung von Wassernutzungskonzessionen ist die *Verwaltungsgerichtsbeschwerde* an 21.110

229 Wasserwirtschaftsgesetz des Kantons Zürich vom 2. Juni 1991.

230 BGE 119 Ib 270 ff. E. 6 und 7. Für die 2. Stufe der UVP vgl. unten Rz. 21.111.

231 Vgl. oben Rz. 21.8. Dies kann in einer einheitlichen Erlaubnis oder in getrennten (aber koordinierten) Entscheiden erfolgen (BGE 117 Ib 183 f. E. 1a; BGE vom 16. September 1987 in: ZBl 1988, 279; BGE 112 Ib 431 E. 4c). Die Ausnahmebewilligung nach Art. 24 RPG oder die Rodungsbewilligung kann unter gewissen Voraussetzungen nach der Erteilung der Wassernutzungskonzession erteilt werden (BGE 119 Ib 278 E. 9c).

232 VPB 59/1995 Nr. 38; BGE 119 Ib 272 E. 6b.

233 BGE 119 Ib 267 E. 5a und 269 E. 5b.

234 VPB 59/1995 Nr. 38; BGE 119 Ib 272 E. 6b; VPB 52/1988 Nr. 8.

235 BGE 119 Ib 290 ff. E. 10d–10h.

das Bundesgericht auch dann zulässig, wenn auf die Konzession kein Anspruch besteht (Art. 99 Abs. 2 lit. a OG).

21.111 Die Konzession stellt noch nicht die *Baubewilligung* für das Kraftwerk dar. Dieses bedarf auf der Grundlage der Konzession noch der (wasser-) baupolizeilichen[236] und einer arbeitsrechtlichen Bewilligung (Art. 7 ArG). Im Rahmen dieser Bewilligungsverfahren wird die 2. Stufe der UVP[237] durchgeführt (Ziff. 21.3 Anhang UVPV).

2. Elektrische Anlagen

a) Plangenehmigungsverfahren

21.112 Für den Bau von Starkstromanlagen[238] ist eine *Plangenehmigung* gestützt auf das Elektrizitätsgesetz des Bundes notwendig (Art. 15 und Art. 21 ElG; Art. 12 und 13 VPS). In der Plangenehmigungsverfügung wird über die Linienführung von Frei- und Kabelleitungen sowie über den Standort von Masten und Freiluftanlagen abschliessend entschieden; kantonale Bewilligungen sind nicht notwendig (Art. 12 Abs. 4 VPS), ebensowenig eine Ausnahmebewilligung nach Art. 24 RPG[239]. Hingegen ist für Kraftwerkgebäude, Unterwerke und Transformatorenstationen zusätzlich eine kantonale Baubewilligung und allenfalls eine Ausnahmebewilligung nach Art. 24 RPG einzuholen[240]. Diese Bewilligungen müssen im Zeitpunkt der Plangenehmigung vorliegen (Art. 2 Abs. 1 lit. e VPS)[241].

21.113 Starkstromanlagen *elektrischer Eisenbahnen* werden im eisenbahnrechtlichen Plangenehmigungsverfahren bewilligt (Art. 15 Abs. 1, Art. 21 Ziff. 2 ElG; Art. 9–11 VPS)[242].

---

236 Vgl. VPB 57/1993 Nr. 21.

237 Im Rahmen der 2. Stufe der UVP kann nicht mehr in Frage gestellt werden, was Gegenstand der 1. Stufe der UVP war (BGE 119 Ib 277 E. 9c).

238 Zum Begriff der Starkstromanlage vgl. Art. 2 Abs. 2 ElG und Art. 3 Ziff. 29 der Starkstromverordnung. Zu den vorgesehenen tiefgreifenden Gesetzesänderungen im elektrizitätsrechtlichen Verfahren: BBl 1998, 2627 ff.

239 VPB 58/1994 Nr. 42; ZIMMERLI/SCHEIDEGGER, 76 f.

240 ZIMMERLI/SCHEIDEGGER, 76.

241 Vgl. VPB 58/1994 Nr. 42.

242 Vgl. VPB 40/1976 Nr. 84.

Die elektrizitätsrechtliche Plangenehmigung kann im ordentlichen (Art. 13 und 16 VPS) oder im vereinfachten Verfahren (Art. 13 und 17 VPS) erteilt werden. Im *ordentlichen Verfahren* wird das Projekt vom Eidg. Starkstrominspektorat den betroffenen Kantonen unterbreitet, welche die öffentliche Planauflage veranlassen (Art. 16 VPS). Während der öffentlichen Auflage kann Einsprache erheben, wer durch das Projekt in seinen schutzwürdigen Interessen betroffen ist (Art. 16 Abs. 4 VPS). 21.114

Im *vereinfachten Verfahren* werden die Planvorlagen vom Eidg. Starkstrominspektorat direkt den Betroffenen unterbreitet; eine öffentliche Auflage findet nicht statt (Art. 17 VPS). Dieses Verfahren kann daher nur durchgeführt werden, wenn die Betroffenen zweifelsfrei bekannt sind und ihre Zahl gering ist. 21.115

Obwohl in der Gesetzgebung nicht ausdrücklich vorgesehen, kann nach der Praxis des Bundesrates die Plangenehmigung insoweit in Etappen erfolgen, als in einem ersten Schritt die Linienführung und in einem zweiten das Detailprojekt genehmigt wird[243]. 21.116

Die *Erteilung der Plangenehmigung* setzt neben der Einhaltung sicherheitstechnischer Anforderungen eine Prüfung der umweltrechtlichen Vorschriften[244] voraus[245]. Eine UVP ist bei Hochspannungs-Freileitungen oder -Kabel mit einer Spannung von 220 kV oder höher durchzuführen (Ziff. 22.2 Anhang UVPV)[246]. Im Übrigen hängt die Plangenehmigung von einer umfassenden Interessenabwägung ab (Art. 7 Starkstromverordnung; Art. 2 Abs. 1 lit. d VPS)[247]. Nach der Praxis des UVEK muss zudem ein Bedarfsnachweis vorliegen[248]. 21.117

Im Elektrizitätsrecht ist das Enteignungsverfahren vom Plangenehmigungsverfahren getrennt; es folgt diesem nach (Art. 23 Abs. 1 VPS)[249]. 21.118

---

243 VPB 53/1989 Nr. 41.

244 Zum Schutz vor elektromagnetischer Strahlung eingehend BGE 124 II 229 ff. E. 7 und 8; zum Landschaftsschutz: VPB 55/1991 Nr. 19; 54/1990 Nr. 29; 53/1989 Nr. 41.

245 Vgl. oben Rz. 21.14 f.

246 Dementsprechend unterliegt der Bau von 132 kV-Leitungen der SBB nicht der UVP-Pflicht: BGE 124 II 228 E. 6a.

247 Oben Rz. 21.17. VPB 58/1994 Nr. 41 und Nr. 42; 40/1976 Nr. 17; ZIMMERLI/ SCHEIDEGGER, 75 f.

248 VPB 58/1994 Nr. 42.

249 Wo besondere Umstände es rechtfertigen, kann aber die gleichzeitige Durchführung beider Verfahren angeordnet werden (Art. 23 Abs. 2 VPS).

In der Plangenehmigungsverfügung muss daher ausdrücklich darauf hingewiesen werden, dass eine neue Plangenehmigung erfolgt, falls im Enteignungsverfahren Einsprachen eingehen, die eine *Planänderung* zur Folge haben (Art. 22 Abs. 1 VPS).

21.119 Die Plangenehmigungsverfügung unterliegt der Verwaltungsbeschwerde an das UVEK; dessen Entscheid ist mit Verwaltungsbeschwerde beim Bundesrat anfechtbar (Art. 99 Abs. 1 lit. c und e OG; Art. 23 ElG)[250].

b) Enteignungsverfahren

21.120 Das *Enteignungsverfahren* wird nach Abschluss des Plangenehmigungsverfahrens gemäss den Bestimmungen des Enteignungsgesetzes des Bundes eingeleitet (Art. 27 ff. EntG)[251]. Es findet eine enteignungsrechtliche Planauflage statt, in welcher die Enteigneten Einsprachen gegen die Enteignung, Begehren nach Art. 7–10 EntG und andere Planänderungsbegehren sowie Entschädigungsforderungen anmelden können (Art. 30 EntG). Über die enteignungsrechtlichen Einsprachen und die übrigen Begehren (mit Ausnahme der Entschädigungsforderungen) entscheidet das UVEK (Art. 55 Abs. 1 EntG).

21.121 Das UVEK kann gegen den Willen der Einsprecher das Enteignungsrecht erteilen, wenn eine Trasseeänderung ohne erhebliche technische Inkonvenienzen, unverhältnismässige Mehrkosten oder eine Gefährdung der öffentlichen Sicherheit nicht möglich ist (Art. 50 Abs. 2 ElG). Der Entscheid hängt von einer Abwägung aller berührten Interessen ab[252].

21.122 Besondere Vorschriften bestehen für die Bewilligung der vorzeitigen Besitzeinweisung (Art. 53 ElG)[253] und für den Beginn der Bauarbeiten (Art. 24 VPS)[254].

---

250 Zur Frage, ob damit Art. 6 Ziff. 1 EMRK Genüge getan ist: BGE vom 7. Oktober 1997 in: ZBl 1998, 391 ff..

251 Zu den Besonderheiten des Enteignungsverfahrens für den Bau von Starkstromleitungen: BGE 115 Ib 18 ff. E. 3–5; BGE vom 1. Oktober 1984 in: ZBl 1985, 112 ff.; 105 Ib 198 ff. E. 1; VPB 42/1978 Nr. 27; BGE 95 I 603 E. 3; HESS/WEIBEL II, 230 ff.

252 BGE 124 II 232 ff. E. 8; 115 Ib 316 ff.; BGE vom 1. Oktober 1984 in: ZBl 1985, 115 ff.; BGE 109 Ib 299 ff.; 100 Ib 404 ff.; 99 Ib 77 ff.

253 BGE 116 Ib 34 f. E. 3a und 3b; 105 Ib 200 ff. E. 1d, 1e und 2.

254 BGE 116 Ib 36 E. 3d; 105 Ib 197.

3. Rohrleitungen

a) Konzessionsverfahren

Bau und Betrieb von Rohrleitungen zur Beförderung flüssiger oder gasförmiger Brenn- oder Treibstoffe im Sinne von Art. 1 Abs. 1 und 2 RLG[255] bedürfen einer *bundesrätlichen Konzession* (Art. 2 und 5 RLG)[256]. 21.123

Das Konzessionsgesuch ist zur Erhebung von Einsprachen öffentlich aufzulegen (Art. 6 Abs. 2 und 3 RLG; Art. 17–20 RLV[257]). Es hat nötigenfalls das Gesuch um Erteilung des Enteignungsrechtes zu enthalten (Art. 6 Abs. 1 RLG). Im Konzessionsverfahren wird ausserdem die 1. Stufe der UVP durchgeführt (Ziff. 22.1 Anhang UVPV). Die Konzession wird erteilt (Art. 3 Abs. 2 RLG), wenn nicht ein in Art. 3 Abs. 1 RLG besonders genannter Verweigerungsgrund gegeben ist. In jedem Falle ist eine umfassende Interessenabwägung vorzunehmen (Art. 4 der Verordnung über die Sicherheitsvorschriften für Rohrleitungsanlagen[258])[259]. 21.124

In der *Konzession* wird der Zweck, die generelle Linienführung und das Leistungsvermögen der Anlage festgelegt (vgl. Art. 6 Abs. 1 RLG; Art. 14 RLV) und gegebenenfalls das Enteignungsrecht erteilt (Art. 10 Abs. 3 RLG). 21.125

Der Konzessionsentscheid des Bundesrates ist *nicht anfechtbar*[260]. Daher kann die generelle Linienführung im nachfolgenden Plangenehmigungsverfahren nicht mehr zur Diskussion gestellt werden (Art. 22 RLV)[261]. 21.126

255 Bundesgesetz vom 4. Oktober 1963 über die Rohrleitungsanlagen zur Beförderung flüssiger oder gasförmiger Brenn- oder Treibstoffe (Rohrleitungsgesetz; SR 746.1).

256 Gewisse Rohrleitungen unterstehen der Aufsicht der Kantone und bedürfen einer rohrleitungsrechtlichen Bewilligung der zuständigen kantonalen Behörde, einer Baupolizeibewilligung (Art. 41 und 42 RLG) und gegebenenfalls einer Ausnahmebewilligung nach Art. 24 RPG (ZIMMERLI/SCHEIDEGGER, 150 f., 152, 153). Zu den vorgesehenen Gesetzesänderungen: BBl 1998, 2638 ff.

257 Rohrleitungsverordnung vom 11. September 1968 (SR 746.11).

258 Vom 20. April 1983; SR 746.2.

259 Oben Rz. 21.17; ZIMMERLI/SCHEIDEGGER, 152. Die Rohrleitung muss nur im öffentlichen Interesse liegen, wenn das Enteignungsrecht erteilt werden soll (Art. 1 Abs. 1 EntG; Art. 10 Abs. 1 RLG).

260 ZIMMERLI/SCHEIDEGGER, 148.

261 ZIMMERLI/SCHEIDEGGER, 149. Zur Tragweite vereinbarungsmässig festgelegter Linienführungen: VPB 37/1973 Nr. 65.

b) Plangenehmigungsverfahren

21.127 Für den *Bau* einer Rohrleitungsanlage ist vor dem Bundesamt für Energiewirtschaft (BEW) ein mit dem Enteignungsverfahren kombiniertes *Plangenehmigungsverfahren*[262] durchzuführen (Art. 21–23 RLG; Art. 24–35 RLV). Während der öffentlichen Auflage des Projektes sind alle Einwendungen vorzubringen, namentlich auch Einsprachen gegen die Enteignung, Begehren nach Art. 7–10 EntG und andere Planänderungsbegehren (Art. 30 Abs. 1 EntG; Art. 22 Abs. 2 RLG)[263].

21.128 Über die *Plangenehmigung* entscheidet das BEW[264] unter Durchführung der 2. Stufe der UVP (Ziff. 22.1 Anhang UVPV). Es erteilt aufgrund einer umfassenden Interessenabwägung[265] die Plangenehmigung, wenn das Ausführungsprojekt den Vorschriften der Rohrleitungsgesetzgebung und den übrigen, namentlich umweltrechtlichen Vorschriften entspricht (Art. 35 Abs. 1 RLV). Auf kantonales Recht gestützte Bewilligungen sind nicht erforderlich, auch nicht für Nebenanlagen im Sinne von Art. 26 Abs. 1 Ziff. 7 RLV, da sie Bestandteil des im Plangenehmigungsverfahren zu bewilligenden Ausführungsprojektes bilden (Art. 38 Abs. 2 RLV)[266]. Auf kantonales Recht gestützte Anträge sind aber zu berücksichtigen, soweit sie den Bau der Rohrleitungsanlage nicht übermässig erschweren (Art. 38 Abs. 2 RLV)[267].

21.129 Die Plangenehmigungsverfügung ist mit *Beschwerde* beim UVEK anfechtbar[268]. Dessen Entscheid unterliegt der Verwaltungsgerichtsbeschwerde an das Bundesgericht, soweit der Entscheid des UVEK einer Verfügung über Enteignungen gleichkommt (Art. 99 Abs. 1 lit. c OG)[269].

---

262 Das eigentliche Enteignungsverfahren ist auf die Behandlung der Entschädigungsforderungen beschränkt (Art. 26 Abs. 2 RLG; BGE 115 Ib 430 ff. E. 4).

263 VPB 34/1968–1969 Nr. 90. Mit der rechtskräftigen Plangenehmigung ist über alle gegen die Pläne erhobenen Einwendungen entschieden (Art. 23 Abs. 3 RLG; Art. 38 Abs. 1 RLV).

264 VPB 37/1973 Nr. 25.

265 Vgl. VPB 37/1973 Nr. 66; ZIMMERLI/SCHEIDEGGER, 152.

266 Anderer Auffassung mit Bezug auf Hochbauten ZIMMERLI/SCHEIDEGGER, 153.

267 Vgl. oben Rz. 21.14 ff.

268 VPB 37/1973 Nr. 25.

269 VPB 37/1973 Nr. 25; BGE 98 Ib 280 f. Vgl. auch HESS/WEIBEL II, 428.

Mit dem *Bau* darf erst nach rechtskräftiger Genehmigung der Pläne begonnen werden (Art. 25 RLG; Art. 39 Abs. 1 RLV). Die *Inbetriebnahme* der Rohrleitung bedarf einer Betriebsbewilligung (Art. 30 RLG; Art. 45 RLV)[270]. 21.130

4. Post- und Telekommunikationsanlagen

a) *Postbauten und -anlagen*

Bauten und Anlagen von Unternehmungen, welche Dienstleistungen im Sinne von Art. 1 ff. des Postgesetzes[271] erbringen («Die Schweizerische Post» und andere Unternehmungen), unterstehen grundsätzlich sowohl in materieller als auch in formeller Hinsicht dem *ordentlichen kantonalen Planungs- und Baurecht*[272]. Das war schon vor der Postreform[273] so. Gegenüber der früheren PTT musste indes das kantonale Bau- und Planungsrecht im Einzelfall weichen, soweit dieses die PTT in der Erfüllung ihrer Monopolaufgaben hinderte[274]. Ob diese Ausnahmeregelung auch unter der Herrschaft des Postgesetzes gilt, geht aus diesem nicht klar hervor. Jedenfalls käme für «Die Schweizerische Post» nur insoweit im Einzelfall eine Ausnahme vom kantonalen Bau- und Planungsrecht in Frage, als sie Bauten und Anlagen erstellen will, die dem Universaldienst im Sinne von Art. 2 ff. PG dienen[275]. 21.131

Ob *privaten Anbietern* beim Bau ihrer Anlagen für die Erbringung nicht reservierter Dienste (übrige Pflichtdienste, Art. 4 PG) oder Wettbewerbsdiensten (Art. 9 PG) in gleicher Weise entgegenzukommen wäre, ist wohl zu verneinen, da eine Privilegierung der «Schweizerischen Post» mit dem Erbringen eines Gesamtpaketes von Universaldiensten zu begründen wäre. 21.132

---

270 ZIMMERLI/SCHEIDEGGER, 150.

271 Postgesetz vom 30. April 1997 (PG; SR 783.0)

272 BGE 92 I 210 ff. E. 5 und 6.

273 Vgl. zur Postreform das Postgesetz, die zugehörige Botschaft des Bundesrates (BBl 1996 III 1249 ff.), das Bundesgesetz vom 30. April 1997 über die Organisation der Postunternehmung des Bundes (Postorganisationsgesetz, POG; SR 783.1) sowie die zugehörige Botschaft (BBl 1996 III 1306 ff.).

274 BGE 92 I 210 E. 5.

275 Darauf muss wohl nach der Postreform abgestellt werden. Eine gegenüber den Wettbewerbern privilegierte Behandlung der «Schweizerischen Post» kommt nur in Frage, soweit sie Pflicht- oder Monopoldienste anbietet; vgl. BBl 1996 III 1267, 1275 ff.

21.133 Für die Installation von *Briefkästen, Wertzeichenautomaten und anderen zur Erfüllung des Universaldienstes erforderlichen Einrichtungen*[276] kann «Die Schweizerische Post» den im Gemeingebrauch stehenden Boden (Strassen, Plätze) unentgeltlich benützen (Art. 16 PG). Für diese Anlagen ist sie von der Beachtung des kantonalen Planungs- und Baurechtes befreit[277].

21.134 Die Realisierung von Postbauten durch «Die Schweizerische Post» bedingt unter Umständen die Erteilung des *Enteignungsrechtes* (Art. 3 EntG). Das setzt ein öffentliches Interesse an der betreffenden Postanlage voraus (Art. 1 Abs. 1 EntG). Im Lichte der neuen Postgesetzgebung kann ein öffentliches Interesse an einer Postanlage wohl nur vorliegen, soweit diese Universaldiensten (Art. 2 ff. PG) dient.

b) Telekommunikationsanlagen

21.135 Die Eigentümer von Boden im Gemeingebrauch (Strassen, Fusswege, öffentliche Plätze, aber auch Flüsse, Seen usw.) sind ohne Anspruch auf Entschädigung verpflichtet, allen Konzessionären von Fernmeldediensten die *Benutzung dieses Bodens* für den Bau und Betrieb von Leitungen und öffentlichen Sprechstellen zu bewilligen, sofern diese Einrichtungen den Gemeingebrauch nicht beeinträchtigen (Art. 35 Abs. 1 FMG[278])[279]. Insoweit besteht für den Leitungsbau und den Bau von Sprechstellen, nicht aber für den Bau weiterer Hochbauten (Verteilstationen usw.), auch eine Ausnahme von der kantonalen Bewilligungspflicht[280]. Diese Ausnahme muss nach dem Sinn von Art. 35 FMG, der den hinderungsfreien

276 Der Begriff der Einrichtung ist nicht mit dem Begriff der Postbaute und -anlage gleichzusetzen. Einrichtungen stellen wie Briefkästen oder Wertzeichenautomaten Ausstattungen von begrenzter Grösse dar, welche das flächendeckende Erbringen von Universaldiensten ermöglichen und erleichtern.

277 BBl 1996 III 1290.

278 Fernmeldegesetz vom 30. April 1997 (SR 784.10).

279 Die Inanspruchnahme von Boden im Gemeingebrauch hat wenn möglich koordiniert mit anderen Bauvorhaben zu erfolgen (Art. 25 der Verordnung vom 6. Oktober 1997 über Fernmeldedienste [FDV]). Vor der Benützung des Bodens ist dem Eigentümer eine Anzeige zu machen (Art. 26 FDV). Näheres bei GUNTER, 56 ff. Betreffend Querung von Eisenbahngrundstücken vgl. Art. 27 FDV.

280 BBl 1996 III 1438; BGE 97 I 524.

Bau von Fernmeldenetzen fördern will[281], überdies in Bezug auf Leitungen auf oder in privaten Grundstücken gelten. Die entsprechenden Durchleitungsrechte müssen aber vertraglich oder auf dem Weg der Enteignung erworben werden (Art. 36 Abs. 1 FMG); eine gesetzliche Eigentumsbeschränkung, ähnlich des früheren Art. 6 ElG, besteht im Fernmeldegesetz nicht mehr[282]. Für bestehende Fernmeldeanlagen kann das Bundesamt für Kommunikation (BAKOM) unter gewissen Voraussetzungen ein Mitbenutzungsrecht gestalten (Art. 36 Abs. 2 FMG; Art. 28 FDV)[283].

Der Bau von Fernmeldeanlagen für den Betrieb *terrestrischer Funknetze* (Mobiltelefonnetze usw.) bedarf einer Baubewilligung nach kantonalem Recht und allenfalls nach Art. 24 RPG[284]. Entsprechendes gilt für *Satellitenfunknetzanlagen* (Art. 4 FMG; Art. 9 FAV[285]). Von der baurechtlichen Bewilligungspflicht zu unterscheiden sind die technischen Zulassungsverfahren gemäss Art. 31 FMG und Art. 33 FAV. 21.136

Da die PTT bzw. die «Swisscom» über ein bestehendes flächendeckendes Netz an Fernmeldeanlagen verfügt, stehen heute nicht nur Fragen des Infrastruktur(aus)baus, sondern auch des Zugangs zu deren Einrichtungen, Diensten und Informationen im Vordergrund (Art. 11 FMG; Art. 29 ff. FDV; Interkonnektion)[286]. 21.137

5. Entsorgungsanlagen

Zu den *Entsorgungsanlagen* zählen Abwasserreinigungsanlagen (ARA), Deponien, Kehrrichtverbrennungsanlagen (KVA) sowie Zwischen- und Endlager für radioaktive Abfälle. 21.138

Abwasserreinigungsanlagen beruhen auf der generellen Entwässerungsplanung der Kantone und Gemeinden (Art. 7 Abs. 3 GSchG; Art. 11 AGSchV). Sie sind bewilligungspflichtig (Art. 22 RPG). Das Bewilli- 21.139

281 BBl 1996 III 1438.

282 GUNTER, 62 f.; vgl. auch PETER FISCHER, 23.

283 GUNTER, 63 f.

284 Vgl. BGE 115 Ib 131.

285 Verordnung vom 6. Oktober 1997 über Fernmeldeanlagen (SR 784.101.2).

286 Dazu KATHARINA STAMPFLI, Die Prinzipien Nichtdiskriminierung, Kostenorientierung und Transparenz im Rahmen der Interkonnektion aus ökonomischer Sicht: Der Schlüssel zu wirksamem Wettbewerb?, in: Neues Fernmelderecht, Zürich 1998, 75 ff.

gungsverfahren richtet sich nach kantonalem Recht[287]. Soll eine ARA ausserhalb des Baugebietes errichtet werden, bedarf sie zudem einer Ausnahmebewilligung nach Art. 24 RPG und allenfalls einer Rodungsbewilligung[288]. UVP-pflichtig sind ARAs mit einer Kapazität von mehr als 20 000 Einwohnergleichwerten (Ziff. 40.9 Anhang UVPV)[289]. UVP-pflichtige Abwasserreinigungsanlagen unterstehen grundsätzlich der Planungspflicht[290].

21.140 Auch der Bau *öffentlicher Kanalisationen* erfolgt auf der Grundlage der generellen Entwässerungsplanung. Eine eigentliche Baubewilligung im Sinne von Art. 22 RPG wird in der Praxis meist nicht erteilt. Der Bau einer Kanalisation, der in der Regel in dem im Gemeinbrauch stehenden Boden (Strassen, Wege, öffentliche Plätze usw.) erfolgt, wird auf der Grundlage des Baukreditbeschlusses des zuständigen Gemeinwesens in Verbindung mit der Entwässerungsplanung vorgenommen.

21.141 *Abfallanlagen* wie Kehrrichtverbrennungsanlagen oder Deponien gehören zu den in der Bevölkerung umstrittensten Anlagen. Ihr Bau beruht nicht zuletzt deshalb auf einer mehrstufigen Planung, deren Anliegen eine möglichst breite und optimale Abstimmung aller berührten Interessen und mit allen Betroffenen ist (vgl. Art. 31 Abs. 2 und Art. 31a USG). Diesem Zweck dient primär die Abfallplanung der Kantone (Art. 16 TVA). Darin legen sie unter anderem die Standorte der Abfallanlagen fest (Art. 31 Abs. 1 und Art. 31a Abs. 2 lit. b USG). In einem weiteren Schritt haben die Kantone diese Standorte in ihre Richtplanung aufzu-

---

287 Im Kanton Zürich: gewässerschutzrechtliches Bewilligungsverfahren gemäss § 8 und § 20 des Zürcher Einführungsgesetzes vom 8. Dezember 1974 zum Gewässerschutzgesetz. Im Kanton Luzern: Projektgenehmigungsverfahren nach § 20 f. des Luzerner Einführungsgesetzes vom 27. Januar 1997 zum Bundesgesetz über den Schutz der Gewässer. Die genannten Verfahren stellen auch die massgeblichen Verfahren für die Durchführung der UVP dar (Ziff. 40.9 des Anhanges zur zürcherischen Einführungsverordnung vom 16. April 1997 über die Umweltverträglichkeitsprüfung und Ziff. 40.9 des Anhanges 1 zur Luzerner Umweltschutzverordnung vom 29. September 1989). Vgl. auch ALDO ZAUGG, Kommentar zum Bundesgesetz des Kantons Bern, 2. Aufl., Bern 1995, N 27 zu Art. 7/8.

288 BGE vom 5. Februar 1992 i.S. Abwasserverband Sense-Oberland (1A.115/1990).

289 Vgl. oben Fn. 287.

290 Vgl. BGE 119 Ib 439 betreffend Planungspflicht von UVP-pflichtigen Anlagen.

nehmen[291] und alsdann mit der Nutzungsplanung zu sichern (Art. 17 TVA)[292].

Da Abfallanlagen regelmässig erhebliche Auswirkungen auf die Umwelt und die Erschliessung haben, unterliegen sie grundsätzlich der *Planungspflicht*[293]. Nur ausnahmsweise können sie im Bau- (Art. 22 RPG) bzw. Ausnahmebewilligungsverfahren nach Art. 24 RPG zugelassen werden[294]. In jedem Falle hat der Bauherr gewisse Beurteilungsgrundlagen beizubringen (Art. 19 TVA). 21.142

Die Errichtung und der Betrieb einer Deponie bedarf überdies einer *Deponiebewilligung,* deren Erteilung einen Bedürfnisnachweis voraussetzt (Art. 30e Abs. 2 USG; Art. 21 TVA). 21.143

Die Erteilung der für Deponien und Kehrrichtverbrennungsanlagen notwendigen Bewilligungen bzw. die Festsetzung der notwendigen Nutzungspläne hängt von zahlreichen umweltschutzrechtlichen Voraussetzungen ab (Art. 21 ff. , Art. 38 ff. TVA)[295]. Sämtliche für die Zulassung einer Abfallanlage notwendigen Verfahren sind dabei zu koordinieren; dies gilt insbesondere für das Planungs- oder Baubewilligungsverfahren, das Deponiebewilligungsverfahren, das Rodungsverfahren[296] und das Verfahren auf Erteilung der notwendigen gewässerschutzrechtlichen Bewilligungen (Art. 20 TVA). In einem dieser Verfahren ist im Rahmen von Ziff. 40.3–40.8 Anhang UVPV auch die UVP durchzuführen. 21.144

Die Errichtung von *Zwischen- und Endlagern für radioaktive Abfälle* richtet sich nach den atomrechtlichen Vorschriften des Bundes[297]. Die Kantone können den Bau solcher Lager zudem von der Erteilung einer 21.145

291 Vgl. BGE 121 II 430 ff.

292 BGE 120 Ib 207 ff.; vgl. auch ZAUGG (Fn. 287) N 38 f. zu Art. 24.

293 BGE 120 Ib 207 ff.; 116 Ib 50 ff.; vgl. auch BGE 121 II 156 ff.

294 BGE vom 28. März 1994 in: URP 1994, 148 ff.

295 Vgl. BGE vom 28. März 1994 in: URP 1994, 148 ff., für eine Deponie.

296 Dazu insbes. der BGE vom 17. Juli 1995 in: URP 1997, 709 ff., und BGE 120 Ib 400 ff.

297 Eingehend SEILER, 301 ff., 355 ff.; ZIMMERLI/SCHEIDEGGER, 193 ff. Für Endlager ist eine mehrstufige UVP durchzuführen (Ziff. 40.1 Anhang UVPV).

bergregalrechtlichen Konzession für die Benützung des Untergrundes abhängig machen[298].

6. Trolleybus-Verkehrssysteme

21.146 Der Betrieb eines Trolleybus-Verkehrssystems bedarf einer *Konzession des UVEK* (Art. 4–6 des TrollG[299], Art. 1 und 2 TrollV[300])[301].

21.147 Für den Bau der festen und elektrischen Anlagen und Einrichtungen ist ein *Plangenehmigungsverfahren* vor dem BAV durchzuführen (Art. 10 und Art. 11 Abs. 1 lit. a TrollG; Art. 5 TrollV). Anwendbar sind die Vorschriften der Eisenbahngesetzgebung und der Bundesgesetzgebung über elektrische Anlagen (Art. 10 und 11 TrollG; Art. 4 TrollV)[302].

21.148 Die Plangenehmigungsverfügung des BAV unterliegt der *Beschwerde* an das UVEK (Art. 44 und Art. 47 Abs. 1 lit. c VwVG). Dessen Entscheid ist mit Verwaltungsbeschwerde beim Bundesrat anfechtbar, sofern das Plangenehmigungs- und das Enteignungsverfahren getrennt durchgeführt werden; ansonsten ist die Verwaltungsgerichtsbeschwerde an das Bundesgericht gegeben (Art. 99 Abs. 1 lit. c OG).

21.149 Nach Abschluss[303] des Plangenehmigungsverfahrens wird das *Enteignungsverfahren* gemäss dem eidgenössischen Enteignungsgesetz und den Vorschriften der Trolleybus-Verordnung durchgeführt (Art. 24 und 25 TrollV)[304]. Der Trolleybus-Unternehmung steht das Enteignungsrecht von Gesetzes wegen zu (Art. 2 TrollG)[305]. Einsprachen gegen die Ent-

298 BGE 119 Ia 390 ff.

299 Bundesgesetz vom 29. März 1950 über die Trolleybusunternehmungen (SR 744.21).

300 Vollzugsverordnung vom 6. Juli 1951 zum Bundesgesetz über die Trolleybusunternehmungen (SR 744.211).

301 HESS/WEIBEL II, 310 ff.

302 Vgl. dazu auch die Verordnung vom 5. Dezember 1994 über elektrische Anlagen von Bahnen (VEAB; SR 734.42); vgl. zu den vorgesehenen Gesetzesanpassungen BBl 1998, 2637 f.

303 Das BAV kann die gleichzeitige Durchführung des Plangenehmigungs- und des Enteignungsverfahrens bewilligen (Art. 24 Abs. 2 TrollV).

304 HESS/WEIBEL II, 315 ff.

305 HESS/WEIBEL II, 313.

eignung beurteilt das UVEK (Art. 55 Abs. 1 EntG)[306]; dessen Entscheid kann mit Verwaltungsgerichtsbeschwerde beim Bundesgericht angefochten werden (Art. 99 Abs. 1 lit c OG). Die im Enteignungsverfahren geänderten Pläne bedürfen der Genehmigung des BAV (Art. 24 Abs. 2 TrollV)[307].

VIII. Checkliste zu ausgewählten Punkten

1. Allgemeines

- Was sagen die allgemeinen planungsrechtlichen Grundlagen für die betreffende Anlage aus[308]?
- Erfüllt die Anlage die an sie gestellten spezialgesetzlichen Anforderungen[309]?
- Erfüllt die Anlage die spezifischen umweltpolizeilichen Anforderungen[310]?
- Ist die Interessenabwägung vollständig und umfassend?
- Wurden bei der Projektierung Alternativen geprüft[311]?

2. Nationalstrassen

- Ist das generelle Projekt mit der Richtplanung abgestimmt[312]?
- Schreibt das kantonale Recht die Anhörung der Grundeigentümer vor[313]?
- Sind von der Projektierungszone oder einer auf das kantonale Recht gestützten Sicherungsmassnahme nur Parzellen betroffen, die vom Nationalstrassenbau erfasst werden können[314]?

306 VPB 40/1976 Nr. 85.
307 Hess/Weibel II, 316.
308 Rz. 21.4.
309 Rz. 21.14.
310 Rz. 21.15.
311 Rz. 21.11.
312 Rz. 21.20.
313 Rz. 21.21.
314 Rz. 21.22.

- Kommt die Festsetzung der Projektierungszone einer materiellen Enteignung gleich[315]?
- Ist das Ausführungsprojekt vollständig[316]?
- Enthält die Einsprache gegen das Ausführungsprojekt auch die Einwendungen gegen die Enteignung[317]?
- In welchem Verfahren erfolgt die Bodenbeschaffung für den Nationalstrassenbau[318]?
- Bei Landumlegungen: gewährt die Umlegung wertgleichen Realersatz oder ist die Durchführung eines nachträglichen Enteignungsverfahrens notwendig[319]?

3. Staats- und Gemeindestrassen

- In welchen Planungs- und Verfahrensschritten erfolgt die Strassenprojektierung[320]?
- Wird bereits mit der Festsetzung einer Sicherungsmassnahme das Enteignungsrecht dem Grundsatz nach erteilt[321]?
- Welche Einwendungen sind im Projektierungsverfahren vorzubringen[322]?
- Ist das Enteignungsverfahren mit dem Projektierungsverfahren kombiniert oder folgt es diesem nach[323]?

4. Eisenbahnanlagen

- Unterliegt die Baute oder Anlage der eisenbahnrechtlichen Plangenehmigungspflicht[324]?

---

315 Rz. 21.24.
316 Rz. 21.26.
317 Rz. 21.27 f.
318 Rz. 21.31 ff.
319 Rz. 21.33 f.
320 Rz. 21.39 ff.
321 Rz. 21.38 Fn. 123.
322 Rz. 21.41.
323 Rz. 21.41 f.
324 Rz. 21.49 f.

- Handelt es sich um ein Eisenbahn-Grossprojekt oder um eine Anlage der NEAT[325]?
- In welchem Verfahren erfolgt die Plangenehmigung[326]?
- Ist das Enteignungsverfahren mit der eisenbahnrechtlichen Plangenehmigung kombiniert bzw. können bereits im Rahmen der eisenbahnrechtlichen Planauflage enteignungsrechtliche Einwendungen vorgebracht werden[327]?
- Bei Anschlussgleisen: entspricht der aufgelegte Nutzungsplan den eisenbahnrechtlichen Vorschriften[328]?
- Bei Bahnnebenbetrieben: besteht ein hinreichendes Bedürfnis für die Anerkennung als Nebenbetrieb[329]?
- Bei Bahnnebenbetrieben: besteht ein hinreichendes Bedürfnis für die Abweichung von kantonalen Ladenöffnungszeiten[330]?

5. Luftfahrtanlagen

- Handelt es sich beim Projekt um den (Aus-)Bau eines Flughafens oder eines Flugfeldes[331]?
- Wird das Bau- und Betriebskonzessions- oder das Bau- und Betriebsbewilligungsverfahren gemeinsam oder getrennt durchgeführt[332]?
- Im Falle einer Trennung von Bau- und Betriebskonzessions- oder -bewilligungsverfahren: ist die UVP für das betreffende Verfahren sach- und -stufengerecht durchgeführt worden[333]?
- Werden neben dem luftfahrtrechtlichen Verfahren allenfalls (und möglicherweise unzulässigerweise) kantonale Bewilligungsverfahren durchgeführt[334]?

---

325 Rz. 21.62 ff.
326 Rz. 21.52 ff., 21.63 ff.
327 Rz. 21.55 f.
328 Rz. 21.74 f.
329 Rz. 21.77 f.
330 Rz. 21.79.
331 Rz. 21.81 und 21.91.
332 Rz. 21.84 und 21.92.
333 Rz. 21.84.
334 Rz. 21.82, 21.86 und 21.91.

6. Wasserkraftwerke

- Erfasst das Konzessionsgesuch alle für den Betrieb des Kraftwerkes notwendigen hydraulischen Anlagen[335]?
- Handelt es sich um eine Neukonzessionierung oder um die Verlängerung oder Erneuerung einer Konzession[336]?
- Wird mit der Konzession die für die Bestimmung der nutzbaren Wassermenge massgebende gewässerschutzrechtliche oder fischereirechtliche Bewilligung erteilt[337]?

7. Elektrische Anlagen

- In welchem Verfahren wird die Plangenehmigung erteilt[338]?
- Ist die Belastung durch elektrische und elektromagnetische Felder nachgewiesen[339]?
- Sind die elektrizitätsrechtlichen Voraussetzungen für die Erteilung des Enteignungsrechtes gegeben[340]?

8. Rohrleitungen

- Wird das Konzessions- oder das Plangenehmigungsverfahren durchgeführt[341]?
- Sind in der Einsprache gegen das Ausführungsprojekt auch die möglichen Einwendungen gegen die Enteignung enthalten[342]?

335 Rz. 21.103.
336 Rz. 21.109 Fn. 235.
337 Rz. 21.108.
338 Rz. 21.112 ff.
339 Rz. 21.117.
340 Rz. 21.121.
341 Rz. 21.123, 21.127.
342 Rz. 21.127.

9. Post- und Telekommunikationsanlagen

- Unterliegt die Baute dem ordentlichen Bewilligungsverfahren oder kann sie ohne Baubewilligung erstellt werden[343]?
- Muss das kantonale Planungs- und Baurecht im vorliegenden Einzelfall weichen[344]?

10. Entsorgungsanlagen

- Kann die Anlage noch im Bewilligungsverfahren zugelassen werden oder ist eine Sondernutzungsplanung notwendig[345]?
- Sind alle notwendigen Beurteilungsgrundlagen beigebracht worden[346]?
- Ist die Erteilung der Deponiebewilligung vorgesehen[347]?

11. Trolleybus-Verkehrssysteme

- Geht es um das Konzessions- oder um das Plangenehmigungsverfahren[348]?
- Sind die Voraussetzungen für die Einleitung des Enteignungsverfahrens gegeben[349]?

343 Rz. 21.133, 21.135.
344 Rz. 21.131.
345 Rz. 21.139, 21.142.
346 Rz. 21.142.
347 Rz. 21.143.
348 Rz. 21.146 f.
349 Rz. 21.149.

Sachregister

Die Verweise beziehen sich auf die Randziffern im Text.

Verfahrensrechtlich bedeutsame Stichwörter sind hervorgehoben.

Q

R

Autorenverzeichnis

HANS BRINER
Dipl. Bauing. ETH und lic. iur., Lehrbeauftragter an der ETH Zürich, Zürich

URS EYMANN
Fürsprecher, Bern

MICHÈLE GASSER
Lic. iur., Rechtsanwältin, Zürich

LEO R. GEHRER
Lic. iur., Rechtsanwalt, St. Gallen

WALTER HALLER
Dr. iur., Rechtsanwalt, ordentlicher Professor an der Universität Zürich

PETER HEER
Dr. iur., Rechtsanwalt, Baden

FELIX HUBER
Dr. iur., Rechtsanwalt und Ersatzrichter am Verwaltungsgericht des Kantons Zürich, Zürich

ROLAND HÜRLIMANN
Dr. iur., LL.M., Rechtsanwalt, Zürich und Baden

PETER KARLEN
Dr. iur., Rechtsanwalt, wissenschaftlicher Mitarbeiter am Bundesgericht und Ersatzrichter am Verwaltungsgericht des Kantons Zürich, Lausanne/Zürich

PATRICK KRAUSKOPF
Lic. iur., Rechtsanwalt, wissenschaftlicher Mitarbeiter bei der Eidgenössischen Wettbewerbskommission, Baden

MARTIN LENDI
Dr. iur., Rechtsanwalt, ordentlicher Professor an der ETH Zürich

CHRISTIAN MÄDER
Dr. iur., Rechtsanwalt, Sekretär und Ersatzrichter am Verwaltungsgericht des Kantons Zürich, Zürich

ALEXANDRA MÄUSLI
Lic. iur., juristische Sekretärin am Obergericht des Kantons Zürich, Zürich

MARKUS METZ
Dr. iur., Rechtsanwalt, Basel

PETER MÜNCH
Dr. iur., Advokat, wissenschaftlicher Mitarbeiter am Bundesgericht, Lausanne

CHRISTOPH NERTZ
Dr. iur., Rechtsanwalt und Notar, Basel

ALEXANDER RUCH
Dr. iur., Advokat, ordentlicher Professor an der ETH Zürich, Basel/Zürich

FRANÇOIS RUCKSTUHL
Dr. iur., Rechtsanwalt und Richter am Verwaltungsgericht des Kantons Zürich, Winterthur/Zürich

JÜRG RUF
Dr. iur., Rechtsanwalt und Notar, Direktionssekretär, Zug

GERHARD SCHMID
Dr. iur., Advokat und Professor an der Universität Basel, Basel

THOMAS SCHNEEBERGER
Dr. iur., wissenschaftlicher Mitarbeiter am Bundesgericht, Lausanne

RAINER SCHUMACHER
Dr. iur., Rechtsanwalt und Lehrbeauftragter an der Universität Freiburg, Baden und Zürich

THOMAS SIEGENTHALER
Lic. iur., Rechtsanwalt, Zürich und Baden

ROGER WEBER
Dr. iur., vollamtlicher Ersatzrichter am Bezirksgericht Zürich, Zürich

Handbücher für die Anwaltspraxis

In dieser Reihe erschienen:

Band I	**Prozessieren vor Bundesgericht, 2. Aufl.** PETER MÜNCH/THOMAS GEISER (Hrsg.)
Band II	**Stellenwechsel und Entlassung** PETER MÜNCH/THOMAS GEISER (Hrsg.)
Band III	**Prozessieren vor eidgenössischen Rekurskommissionen** ANDRÉ MOSER/PETER UEBERSAX
Band IV	**Beraten und Prozessieren in Bausachen** PETER MÜNCH/PETER KARLEN/ THOMAS GEISER (Hrsg.)

In Vorbereitung:

Band V	**Schaden – Haftung – Versicherung** PETER MÜNCH/THOMAS GEISER (Hrsg.)